TENINGEN

Ein Heimatbuch

TENINGEN

Nimburg, Bottingen, Teningen, Köndringen, Landeck, Heimbach

Ein Heimatbuch

mit Beiträgen von

Rudi Allgeier, Thora und Stephan Amend, Regina Dennig, Dieter Geuenich, Ewald Hall, Renate Liessem-Breinlinger, Verena Nübling, Norbert Ohler, Ulrich Parlow, Siegfried Peter, Kristiane Schmalfeldt, Leo Schmidt, Peter Schmidt, Renate Schrambke, Wolfgang Weber und Alfons Zettler

Im Auftrag der Gemeinde Teningen
herausgegeben von Peter Schmidt

Schutzumschlag: Schmittsche Karte von Südwestdeutschland
(Blatt 17 und 18), Landesdenkmalamt Baden-Württemberg
Alle Rechte vorbehalten
Printed in Germany
© Gemeinde Teningen 1990
Satz und Gestaltung: Karin Ehrler-Nickola
Mitarbeit: Melanie Theus, Anita Hartmann, Sabine Born
Druck u. Bindung: Freiburger Graphische Betriebe 1990
ISBN 3-9802631-3-4
Gemeinde Teningen, Postfach 1143
7835 Teningen, Tel. 07641 / 580639
und Buchhandel

Vorwort

Die neue Chronik – besser gesagt – unser Heimatbuch liegt nun vor. Das Werk ist von zahlreichen Autoren, die aus ganz speziellen Fachbereichen kommen, gestaltet. Viel Vorarbeit war erforderlich. Die lange und geduldige Vorbereitung hat sich gelohnt, wie ich meine, und man darf jetzt getrost von einer Premiere sprechen, denn dieses Heimatbuch ist einmalig für unsere Gemeinde. Erstmals gibt es damit eine umfassende Publikation zu zahlreichen Themen der Geschichte und Gegenwart unserer Gesamtgemeinde mit ihren insgesamt sechs Ortsteilen. Man darf gespannt sein auf die Resonanz in unserer Bevölkerung.

Für den Bürgermeister der Gemeinde ist dies ein Anlaß, allen Autoren und allen, die zur Erstellung dieses Heimatbuches beigetragen haben, herzlich zu danken und unserer Bevölkerung viel Freude bei der Lektüre zu wünschen, dem Heimatbuch selbst eine große Verbreitung, und daß es damit gelingen möge, die Menschen unserer Gemeinde einander noch näherzu bringen.

Hermann Jäger, Bürgermeister

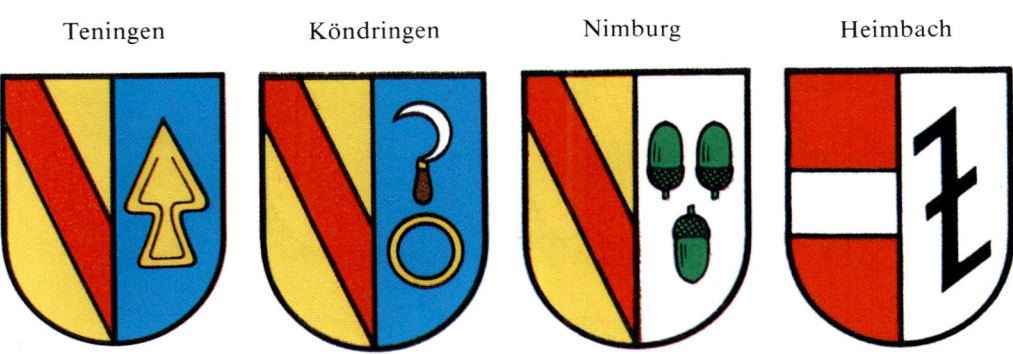

Vorwort

Am Ende der Arbeiten sei es dem Redakteur dieses Buches erlaubt, einen Blick auf den zurückgelegten Weg zu werfen, denn bekanntlich haben auch Bücher ihre Geschichte. Nicht im Hinblick auf ein Jubiläum - die Tausendjahrfeier von Teningen waren 1972, die von Nimburg und Köndringen 1977 begangen worden - sondern im Gefolge der Gemeindereform und der Zusammenfassung der ehemals selbständigen Gemeinden zur heutigen Gemeinde Teningen vergab der Gemeinderat im Jahre 1982 den Auftrag zur Erstellung einer Ortsgeschichte. Ein Leitgedanke war dabei, durch die Herausarbeitung und Bewußtmachung der historischen Gemeinsamkeiten, aber auch der jeweiligen Besonderheiten die Integration der Gemeindeteile zu fördern. Der Wunsch nach einer ausführlichen Ortsgeschichte bestand also schon länger und wurde auch an mich herangetragen, als ich im Winter 1981/82 im Auftrag der Gemeinde die Neuaufstellung der Archivalien im Archivkeller des eben fertig gewordenen Rathausneubaus durchführte. Einmal am Beispiel einer, oder in diesem Fall mehrerer nah beisammen liegenden Gemeinden den langen Weg der Geschichte bis zur Gegenwart überblicken und dabei möglichst viele der Faktoren und Erscheinungen, die unser Leben bestimmen und begleiten: Natur, Wirtschaft, Sprache, Kunst, Kultur usw. mit bedenken, das war es, was für mich den Reiz eines solchen Unterfangens ausmachte und mich schließlich bewog, mich auf das Wagnis einzulassen. Viel Vorarbeit war bereits von Heimatforschern getan worden, noch mehr an Ergebnissen ist in der landeskundlichen Literatur vorhanden. Man kann das aus den Literaturlisten der einzelnen Beiträge in diesem Buch ersehen. Ein Einzelner ist kaum in der Lage, dieses Wissen aus den verschiedensten Fachgebieten kompetent zu verarbeiten, beziehungsweise durch eigene Forschung zu erweitern. So fand mein Vorschlag, das weite Feld der möglichen Themen an einzelne Autorinnen und Autoren, die ihr Fachgebiet überblicken und beherrschen, zu verteilen, die Billigung des Kulturausschusses und des Gemeinderats. Deshalb präsentiert sich dieses Buch also als Sammelpublikation selbständiger Beiträge und nicht als fortlaufend geschriebener Text - nicht zu seinem Nachteil, wie ich überzeugt bin. Der Leser kann sich der Geschichte und der Gegenwart der Gemeinden von den verschiedensten Blickwinkeln her nähern. Die im allgemeinen Verständnis geschichtlichen Beiträge, in denen die Strukturen und Ereignisse in ihrer zeitlichen Abfolge dargestellt sind, machen nur etwas mehr als die Hälfte aus. Es gibt daneben Darstellungen zur Archäologie der Burgen, zur Baugeschichte der Ortschaften, zur Kunstgeschichte, zum Brauchtum, zu den Mundarten, den Flurnamen und zur Landschaft und Natur, in der die erdgeschichtlichen, bodenkundlichen, gewässerkundlichen und klimatischen Verhältnisse bis hin zur Tier- und Pflanzenwelt geschildert werden. Wegen dieser thematischen Breite haben wir auch das Buch im Untertitel nicht Ortschronik sondern Heimatbuch genannt. Der Gedanke, daß bei einer Verteilung der Arbeitslast auf mehrere Schultern eigentlich das gesteckte Ziel schneller zu erreichen sein müßte, erwies sich leider bald als trügerisch. Bei den meisten Autorinnen und Autoren kamen unvorhersehbare andere Anforderungen verzögernd dazwischen oder nötigten sogar dazu, die Zusage zurückzuziehen. Zwei Autoren verstarben. Zu einem Zeitpunkt, als erste Texte fertig wurden, mußte Ersatz für andere Themen gefunden werden. Dennoch konnte der ursprünglich aufgestellte Themenplan weitgehend eingehalten werden, das heißt daß wohl kein wichtigerer Bereich ganz unberücksichtigt geblieben ist, wenn natürlich im Detail noch vieles zu ergänzen wäre. Das vorliegende Buch sollte auch zu solcher weiterer lokalgeschichtlicher Arbeit anregen und den Boden dafür durch Quellen- und Literaturhinweise vorbereiten.

Am Ziel einer Arbeit, die mich fast durch das ganze Jahrzehnt der achtziger Jahre begleitet hat, danke ich den Autorinnen und Autoren für ihre Mitarbeit, der Gemeinde Teningen - allen voran Bürgermeister Hermann Jäger - für ihre Geduld und ihr Entgegenkommen, ohne die mich in der einen oder anderen Phase vielleicht doch der Mut verlassen hätte; den Herren Braun und Steiger, und schließlich Frau Karin Ehrler-Nickola, die die vielfältigen Arbeiten der Drucklegung bewältigt hat.

Brühl, im November 1990
Peter Schmidt

Inhaltsverzeichnis

Vor- und Frühgeschichte im Raum Teningen. Verena Nübling	11
Zur Geschichte von Aspen, Bottingen, Buchsweiler, Heimbach, Köndringen, Landeck, Nimburg und Teningen im Mittelalter (500 – 1500). Dieter Geuenich	25
Die Grafen von Nimburg. Ulrich Parlow	45
Herren und Ministerialen von Köndringen. Ulrich Parlow	75
Die Burgen in Nimburg, Köndringen und Landeck. Alfons Zettler und Regina Dennig	97
Die Snewlin von Landeck (1300 – 1620). Rudi Allgeier	121
Nimburg und Bottingen, Teningen, Köndringen und Landeck zwischen Bauernkrieg und Französischer Revolution (1500 – 1800). Peter Schmidt	137
Berühmte Mitglieder der Familie Sander in Köndringen. Siegfried Peter	195
Geschichte von Heimbach (1520 – 1806). Siegfried Peter	201
Bevölkerungsgeschichte und Lebensbedingungen in Heimbach, Köndringen, Landeck, Teningen, Nimburg und Bottingen im 16. bis 18. Jahrhundert. Wolfgang Weber	229

Evangelische Bilderpredigt. Nachreformatorische Wandmalereien in der Kirche von Nimburg. Renate Liessem-Breinlinger	255
Baugeschichtlicher Rundgang durch die Gemeinde Teningen. Leo Schmidt	269
Die Gemeinden im 19. und 20. Jahrhundert. Norbert Ohler	337
Bräuche im Jahres- und Lebenslauf. Kristiane Schmalfeldt	467
Die Mundarten von Heimbach, Köndringen, Nimburg-Bottingen und Teningen im Verhältnis zu ihren Nachbarmundarten. Renate Schrambke	503
Zu den Flurnamen der Gemeinde Teningen mit ihren Ortsteilen. Eine alte Naturlandschaft im Lichte ihrer Flurnamen. Ewald Hall	525
Landschaft und Natur. Stephan und Thora Amend	533
Autorenverzeichnis	567
Register	568

Vor- und Frühgeschichte im Raum Teningen

Verena Nübling

Von der langen Zeit menschlicher Entwicklung und Kultur ist nur ein sehr kleiner Abschnitt als geschriebene Geschichte überliefert. Er beginnt in Mitteleuropa erst in der Zeit Karls des Großen, also etwa um 800 n. Chr. Die davor liegende Epoche, in der zwar spärlich historische Quellen fließen, die aber vor allem durch Überlieferungen der antiken Völker des Mittelmeerraumes (Griechen und Römer) bekannt ist, nennt man Frühgeschichte. Der ganze Zeitraum davor, vom ersten Auftreten des Menschen in Mitteleuropa bis zur römischen Okkupation wird als Ur- oder Vorgeschichte bezeichnet.

Wann der frühe Mensch in unserer Region erstmals auftauchte, ist bisher nicht bekannt. Die ältesten Zeugnisse stammen vom Tuniberg bei Munzingen. Dort lebten am Ende der letzten Eiszeit nomadische Jäger und Sammler, die hier ein Lager errichteten. Sie jagten Wild, vor allem Rentiere. Die Überreste ihrer Siedlung gehören in die Zeit des Magdalénien (etwa 20000 - 15000 vor heute), so benannt nach der namengebenden Fundstelle La Madeleine in Frankreich. Erhalten blieben vor allem die Abfälle der Mahlzeiten und Geräteherstellung. An Gerätschaften, Werkzeugen und Waffen, sind neben Speerspitzen aus Knochen vor allem Steingeräte wie Klingen, Bohrer, Sägen und Stichel aus Jaspis oder Hornstein vorhanden. Sie waren ursprünglich in Holz geschäftet und dienten verschiedenen, für eine jägerisch lebende Bevölkerung, notwendigen Arbeitsgängen.

Das Ende der Eiszeit (etwa 10000 vor heute) bedeutete zwar für Mitteleuropa zunächst keine grundlegende Änderung der Lebensweise. Jedoch begann im Vorderen Orient und auf der Balkanhalbinsel ein allmählicher Übergang von der aneignenden Wirtschaftsweise der Jäger und Sammler zur produzierenden der Ackerbauer und Viehzüchter. Die Folgen dieser Änderung waren für die Menschen revolutionär. Die Produktion von Getreide erforderte Seßhaftigkeit und Vorratshaltung. Sie bedeutete aber auch, daß mehr Menschen in einem relativ kleinen Gebiet leben konnten, als bis dahin die nomadisierenden Jäger beansprucht hatten. In Mitteleuropa traten die ersten Ackerbauer und Viehzüchter etwa um die Mitte des 6. Jahrtausends v.Chr. auf. Sie bevorzugten die fruchtbaren Lößböden, auf denen sie Emmer, Einkorn und Gerste anbauten. An Vieh züchteten sie Rinder, Schweine, Schafe und Ziegen. Ihre dorfartigen Siedlungen bestanden aus mehreren, recht großen Häusern (bis zu etwa 30 m Länge und 8 m Breite). Erstmals tauchen in Mitteleuropa Gefäße aus Ton auf. Sie tragen eine besonders typische Verzierung, die der ganzen älteren Stufe der Jungsteinzeit ihren Namen gab. Sie besteht aus bandartigen Ornamenten, die in die Gefäßwand eingeritzt und/ oder eingestochen wurden, die "Bandkeramik". Die Gefäßform ist kugelig mit gerundetem Boden. Die verzierte Keramik ist meist sehr fein und dünnwandig, von schwarzer oder dunkelgrauer Farbe. Daneben gibt es aber auch größere und in der Regel unverzierte grobe Gefäße, die der Vorratshaltung dienten. Sie haben oft Henkel und durchbohrte Ösen zum Aufhängen oder verschiedenartige Knubben zur besseren Handhabung der Gefäße. An Steingeräten sind Holzbearbeitungswerkzeuge und Pflugscharen nachgewiesen. In Holz eingesetzte Feuerstein- oder Hornsteinklingen dienten als Erntemesser. Das geerntete Getreide wurde auf Mahlsteinen zerrieben.

Aus **Teningen** sind Reste einer Siedlung der Bandkeramik im Gewann "Bannacker" nachgewiesen. Zwar sind Hausbauten dort bisher nicht festgestellt worden, doch konnte 1973 eine Abfallgrube untersucht werden. Aus dieser Grube und als Lesefunde aus dem weiteren Siedlungsareal stammen zahlreiche Scherben von Gefäßen, Steingeräte aus Hornstein, sowie das Bruchstück eines sogenannten Schuhleistenkeiles. Da das Teninger Material sehr schlecht erhalten ist, seien hier vergleichbare Funde aus Bischoffingen vorgelegt (Abb. 1). Neben Scherben sind auch zwei Bruchstücke von Schuhleistenkeilen abgebildet, die dem Stück aus Teningen gleichen. Es handelt sich um im Querschnitt D-förmige Geräte aus Felsgestein, die vermutlich zur Holzbearbeitung dienten. Den eigenartigen Namen erhielten sie aufgrund einer gewissen Ähnlichkeit mit Schuhleisten bereits im vergangenen Jahrhundert. Mahlsteine und Hornsteinklingen von Erntemessern erweisen indirekt auch für Teningen frühen Ackerbau. Unter den Steingeräten ist noch eine Pfeilspitze erwähnenswert (Abb. 2), die zeigt, daß neben Ackerbau und Viehzucht die Jagd eine gewisse Rolle bei der Ernährung gespielt hat. Möglicherweise wurde Jagd als

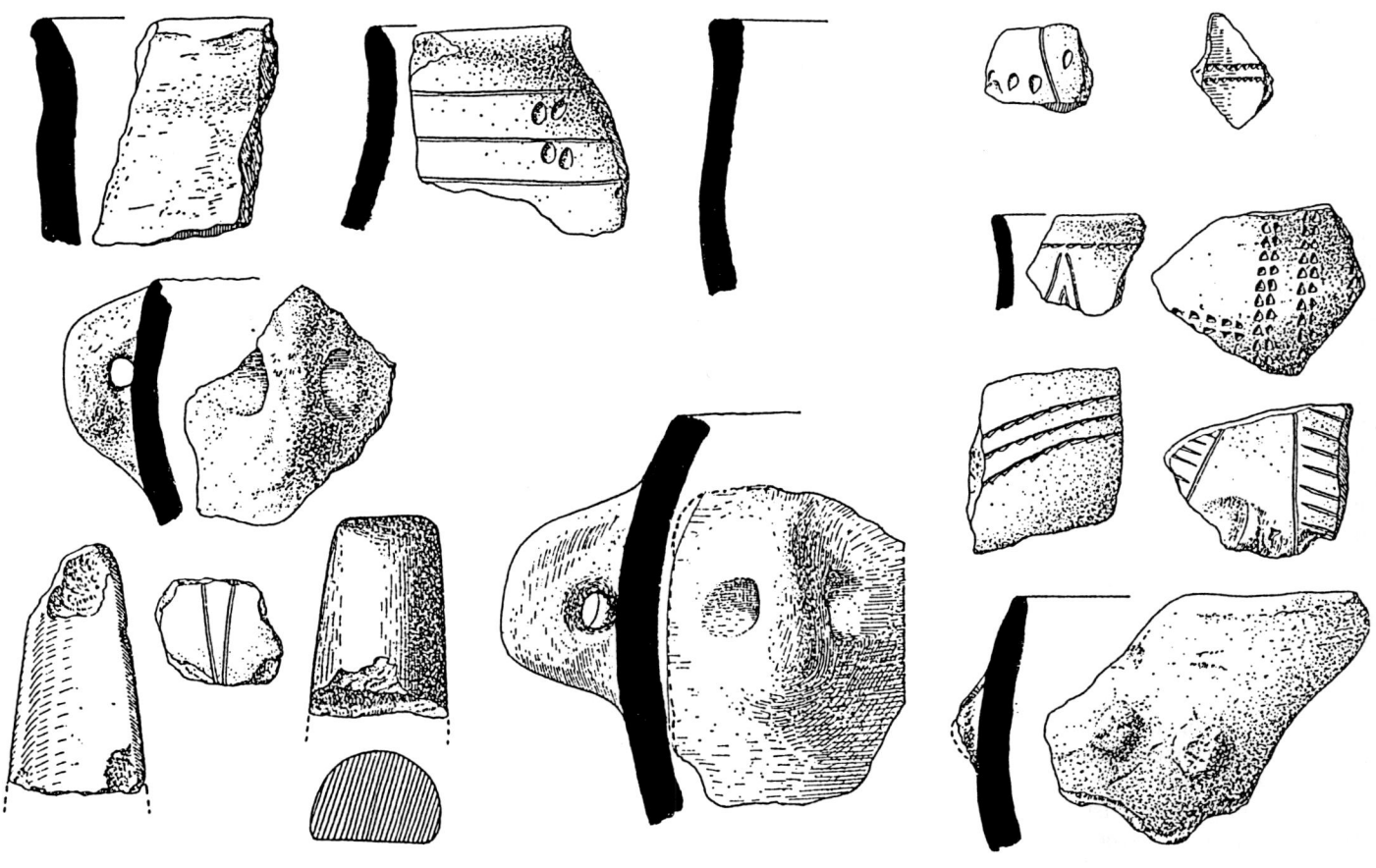

Abb. 1 Bischoffingen. Gewann "Breitenfeld/Käppele". Gefäßscherben und Steingeräte einer Siedlung der Bandkeramik. Maßstab 1:2

Schutz vor Nahrungsräubern betrieben.
Bestattungen dieser Zeit konnten bisher im Teninger Raum nicht nachgewiesen werden. Die nächstgelegenen Gräber stammen aus Bischoffingen, Königschaffhausen und Oberbergen. Die Toten wurden dort in der Regel auf der Seite liegend mit angezogenen Armen und Beinen, als sogenannte Hockerbestattungen (in Schlafstellung) beigesetzt.

Die folgende, mittlere Stufe der Jungsteinzeit erbrachte für unser Gebiet noch keine Funde. Da es sich aber in dieser Zeit weniger um eine Änderung des allgemeinen kulturellen Erscheinungsbildes handelt, als vielmehr um Stilgruppen, die vor allem durch eine in Form und Verzierung abweichende Keramik charakterisiert sind, so etwa die Großgartacher Gruppe (nach einem Fundort bei Heilbronn benannt) und die Rössener Kultur (nach Rössen, Kreis Merseburg), werden hier nur einige Gefäße vorgestellt, wie sie in einer Siedlung und in Gräbern aus Riegel bekannt sind (Abb. 3).

Auch für die jüngere Stufe der Jungsteinzeit liegen aus Teningen nur wenige Befunde vor. Möglicherweise ist unter dem Material, das im Gewann "Bannacker" aufgelesen wurde, ein Teil dieser Phase zuzuweisen. Von **Köndringen**, Gewann "Geigenberg", liegen noch unpublizierte Funde vor, die der Michelsberger Kultur angehören (Grabung des Landesdenkmalamtes Baden-Württemberg). Am südlichen Kaiserstuhl, auf dem Tuniberg, herrscht um diese Zeit eine regionale Ausprägung dieser Kultur, die "Munzinger Gruppe" (Abb. 4), unter deren Einfluß wahrscheinlich auch der Teninger Raum steht. Charakteristisch sind unverzierte, eimerartige Gefäße, deren Wandung häufig geraüht ist, Schüsseln und Schalen mit trichterartigem Rand, Tonscheiben ("Backteller") und Tonlöffel ("Schöpfer") sowie flaschenartige Gefäße. Verschiedene Steingeräte, wie Mahlsteine, Steinbeile und durchlochte Steinäxte sowie Hornsteinartefakte vervollständigen das Geräteinventar. Noch zahlreiche Fundstellen auf den Gemarkungen **Teningen**, **Köndringen** und **Nimburg** sind der Jungsteinzeit zuzuweisen, ohne daß es möglich wäre, sie in eine bestimmte Phase einzuordnen. So stammen vom Gewann "Wandhöhe" einige Hornsteinartefakte, u.a. eine Pfeilspitze. Im Gewann "Laubstall" wurden stark verwitterte Scherbenreste und einige Feuersteinabschläge aufgelesen. Im Gewann "Brunnenriedwäldchen" sind Hornsteinabschläge und im Gewann "Ob dem Oberreutener Pfad" einige Abschläge, darunter vielleicht eine Pfeilspitze, beobachtet worden. In **Nimburg** fanden sich in der Umgebung der Kirche fünf Hornsteinabschläge, im Gewann "Germansbreite" ein Steinbeil. Schließlich ist aus **Köndringen** neben der schon genannten Siedlung am "Geigenberg" südlich der Ruine Landeck, am Gewann "Schloßberg", ein Hornsteingerät überliefert.

Das Ende der Jungsteinzeit und der Übergang zur Bronzezeit werden durch das Aufkommen der Becherkulturen angezeigt. Sie sind nach ihrer eigentümlichen Zierweise in die (ältere) Kultur der Schnurkeramik und die (jüngere) Glockenbecherkultur unterteilt. Beide Kulturen haben einen maßgeblichen Einfluß auf die folgende Bronzezeit ausgeübt. Stellvertretend für bisher fehlende Funde aus dem Teninger Raum seien die Beigaben aus einem Grab der Glockenbecherkultur von Riegel abgebildet (Abb. 5). Ihren Namen erhielten die Glockenbecher aufgrund ihrer Form, die an eine umgestülpte Glocke erinnert. Die Verzierung besteht aus Kammstempelornamenten, Schnur-

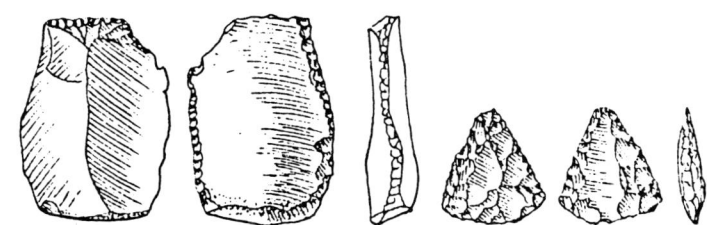

Abb. 2 Teningen. Gewann "Bannacker". Siedlungsgrube von 1973. Klinge und Pfeilspitze aus Hornstein. Maßstab 1:1

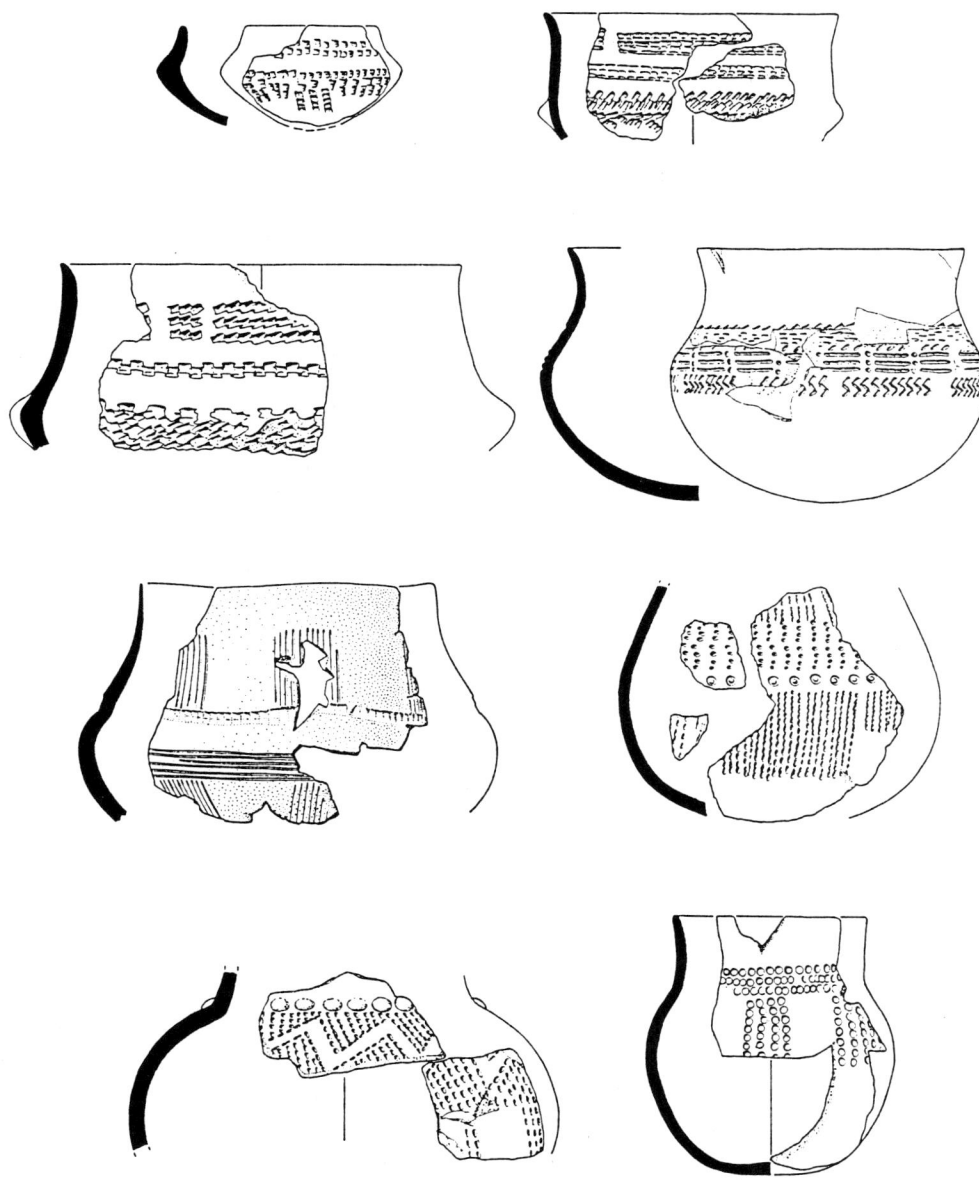

Abb. 3 Riegel. Gewann "Breite". Keramik der mittleren Jungsteinzeit. Maßstab 1:3

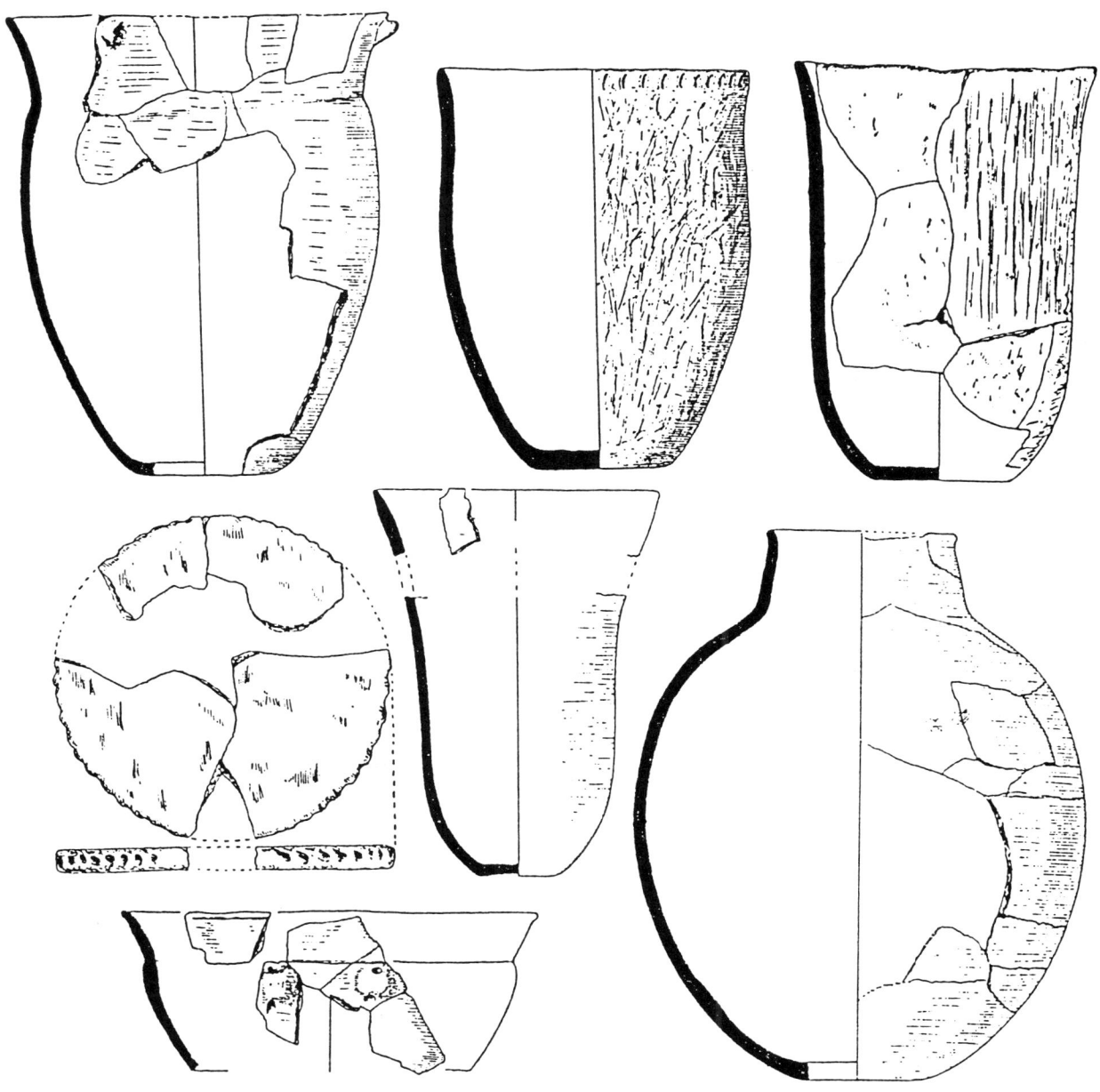

Abb. 4 Munzingen. Gewann "Berg". Keramik aus der Michelsberger Siedlung, "Munzinger Gruppe". Maßstab 1:2

eindrücken und Ritzlinien. In den Gräbern der Glockenbecherkultur treten erstmals in Mitteleuropa in größerem Umfang Metallbeigaben auf (Kupferdolche, Blechröllchen aus Kupfer u.a.). Wahrscheinlich handelt es sich bei den "Glockenbecherleuten" um frühe Metallprospektoren und -händler.

Die folgende Bronzezeit (etwa ab dem 18. Jh. v.Chr.) ist, wie schon oben angedeutet, in ihrer älteren Stufe noch maßgeblich von Traditionen der Becherkultur bestimmt. Das trifft vor allem auf die Keramik zu, deren Formen stark an die vorangehenden Kulturen erinnern. Von besonderer Bedeutung und namengebend für die gesamte Zeitstufe ist jedoch, daß der Rohstoff Stein nun weitgehend durch das Metall Bronze (Legierung aus Kupfer und Zinn) verdrängt wird. Die Bronzezeit

Abb. 5 Riegel. Beigaben aus einem Grab der Glockenbecherkultur. Maßstab 1:3

Abb. 6 Bischoffingen. Bronzezeitlicher Grabfund. Beigaben: Griffplattendolch, Schleifennadel. Maßstab 1:4

ist leider bisher in Teningen nicht beobachtet worden. Daher muß auch für diese Epoche vergleichbares Material aus der Umgebung herangezogen werden - hier ein Grabfund aus Bischoffingen (Abb. 6) - um die Lücke zu füllen. Die nächste Stufe, die sogenannte Hügelgräberbronzezeit, ist wie der Name schon sagt, durch Hügelgräber gekennzeichnet. Die Toten wurden unter Hügeln mit ihrer persönlichen Habe bestattet, Männer mit ihren Waffen, Frauen mit ihrem Schmuck. Die Beigaben in den Gräbern und die Größe der Hügel variieren so stark, daß eine gesellschaftliche Differenzierung in dieser Zeit sehr wahrscheinlich ist.

Die Spätstufe der Bronzezeit (etwa ab dem 13. Jh. v.Chr.) wird als Urnenfelderkultur bezeichnet. Sie ist nach der charakteristischen Bestattungsart benannt. Die Überreste der verbrannten Toten wurden in einem oder mehreren Gefäßen in einer Grube beigesetzt. Dazu kamen Gefäße mit Speisebeigaben, bei bedeutenden Toten ganze Geschirrsätze und weitere Beigaben. In der Regel sind die Urnenbestattungen als Flachgräber angelegt, doch kommen gelegentlich auch Grabhügel vor. Im Gegensatz zu den wenigen bekannten Siedlungen der älteren und mittleren Bronzezeit sind aus der Urnenfelderkultur zahlreiche Siedlungsplätze überliefert. Genannt sei hier die befestigte Siedlung auf dem Burgberg bei Burkheim. Die Keramik ist besonders charakteristisch. Es handelt sich um sorgfältig gearbeitete Gefäße mit Riefen- und Ritzlinienverzierung. Typisch sind kantige Formen wie die Zylinderhalurne, Schulterbecher, verschiedene Schalenformen und doppelkonische, häufig geraute Gefäße. Die Ränder sind abgeschrägt und oft fazettiert. Aus den Abfallgruben stammen Getreidereste und Tierknochen, die als Basis der Versorgung angesehen werden können. Das Ende der Urnenfelderkultur ist nicht als scharfer Bruch, sondern als allmählicher Kulturwandel zu interpretieren. In diese Übergangsphase gehört das berühmte Gräberfeld von Ihringen-Gündlingen, südlich vom Kaiserstuhl. In dessen Gräbern ist bemalte Keramik typisch, die aus geometrischen Graphitmustern auf kirschrotem Überzug besteht. Form und Verzierung leiten in die folgende Hallstattkultur über.

Die Hallstattkultur (etwa 8. bis 5. Jh. v.Chr.) trägt ihren Namen nach einem Fundort in Österreich. Sie gliedert sich in einen älteren Abschnitt, in dem Brandbestattungen zwar noch üblich sind, in dem aber auch Körperbestattungen wieder aufkommen. In ihrem jüngeren Abschnitt ist Körperbestattung die überwiegende Bestattungsart. Die Toten werden zum Teil in Flachgräbern bestattet, besonders typisch sind jedoch die Grabhügel, die an Umfang und Größe herausragen. Aus diesen Hügeln ist eine deutliche soziale Gliederung der Gesellschaft ablesbar, die besonders für die jüngere Phase der Hallstattkultur nachgewiesen ist. Es ist die Zeit der sich allmählich herausbildenden Kelten, über die u.a. der griechische Historiker Herodot um die Mitte des 5. Jh. v.Chr. berichtet. Doch hatten nicht nur die Griechen Kenntnis der Völker in Mitteleuropa, auch die Kelten standen in Kontakt mit dem Mittelmeerraum. In den Gräbern der Oberschicht, den sogenannten Fürstengräbern, tauchen etruskisch-griechische Importwaren auf (z.B. griechische Keramik, etruskische Bronzegefäße). Auch auf Teninger Gebiet sind Funde der Hallstattkultur bekannt. Im Teninger Allmendwald liegen im Gewann "Binzenschlag" drei Grabhügel, die 1903 durch E. Wagner und L. Eckert untersucht wurden. Leider ist der Bericht nicht ganz eindeutig, so daß manche Fragen offen bleiben, doch läßt sich Folgendes zusammenfassen:
Hügel A (Durchmesser 30 m, Höhe 2,15 m) enthielt wahrscheinlich drei Gräber, eine römische und eine hallstattzeitliche (Körper-) Nachbestattung sowie eine Hauptbestattung. Die Hauptbestattung war vermutlich als Brandgrab angelegt. Dem oder der Toten wurden mindestens acht Gefäße ins Grab beigegeben (von einem weiteren Gefäß ist noch eine Randscherbe vorhanden). Zunächst ist ein großes Gefäß (Höhe 29,5 cm) zu nennen (Abb. 7), dessen kegelförmiger Hals mit Graphitbemalung geschwärzt ist, auch der schräg ausbiegende Rand ist innen und außen graphitiert. Ein zweites, in der Form sehr ähnliches Gefäß, trägt im Schulterbereich einen kirschroten Überzug auf den mit Graphitmalerei geometrische Muster aufgetragen worden sind, Kegelhals und Schrägrand sind gleichfalls graphitiert (Abb. 7 und 8). Eine Schüssel mit kleinem Schrägrand trägt eingeritzte Ornamente in Form hängender Dreiecke.

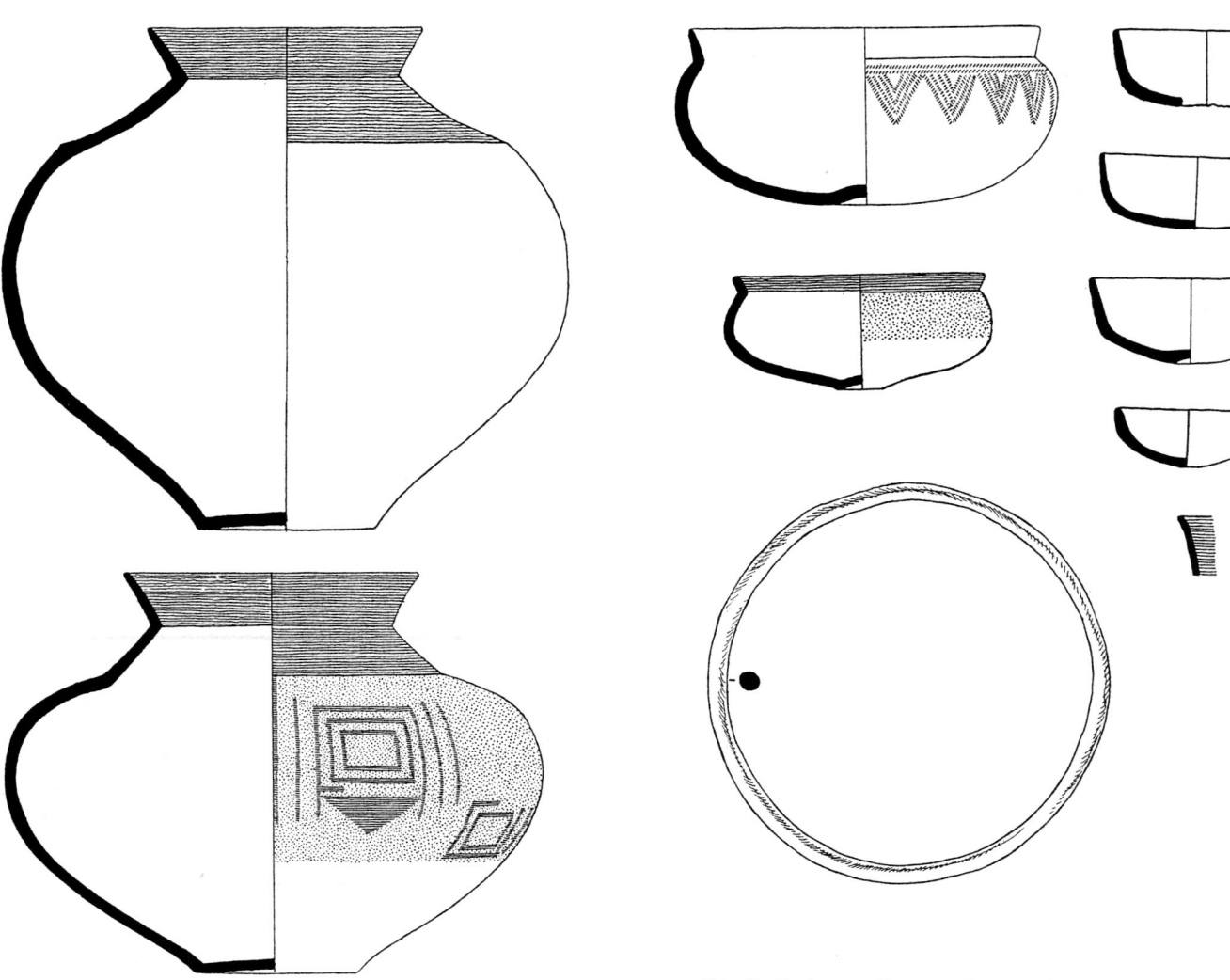

Abb. 7 Teningen. Gewann "Binzenschlag". Hallstattzeitlicher Grabhügel. Hügel A - Keramikbeigaben der Hauptbestattung, Bronzering aus der Nachbestattung. Maßstab 1:4

Eine weitere Schüssel mit graphitverziertem Rand hat einen kirschroten Überzug auf der Schulter. Ferner sind noch vier kleine Schälchen (zwischen 8,2 - 11,6 cm Durchmesser) als Grabbeigaben vorhanden, drei davon sind innen und außen graphitiert. Aus der Nachbestattung stammen zwei massive, einfache geschlossene Bronzeringe, die fallweise mit einem Durchmesser von 11,8 cm und 23,2 cm beschrieben werden. Bei der zuerst genannten Maßangabe dürfte es sich um Fußringe, bei der zuletzt genannten jedoch um Halsringe handeln. Ob es sich um eine falsche Maßangabe oder um Verwechslung von Fundstücken handelt, ist heute nicht mehr zu klären. Eine Abbildung liegt nur von einem der Ringe mit 23,2 cm Durchmesser vor (Abb. 7).

Hügel B (Durchmesser etwa 12 m, Höhe 0,5 m) war schon stark verebnet und enthielt nur die Scherben eines Gefäßes mit rot bemalter Schulter, graphitiertem Kegelhals und Schrägrand (Abb. 9). Über die Art der Bestattung ist keine Aussage möglich.

Hügel C (Durchmesser 18 m, Höhe 1,4) enthielt eine römische Nachbestattung und ein zentrales Grab mit vier Gefäßbeigaben. Der oder die Tote lag in einer Steinsetzung. Vom Skelett selbst waren keine Spuren mehr vorhanden. Zwei der Gefäße entsprechen den schon beschriebenen typischen Kegelhalsgefäßen (Abb. 9), von denen eines unverziert, das andere verziert ist. Die Verzierung erstreckt sich auf den Schulterbereich des Gefäßes und besteht aus konzentrisch angeordneten Kreisstempelmustern, die durch senkrechte, schmale Fischgrätstreifen von breiten graphitierten Zonen getrennt sind. Kegelhals und Schrägrand tragen Graphitbemalung. Dazu kommen noch zwei unverzierte kleine Schalen. Aus dem Allmendwald sind noch weitere Grabhügel im Gewann "Iltisgraben" überliefert, die bisher jedoch nicht untersucht sind. Sie dürften aber gleichfalls in die Hallstattzeit zu datieren sein. Eine Siedlung dieser Zeit ist bisher nur durch Lesefunde im Gewann "Isenen" zu vermuten. Dort kam neben undefinierbarer Keramik eine Randscherbe mit umlaufender Tupfenreihe zutage, die für Siedlungskeramik charakteristisch ist.

Die folgende Zeit, die Latènezeit (etwa ab der Mitte des 5. Jh. v. Chr. - etwa 50 v. Chr.) ist, wie andere vorgeschichtliche Epochen, bisher auf Teninger Gemarkung nicht nachzuweisen. Doch ist diese Zeit in der Umgebung so reich vertreten (Breisach, Riegel u.a.), daß es nur eine Frage der Zeit sein kann, bis auch in unserem Gebiet Zeugnisse dieser Kultur gefunden werden. Auch diese Epoche wird von der keltischen Kultur geprägt. Sie ist nach einer Fundstelle am Neuenburger See (Schweiz) benannt. In groben Zügen gilt für den älteren

Abb. 8 Teningen. Gewann "Binzenschlag". Hallstattzeitlicher Grabhügel. Hügel A - Gefäß mit Graphitmalerei.

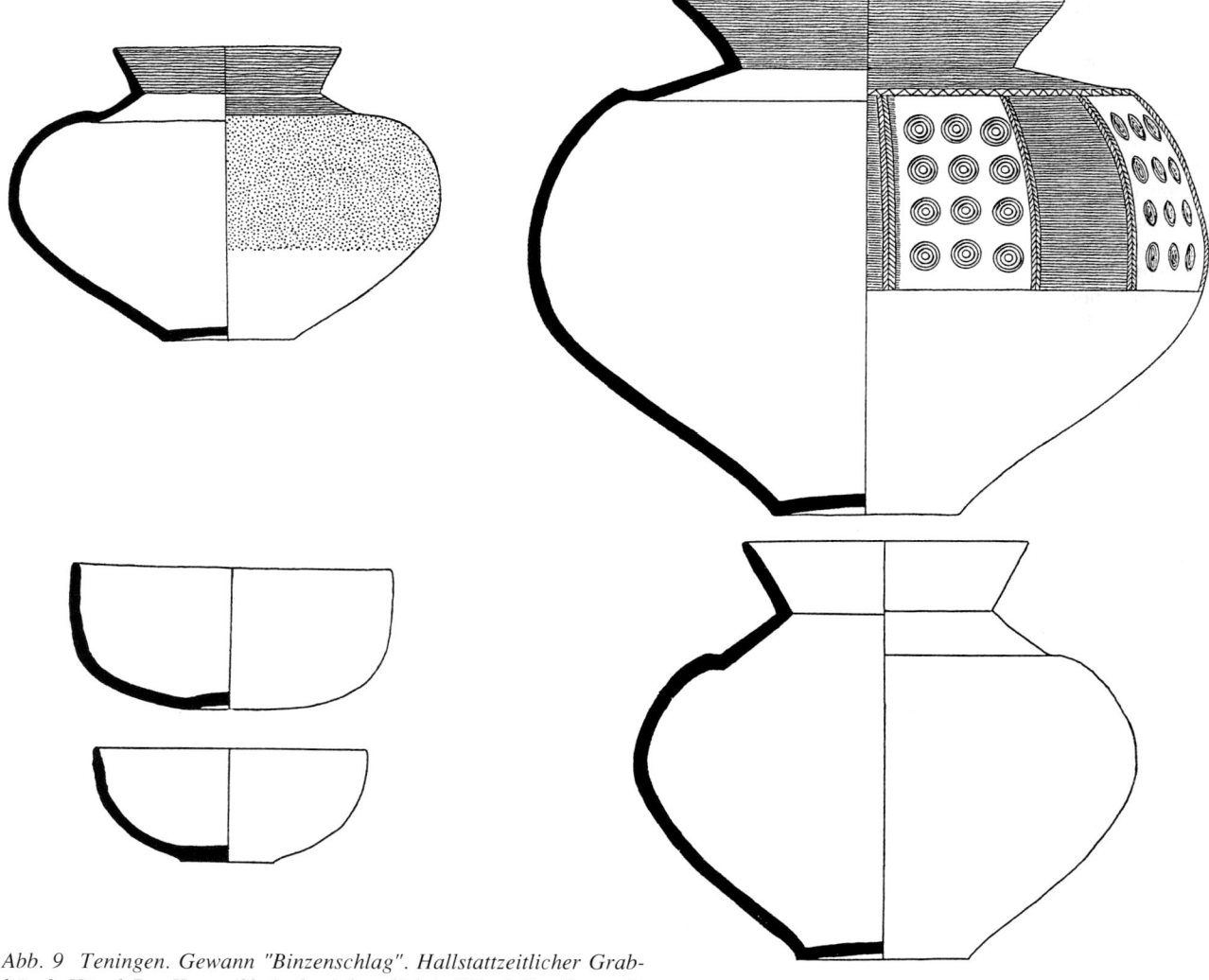

Abb. 9 Teningen. Gewann "Binzenschlag". Hallstattzeitlicher Grabhügel. Hügel B - Keramikbeigabe (oben links). Hügel C - Keramikbeigaben. Maßstab 1:4

Abschnitt der Latènezeit das gleiche, wie für die jüngere Hallstattzeit. Aus den Gräbern ist eine deutlich differenzierte Gesellschaft, an deren Spitze "Fürsten" stehen, ablesbar. Die intensiven Beziehungen zum Mittelmeerraum setzen sich fort (jüngere griechisch-etruskische Importwaren tauchen in den Gräbern auf). In diesen Zeitraum fallen auch die ersten historisch belegten Wander-, Kriegs- und Raubzüge der Kelten in den Mittelmeerraum (387 v.Chr. sind die Kelten in Rom, 279 v.Chr. vor Delphi). Da etwa im 3. Jh. v.Chr. im südwestdeutschen Raum keltische Funde stark abnehmen, könnte ein Grund für diese Abnahme in den Wanderungszügen liegen, doch ist das ein sicher höchst einseitiger Erklärungsversuch, der hier nicht weiter vertieft werden kann. Um die Mitte des 2. Jh. v.Chr. beginnen die sogenannten *"oppida"*, befestigte Siedlungen, in denen Mensch und Tier Schutz finden konnten. Die bekannteste derartige Fluchtburg aus der näheren Umgebung dürfte Tarodunum, östlich von Freiburg sein. Man vermutet, daß diese *"oppida"* eine Reaktion auf die wachsende Einflußnahme und militärische Aktionen des römischen Imperiums bedeuten.

Nach Cäsars gallischen Eroberungsfeldzügen (58 - 50 v.Chr.) gerät allmählich auch das rechtsrheinische Gebiet unter römischen Einfluß. Spätestens seit dem Alpenfeldzug von Tiberius und Drusus (15. v.Chr.) wird es als *"agri decumates"* dem römischen Reich einverleibt. Die Kelten werden als politische Kraft bedeutungslos, ihre Kultur erhält sich nur noch im religiösen Bereich, etwa in Götternamen (Epona, Diana Abnoba, etc.). Unter Domitian (81 - 96 n.Chr.) wird die Grenze bis an Neckar und Donau festgelegt und das ganze Gebiet als Provinz Obergermanien dem römischen Reich angegliedert. Neben militärischen Kastellen in Breisach, Sasbach und Riegel gab es auch zahlreiche zivile Niederlassungen *(vici)* und Bauernhöfe *(villa rustica)*. Die wirtschaftliche Basis dieser Siedlungen lieferten neben Ackerbau und Viehzucht handwerkliche Betriebe (Töpfereien, Eisen- und Bronzeschmieden u.a.). Die Gutshöfe lieferten zahlreiche Produkte für die zivilen und militärischen Siedlungen. Solch ein Gutshof bestand aus mehreren Gebäuden. Das Hauptgebäude hatte in der Regel einen Innenhof und seine Front nach Süden orientiert. Außerdem gab es ein Bad und verschiedene Wirtschaftsgebäude, Ställe und Scheunen. Alle Bauten eines Gutshofes waren von einer Hofmauer eingefaßt. In der Regel bestanden nur Hauptgebäude und Bad aus Stein, die Nebengebäude waren in Holz oder Fachwerk errichtet. Fundstellen aus römischer Zeit sind auf Gemarkung **Teningen**, **Nimburg** und **Köndringen** nachgewiesen. So stammen aus dem Gewann "Ob dem Oberreutener Pfad" Scherben und Leistenziegelbruchstücke (Abb. 10 unten) die, wie die Funde von **Nimburg-Bottingen** Gewann "Steckacker" (Abb. 10 oben) auf Gutshöfe hinweisen. Eine römische Scherbe stammt aus der Teninger Kiesgrube, auch im Gewann "Isenen" sind möglicherweise Scherben dieser Zeit aufgelesen worden. In **Nimburg**, Gewann "Bruckmatten", sind Scherben und Gruben beobachtet worden, nahe der Kirche von Nimburg (südlich der Kirchhofsmauer und westlich der Kirche) ebenfalls Scherben, darunter *terra sigillata* und Leistenziegel. Ist die Nimburger Kirche, wie das auch andernorts beobachtet wurde, über einem römischen Gutshof errichtet worden? Schließlich stammen aus **Köndringen**, Gewann "Huberten/Auf der Eck" Scherben, die auch hier eine römische Siedlung vermuten lassen. Da es sich bei den meisten Funden auf Teninger Gemarkung um Lesefunde handelt, ist über die Struktur der Siedlungen keine Aussage möglich. Gräberfelder, die zu den Siedlungen gehören müssen, sind bisher nicht beobachtet worden. Erwähnenswert sind hier nur Scherbenfunde in den hallstattzeitlichen Grabhügeln (Hügel A und C) aus dem Allmendwald, Gewann "Binzenschlag", die wahrscheinlich römische Nachbestattungen in diesen beiden Hügeln repräsentieren. Leider sind die Funde verschollen, so daß keine Abbildung vorgeführt werden kann. Eine besondere auffällige Fundgattung, die teilweise noch heute im Gelände sichtbar ist, sind die römischen Straßen. Eine derartige Straße, die von Süd nach Nord, östlich an Riegel vorbeiführt, gehört zu der wichtigen Nord-Süd-Verbindung. Diese Straße erscheint auf Luftbildern als deutliche, schnurgerade verlaufende Spur (Abb. 11) zwischen **Nimburg** und Riegel. Eine zweite Straße, die weiter östlich als Steinweg bezeichnet wird, soll gleichfalls römischen Ursprungs sein. Wäre das der Fall, könnte es sich

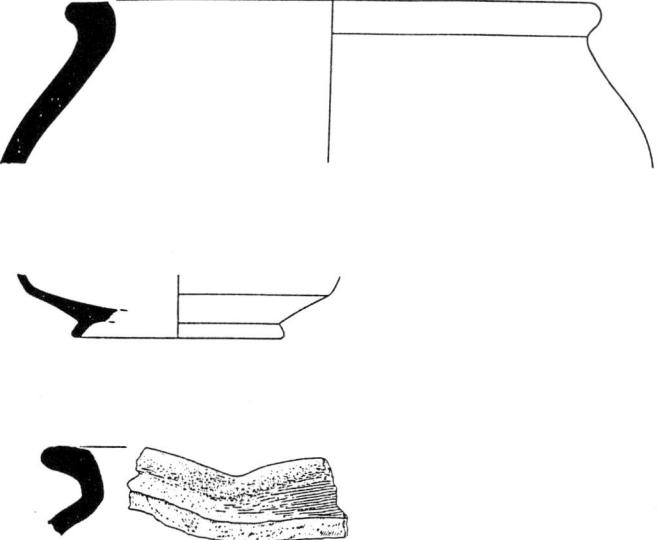

Abb. 10 Oben und Mitte: Nimburg-Bottingen. Gewann "Steckacker". Gefäßscherben aus einer römischen Siedlung. Unten: Teningen. Gewann "Ob dem Oberreutener Pfad". Gefäßscherbe aus einer römischen Siedlung.

Abb. 11 Luftbild der Römerstraße zwischen Nimburg und Riegel. Freigegeben durch Regierungspräsidium Stuttgart Nr. B 31361-11.4.84

wohl nur um eine Abzweigung von der Hauptstrecke handeln, die zu einem *vicus* oder einer *villa rustica* führen dürfte.

Als die Alamannen im Jahre 259/260 ins römische Herrschaftsgebiet einfallen, bedeutet das zwar noch nicht das Ende der Römerherrschaft im rechtsrheinischen Gebiet, aber es beginnt doch ein allmählicher Wandel des kulturellen Erscheinungsbildes. Die Römer errichteten zur Sicherung der Rheingrenze Kastelle (z. B. auf dem Münsterberg von Breisach und der Sponeck bei Jechtingen). Auf der Sponeck, die in der 2. Hälfte des 4. Jh. n.Chr. besetzt ist, werden germanische Einflüsse deutlich, das gilt auch für das zugehörige Gräberfeld. Zwar sind aus der Landnahmezeit (Ende 3. bis Mitte 5. Jh. n.Chr.) außer den gerade genannten, kaum Funde überliefert, doch beginnen mit dem Ende des 5. Jh. die großen, für die Zeit typischen, Reihengräber-Friedhöfe. Diese Epoche (Ende 5. bis Mitte 8. Jh. n.Chr.) - die Merowingerzeit - ist nach dem ältesten fränkischen Herrschergeschlecht benannt. In großer Zahl werden neue Siedlungen gegründet. Besonders die Gründungen mit der Endung auf -ingen weisen darauf hin. Auch Teningen, Köndringen und Bottingen gehören dazu. Da ein großer Teil der merowingerzeitlichen Siedlungen unter den heute noch bewohnten Ortschaften zu vermuten sind, ist die Möglichkeit, diese frühalemannischen Siedlungen zu erforschen, sehr eingeschränkt. Der weitaus größte Teil merowingerzeitlicher Quellen stammt daher aus Gräbern. Aus diesen Gräbern, in denen die Toten mit ihrer persönlichen Habe bestattet wurden, ist eine deutliche Differenzierung der Gesellschaft abzulesen, die sich in Adelige, Freie und Unfreie gliederte. Zur Normalausstattung eines freien Mannes gehörte seine Waffenausrüstung (Spatha, Sax, Lanze etc.) und Gürtel-

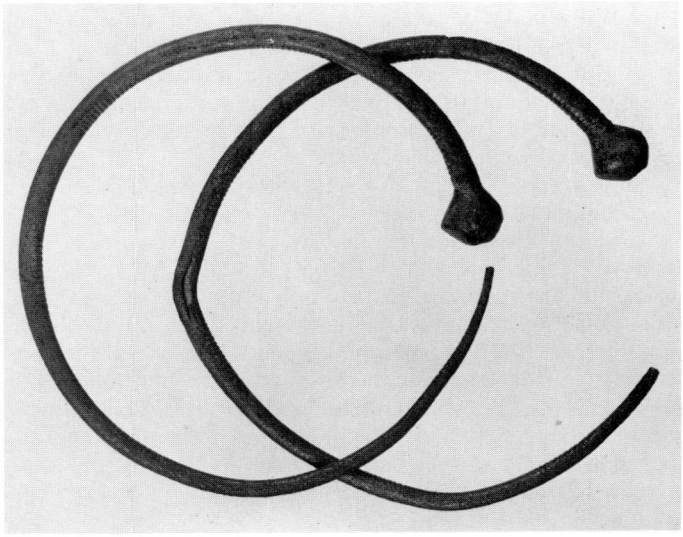

Abb. 12 Teningen. Bronzohrring aus einem merowingerzeitlichen Frauengrab. Maßstab 1:1

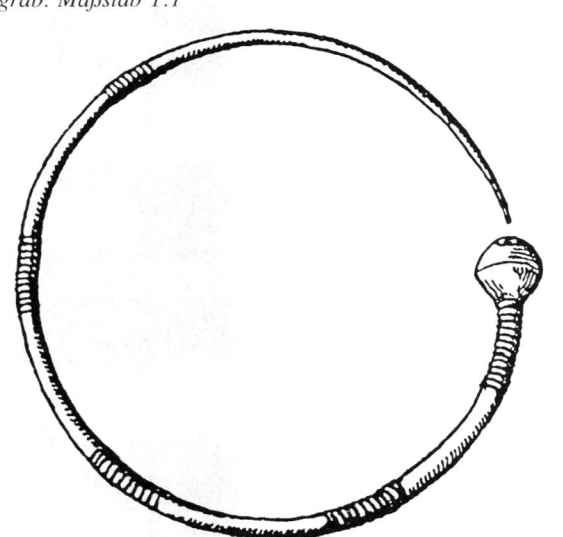

Abb. 13 Teningen. Bronzeohrringe aus einem merowingerzeitlichen Frauengrab (siehe auch Abb. 12)

garnitur. Zu den Frauenbeigaben zählte vor allem Schmuck, wie Arm- und Ohrringe (Abb. 12), Perlenketten und eine Tasche mit ihrem Inhalt. Die Adeligen zeichnen sich durch besonders kostbare oder seltene Grabbeigaben (wie z.B. Kettenpanzer, Brokatstoffe etc.) aus. Die Masse der Gräber mit nur geringen oder ganz fehlenden Beigaben dürfte die Gruppe der Halb- oder Unfreien repräsentieren. In unserem Gebiet sind bisher folgende merowingerzeitliche Grabfunde überliefert:

Aus **Nimburg**, Gewann "Kapellenacker" stammt ein Grab, in dem ein Schwert als Beigabe lag, aus **Köndringen** ein Plattengrab ohne Funde. Zwei Grabfunde, die wahrscheinlich der Merowingerzeit angehören, aber leider keine Beigaben aufweisen, stammen aus **Nimburg-Bottingen** Gewann "Ziegelbreite" und aus **Köndringen** "Ortsetter". Schließlich ist aus **Teningen** ein Ohrringpaar bekannt, das bereits im vorigen Jahrhundert gefunden worden ist (Abb. 13), Angaben zur Lokalisierung sind nicht überliefert. Es handelt sich um Bronzeohrringe von 7 cm Durchmesser, die mit Strichgruppen verziert sind, an einem Ende ist ein doppelkonischer Kopf mit einem Loch, am anderen Ende läuft der Bronzedraht spitz zu, der in das Loch des doppelkonischen Kopfes paßt.

Zu Beginn des 8. Jahrhunderts endet die Sitte, den Toten Beigaben ins Grab zu legen. Ob das Gewann "Bürgle" bei Köndringen schon in dieser Zeit als Befestigungsanlage (Turmburg) errichtet worden ist, läßt sich zur Zeit noch nicht sagen, da derartige Anlagen zwischen dem 7. und 10. Jh. n.Chr. eine weit verbreitete Befestigungsform sind. Nähere Einzelheiten sind aus dem Beitrag von Alfons Zettler in diesem Buch zu entnehmen. Im 8. Jahrhundert endet nicht nur die Beigabensitte in den Gräbern, es endet auch die Merowingerzeit, die Herrschaft der Karolinger setzt ein. Nun nehmen auch die schriftlichen Quellen zu, die historische Überlieferung - und damit das Mittelalter - beginnt.

Literatur in Auswahl

Bittel, Kurt/ Kimmig, Wolfgang/ Schiek, Siegwald: Die Kelten in Baden-Württemberg. Stuttgart 1981
Christlein, Rainer: Die Alamannen. Archäologie eines lebendigen Volkes. Stuttgart 1978
Filtzinger, Philipp/ Planck, Dieter/ Cämmerer, Bernd: Die Römer in Baden-Württemberg. Stuttgart 1978
Müller-Beck, Hans-Jürgen: Urgeschichte in Baden-Württemberg. Stuttgart 1983

Bildnachweis

Abb. 1   Badische Fundberichte 17, 1941-1947, Tafel 6 A-C
Abb. 2   Landesdenkmalamt Baden-Württtemberg, Archäologische Denkmalpflege, Freiburg
Abb. 3   Archäologische Ausgrabungen in Baden-Württemberg 1986, 26 Abb. 26
Abb. 4   Badische Fundberichte 21, 1958, Tafel 2,5; 5,12; 8,28; 10,5; 13,9; 17,7.11;
Abb. 5   Badische Fundberichte 17, 1941-1947, Tafel 43 C
Abb. 6   Badische Fundberichte 4, 1926, 100 Abb. 44
Abb. 7   Badisches Landesmuseum Karlsruhe
Abb. 8   Landesdenkmalamt Baden-Württemberg, Archäologische Denkmalpflege, Freiburg
Abb. 9   Badisches Landesmuseum Karlsruhe
Abb. 10 oben: Fundberichte aus Baden-Württemberg 10 Tafel 71B
         unten: Landesdenkmalamt Baden-Württemberg, Archäologische Denkmalpflege, Freiburg
Abb. 11 Landesdenkmalamt Baden-Württemberg, Stuttgart L 7912/52
Abb. 12 E. Wagner, Fundstätten und Funde aus vorgeschichtlicher, römischer und alamannisch-fränkischer Zeit im Großherzogtum Baden, Erster Teil. Das Badische Oberland, Tübingen 1908, 207 Figur 139
Abb. 13 Badisches Landesmuseum Karlsruhe, Bildarchiv 111 I 185

Zur Geschichte von Aspen, Bottingen, Buchsweiler, Heimbach, Köndringen, Landeck, Nimburg und Teningen im Mittelalter (500 - 1500)

Dieter Geuenich

Wie die Überschrift dieses Kapitels deutlich macht, haben wir es im Mittelalter, worunter wir etwa das Jahrtausend von 500 n.Chr. bis 1500 n.Chr. fassen wollen, in unserer Gegend mit mindestens acht namentlich bekannten Siedlungen zu tun. Da sie allesamt einst auf dem Boden der heutigen Gemeinde Teningen lagen, müssen wir sie in unsere Darstellung der mittelalterlichen Geschichte mit einbeziehen, auch wenn Aspen und Buchsweiler heute völlig vergessen, Landeck nur noch als Name der Burgruine bekannt und Bottingen als Ortsteil in Nimburg aufgegangen ist.

Unter den genannten Siedlungen dürfen wir uns nicht etwa Dörfer oder Gemeinden im heutigen Sinne vorstellen. Das Zusammenwachsen verschiedener Höfe (lat. *curiae*) zu Dorfgemeinschaften mit einer gewählten oder vom Landesherrn eingesetzten Leitung durch einen Rat, Schultheiß oder Vogt ist erst eine Erscheinung und Entwicklung des Spätmittelalters, das heißt der Zeit des 14. und 15. Jahrhunderts, und der beginnenden Neuzeit. Was aber bedeuten dann diese Namen im frühen Mittelalter? Was hat man sich konkret vorzustellen, wenn in einer königlichen oder kaiserlichen Urkunde von den Orten (lat. *loca*) *Deninga* und *Nuemburc* oder den Höfen (lat. *villae*) *Chuniringa* und *Heimbach* die Rede ist?

Sucht man von den überlieferten Ortsnamen aus eine Antwort auf diese Fragen, so ergibt sich eine Einteilung in zwei Gruppen, die von der Bildungsweise her deutlich zu unterscheiden sind. Die ältere Gruppe ist die der sogenannten *ingen*-Namen, die, soweit es sich um alte alemannische Ortsnamen handelt, einen Personennamen enthalten, denen ein *ing*-Suffix angehängt ist. Dieses Suffix bringt die Zugehörigkeit zu einem Personenverband zum Ausdruck, so wie man diejenigen, die zum Geschlecht Karls (des Großen) gehörten, als Kar(o)l-inger bezeichnet. Will man die den Ortsnamen Bottingen, Teningen und Köndringen zugrundeliegenden Personennamen erschließen, so darf man nicht von den heutigen Namenformen ausgehen, sondern muß die frühesten bezeugten Schreibweisen zum Ausgangspunkt machen.

So steckt in:

Bottingen, 885 (?) bezeugt als *Potinga*, vermutlich der Personenname *Poto* oder *Boto*,
Teningen, 972 bezeugt als *Deninga*, vermutlich der Personenname *Deno* oder *Dano*,
Köndringen, 977 (?) bezeugt als *Chuniringa*, vermutlich der Personenname *Chuni(he)ri* oder *Chuni(ha)ri*.

Die ursprüngliche Bedeutung dieser ältesten alemannischen Ortsnamen, die eigentlich in erster Linie eine Personengruppe bezeichnen und erst in zweiter Linie den Ort, an dem diese siedelte, war also:

Pot-inga - "bei den Leuten des Boto",
Den-inga - "bei den Leuten des Dano",
Chunir-inga - "bei den Leuten des Kuniheri".

Über diese vermutlich verwandtschaftlich verbundenen Personengruppen läßt sich nicht mehr in Erfahrung bringen, als daß sie ihrer Herkunft nach Alemannen gewesen sein dürften. Die mit diesem Namen bezeichneten Volksscharen der *ala-manni*, was soviel bedeutet wie "Menschen oder Männer insgesamt, im Gesamten genommen", konnten bekanntlich im Verlauf des 3. Jahrhunderts n.Chr. vom Main her kommend, wo sie sich gesammelt hatten, die römische Grenzbefestigung des sogenannten Limes endgültig durchbrechen. Die Quellen berichten, daß einzelne besonders starke Alemannenscharen das römische Kastell Augst bei Basel (*Augusta Raurica*) eroberten, die Alpen überschritten und erst kurz vor Mailand zum Stehen gebracht werden konnten. Die über den Rhein in das Elsaß eingedrungenen Alemannen konnte Kaiser Probus (276-282) zwar wieder über den Rhein zurückwerfen, aber aus dem sogenannten Dekumatland, dem Gebiet zwischen Bodensee, Oberrhein und Main, das seit der Mitte des 4. Jahrhunderts auch *Alamannia* genannt wurde, vermochte die Alemannen kein römischer Kaiser mehr zu vertreiben.

Wenn sich auch einige Höhenburgen, wie etwa der Runde Berg bei Urach oder der Zähringer Burgberg bei Freiburg-Gundelfingen, in diesem den Römern entrissenen Gebiet nachweisen lassen, die von den Alemannen seither mehr oder weniger kontinuierlich genutzt wurden, so darf man nicht davon ausgehen, daß die Einwanderer zu dieser Zeit bereits allgemein feste Siedlungsräume bezogen haben. Vieles spricht dafür, daß sie ihre Siedlungsplätze immer nur vorübergehend genutzt und dann wieder gewechselt haben. Die großen alemannischen Reihengräberfelder, die eine kontinuierliche Siedlung voraussetzen, reichen meist nicht in die Zeit vor dem 5. Jahrhundert zurück. Für die ersten beiden Jahrhunderte nach der Eroberung des zuvor von den Römern kontrollierten Gebietes kann man von einer semipermanenten, das heißt nur vorübergehend seßhaften, Siedlungsweise ausgehen, die mit einer extensiven Bewirtschaftung des Bodens verbunden war.

Es ist auch nicht anzunehmen, daß die keltischen oder römischen Vorbewohner des Gebietes an Elz und Glotter allesamt vor den Alemannen geflüchtet oder von diesen vertrieben worden wären. Schon die Tatsache, daß die Namen der Wasserläufe Elz (entstanden aus *alto- "Höhe" + *aha "Wasser") und Glotter (entstanden aus *kleu-d "rein") ebenso wie die Namen herausragender Erhebungen Kandel (entstanden aus *kand- "weiß"), von der Vorbevölkerung übernommen wurden, setzt einen intensiven Kontakt mit diesen voraus. Auch gewisse handwerkliche Fertigkeiten, wie Eisenverhüttung und Tonbrennen, haben die Alemannen erst von den hier zuvor unter römischer Verwaltung lebenden Bewohnern erlernt und übernommen.

Nach alledem dürften die genannten *ingen*-Siedlungen irgendwann zwischen dem 5. und 8. Jahrhundert ihre Namen von den ersten dort siedelnden Personenverbänden erhalten haben. Dies ist die Zeit, in der die Alemannen nach der Unterwerfung durch den Merowingerkönig Chlodwig (482-511) unter fränkischer Oberherrschaft standen. Außer einigen Grabfunden aus Nimburg-Bottingen, Köndringen und Teningen, die im Beitrag über die Vor- und Frühgeschichte erwähnt sind, ist aus dieser Zeit vor dem Einsetzen der schriftlichen Überlieferung nichts erhalten. Es ist deshalb müßig, darüber zu streiten, welcher der Ortschaften auf dem Gebiet der heutigen Gemeinde Teningen das höchste Alter zukommt. Da es keine Aufzeichnungen aus diesen Orten selbst gibt, wird sich das wohl niemals ermitteln lassen. Die oft zum Beweis herangezogenen frühesten schriftlichen Erwähnungen sind ausschließlich in Schriftzeugnissen der königlichen oder kaiserlichen Kanzlei oder eines weit entfernt liegenden Klosters erhalten geblieben und mehr oder weniger vom Zufall bestimmt. Nicht das Alter der genannten Orte, sondern die Abgaben, die von dort zu entrichten waren, oder die Zugehörigkeit zu einem Besitz wurden durch solche Aufzeichnungen festgelegt. Insofern besagen diese frühesten urkundlichen Erwähnungen für die genannten Ortschaften lediglich, daß sie zum Zeitpunkt der Urkundenausstellung s p ä t e s t e n s bestanden haben müssen. Wie alt sie zu dieser Zeit jeweils schon waren, läßt sich nicht mehr ermitteln.

Grundsätzlich geht man in der Ortsnamenforschung davon aus, daß die *ingen*-Bildungen der ältesten alemannischen Namenschicht angehören, während die Siedlungsnamen Buchsweiler, Heimbach, Landeck, Nimburg und Aspen bereits eine spätere Phase des Landesausbaus kennzeichnen. Diese späteren Ortsnamen bezeichnen nicht mehr die siedelnden Personen selbst, sondern das Gelände und die Umgebung der Siedlung. So ist **Aspen** ein Dativ Plural und bedeutet "bei den Espen". Der Ortsname **Buchsweiler** gehört zur umfangreichen Gruppe der *weiler*-Orte (lat. *villare*) und enthält im ersten Namenbestandteil das mittelhochdeutsche Wort *buch* (starkes Neutrum) "Buchenwald" (oder lat. *buxum* "Buchsbaum"). **Heimbach** weist im zweiten Namenbestandteil auf einen Wasserlauf, während der erste zu althochdeutsch *heim* "Wohnstätte" oder *hagan* "Zaun, umgrenzter Bezirk" gehören kann. Im Namen **Landeck** hat der zweite Namenbestandteil, althochdeutsch *ekka*, die Bedeutung "Berg(kamm)". Der Name **Nimburg** schließlich geht auf *niuwen burc* "neue Burg" zurück und setzt bereits eine (befestigte) Höhensiedlung voraus.

Eine absolute zeitliche Festlegung der Entstehung dieser Siedlungen sowie der zuvor erläuterten *ingen*-Orte ist allein aufgrund der Namentypen nicht möglich. Es ist zwar unwahrscheinlich, aber nicht unmöglich, daß ein *ingen*-Ort jünger ist als ein der Landesausbau-Phase zugeordneter Ortsname. Und was die frühesten urkundlichen Bezeugungen betrifft, so kann ein im 9. Jahrhundert erstmals genannter Ort kurz vorher entstanden sein, während ein zufällig erst im 11. Jahrhundert schriftlich erwähnter Ort ins 5. oder 6. Jahrhundert zurückreichen kann. Dies sollte man stets im Auge behalten, wenn die acht Ortsnamen unseres Gemeindegebietes im folgenden vor dem Hintergrund ihrer frühesten schriftlichen Bezeugungen erläutert werden.

I. Die frühesten Erwähnungen

1. Heimbach

Ein Chronist des südlich des Bodensees im Gebiet der heutigen Schweiz gelegenen Klosters St. Gallen mit Namen Ratpert berichtet im 9. Jahrhundert, der Konstanzer Bischof Sidonius (746-760) habe seinerzeit Milo, dem Vogt von St. Gallen, einen Gutshof übertragen, der Heimbach hieß (*villam quae Heimbach nuncupatur*). Nun gibt es den Ortsnamen Heimbach bekanntlich mehrfach im deutschsprachigen Gebiet. Es spricht aber dennoch einiges dafür, daß Ratpert einen Hof in unserem Heimbach meinte. Denn in einer Kaiserurkunde Ludwigs des Frommen (814-840), die am 4. Juni des Jahres 817 in Aachen ausgestellt worden ist, wird wiederum ein Gutshof in *Heimbah*, der zwischenzeitlich in die Hände des Breisgaugrafen gelangt war, erwähnt. Die Abgaben dieses von einem *Ruadleoz* bewirtschafteten Hofes sollen, so entscheidet der Kaiser, nicht mehr an den Grafen, sondern an das Galluskloster geliefert werden.

Mehr erfahren wir aus diesen frühen Zeugnissen nicht. Wir wissen nicht, wie groß der *mansus Ruadleozzi de Heimbah* war, was auf diesem Bauernhof produziert wurde, wieviel von den Erträgen dem Bewirtschafter und seiner Familie zukam und wieviel er in das entfernte St. Gallen abliefern mußte. Es ist auch nicht zu erfahren, ob zur Siedlung Heimbach noch weitere Höfe gehörten, die anderen Grundherren abgabepflichtig waren, ob es bereits eine Kirche gab, wie sich die Abhängigkeit des Hofes und seiner Bewohner vom Kloster St. Gallen im Alltag bemerkbar machte und vieles andere mehr. Manches läßt sich durch Analogie erschließen; doch eine fundierte Kenntnis der konkreten Zustände und Lebensumstände im frühmittelalterlichen Heimbach ist nicht möglich.

Es sei auch nicht verschwiegen, daß manches an diesen frühesten schriftlichen Zeugnissen für den Ort Heimbach unsicher ist und ungesichert bleibt. So hat man beispielsweise auch daran gedacht, daß der Ort Hagenbach im Landkreis Lörrach oder ein Hof am Heimbach auf der Gemarkung Au bei Freiburg gemeint sein könnten: Die größte Wahrscheinlichkeit kann jedoch beim jetzigen Stand der Forschung die Identifizierung mit unserem Heimbach für sich in Anspruch nehmen, das damit die früheste schriftlich bezeugte Siedlung auf unserem Gemeindegebiet ist; früher als die von der Bildungsweise her älteren Ortsnamen auf *-ingen*!

2. Teningen

Größere Sicherheit in der Zuweisung besteht bei der frühesten Erwähnung des Ortsnamens Teningen. Er kommt in der Schreibung *Deninga* in einer Urkunde Kaiser Ottos II. (973-983) vor, die dieser noch zu Lebzeiten und mit Zustimmung seines "geliebten Vaters" Ottos des Großen (936-973) am 14. August des Jahres 972 in St. Gallen ausgestellt hat. Der Name des Ortes (*locus*) Teningen wird in diesem Dokument der kaiserlichen Kanzlei nämlich im Zusammenhang einer ganzen Reihe weiterer Orte genannt, die damals offensichtlich mit dem Königshof in Riegel (*Riegol*) in Verbindung standen: Endingen (*Endinga*), Wöllingen bei Endingen (*Uuenelinga*), Kenzingen (*Chenzinga*), Teningen (*Deninga*), Burkheim (*Purcheim*), Bahlingen (*Baldinga*) usw. bis Tutschfelden (*Tuttesuelda*), die alle als im Herzogtum Alemannien im Breisgau liegend bezeichnet werden. Alle diese Orte und einige weitere im Zürichgau, Thurgau, Linzgau und in Rätien bestätigte der damals erst siebzehnjährige Herrscher als "Mitkaiser" seines Vaters (*coimperator augustus*) dem Kloster Einsiedeln (*Meginradescella*) als Besitz.

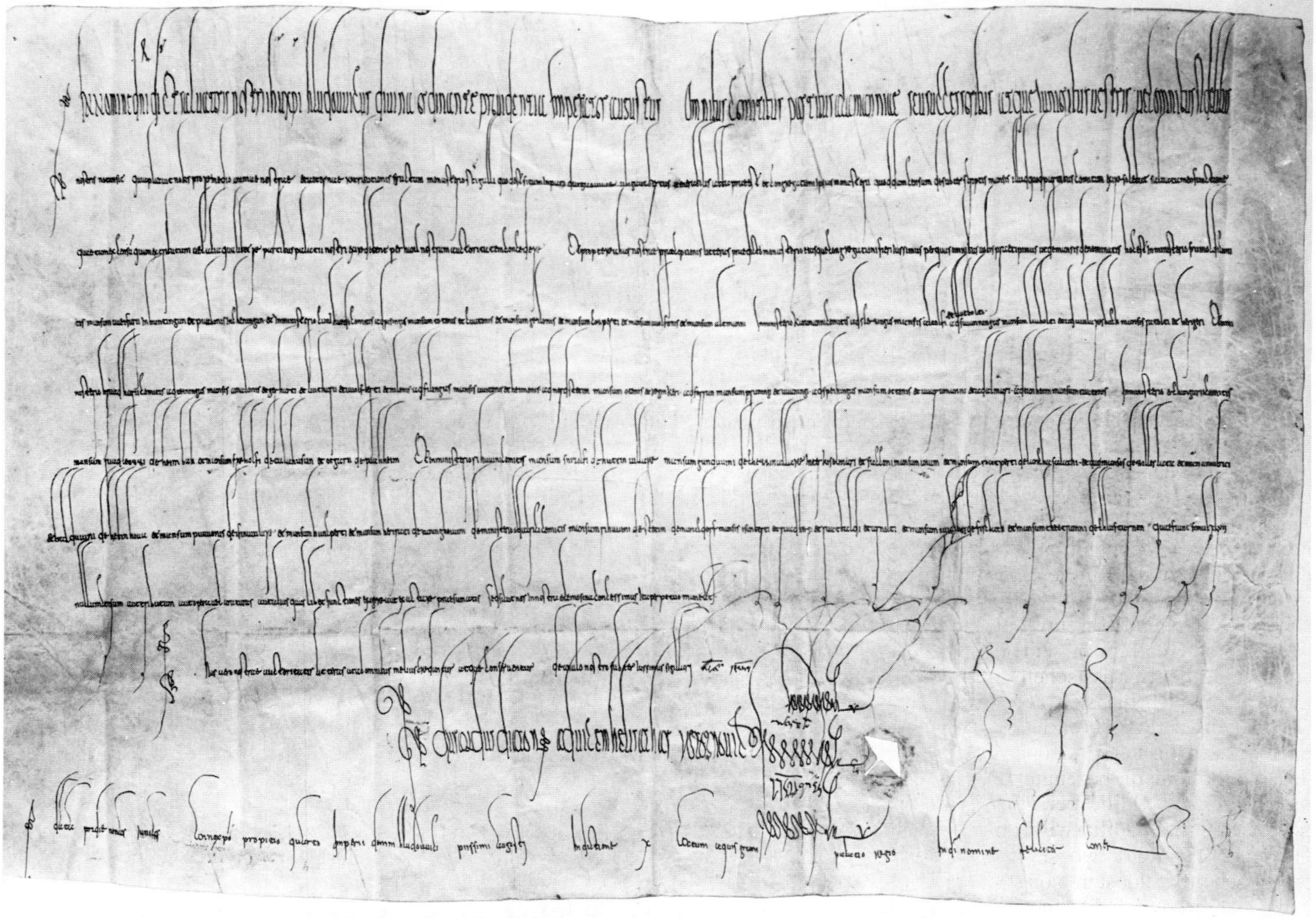

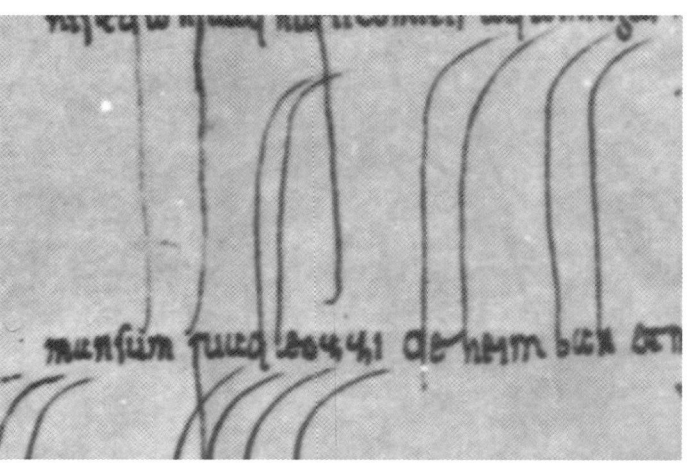

Abb. Urkunde Kaiser Ludwigs des Frommen vom 4.6.817 mit der frühesten Erwähnung des Ortsnamens Heimbah. Stiftsarchiv St. Gallen.

Ausschnittvergrößerung aus Zeile 6, Worte 1-4: "mansum ruadleozzi de heimbah".

Daß diese Abhängigkeit Teningens von der Abtei Einsiedeln nicht nur eine vorübergehende Episode war, bezeugen weitere Urkunden Ottos III. vom 27. Oktober 984 und vom 31. Oktober 996, in denen ausdrücklich auf frühere Urkunden Bezug genommen ist. Wir können sogar mit einiger Sicherheit die Jahre zwischen 952 und 972 als den Zeitraum bestimmen, innerhalb dessen Teningen an das von den Ottonen begünstigte Kloster gelangt ist. Alle jene im Zusammenhang mit dem Hof in Riegel genannten Orte zwischen Kaiserstuhl und Vorbergzone hatte nämlich bis zur Mitte des 10. Jahrhunderts ein gewisser Graf Guntram in seiner Hand gehabt. Dieser Guntram entstammte dem elsässischen Grafengeschlecht der sogenannten "Eberharde", die sich auf das berühmte Herzogshaus der "Etichonen" zurückführen lassen. Namengebender Stammvater oder Spitzenahn der Etichonen war der in der zweiten Hälfte des 7. Jahrhunderts bezeugte Herzog Eticho, dessen blind geborene Tochter Odilia bei ihrer Taufe sehend geworden sein soll. Die heilige Odilia wird noch heute auf dem elsässischen Odilienberg verehrt, wo sie einst selbst ein Kloster errichtet hat. Auch im Südosten von Freiburg am Fuße des Roßkopf wird eine nach ihr benannte Wallfahrtsstätte bis heute zur Heilung von Augenleiden aufgesucht.

Graf Guntram aus der etichonischen Familie der "Eberharde" bekleidete um die Mitte des 10. Jahrhunderts nicht nur das Grafenamt im elsässischen Nordgau, sondern hatte sich auch umfangreichen rechtsrheinischen Besitz angeeignet. Dazu gehörten unter anderem die strategisch besonders wichtigen Orte Burkheim, Riegel, Teningen und der Mauracher Berg bei Denzlingen, von denen aus eine Kontrolle über den Rhein und die rechtsrheinische Rheinstraße möglich war. Als nun Otto der Große in bewußter Anlehnung an das Vorbild Karls des Großen die Reichsgewalt wieder fester in die Hand zu bekommen versuchte, kam es offensichtlich zum Konflikt mit den entgegenlaufenden Interessen dieses am Oberrhein mächtigen Grafen. Dem König, der auf seinem ersten Italienzug (951/52) die langobardische Königskrone erworben hatte, mußte an einem ungehinderten und sicheren Zugang vom Reich nach Italien und Burgund besonders gelegen sein. Die für seine Herrschaft wichtige Verbindung über die Oberrheinstraße konnte jedoch durch den Grafen Guntram jederzeit gesperrt werden. Das dürfte dem König bei seiner Rückkehr aus Italien, die ihn im Frühjahr des Jahres 952 über Zürich, das Oberrheintal und die elsässische Pfalz Erstein führte, bewußt geworden sein.

Ob sich Graf Guntram auf diesem Zug Otto dem Großen widersetzt hat oder den weiterreichenden Interessen des Königs nur grundsätzlich im Wege stand, wissen wir nicht. Jedenfalls wurde Guntram auf einem Reichstag, der am 7. August desselben Jahres in Augsburg stattfand, wegen Auflehnung gegen die königliche Gewalt (*ob reatum regie infidelitatis*) und Untreue (*ob perfidiam suam*) verurteilt. Unmittelbare Folge dieses Prozesses war die Einziehung seines Besitzes, unter dem sich vermutlich auch widerrechtlich angeeignetes Reichsgut befand. Die Nutznießer der Konfiskation des Besitzes Guntrams waren in der Folgezeit vor allem das Kloster Einsiedeln und der Konstanzer Bischof Konrad (934-975). Aus zahlreichen Urkunden Ottos des Großen, seines Sohnes und seines Enkels, durch die in der zweiten Hälfte des 10. Jahrhunderts Schenkungen an die Einsiedler Mönche und den später heiliggesprochenen Bischof bestätigt wurden, läßt sich der ursprüngliche Besitz des Grafen in groben Zügen erschließen (siehe das umseitige Kartenbild). Wir haben damit zumindest in etwa einen Eindruck von den Besitzverhältnissen im Breisgau in der Zeit vor und nach dem Augsburger Hochverratsprozeß, durch den der zuvor mächtige Graf entmachtet und die Abhängigkeit der Bevölkerung in vielen Ortschaften am Kaiserstuhl und in der Freiburger Bucht schlagartig und auf Jahrhunderte verändert wurde.

3. Köndringen

Der Ortsteil Köndringen beging im Jahre 1977 seine 1000-Jahrfeier; dabei berief man sich auf eine Urkunde Kaiser Ottos II. vom April des Jahres 977, die noch heute in den Archives Départementales in Colmar aufbewahrt wird. Diese Kaiserurkunde, die in der zum Jubiläum erschienenen "Chronik von Köndringen" abgebildet und übersetzt vorgelegt wurde, ist jedoch trotz des offensichtlich echten Siegels eine Fäl-

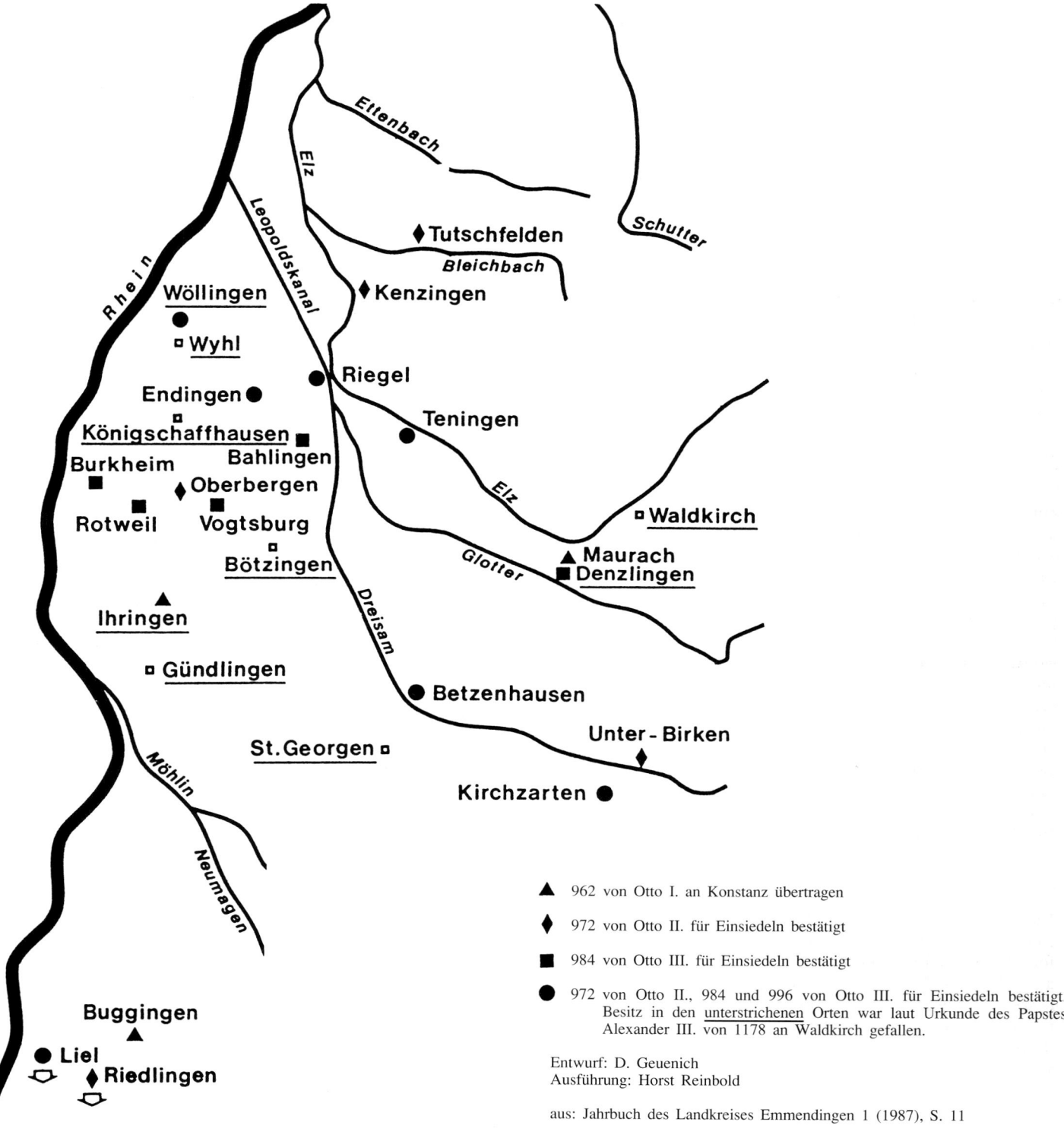

Der Besitz des Grafen Guntram im Breisgau vor dem Jahr 952.

schung des 12. Jahrhunderts. Als Vorlage benutzte der Fälscher eine echte Urkunde vom 27.4.977, in der Otto II. dem elsässischen Kloster Murbach die Immunität, das Abtwahlrecht und die Befreiung vom Zoll bestätigte. Warum man im 12. Jahrhundert ein Tauschgeschäft zwischen dem Abt von Murbach und einem gewissen *Godefridus* in das 10. Jahrhundert zurückdatierte, wissen wir nicht und werden wir wohl kaum mehr ermitteln können. Dieser Laie namens Godfrid soll demnach im Tausch gegen elsässischen Besitz, der an das Kloster kam, im Breisgau *in loco Niwnburch* eine Basilika mit allem Zubehör erhalten haben sowie zwei Bauernhöfe in der Ortschaft Köndringen (*in villa vel marcha Chuniringa mansos duos*).

Da es sich, wie gesagt, um eine Fälschung des 12. Jahrhunderts handelt, in deren Vorlage weder Nimburg noch Köndringen genannt waren, kann die Urkunde nicht zum Beweis der Existenz dieser beiden Orte im 10. Jahrhundert herangezogen werden. Wenn damit auch der konkrete Anlaß der 1000-Jahrfeier des Jahres 1977 nachträglich entfällt, so dürfte andererseits ein noch höheres Alter der Siedlung Köndringen zu vermuten sein, da sie nach dem Ausweis der Ortsnamenbildung durchaus schon im 6., 7. oder 8. Jahrhundert entstanden sein kann. Das früheste schriftliche Zeugnis des Ortsnamens ist allerdings nicht aus dem 10. Jahrhundert, sondern erst im "Rotulus Sanpetrinus" zu Beginn des 12. Jahrhunderts überliefert, auf den wir noch ausführlicher einzugehen haben werden.

4. Nimburg

Nachdem die angebliche Urkunde Kaiser Ottos II. vom Jahre 977, die auch im Ortsteil Nimburg Anlaß zu einer 1000-Jahrfeier im Jahre 1977 und zur Herausgabe einer Festschrift war, als Fälschung des 12. Jahrhunderts erkannt ist, fallen die frühesten Zeugnisse des Ortsnamens erst in das ausgehende 11. und das frühe 12. Jahrhundert. Diese Bezeugungen stehen in direktem Zusammenhang mit dem Adelsgeschlecht der Grafen von Nimburg, denen der Beitrag von Ulrich Parlow im Anschluß gewidmet ist.

5. Bottingen

Der *ingen*-Name dieser Ortschaft läßt ein höheres Alter vermuten als der Name des benachbarten Nimburg, dessen Bedeutung "neue Burg" (*novum castrum*) auf eine Neugründung und eine zuvor verlassene oder aufgegebene "ältere Burg" schließen läßt. Gleichwohl sind die von der älteren Forschung gelegentlich auf unser Bottingen bezogenen Ortsnamenzeugnisse im St. Galler Urkundenbestand allesamt zweifelhaft. Der früheste Beleg *Bodinchova* (zum 7. September 751) dürfte auf einen abgegangenen Ort in der Nähe von Haltingen zu beziehen sein, wie der Kontext der Urkunde nahelegt; die zweite Nennung (zum 4. April 830) in der Schreibung *Pottinchovum* wird meist und mit mehr Wahrscheinlichkeit mit Bottighofen bei Kreuzlingen im Kanton Thurgau gleichgesetzt; die dritte Urkunde schließlich, die *in loco, qui dicitur Potinga* (am 17./18. Mai 885), ausgestellt worden ist, wird neuerdings ebenfalls nicht mehr auf unser Bottingen bezogen, sondern auf Böttingen im Scherra.

Wenn auch hinsichtlich dieser Identifizierungen in der Forschung das letzte Wort noch nicht gesprochen zu sein scheint, können wir die ersten sicheren Zeugnisse für unsere Ortschaft erst in der ersten Hälfte des 13. Jahrhunderts ausmachen, wo das Kloster Tennenbach als Besitzer eines Gutes in Bottingen erscheint.

6. Landeck

Da über die Burg und die Herren Snewlin von Landeck jeweils in eigenen Kapiteln gehandelt wird, sei hier nur darauf hingewiesen, daß spätestens in der ersten Hälfte des 14. Jahrhunderts in den Quellen auch von einem *stettelin vor der burg ze Landegge* die Rede ist. Bewohner dieser Siedlung müssen zu dieser Zeit von ihren Gütern Zins an die Klöster Sölden (1321) und Tennenbach (vor 1341) zahlen.

7. Aspen

Dieser heute abgegangene Ort nördlich von Landeck, dessen Name "bei den Espen" auf eine einstmals auffallende Baumgruppe hinweist, hatte im 14. Jahrhundert nur neun Einwohner, die in drei Behausungen lebten. Im Jahre 1296 verkauften die Herren von Hornberg den Ort gemeinsam mit andern Gütern in Mundingen und Emmendingen an das Kloster Tennenbach. Die kleine Siedlung, die zu diesem Zeitpunkt noch nicht allzu lange bestanden haben dürfte, lag *oberthalb der burg Landegge vor der dörfer almende* inmitten des Gebietes, das später als "Vierdörferwald" der Orte Malterdingen, Köndringen, Heimbach und Mundingen bezeichnet wurde. Hinsichtlich der Rechtsprechung gehörten die Bewohner zu Mundingen, kirchlich war Aspen der Pfarrei Heimbach zugeordnet (*in parochia ecclesie in Heimbach*). Durch Tausch kam der kleine Ort im Jahre 1414 an Ludwig Snewlin, den Herrn der Burg Landeck.

8. Buchsweiler

Auch Buchsweiler, das einst zwischen Bottingen und Holzhausen am Osthang des langgestreckten Bergrückens lag, der sich zwischen Hochdorf und Nimburg erhebt, ist heute nicht mehr vorhanden. Die früheste Erwähnung dieser Siedlung, die im Jahre 1505 nachweislich noch bestanden hat, liegt im sogenannten *Liber decimationis* vor, einem Erhebungsregister des Jahres 1275, das in der Diözese Konstanz für den Papst erstellt wurde. Der in diesem frühen Zeugnis genannte Dorfpriester (*plebanus in Buhswil in decanatu Gloter*) versah den Gottesdienst an der Buchsweiler Kirche, die den Heiligen St. Adolf und St. Pelagius geweiht war und die erst in der zweiten Hälfte des 19. Jahrhunderts abgebrochen wurde. Im Urbar des Klosters Adelhausen (Freiburg) von 1327 ist *Buhswilr* unter der Rubrik Holzhausen aufgeführt und im Güterbuch der Abtei Tennenbach von ca. 1341 unter der Überschrift Neuershausen. Im Jahre 1346 verpfändete *Hug von Veltheim* mit seinem gleichnamigen Sohn und seiner Frau *Lucie* das Gericht und die Kapelle zu *Buhswiler* an seinen Oheim, den Freiburger Ritter *Dietrich Kotze*. Von diesem ging der Kirchensatz zu Buchsweiler an die Witwe des Ritters, *Klara Anna Kotzin*, und deren Sohn Paul über. Von 1407 an gingen die Abgaben der Kirche dann an den Abt von St. Trudpert, der auch für die Einsetzung des Priesters zuständig war. Nach Auskunft des Konstanzer Pfründeregisters aus dem Jahre 1482 war das Gotteshaus in Buchsweiler zu diesem Zeitpunkt bereits in Verfall, und die Gläubigen des Ortes gehörten fortan zur Pfarrei Holzhausen. 1606 soll der Holzhausener Pfarrer zwar in Buchsweiler noch eine Messe wöchentlich lesen, aber der endgültige Verfall des Kirchleins scheint bereits unaufhaltsam gewesen zu sein.

In einem Bericht des Freiherrn von Harsch aus dem Jahre 1606 findet sich übrigens ein Hinweis auf ein großes gemauertes Grab innerhalb der Kirchenruine, in das Frauen ihre kranken Kinder legten, um sie durch die Wunderkraft dieser heiligen Stätte heilen zu lassen. Dieser fromme Brauch soll sich bis in das vorige Jahrhundert gehalten haben.

II. Die klösterlichen Grundherren

Wir haben im vorangehenden mit dem Grafen Guntram bereits einen mittelalterlichen Grundherrn kennengelernt, der in unserem Gebiet über Besitz verfügte, den er allerdings 952 an den König verlor. Es ist charakteristisch für die mittelalterlichen Verhältnisse, daß der Herrscher die konfiszierten Güter nicht in seiner eigenen Hand behielt, sondern an Leute oder Institutionen seines Vertrauens weitergab. Im Falle Teningens war das Kloster Einsiedeln der Nutznießer, dem 972 Besitz an diesem Ort bestätigt wurde. Schon im Jahre 817 hatte, wie wir hörten, Kaiser Ludwig der Fromme die Einkünfte, die bis zu diesem Zeitpunkt der Breisgaugraf bezogen hatte, dem ebenfalls in der heutigen Schweiz gelegenen Gallus-Kloster übertragen. Es wurde weiterhin darauf hingewiesen, daß über den Besitz des elsässischen Klosters Murbach in Nimburg und Köndringen nur eine Fälschung existiert. Vom 12. Jahrhundert an mehren sich dann die Zeugnisse dafür, daß die Klostergründungen der näheren Umgebung, vor allem das oberhalb des Glottertales gelegene Zähringerkloster St. Peter sowie die Zisterzienserabtei Tennenbach im Brettenbachtal, als Grundherren für unser Gebiet maßgeblich wurden. Aber auch dem Frauenkloster Sölden, das um 1080 durch Ulrich von Cluny (gest. 1093) in Bollschweil gegründet und 1115 von dort nach Sölden verlegt worden war, dem Freiburger Nonnenkloster Adelhausen und dem in der Ortenau gelegenen alten Benediktinerkloster Schuttern gelang es im Spätmittelalter, in und um Teningen Besitz zu erlangen. Neben diesen monastischen Grundherren sowie den Bischöfen von Konstanz und Straßburg verfügten die Grafen von Nimburg, die Herren von Köndringen, von Geroldseck, von Landeck, von Keppenbach und von Üsenberg, deren Geschlechtern und Burgen eigene Abschnitte gewidmet sind, für kürzere oder längere Zeit über umfangreiche Güter und Ländereien in unserem Raum, bis schließlich die Markgrafen von (Baden-) Hachberg einerseits und die Grafen von Freiburg (-Habsburg) andererseits zunehmend die Einkünfte und Rechte der breisgauischen Orte in ihren Händen vereinigten.

Im folgenden sollen die wichtigsten klösterlichen Grundherren, die über Einkünfte, Besitz oder Rechte in unseren Ortschaften während des Mittelalters verfügten, in den Blick genommen werden.

1. St. Gallen

Nach dem Bericht der Vita Galli gilt der Columban-Schüler Gallus als Gründer des südlich des Bodensees in der heutigen Schweiz gelegenen Benediktinerklosters. Die eigentliche Geschichte der Abtei beginnt jedoch erst um 720, als der Mönch Otmar zum Abt erhoben wurde. Unter der Leitung dieses heiligen Mannes kämpfte die Mönchsgemeinschaft um ihre Unabhängigkeit vom Konstanzer Bischof Sidonius, die jedoch mit Otmars Tod (759) für längere Zeit verlorenging. In diese frühe Zeit fällt die oben erwähnte Besitzübertragung des Hofes in Heimbach, von der der Chronist Ratpert berichtet.

Wir wissen nicht, ob es sich um denselben oder einen anderen Heimbacher Hof handelt, dessen Einkünfte Ludwig der Fromme am 4. Juni des Jahres 817 dem Breisgaugrafen entzog und dem Gallus-Kloster übertrug. Da der Kaiser sich die übrigen Einkünfte vorbehielt, dürfen wir davon ausgehen, daß sich in Heimbach zu dieser Zeit noch Königsgut befand.

Ein solcher weit vom Kloster entfernt gelegener Besitz war für die Zeit des Frühmittelalters nicht ungewöhnlich. Doch schon bald wurde dieser entlegene klösterliche "Streubesitz" allenthalben veräußert oder eingetauscht, und die überall entstehenden Klosterneugründungen seit dem 10. Jahrhundert trachteten bereits zunehmend danach, ihren Besitz in erreichbarer Nähe zu haben.

Die frühe Abhängigkeit von St. Gallen hat in Heimbach nicht nur im Pfarrpatrozinium St. Gallus seine Spuren hinterlassen, sondern vermutlich auch im Namen des "Gallen"-baches, der allerdings erst zum Jahre 1585 erstmals bezeugt ist. Dieses Gewässer scheint seinen Namen der Gallenkapelle zu verdanken, die zum 1528 erwähnten "St. Gallen Hof" gehörte. Der Hof, an dem vorbei der Bach ins Dorf floß, ist im Spätmittelalter als Widumhof des Klosters Schuttern bezeugt. Wann das Gallus-Patrozinium auf die heutige Pfarrkirche übergegangen ist, die noch 1507 als Kirche *unser lieben frouwen zuo Heymbach* bezeugt ist, läßt sich nicht mehr feststellen.

2. Einsiedeln

Die heute auf dem Gebiet der Schweiz gelegene Benediktinerabtei Einsiedeln wurde in der 2. Hälfte des 10. Jahrhunderts vom ottonischen Königshaus besonders begünstigt und reich ausgestattet. Zwischen 952 und 972 gelangte, wie wir oben hörten, auch Teningen, das sich zuvor allem Anschein nach in der Hand des Grafen Guntram befunden hatte, an das Kloster Einsiedeln. Dies teilt uns eine Kaiserurkunde vom 14. August 972 mit, deren Inhalt in den Jahren 984 und 996 von Otto III. nochmals bestätigt wurde. Offensichtlich konnte die Abtei ihre Rechte im fernen Teningen bis ins 14. beziehungsweise 15. Jahrhundert behaupten; denn bis zu dieser Zeit ist in den verschiedenen Quellen immer wieder davon die Rede, daß an festgelegten Terminen bestimmte Abgaben aus Teningen am Hof in Riegel für die Benediktinerabtei abgeliefert werden mußten: In einem Einsiedelner Einkünfteverzeichnis des 12. Jahrhunderts ist auf dem Rande vermerkt, daß *Albertus marschalcus et Ruodolfus de Teningen* jährlich am Georgstag (23. April) fünf Solidi zu entrichten hatten. Im Jahre 1289 ist es ein *Willehelm von Teningen*, der 2 1/2 Schilling am Hof in Riegel zahlen mußte. Und noch um die Mitte des 14. Jahrhunderts sind im Tennenbacher Güterbuch bestimmte Abgaben schriftlich festgehalten worden, die noch zu dieser Zeit aus Teningen an den Einsiedelner Abt und Konvent (*abbati et monasterio ze den Einsideln*) zu leisten waren.

Doch bald darauf gingen auch die Einsiedelner Mönche daran, ihren Fernbesitz abzustoßen und ihre Ländereien auf die nähere Umgebung des Klosters zu konzentrieren. Am 7. September 1353 verkauft ihr Abt Heinrich für 1310 Mark Silber Freiburger Gewichts den Hof zu Riegel mit Rechten und Besitzungen in Schelingen, Ebnet und Eschbach sowie den Großzehnten in Teningen an den Freiburger Bürger Johann den Malterer. Die Einsiedelner behielten sich aber zu dieser Zeit noch einen Acker vor, an dem unter anderem der Teninger Kirchensatz hing. Erst ein Jahrhundert später gingen die letzten Einkünfte der fernen Benediktinerabtei an das Kloster Ettenheimmünster über.

3. Schuttern

Das Benediktinerkloster Schuttern in der Ortenau, das einstmals nach seinem sagenhaften Gründer, dem angelsächsischen König Offa, *Offinwilare* hieß, ist vermutlich um die Mitte des 8. Jahrhunderts durch den in Alemannien tätigen Missionar Pirmin (gest. 753) gegründet worden. Die Vogtei über das Kloster gelangte im Hochmittelalter in die Hände der Geroldsecker, die zum Schutz der klösterlichen Besitzungen in unserem Gebiet die Burg Landeck errichteten. Bereits eine Aufzählung des Schutterner Klosterbesitzes aus dem Jahre 1136, die von Papst Innozenz II. (1130-1143) bestätigt wurde, nennt Güter in Heimbach und Köndringen. Am 20. Januar 1328 beauftragte der damals in Avignon weilende Papst Johannes XXII. (1316-1334) den Konstanzer Bischof Rudolf III. von Montfort, die Köndringer Pfarrkirche der Abtei Schuttern zu inkorporieren. Das Kloster sollte damit für seine Verluste in den Auseinandersetzungen mit dem vom Papst bekämpften und nicht anerkannten deutschen König Ludwig (dem Bayern) entschädigt werden. Die jährlichen Einkünfte der Kirche betrugen damals 20 Mark Silber, wobei dem Bistum die Quart (ein Viertel) zustand. Der Konstanzer Bischof löste die päpstliche Anordnung am 1. Juli 1332 ein. Dabei wurden die jährlichen Einkünfte des in Köndringen tätigen Vikars folgendermaßen festgelegt: 40 Scheffel Korn, 2 Scheffel Hülsenfrüchte, 12 Saum Wein, 2 Pfund Freiburger Schillinge, je ein Wagen Heu und Stroh, 10 Scheffel Hafer sowie bestimmte feste Einkünfte (Kleinzehnt) aus den Dörfern Köndringen und Heimbach. Von diesen Einkünften mußte der Köndringer Vikar jedoch nach bischöflicher Anordnung auch noch einen Priester unterhalten.

Noch die *Registra subsidii charitativi* des Bistums Konstanz, die um 1508 aufgezeichnet wurden, erwähnen die Abhängigkeit der Köndringer Kirche von Schuttern. In diesem Register sind auch der Köndringer Vikar, *Petrus Trúwdienst*, sowie der Pfarrer der Heimbacher Filialkirche, *Johannes Scherer*, namentlich genannt. 1505 wird der Abt von Schuttern ausdrücklich als *rechter lehenherr der pfarrkirch zu Künringen* bezeichnet. Daß die Kirche in Heimbach als Filialkirche des Köndringer Gotteshauses anzusehen sei, wurde schon im *Liber marcarum* (1360-1370) ausdrücklich festgehalten. Zum Jahre 1527 erfahren wir, daß der Schutterner Abt Konrad *das dorf Haimbach by Landeckh ob Kündringen* gelegen, das er sieben Jahre zuvor von *Paulus Stoer* gekauft hatte, an einen *Jacob Stürtzell von Buchen doctor* veräußerte. Der kleine und große Zehnt von Köndringen, Heimbach und Landeck aber war (1528) weiterhin an das *gotzhuß Schutter* zu entrichten.

4. St. Peter

Das Hauskloster der Herzöge von Zähringen wurde am 1. August des Jahres 1093 vom Konstanzer Bischof Gebhard III. (1084-1110), der selbst ein Sohn des ersten Zähringerherzogs war, geweiht. Es diente als Grablege der Zähringer und ist von diesen entsprechend reich ausgestattet worden. Die Schenkungen, die im ersten Jahrhundert der Klostergeschichte erfolgten, wurden meist in einen mehr als sechs Meter langen Pergamentrodel eingetragen, der heute noch erhalten ist und im Generallandesarchiv in Karlsruhe aufbewahrt wird. Mehrere der in diesem *Rotulus Sanpetrinus* aufgezeichneten Schenkungsnotizen der Jahre 1095 bis 1203 betreffen unser Gemeindegebiet, in dem ja nicht nur die Zähringerherzöge selbst, sondern auch die von diesen abhängigen Grafen von Nimburg und Herren von Köndringen im 12. Jahrhundert größten Einfluß besaßen. Über deren Schenkungen, wie etwa die des Grafen Erlwin von Nimburg, und deren Tätigkeit als Zeugen für die im *Rotulus* aufgezeichneten Rechtsgeschäfte ist in den Abschnitten über die Grafen von Nimburg und die Herren von Köndringen ausführlich gehandelt. Daneben haben jedoch auch "einfachere" Leute Besitz an das Petersklostergeschenkt oder verkauft, um dadurch größere Sicherheit im Diesseits und ewiges Seelenheil im Jenseits für sich und ihre Anverwandten zu erlangen.

Abb. "Reginhardo de Deningen ... Bertholdo de Kvnringen". Ausschnitt aus dem Rotulus Sanpetrinus. GLA 14/1b

So übergab ein gewisser *Reginhardus de Deningen* dem Zähringerkloster drei Äcker bei Teningen, wofür ihm die Mönche eine Zahlung von einem Talent und 18 Solidi leisteten. Einem anderen Teninger namens *Meginwardus* wurden für einen von ihm geschenkten Acker 12 Solidi gezahlt. *Bertholdus de Kvnringen* erhielt für einen Acker bei Köndringen 9 Solidi und 4 Denare. Es gab aber auch freie Teninger Bürger, die über Besitz außerhalb des Gemeindegebietes verfügten, wie jenen *Arnoldus liber homo de Deningen*, der dem Peterskloster einen Weinberg bei Endingen übergab. Sein Bruder *Bertholdus* hatte bereits zuvor einen Teninger Acker geschenkt.

5. St. Georgen

Unter ihrem Abt Werner (1119-1134) schlossen die Mönche des Benediktinerklosters St. Georgen im Schwarzwald ein Tauschgeschäft mit Kuno von Köndringen ab. Dem Schwarzwaldkloster wurden dabei unter anderem jährlich zwei Fuder Wein aus *Chenbech* zugesagt, wo Kuno demnach über Reben verfügte. Da die Zähringer zu dieser Zeit die Vögte von St. Georgen waren, hält es Ulrich Parlow im folgenden Beitrag gemäß einer von Hans-Josef Wollasch vorgeschlagenen Identifizierung für gut möglich, daß mit *Chenbech* unser Heimbach gemeint ist, das damit durch die vereinbarten Weinabgaben um 1120/30 mit dem Schwarzwaldkloster für einen gewissen Zeitraum in Verbindung gestanden hätte.

6. Adelhausen

Über Besitz der Klosterfrauen aus Adelhausen bei Freiburg in unserem Gebiet erfahren wir aus dem 1327 aufgezeichneten Urbar des Frauenklosters (siehe Buchsweiler) sowie indirekt aus dem Tennenbacher Güterbuch. Dort sind bestimmte Ländereien in Bottingen, die dem Kloster Tennenbach gehörten, als an die Wiesen von Adelhausen angrenzend (*iuxta prata de Adelnhusen*) beschrieben.

7. Sölden

Aus einer weiteren Notiz im Tennenbacher Güterbuch ist zu entnehmen, daß auch das südlich von Freiburg gelegene cluniazensische Frauenkloster Sölden auf der Bottinger Gemarkung Besitz hatte. Denn ein Tennenbach übertragener Acker grenzte an die Güter der Söldener Klosterfrauen (*iuxta bona dominarum de Seldan*). Es wäre in diesem Falle naheliegend, die Grafen von Nimburg als die Vermittler des Besitzes in Betracht zu ziehen, da sie die Schutzvogtei über das Söldener Cluniazenser-Priorat innehatten.
Zum Jahre 1321 berichtet eine andere Quelle, daß der Zins von bestimmten Ländereien auf den Gemarkungen von Heimbach und Landeck ebenfalls nach Sölden zu entrichten war.

8. St. Märgen

Daß die Augustiner-Chorherren des zu Beginn des 12. Jahrhunderts gegründeten Klosters St. Märgen in Heimbach Weingärten besaßen, geht wiederum aus Aufzeichnungen der Tennenbacher Mönche in ihrem um die Mitte des 14. Jahrhunderts verfaßten Güterbuch hervor, wo von den *vineae dominorum de sancta Maria* die Rede ist. Ob das Heimbacher Marien-Patrozinium (*unser lieben frouwen*) auf den Einfluß der St. Märgener Chorherren zurückzuführen ist, läßt sich nicht mehr feststellen.

9. Günterstal

Von den Zisterzienserinnen des 1224 geweihten Klosters Günterstal bei Freiburg erwarben die dem gleichen Orden zugehörigen Tennenbacher Mönche nach dem Ausweis ihres Güterbuches Weingärten und Brachflächen in Heimbach durch Kauf (*reban unde egerdan ... dominarum de Guntertal, a quibus emimus*).

10. Tennenbach

Das Zisterzienserkloster Tennenbach wurde im Jahre 1161 gegründet; als Mutterkloster gilt die in der heutigen Schweiz gelegene Zisterze Frienisberg. Daß die Nimburger Grafen und mehrere ihrer Ministerialen die Klostergründung besonders gefördert haben, ist an anderer Stelle ausführlich beschrieben. Alle maßgeblichen Geschlechter des Breisgaus waren an der Ausstattung der ungewöhnlich schnell aufblühenden Abtei beteiligt. So schenkten etwa auch *Nibelung* und *Wolfram* von Köndringen kurz vor ihrem Tod auf dem dritten Kreuzzug (1189-1192) dem Kloster jeweils ein Lehen in Bertoldsfeld bei Emmendingen.

Der umfangreiche Besitz der Tennenbacher Mönche ist im sogenannten Tennenbacher Güterbuch, einem der wichtigsten Urbare des Oberrheingebietes, aufgezeichnet worden. Die heute im Generallandesarchiv in Karlsruhe aufbewahrte Pergamenthandschrift ist zwischen 1317 und 1341 entstanden, danach aber mitunter noch durch Nachträge ergänzt worden. Nach dem Alphabet (*secundum ordinem alfabeti*) sind in dem Buch alle Orte zusammengestellt, in denen die Abtei Besitz, Zinsen oder Rechtsansprüche hatte. Die Abbildung der Seite, auf der die Aufzählung des Besitzes in Teningen beginnt, vermag einen Eindruck von der Gestaltung und Anordnung des Buches zu vermitteln (Abbildung rechts). Um den Umfang der unsere Orte betreffenden Aufzeichnungen zu verdeutlichen, sind im folgenden die Überschriften mit den zugehörigen Spalten angegeben (in Klammern die Seitenangaben der Edition):

Aspan	Spalten 22-28	(S. 12-16)
Bottingen	Spalten 116-124	(S. 68-73)
Buhswiler	(unter der Überschrift "Neuershausen" erwähnt)	
Heinbach	Spalten 472-476	(S. 202-205)
Kunringen	Spalten 657-666	(S. 279-285)
Landegge	Spalte 675	(S. 286)
Nuburg	Spalten 923-924	(S. 387-388)
Teningen	Spalten 1149-1177	(S. 471-488)

Abb. Spalte 1149 aus dem Tennenbacher Güterbuch. "Teningen". GLA 66/8553

Es ist hier nicht möglich, die zu jeder dieser Ortschaften bis ins einzelne registrierten Natural- und Geldabgaben, die Abgabetermine, die genau beschriebenen Örtlichkeiten und Rechtsverhältnisse wiederzugeben, die eine eingehende Lektüre des Urbars so reizvoll machen. Auf die leicht zugängliche Edition von Max Weber, die als Veröffentlichung der Kommission für geschichtliche Landeskunde in Baden-Württemberg 1969 erschienen ist, sei hier deshalb nachdrücklich hingewiesen.

Über die Siedlung **Aspen**, die als *op(p)idulum* oder *casalium* bezeichnet ist, erfahren wir, daß sie *oberthalp der burg Landegge vor der doerfer almeinde* lag. Die Tennenbacher hatten die Ortschaft im Jahre 1296 von den Herren Friedrich und Bruno von Hornberg zusammen mit Gütern in Emmendingen und Aspen für 20 Mark Freiburger Gewichts gekauft, wie die wörtlich im Güterbuch abgeschriebene Urkunde über dieses Rechtsgeschäft mitteilt. Die insgesamt neun Bewohner unterstanden als Tennenbacher Gotteshausleute dem markgräflichen Landgericht zu Mundingen und gehörten der Pfarrkirche zu Heimbach an. Drei Lehen werden in Aspen unterschieden, die im einzelnen ausführlich beschrieben sind: das erste hatte *Johannes Hu^{e}tman* inne, das zweite *Peter Sto^{e}cher* mit *Katerina Bo^{e}hlerinen*, und das dritte war zweigeteilt zwischen zwei Frauen, von denen die eine *Ku^{i}ndigin* und die andere *Trutmennin de Scho^{e}nabrunnen* genannt wurde. Auch spätere Wechsel der Leheninhaber (*H. Múller, Peter Walch, Walther Bletzer* usw.) und der Abgaben sind genauestens registriert.

An dieser Stelle sei eine Notiz im Tennenbacher Necrologium erwähnt, wo einer Jungfrau *Adelheidis de Töningen* gedacht ist, die dem Zisterzienserorden angehörte und in Tennenbach bestattet ist. Sie hatte sich zu Lebzeiten in eine kleine Behausung in Aspen für viele Jahre einschließen lassen (*inclusa multos annos*) und ein heiligmäßiges Leben geführt. Die verfallenen Ruinen der kleinen Zelle seien zur Zeit des Necrologeintrags noch sichtbar gewesen, heißt es.

In den Aufzeichnungen über die Besitztümer und Rechte in **Bottingen** fällt die große Anzahl von Gärten (*[h]orti,[h]ortuli*) auf, von deren Erträgen am Festtag der Geburt Johannes des Täufers (24.6.) und der Geburt des Herrn (24.12.), beziehungsweise an Martini (11.11.) Abgaben abzuführen waren. Von besonderem Interesse sind darunter die Hinweise auf Gärten, die *bi sant Germans kilchen* oder *under sant Germans capellam* liegen, und auf die *gebreiten iuxta cappelam sancti Germani*, weil durch diese Angaben das Bottinger Germanus-Patrozinium nachgewiesen wird. Daß mehrere Grundstücke *stossent uf die Grefinen von Friburg*, beziehungsweise *iuxta bona Comitisse de Friburg* gelegen sind, weist darauf hin, daß die Gräfin Klara von Freiburg, die Gemahlin des Pfalzgrafen Gottfried von Tübingen, im Jahre 1368 umfangreichen Besitz in Bottingen und Nimburg erlangte. Mehrere Nachweise von Besitzungen *des Bischoffes* bezeugen, daß die Lehnshoheit des Straßburger Bischofs davon zunächst nicht berührt wurde, sondern bis zum Jahre 1465, als die Gräfin Anna von Tübingen beide Dörfer an den Markgrafen Karl von Baden verkaufte, erhalten blieb. Auf die ebenfalls aus dem Tennenbacher Güterbuch ersichtlichen Güter der Adelshausener und Söldener Klosterfrauen in Bottingen wurde bereits oben hingewiesen.

Wir haben auch schon festgestellt, daß die meisten Besitzungen sowie der *zehend klein und groß* zu **Heimbach** dem *gotzhuß Schutter zu* [gehörte]. Deshalb verwundert es nicht, wenn die Besitzaufzählung der Tennenbacher Zisterziensermönche für diesen Ort vergleichsweise nicht allzu umfangreich ist. Erwähnt sei nur *des Hilzingers* Gut, das der Schultheiß von Bergen, ein Schwestersohn des Köndringer Pfarrers, einst an Tennenbach geschenkt hatte. Auf die Güter der Chorherren aus St. Märgen und der Günterstaler Klosterfrauen wurde schon an anderer Stelle hingewiesen. Hinsichtlich des Heimbacher Patroziniums ist nicht nur beachtenswert, daß die *ecclesia sancti Galli* erwähnt wird, sondern auch einige Abgaben am Feste des heiligen Gallus (16.10.) nach Tennenbach abgeführt werden mußten.

Erheblich umfangreicher scheint der Tennenbacher Besitz in **Köndringen** gewesen zu sein, obwohl der Abt von Schuttern auch Lehensherr der dortigen Kirche war. Zahlreiche Rechte und Güter sind offensichtlich durch die Herren von Geroldseck, beziehungsweise deren Vögte auf der Burg Landeck, an das Zisterzienserkloster gelangt. Erwähnt seien etwa *des Burgers* Güter, die der Abt von Tennenbach einst von den Geroldseckern erhalten hatte (*quondam fuerunt empti a dominis de Gerolzegge*). Die Angaben über *der Burgerin hoff* zu Köndringen, den Abt Johannes Zenlin (1336-1353) von Tennenbach, der Initiator und Hauptverfasser des Güterbuches, selbst gekauft und einem *Jacobus Bluͦme* zur Bewirtschaftung übertragen haben soll, werden durch eine Traditionsnotiz des Jahres 1345 bestätigt und konkretisiert, die ebenfalls im Karlsruher Generallandesarchiv aufbewahrt wird. Darin heißt es: *der hof ze Kunringen ze nidest gelegen dem crúze aller nehst, den wir abbet Johans des closters ze Tennibach gekoͧffet haben umbe jungfroͧwa Elizabetham, Annam, Margaretham, jungherren Abrehtes Spoͤrlins seligen tohtera.*

In **Landeck** besaßen die Tennenbacher Mönche nur einen Acker beim *Rebbrunnen* und einen Garten (*des Smides garte*), der vor der Ortschaft dort lag, wo der weg nach links ansteigt (*situs vor dem stettelin ze Landegge in via, quando ascenditur ad sinistram*).

Auch in **Nimburg** scheint der Besitz der Tennenbacher Mönche nicht sehr groß gewesen zu sein. Er lag vor allem unterhalb der Burg (*in villa sub castro, sub castro ob dem weg, under der burg* usw.). Besonderes Interesse verdient wiederum der Hinweis auf Güter und Äcker, die ein *C. Nachgebur de Nuͧwenburg* zum Unterhalt zweier Schwestern, der Töchter eines *Hetzelo*, gestiftet hatte, die in Nimburg ihr Leben als Inclusen fristeten. Eine ihnen gestiftete jährliche Zahlung von vier Solidi sollte nach dem Tod der Schwestern an deren Wächter übergehen.

Der umfangreichste Besitz der Tennenbacher Zisterzienser in unserem Gebiet dürfte sich in **Teningen** befunden haben, das einstmals vor allem den Einsiedelner Benektinern zinspflichtig war. Schon vor der Zeit der Abfassung des Güterbuches berichten uns mehrere Quellen über Schenkungen und Verkäufe von Teninger Besitz an das Kloster der grauen Mönche: 1244 hatte Heinrich von Köndringen, Dekan in Nimburg, seinen Hof "aus freien Stücken" (*libera traditione*) an Tennenbach geschenkt. 1291 war dem Zisterzienserabt und seinem Konvent ein weiterer Hof für 50 Mark Silber von einem *Willehelmus dictus de Theningen* verkauft worden. Wilhelm, der offensichtlich Freiburger Bürger war oder werden wollte (*residentiam habens in Vriburg*), hatte dafür eine lebenslängliche Rente von 100 Mutt Roggen erhalten. Weitere Schenkungen eines Grafen *Burkard* von Ettenheim und seiner Gemahlin *Mechtild* sowie eines *Walther Amelunc* von Freiburg betrafen Güter in Teningen. Von einem *Johan Klinger* hören wir, daß er gemeinsam mit seiner Tochter *Katharina*, der Witwe eines Freiburger Bürgers namens *Kunzman Berner*, den Tennenbachern seinen Hof in Teningen übergab, da zwei seiner Söhne zur gleichen Zeit in das Zisterzienserkloster eintraten. Auch ein *Burcardus Knoblo͜cher de Friburgo* schenkte Teninger Besitz an das Kloster, als seine Söhne dort Mönche wurden. In Teningen lebte ebenfalls eine Incluse mit Namen Adelheid, die der Abtei ihren Besitz hinterließ.

Für die kirchlichen Verhältnisse in Teningen ist es aufschlußreich, daß bereits um die Mitte des 14. Jahrhunderts eine untere Kirche (*ecclesia inferior*) von einer oberen Kirche (*der oberen kilchen*) unterschieden wurde. Im ersten Falle dürfte es sich um St. Agatha, im letzteren um die Unserer lieben Frau geweihte Kirche gehandelt haben.

11. Antoniterorden Freiburg

Am 9. Februar des Jahres 1456 übertrug Markgraf Karl von Baden dem Freiburger Präzeptor des Antoniterordens, *Antonius Lyasse von Thurn*, die Kirche zu Nimburg, an der bis zu diesem Zeitpunkt der Nimburger Pfarrer *Konrad Siffrid* tätig war. Der genannte Präzeptor und Vikar des Antoniterordens in der Diözese Konstanz versprach daraufhin die Gründung eines Antoniterhauses mit sechs Religiosen und zwei Weltpriestern, von denen einer für die Seelsorge im Dorf und den Gottesdienst zuständig sein sollte. In der Folgezeit kam es jedoch zu handgreiflichen Auseinandersetzungen mit dem Grafen

Konrad von Tübingen, der den Antonitern das Recht zur Einrichtung eines Antoniterhauses in Nimburg streitig machte. Der Graf wurde daraufhin exkommuniziert, konnte aber den Ordenspräzeptor gefangensetzen und von ihm in der Gefangenschaft die Zusage erpressen, daß er den Grafen und seine Helfer von der Exkommunikation wieder lösen und ohne seine Zustimmung in Nimburg nichts erwerben und bauen werde. 1463 kam die Angelegenheit vor das Gericht des Bischofs von Konstanz, der zugunsten der Antoniter entschied und den in der Gefangenschaft erpreßten Eid für ungültig erklärte.

Das Nimburger Antoniterhaus blieb aber ständig in wirtschaftlichen Schwierigkeiten und wurde im Jahre 1545, nicht zuletzt auch in Folge der Reformation, wieder aufgehoben und vom Markgrafen Ernst in ein Krankenhaus umfunktioniert. Später dienten die Klostergebäude noch als Verwaltungsgebäude der umliegenden Güter und zuletzt gar als Wirtschaft.

III. Die kirchlichen Verhältnisse

Im Verlauf des Mittelalters verfügten, wie wir schon feststellen konnten, nicht nur die Bischöfe von Konstanz, sondern auch die von Straßburg und Basel über längere oder kürzere Zeiträume über Einfluß und Besitz in unserem Gemeindegebiet. So schenkte etwa der Baseler Bischof Adalbero mit Zustimmung des deutschen Königs Heinrich II. (1002-1024) Teninger Gut an das Kloster in Sulzburg.

Die Straßburger Bischöfe erhoben in Nimburg den Anspruch auf die Rechtsnachfolge des dortigen Grafengeschlechtes, das, wie an anderer Stelle dargelegt ist, zu Beginn des 13. Jahrhunderts ausgestorben war. Wenn auch die Grafen von Freiburg und im Jahre 1236 auch Kaiser Friedrich II. dem Bischof dieses Erbe vorübergehend streitig zu machen versuchten, so scheint er seine Lehnshoheit dort von 1274 an bis 1465 doch im allgemeinen behauptet zu haben. Das Bistum Straßburg begünstigte vor allem das dem dortigen Bischof unterstellte Kloster Ettenheimmünster in unseren Gemeindegrenzen, das beispielsweise das Patronat über die Teninger Kirche innehatte, bis es im Jahre 1545 vom Kloster an den Markgrafen Ernst von Baden-Hachberg veräußert wurde.

Einfluß und Besitz des "alemannischen" Bistums Konstanz läßt sich in unserem Gebiet schon sehr früh nachweisen. Von der Besitzübertragung in Heimbach, die der Konstanzer Bischof Sidonius um 759 an den St. Galler Klostervogt vornahm, haben wir bereits gehört. Vor allem die ottonischen Kaiser haben dann den Bischofssitz am Bodensee begünstigt, seit der heilige Konrad (934-975) den Bischofsstuhl innehatte. Auch unter Gebhard III. (1084-1110), der selbst ein Zähringersproß war und im Jahre 1093 das Kloster St. Peter weihte, und unter dessen Nachfolgern dürften die Beziehungen über den Schwarzwald sehr eng gewesen sein.

Kirchenrechtlich gehörten unsere Gemeinden zum "Dekanat Glotter" (*Liber decimationis* 1275: *Gloter*), das bald darauf "Dekanat Waldkirch" (*Liber quartarum* 1324) und später "Dekanat Freiburg" (*Liber subsidii charitativi* 1508) genannt wurde. Die "Quart"-Zahlung (ein Viertel des "Zehnten") mußte an das Bistum in Konstanz abgeführt werden. Mehrfach hören wir aus den Quellen, daß der Bischof oder das Domkapitel diesen Quart in Zeiten finanzieller Not verliehen oder verkauften. So sahen sich die Konstanzer Domherren im Jahre 1308 gezwungen, den Quart in Köndringen für 10 Mark Silber an den dortigen Kirchherrn zu verkaufen, um die von ihrem Bischof in Rom anläßlich seiner Erhebung gemachten Schulden zu begleichen. Ein halbes Jahrhundert später gelangte der Komtur der Freiburger Deutschherren, Ulrich von Dettingen, gegen eine jeweils zu Lichtmeß zu entrichtende Zinszahlung in den Besitz des Köndringer Quarts. 1451 schließlich verkaufte der Konstanzer Bischof Heinrich von Hewen mit Einwilligung seines Domkapitels die Quarten in **Köndringen** und **Heimbach**.

Auch bei kirchliche Dinge betreffenden Rechtsstreitigkeiten war der Konstanzer Bischof die zuständige Instanz, wie wir oben bereits anläßlich der Auseinandersetzung um die Gründung des Antoniterhauses in **Nimburg** hörten. Schon 1247 hatte der Pleban von St. Peter in Waldkirch in bischöflichem Auftrag einen Streit um die Allmendbenutzung zwischen den Dorfbewohnern (*villani*) von **Bottingen** und dem Abt von Tennenbach schlichten müssen, wobei er zugunsten des Letzteren entschied. Auch der Streit zwischen dem Abt von Schuttern und einem gewissen *Kaspar Gebel*, der in der zweiten Hälfte des 15. Jahrhunderts darüber entbrannte, ob **Heimbach** als selbständige Pfarrei oder als Filiale von Köndringen und damit als Besitz des Klosters Schuttern anzusehen sei, wurde vor den Konstanzer Bischof gebracht und von diesem gegen das Ortenaukloster entschieden. Allerdings ist diese Entscheidung im Jahre 1486 dann vom Mainzer Erzbischof wieder korrigiert worden, der vom Kloster als nächsthöhere Instanz angerufen worden war.

Zu dieser Zeit gab es bereits zwei **Heimbacher** Kirchen: die dem heiligen Gallus geweihte *ecclesia sancti Galli* am Gallenbach und die Kirche *unser lieben Frouwen* im oberen Dorf am östlichen Hang gegen den "Vierdörferwald". Auch in **Teningen** sind erstmals 1360/70 (*Liber marcarum*) zwei Kirchen bezeugt: die *ecclesia sancte Agathe*, auch *ecclesia inferior* genannt, und die Kirche *unßer Frawen*, *ecclesia superior* oder *ober kilche* genannt. Erstere war (1508) dem Kloster Ettenheimmünster, letztere dem Bischof von Straßburg unterstellt. Die erstmals im 12. Jahrhundert erwähnte Pfarrkirche zu **Nimburg** war Johannes dem Täufer (1318: *ecclesia parrochialis sancti Johannis baptiste in Númburg*) geweiht. Vom 1456 gestifteten und 1545 wieder aufgehobenen Antoniterkloster war bereits oben die Rede. Die **Köndringer** Kirche, dessen Patronatsrecht das Kloster Schuttern besaß, hatte ein Martinspatrozinium (1341: *ecclesia saneti Martini*), und damit eines der ältesten Patrozinien, das sich schon bei den Franken größter Beliebtheit erfreute. St. Pelagius und St. Adolf waren die Patrone des **Buchsweiler** Gotteshauses (1351). Die Kirche zu **Bottingen** schließlich ist als *capella sancti Germani* oder auch als *sant Germans kilchen* (1341) bezeugt.

IV. Zur Herkunft und Bedeutung der mittelalterlichen Personennamen

Im Frühmittelalter war jede Person lediglich durch einen einzigen Namen bezeichnet. Die heutigen Familiennamen kamen erst im 13. Jahrhundert auf und wurden gegen Ende des Mittelalters, teilweise aber auch erst in der Neuzeit, fest mit dem Personennamen verbunden. Vor allem in den unteren Schichten scheint die (Familien-) Namengebung im 13. und 14. Jahrhundert noch ständiger Veränderung unterworfen gewesen zu sein. Die Familiennamen entsprachen dem Bedürfnis, in einer Zeit der Verarmung des ursprünglich viel mannigfaltigeren und reichhaltigeren Namengutes Personen gleichen (Vor-) Namens eindeutiger zu kennzeichnen. Zwei Personen desselben Namens *Wernher* beispielsweise mußten, wenn man sie innerhalb einer Dorfgemeinschaft auseinanderhalten wollte, durch Zusätze genauer bezeichnet werden: entweder durch eine Herkunftsangabe (von Teningen) oder durch die Angabe seines Berufes oder seiner Tätigkeit (Müller) oder durch einen Beinamen, Übernamen oder Satznamen. Für alle Typen dieser später zu Familiennamen gewordenen Zusätze zum ursprünglich einzigen Personennamen bieten die frühen Schriftzeugnisse unseres Gemeindegebietes Beispiele, die mitunter sogar heute noch als Familiennamen vorkommen.

1. Herkunftsnamen

Entsprechend dem im Tennenbacher Güterbuch in der ersten Hälfte des 14. Jahrhunderts im Kapitel Teningen erwähnten *Uºlricus de Brisach* begegnet heute noch in Teningen und Heimbach der Familienname Breisacher. Andere in diesem frühen Schriftzeugnis für unser Gebiet aufgezeichnete Herkunftsnamen sind etwa: *Friburger, Krozinger, Muºsbacher, de Kúnringen, de Rúti, Verstetter, Rotwiler, de Windaruʲti, de Basilea, von Than, de Nuʷenburg* usw. Handelte es sich um eine weibliche Person, die durch einen solchen Herkunftsnamen gekennzeichnet werden sollte, so nannte man diese entsprechend: *Muºsbacherin, Gottenheimerin* usw. Mit Zusätzen wie *Walch* (für einen "welsch" sprechenden Romanen) oder *Swab* (für einen Schwaben) konnte ein zugereister Angehöriger eines fremden Volksstammes bezeichnet werden. Beide Familiennamen sind heute noch bei uns als Welsch, Schwab oder Schwaab geläufig.

2. Familiennamen nach Berufsbezeichnungen

Da es besonders nahe lag, eine Person nach ihrem Beruf oder nach der von ihr ausgeübten Tätigkeit zu bezeichnen, sind solcherart entstandene Familiennamen in unseren Schriftzeugnissen sehr häufig: *Mezziger* und die latinisierte Form *Carnifex* lassen einen Fleischer erkennen, dessen Name heute noch als Metzger oder Metzler vorkommt. *Smit* und die weibliche Entsprechung *Smidin* leben im Familiennamen Schmidt/Schmid/Schmitt fort wie *Snyder* in Schneider/Schnaiter, *Seiler* in Seiler/Sailer, *Winman* in Weinmann/Weiner, *Müller* in Müller, *Múrer* in Maurer, *Scherer* in Scheerer/Scheer/Scherer, *Wehter* in Wächter, *Zimerman/Zimermenin* in Zimmermann, *Wagner/Wagnerin* in Wagner usw. Latinisierte Namenformen wie *Molitor, Sutor* und *Piscator/Piscatrix* konnten sich als solche oder in der deutschen Übertragung als Müller, Schumacher und Fischer erhalten. Der Zusatz *Zehendner*, der heute ebenfalls noch als Familienname Zehentner, Zehner vorkommt, kennzeichnete eine Person näher, die dem Dorfrat der "Zehn" angehörte. Alle diese ursprünglich die von der Person ausgeübte Tätigkeit bezeichnenden Namen wurden im Laufe der Zeit als Familiennamen fest, und zwar auch dann, wenn der Sohn oder die Tochter nicht mehr den Beruf des Vaters ausübten. Sie hießen dann so, weil ihre Vorfahren einst durch diese Berufsbezeichnung gekennzeichnet worden waren und mit dieser identifiziert wurden.

3. Beinamen und Übernamen

Auch die einer Person beigegebenen Beinamen konnten als Familiennamen fest mit dieser und ihren Nachkommen verbunden werden. So kommen viele der folgenden Beinamen, die im Mittelalter ebenfalls in Teningen, Köndringen, Nimburg, Bottingen, Buchsweiler, Heimbach, Landeck und Aspen schriftlich bezeugt sind, heute noch als Familiennamen vor. Tierbezeichnungen konnten über Beinamen wie *Fuhs, Visch, Hasen, Yltis, Lo^{e}we/Lo^{e}win, Wolf, Vo^{e}gellin/Vo^{e}gellerin, Henlin* zu den heute noch üblichen Familiennamen Fuchs, Löwe, Wolf(f), Hahn oder Vog(e)l werden. Beinamen wurden aber auch nach Pflanzen gewählt, wie *Blu^{o}me/Blu^{o}min, Bo^{e}nli, Henflin, Kifer* noch heute in den Familiennamen Blum, Bohn oder Kiefer überliefert sind. Körperliche Merkmale scheinen über Beinamenbildungen wie *Wernher der Graue* oder *Henny Bart*, die für Teningen im Tennenbacher Güterbuch bezeugt sind, zu den heute dort noch (oder wieder?) nachweisbaren Familiennamen Grau und Barth geworden zu sein.
Als Übernamen dürften die Zusätze *Liederlich, Unberaten* und *Hu^{i}bschman* neben den Personennamen geführt und dann als Familiennamen übernommen worden sein. Im Zusatz, den der Köndringer *Hermannus Habniet* führte, scheint ein sogenannter Satzname (in der Bedeutung "Hab nichts") zum Familiennamen geworden zu sein.

Quellen (soweit sie gedruckt vorliegen)

Freiburger Urkundenbuch, bearbeitet von Friedrich Hefele, Band 1-3: Texte und Tafeln (Freiburg 1940-1957)

Freiherrl. von Ulm'sches Archiv zu Heimbach, verzeichnet von Kamill Freih. von Althaus (Zeitschrift für die Geschichte des Oberrheins 66, Neue Folge 27, 1912, m12-29)

Die Investiturprotokolle der Diözese Konstanz aus dem 15. Jahrhundert, hg. von Manfred Krebs (Freiburg 1939-1964); als Anhang erschienen in: Freiburger Diözesan-Archiv 66-74, 1939-1954

Liber decimationis cleri Constantiensis pro Papa de anno 1275, herausgegeben von W. Haid (Freiburger Diözesan-Archiv 1, 1865, S. 1-303)

Liber marcarum, herausgegeben von W. Haid (Freiburger Diözesan-Archiv 5, 1870, S. 66-118)

Liber quartarum et bannalium in dioecesi Constantiensi de anno 1324, herausgegeben von W. Haid (Freiburger Diözesan-Archiv 4, 1868, S. 1-62)

Monumenta Germaniae Historica. Die Urkunden der deutschen Könige und Kaiser: Die Urkunden Ottos II. und Ottos III., herausgegeben von Theodor Sickel (Hannover 1888-1893)

Neugart, Trudpert: Espicopatus Constantiensis Alemannicus sub metropoli Moguntina, Band 1 und 1/2 (St. Blasien 1803-1863)

Regesten zur Geschichte der Bischöfe von Constanz von Bubulcus bis Thomas Berlower 517-1496, herausgegeben von der Badischen Historischen Commission:
- Band 1: 517-1293, bearbeitet von Paul Ladewig und Theodor Müller (Innsbruck 1895)
- Band 2: 1293-1383, bearbeitet von Alexander Cartellieri (Innsbruck 1926)
- Band 3: 1384-1436, bearbeitet von Karl Rieder (Innsbruck 1926)
- Band 4: 1436-1474, bearbeitet von Karl Rieder (Innsbruck 1941)
- Band 5: 1474-1480, bearbeitet von Karl Rieder (Innsbruck 1931)

Regesten der Markgrafen von Baden und Hachberg 1050-1515, herausgegeben von der Badischen Historischen Commission:
- Band 1: Markgrafen von Baden 1050-1431, Markgrafen von Hachberg 1218-1428, bearbeitet von Richard Fester (Innsbruck 1900)
- Band 2: Markgrafen von Hachberg 1422-1503, bearbeitet von Heinrich Witte (Innsbruck 1901)
- Band 3: Markgrafen von Baden 1431 (1420)-1453, bearbeitet von Heinrich Witte (Innsbruck 1907)
- Band 4: Markgrafen von Baden 1453-1475, bearbeitet von Albert Krieger (Innsbruck 1915)

Registra subsidii charitativi im Bisthum Konstanz am Ende des 15. und zu Anfang des 16. Jahrhunderts, herausgegeben von Fr. Zell und M. Burger (Freiburger Diözesan-Archiv 24, 1895, S. 183-237)

Der Rotulus Sanpetrinus nach dem Original im Großh. General-Landesarchiv zu Karlsruhe, herausgegeben von Friedrich von Weech (Freiburger Diözesan-Archiv 15, 1882, S. 133-184)

Das Tennenbacher Güterbuch (1317-1341), herausgegeben von Max Weber und Günther Haselier, Alfons Schäfer, Hans Georg Zier, Paul Zinsmaier (Veröffentlichungen der Kommission für geschichtliche Landeskunde in Baden-Württemberg, Reihe A, Quellen 19; Stuttgart 1969)

Die Urkunden des Heiliggeistspitals zu Freiburg im Breisgau:
- Band 1: 1255-1400, bearbeitet von Adolf Poinsignon (Freiburg 1890)
- Band 2: 1401-1662, bearbeitet von Leonard Korth und Peter P. Albert (Freiburg 1900)
- Band 3: 1220-1806 (Nachträge), bearbeitet von Josef Rest (Freiburg 1927)

Urkundenbuch der Abtei Sanct Gallen, herausgegeben von Hermann Wartmann, Theil 1: 700-840 (Zürich 1863) und Theil 2: 840-920 (Zürich 1866)

Literatur

Büttner, Heinrich: Breisgau und Elsaß. Ein Beitrag zur frühmittelalterlichen Geschichte am Oberrhein (Schau-ins-Land 67, 1941, S. 3-25)

Büttner, Heinrich: Graf Guntram am Oberrhein (Oberrheinische Heimat 28, 1941, S. 120-125)

Denzlingen. Eine alemannische Siedlung im Breisgau, anläßlich der Tausendjahrfeier im Jahre 1984 herausgegeben von der Gemeinde Denzlingen (Freiburg 1983)

Geuenich, Dieter: Graf Guntram und der Breisgau. Ein Hochverratsprozeß im Jahre 952 und seine Folgen ("s Eige zeige". Jahrbuch des Landkreises Emmendingen für Kultur und Geschichte 1, 1987, S. 9-14)

Heyck, Eduard: Geschichte der Herzoge von Zähringen (Freiburg 1891)

Keller, Hagen: Kloster Einsiedeln im ottonischen Schwaben (Forschungen zur oberrheinischen Landesgeschichte 13; Freiburg 1964)

Köndringen. Lebensbild einer Dorfgemeinschaft des unteren Breisgaus, herausgegeben von der Gemeinde Teningen anläßlich der 1000-Jahrfeier von Köndringen und Nimburg (Teningen 1977)

Der Kreis Emmendingen, herausgegeben von Lothar Meyer (Stuttgart 1981). Darin vor allem Gerhard Fingerlin: Römer, Alamannen und Franken (S. 74-99) und Bernd Ottnad: Geschichtlicher Überblick (S. 100-138) sowie der Artikel über Teningen (S. 273-275)

Krieger, Albert: Topographisches Wörterbuch des Großherzogtums Baden (2. Auflage Heidelberg 1904-1905)

Das Land Baden-Württemberg. Amtliche Beschreibung nach Kreisen und Gemeinden. Band 6: Regierungsbezirk Freiburg, herausgegeben von der Landesarchivdirektion Baden-Württemberg (Stuttgart 1982). Darin vor allem der Artikel über Teningen (S. 226-229)

Lehmann, Andreas: Die Entwicklung der Patronatsverhältnisse im Archidiakonat Breisgau 1275-1508 (Freiburger Diözesan-Archiv 40, Neue Folge 13, 1912, S. 1-66)

Mayer, Theodor: Die Besiedlung und politische Erfassung des Schwarzwaldes im Hochmittelalter. In: Theodor Mayer, Mittelalterliche Studien (Lindau, Konstanz 1959) S. 404-424

Nimburg. Lebensbild einer Dorfgemeinschaft des unteren Breisgaus, herausgegeben von der Gemeinde Teningen anläßlich der 1000-Jahrfeier von Köndringen und Nimburg (Teningen 1977)

Der Oberrhein in Geschichte und Gegenwart. Von der Römerzeit bis zur Gründung des Landes Baden-Württemberg (Schriftenreihe der Pädagogischen Hochschule Freiburg 1; 2. Auflage, Freiburg 1986)

Poinsignon, Adolf: Ödungen und Wüstungen im Breisgau (Zeitschrift für die Geschichte des Oberrheins 41, Neue Folge 2, 1887, S. 322-368 und 449-480)

Schwineköper, Berent: Das Zisterzienserkloster Tennenbach und die Herzöge von Zähringen. Ein Beitrag zur Gründungs- und Frühgeschichte des Klosters. In: Forschen und Bewahren. Das Elztäler Heimatmuseum in Waldkirch. Kultur- und landesgeschichtliche Beiträge zum Elztal und zum Breisgau (Waldkirch 1983), S. 95-157

Stolz, Wolfram: Nimburg in seiner Vergangenheit und Gegenwart (ohne Orts- und Jahresangabe [1955])

Sütterlin, Berthold: Geschichte Badens. Band 1: Frühzeit und Mittelalter (2. Auflage Karlsruhe 1968)

Wellmer, Martin: Zur Entstehungsgeschichte der Markgenossenschaften. Der Vierdörferwald bei Emmendingen (Veröffentlichungen des Oberrheinischen Instituts für geschichtliche Landeskunde Freiburg im Breisgau 4; Freiburg 1938)

Werkmann, L.: Die Grafen von Nimburg im Breisgau (mit einem Nachtrag von J. Bader) (Freiburger Diözesan-Archiv 10, 1876, S. 71-96)

Die Zähringer (Veröffentlichungen zur Zähringer-Ausstellung, Bände 1 und 2, Sigmaringen 1986)

Zotz, Thomas L.: Der Breisgau und das alemannische Herzogtum. Zur Verfassungs- und Besitzgeschichte im 10. und beginnenden 11. Jahrhundert (Sigmaringen 1974)

Die Grafen von Nimburg

Ulrich Parlow

Forschungsstand

Nimburg ist im Hochmittelalter Sitz eines Grafengeschlechts gewesen, das zwischen 1087 - mit Grafentitel erstmals 1094 - und 1200 bezeugt ist und ab der zweiten Generation den Leitnamen Berthold führte. Obwohl die Nimburger in ihrer Zeit zu den bedeutendsten breisgauischen Adelsfamilien zählten[1], ist bisher vergleichsweise wenig über sie bekannt gewesen[2]. Neuere Forschungsliteratur gibt es nicht; die vorhandenen Arbeiten über die Familie stammen im wesentlichen aus dem letzten Viertel des vorigen Jahrhunderts[3]. Hier sind vor allem die grundlegenden Beiträge von Lorenz Werkmann (mit einem umfangreichen Nachtrag von Joseph Bader) und Eduard Heyck hervorzuheben. Werkmanns Aufsatz, der aus einer Regestensammlung, d.h. einer chronologischen Zusammenstellung der ihm bekannten Quellen, und dem knappen Versuch einer genealogischen Einordnung besteht, ist der erste Beitrag zur Erforschung der Nimburger, während Heyck das Verdienst gebührt, die Frage der genealogischen und verwandtschaftlichen Beziehungen eingehend erörtert zu haben; seine Überlegungen und Ergebnisse sind bis heute beachtenswert[4]. Werkmann konnte zeigen, daß die Grafen von Nimburg nicht der im heutigen Markgräfler Land liegenden Stadt Neuenburg am Rhein (Lkr. FR) zuzuordnen sind. Dieser Irrtum der früheren Literatur[5] erscheint angesichts der mittelalterlichen Schreibungen des Namens Nimburg (*Nuenburg, Nuwenburg, Novum Castrum* u. ä.)[6] sowie der größeren Bekanntheit von Neuenburg durchaus verständlich[7]. Allerdings findet sich diese Verwechslung sogar nach Werkmann noch, zum Teil bis in die jüngste Zeit hinein[8]. Auch das schweizerische Neuenburg (Neuchâtel) hat nicht selten als irrtümliche Erklärung herhalten müssen[9].

Erlewin I. - Anhänger der Kirchenreformbewegung

Die früheste Erwähnung eines Nimburger Adligen verdanken wir der Urkunde über einen Gütertausch, den Ulrich von Cluny, Prior des aus der kirchlichen Reformbewegung hervorgegangenen Cluniazenserklosters Grüningen (abgeg. bei Oberrimsingen, Stadtteil von Breisach am Rhein, Lkr. FR), und Bischof Burkhard von Basel am 5. Juni 1087 in Reindelshausen (abgeg. bei Umkirch, Lkr. FR) mittels ihrer Vögte vornahmen[10]. Für das Grüninger Priorat, das hierbei seinen Besitz in Biengen (Gem. Bad Krozingen, Lkr. FR) abtrat, geschah der Tausch "durch unseren Vogt Erlewin" (*per advocatum nostrum Erlewinum*), wie es in der cluniazensischen Urkundenfassung heißt. Da dies einigen als nicht ausreichend erschien, schenkte Erlewin den Mönchen einen Mansus - gleichbedeutend mit einer Hufe, einem bäuerlichen Gut von ca. 10 ha[11] - in Ambringen (= Ober- und Unterambringen, bei Kirchhofen, Gemeinde Ehrenkirchen, Lkr. FR), so daß sie ihre gegenüber Basel zu erbringende Tauschleistung erhöhen konnnten. Hinter dem Geschäft zwischen Burkhard und Ulrich stand der Wunsch des letzteren, sein Klösterlein an einen ruhigeren Platz zu verlegen; der in einem abgeschiedenen Schwarzwaldtal gelegene Ort Zell (= St. Ulrich, Gem. Bollschweil, Lkr. FR), den er hiermit von Basel einhandelte und durch den bischöflichen Vogt *miles* Seliger übergeben bekam, schien ihm dazu geeignet zu sein. Diese Verlegung bildete den Ursprung des Klosters St. Ulrich, das in späterer Zeit so nach seinem ersten Prior benannt wurde[12]. Im Urkundentext ist Erlewin ebensowenig eine Herkunftsbezeichnung beigegeben wie dem bischöflichen Vogt und den 19 Zeugen[13], an deren Spitze der zähringische Herzog Berthold II. und der Breisgaugraf Hermann, der Neffe Bertholds und spätere Markgraf von Baden, genannt sind. Dennoch besteht kein Zweifel darüber, daß es sich bei Erlewin um den ersten uns bekannten Angehörigen des Nimburger Adelsgeschlechts handelt.

Schon einen Monat nach der Zusammenkunft von Reindelshausen ist er erneut anzutreffen, und diesmal verschweigt die Quelle seinen Wohnsitz nicht. *Erlewin de Niunburc* gehörte ebenso wie der Zähringerherzog Berthold II. zu der großen Versammlung, die am 4. Juli 1087 im Kloster Allerheiligen in Schaffhausen unter Beteiligung von zahlreichen geistlichen und weltlichen Großen stattfand und vor der Graf Burkhard von Nellenburg dem Kloster Freiheit und Immunität sowie seine und seines Vaters Schenkungen bestätigte[14]. Die Grafen von Nellenburg (abgeg. Burg bei Hindelwangen, Stadtteil von Stockach, Lkr. KN) und ihr Hauskloster Allerheiligen zählten zu den wichtigsten Stützen der papstfreundlichen und kaiserfeindlichen Kirchenreformpartei in Schwaben, die mit vom zähringischen Herzog angeführt wurde; es war ja damals die Zeit des Investiturstreits, der jahrzehntelangen Auseinandersetzung zwischen Papst und Kaiser über die Vorherrschaft in der Kirche[15]. Erlewin und seine Familie standen der Reformpartei nahe, denn in den folgenden Jahren finden wir sie häufig im Umkreis der Nellenburger sowie ihres Klosters - und damit natürlich auch der Zähringer -, was allerdings nicht zuletzt der guten Überlieferungslage zu verdanken ist[16]. In Zeugenlisten von Allerheiligen-Urkunden steht Erlewin immer an herausgehobener Position, was auf eine bedeutende Stellung schließen läßt. Er war anwesend, als Graf Burkhard von Nellenburg am 7. Juni 1091 in Schaffhausen die ihm von Abt Siegfried übertragene Klostervogtei zurückgab und jeden Anspruch seiner Erben auf Allerheiligen untersagte[17]. In Stein am Rhein (Kt. SH) wurde am 26. Februar 1092 eine gut besuchte Versammlung der Reformpartei abgehalten, bei welcher Gelegenheit Burkhard seinem Hauskloster das Dorf Hemmental (Bz. und Kt. SH) mit Forst und allem Zubehör schenkte und es von Abt Siegfried gegen einen Jahreszins von einem Pfennig zu Lehen empfing; Erlewin und sein hier erstmals genannter gleichnamiger Sohn waren ebenso zugegen wie Herzog Berthold II.[18] Am 23. April 1094 tätigte Gerhard von Escheloch (abgeg. bei Nesselwangen, Stadtteil von Überlingen, Lkr. FN) in Schaffhausen im Kloster Allerheiligen eine Schenkung an die Mönche, wobei der Nimburger als Spitzenzeuge fungierte; die betreffende Urkunde ist für uns von besonderer Wichtigkeit, denn hier erscheint Erlewin zum ersten Mal mit dem Grafentitel (*Signum Erliwini comitis de Noʾimburc*)[19]. Die Frage der Herkunft dieses Titels wird unten noch zu erörtern sein.

Die Familie des ersten Nimburgers lernen wir durch eine undatierte Notiz aus dem Güterbeschrieb von Allerheiligen kennen. Graf Erlewin von Nimburg, seine Gemahlin Mechthild und ihre Söhne Erlewin und Berthold schenkten dem Kloster für ihre drei Töchter Besitz in *Fusebach* (entweder Fisibach, Bz. Zurzach, Kt. AG, oder Fisibachs, Gem. Bachs, Bz. Dielsdorf, Kt. ZH; beide Orte sind nur 5 km voneinander entfernt), nämlich 25 Mansen Äcker, Matten und Wald, die Hälfte der Kirche sowie eine Mühle[20]. Die Töchter werden sich somit wohl im Frauenkloster St. Agnes in Schaffhausen befunden haben, das dem Abt von Allerheiligen unterstand und wie dieses eine nellenburgische Gründung war[21]. Von den beiden Söhnen ist Erlewin sicherlich der ältere: Er trägt den Namen des Vaters und wird in der Aufzählung vor Berthold genannt; er war es ja auch, der bei der erwähnten Zusammenkunft in Stein am Rhein 1092 den Vater begleitete. Ganz in der Nähe von *Fusebach* hatten die frühen Nimburger weiteren Besitz. Einer undatierten Nachricht zufolge erhielt das Reformkloster St. Blasien (Lkr. WT) von Erlewin die Kirche in Schneisingen (Bz. Zurzach, Kt. AG) samt dem halben Zehnten[22]. Wie ausgeprägt die nimburgischen Beziehungen zu St. Blasien waren, ist schwer zu beurteilen; jedenfalls werden wir außer dieser Schenkung noch andere Hinweise auf Verbindungslinien bekommen. Die ganz grob auf etwa 1090 zu setzenden Vergabungen[23] des umfangreichen Besitzes in den beiden Orten lassen sich als Abstoßung von Gut verstehen, das zu weit vom breisgauischen Herrschaftszentrum entfernt lag. Sie deuten zugleich auf Familienbeziehungen der Nimburgervorfahren zum Hochrheingebiet bzw. zum nordschweizerischen Raum hin.

Über Erlewins Ehefrau erfahren wir mehr im Schenkungsbuch des Klosters Reichenbach (= Klosterreichenbach, Gem. Baiersbronn, Lkr. FDS). Ein undatierter Eintrag besagt, daß sie dem Kloster zwei Hufen in Durrweiler (Gem. Pfalzgrafenweiler, Lkr. FDS) unter der Bedingung übereignete, daß davon das jährliche Totengedächtnis ihres Vaters gehalten würde[24]. Dem Quellenzusammenhang nach geschah die Stiftung zur Zeit des Hirsauer Abtes Gebhard (1. August 1091 - November 1105)[25]. Die Notiz läßt einige Schlüsse zu. Der Vater war zum Zeitpunkt der Schenkung bereits verstorben; das Gut in Durrweiler, das Mechthild zu seinem Seelenheil gab, stammte aus ihrem väterlichen Erbe und nicht aus ursprünglichem nimburgischem Besitz. Möglicherweise ist in jener Gegend die Heimat von Erlewins Gemahlin und ihrer elterlichen Familie zu suchen; zumindest war die Familie dort begütert, und sie hat wohl auch in Beziehung zum etwa 10 km westlich von Durrweiler gelegenen Kloster Reichenbach gestanden, das als hirsauisches Priorat zur kirchlichen Reformbewegung gehörte. Nach Mechthilds Tod nahm Erlewin zu ihrem und seinem eigenen Seelenheil eine Schenkung an das erst seit kurzem bestehende zähringische Hauskloster St. Peter (Lkr. FR) vor. Dorthin hatte um 1090 Herzog Berthold II. im Zuge der Verlagerung des zähringischen Herrschaftsschwerpunktes in den Breisgau das von seinem Vater gegründete Kloster Weilheim an der Teck (Lkr. ES) verlegt; mit der Weihe am 1. August 1093 war die Neugründung vollendet. Wie der Rotulus Sanpetrinus, das Schenkungsverzeichnis des Klosters, ohne Datumsangabe und ohne Nennung des Namens von Erlewins Gemahlin berichtet, überließ der Nimburger den Mönchen seinen nicht geringen Anteil am Schwarzwaldgebiet in der Umgebung von St. Peter; der Adlige Arnold von Kenzingen (Lkr. EM) gab ebenfalls, vielleicht sogar am selben Tag in gemeinsamer Schenkung mit Erlewin, seinen ganzen Anteil an diesem Gebiet und außerdem das 2,5 km nordwestlich des Klosters gelegene Dörflein Rohr (Gem. St. Peter), womit ein Anhaltspunkt für die genauere Lokalisierung des Waldstücks vorliegt[26]. Die Besitznachbarschaft läßt an irgendeine Familienverbindung zwischen Nimburgern und Kenzingern denken. Zu welcher Zeit die Vergabung Erlewins geschah, ist zwar wiederum unbekannt, doch mit dem Datum der Weihe existiert wenigstens ein brauchbarer Terminus post quem[27].

Berthold I. - Gefolgsmann der Herzöge von Zähringen

Wann Erlewin I. starb, ist nicht überliefert. Sein letztes datiertes Auftreten war die erwähnte Zeugenschaft vom 23. April 1094; die Nachrichten von seinen Schenkungen an die Klöster Allerheiligen, St. Blasien und St. Peter sind ja leider jeweils ohne Zeitangabe. Sein Tod muß jedoch spätestens 1100 erfolgt sein, denn aus dem Jahr stammt der erste datierte Beleg für den vollzogenen Generationswechsel: Als damals Arnold von Wart (abgeg. Burg bei Gem. Neftenbach, Bz. Winterthur, Kt. ZH) und seine Brüder Heinrich und Erkenbold zugunsten des Klosters St. Blasien auf die Kirche in Weitenau (bei Schlächtenhaus, Gem. Steinen, Lkr. LÖ) samt allem Zubehör verzichteten, gehörte *Berchtoldus comes de Nuwenburch* zu den zahlreichen Mitanwesenden, von denen nur er und der Spitzenzeuge Herzog Berthold II. von Zähringen namentlich überliefert sind[28]. Nicht der ältere Sohn namens Erlewin, der wohl früh - kurz vor oder nicht lange nach dem Vater - starb, sondern der jüngere Berthold setzte also die Grafenlinie fort. Dieser war es auch, der - in der entsprechenden Urkunde ausdrücklich als "Graf Berthold von Nimburg, Sohn des Grafen Erlewin" bezeichnet - die von seinem Vater, seinem Bruder und ihm selbst für die drei Töchter Erlewins gemachte Schenkung von *Fiusipach* an Kloster Allerheiligen, die uns aus dem Güterbeschrieb bekannt ist, zu unbekannter Zeit bestätigte, was doch wohl bald nach dem Tod seines Vorgängers geschah[29]. Hatte schon Erlewin I. in Kontakt zu den Zähringern gestanden, wobei seine Schenkung an deren Hauskloster St. Peter als Indiz für eine beginnende stärkere Hinwendung zu ihnen gewertet werden kann, so findet man Graf Berthold I. in der engeren Umgebung der Herzöge und kann ihn mit Recht zu deren wichtigsten Gefolgsleuten zählen[30]. Vor diesem Hintergrund erklärt sich möglicherweise das so plötzliche Abbrechen der intensiven nimburgischen Beziehungen zu Kloster Allerheiligen, die zur Zeit Erlewins bestanden hatten, denn ab etwa 1100 traten Spannungen zwischen den Schaffhauser Mönchen und den Zähringern auf[31], was deren Parteigänger ebenfalls zu einer Distanzierung von Allerheiligen veranlaßt haben könnte. Als Herzog Berthold II. am 12. April 1111 starb und kurz darauf in St. Peter beigesetzt wurde, gehörte Graf Berthold zu den Teilnehmern der Begräbnisfeierlichkeiten, denn sein Name erscheint in der Zeugenliste einer Notiz des Rotulus Sanpetrinus, der zufolge die Mönche bei dem Anlaß Schenkungen von der Herzogswitwe Agnes sowie dem zähringischen Ministerialen Guntram und dessen Schwester Liucela erhielten[32]. Wenig später begleitete der Nimburger den Nachfolger Herzog Berthold III. und dessen Brüder Konrad und Rudolf nach Kleinbasel, dem rechtsrheinischen Teil der Stadt, wo am 11. September 1111 in ihrer Gegenwart eine Güterübertragung an das Kloster St. Georgen im Schwarzwald (Lkr. VS) durch Adelbert, einen Verwandten des Stifters Hezelo, vorgenommen wurde; *Bertoldus de Nuenburg*, merkwürdigerweise ohne Grafentitel, folgt in der Zeugenliste direkt auf die drei Zähringer, welche die Spitzengruppe bilden[33].

An einem Februarsamstag des Jahres 1113 bezeugte *Berchtold graf von Neuwenburg* in dem nordwestlich bei Basel gelegenen Hüningen (Dép. Haut-Rhin) eine Schenkung Bischof Rudolfs von Basel, der durch seine Pfleger Adelgoz, Dietrich und Gerold dem Kloster St. Blasien sein Gut zu Efringen (Gem. Efringen-Kirchen, Lkr. LÖ) übereignete[34]. Nicht lange danach war Graf Berthold von Nimburg beteiligt, als die Gemeinschaft der Cluniazenserinnen von Bollschweil (Lkr. FR) eine neue Stätte fand. Die Bollschweiler Niederlassung war noch durch Ulrich (+ 14. Juli 1093), den Prior von Grüningen bzw. St. Ulrich, ins Leben gerufen worden, und zwar bald nach der 1087 erfolgten Verlegung seines Klosters in den Schwarzwald. Im Jahr 1115 schenkte der Adlige Gerald (von Scherzingen [Gem. Ehrenkirchen, Lkr. FR]) der Abtei Cluny sein Eigengut Sölden (Lkr. FR); dorthin sollte nach seinem Wunsch das genannte Nonnenkloster verlegt werden, was im selben Jahr geschah[35]. Die Schenkung scheint bei zwei verschiedenen Gelegenheiten vollzogen worden zu sein. Wohl auf den ersten Schenkungsakt nimmt eine undatierte Urkunde Bezug. Laut dieser nahm Gerald die Vergabung zusammen mit seiner Gemahlin Hadwig und seinem gleichnamigen Sohn vor und bestimmte unter anderem, daß die Verleihung der Vogtei über die Nonnen nur dem Abt von Cluny zustehen solle. Die Zeugenliste wird von *Bertoldus comes* angeführt, dem Adelgoz von Wehr (Lkr. WT) sowie 30 Personen ohne Herkunftsbezeichnung folgen[36]. Eine auf 1115 datierte Urkunde des Abtes Pontius von Cluny spricht dagegen von einer Schenkungshandlung Geralds, bei welcher der zähringische Herzog Berthold III., Graf Berthold als Vogt des Ortes (*presente...advocato loci, Bertolfo comite*), Adelbert von Staufen (im Breisgau, Lkr. FR), Propst Siginand von Münster-Granfelden (Moutier-Grandval, Gem. und Bz. Moutier, Kt. BE) als Abgesandter Bischof Rudolfs von Basel sowie weitere, namentlich nicht genannte Zeugen anwesend waren[37]. Ausdrücklich verfügte der Abt die Unabhängigkeit des Klosters Sölden vom Priorat St. Ulrich, das die Cluniazenserinnen in Bollschweil betreut hatte. Von daher ist anzunehmen, daß die Nimburger - als Vögte von St. Ulrich - schon vor der Übersiedlung des Konvents nach Sölden die Schirmherrschaft ausgeübt hatten. Allerdings erscheinen sie erst seit 1115 expressis verbis als Inhaber der Vogtei.

Im Jahr 1116 wurde vor dem 24. September in Rottenacker (Lkr. UL) ein schwäbischer Herzogslandtag unter Beteiligung der Herzöge Friedrich II. von Schwaben, Welf V. von Bayern und Berthold III. von Zähringen sowie zahlreicher Grafen und freier Herren abgehalten. Überliefert ist diese große Zusammenkunft lediglich durch die Urkunde über eine Schenkung an Kloster Allerheiligen, die Otto von Kirchberg (= Oberkirchberg, Gem. Illerkirchberg, Lkr. UL) auf dem Landtag vollzog[38]. In der Zeugenreihe erscheint fast am Ende der langen Freiherrnliste ein *Bertoldus de Niunburk*. Es ist fraglich, ob dessen Zuweisung nach Nimburg stimmt, die die landesgeschichtliche Forschung im allgemeinen vorgenommen hat[39]. Auffällig ist zum einen das Fehlen des gräflichen Titels. Das gilt zwar auch für den Nimburgerbeleg vom 11. September 1111, aber dort lassen die Umstände keinen Zweifel an der Identifizierung. Unter den 43 Zeugen der Urkunde von 1116 befindet sich jedoch sonst kein Breisgauer, vom zähringischen Herzog einmal abgesehen. Außerdem weist die hintere Position in der Liste auf einen minder bedeutenden Rang Bertholds hin. So handelt es sich bei ihm vielleicht doch eher um einen Freiherrn aus dem 10 km westlich von Rottenacker gelegenen Neuburg (Gem. Lauterach, Lkr. UL), das 1171 als *Nuinburch* nachweisbar ist[40]. Er wäre nicht der einzige Zeuge, der aus der Umgebung des Versammlungsortes stammte. Oder sollte 1116, wie vielleicht auch 1111, nicht der Graf Berthold von Nimburg, sondern dessen gleichnamiger Sohn gemeint sein, der den aus irgendeinem Grund verhinderten Vater vertreten hätte[41]?

Über eine Familienverbindung des Nimburgers unterrichtet uns ganz nebenbei eine Urkunde vom 2. August 1121. Damals legten die Klöster St. Peter und St. Märgen (Lkr. FR) ihre Grenzstreitigkeiten durch einen Vergleich bei, der in Gegenwart mehrerer genannter Großer geschlossen wurde, darunter Konrads von Zähringen, des *generi comitis Ber(toldi)*[42]. Der Terminus *gener* ist nicht eindeutig; er kann den Schwiegersohn oder den Schwager bezeichnen. Im allgemeinen wird angenommen, daß Konrad - nicht der Bruder und spätere Nachfolger des ebenfalls anwesenden Herzogs Berthold III., sondern ein Freiherr aus Zähringen[43] - mit einer Tochter Graf Bertholds verheiratet war[44]. Möglich ist aber auch, daß er Bertholds Schwager war[45]; dieser wäre dann mit einer Schwester Konrads verheiratet gewesen, wohingegen die umgekehrte Annahme - eine Schwester des Nimburgers als Gemahlin Konrads - auszuschließen ist, da die Töchter Erlewins I. ja anscheinend den Schleier genommen hatten.

Bis zum Ende der 1120er Jahre schweigen die Quellen[46], ehe Graf Berthold wieder faßbar wird: *comes Bertoldus* war unter den Zeugen, als König Lothar III. am 20. Januar 1129 in Straßburg für die dortigen Bürger urkundete[47]. Daß es sich um den Nimburger handelt, zeigt ein Vergleich mit dem Diplom, das Lothar am 6. Februar 1130 in Basel auf Bitten unter anderem Herzog Konrads von Zähringen, Markgraf Hermanns von Baden sowie *Bertolfi comitis de Nuenburhc* für die Zürcher Propstei St. Felix und Regula - das Großmünster-Chorherrenstift - gab[48]. In beiden Diplomen wird Berthold unmittelbar neben Graf Werner von Thierstein (Burgruine bei Gem. Gipf-Oberfrick, Bz. Laufenburg, Kt. AG) genannt, der beim ersten Mal ebenfalls ohne Herkunftsbezeichnung erscheint. Die Urkunde von 1129 stellt den frühesten Beleg für den Aufenthalt eines Nimburgers in der Umgebung des Herrschers dar. Seitdem waren Vertreter der Grafenfamilie, anfangs meist im Gefolge des zähringischen Herzogs, des öfteren beim König anzutreffen. Für die Zeit Erlewins I. wäre dies noch undenkbar gewesen. Nachdem der Zähringerherzog aber 1098 seinen Frieden mit dem damaligen Herrscher gemacht und der Investiturstreit schließlich 1122 ein Ende gefunden hatte, stand einem Kontakt zwischen den Nimburgern und dem Königtum nichts mehr im Wege.

Zwischen dem Diplom von 1130 und den nächsten datierten Quellen liegt erneut ein knappes Jahrzehnt. Dann aber treffen wir neben Graf Berthold einige weitere Nimburger an. Ende Mai 1139 hielt König Konrad III. einen Hoftag in Straßburg, zu dem sich zahlreiche geistliche und weltliche Große einfanden, darunter Herzog Konrad von Zähringen und Markgraf Hermann von Baden. Bei Gelegenheit dieser Zusammenkunft stellte der König am bzw. um den 28. Mai eine Reihe von Diplomen aus, und in dreien davon - für die Klöster Selz (Dép. Bas-Rhin)[49], Einsiedeln (Kt. SZ)[50] und St. Ulrich[51] - erscheint Graf Berthold jeweils an der Spitze der Grafenliste als Zeuge. Am interessantesten ist in unserem Zusammenhang die letztgenannte Urkunde. Sie bestätigte dem Cluniazenserpriorat das durch Vogt Erlewin (*per...Erluinum comitem prefatę cellę defensorem*)[52] mitgetätigte Tauschgeschäft des Jahres 1087 zwischen Prior Ulrich und Bischof Burkhard von Basel, das uns ja vom ersten Nimburgerbeleg her bekannt ist, sowie den in den Privilegien des Klosters genannten Besitz. Dem Bestätigungsakt wohnte nicht nur der Klostervogt Graf Berthold bei (*presentibus...comitibus quoque Bertulfo nostri cenobii advocato*); die Zeugenliste belegt darüber hinaus die Anwesenheit dreier weiterer Nimburger namens Erlewin, Theoderich (= Dietrich) und Volkhard (*presente...Erlewino de Nuenburch, Teoderico de eodem castro, Volcardo aliisque quam plurimis viris nobilibus*)[53].

Die beiden letzteren begegnen uns in dem Jahr noch öfter. Eine Notitia berichtet zu 1139 über eine in mehreren Stufen ausgeführte Schenkung des Adligen Erlewin von Wolfenweiler (Gem. Schallstadt, Lkr. FR) an das Kloster St. Ulrich[54]. Im unermittelten Ort *Holzenbrugga* übergab Erlewin die Kirche zu Wolfenweiler sowie zwei Teile seines Besitzes ebendort samt Zubehör an Graf Berthold, den Vogt von St. Ulrich (*presente aduocato nostro comite Bertolfo*), damit dieser es den Mönchen schenke; ihm übertrug er auch die Vogtei über die genannten Schenkungsgüter. Berthold steht zugleich an der Spitze der Zeugenliste; es folgen erst Dietrich von Rötteln (abgeg. Burg bei Haagen, Stadtteil von Lörrach) und dann die Nimburger Theoderich, Volkhard und Eberhard (*Teodericus de nuenburc. Uolchardus. Eberhardus*), anschließend eine Reihe weiterer Edelfreier. Nicht lange danach vollzog Berthold die Schenkung vor dem zuständigen Grafengericht unter Markgraf Hermann von Baden bei Offnadingen (Gem. Ehrenkirchen, Lkr. FR); zusammen mit zahlreichen anderen Edelfreien bezeugte auch *Volchardus de nuenburc* den Vorgang. Unter Führung Bertholds sowie des Urhebers der Schenkung nahmen Prior Adalbert und seine Mitbrüder das Gut in Besitz, das Erlewin und seine Gemahlin Willibirga daraufhin vom Kloster gegen einen jährlichen Zins von einem Pfennig zu Lehen empfingen unter der Bedingung des Heimfalls an St. Ulrich nach ihrem Tod. Ferner übereignete Erlewin seiner Frau den dritten Teil seines Besitzes in Wolfenweiler und setzte ihr den Grafen Berthold zum Vogt. Durch dessen Hand und in Gegenwart seines gleichnamigen Sohnes (*per manum Bertolfi comitis de nuenburc. presente filio suo Bertolfo*) schenkte Willibirga dieses Restgut dem Kloster und empfing es gegen einen Jahreszins von einem Pfennig zu Lehen mit der Bedingung des Heimfalls an St. Ulrich nach ihrem Tod[2]. Die drei übrigen Nimburger (*Uolchardus. Eberhardus. Teodericus de nuenburc*) waren diesmal die Spitzenzeugen, denen sich etliche weitere Adlige anschlossen.

Für die Zeit um 1139 existiert noch ein dritter Beleg, in dem Graf Berthold ebenfalls nicht als einziger Nimburger erscheint. In Offenburg tätigten die Brüder Friedrich und Arnold von Wolfach (Lkr. OG) eine Schenkung an das Kloster Alpirsbach (Lkr. FDS), dem sie das Gut Fischerbach (Lkr. OG) übereigneten. Unter den Anwesenden befanden sich *comes Bertoldus de Nuinburc*, der in der Zeugenliste direkt hinter den an der Spitze stehenden Schenkern genannt ist, und *Dietericus de Nuinburc*. Die knappe Notiz, die dies überliefert, enthält selbst keine Datierung, und von der landesgeschichtlichen Forschung wurde sie irrtümlich dem Jahr 1101 bzw. etwa dieser Zeit zugewiesen[56], was in bezug auf die genealogische Einordnung Dietrichs von Nimburg natürlich zu Fehlschlüssen führen mußte[57]. Inzwischen konnte die falsche Zeitstellung korrigiert werden: Entstehung der Notiz und berichtetes Geschehen sind auf ca. 1130-45 zu setzen, wobei dem Jahr 1139 eine besondere Wahrscheinlichkeit zukommt, da es bei einigen der Zeugen, darunter Graf Berthold und Dietrich, bemerkenswert hervortritt[58].

Von den fünf Nimburgern, die zusammen mit Graf Berthold ein- oder mehrmals in den drei zuletzt besprochenen Quellen erscheinen, wird nur einer, Berthold, ausdrücklich als dessen Sohn bezeichnet. In welcher Beziehung stehen nun die übrigen - Eberhard, Erlewin, Theoderich/Dietrich und Volkhard - zum Grafen? Man hat in ihnen seine Ministerialen sehen wollen[59], was jedoch abwegig ist, denn die Urkunde König Konrads III. für Kloster St. Ulrich spricht ausdrücklich von Edelfreien, und in den beiden anderen Aufzeichnungen werden sie zwischen solchen Zeugen genannt, deren adlige Standesqualität außer Zweifel steht[60]. Des weiteren wurde die These vertreten, es handle sich um in Nimburg sitzende Adlige, die nicht mit der gräflichen Familie verwandt seien[1]. Dagegen spricht das Namengut: Zwei Träger des Namens Erlewin hat es ja bereits vorher in der Familie gegeben, und ein Graf Dietrich von *Nuwenburg* wird, leider ohne Angabe des Jahres, in einem alten Urbar von Kloster St. Blasien erwähnt; möglicherweise ist er mit dem Nimburger von 1139 identisch[62]. Auch ein Vergleich mit der Namengebung im verwandtschaftlichen Umfeld des Grafengeschlechts, mit dem wir uns noch beschäftigen werden, erweist die Unhaltbarkeit dieser These. So wird es sich bei Erlewin, Eberhard, Theoderich/Dietrich und Volkhard um Söhne Graf Bertholds handeln[63]. Warum aber vermerken die Quellen das anders als bei seinem gleichnamigen Sohn nicht explizit? Der Grund mag darin liegen, daß dieser eben der Älteste und somit zur Nachfolge bestimmt war. Erlewin ist vielleicht der Zweitälteste gewesen, trug er doch den Namen seines Onkels und seines Großvaters; zudem ist er in der oben erwähnten Königsurkunde vor seinen Brüdern genannt.

Berthold II. - Förderer von Kloster Tennenbach

Wenn im bzw. um das Jahr 1139 Graf Berthold mehrmals gemeinsam mit seinen Söhnen auftrat, während davor seit ca. 1100 und danach bis zum Ende des 12. Jahrhunderts der jeweilige Nimburger Graf immer allein bezeugt ist, deutet dies auf einen bevorstehenden Generationswechsel hin. Im nach 1139 auftretenden Grafen Berthold sehen wir daher den Nachfolger Bertholds I., der zwischen 1094 und 1100 auf Erlewin I. gefolgt war[64]. Was der Vater in seinen späteren Jahren begonnen hatte, setzte Berthold II. fort: Er begleitete als Gefolgsmann des Zähringerherzogs diesen mehrmals an den königlichen Hof. Ende April/Anfang Mai 1140 hielt König Konrad III. eine große Reichsversammlung in Frankfurt am Main ab. Eines der Diplome, die der Herrscher dort ausstellte, galt dem Stift Kaiserswerth (Stadtteil von Düsseldorf); daß der dort in der Zeugenliste aufgeführte *Bertolfus comes* der Nimburger Graf ist, darf wegen der anderen breisgauischen Zeugen - Herzog Konrad von Zähringen und der unmittelbar vor Berthold genannte Markgraf Hermann von Baden - als sicher angenommen werden[65]. Die drei waren ebenfalls zugegen, als der König um Ostern des folgenden Jahres in Straßburg erschien, wo er von einer stattlichen Anzahl Fürsten und Adliger umgeben war. In zweien der bei dieser Gelegenheit vom Herrscher gegebenen Urkunden wird Graf Berthold von Nimburg als Zeuge erwähnt: im Diplom vom 6./13. April 1141 für das Lütticher Kloster St. Jakob[66] sowie in der Urkunde vom 10. April 1141 über einen Vergleich zwischen der bischöflichen Kirche von Basel und dem Kloster St. Blasien, der an den Ostertagen - der Festsonntag fiel in dem Jahr auf den 30. März - auf dem Hoftag geschlossen und unter Mitwirkung des Zähringerherzogs als des Vogts von St. Blasien ausgeführt wurde[67]. Auf die große Wichtigkeit dieses Vergleichs, mit dem ein langer Streit um die Unabhängigkeit St. Blasiens von Basel und um die Klostervogtei ein Ende fand, weist nicht zuletzt die Zeugenliste hin, die vom päpstlichen Legaten Theodewin angeführt wird und 76 (!) Namen umfaßt. Der bei den Freiherren fast am Ende genannte *Oͮzo de Nuemburc* bzw. *Nuwenburc* ist entgegen dem ersten Anschein kein Nimburger[68]. Im Juli 1143 weilte König Konrad III. dann erneut in Straßburg; neben anderen fanden sich wieder Herzog Konrad von Zähringen und Markgraf Hermann von Baden bei ihm ein. Die Anwesenheit Graf Bertholds auf diesem Hoftag ist der Zeugenreihe eines königlichen Diploms vom 8. Juli zu entnehmen, das dort zugunsten des Klosters Einsiedeln gegeben wurde[69]. Es sollte zugleich für lange Zeit - ein Vierteljahrhundert - das letzte Mal sein, daß ein Nimburger als Gefolgsmann des zähringischen Herzogs auftrat.

Die nächste Quelle führt uns zurück in den heimischen Breisgau. In seiner Eigenschaft als Vogt von St. Ulrich war der Nimburger Graf mitbetroffen von einem Streit zwischen der dem Cluniazenserpriorat gehörenden Kirche von Achkarren und der von Bickensohl (Stadtteile von Vogtsburg im Kaiserstuhl, Lkr. FR), die im Besitz des Basler Domstifts war; bei dieser Auseinandersetzung, die 1144 nach dem 12. März begonnen hatte und mehrere Jahrzehnte dauern sollte, ging es um die Unabhängigkeit des Achkarrer Gotteshauses von der Pfarrei Bickensohl[70]. Auf einer Zusammenkunft bei *Zartun* (entweder Zarten, Gem. Kirchzarten, Lkr. FR, oder Kirchzarten selbst) in den ersten Monaten des Jahres 1145 entschied Bischof Hermann von Konstanz im Auftrag Papst Lucius' II. und mit Zustimmung der Vögte beider Kirchen den Streit zugunsten der Kirche von Achkarren, welche die vollen Pfarrrechte erhielt, und stellte eine Urkunde darüber aus, in welcher der Klostervogt Graf Berthold als weltlicher Spitzenzeuge erscheint[2]. Wie wir noch sehen werden, war es nicht das letzte Mal, daß ein Nimburger an einer Entscheidung in dieser Sache beteiligt war. Um Kloster St. Ulrich geht es auch in zwei Urkunden aus der zweiten Hälfte der 1140er Jahre, die allerdings ohne Mitwirkung Graf Bertholds gegeben wurden. Bischof Ortlieb von Basel bestätigte um 1146 jenen Gütertausch, der im Jahr 1087 mit durch den nimburgischen Schutzherrn des Cluniazenserpriorats (*per...Erlewinum advocatum fratrum Cluniacensium*) ausgeführt worden war[72]. Von Papst Eugen III. erlangten die Mönche am 27. Januar 1148 eine Bestätigung ihrer Besitzungen und Freiheiten, die erste uns überlieferte[73]. Den Vogt erwähnt die Bulle nur in allge-

meiner Weise: Er solle das Kloster nicht bedrücken und nicht mehr fordern, als ihm von Rechts wegen zustehe[74].
In dieser Zeit kurz vor der Mitte des 12. Jahrhunderts war das bestimmende Ereignis der "großen" Geschichte der zweite Kreuzzug (1147-49), der als völliger Mißerfolg endete. Der vom Papst mit Predigt und Werbung für dieses Unternehmen beauftragte Zisterzienserabt Bernhard von Clairvaux hielt sich auf Wunsch des Konstanzer Bischofs im Dezember 1146 in dessen Diözese auf; am 1. Dezember weilte er in Kenzingen, traf am folgenden Tag in Freiburg ein und zog von dort aus am 4. Dezember in Richtung Basel weiter. Der Erfolg seiner Ansprachen soll groß gewesen sein. Unter anderen ließ sich Markgraf Hermann von Baden für die Teilnahme am Zug in das Heilige Land gewinnen, während Herzog Konrad von Zähringen sich lieber an einem Ersatzkreuzzug gegen die heidnischen Wenden beteiligte[75]. Ob Angehörige der Nimburger Grafenfamilie die Gelegenheit genutzt haben, den berühmten Prediger zu hören, ob jemand von ihnen gar seinem Ruf gefolgt ist, wissen wir nicht; denkbar wäre auch eine Teilnahme am Wendenkreuzzug in der Gefolgschaft des Zähringers. Das Engagement, das Graf Berthold bei der bald darauf erfolgten Gründung des Zisterzienserklosters Tennenbach zeigte, könnte jedenfalls ein Indiz für seine Beteiligung am Kampf gegen die Ungläubigen sein, denn es ist bekannt, daß glücklich heimgekehrte Kreuzfahrer nicht selten Schenkungen an Orden tätigten oder gar neue Klöster gründeten[76]. Aus den 1150er Jahren gibt es lediglich einen sicheren Nimburgerbeleg[5]: Am 12. Juli 1153 beurkundete König Friedrich I. in Erstein (Dép. Bas-Rhin) eine Schenkung des dortigen Frauenklosters an den Markgrafen Hermann von Baden, dem die Nonnen ihren Hof in Besigheim (Lkr. LB) übereigneten; unter den Zeugen findet sich *Bertoldus comes de Nuenburch* genannt[6].

Ein bedeutsames Ereignis für den nördlichen Breisgau stellte die Gründung der Zisterzienserniederlassung Tennenbach (Emmendingen) dar, die um 1160 unter maßgeblicher Beteiligung des Nimburger Grafen und mehrerer seiner Ministerialen erfolgte. Laut Gründungsnotiz erwarben Abt Hesso und zwölf Brüder, die aus dem schweizerischen Kloster Frienisberg (Gem. Seedorf, Bz. Aarberg, Kt. BE) gekommen waren, als Erstausstattung den Grund und Boden in Tennenbach für die Errichtung des neuen Klosters sowie einige nahe gelegene Güter, nämlich Labern (abgeg. auf dem Laberberg nördlich von Maleck, Stadtteil von Emmendingen), Breitenhart (Wald südöstlich von Tennenbach), Mutterstegen (heute Stabhalterhof, westlich von Mußbach, Gem. Freiamt, Lkr. EM) und die zwei Lehen Mußbach mit allem Zubehör[79]. Genauere Angaben darüber macht das Tennenbacher Güterbuch. Dort ist zu erfahren, daß ein Dienstmann des Grafen Berthold von Nimburg, Heinrich von Emmendingen, für sein Seelenheil den Mönchen eine am Ufer des Brettenbachs gelegene, zur Zeit der Abfassung des Güterbuches Brügel genannte Wiese bei Sonnenziel (Berg südöstlich von Tennenbach) unter der Bedingung schenkte, daß auf dieser Wiese die Klostergebäude errichtet würden. In allernächster Nähe hatte jedoch auch St. Ulrich Besitz, unter anderem eine Wiese am Ufer des Tennenbächles und einen Teil des Waldes Breitenhart; diesen Besitz konnten die Zisterzienser mittels eines Tauschgeschäftes an sich bringen[80]. So wurde das Konventsgebäude ca. 1 km nordwestlich von der ursprünglich vorgesehenen Stelle errichtet. Das kleinere Gut Labern erhielten die Mönche von einem weiteren gräflich-nimburgischen Ministerialen, Berthold von Emmendingen, der es ihnen mit Einwilligung seines Herrn für 3 Pfund Pfennige und ein Pferd verkaufte[81]. Mutterstegen erwarben sie von dem Edelfreien Kuno von *Horwen*. Das rief freilich die Feindschaft Ottos von Köndringen und seiner Söhne, Dienstmannen Graf Bertholds, hervor, denn Otto besaß in Mutterstegen ein Lehen aus der Hand Kunos, auf das sie nicht verzichten wollten. Erst das vermittelnde Eingreifen des Nimburgers führte zu einer Lösung des Konflikts[82]. Die beiden Lehen in Mußbach schließlich kauften die Zisterzienser vom Markgrafen von Baden[83]. Soweit das Tennenbacher Urbar mit seinen ausführlichen Angaben zur Herkunft der Erstausstattungsgüter. Ihre förmliche Übergabe erfolgte laut Gründungsnotiz 1160 oder 1161 auf der Burg Hachberg (= Hochburg, Burgruine bei Emmendingen) vor Markgraf Hermann von Baden und einer Reihe von Zeugen - Adlige aus dem Breisgau sowie herzogliche und markgräfliche Ministerialen -, an deren Spitze der Nimburger Graf (*comes Berhtoldus de Novo castro*) genannt ist[84]. In der Folgezeit hat es noch weitere Schenkungen und Verkäufe an Kloster Tennenbach durch Dienstmannen Graf Bertholds gegeben. Der uns schon bekannte Heinrich von Emmendingen schenkte ein unbewohntes Gut in Bromshart (abgeg. bei Mußbach)[85] sowie mit Einwilligung seines Herrn ein Lehen in Maleck[86]. Ein namentlich nicht genannter Ministeriale aus "Königsberg"[87] verkaufte ein Lehen in Korben (abgeg. in Emmendingen, zwischen Maleck und Wöpplinsberg)[88], und für 2 1/2 Pfund Pfennige gab er mit Zustimmung des Nimburgers ein Lehen in Maleck[89]. Keine dieser vier Güterübereignungen, die im Tennenbacher Urbar überliefert sind, ist datiert. Eine genauere zeitliche Eingrenzung läßt sich nicht vornehmen. Die dem Zisterzienserkloster gewährten päpstlichen Besitzbestätigungen vom 5. August 1178 (Alexander III.)[90], 4. März 1185 (Lucius III.)[91] und 6. November 1209 (Innozenz III.)[92] nennen weder Maleck noch Korben. Dagegen erscheint das in der Bestätigung von 1178 nicht aufgeführte Bromshart in den Urkunden von 1185 und 1209, was einen zeitlichen Rahmen für die Erlangung dieser Besitzposition ergibt. Ob das jedoch auf die Schenkung Heinrichs von Emmendingen bezogen werden darf, ist unsicher, da außer ihm noch andere Personen Besitz in Bromshart an Tennenbach gaben[93]. Die Bestätigungen erwähnen übrigens auch Klostergut in *Nouum Castrum*, womit sicherlich Nimburg und nicht Neuenburg am Rhein gemeint ist[94]. Die Vermutung liegt nahe, daß dieser auf den nimburgischen Grafen zurückgeht. Vom Kloster Sölden erwarben die Tennenbacher Mönche für 3 Mark Silber einen Teil von Allmendsberg (Gem. Freiamt) mit Einwilligung und Bestätigung des Grafen als des Schirmherrn von Sölden[95]; auch dieser Vorgang ist undatiert, und in den oben genannten Besitzbestätigungen sucht man Allmendsberg ebenfalls vergeblich.

Nach Bertholds Aktivitäten im Zusammenhang mit der Gründung von Tennenbach hören wir erst in den späten 1160er Jahren wieder von einem Nimburger. In Basel verlieh am 15. März 1168 Kloster Stein am Rhein (Kt. SH) seinen Hof in Gupf (bei Tannenkirch, Stadtteil von Kandern, Lkr. LÖ) gegen einen Zins von 6 Pfenning den Brüdern von St. Blasien und St. Gangolf zu Weitenau (bei Schlächtenhausen, Gem. Steinen, Lkr. LÖ), wo eine sanktblasische Propstei bestand. Herzog Berthold IV. war als Vogt des genannten Gutes anwesend; an der Spitze der Zeugenliste ist *Bertholdus comes de Nuwenburg* aufgeführt. Wie die Urkunde vermerkt, weilte zu der Zeit auch der Kaiser in Basel[96]. Für das folgende Jahr ist ein aggressiver Akt des Grafen von Nimburg gegen das Ortenaukloster Schuttern (Gem. Friesenheim, Lkr. OG) überliefert, dessen Güter er überfiel und mit Feuer verwüstete; selbst das Kloster versuchte er niederzubrennen[97]. Das Motiv für Bertholds Vorgehen ist unbekannt; man könnte an Interessenkollisionen bzw. Besitzstreitigkeiten denken, denn Schuttern war im nördlichen Breisgau begütert, zum Teil ganz in der Nähe von nimburgischen Besitzpositionen[98]. Die häufig geäußerte Annahme, die Grafen von Nimburg seien Vögte des Klosters gewesen, wird durch keinen Quellenbeleg gestützt[99].

Berthold III. - von der Kreuzzugsbegeisterung erfaßt

Dann fehlen für über ein Jahrzehnt jegliche Nachrichten über die Familie, ehe ab dem Beginn der 1180er Jahre wieder ein Graf von Nimburg faßbar wird. In Konstanz bestätigte am 18. April 1181 Herzog Friedrich V. von Schwaben und Elsaß, Vogt der Abtei Hohenburg (= Odilienberg, Gem. Ottrott, Dép. Bas-Rhin), die Gründung des bei Odilienberg gelegenen Klosters Truttenhausen durch die Äbtissin Herrad von Hohenburg; Zeugenschaft leisteten unter anderen König Heinrich - wie der Urkundenaussteller ein Sohn des damals ebenfalls in Konstanz weilenden Kaisers Friedrich I. -, Bischof Heinrich von Straßburg, der badische Markgraf Hermann und *Bertoldus comes de Nuenburc*[100]. Im Hinblick auf die Altersverhältnisse ist anzunehmen, daß es sich bei ihm um Berthold III. handelt, denn Berthold II. ist ja bereits 1139, also mehr als 40 Jahre vorher, bei einer Rechtshandlung zugegen gewesen. Der Generationswechsel wird wohl zwischen 1160/61 und 1181 erfolgt sein; Namensgleichheit sowie lückenhafte Überlieferung erschweren uns den Versuch, ihn zeitlich genauer einzugrenzen. So läßt sich auch nicht entscheiden, ob bereits in dem Ende der 1160er Jahre auftretenden Nimburger der Nachfolger Bertholds II. zu sehen ist[101].

Unter Beteiligung Graf Bertholds wurde 1183 der langwierige Streit um die Unabhängigkeit der Achkarrer Kirche von der zu Bickensohl endgültig beigelegt. Die ebenfalls unter nimburgischer Mitwirkung getroffene Entscheidung des Konstanzer Bischofs aus dem Jahr 1145 hatte den Konflikt nicht aus der Welt zu schaffen vermocht. Am 9. Oktober 1183 wurde in Basel durch den dortigen Bischof Heinrich eine Schlichtung zustande gebracht; mit Zustimmung der Kirchenvögte, nämlich Graf Bertholds von Nimburg (*coniventia...advocatorum ipsarum ecclesiarum, videlicet Bertholfi comitis de Nuᵒemburch*) - er war ja Vogt der Cluniazenser von St. Ulrich, denen die Kirche von Achkarren gehörte -, Burkhards von Üsenberg (abgeg. Burg bei Breisach am Rhein, Lkr. FR) und Gottfrieds von Riehen (Kt. BS), konnte ein Vergleich erzielt werden: St. Ulrich gab der Kirche von Bickensohl ein für 40 Mark gekauftes Gut. Dafür erklärte Bischof Heinrich das Achkarrer Gotteshaus für eine von Bickensohl unabhängige Pfarrkirche. In der Zeugenliste der Urkunde erscheint *Bertholfus comes de Nuenburch* ebenfalls[102].

Am 5. Oktober 1186 weilte Berthold bei Kaiser Friedrich I. in Colmar (Dép. Haut-Rhin), wo der Herrscher einen Streit zwischen der dortigen Peterskirche und Ulrich von Erstein schlichtete[103]. An den sechs Italienzügen, die der Staufer zwischen 1154 und 1186 unternommen hatte, scheint die Grafenfamilie nicht teilgenommen zu haben; in keiner der zahlreichen Urkunden, die bei diesen Unternehmungen ausgestellt wurden, ist jemals ein Nimburger als Zeuge genannt. Im folgenden Jahr 1187 begegnet uns Graf Berthold zweimal in der Umgebung des zähringischen Herzogs. Bischof Hermann von Konstanz beurkundete eine durch ihn und den mitsiegelnden Herzog Berthold V. gütlich herbeigeführte Einigung zwischen dem Konstanzer Domkapitel und dem zähringischen Ministerialen Werner von Roggenbach (Gem. Unterkirnach, Lkr. VS) dem Jüngeren über Besitz des Domkapitels in Ebringen (Lkr. FR) und Wolfenweiler (Gem. Schallstadt, Lkr. FR). Unter den Zeugen der Handlung, die möglicherweise in Freiburg stattfand, war *comes Bertoldus de Núwenburg*[104]. Der Nimburger leistete ebenfalls Zeugenschaft, als im selben Jahr ein Streit zwischen den Klöstern Tennenbach und St. Georgen im Schwarzwald beigelegt werden konnte, der dadurch entstanden war, daß der inzwischen verstorbene herzogliche Dienstmann Werner von Roggenbach der Ältere Besitz in der Villinger Gegend das eine Mal an Tennenbach und das andere Mal an St. Georgen geschenkt hatte. Bischof Heinrich von Straßburg beurkundete die Entscheidung, die ein aus ihm, Bischof Hermann von Konstanz und Abt Christian von Salem (Lkr. FN) bestehendes Schiedsgericht, das von Papst Urban III. eingesetzt worden war, getroffen hatte; der Zähringer, der dem Urteilsspruch zugestimmt hatte, setzte sein Siegel mit unter die Urkunde[105]. Ein Jahr später finden wir den nimburgischen Grafen wieder unter den Zeugen einer Urkunde Bischof Heinrichs von Straßburg; dieser bestätigte 1188 den Verzicht der Brüder Werner, Konrad und Eppo von Hattstatt auf den von ihnen widerrechtlich beanspruchten Bann im Gebiet von Obermorschweier (beide benachbart südlich von Colmar) *presentibus et videntibus...Bertholdo comite de Nuwenburc*[7].

Das späte 12. Jahrhundert sah ein erneutes Aufflammen der Kreuzzugsbegeisterung im Abendland. Den Anlaß dazu gaben besorgniserregende Nachrichten vom siegreichen Vordringen der Moslems in Palästina; im Oktober 1187 hatten die türkischen Seldschuken unter Führung des Sultans Saladin schließlich sogar Jerusalem erobert. Nach gründlichen Vorbereitungen brach das deutsche Heer mit Kaiser Friedrich I. Barbarossa an der Spitze am 11. Mai 1189 von Regensburg zum dritten Kreuzzug (1189-92) auf; Engländer und Franzosen stießen erst später hinzu[107]. Der zähringische Herzog blieb in der Heimat, während sein Bruder Rudolf, Bischof von Lüttich, mitzog. Auch Graf Berthold von Nimburg gehörte zu den Teilnehmern[108], und man kann annehmen, daß ihn eine Reihe von Dienstleuten begleitete. Ausdrücklich wissen wir das allerdings nur von zweien seiner Ministerialen, den Brüdern Nibelung und Wolfram von Köndringen. Ende Juli wurde bei Nisch (in

Serbien im heutigen Jugoslawien) die Grenze zu Griechenland erreicht, wo der Kaiser das Heer neu ordnete, indem er es in fünf Haufen aufteilte; der Nimburger führte die Fahne des ersten, von Herzog Friedrich V. von Schwaben befehligten Haufens, zu dem unter anderen Markgraf Hermann von Baden und mehrere schwäbische Grafen gehörten[109]. Nach der Überwinterung im byzantinischen Reich setzte man im nächsten Frühjahr nach Kleinasien über und rückte weiter vor. Da ereilte kurz vor Erreichen des Heiligen Landes den Kaiser am 10. Juni 1190 der Tod. Ein Teil des deutschen Heeres kehrte entmutigt um. Wenig später forderte eine Seuche in Antiochia zahlreiche Opfer, darunter Markgraf Hermann von Baden[110]. Insgesamt sollte dem Kreuzzug der volle Erfolg versagt bleiben; Jerusalem konnte letztlich nicht zurückerobert werden. Auch die beiden Köndringer mußten bei der Unternehmung ihr Leben lassen. Der eine hatte schon beim Kampf um Dimotika (heute in Nordostgriechenland an der türkischen Grenze) den Tod gefunden, das am 24. November 1189 durch Philipp von Schwaben erstürmt worden war. Der andere verlor sein Leben in der Stadt *Acina*. Der Ort ist unidentifiziert; vielleicht handelt es sich um Akkon. Dort traf im Oktober 1190 Herzog Friedrich V. von Schwaben mit den Resten des deutschen Heeres ein und nahm an der Belagerung der Stadt teil. Ihre Einnahme am 12. Juli 1191 erlebte er nicht mehr; eine Krankheit hatte ihn bereits am 20. Januar desselben Jahres dahingerafft. Nibelung und Wolfram schenkten kurz vor ihrem Sterben dem Kloster Tennenbach jeweils ein Lehen in Bertoldsfeld (abgeg. in Emmendingen, an der Elz in Richtung Teningen) mit Zustimmung des Nimburger Grafen. Ausdrücklich verfügten sie, daß die Schenkung nach seiner Rückkehr von ihren Erben bestätigt werden sollte. Wieder in der Heimat, brachte Graf Berthold den Wunsch seiner verstorbenen Dienstmannen zur Ausführung. Zusammen mit den Erben - dem Vater Nibelung und dessen Sohn Heinrich, Dekan in Nimburg - bestätigte er den Tennenbacher Mönchen die geschenkten Lehen, was in den frühen 1190er Jahren geschehen sein wird[111].

Zu Kaiser Heinrich VI., dem Sohn und Nachfolger des auf dem Kreuzzug verstorbenen Herrschers, muß der Nimburger in einem besonderen Verhältnis gestanden haben. Beide waren sich zu Lebzeiten Barbarossas ja schon begegnet, 1181 in Konstanz. Kurz bevor der junge Kaiser nach Italien zog, um das sizilische Reich zu erobern, finden wir im Mai 1194 Graf Berthold bei ihm. Zwei Urkunden Heinrichs VI. vom 9. und eine vom 10. des Monats, gegeben zu Trifels (Burgruine bei Annweiler am Trifels, Lkr. Südliche Weinstraße, RB Rheinhessen-Pfalz, Rheinland-Pfalz), nennen ihn als Zeugen[112]. Da weder die übrigen Zeugen noch die Urkundeninhalte irgendeinen Bezug zum Breisgau erkennen lassen, kann man annehmen, daß ein spezielles Anliegen oder eine besondere Beziehung zum Staufer den nimburgischen Grafen nach Trifels führte. Gut zwei Jahre später, der Kaiser stand wieder kurz vor einem Zug nach Italien, fand sich Graf Berthold erneut bei ihm ein. Als Heinrich VI. in Oberehnheim (Dép. Bas-Rhin) am 25. Juni 1196 den Dienstmannen des Domkapitels und denen der Stifte St. Thomas und Jung St. Peter zu Straßburg die Freiheit von allen Verpflichtungen gegenüber dem Fiskus bestätigte, war unter den Zeugen *comes Bertholdus de Nuwenburc*, der bei dieser Gelegenheit auch mit Bischof Konrad von Straßburg zusammentraf[113]. Von einer bedeutungsvollen Schenkung, die der Nimburger zu unbekannter Zeit Heinrich VI. machte, werden wir später noch hören. Der Kaiser sollte nicht mehr nach Deutschland zurückkehren; am 28. September 1197 starb er im sizilischen Messina an der Malaria. Sein früher Tod bedeutete eine Katastrophe für das Reich. 1198 kam es zu einer doppelten Königswahl mit der Folge eines jahrelangen Thronstreites. Der Stauferanhang wählte Herzog Philipp von Schwaben, den Bruder des verstorbenen Herrschers; die gegnerische Partei erhob den Welfen Otto IV., nachdem Herzog Berthold V. von Zähringen sich der ihm aufgenötigten Kandidatur erfolgreich entzogen und sich bald mit Philipp arrangiert hatte, der vor allem im Südwesten des Reiches eine starke Machtbasis besaß. Auch der Nimburger stand auf der Seite des staufischen Königs. Am 22. Februar 1199 weilte er in Worms bei ihm; in der Zeugenreihe einer damals von Philipp gegebenen Urkunde ist *comes Bertoldus de*

Nuenburc an der Spitze der Grafenliste genannt[114]. Unter den Anwesenden war er der einzige Breisgauer.

Zwei Vorgänge aus der Zeit Graf Bertholds III., die sich nicht genau datieren lassen, müssen noch berichtet werden. Wie Vogt Konrad von Schwarzenberg (abgeg. Burg bei Waldkirch, Lkr. EM) in einer undatierten Urkunde erklärte, hatte er sein Eigengut in Mundingen (Stadtteil von Emmendingen) dem Nimburger (*comiti Bertoldo de Nuynburch*) übereignet, und dieser hatte es den Johannitern geschenkt[115]. Das Motiv für Konrads Besitzüberlassung ist unklar. Jedenfalls gab es seit dem frühen 12. Jahrhundert Kontakte zwischen seiner Familie und der des Grafen, vor allem in Form gemeinsamer Zeugenschaft[116]; außerdem hatten Berthold und Konrad zusammen am dritten Kreuzzug teilgenommen[117]. Die Urkunde des Schwarzenbergers läßt offen, wieviel Zeit zwischen beiden Besitzwechseln lag. Bertholds Schenkung wird jedoch noch in anderen Quellen erwähnt, denen wir einige ergänzende Informationen zu der Angelegenheit verdanken. Denn im Jahr 1207 verkaufte der Orden das Mundinger Gut für 150 Mark an Kloster Tennenbach, und Heinrich, Meister des Johanniterordens in Deutschland, richtete eine Supplik (Bittschrift) an König Philipp und die Großen des Reiches sowie eine weitere an Papst Innozenz III., in denen er um die Bestätigung für den Verkauf des Gutes bat, das man neun Jahre und mehr besessen habe, wie es ausdrücklich heißt[118]. Philipp kam diesem Ersuchen am 28. Mai 1207 nach[119]. Somit liegt ein Terminus ante quem für die nimburgische Schenkung vor; sie muß - vielleicht nicht lange - vor dem 28. Mai 1198 erfolgt sein. Den Bittschriften ist zu entnehmen, daß es sich bei dem Gut in Mundingen um einen Hof samt Zubehör handelte, also um ein größeres Besitzobjekt, was sich auch in der ansehnlichen Verkaufssumme ausdrückte; weiter erfahren wir, daß Berthold die Übertragung für sein und der Seinen Seelenheil vornahm[120]. Die Vermutung ist naheliegend, daß die fromme Gabe des Nimburgers im Zusammenhang mit seiner wohlbehaltenen Rückkehr vom dritten Kreuzzug steht, denn Schenkungen von Kreuzfahrern vor allem an die in Palästina gegründeten Spitäler und Ritterorden (Johanniter!) als Dank für eine glückliche Heimkehr kamen damals häufig vor[121]. Oder sollte Berthold die Donation bereits mit Blick auf eine erneute Fahrt ins Heilige Land vorgenommen haben?

Damit sind wir auch schon beim letzten Abschnitt in der Geschichte des Grafengeschlechts angelangt. Im Abendland war die Bereitschaft zum Kampf gegen die Ungläubigen weiterhin lebendig. So nahm im Jahr 1200 Graf Berthold von Nimburg zusammen mit seinem Sohn das Kreuz und reiste nach Osten, von wo er nicht mehr zurückkehrte[122]. Der gelehrte Abt und Geschichtsschreiber Johannes Trithemius (1462-1516) will darüber hinaus wissen, Berthold sei mit dem Sohn, der sein einziger gewesen sei, und großer Dienstmannschaft nach Jerusalem gezogen und habe dort bis zum Tod treu im Dienst des Heiligen Grabes ausgeharrt[123]. Damit endet die Geschichte der Nimburger Grafen.

Der Streit um die nimburgische Hinterlassenschaft

Die Darstellung wäre indessen unvollständig, wenn nicht noch das Schicksal der nimburgischen Hinterlassenschaft zur Sprache käme. Die gleichen Quellen, die über die Kreuzfahrt berichten, geben an, daß Berthold vorher Nimburg samt Ministerialen und Zubehör - womit der ganze Besitz des Geschlechts gemeint ist, wie die folgenden Quellen zeigen - an die bischöfliche Kirche von Straßburg verkauft habe[124]. Schon bald begannen in der Heimat die Streitigkeiten darüber. Aus einem Brief Papst Innozenz' III. vom 4. September 1201 an die Äbte von St. Peter, St. Märgen und Tennenbach geht hervor, daß sich die Mönche von St. Ulrich darüber beschwert hatten, daß Bischof Konrad von Straßburg das Patronatsrecht der Kirchen von St. Ulrich und Sölden, welches ihnen gehöre, auf unrechtmäßige Weise als Geschenk (!) des Grafen Berthold von Nimburg (*de dono dilecti filii Nobilis uiri B. Comitis Noui Castri*) erhalten habe. Ein vom Papst bestelltes Schiedsgericht hatte zugunsten der Mönche geurteilt, womit Konrad nicht einverstanden war; nun übertrug Innozenz den Empfängern des Briefes die weitere Untersuchung, die sich auf Bestätigung oder Verwerfung des ersten Urteils zu beschränken hatte[125]. Gut vier Jahre später, am 8. Oktober 1205, bestätigte derselbe

Papst dem erwählten Bischof Heinrich II. von Straßburg das Patronatsrecht in St. Ulrich mit Zubehör, das von Graf Berthold und seinem Sohn der Straßburger Kirche überlassen worden sei (*a comite Bertholdo & filio ejus ecclesie argentinensi concessum*)[126]. Angesichts der Beschwerde der Mönche und des ersten Schiedsspruchs zu ihren Gunsten stellt sich natürlich die Frage, ob die Nimburger wirklich die rechtmäßigen Besitzer der beiden Patronatsrechte gewesen waren oder ob sie mit dieser Übereignung nicht einfach ihre aus dem Vogtamt herrührenden Kompetenzen überschritten hatten.

Mit der Entscheidung des Papstes waren für den straßburgischen Bischof die Auseinandersetzungen um die Hinterlassenschaft der Grafenfamilie noch nicht zu Ende, wie eine in Basel gegebene Urkunde König Friedrichs II. vom 21. November 1214 zeigt. Um den Streit zwischen seinen Getreuen, dem Bischof Heinrich II. von Straßburg und dem Herzog Berthold V. von Zähringen, zu schlichten, verzichtete Friedrich auf sein Anrecht auf alle Besitzungen, die der Straßburger Bischof Konrad von Graf Berthold von Nimburg gekauft habe, nämlich auf die Vogteien von St. Ulrich und Sölden, auf den Hof in Riegel und den in Herbolzheim (beide Lkr. EM), auf die Vogteien derselben Kirchen und auf alle anderen Besitzungen und Vogteien; wie der König ausdrücklich erklärte, erwachse ihm dieses Recht aus einer Schenkung, die der Graf einst seinem Vater - Heinrich VI. - gemacht habe (*in omnibus possessionibus quondam a pie memorie C. Argentinensi episcopo emptis a comite B. de Nwenburc..., in quibus aliquid juris habere videbamur occasione cuiusdam donationis olim a memorato comite venerande memorie patri nostro facte*)[127]. Die Urkunde ist in mehrfacher Hinsicht aufschlußreich. Nicht nur, daß das erste und einzige Mal der nimburgische Besitz in Riegel und Herbolzheim Erwähnung findet; auch von der angeblichen Schenkung Graf Bertholds erfahren wir nur hier. Letztere Nachricht bereitet einiges Kopfzerbrechen. Glaubwürdig kann sie wohl sein, denn Berthold hatte ja augenscheinlich in einem engen Verhältnis zum Vater Friedrichs II. gestanden. Aber wie ist die Doppelüberlassung - erst an Heinrich VI., dann an den Straßburger Bischof - zu erklären? Man kann hier lediglich Vermutungen anstellen. Über den genauen Charakter der Donation Bertholds sagt die Urkunde nichts. Vollmer deutet die Schenkung als "Erbvertrag" zwischen Berthold und Heinrich VI., der den Staufern die Anwartschaft auf die nimburgische Hinterlassenschaft eingebracht habe; immerhin war Heinrich VI. ja schon früh territorialpolitisch am Oberrhein tätig gewesen und hatte dort den Ausbau des staufischen Einflusses vorangetrieben[128]. Heinrich Maurer hat vermutet, daß Berthold - ähnlich wie Konrad von Schwarzenberg - seine Güter dem Kaiser übertragen und von diesem wieder zu Lehen genommen habe[129]. Es gibt in der Tat auffallende Parallelen zwischen der nimburgischen Angelegenheit und der des Schwarzenbergers. Konrad verkaufte am 6. Februar 1208 dem Kloster Salem das Gut Runtstal (abgeg. bei Villingen im Schwarzwald) samt Zubehör in genannten Orten durch die Hand König Philipps[130]. Am 31. März 1213 bestätigte König Friedrich II. dem Kloster den erkauften Besitz; in der Urkunde heißt es aber auch, Konrad habe diesen Besitz früher Kaiser Heinrich VI. aufgetragen und wieder zu Lehen genommen[131]. Hier hatte es also gleichfalls eine Doppelüberlassung gegeben. Nach dem Tod Heinrichs VI. mochte der Nimburger die Schenkung als hinfällig betrachtet haben; oder hatte König Philipp, um den Grafen auf seine Seite zu ziehen, ihn wieder in die vollen Besitzrechte eingesetzt? Jedenfalls fühlte Berthold sich wenig später frei, seine Herrschaft dem Bischof von Straßburg zu verkaufen, mit dem er bereits seit Beginn der 1180er in häufigerem Kontakt gestanden hatte[132]; er benötigte nun Geld für seinen Zug nach Palästina und erwartete vielleicht auch keine Rückkehr mehr. Mit dem Verkauf kam er dem Ziel der bischöflich-straßburgischen Erwerbspolitik des 12. Jahrhunderts entgegen[133]. Als Friedrich II. 1212 nach Deutschland kam, brachte dieser die staufischen Rechte wieder ins Spiel. Es gibt indessen auch eine ganz andere Erklärungsmöglichkeit für die Berichte von den Schenkungen des Nimburgers und des Schwarzenbergers: daß es sich jeweils nur um einen der wirklichen Grundlage entbehrenden Vorwand handelte, mit dem der Herrscher seinen Besitzanspruch zu legitimieren suchte. Aus Friedrichs Urkunde läßt sich noch ein weiterer interessanter Sachverhalt herauslesen. Herzog Berthold V. meldete ebenfalls, allerdings vergeblich, Ansprüche auf die Hinterlassenschaft des Nimburgers an. Worauf beruhten sie? Verschiedentlich hat man eine auf Verwandtschaft gestützte erbrechtliche Begründung vermutet[134], was jedoch bloße Spekulation ist. Woraus sich die Ansprüche des Zähringers ableiteten, wird durch eine wenig bekannte Urkunde Bischof Diethelms von Konstanz aus dem Jahr 1201 klar[135]. Vor dem 1. September bestätigte der Bischof auf Bitten der Mönche von St. Ulrich und der Nonnen von Sölden, daß Abt Hugo von Cluny dem Herzog Berthold von Zähringen die Vogtei über diese beiden Klöster verliehen hatte; die Verleihung selbst war anscheinend nicht an demselben Tag erfolgt, sondern schon einige Zeit vorher. Die Urkunde läßt den Schluß zu, daß Herzog Berthold V., sehr bald nachdem der Nimburger Graf als der bisherige Vogt im Jahr 1200 den Entschluß zur Kreuzzugsteilnahme gefaßt und seinen Besitz abgestoßen hatte, sich bei Abt Hugo V. (1199-1207) erfolgreich um die Schirmherrschaft über die breisgauischen Cluniazenserklöster bemüht hatte; der Verkauf der Vogteien durch Graf Berthold wurde von Cluny nicht als rechtmäßig anerkannt.

Gut zwei Jahrzehnte nach dem Verzicht von 1214 versuchte Kaiser Friedrich II., seine Entscheidung in gewisser Weise wieder rückgängig zu machen. Laut einem von ihm im März 1236 gegebenen Diplom überließ Bischof Berthold von Straßburg - wohl nicht ganz freiwillig - dem Herrscher zu rechtem Lehen Burg und Dorf Nimburg mit den Vogteien über die Klöster St. Ulrich und Sölden sowie mit dem Patronatsrecht der Kirchen in Emmendingen, Teningen und Nimburg, außerdem alle anderen Rechte und Besitzungen in denselben Dörfern, mit Ausnahme der Ministerialen beiderlei Geschlechts aus dem Ritterstand[136]. Die Herkunft aus dem Verkauf Graf Bertholds wird zwar nicht ausdrücklich erwähnt, aber wir können mit gutem Grund annehmen, daß auch das Patronat sowie die übrigen Besitz- und Rechtspositionen in Emmendingen, Teningen und Nimburg, die der Kaiser erhielt, darauf zurückzuführen sind[137]. Friedrich II. vermochte den Straßburger Bischof nicht auf Dauer aus der ehemaligen Herrschaft des Grafen zu verdrängen; in der Mitte des 13. Jahrhunderts ging die staufische Macht unter[138]. Aus späteren Quellen kann geschlossen werden, daß auch das in nächster Nachbarschaft von Nimburg gelegene Dorf Bottingen und jeweils ein Hof ebendort und in Teningen zu dem Verkaufsgut gehört hatten[139]. Ob allerdings die um die Mitte des 14. Jahrhunderts vom Hochstift Straßburg zu Lehen gehenden Besitzrechte in Bildstein (Gem. Freiamt, Lkr. EM), Forchheim (Lkr. EM), Herbolzheim, Herdern (Stadtteil von Freiburg im Breisgau), Mußbach (Gem. Freiamt), Teningen, Wagenstadt (Stadtteil von Herbolzheim) und Weisweil (Lkr. EM) nimburgischen Ursprungs sind, läßt sich nicht entscheiden; hier gibt es noch andere Erklärungsmöglichkeiten[140]. Auch die Burg Lichteneck (Ruine bei Hecklingen, Stadtteil von Kenzingen, Lkr. EM), die sich seit ihrer frühesten Erwähnung Ende des 13. Jahrhunderts in den Händen der Grafen von Freiburg befand, hat man mit den Nimburgern in Zusammenhang gebracht und in ihnen die Erbauer bzw. Besitzer vermutet[141]. Ein entsprechender Quellenbeleg existiert jedoch nicht[142]. An dieser Stelle wollen wir die Untersuchung des Schicksals der Hinterlassenschaft Graf Bertholds abbrechen. Es ist deutlich geworden, daß die Zeugnisse aus der Zeit nach 1200 von erheblicher Bedeutung für unsere Kenntnisse vom Umfang der nimburgischen Herrschaft sind.

Zum Ursprung des Grafentitels

Die Frage nach der Herkunft des nimburgischen Grafentitels, der wenige Jahre nach dem ersten Auftreten der Familie erscheint, ist bisher noch nicht befriedigend beantwortet worden[143]. Sicher ist, daß die Nimburger lediglich den Titel trugen, ohne im Besitz einer wirklichen Grafschaft zu sein[144]. Die meisten der in der Forschungsliteratur vorgebrachten Lösungsvorschläge führen das nimburgische *comes*-Prädikat auf ein tatsächliches Grafenamt von Vorfahren der Familie zurück, wobei die Ansichten darüber, wer diese Vorfahren gewesen seien, auseinandergehen[145]. Im großen und ganzen sind diese Hypothesen wenig überzeugend; vor allem vermögen sie nicht zu erklären, warum Erlewin in den frühesten Belegen nur als einfacher Edelfreier erscheint. Eine plausiblere

Erklärungsmöglichkeit ergibt sich, wenn man von einem völlig anderen Ansatzpunkt ausgeht. In diesem Zusammenhang sei auf die Herausbildung der sogenannten allodialen Grafschaft hingewiesen. Der Amtscharakter der alten karolingischen Grafschaft war immer mehr in den Hintergrund getreten; der Titel begann erblich zu werden und wurde auf die Familie und den Besitz übertragen, er diente zur Verherrschaftlichung. Ein Beispiel hierfür sind die Nellenburger in der zweiten Hälfte des 11. Jahrhunderts[146]. Ab dem 12. und verstärkt ab dem 13. Jahrhundert kam es zur Herausbildung von Grafschaften, die nicht mehr in irgendeiner rechtlichen Ableitung auf die karolingische Grafschaftsverfassung zurückzuführen sind - was bei der Erblichwerdung ja noch indirekt der Fall war -, sondern nur noch auf der Grundherrschaft und dem Besitz bestimmter hoheitlicher Rechte beruhten; hier war die eigene Machtstellung entscheidend[147]. Ein hochmittelalterlicher Grafentitel muß also nicht unbedingt auf ein ursprüngliches Amt zurückgehen. Von daher ist es denkbar, in der *comes*-Bezeichnung der Nimburger lediglich den Ausdruck einer gewissen faktischen Machtstellung zu sehen[148]. Die Frage nach den genaueren Umständen des Beginns der Titelführung ist damit jedoch noch nicht beantwortet. Möglicherweise besteht eine Verbindung mit den Ereignissen im deutschen Südwesten während des Investiturstreits. König Heinrich IV. hatte 1077 den gregorianisch gesinnten schwäbischen Herzog Rudolf von Rheinfelden abgesetzt und dessen Herzogtum 1079 dem königstreuen Staufer Friedrich I. übertragen, was von Heinrichs Gegnern natürlich nicht anerkannt wurde. Nachdem Rudolfs Sohn und Nachfolger Berthold 1090 gestorben war, wählten sie 1092, wohl auf ihrer Versammlung in Ulm am 2. Mai, den Zähringer Berthold II. zum (Gegen-)Herzog von Schwaben; dieser hatte bis dahin einen inhaltsleeren Herzogtitel getragen, in Anknüpfung an das einstige Amt seines Vaters, der 1077 als Herzog von Kärnten ebenfalls abgesetzt worden war. Auf dem unter maßgeblicher Mitwirkung von Bischof Gebhard von Konstanz, dem Bruder Bertholds II., abgehaltenen großen Parteitag im Spätherbst 1093 in Ulm erfolgte eine nochmalige Anerkennung der Wahl, die ein Jahr vorher ohne Zuziehung geistlichen Rates einseitig von Laien vollzogen worden war[149]. Der schwäbische Titel des Zähringers blieb zwar nur Episode (Verzicht 1098), dennoch mag in den Vorgängen von 1092/93 die Erklärung für die nimburgische Grafenwürde liegen: Vielleicht hat der neue Schwabenherzog in der Folge seiner Erhöhung Erlewin, der ihm als Gefolgsmann wichtig sein mußte, den *comes*-Titel verliehen. Zu dieser Hypothese paßt der chronologische Befund der Nimburgerbelege; der am 26. Februar 1092 zum letzten Mal als einfacher Edelfreier bezeugte Erlewin findet sich am 23. April 1094 erstmals als Graf genannt. Möglicherweise besteht auch ein Zusammenhang zwischen einem derartigen Ursprung des Grafentitels und der ansehnlichen Schenkung, die Erlewin irgendwann zwischen 1093 und 1100 an das zähringische Hauskloster St. Peter machte.

Herkunft und verwandtschaftliche Beziehungen

In den mittelalterlichen Quellen werden Verwandtschaft bzw. Verschwägerung nur selten ausdrücklich angegeben. Auch für die Nimburger gibt es nur einen einzigen derartigen Beleg, das Diplom vom 2. August 1121, in dem ihre Verschwägerung mit Freiherrn Konrad von Zähringen kurz Erwähnung findet. Es gibt jedoch Indikatoren, die solche Familienverbindungen wahrscheinlich machen, ja zur Gewißheit werden lassen können[150]: 1. Namensgleichheit; 2. Besitzüberschneidung/-nachbarschaft/-nachfolge; 3. gemeinsames Handeln oder Auftreten, etwa durch Mitwirkung an Rechtsgeschäften der verbundenen Familie - meist in Form von Zeugenschaft - oder durch gemeinsame Zeugenleistung für einen Dritten, wobei die Namen der Verwandten in der Zeugenliste oft hintereinanderstehen. Für die Nimburger kann als gesichert gelten, daß sie aus der verwandtschaftlich weitverzweigten Adelsgruppe der "Hessonen" (sie ist durch die Häufigkeit des Namens Hesso gekennzeichnet) hervorgegangen sind, die nicht nur im Breisgau ihr Wirkungsfeld hatte, sondern auch in anderen Teilen des schwäbisch-alemannischen Raumes nachweisbar ist[151]. Glieder dieser Adelsgruppe mit Namen Dietrich und Hesso begegnen uns im 11. Jahrhundert im Kaiserstuhl-Tuniberg-Gebiet als Vögte der breisgauischen Besitzungen des Klosters Einsiedeln. Zentrum dieser Einsiedler Güter war Riegel; dazu kamen noch andere Orte, darunter Teningen[152]. In beiden Orten verfügten später die Nimburger, bei denen auch der Name Dietrich erscheint, über Besitz. Zur Vogtfamilie gehörte der im dritten Viertel des 11. Jahrhunderts bezeugte Hesso, von dem sich weitere Brücken zu den Nimburgern schlagen lassen. Spätestens 1051 schenkte Hesso von Rimsingen (= Nieder- und Oberrimsingen, Stadtteile von Breisach am Rhein, Lkr. FR) ein Gut ebenda für sich und seinen getöteten Bruder Rudolf an das Kloster Einsiedeln; frühestens im selben Jahr 1051 schenkte sein Bruder Berthold Nikolaus von Rimsingen, ein junger Mann, dem Kloster ein Gut in Bottingen[153]. Die Grafen von Nimburg aber führten ab der zweiten Generation den Leitnamen Berthold, und von Bottingen können wir annehmen, daß es zu ihrem Besitz gehörte. Hesso errichtete, als 1052 oder später sein Bruder Lambert verstarb, für dessen Seelenheil eine St.-Nikolaus-Kapelle bei Eichstetten (Lkr. FR), ließ sie - obwohl im Bistum Konstanz gelegen - von Bischof Beringer von Basel (1. Juni 1057 - Anfang 1072) weihen und stattete sie unter anderem mit seinem Unfreien Volrad und dem Eigengut in Nimburg aus, welches dieser zum Lehen hatte[154]. Nicht lange vor dem 27. Juli 1072 bestimmte Hesso seine auf dem Tuniberg bei Rimsingen erbaute Kapelle zu einer cluniazensischen Niederlassung[155] - die Keimzelle des wenig später, noch unter Vermittlung des Stifters, nach Grüningen[156] und 1087 schließlich nach Zell/St. Ulrich verlegten Klosters, als dessen Vogt wir in dem Jahr den Nimburger Erlewin kennenlernen. Die aufgezeigten Verbindungslinien zwischen Hessos Familie und den Nimburgern, vor allem deren Vogtei über das Cluniazenserpriorat, weisen deutlich auf ein Abstammungsverhältnis hin; Hesso oder einer seiner Brüder muß der Vater Erlewins sein[157], wobei am ehesten an Hesso selbst oder an Berthold Nikolaus zu denken ist.

Für eine solche Abkunft sprechen auch die Beziehungen zwischen den Nimburgern und den Geschlechtern, die ebenfalls aus der Familie der Einsiedler Vögte hervorgegangen sind[158]. Zu nennen sind hier die Herren von Rimsingen, die von Emmendingen bzw. Hachberg und die von Eichstetten. Ebenso wie die Nimburger finden wir sie anfangs im Umkreis des Klosters Allerheiligen in Schaffhausen und der nellenburgischen Grafen und später in der Umgebung der Herzöge von Zähringen sowie deren Gründung St. Peter, während die ebenfalls hessonischen Üsenberger, die sich im 12. Jahrhundert eine bedeutende, bis ins Spätmittelalter fortbestehende Herrschaft im Breisgau aufbauten, andere Wege gingen, indem sie enge Beziehungen zum Basler Bischof unterhielten, mit dem ja bereits Hessos Familie in näherem Kontakt gestanden hatte[159]. Zusammen mit Erlewin von Nimburg war am 7. Juni 1091 ein Eberhard von Rimsingen Zeuge für Kloster Allerheiligen; sein Name erscheint später bei der Grafenfamilie. Dieselbe Urkunde führt in der Zeugenreihe einen Ulrich von Emmendingen auf, der doch wohl mit dem nach dem gleichen Ort benannten Dietrich verwandt war, welcher am 2. April 1094 Zeugendienste für Allerheiligen leistete[160]. Dieser wiederum ist mit Theoderich gleichzusetzen, der am selben Tag dem Kloster seinen ererbten Besitz in Emmendingen, Zeismatte (bei Maleck, Stadtteil von Emmendingen), Riegel, Reichenbach (Gem. Freiamt, Lkr. EM), Windenreute (Stadtteil von Emmendingen) und Bahlingen (Lkr. EM) schenkte[161], sowie mit dem im Güterbeschrieb von Allerheiligen genannten Dietrich von Hachberg[162]. Die Übereinstimmung mit nimburgischem Namengut und Besitz (Emmendingen, Riegel) ist sicherlich kein Zufall. Hesso von Eichstetten war Spitzenzeuge, als ca. 1100 Graf Berthold von Nimburg dem nellenburgischen Hauskloster die Schenkung von *Fiusipach* bestätigte. Mehrere Vertreter der Eichstetter Familie tragen den Nimburgernamen Eberhard[163].

Damit jedoch sind die in den Quellen enthaltenen indirekten Hinweise auf verwandtschaftliche Beziehungen der Nimburger nicht erschöpft. Solch ein Hinweis ist zum Beispiel die Nachricht von der Besitznachbarschaft Erlewins von Nimburg und Arnolds von Kenzingen in der Umgebung von Kloster St. Peter Ende des 11. Jahrhunderts. Arnold wiederum ist in einen verwandtschaftlichen Zusammenhang mit den Staufenbergern (Burg bei Gem. Durbach, Lkr. OG) und den Herren von Salzstetten (Gem. Waldachtal, Lkr. FDS) zu stellen[164]. Angehörige der beiden letztgenannten Familien begegnen uns als Wohltäter von Kloster Hirsau bzw. dessen Priorat Reichenbach. Salzstetten liegt aber nur 5 km südöstlich von Durrweiler, wo in den 1090er Jahren Erlewins Gemahlin Mechthild aus väterlichem Erbe stammenden Besitz an Kloster Reichenbach gab. So schließt sich der Kreis wieder. Im frühen 12. Jahrhundert ist mehrmals ein Erkenbold von Kenzingen bezeugt. Als anläßlich der Beisetzung Herzog Bertholds II. im April 1111 das Kloster St. Peter eine Schenkung erhielt, wird in der Zeugenliste Erkenbold direkt hinter Graf Berthold von Nimburg aufgeführt. Etwa zur selben Zeit gab der Kenzinger den Mönchen Besitz in Schallsingen und in Obereggenen (beide Gem. Schliengen, Lkr. LÖ)[165]. Knapp 5 km westlich dieser Orte finden wir die abgelegene nimburgische Besitzposition Mauchen. Den Namen Erkenbold trägt im frühen 12. Jahrhundert unter anderem auch ein Vertreter der uns schon bekannten Hachberger Familie[166].

Einen weiteren Anknüpfungspunkt bei der Untersuchung von Herkunft und verwandtschaftlichen Beziehungen des Grafengeschlechts bietet uns der nicht unbeträchtliche hochrheinische Besitz der frühen Nimburger. Angesichts des umfangreichen Gutes, das sie in Fisibach oder Fisibachs ihr eigen nannten, ist mit einem Verwandtschaftsbezug zur dort ansässigen Familie zu rechnen, deren Vertreter Liutold und Rupert in der zweiten Hälfte des 11. Jahrhunderts in Zeugenreihen von Allerheiligen-Urkunden belegt sind[167]. Der Name Liutold erscheint auch bei mehreren anderen Familien des Hochrheingebiets, zum Beispiel bei der von Rüdlingen (Bz. und Kt. SH)[168], die bereits von Eduard Heyck in einen Zusammenhang mit den Hessonen gestellt worden ist, und bei den Regensbergern (Bz. Dielsdorf, Kt. ZH)[169].

Die Herren von Wolfenweiler dürften ebenfalls zum verwandtschaftlichen Umfeld unseres Grafengeschlechts gehört haben. Die Brüder Erlewin (!) und Bernhard von Wolfenweiler bezeugten die ca. 1100 von Graf Berthold vorgenommene Bestätigung der Schenkung von *Fiusipach*. 1139 betraute Erlewin den Nimburger mit dem Vollzug seiner Vergabung an das Kloster St. Ulrich. Die Wolfenweilerer ihrerseits bildeten mit den Herren von Honstetten (Gem. Eigeltingen, Lkr. KN) und denen von Seelfingen (bei Mahlspüren im Tal, Stadtteil von Stockach, Lkr. KN) eine weitverzweigte Sippe, die mit den Nellenburgern verwandtschaftlich verbunden gewesen sein muß[170]. Der nimburgische Kontakt mit der Familie von Schwarzenberg, den wir vor allem gegen Ende des 12. Jahrhunderts feststellen konnten, deutet vielleicht auf eine Verschwägerung. Eine Verbindung hat es möglicherweise auch mit den Edelfreien der Nachbarorte Köndringen und Teningen gegeben[171]. In der Tat ist es auffällig, daß Nimburger und Köndringer den seltenen Namen Volkhard gemeinsam haben. In Teningen, wo auch das Grafengeschlecht über einiges Gut verfügte, lernen wir die Brüder Berthold und Arnold kennen. Letzterer schenkte, wohl in den 1130er Jahren, einen Weinberg bei Endingen an das Kloster St. Peter. Name und Besitzposition des Schenkers lassen an einen uns schon bekannten Nimburgerverwandten denken: Arnold von Kenzingen, der zusammen mit seiner Ehefrau Ita am 20. August 1094 Besitz in Endingen an die Mönche von St. Georgen gab[172]. Im frühen 12. Jahrhundert ist ein Meginward von Teningen belegt; diesen wenig häufigen Namen finden wir auch bei einem Rimsinger, der bei der Schenkung Erlewins von Wolfenweiler an St. Ulrich 1139 Zeuge war.

Eine Reihe weiterer Familien lassen sich namhaft machen, die in möglicherweise verwandtschaftlich motivierten Beziehungen zu den Nimburgern und deren Verwandten gestanden haben, so die Herren von Entersbach (= Ober- und Unterentersbach, Stadtteile von Zell am Harmersbach, Lkr. OG), Rötteln, Scherzingen, Wart, Wehr, Wittlekofen und Wolfach, um nur einige zu nennen. Eine detaillierte Untersuchung könnte hier noch Ergebnisse zutage bringen[173]. Deutlich geworden ist das weitläufige verwandtschaftliche Beziehungsgeflecht, das die nimburgische Familie mit weiten Teilen des südwestdeutschen Adels verbunden hat. Ungeklärt ist, ob Verwandtschaft bzw. Verschwägerung der Nimburger oder ihrer Vorfahren mit den Zähringern vorliegt, die ja Ansprüche auf die Hinterlassenschaft des Grafengeschlechtes erhoben; die ältere Forschung hat dies vermutet[174].

Ergebnisse

Blicken wir zum Abschluß noch einmal auf die mehr als ein Jahrhundert umfassende Geschichte der Grafen von Nimburg zurück. Die Eigenart der Quellenlage macht es nicht ganz leicht, ein zusammenhängendes Bild zu gewinnen, denn Phasen dichter Überlieferung wechseln mit solchen, die nur sehr wenige Belege aufweisen. Das nimburgische Geschlecht, für das die Namen Erlewin - so heißen der erste Vertreter sowie jeweils einer seiner Söhne und seiner Enkel - und Berthold - den Namen führen seit der zweiten Generation die Träger des Grafentitels, was uns die Generationenabgrenzung erschwert - charakteristisch sein werden, tritt erstmals im Jahr 1087 in Erscheinung. Genealogisch ist es auf die im 11. Jahrhundert im Kaiserstuhl-Tuniberg-Gebiet bezeugte Familie der breisgauischen Vögte von Kloster Einsiedeln zurückzuführen, die ihrerseits der weitverzweigten Adelsgruppe der Hessonen angehört. In ihrer Frühzeit unterhalten die Nimburger enge Beziehungen zu den Grafen von Nellenburg und deren Hauskloster Allerheiligen in Schaffhausen, einem Zentrum der in Opposition zu Kaiser Heinrich IV. stehenden gregorianischen Partei in Schwaben. Zum zähringischen Herzog, bis 1098 einer der Führer der Partei, haben sie von Beginn an Kontakt; ihm verdanken sie möglicherweise den 1094 erstmals bezeugten Grafentitel, der jedoch nicht mit einer wirklichen Grafschaft verbunden ist. In der ersten Hälfte des 12. Jahrhunderts zählen sie zu den wichtigsten Gefolgsleuten der Zähringer und sind in dieser Eigenschaft mehrmals am königlichen Hof anzutreffen. In der zweiten Hälfte des Jahrhunderts ist die Verbindung zur Herzogsfamilie nicht mehr so ausgeprägt. Es bedarf keiner besonderen Erklärung, daß daneben jederzeit Beziehungen zu den badischen Markgrafen bestehen, die ja die Breisgaugrafschaft innehaben[175]. An der um 1160 erfolgten Gründung der Zisterzienserniederlassung Tennenbach sind die Nimburger mit ihren Ministerialen maßgeblich beteiligt und erweisen sich auch in der Folgezeit als Förderer des Klosters.

Von der Kreuzzugsbewegung erfaßt, nehmen sie am dritten Kreuzzug (1189-92) teil, nachdem sie vielleicht bereits den vorhergehenden (1147-49) mitgemacht haben. In einem besonderen Verhältnis steht der letzte Nimburger Graf zu Kaiser Heinrich VI. (1190-97), dem er durch eine Schenkung Anspruch auf seinen Besitz verschafft. Mit dem Straßburger Bischof gibt es im späten 12. Jahrhundert ebenfalls engeren Kontakt. Ihm verkauft der Graf seine Besitzungen und Rechte, als er sich im Jahr 1200 zusammen mit seinem Sohn zu einem erneuten Zug ins Heilige Land entschließt, von dem beide nicht mehr zurückkehren. Der anschließende Streit um die nimburgische Hinterlassenschaft, auf die nicht nur der Bischof von Straßburg und König Friedrich II. Anspruch erheben, sondern als dritte Partei auch der letzte Zähringerherzog sowie dessen Erben, zieht sich noch über mehrere Jahrzehnte hin. Die Herrschaft der Nimburger zeichnet sich nicht durch großen Eigenbesitz aus. Der Umfang des Allodialgutes, das hauptsächlich im nördlichen Breisgau liegt und dessen zu weit abgelegene Teile bereits früh abgestoßen werden, ist eher als relativ gering anzusehen, wenn man bedenkt, daß seine Inhaber den Grafentitel führen, der - wenn auch nicht mit einem entsprechenden Amt verbunden - sie doch über die Gruppe der einfachen Edelfreien hinaushebt[176]. Von größerer Bedeutung sind dagegen die Vogteien über die Cluniazenserklöster St. Ulrich und Sölden. Vor allem die Schirmherrschaft über das auf die Gründung Hessos zurückgehende St. Ulrich sichert dem nimburgischen Grafen eine einflußreiche Stellung, denn das Priorat verfügt über zahlreiche, vor allem breisgauische Güter, wie aus den päpstlichen Besitzbestätigungen des 12. Jahrhunderts hervorgeht[177]. Nicht zuletzt können sich die Nimburger auf eine Reihe von Dienstleuten stützen. Einen zusätzlichen Rückhalt bieten ihnen die Beziehungen zu den Adelsfamilien, mit denen sie verwandt bzw. verschwägert sind; solche Verbindungen lassen sich in etlichen Fällen entweder nachweisen, wahrscheinlich machen oder zumindest vermuten. Mit dem Aussterben der Nimburger verliert der hochmittelalterliche Breisgau eines seiner führenden Geschlechter.

Anhang I: Stammtafel der Grafen von Nimburg

Die Datumsangaben beziehen sich auf die erste und letzte Bezeugung; erschlossene Daten stehen in Klammern.
Vgl. die bisherigen Tafeln: Werkmann/Bader, S. 83 (ganz knapp); Heyck, Geschichte, S. 572 (ausführlich, aber mit einigen Fehlern); Kindler von Knobloch III, S. 242; Stolz, Nimburg, S. 12 (beide stark fehlerhaft).

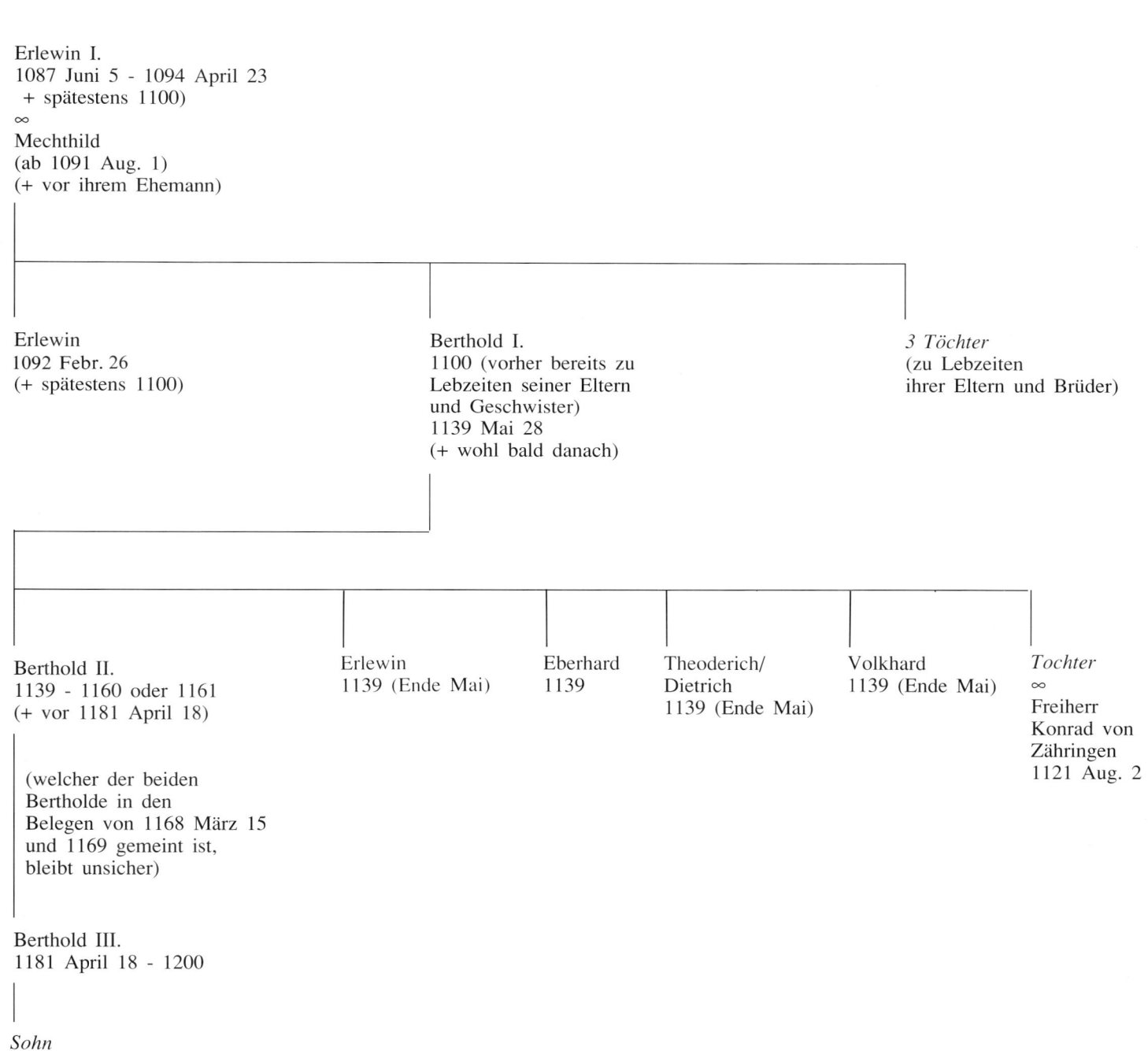

Erlewin I.
1087 Juni 5 - 1094 April 23
(+ spätestens 1100)
∞
Mechthild
(ab 1091 Aug. 1)
(+ vor ihrem Ehemann)

├── **Erlewin**
│   1092 Febr. 26
│   (+ spätestens 1100)
│
├── **Berthold I.**
│   1100 (vorher bereits zu
│   Lebzeiten seiner Eltern
│   und Geschwister)
│   1139 Mai 28
│   (+ wohl bald danach)
│
└── *3 Töchter*
    (zu Lebzeiten
    ihrer Eltern und Brüder)

Kinder Bertholds I.:

- **Berthold II.**
  1139 - 1160 oder 1161
  (+ vor 1181 April 18)

  (welcher der beiden
  Bertholde in den
  Belegen von 1168 März 15
  und 1169 gemeint ist,
  bleibt unsicher)

  └── **Berthold III.**
      1181 April 18 - 1200

      └── *Sohn*
          1200

- **Erlewin**
  1139 (Ende Mai)

- **Eberhard**
  1139

- **Theoderich/
  Dietrich**
  1139 (Ende Mai)

- **Volkhard**
  1139 (Ende Mai)

- *Tochter*
  ∞
  Freiherr
  Konrad von
  Zähringen
  1121 Aug. 2

Anhang II: Die Herrschaft der Nimburger
(Besitz, Rechte, Ministerialen)

Die nachfolgende Liste enthält sowohl die sicher bezeugten bzw. die als wahrscheinlich anzunehmenden Herrschaftspositionen wie auch solche, die zweifelhaft sind (durch Voranstellung eines Fragezeichens kenntlich gemacht); letztere werden in der Karte, die sich im übrigen auf den Breisgau beschränkt, nicht berücksichtigt. Von den Klöstern Sölden und Grüningen bzw. St. Ulrich herrührender Vogteibesitz ist nur aufgenommen, wenn er ausdrücklich als unter nimburgischer Schirmherrschaft stehend bezeugt ist, nicht jedoch, wenn er sich lediglich aus den päpstlichen Besitzbestätigungen des 12. Jahrhunderts für die beiden Klöster (s. oben S. 62 mit Anm. 177) erschließen läßt. Zu den Angaben Heycks über die nimburgische Herrschaft, die in seiner Zusammenstellung der zähringischen Besitzungen und Rechte (Geschichte, S. 507-38) enthalten sind, vgl. Anm. 140.

Achkarren (Stadtteil von Vogtsburg im Kaiserstuhl, Lkr. FR): Vogtei über Besitz des Klosters St. Ulrich: Pfarrkirche (S. 51, 54f.).
Allmendsberg (Gem. Freiamt, Lkr. EM): Vogtei über Besitz des Klosters Sölden: Teil des Berges (S. 53).
Ambringen (= Ober- und Unterambringen, bei Kirchhofen, Gem. Ehrenkirchen, Lkr. FR): 1 Mansus (S. 45).
Bertoldsfeld (abgeg. in Emmendingen, an der Elz in Richtung Gem. Teningen): je 1 Lehen der Brüder Nibelung und Wolfram von Köndringen, Nimburgerministerialen (S. 54f.).
Biengen (Gem. Bad Krozingen, Lkr. FR): Vogtei über Besitz des Klosters Grüningen: *predium* (S. 45).
? Bildstein (Gem. Freiamt, Lkr. EM) (S. 58).
Bollschweil (Gem. Freiamt, Lkr. FR): Vogtei über das - 1115 nach Sölden verlegte - Cluniazenserinnenkloster (S. 48).
Bottingen (bei Nimburg, Gem. Teningen, Lkr. EM): Dorf; Hof (S. 58).
Bromshart (abgeg. bei Mußbach, Gem. Freiamt, Lkr. EM): 1 unbewohntes *predium* (nicht näher bezeichneter Besitz) des Nimburgerministerialen Heinrich von Emmendingen (S. 52).
Durrweiler (Gem. Pfalzgrafenweiler, Lkr. FDS): 2 Hufen aus dem väterlichen Erbe Mechthilds, Gemahlin Erlewins I. (S. 46).
Emmendingen: Kirchenpatronat; nicht näher bezeichnete Rechte (S. 58f.); Ministerialensitz (S. 52f.).
Fisibach (Bz. Zurzach, Kt. AG) oder Fisibachs (Gem. Bachs, Bz. Dielsdorf, Kt. ZH): 25 Mansen Äcker, Matten und Wald; die Hälfte der Kirche; 1 Mühle (S. 46-47).
? Forchheim (Lkr. EM) (S. 58).
Grüningen (abgeg. bei Oberrimsingen, Stadtteil von Breisach am Rhein, Lkr. FR): Vogtei über das - 1087 nach Zell (= St. Ulrich) verlegte - Cluniazenserpriorat (S. 45).
Herbolzheim (Lkr. EM): Hof; Vogtei über die Kirche (S. 57f.).
? Herdern (Stadtteil von Freiburg im Breisgau) (S. 58).
Köndringen (Gem. Teningen, Lkr. EM): Ministerialensitz (S. 52f., 54f.; s. auch den Beitrag "Herren und Ministerialen von Köndringen").
"Königsberg" (entweder Hohkönigsburg, Gem. Orschweiler, Dép. Bas-Rhin, oder möglicherweise ein abgegangener oder heute anders benannter Ort im nördlichen Breisgau): Ministerialensitz (S. 53)
Korben (abgeg. in Emmendingen, zwischen Stadtteil Maleck und Wöpplinsberg, letzteres beim Stadtteil Mundingen): 1 Lehen des Nimburgerministerialen von "Königsberg" (S. 53).
Labern (abgeg. auf dem Laberberg bei Maleck, Stadtteil von Emmendingen): 1 *prediolum* (nicht näher bezeichneter Besitz von geringem Umfang) des Nimburgerministerialen Berthold von Emmendingen (S. 52f.).
? Lichteneck (Burgruine bei Hecklingen, Stadtteil von Kenzingen, Lkr. EM) (S. 58).
Maleck (Stadtteil von Emmendingen): 1 Lehen des Nimburgerministerialen Heinrich von Emmendingen (S. 53); 1 Lehen des Nimburgerministerialen von "Königsberg" (S. 53).
Mauchen (Gem. Schliengen, Lkr. LÖ): *predium* (S. 50 mit Anm. 62).
Mundingen (Stadtteil von Emmendingen): Hof (S. 56f.).
? Mußbach (Gem. Freiamt, Lkr. EM) (S. 58).
Nimburg (Gem. Teningen, Lkr. EM): Burg; Dorf (bes. S. 58); Kirchenpatronat; nicht näher bezeichnete Rechte (S. 58f.); ? Ministerialensitz (S. 58f. mit Anm. 137).
Riegel (Lkr. EM): Hof; Vogtei über die Kirche (S. 57f.).
Schneisingen (Bz. Zurzach, Kt. AG): Kirche; die Hälfte des Zehnten (S. 46f.).
? Schuttern (Gem. Friesenheim, Lkr. OG): Vogtei über das Benediktinerkloster (S. 53f.).
Schwarzwald bei Kloster St. Peter (Lkr. FR): größeres Waldgebiet (S. 47f.).
Sölden (Gem. Bollschweil, Lkr. FR): Vogtei über das - 1115 von Bollschweil hierhin verlegte - Cluniazenserinnenkloster (Propstei) (S. 48f., 53, 56-58; s. auch S. 62); ? Kirchenpatronat (S. 56f.).
Sonnenziel (Berg südwestlich von Keppenbach, Gem. Freiamt, Lkr. EM): am Ufer des Brettenbachs gelegene Wiese (diese auf Emmendinger Gebiet) des Nimburgerministerialen Heinrich von Emmendingen (S. 52).
St. Ulrich (Gem. Bollschweil, Lkr. FR): Vogtei über das - 1087 von Grüningen hierhin verlegte - Cluniazenserpriorat (S. 45, 49f., 51f., 53f., 56-58; s. auch S. 62); ? Kirchenpatronat (S. 56f.).
Teningen (Lkr. EM): Hof; Kirchenpatronat; nicht näher bezeichnete Rechte (S. 58f.); ? Ministerialensitz (S. 58f. mit Anm. 137).
? Wagenstadt (Stadtteil von Herbolzheim, Lkr. EM) (S. 58).
? Weisweil (Lkr. EM) (S. 58).
Wolfenweiler (Gem. Schallstadt, Lkr. FR): Vogtei über Besitz des Klosters St. Ulrich: *predium* (Hof); Kirche (S. 49f.).
Zell (früherer Name von St. Ulrich; s. dort).

DIE HERRSCHAFT DER NIMBURGER IM BREISGAU

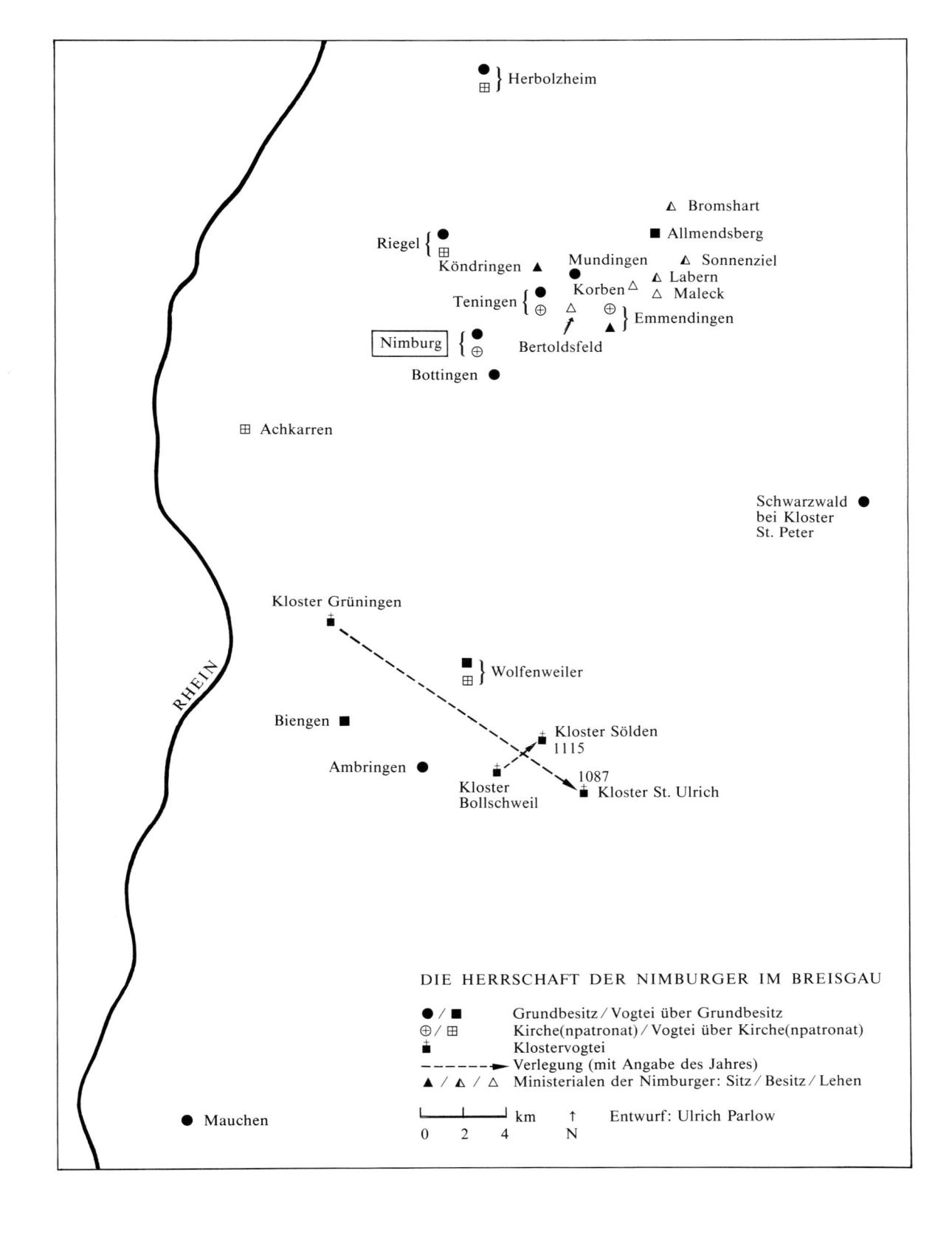

Orte und Symbole:

- Herbolzheim (● / ⊞)
- Bromshart (△)
- Allmendsberg (■)
- Riegel (● / ⊞)
- Köndringen (▲)
- Mundingen (●)
- Sonnenziel (△)
- Korben (△)
- Labern (△)
- Maleck (△)
- Teningen (● / ⊕)
- Emmendingen (⊕ / ▲)
- Nimburg (● / ⊕)
- Bertoldsfeld
- Bottingen (●)
- Achkarren (⊞)
- Schwarzwald bei Kloster St. Peter (●)
- Kloster Grüningen
- Wolfenweiler (■ / ⊞)
- Biengen (■)
- Kloster Sölden 1115
- Ambringen (●)
- Kloster Bollschweil
- Kloster St. Ulrich 1087
- Mauchen (●)

RHEIN

Legende:
- ● / ■ Grundbesitz / Vogtei über Grundbesitz
- ⊕ / ⊞ Kirche(npatronat) / Vogtei über Kirche(npatronat)
- ✠ Klostervogtei
- - - → Verlegung (mit Angabe des Jahres)
- ▲ / △ / △ Ministerialen der Nimburger: Sitz / Besitz / Lehen

0 2 4 km   ↑ N

Entwurf: Ulrich Parlow

Anmerkungen

1 Zur Einschätzung ihrer Bedeutung s. etwa Heinrich Maurer, Landgrafschaft, S. 8; Kohler, S. 21; Stülpnagel, S. 12; Helmut Maurer, Herzog, S. 223f.; Schwineköper, S. 100, 124. - Zur Geschichte von Burg und Siedlung Nimburg s. den Beitrag von Alfons Zettler in diesem Band. Zum landesgeschichtlichen Rahmen s. Heyck, Geschichte; Stülpnagel; Helmut Maurer, Herzog, S. 218-31; Breisgau-Hochschwarzwald; Kreis Emmendingen; Bad.-Württ. VI, S. 43-52, 186-95; Schwineköper, S. 99-103; Althoff; Wunder. Zum reichsgeschichtlichen Hintergrund s. Jordan; Grundmann; Fuhrmann; Jakobs, Kirchenreform.
2 Vgl. die entsprechenden Urteile von Stülpnagel, S. 12, und Bad.-Württ. VI, S. 188.
3 Werkmann/Bader; Heinrich Maurer, Landgrafschaft, S. 8-11; ders., Grafen; Gisi; Heyck, Geschichte, bes. S. 570-78; Krieger II, Sp. 345-47. Stolz. Nimburg, hier S. 5-15 (ders., Grafen, ist lediglich ein Auszug daraus), erhebt ebensowenig einen wissenschaftlichen Anspruch wie die anläßlich der 1000-Jahrfeier des Ortes erschienene Schrift (Nimburg, hier S. 13f. u.ö.). Neuere Literatur, die am Rande auf die nimburgischen Grafen eingeht, gelangt im allgemeinen nicht über den ein Jahrhundert alten Forschungsstand hinaus.
4 So auch das Urteil von Ott, Urbar, S. 14.
5 So z. B. Neugart, CD II, S. 32 mit Anm. e, S. 74 mit Anm. cc; ders., EC I/2, S. 42 mit Anm. 4, S. 87; Kolb II, S. 314; WUB I, S. 329 mit Anm. 3, S. 342 mit Anm. 7-10; II, S. 76f. mit Anm. 6; Trouillat II, S. 17 mit Anm. 3, S. 18 Anm. 5; F. Mone, Chronik, S. 91 Anm. *; Kissling, S. 187.
6 S. die Auflistung der verschiedenen mittelalterlichen Schreibungen bei Krieger II, Sp. 345-47.
7 Werkmann/Bader, S. 73, 82.
8 So z. B. FUB I, S. 378; UB Straßburg I, S. 531; Rochholz, S. 17; Kindler von Knobloch III, S. 202; Inventar Villingen II, S. 185, 271; MGH DD F I./1, S. 423.
9 So z. B. Trouillat I, S. 704; Rappoltstein. UB I, S. 652; Kindler von Knobloch III, S. 201 (der es somit fertigbringt, Nimburger drei verschiedenen Orten zuzuweisen: Neuenburg im Breisgau [S. 241f.], Neuenburg am Rhein [S. 202] und Neuenburg/Schweiz - zuzuweisen); Quellenwerk I/1, S. 841; Solothurner UB I, S. 299f.
10 D. (der cluniazensischen Urkundenfassung): Schöpflin, HZB V, n. 14, S. 27f.; Trouillat I, n. 140, S. 207-09 (falsch zu 1085; Datumsberichtigung in II, S. 17 Anm. 1); Recueil Cluny IV, n. 3622, S. 787f. Reg.: Werkmann/Bader, S. 74 (falsch zu 1083). S. auch Heyck, Geschichte, S. 147f. (dazu Nachtrag S. 592); Heinrich Maurer, Landgrafschaft, S. 8f.; ders., Freiherren, S. 373f.; Massini, S. 143-46; Büttner, Basel, S. 12 (= ND, S. 215); ders., Zähringer, S. 8 (= ND, S. 149) (beide Male falsch zu 1085); Ott, Probleme, S. 26-29. Vgl. auch Ex vita S. Udalrici, in: MGH SS 12, S. 261f., c. 29. Zu Überlieferung und Datierung der Urkunde s. Rück, S. 40-43, 93. Betreffs Überlieferung der cluniazensischen Fassung ist zu egänzen: Kop. 18. Jh. GLA 67/1293, S. 4f.; Kop. 18. Jh. eines Vidimus, angeblich nach Or., vom 3. November 1491 aus Cluny, ebd. S. 6f. Das Tauschgeschäft wurde Ende Mai 1139 durch König Konrad III. (s. unten S. 49) und um 1146 durch Bischof Ortlieb von Basel (s. unten S. 51) bestätigt. Nur aus dieser Bestätigung Ortliebs läßt sich die Basler Urkundenfassung von 1087 erschließen.
11 Wielandt, S. 676.
12 Zu Kloster St. Ulrich s. Ott, Probleme; Müller, St. Ulrich. Zu seiner Vorgeschichte s. auch unten S. 60.
13 Zum Phänomen der "Einnamigkeit" s. den Beitrag "Herren und Ministerialen von Köndringen", S. 75f.
14 D.: Baumann, n. 7/2, S. 16f. (irrig zum 2. Juni). Reg.: Werkmann/Bader, S. 75; Hils, S. 113f., n. 2 (irrig zum 2. Juli). S. auch Heyck, Geschichte, S. 141 mit Anm. 486, S. 148f., 158f. mit Anm. 531.; Büttner, Zähringer, S. 8 (= ND, S. 150).
15 Zu den Nellenburgern s. Hils; H. Kläui. Zu Kloster Allerheiligen s. Schudel, Grundbesitz; dies., Allerheiligen. Zum Investiturstreit in Schwaben s. Schmid, Adel.
16 Büttner, Zähringer, S. 8 (= ND, S. 150); ders., Waldkirch, S. 107 Anm. 114 (= ND, S. 23 Anm. 114); Hils, S. 123.
17 D.: Baumann, n. 7/4, S. 17. Reg.: Werkmann/Bader, S. 75. S. auch Heyck, Geschichte, S. 158f. - *Erlewin de Niumbo'rch* erscheint als Spitzenzeuge.
18 D.: Baumann, n. 7/5, S. 18. Reg.: Werkmann/Bader, S. 75 (falsch zu 1090); Hils, S. 115, n. 3. S. auch Heyck, Geschichte, S. 159, 165. - Die beiden Nimburger (*Erlewin de Nuemburch. Erlewin filius eius*) sind in der Zeugenliste Anführer der auf die Herzöge und Grafen folgenden großen Gruppe der freien Herren.
19 D.: Baumann, n. 21, S. 42f. S. auch Hils, S. 123 mit Anm. 48 (irrig zu 1093).
20 *Item graff Erlewyn von Nuwenburg und syn gemahel Mechtild und ire süne Erlewyn und Bertoldus hand geben sant Salvator für yr dry dochteren in dem dorff, genant Fusebach, acker, matten und waldes uff XXV manß und den halben theil der kilchen und ein mülynen*. D.: Baumann, S. 136; Thurgau. UB II, n. 29, S. 76-99, hier S. 97f. S. auch Hils, S. 123 mit Anm. 49. Zum Güterbeschrieb s. Baumann, S. 138, 181; Meyer, S. 139 Anm. 279.
21 Nimburg, S. 13. - Zu Kloster St. Agnes s. Frauenfelder.
22 Die Vergabung ist nur in zwei gefälschten Papsturkunden für St. Blasien überliefert: Eine angebliche Besitzbestätigung von Calixt II., datiert auf den 19. März 1120, enthält u.a. *ęcclesiam etiam Sneisanc ab Erlewino comite cum medietate decimarum delegatum*; ähnlich ein angebliches Privileg Innozenz' II., datiert auf den 21. Januar 1137 (irrig für 1140), mit welchem dem Kloster u.a. *ęcclesia Sneisanc. quę cum media portione decimarum ęcclesię sancti Blasii ab Erlewino comite est oblata* bestätigt wird (D.: WUB I, n. 273, S. 344-46, und n. 304, S. 385f. Reg.: Dümgé, S. 30f., 37f.; Werkmann/Bader, S. 76 [nur die erste Urkunde]; GP II/1, S.170f., n. +7, und S. 177, n. +21). Dennoch ist diese Schenkungsnach-

richt als glaubwürdig anzusehen (s. auch Ott, Studien, S. 78f.; ders., Klostergrundherrschaft, S. 16 Anm. 96; Jakobs, Adel, S. 15-20). - Zu Kloster St. Blasien s. Jakobs, Adel; Ott, St. Blasien; Schäfer, St. Blasien.
23 Daß Erlewin in beiden Schenkungsberichten als Graf bezeichnet wird, ist kein sicherer Anhaltspunkt für eine nähere zeitliche Eingrenzung der Handlungen, da ihm der Titel rückblickend beigegeben worden sein kann (vgl. unten S. 49 mit Anm. 52).
24 *Matrona quedame Mathilt nomine, uxor Erlevvini comitis, dedit sancto Gregorio duas hoͮbas in Turevvilare, ea scilicet conditione ut anniversarius patris eius inde agatur.* D.: WUB II, S. 404 (s. demnächst die neue Edition des Reichenbacher Schenkungsbuches von Stephan Molitor). Reg.: Werkmann/Bader, S. 75. S. auch Schott, S. 26. - Im Seelbuch des gleichen Klosters ist die Stiftung nicht aufgeführt (zu dieser Quelle s. Adam sowie Molitor, Todesdatum, S. 38, der auch eine Neuedition vorbereitet). - Zu Kloster Reichenbach s. Schreiner, Klosterreichenbach.
25 WUB II, S. 396f. Zu Abt Gebhard s. Schreiner, Untersuchungen, S. 140; zu Kloster Hirsau (Stadtteil von Calw) s. ders., Hirsau. - Erlewins Grafentitel in der Notiz kann für eine genauere zeitliche Bestimmung der Stiftung nicht herangezogen werden; s. oben Anm. 23. - Bei Werkmann/Bader, S. 75 (danach Heinrich Maurer, Landgrafschaft, S. 9 [Sp. 2] Anm. *; Kindler von Knobloch III, S. 242; Stolz, Nimburg, S. 9) ist der Vorgang einfach zu 1091 gesetzt.
26 *Quidam uir nobilis Arnoldus nomine de Kencingen uiculum quendam, qui dicitur Rora, et totam portionem ditionis proprie, quam in hac silua, que Swarzwalt appellatur, uisus est habere, in redemptionem anime sue atque coniugis, nec non parentum suorum, beato Petro tradidit, ante cuius ecclesiam illos ipse sepeliens, postmodum sese etiam sepeliri fecit. Item bone memorie Erlewinus comes de Nvinburch non paruam de silua, quam prediximus, suam portionem pro anima coniugis sue defuncte beato Petro tradidit in possessionem.* D.: von Weech, RSP, S. 141; Fleig, S. 101, n. 11f. Reg.: Werkmann/Bader, S. 75f. S. auch Heyck, Geschichte, S. 230-32, 512, 520; Büttner, Waldkirch, S. 107 (= ND, S. 23). Die beiden Schenkungen sind noch an zwei weiteren Stellen des Rotulus erwähnt (D.: von Weech, S. 142, 155f.; Fleig, S. 101-03, n. 8a-b). - Zu Kloster Weilheim s. Schreiner, Weilheim; Gerchow, in: Die Zähringer II, n. 98, S. 125-27. Zu Kloster St. Peter s. Müller, St. Peter; Gerchow, Hauskloster. Zum Rotulus Sanpetrinus s. Fleig; Gerchow, in: Die Zähringer II, n. 102, S. 130-33.
27 Die in der Literatur (Werkmann/Bader, S. 75f.; Heyck, Geschichte, S. 230, 232; Fleig, S. 21; Kohler, S. 34; Hils, S. 123 Anm. 49; Büttner, Waldkirch, S. 107 [= ND, S. 23]) vorgenommene Datierung auf (ca.) 1112 ist unzutreffend. Sie paßt weder zu Erlewin I., der ebenso wie sein gleichnamiger Sohn zu der Zeit bereits verstorben ist (s. unten S. 47), noch zu Arnold von Kenzingen, der sich sonst nur 1092 und 1094 bezeugt findet (Krieger I, Sp. 1146).
28 D.: Gerbert III, n. 26, S. 38; UB Zürich I, n. 242, S. 135; vgl. auch F. Mone, Der liber constr., S. 126. Reg.: Werkmann/Bader, S. 75. S. auch Heinrich Maurer, Landgrafschaft, S. 9; Heyck, Geschichte, S. 194. - Zu Kloster Weitenau s. Setzler.
29 *Notum sit omnibus Christi fidelibus, tam futuris quam presentibus, quod comes Bertoldus de Niuwenburk, filius Erliwini comitis, predium, quod pater eius et frater eius tradiderunt monasterio sancti Salvatoris pro tribus filiabus suis, videlicet Fiusipach, et ipse confirmavit et omnino in proprietatem tradidit (...)*; Zeugen: Die Adligen Hesso von Eichstetten (Lkr. FR), Kraft von Opfingen (Stadtteil von Freiburg im Breisgau), Wolfgang von Wittlekofen (Stadtteil von Bonndorf im Schwarzwald, Lkr. WT), Erlewin und sein Bruder Bernhard von Wolfenweiler (Gem. Schallstadt, Lkr. FR). D.: Baumann, n. 30, S. 54f.; UB Zürich I, n. 244, S. 136. Abb.: Bruckner VI, Tafel 2, unten. Reg.: Urkundenregister Schaffhausen I, n. 32, S. 5. S. auch Hils, S. 123. Die angegebenen Werke datieren die Bestätigung auf ca. 1100. - Zur Identifizierung von *Fiusipach*, das im Güterbeschrieb als *Fusebach* erscheint, s. oben S. 46 sowie Baumann, n. 30, S. 55 Anm. 2; Thurgau. UB II, S. 97 Anm. 29; Hils, S. 123. Die Entscheidung von UB Zürich I, S. 136 Anm. 5 (danach Heyck, S. 511, 531, 572; Schudel, Grundbesitz, S. 45, 71), für Fisibachs (Gem. Bachs) und gegen das aargauische Fisibach basiert auf der unzutreffenden Annahme, letzteres habe früher Vizzelinsbach geheißen; vgl. dazu Aargauer Gemeinden, S. 62, 472.
30 Vgl. Helmut Maurer, Herzog, S. 223f.
31 Heyck, Geschichte, S. 194f.; Büttner, Klosterreform, S. 103 mit Anm. 22; Gerchow, Ausgriffe; ders., in: Die Zähringer II, n. 128, S. 164.
32 D.: von Weech, RSP, S. 138f.; Fleig, S. 99, n. 7-7c. Reg.: Werkmann/Bader, S. 75. S. auch Heyck, Geschichte, S. 218f. - *Berhtoldus comes de Nvenburc.*
33 Bader, Die notitia fund., c. 45f., S. 207f.; Not. fund. monast. S. Georgii, in: MGH SS 15/2, c. 45f., S. 1013f. Reg.: Werkmann/Bader, S. 75. S. auch Heyck, Geschichte, S. 229; Wollasch, S. 59.
34 D.: Trouillat I, n. 196. Reg.: Rochholz, n. 12, S. 9f.; UB Stadt Basel I, n. 19, S. 16. Zur Urkunde s. Rück, S. 57f.
35 Zu Kloster Bollschweil bzw. Sölden s. GP II/1, S. 187f.; Quarthal, Sölden; speziell zur Gründung der Bollschweiler Niederlassung s. Ex vita S. Udalrici, in: MGH SS 12, S. 262f., c. 32; Ott, Probleme, S. 29.
36 D.: Neugart, CD II, n. 833, S. 43f.; Recueil Cluny V, n. 3918, S. 268. Reg.: Werkmann/Bader, S. 76.
37 D.: Mabillon V, S. 694, n. 90 (Herzog Berthold fälschlich als Vogt bezeichnet); Recueil Cluny V, n. 3919, S. 269. Reg.: Stälin II, S. 320 (übernimmt Mabillons Fehler; Graf Berthold nicht erwähnt). Da Heyck, Geschichte, diese Urkunde nicht kennt, nimmt er S. 240 Anm. 734 irrigerweise an, daß Stälins Regest sich auf die vorhergehende, undatierte Urkunde bezieht, weshalb er dessen Angabe der Zeugenschaft Herzog Bertholds zu Unrecht für falsch hält. - Ein bischöflicher Vertreter war bereits beim ersten Schenkungsakt zugegen gewesen: Adelgoz von Wehr, in jenen Jahren der von Basel bestellte (Unter-)Vogt des Klosters St. Blasien; Büttner, St. Blasien, S. 145-47 [= ND, S. 139-41], Feger, S. 376). Es sei daran erinnert, daß auch an der Verlegung des Cluniazenserpriorats Grüningen nach Zell/St. Ulrich im Jahr 1087 der zähringische Herzog und der Basler Bischof beteiligt gewesen waren (s. oben S. 45).

38 D.: WUB I, n. 270, S. 341f.; Baumann, n. 15/2, S. 32-35. Reg.: Werkmann/Bader, S. 76. S. auch Heyck, Geschichte, S. 240f.; Helmut Maurer, Herzog, S. 113-15. - Zur Datierung: Die genauere zeitliche Eingrenzung im Jahr ergibt sich aus der Angabe der Indiktion 9.
39 So Werkmann/Bader, S. 76; Baumann, S. 34 mit Anm. 33 (danach WUB IV, S. 480f. [= Nachtrag zu I, n. 270, S. 341f., wo Bertold noch Neuenburg am Rhein zugewiesen war]); Heyck, Geschichte, S. 240; Helmut Maurer, Herzog, S. 114.
40 Zu Neuburg s. Bad.-Württ. VII, S. 385.
41 Heyck, Geschichte, S. 572, sieht im Berthold von 1116 den Sohn des damaligen Nimburger Grafen.
42 D.: Schöpflin, HZB V, n. 26, S. 61f.; Borgolte, n. 2, S. 179f. (Abb.: S. 181; Übers.: S. 180). Reg.: Dümgé, S. 31; Werkmann/Bader, S. 76. S. auch Heyck, Geschichte, S. 241; Schmid, in: Die Zähringer II, n. 101.2, S. 130. - Die Urkunde ist einschließlich der Nennung Konrads von Zähringen, *generi comitis Ber(toldi)*, fast vollständig inseriert in der Bestätigung der Grenzregelung durch den Kardinallegaten Bischof Theodewin von S. Rufina von 1136 (D.: Borgolte, n. 4, S. 184, 186 [Abb.: S. 187; Übers.: S. 188]).
43 Heinrich Maurer, Grafen, S. 459-61; Heyck, Geschichte, S. 241, 572. Schöpflin hielt ihn noch für den Herzogsbruder. - Um einen herzoglichen Ministerialen (so gedeutet von Werkmann/Bader, S. 76 mit Anm. 5, S. 87f.; Heinrich Maurer, Landgrafschaft, S. 10; Kindler von Knobloch III, S. 242) kann es sich nicht handeln, auch wenn nach Zähringen benannte herzogliche Dienstleute namens Konrad bezeugt sind (von Weech, RSP, S. 150f.; Fleig, S. 117, n. 140; S. 118, n. 143; S. 118f., n. 144; zu diesen Ministerialen s. auch Heyck, S. 558f.). In der Urkunde von 1121 wird Konrad ausdrücklich unter die Adligen gezählt; er ist sicherlich identisch mit dem am 30. September 1113 bezeugten Zähringer Edelfreien gleichen Namens (von Weech, S. 157; Fleig, S. 103f., n. 14; s. auch Heyck, S. 232, 558).
44 Heinrich Maurer, Grafen, S. 459-61; Heyck, Geschichte, S. 241, 572; Kindler von Knobloch III, S. 242; Borgolte, S. 179 mit Anm. 7, S. 186 mit Anm. 10.
45 So gedeutet bei Werkmann/Bader, S. 87f., ohne daß allerdings das Verhältnis genauer definiert wird.
46 Stolz, Nimburg, S. 9f., behauptet (ohne Quellenangabe), Graf Berthold I. von Nimburg habe 1123 das Dorf Weiswil (Lkr. EM) gebrandschatzt und außerdem einen nächtlichen Überfall auf die oberelsässische Abtei Murbach (Dép. Haut-Rhin) verübt, die er dadurch genötigt habe, ihm die Nimburger Kirche zu unterstellen. Auch Nimburg, S. 21 (ohne Quellen- und Jahresangabe), will von einem nimburgischen Überfall auf die Abtei Murbach wissen. Jedoch weder in den Jahrbüchern des Klosters, den Annales Murbacenses (zu diesen s. auch GP II/2, S. 275), noch in der in Frage kommenden landesgeschichtlichen Literatur (zu Weiswil: Krieger II, Sp. 1401-04; zu Murbach: Clauss, S. 730-36; Gatrio; Stintzi/Haaby; Barth, Sp. 886-97) findet sich ein Hinweis auf diese Ereignisse.
47 D.: UB Straßburg I, n. 78, S. 61f.; MGH DD L III., n. 15, S. 18f.

48 D.: UB Zürich I, n. 280, S. 167f.; MGH DD L III., n. 23, S. 34f. Reg.: Werkmann/Bader, S. 77. S. auch Heyck, Geschichte, S. 280f.; Petke, S. 132. - Auf einem Irrtum beruht ein weiteres bei Werkmann/Bader, S. 77, zum Jahr 1130 angeführtes Regest, dem zufolge Graf Berthold von Nimburg Zeuge in einer während des Aufenthalts Kaiser (!) Lothars in Basel ausgestellten Urkunde über das Kloster Bürgeln gewesen sei. In dieser Urkunde - gemeint ist die am 8. Februar 1130 auf dem Basler Hoftag König Lothars III. durch Bischof Ulrich II. von Konstanz gegebene Bestätigung eines Vergleichs zwischen Kloster St. Blasien bzw. dessen Zelle Bürgeln (bei Obereggenen, Gem. Schliengen, Lkr. LÖ) einerseits und der Kirche von Bürgeln andererseits (D.: Herrgott II/1, n. 211, S. 154ff.; Schöpflin, HZB V, n. 33, S. 69-72. Reg.: REC I, n. 766, S. 93) - ist kein Nimburger genannt.
49 28. Mai 1139. D.: MGH DD K III., n. 21, S. 35-37. Reg.: Dümgé, S. 41. - *Bertolfus comes*.
50 28. Mai 1139. D.: MGH DD K III., n. 22, S. 37-39. - Zeugenschaft des *Bertolfi comitis*.
51 (Ende Mai) 1139. D.: Schöpflin, HZB V, n. 38, S. 81f.; Trouillat I, n. 180, S. 270-72; MGH DD K III., n. 25, S. 41f. Reg.: Dümgé, S. 40f.; Werkmann/Bader, S. 77. S. auch Heinrich Maurer, Landgrafschaft, S. 9; Heyck, Geschichte, S. 293f. mit Anm. 892; Schwineköper, S. 108f.
52 Zum Zeitpunkt des Tausches trug Erlewin den *comes*-Titel natürlich noch nicht.
53 Unzutreffend ist die Angabe von Schwineköper, S. 153 Anm. 145, daß Erlewin und Theoderich von Nimburg auch in der auf demselben Hoftag gegebenen Urkunde König Konrads III. für Kloster Lützel (Dép. Haut-Rhin) als Zeugen genannt seien (D.: MGH DD K III., n. 23, S. 39f.).
54 Or. GLA C 23. D.: Schöpflin, HZB V, n. 39, S. 83-86. Reg.: Dümgé, S. 41f.; Werkmann/Bader, S. 77f.; RMB I, n. 57, S. 7. S. auch Heinrich Maurer, Landgrafschaft, S. 9.
55 Um was es sich bei den zwei Besitzteilen Erlewins und dem dritten seiner Ehefrau, die dem Kloster geschenkt wurden, konkret gehandelt hat, zeigt die 1148 gegebene päpstliche Besitzbestätigung für St. Ulrich, in der - ebenso wie in den späteren Papstprivilegien des 12. Jahrhunderts für das Kloster - unter anderem die in der Notitia ja uneindeutig genannte Kirche sowie ein Hof in Wolfenweiler aufgeführt sind (s. unten Anm. 177).
56 D.: WUB I, n. 260, S. 329f. (um 1101); FUB V, n. 77, S. 46 (nach 12. April 1101). Reg.: Werkmann/Bader, S. 75 (1101). S. auch Baumann, S. 39 Anm. 1 (1101); Krieger II, Sp. 346f. (ca. 1101); Kindler von Knobloch III, S. 202, 241 (1101).
57 Fehlinterpretationen: Sohn Erlewins I. (Heyck, Geschichte, S. 572); Identität mit dem 1094 bezeugten Dietrich von Emmendingen bzw. Hachberg (Baumann, S. 39 mit Anm. 1, S. 188; ihm folgen RMB I, n. 11, S. 4; Büttner, Zähringer, S. 8 [= ND, S. 150]; Jänichen, S. 16; zu Dietrich von Emmendingen bzw. Hachberg s. unten S. 60). Kindler von Knobloch III, S. 241, bezeichnet ihn als uneinreihbar in die nimburgische Stammtafel, während er ihn S. 202 Neuenburg am Rhein zuordnet.
58 Dazu Harter. - Aufgrund der Überlieferungssituation - die Schenkungsnotiz

ist in eine Abschrift der am 12. April 1101 für Kloster Alpirsbach ausgestellten Papsturkunde (D.: WUB I, n. 259, S. 327-29. Reg.: GP II/1, S. 207, n. 1) eingefügt - konnte es zu der falschen Zeitstellung kommen.
59 Heinrich Maurer, Landgrafschaft, S. 9; Kindler von Knobloch III, S. 241 (in bezug auf Volkhard, während er Dietrich als uneinreihbar in die nimburgische Stammtafel bezeichnet; S. 202 dagegen ordnet er beide Neuenburg am Rhein zu); Bad.-Württ. VI, S. 228.
60 Darauf weisen auch Werkmann/Bader, S. 77 Anm. 3, und Harter, S. 238, hin.
61 Werkmann/Bader, S. 77 Anm. 3, S. 94.
62 *IV. non. Jan. (= 2. Januar) celebratur anniversarius dies domini Dietrici, comitis de Nuwenburg, cum compulsatione et missa, sicut mos est, et servitur conventui de praedio in Muchain.* F. Mone, Der liber constr., S. 126 (Sp. 2) Anm. **. S. auch ebd., S. 135f.; Werkmann/Bader, S. 75, 77 Anm. 3; Harter, S. 238. Werkmann/Bader und Harter halten eine Identität dieses Dietrich mit dem von 1139 für möglich. Der Grafentitel mag ihm wegen seiner Zugehörigkeit zu einer gräflichen Familie beigegeben worden sein. - Das sanktblasische Gut in *Muchain* geht doch wohl auf die von bzw. für Dietrich vorgenommene Jahrtagsstiftung zurück und wäre somit als alter nimburgischer Besitz anzusprechen. Von daher handelt es sich am ehesten um das breisgauische Mauchen (Gem. Schliengen, Lkr. LÖ; in diesem Mauchen besaß übrigens auch Kloster St. Ulrich einen Hof, wie die unten in Anm. 177 aufgeführten päpstlichen Besitzbestätigungen des 12. Jahrhunderts zeigen); allerdings hatte St. Blasien nicht nur dort, sondern auch in zwei weiteren Orten des Namens (Stadtteil von Stühlingen, Lkr. WT, und abgeg. bei Unadingen, Stadtteil von Löffingen, Lkr. FR) Besitz.
63 Heyck, Geschichte, S. 551, 572; Harter, S. 238. Unklar ist, warum Heyck, S. 572, zwar Dietrich und Erlewin von 1139 als Söhne Graf Bertholds I. auffaßt, aber dann einen weiteren Dietrich ("nach 1139") annimmt und diesen sowie Eberhard und Volkhard als Söhne dem Dietrich von 1139 zuweist. - Schwineköper, S. 108f., deutet Dietrich und Erlewin als Brüder Graf Bertholds I.
64 So auch Heyck, Geschichte, S. 572; Kindler von Knobloch III, S. 242. - Die hintere Position, der der nimburgische Graf jeweils in den Zeugenreihen der Königsurkunden 1141-43 einnimmt, spricht ebenfalls dafür, daß es sich um den jungen Nachfolger Bertholds I. handelt.
65 D.: MGH DD K III., n. 44, S. 73f.
66 D.: MGH DD K III., n. 56, S. 93-96 (*Bertholdus comes de Nuenburch*). Zur doppelten Datierung: Das frühere Datum wird sich auf die Handlung, das spätere auf die Ausfertigung beziehen.
67 D.: Neugart, CD II, n. 855, S. 71-74; Trouillat I, n. 186, S. 282-85 (irrig zum 13. April); MGH DD K III., n. 57a/b, S. 96-101. Reg.: Dümgé, S. 42f.; Werkmann/Bader, S. 78; Rochholz, n. 28, S. 16f. S. auch Heinrich Maurer, Grafen, S. 461; Heyck, Geschichte, S. 297-99. - *Bertoldus comes de Nuwenburg* (so in der Urkundenfassung für St. Blasien) bzw. *Berhtoldus comes de Nvwenburg* (Fassung für Basel).
68 Während bei Werkmann/Bader, S. 78 mit Anm. 2, eine eindeutige Stellungnahme fehlt, wird er von Heyck, Geschichte, S. 572 (als Sohn Graf Bertholds I.), und Krieger II, Sp. 347, den Nimburgern zugewiesen. Dagegen beziehen Trouillat I, S. 284 mit Anm. 11, und II, S. 517 Anm. 1, sowie MGH DD K III., S. 704, 709, 712, die Herkunftsbezeichnung mit Recht auf den Ort Pleujouse, für den im Mittelalter auch der Name "Neuenburg" bezeugt ist (Belege bei Trouillat). In der Zeugenreihe der vorliegenden Urkunde steht Uzo direkt nach Reinger, Heinrich und Richard von Hasenburg (= Asuel), das Pleujouse benachbart ist (beide Bz. Porrentruy, Kt. JU); auch in anderen Urkunden der Zeit werden Uzo von Pleujouse und Heinrich von Hasenburg unmittelbar nebeneinander genannt (Trouillat I, n. 176, S. 262-67: 1136; n. 209, S. 320-22: 1152); Anfang 1188 erscheinen Glieder der Familie von Pleujouse zusammen mit denen von Hasenburg in einer Urkunde (D.: Rück, S. 290-92).
69 D.: Quellenwerk I/1, n. 130, S. 59-62; MGH DD K III., n. 89, S. 158-60. Reg.: Werkmann/Bader, S. 78 (falsch zu 1144). S. auch Heyck, Geschichte, S. 301f. - *Bertolfus comes de Nuenbu'rch*.
70 Zu diesem Konflikt s. GP II/1, S. 184-87; Büttner, Prozeß.
71 *Berhtoldus comes. ipsius loci aduocatus.* Or. GLA C 28. D.: Dümgé, S. 136, n. 88. Reg.: Werkmann/Bader, S. 78; REC I, n. 818, S. 98. S. auch Heinrich Maurer, Landgrafschaft, S. 10; Büttner, Prozeß, S. 444f. - Die mit Zustimmung der Vögte beider Kirchen getroffene Entscheidung Bischof Hermanns ist auch in einer diesen Streit betreffenden undatierten Bittschrift an Papst Lucius III. erwähnt, die September 1181-1182 verfaßt wurde (D.: Büttner, S. 452-55, n. 1; zur Zeitstellung ebd. S. 449f.).
72 D.: Trouillat II, n. 12, S. 17-19. Reg.: Solothurner UB I, n. 83, S. 52. Zu Überlieferung und Zeitstellung der Urkunde s. Rück, S. 93.
73 D.: Dümgé, S. 137, n. 89. Reg.: GP II/1, S. 184f., n. 3. - Die übrigen päpstlichen Besitzbestätigungen des 12. Jahrhunderts (1157, 1179, 1184) sind unten in Anm. 177 angeführt.
74 *Prohibemus autem ut nullus ecclesie vestre advocatus gravamen vobis aliquod inferat. Sed jure suo contentus nichil plus justo a vobis vel hominibus vestris exigere vel violenter auferre presumat.*
75 Zum zweiten Kreuzzug und zum Wendenkreuzzug s. Heyck, Geschichte, S. 308-18; Mayer, S. 87-99. Zum Breisgauer Aufenthalt Bernhards von Clairvaux s. Heyck, S. 308f.; REC I, n. 823ff., S. 98f.; Schwineköper, S. 113f., 126; Blattmann, in: Die Zähringer II, n. 192f., S. 235f.
76 Schwineköper, S. 111-13, 123-26.
77 Am 12. Februar 1150 beurkundete Bischof Eberhard von Bamberg, daß Berthold von Schwarzenberg (Gem. Eschlkam, Lkr. Cham, RB Oberpfalz) vor seiner Abreise nach Jerusalem sein Gut Döberschütz (Gem. Seybothenreuth, Lkr. Bayreuth) und Lessau (Gem. Weidenberg, Lkr. Bayreuth) dem Freien Berthold von *Nuenburc* übergeben hatte mit der Weisung, es im Falle seines Todes auf dem Kreuzzug dem Bamberger Kloster Michelsberg zuzustellen; der Bischof bestätigte, daß der Treuhänder, nachdem er Kunde vom Tod des Schwarzenbergers hat, das Gut dem Kloster übergeben hat; unter den Zeugen war besagter Berthold von *Nuenburc* (Reg.: Werkmann/Bader, S. 78 mit Anm. 5; Reg. Thur. I, n. 1626, S. 342f. S. auch F. Mone, Chronik, S. 92 [Sp. 1] noch Anm. *; Schwinekö-

per, S. 114 mit Anm. 99 [auf S. 148]). Während Mone Berthold von *Nuenburc* als den nimburgischen Grafen deutet, halten Werkmann/Bader (wegen des fehlenden Grafentitels) und Schwineköper dies nur unter Vorbehalt für möglich. Aufgrund des nach Bayern gehörenden Urkundenzusammenhangs ist es jedoch ganz unwahrscheinlich, hier den Nimburger tätig zu sehen. Der Treuhänder muß ebenfalls Bayern zugewiesen werden (so schon Reg. Thur. I, S. 343); ein Herkunftsort ist wohl das knapp 40 km westnordwestlich von Schwarzenberg gelegene Neunburg vorm Wald (Lkr. Schwandorf, RB Oberpfalz).

78 D.: Schöpflin, HZB V, n. 50, S. 102-04; WUB II, n. 345, S. 76f.; MGH DD F I./1, n. 65, S. 110f. Reg.: Werkmann/Bader, S. 78; RMB I, n. 103, S. 10; RI IV/2.1, n. 188, S. 57.

79 Die Gründungsnotiz, formal eine Fälschung des 13. Jahrhunderts, ist in zwei Fassungen überliefert, wovon die eine auf 1160, die andere auf 1161 datiert ist; synoptischer Druck: Helmut Maurer, Gründungsnotiz, S. 210f., danach Schwineköper, S. 139. - Zu Klostergründung und Quellenproblematik s. Zinsmaier, Gründungsgeschichte, S. 470-74; Helmut Maurer; TG, S. XIIIf.; Schwineköper, bes. S. 114-28; Witolla, in: Die Zähringer II, n. 139, S. 174.

80 TG, S. 445 (*miles quondam Heinricus de Emuͤtingen cognominatus filius Meingos ministerialis comitis Bertoldi de Nuͤburg*). S. auch Heinrich Maurer, Grafen, S. 453f.; Schwineköper, S. 121f.

81 TG, S. 286 (*vir quondam Bertoldus nomine de Emettingen, ministerialis Bertoldi comitis de Nùburg, cum consensu et voluntate eiusdem domini sui*). S. auch Schwineköper, S. 122.

82 TG, S. 375f. Reg.: Werkmann/Bader, S. 79 (ohne Begründung zu 1170-80). S. auch Heinrich Maurer, Grafen, S. 453; Schwineköper, S. 120f. Dazu ausführlicher der Beitrag "Herren und Ministerialen von Köndringen". S. 82f. mit Anm. 48-50. - In der Gründungsnotiz heißt es ungenau, das Kloster habe alle Erstausstattungsgüter von Kuno erworben; wie sie weiter berichtet, sei dieser Kauf in Gegenwart und unter Vermittlung Herzog Bertholds IV. von Zähringen geschehen (*in presentia ducis Berhtoldi ipso mediante*), worüber ein vom Herzog besiegelter Vertrag geschlossen worden sei. Angesichts der übrigen Unstimmigkeiten der Notiz hält Schwineköper, S. 120f., es für denkbar, daß es in Wirklichkeit keine Beteiligung des Zähringers gegeben habe; die entsprechende Passage der Notiz gehe möglicherweise auf die formal ähnliche Textstelle des Güterbuchs über die Vermittlungstätigkeit Graf Bertholds von Nimburg zurück (*mediante domino Bertoldo comite de Nùburg*). "Aus der Vermittlung des hier als Lehnsherrn durchaus zuständigen Grafen Bertold wäre dann in der Gründungsnotiz die des Herzogs Bertold geworden" (S. 120). In Anbetracht dessen sowie der nicht ursprünglichen Siegelankündigung und der von ihm vermuteten Siegelfälschung folgert Schwineköper, S. 121: "Es ergibt sich, der Verfälscher der Gründungsnotiz hatte offenbar das Ziel, den Herzog von Zähringen nachträglich als entscheidend Mitwirkenden bei der Klostergründung hinzustellen."

83 TG, S. 377. S. auch Schwineköper, S. 122.

84 Zur Gründungsnotiz s. oben Anm. 79. Reg.: Werkmann/Bader, S. 79. S. auch Schwineköper, S. 123-26.

85 TG, S. 83 (*Heinricus de Emuͤtingen, ministerialis comitis Bertoldi de Nuͤburg*). S. auch Heinrich Maurer, Grafen, S. 453f.

86 TG, S. 340 (*Heinricus de Emettingen...cum censensu* [!] *et voluntate domini Bertoldi comitis de Nuͤburg, cuius erat ministerialis*).

87 Keine Erklärung des Ortes bei Heyck, Geschichte, S. 548; Schwineköper, S. 148f. Anm. 106. Dagegen gedeutet als das unterelsässische Hohkönigsburg (Gem. Orschweiler, Dép. Bas-Rhin) - hochmittelalterliche Namensform: *Kungesperg* u. ä. - bei Heinrich Maurer, Grafen, S. 454 mit Anm. 1 (implizit); Kindler von Knobloch II, S. 337; Bosl, Reichsministerialität I, S. 211; TG, S. 595, 602, 654. Dort saßen jedoch staufische Ministerialen (Bosl, S. 209-11; s. auch Clauss, S. 487-89). Ob nicht eher an einen abgegangenen oder heute anders benannten Ort im nördlichen Breisgau zu denken ist? In dem Raum hatten ja auch die übrigen nimburgischen Dienstleute ihren Sitz. Außerdem hatte es am nördlichen Kaiserstuhl bis zum 10. Jahrhundert umfangreiches Königsgut gegeben (s. Büttner, Reichsbesitz), wovon der Name Königsburg - ähnlich wie Königschaffhausen (Stadtteil von Endingen, Lkr. EM) - ein Reflex sein könnte.

88 TG, S. 102 (*de Kuͤnigesberge ministerialis Bertoldi comitis de Nuͤburg*). S. auch Heinrich Maurer, Landgrafschaft, S. 11 (Sp. 1) Anm. ***; ders., Grafen, S. 453f.; Heyck, Geschichte, S. 548.

89 TG, S. 340 (*de Kuͤngesberg ministerialis comitis de Nuͤburg cum voluntate et consensu eiusdem*).

90 D.: Neugart, EC I/2, S. 585-87, n. 8. Reg.: Dümgé, S. 54; GP II/1, S. 195f., n. 1; Freiburger UB I, n. 22, S. 8.

91 D.: Neugart, EC I/2, S. 595-97, n. 13. Reg.: Dümgé, S. 58; GP II/1, S. 197, n. 7; Freiburger UB I, n. 23, S. 8f.

92 D.: TG, S. 454-57.

93 TG, S. 82f.

94 Neugart, EC I/2, S. 586 mit Anm. 6; Schwineköper, S. 122f.; Treffeisen, in: Die Zähringer II, n. 228, S. 267f. - Einen Überblick über den Tennenbacher Besitz in Nimburg zu späterer Zeit (1317/41) gibt das Güterbuch des Klosters (TG, S. 387f.).

95 TG, S. 10 (*cum consensu et voluntate domini Bertoldi comitis de Nuͤburg tunc advocati ibi ipso hoc concedente et approbante ac eciam confirmante*). S. auch Heinrich Maurer, Grafen, S. 454.

96 D.: Gerbert III, n. 63, S. 98f.; Vetter, S. 68f. Reg.: Werkmann/Bader, S. 79. S. auch Heyck, Geschichte, S. 388f. - Die Propstei geht auf die erwähnte Schenkung der Brüder von Wart aus dem Jahr 1100 zurück, bei der Graf Berthold I. von Nimburg als Zeuge zugegen war; s. oben S. 47.

97 *Vastatio Schutterana. Anno ab incarnatione domini 1169. Bertholdus, comes de Nuenberg, militari manu in praedia nostra impressionem fecit et fundos igne devastans, monasterium quoque ipsum succendere tentavit tempore Friderici imperatoris, sub papa Alexandro tertio, qui contra Fridericum arma gessit. Distichon P. Volzii in Bertholdum:*
    Impie, quid tentas Mariae succendere sedem,
    infernos meritis experire canes.
F. Mone, Chronik, S. 90f., c. 31 (dazu Nachtrag S. 676; s. auch Mezler,

S. 159). Reg.: Werkmann/Bader, S. 79. S. auch Heizmann, S. 12; Kaller, Kloster Schuttern, S. 119f.; List, Schuttern, S. 102. - Zu diesem Kloster s. Kaller, Schuttern; ders., Kloster Schuttern; List, Schuttern.
98 Die Besitzbestätigung Papst Innozenz' II. für Schuttern vom 28. Oktober 1136 (D.: Marian I/2, S. 420-22, n. G. Reg.: Dümgé, S. 37; GP III/3, S. 81f., n. 3. S. auch Kaller, Schuttern, S. 566f. [ungenau]; ders., Kloster Schuttern, S. 118) nennt als breisgauischen Besitz des Klosters: Heimbach (Gem. Teningen, Lkr. EM), Tiermendingen (abgeg. bei Vörstetten, Lkr. EM), Bahlingen (Lkr. EM) mit Kirche, *Bergen* (Kiechlinsbergen, Stadtteil von Endingen, Lkr. EM, oder Oberbergen, Stadtteil von Vogtsburg im Kaiserstuhl, Lkr. FR), Wippertskirch (bei Opfingen, Stadtteil von Freiburg im Breisgau) mit Kirche, Kirche Köndringen (Gem. Teningen), Kirche Wöpplinsberg (bei Mundingen, Stadtteil von Emmendingen) mit Zubehör.
99 Annahme einer nimburgischen Vogtei: F. Mone, Chronik, S. 92 (Sp. 1) noch Anm. *; Heizmann, S. 12; Kaller, Kloster Schuttern, S. 119f.; Bad.-Württ. VI, S. 319 (Graf Berthold von Nimburg vielleicht zähringischer Untervogt); Köhler, in: Die Zähringer II, n. 115, S. 153f. Bei Werkmann/Bader, S. 79 Anm. 3, wird jedoch mit Recht darauf hingewiesen, daß im Bericht der Chronik von Schuttern über Bertholds Überfall doch wohl dessen Vogtschaft erwähnt worden wäre, wenn er sie innegehabt hätte. Daneben findet sich in der Literatur die Behauptung, die Zähringer seien Schirmherren des Klosters gewesen, z. B. GP III/3, S. 80; Schwarzmaier/Fischer; Schwarzmaier, Hochadelsbesitz, S. 2f., 5; Gerchow, Klostervogteien, S. 150; s. aber Heyck, Geschichte, S. 499f. Fest läßt steht, daß sich über die Vogtei vor 1235 nichts Sicheres aussagen läßt (Kaller, Schuttern, S. 566).
100 D.: Obrecht, S. 228f. (Auszug); Schöpflin, AD I, n. 328, S. 275f.; Würdtwein, Nova subs. X, n. 35, S. 107-11. Reg.: Werkmann/Bader, S. 79; Rappoltstein. UB I, n. 37, S. 51.
101 Bei Werkmann/Bader, S. 83, wird der Beleg von 1168 bereits für Berthold III. beansprucht; Heyck, Geschichte, S. 572, setzt den Generationswechsel nur ganz allgemein in die Zeit zwischen 1161 und der nimburgischen Kreuzzugsteilnahme.
102 D.: Büttner, Prozeß, S. 456f., n. 2. Reg.: Dümgé, S. 57; Trouillat II, S. 19 Anm. 1; Werkmann/Bader, S. 79; UB Stadt Basel I, n. 52, S. 36f. Zur Urkunde s. auch Rück, S. 134f.
103 D.: Schöpflin, AD I, n. 336, S. 284f.; Rappoltstein. UB I, n. 43, S. 56f. Reg.: Werkmann/Bader, S. 80 (wie Schöpflin irrig zu 1185). Zur Datierung s. auch Opll, S. 90, 227. - Unter den Zeugen der Urkunde erscheint *comes Bertoldus de Nuwenburc*.
104 D.: Dümgé, S. 147f., n. 101; Heyck, Urkunden, n. 17, S. 21f. Reg.: Werkmann/Bader, S. 80; REC I, n. 1096, S. 123; Freiburger UB I, n. 26, S. 10. S. auch Heyck, Geschichte, S. 425f.
105 D.: Heyck, Urkunden, n. 18, S. 23-25. Reg.: FUB V, S. 75f. Anm. 4; Rappoltstein. UB I, n. 45, S. 58; REC I, n. 1097, S. 123; RBS I/2, n. 636, S. 356; Inventar Villingen I, n. 5, S. 2. S. auch Heinrich Maurer, Landgrafschaft, S. 10; Heyck, Geschichte, S. 423-26; Weber, S. 177-82; Schwineköper, S. 126-28; Gerchow, in: Die Zähringer II, n. 125, S. 161. - *comes Berchtoldus de Nuvvenburg*.
106 D.: Rappoltstein. UB I, n. 46, S. 58f.; UB Straßburg IV/1, n. 9, S. 6f. Reg.: RBS I/2, n. 641, S. 357.
107 Zum dritten Kreuzzug s. Mayer, Kreuzzüge, S. 125-38; zum Zug des deutschen Heeres bis zum Tod des Kaisers s. Opll, S. 96-109.
108 Ann. Marbac., MGH SSrG, S. 60 (*comes Bertholdus de Nůwenburch*); Hist. expedit. Friderici imp., in: MGH SSrG NS 5, S. 18f. (*Pertholdus comes de Nivvenburhc*). Reg.: Werkmann/Bader, S. 80 (s. auch 89f.). S. auch Schwineköper, S. 114 mit Anm. 106 (auf S. 148f.).
109 Hist. expedit. Friderici imp., in: MGH SSrG NS 5, S. 34 (*cuius aciei vexillarium placuit esse Pertholdum comitem de Nivvenburch*); Hist. Peregrinorum, in: ebd., S. 138 (*cuius signifer Bertholdus comes de Nuwenburc in Brisigaudia*). Reg.: Werkmann/Bader, S. 80 (s. auch 89f.); RMB I, n. 144, S. 13. Zur Datierung s. Opll, S. 101, 233.
110 RMB I, n. 146, S. 13; Wunder, S. 113.
111 TG, S. 31. S. auch Heinrich Maurer, Landgrafschaft, S. 10; ders., Grafen, S. 455; Schwineköper, S. 148f. Anm. 106. - Vgl. den Beitrag "Herren und Ministerialen von Köndringen", S. 83f. mit Anm. 53-57.
112 D. der ersten Urkunde vom 9. Mai 1194 (*Bertholdus comes de Nuemborch*): Würdtwein, Subs. dipl. V, n. 89, S. 259-61; UB mittelrhein. Territorien II, n. 134, S. 176f. D. der zweiten Urkunde vom 9. Mai 1194 (*Bert[oldus] comes de Nuwenberc*): Würdtwein, Nova subs. dipl. XII, n. 42, S. 126-28. D. der Urkunde vom 10. Mai 1194 (*comes Bertoldo de Nuwenburg*): Dümgé, S. 152, n. 108. Reg. der drei Urkunden: RI IV/3, n. 347-49, S. 141f.
113 D.: UB Straßburg I, n. 134, S. 109f. Reg.: RBS I/2, n. 682, S. 367; RI IV/3, n. 525, S. 213. S. auch Heinrich Maurer, Grafen, S. 461.
114 D.: Böhmer, Acta, n. 213, S. 194f. Reg.: RI V/1.1, n. 23, S. 10.
115 D.: Zinsmaier, Suppliken, S. 190, n. 1 (s. auch S. 187). S. auch Schwineköper, S. 146 Anm. 86.
116 11. Sept. 1111 (s. oben S. 47); zweimal 1139 (beim Schenkungsvollzug durch Graf Berthold und bei der Schenkung Willibirgas; s. oben S. 49f.); 8. Juli 1143 (s. oben S. 51); 1160 oder 1161 (s. oben S. 52). - Zu den Schwarzenbergern, die die Vogtei über das Frauenkloster Waldkirch innehatten und sich anfangs, im frühen 12. Jahrhundert, nach diesem Ort benannten, s. Büttner, Waldkirch, S. 109-15 (= ND, S. 25-30).
117 Hist. expedit. Friderici imp., in: MGH SSrG NS 5, S. 22. S. auch Schwineköper, S. 114 mit Anm. 106 (auf S. 148f.). - Ebenso wie der Nimburger zog Konrad von Schwarzenberg wenig später erneut ins Heilige Land (Werkmann/Bader, S. 90-92).
118 Die Bittschrift an den König liegt in zwei voneinander abweichenden Ausfertigungen vor, wovon nur eine datiert ist; D.: Zinsmaier, Suppliken, S. 190f., n. 2; Reg.: Freiburger UB I, n. 28, S. 10f. Das an den Papst gerichtete Schreiben ist undatiert; D.: Zinsmaier, S. 192, n. 3. Zu beiden Suppliken s. auch ebd. S. 187-90.
119 Reg.: RI V/1.1, n. 147, S. 43 (dazu Nachtrag in V/4, S. 121). Der Nimburger wird in Philipps Diplom nicht genannt.

120 Die Bittschrift an den König sagt: *dominum comitem B. de Nuynburch eandem curtym...sue salutis intuitu omniumque suorum...liberaliter tradidisse* (Lesung nach der undatierten Fassung); ähnlich die Supplik an den Papst: *curtim..., quam quidam nobilis vir et honestus comes B. de Nu^oinburch...pro salute sua et suorum rore spiritus sancti perfusus liberaliter contulit.*
121 Schwineköper, S. 112 mit Anm. 86 (auf S. 146). Unklar bleibt, warum er die Schenkung Bertholds auf "spätestens 1195/96" setzt.
122 Ann. Marbac., MGH SSrG, S. 75f.: *Eodem anno* (d.h. 1200) *Bertholdus comes de Nu^owenburch in Brisgawia crucem cum filio accepit, trans mare perpetuo mansurus, et urbem Nu^owenburch cum ministerialibus et appendiciis suis Argentinensi ecclesie in proprietatem dedit, pecunia tamen mediante. Huius exemplum imitati quam plures nobiliores cum uxoribus et liberis predia sua vendentes perpetuo servicio sancti sepulcri se devoverunt.*
123 Trithemius, Chron. Hirsaug., S. 213 (ausführlich zitiert bei Neugart, EC I/2, S. 161, und Pillin, S. 47); ders., Ann. Hirsaug. I, S. 498f (ausführlich zitiert bei Werkmann/Bader, S. 91 Anm. 2). Reg.: Werkmann/Bader, S. 80. Zu Trithemius, der als Quelle mit Vorsicht zu benutzen ist, s. Hessel, S. 1-5; Franz; Schreiner, Hirsau, S. 287. Zur nimburgischen Teilnahme am vierten Kreuzzug (1202-04) - zu diesem allgemein Mayer, S. 172-88 - s. auch Werkmann/Bader, S. 90-93; Heinrich Maurer, Landgrafschaft, S. 10f.; ders., Grafen, S. 461f.; ders., Freiherren, S. 414; Kohler, S. 21; Stülpnagel, S. 12. - Daß der Sohn Bertholds III. den Namen des Vaters getragen hat, wie Werkmann/Bader, S. 83, und Heyck, Geschichte, S. 572, behaupten, kann man wohl annehmen; ausdrücklich überliefert ist es jedoch nicht.
124 S. oben Anm. 122f. - Zum Verkauf sowie zum weiteren Schicksal der nimburgischen Hinterlassenschaft s. Werkmann/Bader, S. 80f., 90f., 93f.; Heinrich Maurer, Landgrafschaft, S. 10f.; ders., Grafen, S. 461-65; ders., Freiherren, S. 414-18; Heyck, Geschichte, S. 474f., 495f.; Kohler, S. 21f.; Stülpnagel, S. 12f.; Schaab, S. 9; Bad.-Württ. VI, S. 188f.; vor allem aber Pillin, S. 2, 47-54, 66-68.
125 Or. GLA E 4. 3 Kop. 18. Jh. GLA 67/1246, fol. 16r-v; ebd. fol. 17r-18r; GLA 67/1293, fol. 34r (alle drei falsch zu 1202). Reg. 1784 GLA 65/622, fol. 5r-v (falsch zu 1202; ohne Erwähnung des Nimburgers). D.: de Bréquigny/La Porte du Theil II/2, S. 1086f., n. 16; Migne IV, Sp. 80-82, n. 50. Reg.: Potthast I, n. 1464, S. 130; RI V/2, n. 5762, S. 1074; RBS I/2, n. 720-22, S. 377f. (gibt irrtümlich auch die Klostervogteien als Schenkungsgut an).
126 D.: Würdtwein, Nova subs. dipl. X, n. 77, S. 215f. Reg.: Potthast I, n. 2590, S. 222; Werkmann/Bader, S. 80; RI V/2, n. 5944, S. 1094; RBS II, n. 750, S. 4. S. auch Neugart, EC I/2, S. 182.
127 D.: Schöpflin, AD I, n. 392, S. 324f.; Huillard-Bréholles I/1, S. 321-23; F. J. Mone, Kaiserurkunden, n. 10, S. 182f. Reg.: Werkmann/Bader, S. 80 (wie Schöpflin und Mone irrig zu 1213); RI V/1.1, n. 752, S. 191 (Nachtrag in V/4, S. 154); RBS II, n. 801, S. 13. S. auch Heyck, Geschichte, S. 474f., 495. - Zur Schenkung an Heinrich VI. s. Werkmann/ Bader, S. 91, 93; Heinrich Maurer, Landgrafschaft, S. 10f.; ders., Grafen, S. 461; ders., Freiherren, S. 415; Heyck, S. 474, 495; Kohler, S. 21; Stülpnagel, S. 13; Vollmer, Besitz, S. 3. Seltmann vermerkt zwar kurz die Zeugenleistungen des Nimburgers für den Kaiser (S. 235 mit Anm. 1 [auf S. 392-95]), aber nicht die Schenkung.
128 Vollmer, Besitz, S. 3.
129 Heinrich Maurer, Landgrafschaft, S. 11 (Sp. 1) Anm. *.
130 D.: von Weech, CD Salem. I, n. 70, S. 102-04. Reg.: RI V/1.1, n. 177, S. 49 (Nachtrag in V/4, S. 122).
131 D.: von Weech, CD Salem. I, n. 86, S. 124f. Reg.: FUB I, n. 117, S. 76f.; RI V/1.1, n. 702, S. 181 (Nachtrag in V/4, S. 151). Auffallend ist, daß die Lehensauftragung weder in der genannten Urkunde König Philipps über den Verkauf des Gutes an Salem noch in der Bestätigungsurkunde König Friedrichs II. von Januar 1210 - er befand sich damals noch in Sizilien - (D.: von Weech, n. 76, S. 109f. Reg.: RI V/1.1, n. 624, S. 168 [Nachtrag in V/4, S. 147]) Erwähnung findet. - Wie aus einem erneuten Diplom Friedrichs II. für das Kloster Salem vom 26. Juni 1214 hervorgeht, scheint Herzog Berthold V. von Zähringen Anspruch auf das Gut erhoben zu haben (D.: von Weech, n. 88, S. 127f. Reg.: RI V/1.1, n. 736, S. 188 [Nachtrag in RI V/4, S. 153]). S. auch Heyck, Geschichte, S. 474).
132 Auf Bertholds Beziehung zu Straßburg weist auch Stülpnagel, S. 12, hin.
133 Pillin, S. 2, 47; Schaab, S. 9.
134 Werkmann/Bader, S. 87; Heinrich Maurer, Grafen, S. 461-64 (dagegen noch ders., Landgrafschaft, S. 11); Heyck, Geschichte, S. 159 Anm. 531, S. 475 mit Anm. 1419, 495; Pillin, S. 50. Maurer und Heyck verweisen in diesem Zusammenhang auch auf eine Schiedsurkunde vom 8. Oktober 1265 (D.: FUB I, n. 457, S. 218-20; Freiburger UB I, n. 205, S. 175-77. Reg.: RMB I, n. h28, S. h4f. [s. auch n. h1, S. h1]). Aus ihr geht hervor, daß die Erben des Herzogs, die Grafen von Freiburg, den Anspruch auf die nimburgische Hinterlassenschaft aufrechterhalten hatten und zum Zeitpunkt der Urkunde schließlich über ehemaligen Besitz Graf Bertholds von Nimburg verfügten, auf den die Markgrafen von Hachberg, alte Stammverwandte der Herzöge, ebenfalls Anspruch erhoben hatten: *Swa aber das gu^ot lit, das der marcgrave Heinrich behebet, das sol ime grave Cu^onrat abecho^ofen alder abewehseln, als in die selben viere mit uns alder ane uns heiscent, alder sol es ime lidic lan; ane diu zwei gu^ot, Zeringer gu^ot uñ grave Berhtoldes von Nuwenburg: diu sol der grave Cu^onrat ane alle ansprache han.* Mit diesem Gut des Grafen Berthold war allerdings nur ein Teil der einstigen nimburgischen Herrschaft gemeint; Graf Konrad von Freiburg hatte es vermutlich infolge der Niederlage, die der Straßburger Bischof im März 1262 erlitten hatte, von diesem erhalten (Heinrich Maurer, Freiherren, S. 416f.; Stülpnagel, S. 13). - Zur Frage einer eventuellen Verwandtschaft s. unten S. 61f.
135 Kop. 1784 GLA 65/622, fol. 3v-5r; 5 Kop. 18. Jh. GLA 67/1246, fol. 12r-13v; ebd., fol. 14r; ebd. fol. 14v-15v; GLA 67/1278, fol. 13r-15v; GLA 67/1293, fol. 33r-v. S. auch Krieger II, Sp. 788f. - Die genauere zeitliche Eingrenzung der auf 1201 datierten Urkunde ergibt sich aus der

Angabe der Epakte 14.
136 D.: Schöpflin, AD I, n. 480, S. 374-76; Huillard-Bréholles IV/2, S. 814-18. Reg.: Werkmann/Bader, S. 81; RI V/1.1, n. 2143, S. 422f. (Nachtrag in V/4, S. 214); RBS II, n. 1043, S. 70f.
137 So z. B. Pillin, S. 48 mit Anm. 1. - Unklar ist, warum die Ministerialen ausgenommen blieben und ob sie überhaupt der nimburgischen Dienstmannschaft entstammten. - Die Angabe von Heinrich Maurer, Grafen, S. 453f., das Tennenbacher Güterbuch nenne Nimburgerministerialen in Teningen und Nimburg, ist unzutreffend (s. auch Heyck, Geschichte, S. 551).
138 Bei dieser Gelegenheit brachte der Bischof von Straßburg das ehemals nimburgische Gut wohl wieder an sich (diese Annahme bei Heinrich Maurer, Freiherren, S. 416; Stülpnagel, S. 13; s. auch RBS II, n. 1174, S. 99f.; Bad.-Württ. VI, S. 189; wohl zu Unrecht bestritten bei Pillin, S. 51, der die oben Anm. 134 genannte Urkunde vom 8. Oktober 1265 nicht zu kennen scheint, welche die Annahme einer bischöflich-straßburgischen Eroberung des Nimburgergutes indirekt zu stützen vermag).
139 Pillin, S. 48 mit Anm. 1 (mit Angabe der Quellen).
140 Pillin, S. 48-52 (mit Angabe der Quellen); Bad.-Württ. VI, S. 188f. - Fritz, S. 162, vermutet als zur nimburgischen Hinterlassenschaft gehörend: Kenzingen, Forchheim, Bottingen, Hochdorf (Stadtteil von Freiburg im Breisgau), Wagenstadt, außerdem Vogteibesitz im Glottertal sowie im Ober- und Unteribental (bei St. Peter). In bezug auf Kenzingen und den Vogteibesitz irrt er; in Hochdorf hatte lediglich Kloster St. Ulrich Besitz; zu den übrigen Orten s. oben (zu den Ungenauigkeiten in Fritz' Werk vgl. auch Pillin, S. 1f.). Heyck, Geschichte, vermerkt in seiner Liste des zähringischen Besitzes (S. 507-38) auch die ihm bekannten nimburgischen Besitzpositionen, wobei er die falschen Angaben von Fritz größtenteils übernimmt.
141 Heinrich Maurer, Landgrafschaft, S. 9; Bender/Knappe/Wilke, S. 110; Wellmer/Taddey. Heinrich Maurer, Freiherren, S. 418, vermutet, daß Hecklingen ursprünglich nimburgisch gewesen sei, doch als Erbauer der Burg nimmt er die Grafen von Freiburg an. - Zur Geschichte der Burg s. Kohler, S. 22f. (bei ihm zu ergänzen die Erstnennung der Burg im April 1290; D.: Freiburger UB II, n. 86, S. 97f.), sowie künftig den Beitrag von Gerlinde Person im Burgenbuch des Breisgaus.
142 Darauf weist Kohler, S. 22, hin. - Immerhin kann ein indirekter Bezug der Nimburger zu Hecklingen festgemacht werden. Das von ihnen bevogtete Kloster St. Ulrich besaß dort einen Hof, wie aus den päpstlichen Besitzbestätigungen des 12. Jahrhunderts hervorgeht (s. unten Anm. 142). Beachtenswert ist auch die Nähe zur wichtigen nimburgischen Besitzposition in Riegel.- Aus der Zeit bis zum frühen 13. Jahrhundert ist nur eine nach dem Ort benannte Person bekannt, Berthold von Hecklingen; dieser erhielt von Kloster St. Peter wohl zur Zeit Herzog Bertholds III. von Zähringen (1111-22) 13 Schilling für einen Acker bei Malterdingen (Lkr. EM) (von Weech, RSP, S. 146; Fleig, S. 109, n. 57; zur Zeitstellung s. ebd., S. 24-28, 30f.; s. auch Krieger I, Sp. 877). Es handelt sich wohl um einen Freien, denn die Notiz gehört zu einer Gruppe von Aufzeich-

nungen über Rechtsgeschäfte, an denen *liberi homines* beteiligt sind.
143 S. etwa Stülpnagel, S. 13: "woher der Grafentitel stammt, vermag man nicht zu erkennen".
144 Wenn es bei Trithemius heißt, Graf Berthold habe 1200 der bischöflich-straßburgischen Kirche seine "Grafschaft" verkauft, so ist das natürlich terminologisch unkorrekt (s. oben Anm. 123; dazu Werkmann/Bader, S. 91). Auch Vollmer, Besitz, S. 3, spricht ungenau von der "Grafschaft" Nimburg.
145 In diesem Zusammenhang vermutete Ahnen: eine im schweizerischen Neuenburg sitzende Grafenfamilie (Gisi, bes. S. 91-98; zu dieser These s. Heyck, Geschichte, S. 159 Anm. 531, S. 563); der Breisgaugraf Guntram aus dem 10. Jahrhundert (Werkmann/Bader, S. 86-88); die angeblich von Guntram abstammende Sulzburger Grafenfamilie (List, in verschiedenen Arbeiten, z. B. Stifter, S. 282; Erzbischof, S. 14-16; zur Zeitstellung s. ebd., S. 24-28, 30f.; s. auch Krieger I, Sp. 877). Es handelt sich wohl als Inhaber der Breisgaugrafschaft (Heinrich Maurer, Grafen, S. 456f.). Heyck, S. 159 Anm. 531 (s. auch S. 187, 577f.), hält eine Verschwägerung der Nimburger mit den frühen Zähringern als Erklärung für das Streben nach dem Grafentitel für denkbar. Ein anderer Ansatz bei Werkmann/Bader, S. 83: Erlewin könnte die Breisgaugrafschaft im Auftrag des Straßburger Bischofs verwaltet haben, als sie 1077-79 innehatte (dazu Heyck, S. 80-84, 120-22); nach Beendigung dieser Aufgabe wäre der Titel trotzdem bei der Familie verblieben.
146 Hils, S. 16f.
147 H. Kläui, S. 204-06; Clavadetscher, S. 19-22.
148 Harter, S. 237. - Auch der Grafentitel Burkhards von Staufenberg (Burg bei Durbach, Lkr. OG) gegen Ende des 11. Jahrhunderts bezog sich nicht auf die Ausübung eines Amtes, sondern war Ausdruck einer angesehenen Stellung (Wollasch, S. 36; Schwarzmaier, Ortenau, S. 14).
149 Zum schwäbischen Gegenherzogtum des Zähringers und dem 1098 erfolgten Ausgleich s. Heyck, Geschichte, S. 165f., 175, 184-86; Helmut Maurer, Herzog, S. 218-31; Althoff.
150 Siehe z. B. Wollasch, S. 38.
151 Zu den Hessonen s. Heyck, Geschichte, S. 101-03, 570-78; Heinrich Maurer, Freiherren, S. 371-73; Keller, S. 105f.; Wollasch, S. 20-38, bes. S. 28-30; Ott, Urbar, S. 14-16; Schwarzmaier, Lörrach, S. 119f. Zur verwandtschaftlichen Einordnung des Nimburger in diese Adelsgruppe s. schon Werkmann/Bader, S. 73f., 82-87; außerdem Heyck, Ott und Schwarzmaier (jeweils wie oben).
152 Zum Einsiedler Besitz im Breisgau s. die Bestätigungen Ottos II. vom 14. August 972 sowie Ottos III. vom 27. Oktober 984 und vom 31. Oktober 996 (D.: MGH DD O II., n. 24, S. 33f.; MGH DD O III., n. 4, S. 398f.; ebd., n. 231, S. 645f. Reg.: RI II/2, n. 602, S. 272f.; RI II/3, n. 960, S. 439f.; ebd., n. 1211, S. 640). Dazu auch P. Kläui, Untersuchungen, S. 92-95, 109-15, 117, 119; Zotz, S. 27-29.
153 Quellenwerk II/3, S. 374 (Hessos Schenkung); S. 376 (Bertholds Schenkung). Zur Zeitstellung ebd., S. 375 mit Anm. 15.
154 Kop. 12. Jh. GLA C 3. D.: Schöpflin, HZB V, n. 12, S. 20f. Abb.: Stolz, Nimburg, S. 25. Reg.: RMB I, n. 2, S. 1. In der Urkunde wird

auch Hessos Gemahlin Guta erwähnt. - Zu Bischof Beringer s. Rück, S. 37.
155 D.: Recueil Cluny IV, n. 3448, S. 557; Heyck, Urkunden, n. 1, S. 1. Reg.: RMB I, n. 4, S. 1. Vgl. auch Ex vita S. Udalrici, in: MGH SS 12, S. 260f., c. 27. Die Zeitstellung ergibt sich aus der Bestätigungsurkunde König Heinrichs IV. (D.: MGH DD H IV./1, n. 255, S. 324f.).
156 Ex vita S. Udalrici, in: MGH SS 12, S. 260f., c. 27.
157 Während die ältere Forschung den direkten agnatischen Zusammenhang mit Hesso annahm, weist Ott, Urbar, S. 16, mit Recht darauf hin, daß hier sowohl Hesso als auch seine Brüder in Frage kommen.
158 Zu den Familien, die bei der folgenden Untersuchung der nimburgischen Verwandtschaftsbeziehungen genannt werden, s. die in Anm. 151 genannte Literatur sowie jeweils Krieger.
159 Zu den Üsenbergern s. auch Heinrich Maurer, Freiherren.
160 D.: Baumann, n. 19, S. 40f.
161 D.: Baumann, n. 18, S. 38-40. Theoderich knüpfte die Vergabung an die Bedingung, daß er ohne legitime Söhne sterben sollte. - Zur irrtümlichen Identifizierung mit Dietrich von Nimburg s. oben S. 50f. mit Anm. 57.
162 D.: Baumann, S. 131. Dietrich gab den Mönchen Besitz in Ebringen (Lkr. FR) und in *Horicheswilare* (vielleicht der alte Name von Pfaffenweiler, Lkr. FR; s. ebd., Anm. 9). - Zu Dietrich von Emmendingen bzw. Hachberg und seiner Familie s. auch Hils, S. 123; Rösener, Grundherrschaft, S. 8-10.
163 Zu den Herren von Eichstetten s. auch Feger, S. 370-77; Helmut Maurer, Land, S. 147.
164 Wollasch, S. 35-38. - Als Rudolf von Salzstetten 1136 Besitz in Endingen (Lkr. EM) an Kloster St. Georgen im Schwarzwald schenkte (ebd, S. 70), sind unter den in der Zeugenliste jeweils ohne Zubenennung aufgeführten Namen auch solche, die wir bei Nimburgern und ihren mutmaßlichen Verwandten gefunden haben bzw. finden werden: "Eberhard und Eberhard, Volkhard (...), Meginward".
165 D.: von Weech, RSP, S. 141; Fleig, S. 98, n. 5f. Zur Zeitstellung s. ebd., S. 17f.
166 Zu Erkenbold von Hachberg s. auch Schwarzmaier, Ortenau, S. 14 mit Anm. 49. - Außer bei den Herren von Achern (Lkr. OG) erscheint der Name etwa zu der Zeit auch bei den Forchheimern (Lkr. EM), die nach Ausweis von Zeugenlisten mit den Kenzingern und den Hachbergern in Verbindung standen. Die Familien von Forchheim und von Hachberg haben außerdem den Namen Kuno/Konrad gemeinsam.
167 Anfang März 1050 Liutold und Rupert; am 4. Juli 1087 Liutold, zusammen mit Erlewin von Nimburg (Hils, S. 131 mit Anm. 101).
168 Hils, S. 121f.
169 Zu den Freiherren von Regensberg s. Stucki.
170 Hils, S. 41-43, 120f., 130 mit Anm. 90. - Auch Adlige aus dem in unmittelbarer Nachbarschaft zu Wolfenweiler gelegenen Schallstadt (Lkr. FR) sind zu dieser Personengruppe und zum Verwandtenkreis der Nimburger zu rechnen. In dem Ort waren unter anderem die Nellenburger begütert (Hils, S. 30). Den Namen Rupert haben Honstetter und Schall-

städter gemeinsam. Die schon genannte Allerheiligen-Urkunde vom 7. Juni 1091 führt in der Zeugenliste unmittelbar hinter Ulrich von Emmendingen einen Ulrich von Schallstadt auf. Bei den verschiedenen Stufen der Wolfenweilerer Schenkung von 1139 war ein Eberhard von Schallstadt jeweils anwesend; in den Zeugenreihen finden wir ihn zweimal direkt hinter Adalbert und Eberhard von Eichstetten.
171 S. den Beitrag "Herren und Ministerialen von Köndringen", S. 81.
172 Hils, S. 60, 67.
173 In diesem Zusammenhang sei auch auf die Urkunde über den Gütertausch zwischen Cluny und Basel vom 5. Juni 1087 hingewiesen, bei dem ja Erlewin von Nimburg als Vogt mitwirkte. An der Spitze der hinter Herzog Berthold und Graf Hermann genannten Zeugen sind ein Eppo (= Eberhard) und dessen Sohn Arnold aufgeführt, deren Namen uns aus dem nimburgischen Verwandtenkreis geläufig sind.
174 Stälin II, S. 297 Anm. 1; Werkmann/Bader, S. 83, 84, 86-88; Heinrich Maurer, Grafen, S. 457, 461-65; Gisi, S. 90; Heyck, Geschichte, S. 159 Anm. 531, S. 187, S. 475 mit Anm. 1419, S. 495, 563-78; Flamm, S. 271. In jüngerer Zeit z. B. Pillin, S. 50; Bad.-Württ. VI, S. 188; Schwineköper, S. 100. Wie Ott, Urbar, S. 15, bemerkt, ist in dieser Frage die Forschung nicht wesentlich über Heycks Ergebnisse und Hypothesen hinausgelangt.
175 Vgl. Schwineköper, S. 101-03 mit Anm. 27 (auf S. 142); Zettler, Ministerialen, S. 53.
176 Der älteren Forschung erschien aufgrund ihres damaligen Kenntnisstandes diese Diskrepanz noch größer, als sie in Wirklichkeit war; s. etwa Werkmann/Bader, S. 88: "Das rätselhafte Grafengeschlecht von hohem Stand', doch ohne Land..."
177 Eugen III., 27. Januar 1148 (D.: Dümgé, S. 137, n. 89. Reg.: GP II/1, S. 184f., n. 3); Hadrian IV., 26. September 1157 (D.: Ewald, n. 2, S. 211-13. Reg.: Dümgé, S. 48; GP II/1, S. 185, n. 4); Alexander III., 30. März 1179 (D.: Neugart, EC I/2, S. 587-89, n. 9. Reg.: Dümgé, S. 56; GP II/1, S. 186, n. 7); Lucius III., 3. Mai 1184 (D.: Neugart, EC I/2, S. 597-600, n. 14. Reg.: Dümgé, S. 58f.; GP II/1, S. 187, n. 10). - Dagegen war das Kloster Sölden nicht sehr begütert, wie aus späteren Quellen zu erschließen ist (s. Quarthal, Sölden, S. 602). Den Besitzstand des ausgehenden 12. Jahrhunderts nennt die Bestätigungsurkunde Papst Lucius' III. vom 16. Januar 1185, deren Text uns leider nicht zur Verfügung steht (Reg. 1784 GLA 65/622, fol. 3v [falsch zu 1184]. Reg.: GP II/1, S. 188, n. 2. Die Urkundenüberlieferung ist nicht mehr auffindbar, die angekündigte Edition nicht erschienen; in den beiden Regesten ist der Besitz nicht namentlich aufgeführt).

Ein Nachtrag zu dem Beitrag "Die Grafen von Nimburg" befindet sich auf S. 96.
Das Literaturverzeichnis zu obigem Beitrag beginnt auf S. 88f.

Herren und Ministerialen von Köndringen

Ulrich Parlow

Wie in vielen anderen breisgauischen Orten hat es auch in Köndringen im Mittelalter ein freiherrliches Adelsgeschlecht gegeben, das in der ersten Hälfte des 12. Jahrhunderts nachweisbar ist, während in der zweiten Hälfte des Jahrhunderts Ministerialen, unfreie Dienstleute, dort ansässig gewesen sind[1]. Die Vorgeschichte der Adelsfamilie liegt, wie kaum anders zu erwarten, im Dunkeln. Dafür gibt es mehrere Gründe, die nicht nur die Herren von Köndringen betreffen, sondern allgemeinerer Natur sind. Im Vergleich zur folgenden Zeit ist die Überlieferungslage im 10. und bis weit ins 11. Jahrhundert hinein schlecht; es steht also nur wenig Quellenmaterial zur Verfügung. Dazu kommt, daß im Frühmittelalter die Sitte der "Einnamigkeit" herrschte, die erst in der zweiten Hälfte des 11. Jahrhunderts langsam schwand, als der Adel sich nach seinen Wohnsitzen zu benennen begann[2]; das heißt für den Historiker, daß er vor ca. 1050/1100 in den ohnehin spärlich gesäten Quellen einen Adligen "von Köndringen" nicht finden wird. Das 12. Jahrhundert bietet für den Forscher günstigere Bedingungen. Der Zeitraum vom ersten bis zum letzten faßbaren Auftreten des Köndringer Adelsgeschlechtes umfaßt etwa ein halbes Jahrhundert; ein Dutzend Quellenbelege sind uns von ihnen überliefert, was vergleichsweise gesehen nicht wenig ist. Allein die Hälfte der Belege entstammt dem Schenkungsverzeichnis des zähringischen Hausklosters St. Peter (Lkr. FR), dem sogenannten Rotulus Sanpetrinus, einem für die breisgauische Geschichte des 12. Jahrhunderts überaus wichtigen Dokument[3]. Wir wollen im folgenden versuchen, dem Wirken und der Bedeutung der Herren von Köndringen nachzuspüren. Anschließend werden uns die in Köndringen sitzenden Ministerialen beschäftigen, von denen wir vor allem durch das sogenannte Tennenbacher Güterbuch Kenntnis haben, das landesgeschichtlich bedeutsame Güter- und Zinsverzeichnis des Zisterzienserklosters Tennenbach (Emmendingen)[4]. Was wird über ihren Dienst, ihr Leben und ihre Angehörigen berichtet? Und nicht zuletzt soll der ungeklärten Frage nachgegangen werden, in welchem Verhältnis diese Ministerialen zum Köndringer Adelsgeschlecht gestanden haben, das so kurz vor dem ersten Auftreten der Dienstleute aus den Quellen verschwindet.

Die Herren von Köndringen

Einen ersten möglichen, aber nicht eindeutig gesicherten Hinweis auf die Köndringer Adelsfamilie bietet die Urkunde über den am 5. Juni 1087 in Reindelshausen (abgeg. bei Gem. Umkirch, Lkr. FR) getätigten Gütertausch zwischen dem Cluniazenserpriorat Grüningen (abgeg. bei Oberrimsingen, Stadtteil von Breisach am Rhein, Lkr. FR) und der bischöflichen Kirche von Basel, der die Voraussetzung für die Verlegung des Priorats nach St. Ulrich (Gem. Bollschweil, Lkr. FR) schuf - dieselbe Urkunde, die auch erstmals einen Angehörigen des Nimburger Adelsgeschlechtes nennt, den als Vogt der Cluniazenser mitwirkenden Erlewin[5]. Wie bei solchen Rechtsgeschäften üblich, wohnten der Tauschhandlung eine Reihe von Zeugen bei, die sich in der Urkunde namentlich aufgezählt finden. An der Spitze stehen Herzog Berthold II., der Zähringer, und der Breisgaugraf Hermann II., der Neffe Bertholds und spätere Markgraf von Baden; es folgen 17 weitere Personen, die leider noch ohne Angabe ihres Herkunftsortes erscheinen, obwohl die Zeit der Einnamigkeit bereits ihrem Ende zuging und der Adel sich nach Herrschaftsmittelpunkten zu benennen begann. Sie dürften aber in Anbetracht der Umstände zumindest großenteils aus dem Breisgau stammen; der Rechtsakt betraf ja diese Gegend[6]. In der Mitte der Zeugenreihe befinden sich direkt hintereinander die drei Namen *Cuono, item Cuono, Folchart*. Und hier stellt sich mit guten Gründen die Frage, ob es sich nicht vielleicht um Köndringer handelt. Wir werden im folgenden sehen, daß 'Kuno' der immer wiederkehrende Leitname dieser Freiherrenfamilie gewesen ist. Und von den ein oder zwei weiteren Namen, die bei ihnen noch bezeugt sind, lautet einer 'Volkhard', ein im Gegensatz zu 'Kuno' seltener Name im hochmittelalterlichen Breisgau. Es ist bekannt, daß in einer Adelsfamilie des Mittelalters über Generationen hinweg oft ganz bestimmte Namen immer wieder vergeben wurden. So könnte also, sollte es sich in der Urkunde von 1087 um die Herren von Köndringen handeln, der erste *Cuono* der Vater und der zweite sowie *Folchart* seine Söhne sein, falls nicht der erstgenannte Kuno einer anderen Familie angehört und nur der nachfolgende sowie Volkhard Köndringer sind. Es wäre im übrigen nicht das letzte Mal, daß Angehörige dieses Herrengeschlechts Zeugendienste in einer das Cluniazenserpriorat betreffenden Angelegenheit leisteten.

Das früheste gesicherte Auftreten datiert vom 27. Dezember 1111. Die Adligen (*nobiles viri*) Kuno von Köndringen und sein gleichnamiger Sohn (*Coͦno de Kunringen et filius eius Coͦno*) fungierten als Spitzenzeugen bei einer Schenkung, die Herzog Berthold III. von Zähringen und sein Bruder Konrad - der spätere Herzog - an das von ihrem Vater Herzog Berthold II. gegründete Kloster St. Peter vornahmen. Das Schwarzwaldkloster gehörte ebenso wie das erwähnte Priorat Grüningen bzw. St. Ulrich und die weiter unten zu nennenden Klöster Alpirsbach, St. Georgen im Schwarzwald und St. Blasien zu den Stätten mönchischen Lebens im südwestdeutschen Raum, die ihre Entstehung oder Reformierung der kirchlichen Reformbewegung der zweiten Hälfte des 11. Jahrhunderts zu verdanken hatten, welche tief in die Laienwelt hineinwirkte und aus dieser selbst wieder kräftige Impulse empfing[7]. St. Peter erhielt nun Besitz in Benzhausen (bei Hochdorf, Stadtteil von Freiburg im Breisgau) samt Zubehör sowie die nahe beim Kloster gelegene Schwarzwaldrodung Gottschalksgereute zusammen mit einem ausgedehnten Teil des angrenzenden Waldes; außerdem bestätigten die zähringischen Brüder die Schenkungen ihrer Vorfahren und trafen weitere Verfügungen zugunsten der Mönche. Die vor der Klosterkirche vorgenommene Rechtshandlung wurde in einer urkundlichen Aufzeichnung festgehalten, die uns im Rotulus Sanpetrinus überliefert ist[8]. Ebenfalls auf den 27. Dezember 1111 ist die Schenkung zu setzen, die ein Ministeriale Herzog Bertholds III., Heinrich von *Owon* (wohl Au, Lkr. FR), in Gegenwart der beiden Zähringer an das Kloster St. Peter vornahm; auch hier waren Kuno und sein Sohn, diesmal als Freie bezeichnet, die Spitzenzeugen (*audientibus quoque his liberis hominibus: Coͦnone de Kunringen et filio eius Coͦnone*)[9]. Diese ersten sicheren Quellenzeugnisse sind nun in mehrfacher Hinsicht aufschlußreich über die Köndringer. Ausdrücklich werden Kuno und sein Sohn als Adlige bzw. als Freie bezeichnet und gehören somit nicht zum unfreien Stand der Ministerialen. Sie sind die Spitzenzeugen, werden also an vorderster Position in der Zeugenaufzählung genannt, ein Indiz für ihre herausgehobene Stellung gegenüber anderen freiherrlichen Familien. Aufgrund ihrer Zeugenschaft für die Zähringer und deren Hauskloster darf man sie dem Gefolge der Herzöge zurechnen, in deren Umgebung die Herren von Köndringen auch später immer wieder anzutreffen sind.

Nicht recht einordnen läßt sich die undatierte Nachricht des Rotulus Sanpetrinus über einen Berthold von Köndringen, der für einen Acker bei diesem Dorf 9 Schilling und 4 Pfennig vom Kloster St. Peter erhielt[10]. Der Vorgang mag in die Zeit Herzog Bertholds III. zu setzen sein (12. April 1111 - 3. Dezember 1122). Auch wenn die Standesqualität dieses Köndringers nicht ausdrücklich angegeben wird, handelt es sich doch wohl um einen Freien, denn die Notiz gehört zu einer Gruppe von Aufzeichnungen über Rechtsgeschäfte, an denen *liberi homines* beteiligt waren[11]. Ob er der Familie Kunos des Älteren von 1111 zugewiesen werden darf - etwa als dessen Bruder oder nachgeborener Sohn -, muß letztlich offen bleiben.

Sind uns die Herren von Köndringen bisher nur im kleineren, regionalgeschichtlichen Rahmen begegnet, so finden wir sie jetzt erstmals am Hofe des Herrschers. "In Gegenwart und auf die Bitte unserer getreuen Fürsten" (*Presentibus et petentibus principibus fidelibus nostris*) - unter ihnen Bischof Berthold von Basel, Herzog Konrad von Zähringen, Pfalzgraf Gottfried von Calw und etliche genannte Grafen und Freiherren, in deren Mitte auch Kuno von Köndringen erscheint - gewährte der letzte Salierkaiser Heinrich V. am 23. Januar 1123 in Straßburg dem Kloster Alpirsbach (Lkr. FDS) eine Schutzurkunde[12]. Da sich der Zähringerherzog am Hof und unter den Zeugen befand, wird Kuno sicherlich in dessen Gefolge mit nach Straßburg gezogen sein; dies ist um so wahrscheinlicher, als auch eine Reihe weiterer Freiherrenfamilien, deren Mitglieder häufiger in der Umgebung der Zähringer anzutreffen sind, am 23. Januar 1123 am kaiserlichen Hof präsent waren. Angesichts der Tatsache, daß Kuno uns hier als alleiniger Ver-

treter der Köndringer Familie begegnet, darf man in ihm vielleicht den am 27. Dezember 1111 als Sohn Genannten sehen, dessen gleichnamiger Vater dann in der Zwischenzeit verstorben wäre.
Die nächste Spur führt ebenfalls aus dem heimischen Breisgau hinaus. Wir hören von einem Tauschgeschäft, welches das unter zähringischer Vogtei stehende Kloster St. Georgen im Schwarzwald (Lkr. VS) mit dem Freien Kuno von Köndringen abschloß[13]. "Geschehen zur Zeit des Abtes Werner", heißt es in der Beurkundung, und damit ist ein zeitlicher Rahmen für diesen ansonsten undatierten Vorgang gegeben, denn Werner übte sein Amt 1119-34 aus[14]. Kuno verkaufte dem Kloster sein Gut bei Owingen (Stadtteil von Haigerloch, Lkr. BL) für 12 Mark; die Mark war damals noch keine Münze, sondern eine Gewichtseinheit für Silber bzw. Silbermünzen, die im allgemeinen knapp 250 g entsprach[15]. Kuno erreichte darüber hinaus, daß die Mönche ihm ihr Gut bei Achkarren (Stadtteil von Vogtsburg im Kaiserstuhl, Lkr. FR)[16] zur Nutznießung auf Lebenszeit überließen, wofür ihnen allerdings jährlich 2 Fuder Wein (ca. 30 hl)[17] aus *Chenbech* zu zahlen waren; nach Kunos Tod sollte auch für seine Familie - "seine Frau, seine Kinder und alle, die zu ihm gehören", wie die Quelle ausführt - das Nutzungsrecht erlöschen. Die urkundliche Notiz enthält eine ganze Reihe von Informationen zur Geschichte der Köndringer. Sie verfügten über Eigentum im rund 80 km weit entfernten Owingen im Vorland der Schwäbischen Alb; daß sie diesen entlegenen Besitz abstießen und mehr Interesse an Nutzungsrechten im viel näheren Kaiserstuhlort Achkarren hatten, leuchtet ein. Wie mag Kuno in den Besitz dieses Owinger Gutes gelangt sein, das angesichts der vom Kloster erbrachten Gegenleistung nicht unbedeutend gewesen sein kann[18]? Am ehesten wird es wohl aus der weiblichen Vorfahrenschaft herrühren, hätte also zum Ausstattungsgut der Gemahlin eines früheren Köndringers gehört, die dann aus einer in Owingen begüterten Familie gestammt haben muß. Von Kunos Frau selbst wird der Besitz wohl nicht gekommen sein, da die Urkunde sonst sicherlich ihre Zustimmung zum Verkauf erwähnt hätte. Weiter geht aus der Notiz hervor, daß Kuno Rebbesitz in *Chenbech* hatte. Der Ort ist unbekannt[19], doch der Identifizierungsvorschlag von Hans-Josef Wollasch, daß der bei Köndringen gelegene Ort Heimbach gemeint sein könnte, hat einiges für sich[20]. Die genaue Größe des Rebbesitzes kennen wir nicht; sie muß jedoch mindestens ca. 60 Ar betragen haben, denn soviel sind allein für die Erzeugung der jährlichen Abgabemenge von 2 Fuder Wein erforderlich gewesen. Daß in der Urkunde von Frau und Kindern Kunos die Rede ist, hat an sich nicht allzuviel Aussagekraft. Es handelt sich lediglich um eine juristische Formel, die jeden Eventualfall abzudecken hatte, eben auch den Fall, daß der Köndringer bei seinem Tod Gemahlin und Nachkommen hinterlassen sollte; damit ist nicht unbedingt gesagt, daß er zum Zeitpunkt des Geschäftsabschlusses schon verheiratet war und Kinder hatte.

Wieder in vertraute Umgebung führen uns zwei undatierte Notizen des Rotulus Sanpetrinus. Die eine berichtet die Schenkung des Freien Adalbert von Uffhausen (aufgeg. in St. Georgen, Stadtteil von Freiburg im Breisgau), der ein bei diesem Dorf gelegenes Gut dem Kloster St. Peter übereignete[21]. An der Spitze der Zeugenliste stehen Kuno von Köndringen und sein gleichnamiger Sohn (*Coʸno de Kunringen et filius eius Coʸno*); es folgen Eberhard von Eichstetten (Lkr. FR), Kraft von Opfingen (Stadtteil von Freiburg), Lambert von Adelhausen (aufgeg. in Wiehre, Stadtteil von Freiburg) und sein Sohn Eberhard, Lucilin von Uffhausen sowie Hartbert von Weilheim (an der Teck, Lkr. ES). Die andere Notiz teilt eine Schenkung der beiden Köndringer mit: Vater und Sohn übergaben den Mönchen von St. Peter einen Hof samt Haus in Teningen (*Coʸno de Kunringen et filius eius Coʸno curtim unam cum domo in uilla, quę uocatur Deningen, beato Petro tradiderunt*)[22]. Die zugehörige landwirtschaftliche Nutzfläche war wohl nicht in der Schenkung inbegriffen[23] und wird bei den Köndringern verblieben sein, falls sie sich in ihrem Besitz befunden hatte. Als problematisch erweist sich die zeitliche Einordnung der beiden Vorgänge, die möglicherweise auf denselben Tag zu setzen sind[24]. Edgar Fleig denkt an die Zeit um 1130 bzw. an die 1130er Jahre. Allerdings sind mit einer Ausnahme alle bei der Schenkung Adalberts anwesenden Personen bereits für die Zeit Herzog Bertholds III. (1111-22) im

Rotulus bezeugt²⁵. Außerdem fällt auf, daß hier genau wie am 27. Dezember 1111 ein Kuno zusammen mit seinem gleichnamigen Sohn erscheint. So muß letztlich unentschieden bleiben, ob die Vorgänge in die 1130er Jahre zu setzen sind und uns mit Kuno und seinem Sohn die nächste Generationenfolge begegnet - der Sohn von 1111 nun als Vater - oder ob sie in die Zeit Herzog Bertholds III. gehören und die beiden Köndringer somit identisch mit denen vom 27. Dezember 1111 wären.

Um das Jahr 1140 treffen wir einen Herrn von Köndringen dann zweimal am königlichen Hof, auch diesmal wie knapp 20 Jahre zuvor zusammen mit dem Zähringerherzog. Als der aus staufischem Hause stammende Herrscher Konrad III., der im März 1138 die Königswürde erlangt hatte, Ende Mai des folgenden Jahres in Straßburg weilte und bei der Gelegenheit neben anderen Urkunden eine Bestätigung des eingangs besprochenen Gütertausches von 1087 gab, fand auch Kuno von Köndringen Aufnahme in die Zeugenliste dieses Diploms²⁶. Kuno befand sich am Straßburger Hof in vornehmer Gesellschaft. Die Zeugenreihe nennt mehrere Erzbischöfe und Bischöfe, die Herzöge Friedrich II. von Schwaben und Konrad von Zähringen, Markgraf Hermann von Baden und einige Grafen, an deren Spitze Berthold von Nimburg als Vogt des Klosters St. Ulrich steht, dessen Mönchen die Urkunde ja galt. Die Reihe der freiherrlichen Adligen wird von Kuno (*presente...Co'none etiam de Cunringon*) angeführt, auf den Erlewin, Dietrich und Volkhard von Nimburg sowie weitere, nicht mehr namentlich genannte *viri nobiles* folgen. Man wird nicht fehlgehen, wenn man in den Vertretern aus Köndringen und Nimburg die Gefolgsleute Herzog Konrads sieht.

Zwei Jahre später, 1141, hielt König Konrad III. erneut Hof in Straßburg, und wiederum begleiteten Kuno von Köndringen und Graf Berthold von Nimburg den zähringischen Herzog Konrad dorthin, der nach Ausweis der unten zu nennenden Zeugenliste diesmal zusammen mit seinem Sohn und Nachfolger Berthold reiste; auch der badische Markgraf Hermann fand sich wieder am Hof ein. Um Ostern (30. März) wurde vor dem König und den Reichsfürsten ein Vergleich zwischen der bischöflichen Kirche von Basel und dem Kloster St. Blasien (Lkr. WT) geschlossen und ausgeführt, an dem Herzog Konrad als Vogt des Klosters mitwirkte. Der Vergleich, der eine lange Auseinandersetzung zwischen St. Blasien und Basel beendete, wurde am 10. April vom König beurkundet²⁷. Die außergewöhnlich lange Zeugenliste, an deren Spitze der päpstliche Legat Theodewin steht, entspricht der großen Bedeutung dieser Abmachung. Kuno von Köndringen²⁸ war nicht der einzige freiherrliche Zeuge aus dem unteren Breisgau; Hesso von Üsenberg (abgeg. Burg bei Breisach am Rhein, Lkr. FR), der dem Gefolge des Basler Bischofs zuzurechnen ist, wird ebenfalls in dem Diplom genannt.

Das nächste uns bekannte Auftreten der Köndringer steht im Zusammenhang mit dem Streit zwischen der Kirche zu Achkarren und der Pfarrei Bickensohl (beide Stadtteile von Vogtsburg im Kaiserstuhl, Lkr. FR) um die Unabhängigkeit der ersteren vom Bickensohler Gotteshaus²⁹. Auf einer Zusammenkunft bei *Zartun* (entweder Zarten, Gem. Kirchzarten, Lkr. FR, oder Kirchzarten selbst) in den ersten Monaten des Jahres 1145 entschied Bischof Hermann von Konstanz den Streit zugunsten der Kirche von Achkarren und stellte eine Urkunde darüber aus. Zahlreiche Geistliche nehmen an dem Treffen teil; auf sie folgen in der Zeugenreihe Graf Berthold von Nimburg als Vogt des Klosters St. Ulrich, dem die Kirche von Achkarren gehörte, Bertold von *Steinegga*³⁰ sowie Konrad und Volkhard von Köndringen (*Co'nradvs keneringen. Folchardus kunringen*)³¹. Hinter der Form Konrad verbirgt sich natürlich der köndringische Leitname Kuno; 'Volkhard' dagegen ist, wenn man einmal den unsicheren Beleg von 1087 außer Betracht läßt, singulär in der Familie und auch sonst selten im hochmittelalterlichen Breisgau. Daß der Name etwa zur selben Zeit, 1139, bei den benachbarten Nimburgern bezeugt ist³², wird kaum auf einem Zufall beruhen. Leider sagt die Urkunde nicht, in welchem Verwandtschaftsverhältnis Volkhard zu Konrad stand; war er dessen Sohn, Bruder - an diese beiden Möglichkeiten ist am ehesten zu denken -, Vetter oder Neffe? Des weiteren stellt sich angesichts des Anlasses der Zusammenkunft die Frage, ob die Anwesenheit der Köndringer 1145 möglicherweise im Zusammenhang mit den Nutzungsrechten in Achkarren gestanden hat, die Kuno irgendwann zwischen 1119 und 1134 für sich erworben hatte. Auch dies läßt sich nicht sicher beantworten.

In die späten 1140er Jahre fällt der zweite Kreuzzug (1147-49). Ob Angehörige der Köndringer Herrenfamilie sich an der Unternehmung beteiligten oder aber Herzog Konrad von Zähringen bei dessen Teilnahme am Wendenkreuzzug begleiteten, entzieht sich unserer Kenntnis[33]. Jedenfalls war etwa zu der Zeit *Co'no de Kunringen* zusammen mit anderen herzoglichen Gefolgsleuten als Zeuge beteiligt, als der zähringische Ministeriale Ulrich von Alzenach (abgeg. bei Gündlingen, Stadtteil von Breisach am Rhein, Lkr. FR) in Anwesenheit seines Herrn, Herzog Konrads, dem Kloster St. Peter sein Eigengut bei *Husen* schenkte[34]. Ihre Zustimmung gaben die ebenfalls anwesenden Neffen brüderlicherseits des Schenkers, Konrad und Ulrich, und von letzterem ist bekannt, daß er auf dem zweiten Kreuzzug den Tod fand. Die entsprechende Schenkungsnotiz im Rotulus Sanpetrinus ist undatiert, aber verschiedene Umstände sprechen dafür, daß die Güterübereignung nicht lange vor der Expedition ins Heilige Land geschah und somit etwa ins Jahr 1146 gesetzt werden kann[35].

Wenige Jahre später, gegen Ende der Regierungszeit sowohl König Konrads III. als auch Herzog Konrads von Zähringen, hören wir erneut von einem Köndringer Freiherrn. Am Rande einer Zusammenkunft, die der König in der Nähe von Ulm in Langenau (Lkr. Alb-Donau-Kreis) mit den Reichsfürsten abhielt, wurde am 24. September 1150 ein Gütertausch zwischen den Klöstern St. Blasien und Elchingen (Lkr. Neu-Ulm, Bayern) getätigt, den ihre Vögte - König Konrad als *advocatus* von Elchingen und der Zähringer als Schirmherr des Schwarzwaldklosters - vornahmen. Die darüber ausgefertigte Urkunde hat als Schlußnamen der recht umfangreichen Zeugenliste *Cuno de Cunringen*[36]. Wie schon mehrfach zuvor hat hier ein Köndringer den zähringischen Herzog an den Königshof begleitet. Die Nennung von 1150 ist zugleich das letzte Mal,

daß die Familie in den Quellen Erwähnung findet. Ihr weiteres Schicksal ist ungeklärt.

Fassen wir zusammen: Etwa ein halbes Jahrhundert hindurch lassen sich die Geschicke des Köndringer Herrengeschlechtes mit dem Leitnamen Kuno verfolgen. Fraglos ist die Überlieferung zu lückenhaft und letztlich auch nicht aussagekräftig genug, um ein befriedigendes Porträt dieses Geschlechts zeichnen zu können; die erhaltenen Quellenbelege bestehen ja zum größten Teil lediglich aus Zeugennennungen. So läßt sich nur ein umrißhaftes Bild skizzieren. Kein Zweifel besteht über die Standesqualität der Familie, deren Vertreter in Zeugenreihen regelmäßig unter die Edelfreien gezählt werden. Einige Male sind sie ausdrücklich als Adlige (*nobiles viri*) bzw. Freie (*liberi homines*) bezeichnet oder unter diese eingereiht. Eine Rangabstufung zwischen beiden Termini ist hier nicht gegeben, werden doch Kuno und sein Sohn an ein und demselben Tag (27. Dezember 1111) zuerst als *nobiles viri* und dann als *liberi homines* angeführt, beide Ausdrücke mithin in gleicher Bedeutung verwendet. Von Anfang an findet man die Köndringer in der Umgebung und im Gefolge der Herzöge von Zähringen. Neben den unfreien Dienstmannen, auf die sich die Herrschaftsausübung der Zähringer in zunehmendem Maße stützte, waren es vor allem die zahlreichen zu ihrem Anhang gehörenden freiherrlichen Familien, die die Basis der zähringischen Machtstellung bildeten[37]. Unter ihnen zählten die Herren von Köndringen offenkundig zu den bedeutenderen. Dafür spricht ihre wiederholte Spitzenzeugenstellung und die Tatsache, daß sie den Herzog mehrmals mit an den Königshof begleiteten; allein ein Drittel der Quellenbelege sind ja Königsurkunden, in deren Zeugenreihen Vertreter unserer Familie Aufnahme gefunden haben. Die Beziehungen der Köndringer zu den Mönchen von St. Peter - in Form von Zeugendiensten, Schenkungen und eventuell Geschäften - sind leicht erklärlich, handelt es sich doch um das zähringische Hauskloster. Zugleich wird hierbei ein ganz wichtiger Grundzug der mittelalterlichen Gesellschaft und ihrer Mentalität deutlich: Die Sorge um das ewige Heil nahm einen viel höheren Stellenwert ein als in der heutigen Zeit. Und diese Sorge delegierte der Laie an den geistlichen Stand, vor allem an den Ordensklerus. Konkret sah das häufig so aus, daß der in der "Welt" tätige Laie eine Schenkung an ein Kloster tätigte und diese Stiftung oft mit einer Bedingung verknüpfte: daß die in klösterlicher Abgeschiedenheit lebenden Mönche oder Nonnen für das Seelenheil des Schenkers bzw. seiner Familienangehörigen beteten. Aber auch in den Fällen, wo die Gabe ohne Bedingung geschah, galt sie als frommes, dem Heil des Schenkenden nützliches Werk. Unter diesem Aspekt ist die Güterübertragung an St. Peter zu sehen, die Kuno und sein Sohn vornahmen.

Das führt uns zum nächsten Punkt, dem Besitz des Köndringer Geschlechts. Hauptinformationsquelle für unsere Kenntnisse über den Besitzstand des früh- und hochmittelalterlichen Adels sind die Aufzeichnungen, die die geistlichen Institutionen zum Zweck der Rechtssicherung über die empfangenen Schenkungen und die Kauf- und Tauschgeschäfte angefertigt haben. So auch hier; den Klöstern St. Peter und St. Georgen verdanken wir die einzigen Angaben zum Besitz der Herren von Köndringen. Sehr viel ist es nicht, was da zusammenkommt:

1. Falls Berthold dem Herrengeschlecht zugezählt werden kann: Ein Acker bei Köndringen (Verkauf an St. Peter). Diese Besitzangabe ist wenig ergiebig, da es auch ohne ausdrückliche Quellenbezeugung als selbstverständlich anzunehmen ist, daß die Familie an dem Ort, nach dem sie sich benannte, begütert war (Burg und Herrenhof samt Zubehör). Der an das Kloster gegebene Acker wird nur einen Bruchteil des Besitzes in bzw. bei Köndringen ausgemacht haben.
2. Ein Hof mit Haus im benachbarten Teningen (Schenkung an St. Peter).
3. Rebbesitz von mindestens ca. 60 Ar bei *Chenbech*, vielleicht das nahe Heimbach (zeitweise abgabepflichtig an St. Georgen).
4. Ein größeres Gut bei Owingen (Verkauf an St. Georgen).
5. Zeitweise Nutzungsrechte an einem nicht näher bezeichneten Gut bei Achkarren (Eigentümer St. Georgen).

Abgesehen von den Besitzungen, die sich am Sitz des Geschlechts (Köndringen) bzw. in nächster Nähe davon (Teningen, eventuell Heimbach) befunden haben, ist nur das weit abgelegene, wohl erheiratete Gut jenseits des Schwarzwaldes (Owingen) zu verzeichnen, das dann ja auch abgestoßen wurde, sowie der auf begrenzte Zeit erworbene Nießbrauch im Kaiserstuhl (Achkarren). Das deutet eher auf kleinen "Ortsadel" hin, wie er sich landauf, landab im hochmittelalterlichen Breisgau und anderswo findet[38]; ein Widerspruch zur gehobeneren Stellung der Köndringer als Gefolgsleute der zähringischen Herzöge muß es nicht sein.

Der Versuch, die Familienstruktur des Köndringer Herrengeschlechtes sowohl vertikal (Generationenfolge) als auch horizontal (Ehe; Geschwister) aufzuzeigen, erweist sich als nicht sehr erfolgreich. Zur Frage der Familienverhältnisse ist die Überlieferung wenig aussagekräftig, und das fast ausschließliche Vorkommen des Namens Kuno macht eine Abgrenzung der Generationen zusätzlich problematisch. Ungefähre Anhaltspunkte bieten die Belege, in denen Vater und Sohn gemeinsam auftreten und ausdrücklich als solche bezeichnet werden. Am 27. Dezember 1111 sind Kuno und sein gleichnamiger Sohn zweimal bezeugt; letzterer wird daher grob geschätzt ca. 1090 geboren worden sein. Ein weiteres Mal, auch hier gleich zweimal wohl am selben Tag, erscheinen ein Vater und Sohn Kuno gemeinsam in den Quellen; die zeitliche Einordnung ist jedoch unsicher, so daß offen bleibt, ob es sich um dieselbe Generationenfolge wie 1111 handelt oder, falls die mit in Betracht gezogene Datierung auf ca. 1130 zutrifft, um die nächstfolgende. Damit sind die einschlägigen Quellenbelege bereits aufgezählt. Darüber hinaus sind die Aussagen heranzuziehen, in welchen mehrere Köndringer gemeinsam, aber ohne Bezeichnung des Familienverhältnisses, Erwähnung finden. Hier liegt nur eine sichere Nennung vor, die gemeinschaftliche Zeugenleistung Konrads und Volkhards von Köndringen aus den ersten Monaten des Jahres 1145. In Konrad ist doch wohl der zwischen 1139 und 1150 mehrmals bezeugte Kuno zu sehen oder möglicherweise ein Sohn von diesem; Volkhard wird am ehesten ein Sohn oder ein Bruder Kunos gewesen sein. Nicht ganz auszuschließen ist natürlich die

Möglichkeit weitläufigerer Familienbande (Vetter, Neffe o. ä.). Im Zusammenhang unserer Überlegungen darf die Urkunde von 1087 nicht unberücksichtigt bleiben, deren Zeugenreihe ja mehrere Namen nennt, hinter denen sich eventuell Köndringer verbergen: "Kuno, abermals Kuno, Volkhard". Falls nicht lediglich Geschwisterschaft oder ein loseres Verwandtschaftsverhältnis vorliegt, könnte es sich hier durchaus um eine weitere Generationenfolge (Vater und Sohn/Söhne) handeln, was zeitlich gut zu der des Jahres 1111 als der nächstfolgenden passen würde. Ungewiß bleibt die Einordnung des wohl 1111-22 einmal auftretenden Berthold von Köndringen, der vielleicht ein Bruder oder ein weiterer Sohn Kunos des Älteren von 1111 gewesen ist, falls er überhaupt der Familie angehört hat. Nicht zuletzt ist der zwischen 1119 und 1134 veräußerte Besitz bei Owingen ein möglicher Hinweis auf die Gemahlin eines früheren Köndringers und ihre dort begüterten Eltern, da man vermuten kann, daß diese Besitzposition durch Heirat in das Freiherrengeschlecht gelangt ist. Wir müssen darauf verzichten, aus all diesen Angaben einen Stammbaum zu erstellen; die vielen Unwägbarkeiten lassen ein solches Unterfangen wenig sinnvoll erscheinen.

Von Interesse ist natürlich auch die Suche nach verwandtschaftlichen Beziehungen der Herren von Köndringen zu anderen Familien. Verwandtschaft/Verschwägerung wird in den mittelalterlichen Quellen nur selten ausdrücklich erwähnt und kann deshalb von uns im allgemeinen nur indirekt, anhand bestimmter Indizien, erschlossen oder wahrscheinlich gemacht werden[39]. So haben wir uns ja bereits klargemacht, daß der Köndringerbesitz in Owingen möglicherweise auf Verschwägerung mit einer in dem Ort begüterten Familie schließen läßt[40]. Des weiteren ist schon darauf aufmerksam gemacht worden, daß der seltene Name Volkhard, der 1145 und vielleicht 1087 bei den Köndringer Freiherren erscheint, sich im Jahr 1139 auch bei den Nimburgern findet. Deren Leitname Berthold begegnet uns wiederum bei einem Köndringer, was allerdings wegen der weiten Verbreitung dieses Namens nicht viel besagt. Beide Familien hatten Besitz in Teningen. Mehrfach berichten die Quellen über ein gemeinsames Auftreten von Vertretern beider Familien; es sei an die gemeinschaftliche Zeugenleistung 1139, 1141 und 1145 erinnert sowie an die Zeugenschaft mutmaßlicher Köndringer bei dem Gütertausch des Jahres 1087, bei dem Erlewin von Nimburg mitwirkte. So ist ein Verwandtschaftsverhältnis zwischen den beiden auch räumlich nahen Familien nicht unwahrscheinlich. Eine weitere Spur führt ins benachbarte Teningen, wo die Köndringer ja begütert gewesen sind. In dem Ort saßen in der ersten Hälfte des 12. Jahrhunderts eine ganze Reihe von freien Leuten, deren Namen Eintrag in den Rotulus Sanpetrinus gefunden haben. Unter ihnen war ein *liber homo* Berthold von Teningen, der einen Bruder Arnold hatte[41]; als am 30. September 1113 in festlicher Versammlung das Münster des Klosters St. Peter geweiht wurde und anschließend Herzog Berthold III. von Zähringen und sein Bruder Konrad den Mönchen eine Schenkung machten, waren die *nobiles viri* Berthold und Volkloh von Teningen unter den Zeugen[42]. Daß bei Köndringern wie Teningern der Name Berthold erscheint, ist allein wenig beweiskräftig, aber 'Volkloh' und 'Volkhard', beide gleichermaßen selten, sind im ersten Glied identisch, und dies kann mit ein Hinweis auf einen Verwandtschaftszusammenhang sein[43]. Darüber hinaus wird es natürlich noch zu weiteren Familien der Umgebung köndringische Beziehungen gegeben haben, allein es fehlt die Quellenbasis für entsprechende Überlegungen.

Die Anfänge wie das Ende des Köndringer Herrengeschlechts liegen im Dunkeln. Daß es nicht vor 1111 bzw. 1087 in der schriftlichen Überlieferung erwähnt ist, schließt nicht aus, daß es bereits seit langer Zeit am Ort ansässig gewesen sein kann. Hier stellt sich die Frage, ob möglicherweise gar ein Zusammenhang zwischen dem Familienleitnamen Kuno und dem Ortsnamen besteht. In 'Köndringen' - in den frühesten Belegen als *Kunringen*, *Chunringen* o. ä. bezeugt - steckt ja der männliche Personenname Kunihari[44], dessen Erstglied den gleichen Ursprung wie 'Kuno' hat; letzterer kann zugleich als Kurzform von 'Konrad' und von männlichen Namen verwendet werden, die mit 'Kuni-' gebildet sind. Die meist im 6./7. und zum Teil bis ins 8. Jahrhundert hinein gegründeten 'ingen'-Orte sind nach ihrem Gründer benannt, 'Köndringen' bedeutet ursprünglich 'bei den Leuten des Kunihari'. Nun ist anhand anderer Beispiele in der landesgeschichtlichen Forschung festgestellt worden, daß Personennamen "über Jahrhunderte hinweg an einem Ort lebendig blieben und zudem mit den von ihnen abgeleiteten ('patronymischen') Ortsnamen verknüpft waren und daß folglich an einer Nachbenennung nicht zu zweifeln sei."[45] So ist es durchaus möglich, daß die Herren von Köndringen Nachfahren des Ortsgründers gewesen sind, dessen Namen sie jahrhundertelang bewahrt haben, bis sie nach 1150, als letztmals ein Kuno von Köndringen bezeugt ist, aus den Quellen verschwinden. Die Gründe für dieses Verschwinden sind unbekannt. Denkbar ist, daß die Köndringersöhne am zweiten Kreuzzug oder am gleichzeitigen Wendenkreuzzug teilgenommen und dort den Tod gefunden haben, so daß der vielleicht aus Altersgründen zurückgebliebene Vater bald nach 1150 ohne männliche Nachkommenschaft gestorben und damit das Geschlecht im Mannesstamm erloschen wäre[46]. Die Annahme, die Freiherrenfamilie sei in den Ministerialenstand übergetreten und habe ihre Fortsetzung somit in den Dienstleuten gefunden, die in der zweiten Hälfte des 12. Jahrhunderts in Köndringen saßen, wird im folgenden Kapitel zu untersuchen sein.

Die Köndringer Ministerialenfamilie

Ministerialität im engeren Sinne ist eine Erscheinung der salischen und staufischen Zeit, also im wesentlichen des Hochmittelalters[47]. Ursprünglich Unfreie, die von ihren Herren zu besonderen Aufgaben herangezogen wurden, meist im Verwaltungs- oder Kriegsdienst, stiegen durch ihre herausgehobene Tätigkeit sozial auf. Ihr "Dienst" (lat. *ministerium*) gab ihnen den Namen Ministerialen. Auch Edelfreie traten in den Ministerialenstand ein, der gewisse Vorteile - z. B. Dienstlehen - bieten konnte. Seit dem 13. Jahrhundert ging die Ministerialität im niederen Adel auf.

Als Hauptquelle für die Geschichte des Köndringer Dienstmannengeschlechts liegt das Tennenbacher Güterbuch vor, und so ist es kein Zufall, daß die überlieferten Aktivitäten dieser Personengruppe durchweg einen Bezug zum Kloster Tennenbach haben. Das beginnt bereits mit der Gründung der Zisterzienserniederlassung um 1160. Die aus der schweizerischen Abtei Frienisberg (Gem. Seedorf, Bz. Aarberg, Kt. BE) kommenden Mönche erwarben als Erstausstattung das Grundstück für die Errichtung des neuen Klosters sowie einige nahe gelegene Güter. Dazu zählte auch Muttersstegen (heute Stabhalterhof, westlich bei Mußbach, Gem. Freiamt, Lkr. EM), das man dem Edelfreien Kuno von *Horwen* (Horb am Neckar, Lkr. FDS, oder Horben, Lkr. FR) abkaufte[48]. Diese Erwerbung zog nun Probleme nach sich. Ein gewisser Otto von Köndringen besaß aus der Hand Kunos ein Lehen Muttersstegen und war nicht bereit, diesen Besitz herauszugeben. Nachdem Ottos Söhne dem Kloster hart zugesetzt hatten, schaltete sich als Vermittler Graf Berthold von Nimburg ein, dessen Ministerialen sie waren; gegen eine Entschädigung von 11 1/2 Pfund Pfennige verzichteten sie auf das Lehen[49]. 'Pfund' war zu der Zeit keine Gewichtseinheit mehr, sondern ein Zählbegriff mit der Bedeutung '240 Stück (Pfennige)'[50]. Leider werden die Namen der Söhne nicht genannt; der Quellentext läßt zudem nicht eindeutig erkennen, ob Otto selbst bereits ein Dienstmann des Grafen war. Nimburgerministerialen in Köndringen werden uns jedenfalls auch in der Folgezeit begegnen.

Bald zwei Jahrzehnte nach der Gründung des Klosters erhielten die Tennenbacher Zisterzienser eine ansehnliche Schenkung von Gütern in Roggenbach (Gem. Unterkirnach, Lkr. VS), Villingen, Aasen (Stadtteil v. Donaueschingen, Lkr. VS) und Dauchingen (Lkr. VS); die Geber waren der zähringische Ministeriale Werner von Roggenbach und seine Söhne. Auf deren Burg Riegel (Lkr. EM) wurde am 4. März 1179 durch Herzog Berthold IV. und dessen gleichnamigen Sohn die Schenkung vollzogen und beurkundet; wie üblich wohnten der Rechtshandlung eine Anzahl Zeugen bei, unter ihnen auch Nibelung und Otto von Köndringen (*Nibelungus de Chunringin et Otto*)[51]. Die Standesqualität der Zeugen ist nicht ausdrücklich genannt. Etliche von ihnen kommen indessen aus Familien, die anderweitig eindeutig als zur zähringischen Ministerialität gehörend erwähnt sind. So ist es naheliegend, in den beiden Köndringern ebenfalls Dienstleute zu sehen; jedoch nicht unbedingt zähringische, sondern in Anbetracht der übrigen Quellenbelege eher nimburgische. Daß Nibelung und Otto die Zusammenkunft im benachbarten Riegel besuchten, ist nicht ungewöhnlich. Die Nimburger Grafen standen den Herzögen nahe; die Beziehung der köndringischen Familie zu Kloster Tennenbach, über die wir noch mehr hören werden, mag ebenso eine Rolle gespielt haben[1].

Ein Jahrzehnt später rüstete man im Abendland zum dritten Kreuzzug (1189-92). Am 11. Mai 1189 brach das deutsche Heer unter Führung Kaiser Friedrich Barbarossas auf. Die Brüder Nibelung und Wolfram von Köndringen waren unter den Teilnehmern; sie begleiteten als Ministerialen ihren Herrn Graf Berthold von Nimburg. Das verlustreiche Unternehmen, dessen Erfolg im Verhältnis zum Aufwand doch recht bescheiden war, kostete auch die beiden Köndringer das Leben. Nibelung und Wolfram schenkten kurz vor ihrem Sterben dem Kloster Tennenbach jeweils ein Lehen in Bertoldsfeld (abgeg. in Emmendingen, an der Elz in Richtung Teningen) mit Zustimmung des Nimburger Grafen. Auf die Weise wollten sie für ihr Seelenheil Sorge tragen. Sie ordneten außerdem an, daß die Schenkung nach der Rückkehr des Grafen von ihren Erben bestätigt werden sollte. So geschah es auch. Als Graf Berthold Anfang der 1190er Jahre wieder in der Heimat war, bestätigte er zusammen mit den Erben - dem Vater Nibelung und dessen Sohn Heinrich, Dekan in Nimburg - den Tennenbacher Mönchen die geschenkten Lehen[53].

Damit endet kurz vor dem Aussterben der Grafen von Nimburg die überlieferte Geschichte ihrer Ministerialen von Köndringen. Nicht alle Angehörigen der Familie standen in einem Dienstverhältnis zu den Nimburgern. Weder vom überlebenden Vater noch vom Bruder der Verstorbenen ist solches bekannt. An anderer Stelle des Tennenbacher Güterbuchs wird der Vater Nibelung sogar ausdrücklich als Adliger und Freier bezeichnet; die entsprechende Notiz berichtet, daß er dem Kloster ein Lehen in Eichberg (abgeg. am Eichberg nördlich bei Emmendingen) schenkte[54]. Ebenda schenkte später Heinrich ein Lehen an die Mönche[55], nachdem er vorher für lange Zeit den von seinen Brüdern geschenkten Besitz in Bertoldsfeld unrechtmäßig an sich gezogen hatte[56]. Dieser Dekan Heinrich ist bis weit in das 13. Jahrhundert hinein in verschiedenen Quellen bezeugt[57].

Unklar ist, ob andere nach Köndringen benannte Personen aus dem 13. Jahrhundert Nachkommen der Ministerialenfamilie waren, zu der hier auch die Familienmitglieder freien Standes gezählt werden sollen. Dem Tennenbacher Güterbuch ist zu entnehmen, daß am 7. April 1223 oder 1224 *Otto de Kuͦnringen* und seine Ehefrau Adelheid, eine Unfreie des adligen Herrn Rudolf von Üsenberg, mit dessen Zustimmung den Mönchen Besitz in Bombach (Stadtteil von Kenzingen, Lkr. EM) und in Niedermaleck (aufgeg. in Maleck, Stadtteil von Emmendingen) schenkten[58]. Der Name Otto, der ja auch in der Ministerialenfamilie erscheint, könnte auf einen verwandtschaftlichen Bezug hindeuten. Ebenfalls um eine Schenkung an die Tennenbacher Zisterzienser geht es in einer Urkunde vom 1. April 1264, laut welcher *her Berhtolt von chunringen* und seine Ehefrau dem Kloster ihr gesamtes Gut im Bann von Malterdingen (Lkr. EM) übereigneten und es gegen einen jährlichen Zins von 4 Pfennig, zahlbar an St. Otmar (16. November), zur Nutznießung auf Lebenszeit zurückerhielten. Das Kloster verpflichtete sich seinerseits, nach ihrem Tod 10 Mark Silber dahin zu geben, wohin sie es haben wollten[59]. Hier gibt es keinen Anhaltspunkt für einen Familienzusammenhang.

Zieht man Bilanz, ergibt sich folgendes Bild: Um 1160 traten ein Otto von Köndringen und seine namentlich nicht genannten Söhne auf; letztere waren Ministerialen des Grafen von Nimburg. Unsicher ist, ob auch ihr Vater, der ein Lehen aus der Hand des Edelfreien Kuno von *Horwen* besaß, zur nimburgischen Dienstmannschaft gehörte. Ungenannt bleiben Stand und Funktion der 1179 als Zeugen in einer Zähringerurkunde für Kloster Tennenbach aufgeführten Nibelung und Otto von Köndringen. Die Brüder Nibelung und Wolfram von Köndringen begleiteten als Dienstmannen ihren Herrn Graf Berthold von Nimburg auf dem 1189 beginnenden dritten Kreuzzug, wo beide den Tod fanden. Ihr Vater Nibelung war edelfrei. Ein weiterer Sohn, Heinrich, war Geistlicher; seine Nimburger Pfarrstelle ist ein zusätzlicher Bezugspunkt der Familie zu den Grafen, die in Nimburg das Kirchenpatronat innehatten[60]. Der Familienzusammenhang dieser ab ca. 1160 bezeugten Köndringer Personengruppe wird durch die zweimal erwähnte nimburgische Ministerialität sowie durch die Übereinstimmungen im Namengut eindeutig belegt. Die Filiationsverhältnisse lassen sich jedoch nicht feststellen. Ob der erstgenannte Otto der Vater der 1179 bezeugten Nibelung und Otto gewesen ist oder aber gleichzusetzen mit letzterem, kann ebensowenig geklärt werden wie die Frage, ob dieser Nibelung mit dem gleichnamigen Kreuzzugsteilnehmer oder mit dessen Vater identisch ist. Besitz und Rechte der Familie können in Muttersstegen, Bertoldsfeld, Eichberg und - berücksichtigt man Heinrichs Pfarrpfründe - in Nimburg nachgewiesen werden. Die nicht immer ungetrübte Beziehung zu Kloster Tennenbach erklärt sich einmal aus der räumlichen Nähe, zum andern aber sicherlich auch aus der Attraktivität des jungen, aufstrebenden Zisterzienserordens. Die älteren Benediktinerklöster hatten viel von ihrer Anziehungskraft verloren; zu ihnen gehörte St. Peter, mit dem die Herren von Köndringen in engerem Kontakt gestanden hatten.

Zu klären bleibt noch die Frage, ob eine Verbindung zwischen diesen letztmals 1150 bezeugten adligen Herren von Köndringen und der wenig später auftretenden Familie der Ministerialen besteht. Irreführenderweise werden in der landesgeschichtlichen Literatur beide oftmals nicht unterschieden, sondern als einheitliches Geschlecht behandelt[61]. Die unterschiedliche Standesqualität - hier Edelfreie, da unfreie Dienstmannen - muß indessen nicht unbedingt gegen eine familiäre Kontinuität sprechen, denn Beispiele für den Übertritt freier Herren in die Ministerialität liegen vor[62]. Grundsätzlich wäre es also denkbar, daß die Köndringer Ministerialenfamilie das Adelsgeschlecht fortgesetzt hat, zumal es in ihr auch edelfreie Mitglieder gegeben hat. Tatsächlich erscheint es aber schwer vorstellbar, daß die Köndringer Freiherrenfamilie, die zu den bedeutenderen im Breisgau zählte und in der Gefolgschaft der zähringischen Herzöge stand, sich plötzlich in eine unfreie Dienststellung bei den Grafen von Nimburg begeben haben sollte[63]. Dazu kommt ein Weiteres, was sicherlich das gewichtigste Argument gegen einen Familienzusammenhang ist, nämlich das unterschiedliche, keinerlei Berührungspunkte aufweisende Namengut[64]: Kuno/Konrad, Volkhard und eventuell Berthold beim Adelsgeschlecht, bei den Ministerialen und ihren Angehörigen dagegen Otto, Nibelung[65], Wolfram und Heinrich. In Anbetracht der sonst üblichen Kontinuität in der mittelalterlichen Namengebung deutet dies auf zwei voneinander zu scheidende Familien hin. Auch die über Köndringen hinausgehende Besitzbasis ist, soweit uns bekannt, völlig verschieden gewesen. So ist wohl am ehesten anzunehmen, daß es unabhängig von den Herren von Köndringen eine zur Schicht der kleineren Freien gehörende Familie am Ort gegeben hat, aus der sich einige Glieder in die Ministerialität des Nimburger Grafen begeben haben.

Damit wollen wir die geschichtliche Betrachtung der "mittelalterlichen Köndringer" abschließen. Zwar sind aus dem Spätmittelalter die Namen vieler Personen überliefert, die im Ort ansässig waren bzw. dort Besitz hatten; gerade das Güterbuch der Tennenbacher Mönche erweist sich da einmal mehr als ergiebige Quelle[66]. Mit den Herren und den Ministerialen von Köndringen hat das jedoch nichts mehr zu tun.

Besitz und Rechte der Köndringer im Breisgau

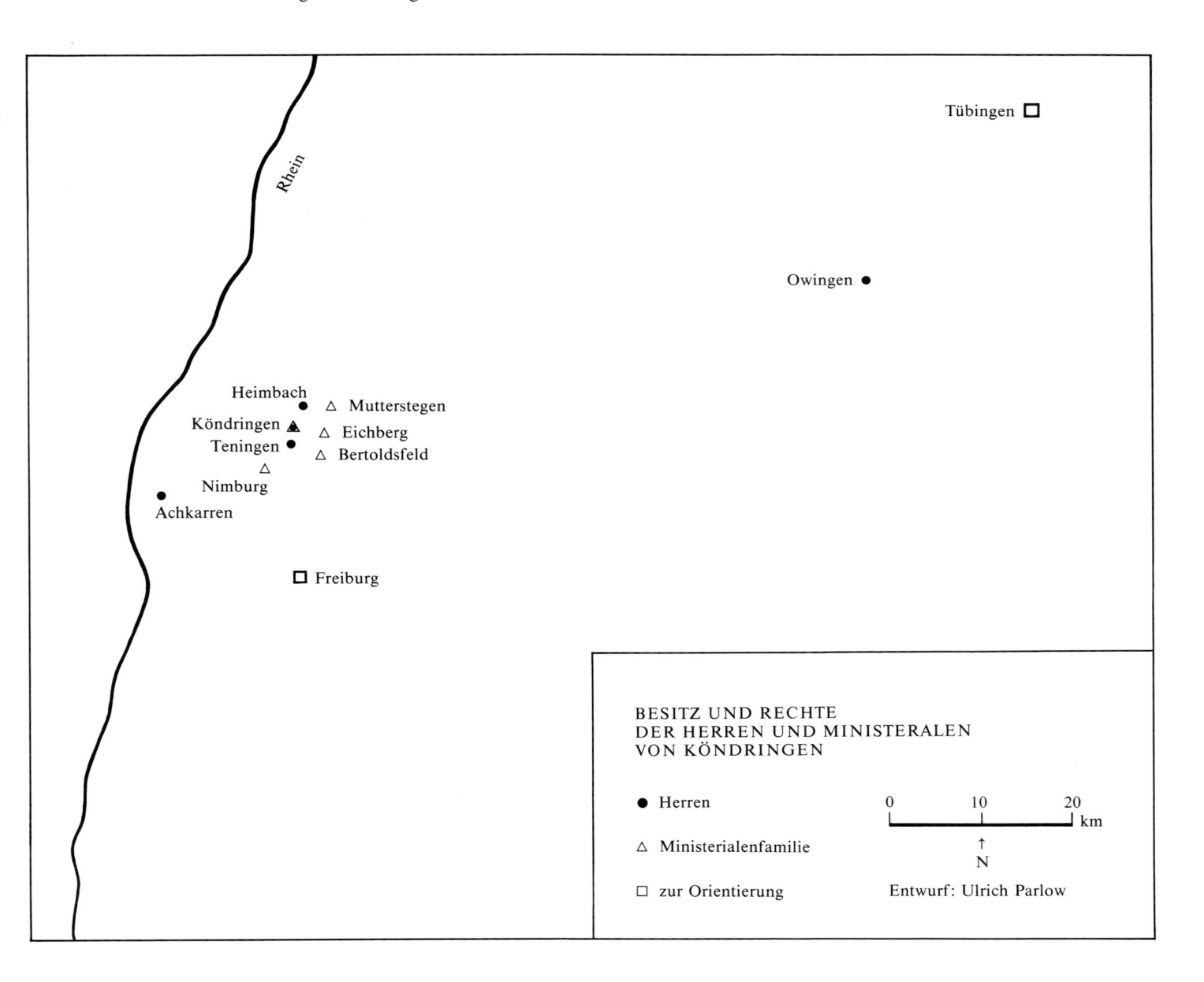

Tübingen □

Rhein

Owingen ●

Heimbach ●   △ Mutterstegen
Köndringen ▲   △ Eichberg
Teningen ●   △ Bertoldsfeld
△
Nimburg
● Achkarren

□ Freiburg

BESITZ UND RECHTE
DER HERREN UND MINISTERALEN
VON KÖNDRINGEN

● Herren

△ Ministerialenfamilie

□ zur Orientierung

0   10   20
|————|————| km

↑
N

Entwurf: Ulrich Parlow

Anmerkungen

1 Krieger I, Sp. 1210; Kindler von Knobloch II, S. 334; Köndringen, S. 9. Die Zusammenstellung der Quellenbelege in den vorgenannten Werken ist jeweils unvollständig. Rappoltstein. UB I, n. 20, S. 20 Anm. 16, und S. 642, sowie Kindler von Knobloch II, S. 325, ordnen die Köndringer irrtümlich dem 20 km südlich von Mülhausen gelegenen Knöringen (Dép. Haut-Rhin) zu. - Zur ehemaligen Burg Köndringen s. den Beitrag von Alfons Zettler in diesem Band. Zum landes- und reichsgeschichtlichen Rahmen s. den Beitrag "Die Grafen von Nimburg", Anm. 1.
2 Zur Struktur des Adels im Mittelalter s. grundsätzlich Schmid, Problematik; ders., Struktur; ders., Geblüt. Zur Namengebung s. auch Goetz.
3 Zu dieser im 12. und frühen 13. Jahrhundert entstandenen Quelle sowie zum Kloster selbst s. den Beitrag "Die Grafen von Nimburg", S. 46f. mit Anm. 26. Der Rotulus befindet sich ebenso wie das in der folgenden Anm. genannte Geschichtszeugnis heute im Generallandesarchiv Karlsruhe.
4 Entstanden 1317-41, mit späteren Nachträgen; zu dieser Quelle s. grundsätzlich die Einleitung in TG, S. XIII-XLVIII.
5 Dazu ausführlicher der Beitrag "Die Grafen von Nimburg", S. 45 mit Anm. 10-12.
6 Ott, Probleme, S. 27, sieht in ihnen Angehörige des breisgauischen Niederadels; für einige der Zeugen könnte die Einstufung als Niederadlige allerdings eine Unterbewertung sein.
7 S. dazu grundsätzlich Schmid, Adel.
8 D.: von Weech, RSP, S. 139f.; Fleig, S. 99f., n. 8. S. auch Heyck, Geschichte, S. 230-32. Zwei weitere, zum Teil identische Überlieferungsstücke im Rotulus (D.: von Weech, S. 141f., 154-56; Fleig, S. 101f., n. 8a, und S. 102f., n. 8b; Borgolte, n. 1, S. 169-74 [Abb. und Übers.: S. 175-78]) haben dieselbe Datierung und Zeugenreihe - allerdings erweitert um fünf genannte zähringische Ministerialen - wie die Aufzeichnung der behandelten Schenkung, sprechen aber jeweils nur allgemein von einer durch Berthold und Konrad getätigten Schenkung von "Orten, Gütern und Besitzungen" im Schwarzwald an das Kloster und geben eine Grenzbeschreibung des übereigneten Gebietes. Hier handelt es sich nicht um weitere, eigenständige Rechtshandlungen, bei welchen Kuno von Köndringen und sein Sohn erneut als Spitzenzeugen zugegen gewesen wären, sondern um eine in zwei Fassungen überlieferte nachträgliche Aufzeichnung, die den aus mehreren Schenkungen resultierenden Besitz zusammenfaßt, ihn vereinfachend auf Berthold und Konrad zurückführt und etwas willkürlich Datierung und Zeugenreihe aus der o.a. urkundlichen Notiz übernimmt, die in der Tat die Hauptschenkung enthält (s. Heyck, S. 230-32; Fleig, S. 19-22; Grüner, S. 40-44).
9 D.: von Weech, RSP, S. 167; Fleig, S. 100, n. 9. Zur zeitlichen Bestimmung s. Fleig, S. 18f. - Zur Identifizierung von *Owon* s. Mertens, Hartmann; ders., in: Die Zähringer II, n. 54, S. 75.
10 *Berhtoldo de Kvnringen dati sunt VIIII solidi et IIII^{or} denarii pro agro sito apud ipsam villam Kunringen.* D.: von Weech, RSP, S. 146; Fleig, S. 109, n. 60. Zur zeitlichen Bestimmung s. Fleig, S. 24-28, 30f. - Die Höhe der Zahlung entspricht der bescheidenen Größe eines Ackers (zur Währung s. Wielandt, S. 660-62).
11 Vgl. Fleig, S. 26-28.
12 D.: Neugart, CD II, n. 843, S. 53-55; WUB I, n. 279, S. 354f.; Mon. Zoll. UB I, n. 10, S. 6f. (alle gemäß Nachzeichnung 1). Reg.: St. 3186. S. auch Heyck, Geschichte. S. 258f.; Meyer von Knonau VII, S. 242f. mit Anm. 18. Zur Überlieferung s. Hirsch, S. 532-43. Von der Urkunde sind drei Fassungen - ein Original und zwei Nachzeichnungen - mit zum Teil voneinander abweichenden, aber jeweils glaubwürdigen Zeugenreihen bekannt; Kuno ist nicht in der knappen Zeugenliste des Originals (deren Einleitungsformel leicht abweichend *fidelibusque* statt *fidelibus* hat; s. Hirsch, S. 536), jedoch in den teilweise unterschiedlich erweiterten Listen der Nachzeichnungen aufgeführt (als *Cho᷎no de Chunringin* in der ersten und als *Co᷎no de Chunringin* in der zweiten Nachzeichnung).
13 *Notum sit fratribus et sororibus, futuris et presentibus, ceterisque fidelibus, qualiter Cu᷎noni libero homini de Cunringen, qui predium suum apud Owingen fratribus nostris de sancto Georgio pro 12 marcis vendidit et insuper vsum fructuarium predii nostri, quod habemus apud Ahderaren, ad tempus sibi concedi postulauit, rogatu et amore fratrum nostrorum, quamdiu viuit, hac condictione concessimus, quatinus ipsi singulis annis duas carradas vini apud Chenbech pro vsu predii nostri interim nobis persoluant, verum ipso defuncto vxor et liberi eius et omnes ad eum pertinentes in predio supradicto et vsu eius potestatem vlterius nullam habebunt, sed nos fundum et vsum eius, quia proprium nostrum est, sine omni contradictione deinceps possidebimus. Facta sunt hec tempore domini Wernheri abbatis, scripta autem primo anno domini Ioannis abbatis, ipso cum fratribus ad hec sub charta testamentaria confirmanda in capitulo conuenientibus (...).* D.: FUB V, n. 91, S. 56-58. Nachträglich - im ersten Jahr des 1138 ins Amt gelangten Abtes Johannes (zu diesem s. Hofmeister, S. 43) - vorgenommene Beurkundung mehrerer Erwerbungen des Klosters; das Geschäft mit Kuno am Schluß der Aufzeichnung. S. auch Wollasch, S. 43f., 47, 53, 68.
14 Zur Amtszeit Abt Werners s. Hofmeister, S. 42f.; eine Überlieferung setzt seinen Tod auf den 14. Dezember 1134. FUB V, S. 58 Anm. 2, gibt irrtümlich 1118-34 an.
15 Wielandt, S. 664.
16 Zum Achkarrer Besitz des Klosters St. Georgen s. auch WUB VI, S. 455f., n. 11.
17 Wielandt, S. 678.
18 Zur Einschätzung von Wert und Größenordnung des Gutes vgl. Schäfer, Besitzgeschichte, S. 15 Anm. 70.
19 So FUB V, S. 494; weder bei Krieger noch in Bad.-Württ. verzeichnet.
20 Wollasch, S. 47 Anm. 158: "Da von einer Weinabgabe in Ch. die Rede ist, könnte Heimbach bei Köndringen gemeint sein."
21 D.: von Weech, RSP, S. 162; Fleig, S. 116, n. 123. Reg.: Freiburger UB I, n. 18, S. 6.
22 D.: von Weech, RSP, S. 162; Fleig, S. 116, n. 128.
23 Vgl. Fleig, S. 72-74.

24 S. dazu Fleig, S. 34-36, dem Freiburger Ub I, n. 18, S. 6 ("um 1130"), folgt.
25 Nur Eberhard von Adelhausen nicht; er wird zusammen mit seinem Vater Lambert in einer weiteren undatierten Notiz des Rotulus genannt (D.: von Weech, RSP, S. 161; Fleig, S. 112, n. 100), die von Fleig, S. 29-31, jedoch ebenfalls der Zeit Herzog Bertholds III. zugewiesen wird.
26 S. dazu den Beitrag "Die Grafen von Nimburg", S. 49 mit Anm. 51. - Unzutreffend die Angabe von Schwineköper, S. 109, daß derselbe Kuno später "als Ministeriale der Nimburger im Zusammenhang mit der Gründung von Tennenbach" zu finden sei.
27 S. dazu den Beitrag "Die Grafen von Nimburg", S. 51f. mit Anm. 67.
28 Co⁽no de Chunringen liest die im Original erhaltene St. Blasianer Ausfertigung, während die nur in zwei Abschriften des frühen 14. Jahrhunderts überlieferte Basler Urkundenfassung für den Ortsnamen die Form *Chu⁽nringen* bzw. *Cunringen* hat (D.: MGH DD K III., n. 57a/b, S. 96-101).
29 Dazu ausführlicher der Beitrag "Die Grafen von Nimburg", S. 51 mit Anm. 70f.
30 Entweder Steineck, abgeg. Burg bei Raitbach, Stadtteil von Schopfheim, Lkr. LÖ, oder Steinegg, abgeg. Burg bei Wittlekofen, Stadtteil von Bonndorf im Schwarzwald, Lkr. WT.
31 Lesung nach Or. GLA C 28; die Wiedergabe im Druck von Dümgé, S. 136, n. 88, ist fehlerhaft. Bei den drei letzten Zeugen sind die Ortsnennungen von gleicher Hand jeweils über die Zeile geschrieben; das *de* vor *Steinegga* gilt natürlich auch für die beiden folgenden Ortsbezeichnungen.
32 S. oben S. 78 sowie den Beitrag "Die Grafen von Nimburg", S. 49-50.
33 Vgl. den Beitrag "Die Grafen von Nimburg", S. 52.
34 D.: von Weech, RSP, S. 149f.; Fleig, S. 117, n. 140. Siehe auch Heyck, Geschichte, S. 279f., 540; Stegmaier, S. 26. Bei *Husen* handelt es sich nach Heyck, S. 513, 540, und Stegmaier um das nahe Gündlingen gelegene Hausen an der Möhlin (Gem. Bad Krozingen, Lkr. FR), während bei Weech, S. 177, und Krieger I, Sp. 872, es als Nieder- bzw. Oberhausen (bilden die Gem. Rheinhausen, Lkr. EM) deuten, die jedoch ca. 25 km weit von Gündlingen entfernt liegen. - Die Zeugenliste nennt: Konrad von Schwarzenberg (abgeg. Burg bei Waldkirch, Lkr. EM), Berthold von Tannegg (abgeg. Burg bei Boll, Stadtteil von Bonndorf im Schwarzwald, Lkr. WT), Kuno von Köndringen, Dietrich von Rötteln (abgeg. Burg bei Haagen, Stadtteil von Lörrach, Lkr. LÖ), Liutold von *Tegeruelt* (Degerfelden, Stadtteil von Rheinfelden [Baden], Lkr. LÖ, oder Tegerfelden, Bz. Zurzach, Kt. AG), Konrad von Krenkingen (Stadtteil von Waldshut-Tiengen), Trudwin von Waldeck (Altwaldeck, abgeg. Burg bei Gem. Raich, Lkr. LÖ, bzw. Neuwaldeck, abgeg. Burg bei Gem. Tegernau, Lkr. LÖ), Adalbert von Schwerzen (Gem. Wutöschingen, Lkr. WT), Eberhard von Eichstetten (Lkr. FR), Rudolf von Buchheim (Gem. March, Lkr. FR); außerdem 13 namentlich aufgeführte zähringische Ministerialen.
35 Zur Zeitstellung s. Fleig, S. 37f. Auch Heyck, Geschichte, S. 279, legt die Schenkung in die späteren Jahre Herzog Konrads, der 1122-52 regiert. Stegmaier, S. 26, falsch zu ca. 1120. Terminus ante quem ist der Aufbruch der deutschen Kreuzfahrer im Mai 1147 von Regensburg.

36 D.: Gerbert III, n. 51, S. 76-78. Reg.: St. 3574; Schmid, Graf Rudolf, S. 261f., n. 29. S. auch Bernhardi II, S. 850f. (dieser macht aus dem Köndringer irrtümlich einen Kuno von Kuenring; die Kuenringer waren ein bedeutendes österreichisches Ministerialengeschlecht); Heyck, Geschichte, S. 320f.; Ott, Klostergrundherrschaft, S. 13f. (dort auch zur Überlieferung).
37 Zur edelfreien Gefolgschaft der zähringischen Herzöge s. Helmut Maurer, Herzog, S. 223f.; Zettler, Ministerialen, S. 53. Zu ihrer Dienstmannschaft s. ebd., S. 53f., sowie Dennig/Person/Zettler.
38 Zu dieser Gruppe der kleineren edelfreien Herren, die mit dem Terminus Ortsadel nur unzulänglich beschrieben sind, s. Rösener, Ministerialität, S. 69-71.
39 S. dazu den Beitrag "Die Grafen von Nimburg", S. 59.
40 Nach Owingen benannte Personen sind gegen Ende des 11. Jahrhunderts im Zusammenhang mit Schenkungen an Kloster St. Georgen bezeugt: 2. Oktober und 25. November 1094 Swigger von Owingen (Not. fund. monast. S. Georgii, in: MGH SS 15/2, c. 86, S. 1019; s. auch Wollasch, S. 42, 51, 61, 71); 10. Januar 1095 *miles* Arnold von Owingen (Not. fund., c. 95, S. 1020; s. auch Wollasch, S. 73). In Owingen begütert gewesen ist auch die Familie derer von Staufenberg (Burg bei Gem. Durbach, Lkr. OG), denn umfangreichen Besitz dort schenkte am 29. Mai 1132 der *militaris homo, libertate nobilis*, Heinrich von Staufenberg dem Kloster St. Georgen (Not. fund., c. 112, S. 1021; s. auch Wollasch, S. 36-38, 43, 53, 64).
41 Der Freie Berthold von Teningen war Zeuge bei einer Schenkung an St. Peter (D.: von Weech, RSP, S. 162; Fleig, S. 116, n. 127); der Freie Arnold von Teningen schenkte einen Weinberg bei Endingen an St. Peter, sein Bruder Berthold einen Acker bei Teningen (D.: von Weech, S. 163; Fleig, S. 116, n. 136, und S. 117, n. 137). Datierungsvorschlag von Fleig, S. 34-36: wohl 1130er Jahre.
42 Sie werden in der urkundlichen Aufzeichnung gegen Ende der langen Zeugenreihe genannt. D.: von Weech, RSP, S. 156f.; Fleig, S. 103f., n. 14. S. auch Heyck, Geschichte, S. 232.
43 Auch daß der Rotulus Sanpetrinus direkt vor der Nennung Bertholds von Köndringen je eine Notiz über einen Reginhard von Teningen und einen Meginward von Teningen aufführt, ist vielleicht kein Zufall. D.: von Weech, RSP, S. 146; Fleig, S. 109, S. 58-60. Zur Datierung s. Fleig, S. 24-27: wohl zur Zeit Herzog Bertholds III. von Zähringen (1111-22).
44 Krieger I, Sp. 1210; s. auch Heyck, Geschichte, S. 548.
45 Goetz, S. 4.
46 Viele Familien aus der Gruppe der kleineren edelfreien Herren sterben im 12. und 13. Jahrhundert aus; Rösener, Ministerialität, S. 71.
47 Zur Ministerialität s. grundsätzlich Bosl, Reichsministerialität; ders., Unfreiheit, S. 16-25; Fleckenstein, Entstehung; zum südwestdeutschen Raum s. Rösener, Ministerialität.
48 Zu dessen Familie, die sich des öfteren im Umkreis der zähringischen Herzöge findet, s. Harter, Schenkung, S. 239f.; Schwineköper, S. 121 mit Anm. 119-23 (auf S. 150).
49 TG, S. 375f.: *Item licet Mu⁽tersteḡen, sicut instrumentum super hoc fundi*

Tennibachensis monasterii nostri empcionem narrat, emptum fuerit cum aliis pertinenciis eiusdem fundi a Cuᵒnone de Horwen. Tamen inquirentibus scripturas antecessorum nostrorum liquet, quod Otto de Kuᵒnringen habuit de manu eiusdem Cuᵒnonis de Horwen feodum unum Muᵉterstegen, quod noluit dimittere, sed post multas vexaciones, quas filii eius predecessoribus nostris intulerunt, mediante domino Bertoldo comite de Nùburg, cuius ministeriales erant, 11 1/2 libras denariorum acceperunt et iuri suo, si quod habebant, renunciaverunt et idem feodum abiuraverunt. S. auch den Beitrag "Die Grafen von Nimburg", S. 52f.
50 Wielandt, S. 660-62.
51 D.: FUB V, n. 108, S. 68f.; Heyck, Urkunden, n. 12, S. 15f. Abb.: Die Zähringer II, Abb. 40, S. 58. Reg.: Inventar Villingen I, n. 2, S. 1. S. auch Heyck, Geschichte, S. 403f., 548; Wollasch, S. 45, 51, 61, 76; Zettler, in: Die Zähringer II, n. 35, S. 59.
52 Heyck, Geschichte, S. 548. Seine Identifizierung des Otto von ca. 1160 mit dem von 1179 muß jedoch nicht unbedingt zutreffen; auch ein Vater-Sohn-Verhältnis o. ä. wäre denkbar.
53 TG, S. 31: *Item notandum ut scriptura antecessorum nostrorum revelat, quod eo tempore, quo Fridericusimperator cruce signatus duxit exercitum in Greciam, duo milites germani de Kuʹnringen, Nibelungus et Wolfrannus, cum domino suo Bertoldo comite de Nuʹburg, cuius erant ministeriales, in eadem expedicione fuerunt, quorum unus in expugnacione cuiusdam castri, quod Demuᵉth vocabatur, infirmitate preventus feodum unum, quod habuit in Berhthersvelt...cum manu comitis et consensu fratris pro salute anime sue beate virgini et fratribus in Tennibach Deo ibi servientibus donavit et hanc donacionem in reditu comitis ab heredibus suis confirmari postulavit. Alter eorum alterum feodum, quod habebat in loco predicto..., in civitate Acina similiter infirmatus eodem comite asensum prebente simili confirmacione contulit eisdem. Et sic ambo diem clauserunt extremum. Reversus igitur comes a partibus transmarinis predicta feoda cum heredibus Nibelungo, videlicet patre predictorum militum adhuc superstite et filio suo Heinrico decano in Nuʹburg tunc sicut moris est monasterio nostro confirmavit.* S. auch den Beitrag "Die Grafen von Nimburg", S. 54f.
54 TG, S. 115: *Item scriptura antiquorum testatur, quod nobilis vir et liber homo Nibelungus de Kuʹnringen dedit monasterio nostro ze dem eichberg feodum unum pro remedio anime sue, quod habuit tunc temporis Walther Goltscher.* Dazu vgl. ebd., S. 31f. S. auch Heinrich Maurer, Grafen, S. 456; Schwineköper, S. 148f. Anm. 106.
55 TG, S. 31, 115f. S. auch Heinrich Maurer, Grafen, S. 456.
56 TG, S. 31. S. auch Heinrich Maurer, Grafen, S. 455f.
57 Belege s. Freiburger UB I, S. 384f. (fälschlich unter Neuenburg a. Rh.); TG, S. 31 Anm. 9.
58 TG, S. 65 (zu 1223), S. 333f. (zu 1224).
59 Or. GLA 24/981 (ehemals 24/48). D.: Freiburger UB I, n. 196, S. 167f. S. auch Köndringen, S. 79.
60 S. den Beitrag "Die Grafen von Nimburg", S. 58f. mit Anm. 136f.
61 So bei Kindler von Knobloch II, S. 334; Köndringen, S. 9; Vollmer, Wissenswertes, S. 274; Bad.-Württ. VI, S. 219, 227; Schwineköper, S. 109. Dagegen richtig Heyck, Geschichte, S. 548.
62 Rösener, Ministerialität, S. 53 mit Anm. 87.
63 Heyck, Geschichte, S. 548, argumentiert allerdings genau umgekehrt: "Auch falls sie [d.h. die Köndringer Ministerialen] Abkömmlinge der im 12. Jahrhundert verschwindenden freien Herren v. K. sind, erklärt es sich, obwohl diese so oft die Herzoge von Z. begleiten, aus manchen Hinsichten, wenn die jüngeren beim Uebertritt in den Dienstadel es vermeiden, sich an den Herzog zu wenden."
64 Darauf weist schon Heyck, Geschichte, S. 548, hin.
65 Der Name mag ein Hinweis auf die an den Fürstenhöfen gepflegte Heldendichtung - hier: Nibelungenstoff - sein (vgl. Mertens, Mäzenatentum, S. 121). Insgesamt ist er im hochmittelalterlichen Breisgau jedoch nur selten belegt. Als 1139 Erlewin von Wolfenweiler eine Schenkung an Kloster St. Ulrich vornahm, war unter den Zeugen der ersten Übergabehandlung ein Nibelung von Waltershofen (Stadtteil von Freiburg im Breisgau), dem Zusammenhang nach ein Freier (s. den Beitrag "Die Grafen von Nimburg", S. 49f. mit Anm. 54). Aus einem den Streit zwischen den Kirchen Achkarren und Bickensohl betreffenden Bittschreiben an Papst Lucius III. (verfaßt September 1181 - 1182) geht hervor, daß bei einer umfangreichen Zeugenvernehmung (April 1181 - 1182) auch ein *Nibelungus miles* zugunsten der Achkarrer Kirche und damit ihres Besitzers, des Klosters St. Ulrich, aussagte; seinen Angaben zufolge war er bereits bei der im Jahr 1145 in dieser Sache getroffenen Entscheidung Bischof Hermanns von Konstanz zugegen gewesen (s. oben S. 78 sowie den Beitrag "Die Grafen von Nimburg", S. 51 mit Anm. 70f.). Hier wird es sich wohl um einen Ministerialen von Kloster St. Ulrich gehandelt haben.
66 TG, S. 279-85: Abschnitt Kuʹnringen.

Quellen- und Literaturverzeichnis

Gedruckte Quellen und Regesten

[Alphonse] Adam, Das Seelenbuch des Klosters Reichenbach, in: Württembergische Vierteljahrshefte für Landesgeschichte NF 15, 1906, S. 420-35.

Annales Marbacenses qui dicuntur. (Cronica Hohenburgensis cum continuatione et additamentis Neoburgensibus). Accedunt Annales Alsatici breviores, hg. v. Hermann Bloch, Hannover/Leipzig 1907 (ND Hannover 1979) (= MGH SSrG [9]).

Annales Murbacenses, in: Nouvelles oeuvres inédites de Grandidier, Bd. 5: Ordres militaires et mélanges historiques (Strasbourg), Colmar 1900, S. 129-66.

[Joseph] B[ader], Das ehemalige sanktblasische Amt Basel, in: ZGO 2, 1851, S. 194-211.

ders., Die notitia fundationis des Klosters St. Georgen auf dem Schwarzwalde, in: ZGO 9, 1858, S. 193-225.

F[ranz] L[udwig] Baumann (Hg.), Das Kloster Allerheiligen in Schaffhausen, Teil 1 von: Die ältesten Urkunden von Allerheiligen in Schaffhausen,

Rheinau und Muri, hg. v. dems., G[erold] Meyer von Knonau und Martin Kiem, Basel 1883 (= Quellen zur Schweizer Geschichte 3).

Joh[ann] Friedrich Böhmer, Acta imperii selecta. Urkunden deutscher Könige und Kaiser. Mit einem Anhange von Reichssachen, hg. aus seinem Nachlasse [v. Julius Ficker], Innsbruck 1870.

ders., Regesta Imperii II. Sächsisches Haus: 919-1024, Abt. 2: Die Regesten des Kaiserreiches unter Otto II. 955(973)-983, nach Johann Friedrich Böhmer neubearb. v. Hanns Leo Mikoletzky, Graz 1950.

ders., Regesta Imperii II. Sächsisches Haus: 919-1024, Abt. 3: Die Regesten des Kaiserreiches unter Otto III. 980(983)-1002, nach Johann Friedrich Böhmer neubearb. v. Mathilde Uhlirz, Graz/Köln 1956.

ders., Regesta Imperii IV. Ältere Staufer, Abt. 2: Die Regesten des Kaiserreiches unter Friedrich I. 1152(1122)-1190, Lfg. 1: 1152(1122)-1158, nach Johann Friedrich Böhmer, neubearb. v. Ferdinand Opll unter Mitwirkung v. Hubert Mayr, Wien/Köln/Graz 1980.

ders., Regesta Imperii IV. Ältere Staufer, Abt. 3 [Teil 1]: Die Regesten des Kaiserreiches unter Heinrich VI 1165(1190)-1197, nach Johann Friedrich Böhmer neubearb. v. Gerhard Baaken, Köln/Wien 1972; [Teil 2:] Namenregister, Ergänzungen und Berichtigungen, Nachträge, bearb. v. Karin und Gerhard Baaken, Köln/Wien 1979.

ders., Regesta Imperii V. Die Regesten des Kaiserreichs unter Philipp, Otto IV, Friedrich II, Heinrich (VII), Conrad IV, Heinrich Raspe, Wilhelm und Richard. 1198-1272. Nach der Neubearbeitung und dem Nachlasse Johann Friedrich Böhmer's neu hg. und ergänzt v. Julius Ficker (ab Bd. 2: und Eduard Winkelmann), 3 Bde. (5 Abteilungen), Innsbruck 1881-1901. Bd. 1 (Abt. 1 und 2): Kaiser und Könige, 1881-82; Bd. 2 (Abt. 3 und 4): Päpste und Reichssachen, 1892-94; Bd. 3 (Abt. 5): Einleitung und Register, bearb. v. Franz Wilhelm, 1901; Bd. 4 (Abt. 6): Nachträge und Ergänzungen, bearb. v. Paul Zinsmaier, Köln/Wien 1983.

Michael Borgolte (Bearb.), Urkunden zu den Besitzstreitigkeiten zwischen den Klöstern St. Gallen, St. Peter und St. Märgen (1111-1136), in: Kelten und Alemannen im Dreisamtal. Beiträge zur Geschichte des Zartener Beckens, hg. v. Karl Schmid, Bühl (Baden) 1983 (= Veröffentlichung des Alemannischen Instituts Freiburg i. Br. Nr. 49), S. 169-88.

L[ouis] G[eorges] O[udart] Feudrix de Bréquigny/F[rancois] J[ean] G[abriel] La Porte du Theil (Hg.), Diplomata, chartae, epistolae, et alia documenta, ad res Francicas spectantia, Teil 2: Epistolae, Bd. 2: Innocentii Papae III Epistolae anecdotae, quotquot, in Archivis Vaticanis hucusquè delitescentes, in Collectione Baluzianâ olim desiderabantur, Paris 1791.

A[lbert] Bruckner (Hg. und Bearb.), Scriptoria medii aevi Helvetica. Denkmäler schweizerischer Schreibkunst des Mittelalters, 14 Bde., Genf 1935-78. Hier: Bd. 6: Schreibschulen der Diözese Konstanz. Kloster Allerheiligen in Schaffhausen, 1952.

Carl George Dümgé, Regesta Badensia. Urkunden des Großherzoglich Badischen General-Landes-Archives von den aeltesten bis zum Schlusse des zwoelften Jahrhunderts, Karlsruhe 1836.

P[aul] Ewald, Acht päpstliche Privilegien, in: Neues Archiv der Gesellschaft für ältere deutsche Geschichtskunde 2, 1877, S. 207-21.

Edgar Fleig, Handschriftliche, wirtschafts- und verfassungsgeschichtliche Studien zur Geschichte des Klosters St. Peter auf dem Schwarzwald, Diss. phil. Freiburg i. Br. 1908.

Freiburger Urkundenbuch, bearb. v. Friedrich Hefele, 3 Bde. (jeweils Texte und Tafeln), Freiburg i. Br. 1940-57. Hier: Bd. 1 (Texte), 1940; Bd. 2 (Texte), 1951.

Fürstenbergisches Urkundenbuch. Sammlung der Quellen zur Geschichte des Hauses Fürstenberg und seiner Lande in Schwaben, hg. v. d. fürstl. Hauptarchiv in Donaueschingen, 7 Bde., Tübingen 1877-91. Hier: Bd. 1: Quellen zur Geschichte der Grafen von Achalm, Urach und Fürstenberg bis zum Jahre 1299, bearb. v. Sigmund Riezler, 1877; Bd. 5: Quellen zur Geschichte der fürstenbergischen Lande in Schwaben vom Jahre 700-1359, 1885.

Martin Gerbert, Historia Nigrae Silvae ordinis sancti Benedicti coloniae, 3 Bde., St. Blasien 1783-88. Hier: Bd. 3: Codex diplomaticus Historiae Silvae Nigrae, o.J. [1788].

Marquard Herrgott, Genealogia diplomatica augustae gentis Habsburgicae, 2 Bde. (Bd. 2 hat 2 Teile), Wien 1737.

Eduard Heyck, Urkunden, Siegel und Wappen der Herzöge von Zähringen, Freiburg i. Br. 1892; ND als Anhang in: ders., Geschichte der Herzöge von Zähringen, ND Aalen 1980.

Historia de expeditione Friderici imperatoris (Der sogenannte Ansbert), in: Quellen zur Geschichte des Kreuzzuges Kaiser Friedrichs I., hg. v. A[nton] Chroust, Berlin 1928 (= MGH SSrG NS 5), S. 1-115.

Historia Peregrinorum, in: ebd., S. 116-72.

Adolf Hofmeister, Die Annalen von St. Georgen auf dem Schwarzwald, in: ZGO 72, NF 33, 1918, S. 31-57.

J[ean]-L[ouis]-A[lphonse] Huillard-Bréholles (Bearb.), Historia diplomatica Friderici secundi, 7 Bde., Paris 1852-61. Hier: Bd. 1, Teil 1, 1852; Bd. 4, Teil 2, 1855.

Inventar über die Bestände des Stadtarchivs Villingen. Urkunden, Akten und Bücher des 12.-19. Jahrhunderts ("Rodersches Repertorium"), bearb. v. Hans-Josef Wollasch, 2 Bde., Villingen 1970-71 (= Schriftenreihe der Stadt Villingen [6]). Bd. 1: Urkunden, 1970; Bd. 2: Akten und Bücher. Register, 1971.

Jean Mabillon, Annales Ordinis S. Benedicti occidentalium monachorum patriarchae. In quibus non modo res monasticae, sed etiam ecclesiasticae historiae non minima pars continetur, 6 Bde., Paris 1703-39. Hier: Bd. 5: Res gestae ab anno Christi MLXVII. ad annum MCXVI. inclusive, cum Appendice, & Indicibus necessariis, 1713.

Marian (a SS. S.), Austria sacra: Oesterreichische Hierarchie und Monasteriologie. Geschichte der ganzen oesterreichischen, weltlichen und kloesterlichen Klerisey beyderley Geschlechtes. Aus den Sammlungen Josephs Wendt von Wendtenthal, Teil 1, Bd. 2: Schluß des Vorder- oder Schwaebischen Oesterreichs, mit diplomatischen Beylagen und verschiedenen Nachtraegen, Wien 1780.

Gallus Mezler, Monumenta historico-chronologica monastica, hg. v. J[ohann] G[eorg] Mayer. 2. Die Aebte der Klöster Ettenheimmünster und Schut-

tern, in: FDA 14, 1881, S. 141-67.
J[acques]-P[aul] Migne (Hg.), Patrologiae cursus completus, Series secunda (= Patrologia Latina), Bd. 214-17: Innocentii III Romani pontificis opera omnia, 4 Bde., Paris 1855.
Fridegar Mone (Bearb.), Der liber constructionis monasterii ad s. Blasium. Von 900-1400, in: F. J. Mone, Quellensammlung IV/1, S. 76-142.
ders. (Bearb.), Chronik von Schuttern. Vom 9. bis 15. Jahrhundert, in: F. J. Mone, Quellensammlung III, S. 41-132; Nachträge S. 666-80.
F[ranz] J[oseph] Mone (Hg.), Quellensammlung der badischen Landesgeschichte, 4 Bde., Karlsruhe 1848-67. Hier: Bd. 3, 1863; Bd. 4, Lfg. 1, 1867.
ders., Kaiserurkunden vom 8. bis 14. Jahrhundert (Fortsetzung), in: ZGO 11, 1860, S. 181-92.
Monumenta Germaniae Historica. Die Urkunden der deutschen Könige und Kaiser, Bd. 2, Teil 1: Die Urkunden Otto des II., hg. v. Th[eodor] Sickel, Hannover 1888; Teil 2: Die Urkunden Otto des III., hg. v. dems., Hannover 1893.
dass., Bd. 6: Die Urkunden Heinrichs IV., Teil 1, bearb. v. D[ietrich] v[on] Gladiß, Berlin 1941 (ND Weimar 1953).
dass., Bd. 8: Die Urkunden Lothars III. und der Kaiserin Richenza, hg. v. Emil von Ottenthal und Hans Hirsch, Berlin 1927.
dass., Bd. 9: Die Urkunden Konrads III. und seines Sohnes Heinrich, bearb. v. Friedrich Hausmann, Wien/Köln/Graz 1969.
dass., Bd. 10, Teil 1: Die Urkunden Friedrichs I. 1152-1158, bearb. v. Heinrich Appelt, Hannover 1975; Teil 2: Die Urkunden Friedrichs I. 1158-1167, bearb. v. dems., Hannover 1979; Teil 3: Die Urkunden Friedrichs I. 1168-1180, bearb. v. dems., Hannover 1985.
Monumenta Zollerana. Urkunden-Buch zur Geschichte des Hauses Hohenzollern, hg. v. Rudolf Freiherrn von Stillfried und Traugott Maercker, Bd. 1: Urkunden der Schwäbischen Linie. 1095-1418, Berlin 1852.
Trudpert Neugart (Hg.), Codex diplomaticus Alemanniae et Burgundiae transiuranae intra fines dioecesis Constantiensis seu fundamentum historiae eiusdem dioecesis, 2 Bde., St. Blasien 1791-95. Hier: Bd. 2, 1795.
ders., Episcopatus Constantiensis Alemannicus sub metropoli Moguntina chronologice et diplomatice illustratus, 1. Teil, 2 Bde., St. Blasien (Bd. 1) bzw. Freiburg i. Br. (Bd. 2) 1803-62. Hier: Bd. 2: Annales tam profani quam ecclesiastici cum statu literarum ab anno MCI. ad a. MCCCVIII., 1862.
Notitiae fundationis et traditionum monasterii S. Georgii in Nigra silva, hg. v. O[swald] Holder-Egger, in: MGH SS 15/2, hg. v. Wilhelm Wattenbach, Hannover 1888, S. 1005-23.
Ulrich Obrecht, Alsaticarum rerum prodromus, Straßburg 1681.
August Potthast (Hg.), Regesta pontificum Romanorum inde ab a. post Christum natum MCXCVIII ad a. MCCCIV, 2 Bde., Berlin 1874-75. Hier: Bd. 1, 1874.
Quellenwerk zur Entstehung der Schweizerischen Eidgenossenschaft. Urkunden, Chroniken, Hofrechte, Rödel und Jahrzeitbücher bis zum Beginn des XV. Jahrhunderts, hg. v. d. Allgemeinen Geschichtsforschenden Gesellschaft der Schweiz, Abt. 1: Urkunden, Bd. 1: Von den Anfängen bis Ende 1291, bearb. v. Traugott Schieß, Aarau 1933; Abt. 2: Urbare und Rödel bis zum Jahr 1400, Bd. 3: Rödel von Luzern (Kloster im Hof und Stadt), Muri und Rathausen und der Herren von Rinach; Nachträge, bearb. v. Paul Kläui, Aarau 1951.
Rappoltsteinisches Urkundenbuch 759-1500. Quellen zur Geschichte der ehemaligen Herrschaft Rappoltstein im Elsaß, hg. v. Karl Albrecht, 5 Bde., Colmar 1891-98. Hier: Bd 1: Urkunden und Nachrichten aus den Jahren 759-1363, 1891.
Recueil des chartes de l'abbaye de Cluny, begründet v. Auguste Bernard, vervollständigt, revidiert und hg. v. Alexandre Bruel, 6 Bde., Paris 1876-1903. Hier: Bd. 4: 1027-1090, 1888; Bd. 5: 1091-1210, 1894.
Regesta diplomatica necnon epistolaria historiae Thuringiae, bearb. und hg. v. Otto Dobenecker, 4 Bde., Jena 1896-1939. Hier: Bd. 1: (c. 500-1152), 1896.
Regesta episcoporum Constantiensium. Regesten zur Geschichte der Bischöfe von Constanz von Bubulcus bis Thomas Berlower 517-1496, hg. v. d. badischen historischen Commission, 5 Bde., Innsbruck 1895-1931. Hier: Bd. 1: 517-1293, bearb. v. Paul Ladewig und Theodor Müller, 1895.
Regesta pontificum Romanorum, hg. v. Paul Fridolin Kehr, [Abt. 1:] Germania pontificia, bearb. v. Albert Brackmann, Bd. 2: Provincia Maguntinensis, Teil 1: Dioeceses Eichstetensis, Augustensis, Constantiensis I, Berlin 1923; Teil 2: Helvetia pontificia. Dioeceses Constantiensis II et Curiensis et Episcopatus Sedunensis, Genevensis, Lausannensis, Basiliensis, Berlin 1927; Bd. 3: Provincia Maguntinensis, Teil 3: Dioeceses Strassburgensis, Spirensis, Wormatiensis, Wirciburgensis, Bambergensis, Berlin 1935.
Regesten der Bischöfe von Straßburg, 2 Bde., Innsbruck 1908-28. Hier: Bd. 1, Teil 2: Regesten der Bischöfe von Straßburg bis zum Jahre 1202, bearb. v. Paul Wentzcke, 1908; Bd. 2: Regesten der Bischöfe von Straßburg vom Jahre 1202-1305, hg. v. Alfred Hessel und Manfred Krebs, 1928.
Regesten der Markgrafen von Baden und Hachberg 1050-1515, hg. v. d. badischen historischen Commission, 4 Bde., Innsbruck 1900-15. Hier: Bd. 1: Markgrafen von Baden 1050-1431. Markgrafen von Hachberg 1218-1428, bearb. v. Richard Fester, 1900.
E[rnst] L[udwig] Rochholz, Die Homberger Gaugrafen des Frick- und Sissgaues, in: Argovia 16, 1885.
Johann Daniel Schöpflin, Historia Zaringo Badensis, 7 Bde. (Bd. 5-7: Codex diplomaticus), Karlsruhe 1763-66. Hier: Bd. 5, 1765.
ders., Alsatia aevi Merovingici Carolingici Saxonici Salici Suevici diplomatica, 2 Bde., Mannheim 1772-75. Hier: Bd. 1, 1772.
Solothurner Urkundenbuch, hg. v. Regierungsrat des Kantons Solothurn, bearb. v. Ambros Kocher, 3 Bde., Solothurn 1952-81. Hier: Bd. 1: 762-1245, 1952.
Karl Friedrich Stumpf-Brentano, Die Reichskanzler vornehmlich des X., XI. und XII. Jahrhunderts. Nebst einem Beitrag zu den Regesten und zur Kritik der Kaiserurkunden dieser Zeit, 3 Bde., Innsbruck 1865-83 (ND Aalen 1964). Hier: Bd. 2: Verzeichnis der Kaiserurkunden, 1865/83.

Das Tennenbacher Güterbuch (1317-1341), bearb. v. Max Weber und Günther Haselier, Alfons Schäfer, Hans Georg Zier, Paul Zinsmaier. Mit Registern von Friedrich v. der Ropp, Stuttgart 1969 (= Veröffentlichungen der Kommission für geschichtliche Landeskunde in Baden-Württemberg, Reihe A: Quellen 19).
Thurgauisches Urkundenbuch, hg. v. Thurgauischen Historischen Verein, 8 Bde., Frauenfeld 1917-67. Hier: Bd. 2: 1000-1250, bearb. v. Johannes Meyer, fortgeführt v. Friedrich Schaltegger, 1917.
Johannes Trithemius, Chronicon insigne Monasterii Hirsaugiensis, Ordinis S. Benedicti, Basel [1559].
ders., Annales Hirsaugienses, 2 Bde., St. Gallen 1690.
J[oseph] Trouillat (Bd. 5: und L[ouis] Vautrey) (Hg.), Monuments de l'histoire de l'ancien évêché de Bâle, 5 Bde., Porrentruy 1852-67. Hier: Bd. 1, 1852; Bd. 2, 1854.
Urkundenbuch der Stadt Basel, hg. v. d. Historischen und Antiquarischen Gesellschaft zu Basel, 11 Bde., Basel 1890-1910. Hier: Bd. 1, bearb. v. Rudolf Wackernagel und Rudolf Thommen, 1890.
Urkundenbuch der Stadt Strassburg, 7 Bde., Straßburg 1879-1900 (= Urkunden und Akten der Stadt Strassburg, Abt. 1). Hier: Bd. 1: Urkunden und Stadtrechte bis zum Jahr 1266, bearb. v. Wilhelm Wiegand, 1879; Bd. 4, 1. Hälfte: Nachträge und Berichtigungen zu Band I-III, gesammelt v. Wilhelm Wiegand. Register zu Band II, III und IV,1, bearb. v. Aloys Schulte und Wilhelm Wiegand, 1898.
Urkundenbuch der Stadt und Landschaft Zürich, hg. v. e. Commission der antiquarischen Gesellschaft in Zürich, bearb. v. J[akob] Escher und P[aul] Schweizer, 13 Bde., Zürich 1888-1957. Hier: Bd. 1, 1888-90.
Urkundenbuch zur Geschichte der jetzt die Preussischen Regierungsbezirke Coblenz und Trier bildenden mittelrheinischen Territorien, 3 Bde., Koblenz 1860-74 (ND Hildesheim/New York 1974 u. d. T.: Urkundenbuch zur Geschichte der mittelrheinischen Territorien). Hier: Bd. 2: Vom Jahre 1169 bis 1212, bearb. v. Heinrich Beyer, Leopold Eltester und Adam Goerz, 1865.
Urkundenregister für den Kanton Schaffhausen, hg. v. Staatsarchiv, 2 Bde., Schaffhausen 1906-07. Hier: Bd. 1: Jahr 987-1469, 1906.
Ex vita Sancti Udalrici prioris Cellensis, hg. v. Roger Wilmans, in: MGH SS 12, hg. v. Georg Heinrich Pertz, Hannover 1856, S. 249-67 (1. Vita prior: S. 251-53; 2. Ex vita posteriore: S. 253-67).
Friedrich von Weech (Hg.), Der Rotulus Sanpetrinus nach dem Original im Großh. General-Landesarchiv zu Karlsruhe, in: FDA 15, 1882, S. 133-84.
ders. (Hg.), Codex diplomaticus Salemitanus. Urkundenbuch der Cistercienserabtei Salem, 3 Bde., Karlsruhe 1883-95. Hier: Bd. 1: 1134-1266, 1883.
L[orenz] Werkmann, Die Grafen von Nimburg im Breisgau. Mit einem Nachtrag von J[oseph] Bader, in: FDA 10, 1876, S. 71-96.
Wirtembergisches Urkundenbuch, hg. v. d. königlichen Staatsarchiv in Stuttgart, 11 Bde., Stuttgart 1849-1913. Hier: Bd. 1, 1849; Bd. 2, 1858; Bd. 4, 1883; Bd. 6, 1894.
Stephan Alexander Würdtwein (Hg.), Subsidia diplomatica, 13 Bde., Heidelberg 1772-80. Hier: Bd. 5, 1775.
ders. (Hg.), Nova subsidia diplomatica, 14 Bde., Heidelberg 1781-92. Hier: Bd. 10, 1788; Bd. 12, 1789.
Paul Zinsmaier, Suppliken des Klosters Tennenbach an Philipp von Schwaben und Innozenz III., in: MIÖG 53, 1939, S. 187-92.

Sekundärliteratur

Die Aargauer Gemeinden. Offizielles Gemeinschaftswerk sämtlicher 231 Aargauer Gemeinden sowie der kantonalen Arbeitsgruppe "175 Jahre Aargau" und des Verlages Effingerhof, Brugg, Brugg 1978.
Gerd Althoff, 1098-1198: Hundert Jahre Zähringergeschichte zwischen *nomen vacuum* und Königsthron. Ambitionen - Erfolge - Enttäuschungen, in: Die Zähringer II, S. 76-78.
Das Land Baden-Württemberg. Amtliche Beschreibung nach Kreisen und Gemeinden, hg. v. d. Landesarchivdirektion Baden-Württemberg, 8 Bde., Stuttgart 1974-83. Hier: Bd. 6: Regierungsbezirk Freiburg, 1982; Bd. 7: Regierungsbezirk Tübingen, 1978.
Medard Barth, Handbuch der elsässischen Kirchen im Mittelalter, in: Archives de l'Eglise d'Alsace 27-29, NS 11-13, 1960-62/63.
Helmut Bender/Karl-Bernhard Knappe/Klauspeter Wilke, Burgen im südlichen Breisgau, Freiburg i. Br. 1979.
Wilhelm Bernhardi, Konrad III., 2 Teile (Teil 1: 1138-1145; Teil 2: 1146-1152), Leipzig 1883.
Marita Blattmann, Bericht vom Aufenthalt Bernhards von Clairvaux in Freiburg 1146, in: Die Zähringer II, n. 192, S. 235.
dies., Der Weg des heiligen Bernhard von Clairvaux durch die Diözese Konstanz, in: ebd., n. 193, S. 235f.
Karl Bosl, Die Reichsministerialität der Salier und Staufer. Ein Beitrag zur Geschichte des hochmittelalterlichen deutschen Volkes, Staates und Reiches, 2 Teile, Stuttgart 1950-51 (= Schriften der MGH 10).
ders., Die Unfreiheit im Übergang von der archaischen Epoche zur Aufbruchsperiode der mittelalterlichen Gesellschaft, München 1973 (= Sitzungsberichte der Bayerischen Akademie der Wissenschaften, philosophisch-historische Klasse, Jg. 1973, Heft 1).
Breisgau-Hochschwarzwald. Land vom Rhein über den Schwarzwald zur Baar, hg. v. Landkreis Breisgau-Hochschwarzwald, Freiburg i. Br. 1980.
Heinrich Büttner, Ein Prozeß des 12. Jahrhunderts um die Pfarrechte zu Achkarren am Kaiserstuhl, in: ZGO 90, NF 51, 1938, S. 443-57.
ders., Reichsbesitz am nördlichen Kaiserstuhl bis zum 10. Jahrhundert, in: SiL 67, 1941, S. 26-31.
ders., Zur Klosterreform des 11. Jahrhunderts, in: SBVG 26, 1949, S. 99-113.
ders., St. Blasien und das Bistum Basel im 11./12. Jahrhundert. Ein Beitrag zur Geschichte des Investiturstreites, in: Zeitschr. für Schweizerische Kirchengeschichte 44, 1950, S. 138-48; ND in: ders., Schwaben, S. 131-42.
ders., Basel, die Zähringer und Staufer. Studien zum politischen Kräftespiel am Oberrhein im 11./12. Jahrhundert, in: Basler Zeitschrift für Geschichte

und Altertumskunde 57, 1958, S. 5-22; ND in: ders., Schwaben, S. 209-24.
ders., Die Zähringer im Breisgau und Schwarzwald während des 11. und 12. Jahrhunderts, in: SiL 76, 1958, S. 3-18; ND in: ders., Schwaben, S. 143-62.
ders., Schwaben und Schweiz im frühen und hohen Mittelalter. Gesammelte Aufsätze, hg. v. Hans Patze, Sigmaringen 1972 (= VuF 15).
ders., Waldkirch und Glottertal. Zur politischen Erfassung des Raumes zwischen Kaiserstuhl und Kandel im Mittelalter, in: ders., Schwaben, S. 87-115; ND in: SiL 91, 1973, S. 5-30.
Joseph M. B. Clauss (Bearb.), Historisch-topographisches Wörterbuch des Elsass, Lfg. 1-16, Zabern 1895-1914.
Otto P[aul] Clavadetscher, Aufstieg, Machtbereich und Bedeutung der Grafen von Toggenburg, in: Die Stadt Uznach und die Grafen von Toggenburg. Historische Beiträge zum Uznacher Stadtjubiläum 1228-1978, Uznach 1978, S. 9-36.
Regina Dennig/Gerlinde Person/Alfons Zettler, Karte der Zähringerministerialen, in: Die Zähringer II, n. 32, S. 54-56.
Der Kreis Emmendingen, hg. v. Lothar Mayer, Redaktion: Volker Watzka, Hans Schleuning, Gabriele Süsskind, Stuttgart 1981.
Otto Feger, Zur älteren Siedlungsgeschichte des hinteren Wiesentals, in: ZGO 99, NF 60, S. 353-405.
Hermann Flamm, Der Titel "Herzog von Zähringen", in: ZGO 69, NF 30, 1915, S. 254-84.
Josef Fleckenstein (Hg.), Herrschaft und Stand. Untersuchungen zur Sozialgeschichte im 13. Jahrhundert, Göttingen 1977 (= Veröffentlichungen des Max-Planck-Instituts für Geschichte 51).
ders., Die Entstehung des niederen Adels und das Rittertum, in: ders., Herrschaft, S. 17-39.
Günther Franz, Trithemius, in: Biographisches Wörterbuch zur deutschen Geschichte, begründet v. Hellmut Rößler und Günther Franz, 2., völlig neubearb. und stark erweit. Aufl., bearb. v. Karl Bosl, Günther Franz, Hanns Hubert Hofmann, Bd. 3, München [1975], Sp. 2935f.
Reinhard Frauenfelder, St. Agnes in Schaffhausen, in: Helvetia Sacra III/1.3, S. 1941-51.
Johannes Fritz, Das Territorium des Bisthums Strassburg um die Mitte des XIV. Jahrhunderts und seine Geschichte, Köthen 1885 (Diss. phil. Straßburg 1885).
Horst Fuhrmann, Deutsche Geschichte im hohen Mittelalter von der Mitte des 11. bis zum Ende des 12. Jahrhunderts, 2., durchgesehene und bibliograph. ergänzte Aufl., Göttingen 1983 (= Deutsche Geschichte, hg. v. Joachim Leuschner, Bd. 2).
A[ndré] Gatrio, Die Abtei Murbach im Elsaß. Nach Quellen bearbeitet, 2 Bde., Straßburg 1895.
[Bruno] Gebhardt. Handbuch der deutschen Geschichte, 9., neu bearb. Aufl., hg. v. Herbert Grundmann, 4 Bde., Stuttgart 1970-76. Hier: Bd. 1: Frühzeit und Mittelalter, 1970.
Genealogisches Handbuch zur Schweizer Geschichte, hg. v. d. Schweizerischen Heraldischen Gesellschaft, 4 Bde., Zürich (Bd. 4: o.O.) 1900/08-80. Hier: Bd. 4: Grafen, Freiherren und Ministerialen, bearb. v. Jürg L. Muraro, 1980.
Jan Gerchow, Das Hauskloster St. Peter, in: Die Zähringer II, S. 123.
ders., Hirsauer Schenkungsverzeichnisse, in: ebd., n. 98, S. 125-27.
ders., Rotulus Sanpetrinus: Schenkungsverzeichnis des Klosters St. Peter auf dem Schwarzwald, in: ebd., n. 102, S. 130-33.
ders., Klostervogteien: Schutzherrschaft und Machtausübung, in: ebd., S. 149f.
ders., Bestätigung des päpstlichen Schiedsspruchs über Besitzstreitigkeiten zwischen St. Georgen und Tennenbach durch Bertold V., in: ebd., n. 125, S. 161.
ders., Gescheiterte Ausgriffe: Schaffhausen und St. Gallen, in: ebd., S. 161.
ders., Bertold II. verzichtet auf Ansprüche auf den Klosterbesitz von Schaffhausen, in: ebd., n. 128, S. 164.
Wilhelm Gisi, Der Ursprung der Häuser Neuenburg in der Schweiz und im Breisgau. Bischof Berthold I. von Basel.- Haus Hasenburg, in: Anzeiger für schweizerische Geschichte 5, Jg. 17, 1886, S. 79-98; Nachtrag ebd., Jg. 19, 1888, S. 212-14.
Hans-Werner Goetz, Zur Namengebung in der alamannischen Grundbesitzerschicht der Karolingerzeit. Ein Beitrag zur Familienforschung, in: ZGO 133, NF 94, 1985, S. 1-41.
Herbert Grundmann, Wahlkönigtum, Territorialpolitik und Ostbewegung im 13. und 14. Jahrhundert (1198-1378), in: Gebhardt I, S. 426-606.
Fritz Grüner, Schwäbische Urkunden und Traditionsbücher. Ein Beitrag zur Privaturkundenlehre des frühen Mittelalters, in: MIÖG 33, 1912, S. 1-78.
Hans Harter, Eine Schenkung der Herren von Wolfach an das Kloster Alpirsbach, in: Die Ortenau 49, 1969, S. 225-44.
Ludwig Heizmann (Hg.), Benediktiner-Abtei Schuttern in der Ortenau. Geschichtliche Beschreibung, Lahr 1915.
Helvetia Sacra, begründet v. Rudolf Henggeler, weitergeführt v. Albert Bruckner, hg. v. Kuratorium der Helvetia Sacra, Abt. 3: Die Orden mit Benediktinerregel , Bd. 1: Frühe Klöster, die Benediktiner und Benediktinerinnen in der Schweiz, redigiert v. Elsanne Gilomen-Schenkel, 3 Teile, Bern 1986.
A[lfred] Hessel, Von modernen Fälschern, in: Archiv für Urkundenforschung 12, 1932, S. 1-12.
Eduard Karl Heinrich Heyck, Geschichte der Herzoge von Zähringen, Freiburg i. Br. 1891 (ND Aalen 1980 [mit Anhang: ders., Urkunden, Siegel und Wappen der Herzoge von Zähringen]).
Kurt Hils, Die Grafen von Nellenburg im 11. Jahrhundert. Ihre Stellung zum Adel, zum Reich und zur Kirche, Freiburg i. Br. 1967 (= FOLG 19; zugleich Diss. phil. Freiburg i. Br.).
Hans Hirsch, Studien über die Privilegien der süddeutschen Klöster im 11. und 12. Jahrhundert, in: MIÖG Erg.-Bd. 7, 1907, S. 471-612.
Historischer Atlas von Baden-Württemberg [Karten und Erläuterungen], hg. v. d. Kommission für geschichtliche Landeskunde in Baden-Württemberg in Verbindung mit d. Landesvermessungsamt Baden-Württemberg unter Mitwirkung zahlreicher Fachgelehrter, wissenschaftliche Gesamtleitung:

Karl Heinz Schröder (Vorsitzender) u.a., Redaktion: Joseph Kerkhoff und Gerd Friedrich Nüske, Lfg. 1-(10), Stuttgart 1972-(85).

Hermann Jakobs, Der Adel in der Klosterreform von St. Blasien, Köln 1968 (= Kölner Historische Abhandlungen 16).

ders., Kirchenreform und Hochmittelalter 1046-1215, München/Wien 1984 (= Oldenbourg-Grundriß der Geschichte 7).

Hans Jänichen, Die schwäbische Verwandtschaft des Abtes Adalbert von Schaffhausen, in: SBVG 35, 1958, S. 5-83.

Karl Jordan, Investiturstreit und frühe Stauferzeit (1056-1197), in: Gebhardt I, S. 322-425.

Gerhard Kaller, Schuttern, in: Quarthal, Benediktinerklöster, S. 562-72.

ders., Kloster Schuttern, in: Wolfgang Müller (Hg.), Die Klöster der Ortenau (= Die Ortenau 58, 1978), S. 116-49.

Hagen Keller, Kloster Einsiedeln im ottonischen Schwaben, Freiburg i. Br. 1964 (= FOLG 13; zugleich Diss. phil. Freiburg i. Br. 1962).

Julius Kindler von Knobloch (Bd. 3: und Othmar Freiherr von Stotzingen) (Bearb.), Oberbadisches Geschlechterbuch, hg. v. d. Badischen Historischen Kommission, 3 Bde., Heidelberg 1898-1919. Hier: Bd. 2, 1905; Bd. 3, 1919.

Heinrich Konrad Kissling (Bearb.), Politisch-statistisch-topographisches Ortslexikon des Großherzogthums Baden, mit historischen und volkswirthschaftlichen Notizen, unter steter Berücksichtigung des neuen Organisationsstatuts für die Beamten- und Geschäftswelt, Freiburg/Donaueschingen 1865.

Hans Kläui, Grafen von Nellenburg ("Eberhardinger"), in: Genealog. Hdb. z. Schweizer Geschichte IV, S. 179-204.

Paul Kläui, Die Entstehung der Grafschaft Toggenburg, in: ZGO 90, NF 51, 1938, S. 161-206.

ders., Untersuchungen zur Gütergeschichte des Klosters Einsiedeln vom 10.-14. Jahrhundert, in: Festgabe Hans Nabholz zum siebzigsten Geburtstag, Aarau 1944, S. 78-120.

Alfons Kohler, Die Burgen des mittelalterlichen Breisgaus. Quellennachrichten über Entstehung, Besitzverhältnisse, militärische und wirtschaftliche Bedeutung der Breisgauer Burgen, Diss. phil. Freiburg i. Br. 1940.

Mathias Köhler, Die ehemalige Benediktinerabtei Schuttern, in: Die Zähringer II, n. 115, S. 153f.

J[ohann] B[aptist] Kolb (Hg.), Historisch-statistisch-topographisches Lexicon von dem Großherzogthum Baden, 3 Bde., Karlsruhe 1813-16. Hier: Bd. 2, 1814.

Köndringen. Lebensbild einer Dorfgemeinschaft des unteren Breisgaus, hg. v. d. Gemeinde Teningen anläßlich der 1000-Jahrfeier von Köndringen und Nimburg, Textredaktion: Siegfried Peter, Teningen 1977.

Albert Krieger (Bearb.), Topographisches Wörterbuch des Großherzogtums Baden, hg. v. d. Badischen Historischen Kommission, 2 Bde., 2. durchgesehene und stark vermehrte Aufl., Heidelberg 1904-05.

Karl List, Zur Frage der Stifter des Klosters Sulzburg im Breisgau, in: SiL 84/85, 1966/67, S. 268-83.

ders., Die ehemalige Reichsabtei Schuttern. Zeugen ihrer Geschichte aus 1300 Jahren, München/Berlin 1980 (= Große Baudenkmäler 333).

ders., Ein Erzbischof in St. Peter in Burgheim im Jahre 1035, in: Geroldsecker Land 28, 1986, S. 131-34.

Rudolf Massini, Das Bistum Basel zur Zeit des Investiturstreites, Basel 1946 (= Basler Beiträge zur Geschichtswissenschaft 24; zugleich Diss. phil. Basel 1945).

Heinrich Maurer, Die Landgrafschaft im Breisgau. Ein Beitrag zur Geschichte des badischen Fürstenhauses, Emmendingen 1881 (Beilage zum Programm der höheren Bürgerschule in Emmendingen).

ders., Zur Geschichte der Grafen von Neuenburg, in: Zeitschrift der Gesellschaft für Beförderung der Geschichts-, Altertums- und Volkskunde von Freiburg, dem Breisgau und den angrenzenden Landschaften 6, 1883-87, S. 449-65.

ders., Die Freiherren von Üsenberg und ihre Kirchenlehen, in: ZGO 67, NF 28, 1913, S. 370-429.

Helmut Maurer, Das Land zwischen Schwarzwald und Randen im frühen und hohen Mittelalter. Königtum, Adel und Klöster als politisch wirksame Kräfte, Freiburg i. Br. 1965 (= FOLG 16; zugleich Kap. 1-4 der Diss. phil. Freiburg i. Br. 1963: Die Herren von Krenkingen und das Land zwischen Schwarzwald und Randen. Studien zur Geschichte eines landschaftsgebundenen Adelshauses im 12. und 13. Jh.).

ders., Die Tennenbacher Gründungsnotiz, in: SiL 90, 1972, S. 205-11.

ders., Der Herzog von Schwaben. Grundlagen, Wirkungen und Wesen seiner Herrschaft in ottonischer, salischer und staufischer Zeit, Sigmaringen 1978.

Hans Eberhard Mayer, Geschichte der Kreuzzüge, 6., überarb. Aufl., Stuttgart/Berlin/Köln/Mainz 1985.

Volker Mertens, Das literarische Mäzenatentum der Zähringer, in: Die Zähringer I, S. 117-34.

ders., Hartmann von Aue - Ministeriale der Zähringer?, in: Die Zähringer II, S. 70f.

ders., Auszug aus dem Rotulus Sanpetrinus, in: ebd., n. 54, S. 75.

Bruno Meyer, Das Totenbuch von Wagenhausen, in: SVG Bodensee 86, 1968, S. 87-187.

Gerold Meyer von Knonau, Jahrbücher des Deutschen Reiches unter Heinrich IV. und Heinrich V., 7 Bde., Leipzig 1890-1909 (2. unveränd. Aufl. = ND Berlin 1964-65). Hier: Bd. 7: 1116 (Schluß) bis 1125, 1909 (ND 1965).

Stephan Molitor, Das Todesdatum Herzog Bertolds III. von Zähringen im Reichenbacher Seelbuch in Kopenhagen, in: Die Zähringer I, S. 37-42.

Wolfgang Müller, St. Peter, in: Quarthal, Benediktinerklöster, S. 475-83.

ders., St. Ulrich, in: ebd., S. 615-20.

Nimburg. Lebensbild einer Dorfgemeinschaft des unteren Breisgaus, hg. v. d. Gemeinde Teningen anläßlich der 1000-Jahrfeier von Köndringen und Nimburg, Textredaktion: Hermann Jäger, Teningen 1977.

Ferdinand Opll, Das Itinerar Kaiser Friedrich Barbarossas (1152-1190), Wien/Köln/Graz 1978 (= Forschungen zur Kaiser- und Papstgeschichte des Mittelalters. Beihefte zu J. F. Böhmer, Regesta Imperii 1).

Hugo Ott, Studien zur Geschichte des Klosters St. Blasien im hohen und späten Mittelalter, Stuttgart 1963 (= Veröffentlichungen der Kommission für geschichtliche Landeskunde in Baden-Württemberg, Reihe B: Forschungen 27).

ders., Das Urbar als Quelle für die Wüstungsforschung. Dargestellt an Beispielen aus dem Oberrheingebiet, in: ZGO 116, NF 77, 1968, S. 1-19.

ders., Die Klostergrundherrschaft St. Blasien im Mittelalter. Beiträge zur Besitzgeschichte, Stuttgart 1969 (= Arbeiten zum Historischen Atlas von Südwestdeutschland 4).

ders., Probleme um Ulrich von Cluny. Zugleich ein Beitrag zur Gründungsgeschichte von St. Ulrich im Schwarzwald, in: AlJb 1970 (zugleich Festschrift für Wolfgang Müller zum 65. Geburtstag), S. 9-29.

ders., St. Blasien, in: Quarthal, Benediktinerklöster, S. 146-60.

Wolfgang Petke, Kanzlei, Kapelle und königliche Kurie unter Lothar III. (1125-1137), Köln/Wien 1985 (= Forschungen zur Kaiser- und Papstgeschichte des Mittelalters. Beihefte zu J. F. Böhmer, Regesta Imperii 5).

Hans-Martin Pillin, Die rechtsrheinischen Herrschaftsgebiete des Hochstifts Straßburg im Spätmittelalter, Diss. phil. Freiburg i. Br. 1966.

Franz Quarthal u.a. (Bearb.), Die Benediktinerklöster in Baden-Württemberg, Augsburg 1975 (= Germania Benedictina 5).

ders., Sölden, in: ders., Benediktinerklöster, S. 599-604.

Werner Rösener, Ministerialität, Vasallität und niederadelige Ritterschaft im Herrschaftsbereich der Markgrafen von Baden vom 11. bis zum 14. Jahrhundert, in: Fleckenstein, Herrschaft, S. 40-91.

ders., Die Rolle der Grundherrschaft im Prozeß der Territorialisierung. Die Markgrafschaft Hachberg als Beispiel, in: SiL 98, 1979, S. 5-30.

Peter Rück, Die Urkunden der Bischöfe von Basel bis 1213. Vorarbeit zur Regesta Episcoporum Basiliensium, Basel 1966 (= Quellen und Forschungen zur Basler Geschichte 1).

Meinrad Schaab u.a., Entwicklung ausgewählter geistlicher Territorien in Südwestdeutschland. Beiwort zur Karte VI,8 (S. 8-12: ders., Hochstift Straßburg), in: Hist. Atlas v. Bad.-Württ. Erläuterungen, Lfg. 6, 1977.

Alfons Schäfer, Zur Besitzgeschichte des Klosters Hirsau vom 11. bis 16. Jahrhundert, in: Zeitschrift für Württembergische Landesgeschichte 19, 1960, S. 1-50.

ders., St. Blasien, in: Helvetia Sacra III/1.2, S. 1166-76.

Karl Schmid, Graf Rudolf von Pfullendorf und Kaiser Friedrich I., Freiburg i. Br. 1954 (= FOLG 1; als Diss. phil. Freiburg i. Br. 1951 [Masch.] u. d. T.: Graf Rudolf von Pfullendorf).

ders., Zur Problematik von Familie, Sippe und Geschlecht, Haus und Dynastie beim mittelalterlichen Adel. Vorfragen zum Thema "Adel und Herrschaft im Mittelalter", in: ZGO 105, NF 66, 1957, S. 1-62; ND in: ders., Gebetsgedenken, S. 183-244.

ders., Über die Struktur des Adels im früheren Mittelalter, in: Jb. für fränkische Landesforschung 19, 1959, S. 1-23; ND in: ders., Gebetsgedenken, S. 245-67.

ders., Geblüt, Herrschaft, Geschlechterbewußtsein. Grundfragen zum Verständnis des Adels im Mittelalter, Habil.-Schr. Freiburg i. Br. 1961 (Masch.).

ders., Adel und Reform in Schwaben, in: Investiturstreit und Reichsverfassung, hg. v. Josef Fleckenstein, Sigmaringen 1973 (= VuF 17), S. 295-319; ND in: ders., Gebetsgedenken, S. 336-59.

ders., Gebetsgedenken und adliges Selbstverständnis im Mittelalter. Ausgewählte Beiträge. Festgabe zu seinem sechzigsten Geburtstag, Sigmaringen 1983.

ders., Beilegung der Grenzstreitigkeiten zwischen St. Peter und St. Märgen, in: Die Zähringer II, n. 101.2, S. 130.

Karl Schott, Kloster Reichenbach im Murgtal in seinen Beziehungen zu Hirsau und den Markgrafen von Baden, Diss. phil. Freiburg i. Br. 1912.

Klaus Schreiner, Sozial- und standesgeschichtliche Untersuchungen zu den Benediktinerkonventen im östlichen Schwarzwald, Stuttgart 1964 (= Veröffentlichungen der Kommission für geschichtliche Landeskunde in Baden-Württemberg, Reihe B: Forschungen 31; zugleich Diss. phil. Tübingen 1961).

ders., Hirsau, in: Quarthal, Benediktinerklöster, S. 281-303.

ders., Klosterreichenbach, in: ebd., S. 336-44.

ders., Weilheim, in: ebd., S. 620-22.

Elisabeth Schudel, Der Grundbesitz des Klosters Allerheiligen in Schaffhausen, Diss. phil. Zürich 1936.

dies., Allerheiligen in Schaffhausen, in: Helvetia Sacra III/1.3, S. 1490-1535.

Hansmartin Schwarzmaier, Die politischen Kräfte in der Ortenau im Hochmittelalter, in: ZGO 121, NF 82, 1973, S. 1-33.

ders., Hochadelsbesitz im 12. Jahrhundert (Zähringer/Welfen). Beiwort zur Karte V,3, in: Hist. Atlas v. Bad.-Württ. Erläuterungen, Lfg. 3, 1974.

ders., Lörrach im Mittelalter, in: Lörrach. Landschaft, Geschichte, Kultur, hg. zur Erinnerung an das vor 300 Jahren am 18. November 1682 verliehene Stadtrechtsprivileg, [Lörrach 1983], S. 77-209.

ders./Joachim Fischer (Bearb.), Hochadelsbesitz im 12. Jh. (Zähringer, Welfen). Karte V,3, in: Hist. Atlas v. Bad.-Württ., Lfg. 3, 1974.

Berent Schwineköper, Das Zisterzienserkloster Tennenbach und die Herzöge von Zähringen, in: Forschen und Bewahren. Das Elztäler Heimatmuseum in Waldkirch. Kultur- und landesgeschichtliche Beiträge zum Elztal und zum Breisgau. Festschrift für Hermann Rambach zum 75. Geburtstag, hg. v. Heinrich Lehmann und Willi Thoma, Waldkirch 1983, S. 95-157.

Ingeborg Seltmann, Heinrich VI. Herrschaftspraxis und Umgebung, Erlangen 1983 (= Erlanger Studien 43).

Wilfried Setzler, Weitenau, in: Quarthal, Benediktinerklöster, S. 647-51.

Christoph Friedrich Stälin, Wirtembergische Geschichte, 4 Teile, Stuttgart (Teil 1-2: und Tübingen) 1841-73. Hier: Teil 2: Schwaben und Südfranken. Hohenstaufenzeit. 1080-1268, 1847.

Günter Stegmaier, Vom Werden des Dorfes Gündlingen, in: Beiträge zur Geschichte des Dorfes Gündlingen i. Br. Festschrift zur Einweihung der neuen Volksschule am 28. November 1964, hg. v. d. Gemeinde Gündlingen, Schriftleitung: Günter Stegmaier, Gündlingen 1964, S. 18-29.

P[aul] Stintzi/ Ch[arles] Haaby, Murbach und Lauterbach. Ein Führer durch Geschichte und Kunst, Schlettstadt 1957.

Wolfram Stolz, Nimburg in seiner Vergangenheit und Gegenwart, o.O. o.J. [1955].

ders., Die Grafen von Nimburg, o.O. o.J. [1955].

Fritz Stucki, Freiherren von Regensberg, in: Genealog. Hdb. z. Schweizer Geschichte IV, S. 205-48.
Wolfgang Stülpnagel, Der Breisgau im Hochmittelalter, in: SiL 77, 1959, S. 3-17.
Jürgen Treffeisen, Notiz im Tennenbacher Güterbuch zu Neuenburg, in: Die Zähringer II, n. 228, S. 267f.
Ferdinand Vetter, Das S. Georgen-Kloster zu Stein am Rhein. Ein Beitrag zur Geschichte und Kunstgeschichte. Mit Urkunden, in: SVG Bodensee 13, 1884, S. 23-109.
Franz Xaver Vollmer, Besitz der Staufer (bis 1250). Beiwort zur Karte V,4, in: Hist. Atlas v. Bad.-Württ. Erläuterungen, Lfg. 5, 1976.
ders., Wissenswertes aus den Städten und Gemeinden, in: Kreis Emmendingen, S. 245-81.
Max Weber, Der Tennenbacher Besitz im Villinger Raum, in: Wolfgang Müller (Hg.), Villingen und die Westbaar, Bühl (Baden) 1972 (= Veröffentlichung des Alemannischen Instituts Nr. 32), S. 175-91.
Martin Wellmer/Gerhard Taddey, Lichteneck, in: Handbuch der historischen Stätten Deutschlands, Bd. 6: Baden-Württemberg, hg. v. Max Miller (+) und Gerhard Taddey, 2., verbess. und erweit. Aufl., Stuttgart 1980, S. 470.
Friedrich Wielandt, Münzen, Gewichte und Maße bis 1800, in: Handbuch der deutschen Wirtschafts- und Sozialgeschichte, hg. v. Hermann Aubin und Wolfgang Zorn, Bd. 1: Von der Frühzeit bis zum Ende des 18. Jahrhunderts, verfaßt v. Wilhelm Abel u.a., Stuttgart 1971, S. 658-78.
Gabriele Witolla, Angebliche Urkunde Bertolds IV. für Frienisberg, in: Die Zähringer II, n. 139, S. 174.
Hans-Josef Wollasch, Die Anfänge des Klosters St. Georgen im Schwarzwald. Zur Ausbildung der geschichtlichen Eigenart eines Klosters innerhalb der Hirsauer Reform, Freiburg i. Br. 1964 (= FOLG 14; zugleich Diss. phil. Freiburg i. Br. 1962).
Gerd Wunder, Die ältesten Markgrafen von Baden, in: ZGO 135, NF 96, 1987, S. 103-18.
Die Zähringer. Eine Tradition und ihre Erforschung, hg. v. Karl Schmid, Sigmaringen 1986 (= Veröffentlichungen zur Zähringer-Ausstellung 1).
Die Zähringer. Anstoß und Wirkung. Katalog zur Ausstellung der Stadt und der Universität Freiburg i. Br. vom 31. Mai bis 31. August 1986, hg. v. Hans Schadek und Karl Schmid, Redaktion: Jan Gerchow, Sigmaringen 1986 (= Veröffentlichungen zur Zähringer-Ausstellung 2).
Alfons Zettler, Ministerialen und Vasallen, in: ebd., S. 53f.
ders., Urkunde Bertolds IV. von 1179 - 'Virstetin', in: ebd., n. 35, S. 59.
Paul Zinsmaier, Zur Gründungsgeschichte von Tennenbach und Wonnental, in: ZGO 98, NF 59, 1950, S. 470-79.
Thomas L. Zotz, Der Breisgau und das alemannische Herzogtum. Zur Verfassungs- und Besitzgeschichte im 10. und beginnenden 11. Jahrhundert, Sigmaringen 1974 (= VuF, Sonderbd. 15; zugleich Diss. phil. Freiburg i. Br. 1972).

Abkürzungs- und Siglenverzeichnis

Abb.	Abbildung
Abt.	Abteilung
abgeg.	abgegangen
AG	Aargau
AlJb	Alemannisches Jahrbuch
Anm.	Anmerkung
Aufl.	Auflage
Bd.	Band
BE	Bern
Bearb./bearb.	Bearbeiter/bearbeitet
bes.	besonders
BL	Zollernalbkreis
BS	Basel-Stadt
Bz.	Bezirk
c./Kap.	Kapitel
CD	Codex diplomaticus
D.	Druck
Dép.	französisches Département
ders./dies.	derselbe/dieselbe
Diss. phil.	Dissertation der Philosophischen Fakultät
ebd.	ebenda
EM	Emmendingen
Erg.-Bd.	Ergänzungsband
ES	Esslingen
FDA	Freiburger Diözesan-Archiv
FDS	Freudenstadt
FN	Bodenseekreis
fol.	folio
FOLG	Forschungen zur oberrheinischen Landesgeschichte
FR	Breisgau-Hochschwarzwald
FUB	Fürstenbergisches Urkundenbuch
Gem.	Gemeinde
GLA	Generallandesarchiv Karlsruhe
GP	Reg. pont. Rom., [Abt. 1:] Germania pontificia
Habil.-Schr.	Habilitationsschrift
Hg./hg.	Herausgeber/herausgegeben
Jb.	Jahrbuch
Jg.	Jahrgang
Jh.	Jahrhundert
JU	Jura
KN	Konstanz
Kop.	Kopie
Kt.	schweizerischer Kanton
LB	Ludwigsburg

Lfg.	Lieferung
Lkr.	Landkreis
LÖ	Lörrach
Masch.	Maschinenschrift
MGH	Monumenta Germaniae Historica
DD	Diplomata
O II.	Otto II.
O III.	Otto III.
H IV.	Heinrich IV.
L III.	Lothar III.
K III.	Konrad III.
F I.	Friedrich I.
SS	Scriptores
SSrG	Scriptores rerum Germanicarum in usum scholarum
SSrG NS	Scriptores rerum Germanicarum. Nova Series
MIÖG	Mitteilungen des Instituts für österreichische Geschichtsforschung
n./Nr.	Nummer
ND	Neudruck
NF/NS	Neue Folge
OG	Ortenaukreis
o.J.	ohne Jahr
o.O.	ohne Ort
Or.	Original
RB	Regierungsbezirk
RBS	Regesten der Bischöfe von Straßburg
REC	Regesta episcoporum Constantiensium
Reg.	Regest
RI	Böhmer, Regesta Imperii
RMB	Regesten der Markgrafen von Baden und Hachberg
s.	siehe
SBVG	Schaffhauser Beiträge zur vaterländischen Geschichte
SH	Schaffhausen
SiL	Schau-ins-Land
Sp.	Spalte
St.	Stumpf-Brentano II (mit Angabe der Nr.)
SVG Bodensee	Schriften des Vereins für Geschichte des Bodensees und seiner Umgebung
SZ	Schwyz
TG	Tennenbacher Güterbuch
u.a.	und andere
u. ä.	und ähnlich
UB	Urkundenbuch
Übers.	Übersetzung
u. d. T.	unter dem Titel
UL	Alb-Donau-Kreis
u.ö.	und öfter
vgl.	vergleiche
VS	Schwarzwald-Baar-Kreis
VuF	Vorträge und Forschungen
WT	Waldshut
WUB	Wirtembergisches Urkundenbuch
ZGO	Zeitschrift für die Geschichte des Oberrheins
ZH	Zürich
∞	verheiratet
+	gestorben

Nachtrag zu: Die Grafen von Nimburg

Erst nach Abschluß des Manuskripts wurde ich auf eine nur als Auszug in später Überlieferung erhaltene angebliche Urkunde Kaiser Heinrichs V. vom 24. Juni 1114, Straßburg, aufmerksam, die folgendes berichtet: Abt Konrad von Ebersheimmünster (Dép. Bas-Rhin) erhebt Klage vor Heinrich gegen Graf Bertold von Nimburg (*Bertholdum comitem de Nuͦwenburg*), der das dem Kloster gehörende Dorf Weisweil (vgl. Anm. 46) samt Kirche, Unfreien und allem Zubehör gewaltsam an sich gebracht habe; es wird beschlossen, Bertold vorzuladen, damit er sich vor dem Kaiser verantworte; daraufhin erstattet der Graf alles zurück. Die Echtheit der Urkunde ist zweifelhaft, wie überhaupt in Ebersheimmünster im Mittelalter viel gefälscht worden ist: Heinrich weilte zur angegebenen Zeit gar nicht in Straßburg, sondern bei der Belagerung Kölns; ansonsten ist der Inhalt des Diploms jedoch nicht verdächtig (Aloys Schulte, Eine unbekannte Urkunde Kaiser Heinrich V., in: ZGO 44, NF 5, 1890, S. 119-21 [S.120 Druck]; danach Meyer von Knonau VI, 1907, S. 295f. Anm. 16. - Zum bischöflich-straßburgischen Eigenkloster Ebersheimmünster s. GP III/3, S. 45-47).

Die Burgen in Nimburg, Köndringen und Landeck

Alfons Zettler und Regina Dennig

In der heutigen Gemeinde Teningen zählen die Burgen gewiß zu den bedeutendsten Monumenten und Denkmälern aus dem Mittelalter. Den nördlichen Sporn des Nimbergs krönen die Reste einer untergegangenen Grafenburg, die zwar nicht besonders bekannt sind, jedoch größtes Interesse verdienen, und die Feste Landeck gehört zu den großartigsten und schönsten erhaltenen, ja zu den attraktivsten Burgruinen Südbadens.

Geographisch betrachtet nimmt die Gemeinde Teningen den nördlichsten Winkel der Freiburger Bucht ein. Wie ein Riegel erstreckt sich die Gemarkung vom Fuß des Kaiserstuhls über den langgestreckten Nimberg auf die Vorberge des Schwarzwalds. Im Mittelalter war all dies Teil des sogenannten unteren, das heißt des nördlichen Breisgaus, der damals, insgesamt genommen, vom Hochrhein bis an die Bleiche und vom Oberrhein bis auf den Schwarzwaldkamm reichte, also eine viel ausgedehntere Landschaft umfaßte als heute.

Der Breisgau war im Mittelalter eine politische und kirchliche "Verwaltungseinheit", wie man heute vielleicht sagen würde. Mit seiner ausgeprägten natürlichen Gliederung in Rheinaue, Rheinebene, Inselberge, Schwarzwaldvorbergzone und Schwarzwaldhöhen bot er den mittelalterlichen Adelsgeschlechtern, die ihre Burgen gerne auf Anhöhen und markanten Bergen oder in Spornlage errichteten, vielfältige Möglichkeiten dar. Zu den von Natur aus besonders geeigneten Plätzen für den adeligen Burgenbau darf man auch den Nimberg rechnen, der sich hoch über die feuchte, von Wasserläufen durchzogene Niederung des Mooswaldes erhebt. Dieser Forst bildete einst den Kern eines ausgedehnten Königsgutbezirks, aus dessen Fundus die deutschen Könige während des 11. Jahrhunderts vor allem das linksrheinische Bistum Basel auszustatten pflegten. Seit der Jahrtausendwende überführten die ottonischen und salischen Herrscher das bis dahin einen Bestandteil des burgundischen Königreichs bildende Bistum in ihre Botmäßigkeit zurück und banden den Bischof insbesondere durch Güter und Privilegien an das Reich.

Im Rahmen dieser Politik verlieh König Heinrich II. 1008 dem Basler Bischof den Wildbann in der Freiburger Bucht, dessen nördliche Grenze die Orte Vörstetten, Reute und Bötzingen bezeichneten, welche ihrerseits den südlichen Ausläufer des Nimbergs berühren. Am Nordrand dieses königlichen und dann bischöflichen Bezirkes also erstreckt sich die heutige Gemeinde Teningen, und von großer geschichtlicher Bedeutung für das Gemeindegebiet war deshalb auch der Zugriff Bertolds II., des späteren Herzogs von Zähringen, auf den Breisgau im Jahre 1079, der seither besonders in der Freiburger Bucht in Konkurrenz zum Basler Bischof trat. Nach der "Eroberung des Breisgaus" durch Bertold wurde dieser zu einer hauptsächlichen Interessensphäre der Zähringer und die Freiburger Bucht zu ihrem rechtsrheinischen Herrschaftsmittelpunkt, gesichert durch die Festen auf dem Zähringer Burgberg und dem Freiburger Schloßberg. Für Bertold II. war es im Zuge dieser Politik wichtig, den alteingesessenen Adel für sich zu gewinnen. Hierzu zählten auch die Nimburger; sie scheinen in dieser allerersten Phase der zähringischen Herrschaftsergreifung im Breisgau in engste Verbindung mit den neuen Herren getreten zu sein, und wenn nicht alles täuscht, verdanken sie Herzog Bertold II. auch ihren Grafentitel.

Der Herrschaft der Grafen von Nimburg war jedoch nur kurze Dauer beschieden. Wenig mehr als ein Jahrhundert wirkten sie vom heutigen Gemeindegebiet Teningen aus an der Seite der Herzöge von Zähringen, dann aber auch gemeinsam mit den Straßburger Bischöfen und am Königshof, und es war sicherlich dieses Adelsgeschlecht, welches den Teninger Raum im Hochmittelalter am nachhaltigsten geprägt hat. Neben den Markgrafen von Baden waren sie zu ihrer Zeit die einzige im Breisgau ansässige gräfliche Familie. Gegen Ende des 12. Jahrhunderts schließlich trugen die Nimburger mit ihren Ministerialen den Namen und die Kunde von ihrem Stammsitz auf dem Nimberg und von den umliegenden Dörfern während des dritten Kreuzzugs in alle Welt hinaus. Graf Bertold von Nimburg hatte die Ehre, bei dieser Heerfahrt die Fahne des schwäbischen Haufens zu führen, mit ihm dürfte auch ein Hauch der glanzvollen ritterlichen Kultur der späteren Stauferzeit in Nimburg eingezogen sein. Mit seiner Burg, wohl der ältesten auf der Teninger Gemarkung und inzwischen längst zerstört, wollen wir daher beginnen.

Die Burg der Grafen von Nimburg

Wie der Ort zu seinem Namen kam.

Die Anfänge des Ortes und der Burg Nimburg verlieren sich im Dunkel der Geschichte. Abgesehen von recht zahlreichen, indessen meist zufällig und unzureichend beobachteten, über die gesamte Gemarkung von Nimburg verstreuten Funden aus vorgeschichtlicher, römischer und vereinzelt auch frühgeschichtlicher Zeit besitzen wir keine sicher verbürgten Nachrichten über die Existenz des Ortes vor dem ausgehenden 11. Jahrhundert unserer Zeitrechnung. Zwei Schriftstücke, die den Ortsnamen erwähnen, tragen zwar frühere Daten, stammen aber nach Ausweis der Schriftzüge und ihrer Form erst aus dem 12. Jahrhundert. Aus diesem Grund gestaltet sich jeder Versuch, den Namen "Nimburg" zu erklären, recht schwierig. Sicherlich darf man nicht einfach an "neue Burg" im Sinne des Stammsitzes der Nimburger Herren und Grafen auf dem nördlichen Ausläufer des Nimbergs denken. So wurde "Nimburg" zwar bereits im 12. Jahrhundert gelegentlich aufgefaßt, wenn er, übertragen ins Latein der Urkunden, *novum castrum* lautete, aber die beiden erwähnten, älteren Schriftstücke sprechen übereinstimmend von einem *locus* Nimburg, also neutral von einem "Ort" dieses Namens, nicht von einer Burg.

Falls man diesen ältesten Zeugnissen tatsächlich Glauben schenken darf, hätte schon im Jahre 977 ein Weiler Nimburg mit einer Kirche bestanden. Das verlautet nämlich in einer angeblichen Urkunde Ottos II., einer im elsässischen Kloster Murbach im 12. Jahrhundert hergestellten Fälschung. Der Inhalt des Diploms gilt, was jedenfalls die den *locus* Nimburg betreffenden Passagen angeht, als unbedenklich. Der Murbacher Abt Beringer habe - so heißt es dort - mit einem Partner namens Gottfried Güter im Elsaß gegen solche rechts des Rheins getauscht, darunter *in pago Brisiggowe in loco Niwnburch basilicam I cum omnibus ad eam iure legittimeque pertinentibus*, also eine Kirche im breisgauischen Nimburg mit all ihrem Zubehör.

Während freilich bei dieser vorgeblichen Königsurkunde eine Verfälschung des Sachverhalts nicht völlig ausgeschlossen werden kann, handelt es sich bei der anderen, nächst jüngeren Aufzeichnung um die schriftliche Fixierung einer Stiftung, welche der Breisgauer Adlige Hesso seit 1052 zum Seelenheil seiner eigenen Person und seiner Familie eingerichtet hatte. Hesso, der gleichermaßen als Vorfahr der Nimburger und des ähnlich bedeutenden Geschlechts der Üsenberger gilt, verfügte im Rahmen dieser Seelgerätstiftung unter anderem über Güter *in loco Nuemburc*. Auch wenn die entsprechende Notitia erst im 12. Jahrhundert auf- oder abgeschrieben worden sein mag, hält sie doch Handlungen und Umstände aus der zweiten Hälfte des voraufgehenden Jahrhunderts fest - aus dem unmittelbaren zeitlichen Umfeld der ersten Erwähnung der nach Nimburg sich benennenden Adelsfamilie.

Es ist somit sicherlich davon auszugehen, daß der Name des *locus*, des Ortes Nimburg aus älterer Wurzel stammt und mit der späteren Grafenburg auf dem nördlichen Bergsporn ursprünglich nichts zu tun hatte. Wenn die im gefälschten Murbacher Diplom berichtete Tauschhandlung tatsächlich im Jahre 977 stattgefunden hätte, dann ist für diese Zeit die Existenz eines kleinen Weilers wohl um die hier ohne Zweifel angesprochene Bergkirche zu erschließen. Der älteste Kern, die erste Ansiedlung des früheren Mittelalters mit dem Namen Nimburg hätte dann im Umkreis der Kirche gelegen, dort wo unter dem Erdboden substantielle Mauerreste, wahrscheinlich aus römischer Zeit, gesichtet worden sind, während das heutige Dorf als sekundäre Position anzusprechen ist, die sich klar auf die Grafenburg bezieht und wohl erst im Zusammenhang mit dieser im 11. Jahrhundert auf Initiative des Grafengeschlechts entstanden sein dürfte. Wenn aber der Ort der Bergkirche ursprünglicher Ausgangspunkt der späteren Entwicklung war, ist ein wichtiger Hinweis auf die Erklärung des Ortsnamens gegeben. Er leitete sich dann her von einer im Frühmittelalter noch irgendwie erkennbaren vorgeschichtlichen oder römischen Wehranlage oder Bebauung an der Flanke oder auf dem Rücken des Nimbergs. In diesem Fall zeigt das Namenglied -burg wohl einen sogenannten echten Burgnamen, wie Burg im Dreisamtal, Burg bei Stein am Rhein oder Burkheim am Kaiserstuhl an. Alle genannten Siedlungen verdanken ihr Namenelement -burg nicht einer mittelalterlichen Adelsburg im oder beim Ort, sondern einer im Gelände noch ablesbaren, vormittelalterlichen Anlage - Burg im Dreisamtal dem keltischen Oppidum Tarodunum, Burg am Rheinausfluß des Bodensees einem spätrömischen Kastell, in dessen Zentrum sich die Kirche erhebt, und die Stadt Burkheim am Kaiserstuhl schließlich ihrem Burgberg, einer ausgedehnten vorgeschichtlichen Befestigung. So dürfte auch der Name "Nimburg" Bezug nehmen auf die vor- und frühgeschichtlichen Reste, die oben auf dem Nimberg allenthalben im Boden stecken, obwohl derzeit nichts Näheres über den Charakter und die Zeitstellung der vormittelalterlichen Besiedelung gesagt werden kann. Es sei aber doch noch erwähnt, daß in jüngster Zeit aufgelesene Funde vielleicht auf eine spätrömische militärische Anlage im Bereich der mittelalterlichen Burg deuten. Sollte sich dies künftig erhärten, so wäre damit ein weiterer Schritt hinsichtlich der Herleitung des Ortsnamens getan.

Weniger in Betracht kommen dürfte in unserem Fall eine andere Sorte sogenannter echter Burgnamen, wie beispielsweise Straßburg, Freiburg, Offenburg oder Neuenburg. Das Namenglied -burg trägt bei diesen Toponymen oberrheinischer Städte eine andere Bedeutung; sie ist in den frühmittelalterlichen Wörterbüchern treffend wiedergegeben mit den lateinischen Glossen *civitas* und *urbs*, also "Zentralort" oder "Stadt". Außerdem erinnert das Namenelement -burg bei den genannten Beispielen an die frühmittelalterliche Siedlungsform des *burgus* oder *burgum*, die sich von den gewöhnlichen ländlichen Weilern und Dörfern in mancherlei Hinsicht unterschied. *Burgi* hießen planmäßig angelegte Siedlungen, in denen Handwerk und nichtagrarische Gewerbe als Wirtschaftsform vorherrschten. Sie zählen zu den Frühformen der Stadt und sind zunächst vor allem im Westen Europas von den großen geistlichen Institutionen, beispielsweise von dem bedeutenden Reformkloster Cluny in Burgund, ins Leben gerufen worden. Seit etwa der Jahrtausendwende gründeten aber auch weltliche Fürsten solche Siedlungen, und am Oberrhein, wo die Zähringer und viele andere Adelsgeschlechter, unter ihnen auch die Nimburger, enge Beziehungen zu Cluny unterhielten - die Nimburger Grafen waren Vögte der cluniazensischen Klöster Sölden und St. Ulrich - hielt diese frühstädtische Siedlungsform schon früh Einzug. Ein Beispiel wäre Freiburg, wo nach neusten Forschungen der Marktgründung des Zähringers Konrad von 1120 die Anlage eines *burgus* durch seinen Vater Herzog Bertold II. um 1091 voraufging.

Ausschließlich in diesem Sinne ließe sich "Nimburg" nur erklären, wenn die oben angesprochene Urkunde von 977 eine komplette Fälschung wäre und keinen echten Kern hätte. Leo Schmidt hat in seinem Beitrag zu diesem Band mit Recht festgestellt, daß der heutige Ort Nimburg am nördlichen Fuß des Nimbergs einen durchaus regelmäßigen Grundriß zeigt, der nicht dem gewohnten Bild bei anderen Dörfern entspricht. Und als Graf Bertold seine Herrschaft um 1200 dem Straßburger Bischof verkaufte, sprachen die Marbacher Annalen in diesem Zusammenhang von der *urbs Nuwenburch*, verwenden also einen Begriff, der erstens auf eine Zentrumsbildung der Grafen bei ihrem Stammsitz auf dem nördlichen Sporn des Berges hinweist. In ähnlichem Sinne steht der Terminus *urbs*, um nur ein Beispiel zu geben, bei der Burg und Zentrale Herzog Bertolds I., der Limburg bei Weilheim. Es scheint daher zweitens nicht ausgeschlossen, daß zu dieser Zentrumsbildung auch eine planmäßige Siedlungsanlage am Fuß des Berges, im Sinne eines *burgus*, gehört haben mag. Der Ortsname Nimburg wäre dann wohl von dem um die Bergkirche anzunehmenden Weiler auf die Burg und die zugehörige neue Ansiedlung in der Ebene übergegangen. Wie unsere Ausführungen deutlich zu machen versuchten, konnte der alte Name von 977, so die Urkunde einen echten Kern hat, ohne Schwierigkeiten und sinnvoll auch auf die neuen Bestandteile der Grafenherrschaft, auf Burg und Siedlung des 11. Jahrhunderts übertragen werden.

Von der Grafenburg auf dem Nimberg jedenfalls läßt sich der Ortsname nicht herleiten, denn die Monumente, die wir heute Burgen nennen, trugen zu jener Zeit, im Hochmittelalter, oft keinen mit dem Element -burg gebildeten Namen. In der neueren Forschung scheidet man die Namen der Adelsburgen vor allem in zwei Kategorien, in primäre und sekundäre Burgnamen. Sekundär meint, die Burgstelle erhielt ihren Namen von einem bereits bestehenden, älteren Ort. Dafür gibt die Burg Zähringen ein bekanntes Beispiel, oder auch die Burg Baden(-Baden), die in späterer Zeit mit Hilfe des Zusatzes Hohen-Baden wieder vom gleichnamigen, älteren Ort unterschieden wurde.

Zu dieser sekundären Kategorie von Burgnamen zählt auch Nimburg. Die sogenannten primären Burgnamen klingen anders. Nur selten enden sie auf -burg, sondern nehmen in der Regel den Namen eines Berges oder einer Anhöhe auf, spielen auf die Rodung und Urbarmachung von Ödland an, betonen die wehrhafte Lage der Burgstelle oder thematisieren Motive und Ideale ritterlichen Lebens: Hachberg und Schwarzenberg, Waldeck und Wiesneck, Neuenfels und Bärenfels, schließlich Scharfenstein und Falkenstein seien als Beispiele genannt.

Stammburg eines Grafengeschlechts

Wenn wir nach den Anfängen der einstigen Grafenburg auf dem markanten nördlichen Sporn des Nimbergs Ausschau halten, lassen uns die Quellen im Stich. Keine einzige Notiz berichtet, wann die erste Burganlage entstand, ob sie tatsächlich den Platz auf dem künstlich geformten Hügel des jetzigen Kriegerdenkmals einnahm und wie sie aussah. Aber man darf annehmen, daß die Grafen von Nimburg wie ihre Standesgenossen im Verlauf des 11. Jahrhunderts ihre alten Wohnplätze verließen und auf den Berg zogen, falls sie nicht schon zuvor auf dem nördlichen Sporn saßen, und diesen im Sinne eines wehrhaften und repräsentativen Adelssitzes ausgestalteten. Hinweise darauf geben die schriftlichen Quellen nur insofern, als sie im Verlauf des späteren 11. Jahrhunderts zunächst zögernd, bald aber deutlich und unmißverständlich einen Prozeß erkennen lassen, den man die Formierung des Nimburger Adels- und Grafengeschlechts nennen könnte. Hierüber hat Ulrich Parlow in seinem Beitrag berichtet. Zu diesem historischen Vorgang gehört in aller Regel auch die Errichtung einer Stammburg.

Man darf sicherlich annehmen, daß sich die Nimburger Grafen spätestens in den letzten beiden Jahrzehnten des 11. Jahrhunderts auf dem nördlichen Sporn des Bergrückens etablierten und an diesem Ort ihren Sitz nahmen. Damals wird diese Anlage auch erstmals die Gestalt einer wehrhaften Adelsburg, wie immer diese im einzelnen beschaffen gewesen sein mag, erhalten haben. Obwohl mittlerweile viele Jahrhunderte über die Burgstelle hinweggegangen und keine Spuren der mittelalterlichen Bebauung mehr erkennbar sind, ist doch die Grundkonstellation der Anlage auf dem Wege einer genaueren Betrachtung des Geländes und im Vergleich mit anderen Burgen jener Zeit, in denen bereits Ausgrabungen vorgenommen worden sind, in Umrissen zu ermitteln.

Über die Gestalt der Grafenburg

Der nördliche Sporn des Nimbergs bot sich - im Rahmen der umgebenden Landschaft betrachtet - als geradezu idealer Standort einer mittelalterlichen Adelsburg an. Hier steigt der Bergrücken auf eine Höhe von rund 60 m über die feuchte Ebene im nördlichen Winkel der Freiburger Bucht an und erreicht den höchsten Geländepunkt weit und breit. Auch fällt hier der Nimberg mit einem deutlichen Hangknick am steilsten in die Niederung ab. Nach drei Seiten hin war durch die Spornlage eine natürliche Bewehrung gegeben. Die Jura- und Tertiärschollen, aus denen das Gerüst des Berges geformt ist, sind außerdem vollständig von Löß bedeckt, den sich die Burgherren zunutze machten: Sie häuften dieses Material auf der höchsten Erhebung zu einem hohen und regelmäßigen, kegelstumpfförmigen Burghügel an. Daß es sich bei dem auf-

101

Luftaufnahme vom Nimberg. Landesdenkmalamt Freiburg. Freigegeben durch Regierungspräsidium Stuttgart Nr. 000B34762-9.10.84

fälligen Hügel und dem umfangreichen Grabensystem in der Flur "Burg" nicht um eine auf natürlichem Wege entstandene Geländeformation handelt, ist auch seitens der geologischen Forschung gesichert, obwohl bisher noch keine archäologischen Untersuchungen angestellt worden sind und eine detaillierte Vermessung unter burgenkundlichen Gesichtspunkten fehlt. Der alte Gemarkungsplan von 1866 zeigt dies in aller Deutlichkeit, und der Geologe Frank Westphal stellte 1957 in "Nimburg und seine Vergangenheit" fest: "Die auffallende Gestalt der "Burg" am nördlichsten Ende ist sicherlich nicht ... morphologisch zu deuten. Vielmehr kann nur künstliche Umgestaltung einer an sich schon exponierten Form in Frage kommen, da die morphologischen Kräfte ein derartig hervortretendes Gebilde bevorzugt angreifen müssen, zumal es in seinen oberen Teilen aus Löß besteht" (siehe S.   ). Der künstlich geschaffene und aufgehöhte kreisrunde Platz, in dessen Mittelpunkt heute ein Kriegerdenkmal steht, trug ursprünglich die Kernburg, wahrscheinlich ein repräsentatives Hauptgebäude vom Typ der Turmburg, einen kräftigen Turm auf quadratischem oder oblongem Grundriß. Nur zum Rücken des Nimbergs hin war eine zusätzliche Bewehrung mit einem ausgedehnten Grabenwerk erforderlich, das neben der Kernburg ein weiteres, tiefergelegenes Plateau, eine Art Vorburg, miteinschloß. Leider ist das umfangreiche Grabensystem heute durch den Wein- und Gartenbau im Burggelände sehr verunklärt. Noch in ihrem heutigen Zustand gibt die Burgstelle jedoch den Rang und den Herrschaftsanspruch ihrer mittelalterlichen Besitzer zu erkennen: Weithin sichtbar überragte und überwachte die Grafenburg einst die Ebene des nördlichen Breisgaus südlich des Engpasses bei Riegel.

Von Menschenhand aufgeschüttete oder geformte Burghügel, sei es, daß sie eine gegebene Anhöhe ausnutzen und zusätzlich hervorheben, sei es, daß sie in ebenem Gelände sozusagen als künstlicher Berg geschaffen wurden, gehören zu den geläufigen Erscheinungen hochmittelalterlichen Burgenbaus in Europa. Man pflegt sie in der Burgenkunde mit dem Begriff "Motte" zu bezeichnen. Wenn der Hügel um ein schon bestehendes oder im Bau befindliches Gebäude angeschüttet wurde, spricht man von "einmotten". Künstliche Burghügel begegnen in vielfältiger Form natürlich besonders häufig in den weiten Ebenen der Küstenländer Nordwesteuropas, in Frankreich, Belgien, den Niederlanden und auf den britischen Inseln - überall dort, wo natürliche Erhebungen seltener oder wenig markant ausgebildet sind. Der Sinn künstlicher Burghügel ist offensichtlich: Die adeligen Herren jener Zeit zogen auf Berge oder schufen sich solche, um sich von der landsässigen Bevölkerung, die nicht ihres Standes war, abzuheben und sichtbar abzusondern, um ihrer Macht und ihrem Herrschaftsanspruch repräsentativen und handgreiflichen Ausdruck zu verleihen. Dies illustriert in unübertrefflicher Anschaulichkeit der berühmte Wandteppich von Bayeux in der Normandie, auf dem der Bau von Burgen und die Aufschüttung von Burghügeln mit den Augen der hochmittelalterlichen Menschen beobachtet und wiedergegeben ist (siehe unten und rechts).

Umzeichnungen vom Teppich von Bayeux (nach Hinz)

Während in den genannten Ländern bereits zahlreiche Burghügel archäologisch erforscht sind, hat sich die Wissenschaft in Südwestdeutschland und in den angrenzenden Regionen, wie im Elsaß und in der Nordwestschweiz, erst in den letzten Jahren diesen Monumenten des Mittelalters zugewandt. Zum einen ist durch eine mittlerweile stolze Anzahl ausgegrabener Schweizer Burgen gesichert, daß die künstliche Aufschüttung hierzulande nicht selten und sogar auf Hügeln und Bergen beim Burgenbau eingesetzt worden ist. Und im Elsaß haben die Nachforschungen einer Straßburger Archäologin mittlerweile rund drei Dutzend Motten, also dezidiert künstlich geschaffene Burghügel ans Licht gebracht. Als Beispiel sei der wahrscheinlich schon im 11. Jahrhundert entstandene Hügel von Butenheim unmittelbar an der Kante der Niederterasse zur Rheinaue in der Nähe von Ottmarsheim genannt, der wahrscheinlich den Grafen von Habsburg gehörte und zur Zeit gründlich archäologisch untersucht wird. Die Existenz einer ähnlichen Zahl von Motten zeichnet sich auch im Breisgau ab, und hier zählt die Grafenburg auf dem Nimberg sicherlich zu den eindrucksvollsten Beispielen von Menschenhand geformter Burghügel.

Besonders geräumig war der Burghügel auf dem Nimberg freilich nicht. Wie das "Bürgle" in Köndringen bot er wohl nur einem kräftigen Turm, einer eingliedrigen Burg, Platz, denn das (heutige) Plateau mißt knapp 30 m im Durchmesser. Gerade dieser Typ der mittelalterlichen Adelsburg, der im Kern nur aus einem einzigen Gebäude, eben einem kräftigen, wehrhaften und hohen Turm bestand, ist charakteristisch für die Anfänge des monumentalen Burgenbaustils in den Oberrheinlanden. Manchmal haben sich solche Turmburgen des späteren 11. und früheren 12. Jahrhunderts als Altbestand in den bequemer und repräsentativer ausgestalteten Burganlagen des 13. und 14. Jahrhunderts erhalten. Dort konnten sie in einem mittlerweile komplexen Baugefüge die Rolle des meist unbewohnten Wehrturmes, des sogenannten Bergfrieds, übernehmen. Die frühen Turmburgen besaßen in aller Regel auffallend starke, manchmal bis zu vier Meter dicke Mauern und erhoben sich auf einem Grundriß quadratischer Form von um zehn Meter äußerer Seitenlänge. Daneben begegnen gelegentlich rechteckige und unregelmäßige Grundrißformen. Auf dem Nimberg dürfte sich seit dem 12. Jahrhundert ein solcher Turm erhoben haben.

Wie die Burg zu jener Zeit ausgesehen haben mag, davon könnte eine andere, archäologisch erforschte Anlage eine ungefähre Vorstellung vermitteln. Auf dem Turmberg in Karlsruhe-Durlach erhob sich im Mittelalter die Burg der Grafen von Hohenberg (später: von Grötzingen). Der ursprüngliche Name des Berges war Hohenberg und hat dem Grafengeschlecht, das wie die Nimburger im 12. Jahrhundert ausgestorben ist, den Namen gegeben. In der zweiten Hälfte des 11. Jahrhunderts erbauten die Hohenberger dort einen Wohnturm auf regelmäßigem quadratischem Grundriß mit einer äußeren Seitenlänge von gut 11 m und knapp 3 m starken Mauern. Später, wohl in der Mitte des 12. Jahrhunderts, wurde an dieses Kerngebäude ein kleiner, wahrscheinlich Wohnzwecken dienender Bau angefügt und die Anlage mit einer kräftigen, polygonal gebrochenen Ringmauer umgeben. Da die Hohenberger bzw. Grötzinger Grafen einen ähnlichen sozialen Rang einnahmen wie die Nimburger, eignet sich der Turmberg von Durlach in besonderer Weise zur Veranschaulichung der baulichen Verhältnisse in Nimburg (siehe rechts).

Daß die Bauten der Nimburger Feste im 11. und frühen 12. Jahrhundert den Befunden auf dem Durlacher Turmberg in etwa entsprochen haben mögen, bleibt eine ansprechende Vermutung, denn über die Burgenarchitektur der Frühzeit wissen wir heute noch kaum etwas. Eine Reihe von Burgengrabungen u.a. in der Nordwestschweiz, zeigt noch andere Möglichkeiten auf, wie die gräfliche Burg auf dem Nimberg anfänglich vielleicht beschaffen war.

Da sich die Burgherren offenbar erst im Verlauf des früheren 12. Jahrhunderts in größeren Scharen monumentaler Steinarchitektur zu bedienen begannen, während zuvor wahrscheinlich hölzerne Bauten das Erscheinungsbild der frühen Adelsburg beherrscht haben dürften, ist es nicht ausgeschlossen, daß der Nimburger Hügel noch für Überraschungen gut sein könnte: Die ältesten, mutmaßlichen Holzbauten der Burg könnten wegen des besonderen Schicksals, das die Herrschaft Nimburg um 1200 traf - die Grafenfamilie "starb aus", und ihre Besitzungen gingen durch Verkauf an den König und den Straßburger Bischof über -, durchaus in substantiellen Resten unter und im Hügel erhalten geblieben sein. Jedenfalls gibt dieser soviel deutlich zu erkennen: Vom sogenannten Burgenbauboom der späten Stauferzeit im 13. Jahrhundert ist die ehemalige Grafenburg auf dem Nimberg nicht mehr erfaßt worden - offenbar wegen der wirren Besitzverhältnisse in jenen kriegerischen Jahren. Zum Abschluß dieser notwendigerweise etwas spekulativen Überlegungen zur Baugestalt der Burg sei deshalb nochmals unterstrichen, daß der Burghügel nicht nur zu den schönsten Monumenten seiner Art im Breisgau zählt, sondern auch als kostbares Bodendenkmal gelten muß, das besonderen Schutzes würdig ist.

Vom Leben auf der Burg und ihren Bewohnern hören wir das gesamte 13. Jahrhundert über nichts. Man darf freilich annehmen, daß die Burgherren, zunächst der Straßburger Bischof, dann die Staufer, einen Dienstmann oder Burgvogt auf der Burg Nimburg als Sachwalter einsetzten und mit der Wahrnehmung entsprechender Aufgaben betrauten. Dasselbe gilt wohl auch für die Freiburger Grafen. In diesem Zusammenhang ist vielleicht ein Ritter Bertold von Nimburg zu nennen, der 1292 als Schiedsrichter in einer straßburgischen Angelegenheit fungierte; sichere Zeugnisse, daß dieser auf der Burg saß, haben wir indessen nicht. 1316 jedenfalls erscheint die Burg mit der Herrschaft urkundlich in der Hand des Grafen Egen von Freiburg, der unter anderem *Nv́nburg die burg mit lyten mit gůoten mit velde un mit holz un mit allem dem, das darzuo hoᵉret*, an seinen Sohn Konrad abtrat. Dazu kamen die Vogteien über St. Ulrich und Sölden als Pfandgut, was zeigt, daß die Freiburger Grafen zu diesem Zeitpunkt über die wesentlichen Bestandteile der alten Nimburger Herrschaft verfügten. Da seit spätestens 1290 auch Burg und Herrschaft Lichteneck in ihrem Besitz war, kann man von Ansätzen einer gräflich-freiburgischen territorialen Schwerpunktbildung im

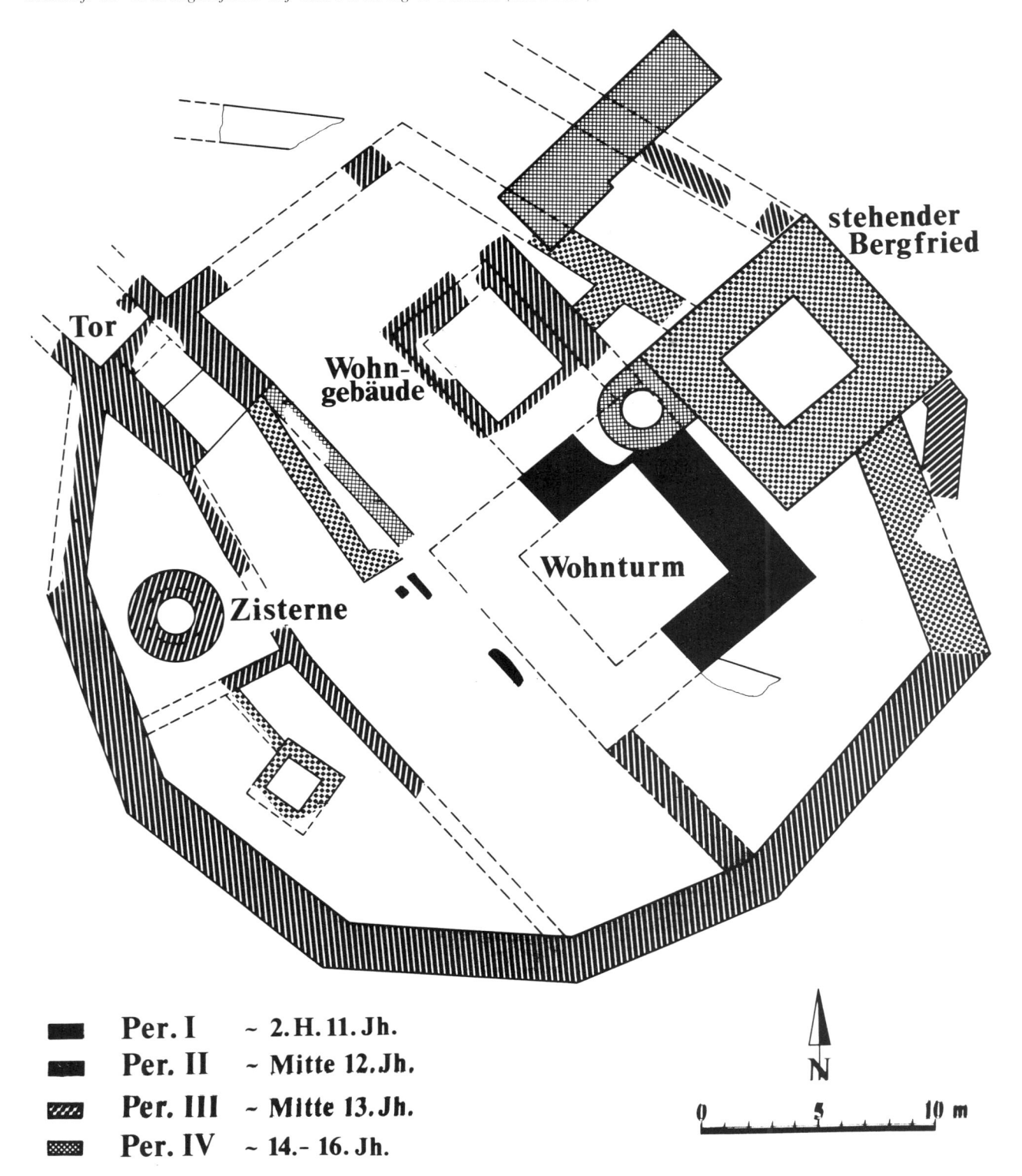

Grundriß der Grabungsbefunde auf dem Turmberg in Durlach (nach Lutz).

stehender Bergfried

Tor

Wohngebäude

Wohnturm

Zisterne

- Per. I ~ 2. H. 11. Jh.
- Per. II ~ Mitte 12. Jh.
- Per. III ~ Mitte 13. Jh.
- Per. IV ~ 14.–16. Jh.

N

0   5   10 m

Grenzbereich von Breisgau und Ortenau sprechen, die sich räumlich an das ehemals zähringische Gut in der Freiburger Bucht, den Kernbesitz der Grafen, anschloß und die sicher nicht völlig unbewußt auf die Herrschaft des ehemals einzigen gräflichen Geschlechts, das im Breisgau des 12. Jahrhunderts ansässig war, zurückgriff. Das ist umso verständlicher vor dem Hintergrund der Auseinandersetzungen mit den Markgrafen von Baden-Hachberg, die ja nun ebenfalls im nördlichen Breisgau saßen, ihr dortiges Territorium zu arrondieren und auszubauen trachteten und sich als legitime Erben aus dem Stamm der alten Breisgaugrafen Bertold I. und Hermann I. betrachten konnten. Bis 1318, als sie die Landgrafschaft im Breisgau an den Grafen Konrad von Freiburg und seinen Sohn Friedrich verpfändeten, hatten nämlich die Markgrafen die Landgrafschaft inne. Damit wäre auch ein Thema angesprochen, das hier freilich nicht weiter erörtert werden kann: Die Entstehung der Landgrafschaft im Breisgau und deren Aufspaltung in zwei Teile nach 1334.

Die ehemalige Grafenburg auf dem Nimberg ist in der Urkunde von 1316 noch ausdrücklich erwähnt und erscheint wiederum 1351, nun gemeinsam mit der Feste Lichteneck, als Gut der Gräfin Anna von Freiburg, die in diesem Jahr beide Festen mitsamt ihrem Zubehör (*die vesten Liehtenecke unde Nvnburg mit twinge, banne, wasser, weide, walde und holtze, mit allen iren zuo gehoerden*) ihrem Sohn, dem Grafen Egen von Freiburg, übergab. Bereits 13 Jahre später erwähnt eine Urkunde der aus der Freiburger Grafenfamilie stammenden Tübinger-Lichtenecker Gräfin Klara nur noch *dorf und hofe vnd luite vnd gueter vnd gelten ze Nuinburg vnd ze Bottingen*. Will man den schriftlichen Erwähnungen vertrauen, so scheint die Burganlage bis mindestens zur Mitte des 14. Jahrhunderts bestanden zu haben; ob sie noch länger intakt und in Nutzung war, entzieht sich unserer Kenntnis. Bis 1368 jedenfalls ist sie noch öfters genannt (nach 1341: *Nuburg... Item in villa sub castro iuxta viam ortus unus... Item domus una et harea sub castro ob dem weg, der gat ze der múli... Item under der burg ortus unus... Von dem Haldenacker damus censum super castrum Núburg...*; 1343: *castrum Núburg prope Friburg cum eius attinentiis*; 1344: *Núnburg, burg unde waz dar zuo hoert*; 1368: *Núnburg die burg und die doerffere, hofe, múlina, lúte, gerihet und guetere und gemeinlichen, was zuo derselben burg und der herschaft ze Núnburg gehoeret*), während sich seither ihre Spur in der Überlieferung verliert.

Das Ende der Feste und der Übergang Nimburgs an Baden. 1343 findet sich Nimburg mit den beiden Klostervogteien St. Ulrich und Sölden den Freiburger Grafen als Pfand verschrieben, und über die bereits genannte Gräfin Klara, die seit 1340 dem Pfalzgrafen Gottfried von Tübingen vermählt war, gelangten Burg und Herrschaft Nimburg wie auch Lichteneck an die Tübinger. Ihre Nachkommen nahmen ihren Sitz auf der Lichteneck und nannten sich daher Grafen von Tübingen, Herren zu Lichteneck. In gewisser Weise setzte die Lichtenecker Linie der Tübinger Grafen die Herrschaft des völlig abgewirtschafteten Freiburger Grafenhauses im nördlichen Breisgau fort, und daß sie sich gerade auf der Lichteneck festsetzten, gibt einen weiteren Hinweis darauf, daß die Burg Nimburg in der zweiten Hälfte des 14. Jahrhunderts wohl bereits abgegangen war. Ein knappes Jahrhundert später sah sich Gräfin Anna von Tübingen mit ihren Söhnen veranlaßt, *Karle Marggrafen zuo Baden die zwei doerffere Numburg und Bottingen zu verkaufen*, wodurch 1465 die Reste der ehemaligen Nimburger Herrschaft an den neben Österreich nun wichtigsten Herrn im Breisgau fielen. Bereits 1456 war Markgraf Karl zugunsten der Gründung eines Antoniterklosters bei der Nimburger Bergkirche tätig geworden, was das Interesse der Badener an Nimburg unterstreicht. Mit diesem Verkauf waren die Weichen für die neuzeitliche Geschichte des Dorfes gestellt.

Von der Burg freilich verlautet 1465 nichts mehr. Sie war nun wahrscheinlich vollständig abgegangen. Das bestätigt jedenfalls im folgenden Jahrhundert ein Nimburger Urbar, das *guetter in der burg und darumb, ein gertlin und Reben uff der burg* verzeichnet und die landwirtschaftliche Nutzung des Burgareals anzeigt. Erwähnt sei des weiteren die Nennung einer Flur auf der *hindern burg*, womit wohl die deutlich erkennbare Terrasse südlich des eigentlichen Burghügels angesprochen ist, die wir oben mit dem Begriff "Vorburg" bezeichnet haben.

Noch im Verlauf des Mittelalters endet also die bewegte Geschichte dieser oberrheinischen Grafenburg auf dem Nimberg, die zur Zähringerzeit Stammsitz eines überregional bedeutenden Adelsgeschlechts, dann Ansatzpunkt bischöflich-straßburgischer Territoriumsbildung und staufischer Stützpunkt rechts des Rheins war, schließlich gemeinsam mit der Lichteneck das nördliche Glacis der Freiburger Grafen und den Kern der Herrschaft einer Linie der Grafen von Tübingen bildete. Im 15. Jahrhundert, als die Burg schon längst nicht mehr bestand, erwarb das Haus Baden neben Gütern und Rechten in Köndringen und Landeck auch die Reste der alten Nimburger Herrschaft und arrondierte damit seine Positionen im nördlichen Breisgau, die sich dort um die Feste Hachberg konzentrierten.

Daß auf dem Nimberg keine attraktive Burgruine wie die Landeck etwa erhalten geblieben ist, die uns handgreifliche Vorstellungen vom Leben der Kreuzfahrer- und Ritterzeit vermitteln könnte, liegt in der wechselvollen mittelalterlichen Geschichte Nimburgs begründet. War Landeck eine spät ausgebaute Randposition des verzweigten Geschlechts der Geroldsecker, ein weit zurückgezogener Außenposten in den Vorbergen des Schwarzwalds, der unter den Erbbrüdern Walter und Heinrich im ausgehenden 13. Jahrhundert eine kurze Blütezeit erlebte, bevor er gleichsam als Objekt der Kapitalanlage an die Freiburger Patrizierfamilie Snewlin kam, so stand Nimburg als zentraler Ort in der Ebene des nördlichen Breisgaus seit der Zähringerzeit im Brennpunkt der Interessen von König und Reich, von Fürsten und Dynasten im Oberrheingebiet. Gerade die Auseinandersetzungen der politischen Kräfte um das Erbe des Nimburger Grafengeschlechts bewirkten auch, daß hier keiner der vielen spätmittelalterlichen Burgherren mehr seinen Sitz wählte und eine entsprechende Burganlage erbaute. Die alten nimburgischen Gebäude des 12. Jahrhunderts dürften noch lange Zeit genutzt worden sein, bevor sie allmählich verfielen und andere Burgen wie Landeck, Limburg, Lichteneck und Hachberg zu den Hauptschauplätzen adeligen Lebens und landesherrlicher Politik im nördlichen Breisgau wurden.

Die Burg der Herren von Köndringen

Der Flurname "Bürgle" auf der knapp 40 m aus der Ebene aufsteigenden Lößterrasse wenig östlich über dem Ort Köndringen zeigt den Standort einer heute verschwundenen, mittelalterlichen Burg an (siehe S. 109). Hinweise darauf gibt ferner die auffällige Geländeformation im Bereich der Flur Bürgle. Eine langgestreckte, nach Westen in die Ebene vorspringende, spornartige Terrasse ist hier offensichtlich von menschlicher Hand als Burgstelle hergerichtet und bewehrt worden. Den Standort der Kernburg darf man auf dem vordersten Plateau vermuten, das durch einen Abschnittsgraben von beträchtlichen Dimensionen gleichsam aus dem Höhenrücken herausgeschnitten erscheint. Die Ecken des so entstandenen, nach allen Seiten hin steil abfallenden Kernburgareals wurden offenbar abgerundet, so daß es durch die Anlage der Grabenwerke einen ovalen Grundriß erhielt und den Eindruck eines künstlich aufgeschütteten Burghügels erweckt. Dieser kann wegen seiner geringen Abmessungen freilich nur ein Gebäude vom Typ der eingliedrigen Turmburg - ähnlich wie beim oben unter Nimburg genannten Beispiel des Durlacher Turmbergs - getragen haben.

Vor einiger Zeit hat man im Gartenland auf dem Plateau des Burghügels Tonscherben gefunden und Mauerbrocken gesichtet - untrügliche Zeichen einer ehemaligen Besiedelung dieser Stelle. Da jedoch bislang kein genauer, im Hinblick auf das Bodendenkmal aufgemessener Plan vom Köndringer "Bürgle" vorliegt und keine fachkundigen Ausgrabungen vorgenommen worden sind, fällt es schwer, über allgemeine Mutmaßungen hinauszukommen. Das gilt auch für das östlich an das Kernburgareal anschließende Gelände, das ja eigentlich den Namen "Bürgle" trägt. Aufgrund seiner Gestalt und eines weiteren Grabenwerks wäre hier an eine "Vorburg" zu denken. Vielleicht waren an diesem Ort die notwendigen wirtschaftlichen Einrichtungen der Burg angesiedelt.

Nicht nur der Flurname "Bürgle" bewahrt die Erinnerung an eine mittelalterliche Adelsburg auf der Köndringer Gemarkung, sondern auch die Güterbücher der Klöster Tennenbach und Schuttern. Nach 1341 trugen die Tennenbacher Zisterzienser unter der Rubrik "Köndringen" zwei Gartenstücke in ihr Buch ein, die *by dem burg graben* und *an dem burgraben* lagen. Mit diesen Angaben dürfte der markante Abschnittsgraben zwischen vermutlicher Kern- und Vorburg gemeint sein, den wir eingangs erwähnten. Eine genauere Lokalisierung der Tennenbacher Gärten bei der Köndringer Burg gelingt freilich nicht. Deshalb erlauben die Angaben des Güterbuchs auch keine sichere Antwort auf die Fragen, ob die Burg zu jener Zeit, in der Mitte des 14. Jahrhunderts, noch bestand oder bereits abgegangen war. Hinweise auf letzteres wären allerdings die landwirtschaftliche Nutzung von unmittelbar an die Wehranlagen der Burg anstoßenden Flurstücken und, daß diese sich schon zu dem genannten Zeitpunkt in der Hand eines Klosters befanden. Am Ende des Mittelalters jedenfalls ist in den Güterverzeichnissen des Klosters Schuttern die Rede von Flurstücken *auf der Altenburg* und *am burggraben* zu Köndringen, woraus sich mit einiger Sicherheit der Abgang der Burg vor diesen Aufzeichnungen im Jahr 1528 erschließen läßt.

Über die Anfänge der Köndringer Burg und ihre hochmittelalterliche Geschichte ist so gut wie nichts überliefert. Auch in dieser Frage sind wir auf Rückschlüsse anhand allgemeiner historischer Entwicklungen angewiesen. Da die ältesten Adelsburgen wie anderswo auch im Breisgau für das 11. Jahrhundert belegt sind und hochadlige Herren, wie die Zähringer etwa, den weniger potenten und begüterten Freiadligen im Burgenbau vorangingen, und die Herren von Köndringen, auf die wir gleich näher zu sprechen kommen, nicht zu den überregional, über den Breisgau hinaus begüterten und politisch einflußreichen Adelsfamilien rechneten - ihr Besitz konzentrierte sich auf die benachbarten Orte Köndringen, Teningen und Heimbach -, wird man die Anfänge der Burg über Köndringen wohl kaum vor der Wende vom 11. zum 12. Jahrhundert ansetzen können. Hinweise darauf liefert, wie im Falle der Nimburg, die adelige Sitte der Zubenennung nach dem Herrschaftsschwerpunkt. Zum Jahr 1111 vermerkt der Rotulus Sanpetrinus, die Urkundenrolle des zähringischen Hausklosters St. Peter auf dem Schwarzwald, erstmals ein Mitglied eines Adelsgeschlechts "von Köndringen"; Ulrich Parlow macht in seinem Beitrag zu diesem Buch außerdem geltend, daß wahrscheinlich bereits 1087 zwei Angehörige dieser Familie, freilich ohne die Zubenennung nach der Herrschaft, bezeugt sind. Seinen Ausführungen zufolge zählten die Edlen von Köndringen bis zu ihrer letzten Erwähnung um 1150 zu den treuesten Gefolgsleuten der Herzöge von Zähringen. Auch unter ihren Standesgenossen, dem edelfreien Breisgauer Adel, nahmen sie nicht die geringste Position ein. Mehrfach erscheinen sie ausdrücklich mit der Kennzeichnung *nobiles*, und mehrmals rangieren sie an der Spitze von Zeugenreihen in den Urkunden. Wieso sie um 1150 plötzlich verschwinden, und wie das Geschlecht erloschen ist, wissen wir nicht. Vielleicht haben die Köndringer ihre Herrschaft im Zusammenhang mit dem zweiten Kreuzzug 1147 aufgegeben, den Bernhard von Clairvaux im Spätjahr 1146 am Oberrhein propagiert hatte. Seinem Aufruf war offenbar eine ganze Reihe breisgauischer Adeliger gefolgt, was sicherlich auch mit dem auffälligen Befund in Zusammenhang steht, daß in der Jahrhundertmitte nicht wenige Breisgauer Adelsfamilien verschwinden. Den Köndringer Herren dürfen wir jedenfalls die in der Frühzeit in den Quellen nicht ausdrücklich genannte Burganlage zuordnen.

Das weitere Schicksal der Burg zeichnet sich in der schriftlichen Überlieferung ebensowenig ab wie ihre Anfänge. Nach dem Aussterben der Köndringer Herren treten Ministerialen entgegen, die sich mit dem Ortsnamen zubenennen. Das waren Leute von anderem Rechtsstatus als die alten freiadeligen Köndringer; sie fungierten als Dienstleute der Grafen von Nimburg, und da sich ihre Vornamen nicht an die der alten Edelfreien anschließen, darf man eine nähere Verwandtschaft wohl ausschließen. Vielmehr ist anzunehmen, daß die Nimburger Grafen das erloschene Adelsgeschlecht beerbten und Leute ihres Vertrauens mit der Verwaltung dieser Güter befaßten. Diese könnten in der Folgezeit dann auch ihren Sitz auf der Burg genommen haben. Die Köndringer Ministerialen Nibelung und Wolfram, zwei Brüder, nahmen jedenfalls mit

Luftaufnahme vom Köndringer "Bürgle". Landesdenkmalamt Freiburg. Freigeg. durch Regierungspräsidium Stuttgart Nr. 000/40660/11.9.86

einen künstlich, von Menschenhand geschaffenen Burghügel, wie wir das bei Nimburg bereits erläutert haben.

Die Burg Landeck wurde also, folgt man Wellmer, 1277 verlegt. Den Grund für die Verlegung sucht Wellmer in der erwähnten Teilungsurkunde von 1277. In ihr wurde niedergelegt, wie die geroldseckischen Güter nach dem Tode Walthers von Geroldseck unter Heinrich von Geroldseck, dem Grafen von Veldenz, sowie Heinrich und Walther, den Brüdern von Geroldseck, aufgeteilt werden sollten. Deren Erbteil sollte künftig die "Untere Herrschaft" Geroldseck bilden, während Heinrich von Veldenz die "Obere Herrschaft" Geroldseck zugesprochen bekam, zu welcher der geroldseckische Altbesitz an der Kinzig sowie die Grafschaft Veldenz, die Kastvogtei Schuttern und die Herrschaft Sulz am Neckar gehörten. Mit "Landeck und was dazugehört", wie die Urkunde sagt, soll nach Wellmer die alte Burg Landeck gemeint sein, die auf dem vermutlichen Burghügel in der Flur "Fuchsbug" zu suchen sei. Hier hätten nicht nur der Vogt Dietrich, sondern zunächst auch noch die beiden Geroldsecker gesessen, denn erst 1279 habe Dietrich in ihrem Auftrag das Gelände für die neue Burg erworben. Das aber ist eine in mehrfacher Hinsicht fragwürdige Schlußfolgerung.

Handelt es sich bei "Landeck und was dazugehört" tatsächlich um den Sitz des Vogtes Dietrich? Man muß in diesem Zusammenhang nach der Rechtsstellung Dietrichs fragen. Dieser nennt sich Vogt von Landeck, woraus hervorgeht, daß "Landeck" nicht als Geschlechtername Dietrichs, sondern als Bestandteil seiner Amtsbezeichnung aufzufassen ist. Dies wird deutlich in der von Wellmer herangezogenen Notiz des Tennenbacher Güterbuchs: *Sed nota quod oportet nos dare de eisdem bonis ex institucione eiusdem Dietrici advocati de Landegge dominorum de Geroldzegge pro Castro Landegge, cuius fundus fuit almeindia villarum de Malterdingen, de Kunringe, de Heinbach, de Mundingen omni anno (...)* (Bemerkt sei aber, daß es sich gebührt, daß wir wegen derselben Güter aus der Ausstattung desselben Dietrichs, des Vogtes von Landeck, deren Grund und Boden die Allmende der Dörfer Malterdingen, Köndringen, Heimbach und Mundingen war, in jedem Jahr geben...). Dietrich war offenbar ein von den Geroldseckern eingesetzter Vogt auf der Burg Landeck. Man muß deshalb annehmen, daß Dietrich im Namen der Geroldsecker die Gerichtsbarkeit über die Besitzungen des Klosters Schuttern in Malterdingen, Heimbach, Wöpplinsberg und Köndringen ausübte, denn die Vogtei von Schuttern hatten die Geroldsecker schon seit 1235 inne. Dietrich wäre dann als Verwalter der geroldseckischen Rechte im Vierdörferwald anzusprechen. Dazu fügt sich gut, daß die Burg Landeck sich gleichsam im Zentrum dieses Komplexes erhebt. Der Erwerb des Ackers bei Schadelandeck durch Dietrich 1279 muß nicht zwangsläufig mit dem Bau einer neuen Burg in Verbindung stehen, denn immerhin wird in der betreffenden Urkunde mit keinem Wort auf eine Burg, geschweige denn auf ein dementsprechendes Bauvorhaben Bezug genommen.

Schließlich bleibt zu fragen, ob die von Wellmer herangezogenen Notizen im Tennenbacher Güterbuch, die von einer "Burghalde" bzw. von einer "alten Burg" sprechen, auf den Hügel im "Fuchsbug" bezogen werden können. Der Vermerk *Item in dem burgstal 1/2 iuger iuxta viam silve, que ducit in Kunringen* und das zweimal vorkommende *Item bi der alten burg (...)* stehen im Güterbuch unter "Mundingen". In unmittelbarer Nachbarschaft finden sich Notizen, die Güter im östlichen Bereich Mundingens, also in Richtung Maleck, aufzählen, beispielsweise im "Eichholz", in Wöpplinsberg und am Laberberg. Außerdem werden Güter derer von *Vischerbach* an den *Steingruben* erwähnt. Schlagen wir nun im Tennenbacher Güterbuch unter *Maleck* nach, so stoßen wir gleich zu Beginn der Aufzeichnungen auf die Mitteilung: *Item uf der Steingruben und uf burghalden 4 iugera (...)*. Die gemeinsame Erwähnung von *Burghalde* und *Steingruben* sowohl unter Mundingen als auch unter Maleck kann kaum ein Zufall sein. Es muß sich um ein- und dieselbe "Burghalde" handeln. Auf der Topographischen Karte (Bl. 7813) findet man südlich von Maleck tatsächlich eine Flur "Burghalde", wo eine abgegangene Wehranlage mittelalterlicher Zeitstellung vermutet werden kann. Die Notizen im Tennenbacher Güterbuch, die eine alte

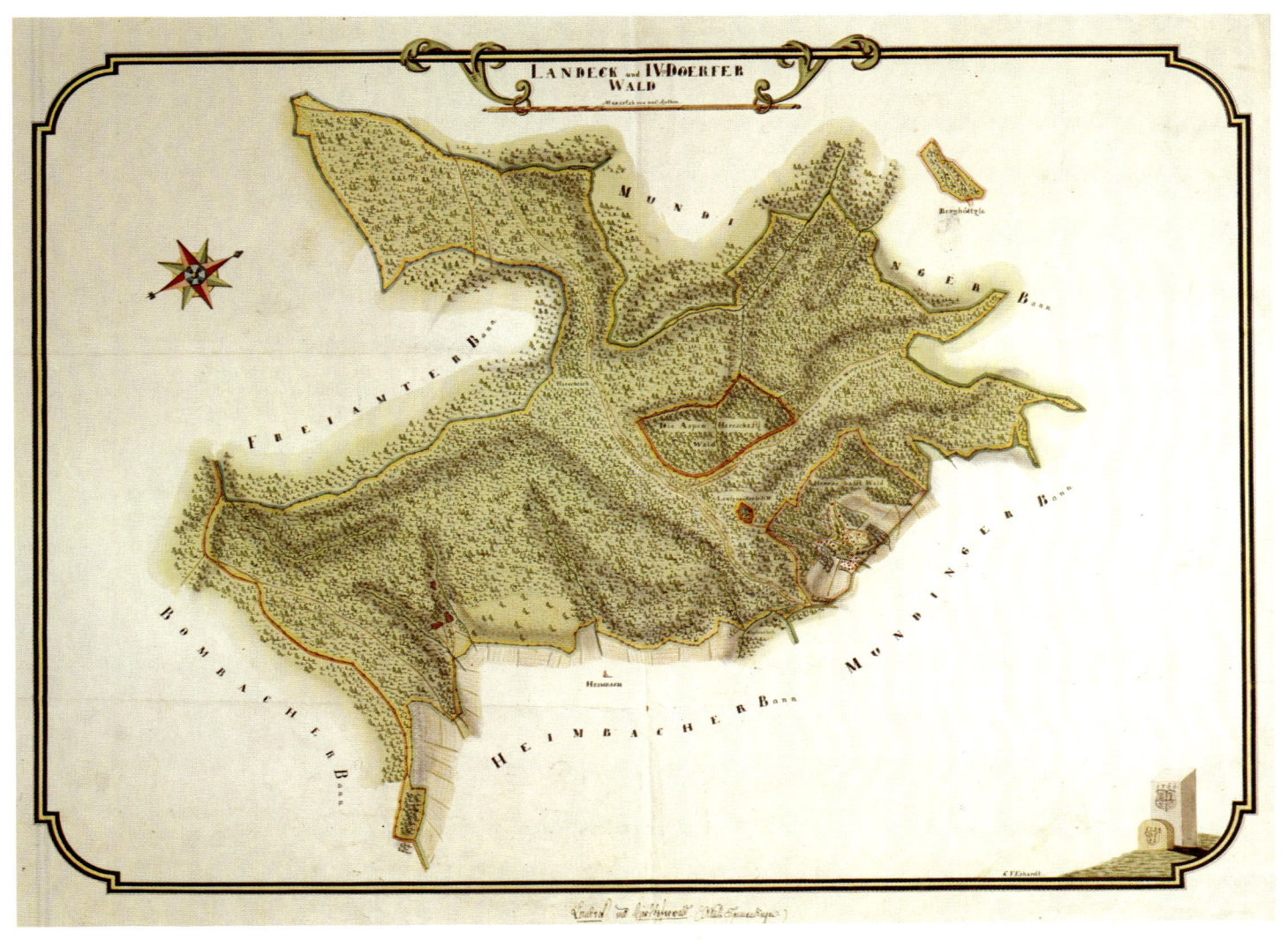

Der Vierdörferwald. GLA H/ Landeck 3

Burg erwähnen, beziehen sich also mit großer Wahrscheinlichkeit auf die "Burghalde" in Maleck und nicht auf den Hügel im "Fuchsbug".

Kommen wir schließlich auf den schon erwähnten "Damm" nördlich der oberen Burg zu sprechen. Auch dieser kommt als ältere Burgstelle Landeck in Frage. Nachdem Wellmer hier zunächst das 1300 erwähnte *Stettelin, das da lit vor der Burg ze Landegge* vermutete, verwarf er diese These schließlich wieder und lokalisiert das *Stettelin* nun zwischen den Gewannen "Fuchsbug" und "Vogelsang". Auf dem "Damm" sei stattdessen eine "Vorburg" anzunehmen. Wenn sich aber auf dem "Damm" eine Vorburg befunden haben soll, so läge der merkwürdige und wenig wahrscheinliche Fall vor, daß die Vorburg höher als die Burg selbst gelegen hätte. Es stellt sich deshalb die interessante Frage, ob auf dem "Damm" nicht vielmehr mit einer älteren Burgstelle zu rechnen ist. In diesem Zusammenhang wird eine Urkunde von 1394 wichtig, die Wellmer nicht berücksichtigt hat. Sie betrifft die Verpfändung der halben Landeck und erwähnt einen *Turm* neben dem oberen Schloß. Heinrich von Wiesneck werden neben der halben Landeck verschiedene Rechte eingeräumt, u.a. sollen *er und die Seinen och reht han unde wege und stege ze der kappellen, ze dem brunnen und zu gemeinen toren, unde ze holtze und velde. Er sol och rehte han, sine gefangenen in seinen turne ze legede (...). Jedoch soll ihm an dem Turme, noch an deme obern huse daby, kein Recht gebühren.* Naeher und Maurer vermuteten diesen Turm nordwestlich der oberen Burg, wo sich "gegenwärtig ein Hügel von Schutt und Trümmern... befindet". Müssen wir nicht hier die "alte Burg" Landeck suchen?

Wenn wir nach diesen Überlegungen in Betracht ziehen dürfen, daß Dietrichs Sitz auch unmittelbar oberhalb der Ruine Landeck zu suchen sein könnte, stellt sich erneut die Frage, wer dann auf dem Hügel im "Fuchsbug" saß. Dieser ist mit größter Wahrscheinlichkeit mittelalterlicher Zeitstellung, da er für eine frühgeschichtliche Anlage auf jeden Fall zu klein wäre. Nur künftige Ausgrabungen könnten die Frage beantworten, wie die mutmaßliche Burg auf dem Hügel im "Fuchsbug" aussah. Peter Schmidt-Thomé vermutet hier einen Holzbau des 12. oder 13. Jahrhunderts.

Lageskizze Landeck. (nach Wellmer)

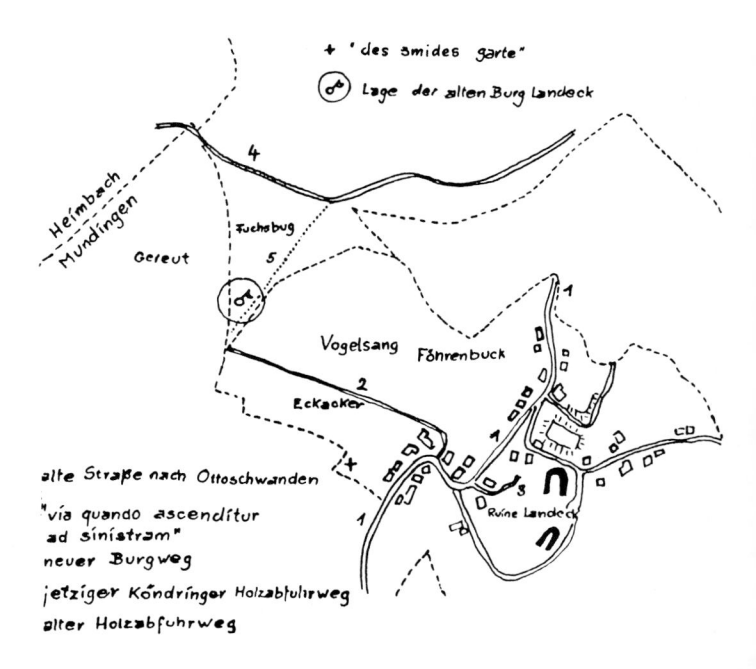

Die Geroldsecker auf Landeck

Doch wenden wir uns jetzt der neuen Burg zu, die wie gesagt, um 1300 in ihren beiden Teilen bestanden haben muß, denn am 4. April dieses Jahres tauschte der Ritter Snewlin seinen Hof in Schliengen gegen die *oberun und die niderun Burg Landeck und den teil dez stettelins*. Unmittelbar vor diesem Tausch hatten die Freiburger Johanniter Landeck für 1000 Mark Silbers von Heinrich von Geroldseck erworben. Heinrich hatte mit diesem Verkauf gegen eine Abmachung gehandelt, die er mit seinem Bruder Walther 1299 getroffen hatte. Nachdem sich Landeck seit 1277 im Besitz beider Brüder befunden hatte, verwickelten sie sich 1299 offenbar in Streit und teilten ihr Erbe. Dabei verpflichtete sich Heinrich, daß er die Burg, falls er sie eines Tages aufgeben müsse, zuerst seinem Bruder Walther anzubieten habe. Genau dies aber hat er bei dem Verkauf im Jahre 1300 unterlassen. Walther von Geroldseck ging deshalb in der Folgezeit gegen die Johanniter und die Snewlin vor, um seine Ansprüche durchzusetzen. In diesen Zusammenhang gehört sicherlich die Fehde zwischen Walther von Geroldseck und Johann Snewlin von Freiburg, von der eine Urkunde vom Jahre 1301 zu berichten weiß. Die Burg Landeck wird zwar nicht ausdrücklich erwähnt, doch deutet alles darauf hin, daß sich die Sühne auf den Streit um Landeck bezieht.

Bereits im Jahr 1300 endet also die geroldseckische Geschichte der Burg Landeck. Man muß wohl davon ausgehen, daß der Versuch der Geroldsecker, im nördlichen Breisgau Fuß zu fassen, dem Freiburger Grafen und der Stadt schon seit längerem ein Dorn im Auge war, denn 1298 heißt es in den Colmarer Annalen: *Castrum Lanteke comes Fryburgensis atque cives pariter obsederunt* (Der Graf und die Bürger von Freiburg belagerten die Burg Landeck). Wie die in gräflich-freiburgischer Hand befindlichen Burgen Nimburg und Lichteneck deutlich machen, hatten die Grafen in diesem Raum selbst sehr starke Interessen, und ihre Belagerung dürfte zum Entschluß des Geroldseckers, seine Burg Landeck zu verkaufen, beigetragen haben.

Die seit 1215 belegte Freiburger Patrizierfamilie Snewlin, die vielleicht aus einem Ministerialengeschlecht der Zähringer Herzöge hervorgegangen war, betrieb während des 13. Jahrhunderts eine den ganzen Breisgau umgreifende Erwerbspolitik. Um 1300 verfügten die Snewlin über zahlreiche Höfe in der Freiburger Bucht, am Kaiserstuhl und im Bereich des Dinkelberges, so z.B. in Oberried, Bischoffingen, Wiehre, Umkirch, Herdern, Riehen, Inzlingen und Weil. Als Verbindungsglied zwischen den beiden Besitzschwerpunkten der Familie fungierte der große Widemhof in Schliengen, zu dem das Patronatsrecht über die dortige Pfarrkirche gehörte. Im 14. Jahrhundert war den Snewlin dann mehr und mehr daran gelegen, feste Häuser und Burgen zu erwerben. Die Burg Landeck eröffnete diese Reihe. Wie oben schon erwähnt, vertauschte Johann Snewlin sein Hofgut in Schliengen mit der Burg Landeck, welche kurz zuvor in die Hand der Freiburger Johanniter gekommen war. Im Verlauf des 14. Jahrhunderts gelang den Snewlin des weiteren der Erwerb eines festen Hauses in Bollschweil (1303), sowie der Burgen Keppenbach (1350) und Zähringen (1327). Außerdem verfügten sie seit 1328 über drei Viertel der Burg Falkenstein im Höllental.

War die Burg Landeck, wie allgemein angenommen wird, von jeher nur von geringem wirtschaftlichen Wert gewesen, so verlor sie jetzt ihre politische Bedeutung, die sie in der geroldseckischen Zeit gehabt hatte. Dieses Schicksal teilt die Landeck jedoch mit vielen anderen mittelalterlichen Adelsburgen. Ende des 14. Jahrhunderts war Hanman Snewlin von Landeck offenbar gezwungen, Landeck zu teilen. Er verpfändete die halbe Feste, die niederen burg, seinem Vetter Heinrich von Wiesneck. Die obere Burg mit dem Turm behielt er sich selbst vor. 1511 verkaufte schließlich Bastian von Landeck dem Markgrafen von Baden einen Teil der Burg.

Die beiden Schlösser

Wer die Straße von Mundingen kommend in Richtung Ottoschwanden aufwärts fährt, erblickt nach der ersten Biegung die *"schönste aller breisgauischen Burgen"*, wie Joseph

Schlippe die Landeck genannt hat. Die Ruine ist gut erhalten, hie und da sind die Mauern der mit Efeu und Gestrüpp überwucherten Gebäude sogar noch von Giebeln bekrönt. Heute führt die Fahrstraße von Westen her rings um den ganzen Burgkomplex herum und dann nördlich derselben durch den zum monumentalen Burggraben vertieften Einschnitt zum sogenannten Damm hin. Das ist nicht mehr der alte Verlauf des Weges nach Ottoschwanden. Er führte ursprünglich nicht um das Burgareal herum, sondern bog am heutigen Gasthaus scharf nach Norden ab und zog westlich an der Burg vorbei.

Wir betreten die obere Burg durch einen modernen Eingang im Westen (siehe S.   ). Eine Treppe führt hinauf in den oberen Palas, dem ein Hof vorgelagert ist. Von dem im Grundriß unregelmäßigen, etwa trapezförmigen Wohngebäude sind heute nur noch drei Wände gut erhalten: Die Nord- und die Südwand von jeweils über 20 m Länge und die hoch aufragende Giebelwand nach Osten hin. Sie zeigen an, daß das obere Schloß einst einen doppelgeschossigen Keller und darüber mindestens drei Stockwerke besaß. Der Palas wurde wohl vor allem deswegen auf unregelmäßigem Grundriß errichtet, weil man ihn dem Burgfelsen anpaßte. Gegen Süden binden in die Ecken des Palas zeitgleiche Mauern ein, die einen bescheidenen Burghof umschlossen. Nur an der südöstlichen Ecke hat sich ein Stück dieser Mauer in fast ursprünglicher Höhe erhalten und zeigt die stark restaurierten Reste eines Wehrganges, der vom ersten Hauptgeschoß des Palas aus zu betreten war. Am stärksten ausgebildet war die nach außen, zum Graben hin gewandte Nordwand der oberen Burg, wo die Mauerstärke etwa 2,70 m beträgt, so daß diese Flanke gleichsam die Funktion einer Schildmauer mitübernahm. Sonst ist das Mauerwerk schwächer, und auch die Umfassungmauer des Burghofs erreicht nur die halbe Stärke der Palasnordwand. Wie viele andere Burgen richtet das Palasgebäude der oberen Landeck seine am stärksten bewehrte Flanke mit dicker Mauer und tiefem und breiten Graben gegen die Bergseite des Sporns, auf dem sie angesiedelt ist. Der Graben schneidet den Burgfelsen von einem nach Südwesten vorspringenden Sporn des Aspenwaldes ab.

Mit dem über 20 m langen und knapp 10 m in der Breite messenden, durch seine Höhe und wegen des markanten Burgfelsens turmartig wirkenden Palas zählt das obere Schloß Landeck zum Typ der eingliedrigen Burganlage, die nicht zwischen Palas und Wehrturm trennt. Die Oberburg gilt traditionell als die ältere der beiden Festen - sicherlich ist sie die kompaktere und wehrhaftere. Ein heute nur noch schwach erkennbarer Graben schied das untere vom oberen Schloß, welches seinerseits auf einer vor den Felsklotz der oberen Burg vorspringenden Geländeterrasse liegt.

In der dem Grundriß nach ungefähr dreieckigen Anlage des unteren Schlosses nahmen die Hauptgebäude die östliche Flanke zum Steilabfall hin ein. Auch hier folgen die Mauern des langgestreckten Palas mit ähnlichen Maßen wie die obere Burg der Geländekante und bilden einen unregelmäßigen, sich dem Rechteck annähernden Grundriß. Die Mauern erreichen aber nicht die Stärken wie im oberen Schloß, obwohl auch hier die kräftigste Befestigung nach außen gekehrt ist. Im Norden schließt ein Bau an, der vor die Längsfluchten des eigentlichen Palas vorspringt - die Burgkapelle. Ein geräumiger Burghof war diesem Ensemble nordwestlich vorgelagert, von seiner Umfassungsmauer und den Nebengebäuden sind heute nur noch geringe Reste vorhanden.

Nach außen hin übernahm das obere Schloß mit seinem dominierenden und demonstrativ wehrhaft gestalteten Palas sozusagen die Funktion des Wehrturmes, während das untere Schloß, das wohnlicher und komfortabler angelegt war, für das Gesamtbild der Burg, aus der Ferne betrachtet, eine untergeordnete Rolle spielte. Von nahem allerdings erweist es sich als das eigentliche Juwel der Landeck. Hier klingt noch die staufische Blütezeit oberrheinischen Burgenbaus nach, und die Burgkapelle zählt zu den schönsten erhaltenen Monumenten ihrer Art weit und breit.

Blicken wir ins Innere, so finden wir in beiden Schlössern trotz ihres unterschiedlichen Charakters eine Ausstattung von etwa derselben, hohen Qualität. Der obere Palas kann mit nicht weniger als drei Kaminen aufwarten, je einem im 1. und 2. Stockwerk an der Nordwand und einem weiteren im 2. Stockwerk an der Ostwand. Die Wehrhaftigkeit des Turmes unterstreichen drei (heute vermauerte) Schartenfenster in der Ostwand. Die gegen den Hof (D) zeigende Wand ist im Vergleich mit der Nordmauer (2,70 m Stärke) und der Ostwand (1,62 m Stärke) am schwächsten ausgebildet, ein Eindruck, der durch mehrere Fensteröffnungen auf jedem Stockwerk noch verstärkt wird. Die merkwürdige große Öffnung in der Nordwand dürfte nach Ausweis ihres erst in unserer Zeit aufgemauerten Bogens als nachträglicher Einbruch oder Schaden zu erklären sein. Vom Hof aus führte ein Zugang in das obere Kellergeschoß, eine Pforte erlaubte den Austritt vom Saal im Hauptgeschoß auf den Wehrgang der den Hof umfassenden Mauer.

Knappe und Ritter haben in ihrem jüngst erschienenen Beitrag über den Burgenbau der Geroldsecker auf Berührungspunkte zwischen den großen Burgen des Adelsgeschlechts, insbesondere der Hohengeroldseck und der Landeck hingewiesen. Der "Hohe Mantel" der Hohengeroldseck finde eine Entsprechung in der Umfassungsmauer der oberen Landeck, dies sei ein unverkennbares Merkmal geroldseckischer Burgenarchitektur, und die Verwendung von Buckelquadern sowohl in Landeck als auch auf der Hohengeroldseck sei als "bewußte Architekturgestaltung" dieses Adelsgeschlechts zu verstehen. Es ist aber sicherlich nicht gerechtfertigt, deswegen von einem "geroldseckischen Burgentyp" zu sprechen und weiter zu folgern, die Geroldsecker hätten als einziges südwestdeutsches Adelsgeschlecht einen eigenen Burgentyp entwickelt.

Das untere Schloß entfaltet seine größte Pracht in der Fassade zum Burghof hin. Die gegenüber der oberen Burg etwa um die Hälfte größere Anlage akzentuiert nicht wie jene die Höhe, sondern wirkt breit lagernd, nicht kompakt, sondern klar gegliedert. Die Längswände des eigentlichen Wohngebäudes mit rund 23 m Länge zeigen nach Westen und Osten. In beiden Hauptgeschossen haben sich reiche und eindrucksvolle, achtachsige Fensterfronten mindestens zum Teil erhalten, zum Burghof hin unten vier Fenster sowie eines oben. Ihre Gewände fehlen; eines hat man rekonstruiert und wieder eingesetzt. Einen guten Eindruck von der ursprünglichen Gestalt der Fenster und ihrer mit Bänken ausgestatteten, geräumigen Nischen vermittelt die Ostwand. Ein kräftiges Wulstgesims untergliedert die Hoffront in der Horizontalen und unterstreicht den breiten, lagernden Charakter des Palas, der wie der obere mit drei Kaminen ausgestattet war. Das ganze untere Schloß ist unterkellert, auch die Kapelle, unter deren Nordwand ein großes Tor Zugang zum Keller gewährt.

Die Burgkapelle gibt sich zu erkennen durch ihre vor den Palas vorspringende Westfassade mit einem symmetrisch angeordneten Fensterpaar über dem Eingangsportal. Im mittelalterlichen Burgenbau war die Anordnung von Palas und Kapelle auf einer Achse eine gebräuchliche Lösung, die in der Pfalzenarchitektur wurzelt. In Landeck springt die Kapelle nicht nur zum Hof hin vor, sondern auch nach außen. Dadurch erscheint ihr Sanktuarium (a) besonders hervorgehoben. In dem westlichen Raum (H) hat man eine ältere Kapelle vermutet, die in die bestehende, angeblich erst unter der Herrschaft der Snewlins hinzugefügte miteinbezogen worden sei. Der jetzige Triumphbogen hätte dann die ehemalige Ostmauer von (H) ersetzt. Davon kann aber keine Rede sein, denn die nähere Untersuchung von Mauerwerk, Steinmaterial und Mörtel ergibt, daß das gesamte Gebäude aus einem Guß ist. Auch eine Baufuge sucht man vergeblich. Man muß deshalb davon ausgehen, daß die Kapelle in ihrem heutigen Bauzustand gemeinsam mit dem Palas in einem Guß entstanden ist. Nach Ausweis der erhaltenen Giebel deckte ein Satteldach Palas und Kapelle.

Zugänglich war die Burgkapelle nicht nur vom Hof her, sondern auch durch Türen vom zweiten und dritten Geschoß des Palas aus. Folglich muß sie doppelgeschossig gewesen sein und steht somit in guter Tradition hochmittelalterlicher Pfalz- und Burgkapellen. In der Region zählt sie zu den größten Denkmälern ihrer Art. Ihr schweres Kreuzrippengewölbe, das man mit den frühen Teilen der Kenzinger Stadtkirche verglichen hat, ruht auf Kämpferplatten über grotesken Konsolfiguren. Dem Stil nach gehören diese Atlanten ins späteste 13. Jahrhundert und stehen in der Nachfolge des Ecclesia-Meisters im Straßburger Münster. Wegen der Verbindungen der Geroldsecker zu Straßburg darf man vielleicht sogar annehmen, daß die Bauleute aus der Bischofsstadt geholt worden sind.

Vor allem die reiche Ausstattung der Kapelle verweist die Landeck in den kleinen Kreis der kunstgeschichtlich bedeutenden Burgruinen unseres Landes. Wahrscheinlich sind sämtliche Bauten der Doppelburg gleichzeitig und im späten 13. Jahrhundert entstanden. Neben der schon genannten Feste Hohengeroldseck ist der Landeck die Burg Albeck über Sulz am Neckar nahe verwandt, auf der seit der Erbteilung im Haus Geroldseck 1277 die Linie Geroldseck-Sulz saß. Die historischen Gegebenheiten lassen deutlich erkennen, daß die beiden Palas den Brüdern Heinrich und Walther ihre Entstehung verdanken. Sie entstammen einer Zeit, in der das weitverzweigte Geschlecht der Geroldsecker sich auch an anderen Orten durch seinen Burgenbau hervortat. Die beiden Festen Landeck zählen zum großen Kreis der geroldseckischen Burgen wie Albeck, Lahr und Hohengeroldseck, und wie diese atmen sie den Geist einer Blütezeit ritterlichen Lebens an der Schwelle zum Spätmittelalter. Die fast überreiche Ausstattung mit Cheminées weist ebenso darauf hin wie das an höfische Architektur erinnernde Ensemble von Palas und Burgkapelle der unteren Landeck.

Quellendokumentation zur Landeck

1. **8. Juli 1260:** *D(ietricus) advocatus in Landecke* (Innerhalb einer Zeugenreihe in einer Urkunde Graf Konrads von Freiburg.)
In: ZGO 9 (1858), S. 347

2. **1279:** *Wir Marcgrave Heinrich der edele Herre von Hahperg tuen kunt (...) daz mit unsern willen die ersamen lüte gemenliche von den vier dörfern (...) Dieteriche dem Vogete von Landecke verluhen hant en acker bi Schadelandecke ... .*
I.D. Schöpflin, Historia Zaringo-Badensis 5, S. 272

3. **1317 - 1341:** *Sed nota, quod oportet nos dare de eisdem bonis ex institucione eiusdem Dietrici advocati de Landegge dominorum de Gerolzzegge pro castro Landegge, cuius fundus fuit almeindia villarum de Malterdingen, de Kúnringe (!), de Heinbach, de Mundingen omni anno ...* Es folgen die Abgaben.
Das Tennenbacher Güterbuch (1317-1341). Bearb. v. M. Weber u.a., Stuttgart 1969, S. 283, Sp. 662

   Item in dem burgstal 1/2 iuger iuxta viam silve, que ducit in Kunringen.
Ebd., S. 372, Sp. 873

   Item by der alten burg 1/2 iuger iuxta viam silve, que ducit in Kúnringen.
Ebd., S. 373, Sp. 874

   Item Wendeschatzes lehen, quod advocatus Dietricus quondam in Landegge dedit filiabus suis inclusis in Woͤplinsberg pro tempore vite earum usumfructuum et postea perpetualiter monasterio nostro, ut instrumentum sigillatum sigillo domini de Gerolzegge ostendit.
Ebd., S. 282, Sp. 661

4. **26. Juli 1277:** *... ist unß Heinrichen unndt Walthernn den Herrn von Geroltzeck zu unßerm Theill angefallen Landeckhe und was darzu hőret ...*
J.J. Reinhard, Pragmatische Geschichte des Hauses Geroldsek wie auch deren Reichsherrschaften Hohengeroldsek, Lahr und Mahlberg in Schwaben, 1766, S. 37ff. Urkunde V

5. **1298:** *Castrum Lanteke comes Fryburgensis atque cives pariter obsederunt.*
Annales Colmarienses maiores, MGH SS XVII, S. 224

6. **13. Nov. 1299:** *Wir Heinrich onnd Walther Gebrüedere Herren von Geroltzecke ober Rhin, thunt khundt allen den die diesen Brieff anesehent oder höerent lesen ... daß onsere Lehen alle die wir handt, sollent beliben, onnd soll onser jedtwedere dem andern ond seinen Lehens-Erben seine Lehen liehen, onnd soll sie von ihme empfahen, onnd sein Mann darumbe sein ...*

Die zwo Vesten Swannowe onnd Landecke, die Burge, sint oßgenommen. Mit der Burge zu Swannowe soll ich Walther thun alles das mir füeget, ohne mines Bruders Heinriches Widerrede.

Ich Heinrich soll auch die Burg zu Landecke nyt offen gebene en weck geben; wande ist, daß ich es bedarff, so soll ich sie verkauffen oder versetzen, onnd soll sie vor erste bieten minem Bruder Walthere, oder sinen Erben.

Wellent mir die darumbe geben, also viell, als andere Lüete, ich soll es ihnen baß güennen, dan andern Luetten; wolltent si das nit, ich soll sie verkauffen ond versetzen andern Lüetten, ohne Gevehrde, ohne seinne onnde seiner Erben Widerrede ...
REINHARD, Pragmatische Geschichte des Hauses Geroldsek, S. 40ff. Urkunde VII

7. **2. April 1300:** *... künde ich Heinrich ein frie herre von Geroltsegge in Mortnöwe, das ich ... han verköfet uñ geantwurtet für ein reht eigen mine burg ze Landegge, dú mir gevallen was an dem teile, den ich tet mit hern Walther von Geroltsegge minem brüeder ... den erberen uñ geistlichen lúten dem meister uñ den brüedern Sant Johannes spitals von Jherusalem ze oberm tütschem lande ...*
HEFELE, Freiburger UB 2, S. 360, Nr. 288

8. **4. April 1300:** *... kúnde ich Johannes Snewelin ... das ich ... han verwehselt gegeben uñ erlöubet den erberen geistlichen lúten brüeder Helwigen von Randesacker dem prior der húser Sant johannes spittals ... uñ sinen brüedern ... umbe die búrge ze Landegge die oberun uñ die niderun uñ den teil des stettelins unde fúnf uñ zwenzig mark geltes minem hof ze Sliengen ...*
Ebd., S. 362, Nr. 289

9. **25. April 1300:** *Wir Albrecht von gotes genaden Romischer kunich ... tüen kunt und ze wizzen ... daz wir zwischen dem edeln manne Walthern von Geroltsek und sinen helfern einhalbe und Johannes dem Snewilin von Friburg und den burgern von Friburch ... umbe den kriech und di missehellungen, die zwischen ine was, durch gemeinen vride und gemach des landes han nu nechste zu Brisach ein ganze süene gemachet.*
Ebd., Bd. 3, S. 4, Nr. 4.

10. **1394:** *Hanman Snevwli von Landegge, ritter, bekennt, daß er versetzt habe um 100 Gulden einen teil an siner halben vestin ze Landeck dem fromen vesten kneht Heinrichen Von Wisnegke dem jungen, seinem Vetter ...*
Er sol öch rehte han, sine gefangenen in sinen ... turne ze legende ... weiters soll ihme an dem Turme, noch an deme obern huse daby, kein Recht gebühren.
In: ZGO 5 (1854), S. 478

Herrn Prof. Dr. Hans-Ulrich Nuber und Herrn Oberkonservator Dr. Schmidt-Thomé sind wir für Mitteilungen und Ratschläge zu großem Dank verpflichtet.

Literatur

Boxler, Heinrich: Die Burgnamengebung in der Nordostschweiz und in Graubünden (Studia Linguistica Alemannica 6). Frauenfeld-Stuttgart 1976

Bühler, Christoph: Die Herrschaft Geroldseck. Studien zu ihrer Entstehung, ihrer Zusammensetzung und zur Familiengeschichte der Geroldsecker im Mittelalter (Veröffentlichungen der Kommission für geschichtliche Landeskunde in Baden-Württemberg B 96). Stuttgart 1981

Burgen und Schlösser in Mittelbaden. Hg. v. Schneider, Hugo = Die Ortenau 64, 1984

Burnouf, Joëlle: Les châteaux sur motte dans la seigneurie épiscopale de Strasbourg. In: Actes du 103e Congrès national des Sociétés savantes. Nancy-Metz 1978. Section d'archéologie et d'histoire de l'art. La Lorraine, Paris 1980, S. 165-191

Burnouf, Joëlle: Les mottes castrales en Alsace. In: Revue d'Alsace 111, 1985, S. 3-45, sowie 112, 1986, 3-48

Butenheim: Une motte castrale en Alsace. Bilan de quatre campagnes de fouilles archéologiques (Annuaire de la Société d'histoire sundgauvienne. Numero special). Mulhouse 1986

Hinz, Hermann: Motte und Donjon. Zur Frühgeschichte der mittelalterlichen Adelsburg (Zs. f. Archäologie des Mittelalters, Beiheft 1). Köln 1981

Kohler, Alfons: Die Burgen des mittelalterlichen Breisgaus. Quellennachrichten über Entstehung, Besitzverhältnisse, militärische und wirtschaftliche Bedeutung der Breisgauer Burgen. Diss. phil. Freiburg i.Br. 1940

Die Kunstdenkmäler des Großherzogthums Baden 6: Kreis Freiburg, Erste Abt.: Die Kunstdenkmäler des Landkreises Freiburg: Die Kunstdenkmäler der Amtsbezirke Breisach, Emmendingen, Ettenheim, Freiburg (Land), Neustadt, Staufen und Waldkirch (Kreis Freiburg Land), in Verbindung mit E. Wagner bearb. v. Kraus, Franz Xaver. Tübingen und Leipzig 1904

Lutz, Dietrich: Turmburgen in Südwestdeutschland. In: La maison forte au moyen âge. Pont-à-Mousson 31 mai-3 juin 1984, sous la direction de Michel Bur, Paris 1986, S. 137-152

Lutz, Dietrich: Die Untersuchungen auf dem Turmberg bei Karlsruhe-Durlach. In: Forschungen und Berichte der Archäologie des Mittelalters in Baden-Württemberg 4, Stuttgart 1977, S. 173-207

Metz, Bernhard: L'état de nos connaissances sur l'architecture des châteaux-forts alsaciens. In: Saisons d'Alsace N. S. 27, 1983, S. 11-26

Meyer, Werner: Frühe Adelsburgen zwischen Alpen und Rhein. In: Nachrichten des Schweizerischen Burgenvereins 57, 1984, S. 70-79 (ND in: Das ritterliche Turnier im Mittelalter. Hg. v. Fleckenstein, Josef. Göttingen 1986, S. 571-587)

Naeher, Julius/ Maurer, Heinrich: Die Alt-Badischen Burgen und Schlösser des Breisgaus. Beiträge zur Landeskunde, Emmendingen ²1896

Ritter, Ralf/ Knappe, Karl-Bernhard: Die Landeck - eine Burg der Geroldsecker. In: Geroldsecker Land. Jb. einer Landschaft 30, 1988, S. 17-43

Rösener, Werner: Ministerialität, Vasallität und niederadelige Ritterschaft im Herrschaftsbereich der Markgrafen von Baden vom 11. bis zum 14. Jahrhundert. In: Herrschaft und Stand. Untersuchungen zur Sozialgeschichte im 13. Jahrhundert. Hg. v. Fleckenstein, Josef (Veröffentlichungen des Max-Planck-Instituts für Geschichte 51). Göttingen ²1979, S. 40-91

Rösener, Werner: Die Rolle der Grundherrschaft im Prozeß der Territorialisierung. Die Markgrafschaft Hachberg als Beispiel. In: Schau-ins-Land 98, 1979, S. 5-30

Schaab, Meinrad: Landgrafschaft und Grafschaft im Südwesten des deutschen Sprachgebiets. In: Zs. für die Geschichte des Oberrheins 132, 1984, S. 31-55

Schlippe, Joseph: Burgen im Breisgau. In: Oberrheinische (Badische) Heimat 28, 1941, S. 126-172

Schuster, Eduard: Die Burgen und Schlösser Badens: Der Breisgau. Karlsruhe 1908

Stevens, Ulrich: Burgkapellen im deutschen Sprachraum (14. Veröffentlichung der Abteilung Architektur des Kunsthistorischen Instituts der Universität Köln). Köln 1978

Stülpnagel, Wolfgang: Burgen und -burg-Namen im Breisgau. In: Fs. für Prof.Dr.Dr. Wolfgang Müller zum 65. Geburtstag = Alemannisches Jahrbuch 1970, S. 30-37

Wellmer, Martin: Altes und Neues von der Burg Landeck. In: Alemannisches Jahrbuch 1970, S. 38-54

Wellmer, Martin: Zur Entstehungsgeschichte der Markgenossenschaften. Der Vierdörferwald bei Emmendingen. Freiburg i.Br. 1938

Wilsdorf, Christian: L'apparition des châteaux en Haute-Alsace d'après les textes. In: Actes du 101e Congrès national des Sociétés savantes. Lille 1976. Section d'archéologie et d'histoire de l'art. Archéologie militaire, Paris 1978, S. 61-76

Die Zähringer. Anstoß und Wirkung. Hg. v. Schadek, Hans, und Schmid, Karl (Veröffentlichungen zur Zähringer-Ausstellung 2). Sigmaringen 1986

Zettler, Alfons: Zähringerburgen - Versuch einer landesgeschichtlichen und burgenkundlichen Beschreibung der wichtigsten Monumente in Deutschland und in der Schweiz. In: Die Zähringer. Schweizer Vorträge und Forschungen. Hg. v. Schmid, Karl (Veröffentlichungen zur Zähringer-Ausstellung 3). Sigmaringen 1989

Zettler, Alfons: Frühe Burgen im Breisgau. Überlegungen zu den Anfängen adligen Burgenbaus am südlichen Oberrhein (in Druckvorbereitung).

Zotz, Thomas L.: Der Breisgau und das alemannische Herzogtum. Zur Verfassungs- und Besitzgeschichte im 10. und beginnenden 11. Jahrhundert (Vorträge und Forschungen, Sonderbd. 15). Sigmaringen 1974

Die Snewlin von Landeck 1300 - 1620

Rudi Allgeier

Die Familie Snewlin kam anfangs des 13. Jahrhunderts nach Freiburg. Ihrer Herkunft nach waren sie mit hoher Wahrscheinlichkeit staufische Ministerialen aus dem Elsaß[1]. Durch geschickten Einsatz ihres Vermögens in Grundstücks- und Geldgeschäften sowie durch Beteiligung am Silberbergbau wurden sie eine der reichsten Familien Freiburgs, so daß sie von der Geschichtsschreibung des letzten Jahrhunderts als die "Rothschilds des Breisgaues"[2] bezeichnet wurden. In Freiburg waren sie mehrfach Inhaber des Bürgermeister- und Schultheißenamtes; keine andere Freiburger Familie hat diese Ämter so oft besetzt wie die Snewlins. Auch im Stadtrat waren sie vertreten und stellten zeitweise zehn und mehr Ratsmitglieder gleichzeitig. Und sie begannen nach und nach Burgen oder Anteile an Burgen zu kaufen: 1291 gehörte die Birchiburg[3] zu ihrem Besitz, 1300 Burg Landeck[4], 1318 Burg Wiesneck[5], 1323 Burg Wiger in Emmendingen[6], 1327 Burg Zähringen[7] und 1328 Burg Falkenstein[8], um nur die wichtigsten zu nennen. Die Familie der Snewlins spaltete sich in einzelne Zweige auf, die sich teilweise nach ihren Burgen nannten. So auch die Snewlin von Landeck.

Die **Burg Landeck** war Besitz der Familie von Geroldseck und diente zum Schutz der Güter des Klosters Schuttern[9]. Außerdem besaßen die Geroldsecker Hoheitsrechte in **Köndringen**, Malterdingen und **Heimbach**, wobei nicht bekannt ist, ob es sich bei diesen Rechten um die Ortsherrschaften handelte[10]. Der ganze Besitz im Breisgau, darunter auch Burg und Ort Landeck, fiel bei der Teilung 1277 an die Brüder Heinrich und Walter von Geroldseck[11]. Die Brüder gerieten aber in Streit und teilten 1299 ihr Erbe auf, wobei für Landeck folgende Vereinbarung getroffen wurde: *Ich Heinrich soll auch die Burge zu Landecke nyt uffen gebene en weck geben wande ist, daß ich es bedarff, so soll ich sie verkauffen oder versetzen und soll sie vor erste bieten minem Bruder Walthere oder sinen Erben*[1]. Ein Vorbehalt zugunsten Walters, aber Heinrich hielt sich nicht daran. Am 28. März 1300 verkaufte er die ganze Burg um 1000 Mark Silber *Freiburger Gelötes* an die Johanniter[13]. Für die damalige Zeit war die Kaufsumme gewaltig[14]. Die Johanniter behielten die Burg nicht, sondern tauschten sie mit Johannes Snewlin am 4. April 1300 gegen dessen Hof zu Schliengen. Nur ein Geschäftsvorgang möchte man sagen. Bei näherer Betrachtung bleiben aber doch einige Fragen. Warum hat Heinrich von Geroldseck die Burg nicht direkt an Johannes Snewlin verkauft? Hätte das zuviel Aufsehen erregt? Der Ritter Johannes Snewlin war Bürger von Freiburg und mehrfach Bürgermeister. Die Stadt selbst befand sich zu dieser Zeit in Auseinandersetzungen mit ihrem Stadtherrn Graf Egen von Freiburg. Der Erwerb einer strategisch wichtigen Burg durch einen Freiburger Bürger war Graf Egen bestimmt nicht angenehm. Möglicherweise wurden deshalb die Johanniter als Mittelsmänner eingeschaltet. Daß die Burg Landeck dann im Streit mit Graf Egen eine Funktion hatte, belegt ein undatierter Sühnebrief. Die Freiburger verbrannten dem Grafen das Dorf Teningen und nahmen Rüstungen und Waffen auf die Landeck mit[2].

Eine gewisse Bestätigung für die Vermutung, daß die Johanniter nur als Mittelsmänner gedient haben, bietet die Zeugenreihe in der bereits erwähnten Urkunde vom 2. April 1300[16], in der Johannes Snewlin sowie Berthold und Jakob Sermenzer von Neuenburg aufgeführt werden. Jakob war wahrscheinlich der Schwiegervater von Johannes Snewlin[17]. Es drängt sich der Verdacht auf, daß hier ein von langer Hand sorgfältig vorbereitetes Geschäft abgewickelt wurde. Wobei die Johanniter mit dem Erwerb des Hofes in Schliengen unter kaufmännischen Gesichtspunkten weit besser abschnitten; ein Hof brachte Einnahmen, eine Burg normalerweise nur Ausgaben. Immerhin mußten die Johanniter noch einen zusätzlichen Zins von 25 Mark Silber jährlich an Johannes Snewlin zahlen, von denen ihnen fünf Mark pro Jahr erlassen werden sollten, wenn sie Johannes das halbe Städtlein unterhalb der Burg Landeck verschafften[18]. In einer weiteren Urkunde[19] wurde für den Fall, daß Johannes Snewlin an der eingetauschten Burg durch rechtliche Ansprüche anderer etwas verlieren würde, die Rückgabe der Burg an die Johanniter und des Hofes zu Schliengen an Johannes vereinbart, wobei Jakob der Sermenzer von Neuenburg für die Einhaltung des Vertrages bürgte.

Johannes Snewlin sicherte sich mit gutem Grund ab, denn es war kaum zu erwarten, daß Walter von Geroldseck den Verlust der Burg stillschweigend hinnehmen würde, zumal sein Bruder Heinrich kurz nach dem Verkauf an die Johanniter starb und die Burg ihm als Erbe zugefallen wäre. 1301 wird in Breisach eine Sühne geschlossen zwischen Walter von Geroldseck und seinen Helfern einerseits und Johannes Snewlin und den Bürgern von Freiburg andererseits[6]. Worum die Fehde ging, wird nicht erwähnt, aber es liegt nahe, daß die Ursache des Streites die Burg Landeck war. Aus eben diesem Grunde nahm Walter von Geroldseck im November 1302 vier Komture der Johanniter gefangen, wie die Kolmarer Annalen vermelden[7]. Auch dessen Bruder Hermann von Geroldseck, Domherr zu Straßburg, stellte noch Ansprüche auf die Burg und wurde von den Johannitern für seinen Verzicht gegenüber ihnen und Johannes Snewlin mit 100 Mark Silber abgefunden, wobei Hermann gelobte, falls es doch einem Geroldsecker gelingen sollte, wieder in den Besitz der Burg zu kommen, die gesamte Summe zurückzuzahlen[8]. Damit scheinen die Streitigkeiten um die Burg noch nicht beendet gewesen zu sein. Während Johannes Snewlin seinen Hof in Schliengen bereits 1300 an den Lehensherren, den Abt des Klosters Murbach, aufgegeben hatte[9], gab dieser erst im Jahre 1308 seine Zustimmung zu dem Tausch[10]. Offensichtlich wartete der Murbacher Abt ab, ob sich noch eine Besitzänderung ergeben würde. Johannes Snewlin war zu diesem Zeitpunkt bereits tot. In Schliengen selbst besaßen die Snewlins immer noch den Dinghof, wie eine Auseinandersetzung mit den Johannitern wegen Gütern in Schliengen zeigt[11]. Vom uns bekannten Besitz des Johannes Snewlin ist noch der Hof des Zenteners in der Wiehre (Freiburg) zu erwähnen, den er 1281 für 53 Mark Silber vom Kloster St. Peter gekauft hatte. Auch der Wald zu Kappel gehörte Johannes Snewlin; er hatte ihn von den Deutschherren in Freiburg erworben, wie wir anläßlich des Verkaufs dieses Waldes durch seine Söhne an das Kloster Günterstal erfahren[12].

Von den drei Söhnen des Johannes Snewlin fällt der Älteste aus unserer Betrachtung heraus. Er erwarb vor 1322 die Burg Wiesneck und begründete den Familienzweig der Snewlin von Wiesneck[13]. Die beiden anderen Söhne als Inhaber der Burg Landeck, Johannes gen. von Blumenberg und Johannes gen. der Ellende, verkauften im Jahre 1311 Besitz und Rechte zu Kappel, zu Minrenbach, zu Reichenbach, zu Littenweiler, zu Oberried und anderen Orten für 210 Mark Silber an den Freiburger Bürger Johann dem Hefenler und dessen Schwiegersohn Konrad von Munzingen[14]. Ein derartig großer Verkauf deutet darauf hin, daß die Brüder Geld benötigten, und es ist zu vermuten, daß die Auseinandersetzungen um die Burg Landeck einige Mittel verschlungen hatten. Warum Johannes den Beinamen der Ellende führte, war nicht festzustellen; man kann nur mutmaßen, daß er entweder einige Zeit in der Fremde weilte, also auf Reisen war, oder gar aus Freiburg verbannt war. Als Herr zu Landeck wurde er nie bezeichnet. 1328 erwarb er drei Viertel des Turmes zu Falkenstein für 70 Mark Silber von Werner von Staufen[15]. Von seinen Söhnen Konrad und Hanmann nannte sich Konrad 1350 als erster der Familie "Herr zu Landeck"[16]. Sein Bruder Hanmann war 1348 Dorfherr zu Ebnet[17]. Wer diese Dorfherrschaft erworben hat, bleibt unklar; 1316 war das Dorf jedenfalls noch im Besitz der Grafen von Freiburg[18]. Ebenfalls von den Freiburger Grafen kaufte Konrad den Eschbach von Baldenweg bis zur Ebneter Brücke[19]. Eine weitere Dorfherrschaft, die von den Grafen von Freiburg herrührte, war Hochdorf; 1350 wird Hanmann Herr von Hochdorf genannt[20], 1375 kauften die Snewlin von Landeck vom Ritter Hug Trösche dessen Hof in Hochdorf für 104 Mark Silber[21]. Gemeinsam mit ihrem Vetter Johann Snewlin zum Wiger und dem Ritter Otte von Staufen besaßen die beiden Brüder drei Viertel der Wildbänne im Münstertal[22], die sie wahrscheinlich von ihrem Vater geerbt hatten[23]. Bereits jetzt gehörte die Familie zu den Reichsten im Breisgau. Konrad lieh 1359 dem Ritter Otte von Staufen 250 Mark Silber gegen einen jährlichen Zins von 21 Mark Silber, der von dem Anteil Ottes an der Burg Staufen, der halben Stadt Staufen und Mühle und Hof daselbst zu bezahlen war[24]. Graf Egen von Freiburg als Lehnsherr Ottes bestätigte das Geschäft. Auch die folgenden Lehnsbriefe der österreichischen Herrschaft nannten diesen Zins[25]. Hanmann bekleidete mehrfach die Ämter des Bürgermeisters und des Schultheißen von Freiburg, Konrad das des Schultheißen[26].

Mit den vier Söhnen Konrads, Hanmann gen. der Ältere, Hanmann, Dietrich und Ottemann, war ein erster Höhepunkt in der Entwicklung der Landecker erreicht. Hanmann der Ältere, von 1380 bis 1383 Schultheiß von Freiburg, kaufte 1383 die Vogtei über die Dörfer Uffhausen und Wendlingen von der Familie Kotz[27], veräußerte diese aber bereits 1385 an die Freiburger Kartäuser[28]. Gemeinsam mit den Freiburger Bürgern Konrad Meinwart, Andreas Kotz und Franz Lup wurde er 1382 von Graf Heinrich von Fürstenberg mit einem Drittel des Dinghofes zu Herdern mit Kirchensatz, Gerichten, Zwing und Bann und allem Zubehör belehnt[29]. 1386 fiel er in der Schlacht von Sempach. Erbe war sein jüngerer Bruder Hanmann. Dieser hatte schon 1378 sein Dorf Ebnet an den Freiburger Bürger Klaus von Biengen für 72 Mark Silber verpfändet[30], und verkaufte 1385 das Dorf und seinen Hof sowie die Leute zu Kappel an seinen älteren Bruder[31]. Durch dessen Tod fiel dieser Besitz wieder an ihn zurück, wobei auf Ebnet noch eine Last von 40 Mark Silber ruhte, die von Suse von Staufen, der Witwe seines Bruders stammte, der Hanmann dafür jährlich 2 Mark Silber zu zahlen versprach[32]. Dabei war Ebnet mit weiteren Besitzungen, wie einem Hof zu Buchheim und seinem Wohnhaus in Freiburg, bereits mit einem jährlichen Zins von zwei Mark Silber belastet[33]. In einem Streit zwischen Hanmann und den Brüdern Martin und Dietrich von Blumeneck wegen der Welschenordnach, der Schildwende, des Brühelbachs, der Güter und des Zolls zu Altenweg (bei Titisee), der Spiegelhalden und der Güter im Gutachtal verlor er 1391 vor dem Hofgericht zu Rottweil; das Gericht sprach ihm aber die Wildbänne, die Stöcke, den Galgen und das Blutgericht zu[34].

Hanmann Snewlin von Landeck würde heute wahrscheinlich den Beruf eines Börsenmanagers oder Immobilienhändlers ausüben. Es ist erstaunlich, mit welcher Geschwindigkeit er sein Kapital umschlug, neue Güter kaufte, die gerade gekauften Güter wieder verpfändete, um Kapital für neue Gütererwerbungen auf die Hand zu bekommen. 1392 bürgte er mit Lapp Snewlin, Dietrich Kotz und Ulrich Ruber für eine jährliche Zinszahlung von 100 Goldgulden des Grafen Konrad von Freiburg[35]. Zwei Jahre später verpfändete er seinen Anteil an der Burg Landeck um 100 Gulden an Heinrich Snewlin von Wiesneck[36]. Im selben Jahr verpfändeten die Brüder Werner und Kuno von Falkenstein ihre Leute und Güter auf dem Walde, zu Kirchzarten und Föhrental um fünf Mark Silber an Hanmann[37]. Es war der Beginn eines beispiellosen Ausverkaufs der Herren von Falkenstein nach der Zerstörung ihrer Burg Alt-Falkenstein durch die Freiburger 1388, von dem Hanmann am meisten profitierte[38]. 1398 war Hanmann Inhaber des Zolls zu Villingen, den ihm Graf Heinrich zu Fürstenberg gegen 300 Mark Silber verpfändet hatte[39]. Da der Inhaber eines Zolls auch die Einnahmen erhielt, war er natürlich an der Höhe der Zollgebühr interessiert. Hanmann versuchte auch soviel wie möglich einzunehmen. Vor Gericht wurde ihm aber untersagt, von der Stadt Villingen für einen Wagen mit Wein mehr als zwei Pfg. zu erheben[40]. Herzog Leopold belehnte Hanmann und dessen Bruder Dietrich mit dem vierten Teil der Wildbänne um Staufen und Münster, dem halben Zehnten ebenda und dem halben Groß- und Kleinzehnten zu Ebnet[41]. Aus einem Streit, den Hanmann mit der Stadt Kenzingen führte, erfahren wir, daß er Dorfherr von Niederhausen war[42]. Von Ulrich Ruber hatte er die Dörfer Hugstetten und Buchheim erworben[43].

Es folgte der Erwerb der Falkensteinischen Besitzungen ab 1407. Zuerst verkaufte Kuno von Falkenstein an Hanmann von Landeck und Jakob von Weisweil das Föhrental und den dortigen Dinghof, alle Rechte zu Suggental und zu Wipfi (Lindlehof) mit der Vogtei um 1400 Gulden[44]. Für 5950 Gulden gelangten weitere Teile des Föhrentals, das Dorf Vörstetten, der Burgstall zu Falkenstein, das Burgfeld und der Kirchensatz zu Herdern und Bickensohl in die Hände von Hanmann und Jakob von Weisweil[45]. Dazu verkaufte Kuno von Falkenstein noch seinen Teil am Burgstall zu Falkenstein, sein Viertel am Turm zu Falkenstein, seinen Teil an Wald und Wasser daselbst um 1020 Gulden[46] und das Dorf Bickensohl um 470

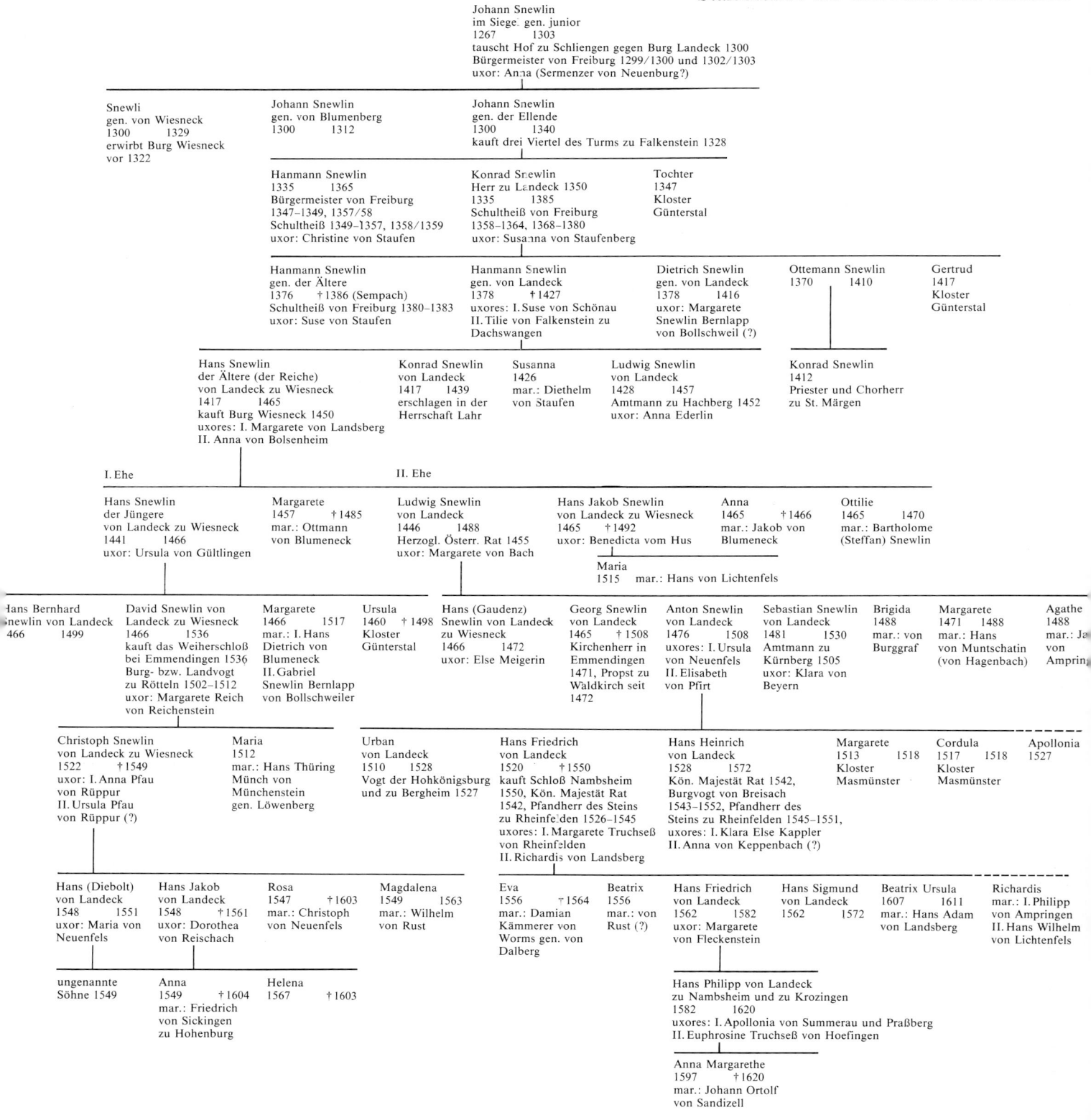

Stammtafel der Snewelin von Landeck

Johann Snewlin im Siege. gen. junior
1267 — 1303
tauscht Hof zu Schliengen gegen Burg Landeck 1300
Bürgermeister von Freiburg 1299/1300 und 1302/1303
uxor: Anna (Sermenzer von Neuenburg?)

Children:

- **Snewli gen. von Wiesneck** 1300 — 1329; erwirbt Burg Wiesneck vor 1322
- **Johann Snewlin gen. von Blumenberg** 1300 — 1312
- **Johann Snewlin gen. der Ellende** 1300 — 1340; kauft drei Viertel des Turms zu Falkenstein 1328
  - **Hanmann Snewlin** 1335 — 1365; Bürgermeister von Freiburg 1347–1349, 1357/58; Schultheiß 1349–1357, 1358/1359; uxor: Christine von Staufen
  - **Konrad Snewlin**, Herr zu Landeck 1350, 1335 — 1385; Schultheiß von Freiburg 1358–1364, 1368–1380; uxor: Susanna von Staufenberg
  - **Tochter** 1347, Kloster Günterstal

Children of Hanmann/Konrad:

- **Hanmann Snewlin gen. der Ältere** 1376 † 1386 (Sempach); Schultheiß von Freiburg 1380–1383; uxor: Suse von Staufen
- **Hanmann Snewlin gen. von Landeck** 1378 † 1427; uxores: I. Suse von Schönau, II. Tilie von Falkenstein zu Dachswangen
- **Dietrich Snewlin gen. von Landeck** 1378 — 1416; uxor: Margarete Snewlin Bernlapp von Bollschweil (?)
- **Ottemann Snewlin** 1370 — 1410
- **Gertrud** 1417 Kloster Günterstal

Next generation:

- **Hans Snewlin der Ältere (der Reiche) von Landeck zu Wiesneck** 1417 — 1465; kauft Burg Wiesneck 1450; uxores: I. Margarete von Landsberg, II. Anna von Bolsenheim
- **Konrad Snewlin von Landeck** 1417 — 1439; erschlagen in der Herrschaft Lahr
- **Susanna** 1426; mar.: Diethelm von Staufen
- **Ludwig Snewlin von Landeck** 1428 — 1457; Amtmann zu Hachberg 1452; uxor: Anna Ederlin
- **Konrad Snewlin** 1412; Priester und Chorherr zu St. Märgen

I. Ehe (Hans der Ältere):

- **Hans Snewlin der Jüngere von Landeck zu Wiesneck** 1441 — 1466; uxor: Ursula von Gültlingen
- **Margarete** 1457 † 1485; mar.: Ottmann von Blumeneck

II. Ehe:

- **Ludwig Snewlin von Landeck** 1446 — 1488; Herzogl. Österr. Rat 1455; uxor: Margarete von Bach
- **Hans Jakob Snewlin von Landeck zu Wiesneck** 1465 † 1492; uxor: Benedicta vom Hus
  - **Maria** 1515; mar.: Hans von Lichtenfels
- **Anna** 1465 † 1466; mar.: Jakob von Blumeneck
- **Ottilie** 1465 — 1470; mar.: Bartholome (Steffan) Snewlin

Next generation:

- **Hans Bernhard Snewlin von Landeck** 1466 — 1499
- **David Snewlin von Landeck zu Wiesneck** 1466 — 1536; kauft das Weiherschloß bei Emmendingen 1536; Burg- bzw. Landvogt zu Rötteln 1502–1512; uxor: Margarete Reich von Reichenstein
- **Margarete** 1466 — 1517; mar.: I. Dietrich von Blumeneck, II. Gabriel Snewlin Bernlapp von Bollschweiler
- **Ursula** 1460 † 1498; Kloster Günterstal
- **Hans (Gaudenz) Snewlin von Landeck zu Wiesneck** 1466 — 1472; uxor: Else Meigerin
- **Georg Snewlin von Landeck** 1465 † 1508; Kirchenherr in Emmendingen 1471, Propst zu Waldkirch seit 1472
- **Anton Snewlin von Landeck** 1476 — 1530; uxores: I. Ursula von Neuenfels, II. Elisabeth von Pfirt
- **Sebastian Snewlin von Landeck** 1481 — 1508; Amtmann zu Kürnberg 1505; uxor: Klara von Beyern
- **Brigida** 1488; mar.: von Burggraf
- **Margarete** 1471 — 1488; mar.: Hans von Muntschatin (von Hagenbach)
- **Agathe** 1488; mar.: Ja... von Ampring...

Children of David:

- **Christoph Snewlin von Landeck zu Wiesneck** 1522 † 1549; uxor: I. Anna Pfau von Rüppur, II. Ursula Pfau von Rüppur (?)
- **Maria** 1512; mar.: Hans Thüring Münch von Münchenstein gen. Löwenberg

Children of Anton:

- **Urban von Landeck** 1510 — 1528; Vogt der Hohkönigsburg und zu Bergheim 1527
- **Hans Friedrich von Landeck** 1520 † 1550; kauft Schloß Nambsheim 1550; Kön. Majestät Rat 1542; Pfandherr des Steins zu Rheinfelden 1526–1545; uxores: I. Margarete Truchseß von Rheinfelden, II. Richardis von Landsberg
- **Hans Heinrich von Landeck** 1528 — 1572; Kön. Majestät Rat 1542, Burgvogt von Breisach 1543–1552, Pfandherr des Steins zu Rheinfelden 1545–1551; uxores: I. Klara Else Kappler, II. Anna von Keppenbach (?)
- **Margarete** 1513 — 1518; Kloster Masmünster
- **Cordula** 1517 — 1518; Kloster Masmünster
- **Apollonia** 1527

Children of Christoph:

- **Hans (Diebolt) von Landeck** 1548 — 1551; uxor: Maria von Neuenfels
  - ungenannte Söhne 1549
- **Hans Jakob von Landeck** 1548 † 1561; uxor: Dorothea von Reischach
  - **Anna** 1549 † 1604; mar.: Friedrich von Sickingen zu Hohenburg
  - **Helena** 1567 † 1603
- **Rosa** 1547 † 1603; mar.: Christoph von Neuenfels
- **Magdalena** 1549 — 1563; mar.: Wilhelm von Rust

Children of Hans Friedrich:

- **Eva** 1556 † 1564; mar.: Damian Kämmerer von Worms gen. von Dalberg
- **Beatrix** 1556; mar.: von Rust (?)
- **Hans Friedrich von Landeck** 1562 — 1582; uxor: Margarete von Fleckenstein
  - **Hans Philipp von Landeck zu Nambsheim und zu Krozingen** 1582 — 1620; uxores: I. Apollonia von Summerau und Praßberg, II. Euphrosine Truchseß von Hoefingen
    - **Anna Margarethe** 1597 † 1620; mar.: Johann Ortolf von Sandizell
- **Hans Sigmund von Landeck** 1562 — 1572
- **Beatrix Ursula** 1607 — 1611; mar.: Hans Adam von Landsberg
- **Richardis**; mar.: I. Philipp von Ampringen, II. Hans Wilhelm von Lichtenfels

Gulden[47]. Die gerade erworbenen Güter zu Föhrental und Vörstetten belasteten Hanmann und Jakob von Weisweil sofort mit einer Schuld von 277 1/2 Goldgulden für einen jährlichen Zins von 18 1/2 Gulden an das Katharinenkloster in Freiburg[48]. Zwei Monate später verpfändete Markgraf Hesse von Hachberg an Hanmann das Dorf Mundingen mit allem Zubehör zu Wöplingsberg, Schorren und den **Aspen** für 500 Goldgulden auf Wiederlöse nach 10 Jahren[49]. Auch in dem ehemals den Herren von Falkenstein gehörenden Breitnau trat Hanmann zusammen mit Heinrich und Ottemann von Blumeneck als Dorfherr auf[50]. Aus dem Besitz Kunos von Falkenstein erwarb Hanmann dann noch Güter und Zinsleute zu Titisee, Bruderhalden, Alpersbach, Windeck, Hinterzarten und am Feldberg[51]. Diese Güter waren drei Sonntage hintereinander von der Kanzel des Freiburger Münsters feilgeboten, also versteigert worden. Hanmann erhielt sie für 150 Gulden. Mit dem Erwerb der ehemaligen Falkensteinischen Besitzungen von Ebnet über Hinterzarten bis Breitnau und zum Feldberg und dem sonstigen Besitz zählten die Snewlin von Landeck endgültig zu den größten Grundbesitzern des Breisgaus.

1410 verkaufte Hanmann an Heinrich Snewlin von Wiesneck acht Saum Weingeld zu **Köndringen** um 64 Gulden[52]. Unklar bleibt dabei, ob Hanmann bereits Dorfherr in Köndringen war oder dort nur Grundbesitz hatte. 1411 nahm er 600 Gulden auf das Dorf Mundingen auf, wobei Markgraf Otto von Hachberg für ihn bürgte[53]. Herzog Friedrich von Österreich belehnte Hanmann und dessen Bruder Dietrich mit Gericht, Stock und Galgen, Zwing und Bann und Vogtei zu Krozingen, Kirchhofen und Leutersberg[54]. Dieses Lehen besaß zuvor ihr verstorbener Bruder Ottemann Snewlin von Landeck[55]. Gericht, Steuer und Vogtei zu Rechtenbach verkaufte Hanmann 1417 für 120 Goldgulden an Martin von Blumeneck[56]. Einige Jahre später mußte Hanmann seine Gläubiger in Freiburg um Zahlungsaufschub bis Ostern bitten, wobei sich Anna von Braunschweig, Herzogin von Österreich, für ihn einsetzte[57]. Daß Hanmann Pfandherr von Kenzingen war, erfahren wir erst, nachdem er die Herrschaft verloren hat[58]. Wenige Tage danach verpfändete er seinen Besitz in Riegel[59]. In einem Prozeß mußte ihn das Gutleuthaus in Freiburg als Lehensmann des Ortes Innighofen (abgegangen bei Bad Krozingen) annehmen[60].

In Freiburg besaßen die Landecker pfandweise das Herrschaftsrecht, d.h. von jedem Grundstück waren an den Stadtherren jährlich Abgaben zu entrichten, wohlgemerkt nur 12 Pfennig, seit 1375[61]. In einer Urkunde Hanmanns von 1408 wird der Schreiber erwähnt, der die Steuer einsammelte[62]. Die Landecker waren sehr lange im Besitz dieses Rechts, das erst von Kaiser Ferdinand I. am 1. Januar 1563 wieder der Stadt überlassen wurde[63]. 1408 oder etwas früher erwarb Hanmann ein weiteres Hoheitsrecht in Freiburg pfandweise von der österreichischen Herrschaft: das Schultheißenamt für 500 Gulden. Damit hatte er das Recht, den Schultheißen in Freiburg nach seinem Belieben einzusetzen und die Gerichtsgefälle einzuziehen. Die Stadt berief sich aber auf ihre Handfeste, daß der Schultheiß im Rat sitzen solle und die Herrschaft dieses Recht nicht versetzen dürfe. Hanmann Snewlin bat unter dem Eindruck dieses energischen Protestes Herzog Friedrich von Österreich am 17. Mai 1409, das Geschäft rückgängig zu machen und ihm die 500 Gulden wieder zurückzuerstatten[64]. Die Herrschaft stimmte zu und er erhielt die 500 Gulden zurück zuzüglich 54 Gulden für die ihm entstandenen Unkosten. Hanmann Snewlin hatte offensichtlich ein gutes Verhältnis zu Freiburg. Im Krieg der oberrheinischen Städte gegen Markgraf Bernhard I. von Baden[65] stand er auf der Seite der Städte. Am 2. Juli 1424 wurde Friede geschlossen, die sogenannte "Mühlburger Richtung"[66]. Trotzdem ging Markgraf Jakob I. von Baden zusammen mit dem Grafen Hermann von Sulz gegen Hanmann Snewlin von Landeck vor und fiel in dessen Besitzungen ein[67]. Auslöster des Konflikts war eine Streitigkeit zwischen Hanmann und dem Grafen von Sulz[68]. Im Dezember brannten die Gegner sieben Dörfer Hanmanns nieder; die Angelegenheit wurde dann aber auf dem Verhandlungsweg beigelegt[69]. Hanmann Snewlin von Landeck starb 1427.

Seine Söhne Hans, Konrad und Ludwig machten dann gegen eine Entschädigung den Kauf von Hugstetten und Buchheim von Ulrich Ruber rückgängig[7]. Und sie bestätigten, daß Graf Heinrich von Fürstenberg den Zoll zu Villingen bei ihrem verstorbenen Vater ausgelöst hatte[8]. 1428 teilten die Brüder ihr Erbe auf[9]. Dabei erfahren wir auch, daß ihr Vater Inhaber des Dorfes **Köndringen** war. Hier ein Ausschnitt aus der Erbteilung, nämlich das Erbe von Hans:

Der Mittelteil der **Burg Landeck**, das Haus, das man Schutterhaus nennt und der Turm;
der alte Stall im Vorhof;
ein Stall in dem inneren Haus;
5 Juchart Reben an dem Wald;
6 Juchart Acker, heißen an dem Gereut;
ein ganzer Garten, heißt der Smidgarten;
ein halber Garten, heißt der Schelmen Garten;
ein Weiher im Riet;
ein Drittel des Hofes an dem Berg zu Landeck;
ein Drittel des Hofzinses an demselben Berge;
1 1/1 Mark Silber von der Stadt Kenzingen;
16 Gulden von der Herrschaft von Hachberg;
6 Pfund Pfennig Geld von den Zinsen zu Brettental;
7 Pfund Pfennig Geld von der Elzach die verläuft von der Mühle zu Mundingen bis an den Kirchweg zu **Teningen**;
ein Pfund Pfennig Geld von einem Wasser am Riegler Holz;
6 Pfund Pfennig Geld aus der Steuer zu Malterdingen;
20 Gulden von der Herrschaft Badenweiler;
2 Fuder Weingeld aus den Zinsen zu **Köndringen**;
60 Mut Korngeld von der Mühle zu Riegel;
10 Mut Weizengeld von dem Hofe zu **Köndringen**, den man nennt des Burgendes Hof;
20 Malter Hafergeld von **Köndringen**;
Ein Mutt Bohnen, ein Mutt Erbsen, ein Mutt Linsen und 10 Mutt Gerstengeld von Kloetzlins Hof zu **Köndringen**;
10 Kapaune und 10 Hühner aus allen Zinsen zu **Köndringen**.

Wenn man bedenkt, daß in dieser Aufzählung nur Besitz in der näheren Umgebung der Landeck aufgeführt ist, und dazu nur von einem Erben, und sich vergleichsweise vor Augen hält, wieviel Besitz und Lehen die Landecker insgesamt hatten, dann kann man ungefähr ermessen, wie reich die Familie war. Trotzdem waren die Brüder vorübergehend zahlungsunfähig. Sie mußten Bürgermeister und Rat der Stadt Freiburg einen Zwangsvergleich mit ihren Gläubigern vorschlagen. Von 20 Gulden Schulden sollte nur noch ein Gulden bezahlt (Quote 5%) und alle versessenen Schulden sollten erlassen werden. Durch Vermittlung der Stadt stimmten die Gläubiger zu[10]. 1430 war das Dorf Ebnet an Heinrich von Neuenfels verpfändet[11]. Markgraf Jakob belehnte Hans und Konrad mit dem Dorf Mundingen und dem Zehnten zu Weisweil[12] und Hans mit dem Dorf Vörstetten[13]. Hans Snewlin von Landeck hatte zwar den Beinamen "der Reiche", aber nach Antritt des väterlichen Erbes erfolgten überwiegend Verpfändungen und Verkäufe. Mit seinem Bruder Ludwig zusammen verpfändete er Güter in Ebnet und Zähringen an Heinrich Snewlin von Wiesneck um 540 Gulden[14]. Einen Hof zu Eichstetten verkaufte er für 900 Gulden an das Kloster St. Klara in Freiburg[15]. Und er stellte Heinrich von Wiesneck einen Schuldschein über 1012 Gulden aus[16]. Von ihren Lehen hatten die Landecker die Ortsherrschaft in Krozingen verloren, die 1433 an die Herren von Neuenfels kam[17]. Besitz hatten sie dort immer noch.

Konrad Snewlin von Landeck war anläßlich der Erbstreitigkeiten um die Herrschaft Lahr-Mahlberg zwischen den Grafen von Mörs-Saarwerden und den Geroldseckern[18] ums Leben gekommen - *als der veste Cuonrat Snewlin von Landecke unser lieber bruoder selige, des sele der almechtige gott gnedig und barmherzig sin well, in der herrschaft ze Lor leider erslagen wart*[19]. Das Sühnegeld für den Erschlagenen in Höhe von 500 Gulden verwendeten Hans und Ludwig zur Stiftung einer Priesterpfründe im Freiburger Münster. Kurz danach erwarb Hans von Heinrich von Wiesneck zwei Drittel des Weiherhofes zu Kirchzarten, zwei Drittel des Dorfes selbst und den Dinghof für 1733 Gulden[20]. Seinen Teil an Kappel verkaufte er an das Kloster Oberried für 525 Gulden[21], den Anteil an Herdern für 3100 Gulden an das Deutschordenshaus in Freiburg[22]. Mit dem Aussterben der Snewlin von Wiesneck im Mannesstamm und dem Kauf der halben Herrschaft Wiesneck von Engelhard von Blumeneck für 5100 Gulden im Jahre

Burgruine Landeck mit Blick auf Freiburg. Aquarell von Max de Ring um 1830. Original im Augustiner-Museum in Freiburg.

1450 konnte Hans der Reiche den Besitz der Famile im Zartener Becken und im Schwarzwald abrunden[23]. Er war jetzt Vogt des Klosters St. Märgen und Gerichtsherr in Kirchzarten. Da aber das Kloster St. Märgen 1462 den größten Teil seines Besitzes an die Stadt Freiburg verkaufte, stieß Hans den nun für ihn uninteressanten Besitz, in erster Linie die Klostervogtei, im folgenden Jahr für 1000 Gulden ebenfalls an die Stadt ab. Er behielt für sich die Burg Wiesneck mit ihrer Umgebung, die zur Wiesneck gehörenden Wildbänne, einen Teil des Waldes am Spirzen, das Hafergeld an der Vogtei zu St. Peter und den Hof zu Rechtenbach[24]. Mit diesem Verkauf war die Möglichkeit dahin, mit der Burg Wiesneck als zentralem Verwaltungspunkt ein einigermaßen geschlossenes Herrschaftsgebiet aufzubauen. Das Testament Hans des Reichen belegt aber, wie groß der Besitz der Snewlin von Landeck war[25]. Haupterben waren die Kinder aus erster Ehe, Hans der Jüngere und Margarete, deren wichtigster Besitz die Burg Wiesneck mit ihrem Zubehör war; die Kinder aus zweiter Ehe, Ludwig, Hans Jakob, Anna und Ottilie, waren auf die **Burg Landeck** und deren Umgebung verwiesen. Ludwig erwarb gegen seinen Anteil an der Steuer zu Waldkirch von Hans dem Jüngeren Besitz in **Köndringen**[26]. Hans der Jüngere war 1466 schon gestorben. Adam Snewlin Bernlapp empfing als Vogtmann der Kinder Hans des Jüngeren, Hans Bernhard und David Snewlin von Landeck zu Wiesneck, die österreichischen Lehen der Familie[27]. Und Ludwig kaufte Ursula von Gültlingen, der Witwe von Hans dem Jüngeren, deren Hälfte von **Köndringen** für 1226 Gulden ab[28].

Ludwig von Landeck war auch in politische Händel verwickelt. 1470 verhörte er auf der Burg Landeck in Gegenwart von Zeugen des Markgrafen von Baden und der Städte Freiburg, Kenzingen und Endingen den Knecht Klaus Örler von Bleibach, wohnhaft in Heimbach. Dieser berichtete, daß die Knechte der Stadt Schlettstadt ihn zu bestechen suchten, Ludwig von Landeck als Feind der Stadt Schlettstadt zu entführen, oder, wenn das nicht gelingen sollte, ihn niederzustechen[29]. Der Landvogt Peter von Heimbach stellte Ludwig einen Schirmbrief für seine Besitzungen aus: Die Burgen **Landeck** und Keppenbach und die Dörfer **Köndringen**, Mundingen und Niederhausen[30]. Ludwig war anscheinend alleiniger Inhaber von Köndringen. Bei der Herdstättenzählung anläßlich der Aushebungen für den Burgundischen Krieg wurde für Köndringen mit seinen 51 Herdstätten nur Ludwig von Landeck genannt, während bei den sonstigen Besitzungen der Familie immer die Kinder von Landeck angegeben wurden[31]. 1471 nahm Ludwig von den Predigern in Freiburg 2000 Gulden auf, wobei für die Zinszahlung sein Bruder Hans Jakob von Landeck zu Wiesneck und die Stadt Waldkirch mitbürgten[32]. Das war der Beginn der finanziellen Schwierigkeiten, in die die Snewlin von Landeck wie so viele andere Grundbesitzer am Ausgang des Mittelalters gerieten. 1472 liehen sich Ludwig von Landeck, der Vogt Panthly Peiger, die Zwölfer des Gerichts und die Gemeinde des Dorfes **Köndringen** 135 Gulden von Jakob von Ampringen für 6 3/4 Gulden Zins ab dem Dorf Köndringen[33]. 1477 nahm Ludwig weitere 50 Gulden auf das Dorf Köndringen beim Kloster Ettenheimmünster auf[34]. Hans Jakob von Landeck zu Wiesneck verkaufte 1478 die Burg Wiesneck für 2700 Gulden an Erzherzog Sigmund von Österreich; seinem Neffen David von Landeck gelang es zwar, die Burg 1489 für 1400 Gulden wieder zu erwerben, aber nur als österreichisches Lehen[35]. Die übrigen österreichischen Lehen wie Hochdorf, Buchheim und Ebnet besaß David gemeinsam mit seinem Schwager Dietrich von Blumeneck[36]. Die Söhne Ludwigs, Anton und Sebastian von Landeck, belasteten ihre Höfe und Mühlen in Brettental mit einer Schuld von 200 Gulden[37]. 1484 schuldeten Ludwig von Landeck und die Gemeinde Köndringen dem Freiburger Bürger Nikolaus Krämer 68 Gulden[38], ein Jahr später nahmen sie wiederum bei Jakob von Ampringen 200 Gulden auf[39]. 1491 verkaufte David von Landeck dem Kanzler Konrad Stürtzel von Buchheim die Dörfer Hochdorf, Holzhausen, Benzhausen, Buchheim, Ober- und Niederreute und eigene Leute zu Vörstetten für 9000 Gulden. Die Verkaufsurkunde wurde sowohl von Anton und Sebastian von Landeck als auch von Hans Jakob von Landeck zu Wiesneck bestätigt[40]. Dieser Notverkauf scheint der Familie einigermaßen genützt zu haben. David von Landeck trat wieder als Käufer auf; er erwarb von Hans Rot dessen Anteil am Dorf Littenweiler für 170 Gulden[41].

Seine Vettern Anton und Sebastian von Landeck, die sich auch noch vehement um ihr Erbe stritten, verloren dagegen Stück für Stück ihren Besitz. Selbst die Burg Landeck mußten sie an den Markgrafen Christoph von Baden aufgeben und als Lehen wieder empfangen[42]. 1503 verkaufte Sebastian das Dorf Niederhausen für 3500 Gulden an die Stadt Straßburg[43]. Im folgenden Jahr nahmen die Brüder mit der Gemeinde **Köndringen** 100 Gulden bei dem Kenzinger Bürger Hans Rath auf[44]. Sebastian war offensichtlich in großen finanziellen Schwierigkeiten. Vor dem Hofgericht zu Rottweil wurde er wegen einer Schuld von 420 Gulden verklagt, die er durch die Übersendung von Zinsbriefen an Bürgermeister und Rat der Stadt Freiburg noch abdecken konnte[45]. 1507 nahm er nochmals 60 Gulden von der Kirchpflege zu **Heimbach** auf seinen Teil von Köndringen auf[46]. Kurz danach erhielt ein Diepolt Rebstock vom Hofgericht in Rottweil Anleite auf die Besitzungen des Sebastian von Landeck, ihm wurden also als Gläubiger die Grundstücke des Schuldners übereignet[47]. Paul Stor aus Breisach war der nächste Gläubiger, der Anleite auf Sebastians Besitz erhielt[48]. Sebastian blieb nichts mehr übrig als mit Erasmus zum Wiger, Landvogt von Hachberg, in Verhandlungen über den Verkauf seiner Besitzungen zu treten[49]; tatsächlich verkaufte er 1511 seinen Teil an Burg **Landeck** und dem Dorf **Köndringen** für 3600 Gulden an Markgraf Christoph von Baden[50].

Anton von Landeck erging es nicht viel besser. 1510 verpfändete er seinen Teil von **Köndringen**, den Anteil an Riegel und das Dorf Biengen zusammen mit Ludwig von Pfirt für geleistete Bürgschaft an die Stadt Endingen[51]. In diesem Jahr begann sein Prozeß mit den städtischen Pflegern der Gresser-Stiftung in Freiburg um die Ausstattung seiner Töchter Margarete und Cordula. Johannes Snewlin der Gresser hatte 1347 in seinem Testament Legate für die Nachkommen seiner Familie festgelegt, die Priester werden oder in ein Kloster gehen wollten. Die Kusine Antons, Ursula von Landeck, Tochter von Hans dem Jüngeren, war aus dieser Stiftung bei ihrem Eintritt in das Kloster Günterstal bedacht worden; Georg von Landeck, Antons älterer Bruder, und seit 1472 Propst des Stiftes St. Margareta in Waldkirch, hatte 1468 eine der Gresser-Pfründen am St. Annen-Altar im Freiburger Münster erhalten[52]. Anton von Landeck hatte trotzdem einige Mühe seine Verwandtschaft mit dem Gresser nach fast zwei Jahrhunderten nachzuweisen. Der Bischof von Konstanz bat die Pfleger der Gresser-Stiftung, Anton gütlich entgegenzukommen, weil *Herr Anton viele Kinder hat und er nicht vermag, diese nach ihrem Stand und Herkommen zu versehen*[53]. Ein deutlicher Hinweis auf die finanzielle Lage des Landeckers. Anton gewann den Prozeß schließlich, aber es war bezeichnend, daß nicht ihm oder seinem Sohn Urban, der sein Prozeßvertreter war, das Geld ausbezahlt wurde, sondern Statthalter und Räte im Oberelsaß verhandelten direkt mit der Äbtissin des Klosters Masmünster[54]. Ulrich Zasius, der Freiburger Rechtsgelehrte, schrieb an den Freiburger Stadtschreiber, daß er das Urteil für unbegründet halte, er wolle gern im Auftrag der Stadt dagegen angehen, aber *ir mögen wol gedenken die Landegger sind grimm lüt und mir allweg feind gesin möcht mich einr so ich etwen usrit, schedigen deshalb ir erkennen mögen, sol ich handln, das ich eim rat ze ern tuon will, das man mich versehe vor ir grimi*[55]. Den besten Ruf hatten Anton und Sebastian von Landeck nicht. Und sie vertraten ihre Interessen. Ihr Bruder Georg von Landeck hatte die Nachfolge als Propst in Waldkirch dem Thomas von Falkenstein versprochen, die Stiftsherren aber in freier Wahl Baltasar Mercklin gewählt. Als dieser nach dem Tode Georgs am 2. September 1508 das Propsteigebäude betreten wollte, hinderten ihn Anton und Sebastian unter Schelten daran[56].

Am 21. November 1515 erteilte das Hofgericht zu Rottweil Markgraf Christoph von Baden Anleite auf den Teil **Köndringens**, der Anton von Landeck gehörte[57]. Eine Anleite auf Köndringen erhielten auch Philipp Jakob und Hans Kaspar von Ampringen[58], der Straßburger Bürger Anselm Grün[59], Veronika Rebstock aus Ettenheim[60] und Jakob Mittag aus Breisach[61]. Eigenartigerweise machte niemand Gebrauch von seinen Rechten; offensichtlich waren zuviele Schulden auf Köndringen aufgenommen worden und ein "Konkurs" mangels Masse nicht möglich. Dabei war Anton von Landeck bestimmt

Besitz der Snewlin von Landeck

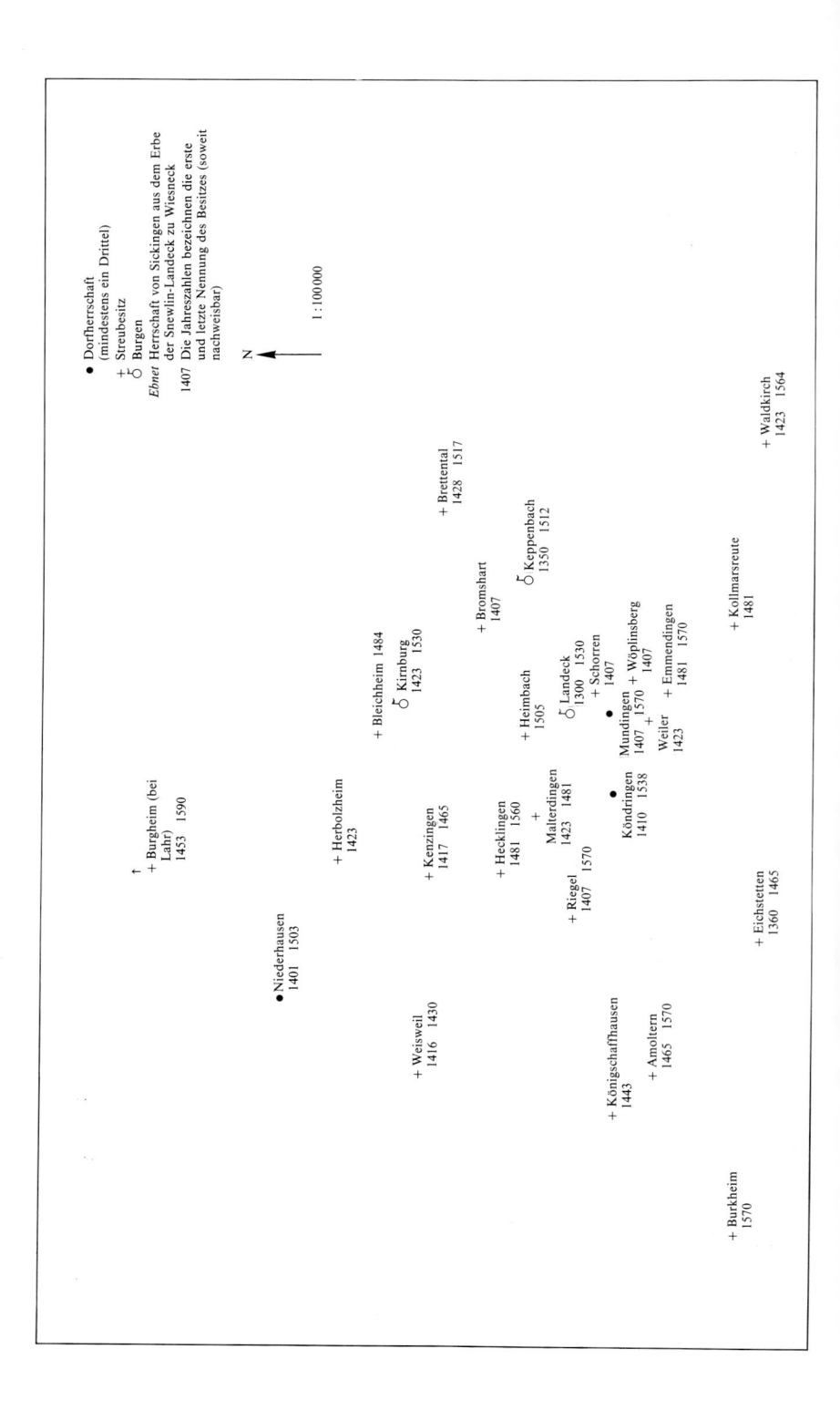

- Dorfherrschaft (mindestens ein Drittel)
+ Streubesitz
⌕ Burgen
Ebnet Herrschaft von Sickingen aus dem Erbe der Snewlin-Landeck zu Wiesneck
1407 Die Jahreszahlen bezeichnen die erste und letzte Nennung des Besitzes (soweit nachweisbar)

1 : 100 000

N ←

+ Burgheim (bei Lahr) 1453 1590

● Niederhausen 1401 1503

+ Herbolzheim 1423

+ Bleichheim 1484
⌕ Kirnburg 1423 1530

+ Kenzingen 1417 1465

+ Brettental 1428 1517

+ Hecklingen 1481 1560

+ Malterdingen 1423 1481

+ Bromshart 1407

⌕ Keppenbach 1350 1512

+ Weisweil 1416 1430

+ Riegel 1407 1570

+ Heimbach 1505

⌕ Landeck 1300 1530

+ Schorren 1407

● Mundingen 1407 1570

+ Wöplinsberg 1407

+ Emmendingen 1481 1570

● Köndringen 1410 1538

+ Weiler 1423

+ Waldkirch 1423 1564

+ Königschaffhausen 1443

+ Amoltern 1465 1570

+ Eichstetten 1360 1465

+ Kollmarsreute 1481

+ Burkheim 1570

131

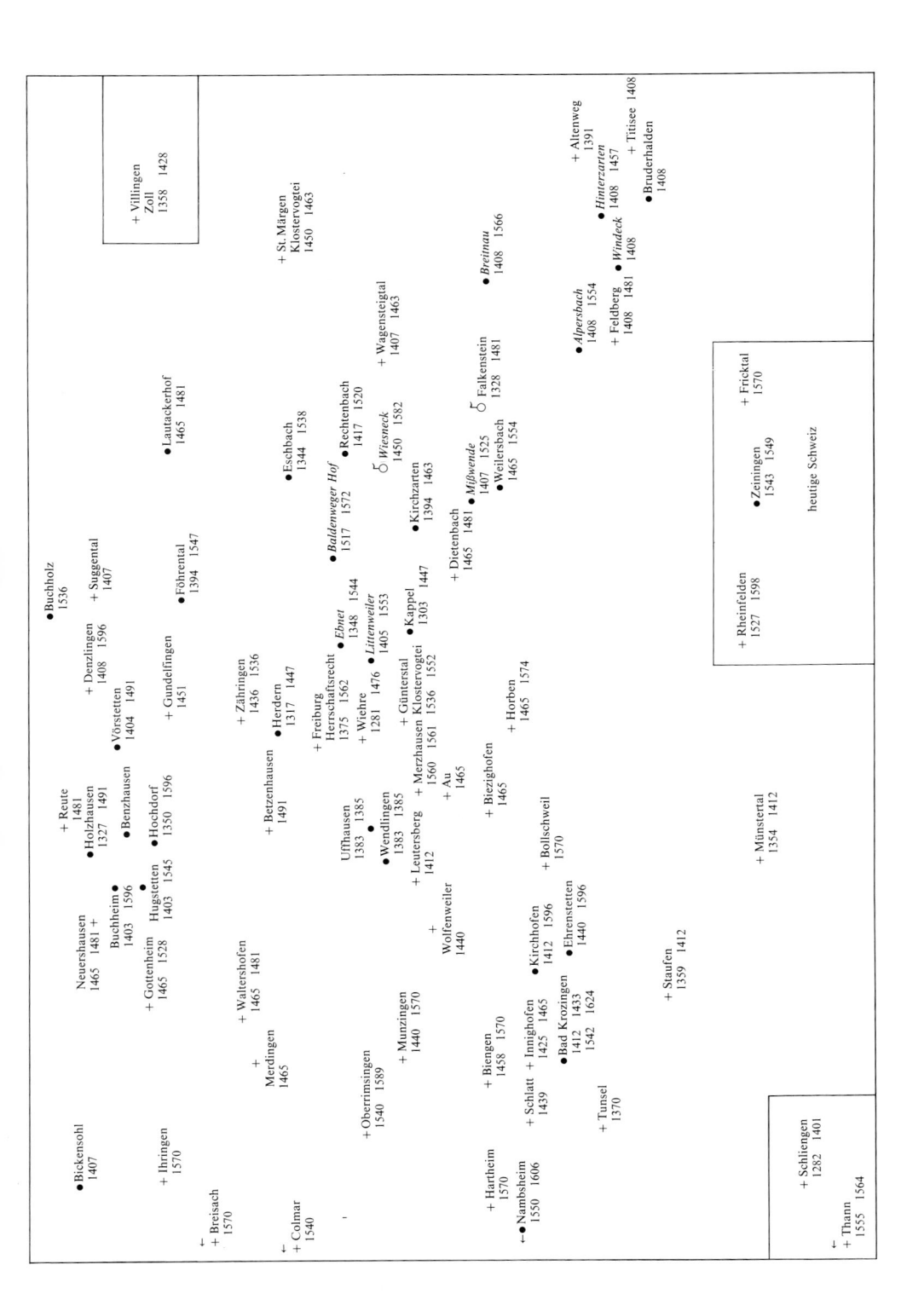

+ Villingen
  Zoll
  1358 1428

● Buchholz
  1536

+ St. Märgen
  Klostervogtei
  1450 1463

+ Suggental
  1407

● Lautackerhof
  1465 1481

● Föhrental
  1394 1547

● Eschbach
  1344 1538

+ Wagensteigtal
  1407 1463

● Rechtenbach
  1417 1520

● *Baldenweger Hof*
  1517 1572

♂ *Wiesneck*
  1450 1582

● *Breitnau*
  1408 1566

+ Denzlingen
  1436 1596

+ Zähringen
  1436 1536

● Herdern
  1317 1447

Ebnet
1348 1544

Littenweiler
1405 1553

● Kirchzarten
  1394 1463

♂ Falkenstein
  1328 1481

Alpersbach
1408 1554

+ Altenweg
  1391

Hinterzarten
1408 1457

● *Windeck*
  1408

+ Titisee 1408

● Bruderhalden
  1408

● Hochdorf
  1350 1596

+ Gundelfingen
  1451

+ Freiburg
  Herrschaftsrecht
  1375 1562

+ Wiehre
  1281 1476

+ Merzhausen Klostervogtei
  1560 1561 1536 1552

+ Güntersal

● Kappel
  1303 1447

● Dietenbach
  1465 1481

Mißwende
1407 1525

● Weilersbach
  1465 1554

+ Feldberg
  1408 1481

+ Reute
  1481

● Holzhausen
  1327 1491

● Benzhausen

+ Betzenhausen
  1491

+ Au
  1465

+ Biezighofen
  1465

+ Horben
  1465 1574

+ Rheinfelden
  1527 1598

+ Fricktal
  1570

● Vörstetten
  1404 1491

Neuershausen
1465 1481 +

● Buchheim
  1403 1596

● Hugstetten
  1403 1545

Uffhausen
1383 1385

● Wendlingen
  1383 1385

+ Leutersberg
  1412

● Zeiningen
  1543 1549

heutige Schweiz

+ Gottenheim
  1465 1528

+ Waltershofen
  1465 1481

+
Merdingen
1465

+ Wolfenweiler
  1440

● Bickensohl
  1407

+ Oberrimsingen
  1540 1589

+ Munzingen
  1440 1570

● Kirchhofen
  1412 1596

● Ehrenstetten
  1440 1596

+ Ihringen
  1570

+ Bienigen
  1458 1570

+ Schlatt + Innighofen
  1439   1425 1465

● Bad Krozingen
  1412 1433
  1542 1624

+ Staufen
  1359 1412

↓ Breisach
  1570

+ Hartheim
  1570

+ Tunsel
  1370

↓ Colmar
  1540

+● Nambsheim
  1550 1606

+ Münstertal
  1354 1412

+ Schliengen
  1282 1401

↓
+ Thann
  1555 1564

Köndringen aufgenommen worden und ein "Konkurs" mangels Masse nicht möglich. Dabei war Anton von Landeck bestimmt nicht verarmt; so hatte er der Salve-Regina-Bruderschaft in Breisach 400 Gulden geliehen[139]. Markgraf Christoph von Baden nahm jedenfalls die bedrohten Köndringer unter seinen Schutz und Schirm, wogegen David von Landeck protestierte[140]. Immerhin erreichten es David und Urban von Landeck ihre Besitzansprüche auf den hoffnungslos überschuldeten Landeckschen Teil von Köndringen nochmals durchzusetzen[4]. 1538 überlassen David und sein Sohn Christoph dem Markgrafen Ernst von Baden das Dorf Köndringen gegen Übernahme der darauf lastenden Schulden[142]. Die Familie hatte das Interesse an diesem Dorf verloren. Noch dazu war die Burg Landeck im Bauernkrieg 1525 zerstört worden[143] und der Schwerpunkt des Familienbesitzes lag nach den vorangegangenen Verkäufen in anderen Gebieten.

Auch David von Landeck blieb von Verkäufen nicht verschont. Seinen Anteil an der Steuer der Stadt Waldkirch verkaufte er z.B. für 800 Gulden[144]. Dann scheint er sich aber finanziell gefangen zu haben. Von seiner Schwester Margarete erwarb er das Haus Falkenbühl und den Baldenweger Hof für 1200 Gulden[145] und den Zehnten zu Hugstetten. Die 1525 im Bauernkrieg zerstörte Burg Wiesneck[146] baute er wieder auf. 1530 war er im Besitz zweier Schuldscheine von Franz Freiherr von Mörsperg über 2100 Gulden[147]. Die Familie war aus der Finanzkrise heraus. Die Söhne Antons von Landeck machten Karriere. Urban war Vogt der Hohkönigsburg und in Bergheim[148]. Hans Friedrich heiratete Margarete Truchsessin von Rheinfelden und wurde 1526 Pfandherr des Steins zu Rheinfelden[149]. 1527 erwarb er ein Haus in Rheinfelden[150] und war Inhaber des Dorfes Zeiningen[151]. 1545 wurde er letztmals als Pfandherr genannt[152]. Seine Grablege mit dem Grabmal befindet sich in der Martinskirche zu Rheinfelden[153]. Sein Bruder Hans Heinrich unternahm bei Markgraf Philipp von Baden noch einen vergeblichen Versuch, Köndringen und die Landeck für die Familie zu sichern. Er erreichte nur die Belehnung mit dem Fünftel des Zehnten zu Burgheim bei Lahr[5] und die Besitzbestätigung für einen Hof in Mundingen[6]. Aber der Besitz der Familie nahm wieder zu. David von Landeck erwarb zusammen mit Friedrich und Christoph von Hattstatt das Weiherschloß bei Emmendingen und das halbe Dorf Buchholz[156]. Endlich gelangte die Familie dann wieder in den Besitz eines Lehens, das sie 109 Jahre zuvor verloren hatte: Hans Heinrich, Hans Friedrich und Christoph von Landeck kauften von Christoph von Neuenfels Krozingen für 3325 Gulden mit der Bestimmung, daß, sollte Christoph von Neuenfels ohne männliche Lehenserben sterben, das Lehen an die Landecker fallen sollte[157].

Hans Heinrich folgte seinem Bruder Hans Friedrich im Amt des Pfandherren des Steins zu Rheinfelden von 1545 bis 1551 nach[158]. Er erwarb auch Besitz im Elsaß wie Nambsheim und war zeitweilig Inhaber des Pfandlehens zu Thann. Sein Testament zeigt, wie reich er war[159]: Er hatte Einnahmen aus der Steuer zu Amoltern, dem Teil zu Riegel, dem Hof zu Mundingen, dem Hof zu Emmendingen, von Matten zu Waldkirch, von der Mühle zu Frick und von unzähligen Zinsbriefen. Häuser besaß er in Freiburg, Kolmar, Burkheim und Breisach. Schließlich war er auch Burgvogt von Breisach[160]. Über sein Barvermögen im Wechsel in Kolmar und bei den Herren von Breisach wußte er nur anzugeben, daß es 4000 und ungefähr etliche 100 Gulden betrage. Der wichtigste Teil seines Testaments betraf die Stiftungen. Er stiftete ein ewiges Almosen für Rheinfelden, Breisach und Krozingen. In Rheinfelden wurde dieses Almosen am vierten Sonntag nach Ostern in Form einer Getreidespende im Werte von 40 Gulden verteilt[161]. Außerdem stiftete er eine Schule in Krozingen (eine Lateinschule) und sorgte auch für das Schulgeld armer Schüler aus Freiburg, Breisach, Kolmar, Rheinfelden, Krozingen, Fricktal, Möhlibach und Rheintal.

Hans Jakob Snewlin von Landeck zu Wiesneck, der Sohn Christophs, hinterließ bei seinem Tod zwei Töchter, Anna und Helena. Anna heiratete Friedrich von Sickingen, Herrn zu Hohenburg[162]. Die Brüder Hans Friedrich und Hans Sigmund von Landeck, Söhne des Hans Friedrich und Haupterben dessen Bruders Hans Heinrich, konnten sich mit den Räten im Ober-

und wurde mit den Besitzungen der Landeck zu Wiesneck im Schwarzwald zum Kern der Herrschaft Sickingen-Hohenburg. Vom letzten Landecker, Hans Philipp, ist wenig bekannt. Zu seiner Hochzeit im Freiburger Münster am 11. Januar mit Apollonia von Summerau und Praßberg lud er auch Bürgermeister und Rat der Stadt Freiburg ein[62]. Mit vollständigem Namen nannte er sich Hans Philipp Snewlin von Landeck, Herr zu Nambsheim und zu Krozingen. Schloß Nambsheim wurde von ihm ausgebaut. Beim Verkauf 1606 an die Herren von Rappoltstein hatte das Schloß einen Saal, 7 Zimmer, 9 Schlafzimmer, 3 Keller und 2 Küchen[63]. 1620 starb seine Tochter Margarete, sein einziges Kind. 1624 belehnte Erzherzog Leopold von Österreich den Christoph von Schauenburg mit den Lehen, die bisher das Geschlecht der von Landeck besaß, weil sich Hans Philipp Snewlin von Landeck "außer Landes verloren hat"[64]. Der letzte der Snewlin von Landeck verschwand spurlos.

Anmerkungen

1 Zur Geschichte der Snewlins bis ca. 1400: Nehlsen, Hermann: Die Freiburger Patrizier-Familie Snewlin, Freiburg 1967. Veröffentlichungen aus dem Archiv der Stadt Freiburg im Breisgau, Bd. 9
2 Bader, Josef: Eine Schwarzwaldwanderung. Badenia 2. 1862, S. 246
3 Nehlsen: a.a.O., S. 42
4 ders.: S. 72 ff.
5 ders.: S. 84 ff.
6 ders.: S. 65
7 ders.: S. 57
8 ders.: S. 76
9 Wellmer, Martin: Zur Entstehungsgeschichte der Markgenossenschaften. Der Vierdörferwald bei Emmendingen, Freiburg 1938. Veröffentlichungen des Oberrheinischen Instituts für geschichtliche Landeskunde Freiburg im Breisgau, Bd. IV, S. 70
10 Bühler, Christoph: Die Herrschaft Geroldseck, Stuttgart 1981. Veröffentlichungen der Kommission für geschichtliche Landeskunde, Reihe B, Forschungen Bd. 96, S. 115
11 ders.: S. 62
12 Reinhard, Johann Jakob: Pragmatische Geschichte des Hauses Geroldseck wie auch derer Reichsherrschaften Hohengeroldseck, Lahr und Mahlberg in Schwaben, Frankfurt 1766, S. 40
13 Verkaufsurkunde inseriert in Bestätigungsurkunde vom 2. April 1300; Hefele, Friedrich, Freiburger Urkundenbuch Bd. II, Nr. 288, 1300 April 2
14 Die Freiburger Mark Silber war in Barrenform und hatte ein Gewicht von 237,5 g. Die Kaufsumme betrug damit 237,5 kg Silber!
15 Hefele, FUB III, Nr. 92, um 1306
16 wie Anmerkung 13
17 Jakob Sermenzer von Neuenburg wird in einer Urkunde als Salmann der Anna, der Gattin des Johannes Snewlin, genannt; Hefele FUB III, Nr. 3, 1301 März 22
18 Hefele, FUB II, Nr. 298, 1300 Juni 22
19 ebenda: Nr. 297, 1300 Juni 22
20 Hefele: FUB III, Nr. 4, 1301 April 25
21 Boehmer, Johann Friedrich: Fontes Rerum Germanicarum, Bd. II, Stuttgart 1845, S. 40
22 Hefele: FUB III, Nr. 24, 1302 September 15
23 ders.: FUB II, Nr. 310, 1300 Dezember 13
24 ders.: FUB III, Nr. 138, 1308 August 26
25 ders.: FUB III, Nr. 51, 1303 November 22 und Nr. 249, 1312 Juni 17
26 ders.: FUB III, Nr. 53, 1303 Dezember 9
27 Nehlsen: a.a.O., S. 84 ff
28 Hefele: FUB III, Nr. 203, 1311 April 8
29 Generallandesarchiv Karlsruhe (weiter GLA) 21/132, 1328 Oktober 10
30 Krieger, Albert: Topographisches Wörterbuch von Baden, Karlsruhe ²1904/1905, Bd. 2, Sp. 12
31 ders.: Bd. 1, Sp. 452

32 Rößler, Karl Joseph: Aus der Geschichte des Dorfes Ebnet, Freiburg ²1977, S. 16
33 GLA 21/84, 1374 Juli 17
34 Krieger: a.a.O., Bd. 1, Sp. 246
35 Zeitschrift für die Geschichte des Oberrheins (weiter ZGO) 55.1901, S. m77, 1375 April 9; siehe auch: Craner, Heinrich (Hrsg.), Hochdorf. Eine geographische und geschichtliche Ortsbeschreibung, Freiburg-Hochdorf 1974, S. 87
36 GLA 15/27, 1354 Dezember 29 und ZGO 30.1878, S. 352
37 Nehlsen: a.a.O., S. 79
38 GLA 21/404, 1359 Januar 22
39 GLA 21/402, 1399 Juli 25 und 21/279, 1412 Juni 12
40 siehe Stammtafel
41 GLA 20/153, 1383 April 18
42 GLA 20/156, 1385 August 23
43 Fürstenbergisches Urkundenbuch, hrsg. vom Fürstlichen Hauptarchiv, Donaueschingen 1877 ff., Bd. II, Nr. 156, 1382 Oktober 15
44 GLA 21/87, 1378 Februar 20
45 GLA 21/88, 1385 Mai 15
46 GLA 21/85, 1388 Januar 21
47 GLA 21/87, 1387 Februar 20
48 Zeitschrift der Gesellschaft für Beförderung der Geschichts-, Altertums- und Volkskunde von Freiburg, dem Breisgau und den angrenzenden Landschaften (weiter ZGFr) 6.1883/87, S. 408
49 GLA 21/183, 1392 März 17
50 GLA 21/282, 1394 September 11
51 GLA 21/139, 1394 Oktober 17
52 Nehlsen, a.a.O., S. 82
53 Fürstenbergisches Urkundenbuch: Bd. II, Nr. 569, 1398 Juli 6
54 GLA 21/132, 1399 Februar 20
55 GLA 21/402, 1399 Juli 25
56 Maurer, Heinrich: Urkunden zur Geschichte der Herrschaft Uesenberg, ZGFr 5.1879/82, Nr. 95, 1401 Juni 14; Regest in ZGO 40.1886, S. m94
57 GLA 44/440, 1403 April 10
58 GLA 21/139, 1407 April 22
59 GLA 21/132, 1407 April 22
60 GLA 21/132, 1407 April 22
61 GLA 21/38, 1407 April 22
62 ZGO 63.1909, S. m89, 1407 Mai 27
63 GLA 21/328, 1407 Juli 20
64 GLA 21/55, 1408 März 10
65 GLA 21/230, 1408 Juni 6
66 GLA 21/271, 1410 Juli 22
67 GLA 21/238, 1411 Dezember 11
68 GLA 21/279, 1412 Juni 12
69 Meckel, Eberhard (Hrsg.), Bad Krozingen: Vergangenheit und Gegenwart, Freiburg 1959, S. 22
70 GLA 21/365, 1417 Dezember 9
71 Stadtarchiv Freiburg, XIV, Snewlin von Landeck, 1421 Februar 9
72 Maurer: a.a.O., Nr. 107, 1422 September 3
73 GLA 21/370, 1422 September 13
74 Maurer, Heinrich: Der ausgegangene Ort Innikofen, ZGFr 5.1879/82, S. 486-488, 1425 Dezember 1
75 Flamm, Hermann: Geschichtliche Ortsbeschreibung der Stadt Freiburg, Bd. II, Freiburg 1903, Einleitung S. XXXIV, ohne Quellenbeleg
76 GLA 21/147, 1408 März 31
77 Flamm, a.a.O., Einleitung S. XL
78 Schreiber, Heinrich: Urkundenbuch der Stadt Freiburg, Bd. II, Freiburg 1829, Nr. CCCCXXXIX, 1409 Mai 17
79 Sütterlin, Berthold: Geschichte Badens I, Karlsruhe ²1968, S. 299 ff
80 Schreiber: UBF II, 1424 Juli 2, S. 340-348
81 Münch, Oskar Josef: Markgraf Jakob I. von Baden, Diss. phil. Freiburg 1906, S. 6
82 Schreiber: UBF II, 1426-1427, S. 363-368
83 Münch: a.a.O., S. 6
84 GLA 44/441, 1428 Januar 12
85 Fürstenbergisches Urkundenbuch Bd. III: Nr. 194, 1428 März 1
86 Stadtarchiv Freiburg, XIV, Snewlin von Landeck, 1428 Oktober 4
87 ebenda: 1428 November 1
88 GLA 21/87, 1430 Januar 10
89 GLA 44/441, 1430 Juni 17
90 GLA 21/440, 1430 Juni 17
91 GLA 21/87, 1436 Oktober 29
92 GLA 21/115, 1439 Januar 3
93 Stadtarchiv Freiburg. Konzeptbuch 1440/41, fol. 6 ff.
94 Meckel: a.a.O., S. 22
95 Manfred Krebs, Politische und kirchliche Geschichte der Ortenau, in: Die Ortenau in Wort und Bild, Hrsg. Batzer, Ernst, Offenburg 1929, S. 113
96 Albert, Peter P.: Urkunden und Regesten zur Geschichte des Freiburger Münsters, Freiburger Münsterblätter 1910/14, Bd. II, Freiburg 1914, Nr. 538, 1440 März 11
97 Stadtarchiv Freiburg. Konzeptbuch 1440/41, fol. 9 ff.
98 ebenda. XIV, Snewlin von Landeck, 1447 April 14
99 GLA 21/226, 1447 Mai 25
100 Stadtarchiv Freiburg. XIV, Snewlin von Landeck, 1450 Juli 11; siehe auch: Haselier, Günther (Hrsg.), Kirchzarten. Geographie-Geschichte-Gegenwart, Kirchzarten 1966, S. 222
101 Schreiber: UBF II, 1463 November 4, S. 479-484
102 Stadtarchiv Freiburg. XIV, Snewlin von Landeck, 1465 März 14
103 ZGO 45.1891, S. m127, 1465 November 12
104 GLA 21/265, 1466 Februar 26 (Insert in Urkunde 1563 Oktober 25)
105 GLA 21/273, 1466 März 28
106 Stadtarchiv Freiburg. XIV, Snewlin von Landeck, 1470 Juli 12
107 GLA 21/282, 1470 August 27
108 Schreiber: UBF II, S. 549-550
109 Stadtarchiv Freiburg, XIV, Snewlin von Landeck, 1471 Dezember 7

110 Staatsarchiv Basel, Klosterurkunden, Klingental Nr. 2277, 1472 November 12
111 GLA 21/271, 1477 Mai 9
112 ZGO 63.1909, S. m92; die Belehnung Davids erfolgte im selben Jahr, GLA 44/443, 1489 September 4
113 Stadtarchiv Freiburg, XIV, Snewlin von Landeck, 1478 November 6
114 ebenda, 1482 Mai 22
115 GLA 21/273, 1484 September 11
116 GLA 21/271, 1485 April 25
117 GLA 44/487, 1491 Juni 21; siehe auch: Graner, a.a.O., S. 88/89
118 GLA 21/295, 1493 Februar 23
119 GLA 44/443, 1494 Mai 26 (Vier Urkunden); siehe auch: Wellmer: a.a.O., S. 72 ff
120 GLA 21/338, 1503 Juli 9
121 GLA 21/273, 1504 Juli 23
122 Stadtarchiv Freiburg, XIV, Snewlin von Landeck, 1505 Februar 25
123 GLA 21/272, 1507 November 26
124 GLA 21/282, 1508 Oktober 19
125 GLA 21/282, 1511 Mai 5
126 GLA 21/283, 1511 Juli 11
127 GLA 21/283, 1511 November 3
128 GLA 21/272, 1510 Januar 5
129 Albert, a.a.O., Nr. 871, 1468 September 24, S. 75
130 Stadtarchiv Freiburg, XVIIAa, Stiftungen, Snewlin-Gresser, 1516 Dezember 2
131 ebenda, XIV, Snewlin von Landeck, 1517 Dezember 12
132 ebenda, XVIIAa, Stiftungen, Snewlin-Gresser, um 1517
133 Wetzel, Max: Waldkirch im Elztal, Teil I, Freiburg 1912, S. 200
134 GLA 21/273, 1515 November 21
135 GLA 21/273, 1516 Januar 14
136 GLA 21/273, 1516 April 15
137 GLA 21/273, 1516 Mai 27
138 GLA 21/273, 1517 Dezember 8
139 ZGO 56.1902, S. m24; siehe auch: Haselier, Günther: Geschichte der Stadt Breisach, Bd. I, S. 243
140 GLA 21/273, 1519 April 19; siehe auch: Wellmer: a.a.O., S. 60 ff
141 GLA 21/272, 1522 August 18 und GLA 21/273, 1522 August 18
142 GLA 21/273, 1538 Juli 25 und GLA 21/274, 1538 Juli 25
143 Sussann, Hermann: Kenzingen im Bauernkrieg. Kenzingen 1889, S. 42
144 ZGO 45.1891, S. m218, 1513 Oktober 25
145 GLA 21/33, 1517 Mai 26
146 Sussann: a.a.O., S. 26, Anm. 7
147 Stadtarchiv Freiburg, XIV, Snewlin von Landeck, 1530 Januar 3
148 Wolff, Felix: Elsässisches Burgenlexikon, Frankfurt 1979, S. 150
149 Zur Pfandherrschaft des Steins zu Rheinfelden siehe: Senti, Anton: Die Herrschaften Rheinfelden und Laufenburg, in: Vorderösterreich. Eine geschichtliche Landeskunde, Hrsg. Friedrich Metz, Freiburg ²1962, S. 401-430
150 Welti, Friedrich Emil: Die Urkunden des Stadtarchivs Rheinfelden, Aarau 1933, Nr. 528, 1527 Dezember 6
151 ebenda, Nr. 615, 1543 Dezember 18
152 Schib, Karl: Die Urkunden des Stadtarchivs Laufenburg, Aarau 1935, Nr. 237, 1545 Mai 5
153 ders.: Geschichte der Stadt Rheinfelden, Rheinfelden 1961, S. 290
154 GLA 44/444, 1530 April 11
155 GLA 21/284, 1530 April 11
156 ZGO 65.1911, S. m130, 1536 Oktober 14
157 ZGO 63.1909, S. m94, 1542 Juli 3
158 letzte Nennung: Welti, Friedrich Emil: Die Urkunden des Stifts St. Martin in Rheinfelden, Aarau 1935, Nr. 816, 1551
159 Werk, Franz Xaver: Stiftungsurkunden akademischer Stipendien und anderer milder Gaben an der Hochschule zu Freiburg von 1497 bis 1842, Freiburg 1842, S. 268 ff
160 Haselier: Breisach Bd. I, S. 295
161 Schib: Geschichte Rheinfelden, S. 290
162 Ehevertrag in: ZGO 63.1909, S. m95, 1567 Oktober 20
163 GLA 44/445, 1570 Mai 30
164 Stadtarchiv Freiburg, XIV, Snewlin von Landeck, 1592 Dezember 10
165 Oberle, Raymond/Sittler, Lucien: Le Haut-Rhin. Dictionnaire des communes en trois volumes, Straßburg 1980-82, Tome II, S. 989
166 ZGO 63.1909, S. m98, 1624 Dezember 16

Literatur

Albert, Peter P.: Urkunden u. Regesten zur Geschichte des Freiburger Münsters. In: Freiburger Münsterblätter 1905 ff.

Bader, Joseph: Eine Schwarzwaldwanderung. In: Badenia 2 (1862) 234 ff.

Böhmer, Johann Friedrich: Fontes Rerum Germanicarum. Geschichtsquellen Deutschlands, Bd. II, Stuttgart 1845.

Bühler, Christoph: Die Herrschaft Geroldseck. Stuttgart 1981.

Flamm, Hermann: Geschichtliche Ortsbeschreibung der Stadt Freiburg i.Br. Bd. 2: Häuserstand 1400-1806. Freiburg 1903.

Fürstenbergisches Urkundenbuch. Hrsg. Fürstliches Hauptarchiv. Donaueschingen 1877 ff.

Graner, Heinrich (Hrsg.): Hochdorf. Eine geographische und geschichtliche Ortsbeschreibung. Freiburg 1974.

Haselier, Günther: Geschichte der Stadt Breisach am Rhein. 3 Bde. Karlsruhe 1969-85.

Haselier, Günther (Hrsg.): Kirchzarten. Geographie, Geschichte, Gegenwart. Kirchzarten 1966.

Hefele, Friedrich: Freiburger Urkundenbuch. Freiburg 1940 ff.

Krebs, Manfred: Politische und kirchliche Geschichte der Ortenau. In: Die Ortenau in Wort und Bild. Offenburg 1929, S. 85-216.

Krieger, Albert: Topographisches Wörterbuch des Großherzogtums Baden. 2. Aufl. Karlsruhe 1905.

Maurer, Heinrich: Der ausgegangene Ort Innikofen. In: Zeitschrift der Gesellschaft für Beförderung der Geschichts-, Altertums- und Volkskunde von Freiburg, dem Breisgau und den angrenzenden Landschaften 5 (1879/82) S. 486-488.

ders.: Urkunden zur Geschichte der Herrschaft Uesenberg. In: ebd. S. 193 ff.

Meckel, Eberhard (Hrsg.): Bad Krozingen. Vergangenheit und Gegenwart. Freiburg 1959.

Münch, Oskar Josef: Markgraf Jakob I von Baden. Diss. Freiburg 1906.

Nehlsen, Hermann: Die Freiburger Familie Snewlin. Freiburg 1967. (Veröffentlichungen aus dem Archiv der Stadt Freiburg im Breisgau, 9).

Oberle, Raymond und Sittler, Lucien: Le Haut-Rhin. Dictionnaire des communes en trois volumes, Strasbourg 1980-82.

Reinhard, Johann Jakob: Pragmatische Geschichte des Hauses Geroldseck wie auch derer Reichsherrschaften Hohengeroldseck, Lahr und Mahlberg in Schwaben. Frankfurt 1766.

Rößler, Karl Joseph: Aus der Geschichte des Dorfes Ebnet. Freiburg 1977.

Schib, Karl: Geschichte der Stadt Rheinfelden. Rheinfelden 1961.

ders.: Die Urkunden des Stadtarchivs Laufenburg. Aarau 1935.

Schreiber, Heinrich: Urkundenbuch der Stadt Freiburg. Freiburg 1828-29.

Senti, Anton: Die Herrschaften Rheinfelden und Laufenburg. In: Vorderösterreich. Hrsg. Friedrich Metz. 2. Aufl. Freiburg 1967 S. 401 ff.

Sütterlin, Berthold: Geschichte Badens. Bd. I. Karlsruhe 1968.

Sussann, Hermann: Kenzingen im Bauernkrieg. Kenzingen 1889.

Wellmer, Martin: Die Entstehungsgeschichte der Markgenossenschaften. Freiburg 1938. (Veröffentlichungen des Oberrheinischen Instituts für geschichtliche Landeskunde Freiburg, 4).

Welti, Friedrich Emil: Die Urkunden des Stadtarchives Rheinfelden. Aarau 1933.

ders.: Die Urkunden des Stifts St. Martin in Rheinfelden. Aarau 1935.

Werk, Franz Xaver (Hrsg.): Stiftungsurkunden akademischer Stipendien und anderer milder Gaben an der Hochschule zu Freiburg i.Br. von 1497 bis 1842. Freiburg 1842.

Wetzel, Max: Waldkirch im Elztal. Teil I. Freiburg 1912.

Wolff, Felix: Elsässisches Burgenlexikon. Frankfurt 1979 (Nachdruck der Ausgabe Straßburg 1908).

Nimburg und Bottingen, Teningen, Köndringen und Landeck zwischen Bauernkrieg und Französischer Revolution (1500-1800)

Peter Schmidt

Das sechzehnte Jahrhundert

Bundschuh, Bauernkrieg und Reformation

Bauernkrieg und Reformation sind die beiden herausragenden Ereignisse des 16. Jahrhunderts, und mit ihnen soll auch unsere Darstellung der Geschichte Teningens und seiner damaligen Nachbargemeinden in der Frühen Neuzeit, wie man allgemein die rd. drei Jahrhunderte von 1500 bis zu dem Umbruch, den die Französische Revolution von 1789 einleitete, nennt, beginnen[1]. An der aus dem Mittelalter überkommenen wirtschaftlichen und sozialen Verfassung, dem sog. Feudalsystem, änderte sich bis ins späte 18., ja bis zur Umwandlung der Zehntlasten in der ersten Hälfte des 19. Jahrhunderts nichts Grundlegendes. Die Rahmenbedingungen blieben im Grunde die gleichen, wie sie im Kapitel über das Mittelalter geschildert worden sind.

Der Bauernkrieg war End- und Höhepunkt einer krisenhaften Entwicklung, deren Wurzeln bereits im 14. Jahrhundert zu suchen sind[2]. Die Landbevölkerung hatte sich wegen der zunehmenden Verschlechterung ihrer wirtschaftlichen, sozialen und rechtlichen Lage ab der Mitte des 15. Jahrhunderts in zahlreichen lokalen Revolten und Aufständen Luft gemacht. Vor allem die Bevölkerungszunahme des späten 15. Jahrhunderts und die gleichzeitige Agrardepression, der Aufstieg der Städte und die mit der Zunahme der Landbevölkerung sich verschärfende Landflucht, sowie die gleichzeitige Intensivierung der Herrschaft, die diese Landflucht natürlich auch verhindern wollte und damit den Bauern ihren Status der Leibeigenschaft verstärkt vor Augen führte, sind maßgebliche Faktoren für den steigenden Unmut der Bauern gewesen.

Dieser Zündstoff wird in unserem Raum greifbar in den sog. Bundschuhverschwörungen, die wie ein Wetterleuchten seit 1493 immer wieder zum Durchbruch kamen[3]. Für ein Vierteljahrhundert sind sie mit dem Namen des Joß Fritz, einem leibeigenen Bauern des Bischofs von Straßburg verbunden. Die Zielsetzung der Verschwörung radikalisierte sich im Lauf der Jahre. Das Volk sollte gewaltsam von aller Obrigkeit außer dem Kaiser befreit werden, die Last der Zinsen und Abgaben sollte abgeschafft, die "alten Rechte" der Bauern wieder hergestellt werden. Die Verschwörungen der Jahre 1493, 1502, der Lehener Bundschuh des Jahres 1513 scheiterten. Hinrichtungen und Landesverweisungen schufen die Ursachen nicht aus der Welt. Joß Fritz und zahllose Anhänger aus Orten zu beiden Seiten des Rheins bauten ab Anfang 1517 eine neue Verschwörung auf. Das ganze Gebiet von Basel bis Worms sollte in Aufruhr versetzt werden. Die Anführer, neben Joß Fritz Sebastian Rebenkönig und Stoffel von Freiburg, konnten sich auf ein Netz von Stützpunkten stützen. Überall bildete die Dorfschenke den Mittel- und Sammelpunkt der Verschworenen und der Wirt den zuverlässigen Helfer.

Als Werber für die Ziele des Bundschuhs waren auch Gaukler, wandernde Landsknechte, Hausierer, Marktschreier, Quacksalber unterwegs, also Leute, die mobil waren und auf Jahrmärkten und Kirchweihfesten auftauchten. Schließlich gab es noch andere, die zu bestimmter Zeit an Orten, die Joß Fritz ihnen angab, Unruhe stiften sollten. Im September 1517 flog die großangelegte Verschwörung durch Geständnisse des Michael von Dinkelsbühl auf. Dieser hatte übrigens in einem Verhör zehn Bettler beschrieben, die mit Brandstiftungen dem Aufruhr Vorschub leisten sollten. Einer von ihnen, ein Graubart mit ledernem Mantel, sollte die Häuser der Pfarrer von Teningen und von Denzlingen anzünden. Wahrscheinlich sollten diese Brandstiftungen andere Aktionen decken, oder die Pfarrherren in Teningen und Denzlingen waren besonders unbeliebt.

Eine entscheidende Wendung gab den Ereignissen dann der Beginn der Reformation, den man traditionell mit Martin Luthers Thesenanschlag am 31.10.1517 ansetzt. Der Bauernkrieg der Jahre 1524/25 war nicht von ihr ausgelöst, aber er erhielt eine neue Dimension, indem sich die Bauern nun zur Legitimierung ihrer Forderungen auf das Evangelium beriefen. Aufschlußreich und bezeichnend für das politische und religiöse Bewußtsein der Landbevölkerung in unserer Gegend in dieser Zeit ist der sog. "Other'sche Handel" in Kenzingen[4]. Dort fanden 1522 die evangelischen Predigten des humanistisch gebildeten Jacob Other große Resonanz. Wie schon im Falle der Bundschuhverschwörungen warf sich wiederum Freiburg zur Hüterin der Ordnung auf und erhob im Verbund mit der österreichischen Herrschaft und dem Bischof von Konstanz den Vorwurf der Ketzerei gegen Kenzingen, Rheinfelden und Waldshut, wo ebenfalls evangelische Prädikanten aufgetreten waren. Für Freiburg war die Sache klar: *Luthers opinion verführt zu Aufruhr, zur Ketzerei und zum Bundschuh.* Als der Druck schließlich übergroß wurde, verließ Other Kenzingen und fand vorübergehend Zuflucht bei Markgraf Ernst auf der Hochburg, der der Reformation nicht abgeneigt schien, später in Straßburg.

In Kenzingen wurde am 7. Juli 1524 als Nachspiel zu Others Reformationsversuch der Stadtschreiber als Sündenbock hingerichtet. Das Urteil, an dem Freiburger Richter beteiligt waren, lautete auf Ketzerei. Besonders bei den markgräflichen Untertanen wurde durch dieses Urteil der Unwille gegen die Stadt Freiburg heftig geschürt. Im August 1524 kam es zu einem gerade noch glimpflich abgelaufenen Streit im *oberen Wirtshaus* zu Teningen[5]. Als einige Freiburger dort einkehrten, warfen ihnen Leute aus Teningen vor, sie hätten *die von Kentzingen schantlich überzogen und verderbt* und sie *wöllen das gotzwort verdrucken.* Dann drohten sie, *es muss nit ein kleine zeit furkommen, das Fryburg darumb uberzogen und geschleift werd.* Es seien dann immer mehr Teninger zusammengelaufen, wodurch die Freiburger *in sorgen ston mussten, das sy an irm lib und leben verletzt wurden.* Gegen die Beschwerden des Freiburger Rates nahm Markgraf Ernst seine Untertanen in Schutz.

Der Bauernkrieg ging im Sommer 1524 von Oberschwaben aus und erfasste dann erdrutschartig die einzelnen Landschaften Südwestdeutschlands, das Elsaß, das Oberrheingebiet und schließlich fast das ganze damalige Reichsgebiet. Eine Hochrechnung aller Nachrichten über die Aufständischen im Rahmen des heutigen Baden-Württemberg kommt auf eine Zahl von 100 - 115 Tausend. Bei einer Gesamtbevölkerung von ca. 800.000 und einer Annahme von etwa 200.000 waffenfähigen Männern muß man zu dem Schluß kommen, daß mindestens 60 - 70 % der Bauern aktiv beteiligt gewesen sind. Kein Dorf blieb abseits[6].

Im April verjagten die Bauern in Kiechlinsbergen den Schaffner des Tennenbacher Klosterhofes. Im Kontakt mit den elsässischen Bauern übernahmen sie von dort die 12 Artikel, den Forderungskatalog und die Programmschrift der Bauern. Unter den Anführern Wolf Krumeisen, Jeckli Kurzmann, Hans Ziler aus Amoltern und Matthis Schumacher aus Riegel erhielten sie rasch Zulauf aus allen Dörfern. Die Kaiserstühler Bauern vereinigten sich bei Kenzingen mit den Ortenauer und Hochberger Bauern. Die Untertanen Markgraf Ernsts, der sich am 5. Mai mit seiner Familie in Freiburg in Sicherheit brachte, galten als die unruhigsten, gereizt durch die Kenzinger Ereignisse des Vorjahres.

Ihre Anführer waren Clewi Rüdi und Josef Metzger aus Malterdingen, Hamann Metzger, Michael Strub und Veltin Scheremberg aus Denzlingen, Veltin von Maurach und andere. Anfang Mai brach der Aufruhr los[7]. Vor der Hochburg mußten die Bauern unverrichteter Dinge abziehen, doch ging das Kloster Tennenbach nach Plünderung in Flammen auf. Ebenso die Klöster Wonnental und Kirnhalde. Schloß Landeck wurde vermutlich am 9. Mai erstürmt und abgebrannt. Von Hans Wirth aus Bahlingen, der im Kloster Tennenbach den Brand legte, weiß man, daß er gestohlene Meßgewänder in der Köndringer Kirche niederlegte.

In einer glänzend organisierten Aktion der Schwarzwälder Bauern unter Hans Müller von Bulgenbach, der Markgräfler, Breisgauer und Ortenauer Bauern kam es am 15. und 16. Mai 1525 zur Belagerung von Freiburg - neben Villingen und Radolfzell der entscheidenden Bastion der Herren - durch ca. 12.000 Bauern. Am 20.5. streckte Freiburg die Waffen.

Der Sieg der Bauern blieb bekanntlich ohne Folgen. Inzwischen hatte die Gegenwehr der Herren eingesetzt. In anderen Landesteilen wurde der Aufstand niedergeworfen. Bei Radolfzell unterlagen die Hegauer Bauern, bei Zabern erlitten die Elsässer Bauern eine vernichtende Niederlage.

Während in anderen Gebieten die Herren mit z.T. grausamer Härte Rache an den Bauern nahmen und vor allem in den österreichischen Ländern bedingungslose Unterwerfung forderten, fand der Aufruhr in den markgräflichen Gebieten durch Nachgeben und Einlenken von beiden Seiten einen relativ glimpflichen Ausgang. Der 2. Basler Vertrag vom 12. September 1525 regelte die Rechtsverhältnisse und bildete fortan einen Bestandteil der Agrar- und Herrschaftsverfassung[8]. Man muß also differenzieren. Es gab keinesfalls eine allgemeine Verschlechterung der Lage der Bauern nach 1525. In Hochberg sowie im österreichischen **Heimbach** wurden die von den Bauern angerichteten Schäden letztlich mit einer Schadensersatzzahlung von fünf bis sechs Gulden pro Haus abgegolten. Zu der raschen Entspannung der Lage im Hochberger Land mag entscheidend beigetragen haben, daß Markgraf Ernst der Forderung der Bauern insbesondere nach Aufhebung des Kleinzehnten nachgegeben hatte. Diese wirtschaftliche Forderung ging im übrigen zu Lasten der Pfarrherren, kostete den Markgrafen also nichts. Im Unterschied zum Großzehnt, der vom Getreide an den Grundherren entrichtet wurde, entfiel der Kleinzehnt von den Produkten des Gartenlandes an den Pfarrherren.

Als im April 1526 der Abt von Schuttern und der Deutschordenskomtur in Freiburg sich über das Ausbleiben des Kleinzehnten zu Malterdingen, und folglich auch aus den anderen hochbergischen Orten, wo diese Grundherren Besitz hatten, beschwerten, verwies sie Markgraf Ernst auf die Vereinbarungen des Basler Vertrages, aufgrund dessen er *nicht im Stande (sei) seine Untertanen zu zwingen, den kleinen Zehnten zu geben.*[9]

Gerade der Anbau von Gemüse und Handelsgewächsen, wie z.B. Hanf, war für die Hochberger und Markgräfler Bauern wegen der guten Verkaufsmöglichkeit in der Stadt interessant[10]. Außerdem spielte die bereits in dieser Zeit im Gefolge des Bevölkerungsanstiegs fortgeschrittene Besitzzersplitterung eine Rolle. Auf Kleinparzellen warf der Handelsgewächsbau noch etwas ab. Man war deshalb bestrebt, den Gemüsebau auch auf die Ackerflur auszudehnen. Bereits Anfang des 16. Jahrhunderts hören wir vom Hanfanbau in **Teningen**, **Köndringen** und anderen Orten in der Rheinebene. Im Gefolge der Aufhebung des Kleinzehnten wurde in Teningen der Hanfanbau stark ausgedehnt. Als dann im Lauf der Jahre der Kleinzehnt wieder eingeführt wurde, versuchten die auswärtigen Zehntberechtigten ihre Ansprüche zu sichern. So erhob Abt Lorenz von Ettenheimmünster, der Patron der niederen Pfarrei in Teningen, 1542 wieder Anspruch auf den *seidt vergangener Pürischer Ufrur* vorenthaltenen Kleinzehnt von Hanf, Erbsen, Linsen, Bohnen und Rüben und bot an, wegen des starken Hanfbaus mit dem Pflug die Hälfte des Hanfzehnten dem Markgrafen zu überlassen. Angeblich wurde zu dieser Zeit in Teningen *bei nach das halb Veldt mit Hanf gebauen.*[11]

Einführung der Reformation in der Markgrafschaft Hochberg

Markgraf Ernst, der insgesamt eine zurückhaltende Politik verfolgte, hat eine abwartende Haltung auch den religiösen Kämpfen gegenüber eingenommen[12]. Persönlich dem reformatorischen Gedanken aufgeschlossen (man sah es an seiner Hilfe für den Kenzinger Prädikanten Other und daran, daß er seine Kinder lutherisch erziehen ließ), hielt er die Frage der Reformierung seines Landes in der Schwebe. Von der Haltung der Untertanen können wir uns kein detailliertes Bild machen. Immerhin läßt das oben erwähnte drohende Verhalten gegenüber den Freiburgern allgemein verbreitete Sympathien für die Reformation erkennen. Bis 1556, also noch fast 40 Jahre lang nach Beginn der Reformation, amtierten in den hochbergischen Gemeinden katholische Geistliche und wurde die Messe nach dem hergebrachten Ritus zelebriert. Allerdings waren auch hier natürlich die Verfallserscheinungen der spätmittelalterlichen Kirche allenthalben mit Händen zu greifen. In den Quellen werden sie für uns greifbar, da die römische Kirche ab der Jahrhundertmitte selbst daran ging, sich zu reformieren und in ihren Reihen Ordnung zu schaffen. Einen Einblick gewährt und ein Visitationsbericht[13] über die Pfarreien im Breisgau aus dem Jahr 1550, worin es z.B. heißt, daß der Geistliche in **Teningen**, *morgens am Sonntag seine Horas mit den Bauern auf dem Kegelriß betete, und mit ihnen in Hosen und Wams kegelte. Darnach geht er an den Altar. Item er zieht in Hosen und Wams und einem Hut, auf dem Federn stecken, mit einer Hellebarde ins Wirtshaus und bringt ihnen einen Mummenschantz.*

Die Bauern sagen, ihr Henker sei andächtiger denn ihr Pfarrherr. Item sagt der Dekan des Endinger Kapitels, dieser Pfarr-Herr zu Teningen sei ein Religios von Sankt Trutprecht, er trage den Orden nicht an, er sei ein zänkischer Profugus; ihm sei ein Ohr abgehauen worden; er esse Fleisch zu verbotener Zeit; er sitze zu Mitternacht im Wirtshaus; er sei fornicator maximus; er ziehe in Larven Weise, in langen Schwertern herum; er esse mit den Juden, er "kluckere" mit den Buben; in summa facit omnia mala. Wir haben hier also einen ehemaligen Mönch vor uns, der die Kutte an den Nagel gehängt, sich eine Frau genommen hat und eher das Leben eines Landsknechts, als eines Geistlichen führte. Die Bauern fanden aber im wesentlichen nur kritisierenswert, daß er es an Andacht fehlen ließ.

Der sog. *Augsburger Religionsfriede* von 1555, ein Reichsgesetz, stellte für die Landesfürsten das Religionsbekenntnis frei. Der Landesherr, nicht der Einzelne, bestimmte das religiöse Bekenntnis. Dies drückt sich in der Formel *cuius regio - eius religio* aus. Die ursprünglich im Volk begründete Bewegung war zur Fürstenreformation, einer von oben durchgesetzten Reformation verkümmert. Die Obrigkeit nahm nun allenthalben die Reformation in die Hand und nützte sie aus, um die Untertanen in den entstehenden modernen Staat einzugliedern. Statt eines Gemeindechristentums mit freier Pfarrerwahl, wie es die Bauern 1525 gefordert hatten, kam die Landeskirche. In Hochberg hatte Markgraf Karl II. 1553 die Regierung angetreten. Er führte durch eine markgräfliche Verordnung vom 1. Juni 1556 die Reformation in der oberen Markgrafschaft ein. An diesem Tag wurde die neue Kirchenordnung, die im wesentlichen identisch ist mit der württembergischen Kirchenordnung des Johann Brenz, in Kraft gesetzt. Darin heißt es: *Kraft Unseres tragenden und von Gott befohlenen Amtes, auch aus Gedrang Unseres eigenen Gewissens* werde diese Ordnung verkündet. Der Fürst fühlte sich verantwortlich für das Seelenheil seiner Untertanen und leitete daraus das landesherrliche Kirchenregiment ab. Ausgenommen davon war lediglich das Lehramt. Die Verordnung richtete sich an die Pfarrer. Es gab in der Markgrafschaft keine Mitwirkung der Landstände bei der Einführung der Reformation, im Kirchenregiment und der Verwaltung des Kirchengutes, worin sich die fast bedeutungslose Stellung der Stände in Sachen der Landesverwaltung äußert. Zunächst wurden nun in Verbindung mit einer umfassenden Visitation der Kirchen lutherische Geistliche eingesetzt[14]. Von 65 Geistlichen im Oberland blieben übrigens 57 bei ihrem katholischen Glauben und verließen das Land. Nur drei von den 66 neuen Pfarrern waren aus der engeren Heimat, die anderen kamen z.T. von weit her, und zuweilen hatten die Bauern mühe, ihre Pfarrer zu verstehen. In **Köndringen** amtierte 1558 Zacheas Binder, in **Teningen** Johann Wagner. Der Name des Pastors in **Nimburg** ist nicht bekannt, er bat in diesem Jahr um Beurlaubung, weil er *in dieser Länderart nicht sein möge* und sich mit Land oder Leuten nicht anfreunden konnte. Im nächsten Jahr zog er weg. Der Teninger Pastor versorgte zeitweilig den Nachbarort mit und erhielt vom Klosterschaffner eine Entschädigung von 2 Saum Wein dafür.

In **Teningen** wartete der Pfarrer noch auf den Bau einer eigenen Wohnung. Der Prädikant in **Nimburg** hatte anfangs im Kloster gewohnt. Nun wurde der Schaffner angewiesen, in der Nähe der Kirche ein Haus zu kaufen, damit die Pfarrersfamilie nicht im Kloster wohnen müsse. Die Wohnungsfrage ist in diesen zwei Orten offenbar wegen der früheren Versorgung durch Ordensgeistliche, die in Nimburg im Kloster selbst, in Teningen auf einem der den Kirchenherren, Ettenheimmünster bzw. Bischof von Straßburg gehörenden Lehenshöfen gewohnt haben mochten, akut. Vergleichbares wird auch in **Köndringen** der Fall gewesen sein, wo das Kloster Schuttern einen Hof besaß. Probleme mit dem Besetzungsrecht der Pfarreien gab es in unseren Gemeinden nicht, außer in Köndringen, wo das Kloster Schuttern Patronatsinhaber war. 1560 klagte der Pfarrer über das geringe Gehalt.

In **Nimburg** war die Pfarrei dem ehemaligen Antoniterkloster inkorporiert gewesen, das die letzten Mönche 1545 verlassen hatten. In Teningen hatte Markgraf Ernst 1545 den Kirchensatz und einen Teil des Zehnten vom Kloster Ettenheimmünster für die untere Pfarrei erworben, die nun alleine weiter geführt wurde. Die große Zahl von Pfründen, von Kaplaneien, Frühmessen usw. fielen nun weg. Ihre Gefälle wurden in die geistliche Verwaltung, die für ganz Hochberg im ehemaligen Kloster Nimburg eingerichtet wurde, eingezogen. Den Pfarrern blieb im übrigen der kleine Zehnte, da sich der Einzug durch die geistliche Verwaltung nicht gelohnt hätte. Ansonsten erhielten die meisten Pfarrer eine feste Besoldung in Geld und Früchten aus der geistlichen Verwaltung.

Obwohl mit der Einführung der Kirchenordnung der Besuch der Messe in den angrenzenden katholischen Orten, von denen das Hochberger Territorium jetzt umgeben war, verboten worden war, gingen viele Leute noch längere Zeit zum Messbesuch dorthin. Die Bevölkerung hielt vor allem am religiösen Brauchtum fest und die Verankerung eines Konfessionsbewußtseins war Sache eines längeren Zeitraumes.

Auch bei der Heranbildung rechtgläubiger Pastoren gab es anfangs noch Schwierigkeiten. Ein Beispiel ist der genannte erste Pfarrer in **Köndringen**, dem 1559 der Abschied gegeben wurde, unter anderem deswegen, weil er *bisweilen mit der schwarzen Kur umgegangen sei*, worunter man eine Neigung zu magischen Praktiken verstehen dürfte. Er hatte es aber auch an Kinderlehre und Psalmengesang fehlen lassen und seine Unmäßigkeit im Essen und Trinken wurde in den Visitationen übel vermerkt[15]. Auch das Verhalten der Bevölkerung wurde durch die Visitatoren jetzt regelmäßig unter die Lupe genommen. Freilich notierten die Beamten dann nicht den Normalzustand, sondern das in ihrem Verständnis von der Norm abweichende Verhalten. So wird man die notorischen Klagen über das allerorten grassierende Fluchen und Saufen in den richtigen Relationen sehen müssen. Ernster zu nehmen sind schon die Aufzeichnungen über Zauberei und Hexerei, zumal sie für die Betroffenen leicht lebensgefährliche Konsequenzen haben konnten. So stand etwa im Jahre 1558 in Teningen ein Hirte im Verdacht, *man sagte ihm Zauberer oder Wahrsager*[16]. Daß auch Geistliche in dieser Sphäre tätig sein konnten, sahen wir beim Köndringer Pastor. Es hat jedoch den Anschein, als sei unser Gebiet von den in jenen Jahrzehnten besonders grassierenden Hexenverfolgungen verschont geblieben[17].

In die Jahre nach der Einführung der Reformation fällt auch der Beginn eines wenn auch noch so rudimentären Volksunterrichtes in den Dörfern[18]. Anfänglich wurde er, z.B. in **Köndringen**, vom Pfarrer erteilt. Dann wurde der Unterricht vom Sigrist übernommen. Lediglich in Emmendingen gab es 1599 einen eigens angestellten Schullehrer. In **Nimburg** gab es zu der Zeit noch keinen Unterricht. Es stand ganz im Belieben der Eltern, ob sie ihre Kinder in die Schule schicken wollten, oder nicht. Überhaupt dauerte der Unterricht nur einen Teil des Winters, meist nicht mehr als ein Vierteljahr.

Die allmähliche Verwurzelung des evangelischen Kirchenwesens in der Markgrafschaft Hochberg wurde im Jahre 1590 durch eine kurze, hochpolitische Phase der Gegenreformation unterbrochen, nachdem Markgraf Jakob III. am 15.7.1590 im Kloster Tennenbach feierlich zum Katholizismus übertrat[19]. Das Ereignis erregte großes Aufsehen, denn es handelte sich um das erste Beispiel der Konversion eines Fürsten seit dem Beginn der Glaubensspaltung. Papst Sixtus V. verkündete den Übertritt Jakobs III. in einem Konsistorium am 13.8.1590, und wenige Tage später nahm er an einer Dankfeier in der Kirche Santa Maria dell'Anima, der deutschen Nationalkirche in Rom teil. Der Rektor des Jesuitenkollegs in Molsheim im Elsaß lobte Jakobs III. Eifer. Das Landvolk neigte sowieso, "magna parte", größtenteils zur katholischen Religion. Die evangelischen Pfarrer erhielten Predigtverbot und sollten binnen eines Vierteljahres das Land verlassen, nur Taufen waren noch gestattet. Aussagen wie die des Molsheimer Rektors wird man allerdings mit Zurückhaltung aufnehmen müssen, es gibt auch genau entgegengesetzte Stimmen, und die Herausbildung eines konfessionellen Bewußtseins war, wie gesagt, in dieser Zeit noch nicht abgeschlossen. Markgraf Jakob III. starb jedoch plötzlich bereits einen Monat nach seiner Konversion am 17.8. 1590 und sein Bruder Ernst Friedrich machte unverzüglich alle kirchenpolitischen Anordnungen rückgängig.

Die herrschaftlichen Rechte nach dem Urbar von 1566/68

In den Jahren 1566 bis 68 wurden die herrschaftlichen Rechte in der Markgrafschaft Hochberg erstmals Ort für Ort in einem umfangreichen Urbar (GLA 66/ 3719-3721) festgehalten und ausführlich beschrieben[20]. Die Aufzeichnungen geben uns einen wertvollen Einblick in den Zustand der Herrschaft und der Gemeinden. Vorauszuschicken ist noch, daß die landesherrlichen Rechte an den Wäldern im Berain nicht erwähnt, sondern gesondert aufgezeichnet wurden.

Am 18. November 1566 fanden sich in der Ratsstube in **Teningen** folgende Personen ein, um die Aufzeichnungen zu beglaubigen:
Melchior v. Au zum Weyher, der Landvogt; Paulus Schnepf, Dr. der Rechte und markgräflicher Rat; Mathis Eisenberger, markgräflich badischer Renovator. Von der Gemeinde Teningen waren anwesend: der Vogt Claus Yrnbrecht und die Gerichtsleute Urban Mezger der Alt, Ciriacus Zöller, Hanns Mezger, Michel Heß, Latzarus Höfflin, Hanns Vogel, der Gerber, Hanns Müller, Georg Hannawer, Hanns Bart, Michel Saur, Weber, Bernhardt Vogler.
Wegen *Unserer Frauen Pfarr* in Teningen und der Kollatur, die beim Bischof von Straßburg lag, war für diesen als Vertreter ein Kaplan *Unserer Frauen Pfarr* aus Freiburg erschienen. Außerdem waren noch Jacob Groß und Hanns Georg Zundt von Kenzingen wegen Ihres Viertels am Zehnten schriftlich eingeladen worden, doch war niemand erschienen.
Aus **Nimburg** und **Bottingen** waren bei der öffentlichen Verkündigung des Berains außer dem mgf. Renovator Johann Vetter folgende Personen aus den Dörfern anwesend: Andreas Struß der Vogt, Bastian Kümmerlin des Gerichts und Andreas Strobach von der Gemeind. Außerdem 12 Gerichtsmitglieder: Jerg Vogel, Ballin Struß, Bastian Kümmerlin, Jerg Renckher, Hans Müller, Hanns Schaffhuser, Andres Kügelin, Hanns Kümmerlin, Ruman Weiß, Hanns Wächtlin, Mathis Geiger, Michel Breysacher.
In **Köndringen** erschienen außer dem Vogt Hans Blomen noch die Gerichtsleute Ballin Mullin und Jacob Enderlin. Für das Kloster Schuttern, bei dem die Zehntrechte lagen, waren erschienen: Veit Hueber der Vogt, Ballin Wüllin, Martin Breysacher, Jacob Enderlin, Lienhart Egen, Michel Hueber, Hanns Byverdorben, Jerg Wahl der Kueffer, Hanns Khon, Bartlin Enderlin, Martin Malneckh, Blesi Köbelin.
In **Landeck** traten am Montag, dem 14.3.1568, Sebastian Wejlandt, Burgvogt zu Landeck und Hans Leusch, der Vogt zu Mundingen auf.

Allen drei Orten (bzw. fünf, wenn man Bottingen und Landeck eigens aufzählt) war gemeinsam, daß der Markgraf über die hohe und niedere Gerichtsbarkeit verfügte. Die Bevölkerung in den Dörfern war leibeigen. Auf dieses Recht gründete sich vor allem die Verpflichtung der Untertanen zu bestimmten Arbeitsleistungen für die Herrschaft, aber auch zu einzelnen Steuern und Abgaben.

Die **Teninger** waren verpflichtet, mit den Leuten aus Denzlingen, Gundelfingen, Vörstetten, Sexau und Emmendingen in Fronarbeit Brennholz aus den herrschaftlichen Wäldern auf die Hochburg zu führen. Diese Arbeit war damals bereits mit einer jährlichen (jederzeit widerrufbaren) Zahlung von 16 Pfd. 17 Schilling und 6 Pfg. in Geld fixiert. Auch die Lieferung von 500 Wellen aus dem herrschaftlichen Holz wurde mit einer jährlichen Zahlung von 5 Schilling abgegolten. Es verblieb noch die Pflicht, die Matten unter der Hochburg zu heuen und zu öhmden, die Straße zur Hochburg in Stand zu halten, sowie Hilfe bei der Jagd und andere forstliche Dienstbarkeiten.
Die Frondienste der **Nimburger** bestanden im wesentlichen darin, ebenfalls bei der Instandhaltung der Straße auf die Hochburg mitzuhelfen, sowie in den üblichen Jagd- und Forstdiensten.
Die Untertanen in **Köndringen** hatten nach Auskunft des Berains *keine sonders gesetzte und bestimmte Frondienst*. Wegen früher geleisteter *namhafter Fron zu unserem Haus Landeck und desselben Hausgütern und Reben* hatte sich der Markgraf mit den Köndringern bereits vor etlichen Jahren, wie es heißt, zu einer jährlichen Zahlung von 24 Pfd. Pfennig Freiburger Währung verglichen. Lediglich bei den üblichen Fuhrfronen

für Getreide- und Weinabgaben hatten sich die Köndringer zu beteiligen.
Ein weiteres Recht, das aus der Leibherrschaft floß, war der sog. Abzug, d.h. bei einem Wegzug aus der Herrschaft (z.B. wegen Heirat) war der zehnte Teil des Vermögens fällig. Starb ein Mann, so war das beste Stück Vieh an die Herrschaft abzugeben, war kein Vieh vorhanden, so war das beste Kleid, *so er an hochzeitlichen Tagen zu Kirchen und Straßen getragen* oder eine Geldsumme fällig. Starb eine Witwe, so wurde wie bei einem Mann verfahren, starb eine Frau in der Ehe, war das beste Oberkleid abzugeben. Regelmäßig jährlich auf Martini war dorfweise die Steuer zu entrichten. Sie belief sich in Nimburg auf *35 Pfd. Rappen guter Landeswährung* in Köndringen auf 46 Pfund; für Teningen ist keine Summe angegeben. Auf Martini waren auch die Rauchhühner fällig. Aus der festgesetzten Zahl ergibt sich die Anzahl der Familien in den Dörfern, denn jedes Haus hatte eine Henne abzuliefern. Es waren in Nimburg und Bottingen 72, in Teningen 94 und in Köndringen und Landeck 87. Befreit davon waren das Pfarrhaus, der Vogt, sowie in Teningen und Nimburg auch die Waldbannwarte und der Bote.
Was im übrigen die Gemeindeämter betrifft, so waren sie eine Angelegenheit der Dorfgenossenschaft. Vogt und Gericht wählten Sigristen, Boten, Bannwarte und Hirten, und im Berain war festgelegt, daß alle diese Ämter der Herrschaft keine Kosten verursachen sollten. Sie waren also aus Gemeindeeinkünften zu entschädigen, worauf später noch einzugehen ist. Lediglich in Nimburg war der Vogt *für mühend Arbeit* berechtigt, 10 Schweine ins Eckericht zu treiben.

Geistliche Lehen und Pfründen

Die Pfarr- und St. Agatha Pfründe in **Teningen** und das Patronatsrecht, die Kirche und der Kirchensatz, die Vogtei über diese beiden Pfründen (*samt unserer Frauen Pfrundt, welche der Bischof von Straßburg zu verleihen hat*) und *des heylligen daselbst einkommen und gefell* gehörte dem Markgrafen. Durch den Vogt sollte jährlich ein Heiligen- oder Kirchenpfleger bestellt werden, der jährlich gegenüber dem geistlichen Verwalter abrechnen sollte. Die Gefälle wurden in die geistliche Verwaltung eingezogen und davon die Kirche und das Kirchenamt versorgt.
In **Köndringen** lag das Patronatsrecht bei der Abtei Schuttern. Jedoch die Kirche und der Kirchensatz sowie die Vogtei über die Kirchengüter gehörten dem Markgrafen. Sie wurden in die geistliche Verwaltung eingezogen und dort wie bei den anderen Orten in Hochberg verwaltet.
Die zu **Nimburg und Bottingen** *seind geen Obern Nymburg in das Closter, so jetzt zu einem Spital geordnet pfarrig, haben auch ihr Leiblegen daselbst. Der Mesner und Sigrist wurde im Kloster erwählt, weswegen die zu Unternimburg mit diesem Amt nichts zu tun haben.*

Der große und der kleine Zehnt

In **Teningen** gehörte der große Zehnt von Weizen, Roggen, Gemischtkorn, Dinkel, Hafer, Gerste, Erbsen, Linsen, Bohnen, Hirse und anderen Früchten dem Markgrafen. Die Rechte von Jacob Groß und Jörg Zund von Kenzingen können wir hier übergehen. Im übrigen war auf den Äckern und Gütern, die zu *unserer Frauen Pfrundt* in Teningen gehörten, der Bischof von Straßburg immer noch zehntberechtigt. Der Kleinzehnt gehörte dem Pfarrherrn. Der Heuzehnt wurde jährlich mit 10 Schilling in Geld abgelöst. Der Hanfzehnt gehörte auf allen Äckern und Gütern dem Markgrafen allein, ausgenommen der Hanfzehnt im Etter, der dem Pfarrer zustand.
In **Köndringen** und **Landeck** gehörte der große und der kleine Zehnt dem Kloster Schuttern. Allerdings bezog der Markgraf das sog. Ungelt für den ausgeschenkten Wein, nämlich *vom zapfen zu feylem kauff von jedem Schilling 1 Pfennig zu Ungelt* und von jedem Saum Wein, der ausgeschenkt wurde, 8 Batzen Maßpfennig. Vom Stichgeld war 1/3 an die Herrschaft abzuführen, die übrigen 2/3 kamen der Gemeinde zugute.
In **Nimburg** und **Bottingen** gehörte der große und kleine Zehnt an Früchten und Wein dem Spital zu Obernimburg. Außerdem gab man das zehnte Ferkel und von jedem Kalb 2 Pfennig.

In allen drei Dörfern besaß der Markgraf erbliche **Lehenhöfe**, aus denen er Häuser- und Scheunenzins bezog.

In **Teningen** waren von dem Lehenhof *gen Hochburg auf den Kasten 9 Malter und 4 Sester Roggen* abzuliefern. Der Träger des Hofes war Hans Brommer, doch waren die über die Gemarkung verteilten Stücke (es werden 34 genannt) verpachtet an Georg Schaffhauser, Vix Heinzelmann, Hans Schneider, Hans Bart, Claus Yrnbrecht, Vogt Hans Wagner der Mezger, Urban Mezger, Michel Wülden, Hans Dorler, Andreß Zöller, Jacob Berckh, Urban Yle, Bernhard Heß, Bernhardt Ysenhut und Bartlin Bindter.

In **Köndringen** hatte der Markgraf 7 Lehenhöfe.
1. der *Huebers Hof*, Träger war Joachim Hueber und mit ihm Hanß Malneckh, Bartlin Enderler, und Vaßlin Zuckmantel. (34 Stücke Acker, Matten, Reben)
2. *Hamann Blomen Hoflin*, Träger: Hanns Brottbeckh (18 Stücke)
3. *des Clorers Hof*, Träger: Bastian Egen (42 Stücke)
4. *des Rempen Hof*, Träger: Martin Hueber (40 Stücke)
5. Bastian Dryller als Träger (20 Stücke)
6. *Niderländers Hof*, Träger: Veit Bindter und Martin Weyler (24 Stücke)
7. *Wullins Hof*, Träger: Hanns Zuckmantel der jung (20 Stücke)

Lehenhöfe in **Nimburg** und **Bottingen** waren folgende:
1. der *Schweikhof*, Träger: Georg Vogel, Martin Bischers Wittib (21 Stücke)
2. der *Schwaikhof*, Träger: Ballin Schaffhauser (20 Stücke)
3. Lehen, die auch in den Schweikhof gehörten: Träger: Ludwig Kümmerlin (17 Stücke)
4. Hanns Gerber (22 Stücke)
5. Hanns Gerber (4 Stücke)
6. Wendel Ziegler (3 Stücke)
7. Andres Strobach (4 Stücke)
8. das sog. Bottinger Haus, Träger: Adam Schwab, Hanns Schwab, Hanns Schmidt

Mühlenzins

In **Köndringen** betrieb Martin Breysacher eine offenbar besonders leistungsfähige Mühle mit Pleule als Erblehen. Er mußte jährlich auf Martini *die Früchten auff den Kasten gen Hachberg* selbst transportieren, nämlich 39 Malter Roggen und 1 Pfund 5 Schilling Geld.

Auf der **Teninger** Gemarkung gab es mehrere Mühlen und Pleulen, von denen Zins zu entrichten war. Thoman Schreyer der Müller besaß die Mühle mit 3 Rädern in Teningen als Erblehen für jährlich 2 Pfund Schilling Geld und 19 Malter 4 Sester Roggen. Der gleiche Thoman Schreyer mußte noch von seiner Gerbermühle, die oberhalb der Mahlmühle lag, 5 Schilling Pfennig bezahlen. Außerdem betrieb er eine Pleule, die oberhalb der Mühle gelegen war. Die Gemeinde hatte von der Pleule, *so Rhuman Schmidt vorhin ingehabt* und die im Gelände an der Elz neben der Landstraße lag, 2 Pfund Pfennig zu bezahlen. Schließlich betrieb noch Michael Lachenmayer 1 Pleul oben im Dorf zwischen dem Dorfbach und Michel Zyller für 2 Pfund Pfennig.

In **Nimburg** hatte Diepoldt Schoch für 7 Malter Roggen die Mühle mit 2 Rädern als Erblehen. Außerdem zahlte er 1 Pfund Pfennig für die Pleule bei seiner Mahlmühle. In **Bottingen** hatte Jacob Geiger eine Pleule bauen dürfen und zahlte so lange er lebte 8 Schilling Pfennig. Starb er, so hatte die Herrschaft das Recht, den Zins zu erhöhen, oder die Mühle abbrechen zu lassen.

Fischwasserzins

In **Nimburg** hatten Hanns Frieß und Hanns Gerber für 2 Pfd. 18 Schilling Pfennig das Fischrecht an der Glotter, und zwar unterhalb der Mühle zu Nimburg *bis auf die Riegeler Matten*; dazu den Schlattgraben, *so weit der aus gemeltem Wasser und wieder darein geht*.

Hanns Kümmerlin und Rudolf Ziegler hatten für 3 Pfd. 2 Schilling Pfg. das Fischwasser, oberhalb der Mühle in Nimburg *bis an den Hohenacker hinauf, da die Glotter in den Schappach fällt, samt dem Mühlackergraben, so in diesem Stuck Wasser uß der Glotter und wiederum darein fließt; auch den sog. Gaißbach unter beiden Brücklin, soweit Nimburger Bann geht, bis auf Bahlinger Bann, und dazu den Allantzgraben.*

In **Köndringen** war das markgräfliche Fischwasser für 10 Pfund 12 Schilling und 6 Pfg. an Andreas Egen verliehen. Es reichte vom Teninger Bann bis zum Riegeler Bann.
(In **Teningen** lag das Fischwasserrecht bei den Herren von Wessenberg, wie wir aus einer späteren Quelle entnehmen).

Badstubenzins

Badstuben als herrschaftliche Lehen, für die auf Martini Zins zu entrichten war, gab es in Nimburg und Köndringen. Mathis Schenzlin von Köndringen hatte damals die Badstube in **Köndringen** für 1 Pfd. Rappen, die zwischen Steffen Reelin und Hanns Malneckh lag und vorne auf die Landstraße stieß.
In **Nimburg** zahlte Hans Waidtmann für die Badstube 1 Pfd. Rappen. Sie lag zwischen der Allmende und Antoni Meyen, und stieß an die Schmiede. Diepoldt Schoch, der Müller hatte für 1 Pfd. 14 Schilling 6 Pfg. das Wasserbad in Nimburg. Das Badhaus, ein markgräfliches Erblehen, lag neben dem Mühlenhof.

Teningen, Sitz des Hochberger Scharfrichters

Im Zuge des weiteren Ausbaus der Herrschaft und zur Ausübung der bei den Markgrafen liegenden Hochgerichtsbarkeit wurde für das Oberamt Hochberg ein Scharfrichter[21] in Dienst gestellt, der seinen Amtssitz in Teningen zugewiesen erhielt. Vorab ist zu sagen, daß weder in den Quellen, noch in der Literatur bislang einzelne Fälle der Hochgerichtsbarkeit greifbar sind, oder behandelt wurden. Nicht anders verhält es sich mit dem heute nach seiner Wiederaufrichtung vor wenigen Jahren weithin sichtbaren Galgen in Heimbach, wo die Hochgerichtsbarkeit mindestens nominell zu den Rechten der Ortsherrschaft gehörte. Dennoch unterliegt es natürlich keinem Zweifel, daß der Hochberger Scharfrichter wie anderswo auch seines Amtes waltete. Der Scharfrichterdienst war ein Erblehen. Es beinhaltete wie üblich auch die Versehung der Wasenmeisterei, d.h. der Abdeckerei, aus der die regelmäßigen Einkünfte des Scharfrichters flossen. Der Scharfrichter mit seinen Gehilfen, den Schinderknechten, führte die Exekutionen am Wohnort der Delinquenten oder auch in der Amtsstadt Emmendingen aus. Die bei Viehseuchen oder auch bedingt durch Futtermangel verendeten Tiere mußten von ihren Besitzern in die Wasenmeisterei gebracht werden. So bot sich Teningen wohl wegen seiner zentralen Lage in der Markgrafschaft Hochberg an.

Einen Eindruck von der auf eine fragwürdige Abschreckung und öffentliche Wirksamkeit angelegten Strafpraxis jener Zeit, die im Prinzip bis zur Abschaffung der Folter in Baden im Jahre 1767 währte, vermitteln die im Lehenbrief[22] des Teninger Scharfrichters aufgeführten Verrichtungen, die jeweils einzeln berechnet und bezahlt wurden:

Von einer Person zu justificiren mit dem Schwerd, Strang, an der Säul, mit dem Rad, Besen oder Halseisen bezahlen wir Ihme jedesmal   30 Kr.
zu foldern   30 Kr.
Stein oder Gewicht anzuhencken   30 Kr.
vergebens oder ohne Verrichtung aufzuwarten   30 Kr.
Was vor Instrumenten und nothwendig Geschirr bey denen Justificationen erfordert werden, solche schaffen wir in Unseren Kosten an.

Die weiteren Punkte des Erblehenbriefes (*vor einen einfachen Rost zum verbrennen aufzusetzen: 30 Kr., vor einen doppelten: 1 fl., vor einen dreifachen: 1 Reichstaler, usw.*) beziehen sich dann auf die Abdeckereipflichten. Von der Verbrennung von Menschen, z.B. wegen Hexerei, ist aus der Markgrafschaft Hochberg bislang nichts bekannt geworden.

Daß das Scharfrichteramt (wohl wegen der Wasenmeisterei) relativ lukrativ gewesen sein muß, wird unter anderem an der Ablösesumme von 500 fl. deutlich, die 1695 beim Übergang des Amtes auf Georg Adolf Franck fällig wurde[23]. Die Teninger Scharfrichter waren wohlhabende Leute und mehrere von ihnen scheinen in der Hierarchie der markgräflichen Beamten

eine wohlgeachtete Stellung eingenommen zu haben. Ist es Zufall, daß in einer Aufzählung der 1624-48 zerstörten Teninger Häuser das *Diensthaus, darin der Scharfrichter gewohnt*, an erster Stelle, noch vor dem Vogthaus genannt wird? Auch eine Eintragung im Teninger Taufbuch vom Jahr 1672 stützt unsere Vermutung[24]. Bei der Nottaufe eines Kindes des markgräflichen Forst- und Fronschreibers Daniel Berner am 17. Januar waren als Paten tätig Vogt Rieß, Anna Maria Heidenreich (die Frau des Scharfrichters) und, natürlich nur nominell, die Markgräfin Elisabetha Eusebia, die vom Pfarrer sicherlich nicht im Zusammenhang mit einer minder geachteten Person genannt worden wäre.
1765 heiratete Pastor Schlotterbeck von Teningen die Tochter des damaligen Scharfrichters Georg Friedrich Franck, die den beziehungsreichen Namen Catharina Juditha trug[25].

Als erster uns namentlich bekannter Scharfrichter amtierte ab 1595 Georg Heidenreich[26]. Am 27.5.1595 ließ er eines von 10 Kindern, die er aus der Ehe mit Ottilia Braun aus Pforzheim hatte, in Teningen taufen[27]. Wie in der frühen Neuzeit üblich, gab es regelrechte Scharfrichterdynastien, was mit der Erblichkeit des Amtes, aber auch mit der gesellschaftlichen Sonderstellung, die dieses mit allerlei Aberglauben verknüpfte Amt mit sich brachte, zu erklären ist. Ottilia Braun war eine Scharfrichterstochter aus Pforzheim. Als Gevattern bei der erwähnten Taufe sind genannt: Wendelin Zorn, Scharfrichter zu Kenzingen, und Elisabetha Öttinger, die Frau des Scharfrichters von Schlettstadt. Von den Söhnen des Georg Heidenreich amtierten später als Scharfrichter Georg Friedrich in Altkirch, Georg Adolph in Schopfheim und Müllheim und Johann Georg in Lahr, Colmar und Müllheim. Ein Enkel des Georg Heidenreich, der Teninger Scharfrichter Georg Friedrich Adolph Heidenreich (in den regelmäßig vorkommenden Namen Georg der männlichen Nachkommen ist der dynastische Gedanke greifbar) stieg 1694 aus dem Amte aus und bewerkstelligte gleichzeitig die Übertragung des Erblehens an die verwandte Dynastie Franck. Georg Friedrich Adolph erwirkte für sich und seine Nachkommen die Schildgerechtigkeit zur Krone[28] in Teningen, die seit 1695 als dritte Wirtschaft in Teningen neben der Gemeinen Stube und einer Wirtschaft, deren Namen wir nicht kennen, bestand. Das Entlassungsgesuch bietet manche Erklärung für die ungewöhnliche soziale Stellung der Teninger Nachrichter. Georg Friedrich Adolph beruft sich darin nämlich auf einen Vorfahren freiherrlichen Standes, der aus religiösen Gründen seine Heimat Livland verlassen habe und in badische Dienste getreten sei. Nachprüfbar ist dies nicht, doch historisch nicht unwahrscheinlich, setzte doch im weitgehend evangelischen Livland unter der Regierung Sigismund III. Wasa (1587-1632) die Gegenreformation ein, die manchen bei seiner Konfession bleibenden Adeligen zur Emigration zwang. Der Bericht fährt fort, der Vater unseres Heidenreich, nämlich Georg Friedrich H., habe ebenso wie schon der erste Heidenreich als Scharfrichter *allein mit dem Schwert gerichtet, keinen maleficanten jemahls angerührt, viel weniger einige andere Execution, oder was Ekel nach sich ziehen kann, verrichtet, sondern (...) durch bestellte Leute dergleichen versehen lassen.* Er sei Leib- und Wundarzt Markgraf Friedrichs VI. gewesen und habe bei allen hochfürstlichen Bedienten und Kavalieren in gutem Ansehen gestanden. Diese Argumentation ist wesentlich, denn die Hinrichtung mit dem Schwert galt nicht als entehrend. Die Handlungen, die den Scharfrichter ansonsten zum Unberührbaren machten, ließ er von den Schinderknechten ausführen. Wenig aussichtsreich waren die Pläne, mit Hilfe von Fürsprechern die Neu- oder Wiederaufnahme in den Adelsstand zu betreiben. Doch hatte Georg Friedrich Heidenreich seinen Sohn das markgräfliche Gymnasium in Durlach besuchen lassen, worauf ein Medizinstudium folgen sollte. Daraus wurde wegen des Krieges und dem frühen Tod des Vaters nichts. Der Sohn folgte also dem Vater im Amte nach. Nach der Entlassung aus dem Scharfrichterdienst begab sich Georg Friedrich zunächst als Profos zu den badischen Truppen und führte später bis zu seinem Tod die Kronenwirtschaft in Teningen. Er hatte sich auch einen Ruf als Heilkundiger erworben. Nur auf den ersten Blick absonderlich ist die häufige Kombination von Scharfrichteramt und chirurgischen Tätigkeiten. Auch bei den Francks ist sie bis ins 19. Jahrhundert ständig belegt.
Tatsache ist ja, daß bis zum späten 18. Jahrhundert die aka-

demischen Doktoren der Medizin nicht praktisch tätig waren. Die Scharfrichter waren ihnen über lange Zeit, so makaber das klingen mag, in anatomischen Kenntnissen weit überlegen. Wenn Scharfrichtersöhne studierten, pflegte es meist die Medizin zu sein. In Baden war den Scharfrichtern die Ausübung der gesamten Heilkunst offiziell gestattet[29].

Siechenhaus, Spital und Badstuben

Es ist hier auch noch das Teninger Sondersiechenhaus zu erwähnen, dessen Gründung und Anfänge für uns im Dunkeln liegen, das aber hier zu behandeln ist, weil es im 16. Jahrhundert wahrscheinlich noch in Funktion war. Die ältere Forschung berichtet, daß im hohen und späten Mittelalter fast jedes Dorf ein Siechenhaus hatte, wobei es sich um Anstalten zur Pflege von Kranken handelte, die an den durch die Kreuzzüge eingeschleppten Krankheiten litten. In Hochberg habe es solche Siechenhäuser in **Teningen** und in Denzlingen gegeben[30]. An einer ganz unvermuteten Stelle, nämlich in den Akten zu einer *von Christian Junghenni und Jakob Zimmermann zu Teningen erbauten Hanfreibe, Schleifmühle und Hammerschmiede* (1771-1802)[31] gewinnen wir Einblick in die Geschichte dieses Seuchenspitals. Für den Bau der beantragten Hammerschmiede schlug der Landbaumeister Meerwein 1771 einen Platz an der Grenze zwischen Mundingen und **Teningen** am Mühlenbach vor, wo ein starkes Gefälle herrsche. So könne auch im markgräflichen Interesse der Platz, der zur Ausstattung des Pforzheimer Waisenhauses gehörte, genutzt werden. Die Amtsleute ermittelten, daß 1715 der letzte Zins (1 fl.) *aus dem Garten bei dem abgegangenen Sondersiechenhaus* verrechnet worden war, denn der Garten des Siechenhauses war von der Elz weitgehend weggespült worden, nur 1/2 Mannshauet war noch vorhanden. In dem jetzt entstehenden Grenzstreit über die Gemarkungszugehörigkeit des Platzes zog man schließlich im Sommer 1771 die ältesten Bürger, Johann Zundt (84), Michael Jenni (79) und Hans Jörg Zimmermann (73) als Zeugen heran. Johann Zundt, der älteste, berichtete, er habe in seinem 9. oder 10. Jahr (also in den letzten Jahren des 17. Jahrhunderts) öfters die Geißen in dem Gutleuthausgarten gehütet. Das Haus sei bereits zerfallen gewesen. Er wußte auch Auskunft über die Lage von Grenzsteinen zu geben. Inzwischen habe die Elz alles ruiniert, die Gutleuthausmauern und die Straße weggerissen, die dann einen Steinwurf in Richtung Mühlenbach neu gemacht worden sei. Das Gutleuthaus hat wohl im Lauf des 16. Jahrhunderts seine Funktion verloren. Eine Ruine stand aber, wie wir hörten, noch Ende des 17. Jahrhunderts. Den Akten zum Grenzstreit lag eine Skizze bei. Heute steht an der bezeichneten Stelle die Maschinenfabrik, deren Anfänge auf den eingangs erwähnten Antrag zurückgehen.

Von anderem Zuschnitt war jenes Spital, das nach Einführung der Reformation in dem aufgehobenen ehemaligen Antoniterkloster in Nimburg eingerichtet werden sollte[32], um die Baulichkeiten zu nutzen, wohl auch, um die Tradition der Krankenpflege der Antonitermönche fortzusetzen. Hier wurde festgestellt, daß die *leibsunvermöglichen* Reichen, die Lahmen, Blinden oder mit anderen Gebrechen Beladenen sich bislang in Freiburg, Breisach, Waldkirch oder Kenzingen, also außer Landes, ins dortige Spital einkaufen müßten. Da bot sich für die Markgrafschaft Hochberg **Nimburg** an, *so am gelegensten und schier mitten im Besitz liegt*. Vorher sollte aber auf einem Vogttag, d.h. einer Versammlung der Landstände[33], das Projekt verhandelt werden, um das öffentliche Interesse zu erkunden und ob sich Untertanen fänden, *so ein Pfründ in solchem Spital kauffen willens*. Hier ging es also um eine Art "Seniorenwohnheim" oder um Altersversorgung und Pflege für Bessergestellte. Die Nachfrage war anscheinend nicht ausreichend. Die Güter und Baulichkeiten des Klosters Obernimburg wurden daraufhin als markgräfliche Domäne und für die Funktionen der geistlichen Verwaltung verwendet. Darauf ist an anderer Stelle zurück zu kommen.

Es bleiben noch die im Hochberger Urbar von 1567 erwähnten öffentlichen Badstuben in **Nimburg** und **Köndringen**, Einrichtungen, denen bis ins 17. Jahrhundert eine wichtige Rolle im öffentlichen Leben zukam[34]. In den Händen der Bader lag die elementare öffentliche Gesundheitspflege. Neben

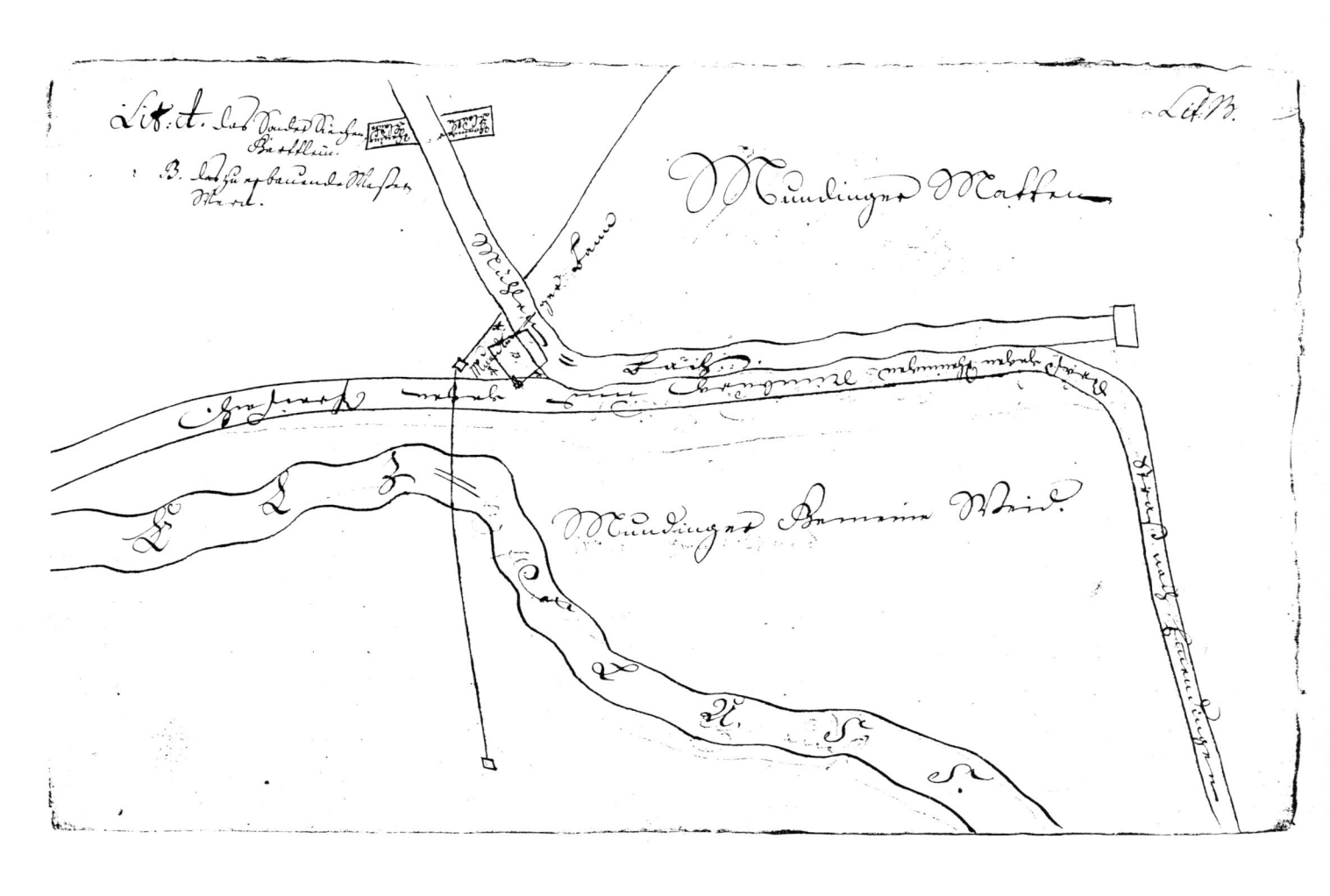

Lage des ehemaligen Siechenhauses. (GLA 229/105238)

Haarschneiden und Rasieren schröpften sie und ließen zur Ader. Gleichzeitig waren die Badstuben beliebte Orte des Informationsaustausches, der Geselligkeit, auf einer Ebene mit den Wirtshäusern und bei den Bauern sehr beliebt. In Köndringen lag die Badstube sogar an der Durchgangsstraße. In Nimburg wird sie im Zusammenhang mit der Schmiede erwähnt, was auf die Möglichkeit hinweist, daß dort außer dem Wasserbad auch ein Schwitzbad betrieben wurde. Selbstverständlich sind auch in Teningen jeweils einer oder mehrere Bader erwähnt, jedoch keine Badstube. Wahrscheinlich hat man die in Nimburg oder Köndringen mitbenutzt.

Das siebzehnte Jahrhundert

Unsere Gemeinden im Dreißigjährigen Krieg

Das 17. Jahrhundert[35] wird in der Geschichtsschreibung als ein Jahrhundert der allgemeinen Krise bezeichnet. Man spricht von der Krise des 17. Jahrhunderts, insbesondere wenn man von der Prosperität des 16. Jahrhunderts (die bis ins dritte Jahrzehnt des 17. Jahrhunderts anhielt) ausgeht und dann wieder den kräftigen Aufschwung ab ca. 1740 im Blick hat.

Wie gut es breiten Bevölkerungsschichten in den Jahren vor dem Dreißigjährigen Krieg ging, sehen wir schlaglichtartig und indirekt aus den Beschlüssen, die ein Landtag der oberen und unteren Markgrafschaft am 25.11.1614 zur Beschaffung der Mittel für den drohenden Kriegsfall fasste. Es sollten *künftig bei Hochzeiten die Morgensuppen und Schlaftrünke, wie auch an beiden Hochzeitstagen die Nachtimbisse abgestellt werden, deßgleichen soll am Abend vor der Hochzeit Niemand als diejenigen, welche mit dem Einladen bemüht gewesen, und die fremden Gäste zum Nachtessen berufen, ebenmäßig bei den Kindtaufen höchstens ein einziger Tisch Weiber, darunter die Gevatterin und diejenige, welche der Kindbetterin in Kindsnöthen beigewohnt, gehalten werden; man soll bei diesen und anderen Gastungen über 5 höchstens 6 Essen nicht auftragen, die Ueberfahrer vorstehender Bestimmungen aber sollen unnachsichtlich bestraft werden.* Weitere Bestimmungen gehen darauf ein, *daß mit köstlicher Kleidung sehr viel unnützer Aufwand getrieben wird*[36]. Was unseren südwestdeutschen Raum betrifft, so stellte der jahrzehntelange Krieg einen katastrophalen Einbruch auf allen Ebenen dar. Das Oberrheingebiet und der Breisgau zählten vergleichsweise zu den am stärksten in Mitleidenschaft gezogenen Landstrichen.

Der Dreißigjährige Krieg ist ein im Lauf der Jahre fast alle europäischen Länder in irgendeiner Form einbeziehendes Knäuel von politisch-militärischen Aktionen gewesen, die wir hier nur in ihren unmittelbaren Auswirkungen auf den Breisgau und unsere Gemeinden betrachten wollen. Es hat sich eingebürgert, das Geschehen chronologisch in den sog. böhmischen, pfälzischen, schwedischen und französischen Krieg nach den Schauplätzen oder hauptsächlich beteiligten Mächten zu gliedern, wobei die Frühphase noch aus begrenzten Kriegshandlungen bestand, schließlich aber, vor allem nach der Schlacht von Nördlingen 1634 in ein allgemeines Chaos überging. Von weitreichender Bedeutung war der Umstand, daß die baden-durlachischen Markgrafen als evangelischer Reichsstand der Union angehörten und damit den pfälzer Kurfürsten Friedrich unterstützten, der mit der Annahme der böhmischen Königswürde die Gegnerschaft des Habsburger Kaisers und damit des Reiches provoziert hatte. Konfessionelle Momente und hohe Politik waren eng verwoben. Außerdem spielte die geographische Lage der oberbadischen Landesteile eine für sie verhängnisvolle Rolle, denn der Oberrhein mit den vorderösterreichischen Städten Freiburg und Breisach stand wegen den Rhein- und Schwarzwaldübergängen in allen größeren Auseinandersetzungen sofort mit im Brennpunkt des Geschehens.

Die beiden Markgrafen Georg Friedrich (1604-22) und Friedrich V. (1622-59) waren, militärisch glücklos, in den Sturz des Pfälzers hineingezogen worden. Sie hielten unverbrüchlich an der evangelischen Sache fest[37]. Die markgräflichen Truppen, eingeteilt in vier Landregimenter - das weisse (Unterbaden und Durlach), das schwarze (Oberbaden) und die beiden roten (Hochberg und Rötteln, zu denen also auch unsere Gemeinden Mannschaft zu stellen hatten) wurden 1622 in einer offenen Feldschlacht bei Wimpfen gegen ligistische und spanische

Truppen unter Tilly, denen sie ausbildungsmäßig bei weitem nicht gewachsen sein konnten, vernichtend geschlagen. Von dieser Niederlage hat sich das markgräfliche Militär bis ins 18. Jahrhundert hinein nicht mehr erholt. Jahrelange Arbeit zum Aufbau einer Landesverteidigung durch ein allgemeines Aufgebot war zerschlagen[38].

Über Markgraf Georg Friedrich wurde die Acht ausgesprochen. Er zog sich zunächst auf die Hochburg, 1625 ins Genfer Exil zurück. Das baden-durlachische Territorium, also auch Hochberg, wurde dem katholischen baden-badenschen Zweig zuerkannt und von kaiserlichen und ligistischen Truppen als Plünderungsreservoir benutzt. 1629, als die evangelische Partei nahezu besiegt war, wurde das Restitutionsedikt erlassen, das die Rekatholisierung aller seit 1552 säkularisierten geistlichen Einrichtungen vorsah. Es wäre davon in unseren Gemeinden das ehemalige Kloster **Nimburg** betroffen gewesen, dessen Besitzungen bereits der Freiburger Universität zugesprochen wurden[39]. Der drohende Sieg der Gegenreformation rief nun die Schweden auf den Plan. Auf dem Konvent zu Heilbronn erhielt nun wieder mit Markgraf Friedrich V. der evangelische Zweig das ganze badische Territorium zwischen Säckingen und Philippsburg zugesprochen. Die Niederlage der Schweden in der Schlacht bei Nördlingen am 27.8.1634 wendete allerdings das Blatt dann endgültig. Den neuerlich von Freiburg und Breisach Besitz ergreifenden kaiserlichen Kriegsvölkern war insbesondere das hochbergische Gebiet zur Eintreibung von Kriegssteuern und Fourage zugewiesen, doch auch dem gemeinen Mann im Vorderösterreichischen erschienen die Bewohner der Markgrafschaft Hochberg als rechtlos und ihr verbliebener Besitz als Kriegsbeute. Markgraf Wilhelm von Baden-Baden nahm die Einführung der katholischen Konfession in Angriff, die evangelischen Geistlichen wurden vertrieben. Dies ist auch ein Grund für das Versiegen der Quellen, vor allem der Kirchenbücher ab diesen Jahren. Als einziger Punkt im Breisgau, der sich gegen die Kaiserlichen behauptete, blieb die Hochburg, die sich erst 1636 nach drei Jahren Einschließung ergab. Sie diente bis dahin einer großen Zahl von Menschen aus allen hochbergischen Dörfern als Schutz, gleichzeitig wurde aber auch das umliegende Land total verwüstet.

Viele Ereignisse und Episoden aus dieser wahrhaft finsteren Zeit sind in den Quellen überliefert[40]. Zahlreiche Opfer forderte die Pestepidemie des Jahres 1633. Von dieser Zeit an blieb dann auch das Feld größtenteils unbebaut, entwickelten sich Gestrüpp und Wildnis. Die kaiserlichen Kriegskommissare in Kenzingen sagten zwar den markgräflichen Untertanen gegen eine wöchentliche Kriegssteuer Schutz und Schirm zu, um sie zum Bestellen der Felder zu veranlassen, doch blieben viele versteckt oder im Schutz der Hochburg. Das erbitterte die Soldaten wiederum so, daß sie *je länger je mehr die Bauern mit Exekutionen angriffen, die Flecken hin und wieder im Freiamt, Sexau, Denzlingen, Vörstetten,* **Teningen**, **Nimburg**, *Eichstetten anzündeten, die Bewohner fingen, niedermachten oder nur gegen schweres Lösegeld entließen.* In **Köndringen** gelang die Beitreibung von Abgaben anfangs anscheinend noch leidlich, wahrscheinlich weil dort das Kloster Schuttern der größte Grundherr war und so den kaiserlichen Soldaten etwas Zurückhaltung abnötigte. So erklärt es sich wohl auch, daß während der Einschließung der Hochburg der auf dem Wittumhof in **Köndringen** übernachtende Schultheiss von Schuttern aus dem Bett verhaftet und als Geisel auf die Hochburg gebracht wurde. Die Soldaten in Kenzingen drohten, dafür Köndringen in Brand zu stecken oder 1000 Pferde einzulogieren, und ließen den Köndringer Vogt Ulrich Köbelin gefangennehmen. Später wurden die Gefangenen auf Vermittlung des Markgrafen ausgetauscht. Nach der Übergabe der Hochburg am 11. März 1636 verschlechterte sich die Lage für die Umgegend nochmals. In diese Zeit fällt die bekannte Räubergeschichte aus dem autobiographische Züge tragenden Roman *Abenteuerlicher Simplicius Simplicissimus* des Hans Jakob Christoffel von Grimmelshausen[41]. Im 4. Buch, Kapitel XIII bis XXV, wird geschildert, wie Simplex nach der Schlacht bei Wittenweier (9. Aug. 1638) bei der Belagerung von Breisach eingesetzt wurde, und sich dann kurz vor Weihnachten auf den Weg nach Hause machte. In Endingen traf er seinen alten Bekannten Olivier, aus dem inzwischen ein brutaler Räuber geworden war. *Ich folgte Olivier in ein Dorf, darin keine lebendige Kreatur war. Da stiegen wir des fernen Aussehens auf den Kirchturm, und uns der heilige Ort anstatt eines Raub-*

schlosses zur Mördergruben dienen mußte. Olivier hatte dort ein Lager eingerichtet, hier hielten sie sich mehrere Tage auf. Vom Turm beobachteten sie eine Kutsche, die sich in Begleitung von zwei Reitern dem Dorf näherte. *Derohalben stiegen wir vom Kirchturm und satzten uns in ein Haus, das an der Straße lag und sehr bequem war, die Vorüberreisenden anzugreifen.* Die Reiter wurden getötet, die Insassen der Kutsche, *eines Majors Weib, ihre Mägde und drei schöne Kinder* wurden in einen Keller gesperrt. Sie selbst plünderten die Kutsche und ritten mit den Pferden *in den Wald, wo er zum dicksten war.* Ein Suchkommando, das von der Burg Lichteneck ausgeschickt worden war, befreite die Gefangenen. Olivier wurde einige Tage später, ebenfalls von einer Patrouille aus der Burg Lichteneck, im Kampf getötet.

Die genaue Ortsbeschreibung läßt den Schluß zu, der Verfasser habe hier ein Ereignis geschildert, das sich tatsächlich so abgespielt hatte. Grimmelshausen war im Jahre 1638 als Angehöriger der Kreiskanzlei des Grafen Götz einige Zeit in Denzlingen. Doch auch für eine Lokalisierung des Geschehens in **Köndringen** lassen sich plausible Argumente anführen. Der angegebene Ort lag an der Landstraße und in der Nähe von Endingen und der Burg Lichteneck, es war ein großer Wald in der Nähe, die Bevölkerung hatte das Dorf verlassen, und vom Kirchturm bot sich eine weite Aussicht. Dies sind Fakten, die für Köndringen eher zutreffen, als für Denzlingen.

Nach mündlicher Überlieferung hatten sich zahlreiche Menschen auch im Vierdörferwald versteckt. Dort befand sich im Tal der Langen Au, am Zusammenfluß von zwei Bächen, eine Klause, die vermutlich vom Kloster Tennenbach zur Betreuung des Dörfleins Aspen gegründet worden war. Der Platz hat heute noch die Bezeichnung "Bruder-Häuslins-Dobel". Das Versteck wurde von durchziehenden Soldaten entdeckt, weil am frühen Morgen ein Hahn krähte. Vermutlich wurde damals auch die Klause zerstört. Ein Wiederaufbau auf den freigelegten Fundamenten erfolgte in den Jahren 1978 bis 84.

Die Lebensbedingungen nach dem Krieg

Das ganze Ausmaß der Zerstörung der langen Kriegsjahre und der Niedergang der allgemeinen Lebensumstände wird in den bevölkerungs- und baugeschichtlichen Beiträgen von W. Weber und L. Schmidt in diesem Buch deutlich. Es erhält aber auch Konturen in der Bestandsaufnahme, die die Herrschaft, nicht zuletzt natürlich aus Interesse an den Abgaben, nun durchführte. 1652/53 wurden die Vögte in den Dörfern zum Bericht aufgefordert.

Nach einer Aufstellung[42] des Nimburger Vogtes Paul Struß vom 14. November 1653 hatten in den Dörfern **Nimburg** und **Bottingen** 1622 127 Bürger, Hintersassen und Witwen gelebt. 1649 waren es noch 19. 1653 war erneut gezählt worden. Inzwischen hatten sich 12 weitere Bürger wieder eingefunden; dazu waren 4 neue Bürger, 10 Hintersassen und 2 *Fremde* gekommen. Vor dem Krieg hatte das Dorf aus 129 Häusern und 90 Scheuern bestanden. Davon waren 27 Bürgerhäuser und 31 Scheuern verbrannt. Außerdem niedergebrannt waren das Kloster Obernimburg samt der Seescheuer, die Kirche und die Zehntscheuer. In der Kategorie *ruiniert und abgegangen*, was wohl heißt: völlig unbrauchbar geworden, werden zusätzlich 38 Bürgerhäuser und 32 Scheuern genannt, hierbei auch die *gemeinde Badstube.* Für Verluste durch Kontributionen, Plünderungen, Einquartierungen, Durchzüge etc. errechnete Nimburg eine Summe von 50 Tsd. fl., dazu für die verbrannte Kirche 1200 fl., die Zehntscheuer 300 fl., für 5 verloren gegangene Glocken (1 im Kloster, 2 in der Kirche, 1 in **Bottingen** in der Kapelle und 1 auf der gemeinen Stube) 880 fl. Für die Gebäudezerstörungen rechnete man 13900 fl., so daß der gesamte Schaden mit 66236 fl. angegeben wurde. Am Ende der 60er Jahre war die Kirche dann wieder notdürftig hergerichtet, jedoch ohne Glocken und Uhr. Aufschlußreich ist eine Gegenüberstellung der landwirtschaftlich genutzten Flächen vor und nach dem Kriege.

	vor dem Krieg genutzt	1653 wieder genutzt
Reben	30 Juchart	7 J. 4 Mh.
Acker	350 J.	266 J. 4 Mh.
Matten	260 J.	140 J.
Gärten	3 J. 2 1/2 Mannshauet	3 J. 2 1/2 Mh.

In **Köndringen** waren 124 Bürger in der Kriegszeit gestorben. Es standen noch 56 Gebäude, während 62, darunter das Schulhaus, vernichtet worden waren, außerdem 46 Scheuern (darunter die Zehntscheuer des Klosters Schuttern). Es lagen noch 150 Juchart Reben, 170 J. Acker und 20 J. Matten unbebaut und ungenutzt. Vergleichsflächen wie bei Nimburg sind nicht angegeben, doch ist klar, daß auch in Köndringen die Landwirtschaft weitgehend zum Erliegen gekommen war.

Die **Teninger** beklagten 99 verstorbene Bürger. Die Zerstörung des Dorfes scheint nicht ganz so umfangreich wie in Nimburg und Köndringen gewesen zu sein: es werden 13 verbrannte Häuser und Scheuern genannt. Außerdem zerstört waren die herrschaftliche Zehntscheuer, die bereits im Urbar von 1567 genannt war, das Diensthaus des Scharfrichters und die Häuser des Vogtes und des Stabhalters Michael Hess. Was sonst an Wein-, Frucht-, Hausrat-, Viehschaden geschehen war, *das kann man nicht schätzen*, bemerkte der Berichterstatter resigniert. Auch in Teningen waren in den folgenden Jahrzehnten nicht die Mittel für die Neuanschaffung von Glokken, die für den geordneten Ablauf des Dorflebens notwendig waren, vorhanden. In der Visitation des Jahres 1669 wird festgehalten: *Die Kirch ist in wesentlichem Bauw....Aber in disem grossen Flecken, der dazu an der Landtstraßen ligt, ist kein Glock, vil weniger ein Uhr, gebrauchen sich des Glöcklins auf dem Rathaus, aber mit Versaumung und Verlihrung der Zeit, dann die Stuben ist weit von der Kirchen, biß der Sigrist von eim Ort zum andern kompt, gehet vil Zeit hinweg*[43].

Um Anreize für den Wiederaufbau zu schaffen, wurden von der Herrschaft verschiedene Vergünstigungen gewährt, z.B.: *Welcher underthan, bürger oder inwohner in stätten oder dörfern ein new hauß von dato inner 2 jahren auferbawen, oder ein alten, ruinirten, dem einfall sich nahenden baw oder behausung von grundt auf rechtschaffen repariren und zur häußlicher wohnung zurichten würdt, der soll(...)10 Jahre lang der schatzung von solchem baw oder behaußung befreyet sein.* Auch um den Feldbau wieder in Gang zu bringen, sollte demjenigen, der *öd und wüst liegende, verwilderte Güter, sie seyen sein aigen oder andern, in- oder außländischen zustendig* rodet und pflügt, von jeweils 4 Morgen Ackerland 6 Jahre lang die Schatzung erlassen werden[44].

1658 legte der hochbergische Beamte Mayfisch von Kranichsburg einen neuen Berain[45] über die Rechte in Teningen an, wobei er sich der Hilfe des Vogtes Hans Vogel und der Richter Hillarius und Michael Öhrler bediente. Bewohnte Häuser waren 73 vorhanden, abgegangene Häuser wurden 30 gezählt. Die Zahl der abzugebenden Rauchhühner wurde dennoch auf 103 festgesetzt. Es wurden also auch die unbewohnten Häuser einbezogen. Man griff meist auf die Bestimmungen des Urbars von 1567 zurück, dessen Forderungen jetzt freilich eine ausgepowerte Bevölkerung trafen. Überall waren die Einnahmequellen der Herrschaft geschmälert. Erwähnt sei nur das Beispiel der Lehenmühle in Teningen, die im Chaos der Kriegsjahre von Captain Wagner umgetrieben wurde. 1658 hatte sie der geistliche Verwalter Johann Christoph Ginheimer in Pacht (Abgabe: 19 Malter, 4 Sester Roggen, 2 Pfd. Pfennig). Aber die ehemals vorhandene Pleuel ist nicht mehr erwähnt. Der Gerbmühlenzins entfiel, weil auch diese Mühle verschwunden war. Auch die Pleuel im Gelände an der Elz, die ehemals Rumann Schmidt geführt hatte, ist nicht mehr vorhanden, ebenso, wie erwähnt, die Badstube in Nimburg. Auch die Köndringer Badstube ist nie mehr genannt. Allmählich versuchten auch die anderen Grundherren, z.B. das Kloster Tennenbach, wieder in den Besitz ihrer Gefälle zu kommen.[46] In Nimburg ging es 1661 um die Geld-, Frucht-, Kapaunen- und Hühnerzinse, die *etliche Jahr hero sonderlich in gehabten langwürigen leidigen Kriegswesen in Unrichtigkeit* geraten waren[47].

Die Tennenbacher Rechte bezogen sich im wesentlichen auf 2 Höfe, den *großen Hof zu* **Bottingen**, der von Martin Müller in Bottingen und seinem Bruder Georg Müller in **Nimburg**, sowie von Friedle und Mathis Müller in Nimburg bewirtschaftet wurde. Neben den recht erheblichen Abgaben aus

diesem Hof (Weizen: 30 M., Roggen: 34 M., Gerste: 30 M., Hafer: 20 M., 2 Kapaune) erhielt Tennenbach Zins von einer großen Zahl von Güterstücken dieses Hofgutes (145 Stücke), die an z.T. mehrere Pächter vergeben waren. Daneben gab es noch Güter, die *in das klein Höfflin* zu Bottingen gehörten.
In **Teningen** war schon 1657 eine Tennenbacher Zinserneuerung in Angriff genommen worden. Weil aber *zerschiedene Posten teils noch öd und ungebaut, teils die possessores nicht bekannt* waren, blieb dieses Unterfangen ohne Ergebnis und man kam erst 1667, zwanzig Jahre nach Ende des Krieges, darauf zurück. Die Höfe des Klosters Tennenbach in Teningen waren folgende:
Der *Stürmer Hof* (86 Juchart),
Träger: Bernhard Öhrler der Alte (20 Mutt Roggen, 20 M. Gerste)
Der *Bürger Hof* (73 1/2 J.),
Träger: Martin Heß (24 M. Roggen, 24 M. Gerste)
Der *Scheffoldts Hof* (73 1/2 J.)
Träger: Conrad Froß (45 M. Roggen)
Der *Hunlins Hof* (73 J.)
Träger: Bastian Junghenni (Roggen: 16 M., Gerste: 16 M)
Der *Kutschen Hof* (62 J.)
Träger: Caspar Trautmann (39 M. Roggen)
Der *Hof Saüter Ambt* (50 J.)
Träger: Jacob Wild (18 M. Roggen, 18 M Gerste)

Bei den geschilderten Umständen verwundert es nicht, daß auch die Nachrichten über das alltägliche Leben in unseren Dörfern in jenen langen Jahrzehnten von Armut, Rohheit, Aberglauben geprägt sind. Nicht zufällig haben wir ja auch kaum nennenswerte Zeugnisse der Bautätigkeit, die in diese Zeit zu setzen wären. Die arg zusammengeschmolzene Bevölkerung hielt die schadhaften Behausungen so gut es ging in Stand und war, zumal unter den Belastungen der erneut hereinbrechenden Kriegszeiten völlig ausgelastet, das Überleben zu fristen.

Zahlreich sind die Klagen in den Visitationsprotokollen[48] über die verdorbenen Sitten der Bevölkerung, über Trunksucht, Unzucht und Spielleidenschaft. Des Küfers Frau in Nimburg war eine *Säufferin, im sauffen flucht sie, steht oft nackend vor ihren Kindern*. Zwei Bauern hatten während des Sonntagsgottesdienstes im Wirtshaus gezecht, waren dann in die Kirche gekommen, wo einer sich übergab, und hatten dann den Nachmittag weiter getrunken. Dem Nimburger Pfarrer war zu Ohren gekommen, daß ein Bürger seine Magd mehr als seine Frau schätze; die Magd mußte den Ort verlassen. In Köndringen wurde protokolliert, daß Bernhard Koch eine Magd habe, die vielleicht schwanger sei. Jedenfalls seien unlängst nachts zwei schweizer Knechte weggelaufen und man *conjecturirt*, daß sie mit der Magd etwas zu schaffen gehabt hätten. Solcher Verdacht der "Buhlerei" konnte schlimme Folgen haben, heißt es doch in dem Protokoll weiter: *wenn sie ernstlich examinirt würde, dörffte sie wohl bekennen; könnte auch damit sie der Frucht under Hertzen kein Leid thue, verhütet werden*. Der Scharfrichter für solcherlei "Examina" wohnte nicht weit. Auch das Fluchen zählte zu den notorischen Lastern. In Nimburg war Hans Ziegler dafür auf der Hochburg eingesperrt gewesen. Nun hatte er im Frühjahr wieder greulich dem Wetter geflucht, hatte es *Hexen- und Teufelswetter* genannt.

Nachrichten über abergläubische Praktiken finden wir zu keiner anderen Zeit so relativ zahlreich, wie in diesen Jahrzehnten. Hans Ehrler und Hans Neef in Teningen wurden in der Visitation des Jahres 1659 scharf examiniert, was sie für Arzneimittel anwendeten. Insgemein wurde gesagt, es gehe viel Übles vor im Dorf, aber heimlich und es sei nichts zu beweisen. In Köndringen hatte *Gerteisens Frau* einem Bürger, der das Zahnweh gehabt hatte, den Rat gegeben, er solle sehen, *daß er ein baumwollen Mundtuch bekomme von einem Maidtlin, so das erste mal zum Nachtmahl gangen, soll solches in den 3 höchsten Namen in das Wasser stoßen und ums Maul schlagen*.
Der einzige bisher bekannt gewordene Fall von Hexenverfolgung aus unserem engeren Raum fällt in das Jahr 1669, wo eine Hexe aus Nimburg zu Emmendingen enthauptet wurde[49]. Es darf als gewiss gelten, daß dies nicht der einzige Fall gewesen ist.

In **Nimburg**, der ärmsten Gemeinde, gab es auch 1669 noch keinen Schulmeister. In Ermangelung dessen wurden *die Kinder nach Eichstetten, Bahlingen oder gar in kein Schuhl* (was wohl am wahrscheinlichsten zutreffend war) geschickt[50].

In **Köndringen** war bereits wieder Anfang der 50er Jahre Johann Helm als Lehrer angestellt worden, der die Kinder ganz passabel *lesen, schreiben, singen, den Catechismus, das Abentmahlbüchlin* und *Sprüch* lehrte. Er neigte jedoch bedenklich zur Trunkenheit und war dann ein Ärgernis für die ganze Gemeinde. Sommers versah er die Schule schlecht, weil er viel Reben besaß, *und damit ers nit zu grob mache, laßt er die Kinder umb 6 Uhr in die Schuhl kommen, aber den kleinen ist nit möglich, weil sie so frühe nit aufstehen; darüber werden sie versaumpt.*

Schulmeister Johann Philipp Wild aus Kronweissenburg war in **Teningen** zur gleichen Zeit eingestellt worden. Er hielt nur winters Schule, denn sommers schickte man ihm keine Kinder, wie das fast in allen Orten in Hochberg üblich war. In den Visitationen wurde immer wieder festgestellt, daß Pfarrer und Schulmeister ohne die Hilfe der Obrigkeit hier keine Besserung erreichen könnten.

Das Versiegen der Eintragungen in den Kirchenbüchern im Lauf der Dreißiger Jahre ist ein Indiz dafür, daß auch das kirchliche Leben in unseren Dörfern zum Erliegen kam. Der **Teninger** Pfarrer Johann Thierberger, ein gebürtiger Berliner, fand nach 1634 in Straßburg Zuflucht, war aber als erster schon 1647/48 wieder in seiner Gemeinde und versah auch die umliegenden Orte. Erst in den sechziger Jahren ist wieder die frühere Ordnung eingekehrt. Pfarrer Christoph Roßkopf ist 1660 der erste Pfarrer in **Nimburg** nach dem Kriege. In **Köndringen** scheinen sich die Bedingungen für den Pfarrer schon früher stabilisiert zu haben, jedenfalls versorgten die Pfarrer Vitus (ab 1648), Drexelius (ab 1651) und Wollenweber (ab 1659) auch die Nachbarorte bis nach Bötzingen und Eichstetten. Pfarrer Drexel war vor seiner Einsetzung in Köndringen 7 Jahre lang Hauslehrer des Prinzen Gustav Adolf von Baden gewesen. Auch die bewegte Biographie des Pfarrers Georg Baudenmann, ab 1665 in **Teningen**, ist ein nicht untypisches Beispiel für den Werdegang eines badischen Landpfarrers in jener Zeit: *Georg Baudenmann von Straßburg, ist alt 40 Jahr. Hat studirt in Patria, ist zwar auch gereiset auf Universiteten, aber auf denselben nicht lang geblieben, außgenommen zu Rostock, da ist er 2 Jahr verharret. Von dannen ist er in frembde Landt gereiset, alß Schweden, dahin er Vocation zu eim Praeceptorat ghabt, von dannen durch Dennenmarck in Hollandt, Paris, Italia und Ungern, auß Ungern in Schlesien, allwo er 4 Jahr lang bey Edelleuten praeceptorirt, von dannen in Chur-Brandenburg, allda er ein Pfarrdienst betreten bey 7 Jahr, von dannen zog er heim nach Straßburg, von dannen ist er von Fürstl. Durchlaucht mit Recommendation des Strassburg. Kirchenconvents in die Marggrafschaft berufen worden nacher Sellingen, allwo er gewesen 18 Wochen, von dannen ist er mit Ihrer Fürstl. Durchlaucht nacher Wien verreiset. Da er heim kam, bekam er Vocation nacher Thäningen; ist jetz da 4 1/2 Jahr. Ist verheurathet mit Anna Maria Telschin von Cöllen an der Sprüe; hat 3 Kinder, kein Magt.*[51]

Erneute Kriege 1672-1714

Die Bemühungen zur Heilung der tiefen Wunden, die der Dreißigjährige Krieg geschlagen hatte, kamen nur langsam voran. Noch in den achtziger Jahren des 17. Jahrhunderts lag mehr als die Hälfte der vor dem Krieg bebauten landwirtschaftlichen Nutzfläche in unserer Gegend brach[52]. Dies ist vor allem auf die seit den 70er Jahren von neuem einsetzenden Kriegszeiten zurückzuführen. Schon seit dem direkten Eingreifen Frankreichs in den Dreißigjährigen Krieg war das Bestreben, den Rhein als östliche Grenze zu erreichen, deutlich geworden. Im sog. Französisch-Holländischen Krieg (1672-79) und im Pfälzischen Krieg (1688-97), in dem die Kurpfalz verwüstet wurde, setzte König Ludwig XIV. sein expansives Ziel in die Tat um. Es schloß sich der spanische Erbfolgekrieg (1701-14) an. In all diesen Kriegen, deren Hauptschauplätze anderwärts lagen, wurden für unsere Gemeinden wieder die gleichen Faktoren wie schon im Dreißigjährigen Krieg wirksam: die kriegerischen Parteien trafen wegen den Rhein- und Schwarzwaldübergängen auch im Breisgau aufeinander. Wien wurde gewissermaßen am Oberrhein verteidigt. In Ermangelung eines eigenen badischen Militärs war die Markgrafschaft zur Verteidigung auf die Reichsarmee angewiesen, in die sie als Mitglied des schwäbischen Reichskreises Kontingente entsenden mußte. Der Bevölkerung der Markgrafschaft Hochberg bot wiederum die Hochburg Schutz. Die Garnison bestand 1676 aus 193 Soldaten, wovon 4 Korporalschaften mit 51 Mann aus den Orten der Markgrafschaft ausgehoben wurden. Diese verteilten sich folgendermaßen[53]:

1. Korporalschaft von		2. Korporalschaft		3. Korporalschaft		4. Korporalschaft	
Malterdingen	3	Ihringen	3	Weisweil	3	Bötzingen	3
		Leiselheim	1	Balingen	4	Vörstetten	1
Königschaffhausen und		Teningen	7	Eichstätten	4	Köndringen	3
		Denzlingen	2	Gundelfingen	1	Nimburg	2
Bischoffingen	9	Mundingen	1			Broggingen u. Tutschfelden	4
	12		**14**		**12**		**13**

Die Teninger waren ihrer Bevölkerungszahl entsprechend mit am stärksten vertreten. Es machte im übrigen keinen wesentlichen Unterschied, ob sich Freunde oder Feinde, Verteidiger oder Angreifer im Land befanden.

Von der Landbevölkerung wurden Kriegssteuern, Kontributionen und Fouragelieferungen mit der gleichen Härte eingetrieben, wie sie auch Einquartierungen von kaiserlichen Truppen zu tragen hatte. Wenn die vom Feind auferlegten Kontributionen nicht entrichtet wurden, war die Brandschatzung, d.h. Plünderung des Ortes vom allgemeinen Kriegsrecht gedeckt. Beispielhaft für viele andere Quellen sei eine Schätzung über die von den Franzosen verursachten Kriegsschäden in der Markgrafschaft Hochberg aus den Jahren 1673-77 zitiert[54]:

Emmendingen	12 790 livres
Mundingen	5 000
Köndringen: 2 Häuser u. 3 Scheunen verbrannt	3 000
sonstige Schäden und prisen	7 600
Malterdingen	2 000
Teningen: 2 Häuser verbrannt	1 500 livres
sonstige Schäden	7 500
Nimburg und **Bottingen**	11 896
Balingen	9 000
Eichstätten	9 500
Ihringen: fast ganz ruiniert	20 000
Bötzingen: mehr als 1/2 verbrannt	24 000

Am stärksten betroffen waren jeweils die Kaiserstuhlorte, die von der Breisacher Garnison leichter zu erreichen waren. **Nimburg** und **Bottingen** zählten immer mit zu den Hauptleidtragenden. 1675 wurden den Gerbern Ehrler und Gebhardt in **Teningen** 70 Häute konfisziert, wurde in **Nimburg** geplündert, wobei der Pfarrer Schuhe und Hemd einbüßte, zogen Truppen aus Breisach nach **Köndringen** und führten wegen rückständigen Kontributionszahlungen den Vogt und 17 Personen weg und requirierten eine Herde Kühe. Da es als Zugvieh für die Feldarbeiten unentbehrlich war, sind die Auswirkungen vorstellbar. Es wird auch als ein Beispiel untertäniger Loyalität berichtet, daß ein treuer Schaffner des Domänenbetriebes in Ober-Nimburg 10 Zugpferde des Markgrafen, die dort standen, rettete, indem er mit ihnen auf die Sirnitz bei Badenweiler flüchtete. Er büßte dabei allerdings sein eigenes Vieh ein[55].

Für die Jahre 1688-94 setzte **Teningen** seine Aufwendungen für Geldkontributionen mit 4534 fl. und die Kosten für Winterquartiere mit 1249 fl. an. Allein an Hafer wurden 1688 173 Säcke, im darauffolgenden Jahr sogar 278 Säcke in das damals französisch besetzte Freiburg geschafft.

Die gesamten Kriegskosten werden für Teningen mit 30404 fl. angegeben[56]. Sieht man in die Nachlassverzeichnisse jener Jahre, also auf das, was im Todesfall an die Erben verteilt wurde, so begegnen uns in der Regel nur Liegenschaften und die Bemerkung, die bewegliche Habe sei bei Plünderungen durchgegangen. Köndringen kam für Fouragelieferungen, Einquartierungen, abgebrannte und ruinierte Häuser und Scheunen, Viehgelder, Schanzgelder und Holzlieferungen auf eine Summe von 48 045 fl. In den Jahren 1690, 91 und 93 mußte die Gemeinde Heu und Hafer zu den kaiserlichen Truppen nach

Biberach schaffen. 1696 war wiederum der Vogt, der nach Wolfach in Arrest genommen worden war, für 32 fl. auszulösen. Folgende Geldkontributionen wurden nach Freiburg und Breisach bezahlt:

1688: 786 fl. (Gulden)
1689: 726 fl.
1690: 644 fl.
1691: 563 fl.
1692: 522 fl.
1693: 509 fl.
1694: 344 fl.

1689 wurden der Gemeinde sogar als Beitrag zur Demolierung der Hochburg 126 fl. für Pulver und sonstiges Sprengmaterial abverlangt. Daß all diese Zahlungen geleistet wurden ist jedoch auch ein Beleg dafür, daß das Leben in den Gemeinden in diesen schweren Zeiten weiter ging, daß also nicht ein so vollständiger Zusammenbruch wie in den Jahren nach 1633 eintrat.

Im Spanischen Erbfolgekrieg (1701-14) konzentrierten sich die militärischen Ereignisse im Breisgau auf die Jahre 1702-04, in denen Freiburg mit einer kaiserlichen Truppeneinquartierung von 4-5000 Mann belegt war und ein Ausweichlager in Waldkirch eingerichtet wurde. Diese große Soldatenansammlung mußte aus dem Umland ernährt werden. Als Verpflegungsnorm pro Soldat galt für das Winterquartier des Jahres 1703 eine tägliche Mundportion von 1 Pfd. Fleisch, 1 3/4 Pfund Brot, 1/2 Maß Wein oder 7 fl. 3 Kreuzer monatlich. Die Pferdeportion bestand aus 6 Pfd. Hafer, 8 Pfd. Heu und wöchentlich 3 Bund Stroh[57]. Nach dem Sieg der vereinigten kaiserlichen und englischen Truppen bei Höchstädt an der Donau über die Franzosen blieb der Breisgau dann bis zur Belagerung und Einnahme von Freiburg 1714 von direkten Kriegseinwirkungen verschont.

Am Anfang des Krieges war aus den Männern der vorderösterreichischen Orte eine Breisgauer Landmiliz, bestehend aus 5 Kompanien zu je 200 Mann zum Zwecke der Landesverteidigung gebildet worden[58]. Beim Waldkircher Fahnen finden wir neben 76 Männern aus Waldkirch, 34 aus Elzach und 56 aus Kenzingen auch 2 aus der Herrschaft **Heimbach**. Diese Landmiliz war zur Anlegung von Schanzen bei Friedlingen, Neuenburg und Burkheim bestimmt. Später wurden sog. Verteidigungsposten eingerichtet. *Sobald die Sturmglocke geschlagen wird, (sollte) ein jeder, der sich wehren kann, so Meister als Knecht und Söhn, bei Straf Confiscation aller Güeter und ewiges Landes verwisen, mit habendem Gewehr, in dessen Ermangelung aber mit Hauen, Schauflen, Gablen oder dergleichen Instrumenten an das assignirte Ort oder Sammelplatz lauffen.* Dies waren für **Nimburg** und **Teningen** und die badischen Kaiserstuhlorte der Posten *Jechtinger Fahr*, für die **Heimbacher** und **Köndringer** sowie alle Orte im Elztal der Posten Hausen, wahrscheinlich Grafenhausen. In offener Konfrontation hatte diese Landmiliz gegen ausgebildete Söldner freilich keine Chance, aber ihr Vorhandensein setzte das Risiko doch soweit herauf, daß die Bevölkerung nicht schutzlos preisgegeben war. Den Durchbruch einer französischen Armee unter Tallard an Freiburg vorbei konnte sie natürlich nicht verhindern.

Das achtzehnte Jahrhundert

Ab dem Ende des Spanischen Erbfolgekrieges, der sich auch im Breisgau ausgewirkt hatte, trat für unsere Gegend eine lange Friedensperiode ein[59], die, unterbrochen von einigen Durchzügen in der Zeit des Österreichischen Erbfolgekrieges (1740-45), bis zum Ende des Jahrhunderts währte, deren Früchte dann allerdings in den Jahrzehnten der Koalitionskriege, der napoleonischen und der Befreiungskriege weitgehend zunichte gemacht wurden. Bei dem allgemeinen Aufschwung, der ab dem ersten Drittel des 18. Jahrhunderts überall in Deutschland einsetzte und alle Bereiche des wirtschaftlichen und sozialen Lebens erfasste, handelte es sich um einen säkularen Trend, der in anderen Ländern schon früher wirksam geworden war. In unserem Raum wurde in dieser Zeit wieder der Bevölkerungsstand vor dem Dreißigjährigen Krieg erreicht. Neben der Bevölkerungsentwicklung gibt es weitere bemerkenswerte Anhaltspunkte für die rasche Verbesserung der Lebensbedingungen, mit denen wir uns nun beschäftigen wollen. Die verödeten Flurstücke wurden wieder bebaut und man mußte schließlich an eine Ausweitung der landwirtschaftlichen Nutzfläche denken. Wenn die allgemeine Wirtschaftsstruktur noch agrarisch bestimmt blieb, so zeichneten sich doch bereits in unseren Gemeinden, vor allem in Teningen und Köndringen, Ansätze zu gewerblichen Betrieben ab. Am eindruckvollsten schlug sich der wachsende Wohlstand Einzelner, aber auch der Gemeinden, sofern sie über Besitz verfügten, durch den sie am wirtschaftlichen Trend Anteil haben konnten, vor allem ab der Mitte des Jahrhunderts in der Bautätigkeit nieder, die uns eine große Zahl von stattlichen öffentlichen und privaten Gebäuden hinterlassen hat. Erst unsere Zeit hat den damaligen Bauboom überboten. Freilich kamen auch problematische Seiten des Aufschwungs zum Vorschein, vor allem eine rasche Zunahme der unterbäuerlichen Schicht, die beim Fehlen eines "sozialen Netzes" der Armut ausgeliefert war, zunehmende Abschottung der Besitzenden, wachsende Auswanderungszahlen. In der zweiten Jahrhunderthälfte kam die aufgeklärte Reformpolitik des Markgrafen Karl Friedrich (1746-1811), der ab 1771 die Regierung der seit 1535 getrennt gewesenen badischen Territorien wieder in seiner Person vereinigte, in wirtschaftlicher, kultureller und staatlicher Hinsicht zum tragen. Erwähnt sei nur die Aufhebung der Folter 1767 und die Aufhebung der Leibeigenschaft 1783, worin sich auch bereits die Ablösung der Zehnten und die Entwicklung zu modernen gesellschaftlichen und staatlichen Strukturen, die in der ersten Hälfte des folgenden Jahrhunderts dann auf der Tagesordnung standen, abzeichneten.

Gemeinderechnungen als Spiegel der Aufgaben der Gemeinden

Beginnen wir unsere Darstellung der Gemeinden im 18. Jahrhundert mit einem Blick in die Gemeinderechnungen, einer Gattung von Quellen, die in dieser Epoche einsetzt und die wir für **Nimburg** und **Teningen** heranziehen können[60]. Die **Köndringer** Gemeinderechnungen sind bis auf ein Fragment, den Jahrgang 1771, verschollen[61], die **Heimbacher** Rechnung setzt erst 1813 ein. Die Gemeinderechnungen bilden den umfassenden Niederschlag der Betätigung der Landgemeinden und dokumentieren Stellung und Funktion der Gemeinde[62]. In ihnen schlug sich die finanzielle Seite der Selbstverwaltung der Dorfgenossenschaften nieder und sie bieten eine Fülle von Details über das dörfliche Leben, die wir allerdings nur andeuten können. In den Einnahme- und Ausgabesummen der Gemeinderechnungen lassen sich deutlich sowohl der wirtschaftliche Aufschwung ab dem ersten Drittel des Jahrhunderts, als auch die stetige Ausweitung der Aufgaben der Gemeinde ablesen.

Teninger Heimbürger-Rechnung

	Einnahmen	Ausgaben
1705	335.9 fl.	287.4 fl.
1706	231.1	221.7
1707	385.1	273.4
1731	747.1	644.7
1732	556.4	415.3
1733	537.1	429.9
1779	1870.8	1436.3

Eine Teninger Eigentümlichkeit stellen daneben die Bände der *Privatbürger-Rechnung* dar, die unabhängig von der Gemeinderechnung geführt wurden[63]. Die Einnahmen des Jahres 1782-85 beliefen sich z.B. auf stattliche 3322 fl., der größte Teil davon (2694 fl.) aus Holzerlös. Die Gemeinde besaß ansehnliche Waldungen, die nicht Allmendgut waren. Von den Ausgaben (2627 fl.) wurden 2116 fl. für den Erwerb von Liegenschaften von *Ausmärkern*, also zu Arrondierung des Gemeindebesitzes verwendet.

Die wichtigsten Einnahmeposten der Gemeinderechnung waren 1731 (stellvertretend für die folgenden Jahre, in denen die Verteilung sehr ähnlich ist) die *Gemeine Stube* (118 fl.), die auf jeweils drei Jahre verpachtet wurde, die Gemeindepleuel (48 fl.), die ebenfalls dreijährig verpachtet wurde, die Zinsen aus den verpachteten Parzellen aus Gemeindegut (89 fl.) und der Erlös aus Holzeinschlag und -verkauf aus dem Gemeinde-

wald, der manchmal die größte Summe abwarf (1731: 201 Gulden).
1732 kaufte beispielsweise der Ziegler von Riegel (ein Gewerbe mit hohem Brennstoffbedarf) bei der Gemeinde 20 Klafter Brennholz für 44 fl. 1705 verpachtete die Gemeinde 2 Pleulen, eine auf dem Grün an Mathis Gasser (1707 an Christian Liebengut), und eine zweite, die *obere Pleulin* an Hans Michael Öhrler.
Die Pacht der *Stubenwirtschaft* war nur den finanzkräftigsten Bürgern möglich. Martin Knoll, der Metzger, dem sie 1732 in öffentlicher Steigerung für 3 Jahre überlassen wurde, hatte dafür jährlich 70 fl. aufzubringen, doch war sie eben auch eines der Zentren des öffentlichen Lebens in der Gemeinde und brachte entsprechende Einnahmen.
Nichts außergewöhnliches ist die Tatsache, daß bei den Pächtern von Gemeindegut immer wieder die gleichen Namen begegnen, die auch als Vögte, Heimbürger, Stubenpächter auftraten und gewissermaßen die Dorfaristokratie bildeten. 1733 pachtete beispielsweise Hans Adam Knoll die Schwellmatte für 36 fl., Hans Fuchs und Martin Knoll pachteten die Gereuthmatte für 34 fl., der Altvogt Hans Michael Ehrler pachtete die Hansermatte, der Altstabhalter Hans Fuchs den Brükkenwasenacker, und gleichzeitig nutzte er die Hüpschmatte gratis, weil er den Gemeindeeber hielt.
Mit dem steigenden Einnahmevolumen wurde auch die Ausgabentätigkeit vielfältiger. Von den vier Hauptausgabetiteln *Zinsen und Beschwerden*, *Verbauen*, *Zehrungen*, *Insgemein* fallen anfangs die beiden letzten meist am stärksten ins Gewicht, sieht man von Jahren mit außergewöhnlichen Bauaufwendungen ab. Nicht selten machten noch am Anfang des 18. Jahrhunderts die *Zehrungen* bis zur Hälfte der Ausgaben aus. Es handelte sich dabei um offizielle Essen der Vorgesetzten bei den unterschiedlichsten Anlässen oder um Umtrunk und Beköstigung bei anfallenden Arbeiten. Meist fanden diese Essen dann in der *Gemeinen Stube* statt. In der ersten Hälfte des Jahrhunderts bildeten auch noch die zeitweilig nicht abreißen wollenden Verproviantierungen von durchziehendem Militär einen großen Teil dieses Postens. So zum Beispiel im Jahr 1705:

den 12. 3.verzehrte eine kayserliche Parthie	*3 fl. 3 bz*
den 28. 8. eine Parthie Husaren über Nacht	*5 fl. 13 bz*
den 7. 9. durch Husaren	*3 fl. 3 bz*
den 6.10. eine Parthie	*3 fl. 5 bz*
in der "Sonne" wurde durch eine starke kayserliche Parthie aufgewendet	*8 fl. 8 bz*
durch drei französische Parthien	*21 fl. 8 bz*
Kronenwirt Jerg Heidenreich für das Jahr über an erlittenen Parthiekosten	*14 fl. 12 bz*
dem Vogt Risen vor Käs, Speck, Eier und andere Speiswaren, so die Parthien genossen	*11 fl. 1 bz*

Diese unfreiwillige Gastlichkeit ist eher zu den Kriegskosten zu rechnen. Daneben aber feierten Vogt, Stabhalter und Gericht jeweils am Stephanstag anläßlich der Ämtererneuerung, am *20. Tag* (dem *Schwörtag*) feierte das Gericht *wie gewöhnlich*, und schließlich wurde gefeiert bei der Verdingung der Kuh- und Schweinehirten und bei der Schlachtung des Ebers. Die Anlässe waren zahlreich. 1733 belief sich die Summe, die die Gemeinde dem Stubenwirt Martin Knoll für *Zehrungen* schuldig war, auf 90 Gulden.
In der Regel bestand der Titel *Baukosten* aus den laufend anfallenden Reparaturen an den Gemeindegebäuden. Z.B. wurden 1731 an den Zimmermann zu Vörstetten 22 fl. bezahlt, um *zu den zwei Pleulen 4 neue Stämpf* zu machen. Der Ziegler von Landeck erhielt Geld für Kalk, Wackenstein und Ziegel, damit der Maurer das Schul-, Hirten- und das Waaghaus decken und den Ofen reparieren konnte. 1733 erhielt Ziegler Ludwig Meyer von Nimburg für Ziegel und Kalk 4 fl. 1731 hatten umfangreichere Reparaturen an allen Gemeindegebäuden stattgefunden. Es wurde auch eine Orgel in der Kirche eingebaut und die Kirche erweitert. Die Gemeinde nahm dazu Kapitalien bei dem Teninger Pfarrer Luca, bei dem ehemaligen Vogt Hans Adam Knoll und bei Sonnenwirt Joseph Schoor auf. Um 1733 zwei Glocken gießen zu lassen, lieh man von Schoor nochmals 46 fl. Im gleichen Jahr wurde an der Riegeler Straße eine neue Brücke gebaut (35 fl.), denn auch Straßen- und Brückenbau gehörte zu den Gemeindeobliegenheiten.

Über den Titel *Insgemein* läßt sich kaum Verallgemeinerndes sagen, er versammelt alle möglichen Sachausgaben, bis hin zum Papier für die Gemeinderechnung. Aus dem Posten *Insgemein* wurden auch die Besoldungen für die Gemeindeämter bezahlt. Anfänglich erhielt der von der Herrschaft eingesetzte Vogt, in der Regel ein besonders wohlhabender Bürger, aus der Gemeindekasse lediglich 6 fl., Heimbürger und Stabhalter amtierten ebenfalls ehrenhalber, doch war es selbstverständlich, daß sie sich in der angedeuteten Weise schadlos hielten. Eine regelmäßige Besoldung (4 fl.) erhielt die Hebamme, daneben die Nutzung der Hebammenmatte und eine Vergütung bei jeder Geburt. Diese Kosten mußten die Familien dann allerdings selbst aufbringen. Der Gemeindebote erhielt ebenfalls 4 fl., dazu die Nutzung der Botenmatte, sowie zusätzlich 1 fl. für Schuhe und Sohlen. Mit den immer mehr Zeit beanspruchenden Amtsgeschäften ging man allerdings später dazu über, auch für die höheren Gemeindeämter feste Besoldungen anzusetzen.

Für die, wie es heißt *häufig gekommenen Armen und Collectanten* gab die Gemeinde 1734 7,9 fl. aus. Einen Sozialetat in unserem heutigen Sinn gab es nicht. Die Armenpflege war Angelegenheit der Kirchengemeinde, die eine eigene Almosenkasse führte, die von zwei Bürgern aus dem Kreis der Richter betreut wurde.

Ein Inventar des Jahres 1779 zählt den Gemeindebesitz von **Teningen** auf:

		Wert
1	neu erbautes Schulhaus, Scheuer, Stallung und ein Krautgarten	
1	Hanfreibe und Pleuel	
1	Anno 1751 von Stein neu erbautes Wirtshaus (die gemeine Stube) samt Stallung und Scheuer dabei die Gemeindemetzig	
1	steinernes Wachthaus	
1	Baumaterialienmagazin	3450 fl.

Garten	150 fl.
Ackerfeld	310 fl.
Matten: Sigristenmatte Hebammenmatte Botenmatte	6818 fl.
Heuwege	740 fl.
Gemeindeweiden	5500 fl.
Waldungen	10000 fl.
Gemeindevermögen	**26968 fl.**

Im Jahre 1733 hatte zu den Immobilien noch ein Hirtenhaus gehört, für das der jeweilige Hirte Zins zahlen mußte. Von Schulhaus und Pleuel abgesehen lagen die Gemeindegebäude in der Ortsmitte, sie sind auf dem Ortsplan von 1825, der im Beitrag von N. Ohler abgebildet ist, zu erkennen.

Bemerkenswert ist der große Waldbesitz der Gemeinde im Teninger Allmendwald. An der Kirche und dem Pfarrhaus, deren Instandhaltung Angelegenheit der geistlichen Verwaltung war, gehörten der Gemeinde einige wichtige Ausstattungsstücke, nämlich die 1731 gebaute Orgel und eine Totenbahre, sowie drei im Jahre 1774 angeschaffte Glocken. Aufschlußreich für ein Mäzenatentum wohlhabender Bürger ist jener *silberne, vergoldete Kelch*, den der verstorbene Vogt Hans Adam Knoll gestiftet hatte und der eigentümlicherweise auch im Inventar der Gemeinde erscheint (In Köndringen hatte der Neumüller Benedikt Lubin aus Anlaß des Friedens von Nijmwegen der Kirche ein Taufgeschirr geschenkt).

Die Aufzählung der beweglichen Habe in den einzelnen Gemeindegebäuden fährt fort mit der Ausstattung des Schulhauses. Es enthielt: *6 lange Tische, 10 lange Bänke, 2 Rechnungstafeln, 1 beschlüssiges Kaensterle, 1 kleines Tischle, 1 Reißzeug*. Tafeln und Reißzeug waren wichtige Requisiten für den Sonntagsschulunterricht. Auf der gemeinen Stube befand sich eine Glocke und eine Schlag- und Zeigeruhr. Die Innenausstattung bestand aus 6 tannenen Tischen und 10 Lehnstühlen, 2 Registraturkästen, einem nußbaumenen Tisch sowie einer *Geigen, die Felddiebe damit zu bestrafen*. Solcherlei Strafen fielen in die Kompetenz des Rüg- und Frevelgerichts. Die Einnahmen aus Strafen wurden in der Regel auf der gemeinen Stube vertrunken. Ein Gemeindesiegel befand sich in der Verwahrung des Vogts. Von der Aufzählung der Dinge, die zum Dienst der verschiedenen Amtsträger gehörten, wollen wir absehen. Die Auflistung geht jedenfalls bis hin zu dem *Hirschfänger samt Kuppel* des Dorf- und Bettelwächters und dem *gemein Zeichen, die Schwein damit ins Eckericht zu brennen*, das der Heimbürger verwahrte. Wichtig für eine Gemeinde, in der viel Hanf gedörrt wurde, waren die Feuergerätschaften im Feuerspritzenhaus. Hier stand eine im Jahr 1756 gemeinschaftlich mit Köndringen und Mundingen angeschaffte Feuerspritze, daneben 4 Handfeuerspritzen, Feuerleitern, Feuerhaken, 2 Pechpfannen und eine Anzahl Feuereimer. Wachsamkeit und Eifer bei der Brandbekämpfung wurden durch Geldprovisionen gefördert, wie der Gemeinderechnung des Jahres 1779 zu entnehmen ist: *Zur Beförderung von Eiffer und Fertigkeit bekommt derjenige, der die Feuerspritze als erster mit 2 Pferden bespannt, 1 1/2 fl. aus der Gemeindekasse, der zweite noch 1 fl.*

Aus **Köndringen** hat sich lediglich ein Band der Gemeinderechnung für das Jahr 1771 erhalten, der bereits in der Chronik von Köndringen von 1977 (S. 19) vorgestellt worden ist, den wir aber hier aus Vergleichsgründen nochmals zitieren wollen. Die Einnahmen für 1771 beliefen sich auf 957 fl., die Ausgaben auf 849 fl. Die Verhältnisse liegen also ähnlich wie in Teningen. Die wichtigsten

Einnahmeposten:	Holzerlöse	102 fl.
	Güterzins	334 fl.
	Haus- und Stubenzins	38 fl.
	Oberamtliche Umlagen	158 fl.
Ausgabeposten:	Holz- und Macherlohn	43 fl.
	Besoldungen	63 fl.
	Zinsen	168 fl.
	Verehrungen	27 fl.
	Im Ausstand für unbestimmte Zeit	244 fl.

Die **Nimburger** Rechnungen sind ganz ähnlich wie die Teninger aufgebaut. Es standen aber sehr viel geringere finanzielle Mittel für öffentliche Aufgaben zur Verfügung. Der Wert des Gemeindebesitzes wurde 1760 auf lediglich 2644 fl. (Teningen: 26968) veranschlagt. Als Gemeindegebäude (Wert 500 fl.) werden das Bottinger Hirtenhaus und das *gemeine Häusle* in **Bottingen**, auf dem sich bereits wieder eine kleine Glocke und eine Schlag- und Zeigeruhr befanden, genannt. Das Schulhaus in Nimburg war spartanisch mit 4 langen Tischen, 5 langen Bänken für die Schüler, einem Lehnstuhl und einem tannenen Tisch für den Lehrer ausgestattet. 1760 wurde eine schwarze Rechentafel angeschafft, was Anlaß zur Vermutung gibt, daß Rechenunterricht bis dahin nicht üblich war. Weiterer Gebäudebesitz ist die *gemeine Stube* (400 fl.) mit einem Türmlein, das nun wieder eine Schlag- und Zeigeruhr und eine kleine Glocke trug. Die Ausstattung der Ratsstube war ähnlich wie in Teningen. Der Besitz an Äckern, Wiesen und Matten war wesentlich geringer als in Teningen. Weiden, Weinberge und Waldungen besaß die Gemeinde nicht. Allerdings hatte sie Nutzungsrechte am Teninger Allmendwald, im wesentlichen das Eckerichtrecht. Mit Bahlingen und Eichstetten zusammen besaß Nimburg eine Feuerspritze, die in Eichstetten untergebracht war. Ein Stier in Bottingen und ein Eber zählten noch zum Gemeindebesitz.

Einnahmen und Ausgaben stellen sich in Auswahl folgendermaßen dar:

	Einnahmen	davon von Ausständen	Ausgaben	davon im Ausstand
1730	378	117	348	125
1740	1078	354	870	563
1749	1919	964	1033	839
1761	826		556	
1762	810		518	
1768	1079		806	147
1772	865		714	64

Die Summen verschleiern die Tatsache, daß die Gemeinde Nimburg, was bei ihrem minimalen Besitz nicht verwundert, nur wenige Einnahmequellen hatte. Echte Einnahmeposten sind im wesentlichen neben den Gemeindehäusern und der *Gemeinen Stube* die Zinsen aus verpachteten Äckern und Wiesen und der Erlös aus dem Verkauf von Früchten, die auf dem schmalen Gemeindegut anfielen. Den Unterschied zu Teningen macht nichts deutlicher als der Pachtzins für die Stubenwirtschaft, der 1740, als Johann Georg Meyer, Bürger und Schmied sie für drei Jahre pachtete, pro Jahr nur 19 fl. betrug. 1760 bezahlte der Wagner Wilhelm Lenis sogar nur 8 fl. dafür.

Die Gemeinde versuchte ihre Einnahmen dadurch zu steigern, daß sie Allmendflächen zugunsten von Pachtparzellen reduzierte. So wurde 1781 *die gemeine Matte* in 36 Stücke aufgeteilt und auf 10 Jahre verpachtet. Im gleichen Jahr wurde die Neumatte im Benzenbühl, *welche vormalen ein Wald gewesen* in 7 Stücken verpachtet. Einen beträchtlichen Teil der *Einnahmen* bildeten die Umlagen für diverse Verpflichtungen der Gemeinde der Herrschaft gegenüber, die in Geld abgegolten wurden, folgerichtig dann auch in der Rechnung bei den Ausgaben wieder erschienen. So wurden etwa die Frondienste in den herrschaftlichen Reben in Obernimburg, in Geld abgegolten, bzw. die Bezahlung der Tagelöhner wurde unter den *frohndbaren Inwohnern umgelegt und eingezogen*. Ebenso wurde bei dem in Fronarbeit zu schlagenden Brennholz für die Herrschaft verfahren. Auch der kleine Zehnt wurde, wie es 1772 heißt *seit unvordenklichen Zeiten* auf dem Wege der Umlage in Geld abgegolten. Diese Summen wurden vom Heimbürger eingezogen. Auf diesem Hintergrund ist es nicht verwunderlich, daß Ausstände in der Nimburger Rechnung zeitweise einen großen Raum beanspruchen. Übrigens beteiligte sich auch Nimburg wie Teningen öfters an der landesherrlichen Lotterie und konnte z.B. 1731 in der 9. Klasse einen Gewinn von 26 fl. 13 kr. verbuchen. Die geringen echten Gemeindeeinnahmen wurden vor allem für Zehrungen und Reparaturkosten aufgewendet. Die 2 Glocken, die 1749 beim Glockengießer Johann Friedrich Weidenauer mit 330 fl. bezahlt wurden, stellten eine exorbitante Ausgabe für die Gemeinde dar.

An Besoldung erhielt auch der Vogt in Nimburg bis in die 2. Hälfte des 18. Jahrhunderts lediglich 1 fl. 30 kr., dazu allerdings die sog. Taggebühren, die jeweils für den konkreten Bedarf berechnet wurden. 1772 wurde dann erstmals für den Vogt Diverny ein Fixum von 25 fl. angesetzt. Stabhalter Link erhielt 1781 18 fl., Stabhalter Leonhard Reifsteck in Bottingen erhielt 11 fl. 25 kr. Die Besoldung der übrigen Gemeindeämter ist ähnlich wie in Teningen, und auch in Köndringen wird man so verfahren sein. Je nach Bedarf wurde ein Schermausfänger engagiert (1782: 10 fl.) oder der Froschfang verpachtet. Wie zählebig manche Details des dörflichen Lebens sein können, zeigt sich beispielsweise bei der Besoldung des Boten, der auch in Nimburg eine jährliche Schuhbesohlung beanspruchen durfte. In direkter Fortschreibung dieses Bestandteils der Besoldung wurde noch in den ersten Jahrzehnten unseres Jahrhunderts eine jährliche Reparatur und Neubereifung des Botenfahrrades, da der Bote nun nicht mehr laufen mußte, in der Gemeinderechnung ausgewiesen.

In der Gemeinderechnung wird auch deutlich, daß Nimburg besonders stark von durchziehenden Bettlern heimgesucht wurde. Die große Zahl von umherziehenden Armen ist die Kehrseite der Bevölkerungsexplosion im 18. Jahrhundert, aber auch der Kriegs- und Notzeiten. Für das Jahr 1772 wurde Joseph Brüstlin als Bettelwächter im Dorf angestellt und erhielt 25 fl. dafür. Womöglich war die Hungersnot des Jahres 1770/71 Anlaß dafür. An Almosen erscheinen auch in Nimburg in der Gemeinderechnung nicht mehr als ein paar Gulden pro Jahr. Man war überall bestrebt, diese Leute möglichst rasch über die Gemeindegrenzen loszuwerden. Auch Teningen und Köndringen hatten ihre Bettelwächter. Wenige Jahre später wurde für dieses öffentliche Problem eine gemeinschaftliche Lösung zu finden versucht, indem besonders stark frequentierte Orte an den Durchgangsstraßen abwechselnd Almosen an *reisende Fremde, Arme und Handwerksburschen* abgaben und diese Summe jährlich entsprechend dem Gemeindevermögen auf alle umgelegt wurde. So hat Nimburg z.B. 1781 12 fl. 33 kr. an Köndringen bezahlt.

In der zweiten Hälfte des Jahrhunderts wurden die Gemeindefinanzen dann auch in Nimburg zunehmend zu verschiedenen übergreifenden Maßnahmen der staatlichen Reformpolitik, die Markgraf Karl Friedrich in Gang brachte, herangezogen. Es

gab beispielsweise einen Landbaumgärtner, der die Landbaumschule betrieb und die Bauern im Baumschnitt unterwies. Zu dessen 200 fl. Besoldung steuerte Nimburg 7 fl. 31 kr. (Teningen: 11 fl. 32 kr.) bei.
Die zentrale medizinische Versorgung im Oberamt Hochberg lag beim Landchirurgus und Accoucheur Reinberger, dessen Hungerlohn 100 fl. betrug.
Die Schulmeister erhielten aus dem Gemeindeetat für die Sommersonntagsschule, oder für die Näh-, Spinn- und Strickschule, die oft von deren Frauen versehen wurde, zusätzliche - wenn auch minimale - Besoldungen aus den Gemeindekassen (1781 in Nimburg und Bottingen: 31 fl. 30 kr.). Darüberhinaus hatten die Gemeinden zur Besoldung eines Schornsteinfegers beizutragen. Es fielen Brandversicherungskosten an und auch für die Rekruten des badischen Militärs wurden Gelder eingezogen.

Das wirtschaftliche Leben

Die unterschiedliche Leistungsfähigkeit der Gemeinden, die sich in den Gemeinderechnungen abzeichnet, läßt uns nach den wirtschaftlichen Bedingungen in den Gemeinden überhaupt fragen. Bevor wir uns der Landwirtschaft zuwenden, die natürlich insgesamt das Bild prägt, werfen wir einen Blick auf die anderen Wirtschaftszweige: Gewerbliche Betriebe, die Mühlen, die Gastwirtschaften usw.
Besonders interessant sind die verschiedenen Ansätze zu gewerblichen Unternehmungen, die im Gemeindegebiet vor allem in Teningen ab dem Ende des 17. Jahrhunderts zu erkennen sind. Hier wirkte auch die landesherrliche Wirtschaftspolitik des Markgrafen Karl Wilhelm (1709-38) ein, der aus fiskalischem Interesse in seinem überschuldeten Land an zusätzlichen Geldquellen interessiert war[64]. Was Teningen betrifft, so machte neben der weithin einzigen Elzbrücke vor allem die Wasserkraft der Elz den Ort attraktiv für solche Versuche. 1699 hören wir erstmals von einer ruinierten herrschaftlichen Schleifmühle bzw. Hammerschmiede in Teningen[65]. Hätte sie schon im 16. Jahrhundert bestanden, wäre sie wohl in dem großen Urbar von 1567 erwähnt gewesen. Sie wird also danach gebaut und in den Kriegszeiten des 17. Jahrhunderts untergegangen sein. Ein Antragsteller wollte nun 1699 an dieser Stelle eine neue Mühle bauen. Daraus wurde nichts. Aber 1707 kam der Platz wieder ins Gespräch. Nachdem Markgraf Friedrich Magnus das Eisenhandels- und Tabakmonopol für die Markgrafschaft Hochberg ausgeschrieben hatte, meldete sich die Witwe Magdalena Rychner aus Basel zusammen mit ihrem Bruder, dem dortigen Kronenwirt[66]. Die Zeiten des Spanischen Erbfolgekrieges waren jedoch zu unsicher für den Handel, so daß man bald auf den Gedanken verfiel, das Eisen ins Oberamt Hochberg zu importieren und dort zu Stahl zu verarbeiten. Gegen einen Landeszuschuß von 800-1000 fl. wäre die *Rychner'sche Wittib* zu dem Unternehmen bereit gewesen. Die Beamten schlugen als geeigneten Platz für eine Hammerschmiede jene Stelle auf dem Teninger Grün vor und nahmen in den Vertragsentwurf auf, daß die Rychner den Platz von Hans Schwerer in Emmendingen, *des gewesenen Waffenschmitts Erben*, kaufen und das Hammerwerk dort bauen sollte. Das Bauholz sollte sie geschenkt erhalten, Brennholz (jährlich 50 Klafter aus den herrschaftlichen Waldungen) und Kohlen sollte sie jedoch auf eigene Kosten kaufen und herbeischaffen. Der Platz wurde von allen Beteiligten auf seine Eignung geprüft und dieser Lokaltermin fand dann auch wieder seinen Niederschlag in der Rubrik *Zehrungen* der Teninger Gemeinderechnung.
Nach verschiedenen Schriftwechseln mit den markgräflichen Beamten in Badenweiler und Rötteln zerschlug sich der Plan aber, weil die Mittel der Rychner anscheinend zur Anschaffung der zur Herstellung eines ordentlichen Stahles erforderlichen Vorrichtungen nicht ausreichten. Der zu erwartende Stahl wäre kein Kaufmannsgut, hieß es, er würde wieder zu Eisen, wenn man ihn ein zweites Mal ins Feuer brächte. Der Landmann würde das sehr schnell merken; also sei nur geringer Vertrieb und folglich wenig Steuer zu erwarten. Schließlich riet auch der Landvogt ab, da einer von den Antragstellern bereits wegen Falschmünzerei im Gefängnis gewesen, und ähnliches von neuem zu befürchten sei.
1719 beantragten die Salpeterer Isaac Gerber und Jacob Riedemont, eine Schleiferei und Pulvermühle zu bauen und such-

ten um die Erlaubnis nach, einen geeigneten Ort im Oberamt ausfindig machen zu dürfen[67]. Hiergegen erhob jedoch der Pulvermacher Lichtenfels in Pforzheim, der davon erfahren hatte, Einspruch, entlarvte die beiden als unqualifizierte Abenteurer und meldete selbst Interesse an solch einem Projekt an. Er machte sich 1723 in den Breisgau auf, um einen geeigneten Platz für die Pulvermühle, die sein Sohn betreiben sollte, zu finden. Dabei verfiel auch er auf Teningen. Aus nicht ersichtlichen Gründen versandete das Projekt aber nach 1732. Das Rennen machte zunächst nicht Teningen, sondern Emmendingen, wo 1755 Handelsmann Hunzinger mit markgräflichen Subventionen eine Baumwollmanufaktur errichten konnte[68]. Endgültig Fuß faßte dann die Protoindustrialisierung in Teningen im Jahre 1771, als Christian Junghenni und Jakob Zimmermann, Bürger und Schmied zu Teningen, den Bau der im Kern heute noch bestehenden Schleifmühle und Hammerschmiede beantragten, wovon bereits kurz im Zusammenhang mit dem Sondersiechenhaus die Rede war[69]. Zimmermann hatte sich als Schmied auf die Herstellung von Hanfhecheln spezialisiert und bediente bereits eine große Kundschaft auch außerhalb der Grenzen der Markgrafschaft, wie er sagte. Zum Schleifen seiner eisernen Hecheln mußte er allerdings zu einer 3-4 Stunden entfernten Schleifmühle fahren. Zur gleichen Zeit beantragte Junghenni bei den Teninger Ortsvorgesetzten die Erlaubnis zum Bau einer eigenen Hanfpleuel, da er bei seinem *ziemlichen Hanfgewerb* - er nennt einen Absatz von jährlich 300 Zentnern - gezwungen sei, teils außer Dorfs, teils außer Landes reiben zu lassen, wodurch ihm natürlich beträchtliche Unkosten entstünden. Es wurde der Landbaumeister Meerwein eingeschaltet, der wie erwähnt den Platz des ehem. Sondersiechenhauses vorschlug, wo die beiden Werke dann auch gebaut wurden. Vorher waren allerdings die umliegenden Müller, Andreas Stuck und Friedrich Grether von Köndringen, Georg Friedrich Reinhard für die Mundinger Mühle, und Andreas Stuck, der Müller von Emmendingen, vergeblich dagegen Sturm gelaufen. Im Mai 1772 stand das neue Mühlwerk bereits. Als ein rechter Unternehmer beantragte Waffenschmied Jakob Zimmermann bald darauf im Jahr 1774 einen Mahlmühlgang bei seiner Schleif- und Ölmühle bauen zu dürfen, da die Teninger Mühle, von den Erben des Vogts Reinhard betrieben, in einem elenden Zustand sei. Der Aufstieg in den Clan der Mühlenbesitzer, oft personenidentisch mit den Dorfvorgesetzten, die freilich gegen das Ansinnen eingestellt waren, gelang ihm jedoch ebensowenig wie dem noch zu erwähnenden Gerber Link in **Nimburg** im Jahre 1788.

Als letztes Beispiel wirtschaftlicher Initiative sei noch der Antrag der beiden Teninger Küfer Johann Jacob Zimmermann und Johann Georg Bolz aus dem Jahr 1798 erwähnt[70]. Sie wollten sich nach zurückgelegter Wanderschaft im Geburtsort als Meister niederlassen, stellten aber fest, daß Küfer nicht gebraucht wurden, da wegen des hohen Weinpreises Privatpersonen keinen Wein einlegten und die Wirte nur von Zeit zu Zeit ihre Arbeit benötigten. Bolz hatte sich auf der Wanderschaft jedoch auch im Bierbrauen versucht. Die *Brauanstalt* der beiden Küfer wurde von Landbaumeister Meerwein inspiziert und dem Ansinnen der jungen, tätigen Männer kein Hindernis mehr in den Weg gelegt. Spätestens von da an dürfte es also in den Teninger Wirtschaften Bierausschank gegeben haben.

Ein Gewerbezweig, mit dem Teningen nicht aufwarten konnte, der dafür in **Landeck**, **Heimbach** und **Nimburg** wegen den dortigen natürlichen Gegebenheiten einige Bedeutung hatte, war die Herstellung von Ziegeln. Die Ziegelhütte von **Landeck** ist 1550 erstmals erwähnt, als der Ziegler Gabriel Wöhrlin von Emmendingen einen Kalkofen und eine Behausung für jährlich 37 fl. pachtete[71]. Im markgräflichen Urbar des Jahres 1567 finden wir die Ziegelhütte als zum Schloß gehörenden Besitz verzeichnet. Weitere Nachrichten finden sich in Akten aus den Jahren 1688, 1695 und 1711[72]. Zur Ziegelei gehörten verschiedene Gebäude, zwei Brennöfen für 9000 und 7000 Ziegel und ein Brunnen. Für einen Brand benötigte der Ziegler im großen Ofen 40 Gewichtseinheiten Kalk und zehn Klafter Holz. Der Kalk wurde aus dem Landecker Steinbruch geliefert, teilweise wurde auch Abbruchmaterial von der Ruine verwendet. Das Holz mußten die Untertanen aus den Wäldern des Markgrafen anfahren, und zwar jeder Bauer einen Klafter; aus Broggingen 32, aus Tutschfelden 15, aus Ottoschwanden

30 und aus Freiamt 70 Klafter.
Der Ziegler war von Herrschaft und Bann befreit, er unterstand nicht dem Vogt sondern unmittelbar der Burgvogtei, und konnte die Markgrafschaft jederzeit verlassen. Für sich und seine Ziegelknechte erhielt er jährlich 124 Gulden Entlohnung und 12 Viertel Wein, später wurden je Brand 15 Gulden und 2 Mutt Roggen bezahlt. Für den Winter erhielt er 20 Gulden, 2 Viertel Roggen, 1 Saum Wein, 2 Wagen Heu und das benötigte Brennholz. Dafür mußte er die Ziegelknechte verköstigen und ihren Lohn bezahlen.
Das Urteil der Burgvogtei über die Ziegler ist überwiegend negativ. Michael Käfer wurde im Jahre 1695 als *saumselig und liederlich* bezeichnet, von dem Ziegler Jakob Löscher heißt es im Jahre 1711, er nehme zu wenig Letten in die Ziegel, sie seien von schlechter Qualität, und die Leute würden die Ziegel daher bei der Ziegelhütte in **Heimbach** holen. Außerdem schaffte er im Jahr nur sieben Brände in jedem der zwei Öfen mit zusammen 117.000 Ziegel, während nach den Berechnungen des Oberamtes 12 Brände möglich gewesen wären.
Für den Ziegler wurde 1727 ein neues Haus gebaut. 1739 fand eine umfassende Erneuerung der beiden Brennöfen statt. Trotzdem gab es offensichtlich Schwierigkeiten für die Burgvogtei, geeignete Pächter zu finden. Bei einer Ausschreibung im Jahre 1745 meldete sich nur ein Bewerber, der ungeeignet war, da *katholisch und arm*. 1751 machte ein Johann Scheibler aus Sulzburg folgendes Angebot: Pacht auf die Dauer von neun Jahren bei einem Pachtzins von 12 Gulden je Brand, oder Kauf der Ziegelhütte für 800 Gulden. Außerdem sicherte er der Herrschaft einen Vorzugspreis von 13 Batzen für 100 Ziegel zu. Damit enden die vorliegenden Akten über die Ziegelhütte Landeck. Als im Jahre 1769 die Gemeindestube in Köndringen ausgebaut wurde, wurden die benötigten Ziegel von der Ziegelhütte Heimbach bezogen.

In **Nimburg** wurden Lehmgruben und Ziegeleien allem Anschein nach erst nach dem Dreißigjährigen Krieg in Betrieb genommen[73]. Sie gehörten zur Schaffnei Obernimburg, lagen im Gewann *Steingrube*, früher *öde Egerte* genannt, und waren verpachtet, zum Teil später verkauft. Die Nimburger Ziegeleien sind eng mit dem Namen der Familie Meyer verbunden, deren erster, Hans Ludwig Meyer, Mitte des 17. Jahrhunderts aus Lahr nach Nimburg kam und dessen Nachkommen in der folgenden Zeit zahlreich in gemeindlichen Ämtern begegnen. Außer als Ziegler zählten sie vor allem auch als Gerber zu den wohlhabendsten Nimburger Bürgern jener Zeit, was heute noch durch eine ganze Reihe stattlicher Häuser, die sog. *Ziegelhäuser* in Nimburg im Ortsbild gegenwärtig ist. Das herausragendste Beispiel ist das heutige Pfarrhaus, das erst seit 1832, als es von der Kirchengemeinde erworben wurde, diese Funktion hat, 1769 aber von einem der selbstbewußten Mitglieder der Familie Meyer erbaut worden war.

Die Gasthäuser

Bei den Wirtschaften ist neben dem ökonomischen Aspekt auch ihre Funktion im Alltag des Dorfes zu bedenken. Darauf wollen wir später noch eingehen. Die ältesten in den Gemeinden vorhandenen Wirtschaften waren die Gemeindestuben, die bekanntlich aufs engste mit dem offiziellen Gemeindeleben und den Handlungen der Amtsträger verbunden waren. Sie waren in der Regel Gemeindeeigentum und auch lukrativ für den Pächter, der meist ein wohlhabender Bürger war. Die meisten der alteingesessenen Nimburger, Teninger und Köndringer Wirtshäuser sind ab den zwanziger und dreißiger Jahren des 18. Jahrhunderts gegründet worden[74]. Hierzu war eine Konzession, die sog. Tavern- oder Schildgerechtigkeit erforderlich, die wiederum für das markgräfliche Budget interessant war und deshalb in dieser Zeit der Geldknappheit unschwer zu erlangen war. Für das Recht (und die Pflicht) ein Wirtshausschild auszuhängen (mehrere schöne Beispiele sind in unseren Gemeinden noch vorhanden) war eine Gebühr von 20, 30, 50 fl. oder noch mehr zu bezahlen. Vierteljährlich wurde dann das Ungeld fällig. Von dem verkauften Wein mußten die Wirte außerdem das Stichgeld, eine Art Verbrauchssteuer bezahlen. Die Schildgerechtigkeit war nicht unbedingt an ein bestimmtes Haus, sondern an den Besitzer der Konzession gebunden und war in dessen Familie erblich. Eine Konzession konnte auch durch Kauf des Hauses auf einen neuen Besitzer übergehen. So kaufte etwa Kaspar Knoll, Bürger und Metzger in Teningen, 1728 von Caspar Jenny den schon lange bestehenden *Ochsen* und bewirtschaftete ihn weiter. Die Knolls bildeten im 18. Jahrhundert eine richtiggehende Wirtsdynastie. Hans Martin Knoll, Metzger und ehemaliger Pächter der *Gemeinen Stube*, beantragte 1735 die Wirtsgerechtigkeit *zum Engel* (50 fl.). Später betrieb er den *Adler*. 1735 besaß Hans Adam Knoll den *Löwen*. Der Sohn Hans Adam Knoll amtierte 1766 als Vogt und durfte deshalb den Vorschriften gemäß keine Wirtschaft führen, erhielt aber vom Oberamt die Erlaubnis, die Konzession zum *Löwen* verpachten zu dürfen. Sie ging in dieser Zeit vorübergehend auf ein anderes Haus über, da der *Löwen* dem Vater des Vogts als Wohnung diente.

In **Teningen** war die vom ehemaligen Scharfrichter Heidenreich bewirtschaftete *Krone* die erste Neugründung, die in den Quellen greifbar wird. In dieser Zeit, 1694, gab es in Teningen lediglich noch zwei andere Wirtschaften. Eine davon ist die *Gemeine Stube*, die andere aller Wahrscheinlichkeit nach der *Löwen*, von dem es an anderer Stelle heißt, er sei alle Zeit nach der Gemeindestube die einträglichste Wirtschaft gewesen. Aber auch der *Ochsen* könnte es gewesen sein, denn 1728, als Knoll ihn kaufte, heißt es, er bestehe *schon lang*, was immer das genau heißen mag. Die neuen Wirtschaften *Adler* (1726), *Storchen* (1728), *Hirschen* (1732), *Engel* (1735) lassen sich wohl am ehesten mit dem markgräflichen fiskalischen Interesse erklären, wofür alle Quellen recht waren, denn in einem so verhältnismäßig kleinen Ort wie Teningen nahmen sie sich natürlich gegenseitig die Einnahmen weg. Ab den fünfziger Jahren bestanden zusätzlich noch die *Sonne* (heute der Sitz des Rathauses) und der *Rebstock*. 1787 gab es 9 Wirtschaften in Teningen.

In den 1750er Jahren kam es dann auch zu einer ganzen Serie von vorübergehenden Wirtschaftseinstellungen. Fast alle Teninger Wirtschaften machten zeitweilig zu. Schon 1741 bat Hans Martin Stüdt, der Barbier und Adlerwirt, der den *Adler* 1726 für 510 fl. gekauft hatte, aus Altersgründen, und weil ihm seine Barbierstätigkeit und ein *ziemlich großes Feldgut* mehr einbrachten, gegen eine jährliche Summe die Wirtschaft vorübergehend einstellen zu dürfen. Auch für den Adlerwirt Martin Knoll waren 1758 *herannahendes Alter und die damit verknüpften Leibesblödigkeiten* Grund, um eine Wirtschaftseinstellung zu ersuchen. Außerdem entstünden bei den damaligen Zeiten in der Wirtschaft Verluste statt Gewinne. Die Rebstockwirtin Anna Maria Schoor begründete ihr Gesuch mit dem von Tag zu Tag anwachsenden Geldmangel der Einwohner und der geringen Einkehr von fremden Personen, da Teningen von der Landstraße abgelegen sei. Und der Hirschenwirt Friedrich Limberger brachte 1761 die Misere auf die Formel: *... derjenige der in Teningen eine Wirtschaft besitze, ohne dabei Feldgüter zu haben, finde sein Auskommen nicht. Wer aber Feldgüter habe und eine Wirtschaft betreiben wolle, müße den Feldbau hintansetzen. Also bringe das wirten mehr Schaden als Nutzen.* Das Gesuch des jungen Bürgers und Bauersmannes Jacob Froß um eine Wirtsgerechtigkeit im Juli 1787 hatte keinen Erfolg mehr. Die Beamten in Emmendingen gaben ihm zu verstehen, bei 215 Einwohnern seien 9 Schildwirtschaften hinreichend. Außerdem sei das Vorhandensein zahlreicher Wirtschaften bedenklich für die öffentliche Ordnung, wie jetzt interessanterweise bemerkt wurde.

In **Nimburg**[75] gab es, wie üblich, die Gemeindestube, die verpachtet wurde, z.B. 1735 an den Hintersassen Hans Kaspar Schmid. Sie hatte kein solches Gewicht, wie diejenige in Teningen oder auch in Köndringen, was schon an der geringen Pachtsumme in der Gemeinderechnung ersichtlich ist, aber auch daran, daß sich die wohlhabenderen Bürger nicht dafür interessierten. Wie in Teningen gab es neue Wirtschaften nach den 1714 zu Ende gegangenen Kriegszeiten. 1720 wurde das Tavernrecht zum *Engel* für 40 fl. an Hans Georg Herbster verliehen. Eine zu der Zeit schon vorhandene Wirtschaft dürfte der *Löwen* gewesen sein, den 1783 Jakob Lehnis innehatte[76]. 1728 wurde allerdings eine von Andreas Huber beantragte Konzession abgelehnt, weil in dem kleinen Dorf schon 3 Wirte ansässig waren. Wann eine Wirtsgerechtigkeit für die *Sonne* verliehen wurde, wissen wir nicht, sie ist aber 1737 als Eigentum des Schuhmachers Hans Martin Widemann erwähnt.

1729 wurde für den *Adler* in Bottingen eine Konzession erteilt, die mit 70 fl. über allen anderen lag.
Abschließend sei hier angefügt, daß im Nachlaßinventar des 1699 verstorbenen Nimburger Vogtes Andreas Link, der übrigens, wie es dort heißt, als wandernder Küfergeselle in die Gemeinde gekommen war und nichts als eine Bibel in Oktavformat besessen hatte, neben 4 Pferden, 6 Stieren, 7 Kühen, 1 Schaf und zwei Schweinen auch ein *neuangelegtes Bierbrauhäuslein* erwähnt ist[77]. Ein Hinweis, daß in Nimburg auch Bier ausgeschenkt wurde.

Die alten **Köndringer** Wirtshäuser zählen zu den ältesten Gebäuden in der Gemeinde[78]. Neben der Gemeindestube gab es schon Ende des 16. Jahrhunderts den *Löwen*, den *Rebstock*, zu denen im 18. Jahrhundert die *Krone* hinzu kam. Das erste Wirtshaus in Landeck wurde 1760 eröffnet. Dort erhielt Hans Georg Mößinger das Tavernrecht für sein Haus *neben dem Allmend Weg*. Der ursprüngliche Name *zum Schnabel* wurde wenig später *zum Rebstock* geändert[79].

Die Mühlen

Von den Mühlen[80] in unseren Gemeinden war bereits bei Betrachtung des herrschaftlichen Urbars von 1567 die Rede. Die Mahlmühlen für die Verarbeitung von Getreide waren als herrschaftliche Erblehen vergeben. Ihre Inhaber zählten zu den wohlhabendsten Bürgern und auch ihnen beggenen wir oft in den führenden Gemeindeämtern. Die Nimburger Vögte Stuck und Diverni, sowie die Teninger Vögte Reinhard und Knoll waren gleichzeitig Inhaber der Lehenmühlen am Ort. In **Nimburg** und **Teningen** gab es seit dem Mittelalter je eine Mahlmühle. In **Köndringen**, wo 1567 auch nur eine Mühle erwähnt war, kam 1595 eine zweite, die sog. Neumühle, die weit außerhalb des Dorfes elzabwärts im Wald lag, hinzu. Sie war später die leistungsfähigste Mühle, wie sich an der Höhe der Abgaben zeigte. Die **Heimbacher** Mühle gehörte zunächst der Ortsherrschaft und war dann ab 1680 für 2 1/2 Jahrhunderte im Besitz der Familie Bär. Die Lehenmüller genossen verschiedene Privilegien. Sie waren von der Schatzung ausgenommen, erhielten das nötige Bauholz aus den herrschaftlichen Waldungen, die Reinigung und Instandhaltung der Wehre mußte von den Untertanen in Fronarbeit geleistet werden. Vor allem aber waren die Bauern verpflichtet, ihr Korn bei "ihrem" Müller mahlen zu lassen.

In der Krisenzeit des Dreißigjährigen Krieges, als die Hochberger Verwaltung darniederlag und die Markgrafen geächtet im Ausland lebten, wurde die **Teninger** Mühle verkauft. Am 11. Mai 1636 erwarb ein Captain Joseph Wagner vom Breisgauer Regiment die Teninger Mühle für 450 fl., ein Indiz dafür, daß auch in dieser Zeit einige Bauern im allgemeinen Chaos ausharrten[81]. Ähnliches muß sich auch in **Nimburg** ereignet haben, sonst hätte Vogt Hans Diverni im Jahr 1700 die Mühle nicht dem damaligen Köndringer Pfarrer Heckel, seinem Schwager, abkaufen können. Anfang des 18. Jahrhunderts machte die Herrschaft allerdings wieder ihre Rechte geltend und die Inhaber der Mühlen waren interessiert, in den Genuß der Privilegien (Mahlzwang und Mühlenbau) zu kommen. Es wurden neue Lehenbriefe ausgestellt. Für die Teninger Mühle 1721, für die Nimburger Mühle 1727[82].

Versuche, die in Bottingen 1704, in Teningen 1774 und in Nimburg 1788 unternommen wurden, neue zusätzliche Mühlen zu gründen, scheiterten[83]. Ende 1704 wollte Hans Lachenmaier in **Bottingen** auf dem Allmendplatz, *wo früher eine Pleuel gestanden*, eine Mühle mit einem Mahlgang bauen, denn die Bottinger ließen (wie er vorbrachte) lieber in den nahegelegenen vorderösterreichischen Orten mahlen, als in Nimburg. Die Gemeinde wäre durchaus einverstanden gewesen, aber der Müller, Vogt Diverni, erhob Einspruch, und es wurde nichts daraus. 1788 ersuchte dann der Rotgerber Erhard Link zu **Nimburg** um die Erlaubnis, bei seiner Lohmühle eine Mahlmühle erbauen zu dürfen und argumentierte, daß die Zahl der Mühlen im Oberamt dem früher viel geringeren Bevölkerungsstand angemessen gewesen sei. Jetzt seien aber die Bedingungen völlig andere und der Vorteil liege wegen des Mahlzwanges ganz auf Seiten der Müller. Die markgräflichen Beamten meinten dazu, Link habe natürlich seinen Privatnutzen im Auge, was ihm nicht zu verargen sei, aber ein Korrelation von Mühlenkapazität und Pro-Kopf-Bedarf der Bevölkerung ergab,

Explicatio

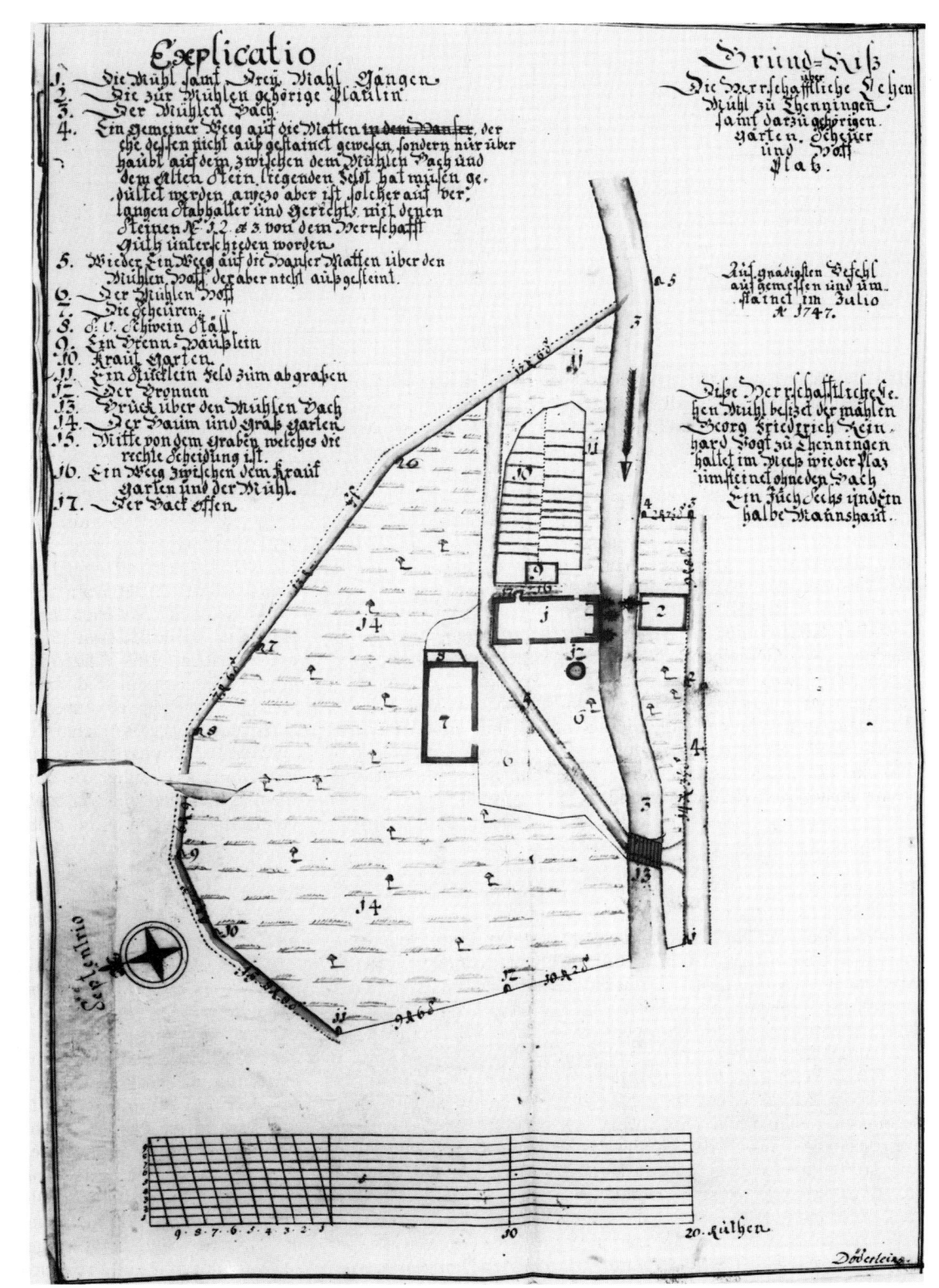

1. Die Mühl samt drey Mahl Gängen
2. Die zur Mühlen gehörige Plätzlin
3. Der Mühlen Bach
4. Ein gemeiner Weeg auf die Matten in dem Banser, der ehe dessen nicht ausgestainet gewesen, sondern nur überhaubt auf dem, zwischen dem Mühlen Bach und dem alten Rein, liegenden feldt hat müssen geduldet werden, anjetzo aber ist solcher auf verlangen Stabhalter und Gerichts, mit denen Steinen N° 1.2 & 3 von dem Herrschafft Guth unterschieden worden
5. Wieder Ein Weeg auf die Banser Matten über den Mühlen Bach, der aber nicht ausgestaint
6. Der Mühlen Hoff
7. Die Scheuren
8. O. U. Schwein Ställ
9. Ein Brenn Häuslein
10. Kraut Garten
11. Ein Stücklein Feld zum abgrasen
12. Der Bronnen
13. Brück über den Mühlen Bach
14. Der Baum und Gras garten
15. Mitte von dem Graben welches die rechte Scheidung ist
16. Ein Weeg zwischen dem Kraut garten und der Mühl
17. Der Back Offen

Grund=Riß

über Die Herrschafftliche Lehen Mühl zu Thenningen samt darzugehörigen Garten, Scheuer und Hoff Platz.

Auf gnädigsten Befehl aufgemessen und umstainet im Julio A° 1747.

Dise Herrschafftliche Lehen Mühl besitzet der Mahlen Georg Friedrich Reinhard Vogt zu Thenningen haltet im Werk wie der Platz umstainet ohne den Bach Ein Juch Sechs und ein halbe Mannshaüt.

Septentrio

20 Ruthen

Döverlein

Die Reinhard'sche Mühle in Teningen (GLA 229/105237)

daß die Mühlen gar nicht ausgelastet waren. Im ganzen Oberamt wurden 48 unterschlächtige und 19 oberschlächtige oder Kübelmühlen gezählt. Diese könnten pro Jahr 96.192 Malter vermahlen. Nun habe die letzte Volkszählung einen Stand von 21.077 Seelen im Oberamt ergeben. Pro Kopf galten 3 Malter jährlicher Bedarf als normal, wobei zur Hälfte Roggen und zur Hälfte Weizen gerechnet wurden. Es blieb somit eine Kapazität von 32.961 Malter ungenutzt. Gleichzeitig liefen bereits Verhandlungen über die Konditionen für die Ablösung der Lehensbindung, d.h. den Verkauf der Mühle und der Mühlenrechte. Rotgerber Link bot für die Nimburger Mühle inoffiziell die stattliche Summe von 6000 fl.[84].

Mit den Mahlmühlen waren meistens auch Stampfmühlen, Pleulen für die Hanfbearbeitung und Ölmühlen zur Gewinnung von Öl aus Hanfsamen verbunden. Hanfpleulen in Gemeindebesitz wie in Teningen stellten, wie wir sahen, einen nicht unwesentlichen Einkommensfaktor in der Gemeinderechnung dar und wurden an Interessenten verpachtet. Außerdem gab es die Lochstampfen der Gerber und die Schleifmühlen zur Metallbearbeitung in privatem Besitz. Manche bestanden schon früh, gingen dann zugrunde und wurden im Lauf des 18. Jahrhunderts neu gebaut. Alle diese Maschinen profitierten von der durch Elz und Glotter gelieferten Wasserkraft. Allerdings stieß die Ausnutzung dieser begehrten vorindustriellen Energiequelle, der wichtigsten vor Einführung der Dampfmaschine, im 18. Jahrhundert an natürliche Grenzen, wodurch die Zahl der Nutzer auch hier einen bestimmten Stand nicht überschreiten konnte.

Die Domäne und die geistliche Verwaltung in Obernimburg

Eine bedeutende Stellung im wirtschaftlichen Leben Nimburgs hatte die herrschaftliche Domäne in Obernimburg, deren Güter einen erheblichen Teil des Nimburger Bannes ausmachten und mit der darüber hinaus zentrale Aufgaben für die Markgrafschaft Hochberg verknüpft waren.

Das bereits seit 1545 verlassene Antoniterkloster in Nimburg sollte nach der Aufhebung im Jahre 1556 eine Verwendung als Spital erhalten, doch ist es unwahrscheinlich, daß dies tatsächlich der Fall war, wie wir sahen[85]. Der grundherrliche Besitz in Nimburg, bestehend aus den von den Grafen von Tübingen erworbenen Besitzungen und den Gütern des Antoniterklosters, wurde nach 1556 wie das Pfründvermögen der übrigen Pfarreien und Kaplaneien der Hochberger Gemeinden der neugeschaffenen *Geistlichen Verwaltung* inkorporiert, die zu einem nicht bekannten Zeitpunkt wahrscheinlich erst nach dem Dreißigjährigen Krieg, ihren Sitz in den Klostergebäuden erhielt. Wie wir aus zwei bildlichen Darstellungen, einer sog. Landtafel von 1589 und einem von Schmauß gezeichneten Gemarkungsplan ersehen können, waren die zum Kloster gehörenden Gebäude ziemlich weitläufig[86]. Sie gruppierten sich um zwei Höfe, den Schaffneihof und den Meiereihof, wie sie in Quellen des 18. Jahrhunderts genannt werden. Hierin kommen die unterschiedlichen Funktionen zum Ausdruck. In die Schaffnei oder geistliche Verwaltung wurden die Getreide- und Weingefälle, aus denen die Geistlichen der Diözese Hochberg ihre Besoldung erhielten und die Kirchen unterhalten wurden, eingezogen. Der geistliche Verwalter oder Schaffner war einer der höheren Hochberger Amtsleute und wohnte spätestens seit dem Ende des 17. Jahrhunderts in Obernimburg. Frühere Amtsträger mochten auch in Teningen gewohnt haben. Im Berain des Jahres 1658 finden wir ein Haus des geistlichen Verwalters Johann Christian Ginheimer in Teningen erwähnt. Dem Schaffner unterstellt waren verschiedene Knechte (Zehnt-, Kasten-, Mattenknecht, manchmal in einer Person), die außer freier Wohnung und Naturalien eine bescheidene Besoldung in Geld (1715: 16 fl.) erhielten. Der Schaffner hatte seine Wohnung über dem ausgedehnten Weinkeller, zu dem am 28. September 1716 der Grundstein gelegt wurde, dessen Maße mit 255 Schuh Länge, 42 Schuh Breite und 18 Schuh Höhe angegeben wird und über dessen Kreuzgewölbe sich auch der Fruchtspeicher erhob. 1721 waren die Baumaßnahmen, die die stolze Summe von 10163 fl. verschlungen hatten, abgeschlossen. Der Keller sollte 5500 Saum Wein fassen. 1720 wurde zusätzlich eine Branntweinbrennerei gebaut. Daß es sich bei den geistlichen Verwaltern um Vertreter der Elite der Hochberger Beamten handelte, wird an dem Nachlaßverzeichnis des Elias Kramer deutlich, der 1791 starb und seiner

Landtafel von 1589 (GLA H/Eichstetten 2)

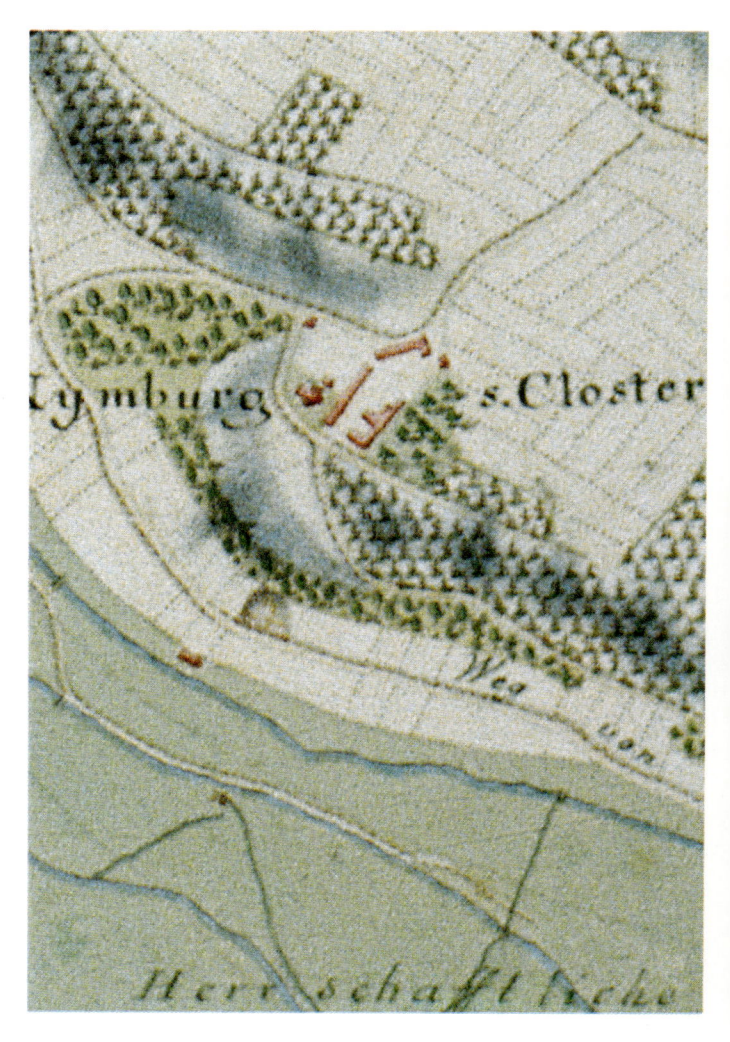

Ausschnitt aus der Landtafel von 1589   *Ausschnitt aus dem Gemarkungsplan Nimburg von 1764-1767*

Witwe, einer geborenen Eisenlohr, und den 5 Kindern außer 6117 fl. verliehenen Geldes neben Silberwaren und Kleinodien, Gemälden, Kleidern, Waffen, einem reichen Hausrat und einer guten Bibliothek auch 5 Kühe, 4 Schweine, 4 Hühner, 6 Tauben, 40 Saum Wein (= 666 fl.), Kirschwasser, Getreide, Heu, Hanf usw. hinterließ. Unter den Gemälden befand sich auch ein Porträt des Verwalters Kramer selbst, das vom Hofmaler Kißling in Durlach gemalt war.

Sehr viel bescheidener stellt sich uns der Klostermaier dar, an den der Nimburger Klosterbesitz (mit Ausnahme der Reben und Matten) verpachtet war und der dem Schaffner unterstand. Der Maier erhielt den Klosterhof für jeweils sechs Jahre und hatte mit seiner Familie freie Wohnung im Kloster, mußte aber für den baulichen Erhalt der Gebäude sorgen. Das Oberamt war bei jeder Pachterneuerung möglichst an einer Steigerung der Summe interessiert und es fand sich schließlich niemand mehr, der den Gutsbetrieb zu diesen Bedingungen führen wollte. Seit 1734 wurde die Maierei schließlich dem aus der Schweiz zugewanderten Wiedertäufer Christian König zu einem jährlichen Bestandszins von 370 fl. Reichswährung überlassen, in dessen Familie das Kameralgut bis Ende des Jahrhunderts blieb. Eingewanderte Wiedertäufer, die kein Bürgerrecht erwerben und jederzeit weggeschickt werden konnten, waren als sparsame und gute Wirtschafter bekannt und betrieben mehrere herrschaftliche Besitzungen in der Markgrafschaft Hochberg. Der Maierhof zu Hochberg wurde 1740 von Christian Rupp, einem Schwager des Obernimburger Maiers, bewirtschaftet. 1739 bat Christian König wegen Hagelschadens um einen Nachlaß des Zinses, der ihm auch gewährt wurde. Die Pacht wurde für dieses Jahr auf 70 fl. reduziert. Doch im nächsten Jahr wurde die Maierei wieder öffentlich ausgeschrieben mit dem Ziel, *solche alsdann so hoch wie möglich in den Bestandzins zu treiben*. Eine Steigerung der Pachtsumme auf 455 fl. gelang den Amtsleuten 1746, und nochmals 1776 auf 470 fl. Gleichzeitig war es ihnen aber ein Rätsel, wie der Pächter bei einem Ertrag von 970 fl. die Pachtzinsen aufbringen konnte, ohne sich zu ruinieren. In der Maierei lebten damals 10 Personen, außer den Familienangehörigen waren ein Knecht und eine Magd beschäftigt. Der Knechtlohn betrug 40 fl. jährlich, der Magdlohn 20 fl. Die zur Maierei gehörenden Güter umfaßten 1790 rund 39 Juch Acker, 25 Juch Matten und 3 Mannshauet Reben, außerdem wurden 19 Rinder, 6 Schweine und 6 Pferde unterhalten. Der zur Schaffnei gehörende Rebknecht bewirtschaftete 10 Juch Reben, der Mattenknecht 322 Juch Matten, vor allem den sog. See und das daran anschließende Moos. Die eigentlichen Arbeiten wurden jedoch von den umliegenden Gemeinden in Fronarbeit oder von Taglöhnern geleistet. Aus der Nimburger Gemeinderechnung ist zu ersehen, daß die Fronpflicht per Umlage in Geld abgeleistet wurde, womit der Schaffner dann eigens angestellte Rebleute bezahlte. Es ist deutlich geworden, daß die von der Schaffnei und dem Maierhof in Obernimburg bewirtschafteten Flächen einen Großteil des Nimburger Bannes einnahmen, was mit ein Grund für die Armut der Gemeinde war. Eine Besserung trat schließlich nach 1785 ein, als auf Anregung des Kammerrates Enderlin in Bötzingen die Matten unterhalb des Klosters in der Ebene trockengelegt und an die Untertanen verpachtet wurden.

Unsere Gemeinden in der Ära Markgraf Karl Friedrichs

Im Jahre 1760 besuchte eine markgräfliche Kommission die einzelnen Orte im Oberamt Hochberg, machte sich ein genaues Bild von den wirtschaftlichen und sozialen Bedingungen und stellte Vorschläge zusammen, was eventuell zu verbessern wäre[87]. Aus dem umfangreichen Protokoll wollen wir abschließend die Nachrichten über Nimburg, Teningen und Köndringen vorstellen und auswerten.

Für Nimburg und Bottingen zusammen wurde die Banngröße in diesem Jahr mit 1473 Juch angegeben, wovon allerdings 410 Juch auf das herrschaftliche Meiereigut in Obernimburg entfielen. Der Bericht vermerkt, daß die Gemeinde an Ackerland, Matten und Weinbergen Mangel habe. Die Ödflächen der zweiten Hälfte des 17. Jahrhunderts waren inzwischen wieder kultiviert. Der Teninger Bann umfaßte rund 1200 Juch (ohne die Waldungen der Teninger Allmend), der Köndringer Bann 1100 Juch. Das Ackerfeld im Nimburger Bann wurde von den Beamten als gut bezeichnet. Es konnte mit zwei bis

drei Stück Vieh vor dem Pflug bebaut werden. Die Teninger Äcker waren nach Feststellung des Berichtes sehr gut und folglich auch leicht mit 2 Stück Vieh zu bearbeiten. Im Köndringer Bann bestand ein Qualitätsunterschied zwischen der Hälfte, die in der Ebene lag, und dem übrigen, nicht so ertragreichen Teil. Typisch für alle drei Orte war in dieser Zeit, daß das Ackerfeld jährlich in einer Zelge bebaut und nichts brach liegen gelassen wurde. Dies hing mit dem Hanfanbau zusammen. *Weil diese Leute sich viel auf den Hanfbau legen, bringen sie die wenigsten Jahre so viel Frucht als sie brauchen,* d.h. Getreide mußte dann in der Regel dazu gekauft werden.
Die Weinberge in Nimburg galten nach den zeitgenössischen Begriffen als mittelmäßig gut. In Teningen gab es keinen Weinbau, doch hatten etliche Bürger meist ganz kleine Parzellen im Köndringer und Nimburger Bann. Die Köndringer Weinberge wurden als *mittelmäßig und nicht der Rede wert* eingestuft, die Landecker dagegen als gut. Durch die Einführung besserer Rebsorten brachte der Köndringer Pfarrer Sander dem Köndringer Wein eine beachtliche Qualitätssteigerung in den folgenden Jahren. Ein Lob auf den Köndringer Rotwein veröffentlichte dann im Jahr 1779 sein Sohn Heinrich Sander. In der Schrift *Vom rothen Wein in Teutschland* schreibt er, Wein aus seinem Heimatort, aber auch aus anderen Gemeinden des Hochberger Landes werde ins Ausland verkauft, unter anderem nach Paris, Amsterdam und Petersburg. Doch zurück zu dem Bericht von 1760. An Matten für die Viehfütterung bestand in Nimburg Mangel. Hinzu kam dort die Beeinträchtigung durch die Überschwemmungen der Glotter, während in Köndringen das Wasser zur Mattenwässerung aus dem Mühlbach abgeleitet werden mußte, was dann zu Problemen mit den Müllern führte.

Typisch war für alle drei Gemeinden in dieser Zeit die sich abzeichnende Verknappung des Holzvorrates aus den Allmendwaldungen. Teningen mußte Holz bereits von auswärts kaufen. Die Köndringer Bürger hatten das Recht, je 1 Klafter Holz und 100 Wellen aus dem Vierdörferwald zu holen, doch wurde auch hier eine Grenze erreicht.

Daß die Einwohner der hochbergischen Gemeinden meistens arm waren (man muß hier allerdings sehr differenzieren, wie wir gleich sehen werden), lag nach dem Urteil der visitierenden Beamten an einem Bündel von Ursachen, deren erste in einer Überbevölkerung im Verhältnis zum verfügbaren Land zu suchen war. Ein Dorn im Auge der Herrschaft mußten immer auch die *auswärtigen Zinsherren* sein, denen Abgaben zuflossen, die dem Land verloren gingen. Mit an erster Stelle für die wirtschaftliche Rückständigkeit der Gegend wird 1760 interessanterweise *der Ruin der Vestungen,* d.h. die Zerstörung der Hochburg (1689) genannt, durch die früher *Millionen Geld ins Land kamen.* Jetzt werde dagegen alles aus dem Land geführt, auch die hochfürstlichen Gefälle gingen alle nach Karlsruhe, und der Landmann könne seine Kleinigkeiten nicht an den Mann bringen. Überhaupt liege aller Handel darnieder. Außer dem Hanf- und dem Weinhandel sei kein *commercium* anzutreffen. Der Bauer habe keine Beschäftigung, außer der Feldarbeit, niemand sei da, der ihn mit Verlagsarbeiten versorge. Auch die Handwerker trieben meist Feldbau, zum Nachteil ihres Handwerks. Es gebe keine rechten Jahr- und Wochenmärkte, deswegen bringe der Bauer seine Erzeugnisse auf fremde Märkte und kaufe dort ein. Alle zwei Stunden im Umkreis gebe es österreichische Städtlein, die alle die Wochenmarktsgerechtigkeit hätten. Außerdem dürfe der Bauer dort spielen, saufen und ludern wie er will, ohne Strafe fürchten zu müssen. Nach dem Dreschen und Holzmachen gingen die männlichen Bauern den Winter über müßig. Als nachahmenswertes Beispiel wird auf die Schwaben verwiesen, die diese Zeit einträglich mit Spinnen und Stricken nützten.
Konkrete Verbesserungsvorschläge der markgräflichen Beamten für unsere drei Gemeinden zielten auf den Verkauf des *sehr unnützen großen Nimburger Gutes samt der ganz unnützen großen Weide und einen großen Teil der Nimburger Herrschaftsmatte,* aus denen der Markgraf bloß 455 fl., etwas Dung und einige kleine Fuhrfronen erhalte. Für Köndringen sah man eine Chance in der Einrichtung einer Tuchmanufaktur. Die Teninger Gemeinde stand nach Einschätzung der Beamten am besten da, sie hatte solide Einkünfte und war schuldenfrei.

Gemarkungsplan der badischen Markgrafschaften - Nimburg, 1764-1767 (GLA H/Nimburg 2)

Nach dieser Klassifizierung der Gegebenheiten für die Landwirtschaft geht der Bericht auf den Bevölkerungsstand und die Vermögensverhältnisse nach einem sehr allgemeinen Schema (reich, mittelmäßig, arm) ein:

	Nimburg	Teningen	Köndringen
Bürger	136	156	136
Hintersassen	6	8	2
"reich"	5	12	12*
"mittelmäßig"	46	90	64
"arm"	83	50	11**
Hausarme	8	12	6
Lumpen u. Übelhäuser	4	6	

* davon 4 in Landeck
** alle in Landeck

Zwischen die Vollbauern und die Armen schob sich die Schicht der Landhandwerker, denen der Grundbesitz alleine keine Lebensgrundlage mehr bot. 1760 waren in unseren Dörfern folgende Handwerker ansässig:[88]

	Nimburg	Teningen	Köndringen
Ziegler	1	-	-
Müller	1	-	-
Schmied	1	3	2
Krumholzer	3	-	-
Metzger	3	9	5
Bäcker	3	4	3
Küfer	4	4	5
Schuhmacher	8	7	4
Schneider	4	3	5
Zimmerleute	5	1	1
Maurer	12	2	2
Schreiner	1	3	1
Gerber	-	5	-
Glaser	-	2	1
Weber	-	9	9
Dreher	-	1	-
Wagner	-	3	2
Hafner	-	2	-
Barbier	-	1	-
Seiler	-	1	-
Spengler	-	1	-
Krämer	-	2	-
Schildwirte = Wirtshäuser	6 schlecht beschaffen	9 mittelmäßig eingerichtet	5 schlecht eingerichtet und haben wenig Verkehr

Noch genaueren Aufschluß über die Verhältnisse in Teningen, der größten der vier Gemeinden, bietet uns ein aus dem Jahre 1770 datierender *Entwurff über den Bevölkerungs-, Nahrungs- und Vermögenszustand des Ortes Theningen*, eine minutiöse Statistik der sozialen und familiären Verhältnisse (Familienstand, Kinderzahl), der Besitzungen an Liegenschaften und Vieh und der Schulden jedes einzelnen der damals 243 Bürger, Bürgerinnen und Hintersassen[89]. Datenschutz war damals noch nicht geboren. Diese Bestandsaufnahme ist im Zusammenhang mit der Einführung der sog. Schlettwein'schen Reformen, jenem Testlauf der physiokratischen Wirtschaftstheorie zu sehen. Teningen war neben Bahlingen und Dietlingen bei Pforzheim eine der drei durlachischen Gemeinden, die dazu ausgesucht worden waren[90]. Die aus Frankreich übernommene Theorie der Physiokraten, der auch Markgraf Karl Friedrich anhing, hielt die landwirtschaftliche Arbeit im Gegensatz zur Tätigkeit von Fabrikanten und Zwischenhändlern für die einzig produktive Form der Arbeit. Die Reformen, auf die wir im Einzelnen nicht eingehen können, zielten also auf eine Steigerung der landwirtschaftlichen Produktivität ab, scheiterten jedoch schon nach wenigen Jahren und hinterließen den Teningern einen Berg Schulden, die allerdings dann von der Herrschaft übernommen wurden.

Die in unserer Statistik angegebene landwirtschaftliche Nutzfläche von 1328 Juchart verteilte sich auf 728 J. Ackerfläche und 600 J. Matten. Unter den 243 Bürgern können wir nur 15 ausmachen, deren Besitz an Äckern jeweils insgesamt größer

Gemarkungsplan der badischen Markgrafschaften - Teningen, 1764-1767 (GLA H/Teningen 1)

als 10 Juch war. Eine Betriebsgröße von 10 J. (= 4.8 ha) galt damals in unserer Gegend als mittel, ein Betrieb von 30 J. galt als Großbetrieb[91]. Die besagten 15 Bürger besaßen und bebauten zusammen 226 J. Ackerland (= 31 %) des ganzen Ackerfeldes. Ihre Namen sind uns in den Quellen schon oft begegnet. Wir kennen sie als Vögte, Stabhalter, Richter oder als Wirte, Metzger und Müller. In der Statistik des Jahres 1770 sind für Vogt Jacob Knoll 33 J. Äcker genannt. Ebenfalls 33 J. besaß die Witwe von Jacob Friedrich Reinhard, dem ehemaligen Vogt und Müller. Hinzu kam ein jeweils etwa ebenso großer Besitz an Matten. Wenn man sich erinnert, daß sich das an den Klostermeier in der Domäne Obernimburg verpachtete Land auf 39 J. Äcker und 25 J. Matten belief, wird man das Gewicht dieser Betriebe einschätzen können. Nach dem Tode der Witwe Knoll wurden an die Erben 1840 fl. Bargeld verteilt[92]. Zum Vergleich: die Jahresbesoldung des Oberamtmanns Schlosser in Emmendingen belief sich auf 2000 fl. Hinzu kamen noch 430 fl. Kredite an 9 Schuldner im Dorf, woraus ersichtlich wird, daß die wohlhabenden Bürger in dieser Zeit, in der es in unserem Bereich noch keine Sparkassen oder Banken gab, auch als Kreditgeber fungierten.

Die übrigen 197 Einwohner besaßen in ihrer Mehrheit nur 2 bis 3 Juchart Acker, meist jedoch weniger als 1 Juchart (plus etwa die gleiche Fläche Matten). Wir haben es also vorwiegend mit Kleinstbauernstellen zu tun, deren Besitz überdies extrem zersplittert war. An Nutztieren gab es 1770 in der Gemeinde 59 Pferde, 188 Ochsen, 216 Kühe, die einerseits als Zugtiere und als Düngerproduzenten unentbehrlich waren, andererseits aber auch ernährt werden mußten. Hinzu kamen 256 Schweine. Angesichts dieser Zahl wird die Bedeutung des Hirtenamtes, das die Gemeinde jährlich vergab, und des Eckerichts, also des Weidens der Schweine im Eichenwald, verständlich. Sehen wir von der kleinen Gruppe der Großbauern ab, so stellen wir fest, daß die meisten anderen Bürger von allem etwas, mehr oder weniger, betrieben. Ein Handwerk, etwas Landwirtschaft, Reben, Hanfbau. Diejenigen, die am wenigsten besaßen, verdingten sich als Taglöhner. Wir wundern uns auch nicht zu erfahren, daß fast jeder Einwohner mindestens eine der 300 Hanfrözenstöße besaß, manchmal auch mehr, bis zu 7 (Vogt Knoll).

99 Teninger besaßen Reben in auswärtigen, benachbarten Gemarkungen, in der Regel weniger als 1 Mannshauet. Die größte Fläche ist 2 Mannshauet (wiederum Vogt Knoll). Jacob Knoll ist auch einer der zwei Bürger, die über Waldbesitz verfügten. Mit 5 Juchart Wald rangierte er allerdings weit vor Valentin Hahn, dem Metzger (3 1/2 Mh.).

Eine vorrangige Rolle spielte für die überwiegende Zahl der damaligen Einwohner in Nimburg, Teningen und Köndringen allerdings bekanntlich der Hanf[93]. Dies ist nicht erst eine Erscheinung des 18. Jahrhunderts, sondern, wie wir sahen, bereits im Spätmittelalter und zu Beginn des 16. Jahrhunderts angelegt gewesen und begegnet uns in allen Quellen, die Aufschluß über die wirtschaftlichen Verhältnisse in unseren Gemeinden geben. 1774 betrug die Hanfanbaufläche in Teningen 157 J. (= 25 %) der Ackerfläche. In Köndringen, Mundingen, Malterdingen, Nimburg, Bötzingen und Weisweil lag der Anteil bei 5 - 15 %. Die kleinen Parzellen ernährten ihre Leute jedoch nicht. In Teningen und Köndringen verlegten sich viele deshalb auf die Aufbereitung des Hanfs, der von umliegenden Orten gekauft, aufbereitet und dann weiter vermarktet wurde. Im August 1770 kam es zu einem bezeichnenden Streit, der den zeittypischen sozialen Druck durch die im Zusammenhang mit der Bevölkerungszunahme wachsende unterbäuerliche Schicht und die Verteidigungshaltung der dünnen Besitzerschicht, die ja auch in den dörflichen Ämtern den Ton angab, deutlich werden läßt. Es wandten sich mehrere Teninger Bürger mit einer Klage direkt an die landesherrlichen Behörden in Karlsruhe, ihr Vogt Knoll habe beim Oberamt Emmendingen eine Verfügung erwirkt, daß die umliegenden Orte keinen Hanf mehr auf Kredit an Teninger abgeben dürften, sofern sie nicht eine Beglaubigung der Teninger Ortsvorgesetzten besäßen. Bisher sei es aber üblich gewesen, daß der Hanf auf Kredit mit einer Laufzeit von 1/4 Jahr oder länger, je nach Umständen, eingekauft, aufbereitet und wieder verkauft worden sei, wobei der Profit natürlich durch den Wiederverkauf entstand und damit der Kredit eingelöst wurde. Nun gebe es ohne Attest des Vogtes keinen Kredit mehr. Weil die Atteste

Gemarkungsplan der badischen Markgrafschaften - Köndringen, 1764-1767 (GLA H/Köndringen 1)

aber schwer zu bekommen seien, seien viele jetzt genötigt, den Hanf den Vorgesetzten, die den Hanf in großem Stil auswärts einkauften, abzukaufen.

Die Emmendinger Beamten von Gensau und Wild rechtfertigten ihre Verordnung, die alle Untertanen betreffen, vor allem aber die Teninger, Malterdinger und Köndringer. Den Anlaß hatten einige Zahlungsunfähige geboten und *durch dergleichen Lumppen (werde) der Hanf verteuert und der Credit verderbt.* Hinter dem Aufruf, ein Exempel zu statuieren, denn die Leute wollten sich ihren Vorgesetzten nicht fügen und vermehrten die Unruhe in den Gemeinden wird spürbar, welcher Unmut allenthalben schwelte. Die Mißernten der Jahre vor 1770 hatten offenbar eine Rolle bei diesem Übergriff der Besitzenden gespielt. *Fast jeder mußte in den teuren Jahren Schulden machen,* aber jeder hätte sich jetzt helfen und seine Schulden bezahlen können, wenn sie nicht *verrufen* worden wären, bemerkte einer der Beschwerdeführer, der auf die landesväterliche Hilfe baute. Er sollte in diesem Fall Recht haben, denn es erging ein Bescheid zur Aufhebung der besagten Anordnung und zur Wiederherstellung des freien Hanfhandels. Um die gleiche Zeit war noch eine weitere Beschwerde der Teninger gegen ihre Vorgesetzten anhängig, die erklärt, warum sie sich direkt nach Karlsruhe gewandt hatten. Jerg Groß und Christian Junghenny waren am 27.8.1770 als *Deputierte der Gemeinde* vorstellig geworden und beklagten, daß die Dorfvorgesetzten so nahe miteinander verwandt seien, daß in ihre Beratschlagungen und Entschließungen gar kein Vertrauen zu setzen sei. Alle Vorgesetzten und Mitglieder des Gerichts stünden *in der genauesten Bluts- Freund- und Schwägerschaft untereinander* und hielten so zusammen, daß nicht leicht einer dem anderen in Gemeindeangelegenheiten widersprechen werde. So könne die Obrigkeit auch nicht wissen, ob die Anträge der Gemeinde (einen davon haben wir eben kennengelernt) wirklich zum Besten der Gemeinde seien. Dies wird mit einem weiteren Beispiel untermauert. Die Dorfvorgesetzten hätten gegen den Protest der ganzen Gemeinde beim Oberamt Emmendingen erwirkt, daß 400 Juchart aus dem Teninger Allmendwald verpachtet, und 200 Juchart davon in Matten und Äcker verwandelt werden sollten. Die landwirtschaftlich nutzbare Fläche wäre dabei natürlich vergrößert worden, doch bei der Verpachtung wären wieder die Vermögenderen zum Zug gekommen.

Das Oberamt kam nicht umhin zu bestätigen, daß die Verhältnisse in Teningen im Widerspruch zum Landrecht standen, machte aber geltend, daß es eben die tauglichsten Männer seien, und daß man in Teningen wenige finde, die nicht miteinander verwandt seien, weil wenige hinzu- oder wegzögen. Vor allem aber wurden die Beschwerdeführer als Querulanten, die kein Recht hätten, als Deputierte der Gemeinde aufzutreten, denunziert. Karlsruhe schloß sich der Einschätzung seiner Emmendinger Beamten an. Im Interesse der Aufrechterhaltung der *Subordination* wurden die Beschwerden abgewiesen.

In der Visitation des Jahres 1760 waren die Teninger von den markgräflichen Beamten als *hochmütig, ehrgeizig und unruhig* und als Leute, die nicht ungern Prozesse führten bezeichnet worden. Der damalige Eindruck, daß die Aufmüpfigkeit zurückgehe, war indessen trügerisch gewesen.

Die Hanferzeugung und -verarbeitung, die in dem Beitrag von N. Ohler in diesem Buch ausführlicher beschrieben wird, stand auch sonst im Interesse der Obrigkeit. 1775 erließ Schlosser eine *Instruction für die Hanfschauer und Wieger in Teningen*[94], mit deren Hilfe eine strenge und möglichst lückenlose Qualitätskontrolle gewährleistet sein sollte. Das Oberamt übernahm gewissermaßen für die Käufer eine Art Garantie für den Teninger Qualitätshanf, dessen Ruf durch Zukauf von Hanf aus anderen Gemeinden, der ja in großem Stil stattfand, gefährdet war.

Zur Verringerung der Feuergefahr beim Hanf- und Flachsdörren schlug das Oberamt 1767 vor, Dörrhäuser außerhalb der Orte, besonders Teningen, Malterdingen und Köndringen zu errichten. Das erwies sich aber als undurchführbar in einem Ort wie Teningen, wo sich *täglich mehr als 200 Familien* mit dieser Arbeit beschäftigten, zumal sie bei der Praxis, den Hanf in den Wohnstuben in Bündeln um den Ofen herum aufzustellen und den Ofen mit dem Hanfabfall zu heizen, Brennmaterial sparten[95].

Der Großteil des Hanfes aus unseren Dörfern wurde auf dem Markt in Malterdingen oder in Lahr verkauft. Doch wurde ein Teil der Ernte auch in den Gemeinden selbst verkauft. In Teningen gibt das Waagregister, das ein Bestandteil der Gemeinderechnung ist, Aufschluß über diese Verkäufe[96]. Zwischen Georgi (7. Mai) 1779 und Georgi 1780 kamen Hanfhändler (in der Reihenfolge der Häufigkeit der Namensnennungen im Waagregister aufgeführt) aus folgenden Orten nach Teningen:

Löhningen:	25	Waldkirch:	1
Furtwangen:	24	Breitnau:	1
Vöhrenbach:	20	Beringen:	1
Lenzkirch:	7	Ühlingen:	1
Emmendingen:	6	Sexau:	1
Sieblingen (CH):	6	Entlebuch (CH):	1
Ehrischweiler:	5	Biederbach:	1
Simonswald:	3	Innerkirch:	1
Luzern (CH):	3	Neustadt:	1
Prechtal:	3	Hallau:	1
Zürich (CH):	3	Norsingen:	1
Neuenburg (CH):	2	Stühlingen:	1
Lahr:	2	Glashütten:	1
Malterdingen:	2	Rottweil:	1
Bleibach:	1	von Sachsen:	1
Witzhalden:	1	aus dem Allgäu:	1
Tuttlingen:	1		

Schwerpunktmäßig liegen diese Orte, von denen in der näheren Umgebung abgesehen, in südöstlicher Richtung auf dem Schwarzwald, am Hochrhein (Löhningen liegt unweit von Waldshut, ebenso Witzhalden und Stühlingen, Ühlingen-Birkendorf), in der Gegend von Schaffhausen (Beringen, Hallau) und bis nach Zürich und Luzern.

Die Namen der Stammkunden sind folgende:
Aus Löhningen: Nikom (13 Käufe), Sterle (9), Ferderer (1), Miller (1)
Aus Furtwangen: Elwing (17), Grißhaber (3), Fehrenbach (3), Kleiser (2), Schertzinger (2)
Aus Vöhrenbach: Kus (13), Schilling (4), Heitzmann (2), Zugschwerdt (1).

Die vier häufigsten Käufer, nämlich Elwing, Nikom, Kus und Sterle, tätigten mit ihren 52 Käufen bereits 22,6 % des in diesem Jahr über die Gemeindewaage abgewickelten Verkaufs von 672 Zentnern und 38 Pfund. Die Gemeinde nahm dafür 54 fl. Gebühren ein. Verkauft wurde vor allem in den Wintermonaten. Die Anzahl der Käufer verteilte sich 1779 folgendermaßen übers Jahr: Mai: 6, Juni: 10, Juli: 4, August: 4, September: 5, Oktober: 12, November: 19, Dezember: 19, Januar: 16, Februar: 22, März: 14, April: 7.

Kirche und Schule

Die Pfarrstellen[97] im Oberamt Hochberg waren auch im 18. Jahrhundert noch sehr unterschiedlich dotiert. **Nimburg** war außer Bischoffingen und Keppenbach die ärmste Pfarrei in der ganzen Diözese Hochberg, weswegen dort auch der häufigste Pfarrerwechsel zu beobachten war. Nimburg hatte im 18. Jahrhundert nach Ausweis des Pfarrerbuches von Neu 15 Pfarrer, Teningen 7, Köndringen dagegen nur 5. 1749 klagte Pfarrer Closius in Nimburg, er wisse in seinem Haus fast nicht mehr vor Regen und Schnee zu bleiben. Schon in einer Visitation von 1717 war diese Klage erhoben worden. Erschwerend bei seinem geringen Gehalt kam für den Nimburger Pfarrer bekanntlich hinzu, daß er die Filiale **Bottingen** mit zu versehen hatte, und daß die Nimburger Pfarrkirche 1/2 Stunde vom Dorf entfernt liegt.

Teningen galt hinsichtlich der Einkünfte des Pfarrers als *mittelmäßig* (Besoldung in Geld jährlich 273 fl.). Viel besser als in Nimburg untergebracht war die Pfarrersfamilie aber auch nicht, bis 1768 ein neues Pfarrhaus gebaut wurde. 1717 war festgehalten worden, *es droht alle Stunde den Einfall*. **Köndringen** mit der Filiale **Landeck** jedoch war die reichste Pfarrei in der Diözese und wohl auch deshalb, nicht nur wegen der zentralen Lage, Sitz des Superintendenten der Diözese Hochberg[98]. Das stattliche 1752 erbaute Pfarrhaus zeugt von dieser Vorrangstellung.

Wiederum geben uns die Visitationsprotokolle manchen Einblick in die konkreten Lebensumstände und Aufgaben der in der Regel von auswärts kommenden Pfarrer, ihren Studiengang und die Besonderheiten der Amtsführung. Der 1717 in **Nimburg** amtierende, aus Lahr gebürtige Pfarrer Vulpius war 28 Jahre alt, hatte Gymnasium und Universität in Straßburg besucht und war ein gelehrter, eifriger Mann, doch bestanden seitens der Visitatoren leise Zweifel an seiner dogmatischen Zuverlässigkeit. Die Visitatoren fanden, *daß er heimlich und verborgen etwas vom Pietismo habe*, was für einen orthodoxen Lutheraner damals fast schlimmer noch als die offene Ketzerei des Calvinismus oder des Wiedertäufertums erschien. Vulpius predigte nach dem Urteil der Visitatoren erbaulich. Mit Verwunderung wurde vermerkt, daß die Predigt *nicht geredet, sondern eigentlich gesungen* sei. Bei guter Absicht sei der Pfarrer ungemein obstinat und habe nicht die Gabe, Liebe zu gewinnen, weswegen ihm der größte Teil der Gemeinde sehr abhold sei.

Sein Amtsbruder Luca in **Teningen** war nach dem Studium, ebenfalls in Straßburg, zunächst Lehrer der Kinder des Frh. von Dungern gewesen, dann nach einem Vikariat in Denzlingen 1710 Pfarrer in Teningen geworden. Von ihm heißt es, er habe sich vor allem auf die praktische Seelsorge verlegt, predige eifrig und deutlich, habe zwar die neue sächsische Methode nicht erlernt, sei aber bei seiner geistlichen Einfalt erbaulich. Außerdem habe er eine feine Bibliothek von seinem Vater geerbt. Einer seiner Nachfolger, der Pfarrer Gottfried Posselt, war 1721 in Durlach als Sohn des dortigen Stadtpfarrers geboren. Er hatte in Eisenach, Jena und Wittenberg studiert, wo die badischen Theologen des 18. Jahrhunderts gerne ihre Ausbildung suchten. Pfarrer Burkhard Deimling in **Köndringen** war ebenfalls ein Pfarrerssohn, stammte aus Pforzheim und hatte in Maulbronn, Bebenhausen und Tübingen studiert. 1715 trat er sein Amt in Köndringen an. Er hatte 8 Kinder, von denen ein Sohn in Stuttgart an der Hofapotheke ausgebildet wurde. Die Kinder waren alle *wohl gezogen*, wie das Protokoll vermerkt, und uns wieder einmal mehr vor Augen führt, wie selbstverständlich auch uns völlig privat erscheinende Dinge öffentlicher Kontrolle unterworfen waren. Pfarrer Deimling war bereit, gegen 1 Gulden oder eine Einladung zum Gastmahl Hochzeits- oder Leichenpredigten zu halten und konzipierte alle seine Predigten selbst. Er besaß eine gut bestückte Bibliothek, obwohl er zweimal, beim Durchzug Tallards und bei der Belagerung Freiburgs, ausgeplündert worden war.

In der Epoche des fürstlichen Absolutismus verwischten sich auch die Grenzen der an sich getrennten Sphären von Kirchenzucht und Staatsgewalt. Was der Landesherr als Summus episcopus in der Kirche anordnete, fiel unter den Begriff der *Policey* im damaligen Wortsinn, d.h. die Sorge für das öffentliche Wohl. So kam den Pfarrern von ihrem geistlichen Amt abgesehen eine wichtige Funktion bei der moralischen Disziplinierung der Untertanen zu, wobei sie mit den Ortsvorgesetzten und den Schulmeistern, über die sie die Aufsicht führten, zusammenzuarbeiten hatten. Auch die Hebammen und Almosenpfleger standen unter Aufsicht des Pfarrers. Alle drei bis vier Wochen sollten Sitzungen im Pfarrhaus mit den Ortsvorständen und den sog. Kirchenrügern stattfinden, auf denen Fragen der Kirchenzucht und der öffentlichen Moral zu behandeln waren. Ein Pfarrer konnte wohl auch das Klima in einem Ort prägen. In **Nimburg** z.B. scheint das bei dem Pfarrer Vulpius der Fall gewesen zu sein, doch darf man das Beharrungsvermögen der Bevölkerung nicht zu gering einschätzen. Sie bildete dann eine Mauer aus passivem Widerstand oder machte dem Pfarrer das Leben schwer. So heißt es 1749 in den Nimburger Visitationsakten, es gehe viel Übles im Dorfe vor, es seien zwar Kirchenrüger bestellt, aber von ihnen werde nichts angezeigt. Die Disziplinierungsversuche stießen hier also auf besagte Grenzen. Über den Gottesdienstbesuch der Gemeinde befragt, antwortete Pfarrer Posselt in **Teningen** 1749, es sei wie in allen Kirchen, doch klage er nicht sonderlich. Rügenswert war das Fischen, Mahlen und Backen der Teninger an den Sonntagen, vor und nach der Predigt, und die Tatsache, daß die **Köndringer** Müller während des Gottesdienstes mahlten. Befragt nach lasterhaften, bösen Ehen im Dorf, nach mißratenen Kindern und Streit unter Nachbarn erklärte Pfarrer Posselt, dies gebe es jetzt nicht mehr, seit er die Betreffenden in der Kirche öffentlich ermahnt hatte.

Auch am Anfang des 18. Jahrhunderts fanden sich noch vielfach Formen der Volksreligion und abergläubische Praktiken, nach Auskunft der Visitationsprotokolle vor allem in **Teningen**, beispielsweise wenn ein Vieh gelähmt war oder keine Milch gab. Man setzte Beschwörungsformeln ein, wenn am Neujahrstag zwei weibliche Personen aus dem gleichen Haus einander begegneten; auch hütete man sich davor, bei Neumond eine Hochzeit zu halten.

Ohne Zweifel kam auch den Formen des öffentlichen Lebens in der Kirche eine große Bedeutung zu, manifestierte sich doch bei diesen sonntäglichen Versammlungen die soziale Ordnung des Dorfes wie sonst nur bei wenigen anderen Anlässen. Die Ehrenplätze nahmen selbstverständlich die Dorfvorgesetzten ein. Die Gemeinde stellte sich nach dem Alter auf, dabei die Alten vorne. Sogenannte gefallene Mädchen mußten in den *Hurenstühlen* im Hintergrund der Kirche Platz nehmen. Unruhe in der Bevölkerung gegen diese Maßnahme kam erst auf, als der Pfarrer von Bahlingen die Praxis einführte, dorthin auch Ehefrauen zu verweisen, die nicht unberührt in die Ehe gegangen waren, was gelegentlich durch eine Geburt in mehr oder weniger kurzem Abstand nach der Hochzeit manifest wurde. 1754 gab der Kirchenrat in Karlsruhe dann die Anweisung, mit dieser *perpetuierlichen Beschimpfung* aufzuhören, denn die Kirche sei ein Bet-, und kein Strafhaus[99]. Viele der Feststellungen, die von Christiane Schmalfeldt in diesem Buch zum kulturellen Leben in den Gemeinden vor allem für das 19. Jahrhundert gemacht werden, haben ihre Vorläufer also durchaus schon im 17. und 18. Jahrhundert. Im übrigen bildeten die Pfarrhäuser, wie auch sonst in protestantischen Territorien üblich, kulturelle Kristallisationspunkte. In unseren Gemeinden sind in der zweiten Hälfte des 18. Jahrhunderts verschiedene Glieder der Familie Sander in Köndringen herausragend gewesen[100]. Den Kirchenrat Nikolaus Christian Sander besuchten Reisende, die von weit her kamen, um sich die Lehrweise in der Köndringer Schule erläutern zu lassen, ebenso wie seinen Gegenspieler, den Oberamtmann Schlosser in Emmendingen. Weitere Einzelheiten zur Familie Sander sind in dem Beitrag von Siegfried Peter nachzulesen. Von Herbst 1750 an lebte Gottlieb Konrad Pfeffel (1736-1809) für ein Jahr im Köndringer Pfarrhaus. Pfeffels Großvater war Pfarrer in Mundingen gewesen, die Familie war mit Pfarrer Nikolaus Christian Sander befreundet. Pfeffel, bekannter Fabeldichter und Pädagoge, gründete und leitete ab 1773 in Colmar eine Kadettenschule und war ab 1777 mit Schlosser, dem Schwager Goethes befreundet[101].

Am schlechten Zustand der Dorfschulen[102] hatte sich auch am Anfang des 18. Jh. noch nichts Wesentliches geändert. Die Schulmeister waren auf Nebenerwerb angewiesen und versahen in der Regel auch den Sigristendienst. Der jährliche Verdienst der Köndringer, Teninger und Nimburger Lehrer lag um 1717 bei ca. 80 fl. Es waren Männer, die alle einen Handwerksberuf erlernt hatten, z.B. Schneider, Schuster oder Strumpfstriker waren und denen im Alter verschiedentlich Söhne zur Hand gingen, die damit in den Schulmeisterberuf hineinwuchsen. So verhielt es sich etwa bei dem verwitweten Lehrer Daniel Baumann in **Nimburg**, Schneider von Profession, der aus Beinwil im Basler Gebiet stammte und 1717 74 Jahre alt war. Von seinen Kindern war ein Sohn Lehrer in Vörstetten, ein weiterer Schulmeister in Bahlingen und der dritte, noch ledige Sohn Adam assistierte dem Vater und hoffte auf die Nachfolge im Amt. Alle drei Söhne waren ebenfalls Schneider, der älteste sogar Zunftmeister. Auch dem 60jährigen **Teninger** Lehrer Wollin, aus Badenweiler gebürtig, half ein Sohn, der mit Frau und Kind im Schulhaus wohnte und sich Hoffnung auf die Anstellung in einer Schule machte. Daß ein Lehrer aus einem der Orte stammte, wie 1749 Matthias Heß aus Teningen, der kein Handwerk erlernt hatte und 100 fl. bezog, war die Ausnahme. Immer noch waren wegen den zurückliegenden Kriegszeiten auch die Schulhäuser in Nimburg und Teningen in schlechtem Zustand, lediglich das Köndringer wurde 1717 als ordentlich bezeichnet. Das *fast unbrauchbare* Nimburger Schulhaus stand also dem Pfarrhaus nicht nach. 1749 war es dann zwar *so ziemlich in Stand*, aber nun wurde es wegen des Bevölkerungswachstums zu eng, wenn alle Kinder zur Schule kamen. Nach wie vor fand jedoch praktisch nur winters, d.h. vom 20.10. bis 23.4. Schule statt, und auch hier mußte permanenter Druck auf die Eltern ausgeübt werden, die Kinder zu schicken. Für das Jahr 1717 wurde in allen drei Orten eine Schülerzahl von ca. 70, im Sommer von höchstens 20 angegeben.

Die Oberaufsicht über die Schule führte der Pfarrer. Nicht jeder mag sie so gewissenhaft wie der Pfarrer Vulpius besorgt haben, der den Lehrer täglich zweimal visitierte! Das Hauptgewicht des dürftigen Unterrichts, dessen mühsam erworbene Früchte die Kinder in den Sommermonaten wieder vergaßen, lag wie seit alters hergebracht bei der Einübung der Grundlagen des Katechismus und in Lese-, Schreib- und Singübungen. Die Fähigkeiten im Singen hatten auch bei der Beurteilung der Qualifikation des Lehrers einige Bedeutung. In Ermangelung von Orgeln in den Kirchen auch noch Anfang des 18. Jahrhunderts war das Singen nämlich für eine angemessene Gestaltung der Gottesdienste sehr wichtig. Oft war es aber damit bei den älteren Schulmeistern nicht mehr weit her. In der Visitation des Jahres 1717 hören wir vom **Köndringer** Lehrer Balzweiler, er sei treu und ehrlich, aber er singe falsch, sei des Rechnens unerfahren und vernachlässige das Lesen in der Schule. Beim **Teninger** Lehrer ließen Disziplin und Ordnung zu wünschen übrig, er sei ein starker Tabakraucher und wurde dafür getadelt, daß er manchmal den Unterricht einstelle und über Feld gehe.

Über rudimentäre Schreib- und Lesekenntnisse sind die Kinder nicht hinausgekommen. Stellvertretend für andere Belege verdeutlicht dies folgende Feststellung der Visitatoren aus dem Jahre 1749 in **Nimburg**: *Die jungen Leute sind zwar nicht gänzlich unwissend, doch lesen sie die Antworten nur her aus dem Kinderlehrbüchlein und wissen weder diese noch andere außer dem Büchlein vorkommende Fragen und Wahrheiten mit Sprüch zu beweisen*[103].

Eine neue Ära der Volksbildung setzte dann allerdings in der Regierungszeit Markgraf Karl Friedrichs ein[104]. Ab 1754 wurde die Volksbildung systematisch gefördert. Das schlug sich zunächst in verbesserter Lehrerausbildung nieder. 1768 wurde in Karlsruhe ein Lehrerseminar gegründet. Das Verbot der Nebenbeschäftigung für Lehrer, die Einführung einer Mindestbesoldung und Schulneubauten waren flankierende Maßnahmen neben der Erweiterung und Systematisierung der Lehrinhalte. Nun wurde auch der ganzjährige Schulbesuch durchzusetzen versucht. Gleichzeitig wurde die Schule in das Programm der Wirtschaftsreformen einbezogen. Neben der Hebung der Religiosität als Schulziel der ab 1756 eingeführten Sonntagsschule, die für alle bis zum 20. Lebensjahr verpflichtend war und in der neben der Exegese der Sonntagspredigt Übungen zur Erhaltung der Lese- und Schreibfähigkeit durchgeführt wurden, wurde nun auch eine Verbesserung der Erwerbsfähigkeit und Geschicklichkeit der Untertanen durch die sog. Industrieschule, auch ökonomische Schule oder Spinnschule genannt, die ab 1768 für alle Orte angeordnet wurde, angestrebt. Die Kinder sollten dort hauswirtschaftliche und landwirtschaftliche Kenntnisse erwerben. Wir haben diesen Unterricht bereits bei Gelegenheit der Gemeinderechnungen erwähnt. An den gegensätzlichen Konzeptionen dieser neuen Schulen entzündete sich ein Dauerkonflikt zwischen dem Kirchenrat Sander in Köndringen, der ja auch das gesamte Schulwesen im Oberamt beaufsichtigte, und dem markgräflichen Amtsrat Schlosser in Emmendingen. Hören wir zunächst Sanders Beschreibung des Unterrichts:

Die sog. ökonomischen Schulen werden 5 Monate, vom Nov. bis März inclus., am Donnerstag und Samstag nachmittag, von 12-2 Uhr gehalten. Die Kinder der 2 obersten Ordnungen werden dazu gezogen, und genießen den Unterricht meistenteils 5 Winter, oder 4 ganz unfehlbar. Die Knaben habe ihre eigenen Strick-Meister, wenn die Anzahl der Kinder nicht gar zu klein ist: und da Stricken kein Geschäft ist, welches einer freien LebensArt unanständig wäre, so wird dafür gesorgt, daß angehende SchulLerer oder SchulCandidaten, wenigstens größtenteils stricken lernen, um hernach Unterricht darinnen geben zu können, und Verdienst und Einkünfte zu vergrößern. Es wird Linnen-Garn und Wolle gestrickt mit 3 und mit 5 Nadeln; hauptsächlich werden Strümpfe, nächstdem aber auch Handschuhe, OberStrümpfe etc., gemacht. Die Mädchen werden zuerst zum Hanf- oder Flachsspinnen angeführt, hernach zum Stricken, und endlich zum Nähen, bis sie der Schule entlassen werden. Wenn ein Mädchen so fein spinnen kann, daß 2 Pf. Garn auf 8 Ellen Tuch gegen 1 1/2 Ellen breit laufen, wenn es solches auch schon vorher zu Haus gelernt hat: so wird es vom Spinnen frei gesprochen, und zum Stricken befördert. Kan es da mit Fertigkeit und Ordnung linnene und wollene Strümpfe stricken, so kömmt es zum Nähen: und dieses bringen sie so

weit, daß sie nicht nur ausbessern und flicken, Strümpfe doppeln, sondern auch WeiberKappen, HalsTücher, Schürzen, und ganze Hemder, machen können, und also zu tüchtigen Haus-Müttern, unter Anfürung weiblicher LerMeisterinnen, erzogen werden.[105]
Schlosser förderte dagegen einen Industrieunterricht anderen Typs, der mehr im Kontext der öffentlichen Armenpflege zu sehen ist und darauf hinaus lief, die Kinder zur Verlags- oder Manufakturarbeit auszubilden. Das Waisenhaus in Emmendingen stellte denn auch die Arbeitskräfte für die 1755 von dem Unternehmer Samuel Vogel mit amtlicher Unterstützung gegründeten Textilmanufaktur[106]. Vogel soll um 1785 500 Personen in Emmendingen und den umliegenden Ortschaften (z.B. in **Köndringen**) im Verlag beschäftigt haben, darunter 40 bis 50 Kinder. Diese protoindustrielle Perspektive mit ihrer Heranziehung der Kinderarbeitskraft hatte jedoch in der oberen Markgrafschaft keine Zukunft.

Die Zunahme der Schülerzahl, aber auch der als Belastung empfundene weite Schulweg führten 1765 zur Trennung der Bottinger von der Nimburger Schule und zur Einsetzung eines eigenen Lehrers in **Bottingen**[107]. Noch dringender vielleicht war dies in **Landeck** erforderlich, wo 1768 ein eigenes Schulhaus gebaut wurde, das bis 1966 in Benutzung war[108].

Obrigkeitliche Kontrolle

Neben der Kirche hatten die Wirtschaften einen wichtigen Platz in der Öffentlichkeit der Dörfer. Hier traf man sich zum Abschluß von Geschäften, zum Trinken und Spielen, wenn Hochzeiten, Taufen, Begräbnisse zu begehen waren, und allgemein zum Austausch von Neuigkeiten. Lag das Wirtshaus an einer Landstraße, was in Köndringen und auch in Teningen bei der *Krone* der Fall war, hatte man durch einkehrende Reisende den Finger sozusagen am Puls der Ereignisse draußen. Der Hanfhandel brachte Leute von weit her. Die Wirtschaften waren häufig Brennpunkte bei Unruhe und Agitation, das läßt sich gerade in Teningen vom Bauernkrieg bis in unser Jahrhundert verfolgen. Den Wirtschaften galt deshalb auch eine besondere Aufmerksamkeit der Obrigkeit. Die hochbergischen Hatschiere, berittene Gendarmen, waren in ihrer Dienstanweisung gehalten[109], die Wirtshäuser im Auge zu behalten und darauf zu achten, ob Fremde logierten, wie lange, aus welchen Gründen, und ob die Wirte sie dem Vogt per *Nachtzettel* gemeldet hätten. Weiter sollten sie sehen, ob im Winter um 9 Uhr, im Sommer um 10 Uhr abends Feierabend gemacht werde, ob um Geld oder Wein gespielt werde, was verboten war, und ob ohne Erlaubnis getanzt werde. Dabei hieß es aber einschränkend in milderem Ton, daß *nicht jedes gelegentliche Herumspringen* zu rügen sei, besonders wenn keine *Weibsleute* dabei seien. Auch das bloße Aufspielen ohne Tanz solle man nicht hindern, *indem man dem Untertan seine Freud und Lustbarkeit nicht zu entziehen gedenkt.* Wenn es zu *Schlaghändeln* käme, sollten die Hatschiere schlichten, oder die Kampfhähne *ohne weiters festmachen und einstecken.* Frauen in Wirtshäusern waren scheel angesehen, außer im Fall einer Reise, einer Hochzeit oder erlaubten Tanzens. Der Hatschier sollte sie andernfalls *heimbieten und beim Oberamt anzeigen.*

An Sonn- und Feiertagen mußten die Dorfwächter die Wirtshäuser kontrollieren. Charakteristisch für das spätere 18. Jahrhundert sind die Anweisungen, daß das Zechen bei öffentlichen Versteigerungen zu unterlassen sei, daß bei Hochzeiten nicht mehr als 24 Gäste geladen sein dürften, daß auch bei Kindstaufen kein Übermaß getrieben werden solle und daß das Trauermahl ganz abzuschaffen sei. Die bei der Bevölkerung höchst unbeliebten Reformen Kaiser Josephs II. fanden somit auch in Baden-Durlach ihre Entsprechung.

Alle möglichen Verbote wurden aufgebaut, um die Trunkenheit zu unterbinden. Trinker galten als *Übelhäuser*, d.h. Verschwender und wurden in Emmendingen in den Turm gesperrt. Erwähnt sei der Vorschlag des Nimburger Pfarrers Hüttenberger vom Frühjahr 1778, statt mit Turmstrafe, wodurch ja Weib und Kinder durch den Arbeitsausfall des Trinkers mitbestraft würden, den Unmäßigen auf Befinden des Pfarrers und des Vogtes mit einigen Stockschlägen vor dem Rathaus zu bestrafen. Das Exempel würde Eindruck machen und größere Scham und Vorsichtigkeit erwecken[110].

Da es im Oberamt Hochberg keinen Jahrmarkt gab, ergriffen die nichtsdestotrotz vergnügungswilligen Dorfbewohner jede Gelegenheit, in die vorderösterreichischen Nachbarorte zu gehen. Zeitweilig scheint es allerdings auf dem Domänenbetrieb in **Obernimburg** lustig hergegangen zu sein, und der Pastor Vulpius monierte 1717, daß in den Samstag- und Sonntagnächten oft ein *solch greulicher Tumult, Singen, Geheul und Johlen auf den Straßen* vorgehe, daß ehrliche Leute in tausend Sorgen gesetzt würden. Im Jahr 1765 erging die allgemeine Anordnung, daß nach dem Läuten der Feierabendglocke (wir können hieraus ersehen, wie stark der tägliche Lebensrythmus durch die Obrigkeit geprägt war und welche Funktion die Glocken auf den Rathäusern auch zu erfüllen hatten) die Leute sich nach Hause begeben sollten, besonders aber in **Köndringen**, wo wegen des sog. Durchspinnens die jungen Leute die ganze Nacht beisammen in Gesellschaft blieben. Das sollte bei Strafe abgestellt werden.

In der Wahl der Methoden, die Jugend zu disziplinieren, war das Zeitalter alles andere als zimperlich. Zur Verhütung der *Nachtschwärmereien* sollten die Hatschiere nach 9 Uhr abends öfters Kontrollen durchführen und junge Burschen, die sich *aus bloßem Mutwillen* auf der Gasse oder im Feld aufhielten, arretieren. Bei Lärm im Dorf sollten die Hatschiere jeweils sogleich in den Häusern, wo die einmal *verdächtig* gewordenen Burschen wohnten nachsehen, ob sie da seien oder nicht. Allerdings dürfte solche Beaufsichtigung angesichts der geringen Zahl von Hatschieren für das ganze Oberamt ziemlich theoretisch gewesen sein.

Erneute Kriegszeiten

Zum Abschluß bleibt nun noch das Schicksal unserer Gemeinden in den Kriegen im Gefolge der Französischen Revolution zu schildern, die wiederum fast ein Vierteljahrhundert dauerten. Aus dieser Umbruchzeit sollte der neue badische Staat mit reichen territorialen Gewinnen und einem 1806 zum Großherzog aufgestiegenen Herrscher dank seinem Bündnis mit Frankreich (ab 1797) als glänzender Gewinner hervorgehen. Doch wie in den früheren Kriegszeiten schon, standen auch nun wieder die Begleiterscheinungen der Kriege für das Leben in den Dörfern im Vordergrund[111], nämlich Kontibutionszahlungen, zunächst an den schwäbischen Kreis, dann, in der Zeit des Bündnisses mit dem napoleonischen Frankreich, an die französischen Kommissare; außerdem Abkommandierungen zu Schanzarbeiten, Einquartierungen von Freund und Feind, Armut, Bedrängnis durch entwurzelte, bettelnde oder stehlende, im Land umherziehende Menschen.

In jenen Jahren hat offenbar auch das Bestreben, der Drangsal durch Auswanderung zu entkommen, das, wie Wolfgang Weber in diesem Buch zeigt, schon ab der Mitte des Jahrhunderts deutlich ins Gewicht fällt, einen neuen Höhepunkt erreicht. Der folgende, am 13. März 1790 vom Oberamt Emmendingen erlassene Aufruf sollte von der Auswanderung abschrecken: *Durch die häufigen Gesuche um Erlaubnis, nach Serbien und in dortige Gegenden ziehen zu dürfen, hat sich die gnädige Herrschaft veranlaßt gesehen zu verordnen, daß den Untertanen dringendst vorgestellt werden sollte, wie diejenigen, welche die hiesigen Lande (verlassen wollen) und in den Gegenden bei den türkeischen Grenzen ihr reichliches Auskommen suchen wollen, allem Wahrschein nach ihren Untergang und Verderben finden werden, denn es ist ganz ungewiss, ob diese Leute von den Beherrschern jener Länder angenommen werden. Soviel (ist) aber richtig, daß dieselben, wenn sie in diesen eben nicht ergiebigsten Ländern ansässig werden können, in der beständigsten Furcht leben müssen, (von den) gegen die Christen immer grausamen Türken überfallen (zu) werden und nach der bisherigen Erfahrung von diesen grausamen Leuten, wenn sie ihre türkische Religion nicht annehmen wollen, werden gemartert und ihre Häuser verheert und verbrennt, sie selbst aber und ihre Weiber und Kinder ganz entblößt, verjagt oder gar zusammengehauen werden.*

Kommen sie aber mit heiler Haut davon, so dürfen sie nicht an ihr Vaterland mehr denken, und ihnen keine Gnade wird erteilt werden.

Nach der Bestimmung Gottes müssen Arme und Reiche untereinander leben und jeder mit seinem Los zufrieden sein, und werden gewiss in anderen Gegenden nicht reich werden.[112]

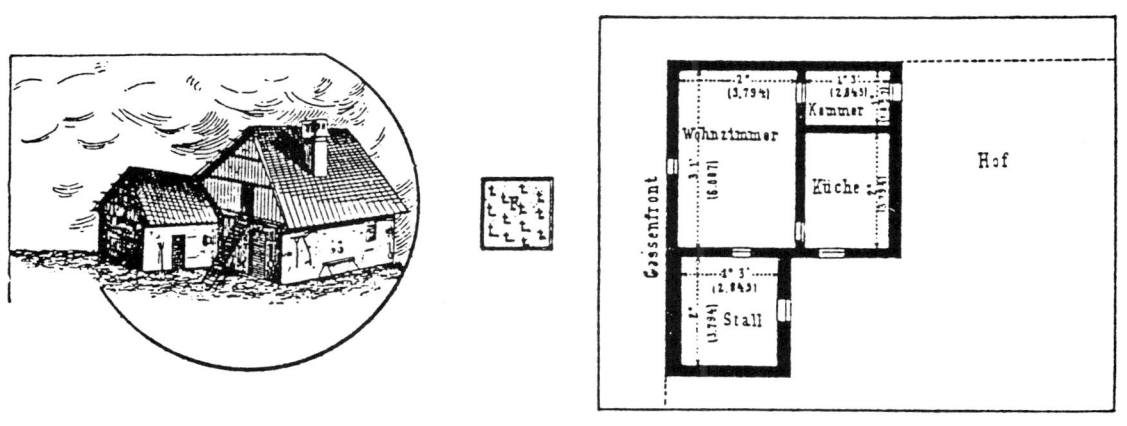

Grundriß eines im Jahre 1791/92 von der Regierung erbauten Hauses nebst Stall

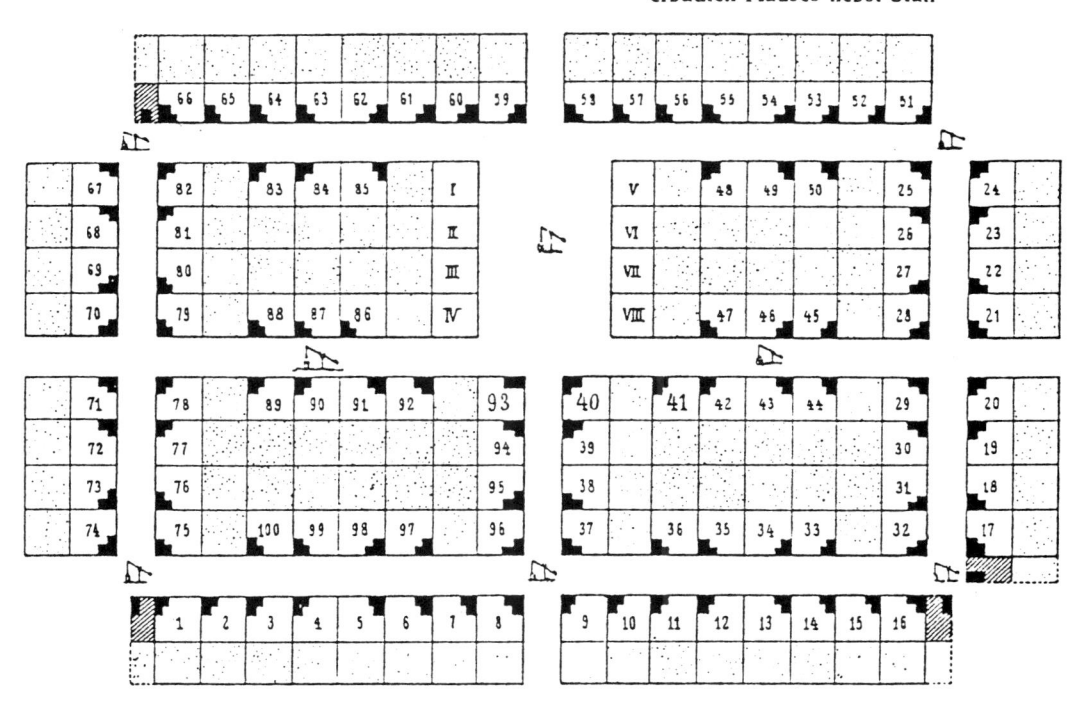

ERKLÄRUNG

1. Die mit den Haus-Nr. 1–100 bezeichneten Plätze und die darauf erbauten Häuser sind jene, die das hohe Arar gebaut hat, und mit 24 Joch Acker, 10 Joch Wiesen, 1 Joch Wald und 3 Joch Hutweide dotiert, an die Ansiedler übergeben wurden — 2. I, II, III und IV waren reserviert für Arar und Gemeinde. — 3. V, VI, VII und VIII waren leere Plätze und für ansiedelnde Handels- und Gewerbsleute bestimmt. — 4. Haus-Nr. 40, 41 und 93 sind bei der Ansiedlung ob Mangel an Kolonisten unbesetzt geblieben, und erhielten auf unbestimmte Zeit folgende Verwendung, und zwar: Haus-Nr. 40 als Stationswache, Haus-Nr. 41 als Schule, und Haus-Nr. 93 Ararial Wirtshaus — 5. Die mit »Querstriche« angelegten Plätze und Häuser sind während der Ansiedlung noch dazugekommen. — 6. F. Friedhof. — Brunnen vom Staat gebaut.

Plan der 1791 angelegten Siedlung Franzfeld im Banat. Hier wurden viele Auswanderer aus unseren Gemeinden angesiedelt.

Ab dem Sommer 1791, als sich Preußen und Österreich zum Schutz des Königs Ludwig XVI. über ein Eingreifen in Frankreich verständigten, war mit einem bewaffneten Konflikt zu rechnen gewesen, und Baden hatte mit der Sicherung der Rheingrenze durch reguläre Truppen und Landmiliz begonnen. Seit Ausbruch der Kämpfe im Frühjahr 1792 lag im Raum Emmendingen die französische Emigrantenarmee unter Condé.

Die politische und militärische Situation der kleinen Markgrafschaft war wegen der Grenzlage wiederum sehr gefährdet. Um einen gewissen Schutz zu gewährleisten, wurden die jungen Männer in den Dörfern zu den Exerzierübungen der Landmiliz eingezogen. Wer nicht ständig daran teilnahm, sollte *mit den angemessenen Leibes- und Turmstrafen* belegt werden.
Die Disziplin in den Dörfern ließ offenbar in kurzer Zeit bedenklich zu wünschen übrig, man hörte, daß *die Zuglosigkeit besonders mit Sauffen und Spielen von Tag zu Tag mehr zunehme*, was zum Teil daran lag, *daß die jungen Leute sich in den Kopf setzen, durch das exerzieren von aller bürgerlichen Ordnung ausgenommen zu sein.* Es wurden empfindliche Strafen ausgesprochen und die Obrigkeit, wohl nicht zuletzt aus Sorge vor einem Überspringen des revolutionären Funkens, appellierte *bei dermaligen trübseligen Zeiten sich den Gesetzen und guter Ordnung noch mehr zu fügen, da leidige Beispiele aus der Nachbarschafft den überzeugenden Beweis geben, in welche Verwirrung ein Staat durch Gesetzlosigkeit gestürzt (werde)*[113]. Es häuften sich 1793 die Nachrichten von herumstreifenden Banden, die die Gegend unsicher machten, weswegen das Oberamt zur Verstärkung der Nachtwachen aufrief. Im Laufe des Jahres 1793 kamen mehrere Mordtaten vor, ein Landkrämer und ein Uhrenhändler fielen im Teninger Allmendwald Raubmorden zum Opfer. Es ergingen Fahndungsaufrufe nach desertierten Soldaten. Ende 1793 wurde eine Amnestie für Deserteure der Truppen der schwäbischen Kreisarmee verkündet, die wirksam war, wenn sich die Deserteure freiwillig meldeten. Gleichzeitig wurde die Prämie für die Anzeige eines Deserteurs von 10 auf 20 fl., bei einem Kavalleristen mit Pferd von 15 auf 30 fl. verdoppelt. Die Bauern wurden aufgerufen, Deserteure in Bauernkleidern nicht zu verheimlichen. Zuweilen wurde dann eine *allgemeine Streiff* kurzfristig angesetzt, zu der auch die Dorfwächter herangezogen wurden. Der Bauer bestellte weiter sein Feld, konnte aber vor militärischen Störungen nie sicher sein. So während der Erntezeit im Sommer 1795: *Zu Ende dieser und zu Anfang der künftigen Woche wird sich eine beträchtliche Armee unter dem Commando des Herrn Grafen von Wurmser im Breisgau versammeln. Bei dieser starken Truppenvermehrung ist es begreiflich, daß mehrere Militärfrohnden vorkommen werden, als seit Ausbruch des Kriegs nötig waren. Es ist der Gemeinde bekannt zu machen, daß sie die Feldgeschäfte schleunig verrichten, damit die nötigen Frohnden mit minderer Hemmung des Landbaues verrichtet werden können*[114]. Es werde ein großes Heerlager bei Kenzingen entstehen und die Bauern waren aufgefordert, alle Arten von Eßwaren, aus den Weinorten auch Wein dorthin zu schaffen, *wofür sie gewiss einen ansehnlichen Preis erhalten werden*. Bei solchen Gelegenheiten konnte es also durchaus einmal sein, daß für die Bauern ein Gewinn absprang. Ansonsten aber saugten die Jahr für Jahr zu leistenden scharfen Kontributionszahlungen das Land aus. Um diese Zeit warb der Marquis Poterat als Abgesandter des französischen Direktoriums für das Projekt einer süddeutschen Republik unter den Bewohnern der Markgrafschaft und des Breisgaus[115]. Immerhin kam es am 7. Juni 1796 in Bahlingen und Teningen zu blutigen Kämpfen zwischen den Bauern und den Fourage eintreibenden verhaßten Condéeschen Emigrantentruppen, was Markgraf Friedrich zu einer Anweisung an die Oberämter veranlaßte, mit Hilfe der Geistlichen und Ortsvorsteher auf gefährliche Umtriebe zu achten.

Wenig später zog die Propaganda des Clubs der deutschen Jakobiner in Straßburg und des Clubs der deutschen Freiheitsfreunde in Basel ihre Kreise. Keutner, einer der führenden Köpfe, agitierte in Teningen in der Krone. Jacob Ehrler, der Bruder des damaligen Stabhalters in Teningen und Stiefbruder Keutners, übermittelte Flugschriften. Trotz aller Bedrängnis fanden aber die Forderungen der Republikanhänger nach einer Verfassung, nach Wiedereinführung der Landstände, Einschränkung des Hofstaates und Verkauf der Kammergüter kei-

Treffen
bei
Emmendingen
den 19. October 1796

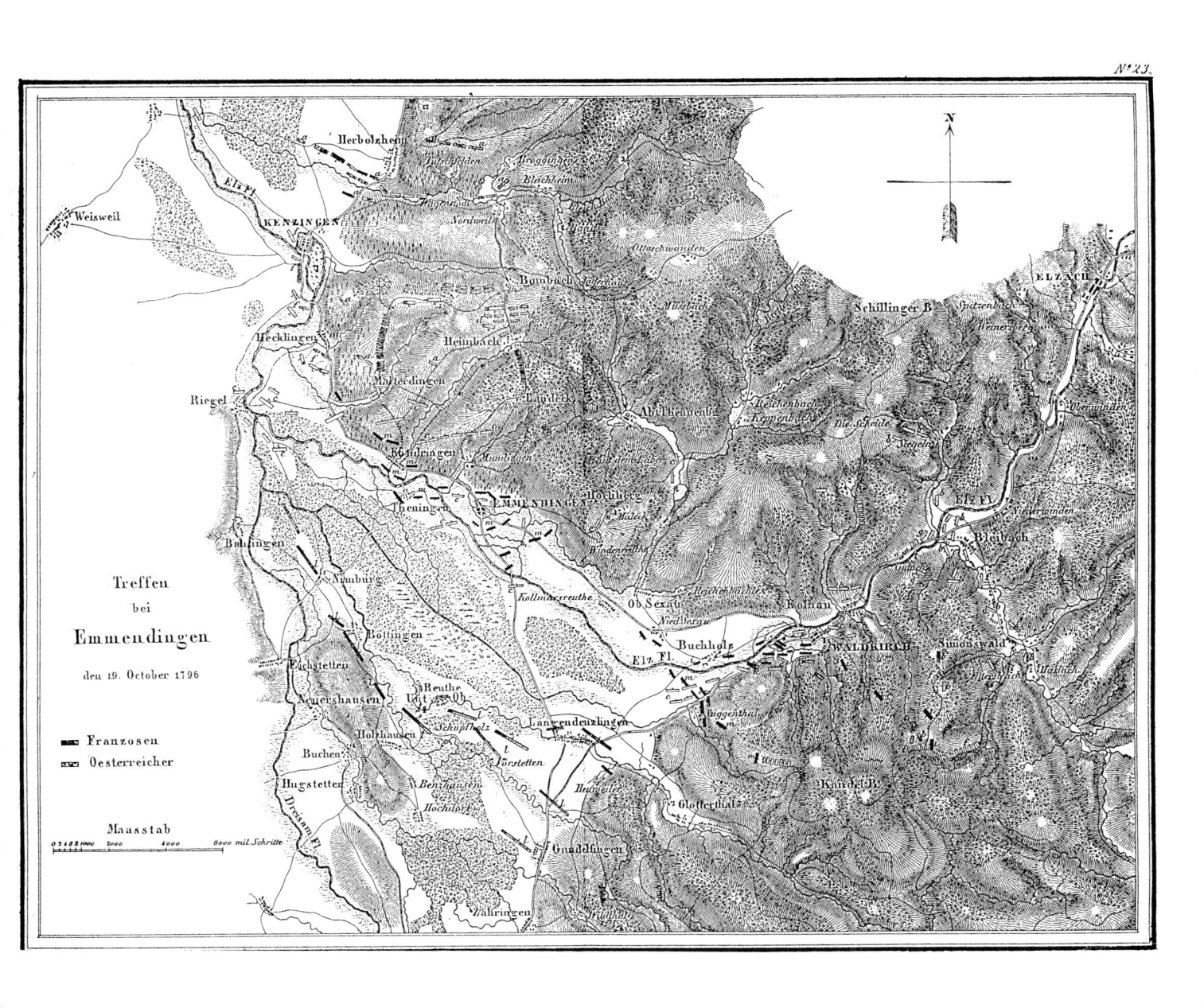

▬ Franzosen
▬ Oesterreicher

Maasstab

ne breite Resonanz in der Bevölkerung, bzw. bei den wohlhabenden Bauern und Ortsvorstehern, die angesprochen waren. Die größte direkte militärische Aktion hatten unsere Gemeinden am Ende des 1. Koalitionskrieges gegen Frankreich zu überstehen. Vom 19. bis 21.10.1796 fand die sog. Schlacht bei Emmendingen statt[116]. Die österreichische Armee unter Erzherzog Karl traf hier auf die französische Rhein-Moselarmee unter General Moreau, die im Juni des Jahres bei Mannheim über den Rhein eingedrungen war und nach einem Feldzug, der weit nach Bayern geführt hatte, durch das Höllental und das Elztal Straßburg zu erreichen suchte. Der Weg über Waldkirch und Haslach war kürzer als derjenige über Kenzingen und Offenburg. Außerdem hatte es seit einem Monat ohne Unterlaß geregnet und die Wege und Felder waren morastig. Die französische Armee wurde nun in der Ebene vor Emmendingen gestoppt. Die auf einer langgezogenen Linie zwischen Riegel und Elzach ausgetragene Schlacht, an der auf beiden Seiten jeweils rund 40 Tausend Soldaten beteiligt waren, zog sich über mehr als zwei Tage hin und endete damit, daß die Franzosen, da ihnen der Weg auf der rechten Rheinseite verlegt war, nach Süden auswichen und bei Breisach und Hüningen das andere Ufer erreichten. Es existieren mehrere kartographische Darstellungen der Schlacht, deren ausführlichste abgebildet ist. Der französische Armeeführer Moreau kam dem Angriff der Österreicher, die in der Vorbergzone zwischen Kenzingen und Emmendingen und zwischen Kollnau und Siegelau lagen, am 19.10. vormittags zuvor und ließ den linken Flügel unter General Delmas gegen Riegel und Hecklingen, eine weitere Abteilung unter General Beaupuy auf den Höhenzug zwischen **Köndringen** und Malterdingen vorrücken, während ein Teil der Hauptarmee Emmendingen besetzte und der General Saint-Cyr in Richtung Waldkirch vorrückte. Beim Aufeinandertreffen zwischen Köndringen und Malterdingen wurde General Beaupuy durch eine Kanonenkugel getötet. Am Abend gelang des den Österreichern, die Franzosen hinter die Elz zurückzudrängen und in Köndringen und Malterdingen sich festzusetzen. Die Franzosen zogen sich auf die Linie Wasser - **Teningen** zurück und zerstörten die Brücken hinter sich. Bei Riegel, wo die Österreicher einen Scheinangriff unternommen hatten, wurden 6-700 Franzosen gefangen genommen. Die Österreicher verloren 3-400 Mann. In der Nacht ordnete General Moreau einen Teil seiner Streitmacht im Wald zwischen **Nimburg** und **Teningen** neu, während der Erzherzog, ebenfalls in der Nacht vom 19. auf den 20.10. die Brücken über die Elz instandsetzen ließ. Am folgenden Tag fand ein heftiges Gefecht in der Ebene zwischen Teningen und Nimburg statt, ohne daß eine Entscheidung fiel. Inzwischen hatte sich aber an den anderen Flügeln das Gleichgewicht zugunsten der Österreicher zu verschieben begonnen, so daß Moreau am 21.10. den Rückzug anordnete. Von Verlusten der Bevölkerung und von zerstörten Gebäuden ist nichts bekannt, wohl aber von Verwüstungen in den Weinbergen. Verschiedene Augenzeugen haben die Ereignisse überliefert. Gefallene Soldaten wurden in den Orten beerdigt, in Emmendingen 80 an der Zahl. In **Teningen** wissen wir deren Zahl nicht, nur daß der Totengräber aus der Gemeindekasse 4 fl. für seine Arbeit erhielt. Der Schaffner Christian König von der Domäne in **Obernimburg** starb im Januar 1797 an den Folgen der Mißhandlungen durch französische Soldaten[117]. Er hinterließ 11 Kinder, von denen 6 noch unversorgt waren.

Naturgemäß haben sich die Lasten der Kriegszeiten, die auch unsere Gemeinden schwer bedrückten, wieder in dicken Bündeln von Rechnungen niedergeschlagen[118]. Sie sind für denjenigen, der sich heute mit der Geschichte befaßt, aufschlußreich, erfährt er doch z.B. aus der Aufstellung der Kriegskosten des Jahres 1796 neben vielen anderen Details auch von einer Turmwacht in der Teninger Kirche, da der *Krämer Hess'schen Witwe* ein wenig Geld für Öl für die Turmwache bezahlt worden ist. Er liest wieder von *Lieferungen an das Militär*, die sich in diesem einen Jahr 1796 nur für Teningen auf 4068 fl. summierten, darunter 444 Zentner Heu; oder von Militärbeköstigungen in den Wirtshäusern des Ortes: Adlerwirt Reinhold machte 101 fl., Sonnenwirt Caspar Jenne 250 fl. und Engelwirt Knoll allein für Fleisch 976 fl. geltend. Dort steht auch, daß im Herbst 1796 und Frühjahr 1797 ein Großteil der Männer zu Schanzarbeiten nach Kehl und Haltingen beordert waren: am 12.8. 44 Mann, am 24.8. 37 Mann, am 27.8. 12

Mann, usw. Sonstige Fronarbeit wurde in Geld berechnet, *nach dem Schatzungsfuß umgelegt und so lange eingezogen als die Bürger fähig waren, das Geld zu prästiren*; 1/3 zahlten die Bürger, 2/3 die Gemeindekasse. Bei den Ausgaben der Privatbürgerkasse findet man einen eigenen Titel *Erpressungen*. Lapidar heißt es da *an 7 Chasseurs ... 55 fl*. Für dieses eine Jahr kam Teningen auf eine Kriegskostensumme von 12998 fl. So wundert es nicht, daß allmählich wieder die Not einzog.

Anmerkungen

1 Für die Darstellung der Geschichte der Gemeinden in der Frühen Neuzeit wurde das handschriftliche Quellenmaterial benutzt, das sich für diese Epoche größtenteils im Generallandesarchiv (GLA) Karlsruhe befindet. Außerdem danke ich Frau Dr. Anneliese Müller, Freiburg, für die freundliche Überlassung von Materialien zur Geschichte Nimburgs. Unter den bisherigen Veröffentlichungen zur Ortsgeschichte sind an erster Stelle die Festschriften zu nennen, die seit 1972 erschienen sind. Die vollständige Titelfassung findet sich im Literaturverzeichnis: Festschrift 1000 Jahre Teningen (1972), Köndringen (1977), Nimburg (1977), Heimbach (1978). Eine Fülle von ortsgeschichtlichem Material (leider durchweg ohne Angabe der Quellen) bietet die "Geschichte der Gemeinde Teningen" in 85 Folgen, veröffentlicht in der "Teninger Woche", 1964-1965. Die Darstellung behält ihren Wert durch viele, sonst nirgends ausgebreitete Details, die allerdings im Einzelfall stets der Überprüfung bedürfen, was aber mangels Quellenangaben problematisch ist.
Grundlegend sind außerdem: Der Kreis Emmendingen (1964), Der Kreis Emmendingen (1981), Vorderösterreich (1967), Das Land Baden-Württemberg. Amtliche Beschreibung nach Kreisen und Gemeinden (1974-1982), Boelcke (1982), Behr (1985), Der Oberrhein in Geschichte und Gegenwart (1986), Carlebach (1906-09), Deutsche Verwaltungsgeschichte Bd. 1 (1983), Fehr (1931), Historischer Atlas von Baden-Württemberg (1972 ff.), Krieger (1903), Neu (1938), Strobel (1972), Tacke (1956), v.Weech (1890), v. Weech (1877), Wunder (1985), Wunder (1986)
2 Zur Geschichte des Bauernkrieges, besonders im Breisgau, siehe die folgenden, im Literaturverzeichnis vollständig zitierten Arbeiten von Buszello (Hrsg.) (1984), Franz (1933), Hartfelder (1884), Hartfelder (1882), Schaub (1926), Seith (1926)
3 Rosenkranz, besonders S. 462 ff., S. 478
4 Hartfelder (1884) S. 269 ff.
5 Das folgende nach Hartfelder (1882) S. 395 ff.
6 Maurer (1979) S. 258
7 Hartfelder (1884) S. 281-89
8 Hartfelder (1882) S. 435 f. die Vertragstexte.
9 Hartfelder (1882) S. 454
10 Strobel (1972) S. 140
11 GLA Abt. 67/133 p. 244 ff.
12 Zur Reformation und zu ihrer Einführung in der Markgrafschaft Hochberg siehe: Vierordt (1847), Elble (1914), Ludwig (1934), Neu (1938), Zeeden (1956), Hauß, Zier (1956), 400 Jahre Reformation im Hochberger Land (1956), Blickle (1982)
13 Das Zitat s. bei Kluckhohn (1896) S. 618
14 Die folgende Darstellung nach Elble (1914), Vierordt, Zeeden (1956) S. 34 f.
15 Elble, S. 71
16 Elble, S. 55
17 Midelfort (1972) S. 79 f., 121
18 Mühlhäußer (1871), 80 f., 84, 88.; Brunner: Die badischen Schulordnungen.
19 Weech, F.v.: Zur Geschichte des Markgrafen Jakob III. In: ZGO 46 (1892) S. 656-700; Pastor, L.v.: Geschichte der Päpste im Zeitalter der katholischen Reformation und Restauration. Bd. X. Freiburg 1926. S. 380; 400 Jahre Reformation, S. 21.; Zeeden (1956) S. 24 f., S. 43. GLA Abt. 115/280 (b)
20 GLA Abt. 66/3719-3721, Teningen: p. 39-72', Köndringen: p. 74-157', Nimburg: p. 254-342.; Strobel (1972), Tacke (1956), vgl. auch Maurer (1890) S. 23 ff., Carlebach Bd. II, S. 128 ff.
21 Glenzdorf/Treichel (1970), van Dülmen (1985), Midelfort (1972), Leiser (1971)
22 GLA Abt. 229/105316; vgl. Leiser: Die Ordnung der Nachrichter zu Baden. In: ZGO 110 (1962) S. 177-185
23 GLA Abt. 229/105315
24 Kirchenbuch Teningen, Taufen, p. 286 Nr. 140
25 Vgl. Glenzdorf/Treichel S. 343
26 GLA 229/105315; Vgl. im übrigen Glenzdorf/Treichel unter den Namen Heidenreich und Frank, wo ausführliche, umfangreiche Darstellungen zu den einzelnen Gliedern der weitverzweigten Familien zusammengestellt sind.
27 Kirchenbuch Teningen, Taufen 1596, p. 25
28 GLA 229/105315
29 Glenzdorf/Treichel I, 110
30 Maurer (1890) S. 13.; Vgl. auch Lincke, I.: Die Gutleuthäuser in Südbaden. Diss.med. Freiburg 1967; Knefelkamp, U.: Das Gesundheits- und Fürsorgewesen der Stadt Freiburg im Mittelalter. Freiburg 1981
31 GLA 229/105238
32 GLA 115/402; vgl. Mischlewski und Knefelkamp, S. 98-107, betr. das Freiburger Antoniterhaus.
33 Aus den von v. Weech (1877) publizierten Landtagsabschieden ist allerdings nichts zu dieser Frage zu entnehmen.
34 Vgl. Knefelkamp, S. 125 ff.; Walter, M.: Die mittelalterlichen Badstuben. In: Hohenzollerisches Jahrbuch 11 (1951) 65-113, darin die Badeordnung

von Durlach d.J. 1536; Baas, K.: Mittelalterliche Gesundheitspflege im heutigen Baden. Heidelberg 1909
35 Für das 17. Jahrhundert, insbesondere die politischen und militärischen Ereignisse und ihre Auswirkungen auf die Gemeinden, sind folgende Arbeiten heranzuziehen: Herbst (1851), Schreiber IV (1858), Maurer (1880), Gothein (1886), Noack (1930), Strobel (1935), Gänshirt (1935), Handbuch der deutschen Militärgeschichte (1964), Harder (1987), Parker (1987)
36 von Weech (1877) S. 371
37 Vgl. die Darstellg. bei v. Weech (1890) 293 ff., 335 ff.; Parker, 131 f.
38 Handbuch der deutschen Militärgeschichte I, 95 f.
39 Mischlewski, S. 61 Anm. 260; v. Weech (1890) 337 f.
40 Maurer (1880) S. 480 f., Maurer (1890) S. 51 ff.; Schreiber IV, S. 43 ff., Herbst, S. 72 ff., 82, 92
41 Vgl. Albert (1929) S. 23 ff.
42 Die Daten nach GLA 115/285
43 Krieger (1900) S. 297
44 v. Weech (1877) S. 411
45 GLA 66/12180
46 GLA 66/8613 p. 68-131
47 Ebd. p. 308 ff.
48 Vgl. Krieger (1900) betr. Nimburg: S. 278 f., Köndringen: S. 292 f., Teningen: S. 295 f., sowie GLA 115/264
49 Vierrodt IV, S. 124
50 Vgl. Krieger (1900), wie Anmerkung 48
51 Ebd. S. 295 f., außerdem Neu (1938), Ludwig (1934)
52 Vgl. die in der Chronik von Nimburg (1977) abgedruckte Quelle über den Zustand der Nimburger und Teninger Gemarkungen i.J. 1680.
53 Gänshirt, S. 19; Herbst, S. 127
54 GLA 115/292
55 Herbst, S. 116 ff.
56 GLA 115/314 (betr. Teningen und Köndringen); GLA 229/75361 und 75362 (betr. Nimburg)
57 Vgl. Noack, S. 271, 274
58 Mone (1865) S. 134
59 Zur Geschichte des 18. Jahrhunderts sind besonders folgende Titel heranzuziehen: Dietrich (1911), Erdmannsdörffer (1893), Gundlach (1986), Hasenfuss (1979), Ludwig (1911), Ludwig (1896), Strobel (1972), Straub (1977), Schneider (1936), Stolz (1940), v. Weech (1890), Zimmermann (1983), Zuber (1969)
60 Vgl. Inventarverzeichnisse der Gemeindearchive Teningen, Nimburg, Köndringen, Heimbach (maschinenschriftlich).
61 Laut Vorwort zum Inventarverzeichnis des Gemeindearchivs Köndringen wurden die Archivalen bei Kriegsende 1945 verbrannt.
62 Vgl. Carlebach II, S. 140 f.; Maurer (1890) 40 ff.; Harnisch, H.: Gemeindeeigentum und Gemeindefinanzen. Problemstellungen und Untersuchungen zur Stellung der Landgemeinde. In: Jahrbuch für Regionalgeschichte 8 (1981) S. 126-175
63 Siehe Gemeindearchiv Teningen, beginnend mit Jahrgang 1705, jedoch lückenhaft (Faszikel 219-281), ab 1772 auch in Bandform. In Band 1 der Privatbürgerrechnung (Februar 1782 - Nov. 1785) befindet sich ein ausführlicher Vorbericht über die Eigentümlichkeit dieser Rechnung.
64 Dietrich (1911), S. 73 f.
65 GLA 229/105232
66 GLA 229/105048
67 GLA 229/105234
68 GLA 115/144
69 GLA 229/105238
70 GLA 229/105330
71 GLA 115/78. Für diese Darstellung standen Unterlagen von Herrn Siegfried Peter zur Verfügung.
72 GLA 229/57439, 57447
73 Vgl. Chronik von Nimburg (1977), S. 44, 98
74 Vgl. GLA 229/105315-329
75 Zu den Nimburger Wirtschaften siehe GLA 229/75464-470
76 GLA 229/75379
77 GLA 229/75362
78 Vgl. Chronik von Köndringen, S. 46
79 GLA 229/57476
80 GLA 229/105233, 105237, 105319; außerdem Ehrler (1987) S. 61-81, Albert (1940)
81 GLA 229/105231
82 GLA 229/75429
83 GLA 229/75428, 75431
84 GLA 229/75430
85 Vgl. Chronik von Nimburg (1977), S. 17; Erdmannsdörfer, S. 76 f., Elble, S. 20, Sachs IV, S. 44 ff., Mischlewski, S. 62, Strobel (1972) S. 43, 74 Anm. 170. Die Bestandsverträge der Klostermeier s. GLA 229/75396, betr. Matten-, Kasten-, Zehntknecht s. GLA 229/75356; Nachlaß des Geistlichen Verwalters Elias Kramer: GLA 229/75364
86 GLA Abt. H/Eichstetten 2 und GLA Abt. H/Nimburg; Akten über die Baumaßnahmen am Kloster, v.a. im Lauf des 18. Jahrhunderts, s. GLA 229/75348-54. (Auszüge wurden mir freundlicherweise von Frau Dr. Anneliese Müller, Freiburg, zur Verfügung gestellt). Weiteres Material über die Domäne im 19. Jahrhundert hat Frau Liessem-Breinlinger im Staatsarchiv Freiburg ausfindig gemacht: StAF: OFD 1969/21. 954 ff.
87 Vgl. GLA 115/501 f. 50-66, sowie GLA 115/397 f. 371 ff.
88 GLA 115/501
89 GLA 229/105276
90 Vgl. Zimmermann (1983) S. 170 ff.; A. Emminghaus: Carl Friedrichs von Baden physiokratische Verbindungen, Bestrebungen und Versuche. In: Jahrbücher für Nationalökonomie u. Statistik 19 (1872) 1-63; K. Braunreuther: Über die Bedeutung der physiokratischen Bewegung in Deutschland i.d. 2. Hälfte d. 18. Jahrhunderts. In: Wissenschaftliche Zeitschrift der Humboldt-Universität zu Berlin. Gesellschafts- und sprachwiss. Reihe 5 (1955/56) S. 15-65
91 Strobel (1972) S. 134

92 GLA 229/105099 (1753)
93 Vgl. Strobel (1972) S. 134 f.; unsere Darstellung verwertet GLA 229/ 105174, 105052
94 GAT 4/2, Hefte 149
95 GLA 115/29
96 GAT Heimburgerrechnung 1779
97 Für die folgenden Ausführungen wurden die Akten der Kirchenvisitationen der Jahre 1717, 49, 51 herangezogen (GLA 115/228, 229, 230); außerdem wiederum Neu (1938), Schneider (1936), Fehr, S. 40 ff.
98 Die Besoldung in Geld betrug 1743: 955 fl. (Chronik v. Köndringen, S. 32)
99 GLA 115/274
100 Vgl. Ludwig (1911), Schneider (1936)
101 Vgl.: Gottlieb Konrad Pfeffel. Satiriker und Philanthrop (1736-1809). Ausstellungskatalog. Hrsg. von der Badischen Landesbibliothek. Karlsruhe 1986
102 Die Nachrichten über die Schulen sind den in Anm. 97 genannten Akten entnommen. Vgl. außerdem die in Anm. 104 genannte Literatur
103 GLA 115/229
104 Vgl. Hasenfuss (1979) S. 186 ff., Zimmermann (1983) S. 92 ff.; vgl. außerdem Brunner (Hrsg.) 1902), S. 27, 28, 34 und 88 ff.
105 Sander (1786) S. 421-431
106 Zuber (1968), Gemmert (1962), Zimmermann (1983)
107 GLA 229/75441
108 Chronik Köndringen, S. 19
109 Hatschierordnung der Markgrafschaft Hochberg: GAT Urkunde 5 (fragmentarische Abschrift, ca. 1780, § 6 - § 40)
110 GLA 115/228
111 Hauptquelle für die folgende Darstellung ist das "Befehlbuch" (GAN C, X 1,1) eine Sammlung oberamtlicher Anordnungen und Mitteilungen für die Jahre 1789-96. Im übrigen vgl. Breitling (1930), Schäfer (1962), Zirkel (1972), Schmidt (1984)
112 Wie Anm. 111. In die Orthographie des Textes mußte im Interesse der Lesbarkeit stark eingegriffen werden.
113 Wie Anm. 111. (Emmendingen 2.1.1795, Liebenstein)
114 Ebd.
115 Obser (1892), Obser (1909)
116 Ausführliche Berichte u.a. bei Giguet, P.: Tableau des guerres de la Révolution de 1792 à 1815. Paris 1838, S. 128-134; Victoires, conquetes, désastres, revers et guerres civiles des Francais de 1795 à 1815. Bd. 7, Paris 1818, S. 161-170; Münzer: Die Schlacht von Emmendingen am 19. Oktober 1796. In: Breisgauer Nachrichten (18.11.1906) S. 1-6; Harder (1984) unter d. Stichwort Emmendingen
117 GLA 229/75396
118 z.B. GAT., Kriegskostenrechnungen, Hefte 659

Literatur

Albert, Peter P.: Köndringen als Schauplatz der Räubergeschichte in Grimmelshausens Simplizissimus, in: Zs. des Freiburger Geschichtsvereins 42 (1929) S. 23-33

Albert, Peter Paul: Aus der Chronik der alten Dorfmühle und Neumühle in Köndringen. In: Alemannische Heimat 1940, S. 27 f.

Baumhauer, August: Die Einführung der Reformation in der oberen Markgrafschaft. In: Badische Heimat 35 (1955) 214-220

Behr, Hans-Joachim: Archivische Quellen zur bäuerlichen und bürgerlichen Alltagskultur vom 15. bis 17. Jahrhundert in Deutschland und ihre Auswertungsprobleme, in: Geschichte in Wissenschaft und Unterricht (1985) 415-425

Blickle, Peter: Die Reformation im Reich. Stuttgart 1982

Boelcke, Willi A.: Handbuch Baden-Württemberg. Politik, Wirtschaft, Kultur von der Urgeschichte bis zur Gegenwart. Stuttgart u.a. 1982

Braunreuther, Kurt: Über die Bedeutung der physiokratischen Bewegung in Deutschland in der zweiten Hälfte des 18. Jahrhunderts. In: Wissenschaftliche Zs. der Humboldt-Universität zu Berlin. Gesellschafts- und sprachwissenschaftliche Reihe 5 (1955/56) 15-65

Breitling, Richard: Kehl und die süddeutschen Kriegsvorbereitungen im Jahre 1792. In: ZGO N.F. 82 (1930) 107-137

Brunner, Karl (Hrsg.): Die badischen Schulordnungen. Bd. 1. Die Schulordnungen der Badischen Markgrafschaften. Berlin 1902 (= Monumenta Germaniae Paedagogica 24)

Buszello, Horst (Hrsg.): Der deutsche Bauernkrieg. Paderborn 1984

Buszello, Horst (Hrsg.): Der Oberrhein in Geschichte und Gegenwart. Freiburg 1986. (= Schriftenreihe der Pädagogischen Hochschule Freiburg; 1)

Carlebach, Rudolf: Badische Rechtsgeschichte. Bd. I: Das ausgehende Mittelalter und die Rezeption des römischen Rechts unter Mitteilung der wichtigeren bisher ungedruckten Landesordnungen (Landrechte) Bd. II: Das Zeitalter des dreißigjährigen Krieges unter Mitteilung einiger bisher ungedruckter Aktenstücke. Heidelberg 1906-09

Deutsche Verwaltungsgeschichte. Hrsg. Jeserich, Klaus u.a. Bd. 1. Vom Spätmittelalter bis zum Ende des Reiches. Stuttgart 1983

Deutscher Glockenatlas. Hrsg. von B. Bischoff u.T. Breuer. Bd. 4: Baden. Bearb. Sigrid Thurm. München, Berlin 1985

Dietrich, Heinrich: Die Verwaltung und Wirtschaft Baden-Durlachs unter Karl-Wilhelm, 1709-1738. Diss. phil. Heidelberg 1911

van Dülmen, Richard: Theater des Schreckens. Gerichtspraxis und Strafrituale in der frühen Neuzeit. München 1985

Ehrler, Karin: Vom Korn zum Brot. Vom Getreidebau, dem Müllerhandwerk und den Bäckereien in Teningen, Köndringen, Nimburg und Heimbach. In: "s'Eige zeige" 1(1987) 61-81

Elble, Joseph: Die Einführung der Reformation im Markgräflerland und in Hochberg (1556-61). In: FDA 42 (1914) 1-110

Emminghaus, Arwed: Carl Friedrichs von Baden physiokratische Verbindungen, Bestrebungen und Versuche. Ein Beitrag zur Geschichte des Physiokratismus. In: Jahrbücher für Nationalökonomie und Statistik 19 (1872) 1-63

Erdmannsdörfer, Bernhard (Hrsg.): Das badische Oberland im Jahre 1785. Reisebericht eines österreichischen Kameralisten. Karlsruhe 1893 (Badische Neujahrsblätter; 3)

Fehr Otto: Das Verhältnis von Staat und Kirche in Baden-Durlach in protestantischer Zeit (1556-1807). Lahr 1931 (Diss.phil Freiburg)

Festschrift 1000 Jahre Teningen: 972-1972. Hrsg. von der Gemeindeverwaltung Teningen. Teningen 1972

Gänshirt, Heinrich: Der Holländische Krieg in der Markgrafschaft Hochberg, 1672-79. In: Schau-ins-Land 62 (1935) 1-31

Gemmert, Franz Josef: Das Textilunternehmen Samuel Vogels in Emmendingen. Ein sozialpolitischer Versuch J.G. Schlossers. In: Schau-ins-Land 80 (1962) 105-116

Geschichte der Gemeinde Teningen in 85 Folgen. Veröffentlicht in der "Teninger Woche", 1964-1965, sowie verschiedene Artikel von Paul Monski, 1967-1970.

Glenzdorf, Johann/ Treichel, Fritz: Henker, Schinder und arme Sünder. 2 Bde. Bad Münder a. Deister, 1970

Gothein, Eberhard: Die oberrheinischen Lande vor und nach dem Dreißigjährigen Kriege. In: ZGO N.F. 1 (1886) 1-45

Gothein, Eberhard: Die badischen Markgrafschaften im 16. Jahrhundert. Heidelberg 1910. (= Badische Neujahrsblätter; N.F. 13)

Gothein, Eberhard: Wirtschaftsgeschichte des Schwarzwaldes und der angrenzenden Landschaften. Bd. 1 Straßburg 1892

von Gundlach, Christoph: Agrarinnovation und Bevölkerungsdynamik, aufgezeigt am Wandel der Dreifelderwirtschaft zur Fruchtwechselwirtschaft unter Einfluß der Kartoffeleinführung im 18. Jahrhundert. Eine Fallstudie im südwestdeutschen Raum. Diss. Freiburg 1986

Handbuch der deutschen Militärgeschichte, 1648-1939. Hrsg. H. Meier-Welcker. Bd. 1. Frankfurt 1964-66

Harder, Hans-Joachim: Militärgeschichtliches Handbuch Baden-Württemberg. Stuttgart 1987

Harnisch, Hartmut: Gemeindeeigentum und Gemeindefinanzen im Spätfeudalismus. Problemstellungen und Untersuchungen zur Stellung der Landgemeinde. In: Jahrbuch für Regionalgeschichte 8 (1981) 126-175

Hartfelder, Karl: Zur Geschichte des Bauernkrieges in Südwestdeutschland. Stuttgart 1884

Hartfelder, Karl: Urkundliche Beiträge zur Geschichte des Bauernkrieges im Breisgau. In: ZGO 34 (1882) 393 ff.

Hasenfuss, Günter: Die Entwicklung des Schulwesens in Baden-Durlach von den Anfängen bis zur Entstehung des modernen Bildungswesens. Diss. Heidelberg 1979

Hauß, Fritz, und Zier, Hans Georg: Die Kirchenordnungen von 1556 in der Kurpfalz und in der Markgrafschaft Baden-Durlach. Karlsruhe 1956

Herbst, Ch. Ph.: Die Burg Hachberg im Breisgau, hauptsächlich vom 16. Jahrhundert an. Karlsruhe 1851

Historischer Atlas von Baden-Württemberg. Hrsg. v.d. Kommission für geschichtliche Landeskunde in Baden-Württemberg. Stuttgart 1972 ff.

Kluckhohn, August: Urkundliche Beiträge zur Geschichte der kirchlichen Zustände, insbesondere des sittlichen Lebens der katholischen Geistlichen in der Diözese Konstanz während des 16. Jahrhunderts. In: Zeitschrift für Kirchengeschichte 16 (1896) 590-626

Köndringen. Lebensbild einer Dorfgemeinschaft d. Unteren Breisgaus. (977-1977). 1000 Jahre Köndringen-Nimburg. Hrsg. von der Gemeinde Teningen. Textredaktion Siegfried Peter. Teningen 1977

Der Kreis Emmendingen. Hrsg. Konrad Theiss u. Hermann Baumhauer. Aalen 1964. (= Heimat und Arbeit)

Der Kreis Emmendingen. Hrsg. Lothar Mayer. Stuttgart 1981 (= Heimat und Arbeit)

Kriedte, Peter: Spätfeudalismus und Handelskapital. Grundlinien der europäischen Wirtschaftsgeschichte vom 16. bis zum Ausgang des 18. Jahrhunderts. Göttingen 1980

Krieger, Albert: Die kirchlichen Verhältnisse in der Markgrafschaft Hochberg im letzten Drittel des 17. Jahrhunderts. in: ZGO N.F. 15 (1900) 259-324

Krieger, Albert: Topographisches Wörterbuch des Großherzogtums Baden. Heidelberg, 2. Aufl. 1903

Das Land Baden-Württemberg. Amtliche Beschreibung nach Kreisen und Gemeinden. Hrsg. v.d. Landesarchivdirektion Baden-Württemberg. 7 Bde. Stuttgart 1974-1982

Leiser, Wolfgang: Die Ordnung der Nachrichter zu Baden. In: ZGO N.F. 110 (1962) 177-185

Leiser, Wolfgang: Strafgerichtsbarkeit in Süddeutschland. Formen und Entwicklungen. Berlin 1971 (= Forschungen zur deutschen Rechtsgeschichte; 9)

Lincke, Ingrid: Die Gutleuthäuser in Südbaden. Mit bes. Berücksichtigung der Freiburger Verhältnisse. Freiburg, Diss. med. 1967

Ludwig, Albert: Die Diözese Hochberg zur Zeit Karl Friedrichs. Ein Beitrag zur badischen Kirchen- und Kulturgeschichte. Heidelberg 1911 (= Bilder aus der Evangelisch-Protestantischen Landeskirche des Großherzogtums Baden; 10)

Ludwig, Albert: Die evangelischen Pfarrer des badischen Oberlandes im 16. und 17. Jahrhundert. Lahr 1934

Ludwig, Theodor: Der badische Bauer im achtzehnten Jahrhundert. Straßburg 1896

Maurer, Heinrich: Der Zustand der Markgrafschaft Hochberg am Ende des Dreißigjährigen Krieges. In: ZGO 32 (1880) 480-490

Maurer, Heinrich: Emmendingen vor und nach seiner Erhebung zur Stadt. Festschrift zur dritten Säkularfeier des Bestehens der Stadt. Emmendingen 1890

Maurer, Hans Martin: Der Bauernkrieg als Massenerhebung. Dynamik einer revolutionären Bewegung. In: Bausteine zur gesch. Landeskunde von Baden-Württemberg. Stuttgart 1979. S. 255-297

Midelfort, H.C. Eric: Witch hunting in Southwestern Germany 1562-1684. The social and intellectuel foundations. Stanford, Cal. 1972

Mischlewski, Adalbert: Der Antoniterorden in Deutschland. In: Archiv für

mittelrheinische Kirchengeschichte 10 (1958) 39-66
Mühlhäußer, Karl August: Die Volksschule in der ehemaligen Markgrafschaft Baden-Durlach. In: ZGO 23 (1871) 67-89, 205-262
Neu, Heinrich: Pfarrerbuch der evangelischen Kirche Badens von der Reformation bis zur Gegenwart. 2 Bde. Bd. 1: Pfarreien, Bd. 2: Personen. Lahr 1938
Nimburg. Lebensbild einer Dorfgemeinschaft des Unteren Breisgaus. Hrsg. v.d. Gemeinde Teningen anläßlich der 1000-Jahrfeier von Köndringen und Nimburg. Textredaktion Hermann Jäger. Teningen 1977
Noack, Friedrich: Breisgauer Kriegsdrangsale im Spanischen Erbfolgekrieg. In: ZGO 82 (1930) 251-311
Obser, Karl: Der Marquis Poterat und die revolutionäre Propaganda am Oberrhein im Jahre 1796. In: ZGO 46 (1892) 385-413
Obser, Karl: Revolutionäre Propaganda am Oberrhein 1798. In: ZGO N.F. 24 (1909) 199 ff.
Parker, Geoffrey: Der Dreißigjährige Krieg. Frankfurt 1987
Rosenkranz, Albert: Der Bundschuh. Heidelberg 1927
Roth, Erik: Die planmäßig angelegten Siedlungen im Deutsch-Banater Militärgrenzbezirk 1765-1821. München 1988. (Buchreihe der Südostdeutschen Historischen Komission. 33)
Sander, Nicolaus Christian: Nachricht von der Beschaffenheit der Land Schulen in der Badenschen Markgrafschaft Hachberg. (Vor allem die Schule in Köndringen). In: A.L. Schlözers Staatsanzeigen 9, Heft 33-66, (1786) 421-431
Schäfer, Konstantin: Am Rande der großen Revolution 1789-92. In: Alemannisches Jahrbuch 1962/63, 310-386
Schaub, Friedrich: Der Bauernkrieg um Freiburg 1525. In: Zs. des Freiburger Geschichtsvereins 46 (1935) 83-106
Schmidt, Hans: Die Verteidigung des Oberrheins und die Sicherung Süddeutschlands im Zeitalter des Absolutismus und der Französischen Revolution. In: Historisches Jahrbuch 104 (1984) 46-62
Schneider, Jörg: Die evangelischen Pfarrer der Markgrafschaft Baden-Durlach in der 2. Hälfte des 18. Jahrhunderts. Lahr 1936
Schreiber, Heinrich: Geschichte der Stadt und der Universität Freiburg im Breisgau.
  I: Von der ältesten Zeit bis zum Tode Herzog Berthold V. von Zähringen. Freiburg 1857
  II: Freiburg unter seinen Grafen. Freiburg 1857
  III: Von der Selbstübergabe Freiburgs an das Haus Österreich bis zum dreißigjährigen Krieg. Freiburg 1857
  IV: Vom dreißigjährigen Krieg bis zum Übergang der Stadt an das großherzogliche Haus. Freiburg 1858
Seith, Karl: Das Markgräflerland und die Markgräfler im Bauernkrieg des Jahres 1525. Karlsruhe 1926
Stolz, Otto: Die Bauernbefreiung in Süddeutschland. In: Vierteljahrshefte für Sozial- und Wirtschaftsgeschichte 33 (1940) 1-68
Straub, Alfred: Das badische Oberland im 18. Jahrhundert. Die Transformation einer bäuerlichen Gesellschaft vor der Industrialisierung. Husum 1977
Strobel, Albrecht: Agrarverfassung im Übergang. Studien zur Agrargeschichte des badischen Breisgaus vom Beginn des 16. bis zum Ausgang des 18. Jahrhunderts. Freiburg 1972
Strobel, Engelbert: Neuaufbau der Verwaltung und Wirtschaft der Markgrafschaft Baden-Durlach nach dem Dreißigjährigen Krieg bis zum Regierungsantritt Karl Wilhelms (1648-1709) Berlin 1935 (= Historische Studien; 275)
Tacke, Jürgen: Studien zur Agrarverfassung der oberen badischen Markgrafschaften im 16. und 17. Jahrhundert. In: Das Markgräflerland 18 (1956) 9-118
400 Jahre Reformation im Hochberger Land. 1556-1956. Freiburg 1956
Vierordt, Karl Friedrich: Geschichte der Reformation im Großherzogtum Baden. Karlsruhe 1847
Vorderösterreich. Eine geschichtliche Landeskunde. Hrsg. Friedrich Metz. 2. Aufl., Freiburg 1967
Wappenbuch des Landkreises Emmendingen. Bearb. H.G. Zier. Stuttgart 1969
v. Weech, Friedrich: Die badischen Landtagsabschiede von 1554 bis 1668. In: ZGO 29 (1877) 323-423
v. Weech, Friedrich: Badische Geschichte. Karlsruhe 1890
v. Weech, Friedrich: Zur Geschichte des Markgrafen Jakob III. von Baden und Hachberg. In: ZGO 46 (1892) 656-700
Wunder, Heide: Das Dorf um 1600 - der primäre Lebenszusammenhang der ländlichen Bevölkerung. In: Literatur und Volk im 17. Jahrhundert. Hrsg. W. Brückner. Wiesbaden 1985. S. 69-89
Wunder, Heide: Die bäuerliche Gemeinde in Deutschland. Göttingen 1986
Zeeden, Ernst Walter: Kleine Reformationsgeschichte von Baden-Durlach und Kurpfalz. Karlsruhe 1956
Zirkel, Heinrich: Der letzte Feldzug der Schwäbischen Kreisarmee 1793-1796. In: Zs. für bayerische Landesgeschichte 35 (1972) 840-868
Zimmermann, Klemens: Reformen in der bäuerlichen Gesellschaft. Studien zum aufgeklärten Absolutismus in der Markgrafschaft Baden 1750-1790. Diss.phil. Heidelberg 1983
Zuber, Horst: Die privilegierte Wollen- und Zeughandlungsmanufaktur zu Pforzheim. Mit einem einführenden Teil über die vorindustriellen wirtschaftlichen Gegebenheiten des 18. Jahrhunderts in der Markgrafschaft Baden. Augsburg 1969

Nicol. Christian Sander
Marggräfl. Badenscher Kirchenrath
geb. den 28. Febr. 1722.

aus: *Deutsches Geschlechterbuch. Vierter Badischer Band, bearbeitet von Otto Beuttenmüller, Limburg an der Lahn 1972, S. 256f.*

Berühmte Mitglieder der Familie Sander in Köndringen

Siegfried Peter

Die Geschichte einer Gemeinde ist die Geschichte der Menschen, die in ihr und für sie gelebt haben. Eine Chronik von Köndringen wäre unvollständig, wenn nicht der Familie Sander ein besonderer Platz gewidmet würde. Angehörige dieser Familie, die etwa mehr als hundert Jahre in Köndringen seßhaft war, haben nicht nur die Entwicklung des Dorfes mitbestimmt, sie haben auch in der Markgrafschaft Hochberg und im späteren Großherzogtum Baden in führenden Positionen gearbeitet. Die Familie kam aus Norddeutschland. Ein Bartholomäus Sander war Bürgermeister der Stadt Ratzeburg gewesen, wo er am 21. Februar 1657 gestorben ist. Sein Sohn Christian studierte Medizin und trat, obwohl evangelisch, als Feldscherer (Militärarzt) in österreichische Dienste. Während der Belagerung von Wien durch die türkische Armee war er dort im Einsatz. Im gleichen Jahr heiratete er die Wiener Bürgerstochter Anna Maria Krisman. Später kam er als Regimentsarzt nach Freiburg. Da die Ehefrau katholisch war, wollte man ihn zwingen, seine Kinder im gleichen Glauben zu erziehen. Im Einvernehmen mit seiner Frau quittierte er den Dienst und ließ sich als Landchirurg in Köndringen nieder.

Auch sein Sohn Johann Friedrich Sander, geboren im Jahre 1690 und gestorben am 17. Oktober 1753 in Köndringen war Chirurg, das heißt Wundarzt. Er heiratete im Mai 1719 Rosina Mahler, eine Enkeltochter von Johann Ulrich Mahler, ehemals Oberamtmann der Markgrafschaft Hochberg. Er wurde dadurch Besitzer des Freihofes und der *Mahlerschen Güter*. Ein Onkel der jungen Frau war der damalige Pfarrer von Mundingen und spätere Dekan von Hochberg, Nikolaus Louis. Von ihm erhielt der am 28. Februar 1722 geborene Sohn Nikolaus Christian Sander den Vornamen. Auf seinen Einfluß dürfte es auch zurückzuführen sein, daß dieser Sohn Theologie studierte und nicht Medizin.

Nikolaus Christian studierte in Halle und in Straßburg, wurde 1742 Pfarrkandidat und 1745 von seinem Großonkel ordiniert. Am 9. August 1746 heiratete er Augusta Bernhardine du Boscue. Ihre Vorfahren waren Hugenotten, die in der Normandie zeitweise hohe Staatsämter bekleideten. Nach der Aufhebung des Edikts von Nantes floh die Familie aus Frankreich. Der Vater Henry du Boscue war zuletzt Obristleutnant im schwäbischen Kreisregiment zu Fuß in Baden-Durlach. Durch seine Fürsprache erhielt Nikolaus Christian Sander die Pfarrei Köndringen, wo er am 11. November 1748 seine Antrittspredigt hielt. Mit jährlichen Einnahmen von 900 bis 1.000 Gulden gehörte Köndringen damals zu den bestbezahlten Pfarrstellen im Hochberger Land. Doch ist kaum anzunehmen, daß es materielle Gründe waren, die Pfarrer Sander veranlaßten, bis zu seinem Tod am 12. Februar 1794 hier zu bleiben. Er hatte sich in seiner Studienzeit mit dem späteren Markgrafen und Großherzog Karl Friedrich angefreundet, und die Freundschaft dieser beiden weit vorausblickenden Männer hielt bis zum Tode.

Auf seine Initiative wurden in Köndringen 1752 ein neues Pfarrhaus, 1758 ein neues Schulhaus, und 1768 ein Schulhaus in Landeck gebaut. Durch den Kauf des Wittumhofes und den Verkauf der dazu gehörenden Grundstücke machte er aus Pächtern Eigentümer. Hilfe zur Selbsthilfe bot er durch den Kauf eines *Armenackers* mit Mitteln aus dem Almosenfond. Der im Jahre 1791 beabsichtigte Bau eines Gemeindebackofens mit Mitteln des Almosenfonds wurde vom Oberamt abgelehnt, ebenso der Antrag für den Bau eines Totenhäusleins. Die schriftlich niedergelegte Begründung des Antrages wäre heute noch für manche Gemeinde stichhaltig, die keine Leichenhalle hat.

Aus der bitteren Erkenntnis, *kein Bauer ist bereit, einem Pfarrer oder Schulmeister etwas über die äußerste Notdurft zu gönnen*, wurde auf Betreiben von Pfarrer Sander der Wandertisch für den Schullehrer bzw. dessen Gehilfen abgeschafft, ebenso die Sitte, nach der im Winter jedes Schulkind täglich ein Scheit Holz für die Heizung im Schulzimmer mitbringen mußte. Auch der Hilfslehrer bekam eine feste Besoldung aus Naturalien und Geld, für die Heizung mußte die Gemeinde jährlich eine bestimmte Menge Holz und Wellen liefern.

Diese gehörte auch zu den ersten Maßnahmen, die Sander in

der Markgrafschaft Hochberg durchsetzte, als er 1763 zum Spezialsuperindendent ernannt und damit Dekan und Kreisschulrat in einer Person wurde. Die von ihm in den folgenden Jahren entwickelte Schulordnung wurde zu einem Vorbild für andere Länder. Johann Friedrich Oberlin aus Waldersbach im Elsaß studierte das Schulwesen in Hochberg auf zwei Reisen in den Jahren 1778 und 1780; Graf Niklas von Galler im Auftrag der österreichischen Kameralverwaltung und Probst Coler als Gesandter des Fürsten von Dessau waren 1785 Gäste im Pfarrhaus zu Köndringen.

Bereits im Jahre 1768 war Pfarrer Sander zum fürstlichen Kirchenrat in Karlsruhe ernannt worden, doch er war *so stolz oder so bescheiden, wie wenige Persönlichkeiten damals, sich dem Ruf in die Residenz beharrlich zu entziehen.* Dafür erhielt er zwei Jahre später das Recht, nach Belieben an den Sitzungen des Kirchenrates in Karlsruhe teilzunehmen. Nach dem Urteil eines Zeitgenossen war er bereits einer der bedeutendsten Geistlichen jener Zeit, ein Mann der Wissenschaften in jedem Fach mit einer ausgedehnten Korrespondenz bis nach England und Mitglied in mehreren gelehrten Gesellschaften. Hart gegen sich selbst, so war er auch gegenüber den ihm unterstellten Pfarrern und Lehrern. Und so klingt etwas Schadenfreude durch, wenn ein Kollege über den Kirchenrat Sander schrieb: *Er war auch im Weltlichen der Allergewaltigste im Hochbergischen, bis ihm Hofrat Schlosser die gehörigen Schranken setzte.* Unterschiedliche Ansichten über den Schulunterricht waren es, die aus Sander und Johann Georg Schlosser, dem Schwager von Goethe, unversöhnliche Feinde machten.

Schlosser, der 1773 Oberamtmann in Emmendingen wurde, hielt eine bis zwei Schulstunden täglich für ausreichend. Er richtete im Jahre 1784 zusammen mit dem Fabrikant Samuel Vogel in Emmendingen in Verbindung mit einem Waisenhaus eine Spinnschule ein. Hier bekamen zwölf- bis vierzehnjährige Kinder frühmorgens von 5.30 bis 7.00 Uhr Unterricht, um dann anschließend, bei einer Stunde Mittagspause, bis 19 Uhr arbeiten zu müssen. Kein Wunder, wenn der Vogt einer Gemeinde damals schrieb: *Unsere Kinder müßten verkrüppeln unter der Arbeit, wenn man sie nicht müßte in die Schule schicken, das ist doch eine Erholung.*

Nach dem von Sander aufgestellten Stundenplan betrug der wöchentliche Unterricht 40 Stunden. An seinen Freund Markgraf Karl Friedrich schrieb er über Schlosser ironisch: *großes Genies und gelehrte Professoren eignen sich nicht zu Schullehrern, sie sind wirklich zu groß dazu.* Mit dem Oberamt verkehrte der Kirchenrat nur noch schriftlich, obwohl sein Sohn August Sander dort mehrere Jahre als Assessor tätig war. Schließlich ließ er sich im Jahre 1786 von der Aufsicht für die Schulen entbinden, auch Johann Georg Schlosser resignierte und ließ sich ein Jahr später nach Karlsruhe versetzen.

Als im Jahre 1771 die badischen Markgrafschaften wieder vereinigt worden waren, war dem Kirchenrat Sander zusätzlich die Aufsicht über die evangelischen Gemeinden der Herrschaft Mahlberg übertragen worden. Dies war eine äußerst delikate Aufgabe, die dem energischen Verfechter seines Glaubens bei der katholischen Verwaltung viele Feinde verschaffte. Im Jahre 1773 erhob der Bischof von Straßburg, Kardinal Rohan, beim Reichshofrat eine Klage gegen den badischen Katechismus. Von 1777 bis 1789 führte die katholische Bevölkerung der Markgrafschaft den sogenannten Syndikatsprozeß mit dem Ziel, dem Markgrafen das Recht der kirchlichen Oberhoheit abzuerkennen. Beide Prozesse gingen zugunsten des Markgrafen aus, trotzdem zeigten er und Kirchenrat Sander Entgegenkommen in den strittigen Fragen.

Zum Schluß sollen noch zwei Leistungen von Nikolaus Christian Sander erwähnt werden. Auf seine Initiative wurde für den Bereich der evangelisch lutherischen Kirche ein theologischer Leseverein gegründet. 1775 gründete er gemeinsam mit Schlosser in Emmendingen einen bürgerlichen Leseverein, den zweiten dieser Art in der Markgrafschaft. Die zweite Leistung war die *Sammlung verbesserter Gesänge, als ein Vorschlag zur Verbesserung des badischen Gesangbuches,* die 1774 von ihm herausgegeben wurde. Die vier Jahre später erschienene zweite Auflage war eine der Grundlagen für das im Jahr 1834 gedruckte erste gemeinsame Gesangbuch der Vereinigten Evangelischen Landeskirche Baden.

Der am 22. Oktober 1750 in Köndringen getaufte Sohn Nikolaus Christian Sander, der Jüngere, gilt als der Schöpfer der badischen Union, der Vereinigten Evangelischen Landeskirche in Baden. Er besuchte zunächst die Lateinschule in Emmendingen, danach das "Gymnasium illustre" in Karlsruhe und studierte in Halle, wo er bei Johann Salomo Semler wohnte.

Dieser war einer der damals bekanntesten und umstrittensten Theologen, ein Vorkämpfer der "Neologie", der die Auslegung der biblischen Schriften (Exegese) erweiterte, indem er sie historisch interpretierte. 1770 wurde er Pfarrvikar in Köndringen, 1772 Pfarradjunkt (Gehilfe), und 1775 Prorektor am Pädagogium in Pforzheim. Er lehrte dort die deutsche, lateinische und griechische Sprache, führte die Grundsätze einer humanistischen Jugendbildung ein, und war mit seinen musikalischen Fähigkeiten ein großer Förderer der damals aufkommenden geselligen Vereine.

Zwei Jahre war er dann Pfarrer in Unterwössingen, bis er 1791 als Professor an das Gymnasium nach Karlsruhe kam. Dort traf er auf Johann Peter Hebel, mit dem ihn bald eine lebenslange Freundschaft verband. Sein Bestreben war, eine freiere Jugenderziehung einzuführen, und seine Schüler auch in ihrer Freizeit zu betreuen. Hebel schilderte den *Sander Nikki* als einen Mann, *der die Jugend gut und vernünftig zu behandeln und zu leiten weiß.*

Im Jahre 1798 wurde Sander Professor der Beredsamkeit und Geschichte mit dem Range eines Kirchenrates. Fünf Jahre später wurde er als wirklicher Rat in das Collegium des lutherischen Kirchenrates berufen. Dieses Gremium wurde ab 1807 als evangelischer Oberkirchenrat gemeinsame Behörde der noch getrennten lutherischen und reformierten Kirchen und Schulen im Großherzogtum Baden. Gleichzeitig wurde er Mitglied der Generalstudienkommission, die in den folgenden Jahren in Heidelberg und Mannheim die ersten evangelisch-katholischen Gemeinschaftsschulen einführte.

Seine bedeutsamste Aufgabe erhielt Nikolaus Sander im Jahre 1813. Er wurde *Referent in der Kirchenvereinigungssache* mit dem Auftrag, die Vereinigung der evangelisch-lutherischen und der evangelisch-reformierten Kirchen in Baden vorzubereiten. Diese Aufgabe nahm ihn so in Anspruch, daß er 1819 die Berufung in das höchste badische Kirchenamt ablehnte. Nach der im Jahre 1818 ausgearbeiteten Verfassung für das Großherzogtum sollte ein protestantischer Geistlicher mit dem Rang eines Prälaten auf Lebenszeit Sitz und Stimme in der Ständeversammlung erhalten. So wurde sein Freund Johann Peter Hebel in dieses Amt berufen.

Die Urkunde über die Vereinigung der beiden evangelischen Kirchen in Baden wurde am 26. Juli 1821 von den Deputierten unterschrieben. Entsprechend der Rangordnung steht der Name von Nikolaus Sander bei den evangelisch-lutherischen Deputierten an zweiter Stelle hinter Johann Peter Hebel. In dem vom Evangelischen Oberkirchenrat Baden 150 Jahre später zur Erinnerung an dieses Ereignis herausgegebenen Buch heißt es jedoch: *Wenn überhaupt ein einzelner als Schöpfer der badischen Union bezeichnet werden kann, dann gebührt dieses Verdienst Nikolaus Sander.* Die einzige Anerkennung, die dieser damals dafür bekam, war die Verleihung der theologischen Doktorwürde durch die Universität Heidelberg. Seine offensichtlich vom Vater ererbte Aufrichtigkeit und sein Mut verschafften ihm nicht nur Freunde. Dabei war er unermüdlich für andere tätig, sei es als Leiter des Witwen-Fiscus (Versorgungskasse) für Pfarrer und Lehrer, oder als einer der Gründer der badischen Bibelgesellschaft. Einer seiner Schüler bezeichnete ihn als *abgearbeiteten alten Mann.*

Nikolaus Christian Sander starb am 21. Januar 1824 in Karlsruhe. Johann Peter Hebel schrieb danach an einen gemeinsamen Freund: *Unter solchen Menschen lernt man leben und sterben. Sander verkürzte seinem Krankenwärter noch in der letzten Nacht die Zeit mit Erzählungen aus seiner Jugendzeit, rauchte alsdann in der letzten Stunde, mit dem Bewußtseyn, es sey die letzte, noch ein Pfeiflein Tabak. Beide giengen miteinander aus.*

Wohl den größten Bekanntheitsgrad erreichte der am 25. November 1754 in Köndringen geborene und am 5. Oktober 1782 hier verstorbene Heinrich Sander.

In seiner Jugend besuchte er die Realschule in Lörrach und das "Gymnasium illustre" in Karlsruhe und studierte danach in Tübingen und Göttingen Theologie. Als Schüler von Professor Johann Beckmann befaßte er sich auch mit naturwissenschaftlichen Themen und mit Problemen der Landwirtschaft und des Gewerbes. Von Göttingen aus machte er seine erste große Reise nach Niedersachsen an die Ostsee und nach Hamburg. Einen Bericht darüber veröffentlichte er kurze Zeit später im "Hanauischen Magazin". Im Alter von 21 Jahren wurde Heinrich Sander Professor am "Gymnasium illustre", wo in den Jahren 1775 bis 1778 Johann Peter Hebel einer seiner Schüler war. Doch die Freude am Reisen und am Schreiben hatte ihn gepackt und ließ ihn nicht mehr los. Er ließ sich beurlauben und bereiste bis kurz vor dem Tode Deutschland und zahlreiche Länder Europas.

Über seine Reisen machte sich Heinrich Sander ausführliche Notizen, die zum Teil erst nach seinem Tode veröffentlicht worden sind. Als Anhänger der Physikotheologie verfaßte er Schriften über theologische Themen und gab eine *Ökonomische Naturgeschichte für den Landmann und die Jugend der Mittelschulen* sowie eine naturwissenschaftliche Schriftenreihe *Über das Große und Schöne in der Natur* in vier Bänden heraus.

Mit seinen Reisebeschreibungen erfüllte Sander ein Bedürfnis jener Zeit; die Leser wollten wissen, wie es an anderen Orten und in anderen Ländern aussah. Dabei verstand er es, *das Lehrreiche und Nützliche mit dem Unterhaltenden und Mannichfaltigen auf eine angenehme Art* zu würzen. So notierte er von einer Reise nach Paris im Jahre 1777 mit wissenschaftlicher Genauigkeit die Einrichtungen in den von ihm besuchten Galerien, Werkstätten, Museen, Krankenhäusern und Schlössern. Schlecht fand er die Versorgung der rund 600.000 Einwohner mit Trinkwasser aus der Seine, *aller dahinein fließender Unreinigkeiten ungeachtet.* Die Folgen mußte er am eigenen Leibe verspüren, *es macht den meisten Fremden entweder eine Kolik oder einen Durchlauf.* Seine Schilderung der Großstadtmenschen paßt auch noch ins 20. Jahrhundert: *Jeder, der lang hier ist, ist gegen alles was sonst Schrecken, Mitleiden, Ernsthaftigkeit, oder nur Unruhe erweckt, so gleichgültig ... In der That, man sollte zuweilen meinen, alles Menschgefühl sei erstorben.* Andere Schriften enthalten Beobachtungen über den Weinbau in Baden und der Pfalz, über die Granatschleifereien in Waldkirch, über die Landwirtschaft und den Bau von Uhren im Schwarzwald, oder über die Abbautechnik in belgischen Kohlengruben.

Wissenschaftliche Studien betrieb Heinrich Sander auch gemeinsam mit Fürstabt Gerbert in St. Blasien; er traf auf verschiedenen Reisen mit Johann Wolfgang Goethe, Christoph Martin Wieland, Johann Gottfried Herder, Mathias Claudius, Friedrich Klopstock, Gotthold Ephraim Lessing, dem Philosophen Moses Mendelsohn und dem Astronomen und Mathematiker Daniel Bernoulli zusammen.

Ab 1781 war er Mitarbeiter der allgemeinen deutschen Bibliothek. Im gleichen Jahr erhielt Sander ein Angebot der Königlichen Ritterakademie in Brandenburg. Doch Markgraf Karl Friedrich ließ ihm mitteilen, daß *Serenissi mit seinen bisherigen Dienstleistungen voll zufrieden sei und daher auch wünsche, daß er seine Dienste dem hiesigen Land ganz widmen möchte.*

Seine letzte Reise führte Heinrich Sander nach Österreich, Ungarn und Venedig. In Wien erhielt er eine Privataudienz bei dem dort auf Staatsbesuch weilenden Papst Pius VI., sicher ein Beweis für das Ansehen, das der evangelische Theologe auch in der katholischen Kirche genoß. Eine seiner letzten Predigten hielt er in der Kapelle der dänischen Gesandtschaft in Wien. Sie wurde später von Freunden unter dem Titel *Predigt vom Gebet der Christen nach dem Muster des Erlösers* gedruckt und veröffentlicht.

Der am 19. Januar 1796 in Karlsruhe geborene Wilhelm Sander war ein Sohn des bereits erwähnten August Sander (geb. 17.1.1752 in Köndringen, gest. 14.8.1817 als großherzoglicher Amtmann in Karlsruhe). Er studierte nach der alten Familientradition Medizin und war von 1819 bis 1822 Regimentsarzt im 2. badischen Infanterieregiment. Auf verschiedenen Reisen besuchte er Hospitäler in Paris und London, begleitete einen Bruder des Großherzogs als Leibarzt nach Italien und ließ sich dann in Augsburg nieder. 1835 verlegte er seine Arztpraxis nach Rastatt. Ein Jahr später wurde Sander Medicinalreferent beim Hofgericht und bei der Regierung des Mittelrheinkreises, 1837 erhielt er den Rang eines Medicinalrates.

Besonderes Ansehen über Baden hinaus erwarb er sich als Herausgeber der *Obergerichtsärztlichen Gutachten* sowie durch Forschungen über die Cholera, deren Ergebnisse in zwei Schriften publiziert wurden. Wilhelm Sander starb am 14. März 1842.

Sein Bruder Adolf Sander ist am 20. April 1801 in Karlsruhe geboren. Er studierte Rechtswissenschaft und wurde 1827 Assessor beim Kriegsministerium in Karlsruhe, 1830 Hofgerichtsassessor in Meersburg und 1835 Hofgerichtsrat in Rastatt. Bereits im Jahre 1834 war Adolf Sander als Kandidat der liberalen Partei in die Zweite Kammer des badischen Landtages gewählt worden, wo er bald zu den führenden Persönlichkeiten zählte. Ein damals entstandenes Bild zeigt ihn zusammen mit den Sprechern der Liberalen, den Abgeordneten Bassermann, von Itzstein und Carl Theodor Welcker.

Wegen unerwünschter Kritik an einer umstrittenen Gesetzesvorlage der badischen Regierung wurde Sander vom Großherzog im Jahre 1842 zum Oberamtmann degradiert und nach Hornberg versetzt. Er schied darauf aus dem Staatsdienst aus und ließ sich als Rechtsanwalt in Rastatt nieder. Der Landtag erwies dem Gemaßregelten eine besondere Ehre: er wählte ihn zum Vizepräsidenten. In den folgenden Jahren trat er durch Anträge für eine gesetzliche Regelung der Pressefreiheit und die Abschaffung der Zensur hervor. Er starb an den Folgen eines Lungenleidens am 9. März 1845.

Der spätere Führer der badischen Revolution Friedrich Hecker, hielt im Landtag die Gedenkrede für Adolf Sander. *Die Sache des Volkes ist um ein großes Herz ärmer geworden. Seine Ehre war es, in der Hütte genannt zu werden, statt zu glänzen im Schmucke der Großen und in ihren Sälen.*

Der Vollständigkeit halber seien noch erwähnt:
Johann Georg Fröhlich, verheiratet mit Katharina Sander, einer Tochter des Pfarrers und Kirchenrats Nikolaus Christian Sander. Er war Pfarrer in Tiengen und zuletzt Dekan des Kirchenbezirks Freiburg. Ihr Sohn August Heinrich Fröhlich war Kreisdirektor (heute etwa Regierungspräsident) des Murg- und Pfinzkreises in Durlach, später in Mannheim, danach Kurator der Universität Heidelberg und Mitglied der Ersten Kammer des Landtages. Als weltlicher Deputierter war er Mitglied der Generalsynode, die am 26.7.1821 die Urkunde über die Vereinigte Evangelische Landeskirche besiegelte.

Im Jahre 1874 war beabsichtigt, zur Erinnerung an Pfarrer Sander in der evangelischen Kirche einen Gedenkstein zu setzen. Der Plan wurde vom großherzoglichen Bezirksamt genehmigt, aber danach trotz einer zugesagten Spende von 2000 Mark nicht ausgeführt. So blieb es dem Gemeinderat vorbehalten, im Jahre 1976 eine Straße nach der Familie Sander zu benennen und so die Erinnerung an sie wachzuhalten.

Quellen und Literaturangaben zur Familie Sander im anschließenden Beitrag von S. Peter.

*Ansicht von Heimbach, Tuschzeichnung von Max de Ring um 1830,
Original im Besitz von Freiherr von Elverfeldt*

Geschichte von Heimbach (1520-1806)

Siegfried Peter

Das Jahr 1520 brachte einen bedeutsamen Einschnitt in die Geschichte von Heimbach. Das Kloster Schuttern erwarb von den Kindern des verstorbenen Eglof Roeder (in anderen Urkunden ist als Verkäufer Jacob Göben genannt) die weltliche Herrschaft. Damit endete das Nebeneinander von zwei Herrschaften mit verschiedenen Rechten und Pflichten für die Bewohner.

Schuttern hatte bis zu diesem Zeitpunkt in Heimbach einen Schutzhof zu dem *etliche arme lüth zu Heimbach und anderstwo gesessen, die man gemeinlich nempt deß gotteshaußlüth zu Schuttern.* Diese Gotteshausleute schuldeten ihre Steuern, Fronden und Kriegsdienste dem Abt von Schuttern, sie hatten auch einen eigenen Vogt. Die beiden Vögte saßen nebeneinander zu Gericht, *und hat jeder vogt gewalt, auff seiner seiten zugebieten und heißen, waß billich und recht ist.* Die zwei Kirchenpfleger, sowie zwei von den sechs Bürgern, die Heimbach zum Gericht des Vierdörferwaldes stellte, mußten Gotteshausleute sein. Aus dieser Regelung für das Waldgericht kann der Schluß gezogen werden, daß bis 1520 etwa zwei Drittel der Einwohner der weltlichen Herrschaft unterstanden, ein Drittel gehörte zum Kloster Schuttern. Außer der dem Kloster inkorporierten Pfarrkirche Sankt Martin in Köndringen hatte Schuttern in Heimbach den Kirchensatz und das Patronat für die Kirche *Unserer Lieben Frau*, der Vorgängerin der heutigen Kirche St. Gallus. Wegen der von der weltlichen Herrschaft bestrittenen Zugehörigkeit der Heimbacher Kirche nach **Köndringen** war ab 1486 ein Prozeß geführt worden, der erst 1505 durch einen Vergleich beendet wurde.

Zu dieser Zeit hatten auch die Klöster Tennenbach, Günterstal, Adelshausen und Alpirsbach Grundbesitz in Heimbach, der aber mit keinen Herrschaftsrechten verbunden war. Der Kaufpreis für die weltliche Herrschaft Heimbach betrug 700 Gulden. Davon wurde laut Urkunde vom 21. Juli 1520 nur die Hälfte bezahlt, da eine Hälfte der Herrschaft bei der Witwe des verstorbenen Grundherrn, Frau Clara von Beyern, verbleiben, und erst nach deren Tod übergehen sollte. Wann das geschehen ist, ist urkundlich nicht belegt.

Der Bauernkrieg

Unter dem Krummstab ist gut wohnen, hieß es zu jener Zeit, und das mögen auch die Heimbacher gedacht haben. Mit diesem Spruch wurde ausgedrückt, daß die geistliche Herrschaft allgemein milder war, als die der Ritter und Fürsten. Doch nicht alle Geistlichen hielten sich an die Gebote der Nächstenliebe und Brüderlichkeit. Geistliche Ämter wurden in jener Zeit für große Summen verkauft, die Erträge aus kirchlichen Abgaben wurden auf Jahre hinaus verpfändet. So hatte Conrad Stürtzel von Buchheim, Hof- und Regierungskanzler von Kaiser Maximilian I. bereits im Jahre 1502 von Bischof Hugo von Konstanz die Quart von Heimbach als Pfand erhalten. Nach der Ablösung des Pfandbriefes wurde die Quart zusammen mit denen von **Köndringen** und Malterdingen im Jahre 1521 an das Domkapital Basel verkauft. Die jeweiligen Geldgeber waren natürlich bestrebt, aus den erlangten Besitztümern soviel wie möglich herauszuholen. So war die Unzufriedenheit unter der Bevölkerung, die 1525 zum Bauernkrieg führte, auch in den geistlichen Gebieten weit verbreitet. Dazu kamen die Auswirkungen der Reformation Martin Luthers, in der den Geistlichen das Recht abgesprochen wurde, weltliche Ämter auszuüben.

Die 1524 von dem Memminger Kürschnergesellen Sebastian Lotzer verfaßten "Zwölf Artikel" begründeten zahlreiche Forderungen der Bauern mit Hinweisen auf die Bibel. So heißt es im ersten Artikel: *Zum ersten ist es unsere demütige Bitte und Begehr, auch unser aller Wille und Meinung, daß wir nun fürhin Gewalt und Macht haben wollen, eine ganze Gemeinde soll einen Pfarrer selbst erwählen und kiesen (1. Timoth. 3), auch Gewalt haben, denselben wieder zu entsetzen, wenn er sich ungebührlich hielte (Tit. 1).* Die Forderung nach Aufhebung der Leibeigenschaft wurde im dritten Artikel begründet: *Zum dritten ist der Brauch bisher gewesen, daß man uns für Eigenleute gehalten hat, welches zum Erbarmen ist, angesehen, daß uns Christus alle mit seinem Kostbaren vergossenen Blut erlöst und erkauft hat (Jesaias 53, Pet. 1, Cor. 7, Röm. 13), den niederen Hirten ebensowohl als den Allerhöchsten, keinen ausgenommen.*

kam aus Schwäbisch-Österreich, aus der Schweiz und aus Savoyen, das Bürgerrecht wurde allerdings erst nach einem Jahr verliehen.

Doch der Aufbau des Landes hatte kaum richtig begonnen, da drohten bereits neue Kriege. Die am 2. September 1651 in Freiburg eingezogene Regierung sah sich veranlaßt, das Land militärisch zu sichern. Und das kostete viel Geld. Der Kommandant von Freiburg erhielt einen jährlichen Sold von 1.200 Gulden, für die in Freiburg, Rheinfelden und Laufenburg stationierten Truppen mußten je Soldat jährlich 66 Gulden aufgebracht werden. Zum Vergleich: die Professoren an der Universität erhielten im Jahr zwischen 300 und 600 Gulden. Von der Regierung wurde ein Betrag von 21.000 Gulden festgesetzt, den die Landstände des Breisgaus - Prälaten, Ritterschaft und Städte - jährlich aufzubringen hatten. 1662 wurde zusätzlich eine Türkensteuer von 25.000 Gulden erhoben.

Außerdem wurden sogenannte Landfahnen aufgestellt, in denen die wehrfähige Bevölkerung erfaßt wurde. Als exterritoriale Gemeinde kam Heimbach mit Schuttern zum Waldkircher Fahnen. Die Zahl der dienstpflichtigen Männer richtete sich nach der Bevölkerung, wobei zwischen Bürgern, Bauern, Hintersassen und Taglöhnern nicht unterschieden wurde. Im gesamten Breisgau waren es rund 11.000 Mann. Sie sollten *kriegserfahrene, gute Schützen, junge, starke, ledige Gesellen*, und möglichst nicht mit einer Familie oder einer zu großen Landwirtschaft belastet sein. Über die Alarmierung hieß es: *Sobald die Sturmglocke geschlagen wird, ein Jeder der sich wehren kann, sowohl Meister wie Knecht, auch Söhne, bei Strafe Confiscation aller Güter und Landesverweisung, mit habendem Gewehr, in dessen Ermangelung aber mit Hacken, Schaufeln und Gabeln und dergleichen Instrumenten an das assignierte Ort oder Sammelplatz laufen sollen.*

Hans Wilhelm von Goll

Für die Heimbacher Bürger brachten diese Jahre noch eine weitere, einschneidende Änderung: sie erhielten einen neuen Herren. Johann Dietrich von Hohenlandenberg war noch während des Krieges gestorben, seine Witwe hielt sich danach in Freiburg auf. Dadurch konnten sich die Einwohner vorübergehend zusätzliche Freiheiten verschaffen.

Ein Versuch des Markgrafen Friedrich von Baden, durch den Erwerb von Heimbach seinen Besitz abzurunden, scheiterte im Jahre 1651 an der ihm fehlenden Landeshoheit und vor allem am Geld. So kam die Grundherrschaft durch Vertrag vom 30. März 1652 in den Besitz des Hans Wilhelm von Goll. Verkäuferin war die edle Jungfrau Maria Elisabeth von Hohenlandenberg, vertreten durch Humbert von Weßenberg, Kanzler des Erzherzogs Ferdinand Carl zu Österreich und Ambrosius Negelin, Canzleirat des fürstlichen Stifts St. Gallen und Statthalter zu Ebringen. Verkauft wurde der Flecken Heimbach, *zwischen den Bännen Bombach, Malterdingen und Köndringen mit dem Leibfall der Untertanen, dem Umgeld, dem Recht auf Fronarbeit, der Gerechtigkeit im Vierdörferwald, dem Fischwasser und der völligen Jagdbarkeit.* Dazu kamen 36 Juchart Ackerland, 15 Juchart Matten, sechs Juchart Reben, der große Garten, der Ziegelhof und die niedere Gerichtsbarkeit, alles zusammen für 9.100 Gulden.

Der Käufer stammte aus Kientzheim im Elsaß, und stand in österreichischen Diensten. Er gehörte zur kaiserlichen Delegation, die in Münster/Westfalen jahrelange Verhandlungen über ein Ende des 30jährigen Krieges führte. Dort heiratete er am 28. August 1646 Anna Ursula Opser, die Tochter des badischen Rates Dr. Hans Jacob Opser. Am 18. Dezember 1647 wurde er von Kaiser Ferdinand III. in den erblichen Adelsstand erhoben. Von 1632 bis 1637 war er als kaiserlicher Proviantmeister in Breisach gewesen, möglicherweise hatte er dort Johann Dietrich von Hohenlandenberg kennengelernt. Hans Wilhelm von Goll (in verschiedenen Urkunden wird auch die Schreibweise von Gollen verwendet) war offensichtlich ein sehr energischer Mann, der auf seinen Rechten bestand, und sie auch durchsetzte. Die erste Huldigung von 22 namentlich aufgeführten Heimbacher Bürgern fand am 2. Mai 1652 statt. Dabei wurde die Huldigungsurkunde in Gegenwart von zwei Zeugen von einem Notar vorgelesen und jeder Bürger mußte den folgenden Text nachsprechen: *Wie mir vorgelesen und vorgehalten wurde, und ich wohl verstanden habe, dem will ich nachkommen, getreulich und ohn alle Beschwehr, das*

IOAN GVIL. à GOLLEN. SEREN.^(mi) DN. FERD. CAR.^(li)
ARCHIDVCIS. ETC. CONSILIAR. ET PRO VNIVERSA.
AVGVST.^(ma) DOMO AVST.^(ca) AD TRACTATVM PACIS
LEGATVS PLENIP.^(rius)

Original bei Freiherr von Elverfeldt

schwör ich, da mir Gott helfe und alle Heilige.
Am 8. Februar 1654 verlangte von Goll eine erneute Huldigung aller Bürger. Bei der ersten Huldigung seien nicht alle Bürger *bey der Stell* gewesen, andere seien zwischenzeitlich zugezogen und nachgewachsen. Nach einem Bericht seines Stabhalters hätten sich etliche Bürger *sehr halsstarrig und widersetzlich gezeiget*. Während der letzten Kriegsjahre hätten sie gegenüber der Witwe von Hohenlandenberg *nicht in Demuth gelebt*, sondern nach eigenem Recht, durch Aufwiegeln und heimliche Zusammenkünfte die obrigkeitlichen Gebote und Verbote in Bedenken gezogen. Schließlich ließ er sogar Militär aus Freiburg anrücken, um so die neue Huldigung zu erzwingen.
Die erste Konfrontation hatte es bereits am 20. Juni 1652 gegeben, als der Vogt und die Gerichtsmänner bekennen mußten, daß sie für 1651 sechs Juchart Äcker nicht gefront, und den Accord nicht bezahlt hatten. Sie mußten sich verpflichten, zum Ausgleich zwei zusätzliche Frontage zu leisten. Zwei Jahre später verlangte er sogar 18 zusätzliche Frontage. Gleichzeitig bezeichnete er die Heimbacher als undankbar. Er habe nach dem Kriege im Dorf die Häuser wieder aufgebaut und die Schulden bezahlt. Wer die Fronden nicht leisten wolle, dem stelle er frei, Heimbach zu verlassen. In der Markgrafschaft, in anderen Dörfern der Ritterschaft und in der Stadt Freiburg müßten die Bewohner bis zu zehn Tage mehr fronen als er verlange.
Im Jahre 1655 kam es zu einem offenen Streit, nach Meinung des Grundherren gar zu einer Revolution. Unter der Führung des Heimbürgers Jacob Meyer erklärten sich die Bürger bereit, vier Fronden zu leisten, wegen der weiteren Forderungen beriefen sie sich auf das *alte Herkommen*. Als Antwort statuierte Herr von Goll ein Exempel. Er ließ das Wasser für die Bewässerung der Wiesen sperren, der Heimbürger Jacob Meyer wurde wenige Tage später arretiert und nach Freiburg gebracht. Als Gründe dafür wurden vorgetragen:

1. Jacob Meyer habe seit drei Jahren den Bodenzins nicht bezahlt, das sei Betrug;
2. er habe *in Verachtung des Gebotes* seine Wiesen gewässert;
3. er sei trotz Einbestellung durch den Bott nicht vor der Grundherrschaft erschienen;
4. es habe im Dorf heimliche Zusammenkünfte, Ungehorsam, Aufruhr, ja sogar Rebellion gegeben; Jacob Meyer habe von den anderen verlangt wider die Grundherrschaft zu stehen und nicht nachzugeben, bis die alten Rechte bestätigt seien.

Dem hielten die Bürger in einer Bittschrift an die Regierung in Freiburg entgegen, sie hätten im vergangenen Jahr bis zu 30 Tagen fronen müssen, *mit hindansezung unserer aigenen arbeit dies noch alltag fronen müssen*. Die zusätzlich verlangten Fronden seien in keinem Urbar verzeichnet.
Als die Regierung den Herrn von Goll anwies, seinen Gefangenen wieder freizulassen, berief sich dieser zunächst auf die ihm zustehende hohe und niedere Gerichtsbarkeit. Er kam der Aufforderung erst nach, nachdem die Bürger eine Kaution geleistet hatten. Eine Verhandlung vor dem Statthalter und Regenten Ferdinand Carl, Erzherzog von Österreich, endete am 27. November 1657 mit einem Vergleich. Interessant an dem dabei gefertigten Protokoll ist ein Randvermerk des Erzherzogs über einen Schriftsatz des Grundherren: *Der Inhalt ist lang, doch aber sehr lustig und denkwürdig zu lesen.* Doch die Verhältnisse waren dadurch noch immer nicht bereinigt. Als in einem Erbstreit die Bürger Martin Fleiderer, Martin Bernert, Jacob Meyer und Hans Groß als Zeugen benannt wurden, wurden Martin Bernert und Jacob Meyer abgelehnt, weil sie sich früher einmal gegen die Herrschaft gestellt hätten. Im Januar 1660 beklagte sich der Herr von Goll bei der Regierung in Freiburg, die Bürger würden die im Vergleich von 1657 eingegangene Verpflichtung, zusätzlich zwei Juchart Reben zu bebauen, nicht einhalten. Zwei Drittel der Gemeinde hätten *sich untergeben*; zwölf Bürger seien *halsstarrig* und würden sich weiter widersetzen. Den drei Rädelsführern Martin Bernert, Mathiß Dold und Jacob Meyer habe er jetzt das Bürgerrecht gekündigt.
Am 4. März 1661 konnte Herr von Goll einen endgültigen Sieg verbuchen. An diesem Tag unterzeichneten sämtliche Bürger von Heimbach eine neue Verpflichtungsurkunde. Danach mußten sie ab sofort zusätzliche Frondienste leisten für

sechseinhalb Juchart Reben und zehn Juchart Matten. Dazu kamen zwei weitere Frontage für allgemeine Arbeiten. Von der Grundherrschaft erhielten sie dafür an den Frontagen Speisen und Getränke. Am gleichen Tag ließ sich der Herr von Goll auch seine Rechte im Vierdörferwald bestätigen.

Der Pfarrhof in Heimbach

Mit dem gleichen Nachdruck, mit dem Hans Wilhelm von Goll seine Rechte durchgesetzt hatte, vertrat er auch die Interessen der Heimbacher Einwohner gegenüber dem Kloster Schuttern. Bereits am 8. April 1653 forderte er Abt Vincentius auf, für die dringend notwendige Reparatur des Pfarrhofes 500 Gulden zur Verfügung zu stellen. Gleichzeitig verlangte er die Besetzung der Pfarrstellen von Heimbach und Bombach mit je einem Pfarrer und die Bewilligung von ausreichenden Kompetenzen für jeden. Wegen der ersten Forderung berief er sich auf den im Jahre 1505 abgeschlossenen Vergleich, in dem die Besetzung der Pfarrei Heimbach mit einem Vikar festgelegt worden war. Durch die Bewilligung einer eigenen Kompetenz (Versorgung) für den Vikar sei faktisch eine neue Pfarrstelle geschaffen worden. Dagegen sei die Bindung der Pfarrkirche Heimbach als Filiale an die Kirche in **Köndringen** (*ecclesia Cunringen cum filia Heimbach*) hinfällig, da Köndringen vom alten Glauben abgefallen sei.

Der Schriftverkehr zog sich über Jahre hinweg. Schuttern bestand auch weiterhin auf der kirchlichen Abhängigkeit Heimbachs von Köndringen, berief sich aber vor allem auf zwei Punkte:
1. aufgrund des langen Krieges bestehe ein Mangel an Priestern,
2. durch den Krieg habe das Kloster keine Einnahmen gehabt. Das Einkommen der Kirche bestehe nur aus dem Zehnten, und der bringe nicht immer Geld. Auch andere Herren hätten kein Geld.

Im Sommer 1660 verließ der Heimbacher Pfarrer wegen des schlechten Zustandes seiner Wohnung das Dorf und zog nach Hecklingen. Als Antwort belegte Herr von Goll den dem Kloster zustehenden Wein- und Fruchtzehnten mit Arrest. Darauf wurden die Regierung von Vorderösterreich und der Bischof von Konstanz eingeschaltet. Dieser wies den Dekan Baltasar Frey in Freiburg an, 200 Gulden für die dringendsten Bauarbeiten zur Verfügung zu stellen, bis der anhängige Prozeß zwischen dem Gotteshaus Schuttern und der Gemeinde entschieden sei. Da sich der Herr von Goll weigerte, den Arrest aufzuheben, bekam Abt Vincentius vom Bischof die ausdrückliche Weisung, keinerlei Bauarbeiten durchführen zu lassen um keinen Präzedenzfall zu schaffen.

Erst im Jahre 1668 konnte mit dem Bau des Pfarrhofes begonnen werden. Gleich gab es neuen Ärger. Die Einwohner von Bombach weigerten sich, die ihnen auferlegten Fronarbeiten auszuführen. Sie wollten einen eigenen Pfarrer und einen eigenen Pfarrhof.

Als der Neubau fertig war, beliefen sich die Kosten laut Abrechnung vom 17. Juli 1672 auf 587 Gulden, 13 Batzen und achteinhalb Pfennig. In der Rechnung sind unter anderem 65 Sack Kalk, 7.600 Flachziegel, 2.300 Backenstein, 750 Besetzblättlein und 54 Hohlziegel aufgeführt.

Um die gleiche Zeit wurde zwischen dem Kloster Schuttern und der Gemeinde Heimbach ein Vertrag geschlossen, in dem die Kostenpflicht für die künftigen Reparaturen geregelt wurde. Danach waren Kosten von bis zu sechs Gulden jährlich vom jeweiligen Pfarrer zu tragen, Mehrkosten sollten zu Lasten der Kirchengemeinde gehen. Schuttern ließ damit die Regelung aus dem Vertrag von 1505 festschreiben in dem es heißt:
1. die Gemeinde baut ihrem Caplan eine Wohnung, das Gotteshaus Schuttern gibt dazu die Hofstatt,
2. der jeweilige Caplan muß das Bauwerk in Ehren halten,
3. sollte die Wohnung durch Feuer oder sonstiges Unglück abgehen, muß die Gemeinde sie wieder neu herstellen.

Der letzte Fall trat im Jahre 1738 ein, als sich am 5. Mai dicker Ruß im Kamin entzündete. Der damalige Pfarrer Franz Mohr beantragte einen Neubau, dessen Ausführung der Abt von Schuttern unter Hinweis auf die angeführten Verträge jedoch ablehnte. Als Pfarrer Mohr einige Jahre später drohte *die Justiz in Anspruch zu nehmen*, setzten sich die Parteien

erneut zusammen. Sie kamen zur Erkenntnis, daß die Rechtslage nur in einem Prozeß geklärt werden könnte. Bis dieser jedoch entschieden sei, sei der Pfarrhof noch baufälliger. So wurde am 25. März 1754 ein neuer Vergleich geschlossen, in dem die Kosten für den Neubau verteilt werden auf:
1. die Steine kommen aus den Heimbacher Steinbrüchen zu Lasten der Grundherrschaft von Duminique,
2. das Bauholz für den Dachstuhl wird im Kirchenwald geschlagen,
3. die mit 600 bis 700 Gulden geschätzten Kosten werden mit 400 Gulden von der Kirche Heimbach, und mit höchstens 300 Gulden vom Kloster Schuttern getragen,
4. die Fuhr- und Handfronden werden von den Pfarrkindern in Heimbach kostenlos geleistet.

Die Sankt Gallen Kapelle

Ein anderes Projekt das dem Herrn von Goll, wie auch seinen Nachfolgern am Herzen lag, war die historische St. Gallenkapelle. Es besteht Grund zu der Annahme, daß diese Kapelle ursprünglich die Pfarrkirche für den weltlichen Teil der Herrschaft Heimbach war. *Die Kirche im eigenen Dorf* war für die Ortsherren ebenso wichtig, wie die eigene Gerichtsbarkeit. Schließlich waren mit der eigenen Kirche Rechte verbunden, so das Patronat und der Kirchenzehnte.
Im Jahre 1315 wird ein Johann Weckerlin als *rector Capelle sankt Galli* erwähnt, und in einer Beschreibung des Opidulum zu den **Aspen** oberhalb von Landeck von 1341 heißt es: *Item istud oppidulum est in parochia ecclesie in Heimbach.* Das heißt, die Bewohner von Aspen gehörten kirchlich zu Heimbach. Auch in Urkunden von 1482 und 1486 wird St. Gallen als selbständige Pfarrkirche bezeichnet. 1525 wurde ein Conradus Meyer als Vicar in Capelle St. Gallus genannt. Irgendwann in den folgenden Jahren wurde sie zerstört oder ist zerfallen.
Herr von Goll wollte die Kapelle wieder aufbauen und mit einem eigenen Priester besetzen. In einem Schreiben vom 24. Januar 1657 an Abt Benedikt heißt es: *Es findet sich eine alte aber zerstörte Capelle in meinem eigenthümlichen Dorff Heimbach, welche die Untertanen aus Tradition ihrer Eltern Sankt Gallen Capell nennen, obwohl keine Gestalt eines Kirchleins oder Capelle mehr übrig als allein was aus noch wenig stehenden Mauern erahnet werden mag.* Doch weder der Abt noch der Pfarrer in Heimbach zeigten Interesse an einem Wiederaufbau. Schließlich ging es auch dabei um Geld.
Die St. Gallenkapelle hatte ursprünglich ein eigenes Einkommen. So zahlten nach einem Verzeichnis aus dem Jahre 1319 sieben Bürger den Zehnten an die Kirche St. Gallen, fünf Bürger an den Pfarrer zu **Köndringen**. Vermutlich gehörte auch der St. Gallenhof dazu, der nach einem Verzeichnis aus dem Jahre 1734 etwa 25 Juchart Äcker, Matten und Wald bewirtschaftete.

Alle diese Einnahmen waren auf die Kirche *unnser lieben Frowen* übertragen worden. Herr von Goll leitete daraus das Recht ab, für den Wiederaufbau der Kapelle 500 Gulden aus dem Kirchensatz zu entnehmen. Als er auch noch einen eigenen Hauskaplan einsetzen wollte, klagte der Heimbacher Pfarrer 1661 in einem Brief an seine Vorgesetzten:
1. die 500 Gulden seien für den Wiederaufbau des Pfarrhofes verloren gegangen,
2. falls in der Kapelle auch noch Gottesdienst abgehalten werde, würde die Pfarrkirche weniger Opfergeld erhalten. So würden die Heimbacher an den Tagen, an denen er in Bombach predige, zu Hause bleiben und den Gottesdienst in der Kapelle besuchen.

Erst im Jahre 1696 erhielt die Witwe Anna Ursula von Goll vom Bischof von Konstanz die Genehmigung, in der Kapelle auch die Heilige Messe lesen zu lassen. Sie bestimmte in ihrem Testament ein Kapital von 500 Gulden, aus dessen jährlichen Zinsen der Pfarrer für die Lesung der Messe 25 Gulden erhielt. Ihre Enkelin Francisca Anastasia von Duminique erhöhte das Kapital auf 620 Gulden. Gleichzeitig beklagte sie sich über den ab 1700 in Heimbach tätigen Pfarrer Johann Baptist Heindel, der sich weigere, die Messe zu lesen und auch verhinderte, daß andere Pfarrer aus der Nachbargemeinde das tun. Die gegenseitigen Vorwürfe steigerten sich. So

schrieb Pfarrer Heindel im Jahre 1703:
1. er bemühe sich seit langem um einen guten Schulmeister für Heimbach, dieser könne auch den Sigristendienst versehen, dadurch wäre seine Vergütung besser. Die Obrigkeit habe dies jedoch abgelehnt. Sie habe einen Heimbacher Bürger als Sigristen bestellt, ohne ihn zu fragen,
2. die Obrigkeit erlaube das Tanzen nach Mitternacht ohne den Pfarrer zu fragen,
3. er habe die Pfarrwiese am Gallenbach wässern wollen, doch die Obrigkeit habe ihm grundlos das Wasser gesperrt.

In dem Schreiben der Grundherrschaft wird entgegnet, Pfarrer Heindel habe das Wasser absichtlich auf die Türe der Kapelle gerichtet, wegen des Schadens habe der Fußboden ausgewechselt werden müssen.

Ganz massive Vorwürfe wurden vier Jahre später gegen den Pfarrer erhoben:
1. er mische sich in die Rechte der Herrschaft ein,
2. er habe mit jungen Männern im Wirtshaus gezecht und dabei schlechte Reden gegen die Obrigkeit geführt,
3. er würde selbst zuviel Wein trinken, das Pfarrhaus sei fast wie ein Wirtshaus, wo man nachts noch reden und singen höre, der Pfarrer animiere die Pfarrkinder mitzutrinken,
4. er würde sich im Wald und in der Allmende Rechte anmaßen, die ihm nicht zustünden,
5. er würde an Sonn- und Feiertagen nach Freiburg reisen, anstatt Gottesdienst zu halten.

Die verlangte Ablösung des Pfarrers wurde zunächst verweigert, doch im Jahre 1709 stellte eine Kommission fest, Johann Baptist Heindel *habe wegen der Kriegs-Trouble seine Weihe nicht erhalten.* Gegen den ausdrücklichen Protest von Abt Placidius wurde im Jahre 1711 der Weltpriester Basilius Haberer vom Bischof von Konstanz als neuer Pfarrer in Heimbach eingesetzt. In den folgenden Jahren eskalierte der Streit bis zur Grundsatzfrage, wer nun das Recht habe, den Pfarrer in Heimbach einzusetzen. So wurde am 11. Mai 1737 der von Schuttern eingesetzte Pfarrer Hyronimus Heizmann vom Bischof aufgefordert, unverzüglich die Kirchenschlüssel abzugeben, widrigenfalls er exkomuniziert werde. Gleichzeitig wurde Franciscus Mohr als neuer Pfarrer eingesetzt. Darauf schloß Pfarrer Heizmann die Kirche zu, und ging mit den Schlüsseln nach Schuttern. Die Heimbacher mußten monatelang den Gottesdienst in Bombach und Nordweil besuchen. Schließlich wurde ein Vergleich geschlossen, nach dem die Pfarrei Heimbach im Wechsel mit der Kirche von Wippertskirch (gehört heute zu Opfingen) immer alternativ mit einem Ordenspriester und einem Weltpriester besetzt werden sollte. In diesem Vergleich wird ausdrücklich festgehalten, daß die St. Gallenkirche zum Bistum Konstanz gehört und nicht zum Kloster Schuttern. Das Ende kam 50 Jahre später, als die Grundherrschaft mit Schreiben vom 12. August 1788 die Aufhebung der Kapelle beantragte. Zur Begründung wurde ausgeführt: *ist eine herrschaftliche Hauskapelle, woher sie unterhalten wird. Sie ist entbehrlich, es besteht keine Verbundenheit mit der Bevölkerung. Sie steht 100 Schritt von den Häusern entfernt, aber im Etter.*

Die Kapelle wurde abgerissen, das Grundstück wurde später von der Grundherrschaft als Stiftung für notleidende Familien zur Verfügung gestellt. Damit verbunden war die Auflage, jährlich am Seelentag je drei Vaterunser und Ave Maria für die Herrschaft zu beten und die Inschriften der Gedenktafeln in der Kirche zu putzen.

Die Pfarrkirche

Nur wenige schriftliche Unterlagen aus früherer Zeit gibt es über die Kirche *Unserer Lieben Frauen,* die heutige Pfarrkirche Sankt Gallus. In der Zeitschrift "Baudenkmäler im Großherzogtum Baden" aus dem Jahre 1904 heißt es: *Der Thurm der 1739 erbauten Pfarrkirche ad. s. Gallum (parochia eccl. in H. 1341; H. s. Galli in dec. Waltkilch zw. 1360 bis 1370 lib. marc.; Colatur Schuteranus 1581) gehört der gothischen Zeit an, hat eine originell in das Achteck übergehende und mit Ziegeln eingedeckte Pyramide und im Glockengeschoß zweiteilige spitzbogige Fenster, deren Masswerk jedoch teilweise ausgebrochen ist.*

Eine vorhandene Rechnung aus dem Jahre 1563 berichtet vom Kauf einer neuen Glocke mit einem Gewicht von zwölf Zentnern und vier Pfund. Die in Zahlung gegebene alte Glocke wog zehn Zentner und zwei Pfund, als Aufpreis mußten 46 Gulden, ein Schilling und zwei Pfennig bezahlt werden. 1680 wurde bei einem Glockengießer in Uffhausen (Freiburg) eine neue Glocke für 145 Gulden, 13 Batzen und fünf Pfennig gekauft. Zusätzliche Kosten waren der Fuhrlohn mit 3 Gulden und 10 Batzen, ein Vesper für den Fuhrmann (1 Maß Wein und 1 Brot) für 2 Batzen und 4 Pfennig, der in Freiburg zu zahlende Zoll mit 3 Batzen und 6 Pfennig, das Glockenseil für 12 Batzen und 4 Pfennig und der Lohn für vier Mann, die für 4 Gulden, 9 Batzen und 5 Pfennig die Glocke auf den Turm zogen.

Verschiedene Rechnungen belegen Renovierungsarbeiten an der Kirche im Jahre 1686/87, sowie Taglohnarbeiten auf dem Kirchhof. 1718 wurde eine Empore eingebaut und 1737 wurde für 15 Gulden eine Kirchenuhr gekauft. 1742 wurde für 180 rheinische Gulden eine neue Orgel eingebaut, ein *altes Örgelein* wurde für 50 Gulden in Zahlung gegeben.

1757 war die Kirche so baufällig, daß der Dachstuhl zusammenzubrechen drohte. Doch auch hier dauerte es Jahre, bis sich die beteiligten Parteien über die Kosten geeinigt hatten. Eine Konferenz vom 20. Januar 1774 brachte folgendes Ergebnis:
1. das Bistum Konstanz hat nichts zu bezahlen,
2. das Gotteshaus Schuttern zahlt zu den Baukosten einen einmaligen Betrag von 1.200 Gulden,
3. die Gemeinde Heimbach trägt alle sonstigen Baukosten, Fuhrlöhne und Materialien und verpflichtet sich darüber hinaus, in Zukunft keine Forderungen mehr an das Gotteshaus Schuttern zu stellen.

Der Umbau erfolgte im Stil des Barock und war vermutlich 1777 abgeschlossen. Der Kirchturm blieb zum größten Teil erhalten. Der ehemalige Taufstein steht heute als Brunnen vor dem Pfarrhaus.

Schule

Noch dürftiger als über die Kirche sind bis zum 18. Jahrhundert die Nachrichten über eine Schule in Heimbach. Das ist zum einen auf die vielen Kriege früherer Jahrhunderte zurückzuführen, zum anderen auf die geographische Lage inmitten von evangelischen Gemeinden. Etwa bis zum Jahre 1600 war der Schulunterricht fast ausschließlich eine Aufgabe der Kirche. Der Pfarrer in Heimbach mußte jedoch ab 1586 noch die Pfarrei Bombach mitversorgen. Nach dem 30jährigen Krieg wurden beide Gemeinden für mehrere Jahre nur vom Pfarrer in Hecklingen betreut.

Die Bevölkerung war so arm, daß sie kaum die Kosten für den Unterhalt eines Schulmeisters aufbringen konnte. Nach einer Untersuchung der österreichischen Regierung war im 18. Jahrhundert in fast allen Gemeinden des Breisgaus das Amt des Schulmeisters mit dem des Sigristen (Kirchendiener und Organist) verbunden. Manche betätigten sich auch als Hirten oder Handwerker, die Nachbargemeinde Riegel hatte 1770 einen Chirurgus, wahrscheinlich einen ausgemusterten Soldaten, einen Feldscherer als Lehrer. Der Besoldung entsprechend waren auch die Anforderungen, die an die Vorbildung der Lehrer gestellt wurden. In der Schulordnung einer Gemeinde am Oberrhein hieß es ganz einfach: *Katholisch, ehrlich, fromm, sittsam, exemplarisch.* Verlangt wurden Kenntnisse in Lesen, Rechnen und Schreiben, wobei in ländlichen Gebieten auf Rechnen verzichtet werden konnte.

Erst ab 1770 wurden von Kaiserin Maria Theresia von Österreich und ihrem Nachfolger Joseph II. Musterschulen eingerichtet, in denen Lehrer aus- und fortgebildet wurden. Im Jahre 1784 wurde die Regierung in Freiburg von der Hofkanzlei in Innsbruck gerügt, weil sie zugelassen hatte, daß der Heimbacher Schulmeister dem Lehrer in Kenzingen zum Unterricht anvertraut worden sei. Dieser sei unfähig als Lehrer und daher zum Unterricht für andere Lehrer ungeeignet.

Im Jahre 1802 wurde der Heimbacher Schulmeister als *ein rechtschaffener, und für sein Geschäft nicht nur fähiger, sondern auch besorgter Mann* bezeichnet. Die Kinder kamen mit sechs Jahren in die Schule, entlassen wurden die Mädchen mit 13, die Knaben mit 14 Jahren.

Zu dieser Zeit wurde der Schulbesuch von der Obrigkeit durch verschiedene Maßnahmen gefördert. Durch ein kaiserliches Dekret vom 20. Oktober 1781 wurden Strafen festgesetzt,

Freiherr von Duminique

die gegen Eltern verhängt wurden, wenn ihre Kinder die Schule schwänzten. Reiche Eltern mußten bei Wiederholung das doppelte Schulgeld bezahlen, arme Eltern mußten arbeiten, und zwar bevorzugt beim Bau von Schulhäusern. Durch ein Dekret aus dem Jahre 1785 wurden Zeugnisse und Schulbücher von der Stempelsteuer befreit. Von der Grundherrschaft erhielt die Gemeinde Heimbach im Jahre 1791 ein Vermächtnis von 300 Gulden, das vier Jahre später auf 500 Gulden erhöht wurde. Die Zinsen von fünf Prozent erhielt der Lehrer, der dafür zwölf arme Kinder unentgeltlich unterrichten mußte. Für den Unterricht wurde damals das ehemalige Hirtenhaus verwendet. Für den Bau eines Schulhauses im Jahre 1805 mußte zusätzlich ein Stück des damaligen Friedhofes verwendet werden. Der Friedhof wurde aus dem Dorf verlegt. Die Baukosten teilten sich die Grundherrschaft, das Kloster Schuttern und die Gemeinde.

Kriege und ihre Lasten

Hans Wilhelm von Goll starb am 8. April 1672. So mußte er, der von 1644 bis 1648 mit der kaiserlichen Delegation in Münster über einen Frieden zwischen Deutschland und Frankreich verhandelt hatte, nicht mehr erleben, wie französische Truppen den Rhein überquerten und den Breisgau besetzten. Der Auslöser war der Eroberungskrieg, den Frankreich gegen Holland führte und der Österreich zum Eingreifen veranlaßte. Vorderösterreich war für einen Krieg schlecht gerüstet. Da die Landstände nicht bereit waren, größere Geldmittel zur Verfügung zu stellen, wurde die Hauptverteidigungslinie auf den Schwarzwaldkamm zurückverlegt. Am Rhein wurden Posten aufgestellt und in der Vorbergzone wurden Schanzen gebaut, die von jeweils 300 Mann verteidigt werden sollten.
Im Jahre 1671 berichtete eine kaiserliche Kommission nach Wien: ... *ja vast unbeschreibliche geduld und labores hat es vonneten gehabt, mit den breisgauischen Landstendten nit nur vorderrich umb starke contributionen in gelt, früchten, fuhr- und handtfronen, sondern auch neuen einrichtung der landtmilitia und anderer nutzlicher sachen pro defensione selbiger vesten planzen und lande hat müssen tractiert werden.*

Nun darf man keineswegs den Fehler machen, den Landständen unpatriotisches Verhalten vorzuwerfen. Sie und ihre Untertanen hatten Lasten genug zu tragen. Bereits in einem früheren Kapitel wurde auf die jährlich von ihnen aufzubringenden Kosten für das Militär hingewiesen. Doch die Versäumnisse mußten in den folgenden 60 Jahren teuer bezahlt werden.
Im November 1676 marschierten mehrere tausend französische Soldaten in die Gegend um Emmendingen. Sie nahmen der Bevölkerung das Vieh und die Lebensmittel weg, und steckten zahlreiche Häuser in Brand. In der Nähe von Heimbach kam es zu einem Gefecht mit österreichischen Truppen. Dabei erlitten die Franzosen erhebliche Verluste, beim Rückzug mußten sie den größten Teil ihrer Beute zurücklassen.
Im Frühjahr 1677 wurde ein Waffenstillstand vereinbart, der bis Martini gelten sollte. Doch bereits am 8. November marschierten französische Truppen unter den Generälen de Créquy und Montclas über eine Schiffsbrücke bei Sasbach über den Rhein und belagerten Freiburg. Die vorderösterreichische Regierung hatte bereits 1672 die Stadt zu verlassen und war nach Waldshut geflüchtet. Am 16. November wurde Freiburg besetzt, es blieb fast 20 Jahre französisch. Im Oktober 1681 besuchte der französische König Ludwig XIV. die Stadt und den Breisgau. In seiner Begleitung befanden sich die Königin und die Herzogin von Orleans, die heute noch als Liselotte von der Pfalz bekannt ist.
Nach dem Friedensschluß von Rijswijk im Jahre 1697 dauerte es gerade vier Jahre bis zum Ausbruch des spanischen Erbfolgekrieges, der bis 1714 dauerte und den Breisgau erneut in Mitleidenschaft zog. 1710 wurde der Heimbacher Pfarrer Johann Baptist Heindel von französischen Soldaten gefangengenommen, um ein Lösegeld zu erpressen. Er wurde erst nach einer Intervention des Bischofs von Konstanz wieder freigelassen. Nach dem erneuten Friedensschluß gingen die Belastungen durch das Militär weiter. Bis 1736 zahlten die vorderösterreichischen Landstände jährlich 17.865 Gulden, dazu kamen als Sonderabgaben im Jahre 1723 42.000 Gulden für Befestigung und Wasserbau, sowie für ein Geschenk zur Hochzeit der Erzherzogin Maria Amalie von Österreich 6.000

Gulden.
Von den Gemeinden mußten zusätzliche Abgaben als Proviant für das Militär geleistet werden. Für die Jahre 1733 bis 1736 hat sie der damalige Grundherr, Freiherr von Duminique in einem Aktenvermerk festgehalten.

1733 werden zwei Mann zur Landmiliz eingezogen, sie müssen für 80 Gulden ausgestattet werden. An die Garnison in Freiburg müssen 500 Bund Stroh geliefert werden, nach Straßburg 432 Rationen Heu und 70 Sester Hafer;

1734 mußten Truppen mit 47 Pferden für sieben Tage verköstigt werden, nach Freiburg sind 5 Mutt und 3 Sester Hafer zu liefern, außerdem Holz für das Winterquartier;

1735 muß eine halbe Kompanie Soldaten zunächst für vier Wochen, und danach für weitere 68 Tage untergebracht und verpflegt werden; die Kosten betragen 283 Gulden;

1736 sind wieder Truppen im Quartier, die Kosten belaufen sich auf 2.009 Gulden.

Außerdem mußten 1734 und 1735 Brandschatzungen in Höhe von jeweils 204 Gulden an französische Truppen bezahlt werden. Die Ursache war der polnische Erbfolgekrieg, bei dem sich Österreich/Preußen und Frankreich gegenüber standen.

Landwirtschaft und Gewerbe

Die vom Grundherren überlieferte Beurteilung, Heimbach sei ein *ganz armes Dörflein*, wurde von einer Regierungskommission bestätigt, die den Ort im Jahre 1766 unter der Leitung des Herbolzheimer Schultheißen Franz Xaver Schlump aufsuchte. Der Anlaß für diesen Besuch war ein Antrag der Gemeinde, die Steuerschätzung herabzusetzen. Begründet wurde der Antrag mit einem schweren Unwetter im Vorjahr und den damit verbundenen Hagel- und Wasserschäden. In dem Bericht werden die vorhandenen Häuser als *einfache kleine Häußlein* bezeichnet. Auch der Grund und Boden sei nicht der beste, die Frucht stehe sehr dünn, obwohl ein gutes Jahr sei. Wegen der schlechten Erträge könne die Dreifelderwirtschaft nicht eingehalten werden. Statt einem Drittel würden von den vorhandenen 1.132 Juch Äcker nur 141 Juch in der Brache liegen. Es wurde daher angeordnet: *sämtliche Äcker von Heimbach sind in drey Theil, nemblich zwey Theil baubar, und ein Theil brach zu veranschlagen, und zu incatastieren.* Außerdem wurden rückwirkend die Steuern und das zum Militär abzuliefernde Getreide bis zu einem Drittel ermäßigt. Die in den vorangegangenen Jahren geleisteten Kontributionen wurden teilweise zurückbezahlt, gleichzeitig wurden die Abgaben verschiedener Nachbargemeinden erhöht. So wurde der Zehnte für das Getreide für Heimbach auf drei Sester für ein Juch festgesetzt, bei Bombach waren es dreieinhalb Sester, bei Bleichheim und Hecklingen vier. Die schließlich errechnete Steuerschuld von 341 Gulden bei der Landwirtschaft und 86 Gulden beim Gewerbe bestätigt, daß Heimbach bis in die Neuzeit eine überwiegend landwirtschaftlich strukturierte Gemeinde war. Zwar gab es auch schon Handwerker - die angeführten Familiennamen wie Schneider, Hafner, Wagner, Metzger oder Küfer bestätigen es - aber sicher nur in dem Umfang, wie es zur Versorgung der Bevölkerung notwendig war.

Ein erster Versuch, Handwerk und Gewerbe zu beleben, war vermutlich die Einführung des Sankt Gallenmarktes. Die erste Erwähnung findet sich in einer Urkunde aus dem Jahre 1513, nach der das Kloster Schuttern die Hälfte der Einkünfte des *freien Marktes zu St. Gallen* erhält. In späteren Urkunden sind Hinweise wie *merktacker* oder *St. Gallen merkt* enthalten. Im Kaufvertrag von 1604 sind die Jahrmarktsgebühren mit 30 Gulden jährlich angesetzt, in den Jahren 1780 bis 1790 wurde das dem Grundherren zufließende Standgeld mit durchschnittlich 20 Gulden beziffert.

Eine Niederschrift des Herrn von Goll über die Ordnung auf dem Jahrmarkt *auff Montag, den 21. Octobris 1652 nach St. Galli Tag* enthält folgende Bestimmung: *weß ein jedwederer Crämer so auf Sanct Gallen Markt zue Heimbach feil hat, für Gelt zu geben schuldig ist.* Es folgt eine Aufzählung der verschiedenen Händler vom Apotheker über den Barbier, Hutmacher, Krämer bis zum Weißgerber.

Erstmals erwähnt wird im Jahre 1603 eine Ziegelhütte, an die in Heimbach noch heute ein Gewann und ein Straßenname erinnert. Der Ziegler Hans Ohnat erhielt in jenem Jahr das

Beschreibung
über Außmessung des Heimbacher Banns wie folgt

	Jocharten	Ruethen
An herrschaftlich von Dominiqu'schen Dominicalien:		
A: Ackeren	118	48
B: Reeben	5	231
C: Matten	18	105
D: Gras-, Kraut- und Obstgärten	2	120
E: Waldungen an hartem Laubholz	145	110
Pfarr- und Kirchen-Dominicalien		
F: Ackeren	12	311
G: Matten	1	256
H: Reeben	-	284
I: Waldungen, welche der St. Gallus daselbstigen Kirch zugehören	3	-
Gemeinds-Dominicalien		
K: Waldungen an hart Laubholz	41	14
L: Waydgängen	7	105
Rusticalien		
M: Ackern, welche sehr schlecht, und mehreren theils aus gras- und öeden hecken Rainen bestehen, von welchen auch wenigstens ein Sechstel in Rucksicht von Rainen weggeschlagen werden kan, betragen	358	-
N: Matten, welche sehr sumpftig, und naß, auch demnach saur- und schlechtes Futter geben	29	-
O: Reeben, so mehreren theils, gleich denen Ackern, aus öeden gras- und Hecken Rainen bestehen, betragen	51	-
P: An gärthen, welche von sehr geringer Gattung	29	-
Q: Waldungen, bestehend aus Laubholz	4	109
Öed feld, als Weeg, Reebgassen, bach samt dem öeden Ort selbst	37	-
An ganzem damit Summa	**864**	**293**

Aus jedr gattung ins besondere, die Jochart ad 36000: Quadrat Schue Wienner Mässer genohmen, durch mich Endes gefertigten Pflichtmaßig aufgenohmen, vernehmt und ausgefertiget worden seyn: Bescheine Kenzingen den 15ten octobris 1776

Testl: Alexander Harscher

(GLA H/Heimbach 1b)

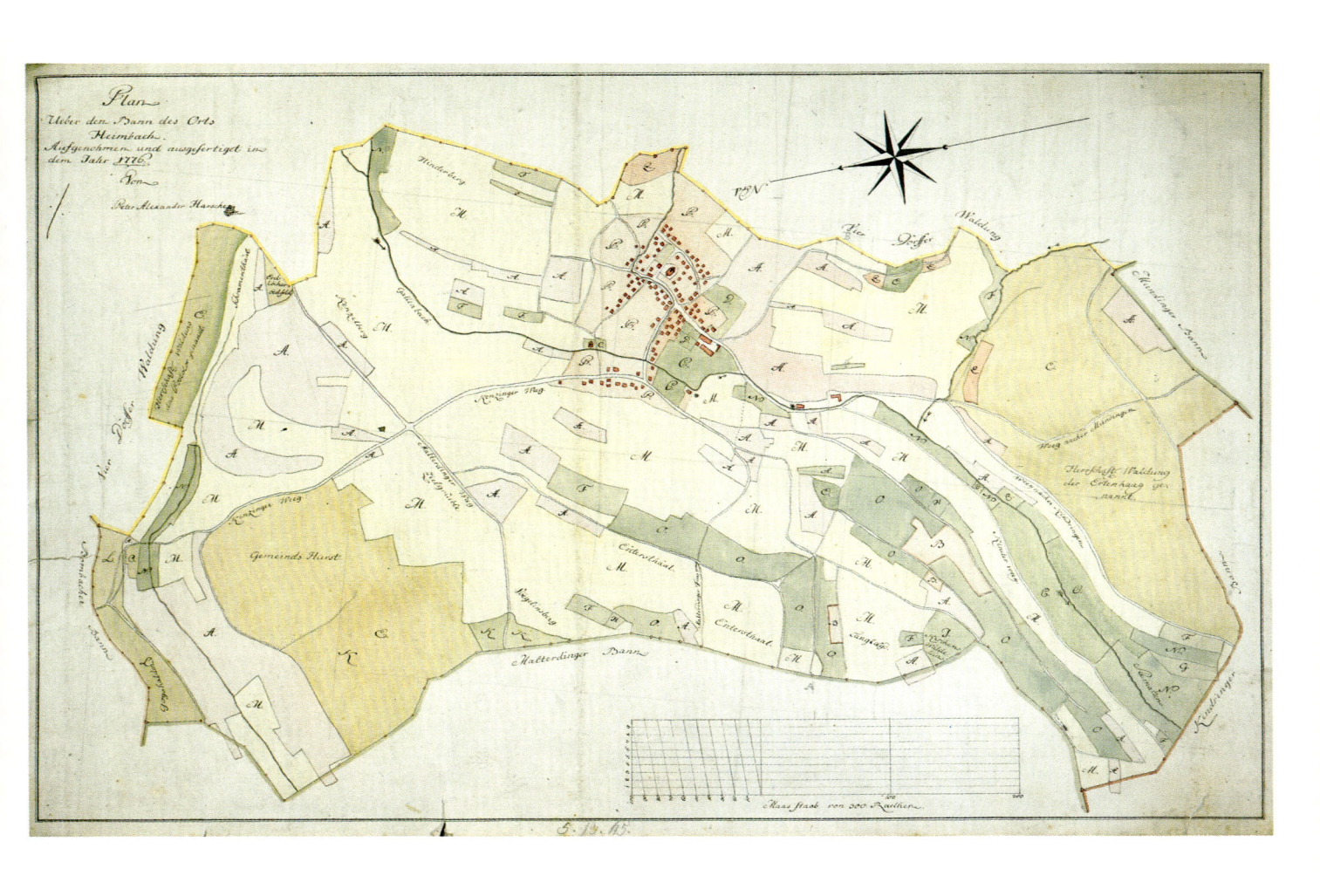

Gemarkungsplan der vorderösterreichischen Lande im Breisgau - Heimbach, 1776 (GLA H/Heimbach 1a)

Recht, Holz aus dem Vierdörferwald zu holen, acht Schweine in das Eckerricht zu schicken und über den Mühlbach zu bauen. Eine Mühle war demnach zu dieser Zeit schon vorhanden. Ein förmlicher Bewilligungsbrief für das Ziegeleirecht wurde 1617 ausgestellt.

Die Ziegel aus Heimbach erfreuten sich bald eines guten Rufes. Sie wurden wegen ihrer Qualität, zum Ärger der markgräflichen Beamten, auch in den Gemeinden der Markgrafschaft bevorzugt gekauft. Die Ursache war vermutlich der in Heimbach vorhandene Lehm, der bei Produktion der Ziegel verwendet wurde. Auch die Heimbacher Grundherrschaft hatte dessen Vorzüge erkannt und verstand es, daran zu verdienen. So heißt es im Kaufvertrag vom 30. März 1652: *Item von jedem Sester Weißerden, so zu Heimbach verkauft oder hinweg geführt wird, gibt man der Obrigkeit zwei Pfennig.* Dieser Zoll wurde später an einen Einwohner verpachtet, im Jahre 1780 betrug der Pachtpreis zwei Gulden und zehn Batzen.

Das wichtigste Gewerbe in Heimbach war zweifellos die Arbeit in den Steinbrüchen. Der Erlös aus dieser Arbeit war so gut, daß der Markgraf von Baden-Durlach im Jahre 1652 einen Anteil verlangte. Die Steinbrüche lagen im Vierdörferwald, der den beteiligten vier Gemeinden zur gemeinsamen Nutzung zustand. Der Herr von Goll wandte sich an die Regierung in Freiburg mit der Bitte zu verhindern, daß *gemelte von Heimbach von ihren beamten mit einer neuerung der steinbrüchen halber beschwert oder auch die abgenommene straff einig rechtmäßigen statt und platz haben sollte.* Der markgräfliche Oberamtmann Hans Ulrich Mahler war nicht in der Lage, die Ansprüche zu belegen. So zog sich der Rechtsstreit über Jahre hinweg, und verlief schließlich im Sande. Auch die Kommission, die im August 1766 Heimbach besuchte, stellte fest: *Steine aus den beträchtlichen Steinbrüchen werden das ganze Jahr hindurch ins Land gefahren.* Sie sah allerdings darin einen erheblichen Nachteil für die örtliche Landwirtschaft. Da die Pferde und Ochsen aus dem Dorf ständig unterwegs seien, gehe der Mist verloren.

Auf Nachteile anderer Art wies die Gemeinde hin, die in den Jahren 1771 und 1782 zwei Anträge um einen Zuschuß für den Ausbau der Landstraße an den landständischen Konseß in Freiburg richtet. Die Straße über den Kenzelberg *sei so übel zugerichtet, daß zu befürchten ist, sie möchte kurz oder lang ganz und gar unbrauchbar werden.* Für den Ausbau der Straße von **Köndringen** nach Heimbach wurden 805 Klafter Steine sowie steinerne Dohlen für Brücken und Gräben benötigt, für die Straße über den Kenzelberg wurden 150 Lasten Kalkstein aufgewendet. Der Fuhrlohn betrug 400 Gulden. Von der Regierung wurde jeweils die Hälfte der Materialkosten übernommen, denn *die Straße dient dem allgemeinen Nutzen.*

Außerdem wurde den Bürgern genehmigt, die der Obrigkeit zu leistenden Fronarbeiten zurückzustellen, bis die Feldarbeiten erledigt seien. Unter den Steinhauermeistern in der Gemeinde herrschte ein harter Konkurrenzkampf. Neulinge mußten oft jahrzehntelang als Gesellen arbeiten, bis sie Zulassung als Meister erhielten. Dies ergibt sich aus dem Antrag des Gesellen Mathias Kaiser aus dem Jahre 1784. Er hatte eine Witwe mit zwei Kindern geheiratet. Das Bürgerrecht in Heimbach hatte er nur unter der Bedingung erhalten, als Geselle zu arbeiten, bis sich die Zahl der vorhandenen Steinhauermeister wieder verringerte. Er hatte diese Bedingung unterschrieben, hielt sie aber im Nachhinein für ungerecht, da sowohl seine Vorfahren als auch der verstorbene Ehemann seiner Frau Steinhauermeister gewesen seien. Als Geselle erhielt er einen täglichen Lohn von 18 Kreuzern und zwei Kreuzer für Verpflegung oder Stücklohn von 30 bis 36 Kreuzern. Im Winter betrieb er außerdem mit seiner Frau eine Handlung mit Haushaltswaren. Dieses Einkommen reichte nach seinen Angaben kaum aus, den Lebensunterhalt für die Familie zu bestreiten und die fälligen Zinsen für vorhandene Schulden zu bezahlen. Den im Ort tätigen Steinhauermeistern (neun an der Zahl) ginge es gut, sie würden die Konkurrenz eines weiteren Meisters kaum spüren. *Die nötige Unterkunft für alle Dorfbewohner sei wichtiger, als der Überfluß weniger Zunftgenossen,* meinte er. So verständlich diese Argumente sein mögen, sein Antrag wurde abgelehnt, sowohl von der Grundherrschaft, als auch von der Regierung in Freiburg.

Noch schlimmer erging es dem Steinhauer Georg Wild, der nach seiner Militärzeit im Jahre 1800 eine Steinhütte bei Tennenbach übernahm. Er wollte die dort wohnhafte Agnes Ober-

*Steinbruch in Heimbach, Aquarell von Max de Ring, 1830.
Original im Augustinermuseum Freiburg*

gefäll heiraten. Doch Tennenbach nahm ihn nicht in der Gemeinde auf und Heimbach lehnte den Zuzug der künftigen Ehefrau ab. In seinem Antrag an die Regierung wies er auf ein gutes Einkommen hin, das ihm auch Ersparnisse für das Alter ermögliche. Außerdem habe Heimbach in den letzten Jahren schon *einige Ausländer aus dem Badischen* aufgenommen. Diese Argumente überzeugten. 1802 wurde Heimbach angewiesen, den Zuzug der Agnes Obergefäll zu gestatten.

Der Vierdörferwald

Doch nicht allein die Gemeinde Heimbach hatte zu entscheiden, wer in den Steinbrüchen arbeiten durfte oder das Recht zur Ausbeutung erhielt. Die wichtigsten Steinbrüche lagen im Vierdörferwald und dieser wurde bis zu seiner Aufteilung von den beteiligten Gemeinden Heimbach, Köndringen, Malterdingen und Mundingen gemeinsam bewirtschaftet. Zur Nutzung gehörten laut Waldordnung der Bezug von Bau- und Brennholz, die Viehweide und das Eckericht und die Ausbeutung von Erd- und Steingruben. Die älteste, noch vorhandene Waldordnung stammt aus dem Jahr 1482; sie geht auf eine Urkunde aus dem Jahr 1353 zurück. Das Recht am Wald hatten die vier Gemeinden jedoch *seit unvordenklichen Zeiten.*

Das besondere an diesem Rechtsgebilde war, daß die Berechtigten bis zum Ende des 18. Jahrhunderts zum größten Teil leibeigen, als Waldgemeinschaft jedoch selbständig waren und sogar mit adeligen Herren Verträge abschlossen. Andererseits waren nicht alle Bürger der vier Gemeinden berechtigt; sie mußten sich das Nutzungsrecht zusätzlich erwerben. Die Waldordnung unterschied zwischen Waldgenossen und Waldherren. Genossen waren alle *die in den vier Dörfern sind, und dem Wald geschworen haben.* Das waren im Jahre 1752 in Heimbach 55, in **Köndringen** 95, in Malterdingen 128 und in Mundingen 60 Bürger. Sie hatten besondere Pflichten, von denen die Waldherren, nämlich die Adeligen, entbunden waren. Dann gab es die sogenannten Freihölzer, zu denen neben den Adeligen auch die Pfarrer, die Vögte, der Stabhalter und der Heimburger, aber auch der Bott, die Hebammen, der Nachtwächter und die Bannwarten gehörten. Der Markgraf von Baden mußte sich von den Vertretern der vier Gemeinden sagen lassen, als Vogt über den Vierdörferwald habe er *Schutz und Schirm* zu gewähren, jedoch nicht die Rechte einer Obrigkeit.

Die älteste Urkunde über ein gemeinsames Recht der vier Gemeinden an dem Wald befindet sich im Tennenbacher Güterbuch und geht auf das Jahr 1269 zurück. Sie betrifft einen Streit, den Abt Heinrich mit den *gebursami* von Malterdingen, Mundingen, Köndringen und Heimbach wegen des *Brennersholz* führte.

Geschichtlich bedeutsamer ist eine Urkunde aus dem Jahre 1279, die vom Erwerb eines *ackers bei Schadelandegge* durch Dietrich von Landeck berichtet. Auf diesem Grundstück steht heute noch die Ruine Landeck. Die verschiedenen Grund- und Ortsherrschaften, die in den vier Gemeinden ansässig waren, waren am Vertrag nicht beteiligt. Die alleinige Entscheidung über die Nutzung des Waldes und über Strafen bei Waldfrevel lag in den Händen des Waldgerichts. Es tagte jedes Jahr einmal am Hermannsbrunnen, und führte alle sieben Jahre den Waldumgang durch. Es bestand aus 24 Waldrichtern, je sechs aus den vier Dörfern, von denen jeweils einer im Wechsel den Vorsitz führte. Aus Heimbach war dies in der Regel der Stabhalter, während der Heimburger das Jahr über die Anzeigen wegen Waldfrevel entgegennahm und über besondere Nutzungen entschied. Der Landvogt als Vertreter des Markgrafen nahm nur am Waldumgang teil. Hier wurden Streitigkeiten mit den Angrenzern entschieden und die jungen Männer vereidigt.

Über die Nutzung des Waldes sind in der Waldordnung zahlreiche Bestimmungen enthalten. Holz durfte nur vom St. Gallustag bis Ostern gefällt und mußte innerhalb der folgenden vier Wochen abgefahren werden. Nur beim Bau von Mühlen und Trotten sowie für Brandgeschädigte galt eine Frist von einem Jahr. Brennholz erhielten die Waldgenossen in der Regel ein Klafter und 100 Wellen, Freihölzer sechs Klafter, Pfarrer zwölf Klafter und 600 Wellen. Die Waldherren hatten freies Holzrecht im ganzen Wald. Im Eckericht durfte jeder

Waldgenosse vier Schweine in den Wald treiben, der Markgraf und die Grundherrschaft Heimbach hatten das Recht für 32 Schweine. Wer keine Schweine hatte, durfte an bestimmten Tagen im Wald Eicheln sammeln.
Schon im 16. Jahrhundert versuchte der Markgraf seine Rechte auszudehnen. Dabei ging es zunächst um das Jagdrecht, das dem Vogt zustand und durch Erbfolge von der Herrschaft Hochberg auf Baden übergegangen war. So erließ er im Jahre 1548 ein *verpott, die hölzer mit zu verwüsten in der vier dörfer waldt.*
Dieses Verbot richtete sich gegen den Brauch der Waldgenossen, das Vieh in die abgeholzten Teile des Waldes zu treiben. Dabei wurden zwangsläufig alle Jungpflanzen vernichtet. Er verlangte, die abgeholzten Schläge sollten für vier Jahre gesperrt werden. Man wird hier den Forstbeamten, die hinter dieser Anordnung standen, zubilligen müssen, daß sie durchaus im beruflichen Interesse handelten. Für die Waldgenossen, und hier vor allem für die Bewohner von Heimbach, war dies eine unzulässige Einmischung in ihre angestammten Rechte. Dadurch gab es in den folgenden 200 Jahren eine Reihe von Zwischenfällen, von denen hier nur die markantesten erwähnt werden sollen.
Im Juli 1576 wurde der elfjährige Sohn des Heimbacher Vogts festgenommen, weil er auf einem Kirschbaum Leimruten gelegt und damit nach Meinung der markgräflichen Beamten einen Jagdfrevel begangen hatte. Auch der Heimbacher Forstknecht wurde verhaftet, einmal im Wald auf Heimbacher Gemarkung bei der Jagd, ein zweitesmal bei einem Wirtschaftsbesuch in Malterdingen. Als kurze Zeit später der Hochburger Jäger Johann Türnig am hellen Tag durch Heimbach ritt, wurde sogar Erzherzog Ferdinand von Österreich eingeschaltet, weil die Hoheitsrechte des Landesherrn verletzt worden seien.
Im Jahre 1584 ließen die markgräflichen Beamten 38 Stück Vieh im Wald pfänden und nach Emmendingen bringen; hier protestierten alle vier Dörfer gemeinsam dagegen. Der Markgraf ordnete sofort die Freigabe an, denn die markgräflichen Beamten waren garnicht berechtigt, im Vierdörferwald eine Pfändung durchzuführen. Dieses Recht hatte nur das Waldgericht, und die fällige Strafe stand der gemeinschaftlichen Waldkasse zu und nicht der markgräflichen Verwaltung.
Im März 1651 ließ der Markgraf im Heimbacher Bann Holz schlagen und zum Ziegelhof nach Landeck bringen. 1667 wurde im Wald eine Fläche mit einem Umfang von 3000 Schritt als Schutzgebiet für Wild eingehegt. Als sieben Heimbacher Bürger deswegen in Emmendingen protestierten, warf ihnen Forstdirektor Besold das Protestschreiben vor die Füße. Er ließ die Stadttore schließen und drohte mit Gefängnis, falls sie die Stadt nicht sofort verlassen würden.
Im Juni 1724 ereignete sich ein Zwischenfall, der einem Stück des Waldes an der späteren Gemarkungsgrenze zwischen Heimbach und Köndringen seinen Namen gegeben hat. In der Nähe eines tiefen Grabens, des heutigen *Kaplonerloch* wurde Christian Nopper, der damalige Hauskaplan der Familie von Duminique, tot aufgefunden. Heimbacher Bürger brachten den Toten ins Dorf, wo er am 11. Juni begraben wurde. Der Markgraf war nun der Meinung, der Kaplan sei auf markgräflichem Territorium gestorben, der Todfall (Erbschaftssteuer) würde daher ihm zustehen. Er verlangte außerdem die Auslieferung der *Deliquenten*, die den Toten nach Heimbach gebracht hatten, statt nach Emmendingen.
Weitere Auseinandersetzungen gab es 1730 wegen einer Treibjagd, die der Herr von Duminique durchführte, 1731 als zwei Heimbacher Steinhauer verhaftet wurden, weil sie ohne die Erlaubnis des Markgrafen Steine gebrochen hatten, 1740 als einigen Heimbacher Bürgern die Äxte abgenommen wurden und 1753 als fünf Heimbacher sich *erfrecht* hatten, mit Flinten und Hunden im Wald zu jagen. Die Männer wurden festgenommen und erst aufgrund einer Kaution, die der Emmendinger Löwenwirt für sie bezahlte, wieder freigelassen. Die Strafe von 75 Gulden und die Kosten von 17 Gulden wurden schließlich vom Herrn von Duminique bezahlt. Dieser revanchierte sich ein Jahr später, indem er mehrere Bürger aus Teningen verhaften ließ und zwar wegen Schäden, die diese acht Jahre vorher in Heimbacher Reben angerichtet hatten.
Nach jahrelangen Beratungen und vielen Vorschlägen wurde der Wald im Jahre 1768 in der Nutznießung geteilt, während das Eigentum am Grund und Boden und damit auch an den

Steinbrüchen gemeinschaftlich blieb. Wegen des schlechten Zustandes des Waldes verzichtete Freiherr von Duminique zugunsten der Heimbacher auf seinen bis dahin unbegrenzten Anspruch auf Brennholz. *Bis der Wald in einem vollkommen guten Zustand gekommen* sei, wolle er sich mit der dreifachen Portion eines Freihölzers (9 Klafter Holz und 450 Wellen) zufrieden geben.

Die endgültige Aufteilung des Waldes erfolgte durch Vertrag vom 19. November 1838. Dabei wurden die 70 Jahre vorher für die Nutznießung festgelegten Grenzen zugrunde gelegt. Für die in ihrem Teil befindlichen Stein- und Erdgruben mußte die Gemeinde Heimbach eine Entschädigung zahlen, die aus dem zwanzigfachen Steinbruchzins berechnet wurde. Die Einwohner der drei anderen Gemeinden behielten jedoch das Recht, für Bauvorhaben weiterhin Steine zu holen, wobei nur der Brecherlohn zu zahlen war. Auch die gemeinsame Waldkasse wurde aufgehoben.

Stiftung oder nicht?

Eine Betrachtung über den Vierdörferwald wäre unvollständig, wenn nicht auch die Frage angesprochen würde, die schon viele Historiker beschäftigt hat. Wie kamen die vier Dörfer in den Besitz dieses Waldes? War es die Stiftung eines adeligen Fräuleins, oder haben die Vorfahren bei der alemannischen Landnahme ganz einfach davon Besitz ergriffen?

Für eine Stiftung spricht zunächst die Tatsache, daß die vier Dörfer bei den Auseinandersetzungen mit dem Markgrafen sich immer wieder darauf berufen haben. Als urkundlicher Nachweis diente ihnen dabei ein Eintrag im Anniversarienverzeichnis der Kirche in Heimbach. Danach wurde für eine Gräfin von Nießenberg jedes Jahr am Sonntag Trinitatis eine Messe gelesen. Dafür bezahlte jede der vier Gemeinden an den Heimbacher Pfarrer jährlich einen Gulden. Erst im Jahre 1893 wurde diese Gebühr mit dem fünfundzwanzigfachen Jahresbetrag abgelöst. In diesem Vertrag wird ausdrücklich festgehalten, daß die vier Gemeinden *von der Gräfin Nysenburg einen Wald zum Geschenk erhalten* haben.

Es gibt jedoch gewichtigere Argumente, die gegen eine Stiftung sprechen. So ist in der Waldordnung aus dem Jahre 1353 nichts davon erwähnt, und es gibt keine Stiftungsurkunde. Zwar sind in den Kirchenrechnungen von 1682 bis 1684 Einnahmen von jeweils drei Gulden aufgeführt, *wegen der Stiftung des Vierdörferwaldes.* Im Jahre 1694 wurde zwischen den vier Dörfern sogar eine Vereinbarung über die Gedächtnisfeier für das Fräulein von Nießenberg abgeschlossen, *von welcher gemelter Wald deputiert und herrührt.* Doch schon einige Jahre später weigerten sich Köndringen, Malterdingen und Mundingen, ihren Beitrag zu zahlen, *weil man auch nichts schriftliches gehabt, und die Sache sei erfunden worden.* Erst 1709 wurde wieder bezahlt, wobei die Gemeinden auf Protokolle aus dem Jahre 1665 verweisen. Schließlich ist die Gräfin von Niesenberg im Anniversarienbuch von 1736 lediglich als Wohltäterin der Kirche bezeichnet; auch hier fehlt ein Hinweis auf eine Stiftung. Letzten Endes ist auch von Bedeutung, daß die Gebühr für die Jahrtagsmesse aus den Gemeindekassen bezahlt wurde und nicht aus der Waldkasse, aus der sonst alle Auslagen entrichtet wurden, die im Zusammenhang mit dem Vierdörferwald standen.

Dazu noch einige allgemeine Überlegungen. Ein Adelsgeschlecht mit den Namen Niesenberg ist für unsere Gegend nicht nachzuweisen. Geht man von einem Schreibfehler aus, so gibt es sehr schnell eine Verbindung zu dem Geschlecht von Üsenberg, das ja in nächster Nähe seinen Sitz hatte, und dem zeitweise auch Teile von Heimbach gehörten. Gerade von diesem Geschlecht sind noch zahlreiche Urkunden vorhanden, ein Waldstück von der Größe und der Lage des Vierdörferwaldes ist in keiner von ihnen erwähnt. Die letzte Trägerin des Namens Üsenberg starb im Jahre 1430 in tiefer Armut als Klosterfrau in Waldkirch. Erwähnt werden in alten Urkunden auch ein Hugo von Ysenburg, und im Jahre 1567 ein Martin von Nüppenberg, der Rechte in Heimbach, Waldkirch, Heuweiler, Jechtingen und Kiechlinsbergen hatte. Ein Zusammenhang mit einer Stiftung ergibt sich aus diesen Urkunden jedoch nicht. Außerdem muß dabei berücksichtigt werden, daß die vier Dörfer bereits im Jahre 1269 gemeinsame Besitzer des Waldes waren.

Die Zeit der Reformen

Kaiserin Maria Theresia von Österreich und ihr Sohn Joseph II. versuchten durch einschneidende Reformen die Untertanen stärker an das Kaiserhaus zu binden und so eine Grundlage für einen zentralistischen Gesamtstaat zu schaffen. Das war nur möglich, wenn gleichzeitig die Rechte von Adel und Kirche beschnitten wurden. Maria Theresia hatte das Steuerbewilligungsrecht der Stände abgeschafft, und die Adeligen zum Dienst für die Monarchie verpflichtet.

Nicht besonders gut waren die Eindrücke, die Joseph II. bei einem Besuch in Vorderösterreich bekam: ein übermäßig besetztes Regierungskollegium, das wenig leistet, aber die Hälfte der Einkünfte verzehrt, eine rückständige Verwaltung, eine schlechte Universität, ein kostspieliges und unnützes Zuchthaus, in dem die Verbrecher sich besser befinden, als draußen die freien Arbeiter.

Seine herausragenden Leistungen waren ohne Zweifel die Religionsfreiheit durch das Toleranzpatent vom 13. Oktober 1781, die Aufhebung der Leibeigenschaft im Jahre 1782, die Abschaffung der Folter durch das Josephinische Gesetzbuch, sowie die Förderung von Schul-, Bildungs- und Gesundheitswesen. Die Eingriffe in jahrhundertealte Rechte führten allerdings auch zu heftigem Widerstand bei den betroffenen Kreisen.

Im Jahre 1782 hatten Adel und Geistlichkeit eine Eingabe verfaßt, die von Fürstabt Gerbert aus St. Blasien nach Wien gebracht und er persönlich dem Kaiser übergeben hatte. Damit wollten sie vor allem die Ablösung der Fronen und der bestehenden Lehen verhindern. Zur Begründung wurden finanzielle Schwierigkeiten der Untertanen angeführt. So schrieb der Abt von Schuttern, *es sei zu bedenken, daß manche Pächter die Zinsen jahrelang nicht bezahlt hätten, also könnten sie auch die Ablösung nicht bezahlen.* Bei den Fronen sollten pro Untertan zwei halbe Tage Jagdfron jährlich und alle zwei Jahre ein Botengang bleiben. Beide Anträge wurden vom Kaiser abgelehnt. Er machte vielmehr die Gemeinden für die baldige Ablösung, die durch Pauschbeträge in Getreide oder Geld erfolgen konnte, haftbar. Falls nicht pünktlich bezahlt wurde, mußten die Arbeiten von Tagelöhnern ausgeführt werden, die von der Gemeinde verköstigt werden mußten.

Die Aufhebung der Leibeigenschaft beseitigte nur die Bindung der Landbevölkerung, außerdem fiel der Leibschilling, eine jährliche Geldabgabe an die Grundherrschaft weg. Bestehen blieb dagegen das Abzugsgeld, das beim Wegzug in eine andere Gemeinde zu zahlen war. Es betrug laut einer Verordnung von 1753 drei Prozent des Vermögens, nach Abzug von Schulden und Kosten. Dazu kam die sogenannte Drittelspflicht, die für Liegenschaften bei jedem Besitzwechsel in Höhe von fünf Prozent des Kaufpreises zu zahlen war.

Junge Männer im wehrdienstfähigen Alter benötigten für den Wegzug eine besondere Genehmigung der Obrigkeit. Der Antrag eines Georg Band, der im Sommer 1785 nach Winzenheim im Elsaß wollte, wurde abgelehnt, obwohl er zum Militär für untauglich befunden wurde. Sein Argument, er könne eine *vorteilhafte Parthie, die 600 Gulden ungefähr bringe*, machen, beeindruckte die Obrigkeit offenbar nicht. Es ist ohnehin auffällig, daß für Heimbach in den Jahren 1743 bis 1801 nur sieben Fälle aktenkundig sind, in denen eine Auswanderung genehmigt wurde. In allen sieben Fällen war Österreich-Ungarn das Ziel der Auswanderer.

Alle sonstigen Abgaben wurden durch die Aufhebung der Leibeigenschaft und die Abschaffung der Fronen nicht berührt. Letzten Endes handelte es sich dabei um nichts anderes als Steuern, wie sie auch heute bezahlt werden müssen. Der Staat und die Kirche hatten auch damals eine Reihe öffentlicher Aufgaben, die finanziert werden mußten. Aus einem Verzeichnis vom 15. November 1784 sind folgende Abgaben entnommen, die der Grundherrschaft in Heimbach zustanden:
1. jährlich vier Sester Steuerhafer von allen Bürgern und Insassen mit eigenem Haushalt, ausgenommen Personen im Leibgeding;
2. desgleichen jährlich ein Fastnachtshuhn oder 12 Kreuzer;
3. der Erbfall, beim Tod das beste Stück Vieh, ist kein Vieh vorhanden, das beste Kleid oder ein Gerätschaft;
4. von den Hintersaßen jährlich drei Gulden Hintersaßgeld;
5. vom Gastwirt das Umgeld, und zwar den Preis für jede

225

zehnte Maß, die er ausschenkt;
6. das Judengeld, von allen Juden, die den Heimbacher Bann betreten, entweder eine jährliche Pauschale, oder für jedes Mal zehn Kreuzer;

Außerdem hatte der Grundherr die sogenannte Back- und Metzigbankgerechtigkeit, die mit dem Wirtshaus im *untern Dorf* verbunden war. Danach durfte ohne seine Zustimmung kein anderes Wirtshaus und kein öffentlicher Branntwein- oder Bierausschank errichtet werden. Dazu kam das Recht, von jedem Stück Großvieh, das an einen anderen Metzger geliefert wurde, die Zunge zu fordern.

Dem Heimbacher Kaplan war im Vertrag von 1505 mit 15 Mutt Roggen und vier Saum Wein ein kärgliches Einkommen bewilligt worden. Sofern ihm die Einwohner keine freiwilligen Hilfsdienste leisteten, mußte er die zur Kirche gehörenden Grundstücke selbst bestellen. Es wurde ihm lediglich noch das Recht eingeräumt, sein Vieh kostenlos dem Hirten mit auf die Weide zu geben. Im Laufe der Jahre wurde die Pfarrkompetenz mehrfach erweitert. Im Jahre 1779 gehörten folgende Abgaben dazu:
a) der Etterzehnte von Heimbach,
b) der große Zehnte von Bombach,
c) der Obst- und Blutzehnte (Schweine, Schafe und Güller) von beiden Orten,
d) der kleine Zehnte von beiden Orten,
e) Vergütungen für Hochzeiten, Taufen und Beerdigungen.

Reich konnte man damit nicht werden. Das zeigt die Tatsache, daß im gleichen Jahr rückständige Steuern des Pfarrers in Höhe von 295 Gulden und 59 Kreuzern festgestellt wurden. Sie wurden einem Pfarrer Peter Wagner zur Last gelegt, der sich nach zweijähriger Tätigkeit *ins Ausland* abgesetzt hatte. Er hatte eine Pfarrei in Sulz übernommen, und dort konnte die Forderung nicht vollstreckt werden.

Aufgrund der im Jahre 1561 mit dem Markgrafen von Baden abgeschlossenen Verträge hatte das Kloster Schuttern die ihm zu diesem Zeitpunkt zustehenden Rechte in den evangelisch gewordenen Orten behalten. Gleichzeitig behielt es auch die Pflicht, für den Unterhalt der Pfarrer und die bauliche Erhaltung der kirchlichen Gebäude aufzukommen. Da die evangelischen Pfarrer Familie hatten, mußte ihre Kompetenz erhöht werden. Sie war in Jahren mit schlechter Ernte oft höher als der Ertrag des Zehnten.

Aufgrund der zentralen Lage zwischen mehreren evangelischen Orten wurde in Heimbach eine Schaffnei mit einem Schaffner eingerichtet. Dieser hatte die Zehnten einzuziehen und die Kompetenzen für die Pfarrer und die Quart (ein Viertel des Zehnten) für den Bischof in Konstanz an diesen weiterzuleiten. So wurden zum Beispiel im Jahre 1734 folgende Mengen an Getreide und Wein an die Schaffnei abgeliefert:
a) von **Köndringen** 200 Mutt Getreide, 20 Saum und 8 Viertel Wein,
b) von Malterdingen 63 Mutt Getreide, 15 Saum und 8 Viertel Wein,
c) von Mundingen 190 Mutt Getreide, 7 Saum und 12 Viertel Wein,
d) von Niederemmendingen 75 Mutt Getreide, 3 Saum Wein,
e) von Keppenbach 40 Viertel Hafer,
f) von **Landeck** 6 Saum Wein, und zwar 4 Saum weiß und 2 Saum rot.

Von zehntpflichtigen Bürgern aus Heimbach wurden 113 Mutt und drei Sester Getreide, sowie 20 Saum Wein angeliefert. Der Schaffner erhielt für seine Arbeit jährlich 12 Sester Weizen, je 24 Sester Roggen und Gerste und 5 Saum Wein. Außerdem hatte er die Nutznießung an einem Acker beim Hermannsbrunnen. Als nach der Auflösung der Klöster auch das Amt des Schaffners wegfiel, bewilligte die badische Regierung dem letzten Amtsinhaber Hügle eine lebenslängliche Pension in Höhe der Hälfte der bisherigen Naturalbezüge. Der Acker wurde verkauft.

Bei der Ablösung des Zehnten, der auf das Land Baden übergegangen war, wurde im Jahre 1857 eine Ablösungssumme aus dem zwanzigfachen Jahresertrag von 12.276 Gulden errechnet. Für die Ablösung der Bodenzinsen mußten weitere 7.697 Gulden bezahlt werden.

Neue Kriegszeiten

Die französische Revolution von 1789 brachte neue Kriege und Belastungen für die Bevölkerung. Am 26. Juni 1796 überschritten französische Truppen unter General Moreau die Rheingrenze. Vom 10. Juli an waren in Heimbach französische Truppen einquartiert. Der Wert der Sachen, die *abgeliefert, weggenommen, gestohlen und zusammengeschlagen*, wurden, wurde in einer späteren Schadensmeldung mit 13.934 Gulden beziffert. Allein Freiherr von Duminique machte 1.726 Gulden geltend. Von der Bevölkerung wurden unter anderem 170 Saum Wein, 60 Zentner Heu, 1.060 Bund Stroh, 46.000 Rebstecken, dazu Pferde, Schweine und ein Bienenstock aufgeführt. In 24 Manshauet Reben wurde der Ertrag vernichtet.
Im Oktober 1796 begann die Gegenoffensive der österreichischen Truppen unter Prinz Karl. Am 17. Oktober begann die Schlacht bei Emmendingen, die vier Tage dauerte. Prinz Karl hatte sein Hauptquartier im Pfarrhaus von Bombach eingerichtet, während das Zentrum der französischen Truppen unter General Moreau auf den Höhen von Landeck und Tennenbach stand. Die Gemeinde Malterdingen wechselte mehrfach den Besitzer, während Heimbach erst am 24. Oktober von den Franzosen geräumt wurde.

1797 mußten für österreichische Truppen Kosten in Höhe von 493 Gulden von der Heimbacher Bevölkerung aufgebracht werden, und 1801/02 lagen wieder französische Truppen im Quartier. Hier mußten zunächst 40 Mann Kavallerie mit ihren Pferden für 24 Wochen versorgt werden, danach ein Offizier mit 11 Soldaten, dazu vier Frauen mit Kindern.

Wie hart jene Zeiten waren, zeigt auch ein Blick in die noch vorhandenen Pfarrbücher. Im Jahre 1787 starben in Heimbach acht Personen an Ruhr. Von 1785 bis 1789 ist in 13 Fällen als Todesursache angegeben *Unzeitigkeit*, und von 1796 bis 1805 in 20 Fällen *Auszährung*. 1796 starben zehn Kinder an Blattern, 1803 waren es 36 Kinder im Alter bis zu acht Jahren.

Im September 1806 wurde in Heimbach ein unbekannter französischer Soldat (Dragoner) beerdigt, der im Spital in Tennenbach an Wundfieber gestorben ist. Da sich in Tennenbach ein großer Soldatenfriedhof befand, läßt die Beerdigung in Heimbach auf eine persönliche Beziehung zu dem Dorf schließen. Eine erschreckend hohe Zahl von 37 Toten ist 1814 im Sterbebuch eingetragen. Ein Vergleich dazu: in den Jahren 1680 und 1700 gab es jeweils drei Sterbefälle.

Die Neuaufteilung von Ländern und Herrschaften aufgrund der napoleonischen Kriege brachte für Heimbach innerhalb von zehn Jahren zwei neue Landesherren.
Im Jahre 1797 kam Vorderösterreich durch den Friedensvertrag von Campo-Formio an den Herzog Herkule d'Est von Modena. Dieser hatte in Oberitalien erhebliches Gebiet verloren und wurde nun dafür entschädigt. Er trat die Herrschaft im Jahr 1803 an, starb jedoch kurze Zeit später.
Im Frieden von Pressburg vom 26. Dezember 1805 wurden der Breisgau und die Ortenau zum Kurfürstentum Baden geschlagen, das kurze Zeit später zum Großherzogtum aufgewertet wurde. Die offizielle Besitzergreifung erfolgte am 28. Januar 1806 durch eine Kundmachung des Kurfürsten Carl Friedrich von Baden. Ein Protest der Breisgauer Ritterschaft blieb ohne Erfolg. Die förmliche Übergabe fand am 15. April 1806 in einer Feier im Freiburger Münster statt. Die fast 450 Jahre dauernde Landeshoheit des Hauses Habsburg über die Gemeinde Heimbach ging damit zu Ende.

Das Kloster Schuttern überlebte diesen Wechsel nur um wenige Monate. Im Reichsdeputationshauptschluß vom Jahre 1803 wurden die geistlichen Hoheits- und Eigentumsrechte aufgehoben. 25 Fürstbistümer und 44 Abteien wurden dadurch praktisch enteignet. Im ehemaligen Vorderösterreich gab es durch den Tod des Herzogs Herkule d'Est einen kurzen Aufschub. Am 17. Dezember 1805 nahm der Kurfürst von Baden das Kloster in Besitz, und zum 31. August 1806 wurde es aufgelöst.

Quellen und Literaturverzeichnis

zu den Beiträgen "Berühmte Mitglieder der Familie Sander" und "Geschichte von Heimbach"

Quellen

Generallandesarchiv Karlsruhe
Staatsarchiv Freiburg
Erzbischöfliches Archiv Freiburg
Archiv des Ortschaftsamts Teningen-Heimbach
Archiv des katholischen Pfarramts St. Gallus Heimbach
Archiv der Familie Sigismund Freiherr von Elverfeldt, Teningen-Heimbach (Freiherrlich von Ulm'sches Archiv)
Archiv des evangelischen Pfarramts Köndringen

Literatur

Albert, Peter P.: Der Übergang Freiburgs und des Breisgaus an Baden 1806. In: Zeitschrift der Gesellschaft für Beförderung der Geschichts-, Altertums- und Volkskunde von Freiburg, dem Breisgau und den angrenzenden Landschaften 22 (1906)

Badische Biographien. (Hrsg.) Friedrich v. Weech. 6 Bde. Heidelberg 1875-1935

Die Benediktinerklöster in Baden-Württemberg. (Bearb.) Franz Quarthal u.a., Augsburg 1975. (Germania Benedictina, 5)

von Elverfeldt, Sigismund: Heimbach und die Abtei Schuttern. In: Festschrift zum 60jährigen Bestehen des Musikvereins Heimbach

Erdmannsdörfer, Bernhard (Hrsg.): Das badische Oberland im Jahre 1785. Reisebericht eines österreichischen Kameralisten. Karlsruhe 1893. (Badische Neujahrsblätter, 3)

von Freyhold, Rudolf: Breisgauer Herrenhäuser. Würzburg 1939

Gothein, Eberhard: Der Breisgau unter Maria Theresia und Joseph II. (Neujahrsblätter der Badischen Historischen Kommission, N.F. 10) Heidelberg 1907

Hacker, Werner: Auswanderungen aus Baden und dem Breisgau. Stuttgart 1980

Heimbach, Breisgau. 759-1500-1777-1977. Gedanken und Anregungen aus der Geschichte des Dorfes, der Kirchen und der Orgeln. Hrsg. vom Kathol. Pfarramt Heimbach. München 1978

Heinsius, Wilhelm: Johann Friedrich Oberlins Schul- und Erziehungsreise in die Markgrafschaft Hochberg. In: Schauinsland 70 (1952)

Herbst, Christian P.: Geschichte des Dorfes Mundingen in der Vor- und Jetztzeit. Karlsruhe 1856

Kraus, Franz Xaver (Bearb.): Die Kunstdenkmäler der Amtsbezirke Breisach, Emmendingen, Ettenheim... Tübingen 1904. (Die Kunstdenkmäler des Großherzogtums Baden, Bd. 6, Abt. 1)

Krieger, Albert: Topographisches Wörterbuch des Großherzogtums Baden. 2. Aufl. Karlsruhe 1905

Merkle, Hans: Heinrich Sander - ein Karlsruher Professor auf Reisen. In: Badische Heimat 57 (1977) S. 41-45

Moser, Max: Der Schulmeister des vorderösterreichischen Breisgau um die Mitte des 18. Jahrhunderts. Berlin 1907

Oldendorf, Karl Heinrich: Der vorderösterreichische Breisgau nach dem Dreissigjährigen Krieg und seine Bedeutung für das Haus Habsburg-Österreich. Diss. Freiburg 1957

Poinsignon, Adolf: Brandschatzung im Breisgau nach dem Bauernkriege von 1525. In: Zeitschrift für die Geschichte des Oberrheins 37 (1884) S. 79-97

ders.: Ödungen und Wüstungen im Breisgau. In: ebd. 41, N.F. 2 (1887) S. 322-368

Sander, Heinrich: Gesammelte kleine Schriften. Nach seinem Tode hrsg. von Georg Friedrich Goetz. 2 Bde. Dessau 1784-85

Vereinigte Evangelische Landeskirche in Baden: 1821-1971. Dokumente und Aufsätze. (Hrsg.) Hermann Erbacher. Karlsruhe 1971

Vierordt, Karl Friedrich: Geschichte der evangelischen Kirche in dem Großherzogthume Baden. 2 Bde. Karlsruhe 1847-56

Vorderösterreich. Eine geschichtliche Landeskunde (Hrsg.) Friedrich Metz. 2. Aufl. Freiburg 1967

Wellmer, Martin: Zur Entstehungsgeschichte der Markgenossenschaften, Der Vierdörferwald bei Emmendingen. (Veröffentlichungen des Oberrheinischen Instituts für geschichtliche Landeskunde Freiburg im Breisgau, 4) Freiburg 1938

Wohlleb, Joseph L.: Der vorderösterreichische Breisgau und seine Wehranlagen zu Beginn des Krieges von 1701-14. In: Schauinsland (1941)

Bevölkerungsgeschichte und Lebensbedingungen in Heimbach, Köndringen, Landeck, Teningen, Nimburg und Bottingen im 16. bis 18. Jahrhundert

Wolfgang Weber

Fragen, Probleme, Quellen

Das Schicksal jeder menschlichen Lebensgemeinschaft - sei es der Familie, des Dorfes, der Stadt, der Region oder des Staates - wird wesentlich davon bestimmt, wieviele Menschen welchen Geschlechts in welchem Alter sie jeweils umfaßt. Daher kommt der Historischen Demographie, die sich eben mit der Größe, dem Wachstum und dem Aufbau der Bevölkerung in der Geschichte befaßt, nicht nur eine die allgemeine Geschichte ergänzende, sondern eine grundsätzliche Aufgabe zu. Inwieweit und mit welcher Zuverlässigkeit diese Aufgabe gelöst werden kann, hängt freilich vor allem von den zur Verfügung stehenden Quellen ab. Das Interesse der kirchlichen und weltlichen Obrigkeiten an einer genauen Kenntnis der Bevölkerungsentwicklung erwachte auch in Deutschland erst ziemlich spät. Daher sind wir bei der Bevölkerungsgeschichte bis weit ins 17. Jahrhundert hinein auf unvollständige oder unsichere Zeugnisse angewiesen.

Zuerst ergaben sich in den Städten demographische Bedürfnisse, weil schon deren besonderer Rechtscharakter eine genaue Kontrolle der ihnen jeweils angehörenden Menschen erforderte. Der Stadthistoriker ist daher in der glücklichen Lage, auf entsprechende Bürgerbücher und Steuerlisten teilweise bereits aus dem 13./14. Jahrhundert zurückgreifen zu können. Des weiteren erzwang die Begrenzung des städtischen Lebensraumes durch die Stadtmauer generell und speziell (z.B. für den Fall einer Seuche oder einer Hungersnot) eine Intensivierung der vorsorgenden Verwaltungstätigkeit, die ihrerseits schon damals nicht ohne entsprechende Verwaltungsdaten denkbar war.

Auf dem Lande blieben die weltlichen Obrigkeiten bis etwa 1700 nur an Teilgruppen der Bevölkerung interessiert, die sie entsprechend listenmäßig erfaßten: an den wehrfähigen Männern, an den arbeitsfähigen Männern in entsprechenden Rechtsverhältnissen als Frondienstleistende; an den Haushalten als Bezugsgröße der Steuerzahlung usw. Erst der entwickelte absolutistische Fürstenstaat des 18. Jahrhunderts erkannte, belehrt vor allem durch die kameralistische Staatstheorie, die grundsätzliche Bedeutung der Bevölkerungszahl für die Macht des Staates bzw. war in der Lage, diese Erkenntnis allmählich auch in die Staatspraxis umzusetzen. Erst seit dieser Zeit erfuhren daher die Bevölkerungs- und Wertbestands- bzw. -verlusterhebungen, die in einzelnen Territorien seit etwa 1650 nach besonders einschneidenden natürlichen oder vom Menschen verursachten Katastrophen fallweise durchgeführt wurden, eine Umwandlung in generelle, routinemäßige Registrierungs- und Kontrollverfahren.

Die geistlichen Obrigkeiten gingen den weltlichen nur wenig voraus. Hier war es die Spaltung der Christenheit durch die Reformation zum Ende des Mittelalters, welche die nunmehr miteinander konkurrierenden verschiedenen Konfessionsgemeinschaften dazu zwang, ihre jeweiligen Anhänger eindeutig abzugrenzen, gegen fremde Einflüsse zu schützen und in ihrem Verhalten zu überwachen. Diese Ziele waren am besten durch die Führung entsprechender Tauf-, Heirats- und Begräbnisregister bzw. zusätzlich, zur Kontrolle der tatsächlichen Teilnahme am Kult, Kommunikantenverzeichnisse zu erreichen. Ihrer begrenzten Zielsetzung entsprechend enthalten diese Kirchenlisten jedoch prinzipiell nur einen Teil der von der Historischen Demographie benötigten Angaben. Der Historiker muß mit den Lücken leben, welche die Ungunst der Zeitläufe (Brand, Unachtsamkeit, Kriegseinwirkungen usw.) in den Quellenbestand geschlagen haben.

Optimalerweise enthalten die Kirchenbücher regelmäßig folgende Angaben: in den nach Jahren, Tag und Monat fortlaufend geführten Taufregistern den Vor- und Nachnamen des Täuflings und seiner Eltern sowie der Paten, jeweils ergänzt durch Orts- und Berufs- oder Standesangaben; in den nach dem Heiratsdatum geordneten Hochzeitsregistern die Vor- und Nachnamen der Brautleute, der Eltern und der Trauzeugen, ebenfalls durch Orts-, Standes- oder Berufsangaben ergänzt, und in den nach dem Begräbnistag geordneten Sterberegistern den Vor- und Zunamen, Beruf, Stand und Wohnort sowie das Alter des Verstorbenen, nebst dem Todesdatum und zunehmend Vermerken zur Todesursache. In den vorliegenden Kirchenbüchern von **Heimbach** (das wie bekannt römisch-katholisch war), **Köndringen** mit **Landeck**, **Nimburg** mit **Bottingen** und schließlich **Teningen** (alle evangelisch) setzen jedoch die verschiedenen Register nicht nur zu unterschiedlicher Zeit ein, bzw. weisen gegeneinander zeitverschobene Lücken auf, welche die Rekonstruktion einer gemeinsamen geschlossenen Zeitreihe teilweise unmöglich machen. Auch der Umfang der jeweils gemachten Angaben ist unterschiedlich. Das heißt, die oben angegebene optimale Bandbreite wird nur selten erreicht. Glücklicherweise sind die geographischen, klimatischen, wirtschaftlichen und sozialen Grundbedingungen unserer in der Rheinebene bzw. im Rheinhügelland angesiedelten Gemeinden aber nicht zu unterschiedlich, als daß die Verallgemeinerung von Teildaten ganz unmöglich wäre. Mit anderen Worten, die nachfolgende Untersuchung kann aus der Not, in die sie die unterschiedliche Qualität der Kirchenregister bringt, eine Tugend machen, indem sie die verschiedenen Materialien als Mosaiksteine verwendet, die das Gesamtbild dort, wo es nicht direkt rekontruierbar ist, wenigstens indirekt in seinen Grundzügen hervortreten lassen. Auch diese Vorgehensweise kann freilich nichts daran ändern, daß selbst die Rekonstruktion einer so entscheidenden Größe wie derjenigen der jeweiligen Bevölkerungszahl, die nicht anhand der Kirchenbücher geleistet werden kann, ein vielfach kompliziertes, mit mancherlei Unsicherheiten behaftetes Unterfangen bleibt[1].

Zahl der Einwohner

Die ersten nach heutigen Maßstäben verläßlichen Zahlen zur numerischen Größe der badischen Gemeinden stammen aus dem Anfang des 19. Jahrhunderts. Das ist bei weitem zu spät, um hinreichend exakte Rückberechnungen für die davorliegende Zeit zu erlauben. Auf der anderen Seite spiegeln diese Zahlen jedoch noch den Zustand vor der Industrialisierung. Das bedeutet, daß sie immerhin als Orientierungsgrößen brauchbar sind, weil, wie wir aus vielen anderen Untersuchungen wissen, sich die wichtigsten materiellen Lebensverhältnisse zumal auf dem Lande während der gesamten frühen Neuzeit kaum signifikant veränderten - jedenfalls niemals so dramatisch und einschneidend, wie es die in der Mitte des 19. Jahrhunderts voll einsetzende Industrialisierung mit sich brachte.

Für das katholische **Heimbach**, das 1813 516 Einwohner zählte und bis dahin offenbar keine systematische Bevölkerungszählung erlebte, sind als erste numerische Angabe für das Jahr 1585 17 Grundbesitzer bezeugt. 1604, beim Verkauf des Gutes Heimbach an das Kloster Tennenbach, wird die Zahl der Untertanen, die alle steuerpflichtig sind, mit 60 angegeben. 1624-1630 sind im Zinsbuch der Herren von Hohenlandenberg 72 Heimbacher Schuldner aufgeführt. Geht man davon aus, daß es sich in diesen Fällen jeweils um die ungefähre Gesamtheit der männlichen Haushaltsvorstände handelt, und legt man die aus vielen anderen Untersuchungen bekannte durchschnittliche frühneuzeitliche Mindestfamiliengröße von 4-5 Personen (Eltern und überlebende Kinder, s.u.) zugrunde, so kann dementsprechend eine Gesamtzahl von 250-350 Einwohnern für diese Zeit vermutet werden. Fünf Jahre nach dem Dreißigjährigen Krieg werden in einer entsprechenden Aufstellung 29 wehrpflichtige männliche Heimbacher Bürger im Alter zwischen 16 und 40 Jahren genannt. Eine weitere, in Zusammenhang mit der Steuer erstellte Quelle aus demselben Jahr enthält 25 Namen von Bürgern. 1654, anläßlich der zweiten Huldigung vor dem Ortsherrn Hans Wilhelm von Gollen, notiert der Schreiber des einschlägigen Dokuments, daß es vor dem Dreißigjährigen Krieg 70 Bürger in Heimbach gegeben habe, es nunmehr aber *weniger an der Zahl* seien. Diese sehr ungenaue Aussage wird im Fronregister von 1663 indirekt wenigstens dahingehend präzisiert, daß es erheblich weniger als 50 waren. Für die zweite Hälfte des 17. Jahrhunderts können demnach zwischen 150-200 Einwohner in Heimbach angenommen werden. Zu Beginn des folgenden Jahrhunderts sind in einem Urbar von 1710 insgesamt 51 Grundbesitzer bezeugt. Ein von 1751 bis 1757 reichendes, alle örtlichen Heiratsabreden, Schuldverschreibungen sowie Tausch- und Kaufkontrakte verzeichnendes Protokoll umfaßt insgesamt 74 männliche und weibliche Einwohner des Ortes. Das Hausbuch der neuen Ortsherren, der Freiherren von Duminique, enthält 1765 die

Namen von 50 und damit wahrscheinlich aller männlicher Bürger. Im Steuerverzeichnis von 1780 dann werden 81 steuerpflichtige Personen aufgeführt, in demjenigen von 1789 hat sich diese Zahl auf 90 erhöht. Eine Schätzung auf der o.a. Kalkulationsgrundlage ergibt damit eine Gesamteinwohnerzahl von mindestens 350-450 für die zweite Hälfte des 18. Jahrhunderts. 1813 endlich hat Heimbach, wie bereits bemerkt, gesichert 516 Einwohner, eine Zahl, die bis 1843 auf 719 steigt und 1885 wieder auf 612 zurückgeht.

Für die einst zu Baden-Durlach gehörenden evangelischen Orte ist die Quellenlage deutlich besser, weil die Markgrafen sich in Anlehnung an das französische Vorbild schon früher für Bevölkerungserhebungen, Landesvisitationen und historisch-statistische Landesbeschreibungen interessierten. Besonders wichtig sind im vorliegenden Zusammenhang die sogenannten Seelentabellen, die ab der zweiten Hälfte des 17. Jahrhunderts jährlich vom Ortspfarrer erstellt und *auf Georgi* (= 23. April) an die Oberbehörden übersandt werden sollten. Vor 1717, als die staatlich-kirchliche Visitation des gesamten Landes erstmals zur Anfertigung von erhalten gebliebenen Übersichten über die *Summe der gesamten Gemeinde* für die jeweiligen Orte führte, war es auch der Obrigkeit nicht möglich, anhand der vorliegenden Fronpflichtigenverzeichnisse (1615, 1681/84), einer Verlusterhebung aus dem Jahre 1653/54, Militärrollen (1662, 1672/76, 1698, 1700), Erbhuldigungsregistern (1677, 1709, 1738) und schließlich Verzeichnissen aller Einwohner, die zur Abnahme eines bestimmten Quantums Salz aus dem landesherrlichen Salzmonopol verpflichtet waren (1702, 1732/33), zu exakten Bevölkerungszahlen zu kommen.

Die Quellen von 1615 und 1653/54 weisen für **Köndringen** und **Landeck** in der Zeit vor dem Dreißigjährigen Krieg eine Mannschaftsstärke von 139 aus. Setzt man diese Zahl schätzungsweise mit der Zahl der Familien gleich, ergibt sich eine Einwohnerzahl von 550-650 für diese Zeit. Um 1650 betrug die Zahl der Mannschaften nur noch 59, was einer Einwohnerzahl von 250-300 entsprechen könnte. Nach den vornehmlich militärischen Quellen der Folgezeit stieg die Mannschaftszahl bis zur Jahrhundertwende dann langsam auf etwa 70-80 an. Dies legt die Annahme von im Ganzen etwa 280-400 Einwohnern in der zweiten Hälfte des 17. Jahrhunderts nahe, die durch das Visitationsprotokoll von 1717 bestätigt wird. Hier sind nämlich insgesamt 412 Einwohner angegeben, die sich auf insgesamt 102 Familien verteilen. 1738 und 1760 schließlich sind 135 Haushaltungen bezeugt. Der sich hieraus ergebende Schätzwert von 540-680 Einwohnern insgesamt liegt aber offenbar noch zu niedrig - möglicherweise, weil die Familiengröße inzwischen etwas zugenommen hat (s.u.). 1769 belegt die Seelentabelle nämlich eine Einwohnerzahl von 736 (ohne zum Zeitpunkt der Zählung für kürzer oder länger auswärts wohnende Dorfangehörige), 1770 von 755 (plus 60 separat gezählte auswärts lebende), 1772 von 795 (ohne Auswärtige) und 1773 schließlich von 812 am Ort und 41 außerhalb des Ortes lebende Gemeindeangehörige. Die erste moderne Zählung 1813 ergab dann bekanntlich 978 Einwohner, eine Zahl, die 1885 auf 1164 gestiegen ist.

Nimburg und **Bottingen** hatten unter Zugrundelegung der gleichen Quellen unmittelbar vor dem Dreißigjährigen Krieg etwa 550-700 Einwohner, unmittelbar danach aber nur noch 180-230. Bis 1700 nahm die Bevölkerung wieder auf 280-350 zu, wie das Ansteigen der Mannschaftszahl auf etwa 70 nahelegt. Bei der Erbhuldigung 1709 sind sogar 91 verheiratete Bürger nachgewiesen, was einer Gesamtbevölkerung von etwa 350-450 entsprechen könnte. Die Visitation von 1717 ergab denn auch 468 Einwohner. In der Folge steigt die Zahl der Haushaltungen bzw. der verheirateten männlichen Bürger als Familienvorstände auf mindestens 93 (Erbhuldigung 1738) bzw. schließlich (1760) auf 136 an. Der entsprechende Schätzwert (1760: 540-680 Einwohner) findet in den Angaben der Seelentabellen (1769: 692 am Ort lebende Gemeindeangehörige; 1770: 685 und 22 Auswärtige; 1772: 721 Ortsansässige; 1773: 703 Ortsansässige und 39 Auswärtige) seine Bestätigung. 1813 haben Nimburg und Bottingen zusammen gesichert 811, 1885 899 Einwohner.

In **Teningen** schließlich lebten im Jahrzehnt vor dem Dreißigjährigen Krieg wahrscheinlich etwa 680-850 Menschen. Um 1650 waren es nur noch 250-320, um 1700 immerhin wieder rund 400, von denen wie sonst auch hier nur etwas mehr als die Hälfte in den Salzbezugsregistern aufgezeichnet sind. 1717 weist das Visitationsprotokoll als erste direkte bevölkerungsstatistische Quelle eine Gesamteinwohnerzahl von 550 aus, während andernorts elf Jahre später offenbar fälschlicherweise bereits von rund 660 die Rede ist. Die Visitation von 1749 registrierte ca. 600 Einwohner. 1760 wurden 164 Haushaltungen gezählt, was einer Einwohnerzahl von zumindest 650-850 entspricht. Knapp zehn Jahre später weisen die Seelentabellen schon 907 ortsansässige Einwohner aus, 1770 932 ortsansässige und 39 auswärtige, 1772 914 am Ort, 1773 964 am Ort und 48 auswärts lebende Gemeindeangehörige. 1813 beläuft sich die Einwohnerzahl auf 1158, 1852 auf 1422 und 1885 auf 1348[2].

Die Entwicklung der Größe der ganzen auf dem Gebiet der heutigen Gesamtgemeinde Teningen lebenden Bevölkerung während des 17. und 18. Jahrhunderts läßt sich demnach wie folgt skizzieren: Am Anfang des 17. Jahrhunderts lag die Einwohnerzahl bei etwa 2030-2550, zwischen 1650 und 1700 nur noch bei etwa 1080-1350 und in der ersten Hälfte des 18. Jahrhunderts wieder bei ca. 1430-1680 bzw. kurz vor der Jahrhundertmitte 1930-2430. Die Verluste des Dreißigjährigen Krieges (zwischen 42 und 66 Prozent der Gesamtbevölkerung!) waren also erst um etwa 1750 wieder ausgeglichen. Um 1770 war eine Zahl zwischen 2650-2880 erreicht, die in der Folgezeit in beschleunigtem Tempo auf über 3000 anstieg. 1813 umfaßte die heutige Gesamtgemeinde rechnerisch genau 3463, 1885 entsprechend 4023 Einwohner.

Die drei badischen Teilgemeinden mit ihren in der zweiten Hälfte des 18. Jahrhunderts rund 2300-2400 Einwohnern machten übrigens um 1770 rund 11,5 Prozent der Gesamtbevölkerung des Oberamtes Hochberg (20037 Einwohner) bzw. 4 Prozent des Oberlandes (57443 Einwohner) und 2,4 Prozent des badisch-durlachischen Staates (99150 Einwohner) aus. Um 1710 hatten diese Prozentsätze wahrscheinlich noch 16,9 (Hochberg: 8467 Einwohner), 4,2 (Oberland: 34267 Einwohner) und 3 (Baden-Durlach: ca. 47000 Einwohner) betragen.

In diesen Befunden spiegelt sich die Entwicklung, der die gesamte Bevölkerung des Breisgaus unterlag: Schon in der ersten Hälfte des 16. Jahrhunderts nahm die Einwohnerzahl in dieser Region so stark zu, daß von einem förmlichen Bevölkerungsdruck gesprochen werden muß. Dieser äußerte sich in einer fortschreitenden Ausdehnung der landwirtschaftlichen Nutzfläche, u.a. durch Landesausbau und zunehmender Besitzzersplitterung (Parzellierung) in den Realteilungsgebieten. Im großen Krieg von 1618-1648 gehörte der Breisgau mit einem vermutlichen Bevölkerungsverlust von etwa 65 Prozent zu den am schwersten betroffenen Gebieten des Alten Reiches. In der zweiten Hälfte des 17. Jahrhunderts wuchs die Bevölkerung vor allem infolge der Franzosenkriege nur langsam wieder an, seit den zwanziger Jahren des 18. Jahrhunderts jedoch schneller, so daß um 1760 - also etwas später als im Raum Teningen - auch der Breisgau insgesamt sich vom Rückschlag des Dreißigjährigen Kriegs erholt hatte. Nunmehr setzte eine reale, in ihrem Ausmaß zuvor kaum geahnte, erst mit der Industrialisierung voll aufgefangene Vervielfachung der Menschenzahl ein[3].

Geburt

Diesem Entwicklungsmuster entsprach, daß die unmittelbarste und wichtigste Ursache jedes Bevölkerungswandels, das Verhältnis von Geburten und Todesfällen, nach Ausweis sämtlicher hier einschlägiger Kirchenbücher durch einen fast permanenten Geburtenüberschuß gekennzeichnet war. In **Heimbach**, dessen Register 1677 einsetzen, ist in der ersten vollständig dokumentierten Periode (1680-1739) nur in vier Jahren die Zahl der Gestorbenen zumeist knapp höher als diejenige der Geborenen, in der zweiten lückenlos abgedeckten Periode von 1772-1800 nur in sechs Jahren. Die vollständigeren, für die Zeit ab 1594 überlieferten **Köndringer** Register vermerken relativ höhere Gestorbenenzahlen, von unbedeutenden Ausnahmen abgesehen, nur für die Vorkriegs- und Kriegszeit 1613-1634 (zwischen 1635 und 1646 ist eine Lücke in den Aufzeichnungen), die Jahre 1677/78, 1744/45 und 1761/62. **Nimburg** (vollständige Daten ab 1713) verzeichnet überhaupt nur für Einzeljahre, die allerdings im Abstand von 4-8 Jahren relativ regelmäßig wiederkehren, einen ebenfalls zumeist nur leichten Verstorbenenüberschuß. Lediglich in **Teningen** verläuft die Entwicklung etwas abrupter. Hier (vollständige Register ab 1606) ist bis zum Ausgang des großen Krieges 1647/48 (Überlieferungslücke 1635-1641) des öfteren eine die Geburtenzahl um bis zu 60-80 Prozent übersteigende Verstorbenenzahl registriert, wechseln sich Geburten- und Verstorbenenüberschuß ähnlich wie in Nimburg vergleichsweise regelmäßiger ab und sind für die Jahre 1744-1747 und am Ende des Untersuchungszeitraumes erneut stärkere Einbrüche in die Wachstumsbilanz festzustellen. Diese weiter unten noch näher zu besprechenden Einzelentwicklungen vermögen aber wie gesagt an der Tatsache regelmäßiger Geburtenüberschüsse im Ganzen nichts zu ändern. In der Gesamtstatistik (Abb. 1) bleiben von den Wechselfällen in der ersten lückenlos berechenbaren Periode zwischen 1713 und 1739 nur die Jahre 1714 und 1729 als Jahre leichter Sterbeüberschüsse (64 bzw. 96 Todesfälle gegenüber nur 52 bzw. 93 Geburten) übrig. In der zweiten entsprechenden Periode sind es nur die Jahre 1778 (94:91), 1790 (104:94) und 1795 (138:124). Ansonsten liegen die Geburtenüberschüsse insgesamt durchschnittlich bei 34 (1713-1739) und dann sogar 43 (1772-1800) Fällen, wodurch der aus den entsprechenden Werten der Teilorte Heimbach (1680-1700), Köndringen (1594-1634, 1647-1688) und Teningen (1606-1634, 1648-1670, 1675-1700) berechenbare durchschnittliche Geburtenüberschuß des 17. Jahrhunderts von 8-14 Fällen ganz erheblich überschritten wird. Die sogenannte demographische Transition, der Übergang von einer Bevölkerungsweise mit sowohl hohen Geburten - als auch hohen Verstorbenenzahlen zu einer solchen mit einem wesentlich geringeren "Menschenumsatz", d.h. niedrigerer Geburt- und Sterblichkeit, stellt sich im Raum Teningen demnach als sehr langgedehnter Vorgang mit nur zögernden Übergängen dar. Sie setzt hier nicht, wie ansonsten üblich, mit einem einschneidenden, oft sogar dramatischen Rückgang der Sterblichkeit ein, so daß die zunächst hoch bleibende Geburtenzahl eine förmliche "Bevölkerungsexplosion" bewirkt, sondern folgt aus einer sehr allmählichen Abflachung des Wachstums beider Komponenten, die erst im 19./20. Jahrhundert in einen echten Rückgang übergeht[4].

Auch in den verschiedenen Formen und Dimensionen der Geburtlichkeit zeigen die Gemeinden durchaus charakteristische Züge. Das beginnt mit der jahreszeitlichen Verteilung der Geburten bzw., aus diesen berechenbar, der Konzeptionen (Empfängnisse). Aus vielen Untersuchungen zu Orten in ganz Europa ist bekannt, daß insbesondere in ländlichen Gebieten die meisten Geburten in den Winter bzw. genauer in die Monate Januar bis März fallen, die wenigsten aber in den Sommer bzw. in den Juni und Juli. Dieses Muster zeichnet sich sowohl für das 17. als auch für das 18. Jahrhundert im vorliegenden Material ebenfalls ab, wenngleich mit interessanten Verschiebungen. Im 17. Jahrhundert ist der jahreszeitliche Rhythmus deutlicher ausgeprägter. Außerdem ist neben dem üblichen Geburtenschwerpunkt im Januar bis März ein zweiter für die Monate August bis November zu verzeichnen. Im 18. Jahrhundert hingegen ist die Grundfigur der Geburtenverteilung zwar erhalten geblieben, ihre Konturen sind aber nur noch schwach erkennbar. D.h. die Unterschiede von Monat zu Monat bzw. Saison zu Saison beginnen zu verschwinden. Die bewußte und unbewußte Anpassung der Geburten an den jahreszeitlichen agrarischen Arbeitsrhythmus durch ein entsprechendes, möglicherweise auch biologischen Einflüssen folgendes Sexualverhalten, hat sich auch im Raum Teningen durchgesetzt und beginnt in einer Zeit besser gesicherter Lebensverhältnisse an Bedeutung zu verlieren: Die zunächst mit Vorliebe auf die Zeit nach eingebrachter Ernte bzw. des Winterendes gelegten Eheschließungen im November und Januar-Februar bedingen entsprechende Konzeptionen bis in den Vorsommer anstatt im arbeitsreichen Hoch- und Spätsommer bzw. Frühherbst, was wiederum eine entsprechende Geburtenkonzentration zur Folge hat. Später ist das eheliche Leben nicht mehr so direkt vom saisonalen Rhythmus der Agrarproduktion

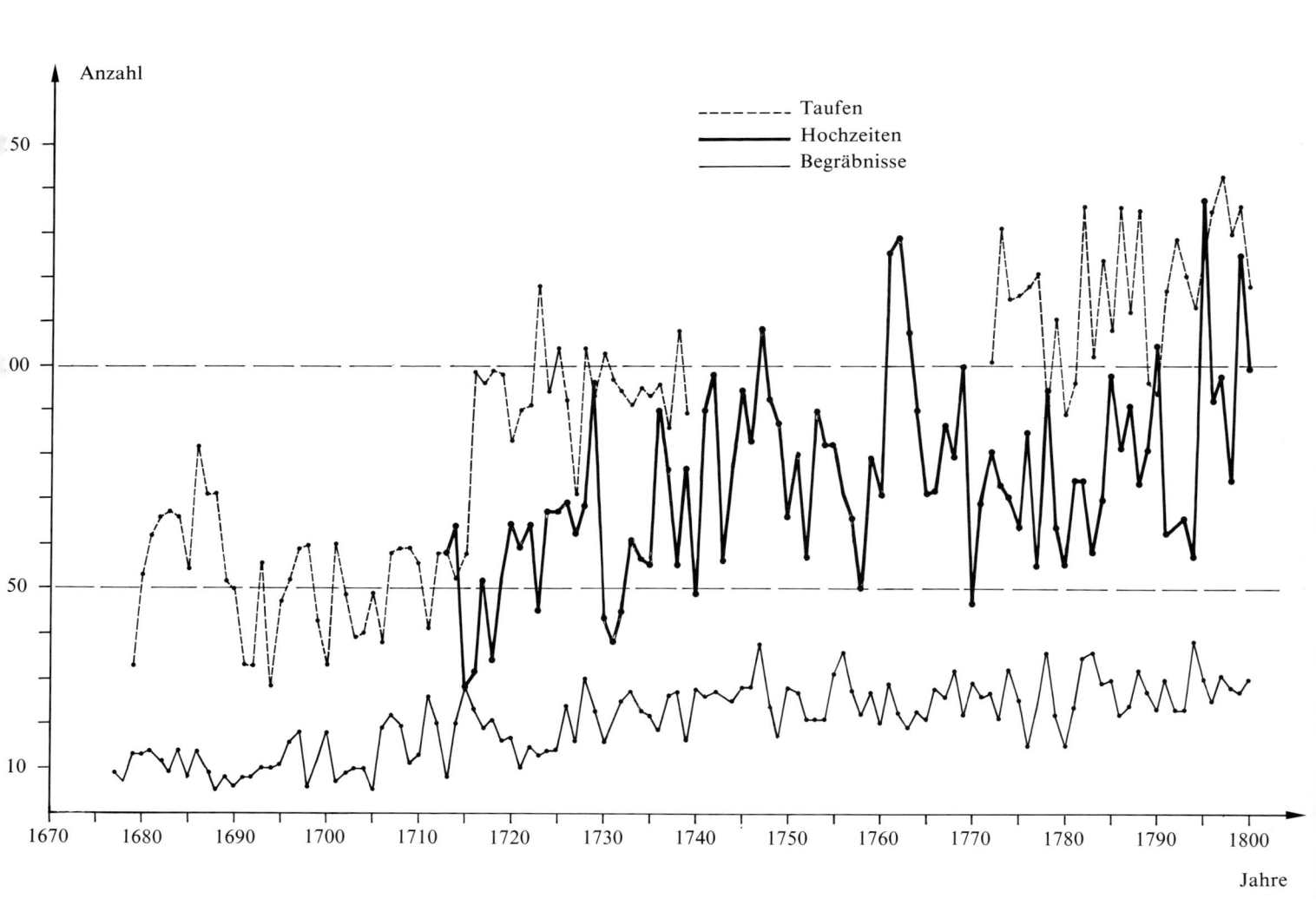

Abb. 1: Geburten, Hochzeiten und Todesfälle
in der Gesamtgemeinde Teningen 1677–1800

Daten

Jahr	Taufen	Heiraten	Begräbnisse	Jahr	Taufen	Heiraten	Begräbnisse
1677	-	9	-	1740	-	28	49
1678	-	7	-	1741	-	26	90
1679	33	13	-	1742	-	27	98
1680	53	13	-	1743	-	26	56
1681	62	14	-	1744	-	25	77
1682	66	12	-	1745	-	28	94
1683	67	9	-	1746	-	28	83
1684	66	14	-	1747	-	38	108
1685	54	8	-	1748	-	24	92
1686	82	14	-	1749	-	17	87
1687	71	10	-	1750	-	28	66
1688	71	5	-	1751	-	27	80
1689	52	8	-	1752	-	21	57
1690	50	6	-	1753	-	21	89
1691	33	8	-	1754	-	21	82
1692	33	8	-	1755	-	31	82
1693	56	10	-	1756	-	36	71
1694	28	10	-	1757	-	27	66
1695	47	11	-	1758	-	22	50
1696	52	16	-	1759	-	27	79
1697	59	18	-	1760	-	20	71
1698	60	6	-	1761	-	29	126
1699	43	12	-	1762	-	22	129
1700	33	18	-	1763	-	19	108
1701	60	7	-	1764	-	23	90
1702	49	9	-	1765	-	21	71
1703	39	10	-	1766	-	28	72
1704	40	10	-	1767	-	26	87
1705	49	5	-	1768	-	32	69
1706	38	19	-	1769	-	22	100
1707	58	22	-	1770	-	29	47
1708	59	20	-	1771	-	26	69
1709	59	11	-	1772	101	27	81
1710	56	13	-	1773	131	21	73
1711	42	26	-	1774	115	32	70
1712	58	20	-	1775	116	25	64
1713	58	8	58	1776	118	15	85
1714	52	20	64	1777	121	24	55
1715	58	28	28	1778	91	36	94
1716	99	23	31	1779	111	22	64
1717	96	19	52	1780	89	15	55
1718	99	21	34	1781	96	24	74
1719	98	16	52	1782	136	35	74
1720	83	17	64	1783	102	36	58
1721	90	10	59	1784	124	29	70
1722	91	15	64	1785	108	30	98
1723	118	13	45	1786	136	22	81
1724	94	14	67	1787	112	24	91
1725	104	14	67	1788	135	32	73
1726	92	24	69	1789	96	27	81
1727	71	16	62	1790	94	23	104
1728	104	30	69	1791	117	30	62
1729	93	23	96	1792	129	23	64
1730	103	16	44	1793	120	23	66
1731	97	20	38	1794	113	38	57
1732	94	25	45	1795	124	30	138
1733	91	27	61	1796	135	25	92
1734	95	23	57	1797	143	31	98
1735	93	22	55	1798	130	28	74
1736	96	18	90	1799	136	27	125
1737	86	26	76	1800	118	30	99
1738	108	27	55				
1739	89	16	77				

- Datenlücke

abhängig, der im Breisgau wegen dessen vergleichsweise milden Klimas ohnehin nicht sehr schroff ausgebildet ist. Gleichzeitig hält man sich nicht mehr sehr konsequent an traditionelle Enthaltsamkeitsvorschriften. Die in der Statistik sichtbare Konzeptionslücke im März, die sicherlich auf die Fastengebote zurückzuführen ist, beginnt zu verschwinden. Im evangelischen Bereich gibt es diese Vorschriften ohnehin nicht mehr. Die Übereinstimmung der Verhältnisse im katholischen Heimbach mit denjenigen im evangelischen Teningen bei der Verteilung der Empfängnisse belegt jedoch, daß sich die evangelische Bevölkerung dennoch erst spät von ihrem ehemals durch diese Vorschriften bestärkten traditionellen Verhalten löste[5].

Das Verhältnis der Knaben- zu den Mädchengeburten (Geschlechtsproportion) entspricht im Raum Teningen den in der frühen Neuzeit üblichen Werten. Die Meßziffer beträgt 111, d.h. auf 100 Knabengeburten kommen 89 Mädchengeburten (Stichprobe: Teningen 1591-1691). Der Köndringer Ortspfarrer Nicolaus Christian Sander (im Amt 1748-1794), der seine Bücher zumeist ganz hervorragend führte und durch eigene Berechnungen ergänzte, kam bei seiner Zusammenstellung für die Zeit von 1770-1794 ebenfalls auf ein Ergebnis von 56 Prozent Knaben- zu 44 Prozent Mädchengeburten.

Ein ausschließlich historisch-gesellschaftlicher Aspekt wird mit der Frage nach dem Ausmaß der illegitimen Geburten angeschnitten. Der statistische Befund zeigt zunächst, daß auch der heute zur Gesamtgemeinde Teningen zählende Raum zumindest teilweise von der allenthalben beobachtbaren Welle der Zunahme illegitimer Geburten besonders in der zweiten Hälfte des 18. Jahrhunderts erfaßt wurde. Während nämlich in **Heimbach** und **Köndringen** sich eine derartige Tendenz immerhin andeutet, aber in **Teningen** sich - möglicherweise infolge von Unzulänglichkeiten der Registerführung - der Prozentanteil der illegitimen Geburten kaum verändert (bis 1650: 0,2 Prozent; 1651-1700: 0,6 Prozent; 1701-1750: 0,5 Prozent; 1751-1800: 0,3 Prozent), schnellt er in **Nimburg** von etwa einem Prozent 1701-1750 auf weit über fünf Prozent in der Periode von 1751-1800 hoch. Gleichzeitig ist der Anteil der Geburten *aus frühzeitigem Beyschlaf*, d.h. aus vorehelichem Umgang später verheirateter Paare, welche die Pfarrer im 18. Jahrhundert fast überall sorgfältig von den zweifelsfrei völlig illegitimen Geburten *aus Unzucht* oder *unzüchtiger Hurerei* trennten, unverkennbar im Steigen begriffen (in Nimburg von mindestens einem Fall 1701-1750 auf mindestens 18 Fälle 1751-1800; in **Köndringen** im gleichen Zeitraum von zumindest drei auf zumindest dreizehn Fälle, ohne daß sich die Gesamtgeburtenzahl um die gleiche Quote erhöhte). Außerdem legen einzelne Hinweise in Tauf- bzw. Hochzeitseinträgen die Annahme nahe, daß manche ledige Mütter zur Geburt in benachbarte Gemeinden auswichen.

Welches sind nun die Ursachen dieser Entwicklung? Der amerikanische Historiker Edward Shorter, dem wir eine der frühesten systematischen Untersuchungen dieses Phänomens verdanken, hat die erhöhte Illegitimitätsquote auf ein verändertes, d.h. selbstbewußteres, freieres Verhalten der Frauen zurückgeführt, deren Situation und Selbsteinschätzung sich in der Zeit des Durchbruchs zur modernen, mehr auf Gefühl und personaler Eigenentscheidung beruhenden Ehe bzw. Familie grundsätzlich verändert hätten. Andere Forscher vermuten eine Erosion der überkommenen Lebensweisen am Vorabend der Französischen Revolution, als eine akute oder latente Wirtschafts-, Sozial- und Staatskrise es zunehmend unmöglich machte, die traditionellen Lösungen der Heirats- und Familienbegründungsprobleme beizubehalten. Der vorliegende Fall ordnet sich jedoch eher einem dritten Erklärungsmodell zu, nämlich demjenigen, welches das Ansteigen der Illegitimität auf ein Nachlassen der Effizienz traditioneller Verhaltensvorschriften und Kontrollmechanismen bzw. bislang verinnerlichter Selbstbeschränkungsgebote zurückführt. Dieses Phänomen war ja bereits bei der Geburten- und Konzeptionensaisonalität zu beobachten und wird außerdem durch die Stellungnahmen bzw. Reaktionen der geistlichen und weltlichen Obrigkeit bekräftigt, die sich in Quellen unterschiedlicher Provenienz niederschlagen.

Die Klage der **Köndringer** Visitatoren von 1664 über verabscheuungswürdige Buhlereien könnte sich noch auf den gewohnten Anfall derartiger Verhaltensweisen beziehen. 1717 klingt die Verdammung der *Nachtschwärmereien* und des *unzüchtigen Schuhausziehens* bei Hochzeiten in **Teningen** jedoch schon schärfer. Und ab etwa 1730 sah sich die Obrigkeit endgültig dazu gezwungen, entsprechende ältere Verordnungen neu zu bekräftigen bzw. neue zu erlassen. Die schon um 1689 in Teningen durch den Pfarrer allein bzw. gelegentlich zusammen mit dem Vogt geübte Kirchenzucht, die sich selbstverständlich auch auf das sexuelle Verhalten bezog, wurde reaktiviert. In den evangelischen Kirchen wurden besondere Stühle für gefallene Mädchen errichtet, wie sie im katholischen Bereich seit alters her üblich waren. Ab etwa 1750 wurden vertrauenswürdige Einwohner gegen kleine Besoldung oder Befreiung von Handfronden beispielsweise in **Köndringen** zu *Kirchenrügern* oder *Zensoren* bestellt, die das Ihre zur Disziplinierung der Bevölkerung beitrugen. Jetzt gewann aber allmählich eine aufklärerische Gegenbewegung an Boden, obwohl naturgemäß auch die Kirchenzensurordnung von 1798 nicht auf Elemente sozialer Kontrolle verzichtete. 1766 wurde die namentliche Nennung unverehelichter Mütter in den Predigten, 1782 die Korrektionsrede des Pfarrers bei der Zusammengebung unzüchtiger Paare verboten.

Die Zunahme der illegitimen Geburten läßt sich insofern vielleicht auch als eine Art Protest gegen kirchliche und staatliche Reglementierungen, insbesondere des Sexualverhaltens und des Heiratsverhaltens (Erschwerung der Heirat durch Altersbeschränkungen usw., s.u.) begreifen. Nicht vernachlässigt werden dürfen freilich auch lokale Faktoren wie z.B. die häufige Präsenz von Militär bzw. die durch Kriegsunruhen bedingte erhöhte Mobilität mit ihrer Schwächung überkommener Bindungen, welche die Taufregister selbst direkt oder indirekt dokumentieren. Der Anteil der illegitimen Geburten, in denen ein identifizierter oder nichtidentifizierter Soldat als Vater genannt ist, liegt freilich nie über einem Drittel, so daß Krieg und Militär allein nicht für die Erhöhung der Quote insgesamt verantwortlich gemacht werden können[6].

Auf Veränderungen in der Mentalität der breiten Bevölkerung geben schließlich auch die Einführung neuer bzw. die allmähliche Verdrängung alter Taufnamen Hinweise. In diesem Zusammenhang läßt das vorliegende Material vor allem eine Tendenz erkennen: Während bis zur Mitte des 18. Jahrhunderts traditionelle Heiligennamen vorherrschen (u.a. Johannes, Jakob, Georg, Gilg, Hilarius, Elias, Thomas bzw. Anna, Maria, Barbara, Ursula, Magdalena, Cleopha, Apollonia), nimmt danach die Bandbreite der verwendeten Namen allgemein zu und werden jedenfalls in den evangelisch-badischen Teilorten als Vornamen auch die Taufnamen der Mitglieder des Herrscherhauses beliebt (Friedrich, Carl, Wilhelm bzw. Amalie). Wir wissen allerdings nicht, ob bzw. inwieweit der Ortsgeistliche diesen Wandel beeinflußte, d.h. förderte oder bremste, und können daher nicht genau abmessen, was davon eigener, autonomer Entscheidung der Bevölkerung entsprang und was auf Initiative der Obrigkeit zurückging.

Heirat und Familie

Die vor allem auch wegen ihren rechtlichen Folgen eminent wichtigen Eheschließungen sind in den Kirchenbüchern der Teilorte vollständiger verzeichnet als die Taufen und Begräbnisse. Die Gesamtstatistik der Hochzeiten ist daher bereits ab immerhin 1677 vollständig (vgl. Abb. 1) und belegt durch ihren Verlauf zweifelsfrei das langsame, alles in allem aber unaufhaltsame Wachstum, das die Bevölkerungsentwicklung auch im Raum Teningen besonders im 18. Jahrhundert auszeichnete. Nachdem die Eheschließung aber stärker als Geburt und Tod der menschlichen Entscheidungsfreiheit unterliegt und diese zumal in der frühen Neuzeit ganz eng mit der wirtschaftlich-sozialen Situation der Partner und damit der Zeit insgesamt verknüpft ist, ist die Hochzeitsstatistik außerdem ein guter Indikator für den wirtschaftlichen und sozialen Wandel. Allerdings dürfen dabei kurzfristige Veränderungen - d.h. dramatische Zu- oder Abnahmen der Hochzeitszahl von einem Jahr zum anderen oder auch länger - nicht überbewertet werden. War es doch üblich und z.B. in einer Zeit der Vakanz der Pfarrerstelle unvermeidlich, geplante Eheschließungen um ein oder zwei Jahre zu veschieben oder aus anderen äußeren Gründen vorzuverlegen und auf diese Weise in einem einzigen Jahr alle diejenigen Hochzeiten zu feiern, die sich ansonsten auf mehrere Jahre verteilt hätten. Unter Beachtung dieses Aspekts ergeben sich bedeutsame Entwicklungen im Heiratsverhalten vor allem in folgenden Zeiträumen: Zwischen 1688 und 1692 nimmt die Zahl der Eheschließungen insgesamt merklich ab, was auf teilweise freilich zeitverschobene Einbrüche in allen Teilstatistiken zurückzuführen ist. Hier spiegeln sich die kriegerischen Ereignisse vor allem der Jahre 1688-1697, die 1689 bekanntlich in der Sprengung der inneren Befestigungen der Hochburg durch die Franzosen unter Melac einen Höhepunkt fanden. Die diesen vorausgegangenen ebenso dramatischen Wirkungen des Holländischen Krieges in der Markgrafschaft 1672-1679 hingegen, lassen sich nur in den entsprechend vollständigen Registern vor allem **Köndringens** (1674-1676 fand hier überhaupt keine Hochzeit statt, 1677 und 1678 waren es nur je zwei) ablesen. Der Krieg von 1701-1714 schlägt sich in der Gesamtstatistik nur in Form leichter Rückgänge der Heiratszahlen 1701-1705 und 1713 nieder, die hauptsächlich auf die entsprechende Entwicklung in Köndringen (1701 und 1702 keine Hochzeiten) zurückzuführen sind. Danach vermittelt der Kurvenverlauf den Eindruck einer im ganzen stetigen Aufwärtsentwicklung, der freilich, wie noch zu zeigen sein wird, durchaus bedeutsame Veränderungen zugrundeliegen.

Im Gegensatz zu den Konzeptionen, die stärker einem quasi natürlichen Rhythmus folgen, hängt der konkrete Zeitpunkt der Eheschließung in allen Gesellschaften weitgehend von wirtschaftlichen Gegebenheiten, örtlichem Brauchtum und kirchlichen Verhaltensleitlinien ab. Insbesondere in katholischen Gemeinden ländlicher Prägung lag das Maximum der Heiraten daher traditionellerweise meist im Februar und im November, d.h. vor der Fasten- und der Adventszeit, in denen nur nach spezieller Dispens geheiratet werden durfte. Diese saisonale Verteilung zeichnete auch das Heiratsverhalten in Heimbach, Köndringen, Nimburg und Teningen aus. 1660 bis 1750 entfielen von allen registrierten 1112 Hochzeiten rund 15 Prozent jeweils auf die Monate Januar und Februar, rund 19 Prozent aber auf den November. Im katholischen **Heimbach** entfielen auf den Februar sogar über 21 Prozent. In der letzten hier untersuchten Periode 1751-1800 änderte sich dieses Bild nur teilweise: 14 bzw. 13 Prozent aller Hochzeiten wurden im Januar und im Februar, 10 Prozent - also doch deutlich weniger - im November geschlossen. Die wenigsten Eheschliessungen erfolgten im Mai bis Oktober, also in der Hauptsaison der landwirtschaftlichen Arbeit (je 2,7 - 4,3 Prozent). Auffällig ist jedoch, daß an dritter Stelle nunmehr der März rangiert (5,7 Prozent), der eigentlich zu den durch die Fastengebote "geschlossenen Zeiten" zählt. Auch hier zeichnet sich also ein Nachlassen der Durchsetzungskraft traditioneller Gebote und Orientierungen ab.

Im Hinblick auf die für die Heirat bevorzugten Wochentage ergibt sich kein einheitliches Bild. Wie entsprechende Stichproben zeigen, fanden in Heimbach die meisten Hochzeiten am Sonntag und am Montag statt, während in den evangelischen Teilgemeinden (insbesondere Teningen) daneben der Dienstag und manchmal noch der Mittwoch bevorzugte Hochzeitstage waren. Überall deutlich abgeschlagen sind aber Donnerstag, Freitag und Samstag, ohne daß sich daran bis zum Ende des 18. Jahrhunderts etwas signifikant verändert. Während die weitgehende Aussparung des Freitags wohl dessen religiöser Qualität als Fastentag zuzuschreiben ist, dürfte sich die Bevorzugung der drei Tage unmittelbar im Anschluß an den Sonntag aus dem Bestreben erklären lassen, das in der Landwirtschaft bekanntlich nie ganz, aber immerhin doch teilweise arbeitsfreie Wochenende zu verlängern.

Ähnliches gilt für die Zweit- und Drittehen unter den Eheschließungen insgesamt. In **Heimbach** entfielen von den 1784 bis 1800 geschlossenen 61 Ehen 17, d.h. rund 28 Prozent auf solche, bei denen einer (absolut 14, d.s. 23 Prozent) oder beide (rund 5 Prozent) Partner bereits verheiratet gewesen waren. In **Nimburg** als weiterem Beispiel belief sich der Anteil der Zweitehen in der zweiten Hälfte des 18. Jahrhunderts sogar auf rund 40 Prozent, wobei wie in Heimbach die Zahl der

Witwen, die sich mit einem noch ledigen neuen Partner zusammenfanden, grob der Zahl der entsprechend heiratenden Witwer entsprach. Ein derartiger Anteil der Mehrfachehen ist auch aus anderen Untersuchungen bekannt und war zu dieser Zeit in der gesamten Markgrafschaft üblich. Auch das dort konstatierte Phänomen, daß nach Krisenzeiten die Quote der Wiederverheiratungen ansteigt, tritt im vorliegenden Material zutage. Ebenso die anhand des Heimbacher Familienbuches für das 18. Jahrhundert belegbare Schnelligkeit, mit der die Wiederverheiratung nach dem Tode des Partners erfolgte. Im Durchschnitt vergingen höchstens 1-2 Jahre, weil die Arbeitskraft des Verstorbenen so schnell wie möglich ersetzt werden mußte[7].

Es versteht sich, daß die Wiederverheiratungen sich auch in der Verteilung des Heiratsalters von Braut und Bräutigam ausdrücken müssen. Wie sieht es mit diesem nicht nur in der frühen Neuzeit, sondern auch noch im 19. Jahrhundert durch staatliche Reglementierung unmittelbar beeinflußten Aspekt des Heiratsverhaltens aus? Die entsprechenden Werte liegen in allen Teilorten ungefähr auf dem selben Niveau. Die meisten Männer (39-47 Prozent) heirateten in einem Lebensalter bis zu 25 Jahren einschließlich, und zwar bevorzugt zwischen 18 und 23. 26-30 Jahre alt sind nur ein Drittel der Bräutigame, 31-35 Jahre nur rund 10 und 36-40 bzw. über 40 Jahre nur jeweils 5 Prozent. Die ältesten Hochzeiter sind meistens 42-44 Jahre alt. Unter ihnen, wie den ganz seltenen Bräutigamen im Alter von 64-68 Jahren, finden sich signifikant häufiger Witwer, obwohl sich deren Mehrheit auf die Altersgruppe von 31-40 Jahren verteilt. Bei den Bräuten konzentriert sich das häufigste Heiratsalter noch eindeutiger auf die Lebensspanne zwischen 18-20 Jahren (ca. 60 Prozent; die Gesamtgruppe bis zu 25 Jahren kommt auf insgesamt 73-80 Prozent). Nur noch etwa ein Viertel aller eheschließenden Frauen ist demnach älter als 25 Jahre, nur rund 10 Prozent älter als 30 Jahre, wenn sie vor den Traualtar treten. Die Witwen sind bei ihrer Zweitverehelichung ebenfalls mehrheitlich nicht älter als 30 Jahre. In 60-65 Prozent aller Heiratsfälle ist der Bräutigam älter als die Braut, und zwar im allgemeinen zumindest 2 bis etwa 6 Jahre. Daß die Braut der ältere Partner ist, kommt nur in rund einem Drittel der Fälle vor, und wenn, dann ist der Altersabstand im Durchschnitt etwas größer (4-7 Jahre). Ein gleiches Lebensalter bei beiden Hochzeitern liegt nur in maximal fünf Prozent aller Fälle vor.

Der Zusammenhang dieser Zahlen mit den entsprechenden obrigkeitlichen Vorgaben ist unübersehbar. Die seit dem ausgehenden 16. Jahrhundert nachweisbaren badischen Eheordnungen hatten zunächst nur Bestimmungen enthalten, die auf eine nicht zu luxuriöse Heirat bzw. standesgemäße Verbindungen auf gesicherter wirtschaftlicher Basis abzielten. 1724 bzw. 1730, also schon in der frühesten Phase des beschleunigten Bevölkerungswachstums, kam die Festlegung eines Mindestheiratsalters für den Mann von 25 Jahren und 18 Jahren für die Frau hinzu, die nie mehr widerrufen, vielmehr bereits 1759 nochmals bekräftigt wurde. Die *Burschen pflegen schon mit 20, ja mit 18 Jahren sich zu verheiraten*. Weil sie dabei keine hinreichende materielle Sicherung bzw. ausreichende Arbeitskräfte zum Betrieb von Haus und Hof haben, werden die Gemeinden mit *bübischen Hausvätern und fremdem Gesinde beschwert*. Ob diese Ehebeschränkungen, die mit einem zunehmend restriktiveren Erb- und Besitzrecht einhergingen, um eine noch weiter fortschreitende Parzellierung der Hofgüter zu verhindern, wirklich den gewünschten Erfolg hatten, ist freilich zu bezweifeln. Klaus-Jürgen Matz hat anhand der Eheschließungsstatistik des 19. Jahrhunderts nachgewiesen, daß die gleichgearteten Versuche dieser Zeit nur begrenzten Einfluß auf das Heiratsverhalten hatten. Die Zahl der Eheschliessungen nahm nur wenig ab. Was viel stärker zu Buche schlug, war vielmehr der hauptsächlich durch diese Bestimmungen unmittelbar bewirkte Anstieg der unehelichen Geburten.

Mit dieser oben diskutierten Steigerung der Illegitimität steht aber auch die insbesondere wieder in **Nimburg** beobachtete und registrierte Zunahme derjenigen Eheschließungen in Zusammenhang, die *nach getriebener Unzucht* bzw. *wegen Unzucht ohne Kranz* stattfanden bzw. bei denen die Partner *durch Unzucht zusammenkamen*. Diese Fälle machen in Nimburg nach ihrem Einsetzen um 1740, von 1794 bis 1800 jährlich zwischen 14-50 Prozent aller Eheschließungen aus. In den übrigen Teilorten lag ihr Anteil zwar erheblich niedriger, er nimmt aber ebenfalls zu. Nachdem es sich bei den betreffenden Paaren in vielen Fällen um ganz junge Leute handelt, kann angenommen werden, daß diese bewußt versuchten, ihre Heiratspläne durch die Schaffung von Fakten (Kindern) zu beschleunigen bzw. durchzusetzen.

Was schließlich die Struktur der Familie in den frühneuzeitlichen Gemeinden betrifft, so erlauben die Quellen- und Literaturangaben folgende Aussagen: Die Geburtenzahl pro Ehepaar bewegte sich im allgemeinen zwischen 4-6 (im katholischen Heimbach eher zwischen 5-8). Sehr viele Kleinkinder, insbesondere der zahlreichen überdurchschnittlich kinderreichen Familien (bis zu 12 Kinder), überlebten jedoch ihr Kindesalter nicht, so daß sich die tatsächliche, für das materielle Überleben entscheidende Familiengröße ungefähr auf das in der frühen Neuzeit bis etwa zur Mitte des 18. Jahrhunderts übliche durchschnittliche Mindestmaß reduzierte (Eltern mit 2-3 Kindern) oder nur wenig darüber lag. Die konkreten Werte konnten dabei von Ort zu Ort bzw. Zeit zu Zeit durchaus schwanken. Für **Köndringen** läßt sich aus den Salzbezugsregistern von 1702 eine Familiengröße von durchschnittlich 2,9 Personen errechnen. Der Visitationsbericht von 1717 läßt auf eine Größe von 4 Personen schließen, die Salztabelle von 1732 ergibt 3 Personen, die Seelentabellen schließlich über 5 Personen (1770 und 1773). In **Nimburg** lauten die sich aus denselben Quellen ergebenden Werte 3,1 (1702); 5,1 (1717); 2,9 (1732); 5 (1770) und 4,9 (1773), während für **Teningen** 2,7 (1702); 6,7 (1717); 3,1 (1732) und 5,6 (1770 und 1773) anzugeben sind. Nach der von Hermann Jakob aus den Salzbezugsregistern von 1702 für das gesamte Oberamt Hochberg errechneten Durchschnittsfamiliengröße von 3,9 sind die Familien in den durlachischen Teilorten der heutigen Gemeinde Teningen zunächst kleiner gewesen als in den übrigen Orten des Oberamtes. Das änderte sich bis um 1770, als in einer entsprechenden amtlichen Erhebung auch für Hochberg insgesamt von rund 5 Personen pro Familie ausgegangen wird. In der zweiten Hälfte des 18. Jahrhunderts ist die Zahl der überlebenden Kinder also gestiegen, bis sie sich ab dem 19. Jahrhundert langsam der Zahl der Geborenen annäherte.

Die Geburtenzahl ist naturgemäß vor allem vom Heiratsalter der Frau abhängig: je jünger die Frau, desto mehr Geburten waren möglich und wahrscheinlich, solange sich, wie insbesondere aus dem Heimbacher Familienbuch hervorgeht, die durchschnittlichen Abstände zwischen den Geburten von 1-2 Jahren nicht änderten. Noch an der Jahrhundertwende brachte z.B. Katharina Langenmantel, die 1766 geborene, in erster Ehe mit Matthias Hügle verheiratet gewesene Frau Johann Georg Martins (1770-1814) seit 1794, in Heimbach meist dicht hintereinander acht Kinder zur Welt: das erste 1795, die folgenden 1797, 1799, 1802, 1804, 1805, 1809 und 1810. Das durchschnittliche Alter der Mütter bei der letzten Geburt dürfte zwar deutlich niedriger gewesen sein (ca. 39 Jahre) als in diesem Fall (44 Jahre). Es lag damit auch noch immer unter dem Niveau, auf dem es heute infolge veränderter sozio-kultureller Rahmenbedingungen durchschnittlich zu liegen scheint (etwa 40 Jahre). Der heutige Wert basiert aber auf erheblich verminderten Geburtenzahlen pro Mutter, so daß die Belastung der Frau damals unzweifelhaft wesentlich höher war als heute. Der Abstand zwischen der Heirat und der Geburt des ersten Kindes (protogenetisches Intervall) betrug im 18. Jahrhundert (Berechnungsgrundlage: Heimbach, Teningen, Nimburg 1720-1740 und 1760-1800; für die davorliegende Zeit ist die Datenbasis zu schmal) wie anderorts üblich zumeist bis zu einem Jahr, bei einem zunehmend an Bedeutung gewinnenden Schwerpunkt von 8-10 Monaten. Hierbei zeigt sich, daß im allgemeinen die Ortsgeistlichen nur bei denjenigen Hochzeitseinträgen die oben erwähnten, den vorehelichen Umgang anprangernden Vermerke anbrachten, bei denen der Abstand 7 Monate oder weniger betrug. Obwohl also auch der teilweise schrumpfende Zeitraum zwischen Heirat und erster Geburt auf eine zunehmend laxere Befolgung der alten Sexualvorschriften hindeutete, gestand die kirchliche Obrigkeit durchaus eine gewisse Toleranzbreite zu[8].

Tod

Für die Menschen des 17. und 18. Jahrhunderts, besonders im ländlichen Umfeld, waren Krankheit und Tod nicht nur alltäglich vertraute, sondern auch noch fast völlig von der Natur bestimmte Gegebenheiten. Deshalb finden sich in allen bisher vorliegenden historisch-demographischen Analysen typische Verlaufsmuster der jahreszeitlichen Sterblichkeit, die allerdings durch besondere Einflüsse wie Kriege, Naturkatastrophen und Epidemien verzerrt werden konnten. Auch im hier behandelten Raum, der trotz seiner Kältespitzen im Januar/Februar schon 1783 als "insgesamt wohltemperiert" gekennzeichnet wurde, sind diese Muster zu beobachten. Besonders im 17. Jahrhundert wird das Maximum an Todesfällen regelmäßig im Spätwinter/Frühjahr, d.h. Januar - März (16, 10 und 18 Prozent) erreicht, ein zweiter Gipfel liegt im Spätsommer, d.h. September/Oktober (10,3 und 9,2 Prozent gegenüber April bis August 6,3; 4,8; 4,3; 6,1 und 6,9 Prozent bzw. November/Dezember 3,9 und 4,8 Prozent). Im 18. Jahrhundert hingegen ergeben sich immer stärker zu Buche schlagende Verschiebungen besonders in den Spätsommer- und Herbstmonaten, die letzlich auf eine Abschleifung der zweiten traditionellen Mortalitätsspitze hinauslaufen.

Um den Hintergründen dieser Verteilung näher auf die Spur zu kommen, bietet sich zunächst eine Aufschlüsselung des Saisonmusters nach dem Geschlecht an. Für die zweite Hälfte des 18. Jahrhunderts belegt das Beispiel **Heimbach**, daß die Sterblichkeit der Frauen sich zwar nach dem üblichen Muster auffächerte, aber dennoch relativ regelmäßiger über das ganze Jahr verteilt war. Die Werte liegen hier (in der chronologischen Reihenfolge der Monate) bei 13,4; 9,8; 9,4; 13,4; 8; 4,7; 6,5; 8; 9,8; 5,4; 2,9 und 8,7 Prozent. Bei den Männern hingegen konzentrieren sich die Todesfälle auf die Monate Januar - März und, merklich weniger intensiv, den Oktober (14,6; 15,8; 14,1; 5,4; 9,1; 5,4; 4,6; 5,8; 5; 10; 2,5; 7 Prozent). Besonders groß sind die Unterschiede außerdem im April, in dem im allgemeinen mehr als doppelt so viele Frauen als Männer sterben mußten, sowie im August und September, die im Durchschnitt knapp 50 Prozent mehr Männer als Frauen noch unbeschadet überstehen konnten.

Es ist offensichtlich, daß auch diese Verteilung vor allem durch die unterschiedlichen Lebensalter beeinflußt wird, in denen die weiblichen und männlichen Verstorbenen jeweils standen. Für das 17. Jahrhundert sind die Altersangaben in den Begräbnisregistern zwar leider sehr sporadisch bzw. ungenau. Statt Jahresangaben sind meist nur Angaben wie *puella* (Mädchen), *virgo* (Jungfrau), *infans* (Kind), *adolescens* (Heranwachsender) oder *natus et mortuus* (geboren und gleich gestorben) zu finden. Es darf aber nach den Ergebnissen anderer Untersuchungen davon ausgegangen werden, daß das altersspezifische Sterblichkeitsmuster beider Geschlechter in dieser Zeit demjenigen der ersten Hälfte des 18. Jahrhunderts entsprach. Die durchschnittlich am stärksten vom Tode betroffene Altersgruppe war diejenige von 1-10 Jahren (27,2 Prozent), gefolgt von derjenigen bis zu einem Jahr (21 Prozent). An dritter Stelle - und das ist im Vergleich zu anderen Regionen auffällig, d.h. spricht für ein relativ früher besser gesichertes Leben der Erwachsenen im Breisgau - rangiert die Altersgruppe von über 60 Jahren (16,1 Prozent), an vierter diejenige von 51-60 Jahren (10,2 Prozent). Fast 50 Prozent aller Verstorbenen waren danach Kinder im Alter bis zu 10 Jahren, ganz abgesehen von der um 10 Prozent schwankenden Rate der hier nicht miteinbezogenen schon tot geborenen. Oder anders ausgedrückt: bis zu diesem Alter war die Lebenserwartung relativ am geringsten, um danach abrupt zu steigen, und zwar bis ins fünfzigste Lebensjahr. Schlüsselt man die verschiedenen Sterbealter noch nach dem Sterbemonat auf, so zeigt sich überdies, daß die Kinder mehrheitlich zu einer anderen Jahreszeit starben als die Erwachsenen. Das Sterbemaximum der Monate Januar bis März geht im Vergleich mehr auf die Verstorbenen der älteren Jahrgänge (ab 41 Jahre) zurück. Im Oktober und in den übrigen, allerdings wie gezeigt generell deutlich weniger sterbeintensiven Monaten hingegen, werden signifikant besonders die Kinder zu Grabe getragen. Die niedrige Sterblichkeitsquote der Erwachsenen im "besten Alter" (21-40 Jahre; 11,6 Prozent) verteilt sich demgegenüber ziemlich gleichmäßig über das ganze Jahr. Es ist klar, daß die Gründe hierfür vor allem in den Todesursachen gesucht werden müssen.

Zuvor sei jedoch noch einmal auf die Unterschiede zwischen den Geschlechtern zurückgeblendet bzw. der Blick auf die zweite Hälfte des 18. Jahrhunderts gerichtet. Die Differenzierung der altersspezifischen Sterblichkeit nach dem Geschlecht belegt für die Zeit bis 1750 nur Verschiebungen von untergeordneter Bedeutung. Bei beiden Geschlechtern ist die Sterblichkeit bis zum 10. Lebensjahr am höchsten, wenngleich die weiblichen Kleinkinder vor der Vollendung ihres ersten Lebensjahres gefährdeter sind als die männlichen. Zwischen 31-50 Jahren sind die Männer etwas stärker vom Tode betroffen, die aber wiederum das Jahrzehnt von 51-60 Jahren eher überstehen als die Frauen, bei denen die Erreichung des 50. Lebensjahres die letzte entscheidende Schwelle darstellt. In der zweiten Hälfte des 18. Jahrhunderts ändert sich hieran zwar nur wenig, aber doch Aufschlußreiches: Die Kindersterblichkeit geht immerhin etwas zurück (rund 46 statt wie bis dahin 48 Prozent der Gesamtsterblichkeit). In den entsprechenden Altersklassen (bis zu einem Jahr und 1-10 Jahre) bleibt der Befund erhalten, daß die männlichen Säuglinge bzw. Kleinkinder das erste Lebensjahr relativ häufiger überstehen als die weiblichen. Die Sterblichkeit in den Altersstufen von 11-50 Jahren beträgt jedoch nur noch ein Fünftel der Gesamtsterblichkeit statt wie zuvor ein Viertel. Mit aller Wahrscheinlichkeit haben sich die Lebenschancen für die Jugend und die Erwachsenen deutlich verbessert. Der Schwerpunkt der Mortalität wandert allmählich - modernen Verhältnissen entsprechend - ins hohe Alter (bis 1750: 26 Prozent der Gesamtsterblichkeit, danach: 32 Prozent). Die Verhältnisse im katholischen **Heimbach** bleiben im übrigen länger vormodern und dabei schroffer konturiert. 1774-1800 macht die Kindersterblichkeit hier noch 53 Prozent der Gesamtsterblichkeit aus und liegt die Alterssterblichkeit (Altersstufe ab 51 Jahre) sogar noch niedriger (23 Prozent) als die Jugend- und Erwachsenensterblichkeit (24 Prozent). Außerdem sterben hier wesentlich mehr Kinder beider Geschlechter noch vor der Vollendung des ersten Lebensjahres (34 Prozent der Gesamtsterblichkeit).

Nach den Angaben Pfarrer Sanders für **Köndringen** 1750-1793 waren von den in diesem Bereich Verstorbenen 14,4 Prozent Ehemänner, 11,8 Prozent Ehefrauen, 3,8 Prozent Witwer, 8 Prozent Witwen und 8 Prozent Ledige beider Geschlechter ab 14 Jahre, aber 44 Prozent Kinder unter 14 Jahren. Diese Quoten machen klar, daß auch im evangelischen Bereich große Unterschiede bestehen konnten, die in einer übergreifenden Statistik nicht mehr ohne weiteres zum Ausdruck kommen. Die amtlich berechneten Ergebnisse der Seelentabellen für Hochberg und Baden-Durlach insgesamt zeigen im übrigen sowohl Übereinstimmungen als Abweichungen. 1764 machte die Sterblichkeit der Kinder im Alter von 1-5 Jahren im Oberamt Hochberg und im Staat insgesamt je 48,8 Prozent aus, 1770 39 bzw. 49 Prozent. Nimmt man noch die separat ausgewiesene Altersstufe von 6-10 Jahren hinzu, lauten die Zahlen 54,7 (Oberamt Hochberg) und 53,7 Prozent (Baden-Durlach) für 1764 bzw. 35,3 und 49,4 Prozent für 1770. Die Alterssterblichkeit (Todesfälle ab 51 Jahre) betrug 1764 im Oberamt Hochberg nur 25 Prozent, im Gesamtstaat 26,3 Prozent und 1770 40,2 Prozent bzw. 27,1 Prozent. Ungeachtet der Befunde von 1770 für das Oberamt Hochberg, die sicher eine Ausnahme darstellen, läßt sich dennoch zusammenfassend festhalten, daß die Teninger Gemeinden sowohl im Rahmen des Oberamts als auch des Gesamtstaates relativ fortgeschrittenere Verhältnisse aufweisen[9].

Welche Ursachen lagen nun diesen Sterbefällen zugrunde? Die Datengrundlage ist zwar recht lückenhaft und wegen z.T. sehr unspezifischer Angaben (z.B. nur *heftige Krankheit*) in ihrer Verwertbarkeit eingeschränkt. Dennoch lassen sich einige klare Aussagen treffen: Grundsätzlich ändert sich in den Todesursachen über beide Jahrhunderte hinweg kaum etwas. Die überwältigende Mehrheit der Todesfälle geht auf Krankheiten zurück (ca. 91 Prozent), während die durch Vermerke wie *im Alter*, *wegen Entkräftung* oder *Auszehrung* bzw. *Siechtum* in Zusammenhang mit hohem Lebensalter als "natürliche" altersbedingte Fälle gekennzeichnete Sterblichkeit nur ca. 6 Prozent ausmacht. Die restlichen etwa drei Prozent der Sterbefälle setzen sich aus Unfällen (z.B. *in der Elß ertrunken*) bzw. Mord und Tötung im Krieg sowie (möglicherweise auf Selbstmord hindeutenden) "plötzlichen" Todesfällen zusammen. Innerhalb der Kategorie Krankheiten entfällt der Löwenanteil (ca. 60 Prozent) auf Epidemien wie (in dieser Reihenfolge) Pest und Pocken (im damaligen Hochberger Volksmund *Urschlechten* genannt), *rote* und *weiße* Ruhr, Röteln (*Rothsucht*), unspezifisches und spezifisches *Fieber* (Faulfieber, Fleckfieber - welches nach dem Bericht von 1783 in Hochberg ansonsten weniger verbreitet war - und Gallenfieber) sowie Blattern. Danach folgen *Unzeitigkeit* und *noch in der Geburt* bei Neugeborenen bzw. *Kindbett* bei Müttern, *Gichtern* (Nervenkrämpfe meist aufgrund von Rachitis) bzw. *Darmgichtern* und *Gichtblattern*, allgemeines *Siechtum*, unspezifische Krankheiten der *Brust* sowie schließlich spezielle Ursachen wie *Steck-* und *Schlagfuß*, *Herzweh* bzw. *Stechen*, *Krebs* und *Geschwulst* bzw. *Wassersucht* und *Gelbsucht*. Unspezifische Ursachenumschreibungen wie *Husten*, *Blutspeien*, *Erbrechen*, *Entzündung* usw. treten im Laufe der Zeit zurück, verschwinden aber nicht.

Das Sterblichkeitsgeschehen im Raum Teningen bis zum Ende des 18. Jahrhunderts ist diesen Daten zufolge also erwartungsgemäß vor allem durch die Einwirkung epidemischer Krankheiten bestimmt, wodurch es sich auch diesbezüglich als im Ganzen genuin vorindustrielle bzw. vormoderne Sterblichkeitsform zu erkennen gibt. Bei dieser wenig überraschenden Erkenntnis kann man jedoch nicht stehenbleiben. Vielmehr sind die Todesursachen in einem weiteren Schritt erstens auf die Geschlechts-, Alters- und Saisonstruktur der Sterblichkeit zu beziehen und zweitens wenigstens die wichtigsten davon in ihrem historisch-chronologischen Auftreten näher zu betrachten.

Generell läßt sich zunächst sagen, daß die schweren Epidemien wie Pest, Ruhr und Blattern, die meist im Spätsommer/Herbst auftraten, unterschiedslos beide Geschlechter betrafen, bevorzugt aber die weniger widerstandsfähigen Kinder und - in etwas geringerem Ausmaß - die Alten. Die als *Gichter* bezeichneten schweren Krämpfe waren keine spezifische Kinderkrankheit, obwohl sie vor allem Mädchen, und zwar verteilt über das ganze Jahr, dahinrafften. Mit Fieber und Entzündungen verbundene zum Tode führende Krankheitsformen scheinen ebenfalls vor allem das weibliche Geschlecht, und zwar der höheren Altersstufen, betroffen zu haben, während Herzinfarkt, Schlaganfall usw. ebenso wie Unfälle hauptsächlich älteren Männern das Leben kosteten. Der Gnade ruhigen Sterbens in hohem Alter sind offenbar häufiger Greise teilhaftig geworden, weil bei den Greisinnen öfter *Auszehrung* oder *Siechtum* vermerkt ist. Ein weiterer Schwerpunkt des Sterbens an *stillem Siechtum* ist das erste Lebensjahr bei weiblichen Kleinkindern. Der Tod im Kindbett traf Mütter aller Altersstufen. Beiden Geschlechtern gemeinsam ist, daß die Verschiedenheit der Todesursachen an der saisonalen Konzentration der Todesfälle auf den Spätwinter oder das Frühjahr, also nach dem Überstehen der härtesten Winterzeit, aber bevor frische Lebensmittel zur Verfügung stehen, nichts ändert. Inwiefern sich in diesen Befunden eine der wichtigsten Ursachen reduzierter Widerstandsfähigkeit gegen Krankheiten oder die Folgen von Unfällen, nämlich die bei bestimmten Bevölkerungsgruppen oft chronische Mangelernährung, niederschlägt, kann leider nicht näher ausgemessen werden. Auf die Ernährungsgewohnheiten im allgemeinen sowie zu Wohnung, Medizin usw. als weitere wichtige Rahmenbedingungen wird am Schluß dieses Abschnitts näher einzugehen sein.

Im historischen Verlauf (vgl. Abb. 1) ist hervorzuheben, daß die sehr hohen Menschenverluste in der Zeit des Dreißigjährigen Krieges am allerwenigsten auf unmittelbare Kriegseinwirkungen zurückgehen, vielmehr die Pest der hauptverantwortliche Faktor war, aber diese bis 1634 nachweisbare (danach brechen wie gesagt die Aufzeichnungen für Jahre fast überall ab) schwere Pestwelle bereits um 1610 einsetzte. Diese Zeit war überdies durch eine schwere Wirtschaftskrise geprägt. Zuerst trat die Pestwelle in **Teningen** auf, um von dort vor allem nach **Köndringen** überzugreifen. In der zweiten Hälfte des 17. Jahrhunderts blieb der Raum Teningen von schwereren Seuchen verschont. Fleckfieber, Ruhr, Blattern flackerten immer nur kurz auf. Die verschiedenen kriegerischen Auseinandersetzungen ließen die Gefallenen- bzw. die Totenzahlen allgemein weniger stark anschwellen als man erwarten könnte. Zwischen etwa 1730 und 1755 dagegen bildete sich eine offenbar breitflächigere, weil auch beispielsweise in Durlach spürbar stärkere Fieber- und Blatternwelle aus, der insbesondere in **Nimburg** auch viele Kinder zum Opfer fielen. Es ist durchaus möglich, daß diese Welle durch den schweren Winter 1731/32 und die schlechte Ernte 1736 begünstigt wurde. Jedenfalls lassen entsprechende Einträge in den Kirchenregistern dieser Jahre diesen Schluß zu. Ebenso ist denkbar, daß sich die von Basel bis Frankfurt a.M. nachweisbare Getreidepreisverteuerung von 1740/49 negativ auswirkte. Die 1727, 1755 und am 11. August 1771 aufgetretenen Erdbeben haben demgegenüber offenbar nur Gebäudeschäden verursacht. 1761/62 und 1772/73 gingen besonders in **Teningen** und **Köndringen** spürbare, im letzten Fall im gesamten Deutschland wütende Seuchenwellen über das Land hinweg, die noch mit einer neuerlichen, von 1760/69 bis 1770/79 anhaltenden Kornteuerung bzw. der Klimakatastrophe von 1771/72 zusammentrafen. In den beiden letzten Jahrzehnten des Jahrhunderts forderten die Kriegsereignisse sowie eine zuerst in **Heimbach** hart zuschlagende, ebenfalls wieder auch bis Durlach verspürte Ruhr-, Blattern- und Fleckfieberepidemie erneut so viele Opfer, daß sich in den letzten beiden Jahren der bis dahin erreichte Geburtenüberschuß gefährlich verringerte.

Gliedert man die Ursachen der hohen Sterblichkeit in der frühen Neuzeit zusammenfassend in die Faktoren Nahrungsmittelknappheit bzw. Mangelernährung, Krankheiten bzw. unzulängliche medizinische Versorgung und ungenügende öffentliche und private Hygiene, so hat man einen Kriterienkatalog zur Untersuchung dessen, was in Bezug auf diese Rahmenbedingungen des eben umrissenen Sterbegeschehens im Raum Teningen gegeben war bzw. sich im Laufe der Zeit änderte.

In Bezug auf die Nahrungsgrundlage ist sich die gesamte Literatur, beginnend mit der Landesbeschreibung des Landphysikus Wilhelm Ludwig Willius 1783, darin einig, den Teninger Raum von der Bodenbeschaffenheit und dem Klima her als durchaus ausreichend günstig zu charakterisieren. Die Anbauflächen der Gemeinden waren ausreichend groß und erlaubten, wie zuletzt Albrecht Strobel detailliert herausgearbeitet hat, eine bis in die zweite Hälfte des 18. Jahrhunderts hinein im ganzen ausreichende zusätzliche Urbarmachung. Den regelmäßigen (Frühjahr) und unregelmäßigen (nach heftigen, auch in den Kirchenbüchern oft erwähnten Gewittern besonders im Hochsommer und Herbst) Überschwemmungen der flußnahen Felder und Ortschaftsteile vor allem **Nimburgs** wurde ab 1736 durch Regulierungen, Zuschütten von Nebenarmen, Errichtung von Dammstücken u.a. entgegengearbeitet. Diese Maßnahmen, zu denen die Erhöhung des Dammes der Elz zwischen **Teningen** und **Köndringen** 1795 gehörte, führten allerdings erst im 19. Jahrhundert zu einer dauerhaften Lösung. Die von Willius in allen Einzelheiten geschilderten Ernährungs- und Kleidungsgewohnheiten deuten auf eine auch nach den heutigen Kriterien generell gesunde Mischkost bzw. gute Anpassung an die klimatischen Gegebenheiten hin. Der übermäßige Wein- und Branntweingenuß scheint andernorts verbreiteter gewesen zu sein, wiewohl hierzu bemerkt werden muß, daß die heute üblichen edleren und bekömmlicheren Weinsorten erst ab der Mitte des 18. Jahrhunderts, teilweise auf Initiative der Ortspfarrer wie z.B. des Kirchenrats Sander in Köndringen, in diesen Raum kamen. Der Arbeitstag insbesondere der Bauern, Knechte und Tagelöhner war lang und schwer. In der Erntezeit konnte er schon um 2 Uhr morgens beginnen und erst um 10 Uhr nachts beendet sein. Schon Willius hebt außerdem die dreifache Belastung der Frauen durch Kinder, Haus und Beteiligung an der Landwirtschaft bzw. vom Herbst bis zum Frühjahr am Erwerbsleben durch Spinnen hervor. Ausgesprochen schlecht waren die Wohnverhältnisse. Die zu kleinen, niedrigen, schlecht durchlüfteten, gleichzeitig von Mensch und Tier bewohnten, zu nah an Mist- und Dunggruben gebauten, meist einstöckigen, überbelegten Häuser förderten ansteckende Krankheiten, so daß *man sich wundern muß, daß die Leute so gesund bleiben, wie sie sind.* Für die medizinische Versorgung bzw. öffentliche Gesundheitsvorsorge wurde erst im 18. Jahrhundert staatlicherseits Wirksames unternommen. 1753 wurden Begräbnisse in den Kirchen verboten und die Anlegung tieferer Gräber auf den Friedhöfen angeordnet. Seit 1759 verbesserte man die Geburtshilfe, d.h. die seit dem Ausgang des 17. Jahrhunderts eingesetzten Hebammen, welche die bisherige Praxis der gegenseitigen, nachbarschaftlichen Geburtshilfe ablösen sollten, mußten erstmals entsprechenden beruflichen Unterricht absolvieren und wurden durch Visitationen des Landphysikus, also des zuständigen Landarztes, kontrolliert. Diese Einrichtung des Landphysikats ging zwar ebenfalls auf den Beginn des Jahrhunderts zurück. Effizient in die Praxis umgesetzt wurde die Idee aber erst ab der Mitte des Säkulums und der Konkurrenzstreit der neuen Mediziner mit den alten Badern und Wundärzten, zu denen sich traditionellerweise auch die Scharfrichter gesellten, war erst um 1770 zugunsten der neuen Profession entschieden. 1759 kamen zu den Landphysikaten allgemeine Land-Chirurgate hinzu. Ab 1768 wurden nach französischem bzw. preußischem Vorbild Impfungen gegen die Blattern eingeführt, und zwar zuerst in Pforzheim. Schon um 1745 war auch die alte Apothekerordnung verbessert worden. Jetzt, in den sechziger und siebziger Jahren, trat ein absolutes Verbot des Verkaufs von Giften außerhalb der Apotheken hinzu, wurden die Ärzte und Pfarrer in Bezug auf bestimmte Krankheiten zentral berichtspflichtig gemacht, um einen Überblick über Seuchengefahren zu erhalten, und wurde die Anatomie institutionell und personell ausgebaut.

Ein Rückschlag für den Teninger Raum war die um 1780 erfolgte Aufhebung des örtlichen Krankenhauses zugunsten von dessen Emmendinger Äquivalent. In der Praxis haben sich diese Maßnahmen zwar erst allmählich ausgewirkt, wie unsere Befunde und die Klagen der Obrigkeit darüber, daß die Bevölkerung lieber Quacksalbern, alten Weibern und Hausmitteln vertraue bzw. die Hebamme nicht vorschriftsmäßig entlohne, zeigen. Sie leiteten aber eine Entwicklung ein, die im nachfolgenden Jahrhundert das demographische Geschehen grundlegend veränderte[10].

Zu- und Abwanderung

Für die Entwicklung der Bevölkerungsgröße jeder geographisch-administrativen Einheit ist jedoch nicht nur das endogene Verhältnis von Geburten und Todesfällen bedeutsam, sondern auch der Menschenaustausch, den das Dorf, die Stadt, die Region oder der Staat mit seiner Umwelt vornimmt. Teningen bildet hier keine Ausnahme. Auch hier vollzogen sich Zu- und Abwanderungen besonders in zwei anhand vorliegender Quellen beobachtbaren Dimensionen, nämlich bei der Heirat (Wegheirat bzw. Einheirat) und bei der planmäßigen Ein- und Auswanderung.

Obwohl die entsprechenden Eintragungen in den Heiratsregistern sehr mangelhaft sind (nur in etwas über 30 Prozent der Fälle sind Angaben zur Herkunft des Bräutigams, nur in deutlich unter 30 Prozent Angaben zur Herkunft der Braut gemacht), können in dieser Hinsicht wenigstens die hauptsächlichen Trends aufgezeigt werden. Zuerst ist festzuhalten, daß das Verhältnis von Weg- und Einheirat trotz eines Grundbestands entsprechender Heiratsfälle, die zumeist etwa ein Sechstel aller Heiraten ausmachen und sich geographisch auf die unmittelbare Umgebung beziehen, sich in wechselnde Phasen auffächert. Die zweite Hälfte des 17. Jahrhunderts ist durch einen Überhang von Einheiraten gekennzeichnet. Danach bleibt das Verhältnis bis etwa zur Jahrhundertmitte ausgeglichen, um dann in der Gesamtbilanz wieder knapp positiv zu werden, d.h. die Einheiraten überwiegen. Die Geschlechterproportion bleibt aufs Ganze gesehen stets ungefähr ausbalanciert. Die Zahl der Bräute, die von auswärts geholt werden, ist nur gegen Ende des Untersuchungszeitraums etwas höher als die Zahl der von auswärts kommenden männlichen Ehepartner.

Die Verteilung der Herkunftsorte der männlichen und weiblichen auswärtigen Heiratspartner bei Teningen, Köndringen und Nimburg einerseits und Heimbach andererseits belegt, daß bis in das letzte Viertel des 18. Jahrhunderts hinein die unterschiedliche Konfession auch in dieser Hinsicht unterschiedliche Orientierungen mit sich brachte. Die bei den evangelischen

Orten durchweg bevorzugten auswärtigen Partnerorte Mundingen, Malterdingen, Emmendingen, Niederemmendingen (in dieser Reihenfolge) fehlen bei den Heimbacher Eheschließungen mit ortsfremden Partnern fast ganz. Während insbesondere Teningen mit Nimburg und Köndringen mit Teningen und Nimburg, also die badischen Orte junge Menschen unter sich austauschen, taucht das nichtbadische Heimbach dabei nicht auf. Die Heimbacher auswärtigen Ehepartner werden bevorzugt in den vorderösterreichischen Landen gefunden, von Waldkirch und der Freiburger Umgebung bis zum Schwarzwald in der Nähe Waldshuts (Rötenbach, Grafenhausen, Gütenbach) einerseits, über Orte am Kaiserstuhl bzw. in Kenzingen und Umgebung bis zur Landvogtei Ortenau andererseits. Bei der ferneren Umgebung spielt auch noch das Elsaß (Dieboltz, Eysig) eine quantitativ bedeutende Rolle, während noch weiter entfernt liegende Herkunftsorte der Schweiz (Bern und Genf), Tirols (Aschau) sowie der geistlichen Fürstentümer Trier (*Hillstedt prope Koblentz*) und Fulda nur noch gelegentlich genannt sind. Hierbei dürfte es sich ohnehin, wie allerdings nur manchmal ausdrücklich angegeben ist, um die jeweiligen Geburtsorte handeln, die naturgemäß nicht notwendig mit dem Ort identisch sind, wo sich der Betreffende unmittelbar vor der Heirat aufhielt. Bemerkenswert ist aber, daß es doch umso eher möglich wurde, einen Partner auch aus einem Ort fremder Konfession zu gewinnen, je weiter dieser Ort entfernt war.

Die bei den Köndringer Heiraten von außen kommenden Partner wurden zu etwa einem Viertel in den schon genannten Nachbarorten Malterdingen, Mundingen und Teningen (in dieser Reihenfolge) gefunden. Durch bis zu rund zehnmalige Nennung fallen außerdem Emmendingen, Nimburg und Haslach im Kinzigtal auf. Die übrigen Herkunftsorte liegen zumeist in der badischen näheren (Kollmarsreute, Broggingen, Bahlingen, Maleck, Freiamt) oder ferneren (Sulzburg, Efringen, Müllheim bei Badenweiler) Umgebung, gefolgt von württembergischen (Döttingen, Schiltach, Reichenbach), vorderösterreichischen (Freiburg, Kirchzarten), hanau-lichtenbergischen (Willstätt) und elsässischen (Straßburg) Orten. Die am weitesten entfernten Herkunftsorte liegen in der Schweiz (Bern, Zürich) bzw. in einem Fall (1756) in der Grafschaft Mansfeld. Bei Nimburg ergibt sich ein ganz ähnliches Muster, während die Extremfälle bei den ansonsten ebenfalls grob übereinstimmenden Teninger Befunden außerdem bis in die Augsburger Umgebung (Urfingen) und schließlich nach Tirol (Schwaz) reichen[11].

Die in die Schweiz führenden Spuren weisen auf den zweiten Komplex des hier zu behandelnden Problems hin, nämlich die planmäßige Ein- und Auswanderung.
Nach dem Dreißigjährigen Krieg förderte der badische Landesherr die Einwanderung fremder Neubürger, um die Steuerkraft insbesondere des stark verwüsteten Oberamts Hochberg wiederherzustellen. Im Zuge dieser Maßnahmen kamen bis 1653/54 nach **Köndringen** 28 neue Bürger und Hintersassen (gegenüber höchstens 32 alten Bürgern, die noch anwesend waren), nach **Nimburg** 20 (gegenüber höchstens 25 alten Bürgern) und nach **Teningen** ebenfalls 20 Neubürger gegenüber höchstens 24 bereits seit langem dort das Bürgerrecht besitzenden Einwohnern. Obwohl diese Zahlen nicht ohne weiteres mit den Verhältnissen in der Bevölkerung insgesamt gleichgesetzt werden dürfen, macht die Quote von weit über 40 Prozent Zuwanderern doch die Dimension dieses Geschehens deutlich. Die meisten dieser Zuwanderer kamen, soweit sich dies anhand der Kirchenbücher überhaupt abschätzen läßt, aus dem Berner und Zürcher Gebiet. Die Schweizer Neuankömmlinge aus Appenzell, Solothurn usw., die der Markgraf ins Land zog, haben sich daher offenbar mehrheitlich auf andere badische Orte verteilt. Diese Zuwanderung ist zweifellos die Ursache dafür, daß auch noch im 18. Jahrhundert gelegentlich Heiratspartner gewählt werden, die in diesen Gebieten geboren wurden. Ein Teil der Zuwanderer dieser ersten Einwanderungsphase, die zumeist aus den unterbäuerlichen Schichten stammten, zog u.a. wegen der anhaltenden Franzosenkriege jedoch wieder weiter und ist auch deshalb in den Kirchenregistern nur schwer zu fassen.
Die zweite Einwanderungskampagne ab den zwanziger Jahren des 18. Jahrhunderts, die sich gelegentlich mit Einwanderungs-

verboten vor allem für das Oberamt Hochberg (z.B. 1724) überschnitt, war demgegenüber gezielter auf qualifizierte Einwanderungswillige abgestellt, d.h. insbesondere Schweizer Täufer, die damals den am weitesten fortgeschrittenen Stand der Technik der Agrarproduktion repräsentierten. Angehörige dieser Glaubensgemeinschaft finden sich nur in den Seelentabellen ab 1769 für **Nimburg** (eine Familie) und **Teningen** (ebenfalls eine Familie), d.h. sie müssen bei ihrer Ansiedelung zumeist andere badische Orte bevorzugt haben bzw. diesen zugewiesen worden sein. Daß auch die **Heimbacher** Ortsobrigkeit die im Dreißigjährigen Krieg erlittenen Menschenverluste durch Förderung der Einwanderung auszugleichen suchte, ist mit guten Gründen anzunehmen, aber nicht mehr genauer abschätzbar.

Anders sieht es mit der **Abwanderung** aus, weil hierzu entsprechend vollständige Quellen und inzwischen auch erste Auswertungen vorliegen. Da die Obrigkeit seit dem Umschlag zur tendenziellen Überbevölkerung etwa um die Mitte des 18. Jahrhunderts bestrebt war, zwar die Problemgruppen der Bevölkerung loszuwerden, aber nicht die Reichen, beruflich gut Qualifizierten, Leistungswilligen bzw. -fähigen zu verlieren, wurden die Auswanderer sorgfältig registriert und ihnen gegebenenfalls die Abwanderung untersagt bzw. durch möglichst hohe Abgaben schwierig gemacht. Nach den Angaben von Werner Hacker wanderten zwischen 1741 und 1801 (Höhepunkt: 1784) 10 namentlich genannte Erwachsene und 5 Kinder aus **Heimbach** ab. Alle Auswanderer folgten der habsburgischen Werbung, d.h. zogen nach Ungarn bzw. ins Banat, anstatt der auf illegale Entfernung von der Heimat hinauslaufenden französischen Werbung aus dem benachbarten Elsaß, die auf eine europäische Bevölkerung der französischen Überseegebiete abzielte. Wie erfolgreich diese Werbung war, müßte naturgemäß anhand anderer Quellen geprüft werden. Aus **Köndringen** zogen zwischen 1728 und 1799 insgesamt 187 Personen ab (Höhepunkt: ebenfalls die neunziger Jahre). Auch hier war das Ziel vor allem Ungarn bzw. Siebenbürgen, obwohl immerhin auch acht elsässische Orte als neue Heimatgemeinden genannt sind. **Nimburg** kehrten zwischen 1724 und 1819 84 Menschen auf immer den Rücken, die meisten in gleicher Weise in Richtung Ungarn/Siebenbürgen bzw. Elsaß (oder - in zwei Fällen - Mittelfrankreich). 1750 und 1751 ist auch Amerika als Ziel erwähnt. **Teningen** schließlich erlebte zwischen 1736 und 1796 eine allmählich anwachsende Auswanderung von insgesamt 86 Menschen, wieder vor allem nach Ungarn bzw. Siebenbürgen, gelegentlich nach Norden (Hamburg, Dänemark), vielleicht auch Amerika, Preußen und die Schweiz. Die insgesamt 372 Auswanderer, das sind immerhin knapp 13 Prozent der Gesamtbevölkerung von 1773, zogen zumeist paarweise, als Familie oder im Verwandtschaftsverband ab. Ihre Motive waren nach den amtlichen Erkenntnissen der Zeit zumeist wirtschaftlicher und sozialer Natur, also bereits bestehende oder ständig drohende Armut auch infolge hoher Staatslasten, welche erstere obrigkeitlicherseits auch noch als Indiz für sittliche Verdorbenheit angesehen wurde. Die Tatsache, daß der Abzug aus dem gesamten Hochbergischen Gebiet 1770-1779 die höchsten Einnahmen an Abwanderungsgebühren (Manumissionstaxe) einbrachte, ist im übrigen ein Indiz dafür, daß der Willius-Bericht von 1783 manches schöner zeichnete als es wirklich war[12].

Aufbau der Bevölkerung

Im ersten analytischen Abschnitt dieser Darstellung haben wir uns mit der wichtigsten demographischen Endgröße, nämlich der Zahl der Einwohner, befaßt. Die folgenden Abschnitte waren der Untersuchung der wichtigsten Zwischengrößen gewidmet, deren Endergebnis u.a. die konkrete Bevölkerungsgröße ist. Abschließend soll nun erneut ein Blick auf eine Endgröße gerichtet werden, nämlich die Bevölkerungsstruktur, die grundsätzlich nach natürlichen (Geschlecht, Alter) und gesellschaftlichen Merkmalen (Zivilstand, Religion, sozialer Rang bzw. Einkommen) beschrieben werden kann. Praktisch sind die Untersuchungsmöglichkeiten wegen der unzureichenden Quellenlage jedoch begrenzt - ein Umstand, mit dem die Historische Demographie allenthalben zu kämpfen hat.

Auf die Geschlechtsproportion bei den Neugeborenen sind wir schon eingegangen. Das Geschlechtsverhältnis in der Gesamtbevölkerung läßt sich nur anhand bestimmter, nämlich einen entsprechenden Querschnitt durch die Bevölkerung bietender Quellen erschließen, die im Falle von Heimbach im Untersuchungszeitraum überhaupt nicht vorliegen. Für die ehemals badisch-durlachischen Gemeinden stehen erst mit dem Visitationsbericht von 1717 für Köndringen bzw. den Seelentabellen ab 1769 aussagekräftige Dokumente zur Verfügung, die aber wohl auch für die davorliegende Zeit als einigermaßen repräsentativ angesehen werden können. In **Köndringen** betrug das Geschlechtsverhältnis zu diesem Zeitpunkt danach 114, d.h. es herrschte ein deutlicher Männerüberschuß (auf 100 Frauen kamen 114 Männer). Diese Proportion drehte sich am Ende des Jahrhunderts jedoch um: 1769 beträgt sie 103 zugunsten der Männer, ab 1770 jedoch 99,8 bzw. 98 (1772) und 99,5 (1773) zugunsten der Frauen. In **Nimburg** bestand im letzten Viertel des 18. Jahrhunderts sogar ein ständiger Frauenüberschuß (Proportion 1769: 96,6; 1770: 91,3; 1772: 96,5; 1773: 93,7), und in **Teningen** bildete dieser sich langsam heraus (Proportion in chronologischer Reihenfolge: 100,2; 100,8; 92,4; 97,1). Dieser Befund unterstreicht, daß die Umschau nach auswärtigen Ehepartnern (s.o.) in dieser Zeit bis zu einem gewissen Grade durchaus notwendig war, d.h. keineswegs bloß aus diesen oder jenen persönlichen Gründen erwünscht. Freilich ist in diesem Zusammenhang auch zu beachten, wie sich die Geschlechtsproportion altersmäßig aufschlüsselte, womit wir bei der zweiten Dimension der natürlichen Bevölkerungsstruktur angelangt sind.

Wieder muß Heimbach wegen Quellenproblemen ausgeblendet werden und es läßt sich auch bei den einst durlachischen Gemeinden kaum etwas zum 17. Jahrhundert sagen. Die Musterungsrollen 1698 und 1700 verdeutlichen immerhin für die männliche Bevölkerung die folgende Verteilung: 18-30 Jahre: 26 Prozent; 31-40 Jahre: 26,9 Prozent; 41-50 Jahre: 26,9 Prozent; 51-60 Jahre: 15,3 Prozent; 61-70 Jahre: 3,9 Prozent; 71-80 Jahre: 0,8 Prozent; über 80 Jahre: 0,3 Prozent. Zu dieser Zeit lag das Schwergewicht des männlichen Bevölkerungsteils hier mithin bei den Altersstufen von 31-40 und von 41-50 Jahren, während die Angehörigen der Altersgruppen von 18-30 Jahren knapp weniger stark vertreten sind bzw. rund ein Fünftel der Männer älter als 50 Jahre war. Unterstellt man, was angesichts der oben erarbeiteten Befunde mit einigem Recht getan werden kann, daß die (der Zielsetzung der Militärregistrierung entsprechend) unberücksichtigten Altersstufen von bis zu 18 Jahren grob zumindest dem Anteil der Altersstufen von 31-50 Jahren ausmachen, so zeigt der Altersaufbau demnach in etwa eine (vertikal halbierte) Glockenform. Dieser Typus signalisiert aber eine im ganzen stationäre oder nur in geringem Ausmaß wachsende Bevölkerung, die mit den gleichzeitigen Erscheinungsformen der Geburt- und Sterblichkeit als Übergangsstadium durchaus vereinbar ist.

Die Visitationsberichte von 1717 hingegen lassen trotz ihrer sehr ungenauen Kriterien eine allmähliche Tendenz zur Formierung einer Bevölkerungspyramide erkennen. Dieser heute vor allem in den Entwicklungsländern vorherrschende Altersaufbautypus entspricht einer schneller wachsenden Bevölkerung. Am Ende des Jahrhunderts hat sich diese Pyramidenform fast völlig durchgesetzt, wiewohl die Daten der Seelentabellen nur teilweise entsprechend umgesetzt werden können (Abb. 2). Es bestätigt sich damit einerseits, was bereits bei der Rekonstruktion der Einwohnerzahl festzustellen gewesen war: das Wachstum der Bevölkerung vollzieht sich insgesamt gemäßigt, keineswegs expolosionsartig-dramatisch. Andererseits verdeutlicht die Verteilung, daß der oben konstatierte leichte Frauenüberschuß zumindest des Jahres 1773 sowohl auf einen Überschuß heiratsfähiger Mädchen (Altersgruppe ab 15 Jahre, Ledige) als auch auf einem Überhang aus Witwen beruht.

Damit ist der Zivilstand als erstes für die Demographie wichtiges gesellschaftliches Gliederungsmerkmal angesprochen. Für Heimbach fehlen hier zwar wieder direkte Quellenzeugnisse. Die Angaben der Kirchenbücher bei den Verstorbenen lassen es jedoch wahrscheinlich werden, daß jeweils etwa 10 Prozent der erwachsenen Gemeindeangehörigen ledig blieben bzw. jeweils etwa bis zu fünf Prozent Witwer und Witwen im Dorf

Abb. 2: Altersaufbau der Bevölkerung:
(Nimburg, Teningen, Köndringen, Heimbach insgesamt)
1773

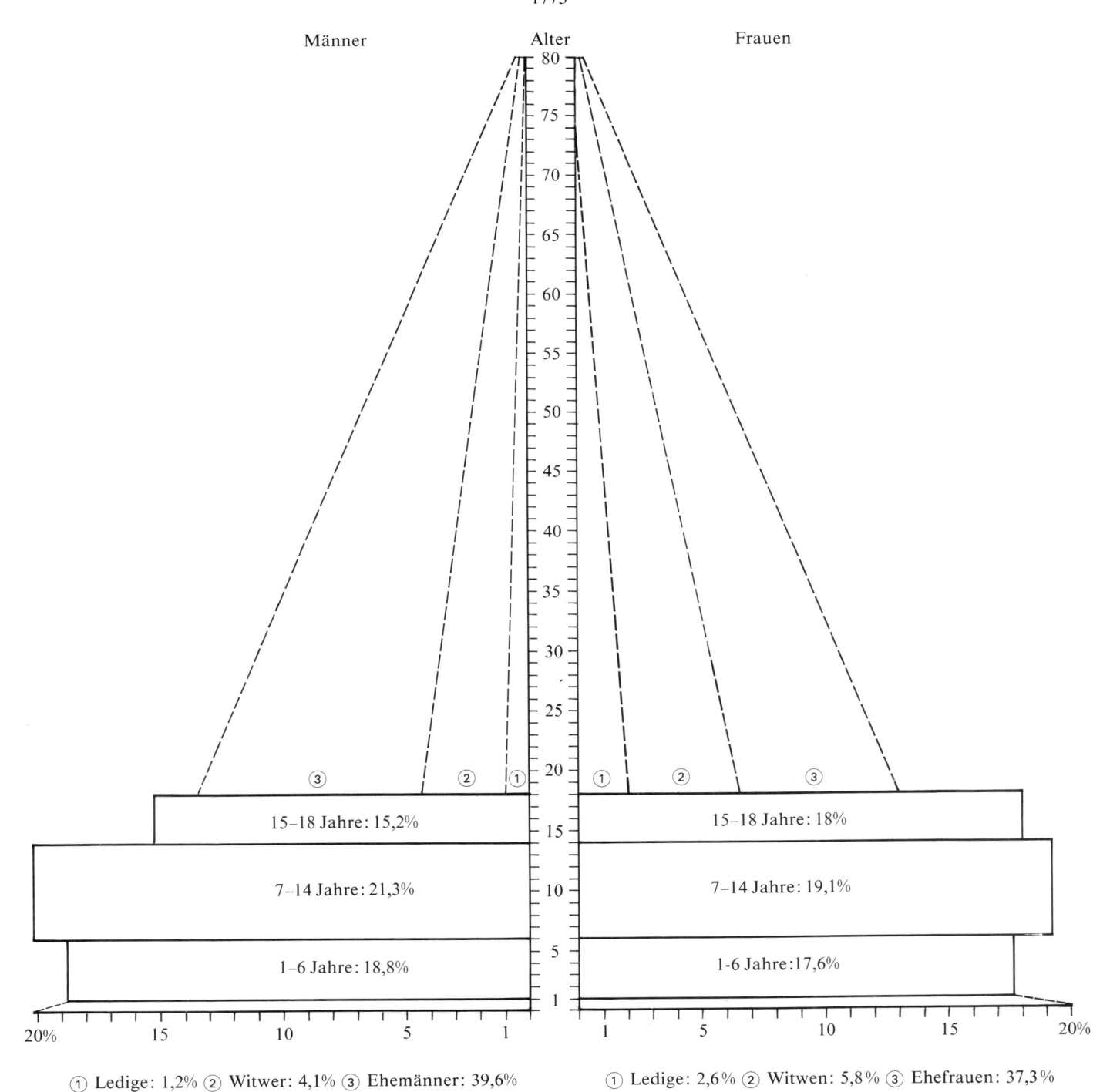

① Ledige: 1,2% ② Witwer: 4,1% ③ Ehemänner: 39,6%   ① Ledige: 2,6% ② Witwen: 5,8% ③ Ehefrauen: 37,3%

Quelle: Seelentabelle 1773; Schätzungen nach Begräbnisregistern 1751–1800

lebten. Bei den durlachischen Gemeinden geht der Anteil der ledigen Einwohner nach einem Anstieg bis um 1700 ständig zurück. 1677 und 1698/1700 beträgt er bei den Männern rund 15 bzw. 25 Prozent, 1717 bei beiden Geschlechtern zusammengenommen 22 Prozent und 1773 nur noch knapp 4 Prozent. Das heißt, die Verheiratetenquote nimmt ständig zu, obwohl tendenziell im übrigen mehr Männer als Frauen ledig bleiben.

Hinsichtlich der Konfessionszugehörigkeit scheint Heimbach im untersuchten Zeitraum geschlossen katholisch gewesen zu sein. Erst 1813 und 1843 ist jedenfalls die Existenz evangelischer Einwohner (16 bzw. 22 gegenüber 590 bzw. 703 Angehörigen der Mehrheitskonfession) bezeugt. In **Köndringen** muß 1674 zumindest ein jüdischer Einwohner gelebt haben, der aber 1717 anläßlich der Visitation nicht mehr genannt wird. Neben den Mitgliedern der durlachischen lutherischen Landeskirche (insgesamt 399, siehe dazu wie zum Folgenden oben Abschnitt 2) führt das Visitationsprotokoll dieses Jahres 7 römisch-katholische und 6 reformierte Einwoher an. 1769 ist in der Seelentabelle ein katholisches Ehepaar mit zwei Kindern aufgeführt, neben einem von auswärts kommenden Gesellen oder Lehrjungen gleichen Glaubens. Vermutlich dieses gleiche Paar nennt auch die Statistik von 1770, während 1772 keine Katholiken und 1773 wieder zwei auswärts geborene katholische Lehrjungen oder Gesellen genannt sind. Für **Nimburg** belegt das Protokoll von 1717 12 Angehörige der reformierten und 7 Angehörige der katholischen Konfession (in der Sprache der Quellen *Papisten*), welche erstere aber 1749 bei der dortigen Visitation verschwunden sind. Die detaillierten Seelentabellen bieten dann folgende Angaben: für 1769 drei männliche und einen weiblichen reformierten Dienstboten, insgesamt 9 Katholiken (außer einem ortsgebürtigen Ehemann nur von auswärts kommende Bediente) sowie eine siebenköpfige Familie aus der Glaubensgemeinschaft der Täufer; 1772 4 Reformierte, 6 Katholiken und 8 Täufer, schließlich 1773 nur noch zwei Reformierte, wieder 6 Katholiken und die inzwischen auf 10 Köpfe angewachsene Täuferfamilie. 1813 ist nur noch die katholische, jetzt 20 Köpfe starke Minderheit

übriggeblieben. In **Teningen** hatte 1665 der evangelisch-lutherische Fronschreiber eine katholische Frau und mit dieser ein Kind, das er zum Entsetzen des Ortspfarrers zur katholischen Erziehung nach Ensisheim schickte. 1717 sind hier von den Schutzjuden, die 1537 in der Gemeinde lebten, keine Spuren mehr zu finden. Der lutherischen Mehrheit stehen 5 Angehörige der reformierten und drei Angehörige der römisch-katholischen Kirche gegenüber, die aber mit Ausnahme von zwei reformierten Hintersassen rechtlich keine Gemeindeangehörigen sind. 1749 notierte der Protokollant der Visitatoren die Anwesenheit von zwei reformierten Ehepaaren unter gleichzeitiger Bekräftigung der Abwesenheit jeglicher Juden oder Wiedertäufer. In den Seelentabellen schließlich sind für 1769 ein reformierter Witwer, ein katholischer Knecht und ein täuferisches Ehepaar mit zwei Kindern, für 1772 und 1773 je zwei männliche Reformierte (ein Witwer mit Bürgerrecht, ein Knecht ohne dieses), das Täuferehepaar nunmehr mit einem Kind und 16 katholische, sämtliche von außerhalb des Ortes gebürtige männliche und weibliche Dienstboten genannt. 1813 ist neben den evangelischen nur noch die kleine Gruppe katholischer Bürger (insgesamt 34) anwesend. Das Vorhandensein fremder Dienstboten ist eine Reaktion auf den trotz wachsender Bevölkerung sich verschärfenden Mangel an Arbeitskräften. Der Zuzug in die badischen Orte scheint aber zumindest zeitweise geringer gewesen zu sein als der Wegzug in österreichische Gemeinden, weil dort höhere Löhne gezahlt wurden: das erste Verbot dieser auswärtigen Verdingung in Baden-Durlach datiert schon von 1605[13].

Was schließlich den sozialen Aufbau der Bevölkerung unter den hier interessierenden Aspekten betrifft, so ist bereits 1972 Albrecht Strobel dieser Frage mit großer Akribie nachgegangen. Seine für das Jahr 1615 zusammengestellten **Teninger**, **Nimburger** und **Köndringer** Zahlen ergeben folgende Proportionen. Die rechtlich und besitzmäßig, d.h. faktisch sozial am schlechtesten gestellte Schicht der Hinteresassen und Altenteiler, die niedrigste unterbäuerliche Schicht, machte in diesen Orten jeweils zwischen rund 34 und etwa 24 Prozent der Bevölkerung aus. Alle Anteile zusammengerechnet, wäre sie in einer fiktiven Gesamtbevölkerung jedoch kaum stärker (28,6 Prozent) als die Schicht der Karrenmeier (28,4 Prozent), die als "halbe" Bauern mit einem Besitz von zumeist 1-2 Stück Zugvieh eine Art Mittelschicht zwischen den unterbäuerlichen Klassen (Hintersassen und Altenteiler sowie fronpflichtige Tagelöhner) und der Oberschicht (Wagenmeier) darstellten. Die fronpflichtigen Häusler oder Tagelöhner, die zumeist als "Einlieger" auf Bauernhöfen zur Miete lebten und ebenfalls infolge fehlenden Landbesitzes bzw. fehlender Hofstelle als unterbäuerlich anzusprechen sind, stellten jeweils zwischen 15 und 17 Prozent der Bevölkerung, insgesamt also etwa 16 Prozent. Die Mittelschicht der Karrenmeier schwankte in ihrem jeweiligen Bevölkerungsanteil stärker. Am höchsten war er in Teningen (fast 40 Prozent), am niedrigsten in Köndringen (19 Prozent). Strobel führt den im Vergleich zu anderen Breisgauer Orten sehr hohen Anteil dieser Mittelschicht in Teningen und Nimburg auf deren besonderen Wirtschaftssektor, nämlich den Hanfanbau zurück, der u.a. die Entstehung der Berufsgruppe der Hänfer zur Folge hatte. Diesem Wirtschaftszweig ist es demnach zu verdanken, daß in Teningen und Nimburg die soziale Hierarchie um diese Zeit schon eine fast moderne Form annahm: statt wie in Köndringen, wo die unterbäuerlichen Schichten 52 Prozent der Bevölkerung ausmachen, überwiegen hier mit 60 (Teningen) bzw. 56 Prozent (Nimburg) die bäuerlichen Schichten, d.h. diejenigen, die prinzipiell zur Versorgung ihrer Familien und zur Aufrechterhaltung einer akzeptablen Lebensweise auch in relativ schwierigeren Zeiten fähig sein mußten. Für Heimbach in dieser Zeit dürfen Verhältnisse eher wie in Köndringen angenommen werden.

Die Schichtung nach Vermögen, die sich für die durlachischen Gemeinden aus der Musterrolle von 1700 ergibt, scheint ebenfalls auf eher gemäßigte soziale Verhältnisse hinzudeuten. Denn der Anteil derjenigen gemusterten Männer, die über kein Haus und Vermögen verfügten, belief sich hiernach nur auf insgesamt 15 Prozent. Bis zu 22 Gulden besaßen 22 Prozent, 100-499 Gulden 42 Prozent und über 500 Gulden 21 Prozent. Diese Verhältnisse spiegeln zweifellos in erster Linie die relativ gute Situation der Wende zum 18. Jahrhundert, als das langsame Bevölkerungswachstum gerade ausreichte, die hauptsächlich durch die vorausgegangene Pest während des Dreißigjährigen Krieges verwaisten Hof- und Dienststellen wieder zu besetzen. Da die Menschenzahl ungefähr dieser Stellenzahl entsprach bzw. durch Landesausbau die allmählich zusätzlich benötigten Stellen noch unschwer beschafft werden konnten, waren auch die sozialen Verhältnisse einigermaßen ausgeglichen.

Schon knapp 20 Jahre später jedoch mußten nicht nur die Visitatoren in Köndringen feststellen, daß über 100 Bettler und Arme in der Gemeinde lebten, d.h. ein erheblicher Teil der Bevölkerung unter das Existenzminimum abgerutscht war. Vielmehr mußte Ähnliches auch bei der Visitation 1749 für Nimburg notiert werden. Das allgemeine, rasche Wachstum der Bevölkerung schlug also zunehmend negativ auf die sozialen Verhältnisse durch, weil der Ausbau der landwirtschaftlichen Nutzflächen langsam an seine Grenzen stieß bzw., vor allem nachweisbar in Teningen, die Freiteilung schon zu einer derartigen Besitzzersplitterung geführt hatte, daß die Existenzgrundlage von immer mehr Familien schon durch kleine Krisen (Mißernten, Teuerungen, erhöhte Abgaben) gefährdet war. Es ließ die Zahl der Armen und Unversorgten so anwachsen, daß letztlich das Problem "exportiert" werden mußte, wie wir bei der Behandlung der Auswanderung gesehen haben. Die übrigen Entlastungsmaßnahmen des Staates jedenfalls brachten nicht den gewünschten Erfolg. Eine gewisse Erleichterung ergab sich lediglich durch die Entstehung einer neuen sozialen Schicht bis zum Ende des Jahrhunderts, nämlich des Dorfhandwerks. Diese war im Grunde ebenfalls ein Ergebnis des Bevölkerungsanstiegs. Nimmt die Zahl der Bauern zu und schreitet die Arbeitsteilung fort, weil die Existenznotwendigkeiten eine immer effizientere Umsetzung der vorhandenen Arbeitskraft erfordern, werden immer mehr Bäcker, Wirte, Schmiede, Wagner, Säckler, Seiler, Schuhmacher usw. benötigt. Schon um 1760 sind in Teningen 74, d.h. 45 Prozent aller Haushaltungen Haushalte von Landhandwerkerfamilien. In Nimburg belaufen sich die entsprechenden Zahlen auf 58 bzw. 42 Prozent, in Köndringen auf 45 bzw. 33 Prozent. Die Heimbacher Sozial- und Berufsstruktur war seit alters außerdem durch die auch in **Köndringen** und **Nimburg** vorhandenen Steinbrüche geprägt, die etwa einem Zehntel der Männer Arbeitsplätze boten. Ob die Einkünfte dieser Steinhauer höher, niedriger oder etwa im Mittelfeld lagen, ist jedoch nicht exakt angebbar. Die meisten der übrigen Handwerkerfamilien hatten jedenfalls, wie aus den Verhältnissen in benachbarten Gemeinden geschlossen werden darf, kein hohes Einkommen. Auch die quantitativen und qualitativen Veränderungen in dieser Berufsgruppe dürften also kaum verhindert haben, daß sich der soziale Aufbau der Bevölkerung am Ende des Jahrhunderts der Form einer Pyramide mit sich immer weiter verbreitender Basis annäherte. Den an Zahl fortwährend abnehmenden gut gestellten Vollbauern und Mittelbauern, zu denen sich trotz aller Einkommensprobleme die Inhaber der höchsten Ränge der am Ort tätigen fürstlichen Beamten gesellten (in allen Teilorten jeweils der Ortspfarrer, in Nimburg außerdem der Geistliche Verwalter und Schaffner von Obernimburg), standen eine ebenfalls schrumpfende Zahl noch ausreichend gestellter Mittelbauern, Handwerker, fürstlicher Diener (die Schulmeister aller Teilorte sowie in Teningen evtl. der Förster und der Scharfrichter) und vereinzelte Tagelöhner sowie eine rasch wachsende Zahl schlecht bis sehr schlecht gestellter Häusler, Tagelöhner, Dienstboten (einschließlich mancher fürstlicher Knechte und Bediensteten wie der Kastenknechte der geistlichen Verwaltung in Nimburg, des Vikars, der Mattenknechte und der Forst- und Waidgesellen) gegenüber[14].

Es versteht sich, daß diese unterschiedlichen Lebensumstände nicht erst zu diesem Zeitpunkt, sondern von Anfang an auch Konsequenzen für das Heiratsverhalten, unter anderem dadurch für die Geburtenzahl und schließlich für das Betroffenwerden von Krankheit und Tod hatten. Eine entsprechende, beruflich-sozial differenzierende systematische neuerliche Aufschlüsselung aller bisher untersuchten Aspekte dieser entscheidenden demographischen Dimensionen wäre daher über das bereits Gesagte hinaus eine höchst interessante und aufschlußreiche Aufgabe. Nachdem ein derartiges Vorhaben aber die hier gesetzten Grenzen endgültig sprengen würde, müssen wir es bei einer Bemerkung zu dem Bereich belassen, in dem sich die sozialen Unterschiede am stärksten auswirkten. Obwohl die Lebensverhältnisse im frühneuzeitlichen Dorf bei allen sozialen Gruppen relativ ähnlicher waren als diejenigen in der Stadt, ergab sich für die ärmeren Schichten wegen deren ernährungsbedingter (Mangel- und falsche Ernährung), wohnungsbedingter (überdurchschnittlich unzureichende, unhygienische, ungesunde, beengte Wohnverhältnisse) und belastungsbedingter (härtere, ungeregelte, unsaubere Arbeit; erzwungene Mobilität; ungeregelte, unreflektierte Lebensweise; unzureichende Kleidung) erhöhter Krankheitsanfälligkeit eine schicksalhafte Ungleichheit vor dem Tode. Die Armen, die Bettler und die hart arbeitenden Tagelöhner führten nicht nur ein relativ schlechteres Leben, sondern hatten gleichzeitig auch eine relativ kürzere Lebenszeit zu erwarten.

Anmerkungen

1 Über die grundsätzlichen Fragen wie die Methoden und Quellen der Historischen Demographie informieren knapp aber zuverlässig Arthur E. Imhof: Einführung in die Historische Demographie, München 1977 u.ö., und J. Dennis Willigan, Katherine A. Lynch: Sources and Methods of Historical Demography, New York u.a. 1982. Zur gegenwartsbezogenen Bevölkerungswissenschaft vgl. den nützlichen Überblick von Jürg Hauser: Bevölkerungslehre für Politik, Wirtschaft und Verwaltung, Stuttgart 1982. Auf die den vorliegenden Ausführungen zugrundeliegenden Quellen und deren Qualität wird jeweils an Ort und Stelle eingegangen werden.

2 Belege (in der Reihenfolge des Textes): 1. Heimbach: Urbar der Herren von Hohenlandenberg 1585; Schatzung vom 28.6.1604; Zinsbuch der Herren von Hohenlandenberg 1624-1630; Landmiliz-Aufstellung vom 10.10.1653, in: Gollen'sches Buch von Heimbach 1652/53; Schatzung von 1653; Zweite Huldigung vor H. W. von Gollen 1654; Fron-Ordnung und Fron-Register 1663 (bestimmte Vorschriften der veränderten Fron-Ordnung sollen gelten, "bis die Burgerschaft auf 50 Untertanen wieder gekommen ist"); Urbarium von Heimbach 1710; Kontrakten-Protokoll 1751-1757; Hausbuch der Freiherrn von Dumenique 1765; Steuerverzeichnisse 1780, 1789. Sämtliche Quellen befinden sich im Freiherrlich von Ulm'schen Archiv Heimbach, für die Zusammenstellung der Angaben habe ich Herrn Sigismund Freiherrn von Elverfeldt herzlich zu danken. 2. Köndringen, Nimburg, Teningen (alle Generallandesarchiv Karlsruhe): 115/130 (Fronerneuerung 1615); 115/285 (Kriegssachen 1653/54); 115/418 (Musterrollen 1662); 115/419 (Musterrolle 1672/76); 74/5024 (Erbhuldigung 1677);

115/129 (Frongeld 1681/84); 115/142 (Designationen 1698); 115/424 (Militärsache 1700), 74/7018 (Salzregal 1702); 74/5027 (Erbhuldigung 1709/10); 74/5092 (Landesvisitation 1717); 115/228-230 und 264 (Visitation 1717 und 1749); 74/7028 (Salzregal 1732/33); 115/395 (Erbhuldigung 1738); 74/9037, 9040, 9045-9047, 9051 (Bürgersachen, Seelentabellen 1770-1773). Keine Angaben zur Einwohnerzahl enthalten die Kriegsschädenregister von 1703/4 und 1713/14 in 115/377 und 379. Zu den hiervon bereits in der Literatur benutzten und weiteren Angaben vgl. vor allem Albrecht Strobel: Agrarverfassung im Übergang. Studien zur Agrargeschichte des badischen Breisgaus vom Beginn des 16. bis zum Ausgang des 18. Jahrhunderts, Freiburg i.Br. - München 1972 (= Forschungen zur oberrheinischen Landesgeschichte 23), besonders S. 27, 125, 158 und 205; zur Entwicklung der Bevölkerungsstatistik in Baden Karl Stiefel: Baden 1648-1952, Bd. 1, Karlsruhe 1977, S. 1233ff. Für die Angabe zur Größe der durchschnittlichen Familie der frühen Neuzeit vgl. für viele Peter Zschunke: Konfession und Alltag in Oppenheim. Beiträge zur Geschichte von Bevölkerung und Gesellschaft einer gemischtkonfessionellen Kleinstadt in der frühen Neuzeit, Wiesbaden 1985 (= Veröffentlichungen des Instituts für Europäische Geschichte, Mainz, Abtlg. Abendländische Religionsgeschichte Bd. 115) S. 193ff. Die Zahlen im einschlägigen 19. Jahrhundert sind einschlägigen Artikeln folgender Nachschlagewerke entnommen: Historisch-statistisch-topographisches Lexicon von dem Großherzogtum Baden, hg. von J. B. Kolb, Karlsruhe 1813; Universal-Lexicon vom Großherzogtum Baden, Karlsruhe 1843; Das Großherzogtum Baden (1885), Nachdruck Magstadt bei Stuttgart 1968.

3   Die Vergleichszahlen für das OA Hochberg, das Oberland und Baden-Durlach insgesamt nach den Seelentabellen von 1770 sowie der Zusammenfassung von C.W.F.L. Drais: Geschichte der Regierung und der Bildung von Baden unter Carl Friedrich vor der Revolutionszeit, Bd. 1, Karlsruhe 1818, S. 196-199. Die Entwicklung im gesamten Breisgau skizziert Strobel, Agrarverfassung S. 25-31.

4   Vgl. dazu generell vor allem Imhof, Einführung (Anm. 1) S. 60 ff. sowie derselbe, Die gewonnenen Jahre. Von der Zunahme unserer Lebensspanne seit dreihundert Jahren ..., München 1981, S. 16ff. Die hier ausgewerteten Kirchenbücher sind Heimbach 1677-1800 (Erzbischöfliches Archiv Freiburg i.B.), Köndringen mit Landeck 1594-1800, Nimburg mit Bottingen 1641-1800 und Teningen 1591-1800 (alle Archiv der Evangelischen Landeskirche Baden Karlsruhe), die sämtliche als Filmkopien vorlagen.

5   Zum Saisonmuster nach dem allgemeinen Forschungsstand siehe jetzt die Ausführungen bei Walter G. Rödel: Mainz und seine Bevölkerung im 17. und 18. Jahrhundert. Demographische Entwicklung, Lebensverhältnisse und soziale Strukturen in einer geistlichen Residenzstadt, Stuttgart 1985 (= Geschichtliche Landeskunde Bd. 28) S. 153-163 sowie Zschunke, Konfession (Anm. 2) S. 146 ff. Die Werte im vorliegenden Fall (Datengrundlage 17. Jahrhundert: Heimbach 1679-1700, Köndringen 1594-1634 und 1647-1700, Nimburg 1641-1700, Teningen 1591-1634, 1641-1700; 18. Jahrhundert: Heimbach 1701-1739 und 1772-1800; Köndringen, Nimburg und Teningen jeweils 1701-1800) lauten im Einzelnen (Geburtsmonat/ Konzeptionsmonat) im 17. Jahrhundert: Jan./April 9,1 %, Febr./Mai 10,1 %; März/Juni 11,1 %; Apr./Juli 6,3 %, Mai/Aug. 5,0 %; Juni/ Sept. 5,9 %; Juli/Okt. 6,0 %, Aug./Nov. 9,7 %; Sept./Dez. 11,2 %; Okt./Jan. 10,1 %; Nov./Febr. 9,0 %; Dez./März 6,5 %. 18. Jahrhundert (in der gleichen Reihenfolge): 9,2 %, 8,5 %; 9,1 %, 7,4 %, 7,3%; 5,8 %; 6,4 %; 7,7 % 9,3 %; 8,6 %; 10,1 %; 10,5 %. Diese Verteilung bleibt auch erhalten, wenn man die unterschiedlichen Monatslängen berücksichtigt.

6   Rödel a.a.O. S. 167-176, 294 u.ö.; E. Shorter: Illegitimacy, sexual Revolution, and Social Change in Modern Europe (1971), in: R.J. Rotberg, Theodore K. Rabb (Hg.): Marriage and Fertility, Princeton 1980, S. 85-120; Michael Mitterauer: Ledige Mütter. Zur Geschichte illegitimer Geburten in Europa, München 1983; Otto Fehr: Das Verhältnis von Staat und Kirche in Baden-Durlach in protestantischer Zeit (1556-1807) vornehmlich im 18. Jahrhundert, Lahr i.B. 1931 (= Veröffentlichungen des Vereins für Kirchengeschichte in der Evangelischen Landeskirche Baden 7) S. 94 ff.

7   Zu den Kriegsereignissen im Teninger Raum vgl. die in Anm. 10 angegebenen Aufsätze von Maurer und Gänshirt sowie allgemeiner Aloys Schulte: Markgraf Ludwig Wilhelm von Baden und der Reichskrieg gegen Frankreich 1693-1697, Leipzig 1892. Die Vergleichsdaten nach Zschunke, Konfession (Anm. 2) S. 172-179, 189-193; Rödel a.a.O. S. 176-193 und Carlo M. Cipolla, Knut Borchardt: Bevölkerungsgeschichte Europas. Mittelalter bis Neuzeit, München 1971, S. 108 ff.

8   Zschunke, Rödel, Cipolla wie Anm. 7; Drais, Geschichte (Anm.3) S. 81, 198; Strobel, Agrarverfassung (Anm. 2) S. 29 ff.; Rudolf Carlebach: Badische Rechtsgeschichte, Heidelberg 1906-1909, Bd. I S. 134, Bd. II S. 66; K.-J. Matz: Pauperismus und Bevölkerung. Die gesetzlichen Eheschränkungen in den süddeutschen Staaten während des 19. Jahrhunderts, Stuttgart 1980 (= Industrielle Welt 31); Familienbuch Heimbach (Kirchenbuch Nr. 2, unter Acta Parochialia; begonnen 1794), siehe Anm. 4; Salzregister, Visitationsbericht, Seelentabellen wie Anm. 2; Hermann Jakob: Einwohnerbuch der Markgrafschaft Baden-Durlach im Jahre 1709, Schopfheim 1936, S. 8 f. Einen zusammenfassenden Überblick über die Geschichte der Familie in der Neuzeit bietet Michael Mitterauer: Vom Patriarchat zur Partnerschaft. Zum Strukturwandel der deutschen Familie, München 1980[2]. Für das 19. Jahrhundert einschlägig ist Heide Rosenbaum: Formen der Familie. Untersuchungen zum Zusammenhang von Familienverhältnissen, Sozialstruktur und sozialem Wandel in der deutschen Gesellschaft des 19. Jahrhunderts, Frankfurt a.M. 1982; zu Heiratsalter, Geburtenzahl und Geburtenabständen siehe besonders S. 64 ff., 70 ff., 145 ff., 209 ff., 330 ff. und 424 ff. Die Entwicklung im 19. Jahrhundert läßt sich als Auflösung des frühneuzeitlichen Familientyps in die Teiltypen der bäuerlichen, handwerklichen, hausindustriellen, bürgerlichen und proletarischen Familie charakterisieren.

9   Imhof, Gewonnene Jahre (Anm. 4) S. 76 ff.; Rödel a.a.O. S. 194-217; Wilhelm Ludwig Willius: Beschreibung der natürlichen Beschaffenheit in der Marggravschaft Hochberg, Nürnberg 1783, S. 23, 223-228; Summarische Tabelle über den wirklichen Befund des Volkes am 31. December

1764 in der ganzen Markgrafschaft Baden Durlach: 74/9045 (wie Anm .2), dass. ...1770. Für Vergleichsdaten aus der Gegenwart vgl. neben Imhof auch Karl Martin Bolte, Dieter Kappe, Josef Schmid: Bevölkerung. Statistik, Theorie, Geschichte und Politik des Bevölkerungsprozesses, Opladen 1980⁴, S. 89 ff.

10 Für den Ablauf der Kriegsereignisse in den Teilorten siehe die bekannten Aufsätze von Heinrich Maurer (Der Zustand der Markgrafschaft Hochberg am Ende des Dreißigjährigen Krieges, in: Zeitschrift für Geschichte des Oberrheins 32 (1880) 480-490) und Adolf Gänshirt (Der Holländische Krieg in der Markgrafschaft Hochberg 1672-1679, in: Schauinsland 62 (1935) 1-35). Gottfried Lammert: Geschichte der Seuchen, Hungers- und Kriegsnot zur Zeit des Dreißigjährigen Krieges, Wiesbaden 1890; Günter Franz: Der Dreißigjährige Krieg und das deutsche Volk, Stuttgart 1979⁴; Strobel, Agrarverfassung (Anm. 2) S. 26-33 u.ö.; John D. Post: Food Shortage, climatic Variability, and epidemic Dissease in Preindustrial Europe. The Mortality Peak in the early 1740s, Ithaca 1985; Willius, Beschreibung wie Anm. 9 sowie S. 21 (Zitat), 28 (Erdbeben) und 219 f.; Otto Konrad Roller: Die Einwohnerschaft der Stadt Durlach im 18. Jahrhundert ..., Karlsruhe 1907, S. 92 f. u.ö.; Francois-Gerard Dreyfus: Beitrag zu den Preisbewegungen im Oberrheingebiet im 18. Jahrhundert, in: Vierteljahrschrift für Sozial- und Wirtschaftsgeschichte 47 (1960) 245-256; Gotthard Burger: Vergleichende agrargeographische Untersuchung im nördlichen Breisgau mit besonderer Betrachtung der Verhältnisse in den Gemeinden Teningen, Weisweil und Ottoschwanden, Diss.phil. Freiburg i.Br. 1959, S. 68, 78; Eberhard Gothein: Johann Georg Schlosser als badischer Beamter, Heidelberg 1899 (= Neujahrsblätter der badischen Historischen Kommission NF 2) S. 25 f. (Zustand der Kirchen), 61 f. (Aufhebung des Krankenhauses); Drais, Geschichte (Anm. 3) S. 190-196 (Medizin); Carl Friedrich Gerstlachers Sammlung aller Baden-Durlachischen ... Anstalten und Verordnungen Bd. I, Carlsruhe 1773, S. 357 ff. Zur Geschichte der Epidemien im allgemeinen vgl. William Mc Neill: Die großen Epidemien: Ihre Auswirkungen auf Völker und Staaten von den Anfängen bis zur Gegenwart (erstmals englisch 1976), Bergisch Gladbach 1983. Hier findet sich S. 295-363 auch eine zusammenfassende Diskussion des Einflusses der Medizin auf die Bevölkerungsentwicklung.

11 Vgl. allgemein Rödel a.a.O. S. 322-331 sowie die Bemerkungen bei Etienne Francois: Koblenz im 18. Jahrhundert. Zur Sozial- und Bevölkerungsstruktur einer deutschen Residenzstadt, Göttingen 1982 (= Veröffentlichungen des Max Planck Instituts für Geschichte 72) S. 42-51. Den in den vorliegenden Hochzeitsbüchern abzulesenden Tendenzen entspricht der Quellenbefund in den Partnergemeinden, vgl. Ernst Hetzel: Trauungen Auswärtiger 1650-1700 in der evangelischen Kirchengemeinde Emmendingen, in: Südwestdeutsche Blätter für Familienforschung und Wappenkunde 1954, S. 307-308, und 1955, S. 27-29, sowie derselbe, Bürgeraufnahmen in Emmendingen (Baden) 1617-1750, in: Familie und Volk 1955, S. 179-182. Daß auch im 19. Jahrhundert die alten Prioritäten erhalten blieben, läßt das Beispiel Niederemmendingen vermuten, vgl. E. Hetzel: Niederemmendinger Familien im 19. Jahrhundert, in: Emmendinger Heimatkalender 1955, S. 35. Zu den Schweizer Täufern und deren besonderen Steuerverpflichtungen siehe Ernst H. Corell: Das schweizerische Täufermennonitentum, Tübingen 1925, S. 75 ff.

12 Strobel, Agrarverfassung (Anm. 2) S. 27; Werner Hacker: Auswanderungen aus Baden und dem Breisgau. Die obere und die mittlere rechtsseitige Oberrheinlande im 18. Jahrhundert, archivalisch dokumentiert, Stuttgart-Aalen 1980, S. 107-139 (Zitierung der amtlichen Enquête vom 13.4.1790 S. 137); Theodor Ludwig: Der badische Bauer im 18. Jahrhundert, Straßburg 1886 (§ Abhandlungen aus dem Staatswissenschaftlichen Seminar zu Straßburg H.XVI), S. 89 ff., 197 f. (Beilage 4); Gothein, Schlosser (wie Anm. 10); Werner Troßbach: "Südwestdeutsche Leibeigenschaft" in der frühen Neuzeit - eine Bagatelle? in: Geschichte und Gesellschaft 7 (1981) 69-91 (Todfallabgabe S. 81).

13 Hauser, Bevölkerungslehre (Anm. 1) S. 64 ff. mit den Graphiken; Visitationsberichte, Seelentabellen wie Anm. 2; Gänshirt, Holländischer Krieg (Anm. 10) S. 8 (jüdischer Einwohner Köndringens); Karl Friedrich Vierordt: Geschichte der evangelischen Kirche in dem Großherzogthume Baden, Bd. 2, Karlsruhe 1856, S. 137 (Juden in Teningen). Für die in Hochberg trotz ungünstiger Bedingungen durchaus vorhandenen, im gesamten Staat Baden-Durlach im 18. Jahrhundert auf rund 2000 geschätzten jüdischen Einwohner vgl. neben den Seelentabellen J.A. Zehnter: Zur Geschichte der Juden in der Markgrafschaft Baden-Durlach, in: Zeitschrift für Geschichte des Oberrheins NF 12 (1897) 636-690; Adolf Lewin: Geschichte der badischen Juden seit der Regierung Karl Friedrichs (1738-1909), Karlsruhe 1909, besonders S. 11 ff. sowie Franz Hundsnurscher, Georg Taddey: Die jüdischen Gemeinden in Baden, Stuttgart 1968 (= Veröffentlichungen der staatlichen Archivverwaltung Baden-Württemberg 19). Die reformierte Minderheit taucht regelmäßig auch in den evangelischen Kirchenbüchern auf, gekennzeichnet mit dem Zusatz "calvi(nisti)sch", die katholische hingegen nur gelegentlich. Zu den Dienstboten siehe Strobel a.a.O. S. 156 ff. u.ö.

14 Strobel a.a.O. S. 125 (Tabelle für 1615), 205, passim; Die Argumentation mit dem Hanfanbau ist allerdings nicht ganz schlüssig, weil auch in Köndringen 1774 5-15 % (Nimburg: 5-10 %) der Gesamtanbaufläche auf den Hanf entfielen (vgl. ebd. S. 135). Zu der Zusammenstellung bei Hermann Jakob: Die Erbhuldigung im baden-durlachischen Oberland im Jahre 1738, in: Das Markgräflerland 15 (1953) 12-33 und 41-75, hier S. 57-59, sowie die Angaben in den älteren Arbeiten von Engelbert Strobel: Neuaufbau der Verwaltung und Wirtschaft der Markgrafschaft Baden-Durlach nach dem Dreißigjährigen Krieg bis zum Regierungsantritt Karl Wilhelms (1648-1709), Berlin 1935 (= Historische Studien 275), Heinrich Dietrich: Die Verwaltung und Wirtschaft Baden-Durlachs unter Karl Wilhelm 1709-1738, Diss. phil. Heidelberg 1911, und Wolfgang Windelband: Die Verwaltung der Markgrafschaft Baden zur Zeit Karl Friedrichs, Leipzig 1916

Evangelische Bilderpredigt
Nachreformatorische Wandmalereien in der Kirche von Nimburg

Renate Liessem-Breinlinger

1789 beklagten sich die Einwohner des Breisgaudorfes Nimburg wie sehr oft im Lauf der Geschichte über ihren weiten Kirchweg; denn das zuständige Gotteshaus lag wie heute noch weit außerhalb der Ortschaft am westlichen Abhang des Nimberges auf einer Stelle, die Obernimburg genannt wird zur Erinnerung an einen abgegangenen Dorfzinken[1]. Im 12. Jahrhundert wurde es zum ersten Mal als Pfarrkirche[2] erwähnt. Aus einer Nachricht des 14. Jahrhunderts kennen wir Johannes den Täufer als Patron[3]. 1456 berief Markgraf Karl I. von Baden Antonitermönche hierher, die ihr Kloster neben die Kirche bauten und diese 1493 inkorporierten. Um 1545 in den Wirren der Reformation ging das Kloster unter, das sich neben der Seelsorge die Pflege der Pestkranken zur Aufgabe gemacht hatte. Die Kirche blieb. Seit 1556 diente sie jedoch wie alle anderen in der Herrschaft Hachberg, die zur Markgrafschaft Baden-Durlach gehörte, lutherisch reformierten Gottesdiensten. Die Klostergebäude nutzte die markgräfliche Herrschaft als Sitz der Verwalter ihrer umliegenden Domänen[4].

Aber lassen wir die Nimburger Bürger von 1789[5] zu Wort kommen: *Die Gemeinde wiederholt ihre schon vieljährige Bitte um einen Kirchthurm, da sie ihre große Glocke nicht länger brauchen kan. Noch lieber aber wäre es ihr, wenn anstatt einer zu bauenden Zehendscheuer im Dorf die Kirche ins Dorf gesetzt und dagegen die bisherige Kirche zu Obernymburg zu einer Zehendscheuer aptirt würde, wozu sie groß genug ist. Auf diese Art erhielte die herrschaftliche Bedienstung mehr Bequemlichkeit und Vorteil durch die Zusammenstellung der Verwaltungsgebäude, und der Gemeinde wäre der mühsame Kirchgang, der viele abhält und der Gesundheit nachtheilig ist, erspart.* Die Kirche überdauerte glücklicherweise die Verlegungsversuche, vermutlich weil das Geld zu einem Neubau fehlte. Kunstsinnige Historiker, die das alte Kirchlein mit seinen burgartigen unteren Turmgeschossen oder dem heute als Sakristei dienenden gewölbten gotischen Chor, einem Rest der ehemals geosteten Kirche, der sich neben dem Turm östlich an das von Süden nach Norden verlaufende Schiff anschließt, für erhaltenswert erklärt hätten, traten damals nicht auf. Wohl aber bei der dringenden Renovierung 1951 bis 1954. Sie wurden mit einer überaus erfreulichen Überraschung belohnt.[6]

Bibelbilder mit Begleitschriften

Unter dem Putz tauchten Wandmalereien auf, die freigelegt werden konnten. Auf der Stirnseite des nach Süden gerichteten Chores fand sich hinter der Orgelempore, die abgetragen wurde, eingerahmt von zwei Fenstern mit gotischem Maßwerk, ein wandfüllendes Bild des Jüngsten Gerichtes. In den Wolken schwebt Christus als Weltenrichter, umgeben von den Scharen der Seligen; unten steht ein Engel, der die Gerechten, die eben ihren Gräbern entsteigen, auf den Weg zum Himmel schickt, während ein geschwänzter und gehörnter kohlschwarzer Teufel die Bösen in den Höllenrachen, das mit Zähnen bewehrte Maul eines Ungeheuers, drängt. Ein gemalter Rahmen, von verschnörkeltem Blattgeranke umgeben, umschließt das Bild, worunter die Verse stehen:

Der Große Unterschied der bösen und der frommen
Wird bald - am jüngsten Tag - zum klaren vorschein kommen.
Die frommen werden einst zum Leben aufersteh'n,
Die bösen aber all zum höllen=schlund eingeh'n.

Die folgende Eintragung *ANNO 1718* läßt uns wissen, wann die Ausmalung entstanden beziehungsweise ergänzt wurde, leider nicht durch wessen Hand. Dafür erfahren wir die Namen der Stifter, von denen unter dem Hauptbild, das *die gesambte erwachsene ledige Jugend* zum großen Teil bezahlt hat, 27 einzeln aufgeführt sind, unter den restlichen Darstellungen 28 weitere, durchweg Bürger von **Nimburg** und **Bottingen** oder Beschäftigte der Domänenverwaltung Obernimburg.

In symmetrischer Anordnung schließt sich nun links und rechts, das ist östlich und westlich, auf dem freien Raum zwischen zwei Chorfenstern je ein überlebensgroßer Posaunenengel an, der zum jüngsten Gericht bläst. Unter der gemalten Konsole des östlichen lautet die Inschrift:

Der Große Unterscheid der bösen und der frommen / Die frommen werden einst zum Leben auferstehn /
Wird bald am jüngsten Tag zum klaren vorschein komen. Die bösen aber all zum höllen-schlund eingehn.
Die sambtliche erwachsne ledige Jugend. ANNO 1718

Wie auch:
Johannes Häbig / Johann Jacob Läniß / Matthias Gerber / Clauß Freÿ / Johann Georg Glade /
Johann Jacob friederich / Johann Georg häbig / Johannes frieß / Michael Gäutner / Friederich weiß /
Jacob Weiß / Johann Ulrich Weiß / Johannes Meyer / Johannes Läniß / Johann Daniel fuchs /
Caspar Laser Felix Keller / Jacob Blatt / Melchior Müller / Johann Jacob Reck / Johannes Müller /
Jacob Klitr / Johann Jacob Müller / Johann georg Goland / Heinerich wirtz / Peter Roth / Jacob
Steinecker   Fischer.

Das jüngste Gericht an der Chorwand der Nimburger Kirche.

Ihr fromme! wachet auff./ Geht auß dem grab herfür.
Beschleunigt euren Lauff./ Seht, Jesus ist schon hier.

und unter dem westlichen:

Ihr fromme! faßet muth./ Kommt zum gericht herfür.
Euch lohnt die Ewigkeit,/ Weil gutes ihr habt gethan.

Das nächste Figurenpaar zeigt, wieder von Fenstern eingerahmt, auf der Ostseite den Evangelisten Markus, gegenüber S. Lucas, wie alle folgenden Figuren in der gleichen Größe wie die Engel schwungvoll gemalt in bäuerlich derb vereinfachender Auffassung des zeitgenössischen Barockstils. Nur bei Markus und seinem Löwen finden sich Verse:

So standhaft soll der glaube seyn, so feurig auch die lieb
Zu Jesu Christo, gottes sohn, auß reinem Geistes Trieb,
Daß beyde trenne keine noth, auch nicht des feuers glut.
Im höchsten leyden soll gleich wol beständig seyn der muth.

So zeigen die Bilder im Chor Christus und das Evangelium als Mittelpunkt der lutherischen Lehre.
Je drei Figuren füllen das folgende recht breite Stück Langhauswand: östlich zuvorderst als Paar Moses und Aron, gegenüber David und Samuel - wieder auf Christus bezogen zu verstehen, als alttestamentliche Vorbilder seines vierfachen Amtes als König wie David, Gesetzeslehrer wie Moses, Prophet wie Samuel und Priester wie Aron. Die Unterschriften erläutern dies in volkstümlichem Ton.

Bei Moses heißt es:

Was Moses durch gesetz zur hölle niederbeuget,
das wird von Jesu sanft em glauben aufgericht,
durch seines leydens kraft das hertz auch so geneiget,
daß es im werck[7] vollbringt die mosi schuld'ge pflicht.

Bei Aron:

Im Neuen bund ein Priester ist,/ Wer opffert selbsten sich
Und seinem heyland Jesu Christ/ sich widmet Ewiglich.

Bei David:

Der König, der durch Gottes Gnad/ Ambt, Szepter und sein Vollmacht hat
Und den Propheten an der Hand,/ der ist dem Höchsten zugewandt.

Bei Samuel:

Der nimmt den Rat voll Weisheit an/ Deß Gottesfreund, der ihm zugetan,
Sing lob dem Herren allezeit,/ Deß Nam besteht in ewigkeit.

Etwas tiefer steht an der Ostseite die Gestalt der Mutter Jesu, als S. Maria Virgo tituliert, als Gegengewicht zu S. Johannes Baptist, dem Vorläufer ihres göttlichen Sohnes. Nur zu diesem finden wir eine Inschrift:

Das theure gottes lamb am Creutz geopffert hat
sich selbst zum heyl der welt, vor ihre missetat.

Hierunter hat sich ein *Gottfried Hor SCRIBEN* eingetragen. War er derjenige, der die Schriften ausführte? Den Maler dürfen wir kaum in ihm vermuten, denn der hätte sich zweifellos mit dem zeitüblichen *pinxit* oder als *Maler* verewigt. Oder haben wir es nur mit dem Klosterschreiber als Stifter zu tun? Über Maria und Johannes setzen Bildreihen ein, die sich oberhalb der nördlich anschließenden Fenster hinzogen, aber durch eine spätere Erweiterung der Fenster und andere schädigenden Einflüsse nicht mehr kenntlich sind. Die Unterschriften erlauben aber stichfeste Vermutungen, zumal was die Westseite anbelangt. Dort handelt es sich um die ersten Bilder des am Ende der West- und einem Teil der Nordwand fortgesetzten noch sichtbaren Passionszyklus'. Über Johannes lesen wir:

Dein Jesus hier auß liebe ohn' End/
Sich selbst zu speiß und tranck dir spendt;

fühlst du, o Mensch, der sünden pein,/
laß dieses mahl dein Labsal seyn.

Ihr fromme! faßet muth
Komt zum gericht herfür
Euch lohnt die Ewigkeit
Weil gutes ihr habt gethan.
Jacob schneider und Johann
Georg schnitzler.

Der Posaunenengel rechts neben der Nimburger Gerichtsdarstellung

Der Evangelist Markus mit dem Symbol des Löwen.

Johannes der Täufer als Patron der Kirche wies ursprünglich auf den am Kreuze leidenden Christus hin.

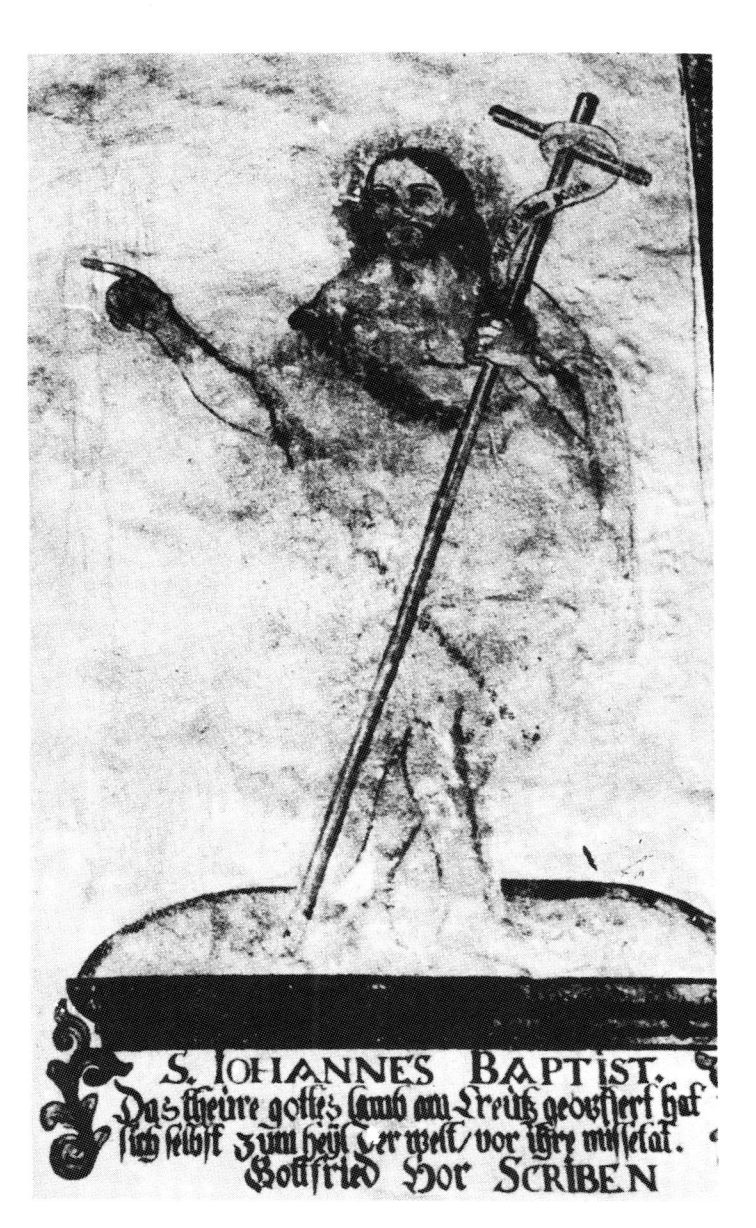

Hier befand sich also eine Abendmahldarstellung und gegenüber ein negatives Beispiel, vielleicht die Sintflut aus dem Alten Testament oder die Arche Noah[8].

Deß Fleisches Üppigkeit/ Verheert die erste welt.
Seht, wie in Hertzeleyd/ Bringt, was dem fleisch gefällt.

Hinter dem Fenster, durch die Vergrößerung teilweise angeschnitten, stehen in der Thematik folgerichtig neben einem weiteren Evangelisten *S. Mathäus* (der in Kap. 25 seines Evangeliums das Weltgericht beschreibt) auf der Ostseite und einem nicht kenntlichen Gegenüber[9] mehrere Apostelgestalten. Links hört die Bemalung mit *S. Batholomäus* auf, rechts, also westlich, zeigt sich neben der zerstörten Figur *S. Petrus*, nach einem weiteren Fenster *S. Paulus, S. Jacobus Maior, S. Johannes*, der Lieblingsjünger mit dem Schlangenkelch. Bei diesen sieben Gestalten fehlen Stiftereintragungen.
Unter dem schadhaften Passionsbild oberhalb der Petrusdarstellung hat sich dagegen Dionysius Obrecht als *Kloster Meyer*, also Leiter der Domänenverwaltung, verewigt in grösseren Buchstaben als sie zum Begleitvers verwendet wurden:

Es führte Jesum jene Rott/ Zum Richter hin mit großem Spott;

vermutlich aus dem Ölberg,

Das macht uns gute Zuversicht/ Auf jenes letste Welt gericht.

Die nächsten sieben Passionsbilder, quadratisch eingerahmt und mit Ranken geziert wie die Darstellung auf der Hauptwand, haben sich sehr gut erhalten. Die Begleittexte sind meistenteils heute noch wohlbekannte Liedstrophen. So steht unter der Geißelungsszene, die sich in einem Raum mit perspektivischer Tiefe abspielt, zu lesen:

Der große schmertz empfindt an sich/ Der Heiligste geduldiglich.
An deiner statt, o Menschen Kind,/ Zu büssen deine schwere sünd.

Unter der Dornenkrönung, die sich der Maler in einem ähnlichen Gelaß vorstellte:

Zum schimpff trägt eine Dornenkron/ der hoch gepriesne gottes sohn.
wer diß bedenckt in sanftem Sinn,/ deß hohn und spott wird gar gering.

Unter der Gerichtsszene:

Ach seht, der ohnsäglich leid getragen,/ steht hier am Leibe gantz zerschlagen;
doch jammert's nicht der Juden schaar,/ ihr wut und griem wächst immerdar.

Unter der Kreuztragung, die der Maler vor dem Hintergrund eines Stadttores und eines tempelartigen Kuppelbaus sieht:

Mir nach, spricht Christus, unser Held,/ mir nach, ihr Christen alle.
Nehmt euer Creitz, verlaßt die welt,/ Folgt meinem Ruff und Schalle.

Unter der Darstellung der Sterbestunde auf Golgatha:

Zwischen diesen grösten Sündern Jesus ein fluch worden ist.
Nur daß er dadurch möcht lindern/ deine Angst, betrübter Christ.

Bei der Kreuzabnahme:

Seht, die Sünde ist gebüsset,/ Gottes Zorn ist ausgewischt;
denn es wird vom Creitz genommen/ das erbliche Angesicht.

Und bei der Grablegung in einem Gewölbe mit vergittertem Fenster:

Liebe, die sich todt gekränket/ und für mein erkaltes Herz
in ein kaltes grab gesenket,/ ach wie dank ich deinem schmerz.
Habe dank, daß du gestorben,/ daß ich ewig leben kann,
mir, der seelen heil erworben,/ nimm mich ewig liebend an.

261

Der große schmertz empfindt an sich
Der heiligste / geduldiglich
An deiner statt ô Menschen Kind
Zu büssen deine schwere Sünd.
Johann Georg Hertzog

Zum schimpff trägt eine Dornenkron
Der hochgepriesene Gottes Sohn
Wer diß bedenckt / in sanftem Sinn /
deß Hohn und Spott wird gar gering.
Tobias Bieler.

Zwei Bilder aus dem Nimburger Passionszyklus.

Wenig ergiebige historische Quellen

Die Suche nach schriftlichen Zeugnissen über den Maler von Nimburg in Akten des Generallandesarchives Karlsruhe, Ortsakten und Nachrichten über Kirchenbaulichkeiten und -visitationen, blieb erfolglos, genau wie ein gründliches Durchsehen der Bestände des Nimburger Pfarrarchives. Es finden sich lediglich Hinweise auf den Zeitpunkt der Übermalung. Im zweitältesten Kirchenbuch[10] heißt es: *Anno 1752 wurde die Kirche bey dem Kloster bis auf das Mauerwerk abgebrochen und so, wie sie jetzt steht, renoviert, der Thurm aber blieb in statu quo. Die ganze Gemein samt dem damaligen Pfarrer K. haben groß gefehlt, daß sie bei Serenissime nicht supplicirt, daß die Kirche in das Dorf gebaut worden wäre.* Auf diese Renovierung nimmt eine Notiz in den Nimburger Ortsakten des Generallandesarchives von 1764[11] Bezug: *Es ist schon seit den Jahren, als die hiesige Kirche schön gemacht worden, ein allgemeines Verlangen in der Bürgerschaft nach einer Orgel...* Damals legte die markgräfliche Obrigkeit übrigens ein Zeugnis ihrer Aufgeklärtheit ab, als sie vorschlug, statt der gewünschten Orgel lieber eine Feuerspritze anzuschaffen. Das eben angeführte Nimburger Kirchenbuch läßt uns aber wissen, daß der Wunsch der Gemeinde doch bald erfüllt wurde: *Anno 1770 den 23. Septembris wurde die von der Gemeinde angeschaffte Orgel zum 1. Mal in öffentlicher Versammlung geschlagen.* Der Standort dieser Orgel blieb bis zur jüngsten Renovierung unverändert auf der sogenannten **Bottinger** Empore auf der Südseite, also im Chor vor der Darstellung des Weltgerichts. Eine Baubeschreibung aus dem Jahr 1850 im Nimburger Pfarrarchiv teilt außerdem mit, daß sich auch längs der linken Schiffwand eine Empore hinzog.

Hinsichtlich der Ausmalung lassen sich daraus folgende Schlüsse ziehen: Vermutlich wurden die Bilder 1752 übertüncht - dann hätten sie 1952 bei der Freilegung gerade 200 Jahre ihr Dasein im Verborgenen geführt - spätestens aber beim Einbau der Orgel 1770 und der Emporen. In jedem Fall aber verschwanden sie vor der Bildung der badischen Landeskirche im Jahr 1818, als durch die Aufnahme der calvinistisch reformierten Pfälzer eine puritanisch strengere Gesinnung allgemein wurde, die die Bilder, die zu jener Zeit schon als recht "katholisch" empfunden wurden, unter keinen Umständen mehr geduldet hätte.

Wenn schon der Maler von 1718 namenlos bleiben muß, kennen wir doch den Pfarrer, auf dessen Anregung hin damals die Neugestaltung der Kirche erfolgte: *Johannes Christopherus Vulpius*[12], der von 1713 bis 1719 am Ort war. Er scheint noch verhältnismäßig jung gewesen zu sein, denn die nämliche Quelle teilt mit, daß er 1714 heiratete, und zwar standesgemäß die Tochter eines Kollegen, des *Herrn Philipp Sigismund Closen, gewesener Pfarrer zu Dentzlingen, nachgelassene ehelich ledige Dochter.* Voller Schwung ging er nach den Wirren des Spanischen Erbfolgekrieges daran, das kirchliche Leben wieder aufblühen und sein Gotteshaus durch Gemälde ausschmükken zu lassen. Tat er damit einen ungewöhnlichen Schritt, da Protestanten doch gemeinhin als bilderfeindlich gelten? Wer dies annimmt, geht zu sehr von unserem Jahrhundert und dem vorangegangenen aus. Oder er sieht zu sehr Calvin und Zwingli und zu wenig Luther, der 1524 im Vorwort zum Geistlichen Gesangbüchlein schrieb: *Ich bin nicht der Meinung, daß durchs Evangelion sollten alle Künste zu Boden geschlagen werden...*[13], und an anderer Stelle noch deutlicher: *Es ist besser, man male an die Wand, wie Gott die Welt schuf, wie Noah die Arche bauet und was mehr guter Historien sind, denn daß man sonst irgendwelche weltliche unverschämte Dinge malet.*[14] Freilich erkannte er den Bildern nur psychologisch pädagogische Bedeutung zu, nicht die religiös fromme[15], die das Mittelalter gekannt hatte. Diese barg in seinen Augen zu sehr die Gefahr der *Abgötterei*, die nach ihm jahrhundertelang so nachhaltig angeprangert wurde, daß noch 1908 der Stifter eines Wegkreuzes im katholischen Aselfingen bei Achdorf glaubte, sich ausdrücklich dagegen verwahren zu müssen:

*Nicht Holz, nicht Stein, o Wandersmann,/
beten wir am Weg hier an,*

*sondern im Geiste das Gotteslamm,/
das uns erlöst hat am Kreuzesstamm.*

Ähnliche Malereien in Malterdingen

Anzunehmen, Vulpius hätte nun aus eigener Eingebung dieses lange wenig beachtete Lutherwort in die Tat umgesetzt und als erster gespürt, wie sehr es der zeitgenössisch barocken Freude am Bild entgegenkam, wäre unangemessen schmeichelhaft. Er kannte zumindest ein Vorbild aus der unmittelbaren Nachbarschaft, die Wandmalereien in der evangelischen Kirche von Malterdingen. Sie stammen aus dem Jahr 1700[16] und weisen in der Thematik mehrere Übereinstimmungen mit Nimburg auf: An der Südwand, der rechten Schiffseite, prangt ein Jüngstes Gericht, größer und figurenreicher, bewegter und sündiger als das in der Nimburger Kirche. In Überlebensgröße stellen sich sämtliche zwölf Apostel wie die Muttergottes dar, und Moses und Aron stehen einem David und einer nicht kenntlichen Figur, in der wir analog zu Nimburg Samuel vermuten dürfen, gegenüber. Darüberhinaus wurde die Erschaffung der Eva, die Versuchung des ersten Menschenpaares im Paradies und das Opfer Abrahams aus dem Alten Testament dargestellt, wie die Taufe im Jordan, der Gute Hirt, das Abendmahl, der Auferstandene Christus wie dessen Himmelfahrt nach dem neuen Testament. Inschriften - meist Bibelzitate mit Quellenangabe - erläutern die Bilder. Die Stifternamen fehlen hier sowenig wie in Nimburg.

Über das Entstehungsjahr wie über den Maler wissen wir hier Bescheid. Bei einer Renovierung im Jahr 1910, die Professor J. Sauer leitete, kam unterhalb der 1806[17] eingezogenen Seitenempore auf der Nordwand unter anderem folgender Eintrag zutage: *Von Georg Menradt, Burger und Mahler in Endingen 1700.* Damals entschied das Denkmalamt, von Professor Wingenroth zusätzlich beraten, die Bilder unter beiden Seitenemporen zuzustreichen, die Apostel, Abendmahl und Himmelfahrt an den Stirnseiten neben dem Chorbogen aber zu erhalten. Der Rest der Bilder oberhalb der ehemaligen Emporen liegt seit der Restaurierung 1963/64 frei, was aber unterhalb derselben 1910 übertüncht wurde, blieb verloren. Wir haben nur den in Akten des Malterdinger Pfarramtes und des Staatlichen Amtes für Denkmalpflege in Freiburg aufbewahrten Bericht des damaligen Pfarrers Ahles, der uns die verschwundenen Bilder beschreibt und die Texte mit dem Namen des Malers überliefert. Abgesehen von einer verschwundenen Geburt Christi handelt es sich um die tieferen Teile einiger jetzt freigelegter Bilder, den Rocksaum der Maria, die Beine von Aron, den unteren Rand der Versuchung durch die Schlange und die Unterschriften zum Jüngsten Gericht aus Mathäus 25.

Nun drängt sich die Frage auf, ob Menradt auch der Meister von Nimburg sein könnte. Bei den Apostelfiguren glaubt man Übereinstimmungen erkennen zu können. Dies muß man aber vermutlich eher auf die Benützung geläufiger Vorlagen als auf die gleiche Hand zurückführen. Die unterschiedliche Auffassung des Weltgerichtes muß bedenklich stimmen, insofern als bei gleicher Urheberschaft das ausdrucksvollere Werk vor dem einfältiger konzipierten anzusetzen wäre. Das ist aber höchst unwahrscheinlich. Dennoch soll die Frage hier bis zu einer gründlichen stilkritischen Untersuchung offen gelassen werden.

Zur Barockzeit weit verbreitet

Ob der Nimburger Pfarrer Vulpius 1718 nun Malterdingen kopiert oder gar den gleichen Maler angestellt hat oder nicht, muß sein Entschluß in weit größerem Rahmen gesehen werden. Das ist die Überraschung, die bei der Behandlung dieses Themas auftauchte. Die Ausmalung protestantischer Kirchen im 17. und 18. Jahrhundert ist nicht das Kuriosum, für das man sie gerne halten wollte, sondern in jener Zeit eine recht landläufige Sache. Eine Restaurierung der fünfziger Jahre förderte Wandbilder auch in der evangelischen Kirche von Knielingen bei Karlsruhe zutage[18]. Die Inhalte ähneln den schon beschriebenen Beispielen: Moses, die Evangelisten Markus und Lukas, Abrahams Opfer und Jakob, schlafend unter der Himmelsleiter - wieder mit Unterschriften und Stifternennungen. Überfliegen wir noch die Liste der Kirchenausmalungen in nachreformatischer Zeit, die Professor J. Schlippe 1956 zusammenstellte[19], finden wir neben dem damals schon bekannten Nimburg noch die Stadtkirche Hornberg, Wintersweiler mit Apostelbildern des Schweizer Malers Stutz von 1765, Weisweil mit Göserbildern an der Emporenbrüstung und Meißenheim mit einem Deckengemälde von Pfunner.

Erschaffung der Eva an der nördlichen Langhauswand der Kirche von Malterdingen.

Das Opfer Abrahams auf der südlichen Schiffwand in Malterdingen.

Das Ergebnis der vorliegenden Untersuchung lautet also, daß nachreformatorischen Kirchenausmalungen keineswegs "große Rätsel" oder Auswirkungen zu "großzügiger oder unkritischer" Haltung barocker Pfarrherren darstellen. Die Leistung der betreuenden Geistlichen - im Falle Nimburgs des Pfarrers Vulpius - beschränkt sich auf ein theologisch klug durchdachtes Konzept, auf die Zusammenstellung einer lehrreichen Bilderpredigt, die sich der Prä- wie der Kontrafiguration bedient, gleich - oder in Gegenbewegung verlaufende Vorgänge des Alten und Neuen Testamentes in Beziehung zueinander setzt und sie auf den Fixpunkt Christus hinordnet.

Zur gleichen Aussage kommt auch Martin Scharfe[20] in seiner Untersuchung über das evangelische Andachtsbild in Württemberg. Wenn er allerdings hinsichtlich der Motive feststellt, erotische Szenen seien vermieden worden, so mag das für Württemberg stimmen, für Malterdingen angesichts der Paradiesbilder wohl kaum. Ihre Entstehung verdanken die Malereien in evangelischen Kirchen im Schwäbischen ebenso dem Prestigebedürfnis bürgerlicher Kreise in einer repräsentationsfreudigen Zeit[21]: Die Stiftereintragungen kommen regelmäßig vor. Auch der Kunstwert hält sich, von Ausnahmen wie Meißenheim abgesehen, hier wie dort in puritanisch sparsamem Rahmen. Kaum einmal finden wir einen Künstler, der über das meisterliche Können seiner Zeit verfügt und die Malerei mit der Architektur verflochten hätte wie in katholischen Barockkirchen. Die Wand dient als neutraler Bildträger[22], allzuviel Phantasie scheint weder verfügbar noch erwünscht.

Wenn die Nimburger, Malterdinger und Knielinger Bilder, die sich uneingeschränkt vergleichen lassen, schon keine Besonderheiten darstellen, freuen wir uns dennoch ihrer Entdeckung, ihrer unbekümmert liebenswerten Einfalt wegen. Sollten in anderen Kirchen weitere ähnliche Zeugnisse aufgefunden werden, was leicht geschehen kann, sollte niemand zögern, sie für erhaltenswert zu erklären. Wenn auch I. H. v. Wessenberg 1827 aus der aufgeklärt realistischen Gesinnung seiner Zeit heraus schrieb: *Mit solchen Paradoxien des letzten Gerichts*[23] sei *der religiösen Erbauung wenig gedient*, glauben wir doch, daß sie wenigstens nicht schaden und betrachten sie vorab unter kunstgeschichtlichen Gesichtspunkten, wodurch sich in durchaus aufgeklärter Weise auch erbaulicher Gewinn ziehen läßt.

Neuster Interpretationsstand

Der folgende Nachtrag zu dem oben abgedruckten Aufsatz von 1973 enthält die Ergebnisse einer Exkursion des Breisgau-Geschichtsvereins Schauinsland nach Obernimburg im Mai 1988, die von Professor Hermann Brommer und der Autorin geleitet wurde. Ortspfarrer Friedrich Weis trug dabei seine Interpretation des Bildprogramms vor[24]. Die Teilnehmer kamen nach einer Diskussion zu der Auffassung, daß der Passionszyklus im hinteren Teil der Kirche aus der vorreformatorischen Klosterzeit stammen könnte[25], obwohl die Bilder eine Rahmung aus dem 18. Jahrhundert zeigen. Die jeweils einzeln stehenden lebensgroßen Engel-, Propheten- und Apostelfiguren wurden unwidersprochen dem beginnenden 18. Jahrhundert zugeordnet, das heißt, daß sie mit großer Wahrscheinlichkeit zusammen mit den auf 1718 datierten Inschriften entstanden sind. Willfried Renner vermutete 1973 in einem Aufsatz über die Geschichte der Bergkirche von Nimburg[26], daß die Bilder zeitgleich mit dem auf 1672 datierten Taufstein entstanden sein könnten, ohne hierfür schriftliche Belege anführen zu können.

Was die Autorin aus jetziger Sicht offen lassen will, ist die zeitliche Zuordnung des Jüngsten Gerichts auf der Chorabschlußwand, das wie die Passionsbilder rechteckig eingerahmt ist: Gehört es zu der alten Ausmalung, also zum Passionszyklus und wurde es durch Übermalung 1718 nur dem gestalterischen Duktus der Zeit angepaßt, oder ist es Bestandteil der *evangelischen Bilderpredigt*? Zweifellos würde es in ein antonitisch geprägtes Bildprogramm passen; eine naheliegende und die von der Autorin favorisierte Erklärung ist aber, daß Pfarrer Vulpius das Motiv wählte, das auch in Malterdingen vorkommt und übrigens ebenfalls in der evangelischen Kirche von **Köndringen** Bestandteil einer nachreformatorischen Ausmalung war[27].

Ausschnitt aus der Malterdinger Weltgerichtsdarstellung

Maria und Johannes - Assistenzfiguren zu einem Kruzifix

Allgemeine Zustimmung fand der Hinweis von Pfarrer Weis, daß die Bilder von Maria und Johannes als Assistenzfiguren einem Kruzifix zuzuordnen seien, das im Zusammenhang mit einem inzwischen entfernten Chorbogen stand[28]. Da es sich bei der Johannesgestalt um den Täufer und nicht um den Lieblingsjünger handelt und der betonte Zeigefinger an den Isenheimer Altar[29] von Matthias Grünewald erinnert, tauchte hier die Frage auf, ob die Figuren, die von der Malweise her sicher zur Neuausmalung gehören, eventuell an die Stelle alter Gemälde[30] oder plastischen Figurenschmucks mit gleichen Motiven gesetzt wurden. Daß Pfarrer Vulpius und der von ihm engagierte Maler den Isenheimer Altar gekannt hätte, hält Hermann Brommer für weniger wahrscheinlich als daß eben aus dem antonitischen Erbe von Nimburg selbst eine ähnliche Johannesdarstellung mit der Hinweisgeste überliefert war.

Übermalung vermutlich 1770

Als Zeitpunkt der Übermalung wurden oben zwei Möglichkeiten genannt: 1752 und 1770. Vorausgesetzt, daß die Annahme stimmt, daß die Emporen zusammen mit der Orgel 1770 eingebaut wurden, wäre diesem Datum der Vorzug zu geben, denn von da an waren die Bilder im Weg: Die Orgel verdeckte ja das Jüngste Gericht auf der Chorwand, und die Emporen an der Nord- und Ostwand des Schiffes - auf alten Fotos im Pfarrarchiv noch belegt - zerschnitten die dortigen Wandbilder. Im Rahmen der Exkursion wies Hermann Brommer übrigens auch auf die ikonographische Parallele zu bäuerlich-barocken Malereien in der alten (katholischen) Dorfkirche von Reute[31] hin: den Rest eines Apostelzyklus', der ebenfalls nebeneinandergereihte Einzelfiguren über Inschriften zeigt.
Die Bilder präsentieren sich dem Betrachter heute zweifach restauriert: Anfang der 50er Jahre und 1979/80. Was bei der Entdeckung 1951[32] zutage trat, waren Rötelzeichnungen mit farbiger Auslegung. Sie wurden damals nach denkmalpflegerischen Gesichtspunkten sorgfältig aufgefrischt und da und dort ergänzt unter der Prämisse, dem Original so nah wie möglich zu bleiben[33]. Um 1980 wurden die Malereien wieder restauriert oder aufgebessert[34], was natürlich trotz großer Vorsicht und Einfühlung jeweils mit geringfügigen optischen Veränderungen verbunden ist.

Anmerkungen

1. Wolfram Stolz: Nimburg in seiner Vergangenheit und Gegenwart o.O. 1955, S. 17
2. Ebd. S. 18
3. Ebd. S. 18
4. Ebd. S. 21
5. Akten des GLA Karlsruhe 74/4069
6. Jakob Lauth: Festschrift zur Einweihung der wiederhergestellten evangelischen Kirche zu Nimburg a.K., 3. Oktober 1954, Freiburg 1954, S. 6
7. Hier scheinen, über Luther hinausgehend, katholische Vorstellungen anzuklingen.
8. J. Lauth, a.a.O. S. 12
9. Ebd. S. 12. Lauth vermutet in dieser Gestalt Andreas, den Bruder Petrus'.
10. Pfarrarchiv Nimburg, Kirchenbuch 2, begonnen 1739
11. Akten des GLA Karlsruhe 229/75355
12. Pfarrarchiv Nimburg, ältestes Kirchenbuch, begonnen 1717, S. 4
13. Zitiert nach Joseph Sauer, Reformation und Kunst im Bereich des heutigen Baden. In: Freiburger Diözesan-Archiv, N.F. 19, Freiburg 1919, S. 327
14. Ebd. S. 328
15. Vergl. ebd. S. 328
16. S.u.!
17. H. Maaß: Malterdinger Kirchenbote, Jg. 1964, Nr. 3
18. Heinrich Niesterer: Neuentdeckte Wandmalereien in der evangelischen Kirche zu Karlsruhe-Knielingen. In: Nachrichtenblatt der Denkmalpflege in Baden-Württemberg. April 1958, Jg. 1, Heft 1, S. 4 ff.
19. Josef Schlippe: Denkmalpflege an evangelischen Kirchen, Ausmalung in nachreformatorischer Zeit. In: Nachrichtenblatt der öffentlichen Kultur- und Heimatpflege Regierungsbezirk Südbaden. 1956, 7. Jg. II/III, S. 28
20. Martin Scharfe: Evangelische Andachtsbilder. Veröffentlichungen des Staatlichen Amtes für Denkmalpflege Stuttgart Reihe C: Volkskunde Bd. 5, Stuttgart 1968, S 4 ff.
21. Ebd. S. 316
22. Ebd. S. 16
23. Ignaz Heinrich von Wessenberg: Die christlichen Bilder, ein Beförderungsmittel des christlichen Sinnes. Konstanz 1827, Bd. 2, S. 443.
24. Vgl. seinen Beitrag "1000 Jahre Kirche in Nimburg". In: Chronik von Nimburg 977-1977. 1000 Jahre Köndringen-Nimburg, S. 19 ff.

25 GLA 229/75447. 1693 wollte die markgräflich-badische Obrigkeit aus den ehemaligen Klosterkirchen von Nimburg und Sulzburg alle Monumente (vermutlich Grabsteine), Wappen und Gemälde, die das Andenken an das Kloster erhalten könnten, entfernt haben durch vertraute Leute *in möglichster Stille*. Inwieweit in Nimburg bezüglich der Ausmalung hierauf etwas erfolgte, kann hier nicht geklärt werden. Der Passionszyklus hätte nach dem jetzigen Interpretationsstand den Befehl jedenfalls überstanden. Ob an anderer Stelle Bilder verschwunden sind, muß ebenfalls offen bleiben.

26 Willfried Renner: Die Geschichte der Bergkirche in Nimburg. 1973 (Faltblatt, 4 Seiten)

27 Albert Krieger: Die kirchlichen Verhältnisse in der Markgrafschaft Hochberg im letzten Drittel des 17. Jahrhunderts. In: ZGO 54, NF 15, S. 258-324. Im Visitationsbericht von 1669 über **Köndringen** steht bezüglich der Kirche Folgendes: *Ein Crucifix ist noch in der Kirchen, aber keine Götzenbilder mehr. Da die Kirch geweisset worden, haben die Gemeindt auf ihren Kosten die Apostel, das Jüngstgericht und anderes lassen hineinmahlen.* S. 294. Für den freundlichen Hinweis auf diese wichtige Fundstelle dankt die Autorin dem Herausgeber Peter Schmidt.

28 Der Chorbogen könnte 1752 oder 1770 abgebrochen worden sein. Wahrscheinlich geschah das aber erst 1770: Im Pfarrarchiv fand Pfarrer Weis nämlich einen Plan mit Grundriß der Kirche von 1752, worauf der Chorbogen noch eingezeichnet ist durch zwei Mauervorsprünge. Auf diesem insgesamt oberflächlich gezeichneten Plan ist handschriftlich eingetragen, daß damals das Dach repariert wurde. Dieser Hinweis relativiert oder präzisiert den Kirchenbucheintrag, wo es heißt, die Kirche sei damals *bis auf das Mauerwerk abgebrochen* worden. Vergl. oben Anm. 10. In diesem ehemaligen Chorbogen müßte man sich nun nach der plausiblen Theorie von Pfarrer Weis ein Kruzifix vorstellen: eine Plastik, hängend oder auf einem Balken stehend, vielleicht auch eine Malerei auf der Wand über dem Chorbogen. Bei diesem Kruzifix befanden sich vielleicht schon vor der Ausmalung von 1718 gemalte oder plastische Assistenzfiguren von Maria und Johannes. Diese Vermutung äußerte Hermann Brommer. Üblicherweise wurde dabei Johannes, der Lieblingsjünger Jesu, dargestellt, nicht der Täufer. Auf dem bekannten Kreuzigungsbild des Isenheimer Altars von Matthias Grünewald kommen beide Johannesgestalten vor, der Lieblingsjünger zusammen mit Maria als Gruppe auf der linken Bildseite, der Täufer mit der Hinweisgeste beherrschend und größer auf der rechten Bildseite.

29 Das Antoniterkloster im elsässischen Isenheim war Präzeptorat für das Oberrheingebiet und stand mit dem Antoniterkloster von Nimburg selbstverständlich in lebendigem Kontakt.

30 Architekt Alfred Giese (Freiburg), der die Renovation 1951-1954 leitete, anläßlich derer die Malereien entdeckt wurden, möchte nach seinen damaligen Beobachtungen ausschließen, daß sich unter den jetzt sichtbaren Gemälden andere ältere befänden. (Mündliche Auskunft).

31 Hermann Brommer: St. Felix und Regula. Die Kirchen von Reute. Kleiner Kirchenführer Nr. 1671. Verlag Schnell u. Steiner München 1987

32 Architekt Alfred Giese erinnert sich, daß die Bilder gleich zu Beginn der Arbeiten im Winter 1949/50 entdeckt wurden, und zwar zuerst im Chor. Sie waren mehrfach übertüncht und wurden mit dem Spachtel Schicht um Schicht sorgfältig freigelegt. Das Jüngste Gericht, das hinter der Orgel und der zugehörigen Empore gesteckt hatte, war weniger stark übermalt. Giese vermutet weitere Wandbilder im Bereich des Sakristeieingangs in der Nordostecke des Schiffes, wo der Fachmann feststellen kann, daß ein Mauerrücksprung von etwa 50 cm Tiefe nachträglich zugemauert wurde, möglicherweise auch um 1770. - Am 29.5.1950 gab Kunstmaler Harry Mac Lean aus Heidelberg ein Gutachten über Umfang, Qualität und Erhaltungszustand der Wandmalereien ab. Er schreibt darin u.a.: *Die Malereien ... sind sämtlich Kalktünchefresken von bedeutender Qualität. Sie sind von einem außerordentlich sicheren Künstler ausgeführt. Teilweise ist die in einer Art Rötel gemachte Vorzeichnng sichtbar, die eine ungewöhnliche Vertrautheit mit der monumentalen Wandmalerei verrät, so locker und frei ist sie gemacht. Über die Vorzeichnung ist mit vollkommner Beherrschung der malerischen Mittel die Malerei prima und auf Anhieb ausgeführt. Teilweise ist dabei die Vorzeichnung nur als allernotwendigstes Gerüst für die Aufteilung der Fläche benutzt worden und frei über sie hinaus komponiert worden. Dies gilt sowohl für die großen monumentalen Figuren wie für die mehr erzählenden Malereien ...* Mac Lean wollte seine Ausführungen aber nur als vorläufig verstanden wissen, nicht als "abschließende Einordnung". Die Verfasserin dankt Dipl.Ing. Architekt Alfred Giese für schriftliche Hinweise und die Überlassung einer Kopie des Mac Lean'schen Gutachtens. - Hinweis von A. Giese vom 17.8.88: *Als einige Zeit nach unserem Bau und der Wiederherstellung der Fresken in der sog. Leprosenkapelle bei Staufen durch Landeskonservator Hesselbacher ähnliche Fresken freigelegt wurden, schien mir eine gewisse Ähnlichkeit zwischen diesen und den Nimburger zeitlich und stilistisch zu bestehen. Leider haben Herr Hesselbacher wie auch ich diese Vermutung aus Zeitmangel nicht aufgegriffen.*

33 Die Restaurierung der Bilder wurde in den 50er Jahren von Kunstmaler und Restaurator Valentin Feuerstein aus Neckarsteinach ausgeführt.

34 Die Restaurierung von 1979/80 wurde durch Fa. Berger, Bad Krozingen besorgt.

Baugeschichtlicher Rundgang durch die Gemeinde Teningen

Leo Schmidt

Von allen Hinterlassenschaften der Geschichte, allen Geschichtszeugnissen, sind es die Werke der Architektur, die die Vergangenheit - und auch die Gegenwart - eines Ortes am unmittelbarsten ablesbar machen. Schriftquellen wollen erst gelesen und in ihrer Bedeutung verstanden werden, und sie sind auch nur den wenigsten zugänglich; Bauten jedoch, gerade in ihrer Gesamtheit, s i n d der Ort, s i n d unmittelbar anschauliche Geschichte:

Die Kirche als geistiger Mittelpunkt und oft seit über 1000 Jahren belegbarer Kristallisationspunkt der Siedlung, Schloß oder Burg als Monumente der Herrschaftsgeschichte, Rathaus als Ausdruck bürgerlicher Selbstverwaltung, Wohnhäuser und landwirtschaftliche Anwesen als Veranschaulichung der Lebensumstände der Bürger und Bauern und ihrer wirtschaftlichen Grundlagen, Industriebauten als Zeugen der ökonomischen Umwälzungen der Neuzeit.

So dauerhaft die Werke der Architektur auch wirken mögen, so vergänglich sind sie oft auch. Eine geschriebene Urkunde behält den Wortlaut ihres Textes, solange Pergament und Tinte erhalten bleiben; zur Not läßt sie sich kopieren. Ein Bauwerk und - noch viel mehr - ein Ortsbild ist wie eine Urkunde, an der ständig weitergeschrieben wird und an der immer wieder Passagen überpinselt oder umformuliert oder aus der gar Stücke herausgeschnitten werden.

Ein Rundgang durch die Ortskerne von Nimburg und Bottingen, Teningen, Köndringen mit Landeck und Heimbach soll auf die Zeugen der Vergangenheit und ihre Aussagekraft aufmerksam machen. Wir können uns dabei immer wieder auf Fotos von einer Kampagne zur Erfassung der Bau- und Kunstdenkmale aus den frühen 60er Jahren beziehen, an denen sich die Veränderungen in dem seither vergangenen Vierteljahrhundert zeigen lassen.

Nimburg

Von der die Siedlung überragenden Burg der Grafen von Nimburg ist zwar kein Baurest mehr zu sehen; der in mehreren Terrassen ansteigende Burgberg wird jedoch von einem kreisrunden Kegelstumpf von etwa 50 m Durchmesser bekrönt, der offensichtlich von Menschenhand gestaltet ist. Die archäologischen Details, soweit sich heute Aussagen dazu machen lassen, hat Alfons Zettler oben bereits dargestellt.

Eine weitere ehemals bedeutende Anlage aus dem Mittelalter, von der heute große Teile verschwunden sind, liegt isoliert auf einer Anhöhe südlich von Nimburg: die Bergkirche, Rest eines Klosters der Antoniter. Vom Aussehen des Klosters können wir uns erstmals durch eine sog. Landtafel aus dem späten 16. Jahrhundert, die Herr Klaus Kopfmann an versteckter Stelle fand, ein Bild machen. Sie ist oben, S. 169 abgebildet. Der Antoniterorden sah seine Aufgabe vor allem in der Pflege der gesellschaftlich besonders geächteten Hautkranken, etwa der vom "Antoniusfeuer" Befallenen - eine von verunreinigtem Getreide verursachte Krankheit, die nach dem Ordensgründer benannt ist. Das Kloster wurde im Jahr 1456 von dem Markgrafen Karl von Baden gestiftet. Eine Klosterniederlassung an dieser Stelle hatte jedoch schon vorher bestanden. Die ältesten Schriftquellen hierzu berichten jedoch nicht von Antonitern, sondern von Augustiner-Eremiten, einem strengen Orden, dem später auch Martin Luther angehörte. Seit wann diese Mönche in Obernimburg ansässig waren, ist nicht bekannt; immerhin lange genug, daß ihre Kirche im Jahr 1318 nicht nur durch Feuer, sondern auch durch Alter schwere Schäden aufwies. Im Jahr 1387 zogen diese Mönche nach Vogtsburg um; ein Menschenalter später nahmen die Antoniter ihre Stelle ein.

Von den Bauten oder Bauresten, die die Antoniter vorfanden, sind auch heute noch Teile zu erkennen. Es handelt sich um das untere Drittel des Turmes und die angrenzende Sakristei. Bei der durchgreifenden Restaurierung in den Jahren 1952-1954 erkannte man, daß die ehemals gewölbte Sakristei zu einer geosteten Kirche gehörte, und zwar als westliches Joch

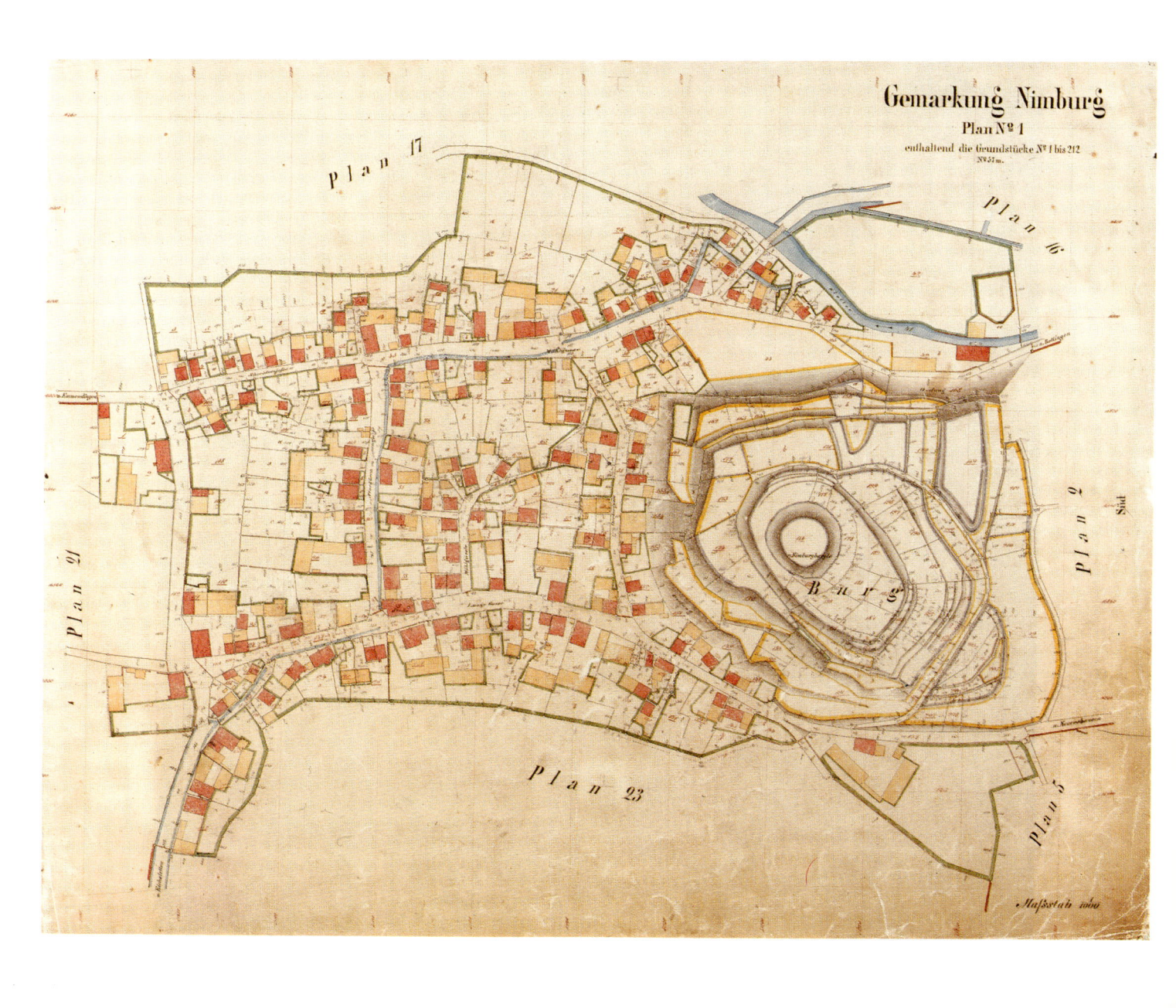

Gemarkung Nimburg
Plan N⁰ 1
enthaltend die Grundstücke N⁰ 1 bis 212

1578

1·7 25 LM 9° 3·6

IM JAR ANNO 1754
DISES HAUS HABICH GEBAUT LORENTZ MEIER
Lorentz. Meier. Vogt.
Maria. Magtalena.
Meierin. eine. gebohrne. stütin
17 54

1769

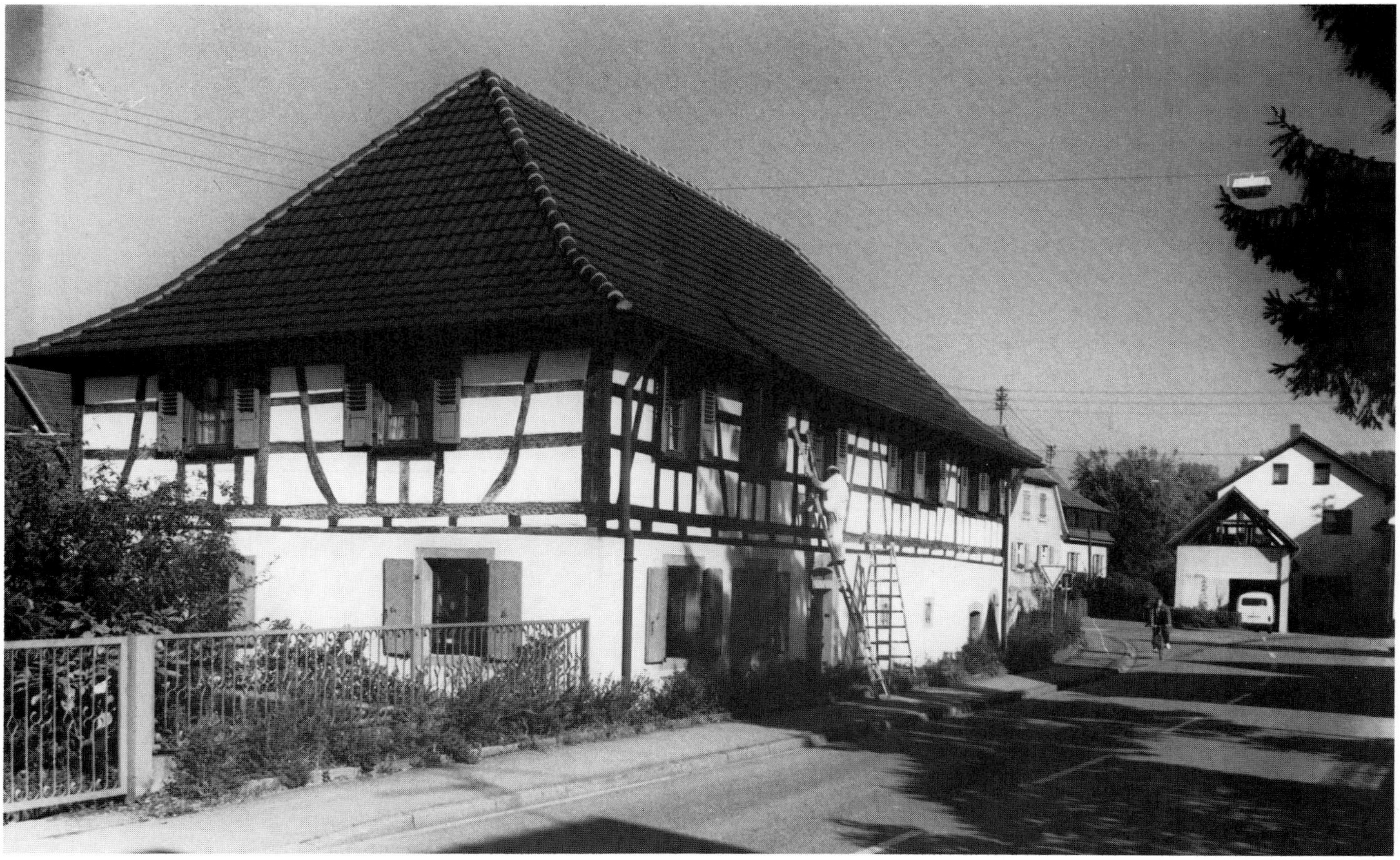

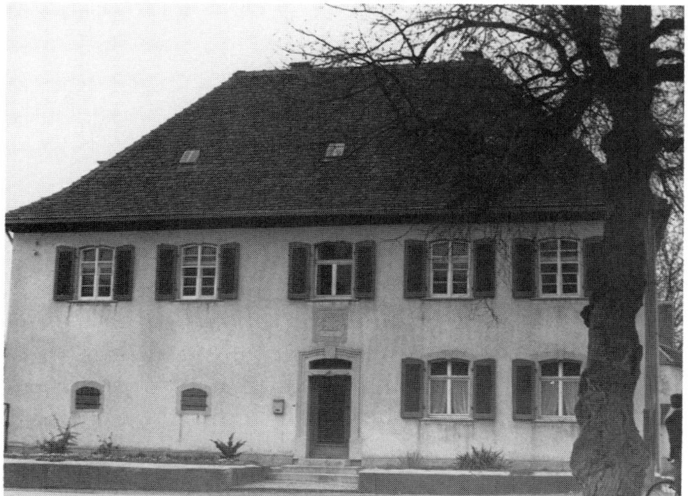

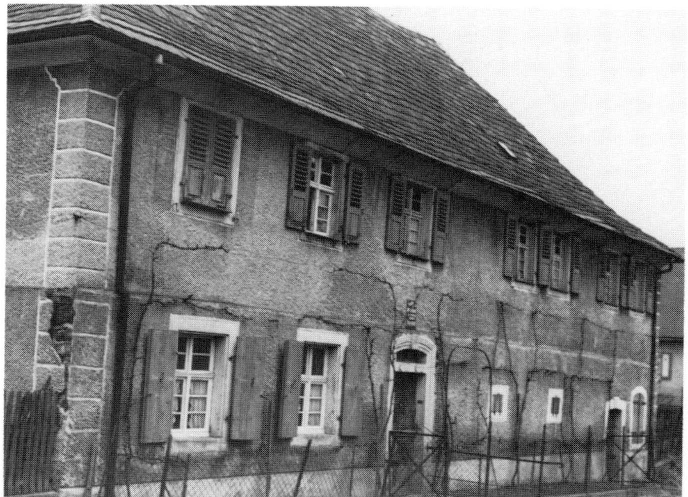

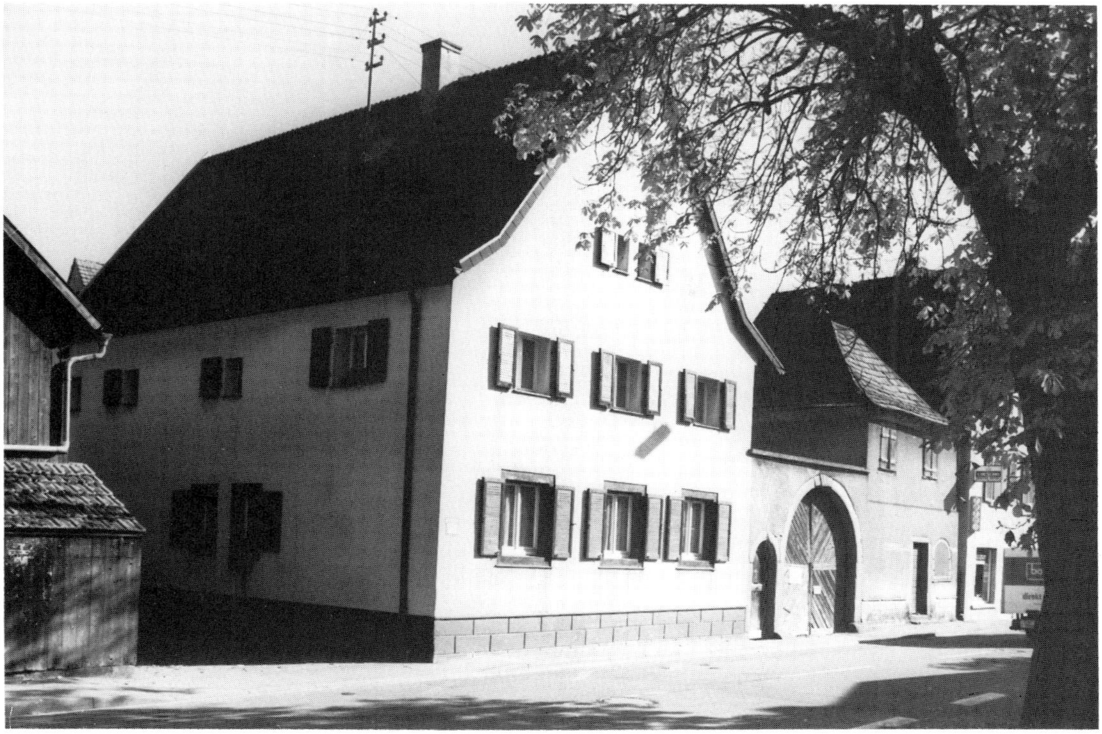

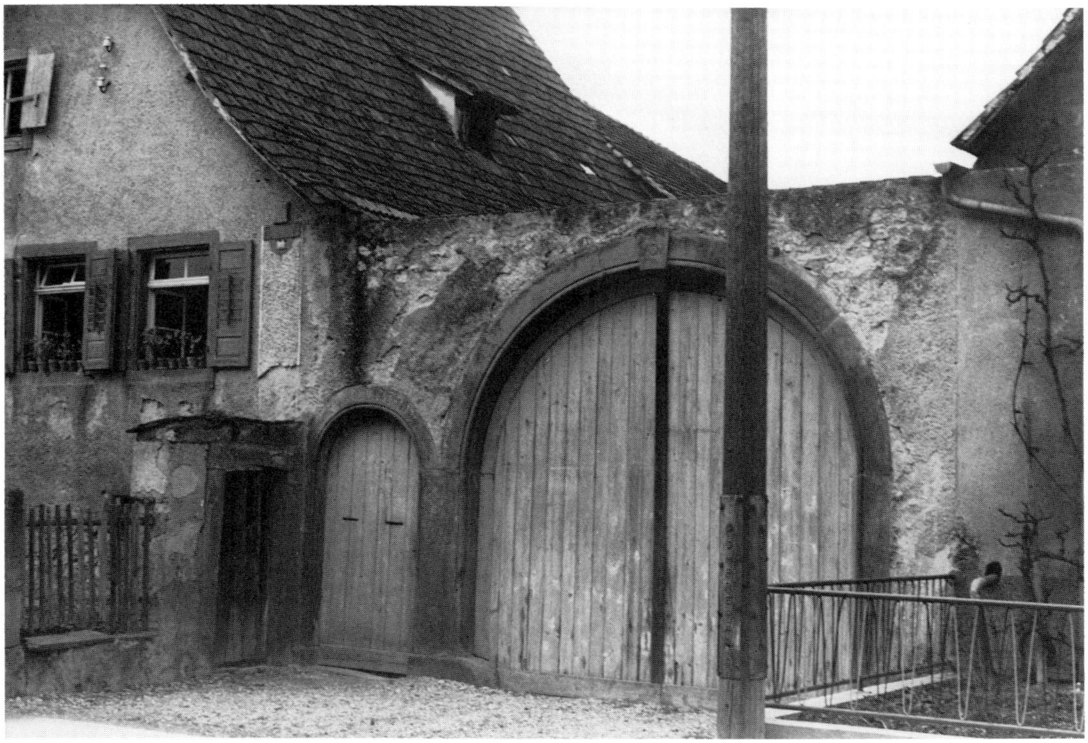

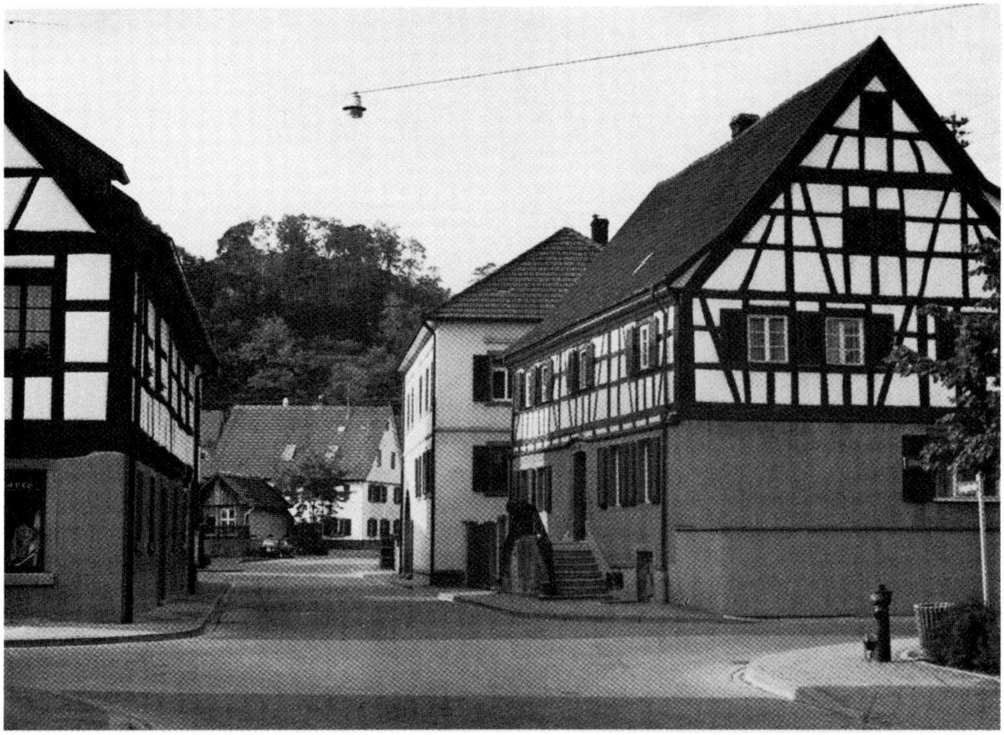

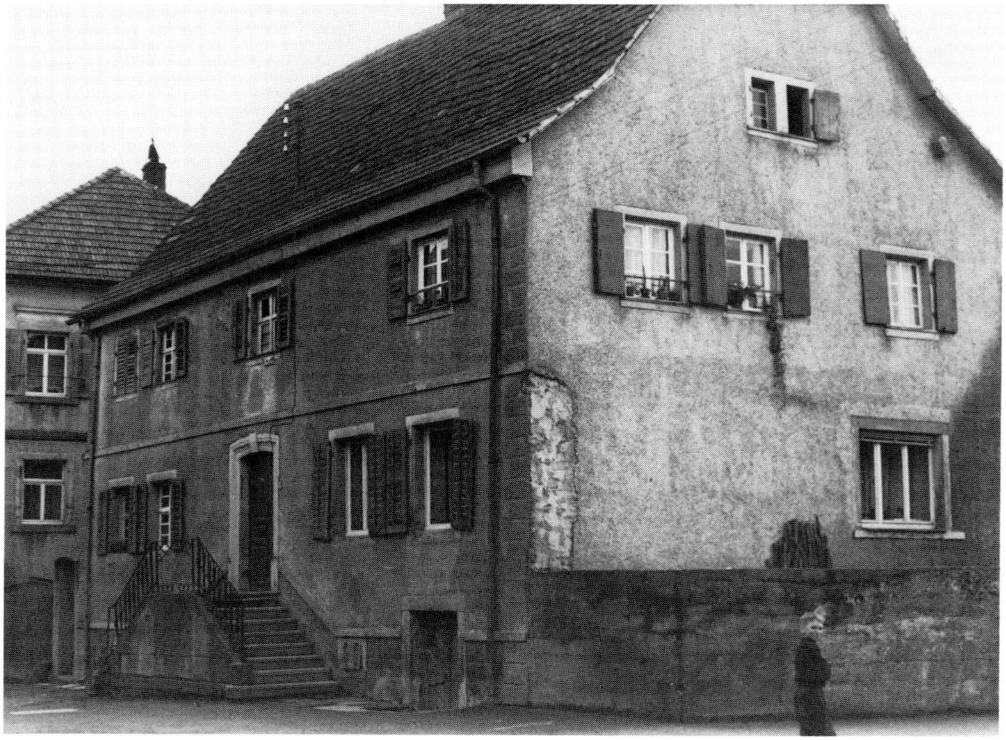

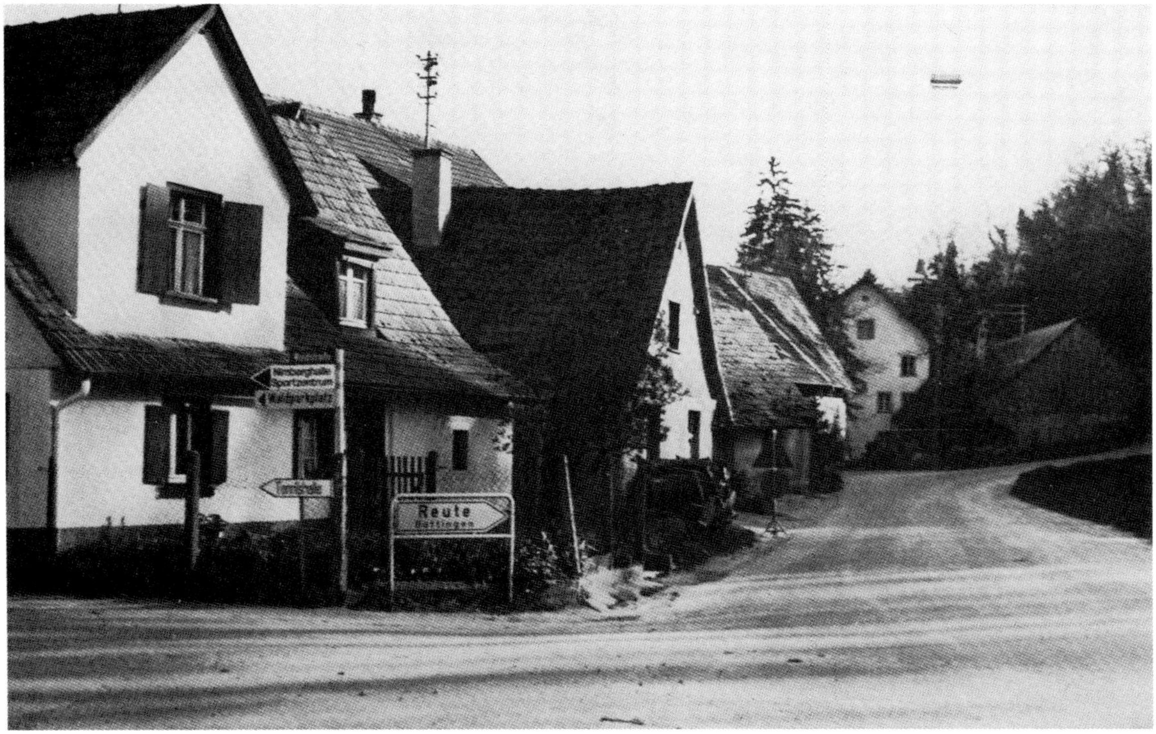
Reute

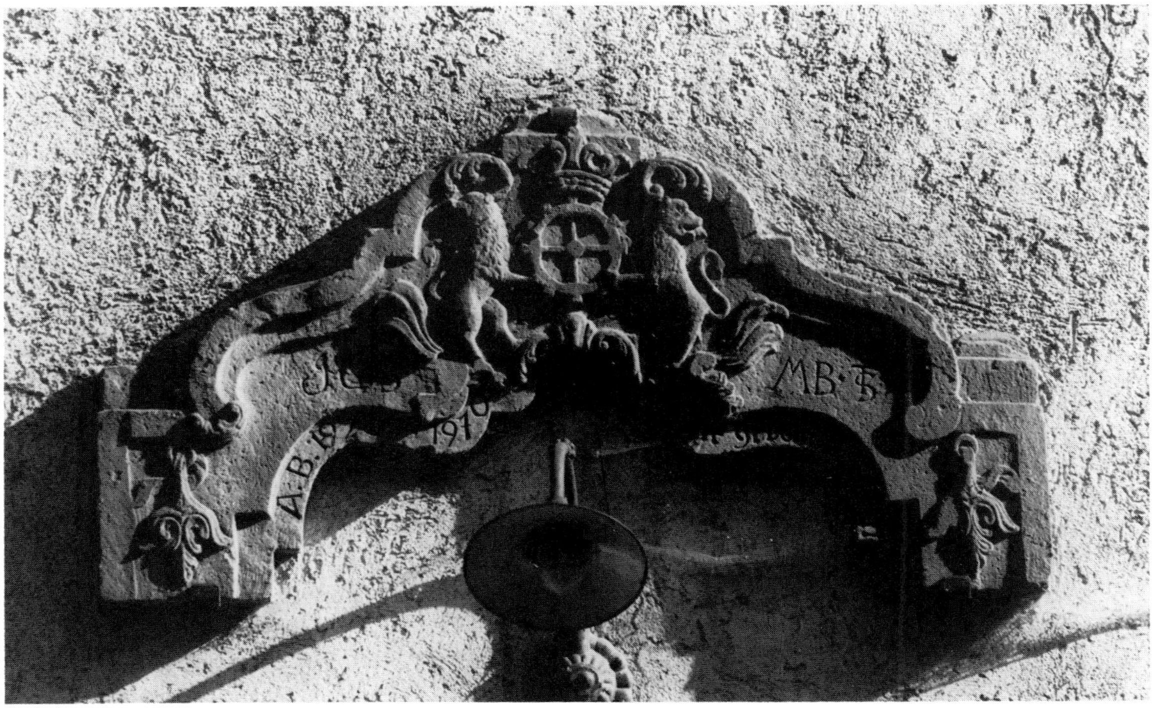

VOGT
PAVLVS
STRAVS
1609

287

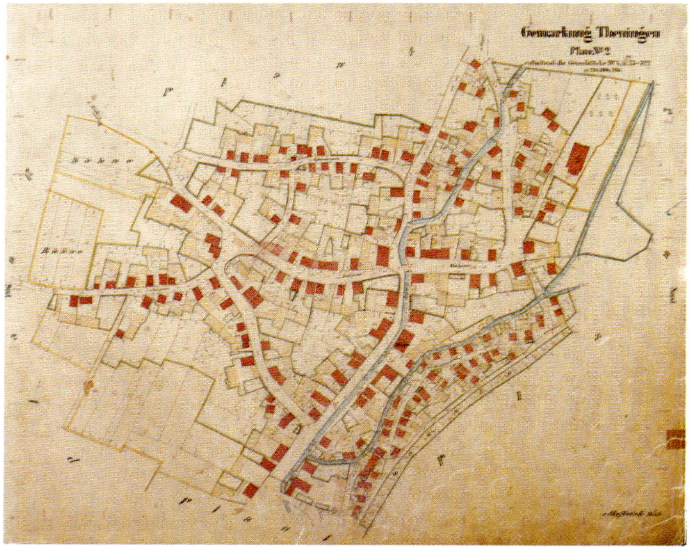
Gemarkung Theningen
Plan No 2

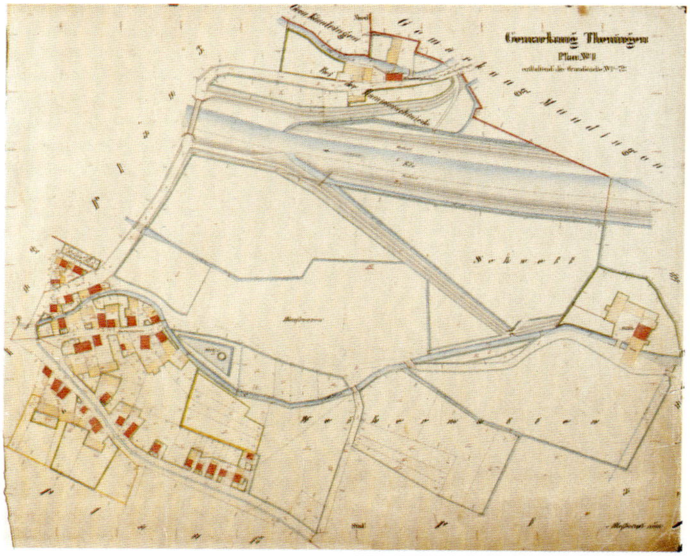
Gemarkung Theningen
Plan No 1

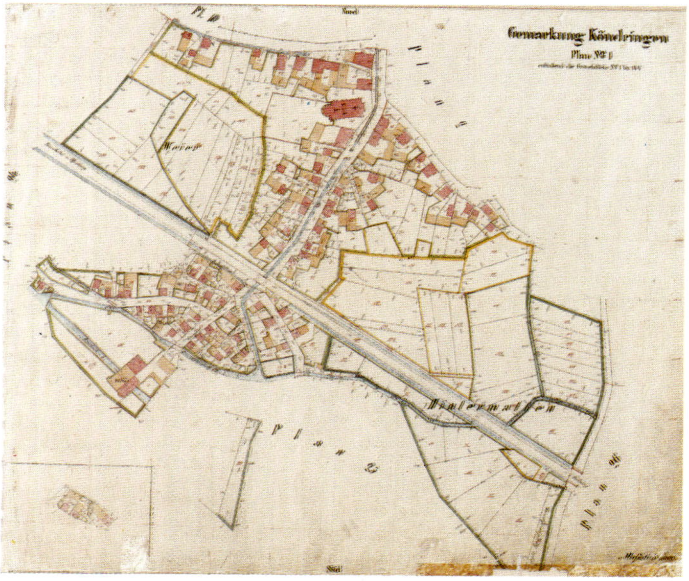
Gemarkung Köndringen
Plan No 1

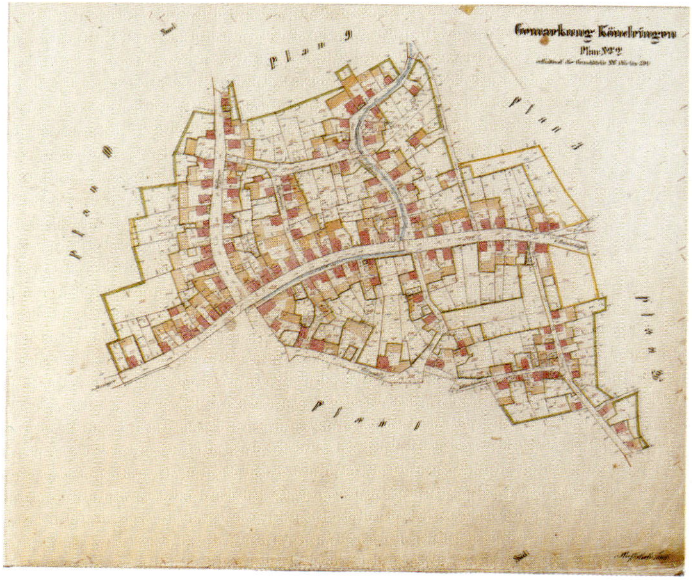
Gemarkung Köndringen
Plan No 2

289

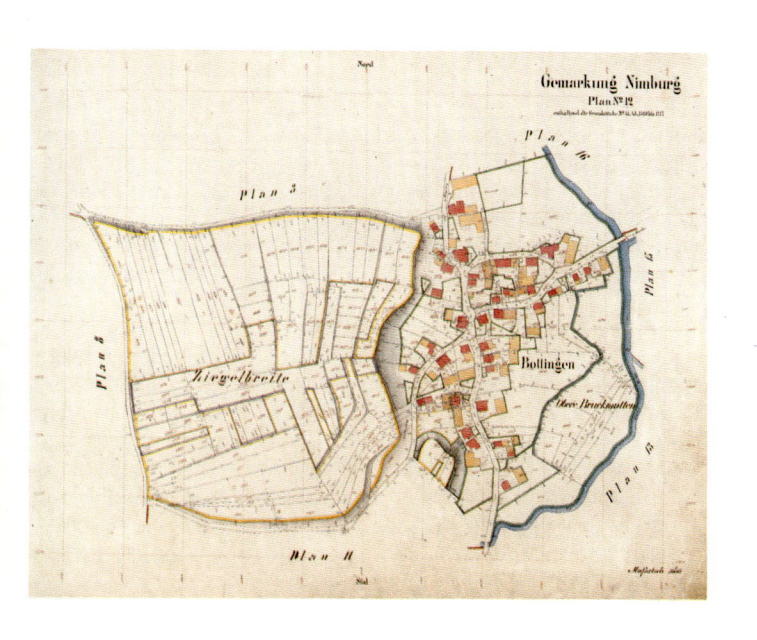

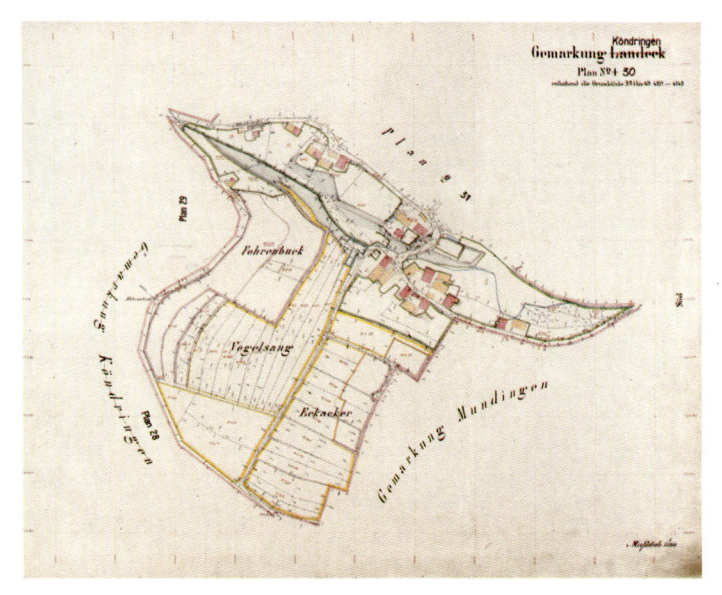

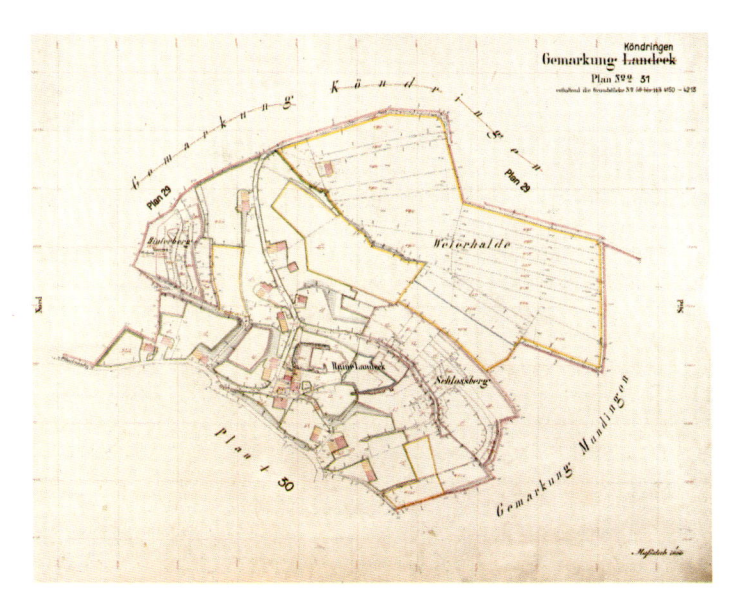

Teningen

Jahrhundertelang bestanden in Teningen zwei Kirchen in relativ enger Nachbarschaft: neben *Unser Frauen Kirch* - der heutigen Pfarrkirche - noch die Kirche der Hl. Agathe. Letztere ist heute das Wohnhaus Martin-Luther-Str. 6: kein Mensch käme beim Anblick des äußerlich völlig veränderten Hauses auf die Idee, daß es sich im Kern um eine mittelalterliche Kirche handeln könnte, doch zeigt die segmentbogig überfangene Laibung des ehemaligen Chorfensters in der Ostwand qualitätvolle Heiligendarstellungen aus dem 14. Jahrhundert, die vor kurzem restauriert worden sind. Aus der selben Zeit dürfte das spitzbogige Portal stammen, das in der Westwand erhalten geblieben ist. Die Kirchennutzung fand wohl mit der Einführung der Reformation 1556 ihr Ende. Danach wurde der Bau als Schulhaus genutzt und entsprechend verändert, vor allem durch Einziehen einer Zwischendecke und entsprechende Fensterglierung. In dieser Funktion diente die ehemalige Kirche bis zum Neubau des gegenüberliegenden Schulhauses im Jahr 1765.

Die heutige Pfarrkirche ist im wesentlichen ein klassizistischer Bau aus dem Umkreis des badischen Oberbaudirektors Friedrich Weinbrenner. Er enthält jedoch bemerkenswerte mittelalterliche Reste, die bei einer durchgreifenden Renovierung in den 60er Jahren wieder freigelegt und in den Kirchenraum einbezogen worden sind. Die mittelalterlichen Teile umfassen insbesondere den unteren Bereich des Turmes: der mittelalterliche Vorgängerbau gehörte zum Typus der "Chorturmkirche", dem auch die mittelalterliche Kirche in **Köndringen** zuzuordnen war: der gewölbte, im Grundriß quadratische Chorraum wird von dem daraus emporwachsenden Turm überhöht. Dieser Chorraum mit seinem Kreuzrippengewölbe - im Schlußstein das badisch-hochbergische Wappen - ist weitgehend wiederhergestellt worden; auch das ausgebrochene Maßwerk des Chorfensters wurde (hypothetisch) rekonstruiert. Von dem in die Nordwand eingelassenen Sakramentshäuschen wurde leider nur die Wandnische gefunden; die umgebenden Pickspuren lassen aber auf eine reiche gotische Steinrahmung mit krönendem Wimperg und flankierenden Fialen schließen. Darüber hinaus gibt ein Kopffragment eine Vorstellung von der bildhauerischen Ausstattung der gotischen Kirche, die im übrigen wohl bunt ausgemalt war: auf den Quadern des wiedergeöffneten spitzbogigen Triumphbogens zum Kirchenraum wurde gut erhaltene farbige Ornamentik gefunden und restauriert.

Ein Projekt zur Vermehrung der Sitzplätze aus dem Jahr 1756 (gezeichnet von dem Baumeister J.C. Zöller, der zur gleichen Zeit auch das Pfarrhaus erneuerte), sowie eine Bauaufnahme der Kirche von dem Riegeler Werkmeister Brüchle aus dem Jahr 1819 geben einen guten Eindruck von der Größe und Gestalt der Kirche im 18. Jahrhundert. Der Aufriß zeigt einen stämmigen Turm mit spitzem achteckigem Helm - rundbogige Zwillingsfenster im Glockengeschoß deuten gar auf spätromanischen Baubestand. Für den relativ kleinen und niedrigen Chor und Triumphbogen im Erdgeschoß des Turms ist das saalartige Kirchenschiff zu hoch; seine Mittelachse ist auch gegenüber der des Turmes stark nach Norden gerückt: Indizien dafür, daß davor ein kleinerer, schmalerer und mit seiner Achse auf den Turm bezogener Kirchenraum existiert haben wird. Das hier dargestellte saalartige Kirchenschiff mit hohen spitzbogigen Fenstern dürfte aus einer Erweiterungsphase stammen, die wohl in das 16. Jahrhundert, bald nach der Reformation, zu datieren ist: Einerseits bestand zu dieser Zeit wegen der Schließung der Agathenkirche sicherlich mehr Platzbedarf in der Pfarrkirche, andererseits war der Chorraum für die protestantische Liturgie nicht mehr wichtig.

Der Plan von 1756 organisiert eine Erweiterung der Emporenkapazität mit Erschließung über eine Außentreppe. Bis zur Bauaufnahme von 1819 sind offenbar weitere Änderungen im Inneren vorgenommen worden, vor allem der Einbau einer großen Orgel vor der Mitte der Ostwand. Der Turmchor, der im 18. Jahrhundert wenigstens noch mit zusätzlich aufgestellten Sitzbänken in den Kirchenraum mit einbezogen war, wird nun von der Orgel teilweise verdeckt.

Diese *Aufnahm von der alten Kirche in Theningen, welche an dem Dachstuhl und Thurm sehr schadhaft, und auch zu klein ist*, dient als Grundlage für die Planung einer erheblichen Erweiterung der Platzkapazität. Zwei Entwürfe werden erstellt. Der erste, nur in einem Grundriß dokumentiert, sieht eine einfache Verlängerung des Kirchenraumes nach Westen und den Einbau von Emporen an den Längsseiten sowie am Westende vor. Das Äußere erhält in diesem Entwurf eine Neuordnung mit gleichmäßiger Reihung der Fensterachsen. Das Konzept nimmt jedoch die asymmetrische Stellung des Turmes ebenso in Kauf wie die sehr schlanke, in die Länge gezogene Proportion des Kirchenraumes.

Der zweite Entwurf sieht dagegen den völligen Neubau der Kirche vor: ebenso lang wie der Alternativvorschlag, aber zusätzlich nach Süden so weit verbreitert, daß der Turm nunmehr wieder in der Achse des Schiffes steht. Die Nordwand des älteren Schiffes kann möglicherweise für den Neubau genutzt werden, alles andere wird abgebrochen.

Im Baukörper und in der Organisation entspricht dieser Entwurf dem ausgeführten Bauwerk, in der Detailgestaltung werden Änderungen vorgenommen: etwa an der Westfassade, die statt des ebenso schlichten wie monumentalen Portals im Entwurf nun eine aufwendige Fensterfront erhält, die von einem großen Thermenfenster im Giebeldreieck bekrönt wird.

Der in einem Foto der 50er Jahre überlieferte klassizistische Kirchenraum wird geprägt durch die dreigeschossige Gliederung an den beiden Längsseiten und an der westlichen Eingangsseite: zwischen hohe, schlanke Stützen mit dorischen Kapitellen sind zwei Emporengeschosse eingezogen. Die Decke über dem freien Raum in der Mitte trägt eine gemalte Gliederung mit achteckigen antikisierenden Kassetten; eine ähnliche, aber kleinteiligere Rastergliederung besitzt der Fliesenboden dieses mittleren Bereichs. In der Mitte der glatten Ostwand ist die Kanzel angebracht, zu der eine geknickte Treppe hinaufführt - nach dem Entwurf sollte die Kanzeltreppe von hinten durch den ehemaligen Chorraum geführt werden. Altar und Taufstein sind in der Mittelachse angeordnet. Der alte Chorraum ist nunmehr völlig abgetrennt.

Dieser klassizistische Kirchenraum - vielleicht kein absolutes Spitzenprodukt, aber ein Raum, der in sich stimmig war und mit der Architektur der Kirche eine Einheit bildete - wurde gegen Ende der 60er Jahre einer weitgehenden Erneuerung geopfert. *Der Raum ist zwar verstaubt und von den zwei großen, frei aufgestellten Eschöfen verräuchert, das Gestühl eng und mit steiler Rücklehne, die Sandsteinplatten der Gänge stark ausgetreten, der gemusterte Zementplattenbelag des Altarplatzes nicht mehr nach unserem Geschmack ("Küchenboden"), macht aber keinen unwürdigen Eindruck*, lautete das Urteil des Evangelischen Kirchenbauamtes in Karlsruhe im Jahr 1965, das aber den geplanten Veränderungen keine Hindernisse in den Weg legte. *Eine Einbeziehung des gewölbten gotischen Chores in den Kirchenraum* komme allerdings *wegen seiner geringen Höhe nicht in Frage.*

Heute präsentiert sich der Kirchenraum als Werk der 60er Jahre unseres Jahrhunderts. Vom klassizistischen Bau sind noch die dorischen Stützen erhalten; der gotische Triumphbogen duckt sich unter der großen freien Fläche der Ostwand.

Außer den mittelalterlichen Resten der beiden Kirchen ist in dem über 1000 Jahre alten Ort Teningen kaum Bausubstanz aus der Zeit vor der Zäsur des 30jährigen Krieges erhalten. Hervorzuheben ist aber das spätgotische Staffelgiebelhaus am *Sonneplatz*, wie der Platz vor dem ehemaligen Gasthaus zur Sonne (heute Rathaus) im 19. Jahrhundert hieß. Das langgestreckte zweigeschossige Staffelgiebelhaus ist massiv gemauert; die Fenster des Obergeschosses zeigen spätgotisch gekehlte und dekorierte Gewände. Ihre Zierformen passen zu dem Datum *MDLXXXIII* (1583) im Scheitelstein des Kellerbogens. Dieser zeigt außerdem ein als Hochrelief herausgearbeitetes Wappen mit einer Pflugschar, die seit 1476 als Motiv des Teninger Ortswappens nachweisbar ist.

Das Wappen deutet auf eine offizielle Funktion des Bauwerks. Es handelt sich sozusagen um das älteste Rasthaus Teningens, den Vorläufer der benachbarten *Gemeinen Stube*: ein Haus für das Amtszimmer des Vogtes, für das Gemeindearchiv, und mit Platz für Versammlungen. Ein Foto aus den frühen 60er Jahren zeigt den seitdem renovierten Bau noch in seiner alten Gestalt, mit kleinteiligen Vorfenstern und mit Klappläden; ein breites Zierband rahmt den Treppengiebel mit einem gemalten Profil.

Außer diesem Amtsgebäude gibt es anscheinend nur einen weiteren Profanbau, der den 30jährigen Krieg und die weitgehende Zerstörung des Ortes im 17. Jahrhundert überstanden hat. Bezeichnenderweise handelt es sich ebenfalls um einen massiv gemauerten (und damit relativ feuersicheren) Bau, während sonst im Ort traditionellerweise die - meist verputzten - Fachwerkbauten überwiegen. Dieses Gebäude, das Wohnhaus Bahlinger Straße 14, ist ein eingeschossiges, giebelständiges Haus auf hohem Kellersockel und mit Satteldach. Die Straßenfassade verrät nichts vom hohen Alter des Hauses; an der nach Süden weisenden Eingangsseite des Hauses jedoch sind das spätgotisch profilierte Türgewände und das gekehlte Fenstergewände mit Mittelpfosten ein Beleg für die Entstehung des Hauses im 16. Jahrhundert.

Bausubstanz aus dieser Zeit enthält möglicherweise auch die durch Renovierung stark veränderte Zehntscheuer; darauf deutet der spätgotische Wappenstein in der Ostwand. Der Überlieferung nach ist sie aber 1688 bis auf die Umfassungsmauern ausgebrannt und bei der Wiederherstellung im Jahr 1711 (Datum am Torbogen) vergrößert worden. Die Treppengiebel sind jedenfalls eher eine Bauform des späten Mittelalters als des frühen 18. Jahrhunderts. Ein weiterer bescheidener Rest eines spätmittelalterlichen Anwesens ist schließlich noch ein Türsturz im Inneren des Gasthauses zur Krone, der das Datum 1618 trägt - das Jahr des Ausbruchs des 30jährigen Krieges.

Der Neuaufbau des Ortes ging in der 1. Hälfte des 18. Jahrhunderts zunächst noch eher zögernd voran; immer neue Kriegszüge machten die Zeiten unsicher. Aus dieser Zeit stammen aber wohl Teile des Gasthauses zur Krone, wie ein schöner Wappenstein mit dem Datum 1727 anzeigt. Er zierte früher, wie Franz Xaver Kraus 1904 beschreibt, *ein von schwülstigem Ornament umrahmtes Hofthor mit ebensolchem Seitenthürchen*; das Gasthaus wurde 1914, kurz vor dem 1. Weltkrieg, umgestaltet. Ebenfalls vom Beginn des 18. Jahrhunderts könnte der zugehörige Scheunenbau datieren, ein eingeschossiger, langgestreckter Massivbau mit hohem Satteldach: eines von vielen bemerkenswerten Exemplaren von Wirtschafts- und Nebengebäuden in Teningen, die das Ortsbild mit ihren stattlichen Baukörpern sowie den vom Alter oft malerisch strukturierten Flächen ihrer Ziegeldächer mitprägen.

Etwa in dieselbe Zeit fällt die Erneuerung des Pfarrhauses in der Martin-Luther-Straße. Eine Zeichnung im Generallandesarchiv gibt die Anlage und das Aussehen des alten Pfarrhauses wieder: ein Fachwerkbau mit verputztem Erdgeschoß; Obergeschoß und Giebel zeigen Sichtfachwerk. Der Grundriß ist einfach: zu beiden Seiten eines Mittelganges liegen jeweils zwei Räume. An der Westseite ist ein Erdgeschoßkeller mit Pultdach angebaut. Zwei weitere Planzeichnungen des Hauses, anscheinend unabhängig voneinander aufgenommen, zeigen seine Grundrisse zu einem späteren Zeitpunkt. Das eine Blatt, signiert von P.E. Bertrand, zeigt den Bestand sowie *Grund-Riße wie dieses Hauß vergrößert und bequemer eingerichtet werden kan*. Das Haus sollte nach diesem Vorschlag um die Breite des westlichen Anbaus erweitert werden. Daraus wurde offenbar nichts. Daneben existiert eine neuerliche Bauaufnahme von J.C. Zöller, der bereits als Planer der Kirchenumgestaltung im Jahr 1756 in Erscheinung getreten ist. Leider sind diese Zeichnungen nicht datiert, ebensowenig wie der Plan des völlig neu zu erbauenden Pfarrhauses, der ebenfalls erhalten ist.

Das der Überlieferung nach 1729 ausgeführte Pfarrhaus ist ein vier Achsen breiter blockhafter Bau mit hohem Walmdach. Das hohe Sockelgeschoß mit dem Eingang in der westlichsten Achse enthält einen großen kreuzgratgewölbten Keller. Darüber folgen zwei Wohngeschosse mit gleichmäßig gereihten Rechteckfenstern in der Straßenfassade. Der Entwurf zeigt, daß das Äußere durch eine Absetzung des Sockelgeschosses sowie durch rustizierte Eckpilaster strukturiert war. Diese plastischen Gliederungselemente der Fassade, die die Proportionen des Baus optisch verbesserten, sind bei Renovierungen nach und nach abhanden gekommen, ebenso wie die in den 60er Jahren noch vorhandenen kleingegliederten Sprossenfenster, so daß der Bau nun einen sehr glatten, fast gesichtslosen Eindruck macht.

Im Typus eng verwandt ist das gegenüberstehende ehemalige Schulhaus, das im Jahr 1765 errichtet wurde. Der Hauptunterschied zum Pfarrhaus besteht darin, daß dieser Bau nur eine flache Sockelzone besitzt. Der fast völlig freistehende zweigeschossige Bau wird geprägt von seinem quaderförmigen Baukörper mit ringsum gleichmäßig gereihten segmentbogigen Fenstern mit Keilsteinen. Dominierende Wirkung übt das hohe Walmdach aus. Außer einigen Dachaufbauten hat sich an dem Bau zumindest seit dem 19. Jahrhundert kaum etwas verändert, wenn man von dem in Farbe und Material ungeeigneten Anstrich absieht. Die gerade bei einem derartig strengen und glatten Baukörper wichtige gliedernde Funktion der Sprossenfenster und Klappläden läßt sich hier gut nachvollziehen.

Dieser stattliche und gut gestaltete Bau aus der zweiten Hälfte des 18. Jahrhunderts ist eines von vielen repräsentativen neuen Häusern einer Phase des Aufschwungs, die im wesentlichen die heutige Struktur und Substanz von Teningen geschaffen hat. Eine Anzahl von anspruchsvollen Bauten derselben Epoche gruppiert sich im Zentrum des Ortes.

Da ist zunächst die *Gemeine Stube* von 1751, in unmittelbarer Nachbarschaft ihres spätgotischen Vorgängers und gegenüber ihrem Nachfolger, dem ehemaligen Gasthaus Sonne. Der große, freistehende, zweigeschossige Bau mit Satteldach wendet seine acht Achsen lange Traufseite zur Straße. Die Ostfront zum Rathausplatz zeigt schönes Sichtfachwerk im Giebelfeld, in dem sich auch die zweigeschossige liegende Dachstuhlkonstruktion abbildet. Eine große gerahmte Tafel in der Mitte des Obergeschosses zeigt das Wappen von Teningen, darüber die fünfzackige Markgrafenkrone und eine etwas knotige Justitia. Unter dem Datum 1751 steht als Bauinschrift:

Mit Gottes Güt und Treu
Und unsers Fürsten Gnad
Man dieses Hauß gantz neu
Durch uns erbauet hat
Als
Georg Friderich Reinhard - Vogt.
Johan Adam Knoll Stabhalter
Johan Georg Zimerman W.R.
Paulus Hess
Jacob Glintzig
Johan Georg Ris
Christian Hess
Johan Jacob Fuchs
Daniel Breisacher Heimburger
Georg Adolph Heidenreich
Andreas Schaffhauser
Martin Gebhard Sämt-
liche Gericht zu Teningen

1808 mußte die Gemeinde aus Geldmangel das Haus verkaufen; die Jahreszahl 1823 am westlichen Eingang und an einem Fenstersturz der Ostfront hängt wohl mit anschließenden Umbauten zusammen. Gegenüber steht das heutige Rathaus, das 1851 von der Gemeinde übernommene Gasthaus zur Sonne. Sein Erbauungsjahr 1767 ist im Sturz der reichen Türrahmung zu lesen, in dem ein von einer üppigen Kartusche gerahmtes Sonnensymbol auf den ursprünglichen Hausnamen verweist. Der geschmiedete Rokoko-Ausleger des ehemaligen Gasthauses ist offenbar an ein erst in der zweiten Hälfte des 19. Jahrhunderts erbautes Haus in der Emmendinger Straße versetzt worden.

Das heutige Rathaus, das im Inneren seiner Funktion gemäß weitgehend umgestaltet wurde, besteht aus einem zweigeschossigen Kernbau mit Mansarddach und jüngerem Dachreiter sowie anschließenden Flügelbauten. Rustika betont die Ecken des quaderförmigen Kernbaues; in beiden Geschossen reihen sich Fenster mit Keilsteinen in den segmentbogigen Stürzen dicht aneinander. Kurze Flügelbauten mit gleicher Fassadengliederung, aber jeweils mit niedrigeren Satteldächern, verlängern die Fassaden nach Osten und nach Norden. Dieser außerordentlich anspruchsvolle Barockbau war sicher das repräsentativste Gasthaus in Teningen; daneben bestanden aber noch eine ganze Reihe von ebenfalls sehr stattlichen Wirtschaften und Herbergen - neben der schon erwähnten Krone etwa der Engel - ein Bau von 1803 - oder der Ochsen von 1770, der 1824/25 umgebaut wurde und heute völlig verändert ist. Sie boten Unterkunft für die Einkäufer des in Teningen produzierten, in ganz Mitteleuropa begehrten Hanfes.

In der dichten Bebauung mit stattlichen spätbarocken Bauten im Ortskern ist noch ein weiterer Bau hervorzuheben; das Haus Riegeler Straße 20, das äußerlich trotz seiner Größe fast unscheinbar wirkt. Wie der Vergleich mit einem Foto aus den 60er Jahren zeigt, hängt dies nicht zuletzt mit verschiedenen kleinen Veränderungen zum Nachteil des Erscheinungsbildes zusammen, vor allem mit dem Zumauern und Verputzen einzelner Fensteröffnungen im Obergeschoß und im Keller, und mit dem glatten, ungegliederten Putz gerade auf der Giebelseite, wo die Balkenköpfe des Dachstuhls auf ein dekoratives Giebelfachwerk in der Art des Ostgiebels des Nachbarhauses Nr. 18 schließen lassen. Bemerkenswert ist aber beispielsweise der Eingang des auch innen - mit geschnitzter Treppe und Stuckprofildecken - vollständig erhaltenen Hauses: in der profilierten Türrahmung ist die zweiflügelige, schön geschnitzte Haustür des 18. Jahrhunderts erhalten (Januar 1988).

Geht man an den anschließenden, ebenfalls spätbarocken Nebengebäuden des Nachbarhauses entlang nach Westen und biegt - vorbei an dem großen Eckhaus von 1910 - in die Kirchstraße, so steht man nach wenigen Schritten vor einem Anwesen von sehr ähnlichem, wenn auch vielleicht von noch stattlicherem Charakter, das auch in den historischen Details vollständiger erhalten ist. Auch hier ruht auf einem - allerdings höheren - Kellersockel ein massiv gemauertes Erdgeschoß; darüber, leicht zurückgesetzt, folgt ein Obergeschoß, dessen Fachwerk ebenso verputzt ist wie der hohe Giebel zur Straße, in dem sich - ebenso wie an der Riegeler Straße - die Balkenköpfe eines doppelt liegenden, also zweigeschossigen Dachstuhls abzeichnen. Der Eingang liegt auch hier erhöht in der Mitte der rechten Längsseite und besitzt eine ähnlich profilierte Türrahmung. Während alle Fenster- und Türöffnungen in der Riegeler Straße segmentbogig überfangen sind, hat das Haus in der Kirchstraße durchgängig gerade Stürze, in den massiven Bauteilen ebenfalls durchgängig mit Keilsteinen: selbst im Kellergeschoß. Bei so engen Übereinstimmungen liegt die Vermutung sehr nahe, daß beide Bauten vom selben Baumeister errichtet wurden, zumal sie aus demselben Jahrzehnt stammen: 1781 lautet das Datum am Kellerbogen in der Kirchstraße, 1787 ist die zugehörige stattliche Scheune datiert; für das Haus in der Riegeler Straße nennen die Feuerversicherungsakten das Baudatum 1785.
Das Anwesen Menton in der Kirchstraße konnte 1987 durch die Gemeinde erworben werden um darin das zukünftige Heimatmuseum einzurichten.

Neben Bauten dieser herausragenden Qualität und Größe - die übrigens dennoch ihre typologische Verwandtschaft mit den kleineren Bauernhäusern nicht leugnen können - treten Bauten aus derselben Zeit ins zweite Glied, die in anderen Orten durchaus zu den Hauptobjekten zählen würden.

Beispiele sind unter anderem in der Bahlinger Straße zu finden, an der sich zahlreiche spätbarocke bäuerliche Anwesen mit gut gestalteten Toranlagen aufreihen und ein eindrucksvolles geschlossenes Bild ergeben. Eines der jüngeren unter ihnen ist das Anwesen Nr. 12, das nach den Unterlagen der Feuerversicherung im Jahr 1805 entstand: Das zweigeschossige Hauptgebäude und das kleinere Nebengebäude, beide mit Giebel zur Straße, rahmen einen sich trichterförmig aufweitenden Hof; in den schmalen Spalt zur Straße paßt mit Mühe der Torbogen. Der Vergleich mit einem Foto der 60er Jahre zeigt aber auch hier, wie der Charakter eines Baus durch die Entfernung von historischen Details - hier vor allem durch den Verlust des als Wetterdach auch an der Giebelseite herumgeführten profilierten Traufgesimses und der Sprossengliederung der Fenster - zum Nachteil verändert werden kann.

Das 19. Jahrhundert hat wenige erwähnenswerte Bauten in Teningen hervorgebracht. Dies mag mit den wirtschaftlichen Schwierigkeiten zusammenhängen, insbesondere dem schwindenden Hanfabsatz, der den Ort in Nöte brachte. Zu den wenigen stattlichen Bauten aus der Zeit des Kaiserreiches gehört das Eckhaus Riegeler Str. 22, das aber auch, ebenso wie seine 1769 datierten Nebengebäude, im Grunde ein umgebautes Haus des 18. Jahrhunderts sein kann: zu ähnlich ist sein Baukörper den oben beschriebenen beiden Nachbarhäusern, und zu wenig hat es mit den Bauprinzipien der Kaiserzeit zu tun. Typisch für die Zeit ist nur der dekorierte Eckerker, der die Straßenkreuzung akzentuiert.

Erwähnenswert ist indessen das Gebäude der Viktor-von-Scheffel-Schule, ein späthistoristischer Bau aus den Jahren 1902-04, der in den Formen der nordeuropäischen Renaissance erbaut wurde und das inzwischen fast 150 Jahre alte, längst zu klein gewordene Schulhaus in der Martin-Luther-Straße ablöste.

Im 19. Jahrhundert wurde Teningen, ohne deshalb seinen landwirtschaftlich geprägten Charakter zu verlieren, auch zum Industriestandort. In das Jahr 1771, möglicherweise sogar noch weiter, geht der Ursprung einer Hammerschmiede zurück, die die Wasserkraft der Elz nutzte, und von der auch heute noch Teile erhalten sind. Aus dieser Hammerschmiede entwickelte sich die Maschinenfabrik und Eisengießerei Saaler, die wiederum zum Ausgangspunkt der Teninger Aluminiumindustrie wurde.

Von dieser Aluminiumindustrie, namentlich von der 1929 neu aufgebauten Firma Tscheulin, stammen die heute teilweise vom französischen Militär genutzten Industriebauten nördlich der Elz. Zu beiden Seiten flankiert von den Produktionshallen mit ihren vorgeblendeten, abgetreppten Fassaden im kantigen, geometrischen Stil des Art Déco, steht in der Mitte der Straßenflucht das Verwaltungsgebäude, hervorgehoben durch seine konventionellere Gestaltung mit übergiebeltem Mittelrisalit und mit Walmdach. Etwas erstaunt liest man dazu in einer Festschrift von 1936 die Beschreibung:

Fast möchte man meinen, es handle sich gar nicht um ein industrielles Unternehmen. Der mächtige Fabrikbezirk, freundlich gelb, aluminiumsilbern und blau in den Farben, auf den die Augen des Reisenden fallen, wenn er in der Freiburger Bucht im Schnellzug dahineilt, verdient schon darum teilnahmvolle Beachtung, weil er dartut, daß selbst weiträumige Werksbauten sich gefällig und keineswegs störend in die Landschaft einfügen können.

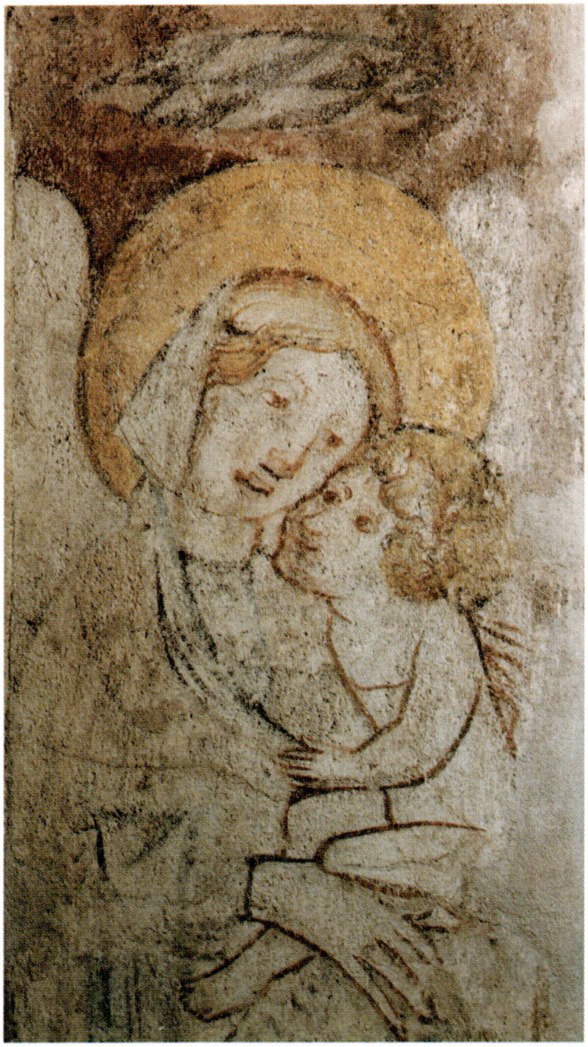

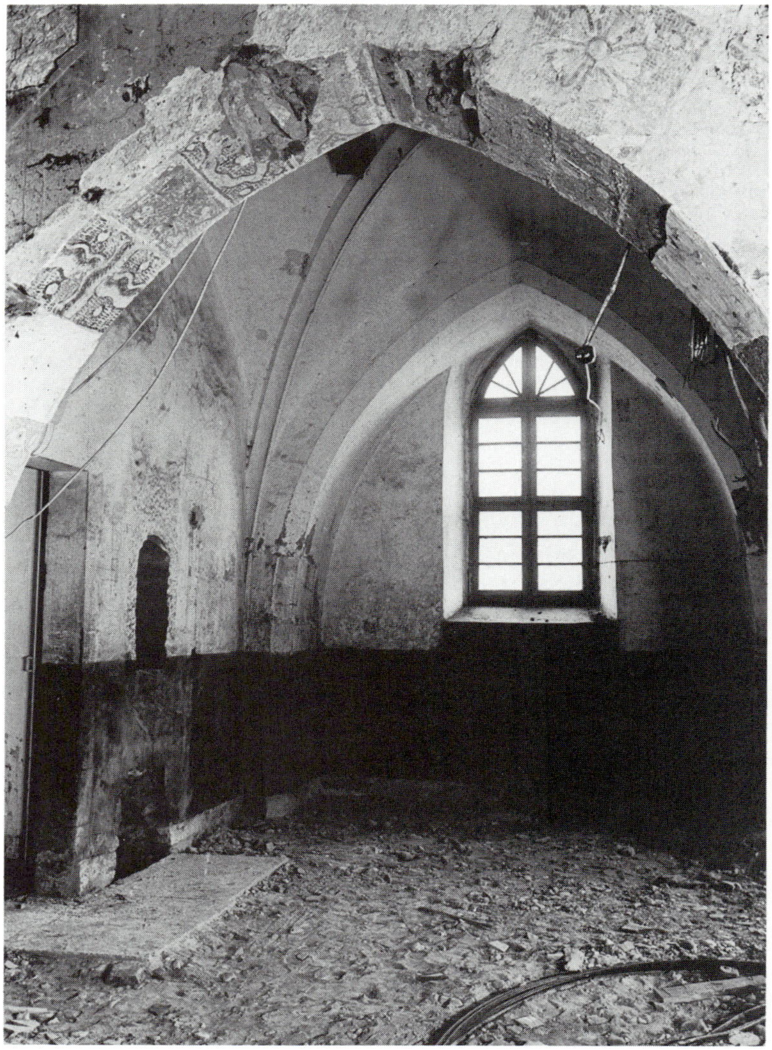

297

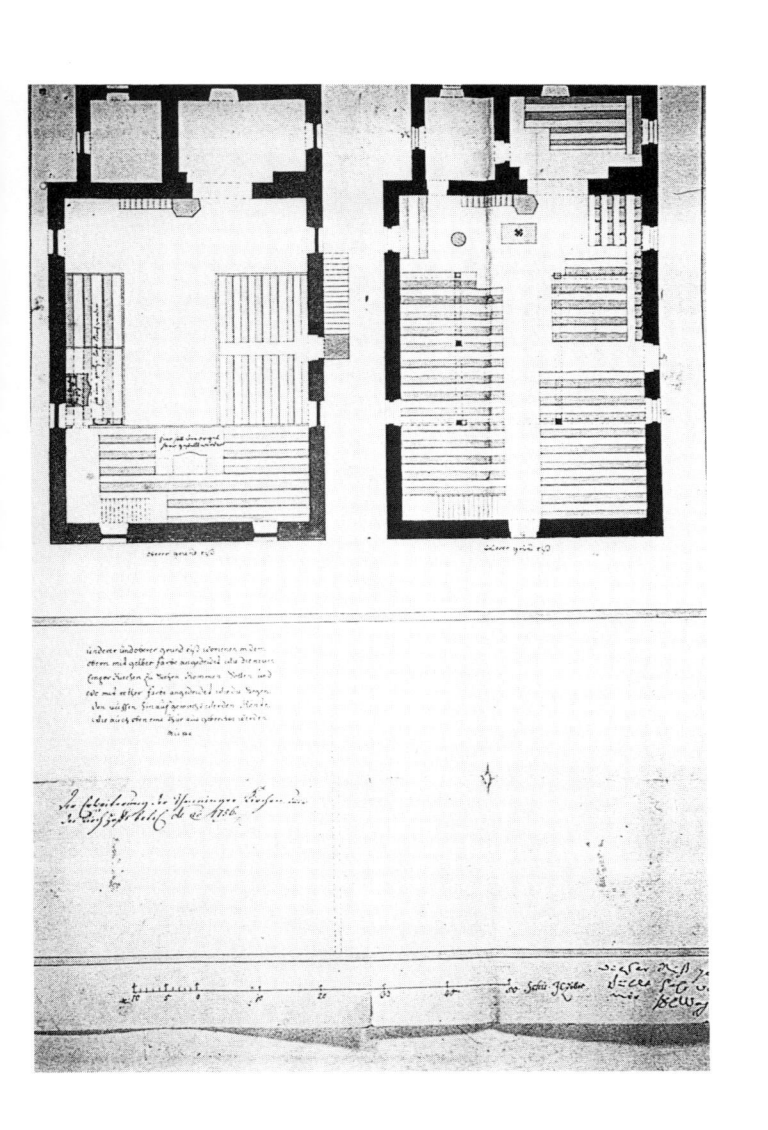

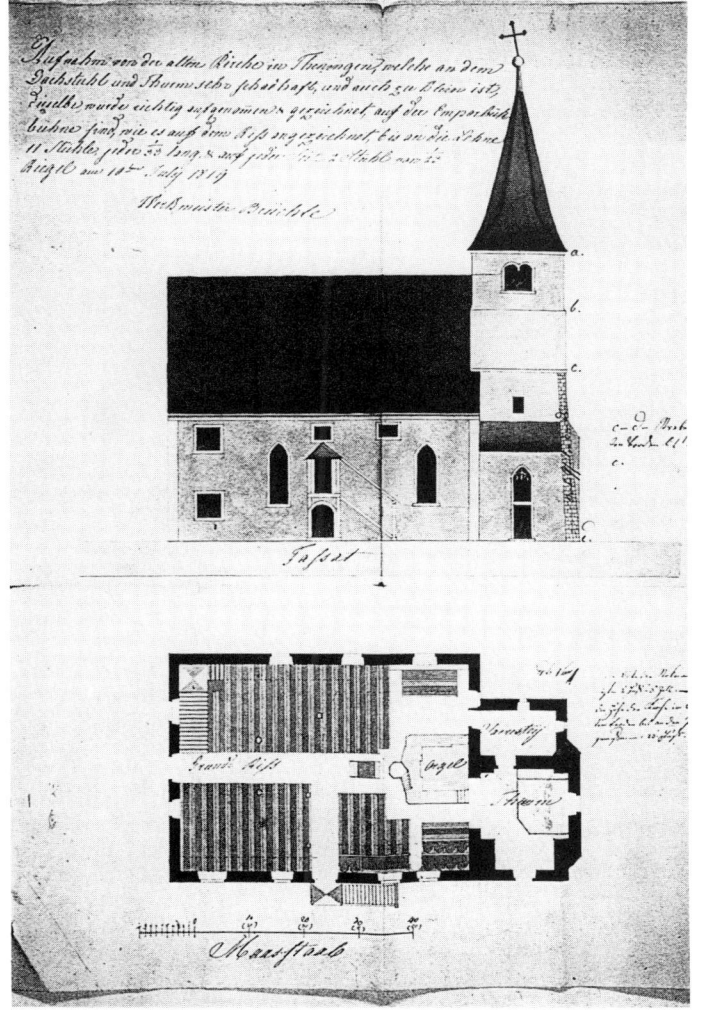

298

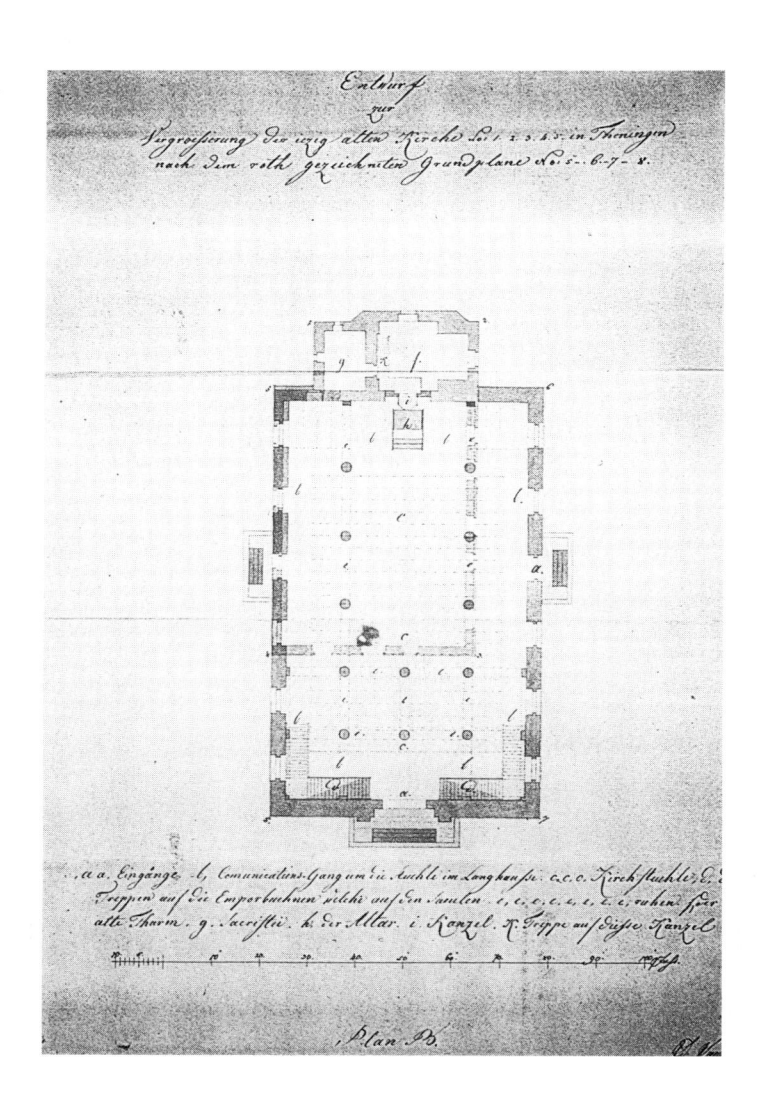

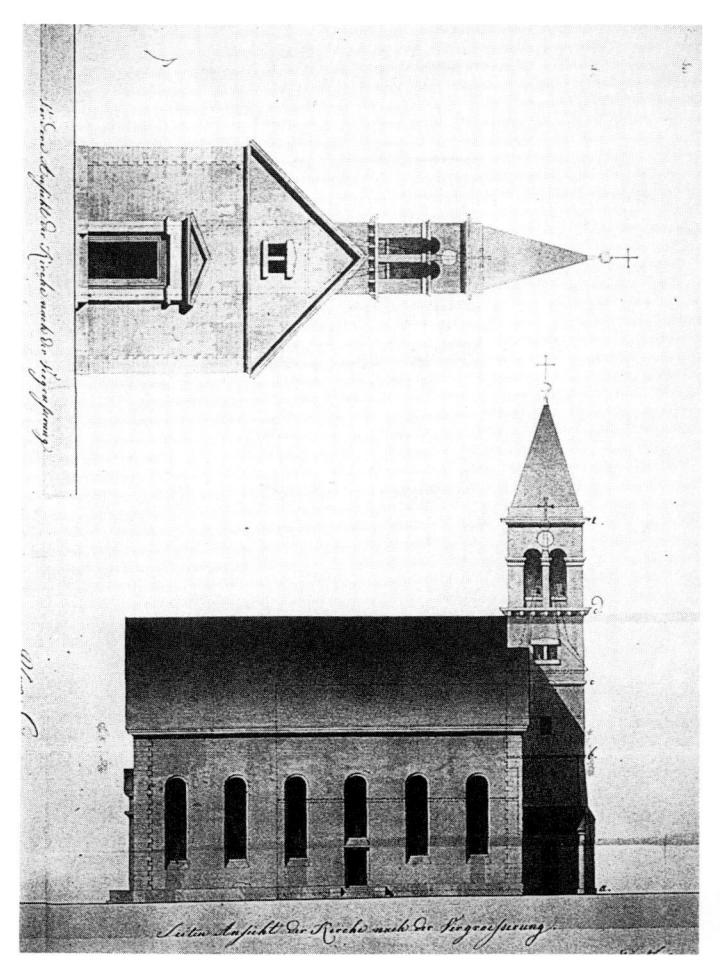

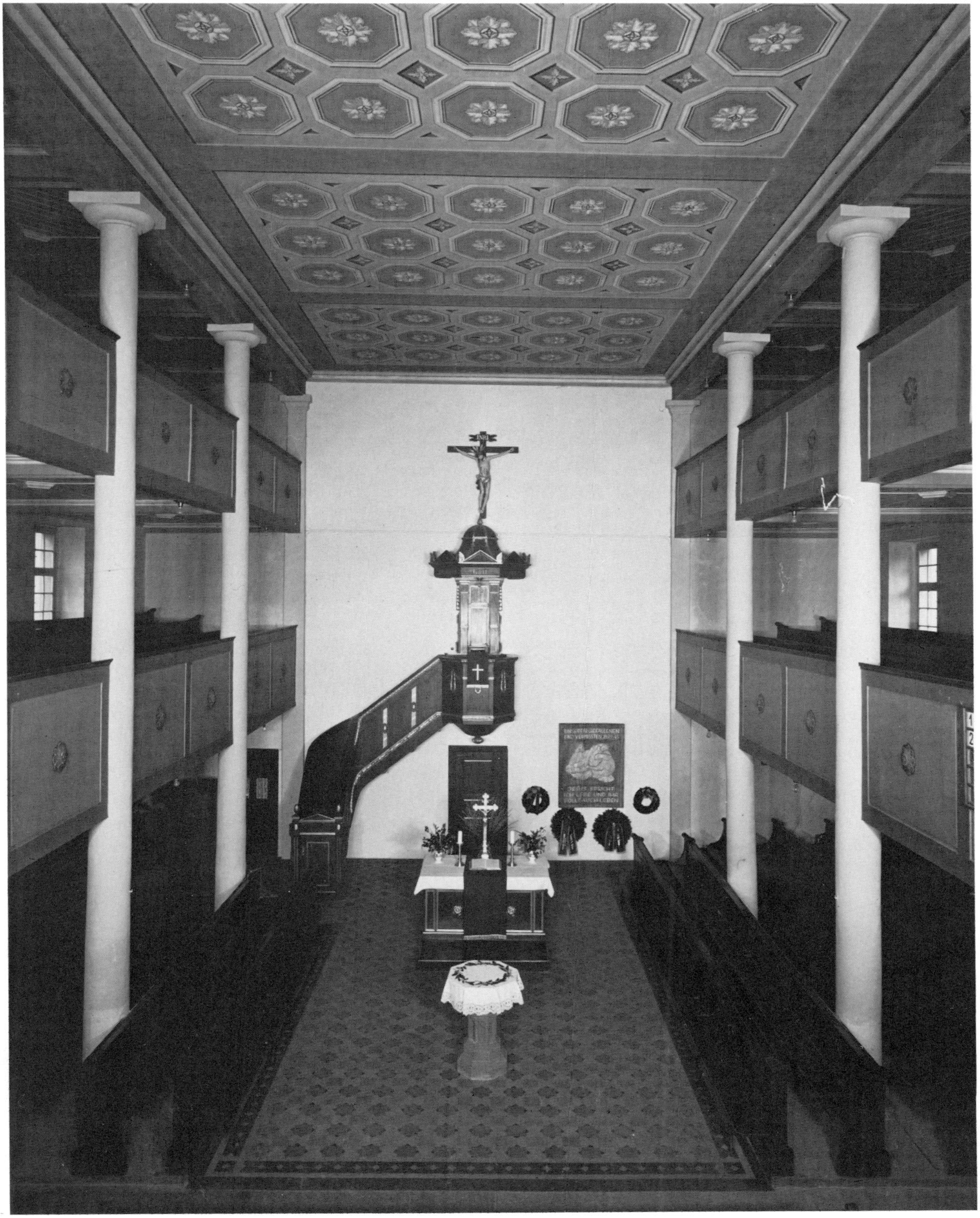

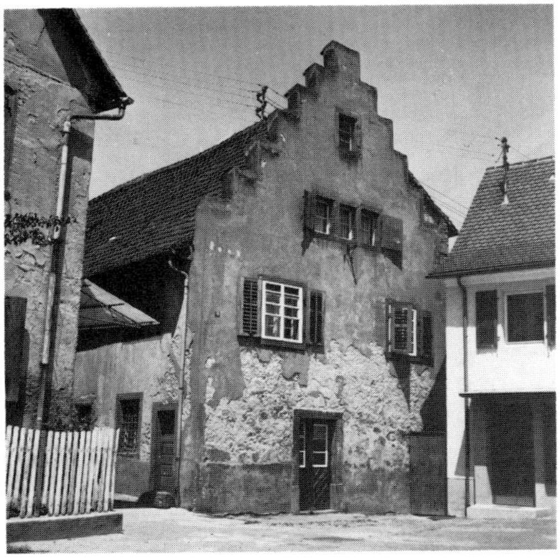

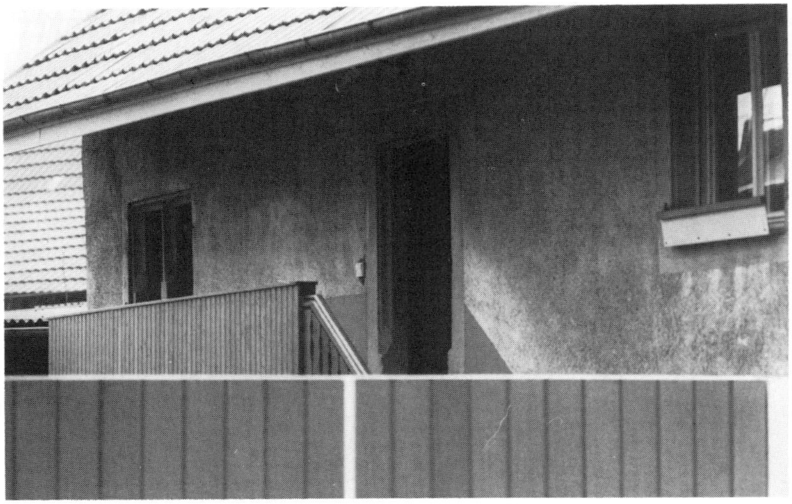

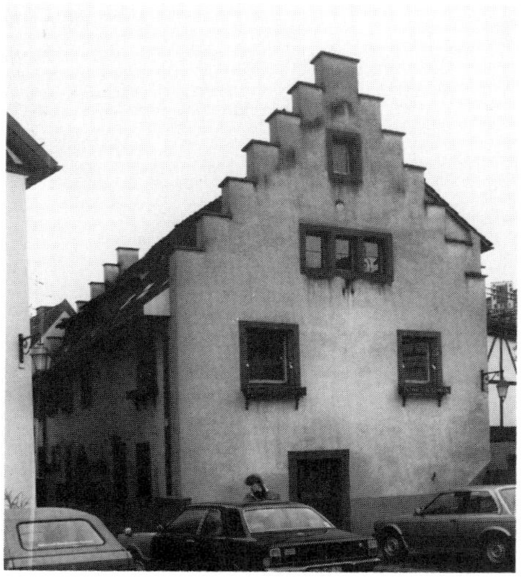

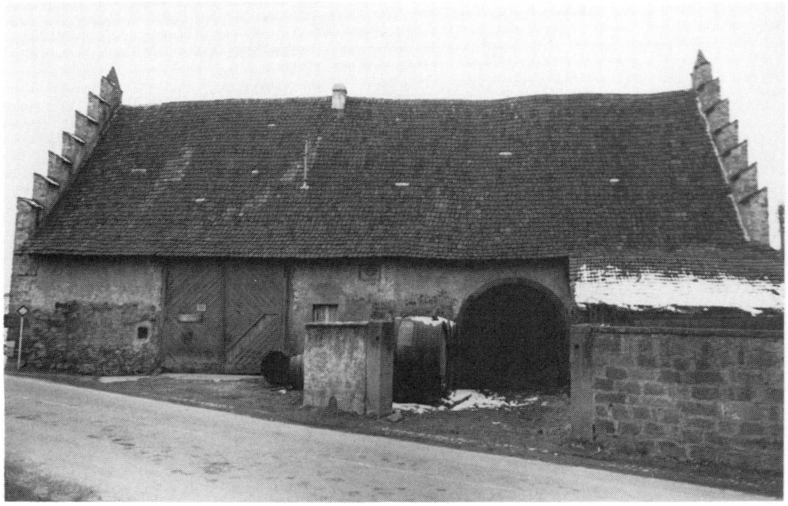

301

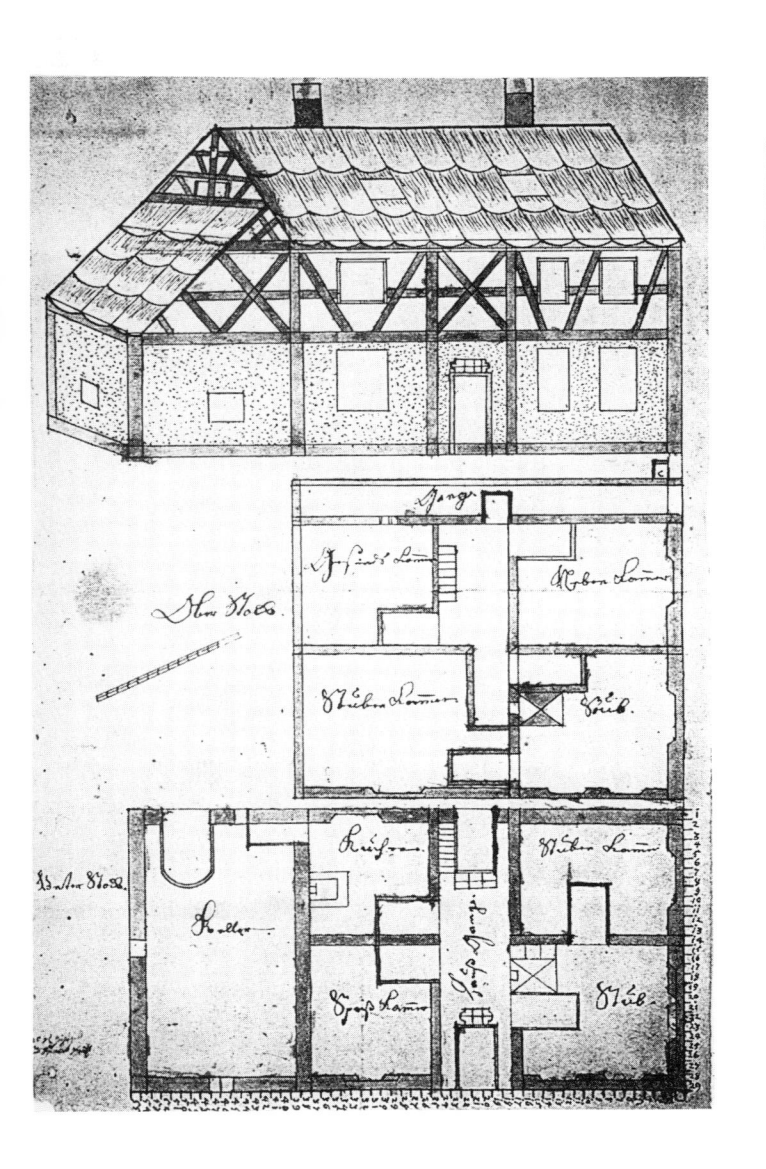

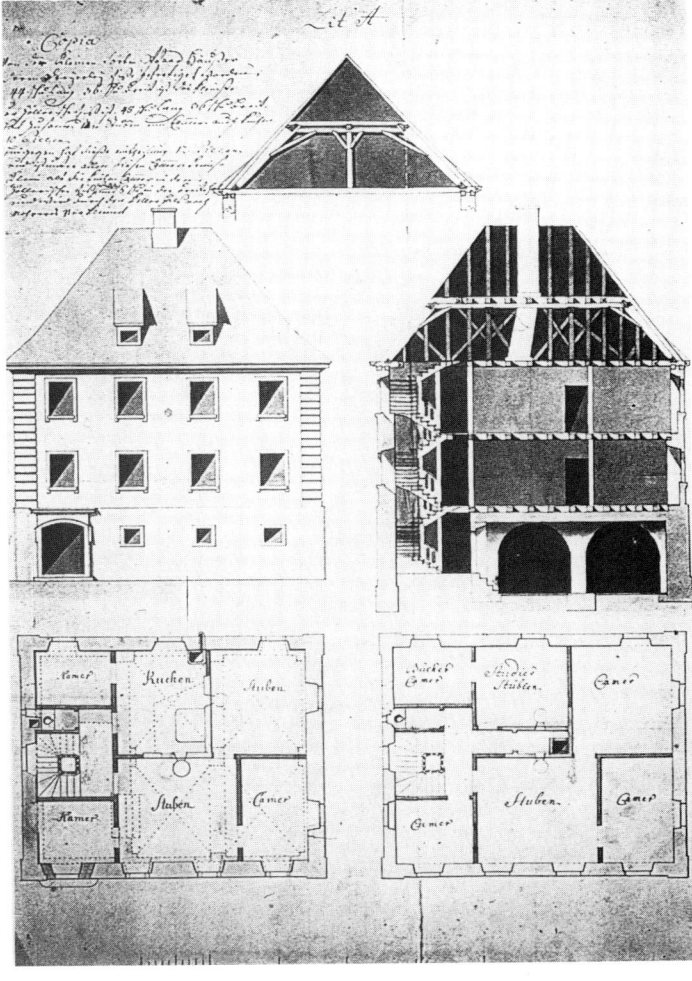

302

303

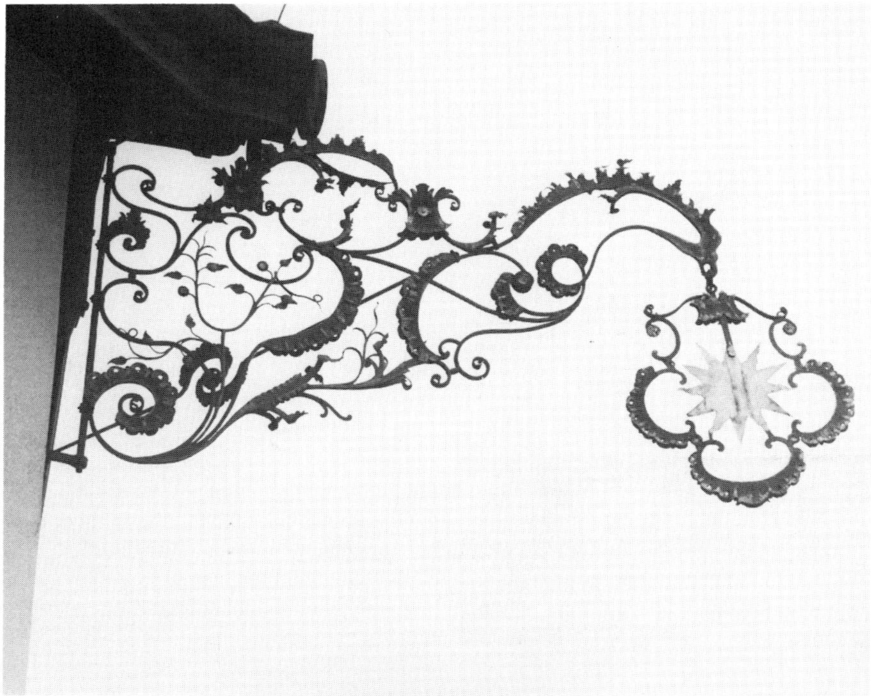

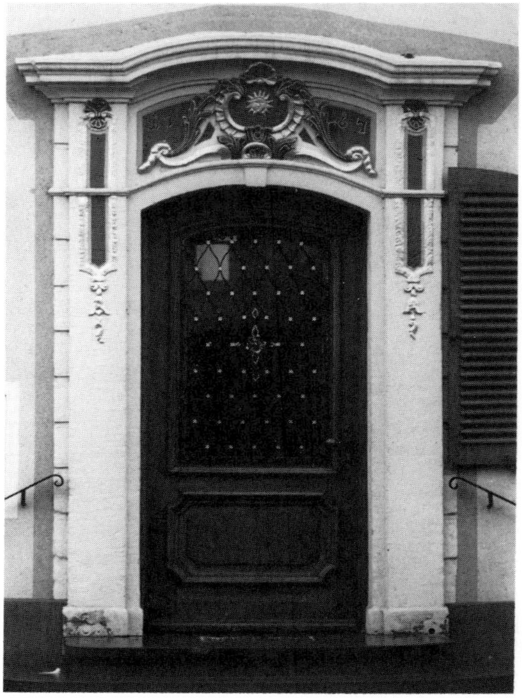

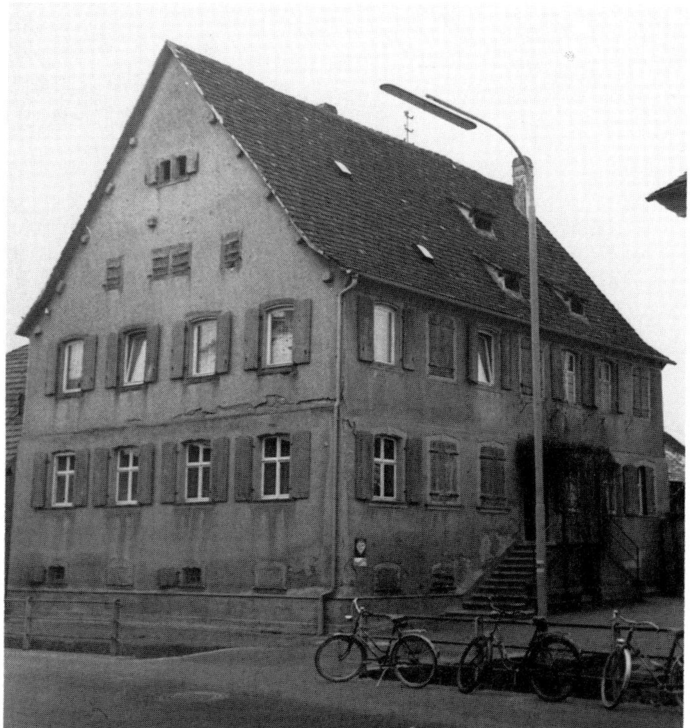

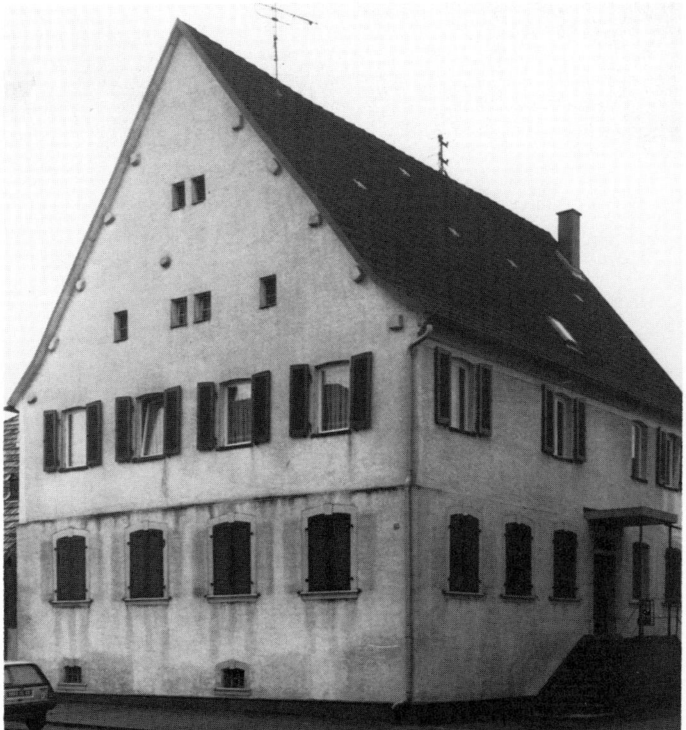

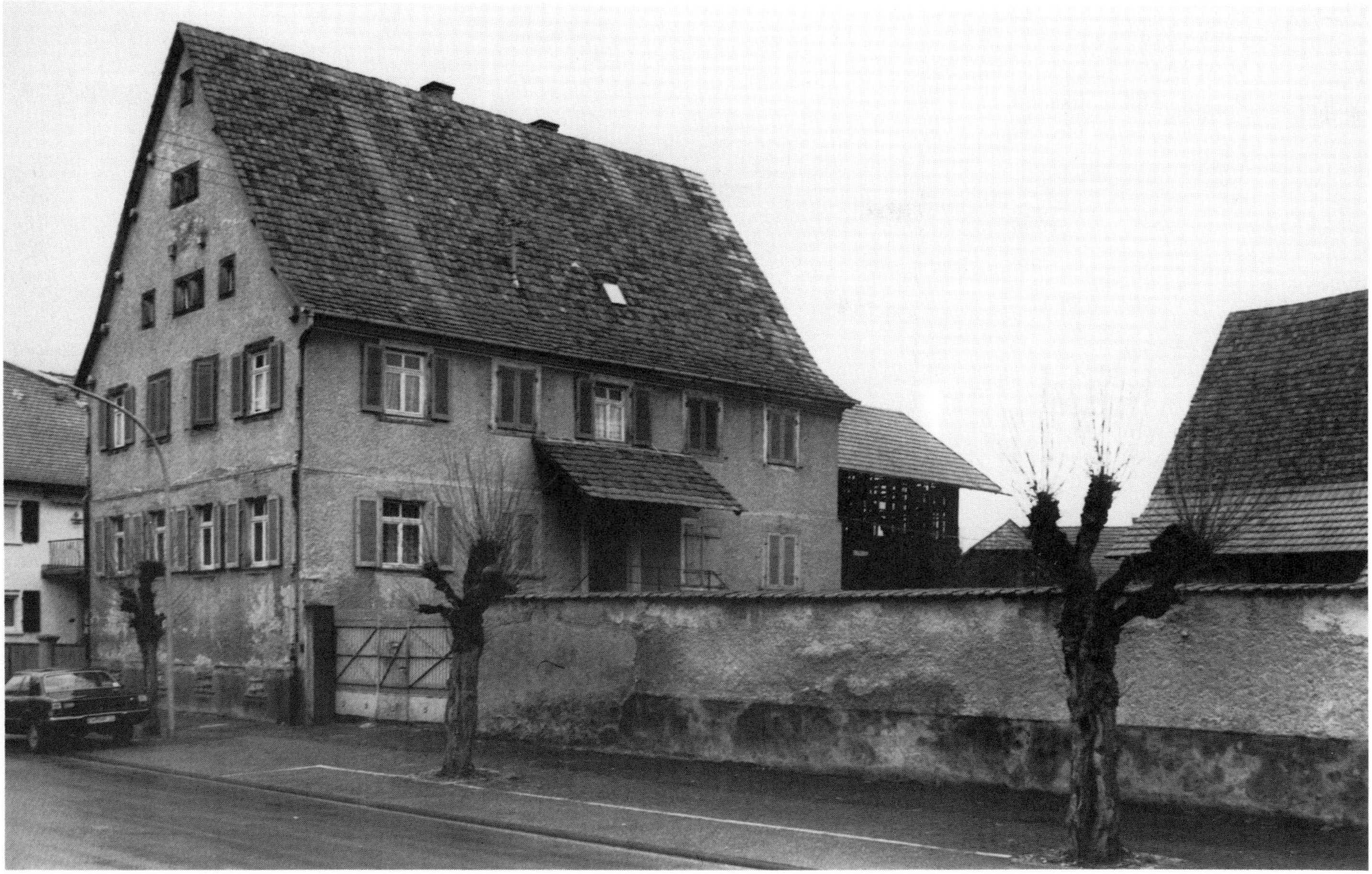

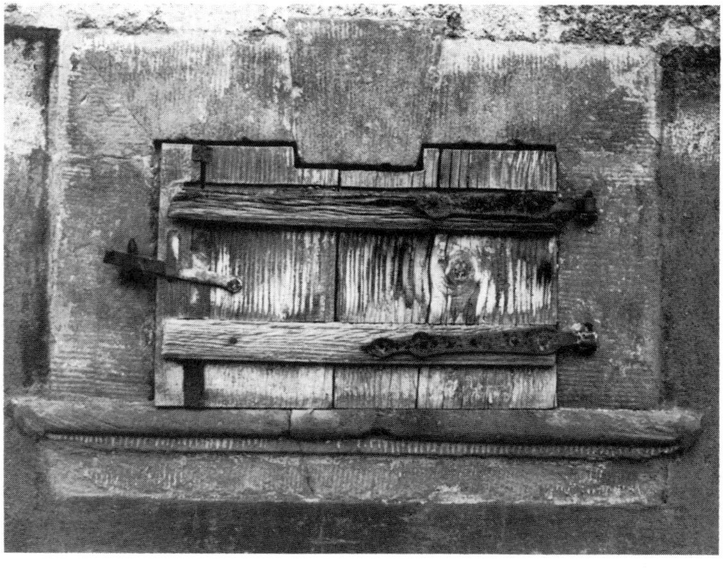

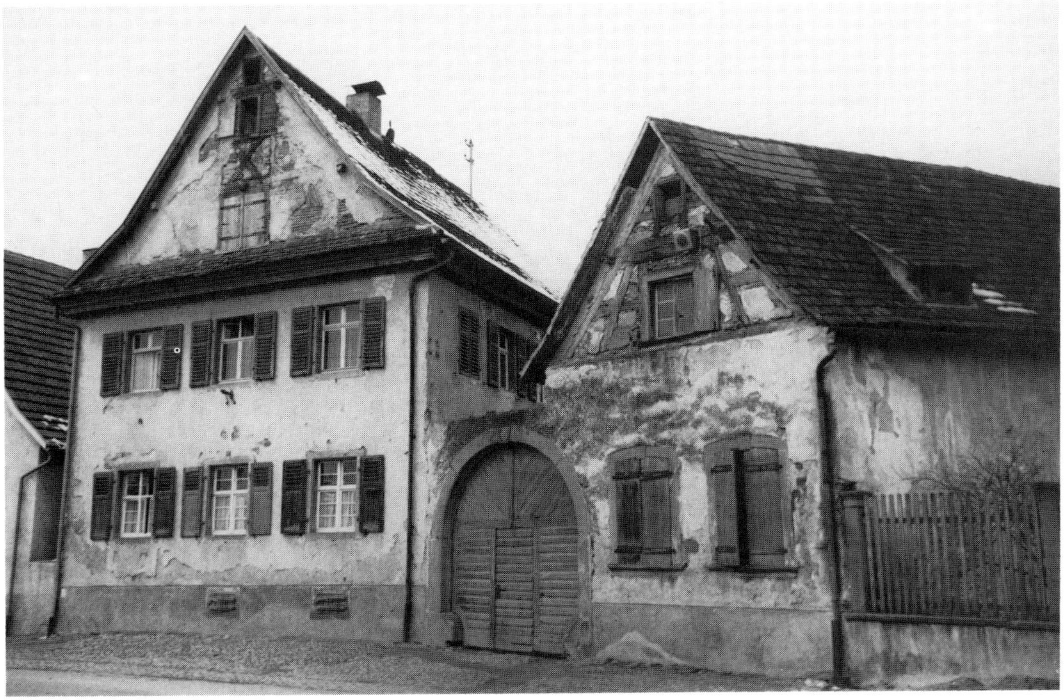

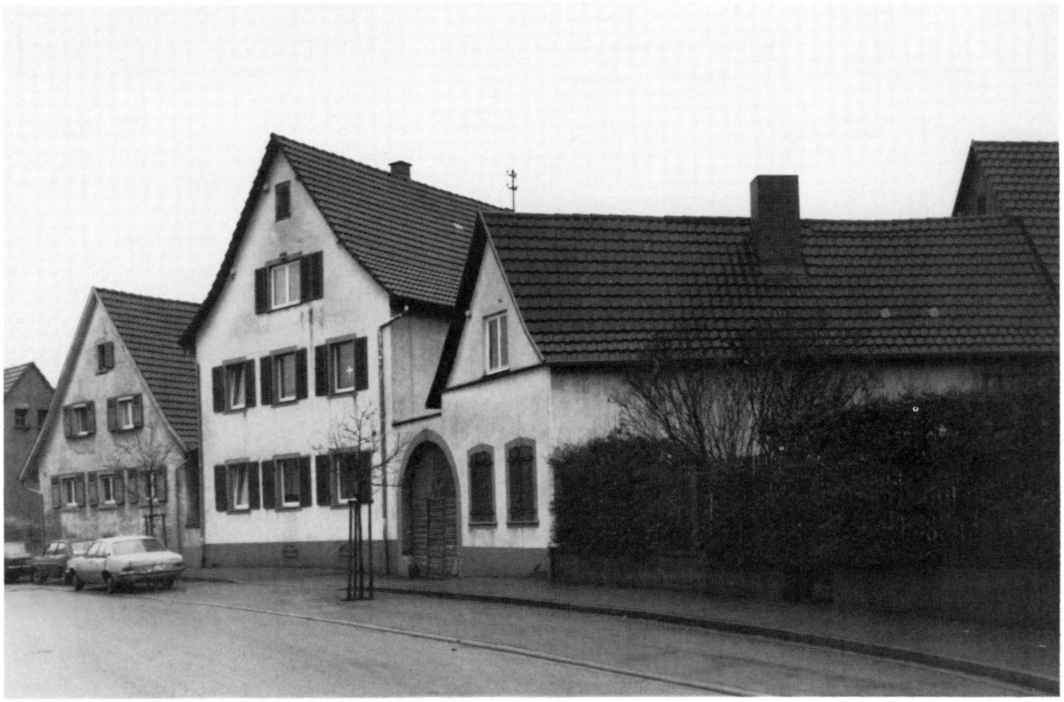

Köndringen

Eine Kirche in Köndringen wird erstmals im Jahr 1136 erwähnt; das Patrozinium St. Martin weist jedoch auf einen Ursprung im 7./8. Jahrhundert. Die ältesten Teile des heutigen Baus, der im wesentlichen ein Werk des 19. Jahrhunderts ist, sind die unteren Turmgeschosse. Sie gehörten zu einer gotischen Chorturmkirche, einem im Breisgau und auch auf Teninger Gemarkung häufiger nachweisbaren Typus (vgl. Teningen und Nimburg): Der gewölbte Raum im Erdgeschoß des Turmes war der Chorraum, zu dem sich das Langhaus öffnete. Über das Schicksal des gotischen Kirchenschiffes ist nichts bekannt. 1710 jedenfalls wurde ein völlig neu gestaltetes Kirchenschiff errichtet, dessen Umfassungsmauern aber möglicherweise die des mittelalterlichen Baus wiederverwendete. Das Datum des Neubaus legt die Vermutung nahe, daß die mittelalterliche Kirche einem der Kriegszüge des 17. Jahrhunderts zum Opfer gefallen oder durch kriegsbedingte Vernachlässigung heruntergekommen war.

Mehrere Pläne und Ansichten des barocken Baus sind überliefert. Sie zeigen eine schlichte, verputzte Saalkirche mit hohem Satteldach über dem Langhaus sowie mit kurzen Querhausarmen mit niedrigeren Walmdächern. Der Kirchenraum war flachgedeckt. Die westliche Giebelfront ist fast ungegliedert; den Ostabschluß bildet der verhältnismäßig wuchtige ehemalige Chorturm, dessen gewölbtes Erdgeschoß aber nicht mehr in den Kirchenraum mit einbezogen ist: Von hier aus führt nur noch die Treppe zur Kanzel der seit dem 16. Jahrhundert protestantischen Kirche. Der spitzbogige Eingang in der Westfront weist auf möglicherweise erhalten gebliebene mittelalterliche Mauersubstanz, ebenso wie ein beim Abbruch des barocken Langhauses gefundener Stein mit dem Datum 1537; die Fensteröffnungen des Langhauses und auch die Konstruktionsmerkmale des Dachstuhls passen jedoch in das frühe 18. Jahrhundert.

Dieser barocke Kirchenbau war offenbar weder konstruktiv noch gestalterisch ein Meisterwerk - kein großes Wunder zu einer Zeit, die sich die in den Kriegs- und Notzeiten verlorenen künstlerischen und technischen Fertigkeiten erst wieder mühsam erarbeiten mußte. Besonders unglücklich wirken die vor der Westfront angebrachten hölzernen Aufgänge zu der im Inneren stark nach Westen ansteigenden Empore, die ihrerseits - zusammen mit der Orgelempore - fast den gesamten Kirchenraum ausfüllte, so daß von oben nur noch durch einen kleinen offengebliebenen Bereich das Geschehen am Altar und auf der Kanzel verfolgt werden konnte. 1857 heißt es schließlich über diese Kirche: *Die Übelständ sind derart, daß ein Abhilf dringend nothwendig ist.* Zunächst denkt man aber an einen Umbau der bestehenden Kirche, wobei insbesondere das Problem der riesigen Empore und ihrer Außentreppen gelöst werden soll. Da die ohnehin zu kleine Kirche aber durch diese Maßnahmen fast ein Viertel ihrer Sitzplatzkapazität verlieren würde, sieht man 1861 schließlich keinen anderen Weg als einen Neubau.

Dieser 1861 von dem badischen Bezirksbauinspektor Ludwig Arnold entworfene und 1866 fertiggestellte Neubau bezieht den mittelalterlichen Chorturm ein; er nimmt sogar - wenn auch in reicherer Gestaltung - dessen gotischen Charakter auf: so fügt sich der originale Schlußstein des ehemaligen Chorgewölbes im Turm ohne stilistischen Bruch in die erneuerten Gewölberippen. Am Außenbau läßt sich der Umfang des originalen Bestandes daran ablesen, daß der mittelalterliche Turmstumpf mit einem Putz mit Quaderimitation überzogen ist, während alle Neubauteile mit auf Sicht gearbeiteten Hausteinen verblendet sind. Die hallenartige Kirche ist wesentlich breiter als ihr Vorgänger; ihre Emporenpfeiler nutzen die Grundmauern des alten Langhauses als Fundament. Der alte Turm wird nun auch seitlich eingebunden; an seinen Flanken sind im Inneren die Treppenhäuser angeordnet, die zu den Emporen führen. Auch nach Westen ist das Schiff um ein Joch verlängert; ein eingezogener, gewölbter Chor mit 3/8-Schluß wurde angefügt.

Der Bau bedient sich der Formensprache der Hochgotik. Die neuen Turmobergeschosse, insbesondere das filigrane Freige-

312

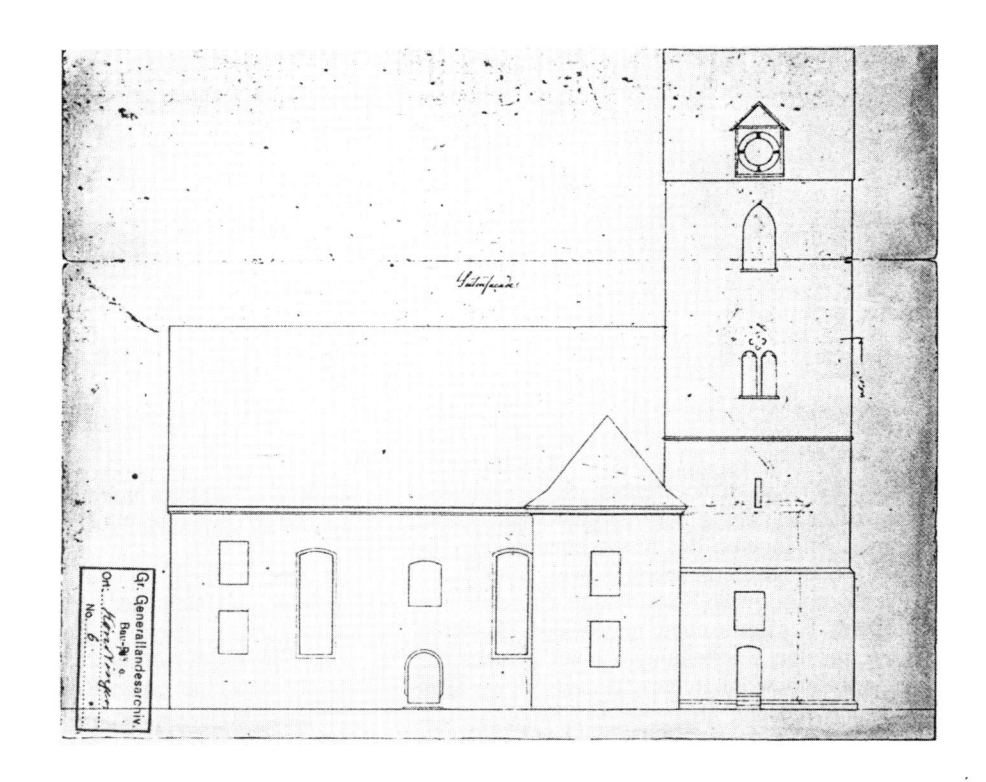

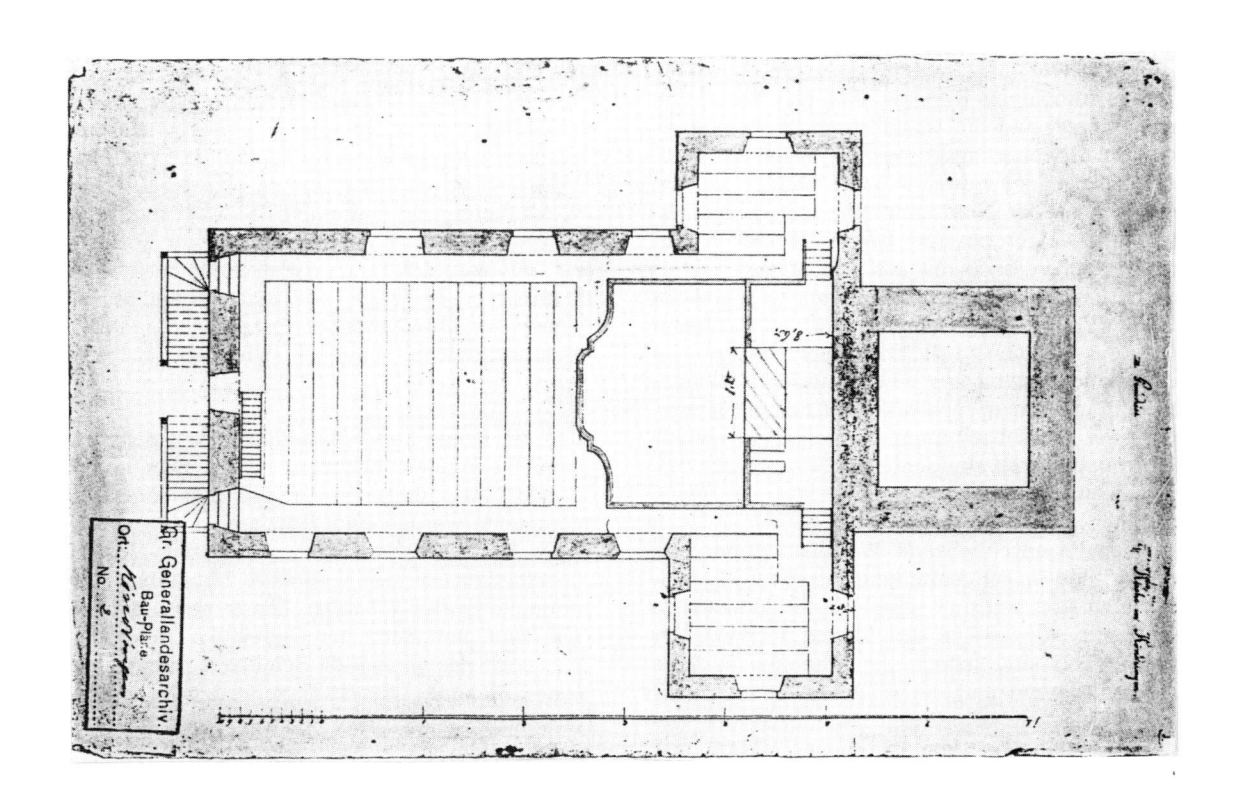

313

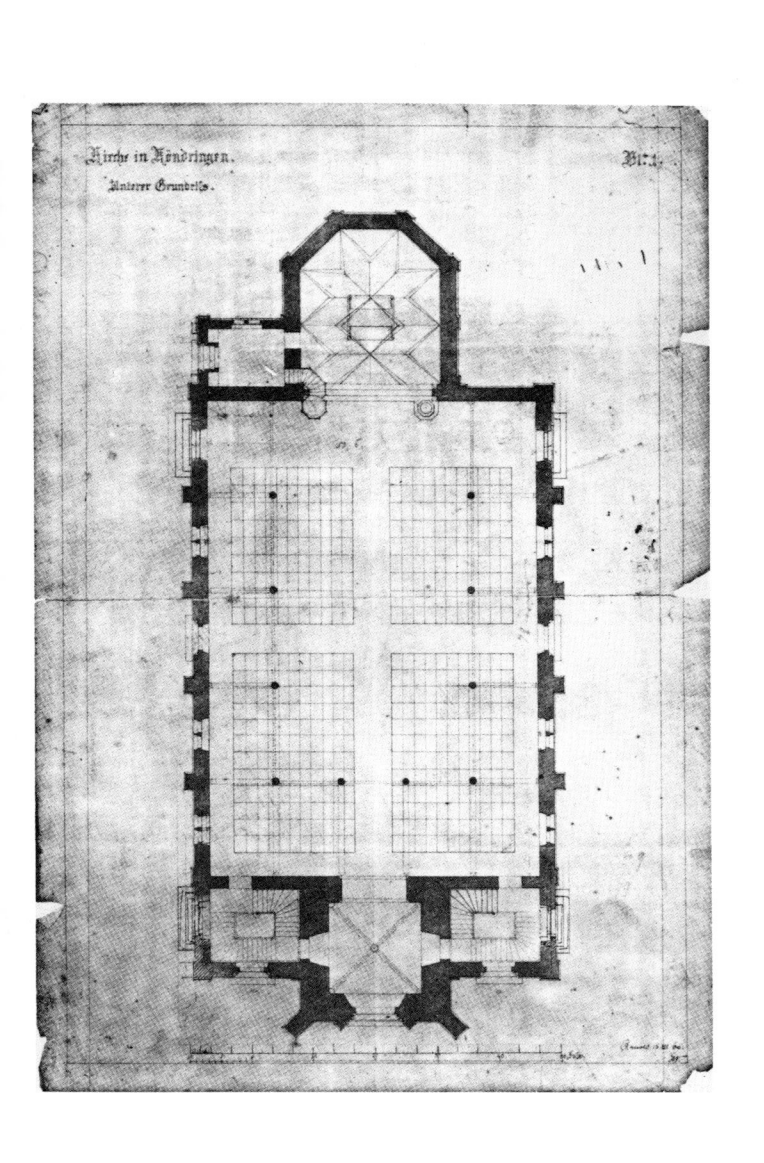

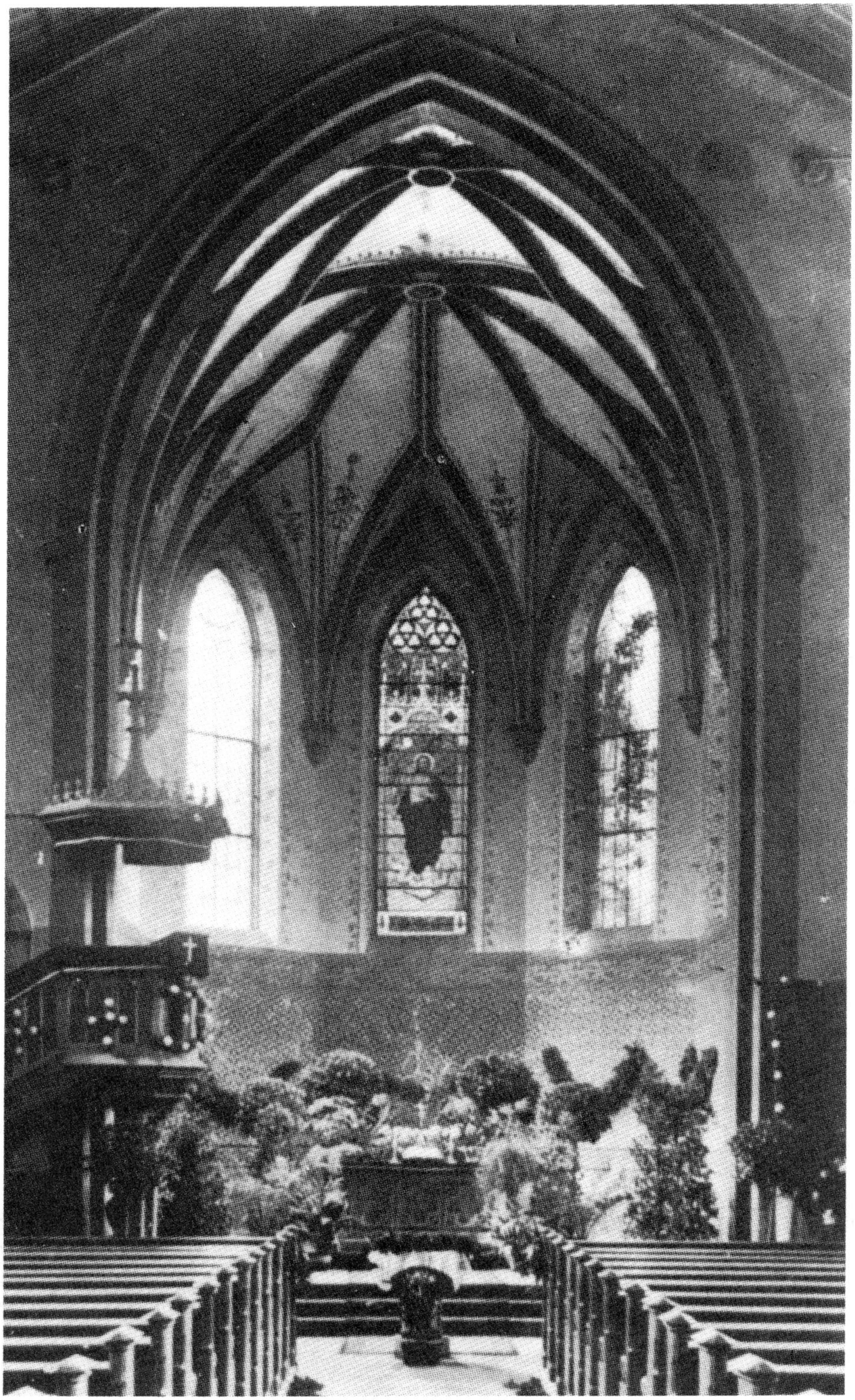

315

316

DER·FRID·SEY·MIT·E·ICH
1555

318

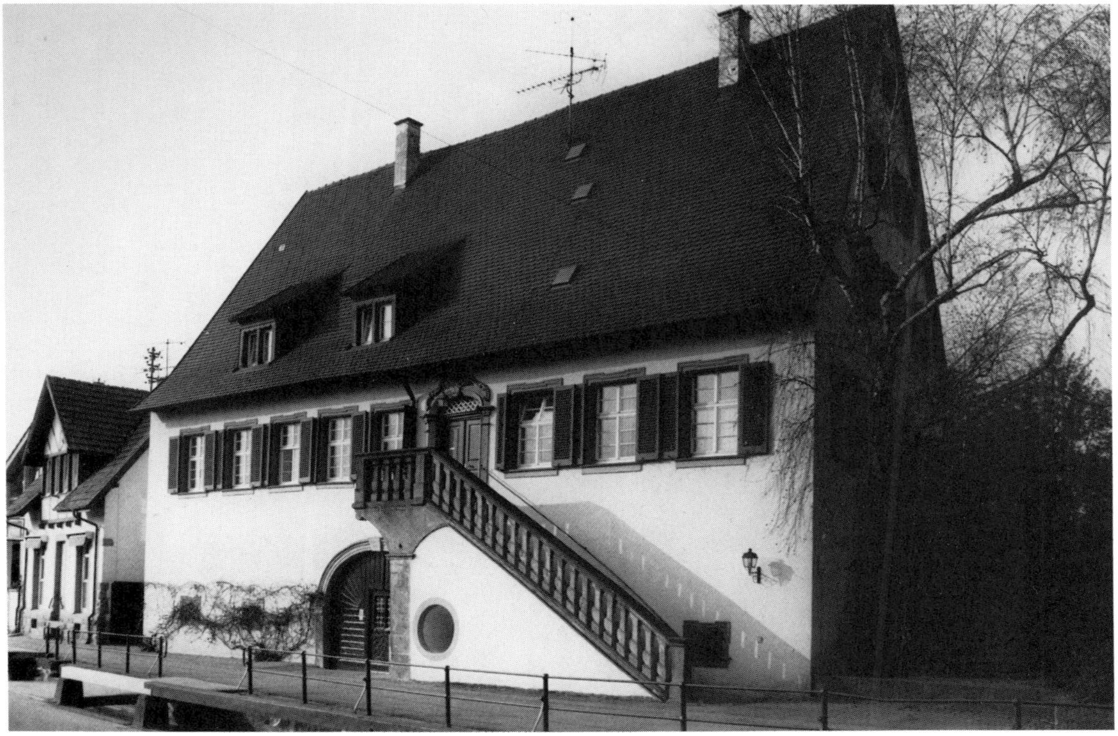

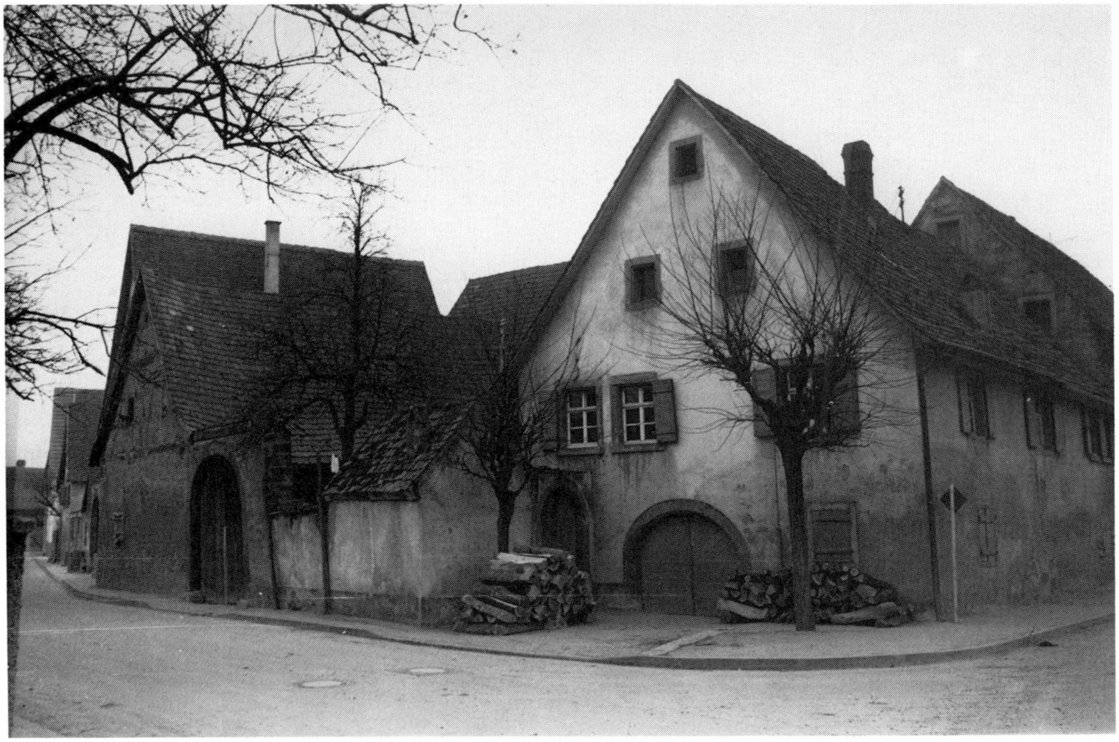

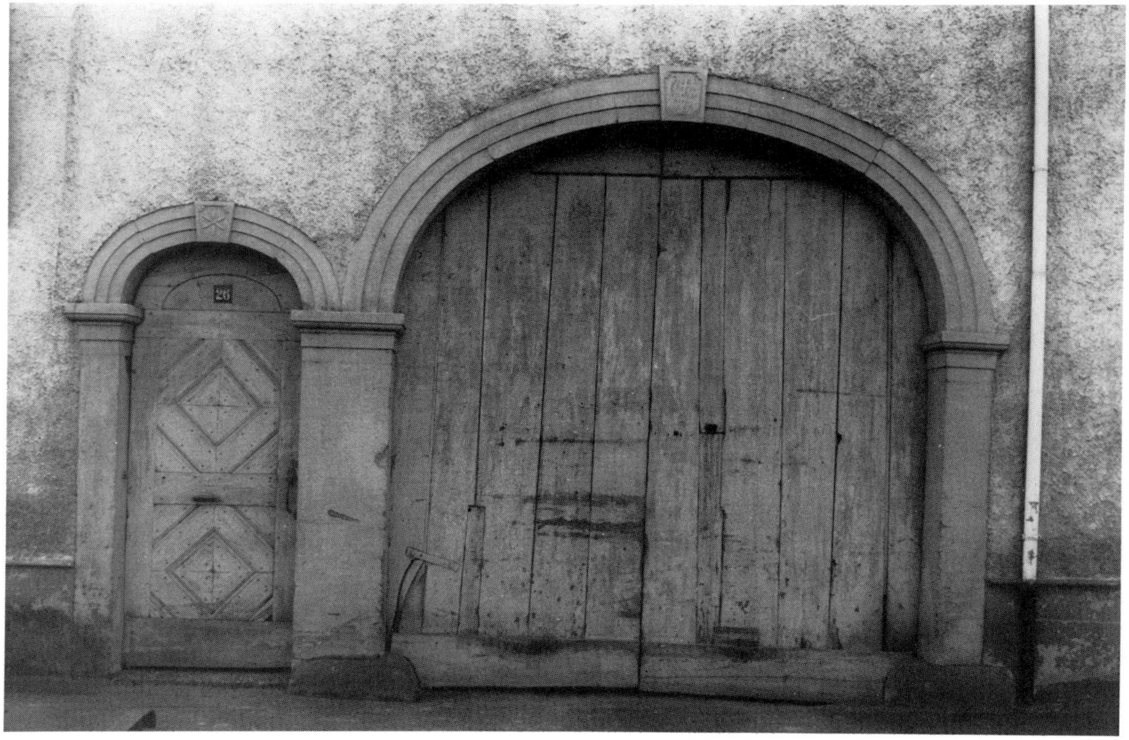

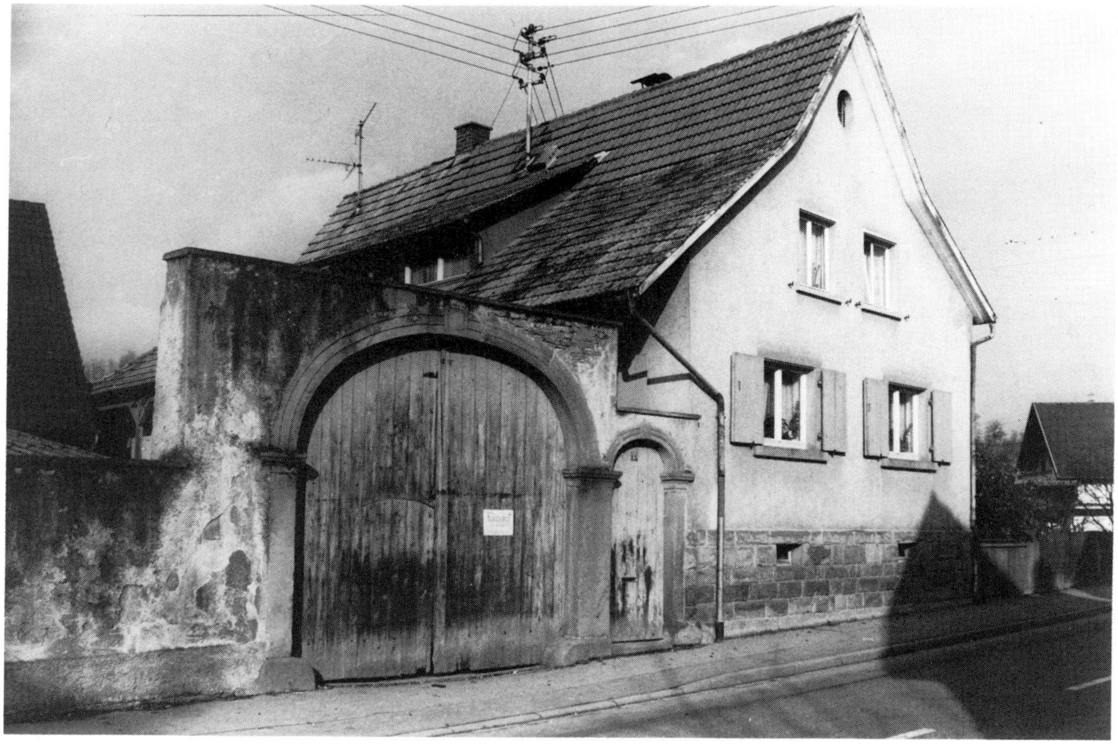

321

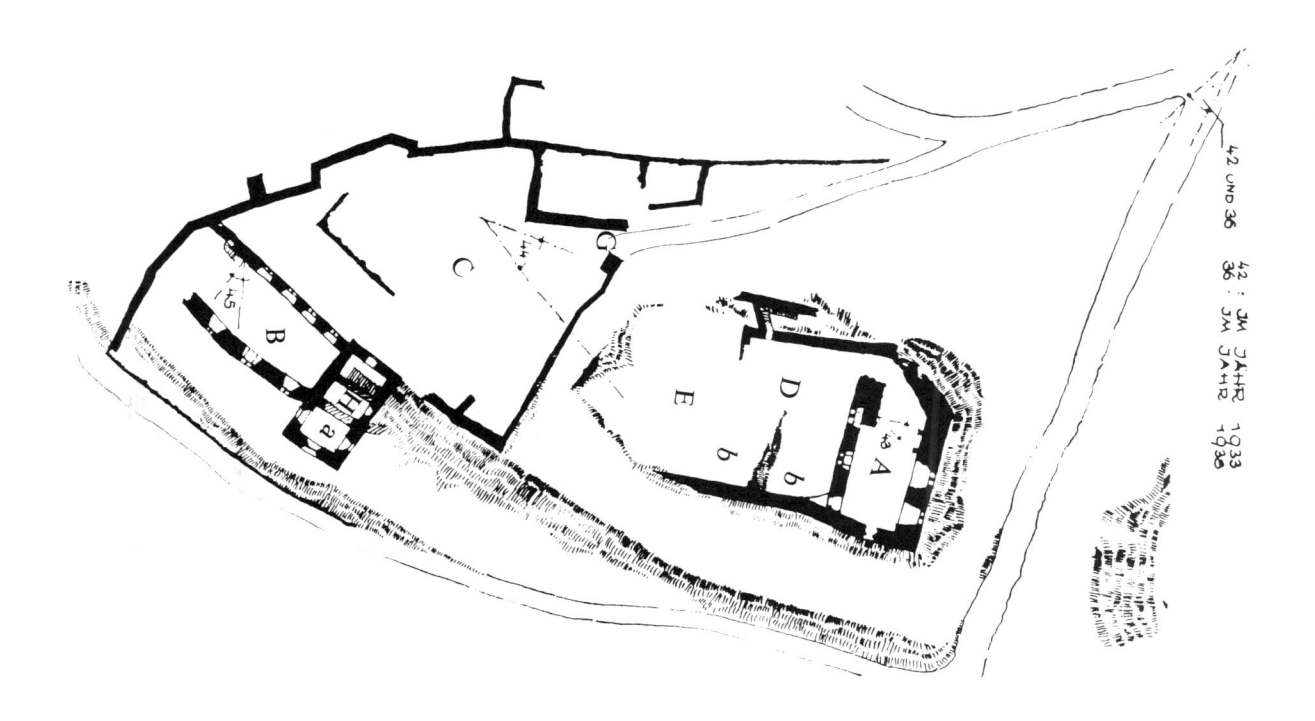

Landeck, Schulhaus. (S.W.)
d 19t Sept, 1827

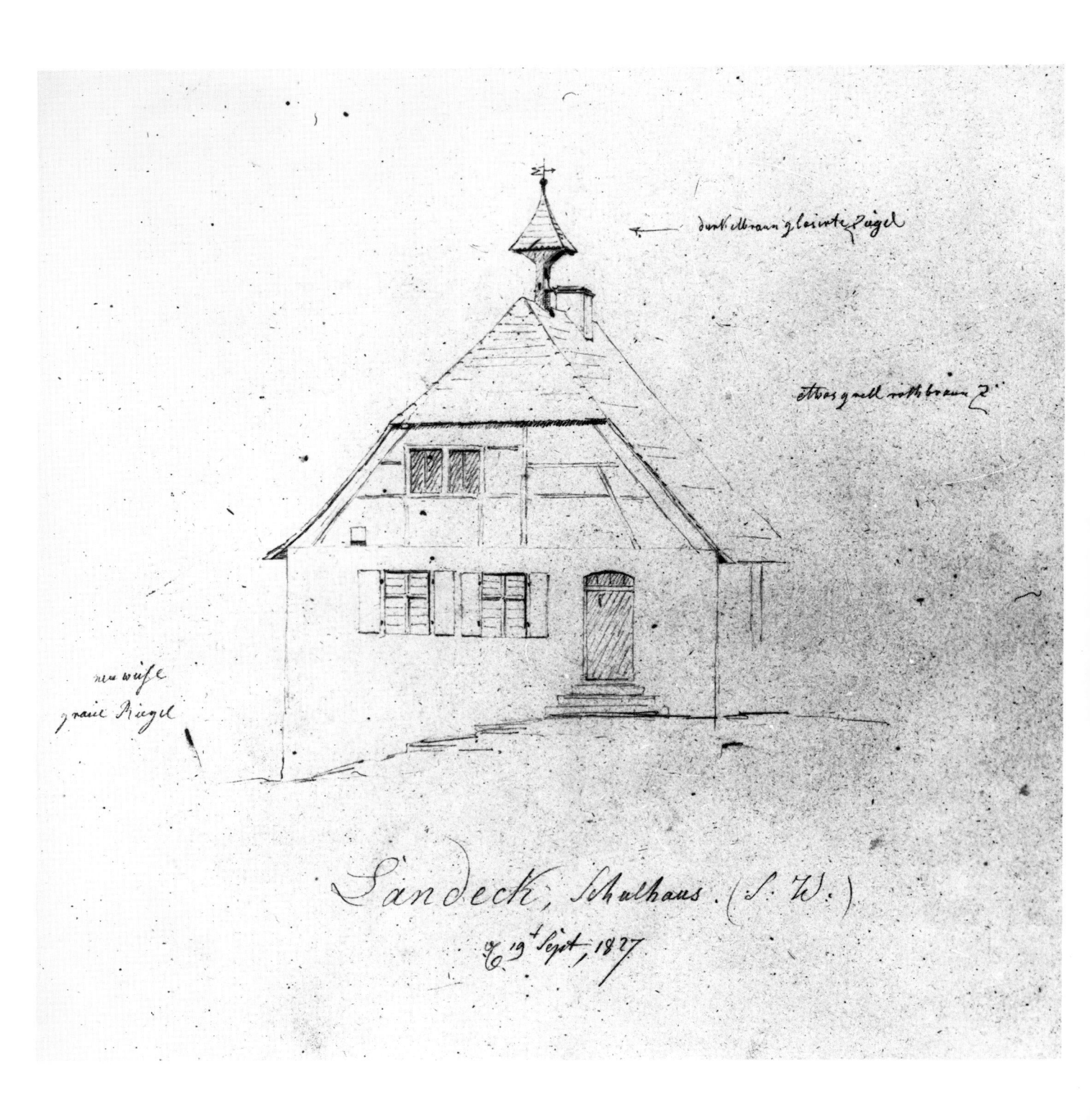

Heimbach

An der südlichen Grenze des Ortskerns von Heimbach liegen einander das sog. Alte und das Neue Schloß gegenüber. Eine Inschrifttafel an der Giebelseite des Alten Schlosses faßt die Geschichte des Baus in folgenden Worten zusammen:

1527 erwarb Jacob Stürtzel v. Buchheim Heimbach von der im Bauernkrieg verwüsteten Benediktinerabtei Schuttern. Er und seine Erben erbauten im gleichen Jahrhundert dieses Haus als neuen Verwaltungs- und Wohnsitz. Die im 30jährigen Krieg verarmte Witwe seines Enkels Hans Dietrich v. Hohenlandenberg verkaufte 1652 dem Friedensgesandten Hans Wilhelm v. Gollen - vormals Bürgermeister von Schlettstadt - Dorf und Gut, das im Besitz seiner Nachkommen verblieb. 1806 nach Bau des Neuen Schlosses wurde das Alte Schloß Verwalterwohnung und nahm 1945 Vertriebene aus dem deutschen Osten auf. 1978 hat es die Gemeinde Teningen erworben und von Grund auf erneuert.
Eingeweiht als Feuerwehr-Gerätehaus der Gemeinde Teningen für den Ortsteil Heimbach am 22.9.1984.

Es handelt sich um einen massiv gemauerten, blockhaften und verhältnismäßig langgestreckten Baukörper mit Treppengiebeln nach Norden und nach Süden; die Hausecken sind durch sauber gearbeitete große Eckquader betont. Der Bau ist zweigeschossig; das fast völlig fensterlose Erdgeschoß öffnet sich nur zur Hausrückseite, ist hier aber durch nicht weniger als vier große Rundbogentore zugänglich - zweifellos war der jetzt fast freistehende Bau ursprünglich durch eine Umfassungsmauer gesichert. Die Gewände dieser Öffnungen, die bis zur jüngsten Renovierung vermauert waren, sind unterschiedlich profiliert und tragen auch mehrere verschiedene Datierungen, sowohl aus der Zeit des Stürtzelschen Besitzes als auch aus der Ära der Familie von Gollen. Die unterschiedlichen Formen und Datierungen haben auch die Vermutung laut werden lassen, es handele sich bei den Gewänden um Teile aus abgebrochenen Nachbargebäuden des Alten Schlosses, deren Baumaterial u.a. zum Bau des Neuen Schlosses gedient haben könnte: so ist in der Mauer des Torhauses beim Neuen Schloß ein verbautes Bogengewände mit Datierung 1597 gefunden worden. Zwingend ist diese Argumentation nicht; der Grundriß des Alten Schlosses spricht dafür, daß im Erdgeschoß von Anfang an mehrere Lagerräume vorhanden waren, die folglich auch jeweils eine größere Öffnung von der Hofseite her benötigten.

Zu Wohnzwecken diente allein das Obergeschoß, rundum belichtet von unregelmäßig gereihten Rechteckfenstern mit gekehlten Steingewänden. Der Dachraum des Satteldaches wurde erst bei der letzten Renovierung ausgebaut und die bis dahin ungegliederten Dachflächen mit zahlreichen Schleppgauben besetzt. Unglücklicherweise wurden bei der Renovierung auch einige der originalen Renaissancegewände des Obergeschosses durch gegossene Betongewände ersetzt; die Scheitelhöhe zweier Bogenöffnungen mußte angehoben werden, um den Feuerwehrfahrzeugen die Durchfahrt zu ermöglichen.

Schräg gegenüber am Berghang steht der Nachfolger des Baus, der um 1800 als zu eng und zu altmodisch für ein Herrenhaus empfunden werden mußte. Bauherr des Neuen Schlosses war der General Max Freiherr von Duminique; seinen und den Namen seiner Ehefrau, einer geborenen Freiin von Ulm auf Erbach, nennt eine Inschrift auf einem Pfeiler im Keller, zusammen mit der Jahreszahl 1803. Während diese Inschrift mit dem Beginn der Bauarbeiten zusammenhängen dürfte, deutet die Jahreszahl 1806 auf einem Wappenstein an der Durchfahrt des Wirtschaftsgebäudes wohl auf deren Ende.

Manches spricht dafür, daß General von Duminique Bauherr und Architekt in einer Person war. In der Architektur zu dilettieren war für einen Edelmann des 18. Jahrhunderts nichts Außergewöhnliches, zumal für einen Offizier - nicht zufällig war beispielsweise Balthasar Neumann seiner Ausbildung nach Artillerist. Beim Neuen Schloß in Heimbach fällt besonders die individuelle Organisation und Gestaltung des Baus auf, die kaum etwas mit den Herrenhäusern des Breisgaus zu tun hat, dafür aber Anregungen aus anderen Quellen verarbeitet und miteinander kombiniert, so wie das einem durch Literatur und eigene Anschaung informierten Edelmann wohl zuzutrauen war.

Der zweigeschossige Bau ist glatt verputzt und verzichtet auf alle gliedernden Architekturmotive wie Pilaster, Profile und Giebel. Aus dem blockhaften Baukörper mit hohem Walmdach tritt zur Straße hin der gerundete Mittelabschnitt hervor. Das harmonische Achsenverhältnis - drei Fensterachsen am Mittelabschnitt, jeweils eine Achse an den flankierenden Abschnitten - ist eine nicht nur im 18. Jahrhundert, sondern auch schon in der italienischen Renaissance beliebte Proportion für Villenfassaden. Zum Hang und dem dort ansteigenden Park hin wird der Bau von turmartigen Vorbauten mit hohen und spitzen Dächern flankiert. Hier befindet sich auch die Eingangsseite: Von den drei korbbogigen Öffnungen im Erdgeschoß bietet ausgerechnet die mittlere keinen Zugang; die beiden anderen sind - gleichwertig gestaltet - der Haupteingang sowie der Zugang zur Küche. Außer Nebenfunktionen enthält das Erdgeschoß vor allem das Speisezimmer im vortretenden Mittelabschnitt. Zum Obergeschoß führt ein geräumiges Treppenhaus; daneben im Turmabschnitt verläuft die Dienstbotentreppe, eine elegante elliptische Konstruktion. Von der oberen Diele aus öffnet sich die ohne Flur zusammengruppierte Raumfolge: In der Mittelachse an der Parkseite die achteckige Bibliothek, zur Talseite der runde Salon. Ionische Pilaster tragen sein umlaufendes Stuckgebälk, die flache Decke darüber versucht durch illusionistische Malerei eine kassettierte Kuppel zu imitieren. Neben dem Salon schließt ein rechteckiger Wohnraum an, neben der Bibliothek das Felsenzimmer: Das ungewöhnlichste Element des Schlosses. Sein Grundriß ist so unregelmäßig wie nur möglich, auch die Decke ist stark bewegt. Bemalung und Wandstruktur charakterisieren den Raum als Grotte, als Gebilde der Natur, mit (gemaltem) Ausblick in die umgebende Natur. Künstliche Grotten waren seit der Renaissance, ja schon in der Antike beliebte Elemente in Parkanlagen; auch als Sala terrena, als kühler Gartensaal im Erdgeschoß eines Schlosses sind ähnliche Gebilde bekannt. Als Teil eines Appartements im Obergeschoß eines Landhauses ist der Raum möglicherweise ohne Vorbild, eine Erfindung des Generals von Duminique.

Diese Gruppe von vier Räumen ist das gesellschaftliche Zentrum des Schlosses, vier Räume von jeweils unterschiedlicher Grundform - neben dem unregelmäßigen Felsenzimmer Kreis, Oktogon und Rechteck - und mit fein abgestuftem Öffentlichkeitsgrad: am privatesten das in die turmseitige Ecke des Felsenzimmers eingepaßte Kabinett. Was jedoch fehlt, sind angemessene Schlafräume. Noch ein oder zwei Generationen vorher wäre das Schlafzimmer des Hausherrn selbstverständlich als einer der repräsentativsten Räume des Hauses plaziert und ausgestaltet gewesen; in Heimbach wird diese Funktion in das schlichtere, aber gleich hohe Nebengebäude verlegt, das durch einen kurzen brückenartigen Gang mit dem Hauptbau verbunden ist. In seinem Obergeschoß befinden sich vier Wohnräume mit privatem Charakter.

Diese Abtrennung eines privaten Bereiches, aber auch die Grundtendenz des Baus, jedes steife Zeremoniell unmöglich zu machen, auch die stimmungsvollen Motive des Felsenzimmers und der spitzbogigen gotisierenden Fenster in den talseitigen Turmfassaden - dies alles sind Elemente und Ideen, die sich vom französischen Einfluß des 18. Jahrhunderts abwenden und eher auf englische Vorbilder deuten. Hier hat auch der Park seine Funktion: keine geordnete französische Anlage mit geometrisch ausgerichteten Rabatten, sondern eine gleichsam natürlich-unregelmäßige Gruppierung von Bäumen und Sträuchern mit geschwungen verlaufenden Wegen.

Während das alte und das jüngere Herrenhaus gegenüber dem Dorf eine etwas distanzierte Randposition einnehmen, besetzen die kirchlichen Bauten eine zentrale Stelle: Die katholische Kirche St. Gallus, flankiert vom Gemeindesaal, der ehemaligen Schule an ihrer Südseite und dem Pfarrhaus im Norden, jenseits der Straße. Vor der Westfront der Kirche ist 1970/71 eine Gedenkstätte eingerichtet worden, in die auch ein barocker Kruzifixus integriert wurde. Teil dieser kirchlichen Baugruppe war auch die Zehntscheuer des Klosters Schuttern, die zwischen diesem Mahnmal und dem Marktplatz stand; an sie erinnert ein Wappenstein mit Mitra und Abtsstab sowie der Jahreszahl 1768, der in die Nordseite der Einfriedungsmauer eingefügt wurde, und den man sich seiner Form nach als Keilstein des Scheuertors zu denken hat. In diesen kirchlichen Bereich gehört auch der ehemalige Taufstein, der unterhalb des Pfarrhauses aufgestellt ist: ein qualitätvoll gestaltetes spätgotisches Steinbecken mit reich geschweiftem, wenn auch bestoßenem Maßwerkrelief, das vielleicht ein besseres Schicksal verdient gehabt hätte, als zu einem profanen Springbrunnen umgearbeitet zu werden.

Weiche barocke Formen dominieren heute an der Kirche, ihr kantiger spitzbehelmter Westturm mit seinen Maßwerkfenstern im Glockengeschoß weist jedoch auf bedeutend ältere Bauteile hin. Eine Kirche St. Gallus in Heimbach ist im Jahr 1305 erstmals belegt, doch gehörte dieser Name jahrhundertelang zu einer Kirche, die etwas östlich des Ortskerns am Gallenbach stand und die schließlich 1810 wegen Baufälligkeit abgebrochen wurde. Das Patrozinium St. Gallus des wohl lange ungenutzten Baus war aber schon im 18. Jahrhundert auf die Kirche im Dorf übertragen worden, die vorher Unserer Lieben Frau geweiht gewesen war.

Diese Kirche wurde im 18. Jahrhundert gründlich erneuert. Das Datum 1774 am Sockel der Westfront gibt wohl den Beginn der Neubauarbeiten an. Der Barockbau, der ein mittelalterliches Kirchenschiff unbekannter Form ablöst, ist eine Saalkirche mit eingezogenem halbrund geschlossenem Chor. Süd- und Nordwand der Kirche werden von jeweils drei hohen, korbbogig geschlossenen Fenstern durchbrochen, weitere vier Fenster gehören zum Chor. Der blockhafte, verputzte Bau wird außen nur durch flache Pilaster zwischen den Fensterachsen gegliedert; an der Westseite leiten Voluten zum halb vortretenden Turm über. Der Innenraum wird durch die Wand- und Deckengestaltung zu einem einheitlichen, weich gerundeten Raumgebilde zusammengezogen: die flache Decke geht in einer weiten Kehle in die Wandfläche über; in diese Wölbung greifen die Stichbogen der hohen Fenster ein. Weich gerundet sind die Konturen der Emporenfront. Auch der pastellfarbene Stuck verbindet Decke und Wand zu einem einheitlichen Raumbild, in dem die reich modellierten, kräftig getönten Altäre dominieren: die beiden Nebenaltäre, die zum eingezogenen Chor hin schräg gestellt sind, und der von den beiden Chorhauptfenstern flankierte Hauptaltar. Die Altäre stammen vermutlich von dem Endinger Barockbildhauer Joseph Amann. Das Altarbild des Hauptaltars ist signiert und datiert *Joh. Pfunner inv. 1776*; von Pfunner, einem der produktivsten Maler der Barockzeit im Freiburger Raum, stammen sicherlich auch die Gemälde der Nebenaltäre.

Südlich der Kirche steht das ehemalige Schulhaus der Gemeinde. Der zweigeschossige Bau mit Walmdach verdankt seine spätklassizistische Grundform wohl den umfangreichen Bauarbeiten, die 1837 an dem vorher hier bestehenden Schulhaus vorgenommen wurden. Beim neuerlichen Umbau zum katholischen Gemeindehaus 1969-71 büßte der Bau leider seine Fensterläden ein, die seine strenge und kantige Form bis dahin etwas gemildert hatten.

Der Pfarrhausneubau des Jahres 1906 löste einen zweigeschossigen verputzten Fachwerkbau ab, der auf einer Ansicht von Heimbach von Max de Ring aus dem Jahr 1830 neben der Kirche aufragt und den man um die Jahrhundertwende nicht mehr sanieren konnte oder wollte. Der etwas kleiner geratene Neubau hat etwa die Form eines Würfels; sein Mansarddach, seine Eckpilaster und Fensterrahmungen und vor allem die reiche, geschweifte Rahmung des Haupteingangs geben dem Haus ein barockes Gewand, das offenbar den Bezug zur barocken Kirche deutlich machen sollte.

Das alte Pfarrhaus war als Fachwerkbau mit Lehmwickeln eine auffällige Ausnahme unter den Bauten des Dorfes, das im übrigen fast nur aus massiv gemauerten Gebäuden besteht. Selbst die in den benachbarten Orten fast immer als Holzkonstruktion errichteten Nebengebäude sind in Heimbach aus Stein - kein Wunder angesichts des benachbarten Steinbruches mit dem in der weiten Umgebung geschätzten harten und feinkörnigen Sandsteinmaterial. Die Mauern der Gebäude sind meist aus Bruchstein geschichtet; Tore, Tür- und Fensterrahmen dagegen machen deutlich, daß im Ort kein Mangel an qualifizierten Steinmetzen und Bildhauern bestand, die komplizierte und dekorative Formen zu schaffen verstanden. Eines der spätesten Beispiele dafür (außer dem neuen Pfarrhaus) ist der große Komplex des Gasthauses zum Sternen in der Ortsmitte; die unter der abgewitterten Tünche wieder sichtbar gewordenen Schriftzüge erinnern daran, daß der Bau eine Zeitlang auch als *Cigarrenfabrik Max Bloch* betrieben wurde. Bei diesem um 1860 errichteten Bau sind nur die Wandflächen verputzt; alle plastischen Details wie die vortretenden Ecklisenen, die Stockwerksprofile und der Konsolfries an der Traufe, vor allem die profilierten Fenster- und Türrahmungen sind aus Sandstein gearbeitet. Besonders qualitätvoll sind die feingliedrigen Maßwerkformen, beispielsweise das Oberlicht über dem Haupteingang mit seinem Maßwerkfächer (auf den beiden Türflügeln werden diese mittelalterlichen Formen in Holz geschnitzt fortgeführt) und die Dreipässe der Lichtöffnungen im Wirtschaftsteil; Formen, die dem Bau einen geradezu städtischen Anspruch geben.

Ältester Teil dieses Gasthauskomplexes ist sicher das zurückliegende, durch einen Verbindungstrakt angebundene Wirtschaftsgebäude, das noch aus dem 18. Jahrhundert stammen dürfte. Das 18. Jahrhundert ist auch die Epoche, in der neben der Kirche auch der größte Teil der heute sichtbaren Dorfstruktur und Bausubstanz entstand. Nach den Zerstörungen des 30jährigen Krieges, dessen Folgen noch generationenlang nachwirkten, und den zwar weniger zerstörerischen, aber Unsicherheit verbreitenden Kriegen der folgenden 100 Jahre, markiert offenbar das 3. Viertel des 18. Jahrhunderts den Beginn einer Phase, in der neuer Wohlstand und neuer Optimismus es ermöglichten, wieder dauerhaftere Anwesen aufzubauen.

Die meisten Bauten dieser Zeit folgen einem bestimmten Baumuster. Sie sind eingeschossig; ihr Kellersockel ist meist so hoch, daß der immer an der Traufseite liegende Eingang über eine außenliegende Treppe erreicht wird. An der Traufseite, neben dem Eingang, hat auch der Kellerabgang seinen Platz. Der Giebel, meist aus verputztem oder auch freiliegendem Fachwerk, zeigt in der Regel zur Straße; der Wohnraum hinter der Giebelfassade wird von drei, manchmal auch von zwei Fenstern erhellt. Hinten am Wohnteil setzt der Wirtschaftsteil an, entweder in derselben Firstrichtung, aber meistens etwas kleiner, oder im rechten Winkel dazu als Hakengehöft. Eine eindrucksvolle Gruppe von Bauten dieser Art reiht sich entlang der Dreibrunnenstraße hintereinander; ihre Datierungen - nebeneinander etwa 1784, 1785, 1786 - verdeutlichen, in welch kurzem Zeitraum, in welcher wirtschaftlichen Aufschwungphase diese Bauten entstanden sind. Das 1785 datierte Haus zeigt zwar deutlich die Spuren langer Vernachlässigung, ist jedoch mit den ausgewogenen Proportionen seiner symmetrisch organisierten Fassadengliederung und mit den reichen und sehr qualitätvoll gearbeiteten Rahmungen seiner Fenster und Portale ein beeindruckendes Zeugnis dieser Blütezeit.

Eine Ausnahme vom Regeltypus stellt beispielsweise das Haus Am Oelebuck 4 dar. Oberhalb seines Kellersockels, der wie auch noch einige andere Bauten im Ort seine schön behauenen Steinschieber in den Lüftungsöffnungen noch besitzt, besteht es offenbar aus verputztem Fachwerk. Untypisch ist auch der Krüppelwalm; er weist zusammen mit den gedrückten Proportionen des Baus darauf hin, daß es sich möglicherweise um eines der ältesten Bauernhäuser Heimbachs handelt.

Daß die Phase des Wohlstandes und des Ausbaus weit ins 19. Jahrhundert hinein reichte, bis das Gasthaus zum Sternen einen vorläufigen Endpunkt in der Entwicklung des Ortskerns markiert, zeigen die langgestreckten Hofanlagen an der Ostseite des Marktplatzes und der Köndringer Straße. Sie gehören einem neuen Typus an: traufständig, mit hohen, ebenerdigen Sockelgeschossen, darüberliegendem Wohngeschoß und teils mit separat stehender Scheuer. Auch hier fällt die präzise, qualitätvolle Sandsteinbearbeitung auf, etwa bei dem Torbogen und Keilstein mit Initialen und Datum 1824.

1851 errichtet, zeigt schließlich der große Brunnen am Marktplatz mit seiner reichen bildhauerischen Durchbildung, daß nunmehr auch das Gemeinwesen selbstbewußt und zahlungskräftig genug war, auch öffentliche Einrichtungen profaner Natur als ortsbildprägende Monumente zu gestalten.

Zu diesen profanen öffentlichen Einrichtungen gehört indessen auch der in der heutigen Form wohl aus dem 18. Jahrhundert stammende Galgen auf einer Anhöhe in den Reben unmittelbar westlich des Dorfes: zwei sehr hohe Sandsteinpfeiler nicht ohne gestalterischen Anspruch, auf denen ursprünglich ein Querbalken auflag. Die weite Aussicht nach Süden auf fruchtbares Land und sanfte Hügel wird den hierher Geführten den Abschied von der Welt nicht leichter gemacht haben.

Literatur

Kraus, Franz Xaver: Die Kunstdenkmäler des Großherzogthums Baden - Die Kunstdenkmäler der Amtsbezirke Breisach, Emmendingen ..., Tübingen und Leipzig 1904

Freyhold, Rudolf von: Breisgauer Herrenhäuser, Diss. TH Stuttgart, Würzburg 1939

Müller, Wolfgang: Chorturmkirchen im Breisgau, in: Schau-ins-Land 81, 1963, 42 ff.

Stopfel, Wolfgang E.: Kunstgeschichtlicher Überblick, in: Der Kreis Emmendingen (Hg. Lothar Mayer), Stuttgart 1981, 139 ff.

Festschrift zur 1200-Jahr-Feier der Gemeinde Heimbach, Landkreis Emmendingen, Heimbach 1959

Heimbach Breisgau, 759-1500-1777-1977, Gedanken und Anregungen aus der Geschichte des Dorfes, der Kirche und der Orgeln. München/Zürich 1978

Köndringen, Lebensbild einer Dorfgemeinschaft des unteren Breisgaus. Herausgegeben von der Gemeinde Teningen anläßlich der 1000-Jahrfeier von Köndringen und Nimburg, Teningen 1977

Kirchenrenovierung 1984, Evangelische Kirche Köndringen, Teningen 1984

Wellmer, Martin: Altes und Neues von der Burg Landeck, in: Alemannisches Jahrbuch 1970, 38 ff.

Stolz, Wolfram: Nimburg in seiner Vergangenheit und Gegenwart, o.O. o.J.

Nimburg, Lebensbild einer Dorfgemeinschaft des unteren Breisgaus. Herausgegeben von der Gemeinde Teningen anläßlich der 1000-Jahrfeier von Köndringen und Nimburg, Teningen 1977

Sutter, Ernst Otto: Fünfundzwanzig Jahre der Herstellung von Aluminiumfolien zu Teningen im Breisgau, Festschrift zum 11. Januar 1936, Aluminiumwerke Tscheulin GmbH, Leipzig 1936

1000 Jahre Teningen 972-1972, Teningen 1972, 1985[2]

Viktor-von-Scheffel-Schule, Teningen, 1904-1979, Teningen 1979

Bildnachweis

Nimburg und Bottingen
Seiten 275, 276, 277 links, 278, 279 unten, 281 oben, 282, 283, 284 unten, 285 unten, 286 unten, 287 von Leo Schmidt.
Seiten 277 und 279 oben (Chronik 1977, S.28), 281 Mitte und unten (Chronik 1977, S. 99), 284 oben (Chronik 1977, S. 76), 285 oben (Chronik 1977, S. 101), 286 oben (Chronik 1977, S. 15).

Seiten 280, 288 und 289 (Badisches Urkataster von 1866 - Staatliches Vermessungsamt Emmendingen).

Teningen
Seiten 296, 299, 300, 302, 303, 304, 305 von Leo Schmidt.
Seiten 297 und 298 (GLA 229/105195), 301 rechts (GLA 229/105192) und 301 links (GLA 229/105189).

Köndringen und Landeck
Seiten 315, 316, 317, 318, 319, 320 und 322 von Leo Schmidt.
Seiten 312 unten (Kirchenrenovierung 1984, S. 19), 312 oben (Kirchenrenovierung 1984, S. 21), 313 rechts (Kirchenrenovierung 1984, S. 12), 313 links (Kirchenrenovierung 1984, S. 35) und 314 (Kirchenrenovierung 1984, S. 44).
Seiten 321 oben (Geroldsecker Land. Jahrbuch einer Landschaft. Bd. 30, 1988, S. 17) und 321 unten (Geroldsecker Land, 1988, S. 27).

Heimbach
Seiten 328, 329 unten, 330, 331, 333, 335 und 336 von Leo Schmidt.
Seiten 332 und 334 (Festschrift 1978).
Seite 329 unten (Breisgauer Herrenhäuser 1939).

328

329

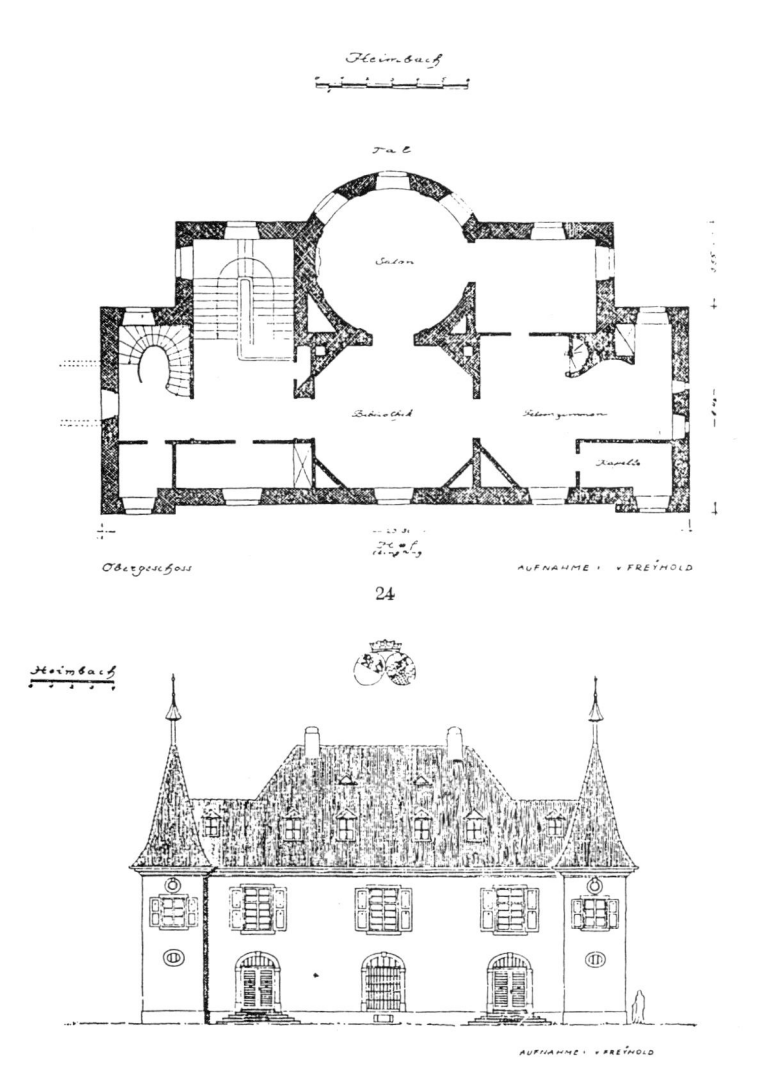

330

331

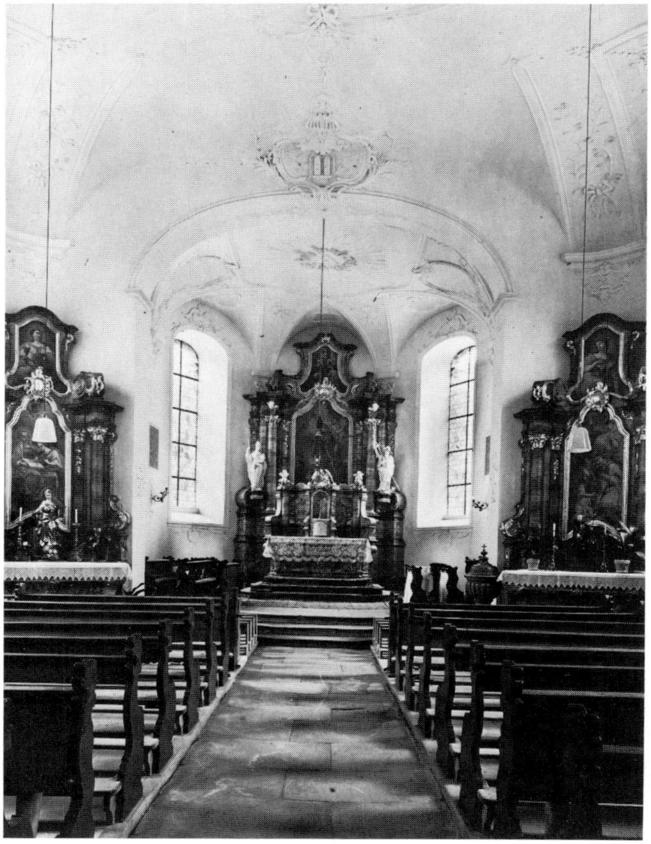

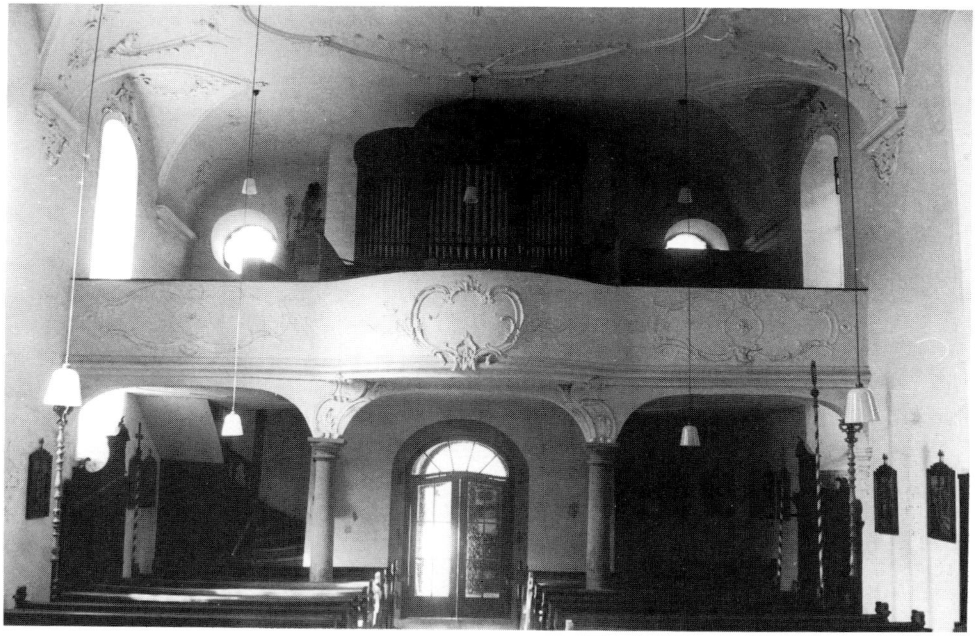

333

334

335

336

Die Gemeinden im 19. und 20. Jahrhundert

Norbert Ohler

Im Mittelpunkt der folgenden fast zwei Jahrhunderte umspannenden Darstellung steht der Ortsteil Teningen; charakteristische Zeugnisse aus der Geschichte von Heimbach, Köndringen und Nimburg sind immer wieder in die Chronik eingeflochten. Die Schwerpunktsetzung dürfte vertretbar sein, weil Anordnungen der Obrigkeit, Erhebungen zu landwirtschaftlichen Erträgen u.ä. auch für die anderen Ortsteile, wenn nicht sogar für ganz Baden gelten.

Krisenzeiten bringen oft neue und unterschiedliche Quellen hervor, sie machen viel von dem sichtbar, was in "normalen" Zeiten unerwähnt bleibt: Armut, Hunger und Auswanderung im 19., Weltkriege, Inflationen und Gewaltherrschaft im 20. Jahrhundert. Bereiche, die in manchen Ortschroniken eher vernachlässigt werden und zu denen in Teningen glaubwürdige Quellen erhalten sind, wurden ausführlicher erörtert; das gilt auch für die Zeit des Nationalsozialismus.

Der Autor hat sich um Quellennähe bemüht. Im Laufe der Arbeit zeigte sich, daß wesentlich mehr Material vorliegt, als unter optimalen Bedingungen ausgeschöpft werden konnte; denn der Beitrag sollte in angemessener Frist und im vorgegebenen Umfang vorliegen. Um den Anmerkungsteil nicht unnötig aufzublähen, wurden hier vornehmlich die Nachweise aus dem Gemeindearchiv Teningen verzeichnet; der Autor weiß sich dem reichen landesgeschichtlichen Schrifttum verpflichtet, auch wenn dieses nicht in der grundsätzlich wünschenswerten Breite in den Anmerkungen erscheint.

Wiederholt wurde auf eine streng chronologische Anordnung zugunsten einer systematischen Darbietung verzichtet. Bewußt wurde die sogenannte Alltagsgeschichte in die Darstellung einbezogen. In ihr spiegelt sich das Leben namenlos bleibender Menschen.

Sollte es der Ortsgeschichte gelingen, Erinnerungen zu wecken, Gespräche in Gang zu bringen - zwischen Alten, die die 1930er und 1940er Jahre erlebt haben, und Jungen, die sich keine Vorstellung von Versuchungen und Zwängen jener Zeit machen können, zwischen Einheimischen und Zugezogenen - so hätte dieser Abschnitt der Chronik ein wichtiges Ziel erreicht.

Revolution auf leisen Sohlen

Lebenserwartung und Nahrung, Kleidung und Wohnung, Arbeit und Freizeit, Kommunikation und Mobilität, das Leben des Bürgers in der Gesellschaft, das Verhältnis der Konfessionen zueinander und das Zusammenleben mit dem französischen Nachbarn haben seit 1800 rasche Umgestaltungen erfahren; seit Ende des Zweiten Weltkrieges hat die Geschwindigkeit, mit der die Veränderungen ablaufen, zugenommen.

Der Wandel hat ländliche Gemeinden vielleicht noch stärker erfaßt als Städte. In den letzten Jahrzehnten wurde die Landschaft mit Flurbereinigung sowie dem Bau von Siedlungen, Industrieanlagen und Autobahnen grundlegend verändert; arbeiteten die meisten Menschen vor dem Ersten Weltkrieg in der Landwirtschaft, so heute in Industrie, Gewerbe und Dienstleistungsberufen. Anders als früheren Generationen scheint uns weniger das Festhalten am Überkommenen als die Offenheit für das Neue "normal" zu sein.

Wahrscheinlich wurde in keiner voraufgehenden Epoche in ähnlich kurzer Zeit das Leben der Menschen so tief umgeprägt: Einzelne Neuerungen haben unsere Urgroßeltern zwar als revolutionär erfahren, z.B. die Eisenbahn; andere, nicht weniger wichtige - etwa die Eindämmung der Kinderkrankheiten - haben sie in ihren Auswirkungen kaum erfaßt.

Manches war schon vor 1800 angelegt und wurde nur vervollkommnet, war nicht mehr wenigen Privilegierten vorbehalten, sondern breiten Massen zugänglich. 1783 erhob sich erstmals ein Mensch in einem Heißluftballon in die Luft, flog eine Strecke weit und landete wieder aus freiem Entschluß: Das Zeitalter der Luftfahrt war eröffnet, eine Grenze gesprengt, die dem Menschen zugewiesen zu sein schien; seit zwanzig Jahren oder mehr reisen auch Teninger wie selbstverständlich im Flugzeug.

Die Einschränkung "oder mehr" weist auf eine Schwierigkeit hin: Wenn das Neue sich erstmals quellenmäßig fassen läßt, ist es oft gar nicht mehr neu. Möglicherweise sind Menschen aus Köndringen oder Heimbach schon in den 20er Jahren mit dem Flugzeug gereist; aber die dem Chronisten vorliegenden Quellen schweigen dazu. Ähnlich verhält es sich mit anderen

Neuerungen - und jahrhundertealten Bräuchen, die sich eines Tages verlieren: Im nachhinein dürfte es schwer sein festzustellen, wann in Teningen erstmals eine Erntemaschine eingesetzt, wann das erste Telefon angeschlossen, wann Bürger erstmals als Partner umworben und nicht mehr als Untertanen bevormundet wurden; andererseits wurden Ortsnachrichten noch 1955 ausgeschellt ...
In neun Punkten sei die "Revolution auf leisen Sohlen" skizziert, die das Leben in Teningen wie in Baden, in Deutschland wie in großen Teilen Europas seit Beginn des 19. Jahrhunderts umgeformt hat.
1813 zählten Heimbach 516, Köndringen 978, Nimburg 811 und Teningen 1158, die vier Dörfer zusammen 3.463 Einwohner. Um diese Zeit kamen die Stadt Emmendingen auf 1.363, der Amtsbezirk Emmendingen (entspricht weitgehend dem heutigen Landkreis) auf 20.858 Einwohner. Das Gemeindeblatt[1] weist für die vier Ortsteile zum 31. März 1987 10.380 Einwohner aus, trotz Auswanderung und Kriegsverlusten dreimal soviel wie 174 Jahre früher (vgl. Fig. 1). Zwar haben die Ortsteile unterschiedlich zu diesem Wachstum beigetragen, doch insgesamt ist die zunehmende Dichte der Bevölkerung charakteristisch nicht nur für Baden und Deutschland: Zu Anfang des 19. Jahrhunderts dürften eine, 1988 schon mehr als fünf Milliarden Menschen auf der Erde gelebt haben.

Das explosionsartige Bevölkerungswachstum hat viele Ursachen: Bessere Ernährung, Kleidung, Wohnung; Erfolge der vorbeugenden Medizin, konkret: Bekämpfung des Schmutzes im öffentlichen und privaten Bereich, wodurch Infektketten unterbrochen wurden, lange vor den bahnbrechenden Entdeckungen, denen die Ausrottung der Pocken und die Eindämmung von Masern, Keuchhusten, Tuberkulose, Diphtherie, Wundstarrkrampf, Kinderlähmung ... zu verdanken sind. Diesen Infektionskrankheiten sind in Mittelalter und Neuzeit Millionen von Menschen zum Opfer gefallen.
Die Menschen sind wesentlich größer als vor 100 Jahren: Erwachsene zwar "nur" um 8 cm, Heranwachsende - vierzehnjährige Jungen und Mädchen - jedoch um durchschnittlich 20,8 bzw. 15,7 cm![2] Das beschleunigte Wachstum könnte auch mit besserer Ernährung und dem gestiegenen Verbrauch von tierischem Eiweiß zusammenhängen.
Hatten die Menschen bei der Geburt vor hundert Jahren eine Lebenserwartung von etwa 36 (Männer) bzw. 38 Jahren (Frauen), so um 1930 eine solche von 60 bzw. 63, 1988 von etwa 72 bzw. 78 Jahren; in Mitteleuropa werden die Menschen heute also fast doppelt so alt wie vor drei, vier Generationen. Trotz Mehrfachbelastung durch Beruf, Haushalt und Mutterschaft ist die Lebenserwartung der Frauen stärker gestiegen als die der Männer - was sich im Gemeindeblatt spiegelt: Der Bürgermeister hat häufig Veranlassung, Mitbürgerinnen zu gratulieren, z.B. im Oktober 1987 der ältesten Einwohnerin Teningens, Emma Hauss, zum 102. Geburtstag; die einzige Ehrenbürgerin Teningens, Elise Tscheulin, wurde 96 Jahre alt.
Im 19. Jahrhundert wurden die Menschen zuhause geboren, seit etwa fünfzig Jahren mehr und mehr in städtischen Kliniken. Von den 1920 geborenen 52 Kindern kam keins, von den 1937 geborenen 37 Kindern kamen dagegen schon 23 auswärts zur Welt; 1965 wurden von den 96 Kindern nur drei in Teningen geboren, alle übrigen in benachbarten Städten.[3] Heute ist die Hausentbindung Ausnahme.
In den meisten Familien wuchsen im 19. Jahrhundert mehrere Kinder auf, von denen - wegen der großen Säuglings- und Kindersterblichkeit - oft nur ein oder zwei das Erwachsenenalter erreichten. Seit der zweiten Hälfte des 19. Jahrhunderts ging die Zahl der Kinder pro Ehe zurück, so stark, daß in vielen Ländern eine staatliche Bevölkerungspolitik die Mehrkinderehe propagierte, zur Zeit des Nationalsozialismus in Deutschland z.B. durch Verleihung des "Ehrenkreuzes der deutschen Mutter". Am 2. September 1939, einen Tag nach dem deutschen Überfall auf Polen, veröffentliche das Gemeindeblatt eine Liste der Mütter über 60 Jahre, denen das goldene Mutterkreuz verliehen werde: 19 Frauen hatten 8 und mehr lebende Kinder, insgesamt 186, im Durchschnitt also fast zehn Kinder geboren; Frau Anastasia Popp, geb. Reinbold, hatte 14 Kindern das Leben geschenkt, je eine Frau 13, 12 und 11 und sechs Frauen zehn Kindern! Das silberne Mutterkreuz (für die Geburt von sechs und sieben Kindern) wurde elf Frauen mit insgesamt 70 Kindern, das bronzene (vier und fünf Kinder) 17

Frauen mit zusammen 74 Kindern verliehen. Im Gemeindeblatt werden heute Eigentumswohnungen angeboten, die höchstens zwei Kinderbetten vorsehen.
Solche Anzeigen verweisen auf andere Veränderungen. Bis weit ins 20. Jahrhundert lebten meist mehr als zwei Generationen in einem Haushalt: Ein oder zwei Großelternteile, die Eltern und häufig mehrere Kinder; dazu kamen unverheiratete Onkel und Tanten, Knechte und Mägde. Inzwischen ist die Groß- auf eine Kernfamilie (Eltern, ein bis zwei Kinder) zusammengeschrumpft; weitere Mitbewohner sind - zumindest auf den Plänen der angebotenen Wohnungen - nicht vorgesehen. Allerdings leben viele Familien mit alten oder behinderten Angehörigen zusammen, was in einem geräumigen "Altbau" einfacher ist als in einer kleinen Neubauwohnung.
Infolge der größeren Lebenserwartung dauern die Ehen länger: Junge Leute, die um 1800 mit 20 oder 25 Jahren vor den Traualtar traten, mußten damit rechnen, in etwa 15 Jahren durch den Tod geschieden zu werden. Wer heute mit 25 oder 30 Jahren heiratet, hat noch vierzig bis fünfzig Jahre vor sich - in dieser Zeit können die Partner sich einschneidend verändern. Vielleicht hatten die Menschen noch gar nicht die Zeit, sich auf ein so langes gemeinsames Leben einzustellen - was die große Zahl von Ehescheidungen miterklären könnte.
Ein Vergleich mit anderen Kulturen zeigt, daß das christlich geprägte Abendland ungewöhnliche Formen im Umgang der Geschlechter entwickelt hat: Enthaltsamkeit noch lange nach der Geschlechtsreife, bis zur Ehe, wie ein Blick in Kirchenbücher früherer Zeiten lehrt: Vergleichsweise wenige uneheliche Geburten (von Krisenzeiten abgesehen, wie noch zu zeigen ist), wenige Abtreibungen (auch wenn man mit einer hohen Dunkelziffer rechnet), wenige vorehelich gezeugte Kinder. Auch in diesem, den beiden großen christlichen Konfessionen gemeinsamen Verhalten ist ein Wandel zu beobachten, der Soziologen von einer "sexuellen Revolution" hat sprechen lassen: Traditionelle Normen sind ins Wanken geraten, wenn man an die in weiten Kreisen verbreiteten vor- und nichtehelichen Lebensgemeinschaften und an die erschreckende Zahl von Abtreibungen denkt.
Bis weit ins 20. Jahrhundert starb man, wo man geboren war: Zuhause, in der vertrauten Umgebung, im Kreis der Menschen, deren Leben man geteilt hatte. 1920 waren in Teningen 30 Tote zu beklagen, alle waren daheim verstorben. Anders 1937: 23 Sterbefälle, davon 10 auswärts.[4] Und heute? Die meisten Menschen sterben hierzulande in einer Klinik oder einem Alten(pflege)heim; für Teningen heißt das: auswärts.
Im 19. und noch im 20. Jahrhundert war Deutschland ein Auswanderungsland, worauf noch einzugehen ist. Seit den 1950er, verstärkt seit den 1960er Jahren suchen mehr und mehr Menschen, vor allem aus Süd- und Südosteuropa, in Deutschland Arbeit. Mitte 1989 wohnten in Teningen mit und neben der deutschen Bevölkerung 421 Ausländer, französische Streitkräfte und deren Angehörige nicht gerechnet.
Zu Anfang des Beobachtungszeitraumes lebten in den vier Ortsteilen die Menschen vornehmlich von der Landwirtschaft. Deren überragende Bedeutung spiegelt sich bis in die Mitte dieses Jahrhunderts in den Namen der Schulferien. Noch 1956 spricht das Gemeindeblatt wie selbstverständlich von Heu-, Ernte- und Herbstferien (im Juni, August bzw. Oktober, andernorts sagte man "Kartoffelferien"); es muß offen bleiben, wann sich die Bezeichnungen Pfingst- und Sommerferien durchgesetzt haben. Anders als in Heimbach und Nimburg, die länger von der Landwirtschaft geprägt waren, hat in Teningen, vielleicht auch in Köndringen, schon vor dem Ersten Weltkrieg der größere Teil der Erwerbstätigen in Handwerk und Industrie gearbeitet.
In den 1840er, 1850er Jahren konnte Baden seine Bewohner nicht mehr ernähren; viele verhungerten, andere fielen entkräftet einer Krankheit zum Opfer, wieder andere wanderten aus. Von Kriegs- und Krisenzeiten (1917-20, 1930-34, 1945-49) abgesehen, konnten sich die Menschen seit der zweiten Hälfte des 19. Jahrhunderts sattessen - anfangs noch nicht jeden Tag, aber doch mehrmals in der Woche. Auch hier einschneidende Veränderungen: Nicht mehr Nahrungsmangel, sondern landwirtschaftliche Überschüsse bereiten den Politikern heute Kopfzerbrechen, ärgern den Steuerzahler und empören die Armen in der sogenannten Dritten Welt. Viele Menschen essen heute zuviel. Die "Edelfreßwelle" hat längst auch ländliche Gemeinden erreicht, wie Beilagen zum Gemeindeblatt nicht

Fig. 1: Bevölkerungsentwicklung

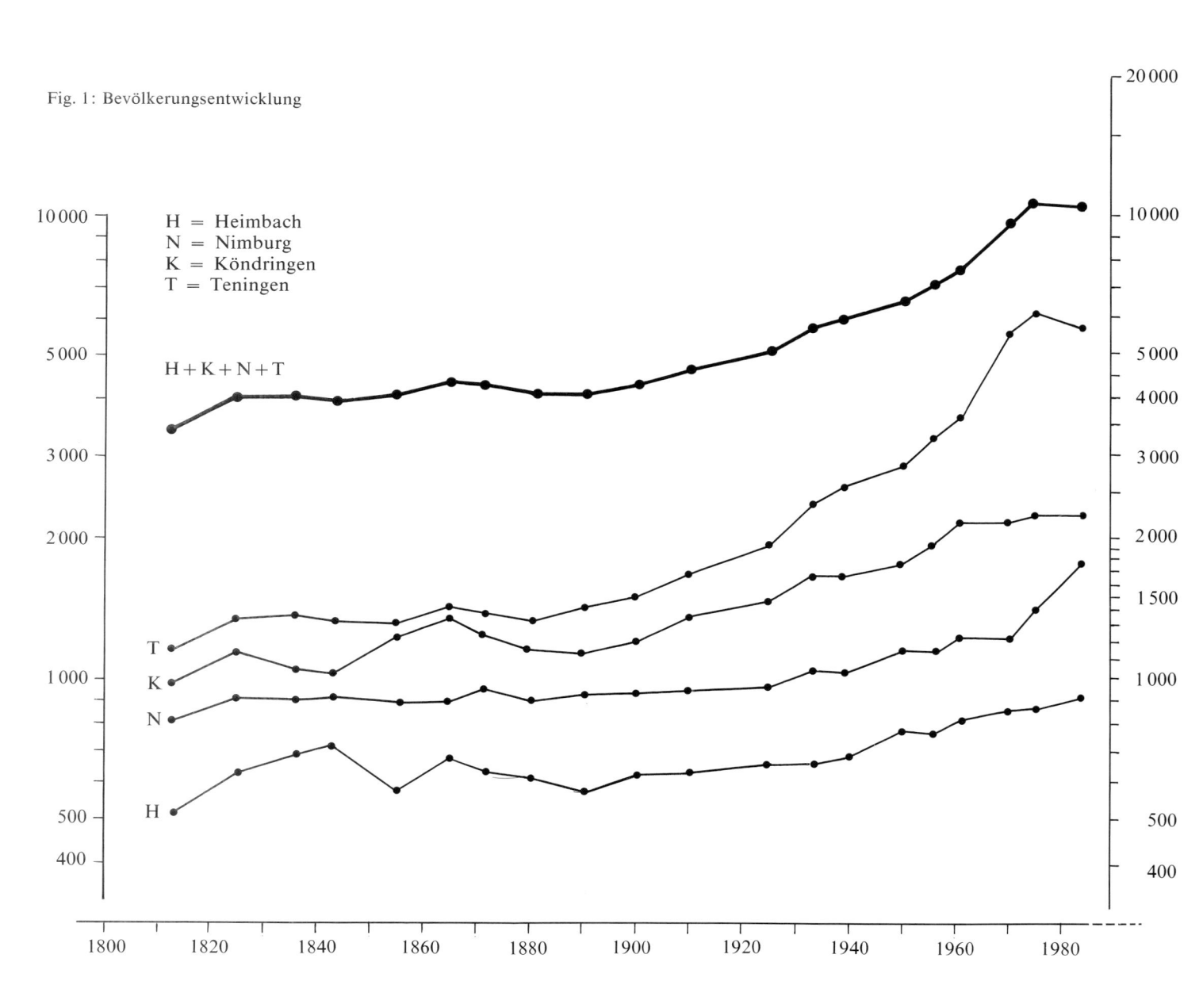

H = Heimbach
N = Nimburg
K = Köndringen
T = Teningen

1,32 Millionen zurück; von da an stieg sie fast kontinuierlich auf 1,75 Millionen im Jahre 1875 an.[12]

Ein Ortsplan aus dem Jahr 1825

Vertieften Einblick in die Siedlungs- und Sozialgeschichte gewährt ein *Ortsbauplan* bzw. *Brouillion* (Entwurf, Skizze) von **Teningen** (Abb.1). Die Legende in der linken unteren Ecke nennt: *Das Pfarrhauß, das Schulhauß, die Kirch, die sogenante Zehndscheuer*. Ist es Zufall, daß Geometer Frinz die Legende nicht mit der Kirche eröffnet? Oder scheint hier, mitten in der Zeit der Restauration, ein Stück aufklärerisches Denken durch (wie in der eingangs zitierten Landesbeschreibung)? Gewiß werden auch in Teningen Pfarrer u n d Lehrer im 19. Jahrhundert den Ortscharakter (mit)geprägt haben, der Pfarrer sicher mehr als der Lehrer.
Gleich danach folgen die *würklich Wirthshäuser: Der sogenannte Engel, der Rebstock, die sogenannte Stuben, der Löwen, der Ochsen, die Kronen*, dann die, *welche Wirths-Gerechtigkeit auf ihren Häusern haben: Der sogenante Adler, der Hirzen, die sogenante Sonnen*. Wirtshäuser sind unentbehrlich: Außerhalb der Kirche braucht man Versammlungsräume, zumal Teningen zu dieser Zeit noch kein Rathaus hat; auch will man nach mühsamer Arbeit abends und sonntags zusammensitzen, um in Erinnerungen schwelgen, Erfahrungen austauschen, Aufgaben besprechen zu können. Was ist in Teningen seit Anfertigung dieses Planes anders geworden, was ist unverändert geblieben? Da ist zunächst das Straßennetz; ein Bewohner aus der ersten Hälfte des 19. Jahrhunderts könnte sich im heutigen Ortskern zurechtfinden, zumal manche Namen - z.B. Riegeler- und Emmendingerstraße - sich über die Zeiten gehalten haben. Doch Straßennamen waren (und sind noch heute) für Einheimische wenig wichtig, wie man schon daran sieht, daß in dem Ortsplan von 1825 mehrere Straßen (z.B. der "Grünleweg") nicht eindeutig bezeichnet sind.
"Weg" und "Straße" dürften sich kaum unterschieden haben; vielleicht wurde manche Straße etwas besser unterhalten als ein Weg; sicher ist das nicht. Erst nach dem Zweiten Weltkrieg wurden nach und nach die Ortsstraßen asphaltiert, mit Kanalisation, vielfach mit Gehwegen versehen; da staubt es bei Trockenheit nicht so sehr, und bei Regenwetter behält man leidlich saubere Schuhe und Hosen.
Wie sorgfältig der *Brouillon* gezeichnet ist, sei an Beispielen verdeutlicht: Pfeile zeigen die Richtung von Dorfbach und Schulbach an; Kunstbauten sind vermerkt, manchmal auch deren Namen: Engel- und Kronenbruck sowie Schulsteg. Brücken hatten vielleicht schon Geländer, Stege wahrscheinlich nicht. Wiederholt ist in den Gemeindeakten von Kindern die Rede, die um Haaresbreite in diesem oder jenem Teninger Gewässer ertrunken wären.
In ländlichen Gemeinden orientiert man sich noch heute weniger an Straßennamen und Hausnummern, die der Geometer selbstverständlich in seinen Plan aufgenommen hat, sondern an den Bewohnern, von denen die Skizze ja ebenfalls einige ausweist: *Heimburger, Vater vom Ochsenwirth, Stabhalter Beck (Tochtermann vom Löwenwirth)*. Ein Geflecht verwandtschaftlicher Beziehungen ist damit angedeutet, die wohl mehr über Einfluß und Fortkommen entscheiden als Name und Titel. Daß noch in der Gegenwart alte Traditionen weiterwirken, zeigt ein Hinweis auf das Bundesbaugesetz: Die Anbringung von Hausnummern sei Pflicht![13]
1825 zählte Teningen 1.341 Einwohner. Wer im Oberdorf geboren wurde, kannte schon als Kind außer den unmittelbaren Nachbarn auch die Bewohner des Unterdorfes; denn es gab zahllose Begegnungen: An Sonn- und Feiertagen in der Kirche und auf dem Weg dahin, in der Schule, an einem Brunnen, beim Gang zum Feld ...
Die meisten Häuser stehen einzeln, nur gelegentlich begegnen Doppelhäuser (z.B. Nr. 188/9), einmal finden sich vier Häuser in einer Reihe (Nr. 184-187). Da kein großes Areal ringsum liegt, werden hier Weber, Taglöhner und Ortsarme ihre Behausungen gehabt haben.
Seit dem Mittelalter legen sich ringförmig um die Dörfer Gärten (in unmittelbarer Nähe der Häuser), dann Felder, Wiesen, Wälder, entsprechend dem abnehmendem Arbeitsaufwand pro Fläche. Der Plan weist mehrere Bereiche innerhalb des Dorfes eigens als *Gaerten* aus. Diese unterliegen nicht dem Flurzwang; will man zwei oder drei Ernten einbringen, müssen sie

124 Das Pfarrhauß
126 Das Schulhauß
114 Die Kirch
 52 Die sogenannten Zehndscheuer

Hier folgen die würklich Wirtshäuser
 62 Der sogenannte Engel
138 Der Rebstock
139 Die sogenannte Stuben
140 Der Löwen
144 Der Ochsen
197 Die Kronen

Hier folgen noch die N°, welche Wirths-Gerechtigkeit auf Ihren Häusern haben
 51 Der sogenannte Adler
145 Der Hirzen
151 Die sogenannte Sonnen

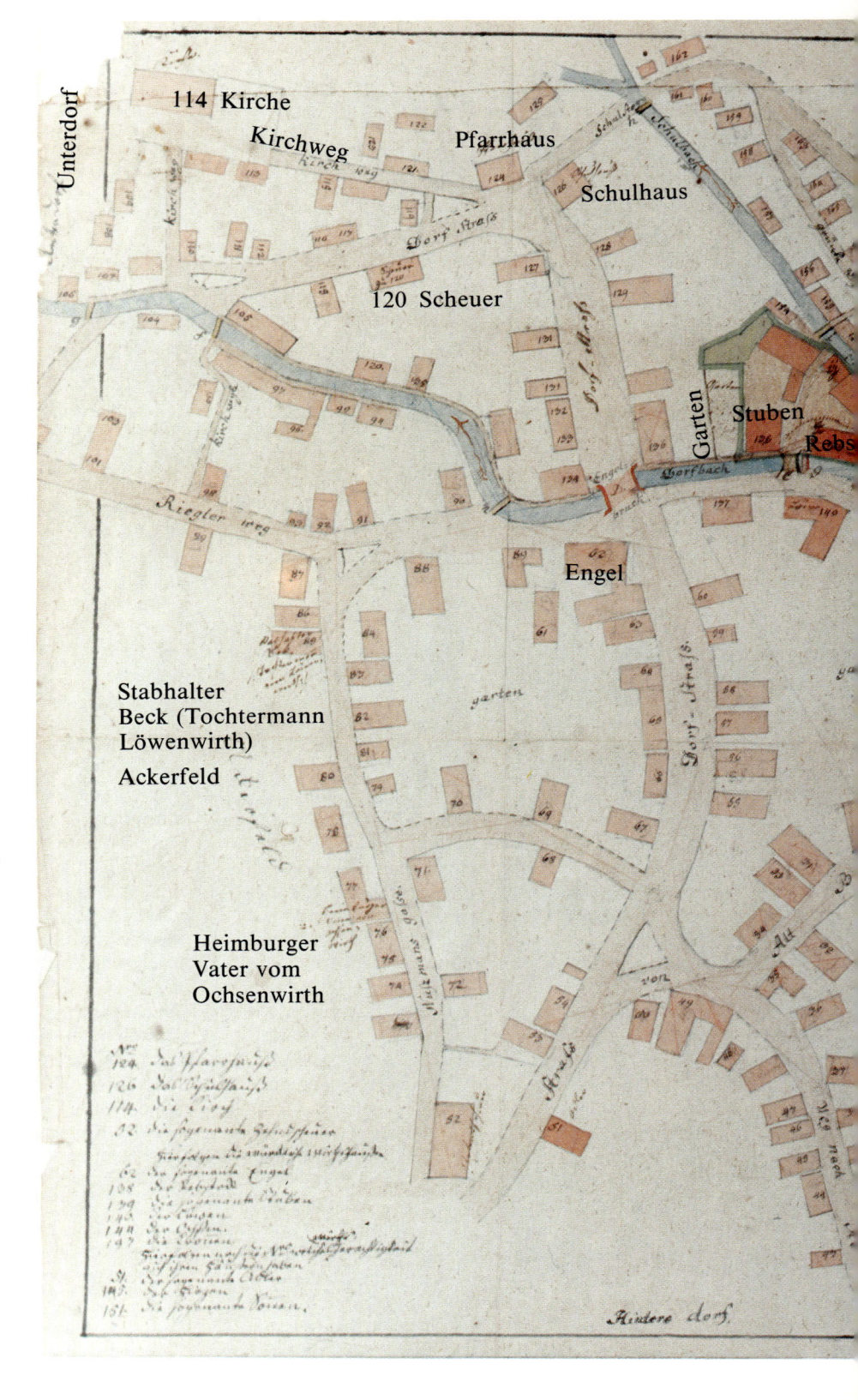

Broullion vom Dorf Theningen

Nord
Ost
West
Süd

Sonnenplatz
Sonne
144 Der Ochsen
Die Kronen
Kronenbruck

Rieder buch
grünte weg
Faschinad
grünte weg
Schüer
Emendingen
Dorfbach
Hanf Rötzen weg
Hanf Rötzen weg
Rieder Straße
nach
garten
weg nach den Obern Matten
Ober dorf

Anhalt: Daß die Häuser vom ganzen Dorf Theningen alle nach der nunmehligen Haus No bezeichnet, sind in dem beiliegenden Bürger Register solche No nebst jedem Inhabers Namen zu ersehen. Die Richtigkeit deßen bezeugen die Unterschriebene.

Ortsbürgern 1825

gezeichnet durch Geomter Frinz.

schnell zu erreichen sein: Bei Trockenheit muß man gießen und zur Erntezeit die Vögel verscheuchen. Manches *Ackerfeld* reicht bis unmittelbar an das bebaute Gebiet heran, wie heute noch in Teilen des Dorfes. Gärten, Äcker, Scheunen weisen unmißverständlich darauf hin, daß die Landwirtschaft Teningen zu der Zeit prägte, da der *Brouillon* gezeichnet wurde. Die wenige Jahre früher in der Landesbeschreibung erwähnte *schöne Mühle* und die *Hammerschmiede* hat der Plan nicht vermerkt. Daß die Menschen sich Herausforderungen von Raum und Klima gestellt haben, zeigen nicht nur Hinweise im Plan auf die Hanf-Reetzen, sondern auch *Grünleweg* und *Faschinad*.[14] Das Gebiet zu beiden Seiten der Elz wurde "Grün" oder "Grünle" genannt; von niemandem als Eigentum beansprucht, galt es als das "gemeine Grün"; mit Weiden, Erlen und Eichen bestanden, von Wasserläufen und Inseln durchzogen, diente es als Schweine- und Schafweide. Die Bezeichnung Faschinad weist darauf hin, daß man sich der unberechenbaren Elzhochwässer mittels Faschinen zu erwehren suchte: Walzenförmige, etwa ein Meter lange und 25 cm starke Strauchbündel wurden mit Draht oder Weidenruten fest zusammengehalten und durch eingelegte Steine beschwert. Anfang des 19. Jahrhunderts wurde dieses Areal in Baumgärten umgewandelt und parzellenweise an Bürger verpachtet. Nach der Regulierung der Elz konnte man daran denken, auch dieses Gebiet zu bebauen. In den 1940er Jahren wurde auf Kosten der Gärten die Straße hier verbreitert.

Landwirtschaft

Die wirtschaftliche Lage des Breisgaus in der ersten Hälfte des 19. Jahrhunderts war, um es mit einem Wort zu sagen, schlecht: Auf dem Land lasteten die Folgen der napoleonischen und Befreiungskriege: Pferde, Rinder, Schweine, Schafe, Ziegen waren von durchziehenden Truppen beschlagnahmt worden; "Freunde" hatten sich dabei nicht anders verhalten als Feinde. Noch lange litt die Bevölkerung unter Seuchen, die die Soldateska eingeschleppt hatte, unter Kriegskontributionen und Zehntablösungen. Infolgedessen konnte kein Kapital gebildet werden, das man dringend für den Aufbau leistungsfähiger Viehbestände, für Geräte, zum Bau von Scheunen usf. gebraucht hätte. Dazu kamen Einflüsse, die sich menschlichem Zugriff entzogen: Verregnete Sommer, lange Winter, eine verheerende Kartoffelkrankheit, Überschwemmungen. Die Lage spitzte sich in der zweiten Hälfte der 1840er Jahre zu. Die Revolution 1848/49 bildet nur einen Teil der weit und tief reichenden Krise.

Konkrete Vorstellungen vom Ackerbau früherer Jahrhunderte kann man heute in Ländern der sogenannten Dritten Welt gewinnen: Unterernährte Bauern pflügen mit mageren Rindern einen kargen Boden, sie säen und ernten mit ihren Händen. Anfang des 19. Jahrhunderts stand auch in Deutschland für landwirtschaftliche Arbeiten fast nur die Kraft von Mensch und Vieh zur Verfügung. Männer, Frauen und Kinder waren gefragt zum Mähen, Wenden, Aufladen von Heu und Öhmd, zum Säen, Mähen, Binden, Aufladen, Dreschen des Getreides, zum Pflanzen, Hacken, Ernten und Schneiden der Hackfrüchte. Meist fehlte Bargeld, mit dem man Gesinde hätte entlohnen können; deshalb hatte die ganze Familie zuzupacken. Qualifizierte Arbeitskräfte mußten das wertvolle Vieh führen; Ochsen, seltener Pferde, zogen Pflug und Egge - wie man es im Breisgau gelegentlich noch in den 1970er Jahren sehen konnte.

Auf den Gedanken des Mutter- und Jugendschutzes wäre zu Anfang des 19. Jahrhunderts niemand gekommen; mehr als ein Kind wurde auf dem Feld geboren; Kinderarbeit wurde in Fabriken erst in der zweiten Hälfte des 19. Jahrhunderts nach und nach staatlicher Kontrolle unterworfen; mancher bäuerliche Betrieb ist auch heute noch auf die Mitarbeit von Kindern angewiesen. Ein angesehenes Nachschlagewerk schreibt zu Ende des letzten Jahrhunderts zum Stichwort "Ernte": *Die namentlich im Kleinbetriebe vielerorts noch verwandte Sichel kann auch von Frauen und Kindern gehandhabt werden; dagegen leistet sie wenig.*[15] Wer mit der Sichel arbeitet, muß sich bücken, vielleicht gar auf den Knien rutschen.

Daher bedeutete die Sense eine erhebliche Verbesserung, rechnete man doch "nur" noch etwa 112 Stunden zum Mähen von einem Hektar Getreide. Zum Vergleich: Mit dem pferdebespannten Selbstbinder, der sich in größeren Betrieben seit En-

de des 19. Jahrhunderts mehr und mehr durchsetzte, mähte und band man das Getreide von einem Hektar in etwa 40 Stunden; der seit den 1960er Jahren auch im Breisgau verwendete selbstfahrende Mähdrescher mäht und drischt in nicht mehr ganz zwei Stunden einen Hektar Getreide.[16]
Es war nicht damit getan, daß das Getreide geschnitten und von Frauen und Kindern zusammengelegt wurde, damit Männerfäuste es zu Garben binden konnten, die zusammengestellt, später aufgeladen, heimgefahren und in die Scheune hochgereicht werden mußten - anstrengende und nicht ungefährliche Arbeiten, wie Berichte von Unfällen zeigen. Vielmehr mußte das Getreide gedroschen werden, noch im 20. Jahrhundert oft mit dem Dreschflegel, im Herbst und im Winter, je nach Bedarf. Stroh, das mit dem Flegel ausgedroschen war, eignet sich besser zum Binden der Reben als mit der Maschine gedroschenes, stärker zerschlagenes. Hatten Kinder morgens von vier bis acht Uhr den Dreschflegel geschwungen, konnten sie in der Schule nicht mehr aufmerksam dem Unterricht folgen. Kleidung war teuer, erst recht Schuhe; deshalb liefen Arbeiterinnen und Arbeiter mindestens in den Monaten, die kein "r" im Namen haben (Mai bis August), barfuß aufs Feld. War die Fußsohle nicht zäh genug, mußte man sich mit blutenden Füßen abfinden.
Hinzu kamen schlechte Ernährung, Zeit- und Leistungsdruck, stechende Sonne. Es ist etwas anderes, ob man sich vor schwerer Arbeit in der Sommerhitze mit einem guten Frühstück und einem kräftigen Kaffee stärken, nach getaner Arbeit unter die Dusche gehen und wieder gut essen kann, oder ob man nur eine dünne Kartoffelsuppe im Bauch hat und die Annehmlichkeiten sanitärer Einrichtungen nicht kennt. - Zeitdruck: Getreide muß zum richtigen Zeitpunkt gemäht werden. Je reifer die Körner sind, desto mehr fallen aus und gehen verloren. Deshalb war mit dem Mähen bei Gelbreife zu beginnen, d.h. wenn sich die meisten Körner über den Fingernagel brechen lassen, aber noch einen breiigen Kern besitzen. Frühgemähtes Korn ergibt ein feineres Mehl und weniger Kleie. Bei Trockenheit nimmt die Reife sehr schnell zu; bei ungünstigem Wetter kann nicht geerntet werden. Während das zuerst Gemähte gelbreif ist, wird das Korn der zuletzt gemähten Felder "voll- oder totreif": Die festen oder sogar völlig hart gewordenen Körner fallen aus. Auch heute noch steht die Getreideernte unter Zeitdruck, weshalb Mähdrescher oft auch nachts bei künstlichem Licht im Einsatz sind, nicht selten von einer Zentrale über Sprechfunk von einem Feld zum anderen geschickt.
Frühere Zeiten haben für Probleme oft elegante Lösungen entwickelt, die auch modernen Vorstellungen von naturschonendem Landbau entsprechen. Wurde ein Teil des Landes mit Getreide, ein anderer mit Hackfrüchten bebaut, waren nicht nur die Risiken geringer, die Monokulturen drohen, z.B. Schädlinge und schlechtes Wetter, vielmehr waren die Erntezeiten gestreckt: Wintergetreide wird im Früh-, Gerste und Hafer im Hochsommer geerntet; im Herbst folgen Kartoffeln und Rüben, in Weinbaugebieten die Traubenlese. Verglichen mit vielen Gegenden Europas, erfreuten sich die Landwirte im nördlichen Breisgau unbestreitbarer Vorteile, konnten sie doch außer dem lebensnotwendigen Brotgetreide - z.T. bis auf den heutigen Tag - Sonderkulturen anbauen, wie sie die eingangs zitierte Landesbeschreibung aufführt: Hanf, Tabak, Wein. Trotzdem kam es auch in Baden Mitte des 19. Jahrhunderts zu einer schweren, die Regierung beunruhigenden Krise. Wo Bargeld fehlt, können keine Steuern erhoben werden; sind die Menschen chronisch unterernährt und krank, ist nicht mit vitalen Rekruten zu rechnen. Die Regierung war ratlos. 1845 sprach das Oberamt (Vorläufer des Bezirks- bzw. Landratsamtes) *bedeutendere rationelle Landwirte* an.[17] Zur Förderung der Landwirtschaft werden folgende Vorschläge gemacht: Bewässerung von Wiesen; Trockenlegung von Sümpfen mit Hilfe von Abzugsgräben; Bau zweckmäßiger Dunggruben; Anlage von Sonderkulturen (z.B. Hanf); Anbau von Qualitäts- statt Massenwein. Weitere Empfehlungen gelten der Anpflanzung und Pflege von Obstbäumen sowie der Rinder- und Schweinezucht. 1847 soll der landwirtschaftliche Bezirksverein sich mit Fragen folgender Art beschäftigen: Wie läßt sich die Kartoffelkrankheit eindämmen? Kann man Kartoffeln aus Samen ziehen? Was kommt als Ersatz für Kartoffeln in Frage? Mais vielleicht? Welche Vorteile verspricht die Anlage von Gemeindebacköfen? Wie sind diese einzurichten? Weiter fragt das

*Köndringen im März 1941
(GAT 407/89).*

*Getreideernte in Heimbach, 1939
(GAT 406/89).*

Weinlese in Köndringen in den späten 30er Jahren (GAT F 272/87).

Lachsfang mit der Setzberne in den 30er Jahren (GAT F 180/87).

Amt nach dem geeignetsten Zeitpunkt zum Wässern der Wiesen und zur Ernte des Heus, nach dem Roh- und Reinertrag von Wiesen und Äckern, nach Erfahrungen mit dem Futterbau. *Ist für den kleineren Landwirt das Halten von Kühen, Ochsen oder Pferden zum Zug vorteilhafter?* - Bei der Nutzung fliessender Gewässer kommt es zu Konflikten: *Wie läßt sich am besten das Interesse der Wiesenbesitzer mit dem Interesse der Werkbesitzer vereinigen?*
Die Fragen enthielten ein weitgespanntes praktisches wie wissenschaftliches Programm. Wollte man die Not langfristig lindern, kam es auf strukturelle Verbesserungen an. Dazu mußte man beobachten, messen und wiegen, Ergebnisse auswerten, Erfahrungen sammeln und weitergeben. Es war durchaus sinnvoll, daß sich an dem Meinungsaustausch "wissenschaftlich gebildete Landwirte" beteiligten. In den folgenden Jahrzehnten fordert die Verwaltung Jahr um Jahr die Gemeinden zu genauen Angaben über Ernteergebnisse auf. Diese Daten verschwanden nicht in Archiven, wurden vielmehr zu Reihen und Tabellen zusammengestellt, in Heften und - auszugsweise - in der Presse veröffentlicht, wovon manche Zeugnisse im Gemeindearchiv **Teningen** künden. In einer die *Förderung der Landwirtschaft* betreffenden Verlautbarung verweist das Oberamt Emmendingen 1847 auf eine von der landwirtschaftlichen Kreisstelle herausgegebene Beilage zur Freiburger Zeitung mit Aufsätzen, Anzeigen, Anfragen über landwirtschaftliche Gegenstände. Es sei zweckmäßig, in jedem Orte wenigstens ein Exemplar dieser Zeitung zu halten, *entweder auf Kosten der Gemeindekasse, oder auf Kosten der Mitglieder oder intelligenter Landwirte, welche dann das Blatt unter sich zirkulieren lassen können.* Eine geschickte Werbung, denn wer möchte nicht als "intelligent" eingestuft werden?
Hilfe war in diesem Jahr dringend gesucht: Nach einer Meldung des Oberamts Emmendingen vom 24. August fehlte es an Getreidevorräten, und die Kartoffeln seien wieder von der Krankheit befallen. Im Anschluß an die Schreckensmeldungen ein schwacher Trost: Man erwarte eine gute Obsternte, weshalb Obst gedörrt werden solle. Die Gemeindeverwaltung soll am Sonntagnachmittag und an freien Tagen Versammlungen einberufen, um die Bauern über die schlechte Lage zu informieren; ferner sollen, wenn eben möglich, auf Gemeindekosten Dörröfen zum Preis von 30 fl angeschafft werden; in Denzlingen könne man ein Muster sehen.
An gutem Willen fehlte es also nicht. Zwar war mit dem Dörren von Obst keine Hungersnot zu vermeiden; auch kam es nicht in erster Linie darauf an, Abwechslung in den Speisezettel zu bringen. Langfristig wichtiger war Folgendes: Frisches Obst trug zur Deckung des Bedarfs an lebensnotwendigen Vitaminen bei - eine Voraussetzung für größere Widerstandsfähigkeit gegen Krankheiten und damit für die steigende Lebenserwartung der Menschen in der zweiten Hälfte des 19. Jahrhunderts.
Wie sich Hoffnungslosigkeit, Unterernährung, Krankheiten in diesen Jahren auswirkten, soll in einem eigenen Abschnitt dargestellt werden. In den 1850er und 1860er Jahren wurde die Krise langsam überwunden: Mißernten hatten nicht mehr so verheerende Folgen, da mit der Eisenbahn rasch und kostengünstig Nahrungsmittel aus landwirtschaftlichen Überschußgebieten herangeführt werden konnten. Infolge der Auswanderung gab es weniger Münder zu stopfen. Noch wichtiger: Die landwirtschaftlichen Erträge wurden erheblich gesteigert. Noch in der frühen Neuzeit mußte der Bauer sich oft mit dem Zwei- bis Dreifachen der Aussaat begnügen; 1854 wurde in Teningen beim Weizen das Acht-, beim Roggen das Fünf- bei der Sommergerste das Elffache der Aussaat geerntet. 1894 rechnete man in Teningen bei Winterweizen mit einem Saatgutbedarf von 1,8 dz/ha und einem Ertrag von 22 dz/ha bei sehr guter, 19 bei guter, 18 bei ziemlich guter, 17 bei mittlerer bzw. durchschnittlicher und 8 dz/ha bei geringer Ernte. Entsprechend schwankten die Erträge bei Sommergerste zwischen 25 und 8, bei Mais zwischen 33 und 17, bei Runkelrüben zwischen 417 und 208 und bei Kartoffeln zwischen 167 und 69 dz/ha (bei diesen ging man von 12,5 dz/ha Saatgutbedarf aus). Diese Werte entsprechen der gleichzeitigen Entwicklung in Deutschland: Hier stiegen zwischen 1848/52 und 1908/12 die Hektarerträge bei Weizen und Gerste von mehr als 12 bzw. mehr als 11 auf über 20 dz/ha an, bei Roggen von mehr als 10 auf fast 18 dz/ha.[18] All das war der Lohn generationenlangen Mühens und e i n e weitere Voraussetzung für das

rasche Bevölkerungswachstum seit dem 19. Jahrhundert.
Höhere landwirtschaftliche Erträge sind einem Bündel von Maßnahmen zu verdanken, von denen manche ihren Niederschlag in den Teninger Akten gefunden haben. Bei der Wassernutzung galt es z.B., widerstreitende Interessen von Landwirten und Industriellen sowie der Gemeinden untereinander zum Ausgleich zu bringen. Ende des 19. Jahrhunderts ist von Schiedssprüchen und Gerichtsverfahren mit anderen Gemeinden die Rede, die sich durch Meliorationsarbeiten in Teningen benachteiligt sahen. Es standen erhebliche Werte auf dem Spiel: Der Heuertrag der 375 ha bewässerbaren Wiesen war 1894 und 1895 mit 40 bzw. 45 dz/ha doppelt so hoch wie der der 26,4 ha nichtbewässerbaren Wiesen; ähnlich lauten die Angaben für das Öhmd: 25 bzw. 13 dz/ha.
Wer seine Wiesen bewässerte, konnte mehr Großvieh halten und gewann mehr Dünger. Die Wiesenbewässerung schaffte damit eine Voraussetzung für den zunehmenden Fleischverbrauch der Deutschen im 19. Jahrhundert (der sich allerdings auch mit höheren Einfuhren erklärt): Im Jahre 1883 28,9 kg, 1911 schon 48,0 kg![19]
Bewässerungsanlagen hat man in **Teningen** selbstverständlich schon vor dem 19. Jahrhundert gebaut, bot sich doch die Elz mit ihren zahllosen Seitenarmen zur Wiesenbewässerung geradezu an. Allerdings forderten Bäche und Kanäle, Stellfallen und Brücken stetige Kontrolle und Unterhaltung - ob auf Kosten der Gemeinde oder des jeweiligen Landwirts, darüber wird auch heute noch bei der jährlichen Flurbegehung gesprochen.
Andere in Teningen aktenkundige Maßnahmen galten der Ertragssteigerung im Ackerbau: Gezielte Bekämpfung von Schädlingen (Raupen, Maikäfern usf.), Unkräutern (eine 15 - 20%ige Eisenvitriollösung wird um 1905 propagiert), Einsatz von natürlichem und Kunstdünger. Noch heute weiß mancher Landwirt nicht recht, mit welchen Erzeugnissen er Gewinne erwirtschaftet, und wo er draufzahlt. Der Landwirtschaftliche Bezirksverein Emmendingen setzt 1905 eine Prämie von 10 Mark aus für *die beste landwirtschaftliche Buchführung* nach gegebenem Muster. 1921 lädt der Verein zu eintägigen Buchführungskursen ein; diese sollen möglichst i n der jeweiligen

Gemeinde und nur bei einer Beteiligung von mindestens zwanzig Interessenten angeboten werden; Gebühr 20 (Papier) Mark.
Verbesserungen wurden auch durch Ausstellungen erzielt, wo Praktiker und Produzenten einander begegneten. Sie wurden gern besucht, zumal wenn sie mit einem Volksfest verbunden waren, wie in München oder Cannstatt. So sollten Schüler in Begleitung von Lehrern an einem Freitagvormittag freien Eintritt zur landwirtschaftlichen Ausstellung in Kenzingen haben.[20] Ausgestellt wurden Maschinen (Dreschmaschinen, Futterschneider, Göpelwerke, Pumpen, Pflüge, Eggen, Trotten), Vieh, Bienen sowie landwirtschaftliche Erzeugnisse. Prämien überregionaler Ausstellungen waren begehrt. Die Landwirtschafts- und Gartenausstellung in Karlsruhe verlieh 1906 Teninger Bürgern Medaillen in Gold (Oberlehrer Kilchling), Silber (Heinrich Patschke, Jakob Looser) und Bronze (Schreiner August Weiler). Zur Ausstellung der Deutschen Landwirtschafts-Gesellschaft in Straßburg 1913 wurde Mitgliedern des Landwirtschaftlichen Bezirksvereins Emmendingen *einfache Fahrt III. Klasse* ersetzt; aus Teningen meldete der Bürgermeister zwanzig Interessenten, u.a. Jakob Looser.[21]
Es ist bezeichnend, daß unter den Preisträgern der Gartenausstellung ein Lehrer und ein Schreiner sind. Dieser zeigt die seinerzeit noch enge Verbindung zwischen Landwirtschaft und Gewerbe, jener steht stellvertretend für aufgeschlossene Lehrer, denen das feste (wenn auch bescheidene) Gehalt eine gewisse Experimentierfreude erlaubte; als Förderer unkonventioneller Methoden in der Landwirtschaft spielten sie eine umso größere Rolle, als die von ihnen angesprochene Jugend sich oft genug bewußt von den überkommenen Anschauungen der Eltern absetzen wollte. Eine in Teningen propagierte breit angelegte Aufklärungs- und Bildungskampagne umfaßte u.a. Kurse von einem Tag bis zu mehreren Wochen Dauer (diese auf der Hochburg) und praktische Anschauung für Schüler und Lehrer auf landwirtschaftlichen Ausstellungen.
Ergänzend sei auf die Nutzung der Gemarkungsfläche Ende des 19. Jahrhunderts eingegangen.[22] Wie ein Vergleich der Daten von 1894 und 1913 zeigt, kam es in dieser Zeit zu nur geringfügigen Verschiebungen. Die Hälfte der gut 1.600 Hek-

tar Fläche wurde 1894 landwirtschaftlich genutzt: *Acker- und Gartenländereien* 395,6 ha (24,5%) und Wiesen 401,4 ha (24,8%). 772,9 ha (47,8%) waren mit Wald bestanden. Der kleine verbleibende Rest entfiel auf *Hausplätze und Hofreite* (0,6%), *öffentliche Plätze, Straßen, Wege* (1,3%), *ständige Weide* und *Gewässer* (0,1 bzw. 0,8%).
1893 wurden in Teningen angebaut (die Reihenfolge entspricht der Größe der mit der jeweiligen Frucht bestellten Fläche): Kartoffeln, Weizen, Tabak, Grünmais, Sommergerste, Winterroggen, Weizen und Roggen, Hafer, Runkelrüben, Mais, Klee, Hanf, Zuckerrüben, Zichorie, Hopfen. Vergleicht man zwei Erhebungen im Abstand von fast dreißig Jahren, so zeigt sich das unterschiedliche "Gewicht" einzelner Feldfrüchte; die jeweils erste Zahl bezieht sich auf die Anbaufläche (in ha) 1893, die zweite auf 1921: Kartoffeln 85/55; Runkelrüben 15/30; Weizen 60/5; Hafer 15/20; Mais 12/35; Tabak 46/40; Klee 12/45.
Der Anbau von Weizen ging um die Jahrhundertwende stark zurück. Mit Anbau und Verarbeitung von Tabak verdienten zahlreiche Arbeitskräfte ihren Lebensunterhalt, auch in Heimarbeit und in Filialen von Zigarrenfabriken, die in Teningen (z.B. Burger & Söhne), Heimbach, Köndringen und Nimburg eröffnet wurden. In gewisser Hinsicht sorgte der Tabak also zeitweise für Arbeitsplätze, die früher der Hanf gesichert hatte (vgl. dazu den folgenden Abschnitt). Hopfen, Zuckerrüben und Zichorien (eine Hackfrucht, aus der ein Kaffee-Ersatz hergestellt wurde) spielten in Teningen so gut wie keine Rolle. Während des Ersten Weltkriegs wurden - auf Kosten von Tabak - mehr Kartoffeln angebaut; das ist bemerkenswert, weil Deutschland mit Kriegsausbruch von den überseeischen Tabakproduzenten abgeschnitten war, die Truppe aber trotzdem mit Rauchwaren versorgt sein wollte.
Wiederholt ruft die Regierung im 19. Jahrhundert zum Anbau von Sonderkulturen auf; für Heimbach und Köndringen, Nimburg und Teningen waren das Hanf, Tabak, Qualitätswein und -obst. Wie die (mindestens bis in die Zeit des Zweiten Weltkrieges) regelmäßigen Erhebungen zeigen, nahm der Obstbaumbestand von 1894 bis 1938 stark zu, z.B.: Äpfel 242 bzw. 6.993, Birnen 111 bzw. 694, Kirschen 16 bzw. 211, Pflaumen und Zwetschgen 163 bzw. 1.619 Bäume. 1894 waren Erträge und Preise eher mäßig: Pro Baum 2 Zentner Birnen zu 3,50 bzw. 1 Zentner Pflaumen zu 3 Mark.

Hanfanbau

Außerordentlich schön nennt die eingangs zitierte Landesbeschreibung den Teninger Hanf. Die Reetzenstraße und Ausstellungsstücke im Heimatmuseum erinnern an den Hanfanbau, der zeitweilig für Köndringen und Teningen erhebliches Gewicht hatte.[23]
Hanf ist eine zweihäusige, ein bis vier Meter hoch wachsende Pflanze. Sie wurde im Breisgau schon im Mittelalter angebaut und lieferte jahrhundertelang eine wichtige Pflanzenfaser. Verglichen mit dem Flachs ist die Hanffaser eher gelblich, gröber, steifer und daher zu feinen Gespinsten ungeeignet. Aus dem weiblichen Hanf (Mastel, Samen- oder Winterhanf, Hanfhennen) wurde vor allem Seilerware hergestellt. Die wertvollsten Fasern liefert der männliche, höher wachsende und früher reifende Hanf (Femel, Fimmel, Sommerhanf). Das aus ihm hergestellte Gewebe ist schwerer und reißfester als solches aus Flachs; es läßt sich durch Kochen in Lauge verfeinern und dann zu Bettwäsche und derber Arbeitskleidung verarbeiten; Frauen bevorzugten Kleidung aus Leinen, der in Teningen jedoch nur in geringen Mengen angepflanzt wurde.
Der im Herbst gepflügte und evt. gedüngte Boden blieb den Winter über ungeeggt liegen, um ein feinkrümeliges Beet zu erzielen, das in der ersten Aprilwoche eingesät wurde. Mitte August wurden die männlichen Pflanzen, sollte die Faser nicht zu grob werden, mit den Händen ausgerauft, gebündelt und in Hocken von zehn oder zwölf Bündeln aufgestellt.
Bis dahin hatte man die Hanfröstbecken oder Hanfreezen - sechzig bis hundert Meter lange, etwa zehn Meter breite, nebeneinander liegende, miteinander durch Gräben verbundene und durch einen Bach mit Wasser gespeiste Becken - gesäubert. Die Hanfbündel wurden in die Reezen gelegt, eine Schicht längs, die nächste quer usf., die oberste mit Brettern abgedeckt und mit Steinen beschwert. Dann wurde Wasser in die Gruben geleitet, bis die Bündel vollkommen mit Wasser

Tabakpflanzer am Waaghaus um 1940 (GAT F 32/84).

Flachsanbau in der Hindenburgstraße um 1940 (GAT B 239/88).

bedeckt waren. So blieb der Hanf zwei bis drei Wochen liegen. Die Spätsommerhitze begünstigte den jetzt einsetzenden Gärungsprozeß. Sobald sich die Fasern vom inneren holzigen Teil des Stengels lösten, wurden die Bündel herausgenommen, zum Abtropfen aufgestellt, aufgebunden und auf der Wiese zum Trocknen ausgebreitet - für die Anwohner eine erhebliche Geruchsbelästigung.

Die weiblichen Pflanzen wurden nach der Kartoffel- und Rübenernte mit der Sichel geschnitten oder ebenfalls mit den Händen ausgerissen. Der Samen wurde in Bütten ausgeklopft. War er noch nicht ganz reif, blieben die Bündel einige Tage auf dem Feld stehen; während dieser Zeit mußte die Schuljugend mit Topfdeckeln und anderen Lärminstrumenten die in Scharen einfallenden Vögel verscheuchen. Die Samen dienten als Vogelfutter, oder es wurde aus ihnen ein fettes, trocknendes Öl gepreßt, das bei der Herstellung von Lacken und Seife gefragt war.

Bis zum Schwarzwerden und Abfallen der Blütenstände blieb der Hanf auf dem Feld ausgebreitet, dann wurde er wie die männlichen Pflanzen behandelt. Nach dem Trocknen wurden die Bündel auf dem Schopf gelagert.

Hatte man Zeit für die weitere Bearbeitung, wurde der Hanf zunächst *geknitscht*: Die holzigen Teile des Stengelinneren wurden gebrochen und zerbröselt, bis nur noch die Fasern übrig blieben. Dazu bediente man sich der Breche oder Knitsche, eines einfachen Gerätes, das aus zwei scharnierartig miteinander verbundenen Brettern besteht, aus denen auf der Innenseite Rillen so herausgearbeitet sind, daß die Erhebungen des oberen in die Vertiefungen des unteren Brettes passen. Mit der einen Hand legte man das Hanfbüschel auf das untere Brett der Breche und schlug dann das obere Brett mit der anderen Hand herunter. Nach jedem Arbeitsgang wurde das Hanfbüschel durch Anschlagen von den holzigen Stengelteilen (Aglen) befreit, die man zum Anfeuern sammelte. Die Hanfbüschel wurden wie ein Strohseil zusammengedreht; die Bastfasern waren jetzt noch untereinander verbunden und vielfach verworren; sollten sie gesponnen werden, mußten sie in einem weiteren Arbeitsgang aufbereitet werden. Wie für andere Arbeiten im Textilgewerbe, wurden auch für das Hanfbrechen Maschinen entwickelt; im Oktober 1867 wird der Gemeindeverwaltung gemeldet, eine Hanf- und Flachsbrechmaschine sei in Emmendingen eingetroffen.

Anschließend wurden die Faserbüschel zerteilt und zerlegt, die kürzeren Fasern (Küder) abgesondert, die langen Fasern geordnet und geradegelegt. Man bediente sich hierzu der Hechel, eines Werkzeugs, das aus reihenweise angeordneten, in einem Brett befestigten, kegelförmig zugespitzten und polierten Stahlnadeln besteht. Je nach gewünschtem Feinheitsgrad wurde das Material durch mehrere, immer feinere Hecheln gezogen. Zum Hecheln nahm man eine Partie Hanf und schlang sie um die Hand; mit der anderen Hand breitete man die freiliegende Partie gleichmäßig aus, schlug sie in die Nadeln der Hechel ein und zog sie durch diese hindurch. Anschließend wurde die andere Hälfte gehechelt. Zwar gab es auch für diese Arbeit Maschinen, doch fehlte im allgemeinen das für die Anschaffung nötige Kapital.

Tagelöhner, die im Sommer in der Landwirtschaft gearbeitet hatten, verdingten sich im Winter zum Hecheln. Der dabei freigesetzte Staub war um so unangenehmer, als man in unzureichend belüfteten Räumen arbeiten mußte, auf der Hechelbühne oder im Untergeschoß großer Bauernhäuser, beim spärlichen Licht von Öllampen oder Talglichtern, die in Wandnischen standen. Das beim Hecheln abfallende Hanfwerg (Hanfhede) wurde je nach Feinheitsgrad zu Gurten, Bindfaden, Garn und Stricken verarbeitet.

Das gehechelte Material wurde zu Garn gesponnen, von den Frauen im Hause oder als Lohnarbeit, und dann zu Tuch gewoben, bis in die zweite Hälfte des 19. Jahrhunderts ebenfalls in Heimarbeit. In großen Stücken von etwa zwanzig Meter Länge wurde das Tuch auf der Wiese gebleicht.

Kürzere Fasern verarbeitete man zu Hanfseilen minderer Qualität; für Schiffstaue und ähnlich stark beanspruchte Seile verwendete man die langen Hanffasern. Der Landwirtschaftliche Bezirksverein Emmendingen forderte 1900 und 1901 die Bürgermeisterämter des Bezirks auf, Hanfproben einzusenden; für eine Verwendung bei der deutschen Kriegsmarine komme allerdings nur gute und sorgfältigst gereinigte Ware in Frage.

Das Hanfgewerbe war in Teningen stark vertreten, wie Über-

namen (*Ehrler-Weber, Larisse-Weber, Poppele-Seiler, Seiler-Julius*) zeigen. 1870 sollen vierundzwanzig Prozent der Teninger Erwerbstätigen mit Anbau, Verarbeitung und Handel von Hanf beschäftigt gewesen sein.
Der Hanfanbau brachte Mitte des 19. Jahrhunderts viel Geld nach Teningen. Als "Geldwert" aus dem Verkauf von Hanf und Hanfsamen ergaben sich in den Jahren 1844 bis 1855 Summen zwischen 10.965 und 26.208 Gulden.
Im ausgehenden 19. Jahrhundert ging der Anbau von Hanf in Baden zurück, von 9.109 ha (1865) auf 3.246 ha (1882); in Teningen wurden 1893 noch acht, 1895 letztmals drei Hektar mit Hanf eingesät. Der Anbau lohnte nicht mehr, da aus dem Ausland, vor allem aus Italien, dank niedriger Eisenbahn-Frachttarife preiswerter Hanf auf den deutschen Markt drängte. Erst Jahrzehnte später, 1937, wurden die letzten Hanfreetzen in Teningen aufgefüllt.
Nicht abgerissen ist die Tradition der Seiler, von denen es in Teningen 1890 noch vier gab. Die Firma Südseil in Köndringen ist heute ein florierendes Unternehmen, das Hanf, Jute und Kunstfasern verarbeitet, u.a. zu Sicherheitsnetzen, Abschleppseilen und Erzeugnissen für Kinderspielplätze; gegebenenfalls führt man auch Sonderaufträge für das Stadttheater Freiburg aus.
Im Zuge der Autarkiepolitik mußten im Zweiten Weltkrieg die Gemeinden ein bestimmtes Kontingent Flachs erzeugen, das Teningen 1940 auf gemeindeeigenem Grund anbaute. Nach einem Erfahrungsbericht des Bürgermeisters war der Arbeitsaufwand so hoch, daß die Gemeinde sich nicht zur Wiederholung des Experimentes entschließen konnte. Interessierten Landwirten wurde bedeutet, daß sie - wollten sie wieder die Konzession zum Anbau von Tabak erhalten - eine gewisse Menge Flachs anbauen müßten.
Ergänzend sei Seegras genannt, das in Teningen zwar nie eine dem Hanf vergleichbare Bedeutung gewonnen, doch manchen Familien einen bescheidenen Nebenverdienst geboten hat. Aus der im Allmendwald wachsenden langblättrigen, zähen Grasart wurden u.a. Seile zum Binden von Getreidegarben geflochten; in den 1850er Jahren sollen jährlich 3-4000 Zentner gesammelt, zu Zöpfen verarbeitet und verkauft worden sein.[24] Die Gemeinde war bestrebt, die Pflanzen zu schonen; 1909 etwa heißt es, das Seegras dürfe nur *unter Aufsicht des Waldhüters* gesammelt, zudem *nicht gesichelt, sondern nur gerupft werden*. 1934 rechnete man mit einer Ernte von etwa 310 Zentnern (zu 0,70 bis 0,80 RM). Die Arbeit sollte der ortsansässigen Bevölkerung vorbehalten sein - es war die Zeit hoher Arbeitslosigkeit.

Viehzucht und Waldwirtschaft

Jahrhundertelang bildete das Vieh den wertvollsten Teil der beweglichen Habe des Bauern; deshalb wurde es Anfang Dezember jeden Jahres gezählt. Eine Zunahme des Viehbestandes bedeutete im allgemeinen, daß es den betreffenden Landwirten besser ging.
In Teningen verfügte man traditionsgemäß über einen großen Viehbestand, wie Beispiele zum Jahr 1875 zeigen mögen (in Klammern die Zahlen für 1912 und 1937): Pferde 86 (97 bzw. 91), Rinder 536 (586 bzw. 547), Schweine 310 (468 bzw. 693), Schafe 14 (1 bzw. 6), Hühner 1808 (2.561 bzw. 2.773), Bienenvölker 24 (58 bzw. 59). Pferde waren auch Rüstungsgüter; noch im Zweiten Weltkrieg wurden sie jährlich gemustert. Trotz der seit der Jahrhundertwende zunehmenden Spannung in Europa erhöhte sich die Zahl der Pferde nur wenig. Ergänzende Fragen zeigen, daß 1911 bei der Herbstbestellung 150 Kühe und 15 Ochsen angespannt waren, also mehr als man in Teningen seinerzeit Pferde hatte. Während die Zahl der Pferde und Rinder recht konstant blieb, nahm die der Schafe ab, die der Schweine und Hühner erheblich zu. Die Zahlen sind nicht leicht zu interpretieren; insgesamt weisen sie auf einen höheren Verbrauch von tierischem Eiweiß hin - Symptom für bessere, abwechslungsreichere Ernährung und zunehmenden Wohlstand.
Aus dem Jahr 1912, dem vorletzten Friedensjahr, liegt eine detaillierte Aufstellung zum Viehbesitz in Teningen vor. Nur drei der 91 Landwirte besaßen bis zu fünf Stück Großvieh: 32 Bauern hatten kein, 54 besaßen ein und fünf hatten zwei Pferde; 7 begnügten sich mit einem Rind, einer hatte deren elf; ein wohlhabender Landwirt verfügte über 2 Pferde, 8 Rin-

der, 4 Schweine, 30 Tauben, 15 Hühner, 20 Kaninchen, 1 Hund. Verglichen damit besaß der Mühlenbesitzer wesentlich mehr Vieh: 6 Pferde, 9 Rinder, 8 Schweine, je 50 Tauben und Hühner, drei Hunde. Überblickt man die langen Listen, so fällt die große Zahl Teninger Viehzüchter auf, insgesamt 300 Haushaltungen! Sicher bebauten diese auch noch ein Stück Land, denn sonst wäre das Futter zu teuer gekommen: Handwerker mit drei, vier, fünf Rindern sind nicht ungewöhnlich; ein Taglöhner hatte zwei, ein Ortsdiener 4, ein Hafner fünf, zehn Witwen besaßen zusammen 27 Rinder. Der weitverbreitete große Viehbestand deckt Kontinuitäten auf; er bedeutete - wie in früheren Jahrhunderten - ein Stück Sicherheit in Krisenzeiten, wie sich im Weltkrieg zeigen sollte.

Teningen besaß (und besitzt) viel Wald. Da Holz einen Teil der Besoldung der Gemeindebeamten ausmachte, kam die Gemeinde mit weniger Bargeld aus. Als eine Art Sparkasse erlaubte der Wald Sonderhiebe. Außergewöhnliche Ausgaben, z.B. die Kontribution nach der Revolution 1848/49, ließen sich leichter verkraften; zudem konnte man großzügiger planen als "waldarme" Gemeinden.

Die Revolution 1848/49

Die Freiheitskriege 1813-1815 hatten Hoffnungen entfacht, die sich in den folgenden Jahrzehnten nur zum Teil erfüllten. Nach der Verfassung von 1818 wirkte das Volk bei der Gesetzgebung mit; damit verfügte Baden über weit größere Freiheitsrechte als andere Staaten des Deutschen Bundes. Trotzdem waren nicht nur die Gebildeten und nicht nur Städter mit den politischen, rechtlichen und gesellschaftlichen Verhältnissen unzufrieden; immerhin galt bis 1918 für die Wahlen zur badischen Kammer - anders als seit 1871 zum Reichstag - nicht das allgemeine, sondern ein am Vermögen der Wähler ausgerichtetes Wahlrecht.

Freischärler aus Teningen

1848 brach in Frankreich wieder einmal eine Revolution aus; der Funke sprang schnell auf Baden und auf ganz Deutschland über. Allenthalben schlossen sich Freischärler zuammen, um mit Waffengewalt eine Staatsreform zu erzwingen.[25] Unter der Leitung von Jägern und gedienten Soldaten übten sie sich heimlich im Schießen. Die Gewehre - 300 sollen es gewesen sein - wurden im damaligen Spritzen- und späteren Waaghaus versteckt. Theodor Frank, Tierarzt, Landtagsabgeordneter und 1864 bis 1875 Bürgermeister von Teningen, übernahm zusammen mit dem Adlerwirt und dem Bürgermeister die Führung der Teninger Freischärler.

1849 flammte die Revolution zum zweiten Mal auf; Großherzog Leopold ergriff die Flucht. Aufständische besetzten die Landeshauptstadt Karlsruhe; die Republik wurde proklamiert. Als preußische Truppen *Ruhe und Ordnung* herstellen sollten, wollten auch die Teninger nicht zurückstehen. Sie rückten unter Frank nach Emmendingen, um von dort *in den Krieg* zu ziehen. Nach einem Gefecht bei Philippsburg, in dem die Aufständischen Tote zu beklagen hatten, gerieten auch Teninger in Gefangenschaft; in Rastatt wurden sie vor ein Standgericht gestellt. Sie kamen mit dem Leben davon, weil der Großherzog und der Teninger Abgeordnete Frank sich für sie verwendet hatten.

Auf der erst wenige Jahre alten Eisenbahn wurden Truppen nach Süden geworfen, die die Aufständischen in die Zange nahmen. Diese zerstörten zwar bei Köndringen die Gleise, doch brachte das einen nur kurzen Aufschub.[26] Der Versuch, die Teninger Elzbrücke abzubrechen, schlug fehl; zudem ritten die preußischen Truppen einfach durch die Elz. Aufständische und Sympathisanten flohen in die Wälder, ins benachbarte Elsaß oder in die Schweiz; als sie sich Wochen später wieder in die Heimat trauten, wurden viele zu Haft- und Vermögensstrafen verurteilt.

Wer bezahlt die Revolution?

Die Regierung wälzte die Kosten für die Revolution auf das Land ab; **Teningen** wurde die Zahlung von 4.000 Gulden auferlegt, die in drei Jahresraten nach 1851 abzutragen waren. Wieder einmal bewährte sich der Wald als Kapitalreserve. 1852 wurden 61 Morgen im *Maiwäldle* und 100 Morgen zwischen Oberem und Unterem Wald ausgestockt; von diesem Holzhieb leiten sich die Gewannbezeichnungen *Stockacker* und *Waldstückle* her.[27]

Im Heimbacher Gemeindearchiv hat sich ein Aktenbündel erhalten *Maiaufstand 1849, Einnahmen und Ausgaben, aufgestellt Juli 1854*.[28] Danach hatte **Heimbach** am 16.6.1849 bei einem Privatmann eine fünfprozentige Anleihe über 500 Gulden aufgenommen; mit dem Geld wollte man die Bürgerwehr des Ortes ausrüsten und ausbilden. Einblick in die Wirtschaft des Landes gewähren die - bis auf 1 Gulden 7 Kreuzer vollständig nachgewiesenen - Ausgaben, von denen einige aufgeführt seien:

	fl	kr
Postgarte für eine Petition an die zweite Kammer wegen Amnestierung politischer Verbrecher		17
10 schwarze Filzhüte à 1 fl 30 kr	15	
Mathias Bähler von Ottoschwanden als (vom Gemeinderat ernannter) *Instrukteur der hiesigen Bürgerwehr zur Erlernung des Exerzitiums*, 12 Tage à 15 kr (der Betrag wurde am 15.7.1849 quittiert)	3	
Löhnung für die *Wehrmänner des I. Aufgebots*, 24 Männer à 30 kr	12	
Rechnung des Schustermeisters Joseph Trenkle vom 1.7.1849:		
26 Patronentaschen, Arbeitslohn je Stück 15 kr	6	30
4 Querriemen à 2 kr		8
ein Gang nach Freiburg Leder gekauft	1	30
Das Leder zugerichtet und geschnitten, 2 Tage à 36 kr	1	12
3 Paar Schuhe à 2 fl 24 kr	7	12
Insgesamt	16	32
(Weitere Rechnungen über Schuhe, jeweils mit Namen des Empfängers.)		
Rechnung von Sattlermeister Eccard vom 5.12.1849:		
An 1 Trommel 1 neu Bandalir und 2 alte Tragrihmen zurecht gemacht	1	48
21 Stück *neue Gewehrrihmen*, per Stück 18 kr	6	18
Insgesamt	8	6

Wie auch Unterschriften unter Petitionen, wie Namenszüge in kirchlichen Tauf-, Ehe- und Sterbebüchern zeigen, konnte ein großer Teil der Bevölkerung Mitte des 19. Jahrhunderts lesen und schreiben - ein Verdienst der Schule. Daß die Rechtschreibung nicht immer der heutigen entspricht, ist nicht verwunderlich; es war noch keineswegs ausgemacht, daß sich statt *Rihmen* die Schreibweise *Riemen* durchsetzen würde. Schuhe konnte man nicht einfach im Geschäft kaufen, sondern mußte sie sich beim Schuster einzeln anfertigen lassen; auch der Schneider nähte Kleid und Anzug nur auf Bestellung. Bemerkenswert ist ferner, daß Schustermeister Trenkle nicht ausreichend Leder für drei Paar Schuhe hatte. Da er für den Gang (!) nach Freiburg (etwa 24 km) sechsmal soviel wie der *Instrukteur* Bähler pro Tag berechnete, werden die anderthalb Gulden auch die Kosten für Übernachtung und Verpflegung enthalten haben.

Hintergrund der Krise: Armut

Schon den Zeitgenossen war klar, daß die Revolution von 1848/49 Teil einer weit und tief reichenden, in der Armut wurzelnden Krise war. Armut hat viele Gesichter; sie kann die Folge von Krankheit, Unfall, Brand, Überschwemmung sein, auch die Folge unzureichender Bildung, hoher Preise, fehlender Arbeitsplätze, unzureichender Rechte ...

Mit Schreiben vom 12. Oktober 1846 ruft das Oberamt Emmendingen zur Unterstützung der Armen auf; deren Existenz wird wie naturgegeben vorausgesetzt.[29] Die Gemeinden sollen öffentliche Arbeiten ausschreiben, Kartoffelvorräte anlegen, Brot und Kartoffeln zu niedrigeren als den ortsüblichen Preisen verkaufen, öffentliche Suppenanstalten einrichten; sie sollen bedürftige Familien unterstützen, mit Geld oder Lebensmitteln, die in kurzen zeitlichen Abständen zu geben sind - damit die Empfänger die Gaben nicht verspielen oder damit spekulieren können?

Zwei Jahre später wurde das *Kommunistische Manifest* veröffentlicht. Spannungen, die darin Ausdruck finden, spiegeln sich auch in einem Erlaß des Oberamtes Emmendingen: Es fordert die Gemeinden auf, das Eigentum der Begüterten zu schützen - und aufwendige Feste zu untersagen. Solche Verbote ziehen sich wie ein roter Faden durch die Jahrhunderte: Manche Familie hat sich ruiniert, weil sie meinte, ihrer Stellung in der Gesellschaft große Feste schuldig zu sein. Wer mit Kleidung und Schmuck, Essen und Trinken prunkt, reizt Habenichtse auf und fordert den Gerechtigkeitssinn Armer heraus.

Wie berechtigt solche Mahnungen waren, zeigt ein Bericht vom 30. November 1848, in dem das Bürgermeisteramt Teningen den Vorstand des Landwirtschaftlichen Bezirksvereins Emmendingen über das Ernteergebnis 1848 informiert:[30] Wintersaatfrüchte *mittelmäßig*, Sommergetreide nicht viel besser, Kartoffeln gering und fast ungenießbar; Handelsgewächse: Hanf nach Qualität und Quantität gut, *nur die Preise stehen zu nieder*; Ertrag der Wiesen *vorzüglich* und *gut eingebracht*. Vierzehn Jahre später sieht der Bericht zur Ernte 1862 nicht viel besser aus. Roggen: Halm mittel, Ertrag sehr gering; Weizen und Gerste im ganzen gut; Hafer, Hanf und Tabak *bis zur Zeit der Reife in voller Pracht gestanden, aber am 29. Juli wurde sämtlicher durch ein heftiges Gewitter und Hagel vernichtet*; Kartoffeln nach Menge und Güte gering; Futtergewächse mittlere Ernte; Zichorien und Zuckerrüben gut; Obst durch Wetterschaden *gänzlich zernichtet*; insgesamt sei der Ertrag *wegen erlittener Wetterschäden zu den geringsten Jahren zu rechnen*.

Solche Beispiele ließen sich vermehren; in anderen Orten war die Lage trostlos. Wenn der Ertrag schlecht ist, steigen die Preise; Minderbemittelte müssen hungern, wenn nicht verhungern. Für die Produzenten reicht der Mehrerlös nicht, um Kapital zur Anschaffung von Zugvieh, Saatgut, Maschinen oder Rücklagen für Notzeiten zu bilden. Es sollte noch Jahrzehnte dauern, ehe die Armut in Deutschland einigermaßen zurückgedrängt war.

Bis ins 20. Jahrhundert belasteten Ausgaben für die Ortsarmen und Ortskranken die Finanzen der Gemeinden. Um 1850 mußten die Ärmsten in **Nimburg** auf Gemeindekosten mit warmer Suppe, Bekleidung, Medikamenten versorgt werden, wie Visitationsberichte melden.

In **Teningen** hatte die Gemeinde 1859 für 55 Arme zu sorgen (von denen sechs im Armenhaus lebten; dazu kamen 15 von der Gemeinde verpflegte Kinder), 1893 für 68 Personen (unter ihnen viele unversorgte Witwen und Witwer). Insgesamt ist die Tendenz aber sinkend: 1896 hat die Gemeinde für 24, 1899 für 18, 1910 für "nur" noch 15 Personen aufzukommen. 1861 wurden folgende Unterstützungs- und Verpflegungsgelder bezahlt: 212 Gulden 12 Kreuzer für sieben - z.T. in Anstalten untergebrachte - Kranke (jeweils 13 bis 80 fl), ferner 399 Gulden für zwölf arme Kinder (jeweils 3 bis 62 Gulden). 1904 werden *die von Karl Sexauer jg. dem Armenrat übermittelten 50 Mark* an 21 Frauen und Männer verteilt, die alle deutlich mit ihrem Namen unterschreiben.[31]

Wer einen Heim- oder Spitalplatz gefunden hatte, durfte sich glücklich schätzen: Hier hatte man im allgemeinen ein dichtes Dach über dem Kopf, konnte täglich mit - wenn auch noch so dürftigem - warmen Essen rechnen, vielleicht wurde im Winter sogar ein Raum beheizt. Die Kehrseite: Die Aufwendungen der Unterhaltspflichtigen deckten gerade das Lebensnotwendige; oft blieb kein Taschengeld übrig, mit dem man sich einen bescheidenen Wunsch hätte erfüllen können. Das galt auch für diejenigen, die sich - evt. über Angehörige - als Pfründner auf Lebenszeit in ein Spital eingekauft hatten. Am 26.2.1874 verstarb in einem Basler Spital die 1796 geborene Margaretha Gebhardt aus Teningen. Sechs Tage später nahm die Gerichtsschreiberei Basel den Nachlaß dieser Frau auf: 1 Rock, 2 Junten (Unterröcke), 1 Jacke, 1 Leibchen, 12 Halstücher, 5 Nastücher, 2 Hauben, 1 Schürze, 1 Paar Strümpfe, 2 Paar Schuhe, 1 Armkorb, und an Barschaft 3,65 Franken. Die Habe hätte sich wohl in dem Korb unterbringen lassen.

Mittellose Gemeinden nötigten nicht selten ganze Familien zur Auswanderung; vermögenslosen, aber noch arbeitsfähigen Bewohnern (die Ausdrucksweise ist geboten, weil das Bürgerrecht an ein gewisses Vermögen gebunden war) wurde die Aufenthaltserlaubnis entzogen; sie mußten wandern. Aus dem Jahr 1893 hat sich ein *Heimatschein* für den ledigen Töpfer Leopold Reck aus Friedrichshafen erhalten. Zum Zweck des Aufenthaltes im *Ausland* wurde ihm bestätigt, daß er *durch Abstammung die Eigenschaft als Württemberger besitzt*. Der schmuddelige Schein - wohl das einzige, oft und oft präsentierte Ausweispapier - trägt neunzehn Stempel, jeweils mit Datum und dem Vermerk *Naturalverpflegung, Verpflegungsstation* oder *Unterstützung gewährt*: Andelfingen, Donaueschingen, Triberg, Hornberg, Gengenbach, Zell a. Harmersbach, Aarau, Armenverband Stadt Kehl, Deutscher Hülfs-Verein St. Gallen ...

In den Ortsbereisungsakten der 1880er und 1890er Jahre finden sich regelmäßig wichtige Einnahmen und Ausgaben der Gemeinden zusammengestellt. Anfangs spricht das Formular von *Armenpolizei*, seit 1884 von *Armen- und Krankenpflege*. Die laufenden Ausgaben **Nimburgs** beliefen sich 1884 auf 16.596 Mark; davon entfielen auf Wege-, Brücken-, Damm- und Flußbauten 1.822 M, auf *Gehalte*, Reisekosten u.ä. der Gemeindebeamten 1.140 M, auf *Kirchenanstalten* 384 M und auf die Armenpolizei 1.414 M (entsprechend 8,5% der laufenden Ausgaben). Absolut und gemessen an den Gesamtausgaben der Gemeinde ging dieser Anteil im Laufe der nächsten Jahre erheblich zurück, auf nur noch 341 Mark im Jahre 1905 (1,4% der Gesamtausgaben in Höhe von 23.831 M). Diese Abnahme erklärt sich zum einen damit, daß der Staat mehr und mehr in die Soziallasten der Gemeinden eingetreten war, zum anderen mit konjunkturellem Aufschwung und zunehmender Industrialisierung, langfristig auch mit steigenden Ausgaben im Bildungsbereich: Mittel, die nicht mehr auf die Armen- und Krankenpflege entfielen, konnten nun Schulen zugewendet werden: In Nimburg 3.459 Mark im Jahr 1884, 1905 schon 4.512 Mark.

Ein Blick in die Heimbacher Kirchenbücher

Die Krise Mitte des 19. Jahrhunderts spiegelt sich unmittelbar in den Kirchenbüchern der Pfarreien. **Heimbach** sei als Beispiel vorgeführt (Fig. 2).[32] Charakteristisch sind die heftigen Ausschläge bei den Zahlen der Geburten, Sterbefälle und Eheschließungen, mehr noch der sehr starke Rückgang der Zahl der Trauungen in den 1850er Jahren: Wurden jährlich normalerweise vier bis fünf Ehen eingesegnet, so 1856 keine; die höheren Werte 1857 erklären sich mit einem gewissen "Nachholbedarf": Wer mangels Vermögens bis dahin nicht hatte heiraten dürfen, konnte nun vor den Traualtar treten. Denn auch eine Krise hat zwei Seiten, wie ein Blick auf die Sterblichkeit zeigt: In drei Jahren wurden in Heimbach mehr Menschen zu Grabe getragen als geboren. Wenn viele Menschen starben, so hatte das - so makaber es klingt - für die Überlebenden auch Vorteile: Erbschaften fielen an, Handwerksstellen wurden frei, so daß junge Paare daran denken konnten, zu heiraten und Kinder in die Welt zu setzen: Die Zahl der Geburten hatte 1855 mit 13 ihren Tiefststand erreicht, sie stieg - wenn auch unter Schwankungen - anschließend erheblich an.

Hinter den Zahlen verbergen sich Schicksale, die in den Kirchenbüchern nicht ausgebreitet sind, aber erschlossen werden können. Die Jahre 1846 bis 1850 seien genauer betrachtet. Zunächst das Taufbuch. 1846 wurden 25 Kinder geboren, davon eins tot und fünf unehelich; drei Kinder starben im Alter von ein bis zwei Wochen, drei weitere (unter ihnen zwei unehelich geborene) im Laufe des ersten Lebensjahres. 1847: 39 Geburten, davon 13 unehelich (von diesen wurde eins durch spätere Heirat legitimiert); im Alter von weniger als einem Jahr starben 8 Kinder. 1848: 32 Kinder, davon 4 unehelich; gestorben im Alter von unter einem Jahr 9, mit 1-5 Jahren zwei. 1849: 30 Geburten, davon 6 unehelich; zwei Kinder starben als Säuglinge (0 bis unter 1 Jahr alt), eins als Kleinkind.

Eine Zwischenbemerkung: Ein hoher Anteil unehelicher Geburten ist oft als schweres Krisensymptom zu verstehen - und nicht etwa, wie Zeitgenossen meinten, als Ausdruck sündhaften Lebenswandels. Viele Paare wollten, konnten aber nicht heiraten; denn die Trauung erfolgte immer *mit Oberamtlicher Bewilligung vom ... Nr. ...* Und diese Bewilligung wurde notorisch Armen verweigert.

Weiteres Krisensymptom: Das erhöhte Heiratsalter der Frauen. 1847 heirateten die zehn in Heimbach getrauten Frauen im Alter von 22 bis 40, durchschnittlich mit 29,7 Jahren. Die Chancen, daß dann noch viele Kinder geboren werden, sind geringer als bei einem durchschnittlichen Heiratsalter von 18 oder 20 Jahren.

Schließlich das *Todtenbuch*: Auf das Krisensymptom der sogenannten "Mortalitätsspitzen", in denen die Zahl der Verstor-

Fig. 2: Geburten, Todesfälle, Eheschließungen in Heimbach 1840–1864

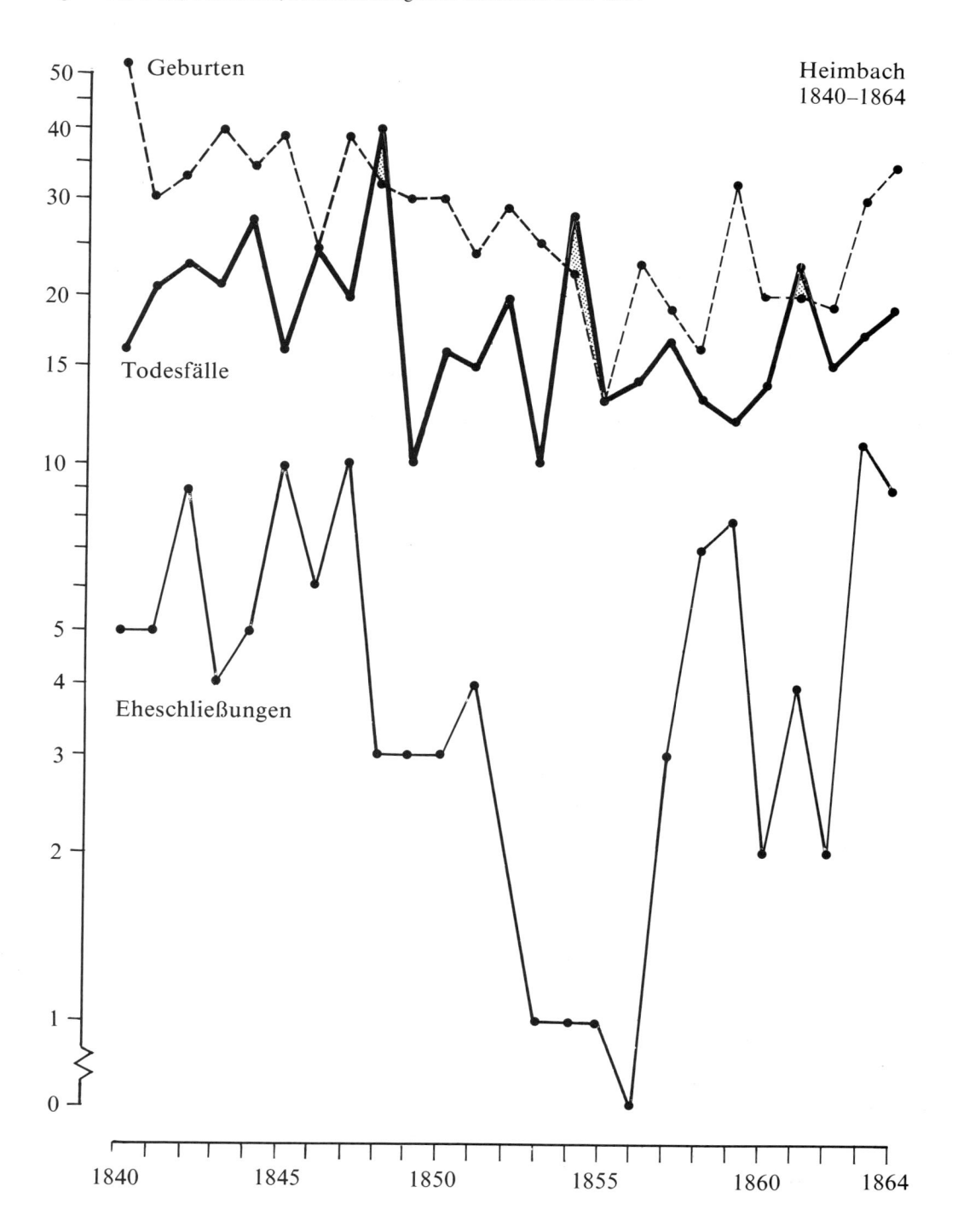

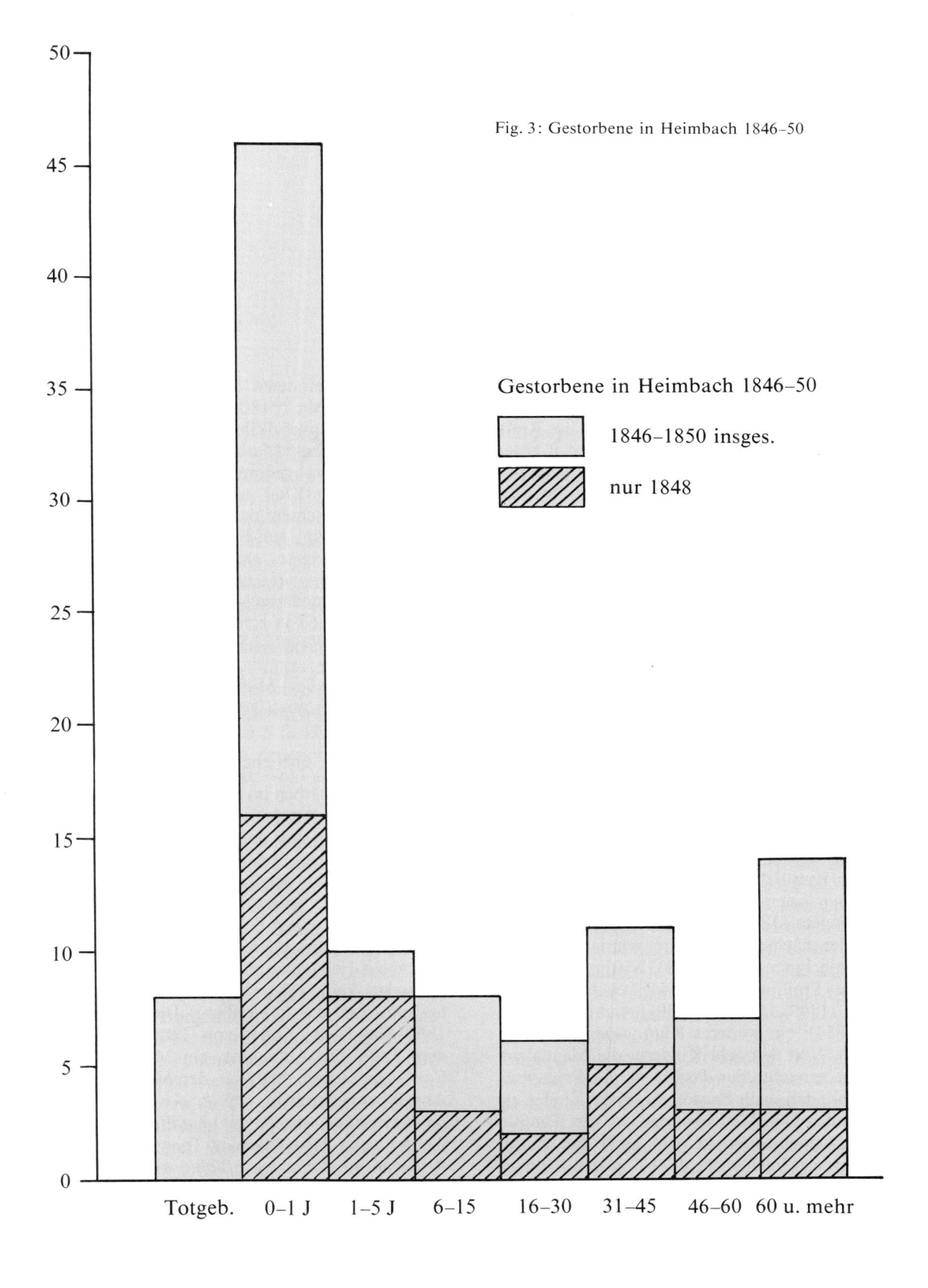

Fig. 3: Gestorbene in Heimbach 1846–50

Gestorbene in Heimbach 1846–50
- 1846–1850 insges.
- nur 1848

hammerwerken, die es in den 1830er Jahren in Baden gab; zusammen hatten sie 124 *Gehilfen* und 157.475 fl Betriebskapital.[46]

Der Ausbau von Gewerbe und Industrie war dringend notwendig, sollten die Menschen aus der drückenden Armut herauskommen. Denn die Erträge aus der Landwirtschaft ließen sich einstweilen nicht steigern; wichtiger noch: Der Wert der eingefahrenen Ernte schwankte nicht nur außerordentlich stark (1875/76 z.B. 261,4 bzw. 193,4 Mio M), sondern nahm insgesamt auch ab: Von 1865 bis 1882 von 255,5 auf nur 214,3 Mio M.[47]

In der Familienchronik der Zimmermann spiegeln sich Sozial- und Wirtschaftsgeschichte, Mobilität und Lernbereitschaft von Menschen des 19. Jahrhunderts.[48] Georg Friedrich Zimmermann hatte vier Kinder. Der einzige Sohn wanderte nach Amerika aus, wo er eine Farm betrieb und in jungen Jahren verstarb. Die älteste Tochter Friederike Karoline hielt sich in den 1860er Jahren zur *hausfraulichen Erziehung* in Paris auf; dort lernte sie ihren späteren Ehemann, Karl Saaler, kennen. Dieser, 1837 (1839?) als Sohn des Emmendinger Fuhrhalters Nikolaus Saaler geboren, besuchte zunächst die Volks-, dann die damalige Bürgerschule. Nach Abschluß einer Mechanikerlehre arbeitete er in Berlin und Jena (Dessau?) als Mechaniker, in Genf als Uhrmacher, in Paris als Betriebsleiter einer Uhrenfabrik; hier soll er das Glockenspiel der Kathedrale Nôtre Dame gebaut haben.

Als Saaler seine spätere Frau kennenlernte, hatte er eine vielseitige Ausbildung hinter sich; auch im nicht deutschsprachigen Ausland hatte er gelernt und in leitender Stellung gearbeitet; was die Entwicklung von Gewerbe und Industrie angeht, war Frankreich zu dieser Zeit Deutschland noch überlegen.

1866 kehrte Saaler nach Deutschland zurück. Mit 27 Jahren hatte er das für die Gründung eines eigenen Betriebes nötige Kapital zusammen; neben der 1815 gebauten Hammerschmiede seines künftigen Schwiegervaters richtete er eine mechanische Werkstätte ein (siehe Abbildung).

Selbstbewußtsein und Selbstsicherheit sprechen aus der Anzeige im *Hochberger Boten*, in die gleich mehrere Superlative eingehen. Saaler empfiehlt sich *den Herren Fabrikanten* auch als Hersteller von Verzahnungen und Rädern in Holz, das als billiger und leicht zu bearbeitender Werkstoff immer noch geschätzt war; eiserne Wagenachsen waren in diesen Jahren noch nicht selbstverständlich. Mit seiner Fähigkeit zur Anfertigung von Modellen spricht Saaler Metallgießer an. Eine wichtige Eigenschaft des neuen Betriebes wird mit einer neuen Zeile herausgestellt: *Prompte und billige [= rechtschaffene] Bedienung*.

Mit 28 Jahren heiratete Saaler. 1881, nach dem Tode des Schwiegervaters, faßte er Schmiede und mechanische Werkstätte zusammen; er ergänzte den neuen Großbetrieb durch den Bau einer Gießerei und - 1904 - eines Röhrenwalzwerkes, zu dem später noch eine Verzinkerei kam. In dieser Zeit nahm die deutsche Wirtschaft einen stürmischen Aufschwung und faßte auch auf ausländischen Märkten Fuß; mehr als ein späterer Großbetrieb verdankt seinen Aufstieg einem dynamischen, anpassungsfähigen, lernbereiten Gründer, der im In- und Ausland Sprach- und Landeskenntnisse erworben und sich mit fremden Märkten sowie der Mentalität ausländischer Kunden vertraut gemacht hatte.

Charakteristisch nicht nur für Saalers Betrieb ist die anfänglich große Vielfalt der Erzeugnisse: Maschinen für die Textil- und die Lederindustrie, für Mühlen und Brauereien, Dampf- und Futterschneidemaschinen, ferner Wasserräder und Turbinen, Transmissionen, Waren- und Personenaufzüge, Obst- und Traubenpressen, Brücken, Krananlagen, Wand- und Kirchturmuhren, zu schweigen von einfachem Werkzeug. Im Laufe der folgenden Jahrzehnte spezialisierte sich das Unternehmen auf den Bau von Maschinen zur Reinigung von (Hochofen-) Gasen, zur Herstellung von Stahlwolle und von Aluminiumfolien. Anerkennungen blieben nicht aus, u.a. ein erster Preis 1877 auf der allgemeinen Kunst- und Gewerbeausstellung in Karlsruhe. 1902 bis 1906 stellte Saaler als Bezirksrat seine Erfahrungen der Verwaltungsbehörde zur Verfügung; in den letzten Jahren seines Lebens gehörte er dem Bürgerausschuß Teningen an.

Belegschaft des Saalerwerks um 1898.

Fabriksaal im Tscheulinwerk im Jahre 1917 (GAT B 10/86).

Hammerschmiede in Nimburg, Aquarell von Franz Lederle, 1883. Original im Augustinermuseum Freiburg.

Ein Foto aus dem Jahre 1898 zeigt den Firmengründer sitzend, in der Mitte seiner 82-köpfigen Belegschaft; zu dieser gehörten schon zwei Frauen, möglicherweise Kontoristinnen, und einige Männer mit weißem Hemd und Krawatte. Das Foto läßt noch nicht ahnen, daß achtzig Jahre später der Anteil der *weiße-Kragen-Mitarbeiter* den der im *Blaumann* überwiegen sollte; Hammer und anderes Werkzeug, die viele der Fotografierten wie Statussymbole tragen, weisen unmißverständlich darauf hin, daß auch in der Fabrik harte Knochenarbeit geleistet wurde. - Als Saaler 1913 starb, zählte sein Betrieb etwa 180 Mitarbeiter.

1911 trat mit 14 Jahren Emil Tscheulin in die Saaler AG - Aktiengesellschaft seit 1903 - ein, in deren Gießerei sein Vater als Former arbeitete. Tscheulin jr. erhielt eine umfassende Ausbildung im technischen und kaufmännischen Bereich. Er erkannte die Bedeutung eines von einem Schweizer Ingenieur entwickelten Verfahrens zur Herstellung von Folien aus Aluminium. 1913 gründete er zusammen mit seinem Schwager Ingold ein eigenes Werk, die Aluminium-Folien-Fabrik Teningen GmbH. Nach Unterbrechung (Tscheulin und Ingold wurden im Ersten Weltkrieg zum Militärdienst eingezogen), zeitweiliger Standortverlagerung und Umbenennung des Unternehmens führte Tscheulin das Unternehmen in den 1930er Jahren zur Weltgeltung; nach dem Zweiten Weltkrieg wurde die Fabrik demontiert, später moderner wiederaufgebaut. 1979 zählten die Tscheulin-Werke mit 800 Beschäftigten neben der FRAKO zu den größten Arbeitgebern in Teningen.

Nimburg wird bereist

Das Bürgermeisteramt wird zur Besorgung des Weiteren benachrichtigt, daß der Unterzeichnete am .... zur Vornahme einer Ortsbereisung dort eintreffen wird. So werden jahrzehntelang Schreiben des Bezirksamtes eröffnet;[49] in dem von 1912, das hier als Beispiel herausgegriffen sei, heißt es weiter, Bürgermeister, Rechner und Ratschreiber, Gemeinderäte, Bedienstete und Angestellte von Nimburg hätten sich (ggf. mit Tagebüchern und Dienstabzeichen) zu angegebener Zeit auf dem Rathaus einzufinden. Hier würden die öffentlichen Bücher, die Kassen und Belege geprüft, anschließend wichtige Gemeindeangelegenheiten erörtert. *Dem Herrn Oberlehrer ist von der Tagfahrt mit dem Anfügen Kenntnis zu geben, daß ich die Schule besuchen werde. Der Empfang dieser Verfügung ist sofort zu bescheinigen.* Unterschrift.

Es wird gefordert, einbestellt, vorgeladen; der herrische Ton ist unüberhörbar. Das einzige Entgegenkommen besteht darin, daß vom *Herrn Bürgermeister* die Rede ist; alle erscheinen nur als Funktionsträger. Hier spricht der Obrigkeitsstaat und der Rechtsstaat: Mit der Ortsschelle wurde die Tatsache der Ortsbereisung bekanntgemacht; jeder hatte das Recht, Wünsche und Beschwerden vorzubringen, die die öffentlichen Verhältnisse der Gemeinde betrafen - und Korruption, Miß- oder Vetternwirtschaft anzuprangern, wie man diesen Satz wird deuten dürfen.

Aktenstudium, Gespräche mit kirchlichen und weltlichen Amtsträgern, vor allem aber Augenschein und Vergleiche mit anderen Gemeinden machten den Visitierenden im Laufe der Jahre mit den Verhältnissen der jeweiligen Gemeinde vertraut. Im Anschluß an die Ortsbereisung, häufig noch am selben Tag, fertigte er ein - oft ausführliches - Protokoll an. Zahlreiche Ortsbereisungsakten haben sich erhalten; ihre Abfolge bildet eine Art Film vom Leben der Gemeinde. Ausgehend von der Ortsbereisung 1869 seien einige Seiten im Leben von Nimburg aufgezeigt.

Zunächst überprüft der Oberamtmann, wieweit die Anordnungen der letzten Ortsbereisung(en) vollzogen worden sind. Dann kommt das Verhalten der Gemeindediener zur Sprache: Der Waldhüter ist *oft betrunken*, der Bürgermeister *in seinem Dienst etwas nachlässig*, die Kasse weist Einnahmerückstände auf; es folgen Beobachtungen zu wirtschaftlichen und gesellschaftlichen Fragen der Gemeinde; die Reihenfolge ist gelegentlich verwirrend: Seit dem 24.9.1867 wurden 94 Kinder geboren, darunter 16 unehelich; ein Hagel hat 1867 auf der Gemarkung Schäden in Höhe von 15.000 fl angerichtet; zwei Farren wurden verkauft, die zwei vorhandenen taugen zur Zucht; der Fabrikant Risler & Co., Freiburg, beschäftigt mehrere Arme. Neben Rügen steht auf dem für Ergänzungen bewußt breit gelassenen Rand: *Weisung an Gemeinderath, ein*

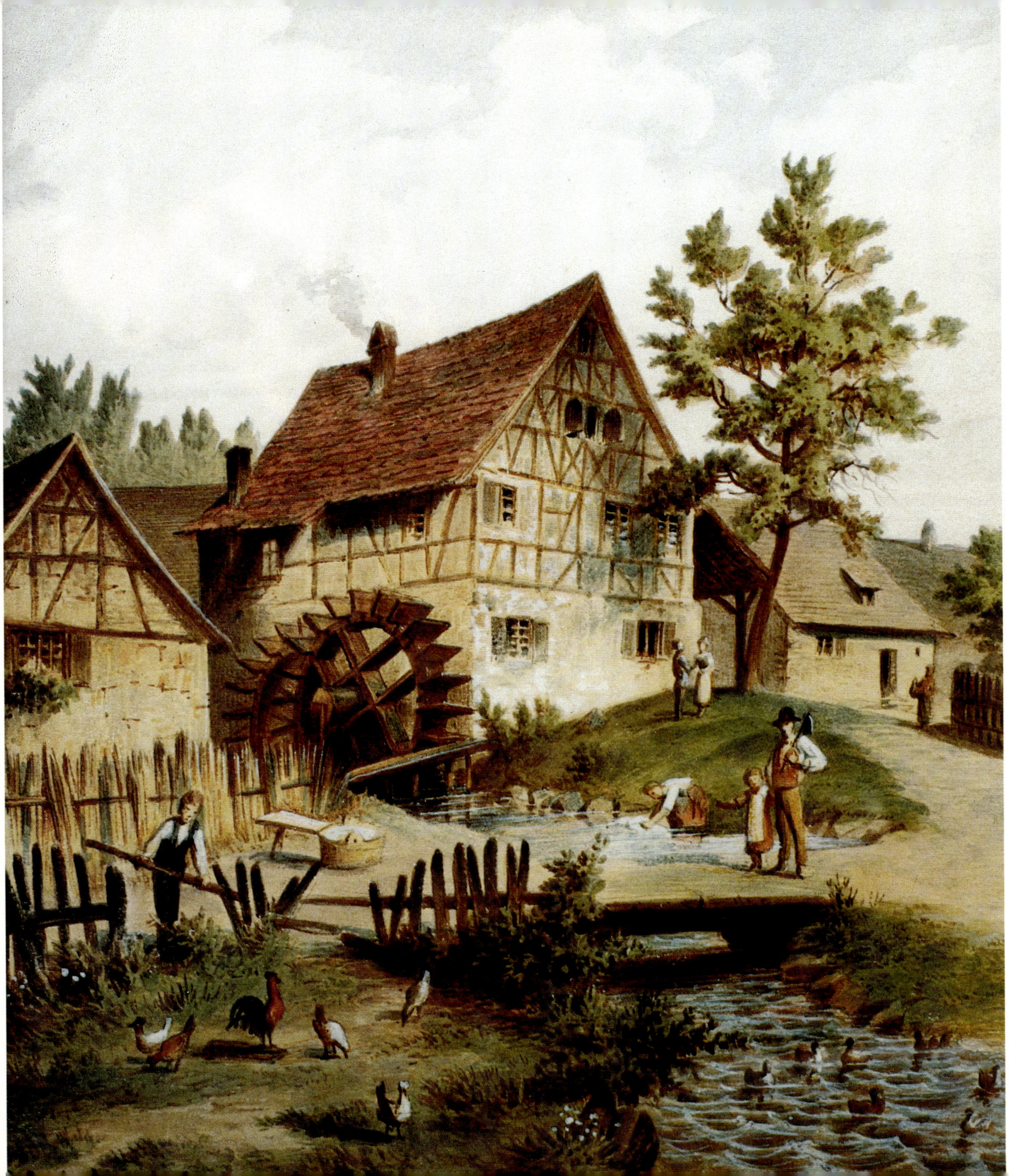

380

Bleistiftzeichnung von Franz Lederle, 1881, Original im Augustinermuseum Freiburg.

16.5.81. Fr. Lederle.

Der Schloßberg zu Nimburg (Die Ueberreste der ehemals gräflichen Burg gleichen Namens wurden im Jahre 1874 vollständig zerstört.)

Brücke über die Glotter

Verzeichnis derjenigen Einwohner, welche ihre Dunggruben nicht gedeckt haben, anher vorzulegen. Weisung an Gemeinderath, für Herstellung des beschädigten Balkens in der Schule zu Bottingen Sorge zu tragen. Dringend wird dem Gemeinderat empfohlen, eine Sonntagsschule einzurichten und eine Schulbibliothek zu gründen; binnen drei Monaten ist über das Ergebnis Mitteilung zu machen. *Die beiden Schulzimmer zu Nimburg und Bottingen sind tapeziert. Da jedoch beide Zimmer etwas feucht sind, so hat sich das Tapezieren nicht bewährt. Das Dach der Kirche gehört umgedeckt und im Glokkenhaus ein Balken eingezogen, das Wachzimmer gehört geweißelt, das Rathaus braucht einen neuen Außenanstrich, die Feuerlöschspritze, das Bürgerbuch ...* Abschließend werden die Beschlüsse - von 1 bis 26 durchgezählt - festgehalten; oft ist noch vermerkt, daß sie später mit den Spezialakten vorgelegt werden sollen.

Zum Schluß die Abrechnung: 3 fl 20, Zuschlag 10% entsprechend 20 kr, dazu Auslagen für Kutscher und Stalltrinkgeld 1 fl, zusammen 4 fl 40 kr; ein offensichtlich mitgereister Rechtspraktikant bekam 2 fl 12 kr, der Posthalter 6 fl; alles zusammen kostete die Ortsbereisung - laufende Gehälter, Verwaltungsaufwand im Bezirksamt u.ä. nicht gerechnet - den Staat bzw. Steuerzahler 12 fl 52 kr. Daß auch für die Verwaltung das Gebot der Sparsamkeit galt, macht die Abrechnung von Amtmann Fischer nach der Bereisung von Teningen 1910 deutlich: 5,60 M, dazu Rückfahrkarte III. Klasse 0,20 M, zusammen 5,80 Mark!

Jahr um Jahr wurden mehr oder weniger ausführlich Verwaltung, Schule, Kirche, Landwirtschaft, Gewerbe überprüft bzw. erörtert. Die Protokolle zeigen allerdings, daß auch wiederholte Beanstandungen oft nichts fruchteten; wenn Geld, Kraft, Einsicht oder guter Wille fehlen, nützen Mahnungen nichts. Im Protokoll von 1877 - acht Jahre nach der ersten (?) Rüge - heißt es, in den Schulzimmern in Nimburg sei die Tapete *großentheils abgefallen und verdorben.*

Vor Beginn der eigentlichen Visitation suchte der (Ober-)Amtmann oft den Pfarrer auf; die evangelische Kirche bildete für die badische Monarchie eine zuverlässige Stütze. Der Pfarrer sah und hörte viel, er brachte vielleicht zur Sprache, was Bürgermeister und Gemeinderat nicht wahrhaben wollten und andere zu sagen sich nicht trauten. Aus dem Protokoll der Ortsbereisung von Nimburg 1877 geht hervor, daß staatliche und kirchliche Visitation sich ergänzten: Der Evangelische Oberkirchenrat Karlsruhe habe dem Bezirksamt Ergebnisse der Kirchenvisitation 1877 mitgeteilt; *mit der zunehmenden Verarmung* gehe *eine sittliche Verwilderung Hand in Hand*; eine Folge: *zu früher, ausgelassener, zu allerlei Störungen Anlaß geben der Wirtshausbesuch*. Der Bürgermeister könne sich nicht durchsetzen; daher erlaube die Kirche sich, *im Interesse der Gemeinde die unterstüzende Mithilfe des Bezirksamtes anzurufen.*

Erfreuliches 1892: Der neue Bürgermeister *hat sich als ein sehr tüchtiger, fleißiger und energischer Gemeindevorstand bewährt*; dank der Fürsorge der Gemeindebehörde habe die Viehzucht sich verbessert, so daß der Wohlstand der Einwohner wachse. Die Schülerbibliothek umfasse mittlerweile 37 vielgelesene Bändchen. Die Gemeinde habe keine Schulden, die Umlagen seien sehr mäßig. Andererseits: Die Kirche bedürfe dringend der Verschönerung; da man im Ort eine neue Kirche bauen wolle, würden - wohl an der Bergkirche - nur die dringendsten Arbeiten ausgeführt.

Stichwortartig seien Äußerungen aus verschiedenen Ortsbereisungsprotokollen zusammengestellt. Schule: Endlich sei *der Wunsch der Gemeinde Nimburg erfüllt und Hauptlehrer Duchilio, welcher sich immer mehr dem Trunke ergab, auf 16. Oktober 1899 pensioniert. Dem Nachfolger sei es gelungen, die sehr heruntergekommene Schule wieder zu heben und auf den normalen Zustand zu bringen* (1903).

Wirtschaft: Die Farrenhaltung durch die Gemeinde hat sich nicht bewährt, sie wurde wieder aufgegeben (1877); Mäusefraß bedroht die Getreideernte (1879); mit der Schweinezucht geht es nicht recht vorwärts (1881); Nimburg hat 1908 den Rest der 1897 aufgenommenen Schuld für seinen Beitrag zum Bau der Kaiserstuhlbahn getilgt und ist jetzt schuldenfrei.

Das Protokoll von 1911 zeugt davon, daß der Visitierende mit wachem Sinn Zeitströmungen in einem Dorf bemerkt. Die Zigarrenfabrik beschäftige etwa 60 Arbeiter; in Nimburg gebe es an die 60 Auspendler; der Gesamtverdienst aus Fabrikarbeit

belaufe sich auf 40.000 bis 50.000 Mark pro Jahr. *Beklagt wird dabei, daß manche Eltern sich von den Söhnen, die in die Fabrik gehen, Kostgeld zahlen lassen, statt daß sie die Ablieferung des ganzen Verdienstes verlangen. Es wächst daraus häufig ein frühzeitiges Lostrennen des Sohnes vom Elternhaus und eine bedauerliche Störung des Verhältnisses zwischen Eltern und Kindern.*
Ausläufer der Jugendbewegung, zu der das Sich-Absetzen-Wollen vom Elternhaus gehörte, hatten also inzwischen auch ein Dorf wie Nimburg erreicht. Vergleicht man Fabriklöhne und Vieherlöse, so wird das weiterhin große Gewicht der Landwirtschaft deutlich. Zunächst zum Viehbestand 1910: 29 Pferde, 533 Rinder, 604 Schweine, 31 Ziegen; verkauft wurden jährlich 80 Stück Großvieh für 32.000 M, 70-80 Kälber für 4.500 M, 250-260 Schweine für 25.000 M und 600 Paar Ferkel für 12.000 M. Durch den Verkauf von Vieh kam einstweilen also noch wesentlich mehr Geld ins Dorf als mit den Fabriklöhnen.
Gesundheit und Bevölkerung: 1911 werden die gesundheitlichen Verhältnisse als *gut* bezeichnet. Man muß dieses Urteil in Zusammenhang mit den folgenden Einzelbeobachtungen sehen, um zu ermessen, wie es andernorts ausgesehen haben mag, wo man die Verhältnisse vielleicht als *schlecht* bewerten mußte: 1909 und 1910 wurden Kinderschule und Volksschule mehrfach wegen Keuchhusten und Masern geschlossen, die jedoch keine ernstlichen Folgen gehabt hätten.
Die Geburten- und Sterbeziffern seien, bei leichtem Geburtenüberschuß, *stetig*. Es folgt eine Liste mit der Zahl von Geburten und Sterbefällen; *Kinder bis 7 Jahre* sind hier besonders ausgewiesen - ein Beweis dafür, daß man auf die Kindersterblichkeit achtete. Diese sank um die Jahrhundertwende erheblich, wie ein Vergleich der Jahre 1900 - 1904 und 1905 - 1910 zeigt: In den ersten fünf Jahren hatte man praktisch die Hälfte der Verstorbenen (43 von 89) im Alter von weniger als acht Jahren zu Grabe getragen, 1905 - 1910 "nur" noch etwas mehr als ein Drittel (38 von 105)! Obwohl es in den Jahren 1905 - 1910 nur 105 Sterbefälle bei 182 Geburten gegeben habe, sei die Einwohnerzahl gesunken, von 948 auf 938.

Daß man der Entwicklung im Gesundheitswesen nicht ohnmächtig gegenüberstand, zeigt die abschließende Bemerkung: *Eine geordnete Krankenpflege fehlt noch.*

Teningen am Vorabend des Ersten Weltkrieges

Zahlreiche Anzeichen deuten darauf hin, daß es den Menschen in Teningen am Vorabend des Ersten Weltkrieges, verglichen mit früheren Jahrzehnten, gut ging: Zunahme des Vermögens, Arbeitsplätze in der Industrie, eine eigene Sparkasse, eine neue Schule, eine mächtige Arbeiterpartei ... Man hatte sogar schon einen Blick für die Notwendigkeit des Naturschutzes.

"In ganz günstigen finanziellen Verhältnissen"

Mit diesen schlichten Worten faßt das Bezirksamt nach der Ortsbereisung 1912 seine Eindrücke zusammen; die Gemeinde Teningen verfüge über *ein ziemlich bedeutendes rentierendes Vermögen* mit einem Reinertrag von gut 23.000 M.[50]
Der Feuerversicherungswert der Gebäude sei kontinuierlich gestiegen: Von 1900 bis 1911 um 72% (von 1.335.130 auf 2.297.600 M; in Nimburg gleichzeitig sogar um 86%, von 817.690 auf 1.518.100 M) - bei insgesamt konstanten Preisen! Die Daten dürften repräsentativ für die Zunahme des deutschen Volksvermögens in den Jahrzehnten vor dem Ersten Weltkrieg sein.

Platz zum Wohnen

Der Eindruck wachsenden Wohlstands bestätigt sich, wenn man die ausführlichen *Einquartierungskataster* betrachtet.[51] 1.560 Einwohnern (darunter 448 Kinder unter 12 Jahren, 29% der Bevölkerung) standen 1.110 Wohnräume zur Verfügung; durchschnittlich teilten sich also drei Personen zwei Räume; im Einquartierungsfall wären 355 Wohnräume, fast jeder dritte, *verfügbar zu machen.* Die Wohnungen entsprachen im allgemeinen nicht dem in Städten verbreiteten Standard, wie ein Blick auf die Wasserversorgung zeigt. Nach dem Ortsbereisungsprotokoll gab es 1894 nur einen öffentlichen Brunnen (beim Schulhaus). *Da jedoch fast in jedem Hause ein Brunnen ist, in manchen Häusern sich auch deren zwei befinden und da ein schöner Bach das Dorf durchfließt, so ist kein Wassermangel zu befürchten und das Bedürfnis nach Herstellung einer Wasserleitung nicht vorhanden.* Damit dürfte es zusammenhängen, daß man nur einen General, fünf Stabsoffiziere und 19 Hauptleute standesgemäß einquartieren konnte, d.h. drei bis ein Zimmer, zusätzlich jeweils ein *Gelaß* für den oder die Burschen. Der General sollte im *Adler*, die Stabsoffiziere beim Bierbrauer, Kunstmüller und Lehrer wohnen; offensichtlich lebten der Pfarrer und der Fabrikant Saaler bescheidener, denn sie sollten jeweils nur einen Rittmeister beherbergen.

Im Haus des Ratschreibers stehen vier Personen vier Wohnräume zur Verfügung, von denen zwei als *verfügbar zu machend* gelten; beim Ortsdiener teilen sich dagegen sieben Personen drei, bei einem Fabrikarbeiter sieben Personen zwei Zimmer; beide mußten trotzdem mit Einquartierung rechnen: Der Ortsdiener hätte ein Zimmer zu räumen für zwei bis vier Mann; in den zwei Wohnräumen des Fabrikarbeiters müßten ggf. acht bis neun Personen hausen.

Über Großvieh verfügten der Ratschreiber, der Bierbrauer, der Adlerwirt, der Bäcker, aber auch Fabrikarbeiter. Die meisten Stallplätze hat der Adlerwirt; ein Wirt mußte darauf eingerichtet sein, Reisende zu beherbergen, die hoch zu Roß oder mit Pferd und Wagen kamen. Heute haben Wirte eine bestimmte Zahl von (Kraftfahrzeug-)Stellplätzen auszuweisen.

Gut gehende Industrie und Gewerbe

Eine Liste der Quartierpflichtigen zeigt, daß in Teningen schon vor dem Ersten Weltkrieg mehr Menschen ihr Brot in Industrie und Gewerbe verdienten als in der Landwirtschaft; die Angaben weisen ferner eine bis heute bestehende große Vielfalt der ausgeübten Berufe aus, Voraussetzung dafür, daß Teningen in Zeiten wirtschaftlicher Krisen weniger anfällig war als Orte, in denen eine Berufssparte überwog. Danach arbeiteten in der Land- und Forstwirtschaft 71 (66 Landwirte und 5 Tagelöhner), in Gewerbe und Industrie 121 (u.a. 6 Bäcker, 7 Gastwirte, 23 Hänfer, 6 Seiler, 5 Zimmermänner), in verschiedenen Dienstleistungsberufen 15 Personen (u.a. 2 Hauptlehrer und 3 Straßenwarte); dazu kamen 15 Witwen, 2 *Privatier* und 8 ohne Angabe. Die vielen Hänfer verarbeiteten wohl importierten Hanf.

Um Angaben zu ihrer wirtschaftlichen Lage gebeten, gaben Teninger Betriebe dem Bezirksamt 1912 folgende, dem Ortsbereisungsprotokoll beigefügte Auskünfte: Die Maschinenfabrik und Eisengießerei Saaler beschäftigte 1911 durchschnittlich 166 Mann und zahlte an Löhnen 162.120,19 M (entsprechend 976,63 M/Beschäftigter). Daß Arbeitsplätze in der Industrie gesucht waren, daß in den Nachbargemeinden möglicherweise vergleichbare Verdienstmöglichkeiten fehlten, zeigt die Aufteilung der Gesamtlohnsumme auf Angehörige folgender Orte (Prozentwerte): Bahlingen 6, Emmendingen 3, Köndringen 8, Malterdingen 3, Mundigen 6, Nimburg 4, Teningen 70%. In der Aluminium GmbH arbeiteten durchschnittlich 35 Personen, zur Hälfte Frauen, zusätzlich viele in Heimarbeit. Die Cigarrenfabrik Max Bloch zahlte 1911 etwa 36.000 M Löhne, bei durchschnittlich 75 Arbeitern (entsprechend 480 M/Arbeiter); von diesen kämen im Sommer viele nur für zwei bis drei Tage in die Fabrik, oft fehlten sie auch die ganze Woche, um in der Landwirtschaft zu arbeiten. Die Schmidlinsche Cigarrenfabrik beschäftigte bei einer Gesamtbelegschaft von etwa 90 Arbeitern 28 Jugendliche (davon 16 im Alter von 12-14 und 12 im Alter von 14-16 Jahren). 1894 unterhielten die Cigarrenfabrik C.A. Schindler und die Mechanische Werkstätte C. Saaler jeweils eine eigene Krankenkasse.

Gründung einer Ortsgruppe der SPD in Teningen

Eine größere Zahl hiesiger Arbeiter versammelte sich am 9. März 1912 auf Einladung des Parteisekretärs Riedmiller, Freiburg; so hält es das Protokoll über die *im Gasthaus Krone in Teningen stattgefundene Besprechung* fest.[52] Zunächst sprach der *Genosse Herr Meier aus Freiburg* über die letzten Reichstagswahlen und über Vorgänge im Reichstag. Auf die Bedeutung politischer Organisationen für die Arbeiter übergehend, forderte er in seiner *mit Beifall aufgenommenen Rede* die

Zuhörer auf, sich in die sozialdemokratische Partei aufnehmen zu lassen. Alle Anwesenden kamen diesem Wunsche nach, und man wählte einen siebenköpfigen Vorstand. Zum Schluß forderte der Referent die Anwesenden auf, *treu zu unserer guten Sache zu stehen*; gegen elf Uhr wurde die Versammlung geschlossen.

Der Zeitpunkt für die Gründung einer Ortsgruppe der SPD war gut gewählt, hatten die Sozialdemokraten doch bei der Reichstagswahl 1912 die meisten Stimmen und die meisten Mandate gewonnen: 110 von 395 (1871 nur 1 Mandat). Mit der SPD verfügten auch die Arbeiter in Deutschland über eine Partei zur Durchsetzung ihrer Interessen, vor allem im Bereich der Sozialgesetzgebung.

Nach Ausweis eines weiteren Protokolls ruhten während des Weltkrieges die Parteiaktivitäten; nach fast fünfjähriger Unterbrechung wurde am 22. Dezember 1918 die erste Versammlung der SPD Teningen nach dem Krieg abgehalten, diesmal in der *Sonne*. *Mit Freude* stellte man fest, daß sich zahlreiche Genossen eingefunden hatten. Bis 1933 galt Teningen als *rote Hochburg*, ohne daß die SPD im Leben des Dorfes sonderlich in Erscheinung getreten wäre.

Eine eigene Bank

Ein Indiz für Wohlstand und zunehmende Geldwirtschaft darf man auch in Gründung und Gedeihen der Spar- und Darlehensgenossenschaft Teningen sehen.[53] Die Kasse wurde 1898 auf Anregung von Hauptlehrer Kilchling gegründet, einem Mann mit Organisationstalent und einem Blick für Bedürfnisse der Landwirtschaft. Der Name beschreibt für Jahrzehnte die Hauptaktivitäten der Bank, die 1911 180 Mitglieder zählte und deren Umsatz in der Vorkriegszeit bis auf eine halbe Million Mark stieg. Infolge von Krieg und Inflation sollen die Geschäfte so weit zurückgegangen sein, daß 1929 eine (erfolgreiche) Neugründung nötig wurde.

Schule und Kurse

Teningen erweiterte 1837 sein Schulhaus auf zwei Säle; 1880 wurde eine dritte Lehrkraft eingestellt und 1888 an das Rathaus ein Schulraum angebaut, in dem bis 1965 unterrichtet wurde. Kurz nach der Jahrhundertwende errichtete die Gemeinde ein neues großes Schulhaus an der Bahlingerstraße, die heutige Viktor-von-Scheffel-Schule. Dazu nahm die Gemeinde 1903/04 bei der Sparkasse Kenzingen 76.000 Mark auf; die Angaben über die Gesamtkosten schwanken zwischen 85.000 und 87.000 Mark. Das Schulgebäude bot vier Klassen Platz und enthielt zwei Lehrerwohnungen und zwei Unterlehrerzimmer; 1936 wurde eine Lehrerwohnung zu zwei Schulräumen umgebaut, so daß die Schule von da an über sechs Klassenzimmer verfügte. Eine Schülerbibliothek gab es seit mindestens 1894. Wie schnell der Aufwand der Gemeinden für die Schulen stieg, zeigt ein Blick auf den Gemeindehaushalt: 1894 4.134,14 M, 1907 schon 9.015,02 Mark (+118%).[54]

Die Zurückdrängung der Armut seit etwa 1880 und der gleichzeitige wirtschaftliche Aufstieg des Deutschen Reiches sind auch der Volksschule zu verdanken: Hier lernten die Kinder Lesen, Schreiben und Rechnen, Religion und Heimatkunde. Experimentierfreudige, dem Neuen aufgeschlossene Lehrer ergänzten bei Gelegenheit den theoretischen Unterricht durch den Besuch von landwirtschaftlichen und Industrieausstellungen.

Im Anschluß an die Volksschule bot sich manche Möglichkeit zur Weiterbildung: Berufsschule, Winterschule auf der Hochburg (für junge Leute, die in der Landwirtschaft tätig werden wollten); Kurse von einem Tag (zur Erlernung des Baumschnitts) bis zu vier Wochen Dauer (Nähkurs, der von einer Lehrerin für 22 Mädchen betreut werden sollte) rundeten das Bildungsangebot ab.[55]

Naturschutz

Daß Intensivierung der Landwirtschaft und zunehmende Industrialisierung Natur und Umwelt bedrohen, ist schon zu Anfang dieses Jahrhunderts Verantwortlichen bewußt geworden, wie ein *Den Schutz der einheimischen Pflanzenwelt betreffendes* Schreiben des Bezirksamts vom 4.4.1908 zeigt.[56] *Es ist eine bedauerliche Tatsache, daß die einheimische wildwachsende Pflanzenwelt durch Schulkinder, Sammler, Sommerfrischler u.a. sowie zum Zwecke des Handels in immer zunehmendem Maße geschädigt wird, und einzelne seltenere Pflanzenarten geradezu der völligen Ausrottung entgegengeführt werden. Alle Orchideen, gelber Enzian, Türkenbund, Küchenschelle usf. seien besonders gefährdet und demnach zu schützen.* Die Schüler sollen entsprechend belehrt werden; Feld- und Waldhüter haben auf die Einhaltung der Bestimmungen zu achten, die im Laufe der folgenden Jahrzehnte (z.T. wörtlich) wiederholt und ergänzt wurden, u.a. um Listen geschützter Tiere und um Strafandrohungen.

"Auch die Mobilmachungspapiere sind vollständig"

und verschlossen aufbewahrt (im Grundbuchamt). Die Zeitgenossen dürften diesem Satz im Protokoll der Ortsbereisung vom 11. Mai 1914 - erstmals nicht mehr hand-, sondern maschinenschriftlich[57] - keine sonderliche Beachtung geschenkt haben, war in den letzten Jahrzehnten doch mehr als eine ernste internationale Krise gemeistert und damit der Friede in Europa erhalten worden.
Wir wissen, daß wenige Wochen später ein Konflikt ausbrach, der eine Ordnung zerstörte, die sich - trotz Unzulänglichkeiten - ein Jahrhundert lang bewährt hatte.

Preise, Löhne und Stiftungen

Um die Größenordnung der erwähnten Summen zu veranschaulichen, seien Preise und Löhne zusammengestellt, die in den Teninger Akten erwähnt werden, ergänzt um Angaben aus der Presse.[58]

Bis 1874 herrschte Guldenwährung; der Gulden (fl) wurde zu 60 Kreuzern (kr) gerechnet; seit dem 1.1.1875 galt die Markwährung: 7 fl = 12 M, 1 fl = 1,71 M, 1 M = 0,58 fl. Das badische Pfund wog 500 g.

Preise

Verglichen mit früheren Jahrhunderten, schwankten die Lebensmittelpreise jahreszeitlich weniger stark, doch immer noch spürbar, wie Preisnotierungen vom Juni und Dezember 1870 zeigen.

Preise, nach der Breisgauer Zeitung

Lebensmittel	18.6.1870 fl kr		10.12.1870 fl kr		26.1.1884 Mark
Halbweißbrot 1 Pfund		6		6	0,13
Schwarzbrot 2 Pfund		8 1/2		9	0,12
Mehl, 1. Sorte, 1 Pfund		8		9	
Semmelmehl, 1 Pfund					0,24
Weizen 50 kg					10,35
Roggen 50 kg					8,02
Hafer 50 kg					7,00
Kalbfleisch 1 Pfund		16		14	
Rindfleisch 1 Pfund					0,62
Schweinefleisch 1 Pfund		18		18	0,66
Schweinefett 1 Pfund		28		28	
Paar junge Hühner		42	1	-	1,80
1 Truthahn					10,00
1 Kapaun					4,00
frische Butter 1 Pfund		28		34	1,00
Milch 1 Maß		8		8	
Milch, 1 l, frei Haus					0,18
Bier 1 Maß (1884 1 l)		12		12	0,20
Eier 6 Stück		8		12	0,48
Kartoffeln (in Sester, 1884 20 l)				21	0,65

	18.6.1870		26.1.1884
	fl	kr	Mark

Verschiedenes

	fl	kr	Mark
Seife, 1. Sorte, 1 Pfund		16	0,43
gezogene Lichter, 1 Pfund			0,60
4 Ster Buchenholz			34,00
4 Ster Tannenholz			22,00
kompletter Anzug	12-30		
Herrenhose ab	1 1/2		
Damenmantel ab	8		
Damenjacke ab	2 1/2		
Damen-Zugstiefel ab			5,50
Herren-Bottinen ab			6,75
Knabenanzug ab	3		
Wintermantel, reine Wolle,	10-22		
englischer Regenmantel, ab	11		
Regenschirm, Baumwolle, ab	1	12	
Schiffspassage Hamburg - Le Havre - New York			
Kajüte			300,00
Zwischendeck			80,00
Kinder unter 12 Jahre die Hälfte			
Kinder unter 1 Jahr			9,00
Neubau in Freiburg-Wiehre			
6 Zimmer, 4 Mansarden, 3 Küchen,			
Waschküche, Holzremise, Garten			18.000,00
künstliche Zähne, je Zahn			3,00
Gasthaus zum Hirschen, Freiburg			
gut präpariertes Frühstück			0,30
Mittagstisch			0,90
dass., im Abonnement			0,80
Nachtessen			0,55
Zimmer			0,70 bis 1,20
Freiburger Zeitung Abonnement 1/4 Jahr			
in Freiburg			2,20
in Freiburg, frei Haus			2,60
bei Postbezug in Deutschland			2,75

Als Versteigerungstaxen werden am 2.12.1870 genannt:

Pferd (Fuchs)	100 - 150 fl
Wagen	50
Commode	20
Canapee	25
Bett, aufgerüstet	50
Sessel	2
Bienenstock	3
Pflug mit Zubehör	10

Geld wurde bei einer Kündigungsfrist von 1-2 Monaten zu 3,0%, bei 3 Monaten zu 4,5% und bei 6 Monaten zu 5,0% Zinsen verliehen.

Bei einer Erhebung des Bezirksamtes macht das Bürgermeisteramt zu den 1897 in Teningen veräußerten Liegenschaften folgende Angaben:

	ha	a	Mark	Durchschnittlicher Preis, M
7 Gebäude	3	12	4.905	3.550,00 pro Gebäude
3 Bauplätze		26	902	34,70 pro Ar
Ackerland	3	29	14.535	4.550,00 pro Hektar
Wiesen	1	95	8.485	4.350,00 pro Hektar

Bei derselben und späteren Erhebungen werden als Pachtzins genannt (in M pro ha; als Kaufpreis galt die 22fache Pachtsumme):

	1897	1900	1903	
Acker	200	150	170	Mark
Wiese	200	140	160	Mark

Dienstleistungen

Eisenbahnfahrkarte Emmendingen-Teningen, III. Klasse, 1898	0,10 M
Tagessatz für Verpflegung	
in den Freiburger Kliniken 1912	2,40 M
in der Kreispflegeanstalt Freiburg 1913	0,50 M

Diese berechnete ferner 1913 für Herrenkleidung: Rock 6,00 M, Hose 4,00 M, Hemd 3,00 M, Unterhose 1,50 M, Strümpfe 1,00 M, Schuhe 6,00 M; Frauenkleidung: Kleid 5,00 M, Hemd 2,50 M, Schuhe 4.50 M, Bettjacke 1,20 Mark.

1914 wurden die 16 Ortsarmen in Teningen mit wöchentlich 2 M, jährlich 104 M unterstützt; für einen in der Kreispflegeanstalt Freiburg untergebrachten Ortsarmen zahlte die Gemeinde jährlich 182 M.

1913 betrug das Quartiergeld für Unteroffiziere und Mannschaften 1,20 M pro Kopf und Tag.

Löhne und Gehälter

Allgemeine Aussagen über die Höhe der - vielfach jahrweise ausgewiesenen - Löhne und Gehälter sind schwierig; denn zur Besoldung kamen oft noch Leistungen wie Unterkunft und Verpflegung (bei Knechten und Mägden), Holzdeputate, bis ins 19. Jahrhundert Zehnte.[59] Die folgenden Angaben können nicht in der wünschenswerten Ausführlichkeit kommentiert werden; Aufmerksamkeit verdienen die Entwicklung über die Zeit und die Relationen, z.B. die Spanne zwischen den Bezügen von Bürgermeister und Nachtwächter, dem Tagelohn von Magd und Knecht, dem Lohn und Preisen.

1897 und 1898 (die Werte für 1898 in Klammern) wurden in Teningen folgende Löhne bezahlt:

Tagelohn für	Männer		Frauen	
	Sommer	Winter	Sommer	Winter
ohne Kost	2,20 (2,50)	1,80 (2,00)	1,70 (2,00)	1,50 (1,50)
mit Kost	1,20 (1,20)	1,00 (1,00)	1,00 (1,00)	0,80 (0,70)

Der Lid- oder Gesindelohn wurde jährlich ausgezahlt:

Lidlohn	1897	1898	1900	1904	1905	1908	1910
Knecht	250	270	270	280	300	325	350
Magd	200	200	180-200	180-200	180-240	250	250

Das Ansteigen der Lidlöhne dürfte sich vor allem damit erklären, daß die Industrie in Teningen (relativ) gut bezahlte bei begrenzter Arbeitszeit und Anspruch auf höhere Vergütung von Überstunden, wie noch zu zeigen ist. Wenn der Lidlohn der Knechte von 1897 bis 1910 um 40%, der Mägde nur um 25% stieg, so vielleicht deshalb, weil die Industrie Frauen noch nicht so viele Arbeitsplätze bot.

1911 betrug der Stundenlohn in der Maschinenfabrik und Eisengießerei Saaler 25-50 Pfennig; es wurde *bei Überstunden über zehnstündiger Arbeitszeit 25% Aufschlag bezahlt.*

1912 genehmigt das Bezirksamt die Erhöhung der Ausschellgebühr von 70 auf 80 Pfennig; 1935 wird für eine einmalige Bekanntmachung 1,50 RM bewilligt.

Verglichen mit heute, klafften die Gehälter von Pfarrer und Lehrer auseinander, wie die folgende Tabelle zeigt:

Ausgewählte Jahresgehälter	1897	1898
Evangelischer Pfarrer	4.200	4.400
Unterlehrer	250	200
1. Hauptlehrer	700	750
2. Hauptlehrer	1.500	1.500
Steuererheber	550	350
Forstwart	975	975
Posthilfsbote		175

In der folgenden Aufstellung ist die unterschiedliche Währung zu berücksichtigen (1852 Gulden, 1914 Mark).

Vergütungen der Gemeindebediensteten	1852	1914
Bürgermeister[60]	180	1.000
jeder der 6 Gemeinderäte	4	
Ratschreiber	25	650
Gemeinderechner		600
2 Polizeidiener, zusammen	55	
Ortsdiener		300
2 Nachtwächter, je	60	

Vergütungen der Gemeindebediensteten	1852	1914
3 Wald- und Feldhüter, zusammen	280	
Waldhüter (1913)		272
Feldhüter		170
Steinsetzer (pro Arbeitstag)		4
Waisenrichter	7	
2 Hebammen, je	30	
Leichenschauer	12	
1 Haupt- und 1 Unterlehrer, zusammen[61]		400

1897 erhält der Waldhüter laut Vertrag pro Jahr 240 Mark, zusätzlich pauschal 12 Mark für die Beaufsichtigung der Holzmacherei u.ä.; ferner wurden ihm in Aussicht gestellt alle drei Jahre ein Rock, eine Hose und ein Hut, sowie alle 12 Jahre ein Mantel. Kritisch äußerte sich dazu die Bezirksforstei: Es sei unbillig, dem Waldhüter nur alle drei Jahre neue Dienstkleidung zu geben, zumal wenn - wie hier - schlechtes Material verwendet werde. - 1898 wurde die Bitte des Feldhüters, seine Bezüge von jährlich 170 auf 200 Mark zu erhöhen, abgelehnt: Er habe noch 70-80 Mark Nebenverdienst und könne unentgeltlich Gras an etlichen Gemeindewegen mähen.

1915 besorgte Bürgermeister Ehrler eine *Einkommens-Erklärung* zum Gesamteinkommen des Ratschreibers *zum Zwecke der Festsetzung des Einkommensanschlags zur Fürsorgekasse für Gemeinde- und Körperschaftsbeamte*, die als Beispiel genauer betrachtet sei. Zum *festen Gehalt* als Ratschreiber in Höhe von 600 Mark kamen *wandelbare Bezüge*, z.B. Gebühren in Verlassenschafts- und Vormundschaftssachen (8-11 M) und Bezüge als Hilfsbeamter bei Führung des reichsrechtlichen Grundbuchs (629-661 M). Das reine *wandelbare Diensteinkommen* betrug 1912, 1913 und 1914 durchschnittlich 704 Mark pro Jahr. Dazu wurde das feste Gehalt addiert, so daß sich für 1912 - 1914 ein jährliches Gesamteinkommen von 1.304 M ergab, entsprechend 108,67 M monatlich. Naturalbezüge - das Formular sieht *Brennmaterial*, *Güternutzung* und *Sonstige Naturalbezüge* vor - bezog der Ratschreiber nicht. Während des Weltkriegs ändert sich am Grundgehalt nichts; dagegen schwankt die Summe der *wandelbaren Bezüge* (zwischen 909 und 938 M) - Folge von jährlichen *Remunerationen* in Höhe von 200 M. 1916 - 1918 verfügte der Ratschreiber jährlich also durchschnittlich über 1.519 Mark.

Zwar langsam, doch kontinuierlich stiegen die Löhne in den letzten Jahrzehnten vor Ausbruch des Ersten Weltkrieges an, und zwar stärker als die Preise. Preisstabilität vorausgesetzt, bedeuten höhere Löhne im allgemeinen, daß ein geringerer Anteil des Lohnes für Nahrung aufgewendet werden muß; es bleibt mehr Geld für Kleidung, Wohnung, Verkehr u.ä. übrig. Diese Entwicklung hat sich bis in die Gegenwart fortgesetzt.

Stiftungen

Trotz niedriger Löhne kamen vor Ausbruch des Ersten Weltkrieges erhebliche Vermögen zusammen, von denen viele durch Fleiß, Umsicht und Sparsamkeit erworben worden sind. Mit dem Geld wurden landwirtschaftliche Betriebe modernisiert, Häuser gebaut und Firmen gegründet - oder Stiftungen. Die Friederike-Heß-Stiftung sei abschließend vorgestellt. 1818 geboren, betrieb Frau Heß nach dem Besuch der Volksschule zusammen mit ihrer Schwester einen kleinen Krämerladen in Teningen. Hier wurde sie für viele Menschen eine gesuchte Ratgeberin. Sie blieb unverheiratet und häufte im Laufe der Jahre ein kleines Vermögen an. Sie richtete eine Volksbibliothek ein und beschenkte an Weihnachten arme Kinder. 1870 übertrug sie einen Teil ihrer Habe, 2.200 fl auf die Friederike-Heß-Stiftung: Von den Zinsen (jährlich 80 bis 100 fl) sollten Konfirmanden 40 fl und fünf arme Familien 20 fl erhalten; fünf Gulden waren dem Totengräber zugedacht, um das Grab zu pflegen, in dem die Stifterin und ihre Schwester ruhten. Eine zweite Stiftung dotierte Frau Heß mit 3.017 Mark; mit den Zinsen sollten Familien der Krieger von 1870/71 unterstützt werden.[62]

Für anmaßend könnte man es heute halten, ganze 2.200 Gulden in eine "Stiftung" einzubringen; minimal mögen uns die vier Gulden erscheinen, die einer armen Familie zugedacht waren. Deshalb sei auf die Preise zurückverwiesen: Für ein Pfund halbweißes Brot bezahlte man 6, für sechs Eier 8 Kreuzer. In unserem Jahrhundert und in Deutschland hat es auch in Friedenszeiten Familien gegeben, in denen höchstens ein Aufstrich aufs Brot kam; Butter, ohnehin undenkbar, und Marmelade, Schinken oder Käse hätten als Verschwendung gegolten; mehrere Kinder hatten sich ein Ei, Mutter und Tochter einen Mantel zu teilen. Bei solchem Mangel reichten vier Gulden (240 Kreuzer) für ein Festessen, dessen Erinnerung noch monatelang dem grauen Alltag etwas Licht verleihen mochte.

Weltkriege, Not und Gewaltherrschaft

Im zweiten Abschnitt werden dreißig Jahre Teninger Geschichte dargestellt, die geprägt sind von Weltkriegen, Inflation, Arbeitslosigkeit und nationalsozialistischer Gewaltherrschaft. Der Aufstieg der NSDAP in Teningen wird aus zwei Gründen ausführlich geschildert: Über die Anfänge der Nationalsozialisten in ländlichen Gemeinden sind wir im allgemeinen weniger gut informiert als in Städten. Auch in Teningen versuchte man noch 1968, die NS-Zeit zu verdrängen; bezeichnend ist es jedenfalls, daß das Gemeindeblatt in seinen Ausgaben vom 9. und 23.9.1967 völlig unpolitische Auszüge aus dem Gemeindeblatt der Jahre 1938 und 1939 brachte, obwohl die Ausgabe vom 1.7.1939 einen weiteren Ausschnitt aus der Geschichte der Ortsgruppe der NSDAP veröffentlicht hatte, die der seinerzeitige Bürgermeister der Aufmerksamkeit der Bewohner empfohlen hatte. Vieles von dem, was hier offenherzig ausgesprochen wird, dürfte für andere ländliche Gemeinden in Baden gelten.

Der Autor sieht sich gerade in diesem Abschnitt in einer schwierigen Lage: Deutsche haben in der Zeit des "Dritten Reiches" schwere Schuld auf sich geladen; deshalb kann man von den Ereignissen jener Zeit nicht so leidenschaftslos wie von Preisen im ausgehenden 19. Jahrhundert schreiben. Der Historiker versucht zu verstehen und den Betroffenen gerecht zu werden. Er weiß mehr als die Handelnden, da er Hintergründe und Ausgang kennt. Für ihn ist die Geschichte - jedoch nicht deren Deutung! - abgeschlossen; für unsere Väter und Großväter war sie offen. Die meisten derer, die in den Jahren 1933 bis 1945 erwachsen waren oder erwachsen wurden, sind nicht in Gute und Böse, Opfer und Täter einzuteilen. Sie wußten weniger als wir, und sie standen vor ganz anderen Alternativen; viele liefen mit oder wollten ganz einfach überleben. Der Chronist hofft, daß er niemandem Unrecht tut und bittet um Nachsicht, sollte er - aus seiner Sicht notgedrungen - an offene Wunden gerührt haben.

Der Erste Weltkrieg

Im Sommer 1914 weitete sich ein Konflikt zwischen Österreich und Serbien in wenigen Tagen zu einem Weltkrieg aus, der mehr als vier Jahre dauern sollte. Deutschland und seine Verbündeten standen - erst recht seit dem Kriegseintritt der USA 1917 - einer nach Bevölkerung und Wirtschaftskraft erdrückenden Übermacht gegenüber. Anders als im Zweiten Weltkrieg, hatte die deutsche Zivilbevölkerung unmittelbar nicht zu leiden; mittelbar war sie um so heftiger betroffen, je stärker sich der Wirtschaftskrieg auswirkte, der Deutschland von Zufuhren aus Übersee abschnitt. Die Menschen erlebten wieder den Hunger, den viele nur noch vom Hörensagen kannten.

Die Opfer: Gefallene, Verstümmelte, Hinterbliebene

Auch in Teningen werden die Mobilgemachten im August 1914 froh, wenn nicht ausgelassen, mit Rufen wie *Nach Paris!* losmarschiert sein, werden die Glocken geläutet haben, wenn in den ersten Kriegswochen eine Siegesmeldung der anderen folgte. Aber der Preis war hoch. Als man nach dem Krieg den Gefallenen Denkmale setzte, mußte man lange Listen mit Namen in den Granit graben. Das Jahr des Todes zeigt etwas von der Heftigkeit der Kämpfe an West-, Ost- und Südfront, auf dem Balkan und zur See, die auch von Teningern durchlitten worden sind: 1914 11, 1915 9, 1916 22, 1917 11, 1918 19, 1919 5, 1920 1, insgesamt 78 Kriegsopfer.[63] Kriegerdenkmale verzeichnen nicht die Verkrüppelten,

Blinden, Lahmen, Entstellten, nicht die seelisch Zerstörten, nicht die trauernden Witwen und Waisen, Eltern und Geschwister; ungenannt bleiben auch die Frauen, die nach dem Tod so vieler junger Männer nicht zum Heiraten kamen.
1934 lebten in Teningen noch 216 Frontkämpfer des Weltkrieges.[64] Einer von ihnen war Polizeidiener Wilhelm S., der 1929 nach Einträgen in seinem Militärpaß eine Auflistung abgab, die hier wiedergegeben sei, stellvertretend für Millionen anderer:

> *19.8.14: 2. Schlacht bei Mülhausen. Stellungskampf im Oberelsaß;*
> *7. bis 8.1.15: Gefecht bei Oberburnhaupt;*
> *Stellungskampf im Oberelsaß bis 12.1.17;*
> *Kämpfe zwischen Maas und Mosel, Kämpfe bei Ronvaux-Saulx vom 13.1. bis zum 23.2.17;*
> *Stellungskämpfe bei Ronvaux-Saulx vom 24.2.17 bis zum 8.4.18;*
> *Stellungskämpfe vor Verdun vom 9.4. bis zum 11.9.18;*
> *Ausweichkämpfe im Mihielbogen vom 12. bis 14.9.18;*
> *Gefecht bei Dampvitou-Marimboist(?) vom 14.9. bis zum 18.9.18;*
> *Stellungskämpfe in der Woevre-Ebene und westlich der Mosel vom 19.9. bis zum 10.10.18;*
> *Vom 12.11.18 ab Rückmarsch durch Lothringen, die Rheinprovinz und die Pfalz während des Waffenstillstandes.*

Schlacht und *Stellungskämpfe* bedeuteten Kampf Mann gegen Mann, mit blanker Waffe, manchmal mit den nackten Händen, tagelanges Artilleriebombardement, Angriffe mit Gas und Flammenwerfern, bei Hitze und Kälte, Regen und Schnee ... S. wurden insgesamt 6 Jahre und 5 Monate Militär- bzw. Kriegsdienst bescheinigt, nämlich von Herbst 1903 bis Herbst 1905 und dann wieder vom 2.8.1914 bis zum 4.12.1918. Nachgetragen sei, daß S. 1883 geboren wurde und 1917 heiratete; aus der Ehe gingen in den Jahren 1918 bis 1927 zwei Söhne und vier Töchter hervor.

Sammlungen

Appelle an die Hilfsbereitschaft der Zivilbevölkerung verhallten seit Kriegsanfang nicht ungehört, denn fast jeder hatte einen Verwandten, Freund oder Bekannten unter den Soldaten; zudem legte die rauschhafte Begeisterung sich nur langsam, und die Gewißheit eines deutschen Sieges geriet erst spät ins Wanken. In dem Maße, wie sich Enttäuschung und Not breitmachten, wie die Menschen abstumpften und verzweifelten - etwa seit 1917 - fielen die Sammlungen spärlicher aus;[65] sie wurden Zwangsabgaben immer ähnlicher.
Außer Geld waren Lebens- und Genußmittel gefragt. Der Aufruf zugunsten einer *Liebesgabensendung* aus Anlaß des Geburtstages des Großherzogs im Juni 1915 erbrachte Beträge zwischen 50 Pfennig und 30 Mark, zusammen 286,35 Mark, ferner 92 Pfund Dörrobst, 12 Stück Landjäger, 920 Zigarren, 740 Zigaretten, 95 Päckchen Tabak, 3 Pfeifen, 36 Tafeln Schokolade, 14 Rollen Pfefferminz, 6 Flaschen Saft, 1 Flasche Kirschwasser. Bei der *Lebensmittelspende für Schwerarbeiter der Kriegsindustrie* vom 9.2.1917 sollte Teningen zugunsten der Badischen Anilin- und Sodafabrik Ludwigshafen spenden; am 10.3.1917 bedankte sich die BASF für 2 Kisten, 6 Körbe, 18 Säcke, 4 Steinkrüge mit Lebensmitteln; ein weiteres Schreiben der BASF, vom 18.4.1917, trägt das Signet *Mitglied des Vereins gegen das Bestechungsunwesen*.
Offensichtlich gab es trotz Appellen zur Solidarität, trotz scharfer Kontrollen, trotz Androhung drakonischer Strafen einen umfangreichen Schwarzhandel. Noch 1919 durften Kartoffeln *nur zur Tageszeit, das ist von morgens 7 Uhr bis abends 6 Uhr* befördert werden, und nur gegen Vorlage einer schriftlichen, auf den Namen des *Ausführenden* lautenden Bescheinigung mit Siegel und Unterschrift.[66]

Bewirtschaftung von Kartoffeln

Die Blockade zwang zu einer immer rigoroseren Bewirtschaftung knapper Güter; ein aufgeblähter Verwaltungsapparat plagte Verbraucher, Handel und Produzenten mit einer Flut von Verordnungen und Verboten. Metzger mußten im Besitz einer

Schlachterlaubnis sein, Dreschmaschinenbesitzer genau über ihre Tätigkeit Buch führen. Landwirte, von denen man Höchstleistungen erwartete, und Behörden standen in Zielkonflikten: Die Menschen verlangten nach Fleisch, Fett und Milch, aber Getreide und Kartoffeln sollten nicht verfüttert werden; Ochsen sollten geschlachtet werden, doch waren sie als Zugvieh um so unentbehrlicher, als die meisten tauglichen Pferde requiriert waren. Jeder Quadratmeter landwirtschaftlich nutzbarer Fläche wurde bestellt, die Arbeitszeit ausgedehnt und das Gebot der Sonntagsruhe gelockert. Im folgenden sei die Kartoffelversorgung betrachtet; ähnliches ließe sich zur Bewirtschaftung von Getreide sagen.

Höchstpreise - für Kartoffeln z.B. im Dezember 1914 auf 3,50 bis 3,75 Mark je Zentner bzw. 17 Pfennig für 4 Pfund festgesetzt - sollten dafür sorgen, daß auch Minderbemittelte zu ihrem Recht kamen. Solche Maßnahmen haben zu allen Zeiten nur begrenzt gehalten, was die Machthaber sich versprochen hatten. Noch im November 1920 klagt das Bezirksamt, *in gewissen Kreisen der Landwirtschaft* bestehe das Bestreben, *Kartoffeln zurückzuhalten und durch Verkauf derselben im Frühjahr zu hohen Preisen einen großen Gewinn zu erzielen*. Drohungen (*Nachschau ... gegebenenfalls unter Zuzug von Gendarmerie und Polizei*), Beschlagnahmen und Gerichtsverfahren scheinen wenig gefruchtet zu haben; das Protokoll einer Ortsbereisung von Nimburg hält nüchtern fest, die Landwirte hätten während des Krieges gute Geschäfte gemacht.

Eine beim Bezirksamt am 14. Februar 1917 eingelegte Beschwerde zeigt, wie schwierig es war, auch denen gerecht zu werden, denen Geld oder die Möglichkeit fehlte, sich im Herbst mit spärlichen Vorräten einzudecken.

Erscheint heute Karl B. Ehefrau von Teningen und erklärt: Ich bin Kriegerfrau und habe 9 Kinder. Ich habe keine Kartoffeln mehr. Das Bürgermeisteramt lehnt es ab, mir für Kartoffeln zu sorgen. Solche könnte ich in Forchheim aufgrund eines Bezugsscheines haben, der Bürgermeister sagt aber, Bezugsscheine dürfen keine mehr ausgestellt werden.

Der Kommunalverband beauftragt das Bürgermeisteramt zu prüfen, ob Frau B. Anspruch auf Kartoffeln habe; *bejahendenfalls seien ihr alle Monate die erforderlichen Karten auszuhändigen*.

Abgabepflichtig waren die Landwirte der Gemeinde gegenüber und diese dem Kommunalverband gegenüber. Wohl wissend, daß Produzenten und Gemeinden Anordnungen verschleppen können, äußert sich die Behörde einmal entgegenkommend, ein andermal gebieterisch. Das sei an einem Verteilungsplan vom 2. November 1916 erläutert, in dem die Gemeinden des Bezirks Emmendingen aufgeführt werden, ferner die Empfänger und die zu liefernden Mengen; diese schwanken zwischen 200 und 5.200 Zentnern (Amoltern bzw. Forchheim). Heimbach, Köndringen, Nimburg und Teningen haben 200, 800, 700 bzw. 1000, zusammen 2.700 Zentner zu liefern, davon an die Stadt Emmendingen 1.200 Zentner, an die Heil- und Pflegeanstalt 700 Zentner und an auswärtige Kommunalverbände 800 Zentner. Am 16.12.1916 wird der *Gemeinderat - Kriegskommission - Teningen* gemahnt; die Gemeinde sei ihrer Lieferungspflicht nicht nachgekommen: Daß an fremde Kommunalverbände 15 Zentner zuwenig geliefert wurden, wolle man *weiter nicht beanstanden*. Anderes gilt für den eigenen Bezirk: Die fehlenden Mengen (25 Zentner für die Stadt Emmendingen und 120 Zentner für die Heilanstalt) sind *per Fuhre* bei frostfreiem Wetter *bald tunlichst nachzuliefern*. So verbindlich das Schreiben bis hierhin abgefaßt ist, so fordernd ist der Schluß: Der Empfang der Verfügung sei vom gesamten Gemeinderat zu bescheinigen. *Einwendungen hiergegen, daß die Lieferung nicht möglich ist, können nicht berücksichtigt werden.*

1917 kam es zu einer Hungersnot; für die Zeit vom 1.1. bis zum 20.7.1917 waren pro Person und Tag 3/4 Pfund Kartoffeln vorgesehen (1916 waren es noch 1 1/2 Pfund gewesen), für Schwerarbeiter 2 Pfund. Dabei ist nichts zur Qualität gesagt; angefrorene Kartoffeln schmecken widerlich süß. Im März 1918 galten Kartoffeln als *gut*, wenn sie *gesund* und *2,72 cm Mindestgröße* hatten; die Dicke war also auf ein Zehntel Millimeter genau vorgeschrieben! Uns erscheinen die genannten Mengen groß; abgesehen davon, daß erst seit den

1960er Jahren der Kartoffelverbrauch spürbar zurückgegangen ist zugunsten des Verzehrs veredelter Produkte, darf man nicht vergessen, daß Kartoffeln seinerzeit den größten Teil des Kalorienbedarfs decken mußten; eine wässerige Kartoffelsuppe bildete oft die einzige warme und die Hauptmahlzeit des Tages.
Hohe Erträge waren nicht zu erwarten: Bauern, die ihr Land, ihr Gerät, ihr Vieh kannten, waren zum Militär eingezogen, die für die Anspannung nötigen Pferde ebenso; es fehlte an Ersatzteilen und an Dünger. Noch 1920 erhält der Kommunalverband Emmendingen von der badischen Kartoffelversorgung 300 Zentner *stickstoffhaltige Düngemittel* zugewiesen, die an die *bestliefernden Kartoffelerzeuger* verteilt werden sollen. Für Teningen sind 20 Zentner vorgesehen. *Ein Anspruch auf Lieferung bestimmter Sorten besteht nicht.*

Ein Blick in die Metzgerei

Otto Kern Ehefrau stellt mit einer *Anzeige* am 4. Mai 1916 die Vorräte der Metzgerei zum *Engel* zusammen.[67] Das Formular sieht vor Rind-, Kalb-, Schaf-, Schweine- und Ziegenfleisch, frische und Dauerwurst, Sülze, Speck, nicht ausgelassenes Fett, Wild, Geflügel, Geflügelkonserven ... Zum 1. Mai waren vorhanden 51 kg Rind-, 5 kg Schweinefleisch und 10 kg frische Wurst; das war alles. Auf einem weiteren Vordruck, *Abrechnungsblatt für Metzgereien*, gibt Frau Kern für die Zeit vom 1.-31. Mai 1916 Rechenschaft: Nummer des Schlachtscheins, Ordnungszahl des Schlachtbuches, Tag der Schlachtung, Schlachtgewicht nach Abzug für Schwund und Einwiegen, Vorrat zu Beginn der Periode. Nach Ausweis dieses Blattes waren im Mai 4 Schweine, 1 Kalb und 2 Rinder geschlachtet worden. Davon war der Fleischvorrat abzuziehen; *bei Ablauf der Versorgungsperiode bleibt nachzuweisen 503,5 kg Rind-, 15 kg Kalb- und 263,5 kg Schweinefleisch oder insgesamt (Spalte 4-8) 782 kg. Nachgewiesen (Sp. 11) 780 kg, zuwenig 2 kg.*
Ob diese Menge (0,25%) innerhalb einer gewissen Toleranzmarke blieb, geht aus den Akten nicht hervor. Am 1.6.1916 wurden Fleischmarken über 78 kg abgeliefert: *4.500 Stück à 100 g, 4.800 Stück à 50 g, 1.600 Stück à 25 g, 2.500 Stück à 20 g.*
Die Fleischmarken mußten, gelegentlich einzeln, ausgeschnitten, gesammelt, aufgehoben und gezählt werden; gezählt wurden sie wahrscheinlich noch zweimal: von der Gemeinde, deren Siegel sich unten, und vom Bezirksamt, dessen Eingangsstempel (5. Juni 1916) sich oben auf dem *Abrechnungsblatt* findet.

Kinder aufs Land

Trotz Unzulänglichkeiten war die Versorgung der Bevölkerung in ländlichen Gemeinden besser als in der Stadt, schon deshalb, weil in einer Gemeinde wie Teningen viele Haushalte über einen großen Garten, oft auch über Feld und Vieh verfügten; daß man sich von der Leistungsfähigkeit der Kühe keine falschen Vorstellungen machen darf, zeigen Listen zum *Milchablieferungssoll* Ende 1920; die 160 Milchviehbesitzer hatten insgesamt 338 1/2 Liter Milch abzuliefern; pro Kuh wurden täglich 1,5 bis 5,5 Liter gemolken.
Im Frühjahr 1917 kamen fünfzehn Freiburger Stadtkinder für bis zu sechs Wochen nach Teningen; vom 15.4. bis zum 4.6. 1917 nahm Karl Sexauer, Mühlenbesitzer, das Kind Erika Lindemann aus Freiburg, Moltkestraße 28 in seine Familie auf. Der Kommunalverband Freiburg-Stadt bestätigte auf einem *Abmeldeschein*, daß das Mädchen sich aus der Lebensmittelversorgung in Freiburg abgemeldet habe. Das Formular weist aus, daß es im April 1917 Karten gab für Mehl und Brot, Fleisch, Eier, Vollmilch, Butter(fett), Zucker, Kartoffeln und *allgemeine Waren* - was nicht heißt, daß man das alles auch zu kaufen bekam.
Die *Kinderlandverschickung* hat viele Kinder vor Unterernährung und Krankheit bewahrt; vielleicht hat sie dazu beigetragen, naserümpfenden Dünkel von Städtern gegen "das Dorf" und "die Bauern" abzubauen.

Unruhige Friedenszeit

Wie soll man die 1920er und 1930er Jahre überschreiben? Nachkriegs- oder - mit dem Blick auf den Zweiten Weltkrieg - Zwischenkriegszeit? Das Deutsche Reich ist mit Waffenstillstand 1918 und Friedensvertrag 1919 glimpflich davongekommen, wenn man an die Katastrophe 1945 denkt. Die Zeitgenossen empfanden in den 1920er Jahren viel als unerträglich: Belastung mit dem Eingeständnis der "Kriegsschuld", Gebietsabtretungen, jahrzehntelange Besetzung, Reparationen auf unabsehbare Zeit ... Aber das Reich hatte seine Einheit bewahrt; die Feinde von gestern waren sich nicht einig; Frankreich war ausgeblutet; zwischen dem Reich und Rußland lag ein breiter Gürtel neuer, untereinander zerstrittener Staaten.

Der verlorene Krieg mußte finanziert werden; radikal wurde das Geld entwertet. Demgegenüber fielen die Sondersteuern, mit denen Grundbesitz belastet wurde, harmlos aus. Die zunächst schleichende, dann galoppierende Inflation machte die Deutschen über Nacht zu einem Volk von Millionären, wie die Jahresbezüge des Waldhüters Karl Friedrich Heitzmann zeigen: 1914 bis 1918 jeweils 500 Mark, 1919/20 1.500 M, 1920/21 4.810 M, 1921/22 8.180 M., 1922/23 332.994 M, 1923/24 schließlich 275.906.879.512.826 Mark. Anders als die meisten Leser heute, konnte Waldhüter Heitzmann diese Zahl seinerzeit wahrscheinlich lesen: Zweihundertfünfundsiebzig Billionen neunhundertsechs Milliarden ... Die Teninger werden etwaige Ersparnisse vor 1914 eher in Land und Gerät investiert als zur Kasse getragen haben; die Geldentwertung dürfte sie weniger als Millionen andere geschädigt haben, die sich in kurzer Zeit um lebensnotwendige Rücklagen gebracht sahen.

Die Wirtschaft erholte sich relativ schnell. Ortsbereisungsakten der Nachkriegszeit sprechen von einer weitgehend schuldenfreien Landwirtschaft und vom schnellen Wiederaufbau der Viehbestände. Industriebetriebe wurden von Rüstungs- auf Friedensproduktion umgestellt. Wie eine Erhebung aus dem Jahre 1921 zeigt, wurden die Breisgauwalzwerke AG und die Maschinenfabrik Saaler AG, obwohl sie nun im Schußbereich französischer Kanonen lagen, sogar vergrößert.[69]

1919 ging in Teningen eine Ära zuende: Nach 47 Jahren mühevoller und treuer Arbeit, wie das Bezirksamt in einem Dankschreiben betont, erklärte Bürgermeister Ehrler zum 14. Juni seinen Rücktritt; von seiner fünften Amtsperiode, so hatte er dem Gemeinderat geschrieben, lägen zwar nur noch anderthalb Jahre vor ihm; *aber ich bin jetzt dieses meines Amtes müde und möchte doch auch noch einige Tage in Ruhe verleben können.* Aus der Neuwahl am 6. Juli 1919 ging Gustav Sick, Gemeinderat und Landwirt, mit 612 (von 709) Stimmen als neuer Bürgermeister hervor; im Juli 1928 wurde er mit 793 von 799 Stimmen wiedergewählt.[70]

Der Übergang im Dorfregiment hätte Neuerungen begünstigen können. Ist es symptomatisch, daß man in Teningen noch Ende 1932 keine Wasserleitung hatte? Löschwasser hätte aus dem Dorfbach gepumpt und über weite Entfernungen in Schläuchen geleitet werden müssen.[71] Vielleicht war ein konservatives Grundmuster so fest in den Menschen verankert, daß sie auch dann nicht an Verbesserungen der Infrastruktur interessiert waren, als die Gemeinde längst ein Industriedorf geworden war, in dem nur noch eine Minderheit ihr Brot in der Landwirtschaft verdiente. Vielleicht fehlte auch "nur" ganz einfach das Geld, und man wollte keine Schulden machen.

Bevor Einzelzüge zum Leben der Gemeinde vorgestellt werden, seien wichtige Gegebenheiten der Gemeinden Heimbach, Köndringen, Nimburg und Teningen tabellarisch zusammengestellt. 1925, als die ersten Kriegsfolgen überwunden waren, die parlamentarische Demokratie sich konsolidiert hatte, das Deutsche Reich außenpolitische Erfolge verbuchte und die spätere Krise noch nicht absehbar war, wurde eine Volkszählung veranstaltet, die vielseitiges, vom Autor im Interesse bequemerer Vergleichbarkeit z.T. in Prozentwerte umgesetztes Material liefert.[72]

Gemeindestatistik 1925

	Heimbach	v.H.	Köndringen	v.H.	Nimburg	v.H.	Teningen	v.H.	Bezirk Emmendingen	v.H.
Wohnbevölkerung 1919	625		1379		927		1744		57.463	
Wohnbevölkerung 1925	659	+5,4	1485	+7,7	959	+3,5	1919	+10	59.785	+4,0
davon weiblich	368	58,9	753	50,7	515	53,7	978	51	31.270	52,3
davon 0 bis 13 J.		29,4		29,2		30,0		28,9		26,0
14 bis 69 J.		67,1		67,3		66,1		68,0		70,5
70 J. und älter		3,5		3,5		3,9		3,1		3,5
davon evangelisch		4,9		94,7		97,9		93,0		52,7
röm.-katholisch		95,1		5,3		2,1		6,7		46,0
Israeliten		-		-		-		-		0,9
Nutzung der Gemarkungsfläche										
Acker		32,0		32,7		26,0		23,0		40,0
Wiesen		5,3		23,7		45,0		25,0		18,0
Reben		3,9		8,5		2,3		0		4,5
Wald		50,3		24,7		20,4		48,1		28,3
Viehbestand										
Pferde	17		45		22		100		3.172	
Pferde pro ha Acker		0,1		0,2		0,1		0,3		0,2
Rinder	154		696		502		603		22.870	
Rinder pro ha Wiese		5,7		3,3		1,1		1,5		2,9
Schweine	174		536		518		663		20.661	
Ziegen	119		78		42		58		4.841	
Bienenvölker	47		13		56		35		2.087	
Landwirtschaftl. Betriebe im ganzen	147		278		209		334		10.979	
Betriebsfläche										
unter 2 ha		76,9		70,5		63,6		68,9		67,3
2 bis unter 10 ha		22,4		29,1		36,4		30,8		31,4
10 bis unter 20 ha		0,7		-		-		0,3		1,1
20 ha und mehr		-		0,4		-		-		0,2
Fabriken mit 20 und mehr Arbeitern	2		1		2		4		75	
Selbständige:										
Kaufleute	2		10		4		5		362	
Handwerksmeister	7		5		10		31		712	
Industriearbeiter	130		126		103		365		5.582	
in v.H. der Wohnbev. 1925		19,7		8,5		10,7		19,0		9,3
davon Frauen	96		56		49		156		3.155	
in v.H. der Industriearbeiter		73,8		44,4		47,6		42,7		56,5
Industriearbeiter außerhalb ihres Wohnortes beschäftigt	88		104		67		50		1.472	
in v.H. der Industriearbeiter		67,7		82,5		65,0		13,7		26,4
von diesen Frauen	60		40		22		29		682	
in v.H. der Industriearbeiter		46,2		31,7		21,4		7,9		12,2

Die Zunahme der Bevölkerung erklärt sich mit der Rückkehr von Kriegsteilnehmern (auch aus der Gefangenschaft) und dem Zuzug von Menschen. Der Bevölkerungszuwachs ist in Köndringen und Teningen ausgeprägter als in Heimbach und Nimburg, wahrscheinlich wegen günstiger Verdienstmöglichkeiten in der Industrie. Die größere Zahl von Frauen - auffallend stark in Heimbach - spiegelt Kriegsverluste unter den Männern.
Zur Altersgliederung der Bevölkerung: Das Zahlenverhältnis von Arbeitsfähigen zu Jugendlichen und Alten läßt sich nur ungefähr angeben; immerhin haben, zumal in Landwirtschaft und Gewerbe, die Menschen sich nicht mit 65 Jahren zur Ruhe gesetzt. Die 14- bis unter 70jährigen als Erwerbstätige zusammengefaßt, machen für Teningen z.B. 68% der Bevölkerung aus, gegenüber Jugend (28,9%) und Alten (3,1%) mit zusammen 32%.
An der konfessionellen Struktur der vier Gemeinden hat sich seit Generationen praktisch nichts geändert. Wenn während des "Dritten Reiches" in den dem Autor vorliegenden Quellen aus Teningen keine antisemitischen Töne zu vernehmen sind, dann vielleicht deshalb, weil hier keine Juden gelebt hatten. Unterschiede gab es hinsichtlich der Nutzung der Gemarkungsfläche; Teningen z.B. hatte viel Wald, dafür aber keine Reben. Die große Zahl von Pferden und Rindern läßt sich auch als ein Indiz für die noch geringe Motorisierung der Landwirtschaft verstehen. Die wenigsten Betriebe konnten sich einen kostspieligen Ackerschlepper leisten. Von Pferden gezogene Mähmaschinen bedeuteten schon einen Fortschritt gegenüber früheren Jahrzehnten. Gemessen an der Ackerfläche hat Teningen die meisten Pferde, was man vielleicht als Indikator für den Wohlstand der dortigen Landwirte werten kann.
Wegen der jahrhundertealten Realteilung verfügten die meisten landwirtschaftlichen Betriebe über nur kleine, obendrein oft noch zerstückelte Betriebsflächen. Dieser Nachteil ließ sich nur zum Teil durch den Anbau arbeitsintensiver Sonderkulturen wettmachen. Nach einer Erhebung von 1944 hatten 78 Teninger insgesamt 605 Ar Reben auf Köndringer Gemarkung. Der Rebbesitz war noch stärker zersplittert als die Ackerflächen: Die Parzellengröße der Reben schwankte zwischen 3 und 22 Ar, nur 17 Parzellen umfaßten 10 Ar und mehr.[73]
Schließlich verweist die nebenstehende Tabelle auf die zunehmende Industrialisierung. Der Anteil der Industriearbeiter an der Wohnbevölkerung schwankt zwischen 19,7 und 8,5% (Heimbach bzw. Köndringen). Bei der recht großen Zahl von "Pendlern" in Köndringen ist zu berücksichtigen, daß die Statistik manchen Köndringer wegen des Verlaufs der Gemarkungsgrenze als "Auspendler" führte, auch wenn er einen kürzeren Weg zur Arbeit in Teningen hatte als sein dort wohnender Kollege.
Der Weltkrieg hatte den Prozeß der Emanzipation der Frau insofern beschleunigt, als diese - nach der Einberufung der Männer - im Zuge der wirtschaftlichen Mobilmachung in Landwirtschaft und Industrie ihren "Mann zu stehen" hatte. Während des Krieges waren Frauen in Stellungen hineingewachsen, aus denen sie nach Kriegsende nicht mehr grundsätzlich zu verdrängen waren; folgerichtig verlieh die Weimarer Verfassung ihnen auch das aktive und das passive Wahlrecht.

Bittere Not

An Schattenseiten fehlte es nicht: Ein ganzes Land war nicht bereit, sich die Niederlage einzugestehen; die zerstörte Generation der Kriegsteilnehmer fand sich im Alltag nicht mehr zurecht; entlassene Soldaten, Kriegsbeschädigte, Witwen und Waisen waren schlecht versorgt, erst recht, wenn sie an die "Kriegsgewinnler" dachten. Die Unzufriedenheit mit der parlamentarischen Demokratie zeigte sich in niedriger Wahlbeteiligung. Ein weitverbreiteter Pessimismus lag auf dem Land; die Jugend glaubte, keine Zukunft zu haben; wiederholt warnte das Bezirksamt vor Werbern für die Fremdenlegion.[74] Die Zahl der Auswanderer nahm wieder zu; in den Jahren 1925 bis 1930 aus ganz Baden 26.102 Personen.[75] Von 1927 bis Mitte 1934 zogen aus Teningen drei Männer und zwei Frauen fort in die USA (3) bzw. nach Südamerika und Kanada (je 1). *Durch meine lange Arbeitslosigkeit bin ich zu meinem Bedauern gezwungen, um eine Erhöhung der bisherigen Unterstützung zu bitten.* Mit diesen Worten leitet Kaufmann Otto Z.

ein Gesuch um Unterstützung an die Gemeinde ein.[76] Zur Begründung gibt er seine *gesamten Einnahmen* an:

Arbeitslosenunterstützung pro Monat	*39,00 RM*
Lehrlingsgehalt meines Sohnes	*33,00 RM*
Unterstützung durch die Gemeindekasse	*32,00 RM*
zusammen	*104,00 RM*
davon ab für Miete	*./. 45,00 RM*
bleiben	*59,00 RM*

Der Betrag von rund zwei Mark pro Tag liege weit unter dem Existenzminimum für vier Personen; für die Instandhaltung von Kleidung und Schuhen bleibe nichts. Die ihm von der Gemeinde *aus der Winternothilfe in sehr dankenswerter Weise zur Verfügung gestellten Lebensmittel* seien längst aufgebraucht. Durch die lange Arbeitslosigkeit und die damit verbundene Einschränkung im Haushalt leide die Gesundheit der ganzen Familie. Noch lasse sich nicht übersehen, wann er wieder in Stellung komme; daher bitte er *der Billigkeit halber* um Brennholz aus den Gemeindewaldungen. Hätte ihm das aus dem - wie er schreibt - *Konkurs* der Saaler AG für die Monate August und September 1931 rückständige Gehalt von 460,00 RM inzwischen ausbezahlt werden können, wäre er heute besser gestellt.
Ein zweites Gesuch vom 18.10.1932 sei, da es kürzer ist, wörtlich wiedergegeben; bewußt wurde die Schreibweise nicht geglättet.

Ersuche den Gemeinderat höflichst mir behilflich zu sein, mir einen verdienst zu beschaffen. Bin seit 21.8.32 ausgesteuert habe mich dann beim Freiwilligen Arbeitsdienst bis heute beteiligt was ich aber nicht weiter ausüben kann weil man der Gröste Teil Kleider selbst stellen muss, kann meiner Mutter nicht umsonst zu Hause hinsitzen bitte deshalb den Verehrlichen Gemeinderat mich irgendwie zu beschäftigen oder Wolfahrtunterstützung zu gewähren.
Hochachtungsvoll (gez.) Stefan W.

Beide Schreiber stehen für Millionen anderer; sie sind nicht vorübergehend, sondern seit langem arbeitslos. Z. hat einen Beruf und ist verheiratet, W. ist nach Schrift und Inhalt (*meiner Mutter nicht umsonst zu Hause hinsitzen*) ein Jugendlicher. Im Jahresdurchschnitt 1932 waren im Arbeitsamtsbezirk Freiburg 13.585 Arbeitslose gemeldet (1929 "nur" 4.065);[77] im Winter 1932/33 waren es im Deutschen Reich mehr als sechs Millionen, oft ohne Hoffnung auf Besserung. Ersparnisse waren - soweit sie seit der Inflation hatten gebildet werden können - längst verbraucht. Z. und W. haben schon öffentliche Unterstützung in Anspruch genommen. Privatleute sind zur Hilfe um so weniger in der Lage, als gleichzeitig die Löhne und Gehälter gekürzt wurden. Wer ein Haus besaß, mußte sehen, wie er die auf diesem lastende Sondersteuer zusammen bekam. Kommunen und Kirchen hatten einen freiwilligen Arbeitsdienst eingerichtet. In Baden waren bei *Maßnahmen der werteschaffenden Arbeitslosenhilfe* in den Monaten, in denen die beiden Briefe geschrieben wurden, 3.290 bzw. 3.495 *Notstandsarbeiter* beschäftigt.[78] Im Rahmen der *Winternothilfe*, die andernorts an Bedürftige heiße Suppe ausschenkte, hatte die Gemeinde Z., wie er schreibt, (einmalig?) mit Lebensmitteln unterstützt; laufend half sie ihm mit Geld; 32 Mark entsprachen immerhin gut 70% der Wohnungsmiete. Angesichts des umfangreichen Waldbesitzes der Gemeinde war die Bitte um Brennholz wirklich "billig".
Weite Kreise des Volkes wurden demoralisiert durch die Hoffnungslosigkeit, die von langandauernder Arbeitslosigkeit, Zwangsversteigerungen und Firmenzusammenbrüchen ausging: Wenn die älteste Teninger Fabrik zahlungsunfähig war, konnte man nichts Gutes mehr erhoffen.

Der Aufstieg des Nationalsozialismus in Teningen

In der Kampfzeit war Teningen die Hochburg des Nationalsozialismus [...] Auch dies darf wieder einmal öffentlich gesagt werden, für die, welche es so schnell vergessen. Stolz blickt Bürgermeister Heß zum 1. Mai 1940 zurück.[79] Als Kampfzeit galten die Jahre bis zur "Machtergreifung" 1933.

Auf den heutigen Leser wirkt die offenherzige Äußerung zur Vergeßlichkeit der Zeitgenossen seltsam doppelbödig - wie auch mancher Abschnitt in der von Wilhelm Heß verfaßten *Geschichte der Ortsgruppe Teningen der nationalsozialistischen Deutschen Arbeiterpartei* (im folgenden "NS-Chronik" genannt).[80] Der Verfasser - ein Bruder des Bauunternehmers und späteren Bürgermeisters, Werkmeister in den Abteilungen Schmelzerei und Blockwalzerei der Tscheulin-Werke, seit 1930 Ortsgruppenleiter der NSDAP Teningen, bald darauf auch Sturmbannführer (Battaillonschef) der SA - hätte sein Werk auch einfach *Unser Kampf* oder *Mein Kampf* nennen können; aber das war der Titel der *nationalsozialistischen Bibel*, wie Heß die programmatische Bekenntnisschrift Hitlers ohne jede Ironie nennt. Das Stichwort "Bibel" verweist darauf, daß der Nationalsozialismus sich seinem Anspruch nach neben, seinen Zielen nach über das Christentum stellte, daß er als Heilslehre Glauben und Gehorsam verlangte.

Wie ein roter Faden ziehen sich durch die NS-Chronik Zeugnisse von der Banngewalt, die Hitler auf seine Anhänger ausübte. 1932 verzweifelten viele Nationalsozialisten am Erfolg der "Bewegung"; dazu Heß: *Und doch konnte einer, der einmal von der Idee des Führers erfaßt war, nicht mehr los davon, selbst dann, wenn der Weg in den Tod geführt hätte.* Heß ist mit dem Leben davongekommen.

Als das Gemeindeblatt mit dem Abdruck der NS-Chronik begann, besaßen die Nationalsozialisten seit fünf Jahren die Macht; das Regime hatte innen- und außenpolitische Erfolge vorzuweisen: Weitgehende Beseitigung der Arbeitslosigkeit, Revision des Versailler Vertrages in wichtigen Punkten, jüngst Bildung des "Großdeutschen Reiches" durch den "Anschluß" Österreichs. Da war es Zeit zu einem Rückblick. Wilhelm Heß versteht es, anschaulich zu erzählen; er hat ein Gespür für die packende Einzelheit, die besser als lange Abhandlungen eine Lage charakterisiert.

Wenige Ortsgruppen haben seinerzeit einen so aufmerksamen Chronisten gefunden, der sich auf eigene Anschauung und eigenes Erleben stützen konnte und der einflußreiche Zeitgenossen kennengelernt hatte. Was Heß aus Teningen berichtet, hat sich andernorts ähnlich abgespielt. Wegen ihres Seltenheitswertes seien die Aufzeichnungen Heß' daher ausführlicher wiedergegeben, als man es vielleicht erwarten möchte.

Da die Chronik nach dem Sieg der "Bewegung" verfaßt wurde, dürfte sie mindestens in den Teilen glaubwürdig sein, in denen von den eigenen Leuten die Rede ist, vom Umfeld des "Kampfes", von Voraussetzungen des Erfolges. Teile wurden im Gemeindeblatt 1941 zum zweiten Mal veröffentlicht; wären Heß ernste Fehler unterlaufen, z.B. hinsichtlich der Beurteilung seiner Mitkämpfer, so hätte er in die zweite Fassung sicher nicht nur geringfügige Korrekturen (und umfangreiche Ergänzungen) eingeflochten.

In einem auf den 2. Januar 1937 datierten Vorwort gibt Heß sich und dem Leser Rechenschaft über sein Vorhaben: Er will der Nachwelt Zeugnis geben von dem *Leidensweg* des deutschen Volkes nach dem unglücklichen Ausgang des *furchtbarsten aller Kriege*. Die NS-Chronik wolle darüber hinaus d e n Männern, Frauen und Kindern danken, deren Opferbereitschaft, Treue und Kameradschaft den Sieg der Nationalsozialisten möglich gemacht habe. Wegen der von den Nationalsozialisten erkämpften Volksgemeinschaft *sollen in dieser Geschichte keine Namen erscheinen, die irgend einen Volksgenossen in irgend einer Weise belasten.* Der Kampf sei beendet und der Blick nach vorn gerichtet.

Das Pathos, nicht nur Hitlers *Mein Kampf* entlehnt, gehörte zum Klima der Zeit. Aus den Schlußworten spricht so etwas wie Abgeklärtheit nach dem Sieg; dabei zählte Heß zu denen, die es besser wußten: Seit der "Machtergreifung" hatten die Nationalsozialisten gnadenlos ihre Gegner verfolgt, Sozialdemokraten und Kommunisten, Gewerkschafter und Intellektuelle, Juden und Christen.

Heß dankt zahlreichen Männern und Frauen für aktive Unterstützung bzw. wohlwollendes Gewährenlassen. Die meisten der namentlich Gelobten werden sich durch die Erwähnung in der Chronik, die ja kostenlos an alle Teninger Haushalte verteilt wurde, geehrt gesehen haben. Wer hätte 1938, aber auch noch 1941 zu denken gewagt, daß nur wenige Jahre später das auf tausend Jahre angelegte Reich in Trümmern liegen, Millionen von Menschen gefallen, weitere Millionen ermordet sein würden? Auch die in der Chronik Gelobten mußten sich 1945

nach ihrem Anteil von Schuld und Verantwortung an den unsagbaren Verbrechen fragen lassen, für die man nicht nur den - wie es in der Chronik heißt - *heiß, innig geliebten Führer* verantwortlich machen konnte, auch nicht nur die Spitzen in Partei und Staat, Wirtschaft und Gesellschaft.
Die Chronik zeigt anschaulich, daß der Sieg des Nationalsozialismus viele Väter hatte: Einzelne am jeweiligen Ort einflußreiche Personen und Tausende anonym bleibender Arbeiter. Emil Tscheulin, Gründer des nach ihm benannten Werkes, hat im Sommer 1930 Wilhelm Heß und dessen Bruder Gustav, den späteren Bürgermeister, für den Nationalsozialismus geworben und die NSDAP in Teningen vor und nach 1933 materiell und ideell unterstützt. Die NS-Chronik zeigt aber auch, wie es den Nationalsozialisten gelang, große Teile der Arbeiterschaft für sich einzunehmen: In Teningen gewann die NSDAP schon vor dem 30. Januar 1933 in freien und geheimen Wahlen die meisten Stimmen.
Die Chronik soll auf einige dem Autor wesentlich erscheinende Bereiche hin befragt werden: Anfänge des Nationalsozialismus in Teningen; Aufbau von SA und Frauenschaft; Förderer und Sympathisanten.

Gründung der NSDAP Teningen

Wenige Tage vor den Reichstagswahlen am 14. September 1930 ließ Heß zwei Plakate mit der Aufschrift *Deutsch denkender Arbeiter, wähle Nationalsozialist* über dem Haupteingang des Tscheulinwerkes und an der Bauhütte des Bruders anbringen; die Brüder warben auch mündlich für die NSDAP, die dann in Teningen auf 148 Stimmen gekommen sei. In dieser Wahl gewannen die Nationalsozialisten im Reich 18,3% der Stimmen und 107 Reichstagsmandate.
Tscheulin schlug bald darauf Wilhelm Heß als Führer der zu gründenden Ortsgruppe der NSDAP vor; der nahm nach anfänglichem Widerstreben an. Am 20.9.1930 gründeten Heß und weitere fünfzehn Teninger im Emmendinger *Schwarzwälderhof* im Beisein von Emmendinger und Freiburger Parteigrößen die Ortsgruppe der NSDAP Teningen. Bei dieser Gelegenheit sprach Parteigenosse Kurt Maier über Wesen und Ziele der NSDAP; Heß erinnert sich: *Keine Partei im üblichen Sinne, wo Kuhhandel getrieben und große Versprechungen gemacht, aber nichts eingehalten und eingelöst würde, sondern eine Bewegung, der alle Schichten des Volkes angehören könnten, wenn dieselben rückhaltlos bereit wären, dem Befehl des Führers und der NSDAP zu gehorchen und jedes persönliche und materielle Opfer auf sich zu nehmen.* Die Teninger waren beeindruckt; Maier hatte ihnen aus der Seele gesprochen. Sie merkten, daß sie ihre Gesinnung nicht umzustellen brauchten, *denn das, was die NSDAP im Grunde genommen will, war in unserem Werke zum größten Teile verwirklicht, nämlich das Führerprinzip und die Volksgemeinschaft.*
Heß und seine Begleiter gehörten zu Millionen, die in diesen Jahren ihre Hoffnung auf den Nationalsozialismus setzten, fasziniert von der Aussicht auf die Überwindung von Klassenkampf und Parteiegoismus, bereit zum Opfer, zur bedingungslosen Unterordnung unter den Willen des von der "Vorsehung" bestimmten "Führers"; der allein kannte - davon war man überzeugt - den rechten Weg aus dem Unheil. Manche Rahmenbedingungen waren dem Aufstieg der Nationalsozialisten günstig: Führerprinzip und Volksgemeinschaft wurden als Werte nicht nur im Tscheulinwerk propagiert, sie galten in weiten Bereichen der Gesellschaft, von der Familie über den Betrieb bis in die Kirche.
Die folgenden Monate waren von rastlosem Treiben erfüllt: Parteiinterne und öffentliche Versammlungen, Werbung neuer Mitglieder ... Heß konnte am 5.10.1930 die ersten 22, am 1.1. 1932 weitere 45 Aufnahmegesuche (mit der Aufnahmegebühr!) an die Parteizentrale weiterleiten; er stellt sie in zwei Listen mit Name, Vorname, Beruf und Mitgliedsnummer vor. Zur ersten Gruppe gehörten neun Fabrikarbeiter, sechs Werkmeister und je ein Mechaniker, Betriebsassistent, Obermeister, Angestellter, Schlosser, Schreiner, Magazinverwalter; die zweite Gruppe umfaßte 15 Fabrikarbeiter, zehn Walzer, zwei Werkmeister und je einen Mechaniker, Schlosser, Techniker, Bauunternehmer, Vorarbeiter, Ingenieur, Kaufmann, Landwirt, Dreher, Pfleger, Spediteur, Maurer, Sattlermeister, Schreinermeister, Techniker, Packer, ferner zwei ohne Berufsangabe.
Auffällig ist die große Zahl von Fabrikarbeitern (24), Walzern

(10; hier könnte Heß beispielhaft gewirkt haben) und Werkmeistern (8); der weitaus größte Teil der frühesten Mitglieder der NSDAP arbeitete in der Fabrik, viele in verantwortungsvollen Stellungen. Landwirte waren entweder noch nicht angesprochen worden oder hatten sich Werbeversuchen entzogen. Bemerkenswert ist die Feststellung Heß' an anderer Stelle der NS-Chronik, man habe in Teningen keine arbeitslosen SA-Männer und Parteigenossen gehabt. Die Gründungsmitglieder der dortigen NSDAP gehörten also alle zu den Privilegierten, die in Brot und Arbeit standen.

Nach der Machtergreifung galt es als ehrenvoll, eine niedrige Mitgliedsnummer zu haben; bei Bewerbungen wurde sie genannt, bei Personalentscheidungen spielte sie eine Rolle - erfragt wurde sie allerdings auch nach 1945 in dem berühmten "Fragebogen". Die ersten 22 Mitglieder der NS-Ortsgruppe Teningen hatten die Nummern 336.463 bis 336.479 und 336.481 bis 336.485. Die Anfang 1932 gemeldeten erhielten Nummern zwischen 359.257 und 615.098; in kurzer Zeit hatte die Zahl der Mitglieder sich also fast verdoppelt - reelle Zählung vorausgesetzt. Auf der *Ehrentafel der NSDAP Ortsgruppe Teningen*[81] sind in sieben Reihen 86 Männer abgebildet, alle wahrscheinlich *alte Kämpfer*. So nannte man die, die vor dem Hitlerputsch 1923, später auch die, die vor der "Machtergreifung" (30.1.1933) der Partei beigetreten waren; ihnen galten Verehrung und Dankbarkeit. Auf der *Ehrentafel*, auf der man Wilhelm Heß in der ersten und Emil Tscheulin in der zweiten Reihe sieht, fehlt Toni Rebay von Ehrenwiesen, die Heß in der zweiten Liste als einzige Frau unter den frühen Mitgliedern nennt. Frauen waren in der NSDAP willkommen, um - wie es hieß - ihre Männer im Glauben an den "Endsieg" zu bestärken, dem Führer Kinder zu schenken, Geld zu sammeln, Feste zu veranstalten, die Blessuren der Kämpfer zu pflegen ... In leitenden Stellungen hatten sie nichts verloren.

Seit dem Winter 1930/31 arbeiteten Heß und Genossen am Ausbau der Organisation: Gründung der SA, einer eigenen Frauenschaft, einer Musikkapelle, der Hitler-Jugend usf. Gleichzeitig wurden Partei- und öffentliche Versammlungen durchgeführt, Propagandamärsche in die nähere und weitere Heimat inszeniert, "die Roten" zusammengeschlagen, unentschlossene Bürger eingeschüchtert, Gottesdienste besucht, Weihnachtsfeiern veranstaltet, exerziert und Waffen für den Bürgerkrieg versteckt, steckbrieflich Gesuchte ins Ausland geleitet, Fahnen hergestellt ... das ganze mit rauschhafter Begeisterung, in Tag-, Nacht- und Sonntagseinsätzen. Einige Seiten seien genauer betrachtet.

SA Teningen

Am 21.12.1930 wurde die Teninger SA gegründet. Heß meint, die Gründung einer *Sturm*-Abteilung sei notwendig gewesen zum *Schutz* der eigenen Versammlungen.

Die Teninger SA, nach einiger Zeit gut 350 Mann stark, veranstaltete Propagandamärsche und Versammlungen; sie prügelte sich mit ihren Gegnern in Wirtshäusern, auf offener Straße und in Festsälen; sie baute einen eigenen Nachrichtendienst auf, besorgte Schanzwerkzeug und militärisches Gerät; sie exerzierte und übte für den Straßenkampf; sie feierte und schwankte zwischen tiefer Verzweiflung und Hoffnung auf den Sieg der "Bewegung".

Mit Propagandamärschen wollte man den eigenen Leuten Zuversicht, den Gegnern Furcht einflößen; strapaziöse Märsche durch die Sommerglut der Rheinebene sollten die Körper abhärten und etwa vorhandene rationale Widerstände abbauen; am Ziel angekommen, waren die Männer nicht mehr in der Lage, "markige" Reden kritisch zu durchdringen. Propagandamärsche vermittelten ein Gefühl der (Volks-) Gemeinschaft, beteiligten sich an ihnen doch Arbeiter der Faust und der Stirn, wie es damals hieß, Wohlhabende und Arbeitslose, Junge und Alte. Propagandamärsche forderten zum Bekenntnis heraus: In aller Öffentlichkeit zeigte man sich als "Nazi" (damals kein Schimpfwort), und man prüfte die durchzogenen Orte: Hier herzliches Willkommen mit Musik und freundlicher Bewirtung, dort die Mienen finster, die Zungen 'rausgestreckt, Fenster und Türen zugeschlagen ...

Im allgemeinen schlossen sich Formationen mehrerer Orte zusammen; auf diese Weise lernte man sich untereinander kennen, was im Ernstfall - Parteiverbot, vielleicht sogar Bürgerkrieg - wichtig wäre; es wurde aber auch der Eindruck geballter Kraft verstärkt, so etwa, wenn Teningen nach dem Einmarsch der SA einem *Heerlager* glich; beim Auszug *hallte das Dorf wider vom dröhnenden Marschtritt.* Zwischendurch waren die 1.300 Männer im Dorf verteilt und beköstigt worden; viele Arbeitslose bekamen zum erstenmal seit langer Zeit wieder ein ordentliches Mittagessen mit Wein, und Kuchen als Nachtisch, dazu die Feldflaschen und Taschen für den Weitermarsch gefüllt.

Propagandamärsche wurden im allgemeinen sonntags veranstaltet, nach dem Besuch des Gottesdienstes. Heß erinnert sich gern an die *markigen Worte*, mit denen der Teninger Pfarrer die SA in der Kirche begrüßt habe. Am Sonntag, den 18. Dezember 1932, seien *während des Gottesdienstes vom Ortsgeistlichen die sechs Sturmfahnen in feierlicher Weise eingesegnet* und dann die von Heß geführten 350 Männer vereidigt worden. Pfarrer Schmidt habe in seiner Predigt die Bedeutung des Eides hervorgehoben: *Wenn die Männer heute auf Adolf Hitler vereidigt würden, dann hätten sie ihm die Treue zu halten bis in den Tod. Die Gefallenen des Weltkrieges und der Bewegung stellte er als leuchtendes Beispiel der Opferbereitschaft, des Gehorsams, der Treue und Kameradschaft hin und ermahnte alle Kameraden, es ihnen gleich zu tun für ein freies Vaterland.* Bei dieser kirchlichen Feier hat es sich nicht um einen "Ausrutscher" gehandelt; viele - zumal evangelische - Pfarrer standen der "Bewegung" überaus wohlwollend gegenüber. In einem Nachruf auf Pfarrer Schmidt, der von 1916 bis 1935 in Teningen wirkte, schrieb Bürgermeister Heß, dieser *kerndeutsche Mann* habe in der frühen Kampfzeit die Bestrebungen der nationalsozialistischen Bewegung mit voller Kraft unterstützt und wohl als erster Pfarrer SA-Fahnen in der Kirche geweiht.[82] Die Worte Heß', die SA-Männer hätten Hitler *Treue bis in den Tod* geschworen, haben zu der Zeit, in der sie geschrieben wurden, einen makabren Nachgeschmack: Im Zusammenhang mit dem sogenannten "Röhmputsch" hatte Hitler im Sommer 1934 mindestens Hunderte ihm treu ergebener SA-Männer kaltblütig ermorden lassen.

Trainiert, abgehärtet, wie Pech und Schwefel zusammenhaltend, von der Kirche gesegnet, auf den Führer vereidigt, nahmen die SA-Männer ihr Werk in Angriff: Es galt, die ehedem rote Hochburg Teningen gegen das der SPD nahestehende, von Emmendingen aus agierende Reichsbanner zu *verteidigen.* Heß nimmt für sich in Anspruch, er habe den politischen Kampf immer *ritterlich* führen wollen. Vom Reichsbanner und dessen Aktivitäten spricht er nur verächtlich als *Bananen* bzw. *Sudeleien.* Er vergleicht mit der SA: Hier eine Kundgebung für Ordnung, Sauberkeit und Disziplin, gegen Feigheit und Verrat am deutschen Volk - dort *ein richtiger Sauhaufen mit Gebrüll, ein Bild der Unordnung.*

Eines Tages wagt sich eine Reichsbanner-Abteilung in den Ort. Es kommt zu einer Schlägerei, in die auch Parteigenosse Tscheulin mit Fäusten eingreift. Zwei vom Reichsbanner werden *erwischt und mit Schulterriemen fürchterlich zugerichtet, der eine liegt anschließend neben einem Misthaufen mitten in der Jauche drin.* Beide müssen mit dem *Sanitätsauto* abgeholt werden. Die Emmendinger rufen Verstärkung, um sich zu rächen. Sie werden erwartet; es kommt zu der legendären *Schlacht an der Elzbrücke*: Wieder werden die *Bananen* zusammengeschlagen; ein Reichsbannermann, der sich unter der Brücke versteckt hat, wird aufgespürt und fertiggemacht; Heß greift ein, *damit er nicht totgeschlagen würde.* Mit vier Schwer- und mehreren Leichtverletzten räumen die Emmendinger die Walstatt. Die SA hat, trotz zahlenmäßiger Übermacht des Reichsbanners, keinen Verletzten zu beklagen; um den Sieg vollkommen zu machen, werden - wie nach anderen Prügeleien - die Fahrräder der "Roten" zertrampelt und in die Elz geworfen. *Nun war die Ehre der SA gerettet, die SA war in der Achtung der Bevölkerung sehr gestiegen.*

Frauen in der NSDAP

Wenn einmal die Frauen von einer Idee, einem Glauben erfaßt sind, dann sind sie viel fanatischer im Kampf als die Männer, und es ist nur zu bekannt, daß wenn die Frau einmal überzeugt ist, der Mann mit einer gegenteiligen Meinung nichts mehr zu melden hat. Diese Überzeugung hat Heß im Laufe seiner politischen Arbeit in Teningen gewonnen. Sollte die "Bewegung" ihr Ziel erreichen, so mußte nach einer *Anordnung des Füh-*

rers das ganze Volk - Männer, Frauen und sogar Kinder - *erfaßt* werden.
Nach Gründung der NS-Frauenschaft, meint Heß rückblickend, *hatten wir bald das ganze Dorf hinter uns.* In einer Versammlung am 19.9.1931 erklärten zwanzig Frauen ihren Beitritt, vierzehn Tage später waren es schon 33: Zunächst vorwiegend die Frauen der Partei- und der SA-Mitglieder. Eine Führerin hatte man in der Witwe des Generals Rebay von Ehrenwiesen gefunden, der nach dem Weltkrieg nach Teningen gezogen war. Frau von Ehrenwiesen, so schreibt Heß, habe es verstanden, in kurzer Zeit über hundert Frauen zu höchsten Leistungen anzuspornen, beseelt von einer Mischung aus Vaterlandsliebe, Klugheit, Vernunft und *einem grenzenlosen Vertrauen zu unserem Führer Adolf Hitler.* Unter Führung der Frau von Ehrenwiesen - stellvertretende Führerin war Frau Tscheulin - habe der *Frauenorden*, wie diese Untergliederung der NSDAP anfangs hieß, sich als beste Stütze und Rückhalt für die Ortsgruppe der NSDAP und vor allem der SA erwiesen und *zum Segen des Dorfes* gewirkt.
Der Frauenschaft war die Aufgabe zugedacht, kritische Zeitgenossen für den Nationalsozialismus zu gewinnen, z.B. mit kulturellen Veranstaltungen und praktizierter Volksgemeinschaft. In vielen Städten trug die Frauenschaft die NS-Winternothilfe: Sie sorgte für bedürftige SA-Männer, schenkte warme Suppe aus, beherbergte Obdachlose, sammelte und verteilte Kleidung. Und sie brachte Geld zusammen, mit dem die Freiburger *SA-Küche* unterstützt, die Schulden anderer Ortsgruppen (z.B. der Waldkircher SA, deren Führung Heß zeitweilig übernommen hatte) bezahlt und Propagandamärsche finanziert wurden. Heß vergißt nicht zu erwähnen, die Frauenschaft habe sich um *unsere bedürftigen Volksgenossen im Dorf* gekümmert, *wobei auch diejenigen Familien berücksichtigt wurden, die politisch in einem anderen Lager standen.*
Höhepunkte des gesellschaftlichen und kulturellen Lebens im Ort sieht Heß in den von der Frauenschaft organisierten Festen. Für den ersten *Deutschen Abend der Ortsgruppe Teningen* hatten die Frauen Wochen vorher unter der Dorfjugend Talente gesucht und gefördert. Im Programm wechselten Musikvorträge (durch die eigene Musikkapelle) mit Elfenreigen,

Tanz der Kobolde, Solotänzen, die Teninger Buben und Mädchen aufführten. *Die Darbietungen, insbesondere die der Kinder, begeisterten alle Anwesenden. So etwas hatte Teningen noch nie gesehen.* Im Mittelpunkt solcher Feiern stand allerdings nicht die Freude am ungezwungenen Spiel der Jugend, sondern ein Vortrag, den auch auf Veranstaltungen der Frauenschaft regelmäßig ein Mann hielt. Auf dem ersten *Deutschen Abend* z.B. erläuterte Parteigenosse Dr. Kerber, später Oberbürgermeister von Freiburg, die kulturpolitischen Ziele der NSDAP; er forderte die Anwesenden auf mitzuhelfen, daß *nicht eine weltfremde Kultur des Moseismusses unsere alte deutsche Kultur vernichtet* - ein kaum verhüllter Angriff auf Altes Testament und Christentum.
Die Feste schlossen mit 400 bis 500 Mark Reingewinn (erzielt u.a. durch die Verlosung von Gaben, die die Frauen liebevoll gearbeitet hatten), erklecklichen Summen, wenn man daran denkt, daß Kaufmann Z. 45 Mark Monatsmiete zahlte. Wichtiger noch dürfte der Propagandaerfolg gewesen sein. Der Saal sei jedesmal brechend voll und auch dann mit Hakenkreuzfahnen geschmückt gewesen, wenn diese in der Öffentlichkeit nicht gezeigt werden durften. Über das Uniformverbot setzten sich die meisten Männer auch 1931 hinweg, bei der ersten Weihnachtsfeier im Saal des "Adler". *Das war damals ein freches Wagnis, aber wir haben's geschafft, und wir waren sehr stolz darauf, dem damaligen roten Staat ein Schnippchen geschlagen zu haben.* In seiner Rede brachte Ortsgruppenleiter Heß den Wunsch zum Ausdruck, daß das Schicksal der Bewegung bald den Sieg bescheren und *uns unseren Führer bei Gesundheit und Kraft erhalten* möge. Lieder und Musikvorträge, am Klavier *unser jüngstes "Nazili" Trudel Tscheulin*, wechselten einander ab und sorgten um so mehr für gute Stimmung, als die Frauenschaft die SA-Männer mit selbstgemachten Gaben beschenkte und mit feinsten selbstgebackenen Kuchen verwöhnte. Mit dem Dank an die Gastgeberinnen verbanden alle das Gelöbnis, *weiterzukämpfen für den Führer und für Deutschland bis zum endgültigen Siege.* Zum Abschluß trug ein Mädchen ein von der Frauenschaftsleiterin verfaßtes Gedicht vor, das - wie die ganze Feier - das Nebeneinander von christlichem und nationalsozialistischem Denken, die Ver-

schmelzung von Führerglaube und Messiaserwartung dokumentiert:

Gedicht für die Weihnacht
Der Weihnachtsengel geht durch's deutsche Land,
Und kündet allen frohe Mär,
Die er in Leid und Sorgen fand.
Vertraut! Und fürchtet euch nicht mehr,
Der Höchste kennt ja Eure große Not.
Und denkt nur mal - in langen Jahren
Wie oft Ihr alle schon erfahren,
Daß er noch immer hilft, der gute Gott.
Er hat schon längst den Rechten ausersehen,
Den er zum Führer hat für uns erkoren.
Jetzt heißt es, fest an dessen Seite stehen,
Sonst ist das Vaterland verloren,
Das uns der Inbegriff von Hoch und Rein
Gewesen unser ganzes Leben.
Es wird und muß es immer sein,
Wenn wir nun alle darnach streben,
Wenn wir nun alle sind bereit,
Zu opfern für des Vaterlandes Not;
Nicht denken nur an eigen Sorg und Leid.
Dem Nächsten helfen sei heut erst Gebot,
Damit er fühlt, wir stehen fest zusammen,
Wir deutschen Mädchen und wir deutschen Frauen.
Und stünde auch die ganze Welt in Flammen,
Wir sehen in die Zukunft voll Vertrauen
Und wissen, Gott hält seine Hand
Übers's deutsche Vaterland.
Nun bitten wir alle nur, Du heilger Christ,
Segne Du ihn, der unser Führer ist!
Heil Hitler!

Als dieser Teil der NS-Chronik im Gemeindeblatt erschien, fast auf den Tag genau neun Jahre später, am 23. Dezember 1939, stand wieder *die Welt in Flammen*; vielleicht hat das Gedicht manchen Zeitgenossen nachdenklich gemacht - wahrscheinlich ist das nicht.

"So griff ein Rädchen ins andere"

Die Nationalsozialisten fanden in weiten Kreisen der Bevölkerung Sympathien, wie nicht nur die Fahnenweihe in der Teninger Kirche zeigt. Mißerfolge der Republik erklären sich zu einem Teil mit einfachen Vorgehensweisen ihrer Feinde. Die NSDAP bediente sich souverän des noch wenig verbreiteten Telefons und der Motorradfahrer in den eigenen Reihen. In Teningen hatte die SA ein Nachrichtennetz organisiert, *wobei die Frauen und Kinder ausgezeichnete Dienste leisteten. Betrat ein Polizeibeamter ein Haus, um es zu durchsuchen, so haute der Kleine ab und benachrichtigte den nächsten, und so ging es fort, so daß in wenigen Minuten alle Bescheid wußten. Und alle freuten sich diebisch, wenn die Polizei wieder leer abziehen mußte.*
Wenn die Polizei nichts fand, so auch deshalb, weil Vertrauensleute im Innenministerium Karlsruhe rechtzeitig gewarnt hatten. Zu den "Freunden" der Bewegung zählte auch Dr. Hagenunger, wie Heß schreibt der erste Landrat in Baden, der noch in der "Kampfzeit" Parteigenosse geworden war. Als Heß einmal für kurze Zeit ins Gefängnis Emmendingen kam, machte er die Erfahrung, daß auch der für ihn "zuständige" Oberwachtmeister Dümming "insgeheim" mit den Nationalsozialisten sympathisierte; ein offenes Bekenntnis hätte ihn seine Stelle gekostet, was er sich als kinderreicher Familienvater nicht habe leisten können. Zu den Gönnern zählte schließlich Bürgermeister Sick, der die Aktionen von NSDAP und SA in Teningen jederzeit gedeckt habe.
Wertvollsten Rückhalt fanden Heß und seine Leute jedoch bei Fabrikant Tscheulin, in dessen Haus und Familie sowie in der Firma. Tscheulin, der "erst" am 1.1.1932 in die NSDAP eintrat (Mitgliedsnummer 1.356.253), bewirtete und beherbergte nicht nur die Parteiprominenz, soweit sie nach Teningen kam, sondern spendierte im Anschluß an die Reichstagswahl im November 1932 auch 200 Wahlkämpfern ein Abendessen, mit der *nötigen Flüssigkeit, so daß eine glänzende Stimmung vorherrschte, trotz der teilweise entmutigenden Wahlergebnisse, die im Verlaufe des Abends eintrafen.* Heß besaß auch eine wertvolle Zusage: Tscheulin hatte sich verpflichtet, für alle

Kosten aufzukommen, die bei Saalschlachten entstehen sollten - vorausgesetzt, daß die Teninger SA Sieger bleibe; nach eigenen Aussagen hat Heß dieses Versprechen weidlich genutzt. Anfang 1932 wurde Heß zum Sturmbannführer der SA ernannt; zusätzlich war er Ortsgruppenleiter. Den vielfältigen Verpflichtungen konnte er nur deshalb gerecht werden, weil sein Chef ihm weit entgegenkam: Heß nahm nun zeitweise Urlaub, um sich ganz der NSDAP und SA zu widmen; das Tscheulinwerk trug alle Unkosten der Parteiarbeit (Papier, Telefongebühren, Porti) und stellte Heß für schriftliche Arbeiten eine Schreibkraft zur Verfügung.

Das Aluminiumwerk wurde auch in anderer Hinsicht für die Partei unentbehrlich. Schon Ende 1931 waren mit wenigen Ausnahmen alle Betriebsangehörigen Mitglieder der Nationalsozialistischen Betriebszellenorganisation (NSBO). *Das Tscheulinwerk war eine nationalsozialistische Hochburg, im wahrsten Sinne des Wortes eine Festung, aus welcher die SA ihre Ausfälle machte, um nach getaner Arbeit und Dienst sich wieder in sie zurückzuziehen, um Kraft zu schöpfen für den neuen Kampf. Festung deshalb, weil jeder Nationalsozialist im Werk sich geborgen fühlte. Hier wurden unsere Waffen untergebracht, unsere Akten sichergestellt, und keine Polizei getraute sich dem Werke etwas anzuhaben. Es war aber bald auch noch das einzige Werk im Land Baden, das mit Hochdruck arbeitete und Überstunden leisten mußte, um den Auftragsbestand bewältigen zu können.*

Nicht nur bei Heß war Anfang der 1930er Jahre die Bindung an den Betrieb stärker als die Solidarität mit der Arbeiterbewegung. Millionen von Arbeitern haben sich in der Wirtschaftskrise für die Interessen ihres Unternehmens entschieden und sich mit dem jeweiligen Eigentümer zusammengeschlossen.

Zwischen Verzagen und Siegeszuversicht

Wie im Reich, so erlitten die Nationalsozialisten bei den Reichstagswahlen 1932 auch in Teningen Verluste: 975 Stimmen am 31. Juli, am 6. November "nur" noch 883, bei Stimmengewinnen von Deutschnationalen, Sozialdemokraten und Kommunisten; Ende 1932 sei die Lage *trostlos* gewesen.

Dann aber das Wunder: Am 30. Januar 1933 erfährt Heß mittags telefonisch, Hitler sei zum Reichskanzler ernannt. Ungläubiges Staunen; später wird die Meldung im Radio bestätigt. *Es ist also doch wahr, unser geliebter Führer ist Reichskanzler geworden. ... Ich mußte mich in ein stilles Eck setzen, und im Geiste zog all das Leid und das Bittere des Erlebten an meinem Auge vorüber, und dabei ließ ich meinen Tränen freien Lauf, denn die ließen sich nicht mehr zurückhalten. Sollte ein Nationalsozialist behaupten, er sei in dieser Stunde nicht weich geworden, er wäre kein richtiger Nationalsozialist.*

Jubel ohnegleichen im Tscheulinwerk. Niemand denkt mehr ans Arbeiten. Mit Rad und Omnibus fährt man nach Freiburg. *Bei Einbruch der Dunkelheit setzte sich die mächtige braune Kolonne mit brennenden Fackeln in Bewegung,* voran Spielmannszug und Musikkapelle der SA. Oft von den "Roten" angespuckt und von der Polizei mit Gummiknüppeln auseinandergetrieben, werden die SA-Männer nun von derselben Polizei gegen die Kommunisten geschützt. *In Zukunft waren wir nicht mehr gewillt, uns anspucken zu lassen; wir hatten lange genug Geduld geübt.*

Und jetzt? Die Zielvorstellungen bleiben auch im Nachhinein unbestimmt: Es mußte schnell etwas getan werden, die Massen durften nicht länger enttäuscht werden... Zu Beginn seiner Karriere als Politiker hatte Heß sich *das Endziel der Bewegung* gar nicht vorstellen können; *wir wollten lediglich an unserem Platz für das Vaterland unsere Pflicht erfüllen.* Auch später statt konkreter Ziele Bekundungen des Glaubens und Hoffnung auf den "Führer": *Kampf um die Wiedergeburt unseres Vaterlandes, etwas Heiliges, Idee des Führers.*

Ironie der Geschichte: Das Gemeindeblatt veröffentlichte den Bericht Heß' vom 30. Januar 1933 am 2. September 1939, einen Tag nach dem deutschen Überfall auf Polen. Dieser Krieg war eine *Idee des Führers.*[83]

Die "Hochburg des Nationalsozialismus" nach 1933

Was bedeutete der 30. Januar 1933 für Teningen? Bruch oder Fortentwicklung? Der Autor hatte den folgenden Abschnitt zweiteilen wollen: Zunächst wäre aufzuzeigen, was weiterlief, als wäre nichts geschehen; dann das Neue, das mit dem Sieg der Nationalsozialisten auch in den Teninger Alltag eindrang. Eine solche Trennung erwies sich als nicht möglich, weil das Altgewohnte immer wieder und immer mehr von Neuem durchsetzt wurde.

Da der Historiker den Ausgang kennt, ist es für ihn schwer, den Zeitgenossen gerecht zu werden. Deren Idealismus und Opferbereitschaft gebührt Hochachtung. Was den Menschen heilig war, wurde von den Nationalsozialisten in ihren Dienst gestellt - und pervertiert. Wieweit mußte man den "neuen" Staat unterstützen, wieweit durfte man mitmachen, um dem eigenen Volk zu helfen? Von wann an war Distanz, vielleicht gar Widerstand geboten?

In den ersten Jahren haben die neuen Machthaber auch dort geerntet, wo sie nicht gesät hatten; der pausenlos laufende Propagandaapparat stellte alles Erfreuliche als Ergebnis eigener Arbeit dar. Darf man es den Zeitgenossen verübeln, wenn sie mit Wort und Tat dem "Führer" ihre Dankbarkeit dafür bekundeten, daß es bergauf ging?

Umbildung des Gemeinderates

Nur bruchstückhaft lassen sich die Ereignisse der turbulenten Wochen nach dem 30. Januar 1933 in Teningen rekonstruieren. Da Vollständigkeit ohnehin unmöglich ist, seien Schritte auf dem Weg in den totalitären Staat nachgezeichnet, wie sie sich in den Akten dieses Dorfes spiegeln. Bei der letzten, noch leidlich freien und geheimen Reichstagswahl am 5. März 1933 erhielt die NSDAP in Teningen 972, die SPD 226, die Badische Zentrumspartei 22 und die Kampffront Schwarz-Weiß-Rot 52 Stimmen.[84] Im Zuge der "Gleichschaltung" wurde nach diesem Ergebnis der Gemeinderat umgebildet; infolgedessen standen der SPD zwei Mandate zu. Wahrscheinlich wurde auch in Teningen auf nicht-nationalsozialistische Gemeinderäte Druck ausgeübt. Jedenfalls erklärten Wilhelm Schwarz und August Weiler in gleichlautenden Schreiben vom 28.3.1933 lakonisch: *Lege hiermit mein Amt als Gemeinderat nieder.*[85] Es finden sich in den Akten keine Hinweise dafür, daß die Nationalsozialisten in Teningen Sozialdemokraten und Kommunisten in "Schutzhaft" genommen oder in Konzentrationslager eingesperrt hätten.

Im Frühjahr 1933 gab es im Teninger Gemeinderat nur noch Nationalsozialisten; die Zusammensetzung spiegelt die Dorfstruktur: 4 Landwirte, 2 Fabrikarbeiter sowie je 1 Ingenieur, Metzgermeister, Werkmeister und Mechaniker. Kraft der neuen Gemeindeordnung wurden 1935 die Gemeinderäte aufgrund der Berufung durch den *Beauftragten der NSDAP* ernannt; in Teningen gehörten alle der NSDAP an, wie auch die beiden Beigeordneten (Stellvertreter des Bürgermeisters) und zwei der vier Beiräte (beraten den Bürgermeister, von diesem berufen) E. Tscheulin und O. Gebhardt; die beiden anderen Beiräte waren, was der Bürgermeister ebenfalls festhält, nicht Parteigenossen: Th. Baumann, Landwirt und Vorstand der Sparkasse, sowie Karl Sexauer jr., Mühlebesitzer. *Zu vorstehenden Vorschlägen* - Gemeinderäte, Beiräte und Beigeordnete - erteilte der Beauftragte der NSDAP Ludin, Kreisleiter und (seit 1932) Mitglied des Reichstages, am 30.8.1935 seine *Genehmigung.*

Führerprinzip

Bürgermeister Sick blieb zunächst im Amt. Zwar trat er erst am 1.5.1933 in die NSDAP ein,[86] doch bescheinigt ihm die NS-Chronik, die "Bewegung" in Teningen immer wohlwollend unterstützt zu haben; dieses Zeugnis hat vielleicht dazu beigetragen, daß ihm nach 1945 die Ruhegehaltsbezüge zunächst gekürzt wurden. - Wegen einer Krankheit (?) legte er 1934 sein Amt nieder. Zu einer Neuwahl des Gemeindeoberhauptes kam es nicht, da eine *Wahlhandlung* die *Störung der öffentlichen Ordnung oder eine sonstige Schädigung der öffentlichen Interessen befürchten* lasse,[87] wie das Badische Innenministerium am 17.7.1934 schreibt. An die Stelle der Wahl trat das Führerprinzip: Als Bürgermeister wurde Gustav Heß, ein Bru-

Bürgersaal im Teninger Rathaus (GAT B 245/88).

Kundgebung auf dem Kronenplatz (GAT B 112b/88).

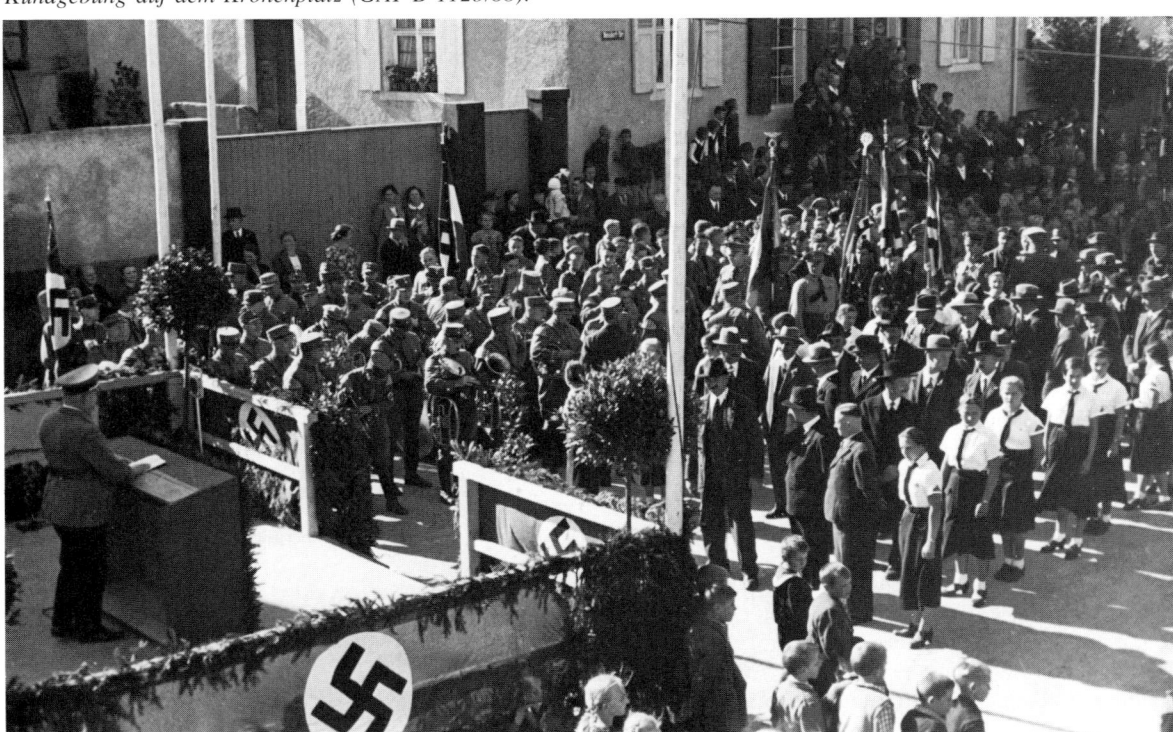

der des Ortsgruppenleiters und *alter Kämpfer, auf Grund der Verordnung vom 1.3.1934 zur Ergänzung des zweiten Gleichschaltungsgesetzes vom 4. Mai 1933* zunächst auf zwei Jahre ernannt, vorbehaltlich *jederzeitigen Widerrufs*. Schon neun Tage später, am 26.7.1934, wurde ihm wegen seiner *hohen Verdienste um die Gemeinde* das Ehrenbürgerrecht verliehen.[88] Heß legte sein Amt am 20.3.1942 nieder; in den Wirren unmittelbar nach der Besetzung durch französische Truppen stand er 1945 noch einmal für kurze Zeit an der Spitze der Gemeindeverwaltung.

Wahre Volksgemeinschaft

Das neue Regime verwirklichte eine alte Forderung der Arbeiterschaft und erklärte den 1. Mai zum gesetzlichen Feiertag. Sechs Jahre später erinnert der Bürgermeister an die Erste-Mai-Feier 1933:[89] Einwohner aller 44 Gemeinden des Bezirks zogen - an der Spitze Kreisleiter und Landrat sowie die Ortsgruppenleiter und die Bürgermeister (die *Hoheitsträger* der Partei haben, Spiegel der Machtverhältnisse, den Vortritt) - in einem *endlosen Zug [...] aller Berufsstände und Gruppen* auf Hunderten von vier- bis sechsspännigen schmucken Pferdewagen von Emmendingen über Köndringen nach Teningen: *Es war eine Massenwirkung von nicht zu beschreibender Größe; als die ersten Teilnehmer des Festzuges in Teningen anlangten, waren die letzten noch in Emmendingen. Zum ersten Male sah man Betriebsführer mit ihren Arbeitern marschieren, ohne Unterschied des Standes oder der Abstammung; man war glücklich, daß der befreiende Tag endlich Wirklichkeit wurde.* Noch heute - 1939 - seien die Teninger stolz auf diesen Tag, *und die alten Parteigenossen bürgen dafür, daß es in unserer Gemeinde nie mehr anders wird. Alles für die Volksgemeinschaft!*
1939, am Vorabend des Zweiten Weltkrieges, wurden in Teningen die Feiern zum 1. Mai, dem *Tag der nationalen Arbeit*, ausgetragen für die Orte Teningen, Köndringen, Landeck, Heimbach, Nimburg und Bottingen; die 1975 gebildete Gesamtgemeinde scheint vorweggenommen zu sein! - Die Feiern standen unter dem Motto *Freut euch des Lebens*. Rückblickend schreibt das Gemeindeblatt, zum Platzen voll sei der Festsaal des Aluminiumwerks Mühlenstraße gewesen, und bis in die späte Nachtstunde habe man dort *der Gemütlichkeit und dem Tanz gehuldigt*.[90]

Dem Führer gehorsam

Zielstrebig bauten die Nationalsozialisten ihre Macht aus, was nicht heißt, daß sie alle Posten mit eigenen Leuten besetzten. Der Eid auf Hitler persönlich, den in Teningen schon 1931 die SA-Männer geleistet hatten, wurde seit dem Tod des Reichspräsidenten - Hindenburg starb am 2.8.1934 - immer mehr Menschen abverlangt: Beamten, Soldaten, Gemeinderäten, Feuerwehrmännern, Funktionsträgern aller Art. In einer der typisch nationalsozialistischen Blitzaktionen, die den Betroffenen keine Zeit zum Nachdenken ließen, ordnete am 27.8. 1934 Landrat Hagenunger an, der Vollzug der Vereidigung der Gemeindebeamten sei ihm *bis morgen, den 28. August 1934, nachmittags 4 Uhr entweder schriftlich oder telefonisch anzuzeigen. Der Termin ist unter allen Umständen einzuhalten.* Nach einer Aktennotiz wurde *Meldung tel[efonisch] erstattet. 28.8.34 vorm[ittags] 10 Uhr. Hess, B[ürgermei]st[er].*
Um den Abstand zwischen Führerstaat und demokratischem Rechtsstaat zu verdeutlichen, sei gegenübergestellt, mit welchen Worten Gemeinderäte in Teningen 1935 und 1975 auf ihr Amt verpflichtet wurden:[91]

Ich schwöre: Ich werde dem Führer des Deutschen Reiches und Volkes, Adolf Hitler, treu und gehorsam sein, die Gesetze beachten und meine Amtspflichten gewissenhaft erfüllen. So wahr mir Gott helfe.	Ich gelobe Treue der Verfassung, Gehorsam den Gesetzen und gewissenhafte Erfüllung meiner Pflichten. Inbesondere gelobe ich, die Rechte der Gemeinde gewissenhaft zu wahren und ihr Wohl und das ihrer Einwohner nach Kräften zu fördern.

Die Machthaber sorgten für Öffentlichkeit bei der Vereidigung, die oft zu einer grandiosen Feier stilisiert wurde; alle Volksgenossen sollten wissen, wer sich eidlich an Hitler gebunden hatte.

Dieser Eid hat Ungezählten Qualen bereitet, wie nicht nur die Geschichte der deutschen Widerstandsbewegung zeigt. In den zwölf Jahren des "Dritten Reiches" sahen sich Millionen von Menschen im Konflikt: Sollten sie auf ihr Gewissen hören und eine Anordnung mißachten, einen Befehl verweigern? Oder durften, mußten sie vielleicht sogar dem bedingungslosen Treueid auf Hitler folgen? Beraten oder verführt auch durch Menschen wie den Teninger Pfarrer Schmidt, haben sehr viele Deutsche den Eid als einseitige Bindung an Hitler *bis in den Tod* verstanden und gehorsam fürchterliche Verbrechen ermöglicht oder gar verübt.
Allenthalben spürte man, daß eine neue Zeit angebrochen war. Mitglieder von Freimaurerlogen und ehemaligen Linksparteien hatten mit Benachteiligung zu rechnen, "Nicht-Arier" wurden aus dem Beamtendienst entlassen. Wollten Beamte heiraten, so hatten sie, wie im 19. Jahrhundert, eine *Anzeige über Verheiratung* auszufüllen, in der der Nachweis der *arischen Abstammung* erbracht werden mußte.

Veränderungen im Ortsbild

Allerorts wurden Straßen umbenannt, in Teningen offensichtlich "erst" im Juni 1935.[92] Geehrt wurden lebende und tote Nationalsozialisten sowie große, von den Nationalsozialisten als "Ahnherren" reklamierte Deutsche: Allen voran der "Führer" mit der Adolf-Hitler-Straße, die von der Kronenbrücke bis zum "Engel" reichte; ferner Hans Ludin, Robert Wagner, Horst Wessel, Hindenburg, Richthofen, Bismarck, Scharnhorst, Martin Luther sowie der frühere Bürgermeister von Teningen, Theodor Frank; seit Mai 1938 gab es einen *Platz der SA* (vor der "Krone", dem *Kampflokal der Bewegung*), seit mindestens 1939 ferner eine Tscheulinstraße. Man mußte die Straßennamen nehmen, wie sie waren, konnte nicht sagen, daß dieser die Ehrung verdiene und jener ein Schuft sei. Das Nebeneinander von Adolf Hitler- und Engelstraße steht für unauflösbare Widersprüche in der deutschen Geschichte.
Als Konkurrenz (oder nur als Ergänzung?) zur Martin-Luther-Eiche, die man anläßlich der Feiern zum 400. Geburtstag des Reformators am 10. November 1883 gepflanzt hatte,[93] wurde am 27.3.1939, wenige Tage nach der "Heimholung des Sudentenlandes", an der Abzweigung der Bahlingerstraße am sogenannten "Bahlinger Brückle" eine Adolf-Hitler-Linde gepflanzt; sie sollte *spätere Generationen an die Gründung des Großdeutschen Reiches erinnern.*[94]

Verweigerung gegenüber dem neuen Staat?

Im täglichen Miteinander hatten die Volksgenossen tausend Gelegenheiten, sich zum "Führer" zu bekennen. Nicht nur Parteigenossen sollten sich mit *Heil Hitler!* grüßen und das verbale Bekenntnis durch eine Geste unterstreichen, deren Einzelheiten in langatmigen Ausführungsbestimmungen eingeschärft wurden, wie ein Auszug zeigen mag:[95]

10. Ausführung der Achtungsbezeugung:
a) im Gehen:
Die Achtungsbezeugung wird erwiesen durch schnelles Heben des rechten gestreckten Armes nach vorn schräg aufwärts, Fingerspitzen der gestreckten Hand etwa über Stirnhöhe. Der linke Arm wird stillgehalten. Die Achtungsbezeugung beginnt drei Schritte vor dem zu Grüssenden. Sie wird beendet durch schnelles Senken des rechten Armes, sobald der Grüßende an dem zu Grüssenden vorbeigegangen ist. Freier Schritt wird beibehalten, der Vorgesetzte ist frei anzusehen. Der Oberkörper ist aufgerichtet, der Kopf wird hochgenommen.
b) Im Stehen: ...
c) Im Sitzen: ...
d) Beim Betreten von Räumen und dgl.: ...
e) Als Fahrer: ...

Wer auf eine zackige "Achtungsbezeugung" und "Heil Hitler!" freundlich mit "Guten Morgen" antwortete, machte sich verdächtig. Im Schriftwechsel galt die Ausflucht *mit deutschem Gruß!*, mit Turnergruß u.ä. fast schon als Verrat.
Es gab zahllose weitere Gelegenheiten, sich zu den neuen Machthabern zu bekennen: Man befolgte das monatliche "Eintopf"-Gebot, abonnierte den "Alemannen" (seit dem 1.1.1934

einziges amtliches Verkündigungsblatt im Amtsbezirk Emmendingen), spendete bemerkenswerte Summen dem Winterhilfswerk (im Winter 1936/37 kamen an Barspenden immerhin 8.766 RM zusammen[96]), wurde Mitglied in der NS-Volkswohlfahrt (monatlicher Beitrag 0,50 RM) ... Das Regime - das heißt hier: Teninger - scheute auch vor Nötigung nicht zurück:[97] Im September 1935 beschloß der Gemeinderat, *in Zukunft Gemeindearbeiten nur an solche Unternehmer zu vergeben, welche Mitglieder der Deutschen Arbeitsfront und der NS-Volkswohlfahrt sind.*

Druck und massive Werbung ließen viele Teninger offensichtlich ungerührt: Im Herbst 1938 wird für den Eintritt in die NSV mit dem Argument geworben, so könne man dem Führer seine Dankbarkeit dafür zeigen, daß er (mit der Annexion des Sudentenlandes) *Volksgenossen unblutig heim ins Reich geholt* habe. Was den Anteil von NSV-Mitgliedern angeht, stand Teningen im Bezirk Emmendingen im Frühjahr 1939 mit 13,4% erst an elfter Stelle; den ersten und den letzten Platz hielten Kollmarsreute (20,8%) bzw. Nordweil (1,5%); den 4., 27. und 30. Platz belegten Heimbach (20,2%), Köndringen (9,6%) und Nimburg (8,6%). Bei einem Reichsdurchschnitt von 14,3, einem Gaudurchschnitt von 13,1 und einem Kreisdurchschnitt von 10,8% lag der Kreis Emmendingen hinsichtlich der Mitgliedschaft in der NSV also weit hinten.[98]

Noch 1938 mußten die Teninger sich sagen lassen, daß die Beflaggung der Häuser und Straßen mit Hakenkreuzfahnen *im allgemeinen zu wünschen übrig lasse;*[99] die *Fahne der Bewegung* werde von *sehr vielen Einwohnern nicht gegrüßt;* auch nähmen beim Absingen von Deutschland- und Horst-Wessel-Lied ("Die Fahne hoch ...") nicht alle Männer die Kopfbedeckung ab. Solches Verhalten könne die Meinung erwecken, *als wäre unsere Bevölkerung nicht nationalsozialistisch eingestellt!*

Darf man das Nicht-Flaggezeigen, das-den-Hut-nicht-abnehmen und die Weigerung, der NSV beizutreten, als Hinweise dafür werten, daß rügenswert viele Teninger sich mit Gesten, die verstanden wurden und deshalb Mut verlangten, dem Nationalsozialismus verweigerten? Bei Betrachtung dieser Zeit fällt es schwer, eindeutige Urteile zu fällen. Denn immerhin votierten bei der Volksabstimmung nach dem "Anschluß" Österreichs 1.500 von 1.501 Teningern mit "Ja". Ortsgruppenleiter und Bürgermeister meinen dazu: *Unsere Gemeinde hat dem Führer die Treue gehalten.*[100]

Kinderreichtum und Mutterkreuz

Als Zeichen von Lebensbejahung und Zuversicht wurde das kräftige Bevölkerungswachstum gewertet: 1933 und 1939 wurden in Teningen 2.387 bzw. 2.522 Menschen gezählt.[101] Wichtiger noch: Es wurden mehr Kinder geboren: 1937 z.B. 37, im Jahr darauf gar 68. Ostern 1939 besuchten 381 Kinder die Volksschule. Die Kinder waren auch gesünder als früher. Bei einer Reihenuntersuchung wurde der Gesundheitszustand folgendermaßen bewertet: 50 Schülerinnen und Schüler *sehr gut,* 189 *gut* und nur 13 *schlecht;* der Kropf sei stark zurückgegangen (nur noch 26 Fälle), die Zahnpflege besser geworden; Masern, Scharlach u.ä. Krankheiten spielten keine nennenswerte Rolle mehr.

Die Mütter wurden geehrt: Mit dem Muttertag (seit 1933 am 2. Sonntag im Mai gefeiert), mit dem *Ehrenkreuz der deutschen Mutter,* seit 1939 verliehen in Bronze (für vier und fünf), Silber (sechs und sieben) oder Gold (acht und mehr lebendgeborene Kinder).[102] Solche Gesten trugen zur Beliebtheit der neuen Machthaber bei, wie auch die Ehrung des Arbeiters mit der Feier des 1. Mai.

Der "Babyboom" hat viele Ursachen: Jetzt kamen die geburtenstarken Jahrgänge aus den letzten Jahren vor Ausbruch des Ersten Weltkrieges ins Heiratsalter; Ehen waren während der Weltwirtschaftskrise aufgeschoben worden; die neuen Machthaber betrieben eine aktive Bevölkerungspolitik: Junge Ehepaare hatten Anspruch auf Ehestandsdarlehen, die sich mit der Geburt von Kindern ermäßigten; der Volksmund sprach von *abkindern.*

Daß es bei der Gesundheitsfürsorge nicht vorrangig um das Wohl des Einzelnen ging, zeigt ein Faltblatt: Die Röntgen-Reihenuntersuchung trage dazu bei, *das Heer der Arbeit schlagkräftig und einsatzbereit zu erhalten.* Der Text, bei anderen Gelegenheiten spricht man von *Ernte-* oder *Erzeugungs-*

schlacht, spiegelt die Militarisierung des Vokabulars, der die zunehmende Militarisierung des Lebens und die Vorbereitung des Krieges entsprechen. - Weiter stellt das Faltblatt Mädchen und Frauen für die Untersuchung kostenlos eine nur einmal benutzte "Röntgenbluse aus Papier" in Aussicht. Von solcher Rücksichtnahme ist nichts zu spüren in einem Schreiben des Bürgermeisters vom 6.3.1936 an *Fräulein M. K., Teningen, ...straße / Betr. Entbindung*:
Wie uns bekannt ist, ist mit Ihrer Entbindung im Laufe des nächsten Monats zu rechnen.
Wir verweisen Sie in dieser Angelegenheit an die Universitätsfrauenklinik in Freiburg, wo Sie sich persönlich die nächste Woche zu melden haben.
Die Entbindung kann dort unentgeltlich erfolgen.
Über die erfolgte Meldung in Freiburg haben Sie uns auf dem Rathaus Mitteilung zu machen.
Falls Sie unserer Aufforderung nicht Folge leisten, werden wir zwangsweise gegen Sie vorgehen und unsere Anordnung durchsetzen.
Die *hiesigen Hebammen* erhalten eine Abschrift zur Kenntnis; *eine etwa geforderte Hilfe ist zu versagen.*
Und Sorge für das Kind? Das Bezirksamt fordert am 26.8.1933 die Bürgermeisterämter zur Nachprüfung von Pflegestellen auf. Es könne nicht mehr verantwortet werden, Pflegekinder bei Pflegeeltern zu lassen oder unterzubringen, die offensichtlich einer kommunistischen oder marxistischen Weltanschauung huldigen. *Die Pflegepersonen müssen imstande sein, die bei ihnen untergebrachten Pflegekinder in vaterländischem Geist zu erziehen. Dies ist aber nur möglich, wenn sie dem nationalen Staat in bejahendem Sinne gegenüberstehen.* Deshalb müßten *alle Pflegeverhältnisse* (Personen und Anstalten) überprüft werden.

Die Propagandaleitung will wissen

Die Landesstelle Baden-Württemberg des Reichsministeriums für Volksaufklärung und Propaganda in Karlsruhe wünscht beschleunigte Mitteilung, die "Gaupropagandaleitung" benötigt zwecks Erstellung einer Kartei folgende Angaben, dem Bezirksamt ist umgehend mitzuteilen ... So beginnen Fragebogen, die seit 1933 fast monatlich auf den Tisch des Bürgermeisters kamen. Im allgemeinen waren die Fristen für die Beantwortung knapp bemessen; auf diese Weise wurde der Eindruck von Entschiedenheit und rastloser Tätigkeit erweckt, der keinen Platz für Nachdenken, Kritik oder Verweigerung ließ. Das Nebeneinander von Staat und Partei sowie die unzulängliche Koordinierung der Arbeit der verschiedenen Gliederungen der Partei werden daran deutlich, daß voneinander unabhängig Bezirksamt und Parteidienststellen oft Angaben zu demselben Thema forderten, die - wie aus den Akten hervorgeht - nicht immer übereinstimmten; das ist den Auftraggebern im allgemeinen aber wohl entgangen, denn entsprechende Nachfragen finden sich in den Teninger Akten nicht.
Ausgehend von einem Fragebogen der Gaupropagandaleitung vom Februar 1938 seien einige Seiten des Gemeindelebens betrachtet.[103] Von den 2.522 Einwohnern sind 2.226 evangelisch, 295 katholisch, einer gottgläubig; *Juden 0*. Von deren Diskriminierung, Drangsalierung, schließlich Abtransport und Ermordung ist in den Teninger Akten nicht die Rede. Die Massenaustrittsbewegung aus der evangelischen Kirche hatte Teningen vielleicht deshalb (noch?) nicht erreicht, weil der Pfarrer überzeugter Nationalsozialist war.
Weiter geht aus dem Fragebogen hervor, daß es 1938 in Teningen 120 Bauern gab, 11 Beamte, 876 Arbeiter, 85 Gewerbetreibende und 0 Arbeitslose. Trotz allen Werbens der Machthaber um den "Nährstand" ging die Zahl der Bauern weiter zurück (1910 noch 150), ihr Anteil an der Zahl der Erwerbstätigen sank auf nur noch etwa 11%; der Anteil der Fabrikarbeiter stieg von 59,4% (1910) auf etwas über 80%.

"Wirtschaftliche Verhältnisse: Gut"

So heißt es in dem im Februar 1938 ausgefüllten Fragebogen. Im folgenden sollen Landwirtschaft, Gewerbe und Industrie Teningens, für die nun der Vierjahresplan galt, betrachtet werden. Da das Gemeindearchiv nur wenig Material zu Industrie und Gewerbe birgt, nimmt die Landwirtschaft mehr Raum ein als ihr in Teningen zu dieser Zeit zukommt.[104]

Angesichts des Rückgangs der landwirtschaftlich nutzbaren Fläche - in Baden u.a. wegen des Baus des "Westwalls" - standen die Machthaber vor einem Dilemma: Das Reich sollte mit anderen Ländern mindestens konkurrenzfähig bleiben, und es sollte möglichst unabhängig von Einfuhren werden; Ankurbelung der Wirtschaft und Wiedereinführung der allgemeinen Wehrpflicht entzogen der Landwirtschaft Arbeitskräfte, die um so unentbehrlicher waren, als die bäuerlichen Betriebe nicht ausreichend modernisiert wurden; die für Panzer und Flugzeuge gebauten Motoren fehlten bei Feldbestellung und Ernte.
Im Januar 1937 ruft Walter Köhler, Ministerpräsident, Finanz- und Wirtschaftsminister, in einem flammenden Appell Kleinlandwirte und Arbeiter auf, an der Landwirtschaft festzuhalten; *nehmt sie wieder auf, wenn Ihr sie aufgegeben oder eingeschränkt habt. Ihr seid es unserem Volk und unserem Führer schuldig, weil Ihr dadurch mithelft, die restlose Bebauung unseres heimischen Bodens zu sichern und die Nahrungsmittelfreiheit für Deutschland zu erringen. Es ist Euer eigener Vorteil, weil Ihr dann auch in wirtschaftlichen Krisenzeiten einen sicheren Rückhalt habt. Ein Verräter, wer seine Scholle aufgibt. Landflucht ist Volksverrat!*[105]
Aufrufe dieser Art begegnen in den nächsten Jahren, verstärkt seit Ausbruch des Krieges, in Akten und Gemeindeblatt. In Teningen hatte man nicht vergessen, wie nützlich es während des Weltkrieges gewesen war, eigenes Land und eigenes Vieh zu besitzen. Am 3.9.1938 zählte man 337 *schweinebesitzende Haushaltungen* mit insgesamt 709 Schweinen. Teningern brauchte man den eigenen Vorteil nicht zu predigen; auch als Gewerbetreibende und Fabrikarbeiter blieben sie der Landwirtschaft verbunden.
Im Frühjahr 1937 will Gauleiter Wagner die Bürgermeister persönlich dafür verantwortlich machen, daß sämtliche Grundstücke rechtzeitig und ordnungsgemäß bestellt werden.[106] Hier sah sich Bürgermeister Heß angesprochen, vielleicht sogar angegriffen. Wahrscheinlich war ihm nicht bewußt, daß er mit seiner Antwort an einen wunden Punkt des Regimes rührte; denn der dem Preisstop entsprechende Lohnstop hatte sich in der Industrie nur unzureichend durchsetzen lassen. Die Ursachen der Landflucht seien *sehr einfach*: Landwirte, Landarbeiter und Dienstmädchen müßten bei Wind und Wetter *von morgens früh bis abends spät* arbeiten, *gegen einen geringen Lohn, der die Bildung eines Hausstandes fast unmöglich macht*. Dem gegenüber verfügten Arbeiter und Arbeiterin über *anständige Bezahlung* und wöchentliche Entlohnung; nach einem Achtstundentag seien sie *frei, haben Feierabend und können sich erholen*. Außerdem ständen ihnen Urlaub zu und *alle sonstigen sozialen und kulturellen Einrichtungen zur Verfügung*. Bleibe es dabei, werden nach Meinung des Bürgermeisters alle Maßnahmen zur Dämpfung der "Landflucht" versagen. Es gebe nur ein Heilmittel: Zu Zeiten des größten Arbeitskräftebedarfs müsse in der Landwirtschaft der Arbeitsdienst eingesetzt werden, der sich in diesem Jahr *sehr gut bewährt* habe, und, *falls dieser nicht ausreichen sollte, auch Militär*.
Gerade Arbeitsdienst und Wehrpflicht verursachten aber die Engpässe auf dem Arbeitsmarkt. Jedenfalls haben sich vom Bürgermeister befürwortete Gesuche um Freistellung von in der Landwirtschaft unabkömmlichen Arbeitskräften erhalten. So bittet Frau R. M. am 31.5.1937 um Beurlaubung ihres Sohnen Hermann, der derzeit seine zweijährige Dienstzeit als Schütze bei der 10. Kompanie ableiste. Das Schreiben beleuchtet auch die Lage einer Kriegerwitwe:
Ich betreibe eine Landwirtschaft von 11,5 Morgen mit 1 Pferd, 2 Kühen, 2 Kalbinen und 4 Schweinen.
Mein Mann ist im Kriege gefallen, 3 Kinder sind bereits verheiratet und selbständig, so daß nur noch mein 25jähriger Sohn Karl zu Hause ist und in der Landwirtschaft mithelfen kann.
Da nun die Heuernte vor der Türe steht und es mir unmöglich ist, mit meinem Sohne allein das Futter einzubringen, bitte ich um Beurlaubung meines Sohnes Hermann auf die Dauer von 3 Wochen, da es nicht in meinen finanziellen Kräften steht, fremde Arbeitskräfte, die überdies für die Landwirtschaft kaum zu bekommen sind, einzustellen.
Ich bitte um gefällige Prüfung meines Antrages und um wohlwollende Entscheidung.
Der Bürgermeister bestätigt die Aussagen und befürwortet das Gesuch; Frau M. habe sich *mit 5 Kindern ehrlich und redlich, ohne fremde Hilfe durchgeschlagen*. Zum Bescheid des Heeres

sagen die Teninger Akten nichts. - Ein anderes Gesuch wird abgelehnt mit der Begründung, der Arbeitsdienst könne *nicht einen Tag darauf verzichten, erzieherisch Einfluß auf die Männer zu nehmen.*[107]
Von 1937 auf 1938 wurde die Gartenfläche in Teningen von 14,6 auf 23,6 ha erweitert. Gärten werden im allgemeinen intensiv bebaut und bringen hohe Erträge; für die Bestellung werden keine Fachkräfte gebraucht, vielmehr kommen Arbeitskräfte zum "Einsatz", vor deren systematischer Heranziehung die Nationalsozialisten aus ideologischen Gründen bis in die letzten Kriegsjahre zurückschreckten: Frauen und Mütter sowie Kinder. 1941 fordert der Landrat, *eine teilweise Selbstversorgung auch durch Nichtlandwirte zu erreichen. Der Kleingarten erfüllt dieses Ziel in hervorragender Weise.* Im Zusammenwirken mit Partei und Staatsstellen sollen die Bürgermeisterämter *geeignetes Land für Kriegsgärten* bereitstellen. Das Schreiben des Landrats trägt einen Aktenvermerk, nach dem in Teningen 176 Kleingärten angelegt waren.
Über deren ordnungsgemäße Bestellung wacht der Bürgermeister; wer säumig ist, wird an den Pranger gestellt. So hat Portier Karl R. ein Grundstück unbebaut gelassen; fliegender Distelsamen ärgert die Nachbarn. R. wird auf das Rathaus vorgeladen und *auf das Verwerfliche seiner Handlung gegenüber dem Vaterlande im Zeichen der Erzeugungsschlacht hingewiesen und aufgefordert, unverzüglich für die Bebauung des Ackers Sorge zu tragen.* Die Mahnung fruchtete nichts, weshalb der Bürgermeister mit Schreiben vom 26.6.1935, das an der Rathaustafel öffentlich ausgehängt wurde, das Bezirksamt bat, *unverzüglich und energisch gegen diesen Saboteur der Erzeugungsschlacht vorzugehen oder mir entsprechende Anweisung zu erteilen.* Wer sich in diesen Jahren den Vorwurf der Sabotage zuzog, mußte sich glücklich schätzen, wenn er mit Verwarnung oder Geldstrafe davonkam; "Saboteure" sind oft genug in Konzentrationslager eingeliefert worden.
Auch die Pflege der Obstbäume wurde überwacht. In langen Listen sind die Namen derer festgehalten, die von einer "Begehungskommission" gerügt wurden: *Weghängende Äste entfernen, Bäume ausputzen* usf. Auch Pfarrer Schimmelbusch wird aufgefordert, *im Interesse der Durchführung des Vierjahresplans* innerhalb von vierzehn Tagen *halbverfaulte und umliegende Bäume* wegzuräumen; *andernfalls dies von der Gemeinde auf Ihre Kosten vorgenommen wird.* Trotz solcher Mahnungen war der "Ortsgruppenleiter des Obstbauvereins", Karl Frick., unzufrieden; am 1.4.1937 klagt er dem *verehrlichen Gemeinderat* sein Leid: *Ein großer Teil der hiesigen Obstzüchter spritzt und pflegt seine Bäume, und leider ein großer Teil macht nichts, und infolgedessen sind den anderen ihre Bekämpfungsmaßnahmen fast ganz vergebens.* Frick empfiehlt, eine geeignete Spritze anzuschaffen und von zwei oder drei zuverlässigen jungen Männern bedienen zu lassen, *die diese Spritzerei auch richtig durchführen.*[108] Nach einem Handvermerk des Bürgermeisters wurde die Initiative zurückgestellt, vielleicht deshalb, weil Spritzen nicht zu bekommen waren; Buntmetall war streng bewirtschaftet.

Kampf dem Maikäfer, dem Kartoffelkäfer und der Reblaus!

Von Maßnahmen zur Bodenverbesserung ist in den Gemeindeakten selten die Rede. 1935 ließ man in zehn verschiedenen Gewannen den Boden untersuchen. Den Ergebnissen entsprach der jeweilige Rat, z.B. schwache Kalkung, Thomasmehlgabe oder geringe Kaligabe (bei Hackfrüchten).[109]
Ins 19. Jahrhundert zurück reichen jährlich wiederkehrende Aufrufe zur Bekämpfung von Mäusen, Raupen (durch Ausbrennen der Nester im Winter), vor allem schädlicher Insekten. Für das Fangen von Maikäfern wurden Prämien ausgesetzt, die zwischen 30 Pfennig und zwei Mark pro Kilogramm schwankten. Die Käfer sollten 1935 am Dienstag-, Samstag- und Sonntagabend 6 Uhr im Rathaushof beim Fronmeister abgeliefert werden. *Die Auszahlung erfolgt durch die Gemeindekasse. Es wird ausdrücklich bemerkt, daß die Sammlungen nur innerhalb der Gemeinde Teningen stattfinden dürfen, Betrüger werden bestraft.* 1938 wurden *372 kg Maikäfer abgeliefert* und mit einer Mark pro Kilogramm, wie in diesen Jahren üblich, vergütet.
Kartoffelkäfer wurden chemisch und durch Absuchen der Felder bekämpft.[110] Vor dem 6. Juni spritzte man die Kartoffeln mit einer - im Jahr 1942 einprozentigen - Kalkarsenbrühe; de-

ren Gefährlichkeit war bekannt, es wurde dringend davor gewarnt, zwischen die Kartoffeln Salat zu pflanzen; auch sollte Gemüse aus einem gewissen Umkreis der gespritzten Pflanzen erst lange nach der Spritzaktion verzehrt werden. Zum Absuchen der Felder wurden vorzugsweise Kinder vom 4. Schuljahr ab aufgeboten, 1936 *ohne Rücksicht darauf, ob es der Unterricht zuläßt.* Fast generalstabsmäßig wurden die Aktionen geplant und anschließend Erfahrungen festgehalten, z.B. 1937 und 1938: *Das Zusammenlaufen der Sucher an der Fundstelle ist unbedingt zu vermeiden. Die Kolonne sucht weiter. Es hat sich als zweckmäßig erwiesen, daß zwischen die Schüler ältere Personen verteilt werden.* Oft genug wurde durch Allotria mehr Schaden als Nutzen gestiftet. Prämiert wurde nicht der einzelne Kartoffelkäfer, sondern der gefundene "Herd", 1939 mit drei Mark.

Viele Teninger besaßen Reben, vor allem in Köndringen. Daher wurden auch in Teningen Maßnahmen bekanntgemacht, die die Ausbreitung der Reblaus unmöglich machen sollten:[111] Systematische Rodung der Amerikaner- und Umstellung auf Pfropfreben; auch Haus- und Gartenhybriden mußten bis in eine Tiefe von mindestens 30 cm ausgestockt werden; jede Neu- oder Nachanpflanzung von Reben wurde genehmigungspflichtig. Zum Frühjahr 1938 bietet das Badische Weinbauinstitut Pfropfreben von Gutedel, Silvaner, Ruländer, Riesling, Müller-Thurgau, Burgunder u.a. zu gestaffelten Preisen an: Bei Abnahme von 50 Stück und mehr z.B. 25 Pfennig, abzüglich drei Pfennig Staatszuschuß, mache 22 Pfennig je Stück Pfropfrebe.

Von der Viehzucht ist nur wenig die Rede. Wie in früheren Jahrzehnten werden die Schweine gegen Rotlauf geimpft[112] und die einschlägigen Bestimmungen veröffentlicht, wenn in einer Gemeinde die Maul- und Klauenseuche ausgebrochen ist. 1937/1938 grassierte das Übel auch in Teningen - wie in den Jahren 1911, 1920 und 1925. Obwohl von Oktober 1937 bis März 1938 ein Wachtdienst rund um die Uhr eingerichtet war, wurde der gesamte Rinderbestand von 61 Tierhaltern verseucht. Schweine und Ziegen blieben oft verschont. Bedürftige, die besonders hohe Verluste erlitten hatten, wurden vom Winterhilfswerk und von der NSV unterstützt. Auch vier Farren, der Stolz der Gemeinde, mußten 1938 in die Abdeckerei gebracht werden.[113]

Das Gemeindeblatt veröffentlicht - auch noch im Zweiten Weltkrieg - die Ergebnisse der Viehzählung, und monatlich die Menge der abgelieferten Milch, z.B. im Juni 1937 26.776, im Juni 1939 40.433 Liter.

Störche, Hochwasser und Lachse

Einige stichwortartige Ergänzungen: 1937 nistete ein Storchenpaar auf dem Wohnhaus Adolf Bronner.[114] Ein Hochwasser am Samstag, den 13.8.1938, richtete vielleicht nur deshalb wenig Schaden an, weil die Elz 1929 ausgebaggert worden war; Sportplatz und Riegelerstraße standen unter Wasser. *Das Hochwasser hatte das Gute, daß nun die Elz wieder von dem Schlamm und Gestank der Abwässer der Kläranlage Emmendingen, unter dem die Anwohner, besonders in der heißen Jahreszeit so sehr leiden, gereinigt wurde.*[115]

Damit sei auf die *Jahresstatistik der Fischereiergebnisse 1938* hingelenkt. Hermann Hauß gibt der Gemeinde 1939 (und wieder 1943) Rechenschaft über seine *Flußfischerei im Nebenbetrieb*; der Autor sieht sich außerstande, die Ergebnisse zu deuten:

Ergebnisse der Fischerei 1938 und 1943,
Gewicht in kg und Wert in RM

	1938		1943	
	Gewicht	Wert	Gewicht	Wert
Aale	7	14,00	5	5,00
Forellen	25	75,00	30	60,00
Lachse	80	120,00	33	120,00
Weißfische	75	45,00	45	57,00
Zusammen	187	254,00	113	242,00

Daß Umweltverschmutzung und Umweltbewußtsein vor fünfzig Jahren schon Themen waren, auch ohne daß man diese Wörter gebraucht hätte, zeigt nicht nur der Bericht des Bürgermeisters vom heilsamen Elzhochwasser. Die *Erhebung über*

Fischereirechte und Fischerei in fließenden Gewässern 1938[116] kann uns davor bewahren, die Vergangenheit in rosigem Licht verklärt zu sehen: In der Elz habe man 1937 nichts gefangen; das Abwasser der Emmendinger Kläranlage richte die Fische zugrunde oder mache sie ungenießbar; das seien sie wegen der gewerblichen Abwässer auch im Gewerbebach. Dagegen bewege sich der jährliche Ertrag in Mühl-, Schwell- Schwob- und Feuerbach, in Damm- und Moosgraben zwischen vier und fünf Zentnern.

Von einer Zeit, in der Wiesen und Gewässer noch weniger intensiv genutzt wurden, künden Störche und Lachse in Teningen. Ihr Lebensraum wurde im Laufe der letzten hundert Jahre so stark eingeengt, daß für sie heute kein Platz mehr da zu sein scheint.

Arbeitslose: 0

Knapper konnte die Antwort auf die Frage der Gaupropagandaleitung 1938 kaum ausfallen. Als eins der größten Verdienste des neuen Regimes gilt die Überwindung der Arbeitslosigkeit. Nach einer Aufstellung aus dem Jahr 1936 waren Anfang 1934 fünfzig, Anfang 1936 nur noch zehn ungelernte Arbeiter arbeitslos.[117] Der Erfolg war auch deshalb erfreulich, weil die FRAKO, die 1932 erbaute Kondensatoren- und Apparatebau Fabrik Wilhelm Melke, der Gemeinde am 9.12.1935 mitgeteilt hatte, sie sei zur Einstellung ihrer Zahlungen gezwungen; schon 1933 hatte sie dringend um Angaben zum Schätzwert ihrer Grundstücke gebeten.[118] Von solchen Sorgen ist sechs Jahre später nicht mehr die Rede: Im Herbst 1941 war die FRAKO mit etwa 400 Beschäftigten zweitgrößter Arbeitgeber in Teningen, vor dem Eisen- und Hammerwerk mit etwa 170, und nach dem Aluminiumwerk Tscheulin mit etwa 800 Angestellten und Arbeitern.[119]

Der Rückgang der Arbeitslosigkeit erklärt sich mit einem Bündel von Ursachen und Maßnahmen. Gleich nach der "Machtergreifung" kurbelte die neue Regierung ein Arbeitsbeschaffungsprogramm an, das z.T. von den vorhergehenden Regierungen geplant war und zu dem arbeitsintensive Baumaßnahmen gehörten; in der zweiten Hälfte der '30er Jahre führten das weiterlaufende Wohn- und Autobahnbauprogramm, die Wiedereinführung der allgemeinen Wehrpflicht 1935 und - seit etwa 1936 - die forcierte Aufrüstung dazu, daß schon bald Arbeitskräfte fehlten.

Wohnungsbau

Von 1919 bis 1940 sind in Teningen 140 Wohnhäuser gebaut worden;[120] viele Bauvorhaben hat die Gemeinde durch Übernahme von Ausfallbürgschaften gefördert. Ein solches Projekt sei genauer betrachtet. Der Bauherr, Walzer Karl H., verheiratet, ein 1932 geborenes Kind, besitzt in der Elz- (heute Faschinad) straße ein 400 qm großes Grundstück; hier will er 1936 ein Haus bauen. Bei einem Einheitskubikmeterpreis von acht Mark für den Keller und 18 Mark für Erd- und Dachgeschoß soll das Haus 8.190 Mark kosten, dazu kommen 252 Mark Grund- und Bodenkosten (Wert des Grundstücks nach Schätzung des Gemeinderats 240 RM, Grunderwerbskosten 12 RM), 430 Mark Nebenkosten (Planherstellung und Bauleitung 400 RM, Kosten für Grundbucheintragung u.ä. 30 RM), so daß die Gesamtherstellungskosten sich auf 8.872 Mark belaufen werden. Die Pläne tragen das Datum vom 20. April, der Bürgermeister gibt sie am 29. April weiter, Eingangsstempel des Bezirksamtes 30. April; als Termine sind vorgesehen für den Baubeginn der 1. Juni, für die Fertigstellung der 1. Oktober 1936. Der Architekt - Hugo D., Teningen - ist Mitglied der Reichskulturkammer, Mitgliedsnummer 11.106. Fast jeder Berufstätige war seinerzeit "erfaßt", in einer NS-Organisation oder in einer von dieser beaufsichtigten Kammer o.ä. Der Keller ragt großenteils aus dem Boden heraus, wohl wegen des hier noch hohen Grundwassers; die Zimmer im Erdgeschoß sind jeweils etwa 15 qm groß, die Küche hat etwa 14 qm Fläche; die Wohnung im Dachgeschoß hat dieselbe Grundfläche (44,20 qm), ist wegen der Dachschrägen aber kleiner als die im Erdgeschoß; beide Wohngeschosse sind 2,60 m hoch. An das Haus schließt sich ein Schopf an mit Abort (über einer Senkgrube im Kellergeschoß; es sind nur Wasser- und Stromanschluß vorgesehen) sowie Schweine- und Hühnerstall.

Pumpwerk "im Jahre 1934 gegen die Arbeitslosigkeit erbaut" (GAT B 242a/88).

Rebayhaus mit weiblichem Arbeitsdienst (GAT B 114b/88).

1936 Einweihung des durch den Arbeitsdienst erbauten Strandbades (GAT F 46/86).

Zur Finanzierung: H. hat zur Zeit der Planung einen *gesicherten Verdienst* in Höhe von monatlich 140 Mark; das Haus wird ihn also fast 63 1/2 Monats- oder über fünf Jahreslöhne kosten; so gemessen, war das Bauen seinerzeit billiger als heute. H. verfügt über Spar- und Barguthaben in Höhe von 600 RM; 550 RM soll der Verkauf einer Kuh bringen; Eigenarbeit ist im Wert von 100 RM vorgesehen, eingeplant ist ein Verwandtendarlehen in Höhe von 625 Mark. Dazu kommen 7.000 Mark Fremdkapital (4.500 von der Spar- und Darlehenskasse Teningen, zu 5% Zins, und ein bei der Landeskreditanstalt beantragtes Baudarlehen von 2.500 RM). Als laufende jährliche Lasten sind 695 Mark angesetzt (575 Mark für Zins und Tilgung, ferner je 60 RM für Instandsetzungs- und Betriebskosten; für beide werden mindestens 0,75% der Baukosten veranschlagt). Die Aufwendungen für das Haus belaufen sich also auf fast 57 RM monatlich oder etwa 40% des Monatsnettolohnes.

Die Förderung des Wohnungsbaus läßt sich auch als Mittel zur Disziplinierung von Arbeitern in der ehemals "roten Hochburg" Teningen verstehen: Ein Bauherr konnte es sich nicht leisten, seinen Arbeitsplatz zu gefährden - etwa durch kritische Äußerungen zu den neuen Machthabern. Daß eine solche Betrachtungsweise realistisch ist, daß in dieser Zeit immer mit dem Nebeneinander von echter Großmut und langfristiger Parteistrategie zu rechnen ist, zeigt ein Richtfest, zu dem sich im Juli 1937 Prominenz aus Partei, Staat und Wirtschaft (in dieser, die Machtverhältnisse spiegelnden Reihenfolge im Gemeindeblatt aufgeführt) versammelte. Auf die Initiative des Bürgermeisters hin hatten sich vier Teninger Unternehmen bereit erklärt, *würdigen und verdienten Arbeitern ihrer Betriebe* das für den Bau eines Eigenheimes erforderliche Eigenkapital von 1.500 RM zur Verfügung zu stellen.[121] Daraufhin hatten das Aluminiumwerk Tscheulin für vier und das Eisen- und Hammerwerk, Burger & Söhne sowie Bauunternehmer Heß jeweils für einen Siedler das Eigenkapital übernommen; weitere drei Siedler beschaffen das Eigenkapital auf andere Weise, so daß zehn Bauvorhaben vorlagen. Fabrikant Tscheulin ließ auf seine Kosten durch Dipl.Ing. Wildmann, Freiburg, einen Entwurf ausarbeiten, der nach Meinung des Bürgermeisters *glänzend* ausgefallen und dem ländlichen Charakter des Dorfes angepaßt sei; die Bauten könnten auch *der Kritik der Zukunft standhalten*. Bei soviel Hilfsbereitschaft wollte die Gemeinde nicht zurückstecken: Sie hatte den Bauherren unentgeltlich Bauplätze und Betonkies abgegeben, ferner auf die Berechnung von Anliegerkosten für den Bau von Straße, Kanalisation (1937 schon vorgesehen) und Wasserleitung verzichtet. Anfang April 1937 wurde mit dem Bau begonnen, im September hofften die Bauherren einziehen zu können.

Noch bis weit in die Kriegszeit hinein ist in Teningen von großen Bauvorhaben die Rede. Der Plan zur "Reichssiedlung Hermann Göring", am 15.11.1940 im Gemeindeblatt vorgestellt, wurde im wesentlichen nach diesen Plänen nach dem Krieg gebaut. Aus der Hermann-Göring- ist die Steinackerstraße geworden, aus der Bismarck- die Scheffelstraße; die Nimburger Straße brauchte nicht umgetauft zu werden.

Lange Arbeitszeiten

Hinter dem wirtschaftlichen Aufschwung stand im wahrsten Sinne des Wortes meist harte Knochenarbeit, von der man sich fünfzig Jahre später nur schwer eine zutreffende Vorstellung macht. Oft war die Arbeit staubig, schmutzig, laut und gesundheitsgefährdend; sie dauerte auch länger als heute. Dazu zwei Beispiele: Die Läden waren im Sommer bis 8 Uhr abends geöffnet, ab 7 Uhr durften allerdings keine Angestellten mehr beschäftigt werden.[122] Die Dienststunden im Rathaus, wo man 1937 mit drei Beamten und zwei Angestellten auskam, waren für das Winterhalbjahr 1939/40 folgendermaßen festgesetzt: Montag bis Freitag 7.30-12.30 und 14-18, samstags von 7.30-13.30 Uhr.[123]

Steigender Wohlstand

Die Gemeinde konnte es sich in der zweiten Hälfte der 30er Jahre leisten, Bauherren großzügig entgegenzukommen; die Beantwortung der Frage nach der wirtschaftlichen Lage mit "gut" war gerechtfertigt. Wiederholt weist der Bürgermeister auf die soliden Finanzen der Gemeinde hin; Haupteinnahmequellen waren 1939 die Grundsteuer mit 54.000, der Gemeindewald mit 30.000 und vor allem die Gewerbesteuer mit 133.000 Mark.[124] Die Gemeinde hatte keine Schulden und brauchte weder Bürger-, Bier- und Getränkesteuern noch Feuerschutzabgabe und Eintritt für das Strandbad zu erheben. Jahr um Jahr wies sie höhere Rücklagen aus für Gemeinschaftsbauten: Für Kindergarten, HJ-Heim, Festhalle waren die Pläne schon fertig; für den Bau der Wasserleitung in den noch nicht angeschlossenen Ortsteilen standen 1939 50.000 Mark zur Verfügung, aber das dafür notwendige Eisen wurde nicht bewilligt. Statt Wasserleitungs- wurden Kanonenrohre hergestellt.

Die soliden Finanzen spiegeln den wirtschaftlichen Aufschwung seit etwa 1935. Mit Ausbruch des Krieges wurden der Gemeinde allerdings rasch steigende "Kriegsbeitragsumlagen" aufgebürdet, 1939 z.B. 21.968 RM, 1940 schon 49.142 RM, seit 1943 über 100.000 Mark.[125]

Steigender Wohlstand machte sich auch auf andere Weise bemerkbar. Seit dem 24.3.1937 kamen die *Amtlichen Nachrichten der Gemeinde Teningen* in jeden Haushalt, eine vorzügliche Quelle für viele Seiten des Gemeindelebens; das gut redigierte Blatt im Umfang von bis zu zehn eng beschriebenen Seiten Din A 4 sollte Vorläufer einer eigenen Teninger Zeitung sein. Noch während des Krieges erscheint es in Bleisatz; Mitte 1941 wird es ohne Angabe von Gründen eingestellt.

Den Aufschwung spiegeln auch Geschäftsabschlüsse der Teninger Sparkasse: 1938, um ein Jahr herauszugreifen, belief sich der Gesamtumsatz auf etwa 7 Millionen Mark; die Spareinlagen stiegen gegenüber dem Vorjahr um 136.000 auf etwa 600.000 Mark. Diese Entwicklung hält bis in die Kriegsjahre an; allein der Spartag 1940 brachte in 82 Posten 12.820 Mark.[126] Hier ist allerdings anzumerken, daß man zu dieser Zeit für das Geld nur noch wenig kaufen konnte.

Eine weitere charakteristische Zahl: Nach Baupreisen von 1914 betrug der Wert der in Teningen versicherten Gebäude Anfang 1936 etwa sechs Millionen Mark;[127] anders als Propagandisten des Dritten Reiches glauben machen wollten, hatten die Deutschen in einem Krieg sehr viel zu verlieren.

Rückständigkeit und Mängel

Der erreichte Wohlstand ist um so höher zu bewerten, als er - aus heutiger Sicht - unter primitiven Umständen erwirtschaftet worden ist. Dafür einige Hinweise. Der Dorfbach belebte das Dorfbild und bot mit seiner reichlichen Wasserführung einen *genügenden Brandschutz*; andererseits diente er auch *zur Aufnahme und Abführung der vielen Abwässer*.[128] Von Schmutz und Gestank ist nur im Zusammenhang mit Abwässern der Emmendinger Kläranlage die Rede.

Die meisten Wohnungen hatten kein eigenes Bad; samstags stellte man vielleicht eine Wanne aus verzinktem Eisenblech in die Küche oder Waschküche und bereitete auf dem Herd oder im Waschkessel Badewasser. In der Schule war ein Volksbad eingerichtet: 8 Badewannen in Einzelkabinen und *1 große Badebrause für die Schule*. Das Wannenbad kostete 1937 40 Pfennig. 1940 zählte man - ohne Soldaten und RAD - 900 Einzelbäder.[129] Wegen ungenügenden Zuspruchs wurde der Badebetrieb während der Sommermonate eingestellt.

Seit der Jahrhundertwende war Teningen an das öffentliche Elektrizitätsnetz angeschlossen. Ist von Ausgaben für Strom die Rede, heißt es bezeichnenderweise noch 1945, wahrscheinlich auch später, *für Licht*. Elektrische Haushaltswaschmaschinen, -wäscheschleudern, -heizbügler, -staubsauger waren schon entwickelt und noch zu kaufen, als man viele Dinge des täglichen Bedarfs nicht mehr oder nur gegen "Bezugscheine" bekam; trotzdem waren solche Elektrogeräte nur wenig verbreitet. Es fehlte an Geld, und die Arbeitskraft war noch billig. Auch in Teningen wurde (bis Ende der 1960er Jahre!) Wäsche an Bächen gewaschen und auf angrenzenden Wiesen zum Trocknen und Bleichen ausgelegt. Stolz weist das Gemeindeblatt darauf hin, an der Tscheulin- (heute Rhein-) straße seien *zwei schöne große Bleichplätze vorgesehen*.[130]

Wirtschaft und Verkehr waren erst wenig motorisiert. 1937 besaßen in Teningen 11 Eigentümer insgesamt 17 ortsfeste und ortsbewegliche Verbrennungsmotoren; über drei Motoren verfügten nur Bauunternehmer Heß und Sägewerksbesitzer Karl Hess, alle anderen hatten höchstens zwei Motoren.[131] Anfang 1939 zählte man in Teningen etwa 700 Fahrräder, 60

Krafträder und 33 Personenkraftwagen (davon 3 *mit 6 Sitzen*).[132] Die meisten Menschen reisten noch mit der Eisenbahn. Der Sommerfahrplan sah ab Station Teningen/Mundingen zehn Zugpaare vor, die z.T. nur bis Herbolzheim bzw. Riegel fuhren; sie verkehrten zwischen 5.50 und 20.38 Uhr in Richtung Freiburg, zwischen 6.18 und 0.00 Uhr in Richtung Offenburg.[133]

Nach langem Hin und Her wurde zum 1.10.1938 ein Postamt in einem Nebenzimmer der "Krone" untergebracht.[134] Den Antrag der Gemeindeverwaltung, ein *öffentliches Telefonhäuschen* bei Kaufmann Bronner einzurichten, lehnte die Post mit der Begründung ab, es fehle an Rohstoffen, zudem bestehe kein wirklicher Bedarf.[135] Beide Argumente waren nicht ganz von der Hand zu weisen; da erst wenige Haushalte über einen Anschluß verfügten, hatte man seltener als heute Veranlassung zu telefonieren.

Aufgabe der Selbständigkeit?

Als wohlhabendes Gemeinwesen konnte Teningen in den 1930er Jahren stolz auf seine Leistungen blicken. Gemeindeleitung und Bürger sahen sich deshalb zutiefst verletzt, als Pläne ruchbar wurden, die auf den Verlust der Selbständigkeit zielten.[136] Mit Schreiben vom 13.8.1935 an den badischen Minister des Innern zerpflückt Bürgermeister Heß die für eine Eingemeindung nach Emmendingen vorgebrachten Argumente: Statt Einsparungen zu bewirken, dürfte *eher eine Verteuerung eintreten*. Emmendingen wolle auf wertvollstem Teninger Wiesengelände Fabriken und eine Kleinsiedlung bauen; das komme *nicht in Betracht*. Weitere Arbeitsplätze seien *für unser Grenzland* zwar wünschenswert, doch wäre es *wirtschaftlicher Unsinn, im Bereiche fremder Kanonen noch weitere Industriewerke (zu den bereits leerstehenden) anzusiedeln, wo das gesamte Bestreben der Industrie dahin geht, das sichere Hinterland aufzusuchen*. Scheinbar leise tretend, aber nachdrücklich verweist Heß auf Verdienste Teningens in jüngster Zeit: *Es widerstrebt uns [...] hervorheben zu wollen, wie wir für das 3. Reich gekämpft haben und unserem Führer mit Leib und Seele verschworen sind, so lieben wir auch wie ein 'Tell' unsere Heimat und unsere Selbständigkeit*. Eine Verschmelzung mit Emmendingen würde nie einen *gesunden Organismus* ergeben, hierzu fehlten alle Voraussetzungen. Heß weiß um die Machtfülle des nationalsozialistischen Staates: Ein "Federstrich" würde zur Eingemeindung genügen. Seine Überzeugung, daß *die örtlichen Verhältnisse der Regierung bekannt sind*, scheint nicht sonderlich groß gewesen zu sein, denn abschließend verlegt er sich darauf, *nochmals inständig um die Erhaltung unserer Selbständigkeit* zu bitten. Um dem Schreiben mehr Gewicht zu verleihen, läßt er - ein ungewöhnlicher Vorgang - den Ortsgruppenleiter W. Heß und Fabrikant Tscheulin mitunterzeichnen.

Offensichtlich hatte die Eingabe Erfolg; vielleicht hatte man höheren Orts auch Anderes zu tun; jedenfalls hört man nichts mehr von dem Projekt, gegen das Heß 1935 auch das Argument anführt, aus geographischen und wirtschaftlichen Gründen komme ein Zusammengehen allenfalls mit Köndringen in Frage; beide Orte entwickelten sich, bedingt durch den Standort der Industrie, aufeinander zu. Im Frühjahr 1941 neue Pläne: Auf Köndringer Gemarkung soll ein Gemeindezentrum für Köndringen und Teningen entstehen mit - wieder ist die Reihenfolge charakteristisch - den Bauten der Partei, mit Rathaus, Festhalle, Post und Sparkasse; nur das HJ-Heim soll westlich der Elz gebaut werden; dafür aber will man das monumentale Kriegerdenkmal nicht auf dem Teninger Friedhof errichten, sondern in die Gemeinschaftsanlage einbeziehen.

Besprechungen des Bürgermeisters mit Gemeinderat, Beiräten sowie Vertretern *aller Berufe und Stände* führen zu einmütiger Ablehnung. Heß argumentiert zunächst emotional und bringt dann sachliche Gegengründe. Die Empörung im Dorf zusammenfassend, zieht er alle Register des aufgebrachten Lokalpatrioten: Das Vorhaben, die öffentlichen Gebäude und Einrichtungen nach Köndringen zu verpflanzen, habe *wie ein Faustschlag ins Gesicht gewirkt und die einmütige geschlossene Ablehnung der gesamten Einwohnerschaft* hervorgerufen; die wolle sich nicht *die Nase aus dem Gesicht schneiden, das Herz herausreißen und des Dorfkerns berauben lassen*. Die Verschmelzung von Teningen und Köndringen würde zwangsläufig Mundingen einbeziehen und auf eine Vereinigung mit

Emmendingen hinauslaufen, was *ein unförmiges Gebilde mit einer Längsmittelachse von 14 km geben würde.*
Die Teninger fühlten sich auch deshalb in ihrem Stolz verletzt, weil die beiden Orte ungleich groß waren. Heß verfolgt die Zahl der Einwohner und Haushaltungen bis 1905 zurück: Teningen sei viel stärker gewachsen als der Nachbar und habe bei der Volkszählung 1939 fast die Hälfte Einwohner mehr gehabt (2.571 bzw. 1.646). Zudem werde man nach dem Krieg wichtigere Dinge zu tun haben als öffentliche Einrichtungen zu verlegen: In einem Sofortprogramm müßten 60, insgesamt 150-200 Wohnungen gebaut werden, mit Straßen, Wasserleitung und Kanalisation; neue Wohnviertel in Richtung Köndringen zu bauen sei nicht möglich, da das wenige zur Verfügung stehende Gelände der Erweiterung der Industriebetriebe vorbehalten bleiben solle; eine neue Elzbrücke sei erforderlich, erst recht nach dem Bau der Autobahn. Im Oktober 1941 sucht Heß auch die FRAKO und das Aluminiumwerk gegen die Planung einzunehmen, die sie um Gelände bringe, das sie dringend für die Erweiterung ihrer Betriebe brauchten; Anfang 1942 wird Tscheulin noch einmal angesprochen, nun als "Wehrwirtschaftsführer". Später ist nicht mehr die Rede davon, Teningen mit Köndringen zu verschmelzen; seit Juni und Dezember 1941 stand das Reich auch mit der UdSSR und den USA im Krieg; da gab es Wichtigeres zu tun als Rathäuser und Kriegerdenkmale zu verlegen.

Evangelische Liebestätigkeit oder "Lebensbejahung"?

1937/38 kam es zu einer Auseinandersetzung zwischen Partei und Gemeinde.[137] Die beliebte Krankenschwester Marie Moser sollte abgelöst und eine *NS-Schwesternstation* eingerichtet werden. Der Plan führte zu Unmut in der Bevölkerung, den Bürgermeister Heß offen an die Partei weitergab; loyal informierte er in dem monatelangen Hin und Her das Freiburger Mutterhaus der Diakonissen.
Für diese galt die Ordnung für Gemeindediakonie; deren § 1 verlangte in der Fassung vom Januar 1932, *die evangelische Liebestätigkeit* an allen zu üben, die der Hilfe bedürfen, *insbesondere an den Kranken, Armen, Kindern, Alleinstehenden*. Anders sehen die Vorstellungen aus, die die NSDAP, Amt für Volkswohlfahrt, mit Schreiben vom 3.12.1937 dem *Bürgermeister Pg. Heß* gegenüber entwickelt: *Die NS-Schwester steht nicht weltfremd in der Gemeinde, sondern bejaht das Leben und wird daher auch in den meisten Fällen heiraten, während die Schwestern der "christlichen" Verbände das Leben verneinen. Durch ihre Lebensbejahung ist auch die NS-Schwester in der Lage, nationalsozialistisches Gedankengut in das Volk bzw. die Gemeinde hineinzutragen.*
Wie schwierig die Beurteilung der damals Handelnden ist, mögen Einzelheiten verdeutlichen: Die Ordnung für Gemeindediakonie untersagte in § 15 den Diakonissen, sich *an unkirchlichen Gemeinschaftsstunden* zu beteiligen. Gehörten NS-Veranstaltungen dazu, nachdem der Pfarrer die SA-Fahnen geweiht hatte? Wie soll man eine Aussage in dem langen Schriftwechsel deuten, daß Schwester Moser der Partei und ihren Zielen *entsprechendes Verständnis* entgegenbringe? Doch sicher als Schutzbehauptung und Argument gegen ihre Versetzung, gegen die Einrichtung einer NS-Schwesternstation in Teningen.
Ein Ausblick: Schwester Moser hat noch jahrzehntelang in Teningen gewirkt.[138] 1969 gratulierte ihr die Gemeinde zum 70. Geburtstag am 4.11.1969 und dankte für segensreiche, entsagungsvolle Arbeit: Seit 35 Jahren versehe sie ihren Dienst an den Alten und Kranken der Gemeinde bei Tag und Nacht *mit großer Treue und wertvollen medizinischen Kenntnissen*; allein 1968 habe sie 3.252 Pflegegänge zu 244 Patienten gemacht. Im November 1989 gratulierte die Gemeinde Schwester Moser zu ihrem 90. Geburtstag und dankte für das, was sie in jahrzehntelanger aufopferungsvoller Tätigkeit für die Teninger gewirkt hatte.
Die Abrechnung mit dem Christentum hatten die Nationalsozialisten sich für die Zeit nach dem "Endsieg" vorgenommen. Daß trotz des Konfliktes um die Diakonisse die evangelische Gemeinde Teningen das Regime bereitwillig unterstützte, zeigte sich im Sommer 1939: Als Ersatz für die im Weltkrieg eingeschmolzene hatte sie eine neue Glocke gießen lassen mit der Inschrift: *Über der Heimat liegt Not und Streit/ Herr laß mich künden bessere Zeit. 1922.* Wegen eines Schadens wur-

de diese Glocke 1939 umgegossen. Man übernahm die alte Inschrift, gab ihr jedoch einen bezeichnenden Zusatz: *Umgegossen im 1. Jahr des Großdeutschen Reiches, im Jahre 1939.*[139] Die Glocke wurde 1942 abgenommen und eingeschmolzen; bald darauf ging das Großdeutsche Reich in Glut und Trümmern unter. 1950 erhielt die Teninger Kirche eine neue Glocke; statt dem Zeitgeist zu huldigen, verweist die Inschrift nun auf die Grundlage des Christentums - und auf die Opfer der Verblendung: *Jesus Christus, gestern und heute und derselbe auch in Ewigkeit. Den Toten und Vermißten unserer Gemeinde zum Gedächtnis.*[140]

Hoffnung auf die Jugend

Die Jugend sollte für den Nationalsozialismus gewonnen werden in Kindergarten, Schule, Jungvolk, HJ und BdM, im Arbeitsdienst und bei der Reichswehr - oder, besser noch, bei SA und SS.
Ein Beispiel mag verdeutlichen, wie leicht man in eine Formation geraten konnte, die unsägliche Verbrechen verübt hat. In den Gemeindeakten findet sich ein undatiertes Schriftstück, mit dickem roten Stempel als "Vertraulich" gekennzeichnet; es sei nur für den Dienstgebrauch bestimmt als *Textunterlage für die Werbung in die Waffen-SS*, eine Truppe, *die auf besonderen Wunsch des Führers für Sonderaufgaben sofort aufgestellt* werde.[141] Die Truppe könnte junge Männer verlockt haben, denn sie sollte *vollmotorisiert* sein, zu einer Zeit, da viele Jungen noch nie auf einem Motorrad oder in einem Auto gesessen hatten; und sie sollte *kleinliche Rekrutenbehandlung* vermeiden. *Das Verhältnis zwischen Führer und Mann ist absolut nationalsozialistisch, kameradschaftlich. Die Waffen-SS ist die Truppe für den Parteigenossen und Nationalsozialisten, der freiwillig seine Pflicht als Soldat erfüllen möchte.*
Wir wissen heute, daß sich hinter Vokabeln wie *Sonderbehandlung* millionenfacher Mord verborgen hat. Können wir erwarten, daß junge Leute bei Stichworten wie *Sonderaufgaben, absolut nationalsozialistisch* kritisch, vielleicht gar mißtrauisch reagierten? - Als erster Teninger fiel im 2. Weltkrieg ein junger Angehöriger der Waffen-SS.

Kriegsvorbereitungen

Seit 1933 bereitete das NS-Regime geistig, wirtschaftlich und militärisch den Krieg vor, der die "Schmach von Versailles" tilgen und aus dem Deutschland als Weltmacht hervorgehen sollte. Als Teile der geistigen Mobilmachung lassen sich die Umwandlung des Volkstrauertages in einen Heldengedenktag und die Verleihung eines "Ehrenkreuzes" an Frontkämpfer, Kriegsteilnehmer, Eltern und Witwen von Gefallenen des Weltkrieges verstehen. Aus Teningen wurden 289 Anträge weitergeleitet.[142]

Wirtschaftlich ...

Das Reich sollte unabhängig von Einfuhren strategisch wichtiger Güter (Benzin, Gummi, Nicht-Eisenmetalle, Nahrungsfette u.a.) werden. Nur wenige haben seinerzeit durchschaut, daß es sich bei vielen Maßnahmen um systematische Autarkiebestrebungen und nicht nur um Folgen des auch früher spürbaren Devisenmangels handelte. Kriegsvorbereitungen, die Eingang in die Teninger Akten gefunden haben, seien vorgestellt.[143]
Im *Wonnemond* (Mai) 1935 ruft die *Reichsfachgruppe Seidenbauer e.V.*, Celle, zum Anbau des Maulbeerbaumes auf: Der Bedarf an deutscher Seide sei *außerordentlich groß*; Tausende könnten sich *durch Seidenbau eine zusätzliche Einnahme* verschaffen. Dann, gesperrt und unterstrichen: *Treibe auch Du Seidenbau!* Selbstverständlich sollten nicht feine Damenstrümpfe, sondern Fallschirme für die Truppe gefertigt werden.
Systematisch wurden Herstellung und Verwendung inländischer Fette und Öle gefördert, um das Reich unabhängig von der Einfuhr pflanzlicher Nahrungsfette zu machen. Im Juni 1933 (!) wurden Gasthäuser und Lebensmittelgeschäfte aufgefordert, dem Käufer bzw. Verbraucher genaue "Aufklärung" über Art und Menge der verarbeiteten Fette zu geben.[144] Für Walnußbäume galt ein Einschlagverbot; der Anbau von Nußbäumen und Ölsaaten wurde gefördert. "Minderbemittelten Bevölkerungsschichten" (Arme durfte es nicht mehr geben) bot sich eine "Verdienstmöglichkeit": Für den Doppelzentner

Bucheckern mußten die Ölmühlen 1934 mindestens 14, 1937 schon 25 RM vergüten. Spätestens seit September 1937 war Speisefett rationiert.
Gefördert wurde auch der Anbau von Tabak. Auf der Gemeindewaage wurden 1937 z.B. 61.832 kg, 1938 schon 64.535 kg gewogen; für 64.100 kg wurden 1941 97.000 RM ausgezahlt (entsprechend etwa 1,50 RM/kg).
1938 bekam die Gemeinde keine "Kontrollnummern" zum Ankauf von Rohren für die Wasserleitung, mit deren Bau man 1934 im Ober- und Neudorf begonnen hatte (das Unterdorf mußte sich weiterhin mit Pumpbrunnen zufriedengeben). 1938 wurden eiserne Vorgartengitter u.ä. gesammelt, 1942 alle Nicht-Eisen-Metalle, von der Rathausglocke bis hin zur Türklinke aus Aluminium. 1943 rechtfertigt die Gemeinde ihren Eisenverbrauch im abgelaufenen Quartal: Mit den zugeteilten 10 (!) kg wurden ausschließlich Nägel angeschafft, um neue Gartenzäune herzustellen (5 kg), Sitzbänke sowie Schutzhütten und Brücken auszubessern (3 bzw. 2 kg).[145]
Wer in den Moosmatten Wiesen besaß, sollte diese aufforsten, da das Reich für absehbare Zeit einen *gewaltigen Bedarf an Holz* habe, heißt es 1938. Noch vor Kriegsausbruch wird für den Winter 1939/40 zum Sparen von Brennstoff aufgerufen. *Bei bekannter Holzknappheit ist es nicht zu verantworten, daß uralte Öfen zum Heizen der Zimmer und zum Backen verwendet werden, die das Doppelte und Dreifache an Heizmaterial benötigen und 2/3 der Wärme zum Kamin hinausgehen* lassen; neue holzsparende Öfen machten sich schon in zwei Jahren bezahlt.

... und militärisch

Schon vor der Wiedereinführung der allgemeinen Wehrpflicht (1935) werden Maßnahmen ergriffen, die sich als Vorbereitungen zur militärischen Mobilmachung verstehen lassen.[146]
Ein Jahr nach der "Machtergreifung" ergehen Verordnungen zum Luftschutz. 1934 kauft die Gemeinde eine starke Sirene, deren *Alarm im ganzen Ort einwandfrei zu hören ist,* und 1937 eine neue Feuerwehrspritze; an deren Kosten in Höhe von etwa 8.000 RM sollen die Bürger sich mit Spenden beteiligen.

Wochenlang veröffentlicht das Gemeindeblatt Namen und Beträge der Spender. Am 13.12.1937 gibt es die erste (?) Verdunkelungsübung, in der Zeit von 17.30 bis 22.30 Uhr.
Seit 1935 wurde in Teningen wieder gemustert: Zunächst junge Männer; am 2. August 1935 z.B. 35 Angehörige des Jahrgangs 1914/15; dann Fahrzeuge[147], Pferde (spätestens seit 1936), im Krieg auch Hunde. Eine Pferdequartierliste für 1939 (?) enthält 56 "Quartiergeber" mit Platz für 1-13 Pferde; 13 können in der "Krone" untergebracht werden.[148]
Seit Mai 1937, ein Jahr nach der Remilitarisierung des Rheinlandes, diente die ehemalige Zigarettenfabrik dem Heeres-Nebenzeugamt Münsingen/Württemberg als Bekleidungslager. In einem *Geheim*-Schreiben wird der Bürgermeister am 3.12.1937 aufgefordert, folgende Gebäude rot in einem Ortsplan zu kennzeichnen: Rathaus und Breisgauwerk, ferner die Gasthäuser "Krone", "Engel", "Adler" und "Ochsen" sowie die Volksschule.[149]
Bewußt offen, damit man es im Ausland ja auch merkt, wird seit der "Sudetenkrise" der sogenannte Westwall gebaut.[150] Später wurde Hunderttausenden, die sich an den Arbeiten beteiligt hatten, u.a. Bauunternehmer und Bürgermeister Heß, die am Band getragene "Schutzwall-Medaille" verliehen: Oval, vorn ein Bunker, Schwert und Schaufel gekreuzt, darüber der Hoheitsadler; die Auszeichnung gehörte nach dem Krieg zu den "verbotenen Ehrenzeichen". Wahrscheinlich findet sie sich noch in Teninger Familien, wie das etwa gleichzeitig verliehene *Ehrenkreuz der deutschen Mutter.*
Hitlers Politik führte Europa in der "Sudetenkrise" an die Schwelle des Krieges. In Teningen wurden am 8.8.1938 acht, am 28.9.1938 weitere 88 Männer einberufen; die Bescheide waren *sofort, bei Tag und bei Nacht* zuzustellen. Der Friede wurde auf der Münchener Konferenz (29.9.1938) noch einmal gewahrt, dank der Nachgiebigkeit der Westmächte und auf Kosten eines souveränen Staates, der Tschecho-Slowakischen Republik.
Von Kriegsbegeisterung ist im Herbst 1938 und im Herbst 1939 nichts zu spüren, wie abwiegelnde Äußerungen im Gemeindeblatt zeigen: *Die Gemeinde hat in den letzten Tagen Einquartierung erhalten* (12.9.1938); im Kronensaal gab es

eine *Varieté-Vorstellung für die hier untergebrachten Arbeiter an den Westbauten* (26.9.1938); *Veranstaltung zu Ehren der zum Waffendienst aus Anlaß der letzten kritischen Wochen eingezogenen und wieder heimgekehrten Wehrpflichtigen,* die dem *Ruf des Führers* gefolgt seien, *bereit, mit der Waffe in der Hand unsere liebe Heimat mit ihrem Blute zu beschützen* (17.10.1938).

Krieg

Am 1. September 1939 griff das Deutsche Reich Polen an; Großbritannien und Frankreich standen zu ihrem Garantieversprechen für Polen. Infolgedessen sah das Reich sich seit dem 3.9. wieder in einem Krieg, der - da er auch zur See auf allen Meeren geführt wurde - schon jetzt ein Weltkrieg war, erst recht seit dem deutschen Angriff auf die UdSSR im Juni 1941 und der deutschen Kriegserklärung an die USA im Dezember 1941.

Alles ließ sich gut an: Mobilmachung, Aufmarsch der deutschen Truppen am Rhein, Verdunkelung, Bewirtschaftung von Lebensmitteln und kriegswichtigen Gütern - es klappte.[151] Zwar lag Teningen im Feuerbereich französischer Kanonen, doch hatte es weder Beschießung noch gar Eroberung durch fremde Truppen zu erdulden. Die "Rückgeführten" (das Wort "Evakuierung" wurde peinlich vermieden) aus Königschaffhausen wurden im Frühjahr 1940 reibungslos untergebracht; Schwierigkeiten bereitete allenfalls die Beschaffung von Futter für die 550 Stück Vieh, die die Königschaffhausener mitgebracht hatten. Später verteidigte der Bürgermeister nachdrücklich die Interessen der Teninger Landwirte, von denen man Ablieferungen erwartete, als wären hier nie, mit der einquartierten Wehrmacht, Tausende von Menschen zusätzlich zu versorgen gewesen.

Seit September 1939, erst recht seit Mai 1940 folgte ein siegreicher "Blitzkrieg" dem anderen; im Gemeindeblatt grüßten deutsche Soldaten aus Frankreich, Norwegen, Jugoslawien. Die Hoffnung des Bürgermeisters, man könne gleich darauf den siegreichen Vormarsch deutscher Truppen auf der Englandkarte verfolgen, erfüllte sich ebensowenig wie die Erwartung eines baldigen Friedens. Statt dessen sah man englische Flugzeuge über dem Reich. Anders als Freiburg, Karlsruhe, Stuttgart, Pforzheim blieben Teningen Bombenangriffe - oft wahre Schreckens- (Terror-)angriffe erspart.

Den Ernst des Krieges spürte man am ehesten daran, daß die meisten Männer eingezogen waren. Solange schlecht ausgerüstete, oft unvorbereitete Gegner oder Neutrale mit erdrückender Materialmacht überrollt wurden, waren die Verluste gering. Ein im Polenfeldzug schwer verwundeter und dann in Breslau verstorbener SS-Mann wurde in die Heimat überführt und hier in einer großen Feier beigesetzt. Aber die Listen mit den Namen der Gefallenen und Vermißten wurden länger. Immer spürbarer wurde der Mangel an Männern: 15-17 jährige Schüler wurden als "Flakhelfer" eingezogen; 1943 wurde der Geburtsjahrgang 1894 in Wehrüberwachung genommen, 1944 alle 16-60jährigen Männer zum "Volkssturm" aufgeboten. Beurlaubungen wurden zwar häufiger gewährt als im Ersten Weltkrieg - der Volksmund ergänzte den an Bahnstrecken prangenden Slogan *Räder müssen rollen für den Sieg* um die Zeile *Und Kinderwagen für den nächsten Krieg!* - aber immer weniger Männer wurden *U.K.* (Unabkömmlich) gestellt, 1942 z.B. 13 Landwirte.[151]

Die Zivilbevölkerung war mit Lebensmitteln und anderen Gütern des täglichen Bedarfs besser versorgt als im Ersten Weltkrieg. Wenn Deutsche während des Krieges nicht hungern mußten, dann war das einem Bündel von Maßnahmen zuzuschreiben: Seit 1940 wurden besetzte Länder rücksichtslos ausgeplündert; deutsche Bauern wurden systematisch kontrolliert, z.B. durch den Vergleich eigener Angaben mit den allgemeinen Ernteergebnissen, den Erhebungen bei Dreschmaschinenbesitzern und Müllern; schließlich ließ man ihnen für den Eigenbedarf mehr als im Ersten Weltkrieg und schüchterte sie gleichzeitig durch überraschende Kontrollen ein.[152] Der *Bestand der eingelagerten Frucht* wurde z.B. am 21.1.1941 überprüft und in langen Listen festgehalten, von Wilhelm Baader Ww. mit 12,5 dz, über Karl Bolz mit 2,2 dz, Wilhelm Bär, Milchhändler, mit 7,7 dz bis zu Jakob Züfle mit 8,2 dz. Wiederholt verteidigt Bürgermeister Heß "seine" Landwirte, z.B. am 3.2.1941: Weitere Ablieferungen seien *nicht mehr zu-*

Evakuierte aus Königschaffhausen während der ersten Kriegstage 1939 (GAT B 14/88).

Deutsche Soldaten nach dem Frankreichfeldzug in Teningen (GAT B 3a/88).

zumuten, ohne besondere Härten hervorzurufen. Die Produktion anzukurbeln durch Gewährung höherer Preise, wie in den angelsächsischen Ländern, verbot die Ideologie. Wohl setzte man immer wieder Prämien für zusätzliche Ablieferungen aus; doch oft genug haperte es schon bei der Pflichtablieferung. Wenn es darum ging, bewährte Gewohnheiten zu ändern oder sich von lieber Habe zu trennen, war die vielbeschworene Volksgemeinschaft schnell verflogen. Winzer wehrten sich gegen die Ablieferung von hohen Weinmengen mit dem Argument, die Reben seien im Frühjahr *verfroren*; da man wenig Äpfel bekommen habe, benötige man den Rebwein selber als Haustrunk...

Säumige oder pflichtvergessene Landwirte waren kaum zu bestrafen. Es zeigte sich, daß die Machtmittel auch des totalitären Staates begrenzt waren; jedenfalls sieht das Ernährungsamt, Abt. A, sich in einem bezeichnenden Dilemma: Eine verhängte Strafe müsse auch vollzogen, andererseits müßten die *Aufgaben der Kriegserzeugungsschlacht* erfüllt werden; was sei zu tun, wenn *die Verurteilten in ihren Betrieben nur schwer entbehrlich sind?* 1944 werden die Ortsbauernführer aufgefordert, sich ggf. gutachtlich gegenüber dem Kreisbauernführer zu äußern - ein kaum verhülltes Eingeständnis, daß man nicht mehr weiter wußte.

Auch andere Mängel scheinen in den Teninger Akten auf. 1942 fehlen Deckel für Konservendosen, 1944 fehlt Dieselöl zum Betreiben der Dreschmaschine. 1943 wurde Zimmermeister G. F. Bolz aus Vörstetten mit dem Bau von Feuerlöschbecken beauftragt. Bolz beantragte daraufhin beim zuständigen "Reichsinnungsverband des Bauhandwerks, Bezirksstelle Baden-Elsaß", 2,7 m³ Nadelschnittholz und 100,8 kg Eisen; das Amt lehnte ab und bat, die Arbeit *mit entsprechenden Ausweichstoffen* auszuführen. Da platzte Bolz wohl der Kragen; der Gemeinde schrieb er, er nehme an, daß sich *die Herren* in Baden-Baden *kein Bild* von Aussehen und Zweck der Löschwasserbehälter machen könnten. *Vielleicht kommt als Ausweichstoff Pappe oder Lehm in Betracht!*

Daß man trotz solcher Temperamentsausbrüche von wahrem Mangel, der die Mobilisierung a l l e r Reserven notwendig gemacht hätte, weit entfernt war, zeigen Pläne, die während des Krieges allen Ernstes in Teningen erörtert wurden. Projekte des Bürgermeisters entsprechen den immer grandioseren, größenwahnsinnigen gleichzeitigen Bauvorhaben Hitlers - mit einem erheblichen Unterschied: Hitler mußte zur Verwirklichung seiner Pläne Völker versklaven und Länder ausplündern; Teningen verfügte trotz Kriegsanleihen über erhebliche Barreserven, die der Gemeinde erlaubt hätten, HJ-Heim, Kindergarten, Sport- und Festhalle zu bauen - wenn die Materialien zur Verfügung gestanden hätten. 1941 erörtert der Gemeinderat schon die Autobahnauffahrt bei Nimburg. Auch andere Einzelheiten passen nicht zum Bild des t o t a l e n Krieges, zeugen eher von chaotischer Planung: Mitten im Krieg werden "Instandsetzungszuschüsse" gewährt, u.a. zur Erneuerung des Hausverputzes![153]

Ausländer in Teningen

Der Männermangel, der in der Wirtschaft verstärkt seit der Mobilmachung herrschte, wurde teilweise kompensiert durch den Einsatz von Kriegsgefangenen, ausländischen Deportierten und Zivilarbeitern. Zu deren Zahl und Nationalität liegen Listen vor, manche mit Angabe von Name, Vorname, Geburtsjahr, Staatsangehörigkeit, Arbeitgeber, ob im Besitz von Arbeitskarte oder Paß, Bemerkungen.[154] Ein undatiertes Verzeichnis weist 279 Personen aus: 47 Polen, 10 Litauer, 28 Ukrainer, 2 Rumänen, 6 Belgier, 7 Italiener, 39 Franzosen, 25 Niederländer, 45 Sowjetrussen (Männer), 67 "Alt-Sowjetrussen" (Frauen) sowie 3 Staatenlose. Deutscherseits war man interessiert an jungen Menschen, die im vollen Besitz ihrer Arbeitskraft waren und denen es unmöglich gemacht werden sollte, sich in ihrer Heimat Widerstandskämpfern gegen die mehr und mehr verhaßten Besatzer anzuschließen. Arbeitskräfte, die 1944 sechzehn Jahre oder jünger waren, kamen nur aus östlichen Ländern; Slawen waren von den NS-Herrenmenschen dazu ausersehen, ausgerottet oder versklavt zu werden.

Eine Aufteilung der Kriegsgefangenen nach den Hauptarbeitgebern und der Ankunftszeit in Teningen ergibt folgendes Bild.

Ausländer in Teningen
(Quelle: GAT 710, undatierte Liste)

Herkunft der Ausländer	Männer	Frauen
Belgien	2	4
Frankreich	25	14
Italien	6	1
Litauen	3	7
Niederlande	21	5
Polen	30	17
Rumänien	0	1
Sowjetrußland	67	45
Ukraine	14	14
Staatenlos	2	1

Die wichtigsten Arbeitgeber	Männer	Frauen
Eisen- u. Hammerwerk	49	4
FRAKO	13	12
Tscheulin	61	75

Untergebracht im Tscheulinlager
(nur Polen, Sowjetrussen und Ukrainer)

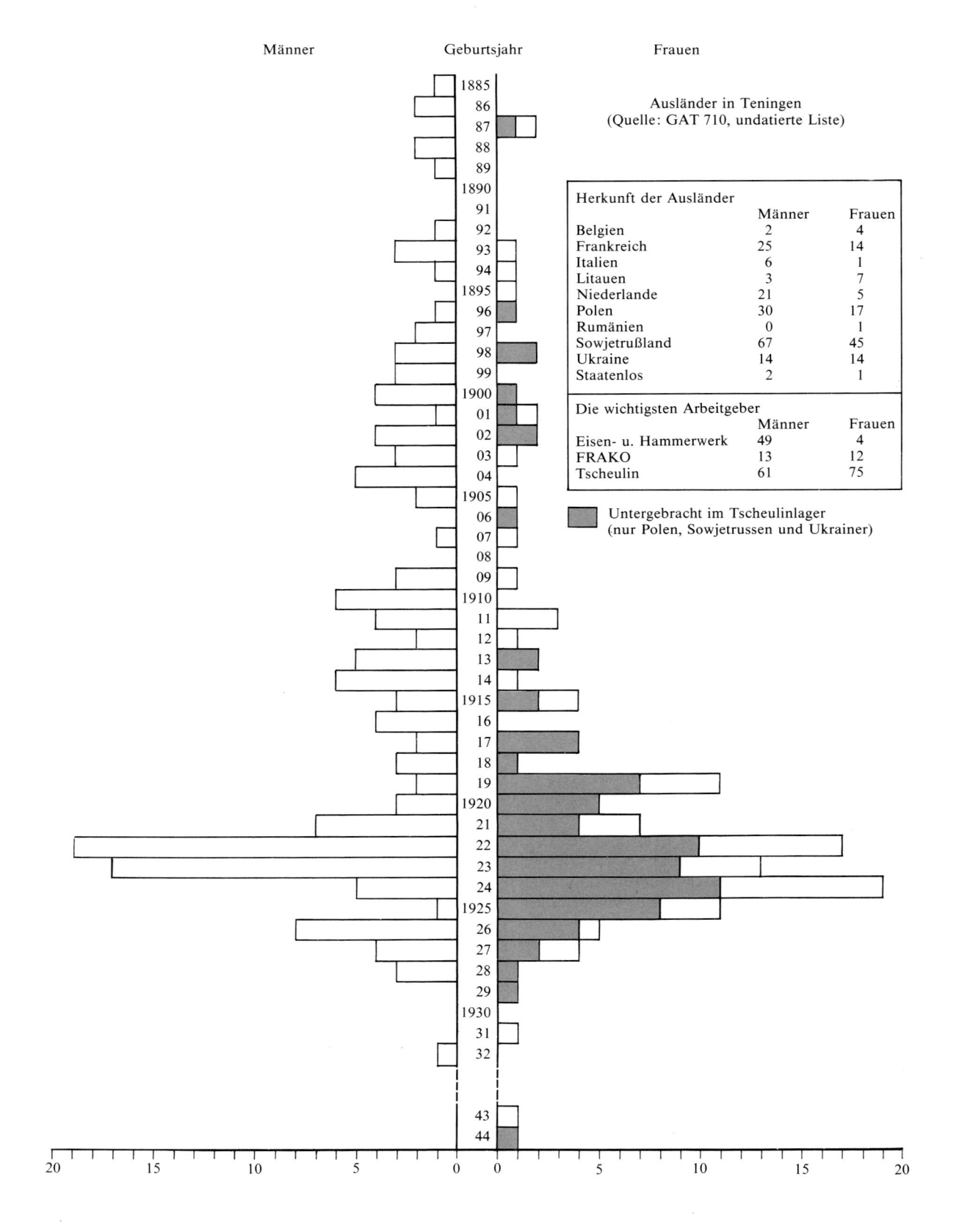

425

Kriegsgefangene in Teningen aufgrund einer Erhebung nach dem 21.1.1946

	Alu-werk	FRAKO	Eisen- und Hammerw.	Ankunft in Ten.	
Franzosen	57	35*	23	August	1943
Elsässer	42	17			1940
Belgier		12*	1	September	1943
Niederländer			2		
Italiener	5	79*		Oktober	1943
Polen		6*	23**	1940, Okt.	1944
Litauer	5	3		November	1943
Russen			19**		
Weißrussen	62				
Ukrainer	30				
Slowaken			1		
Inder	20-30		30		1944
Unbestimmt	8				

* Untergebracht in der Winzerhalle Köndringen;
** dienstverpflichtet.

Die bei der FRAKO Beschäftigten waren mit Ausnahme der Italiener "freie Arbeiter". Zu allen beim Eisen- und Hammerwerk Beschäftigten wird die Frage "Restlos entlohnt?" mit "Ja" beantwortet. Die meisten Ausländer arbeiteten in der Industrie, in der Landwirtschaft nach einer undatierten Liste nur 7 Polen, 8 Ukrainer und 9 Franzosen. Ob später einzelnen oder Gruppen von Kriegsgefangenen Entschädigungen gezahlt worden sind, ist dem Autor nicht bekannt.

Die Behandlung des Elsasses und seiner Bewohner deckt Widersprüche der deutschen Politik auf: In Teningen wurden *Beutepferde* aus dem Elsaß verteilt, u.a. an Ortsbauernführer Rieß; 155 Elsässer wurden zur Arbeit nach Deutschland verpflichtet, später auch zur Wehrmacht eingezogen; seit 1940 wurden Lehrer aus Baden und Württemberg ins Elsaß versetzt, um die *Verwelschten* auf Vordermann zu bringen, wie man damals zu sagen pflegte; elsässische Lehrer wurden nach Baden und Württemberg geschickt, um aus ihnen überzeugte Nationalsozialisten zu machen. Im Zuge dieser Aktion wurden 1941 der Teninger Volksschule zwei elsässische Lehrkräfte zugewiesen, Hauptlehrer Leo Müller aus Ensisheim und Lehrerin Margarete Zimmerlin aus Eschbach, Kr. Weißenburg; Bürgermeister Heß äußert die Hoffnung, *daß sie sich in unseren, ihnen neuen Verhältnissen recht wohl fühlen und zum Segen unserer Jugend wirken können.*[156] Obwohl das Elsaß praktisch annektiert war (es gab z.B. einen "Getreidewirtschaftsverband Baden-Elsaß"[157]), brauchte man zur Einreise ins Elsaß eine besondere Genehmigung.[158]

Bei den Italienern handelte es sich wahrscheinlich um einen Teil jener Soldaten, die nach dem Sturz Mussolinis und dem Umschwenken Italiens ins Lager der Alliierten (8.9.1943) von deutschen Streitkräften entwaffnet worden waren; Hunderttausende wurden nach Deutschland transportiert, wo sie in Landwirtschaft und Industrie arbeiten sollten.

Als 1940 polnische Kriegsgefangene nach Teningen kamen, um hier in der Landwirtschaft zu arbeiten, lud der Bürgermeister die Bewohner ein, die Polen so zu behandeln, wie sie ihre evt. in Gefangenschaft geratenen Söhne oder Ehemänner im Ausland behandelt wissen möchten. Von derart ritterlicher Einstellung ist kurz darauf nichts mehr zu spüren: Polen sind nun, soweit sie nicht als *eindeutschungsfähig* gelten, *Fremdstämmige* oder *Artfremde*; ihnen gegenüber sei besonderes Mißtrauen und weit mehr Abstand als Westeuropäern gegenüber geboten. Wie Tausende von Behördenvertretern andernorts entwickelt Heß gelegentlich Initiative, die über die ohnehin schon inhumanen Vorschriften noch hinausgeht. Am 24.9.1941 schreibt er dem Arbeitsamt, Nebenstelle Emmendingen, das Verhältnis zwischen der Bevölkerung und den polnischen Gefangenen sei in den fast zwei Jahren *zu kameradschaftlich* geworden; er beantrage daher Versetzung der 13 polnischen bei gleichzeitiger Zuweisung von 32 russischen Kriegsgefangenen.

Die Ausländer waren bei Bauern, in der Teninger Schule bzw. in Lagern (Tscheulin-Lager, Winzerhalle Köndringen) untergebracht. Die Behörden verlangten Sammelunterkünfte, um den Kontakt zu Deutschen unterbinden zu können. Bürgermeister

Heß schildert dem Landrat gegenüber Vor- und Nachteile:[159] Für Sammelunterkünfte fehlen geeignete Räume und Aufsicht; Gemeinschaftsverpflegung wäre mit hohen Kosten verbunden und für die Landwirte *unerschwinglich*; nicht zuletzt: von den Arbeitgebern könnten diese Arbeitskräfte bei Einzelunterbringung *besser ausgenützt* werden!

Zu ihrer Versorgung mit Lebensmitteln, Medikamenten usf. äußern die dem Autor vorliegenden Quellen sich nicht; bezeichnend ist immerhin eine vom Innenministerium Karlsruhe ausgegangene, vom Landrat Emmendingen am 18.2.1941 weitergeleitete Warnung: Leicht könnten durch verlauste Kriegsgefangene ansteckende Krankheiten auf die deutsche Bevölkerung übertragen werden; deshalb - nicht aus humanitären Überlegungen, darf man hinzufügen - sollten schleunigst Bade- und Duscheinrichtungen für Kriegsgefangene eingerichtet werden.[160]

Die deutsche Bevölkerung wird davor gewarnt, sich mit Ausländern und Gefangenen zu unterhalten, ihnen in irgendeiner Weise entgegenzukommen, mit ihnen etwa an einem Tisch zu essen oder Gottesdienste zu besuchen. Mit Schreiben vom 16.12.1941 gibt der Landrat eine Verfügung des *Höheren SS- und Polizeiführers* (Himmler) weiter: Nach den Erfahrungen im vergangenen Jahr sei damit zu rechnen, daß die deutsche Bevölkerung bei den bevorstehenden Feiern zu Weihnachten und Neujahr den *erforderlichen Abstand* zu Kriegsgefangenen und ausländischen zivilen Arbeitskräften vergesse. Das müsse *unter allen Umständen* verhindert werden. Eines Deutschen sei es unwürdig, Kriegsgefangenen und ausländischen Zivilarbeitern Geschenke auch unbedeutendster Art zu machen, *ebenso haben die letzteren bei deutschen öffentlichen und familiären Feiern nichts zu suchen, es sei denn, daß sie als Volksdeutsche oder Eindeutschungsfähige anerkannt sind. Obige Grundsätze sind genau zu beachten.*[161] Aus der Tatsache, daß solche Belehrungen während des Krieges häufig wiederholt wurden, darf man schließen, daß auch im Kreis Emmendingen - entgegen den Vorschriften - Ausländer und hier besonders Polen menschlich behandelt worden sind.

Als besonders verwerflich galt Geschlechtsverkehr mit *Artfremden* (Slawen), fast schon der *Rassenschande* (Sexualverkehr mit Juden) gleichgestellt. Die Atmosphäre von Gerüchten, anonymen Denunziationen und Verdächtigungen, die für das Dritte Reich und erst recht die Kriegszeit charakteristisch sind, erhellt ein Schreiben des Bürgermeisters Menton vom 1.9.1944.[162] Danach sollen sich bei der FRAKO beschäftigte deutsche Mädchen, *Gefolgschaftsmitglieder*, mit den ebenfalls bei dieser Firma beschäftigten ehemaligen italienischen Kriegsgefangenen *in ziemlich freundschaftlicher Weise abgegeben bzw. unterhalten* haben. Menton hat die Mädchen *auf Anordnung des Herrn Kreisleiters und des Herrn Landrates* vorgeladen, *schärfstens verwarnt* und ihnen mitgeteilt, daß sie im Wiederholungsfalle *strengstens bestraft* würden.

Zusammenbruch und Kriegsende

Am 6. Juni 1944 landeten alliierte Truppen in der Normandie und stürmten schon bald auf die Reichsgrenzen zu. Am 24. Oktober 1944 erkundigt sich die Ortskommandantur Emmendingen nach der *Belegungsfähigkeit* von Teningen für Offiziere, Mannschaften und Wagen. Am 23.11.1944 teilt die Kreisleitung der NSDAP allen Bürgermeistern mit, durch den Gauleiter sei die *sofortige Umquartierung* von 2.000 Personen aus dem Kreis Straßburg in den Kreis Emmendingen angeordnet.[163] *Es ist anzunehmen, daß die Umquartierung nur kurzfristig ist. Die Umquartierten rollen sofort an* - die kaum verblümte Sprache kann über die fluchtartige "Absetzbewegung" nicht hinwegtäuschen; bei anderen Gelegenheiten hieß es *siegreicher Rückzug*.

Im Frühjahr 1945 werden die Auflösungserscheinungen unübersehbar. Das Ernährungsamt, Abt. A, Kreisbauernschaft, verbietet am 9.4.1945 Ortsbauernführern und Bürgermeistern *mit sofortiger Wirkung*, Kartoffeln zu Speisezwecken *an Wehrmachtsteile usw.* abzugeben. Die Anordnung sei *schärfstens zu überwachen*.[164] Wenn eine zivile Behörde die Abgabe von Lebensmitteln an die Wehrmacht grundsätzlich ablehnt, kann das Ende nicht mehr fern sein.

In dieser Zeit führte eine Teninger Frau Tagebuch, in dem sie Zwiesprache hielt mit ihren abwesenden Lieben: Frau Luise Heß, Schwägerin des Bürgermeisters und des Ortsgruppenführers, konnte nur hoffen, daß ihr Mann und ihr Sohn, beide zur Wehrmacht eingezogen, noch lebten. Später sollten sie nachlesen können, wie es ihr und ihren Mitmenschen gegen Kriegsende ergangen war. Die folgenden Ausführungen stützen sich auf diese Aufzeichnungen,[165] in denen die Abkürzungen Arie (Artillerie) und MG (Maschinengewehr) begegnen.

20.4. Man hört bei Riegel deutlich Panzerabschüsse; jetzt wird es ernst. Von Nimburg her Ariefeuer. Man richtet sich im Keller zum Kochen und Schlafen ein. Nachmittags heißt es plötzlich "Der Feind ist im Rebberg", eine halbe Stunde später stehen zwei Panzer an der Elzbrücke. Alles hält den Atem an. Plötzlich pfeifen die Granaten übers Dorf, dann wieder Ruhe. Wir wagen uns so langsam auf die Straße, bis es anfing mit MG und Gewehrschüsse zu bellen; alles stürmte in die Keller zurück. Es war aber alles gar nicht sehr schlimm, vor allem nicht anhaltend. In der Nacht blieben wir im Keller [...] Ab und zu fiel ein Schuß (Arie), alles zitterte; ich machte einmal die Runde, aber alles lag im tiefsten Frieden, nirgends ein Feuerschein; ich setzte mich wieder in meinen Sessel und nickte ein.

In den nächsten Tagen kam man aus der Verwunderung nicht heraus; es war wie ein Wunder: *Unsere Heimat so unversehrt, als ob gar nichts gewesen sei.* Wie ein roter Faden zieht sich dieses Staunen durch das Tagebuch - und die Sorge um Mann und Sohn, die besonders drückend wurde, wenn man an Sonn- und Feiertagen etwas zur Besinnung kam.
Am 21. April wurde bekanntgegeben, daß alle Waffen, Radio- und Fotoapparate abzuliefern seien; einige Teninger vergossen darüber Tränen! Zwar hatte man elektrischen Strom, aber keine Zeitung; vom weiteren Verlauf des Krieges, der mit der bedingungslosen Kapitulation der Wehrmacht am 7./9. Mai ein vorläufiges Ende fand, und von den Plänen der Sieger hatte man keine genauen Vorstellungen. Daher kursierten wilde Gerüchte, hier und da ergänzt durch Auskünfte entlassener oder geflohener Soldaten.
Die Feinde erwiesen sich als Menschen, baten um Essen und - vor dem französischen Nationalfeiertag, dem 14. Juli - um ein Musikinstrument. Frau Heß mußte auch ständig an ihre heranwachsende Tochter denken; erfreulicherweise hörte man nichts von Gewalttätigkeit und konnte nachts ungestört in den Betten schlafen. Zum 22.4. heißt es: *zum ersten Male seit langer, langer Zeit ist tiefer Sonntagsfriede.* Diese Ruhe wurde als geradezu unwirklich erfahren, war die Bevölkerung doch seit 1933 in einem rauschhaften Fieber von Aufmärschen, Appellen, Kundgebungen nicht zur Ruhe gekommen. Weitere Normalisierung: Am 23.4. gibt die *Ortsschelle* bekannt, daß ab sofort *das Feldgeschäft in vollem Umfange wieder aufgenommen* werde. In den folgenden Wochen ist denn auch von der Sorge um Mohn und Kartoffeln, Brot und ein Schwein die Rede, von dem man nicht weiß, ob man es wird durchbringen können.
Langsam wird Frau Heß, die stellvertretend für eine ganze Generation stehen dürfte, sich darüber klar, daß die Deutschen die Rolle als Herrenvolk und Anwärter auf die Weltherrschaft ausgespielt haben: *Wir sind nun in letzter Zeit so umgeformt worden, daß wir buchstäblich nur auf die allernotwendigsten Bedürfnisse des Menschen bedacht sein müssen, d.h. dafür zu sorgen, daß wir zu essen haben und still und bescheiden unser Tagwerk verbringen* (8.7.). Vier Wochen später: *O, wie liegt jetzt Deutschland buchstäblich am Boden. Gründlicher könnte man es wahrhaft nicht mehr machen. Es wird ein trauriger Winter werden.*
Am 6. und 22. September dann Freudenbotschaften: Sohn und Mann leben! Einer der letzten Sätze des mit dem 10. Oktober endenden Tagebuches dankt Gott für diese gute Nachricht. Die Hoffnung, daß *sie auch mit Gottes Hilfe wieder nach Hause kommen*, hat sich erfüllt.

Pfarrhaus und Kinderschule um 1940 (GAT 90a/88).

Gemeindebote in der Engelstraße um 1940 (GAT B 9b/88).

Rathausplatz um 1940 (GAT B 12b/88).

Elzbrücke, im Jahre 1898 erbaut und 1961 abgerissen (GAT B 13c/88).

Teningen nach dem Zweiten Weltkrieg

Die neuen Machthaber waren unübersehbar; sie ordneten Ausgangssperre und Polizeistunde an, beschlagnahmten Wohnungen, ließen sich Güter liefern und Dienste leisten. Gleichzeitig sollten Kriegsschäden beseitigt, die Bevölkerung versorgt und entnazifiziert werden.

"... wird erschossen"

Da in letzter Nacht auf die französische Patrouille geschossen wurde, werde die Sperrzeit verlängert, gibt ein Aufruf am 13.9.1945 bekannt.[166] Wer zwischen 1/2 7 Uhr abends und 7 Uhr morgens auf der Straße angetroffen werde, *wird erschossen*. Treuherzig fährt der Bürgermeister fort: *Um eventuelle Erschießungen zu vermeiden*, werde die Bevölkerung gebeten, die Anordnungen strengstens zu befolgen. Gleichzeitig wurde verfügt: Parteigenossen dürfen die Gemeinde nicht verlassen; männliche Einwohner im Alter von 15-20 Jahren haben sich am 14.9.1945 im Tscheulinwerk/Köndringerstraße zu melden (insgesamt 79, vor allem Angehörige der Jahrgänge 1928-1930);[167] entlassene Soldaten müssen Ausweis- und Entlassungspapiere bei sich tragen; Waffen aller Art sind abzuliefern ...

Aus den Akten geht nicht hervor, ob wirklich auf Franzosen geschossen worden ist; offensichtlich hatte die Besatzungsmacht keine Veranlassung, jemanden standrechtlich zu erschießen. Seit der Kapitulation der Wehrmacht hatte jeglicher Widerstand aufgehört; es gab keine Partisanen in den Wäldern, keine Überfälle auf die Besatzungstruppen oder die Deutschen, die mit diesen zusammenarbeiten mußten.

"Le maire de Teningen fournira"

Il est ordonné à Monsieur le Bourguemestre de Teningen, Le maire de Teningen est chargé de fournir. So beginnen Schreiben der Garnison im Sommer und Herbst 1945. Der Bürgermeister von Teningen wird liefern, ist beauftragt zu liefern, dem Bürgermeister wird befohlen ... Die Anordnung duldete keinen Widerspruch, auch wenn sie mit unterkühlter Höflichkeit formuliert war: *J'ai l'honneur de vous demander de bien vouloir ...* Ich habe die Ehre, Sie zu bitten (oder: zu ersuchen, von Ihnen zu verlangen, mir bis dann und dann liefern zu wollen.[168] Wiederholt sind die Anordnungen zweisprachig gehalten, wobei nicht selten das Französisch so holprig klingt wie das Deutsch.

An kurz bemessene Fristen war man gewöhnt. Zwölf Jahre lang hatte die Gemeinde fast pausenlos liefern müssen: Menschen, Pferde und Hunde, Heu und Stroh, und Auskünfte; die waren auch jetzt gefragt, u.a. zur politischen Vergangenheit der Teninger, wovon noch zu sprechen sein wird. Dann waren Wohnungen und Güter zu stellen; die Besatzungsmacht war entschlossen, sich auf lange Zeit einzurichten und aus ihrer Zone zu leben.[169]

Zwischen dem 5. und 25.6. mußten elf Häuser innerhalb weniger Stunden geräumt werden; ohne Genehmigung durften die Bewohner nichts mitnehmen. In der Tscheulinvilla wurde das Offizierskasino eingerichtet, in der "Sonne" die Unteroffiziersmesse. Zahllose Güter des täglichen Bedarfs wurden angefordert; von leihweiser Überlassung ist selten die Rede. Zu liefern waren etwa ein Radio neuester Produktion mit Plattenspieler; Reitpferde und Damensättel; eine Kutsche und ein Billardtisch; Bett- und Tischwäsche, Besteck und Geschirr, Dosenöffner und Metzgermesser, Besen und Eimer, Herde und elektrische Heizkörper, Schränke, Betten, Öfen, Schreibmaschinen, destilliertes Wasser für Akkus, Tankholz für Holzvergaser, Brennholz ... Wiederholt sind Lebensmittel zu stellen (Gemüse, Eier, Butter, Milch, Großvieh, Geflügel, zentnerweise Kartoffeln ...), gelegentlich auch Fertigprodukte. So weist der Bürgermeister den Bäcker Wilhelm Ehrler an: *Auf Befehl des Herrn französischen Platzkommandanten haben Sie auf morgen, Sonntag, 30.9.45, vormittags 9 Uhr 120 Stück Brötchen zu backen und in der Villa Tscheulin abzuliefern.*

Offensichtlich war man auf dem Rathaus über manche Wohnungseinrichtung informiert. Jedenfalls forderte der Bürgermeister am 2.4.1946 schriftlich Emil B. auf, *für die Bedürfnisse des neuen Herrn Platzkommandanten [...] leihweise zur Verfügung zu stellen: Je 10 Suppen- und Kaffeelöffel, Gabeln, Wein-*

sowie Likörgläser, ferner 2 lange Platten und 2 weitere lange Platten für Vorspeisen, 6 Küchenhandtücher, 18 Servietten, 6 Gesichtstücher. Ablieferung: Heute nachmittag im Garnisonsbüro (Tscheulinwerk). Häkchen in der Liste zeigen, daß die Anordnung prompt ausgeführt wurde - nur bei den Servietten scheint es gehapert zu haben: Man hatte wohl nur zwölf vorrätig.

Bei anderer Gelegenheit ist der Besatzungsmacht ein Platz zum Schießen mit Handfeuerwaffen anzuweisen, sind Facharbeiter mit Werkzeug zu stellen, z.B. ein Schweißer mit Material, ferner Köchinnen, Küchenhilfen, Zimmermädchen und Putzfrauen für die Offizierswohnungen, Arbeiter zum Mähen des Sportplatzes, oder etwa 28 Mann auf den nächsten Morgen 7 Uhr.[170] Täglich um 8 Uhr hatte ein Pferdefuhrwerk mit vier Mann Abfälle wegzuschaffen. Da die meisten arbeitsfähigen Männer noch in Gefangenschaft waren, kam es zu einem Engpaß auf dem Arbeitsmarkt. Denn Leutnant Maire, Chef de la Mission Production Industrielle à l'Usine Tscheulin à Teningen, legte der Gemeindeverwaltung eine Liste mit den Namen von 37 Arbeitern vor: *Keinesfalls* dürften diese oder deren Angehörige von den Gemeindeverwaltungen Teningen und Köndringen für die *Zuschüttungsarbeiten* (wohl der Panzergräben) herangezogen werden.

Manche Aufträge bereiteten der Gemeindeverwaltung Kopfzerbrechen, doch galt für Heß, wieder Bürgermeister, weiterhin der Grundsatz 'Befehl ist Befehl'. Bevor er erklärte 'Haben wir nicht, gibt's hier nicht' oder sich gar auf Weigerung verlegte, bemühte er Nachbargemeinden. Am 31.5.1945 soll Heß innerhalb von zwei Tagen 180 Metallbetten mit Matratzen beschaffen; eine Woche später (4.6.) bedankt er sich bei seinen Amtskollegen in Bahlingen, Nimburg, Riegel, Köndringen, Mundingen, Reute und Vörstetten für die tatkräftige Unterstützung bei der Bettenbeschaffung und versichert sie für ähnliche Fälle seiner Hilfe.

Am 12. Juni kommt der Auftrag, zum 13.6., 18 Uhr, zwei Trikoloren im Format 3x2 Meter zu liefern. Doch hat man nur weißen und roten Stoff; nach einigem Hin und Her bittet man den "Platzkommandanten", einem namentlich genannten Arbeiter zu erlauben, die Färberei der Tscheulinwerke zu betreten, wo nun weißer Stoff blau gefärbt wird. Doch auch der ist bald verbraucht. Jetzt gibt man den schwarzen Peter weiter: Vielleicht könne die Weberei in Kollnau weiterhelfen? Aber wie nach Kollnau kommen?

Drei Jahre später macht man eine (Zwischen-)Bilanz: *Zwangsleistungen aufgrund der Anordnungen der Besatzungsmacht.* Am 31.3.1948 waren beschlagnahmt 8 Wohngebäude, 16 Wohnungen, 18 Einzelzimmer, ein gewerblich genutztes Grundstück, aber weder Schule und sonstige öffentliche Gebäude, noch Werkstätten, Garagen, Sport- und Übungsplätze. Der Wert der Ablieferungen auf Grund öffentlicher Aufrufe wird folgendermaßen veranschlagt (bei den Kleidern dürfte es sich um Sammlungen zugunsten von Opfern der Konzentrationslager handeln): Kleidersammlungen 18.000 RM, Radioapparate 40.000 RM, Fotoapparate, Ferngläser, Fahrräder, Musikinstrumente, Schreibmaschinen, Jagdwaffen 61.000 RM; sächlicher und persönlicher Aufwand der Gemeinde infolge der Bearbeitung von Requisitionsangelegenheiten seit Beginn der Besetzung bis zum 31.3.1948 7.850 RM, im 1. Halbjahr 1948 900 RM.

Glimpflich davongekommen

Wieder muß man sagen: Teningen ist noch mal davongekommen. Im Frühjahr 1940, als sich in Teningen Wehrmacht und "Zurückgeführte" aus Königschaffhausen drängten, hatte man wahrscheinlich enger zusammenrücken müssen als im Sommer 1945. Die beschlagnahmten Radios und Fotoapparate schmerzten; aber für die Fotoapparate gab es keine Filme, und bald schon wurden viele Radios zurückgegeben. Beschlagnahmter Wohnraum wurde vergütet: 1 Raum mit 1 Bett pro Tag 0,47 - 0,56 RM, die "Sonne" mit 24 Räumen und 30 Betten mit 875 RM pro Monat. Im allgemeinen scheinen auch die angeforderten Arbeitskräfte - wohl kaum auf Kosten des französischen Fiskus - entlohnt worden zu sein: Pro Stunde bekamen sie höchstens 1,05 RM, eine Putzfrau 50 Pfennig.[171]

Entnazifizierung

Die Siegermächte und die von diesen eingesetzten deutschen Spruchkammern sollten den Deutschen den nazistischen Geist austreiben, Schuldige bestrafen, aus führenden Positionen entfernen und daran hindern, weiterhin das verhängnisvolle Gedankengut zu propagieren; harmlose Mitläufer sollten Stellung und Vermögen behalten dürfen; Demokratie und Rechtsstaatlichkeit sollten wieder Eingang in einem Volke finden, das einem Führer gefolgt war, der als Herr über dem Recht gestanden hatte.

Die Entnazifizierung wird im folgenden auch deshalb ausführlicher erörtert, weil sie - wie die Jahre 1933 bis 1945 - in manchen Ortschroniken ausgeblendet bleibt. Obwohl die Entscheidungen der Spruchkammern seinerzeit veröffentlicht worden sind, unterliegen die entsprechenden Akten der zentralen Archive, erst recht seit den oft kaum noch verständlichen Bestimmungen zum Datenschutz, strengen Sperrvorschriften.[172]

Schnell waren die Straßen "entnazifiziert". Am 23.5.1945 beschloß der Gemeinderat folgende Umbenennungen (in Klammern der vorherige Name): Haupt- (Adolf-Hitler-), Stühlinger- (Hans-Ludin-), Schiller- (Horst-Wessel-) und Goethe- (Robert-Wagner)straße; der "Platz der SA" hieß nun "Kronenplatz". Anders als in Teningen, wurde in Freiburg z.B. auch die Hindenburgstraße umbenannt.

Langwierig gestaltete sich die Entnazifizierung der Personen. In den ersten Nachkriegsjahren hatte die Gemeinde wiederholt neue Listen aufzustellen über Angehörige der NSDAP und deren Gliederungen; nun erfährt man aus den Gemeindeakten Einzelheiten zu Chargen und Ämtern - daß es z.B. in der NSDAP Zellen-, Block-, Propaganda- und Schulungsleiter gab. Für Teningen ergibt sich folgender (unvollständiger) Befund.[173]

NSDAP: In verschiedenen Führungspositionen 36;
SA: 98, davon 7 Schar-, Trupp-, Standarten- bzw. Sturmführer;
SS: 4;
Waffen-SS: 10, davon je 1 Unter- und Oberscharführer;
NSKK: 23, davon 4 Schar- bzw. Oberscharführer;
HJ: 9 (wohl nur "Führer"), davon 3 Gefolgschaftsführer;
"Vernichtungskommando" (so ohne weitere Spezifizierung genannt): 2;
Kriegerbund: 1;
Arbeitsfront: 4 (wohl nur "Führer");
NS-Lehrerbund: 1.

Zu *Träger des goldenen Parteiabzeichens, SS-Sturmführer* u.a. erstattete die Gemeinde "Fehlanzeige".

Unter "Bemerkungen" bzw. "jetzige Tätigkeit" steht oft ein einziges Wort: *Kriegsgefangenschaft, Umschulungslager* (bei je einem Fähnlein- und Scharführer der HJ und einem ehemaligen Ortsgruppenleiter), *z.Zt. Internierungslager Lahr* - Worte, mit denen Überlebende Erinnerungen an Hunger, Kälte, Schikanen und Schlimmeres verbinden.

"Die Angaben auf diesem Formular sind wahr"

Millionen mußten den vierseitigen, engbedruckten *Fragebogen* ausfüllen; falls mehr Raum benötigt werde, seien *weitere Bogen anzuheften*. Die Aufforderung hat einen Betroffenen zu einem autobiographischen, die erste Hälfte dieses Jahrhunderts umspannenden Bericht angeregt.[174]

Der jahrzehntelange Ratschreiber beantwortet die meisten Fragen zur Mitgliedschaft in der NSDAP, ihr angeschlossener Verbände oder von ihr "betreuter" Organisationen mit *Nein*. Der NSDAP gehörte er seit dem 1.5.1937 an (Mitgliedsnummer 4.585.193), ferner folgenden "angeschlossenen Verbänden": Reichsbund der deutschen Beamten seit *ca. 1936*, der NSV seit *ca. 1937*, dem NSKOV (?) seit 1937, ferner dem NS-Reichskriegerbund seit 1941. Sein Jahresgehalt stieg von 3.456 RM (1933-1937) bis auf 4.513 RM (1941-1944). Von den zahlreichen *Nein* heben sich zwei Antworten ab: Seit 1933 keine Auslandsreisen; vor 1933 Mitglied der Sozialdemokratischen Partei und des Badischen Ratschreibervereins. Zum Schluß: *Die Angaben auf diesem Formular sind wahr. Gezeichnet ... Datum ... Zeuge ...*

Daß mancher sich nicht ganz freiwillig der NSDAP und/oder deren Gliederung(en) angeschlossen hatte, zeigt die Bemerkung eines "Vertrauensmannes" bei den Tscheulinwerken: *Ent-*

sprechend den *Anschauungen der Eigentümer* seien die meisten leitenden Angestellten oder Vorgesetzten *zwangsweise oder nicht* vor 1933 der NSDAP beigetreten.

Resistenz gegen den Nationalsozialismus

Die Unterlagen zeigen aber auch, daß zahlreiche Teninger Druck oder Verlockungen widerstanden haben. Nicht in die Partei eingetreten waren z.B. der Fabrikant W. Melke (FRAKO), die größere Zahl (24 von 43) der (wohl selbständigen) Handwerksmeister[175] und die fünf Kaufleute am Ort. Widerstandskraft dem Nationalsozialismus gegenüber hatten auch zahlreiche Angehörige der Freiwilligen Feuerwehr bekundet. Von 84 namentlich aufgeführten Männern gehörten 26, fast ein Drittel, nicht der Partei an; 25 waren in der HJ, deren Mitgliedschaft man sich kaum entziehen konnte, 32 in der NSDAP und 1 im SA-Musikzug.

"Persilscheine"

Die Entnazifizierung sollte nicht schematisch betrieben, vielmehr sollten die wirklich Schuldigen zur Rechenschaft gezogen werden. In den Teninger Unterlagen begegnen zahlreiche Schreiben des Inhalts *Ich bitte um vertrauliche Mitteilung zur politischen Einstellung von ....* Vorgesetzte, Kollegen, Untergebene, Freunde, Bekannte und Verwandte wurden um einen "Persilschein" gebeten, der folgendermaßen lauten konnte:

Eidesstattliche Erklärung
Ich versichere an Eidesstatt, daß ich Herrn Hubert K. seit frühester Jugend kenne und weiß, daß er aus purer Sportbegeisterung Mitte 1934 zur Freiburger Motor-SS ging. Schon nach ganz kurzer Zeit äußerte er sich mir gegenüber, daß ihm die Grundlagen, auf der die Organisation aufgebaut war, nicht zusagten, und er aus diesen Gründen die Zusammenkünfte mied, was zur Folge hatte, daß er bereits wieder Anfang 1935 wegen Interesselosigkeit ausgeschieden wurde.
Ich selbst war Gegner des Dritten Reiches und demzufolge kein PG.
Freiburg i.Br., den 13. Juli 1946.   gez. Ludwig M.

Wer nach 1933 aus seiner Stellung gejagt, vielleicht gar in ein Konzentrationslager eingeliefert worden war, wollte Denunzianten vor Gericht gestellt sehen. Es kam zu Beschuldigungen, die den Spruchkammern ein gerechtes Urteil schwer machten. So schreibt Dr. F., Freiburg, am 22. Juni 1946 an das Bürgermeisteramt Teningen:

Der dort wohnhafte frühere Prokurist des Aluwerks, Kurt R., hat mich im September 1939 bei der Gestapo angezeigt wegen Äußerungen, die ich über die künftige Ernährungslage, die Aussichten des Krieges etc. gemacht habe. Darauf holte mich die Gestapo - Kriminalsekretär Rauer - aus dem Betrieb heraus und brachte mich in das hiesige Gefängnis. Unter Bezugnahme auf die Bekanntmachung des Badischen Ministeriums des Inneren in der Badischen Zeitung vom 18. ds. Mts. gehört R. zu denjenigen Personen, die vom Wahlrecht ausgeschlossen werden können. Ich nehme an, daß Sie diesen Schuft in der Wählerliste streichen.

Solchen Bitten ist man wiederholt nachgekommen. Die entsprechenden Schreiben lauteten dann: *Auf Grund des Gesetzes über die Bereinigung der Wählerliste sind Sie wegen Denunzierung (wegen Zugehörigkeit zur SS, auf Grund Ihrer politischen Ansichten gegenüber Deutschen und Ausländern) aus der Wählerliste der Gemeinde Teningen gestrichen worden.*

Da die Entnazifizierung auch die Rechtstaatlichkeit neu begründen sollte, mußte die andere Seite gehört werden. Der oben erwähnte R. erhob mit Schreiben vom 18.7.1946 beim Bürgermeister *gegen die Streichung aus der Wählerliste ... in aller Form Einspruch.* Er habe F. nicht angezeigt, sondern sei lediglich als Zeuge wegen der von diesem gemachten Aussagen von der Gestapo verhört worden.

Es kann sich hier nur um einen persönlichen Akt der Unzufriedenheit von Seiten des Herrn Dr. F. handeln. Ich war seiner Zeit nur halb so alt wie er; außerdem besaß er den Doktortitel und war daher nicht begeistert, jemanden als Vorgesetzten zu haben, der weder Titel besaß, noch ihm im Alter einigermaßen gleichkam.

Mit seinem *Antrag auf Rehabilitierung* hatte R. beim *Prüfungsausschuß* Erfolg. Bei den Wahlen zum Gemeinderat am 21. August 1946 waren *ausgeschaltet wegen Zugehörigkeit zur NSDAP oder zu ihren Organisationen* 55 von 1.332 Wahlberechtigten (entsprechend 4%).

Bußen und Strafen

Damit ist der Darstellung vorgegriffen. Die Streichung aus der Wählerliste lief auf die Aberkennung bürgerlicher Ehrenrechte hinaus, bei der man nicht wußte, wie sie sich langfristig auswirken würde. Aktive Nationalsozialisten und Denunzianten hatten im allgemeinen mit zusätzlichen, unmittelbar spürbaren Sanktionen zu rechnen, die - wären sie konsequent verhängt und durchgeführt worden - Millionen von Menschen und deren Angehörige jahrzehntelang in Not und Diskriminierung gestürzt hätten.
In Teningen wurden u.a. folgende Bescheide zugestellt: W. S., Ratsdiener, Parteigenosse seit dem 1.5.1937, *keine Stellung in der Partei oder Verbänden*, wurde am 7.6.1946 als *Sühne* eröffnet: Gehaltsrückstufung und zwei Jahre Bewährung. Ganz anders sah die Entscheidung aus, die *im Verfahren über die politische Reinigung* über den langjährigen Bürgermeister getroffen und *in der Beilage zum Amtsblatt der Landesverwaltung Baden Nr. 18 vom 10.5.1947 veröffentlicht* worden war. Mit Unterschrift bestätigte H. am 16.5. 1947, ihm sei eröffnet worden:

> *Einzug des gesamten Vermögens. Verbot der Ausübung einer leitenden oder selbständigen Tätigkeit. Verbot des Haltens von Kraftfahrzeugen. Entzug des Führerscheins, falls vorhanden. Steht für 5 Jahre dem Sondereinsatz zur Verfügung.*

Die gegen H. verhängten Sanktionen waren nicht ungewöhnlich, aber hart; denn im Gegensatz zu vielen anderen Urteilssprüchen waren sie nicht begrenzt. Dem früheren Bürgermeister S. wurde z.B. die Pension um 20 Prozent gekürzt. Hedwig B., Verkäuferin, wurde mit Einzug von 20 Prozent des seit 1933 erworbenen Vermögens und mit fünf Jahren Bewährung bestraft. Die Wirtschaftskonzession wurde einem Metzger und dessen Familie (!) entzogen. Einmal wird das *seit 1931* erworbene Vermögen konfisziert. Ein andermal heißt es *Sühneleistung 4.500 RM, zahlbar in vierteljährlichen Raten von 225 RM. 10 Jahre Bewährung und Heranziehung zu gemeinnützigen öffentlichen Arbeiten.* Schuldige unterlagen auch Wohnungsbeschränkungen. - Mit der Währungsreform 1948 wurden die Geldbußen im Verhältnis 10 : 1 umgestellt, wie die Spargutaben; wer zu 1.000 RM verurteilt worden war, hatte nun 100 DM zu zahlen.
Gemessen an dem von Deutschen an Deutschen und Ausländern in den Jahren 1933 bis 1945 verübten Verbrechen sind nur wenige Schuldige bestraft worden; zudem wurde die Entnazifizierung in der französischen Zone eher lasch gehandhabt. Trotz dieser Einschränkungen wird man sagen dürfen: Der Aufbau eines dem Recht verpflichteten Gemeinwesens in Deutschland wurde dadurch erleichtert, daß führende Nationalsozialisten in der schwierigen Anfangsphase der parlamentarischen Demokratie ausgeschaltet waren. Und: Auch eine Demokratie ehrt der Grundsatz "Gnade vor Recht".

Kriegsfolgen

Der Zweite Weltkrieg hat unermeßliches Leid über Menschen und Völker gebracht: Zu den Opfern gehören Gefallene, Vermißte, Verstümmelte, Witwen und Waisen, Flüchtlinge und Heimatvertriebene, Häftlinge in Konzentrationslagern und Gefangenenlagern[176], Deportierte und Zwangsarbeiter; im Krieg wurden Häuser und Städte, unersetzliche Kulturgüter und ganze Landschaften zerstört. Daß die Verluste grenzenlos waren, wurde den Deutschen erst langsam bewußt; die Muße zum Nachdenken fehlte, als man sich an Siegen berauschte, sie fehlte, als die Geschlagenen dumpf vor sich hin brüteten. Manche Menschen sind Jahrzehnte später zur Besinnung gekommen, andere nie.

Mehr Kriegswitwen als Studenten

36 Jahre nach Ende der Kampfhandlungen, so betonte Pfarrer Scheuerpflug 1981 in seiner Ansprache zum Volkstrauer-

tag[177], sei der Kreis der unmittelbar Betroffenen noch nicht spürbar zusammengeschrumpft:

> Heute ist noch jede zehnte aller über 55 Jahre alten Frauen eine Kriegswitwe. Um es noch deutlicher zu machen: In Deutschland leben noch immer mehr Kriegswitwen als Studenten; über die große Zahl der von der Heillosigkeit des Krieges Betroffenen schweigen sich die Massenmedien aus. Sie gehören ja zu den Stillen im Lande, die weder auf die Straße gehen noch mit Aufstand oder Leistungsentzug der Gesellschaft drohen. Ihnen ist unser Gemeinwesen nicht nur mit Worten verpflichtet.

Gefallen

Teningen meldet unter dem 31.8.1948, 1939/45 seien 543 Männer eingezogen worden und man zähle 122 Kriegsversehrte. Widersprüchlich sind die Angaben zur Zahl der Gefallenen: Am 1.2.1947 waren 104 Soldaten als gefallen gemeldet, 85 waren in Kriegsgefangenschaft, weitere 98 galten als vermißt; manches Soldatenschicksal klärte sich erst Jahrzehnte später. Eine Statistik weist zum Jahre 1949 folgende *beurkundete Kriegsverluste* aus (in Klammern die auf die Wohnbevölkerung 1939 bezogenen Prozentwerte): Heimbach 31 (4,8), Köndringen 70 (4,4), Nimburg 36 (3,6), Teningen 102 (4,0); zum Vergleich: Stadt Emmendingen 433 (4,9) und Kreis Emmendingen 3.431 (4,3).[178]

Bis auf den heutigen Tag hat man am Teninger Kriegerdenkmal die Liste der Toten des Ersten Weltkrieges nicht um die Namen der im Zweiten Weltkrieg Umgekommenen ergänzt - ganz einfach deshalb, weil man nicht weiß und wohl niemals genau wissen wird, wieviele Teninger im Zweiten Weltkrieg ihr Leben verloren haben. Aber kommt es auf genaue Zahlen an? Aus gutem Grund sind in das Mahnmal in Heimbach die Worte eingegraben:

> Wir gedenken der Toten, die durch Kämpfe jeder Art ihr Leben verloren, weil der Hass in der Welt mächtiger war als die Liebe.[179]

Vermißt

Jahrelang bemühten sich Behörden, Rotes Kreuz, Caritas und andere Organisationen darum, das Schicksal Vermißter zu klären, verlorene Kinder aufzuspüren, getrennte Familien zusammenzuführen; aus der Gefangenschaft Entlassene wurden befragt, die Namen Gesuchter im Dorf ausgeschellt. Denn die Angehörigen hatten ein Recht darauf, daß die bohrende Ungewißheit ein Ende nähme, auch deshalb, weil ein Bescheid Versorgungsansprüche oder die Freiheit zu einer neuen Ehe begründen mochte. Konnte endlich eingetragen werden, *gefallen lt. Mitteilung der Deutschen Dienststelle Berlin-Frohnau*, wurde ein Name in der Vermißtenkartei durchgestrichen oder abgehakt unter Verweis auf die Liste der Gefallenen; mit Bleistift wurde ein Aktenvermerk gemacht: Laufende Nummer und Jahreszahl, Eintrag im Standesregister; in der nüchternen Sprache der Akten wurde nach *Bereinigung der Kriegsgefangenenkartei* eine Sterbeurkunde ausgestellt.

Im März 1950 (?) wurden in Teningen noch folgende Vermißte gesucht (die erste Zahl bezieht sich auf Angehörige der Wehrmacht, eine etwaige zweite auf Zivilpersonen): Männlich 89/1, weiblich 0/1; davon in Rußland 53/2, Deutschland 13, Polen 9, Rumänien 5, Frankreich 3, Slowakei 2, Afrika, Tschechei, Niederlande und Italien je 1 Vermißte(r).[180]

Kriegsgefangenschaft

Im Mai 1945 wurden zwei Kriegsgefangene entlassen, weitere 29 bis zum September. Eine erste detaillierte Liste, der ähnliche bis 1951 folgen, liegt zum 4.11.1945 vor; sie sei genauer betrachtet: Die 107 Entlassenen gehörten den Jahrgängen 1891 bis 1928 an, auffallend viele den Jahrgängen 1905/09 (22) und 1920/24 (23). Die Namen der Gefangenenlager mögen bei Überlebenden Erinnerungen wecken: Heilbronn, Breslau, Görlitz, Ludwigshafen, Munsterlager, Plauen, Fürstenwalde, Bozen, Eger, Sopron/Ungarn, Lazarett in Rußland. Als Gründe für die (relativ frühe) Entlassung werden genannt: *krank, als Förster, als Landwirt, als Facharbeiter, verwundet, als Jugendlicher* (geboren 1928). Die meisten waren von den Amerikanern entlassen worden. Nach einer Personenstandserhebung waren am 10.10.1947 noch 76 Teninger in Kriegsgefangenschaft, und zwar 31 in französischem, 28 in russischem, 14 in englischem und 3 in jugoslawischem Gewahrsam. In den folgenden Jahren kehrten Monat um Monat Kriegsgefangene heim, 1948 z.B. monatlich 1 bis 7, insgesamt 47, davon 20 aus französischer und 16 aus russischer Gefangenschaft. Die letzten Kriegsgefangenen wurden 1955 von Rußland entlassen, nach dem Besuch von Bundeskanzler Adenauer in Moskau.

Ein buntes Völkergemisch

Unterstützt von deutschen Behörden, lehnte die französische Besatzungsmacht lange Zeit den Zuzug von Flüchtlingen und Vertriebenen ab. Man hätte zusammenrücken und teilen müssen. In der Breisacherstraße 1-46 z.B. lebten 1946 in 48 Wohnungen 189 Personen - 4,1 Personen pro Wohnung. Aufschlußreich sind auch Ergebnisse der Volkszählung 1950 für Teningen: Von den 2.834 Einwohnern waren gerade 126 (oder 4,4%) Flüchtlinge; in 500 Gebäuden gab es 950 Wohnungen mit nur 900 Haushaltungen.[181] Das waren paradiesische Verhältnisse; in manchen Gemeinden Bayerns, Niedersachsens und Schleswig-Holsteins zählte man zu dieser Zeit oft mehr Neubürger als Einheimische, obgleich der Ausgleich von Flüchtlingen über die Grenzen der Besatzungszonen schon in Gang gekommen war.

Im nachhinein hat man den im Vergleich zur amerikanischen und britischen Zone späten wirtschaftlichen Aufschwung der französischen Zone auch damit erklärt, daß dieser nicht die Vorteile zugute kamen, die hochqualifizierte Arbeitskräfte bedeuteten, zu schweigen von zusätzlichen, die Produktion anregenden Konsumenten. Langfristig dürfte sich indessen auch die relativ geringe "Blutauffrischung" wohltuend ausgewirkt haben; nach einer Meldung vom September 1949 hatte Teningen Zuzug aus Aachen und Dresden, Petersburg/Leningrad und Straßburg, Berlin und Basel, Stettin und Königsberg, Chemnitz und Duisburg, Düsseldorf und Hamburg erhalten. Daß eine bei Schüler(inne)n und Kolleg(inn)en[182] beliebte Lehrerin aus Rumänien, daß ein geschätztes Mitglied des Gemeinderates aus Mitteldeutschland stammte, erfährt man eher beiläufig Jahrzehnte später.

Nach 1945 mußten die zahlreichen Ausländer heimgeführt werden - soweit sie das wollten; bei Angehörigen von Völkern, deren Länder nun der Gewalt der Roten Armee unterstanden, war das nicht selbstverständlich. Am 15.10.1945 waren noch 26 Ausländer in Teningen registriert, am 15.2.1946 noch 16 (6 aus Frankreich, je 2 aus den Niederlanden, Litauen, Polen, der Ukraine, je 1 aus Italien und Rumänien). Im Laufe der Jahre nahm die Zahl der Ausländer weiter ab, bis auf elf Ende Oktober 1949.

Materielle Schäden

Verglichen mit anderen Orten des Oberrheinraumes sind die materiellen Verluste Teningens nicht der Rede wert. Am 26.2.1945 heißt es, auf der Gemarkung gebe es etwa 55 Bombentrichter.[183] Wer aufmerksam durch die frischgepflügten Felder der Gemeinde geht, sieht noch heute, daß sich hier und da runde gelbliche Flecken vom umgebenden braunen Ackerboden abheben, vor allem in der Nähe der Eisenbahn - ehemalige Bombentrichter.

Nach einer Aufstellung zu *Kriegsschäden an Gebäuden* (etwa 1945/46) waren in Teningen sieben Gebäude beschädigt worden, davon fünf *leicht* (bis 20%) und je eins *mittel* (bis 50%) bzw. *schwer* (bis 80%). Die Wiederherstellungskosten werden nach den Baupreisen von 1914 auf 5.980 Mark geschätzt.[184]

Mühsame Normalisierung

Seit Anfang Januar 1950 (vielleicht auch schon früher) gab es wieder Butter ohne "Marken" zu kaufen.[185] Zwar galt Zucker noch als rationiert, doch war der Schwarzhandel mit Lebensmitteln praktisch zuende. In den ersten Nachkriegsjahren, zumal in dem bösen Winter 1947/48, hätte kaum jemand von einer so raschen Besserung der Lage zu träumen gewagt. Besatzungsmacht und deutsche Behörden ließen viele Verordnungen in Kraft, die aus der Zeit des Dritten Reiches, wenn nicht aus früherer Zeit stammten; Nahrungsgüter blieben zunächst bewirtschaftet und der Schwarzhandel verboten.[186] Scharen von Städtern, die seit dem Sommer 1945 in den wenigen, überfüllten Zügen auf das Land ausschwärmten, im Rucksack Wäsche, Geschirr oder irgendwelche Habseligkeiten zum Kompensieren, zeigten den Behörden, wie begrenzt die Wirkung von Verboten in Notzeiten ist.

Die Versorgung der Bevölkerung mit Nahrungsmitteln verschlechterte sich in den ersten Nachkriegsjahren: Wegen des Zuzugs von Vertriebenen waren mehr Menschen zu ernähren; Polen und Rußland hatten die "Kornkammern des Reiches" besetzt; die Hektarerträge sanken weiter, weil viele Landwirte noch in Gefangenschaft und die Maschinen überaltert waren; zudem fehlte es an Ersatzteilen, Vieh und Dünger; Handel und Verkehr kamen nur mühsam wieder in Gang; die französische Besatzungsmacht ernährte sich lange Zeit aus ihrer Zone; und nicht zu vergessen: Die Deutschen hatten während des Krieges auf Kosten anderer Länder relativ gut zu essen gehabt. Die unausbleiblichen Folgen der Ernährungskrise in den Jahren 1945 bis 1949 waren Unterernährung, Anfälligkeit für Infektionskrankheiten, erhöhte Säuglings- und Kindersterblichkeit.

Schweizerspende und Pakete aus Amerika

In dieser Not bewährte sich die Solidarität über Landesgrenzen hinweg. Die "Zentralstelle Schweizerspende beider Basel" stellte im April 1946 dem Landkreis Emmendingen 400 kg Butter und 10.000 kg Gelberüben zur Verfügung, zu verteilen an *Normalverbraucherkinder von 0 bis 6 Jahren* und an *sämtliche Opfer des Nationalsozialismus*. Die Kürzel waren den Zeitgenossen vertraut; mit *K 1* und *K 2* waren wahrscheinlich Säuglinge bzw. Kleinkinder gemeint. In Teningen erhielten 283 *K 1, K 2* je 100 g Butter und 2,5 kg Gelberüben, 21 *Naziopfer* je 200 g Butter und 5 kg Gelberüben. Die Verteilung war genau vorgeschrieben. So wurde etwa Frau Elisabeth S., H.str. 9, bescheinigt, sie sei berechtigt, *für 3 Kinder im Alter bis zu 6 Jahren* Schweizer-Spende zu empfangen.

1947 kamen 43 Familien in den Genuß von Weihnachtsgaben, die Amerikaner gespendet hatten, u.a. Frau Hilla von Rebay, die der Gemeinde das nach ihr benannte Haus geschenkt hatte, in dem während des Krieges zeitweilig der weibliche Arbeitsdienst untergebracht war.

Dank solcher und anderer Spenden (Care-Pakete), dank der Mittel des Marshallplanes, dank des Einsatzes der Landwirte kam es nach dem Zweiten Weltkrieg nicht zu der befürchteten Hungerkatastrophe.

Trotz der raschen Besserung der Ernährungslage nach der Währungsreform (20. Juni 1948) lief der eingefahrene Behördenapparat weiter; mehr als einmal reagierte der Bürgermeister ungehalten auf Bevormundung, z.B. am 27.8.1949 gegenüber dem Landwirtschaftsamt Emmendingen: Solange bei den Bäckereien Brot in allen Sorten *frei* gekauft werden könne, sehe *der Ortsleistungsausschuß* sich nicht veranlaßt, die Landwirte mit einer Getreideablieferung zu veranlagen.[187]

Normalisierung: Schule und Vereine ...

Die anfangs strengen Ausgangsbestimmungen wurden bald gelockert. Im Herbst 1945 wurde die Volksschule wieder geöffnet. Immer seltener befahl, mahnte oder rügte die Besatzungsmacht. Am 1.8.1946 hat die Militärregierung *die Ehre*, dem Bürgermeister mitzuteilen, sie erlaube die Gründung des *Männergesangverein Teningen*. Der *Sportverein Teningen* wird dagegen am 24.9.1946 aufgefordert, auf einer außerordentlichen Versammlung einen anderen Vorsitzenden zu wählen, *présentant toutes garanties au point de vue politique* (der in politischer Hinsicht alle Garantien biete), und den *Fragebogen* des Gewählten einzusenden. Mindestens bis 1948 war der Militärregierung - wohl zur Bestätigung - ein Verzeichnis mit den Namen der neugewählten Gemeinderäte vorzulegen.

... aber kein Fasnachtstreiben

Es wurde sogar wieder Unterhaltung angeboten. Im (seit?) Januar 1946 durfte die deutsche Zivilbevölkerung dienstags und mittwochs ins Kino. Dagegen waren öffentliche Bälle und nichtprivate deutsche Tanzveranstaltungen *den Deutschen beiderlei Geschlechts* auch noch im April 1946 *strengstens un-*

tersagt.[188]
1946 registrierte das Teninger Standesamt 16 Geburten, 15 Eheschließungen, 61 beurkundete Sterbefälle, davon 1 Kind, 2 Totgeburten und 32 Kriegssterbefälle; Anfang 1947 waren noch 85 Soldaten in Kriegsgefangenschaft, 98 vermißt; 104 waren gefallen.[189]
Vor dem Hintergrund von Leid und Not im ganzen Land wird verständlich, daß der Landrat am 22.1.1947 *alle Faschingsauf- und -umzüge, sowie jedes faschingsartige Auftreten von Personen auf öffentlichen Straßen und Plätzen* verbot.[190]

Aufbau der rechtsstaatlichen Demokratie

Um den Erfordernissen der neuen Zeit Rechnung zu tragen, ist der Gesamtgemeinderat am 9.6.1945 zurückgetreten, teilte Bürgermeister Heß am 11.6.1945 dem Landrat mit.[191]
Die rechtsstaatliche Demokratie wurde in Deutschland nach 1945 von unten her wiederaufgebaut. Im Oktober 1945 wurde in Teningen - noch nicht durch Wahl - ein Gemeinderatskomitee gebildet, dem jeweils sechs Mitglieder und Ersatzmitglieder angehörten. 1946 kam es erstmals seit 1933 wieder zu freien, geheimen und - sieht man davon ab, daß ehemals aktive Nationalsozialisten ausgeschlossen waren - gleichen Wahlen.

Wahlen in Teningen 1946	Gemeinderat 15.9.1946	Kreisversammlung 13.10.1946
Wahlberechtigt	1.347	1.347
Wahlbeteiligung	87,3%	69,6%
Ungültige Stimmen	27	23
Bad. Christl.-Soziale Volkspartei	487 (42,3%)	283 (30,9%)
Demokratische Partei		39 (4,3%)
Kommunistische Partei	147 (12,8%)	112 (12,2%)
Sozialistische Partei Badens	516 (44,9%)	481 (52,6%)

Die Badische Christlich-Soziale Volkspartei gewann drei, die Kommunistische Partei ein, die Sozialistische Partei Badens 4 Sitze im Gemeinderat. Zwei Parteien betonten ihren "badischen" Charakter; die Franzosen hatten in ihrer Zone den Bezug auf Deutschland - etwa in der Bezeichnung Sozialdemokratische Partei Deutschlands - verboten. Auffällig sind die hohe Wahlbeteiligung und die geringe Zahl ungültiger Stimmen (2% der Wahlberechtigten, 2,3% der abgegebenen Stimmen). Der Wahl fernzubleiben, war nicht opportun; aber leicht hätten ehemalige Nationalsozialisten im Schutze der Wahlkabine den Stimmzettel ungültig machen können.
Weitere Eigentümlichkeiten dieser Wahl scheinen wie ein gutes Vorzeichen auf die kommenden Jahrzehnte hinzuweisen: Im Gegensatz zur Zeit der Weimarer Republik konzentrierten sich die Stimmen seit 1946 auf wenige - in Teningen meist drei, seit dem Einzug der "Grünen" in die Parlamente vier - Parteien. Auffällig ist der hohe Stimmenanteil der BCSV; hatte im Kaiserreich und in der Weimarer Republik das Zentrum vornehmlich katholische Wähler angesprochen, so bemühte sich von vornherein die BCSV, wie andernorts ihre Schwesterpartei, die CDU, um Zusammenarbeit zwischen den Angehörigen der beiden großen Konfessionen im politischen Leben. Schon wenige Wochen später fiel die BCSV bei der Wahl zur Kreisversammlung zurück. Solche Schwankungen beweisen die Bedeutung angesehener Persönlichkeiten für den Ausgang von Wahlen auf lokaler und regionaler Ebene. Erhebliches Gewicht hatten bei Gemeindewahlen in der Nachkriegszeit auch Freie Wählervereinigungen, oft ein Zusammenschluß "bürgerlicher" gegen "linke" Kräfte. Bei der Wahl der Gemeinderäte am 14.11.1948 standen sich z.B. drei Listen gegenüber (in Klammern Anteil der Stimmen und Zahl der Mandate): Die Sozialdemokratische Partei (38,5% bzw. 3), die Kommunistische Partei (8,5% bzw. 0) und die Wählergruppe "Bürgerliste" (53% bzw. 5). Daß Teningen traditionell eine "rote Hochburg" war, wird bei den Gemeinderatswahlen 1946 und 1948 nicht deutlich; in den folgenden Jahrzehnten hat die SPD hier häufig mehr als die Hälfte der Stimmen gewonnen, wie auch schon bei der Wahl der Kreisversammlung 1946. Die Demokratische Partei bzw. Demokratische Volkspartei/Freie Demokratische Partei, im Südwesten des Reiches traditionell verwurzelt, kandidierte in Teningen, wie ein Vergleich der beiden ersten Wahlen

zeigt, nicht jedesmal. Extrem rechte und extrem linke Parteien, die in den letzten Jahren der Weimarer Republik den Reichstag lahmgelegt hatten, verloren seit 1949 zunehmend an Einfluß.

Die Wahlbeteiligung darf man als e i n Barometer für den Zustimmungsgrad zur parlamentarischen Demokratie werten. Bis heute sind in Teningen Wahlbeteiligungen von um die 80% nicht ungewöhnlich, ein Absinken auf 60-70% die Ausnahme (1946 bei der Wahl der Kreisversammlung, von deren Notwendigkeit man vielleicht nicht überzeugt war, 69,6%). Zustimmungsraten von über 90% verbuchten beliebte und bewährte Bürgermeister, die sich zur Wiederwahl stellten.[192]

Am 21.11.1946 führt der Bürgermeister die neugewählten Gemeinderäte in ihr Amt ein; die Verpflichtungserklärung betont die "Reichs-[!] und Landesverfassung" (so noch im Februar 1950), die Rechte der Gemeinde und das persönliche Gewissen.

Die Gemeinde muß bauen - und finanzieren

Auch ohne Flüchtlinge und Vertriebene herrschte in der französischen Besatzungszone Wohnungsnot. Schon während des Krieges hatte man Ausgebombte in "Behelfsheime" (Baracken, Nissenhütten u.ä. Behausungen) eingewiesen. Noch 1956 gab es in Teningen - neben 892 Wohnungen mit 852 Mehr- und 116 Einpersonenhaushaltungen in "Normalgebäuden" - 20 Wohnungen mit 20 Mehr- und 3 Einpersonenhaushaltungen in "Notwohngebäuden".

Seit der Währungsreform bauten Gemeinden, Länder und Bund fieberhaft preiswerte Wohnungen. Jahrelang schien es, als wäre die Wohnungsnot nicht einzudämmen. Die wiedererwachende Lebensfreude schlug sich in Eheschließungen und Geburten nieder. Kaum war eine Familie untergebracht, warteten schon wieder Spätheimkehrer oder Arbeitnehmer, die in der rasch expandierenden Teninger Industrie Beschäftigung fanden, oder junge Teninger auf ein passendes Heim.

Außer Wohnungen fehlten Kindergärten und Schulen, Kinderspielplätze und Sportstätten. In dem Maße, wie das Leben sich normalisierte und andernorts beim Aufbau Maßstäbe gesetzt wurden, spürte man in Teningen den Nachholbedarf: 1953 war erst etwa ein Drittel der Gemeinde an das Wasserleitungsnetz angeschlossen.[193] Große Sorgen bereitete lange Zeit die Kanalisation, denn einstweilen gab es nur Sickergruben und den Dorfbach. Dann waren Straßen und Gehwege und Brücken zu bauen, der Friedhof zu erweitern, und und ...

Aus der Sicht des Jahres 1988 wurde in den 50er und 60er Jahren billig gebaut; Grundstückspreise, Arbeitslöhne und Ansprüche der Bewohner unterschieden sich anfangs nicht von denen der 30er Jahre: Zentralheizung, Einbauküche, Bad mit fließend warmem und kaltem Wasser galten noch lange als Luxus. Eine bezeichnende Einzelheit: Als 1961 Pläne für die Brunnenriedsiedlung erläutert werden, heißt es, man wolle nicht "Notwohnungen" bauen, sondern solide Häuser mit Bad und WC.

Von 1950 bis Mitte 1967 wurden in Teningen 887 Wohnungen gebaut, davon in eigener Regie durch die Gemeinde 100 Sozialwohnungen. Obwohl die Bevölkerung noch wuchs, war die Wohnungs n o t Ende der 1960er Jahre behoben, wie auch Wohnungs a n g e b o t e im Gemeindeblatt zeigen.

Der Zuzug vieler Menschen und die lebhafte Bautätigkeit belasteten die Finanzen der Gemeinde. Auf Bürgerversammlungen und im Gemeindeblatt gab sie Rechenschaft über Einnahmen und Ausgaben und die Sorgen, die die Aufgaben ihr bereiteten. Folgende Projekte seien *in den nächsten Monaten* zu finanzieren, heißt es im Gemeindeblatt am 23.12.1958:

Wohnbauten mit etwa	DM 300.000,-
Kinderschule	220.000,-
Ausbau der Kanalisation	200.000,-
Straßeninstandsetzung und Neuherstellung, mindestens	100.000,-
Instandsetzung von Feldwegen	50.000,-
Neue Volksschule, mindestens	500.000,-
Ausbau der Gruppenkläranlage zwischen Köndringen und Riegel, Anteil der Gemeinde Teningen etwa	300.000,-

Ohne verlorene Zuschüsse gehe es nicht; immerhin habe man 65.000 Mark erhalten, nämlich für den 1956 erstellten Tief-

brunnen und den weiteren Ausbau der Wasserleitung vom
Regierungspräsidium DM 35.000,-
den weiteren Ausbau der Kanalisation
vom Bund 15.000,-
den gleichen Zweck vom Land 5.000,-
den neuen Sportplatz vom Südbadischen
Fußballverband 10.000,-

Ferner habe man feste Zusagen über weitere 30.000 Mark, und zwar 15.000 Mark vom Regierungspräsidium aus Toto-Mitteln für den neuen Sportplatz und weitere 15.000 Mark vom Land für die Kanalisation. Nur dank dieser Zuschüsse in Höhe von fast 100.000 Mark habe die Gemeinde ihren Haushalt ausgleichen können. Trotzdem stieg die Schuldenlast in dieser Zeit, von 467.550 DM Ende 1957 auf 680.647 DM Ende 1958. Bei derselben Gelegenheit erfährt man die wichtigsten Steuereinnahmen für das Rechnungsjahr 1956: Grundsteuer A (Landwirtschaft) 40.657 DM, Grundsteuer B (Sonstige) 44.402 DM und Gewerbesteuer 302.659 DM; Grund- und Gewerbesteuer zusammen entsprachen Anfang 1957 also etwa der Schuldenlast der Gemeinde.

Ergänzend sei die *Zusammenstellung über die Leistungen der Gemeinde* in den Jahren 1956-1960 erwähnt, eine eindrucksvolle Erfolgsbilanz:[194]

1. Wohnungsbau
   Bau eines Achtfamilienwohnhauses in der
   M. Lutherstraße 90.000,-
   Bau von zwei Sechsfamilienhäusern in der
   Neudorfstraße 270.000,-
2. Straßenbau
   Neubau und Asphaltierung von Haupt-,
   Weihermatten-, Scharnhorst-, Schiller-,
   Hindenburg-, Engel-, Elz-, Riegeler-,
   Kandel-, Goethe-, Freiburger-, Stein-
   und Rheinstraße 475.000,-
3. Kanalisation
   Brunnen-, Goethe-, Schiller-, Freiburger-,
   Richthofen-, Engel-, Scharnhorst-, Weihermatten-, Hindenburg-, Karl-, Breisacher-,
   Steinstraße und im gesamten Neubaugebiet
   "Untere Steinäcker" 510.000,-
4. Wasserleitung
   Mittlerweile ist das ganze Dorf einschließlich
   der Neubaugebiete angeschlossen, Kosten in
   den letzten 5 Jahren 150.000,-
5. Straßenbeleuchtung
   Erneuert und durch moderne Neon-Röhrenbeleuchtung ersetzt in der Emmendinger-,
   Neudorf-, Riegeler-, Goethe-, Engel-, Breisacher-, Haupt-, Mühlen-, Freiburger- und
   Kirchstraße 40.000,-
6. Brücken
   Goethebrücke 10.000,-
   Im Neubau befinden sich Elz- und Reetzenbachbrücke, Kostenaufwand 700.000,- DM;
   Kostenanteil der Gemeinde für die Gehwege
   vor und über die beiden Brücken etwa 50.000,-
7. Kinderschule
   Neubau für 150 Kinder, an der Hindenburgstraße 260.000,-
8. Volksschule
   Neubau mit 12 Klassenzimmern und Nebenräumen sowie einem Wohnhaus für den
   "Schuldiener", Gesamtkosten etwa 1.200.000,-
9. Sport- und Spielplätze
   Anteil der Gemeinde am neuen Sportplatz 70.000,-
10. Technische Anlagen, die dem Allgemeinwohl dienen: Bau einer Ortsrufanlage
    mit 170 Lautsprechern 40.000,-
11. Für die Feuerwehr
    1 fahrbares Trockenlöschgerät 4.000,-
    Montage einer Weckerlinie für den Motorzug 18.000,-
    Anschaffung eines Unimog-Universalfahrzeugs 16.000,-

Auf eine Summierung der Einzelposten verzichtete man; vielleicht wären die über 3,2 Millionen Mark den Bürgern wie Größenwahn erschienen. Immerhin war das, wie sich später zeigen sollte, nicht alles. Zum 1.4.1959 wurde die Einführung der *staubfreien Müllabfuhr* im Interesse der Sauberhaltung des Dorfes angekündigt.[195]

In einem Rückblick gibt die Gemeinde die Baukosten des *Teninger Kulturzentrums* bekannt[196] und betont, die genannten Zahlen schlössen alle Nebenkosten ein, auch Grunderwerb, Anliegerbeiträge, Architektenhonorare, Außenanlagen, Parkplätze, Inneneinrichtung der Schule (u.a. Bühnenausstattung und 1.200 Stühle sowie die dazugehörigen Tische), Geräte für die Turn- und Sporthalle usf. Daß die Ansprüche gestiegen waren, zeigen die beiläufige Erwähnung der Bühnenausstattung und der Hinweis, daß auch der Rohbau für die künftige Sauna in den Zahlen enthalten sei. Insgesamt wurden also folgende Vorhaben finanziert:

1. Johann-Peter-Hebel-Schule   DM 1.518.284,54
2. Turn- und Sporthalle   1.616.386,90
3. Stadion-Gaststätte einschl. Pächterwohnung   255.275,15
4. Friedrich-Meyer-Stadion einschl. Hartplatz
    und Umkleidegebäude   242.861,15

Gesamtkosten des Kulturzentrums   3.632.807,74
Davon am 1.1.1964 bezahlt   2.605.982,74
Bleiben Schulden   1.026.825,00

Rückblickend heißt es, die Gemeinde hätte sich *heute und wohl auch mit Sicherheit in den nächsten 20 Jahren* nicht mehr eine so großzüge Lösung für das Kulturzentrum leisten können; die Baukosten seien seit 1959 um mindestens 40% gestiegen, die Einnahmen der Gemeinde aber fast konstant geblieben, pro Kopf der Bevölkerung hätten sie sogar abgenommen.

Bauvorhaben mit gelenkter Selbsthilfe
im Gewann Brunnenried

Unter dieser Überschrift weist das Gemeindeblatt vom 9.2. 1961, aus dem soeben zitiert wurde, auf ein Projekt hin, das als Beispiel für das gelungene Zusammenwirken von Wohnungsuchenden, Gemeinde und einem Bauträger genauer betrachtet sei.[197]

In den 1960er Jahren, vor dem sogenannten "Pillenknick", wurden in Deutschland viele Kinder geboren, 1961 in Teningen 80 (bei nur 29 Sterbefällen). In diesem Jahr wurde ein Projekt bekanntgegeben, das junge Familien in beengten Wohnverhältnissen wohl reizen konnte: Eigenheime sollten für 38.000 bis 46.000 DM erstellt werden (später ist von 48.500 DM die Rede); darin enthalten war die geforderte Eigenleistung im Werte von 7.000 Mark, entsprechend 2.000 Arbeitsstunden zu 3,50 DM. Siedlungswillige mußten etwa 20% der Bausumme als Eigenkapital nachweisen. Die Häuser sollten im allgemeinen vier bis fünf Wohnräume enthalten, bei etwa 90 bis 100 qm Wohnfläche und einem durchschnittlich 450 qm großen Grundstück. Die Gemeinde wollte die Bauplätze aus Gemeindeeigentum für 7,50 DM/qm (einschließlich der Vermessungskosten) abgeben und einen erheblichen Teil der Erschließungskosten übernehmen.

Über die Verteilung der Häuser würde n a c h Fertigstellung das Los entscheiden; erst dann sollte man auf eigenem Grund und Boden werken können; beim Bauen wußte also niemand, welches Haus ihm zufallen würde. Die "gelenkte Selbsthilfe", von der eingangs die Rede war, sah folgendermaßen aus: Ein auf Dauer der Baustelle zugeteilter Lehrbauführer, im allgemeinen ein Maurerpolier, sollte die plangemäße und handwerkliche Ausführung der Arbeiten überwachen, die Siedler - die Schaufel, Pickel und anderes Gerät zu stellen hatten - einweisen und bei Schwierigkeiten selbst mit Hand anlegen.

Am 15.11.1961, einem Samstag, fanden sich 18 Siedlungswillige ein. Bedenken und Spott mochten ihre Wirkung getan haben: 400 Meter außerhalb des Ortskerns?! Das engmaschige Netz von Buslinien gab es noch nicht; wer konnte sich schon ein Auto leisten? Und der hohe Grundwasserstand! Kritiker

Gewann Weihermatten im Jahre 1955 (GAT B 68/88).

Wohnhäuser des ev. Hilfswerkes erbaut 1955 (GAT B 277a/88).

GEWAG-Siedlung, Richtfest Sommer 1963 (GAT B 252/88).

hatten gelästert: *Streichholzschachteln, Hühnerställe* ... Trotzdem erhöhte sich die Zahl der Siedler nach und nach.
Zweieinhalb Jahre später standen 45 Häuser in drei verschiedenen Ausführungen. Jeder hatte jedem geholfen. Die Ausschachtungs- und Maurerarbeiten waren in Eigenleistung erfolgt, ohne Baukran! Arbeitserleichterungen, wie wir sie heute für selbstverständlich halten - man denke an die vielen Heimwerkermaschinen - gab es noch nicht, oder man konnte sie sich schlicht nicht leisten. 25 Siedler hatten sich zweieinhalb Jahre lang nach Feierabend, an Wochenenden und während der Urlaubszeit abgerackert. Die meisten hatten, um die geforderten 2.000 Arbeitsstunden zusammenzubringen, Freunde und Verwandte um Hilfe bitten müssen.
Jahre später, als die finanziellen Belastungen überschaubar wurden, als Löhne und Gehälter stiegen und der Anteil für Zins und Tilgung an den Gesamtausgaben der einzelnen Siedler sank, wurden Terrassen und Garagen an- und wohl auch das Dach ausgebaut - vielleicht als Altenteil für den Bauherren, der sich heute hierhin zurückgezogen haben mag, während Sohn oder Tochter mit einer jungen Familie das Erdgeschoß bewohnen.
Im Sommer 1979 zählte die Brunnenriedsiedlung 107 Mitglieder; zu dieser Zeit war noch kein Siedlerhaus verkauft - ein Zeichen für die Zufriedenheit der Bewohner, unter ihnen manche Zugezogene, z.B. aus der DDR. Das vertrauensvolle Miteinander, das sich während der Bauzeit eingespielt hatte, mündete in eine rege Vereinstätigkeit ein; gute Nachbarschaftshilfe und gemeinsame Aktivitäten zeugen von einem gelungenen Werk - was man nicht von allen Siedlungen behaupten kann, die in den 1960er Jahren außerhalb bestehender Ortskerne gebaut worden sind.
Wer heute durch die Brunnenriedsiedlung geht, sieht sich in ein Villenviertel versetzt mit liebevoll gepflegten Gärten, abwechslungsreich angelegten Eingängen, mit munter spielenden Kindern und zufriedenen Menschen. Die Siedlung hat im Laufe der Jahre zahlreiche Auszeichnungen auf Landes- und Bundesebene für vorbildliches Bauen und Gestalten erhalten; im September 1970 widmete das Fernsehen ihr eine Sendung. Die Anerkennungen zeigen, daß Kinder und Enkel das Erbe der Bauwilligen aus dem Anfang der 1960er Jahre angenommen und gestaltet haben.

Strukturveränderungen in der Nachkriegszeit

Die Pflugschar im Wappen der Gemeinde weist in die Zeit, da die Landwirtschaft die Lebensgrundlage Teningens bildete. Zwar versammeln sich im Frühjahr Bürgermeister, Verwaltungsfachleute und interessierte Landwirte zu einer Flurbegehung; an Ort und Stelle (und bei dem anschließenden Vesper im Hause eines der Landwirte!) werden notwendige Arbeiten besprochen, damit Probleme gar nicht erst aufkommen. Doch insgesamt haben Heimbach und Köndringen, Nimburg und Teningen ihren landwirtschaftlichen Charakter mehr und mehr verloren, was sich auch darin zeigt, daß im Gemeindeblatt seltener als früher von der Landwirtschaft die Rede ist. Ab und an noch werden die Ergebnisse von Erhebungen veröffentlicht, die das statistische Landesamt durchführt: Größe der Betriebe, Vieh- und Obstbaumbestände, Bodennutzung usf.

Vom Nahrungsmangel zur Überernährung

An Unterernährung litten viele Menschen nach dem Zweiten Weltkrieg; Über- und/oder Fehlernährung plagt viele Menschen heute. Bauern wie Politiker sorgen sich um landwirtschaftliche Überschüsse. Bei landwirtschaftlichen Erzeugnissen hatte Deutschland 1982 einen Selbstversorgungsgrad von 85-88% erreicht - dank großer Futtermitteleinfuhren, ohne die man aber auch auf 72-73% kam.[198]
Trotz Flurbereinigung und Abwanderung von Arbeitskräften in die Industrie gibt es immer noch zahlreiche kleine Betriebe, wie am Beispiel Köndringens aufgezeigt sei.[199]

Betriebsgrößenstruktur ab 0,5 ha landwirtschaftlich genutzter Fläche, Köndringen 1975

Land- und forstwirtschaftliche Betriebe

Größe	Zahl	Landwirtschaftlich genutzte Fläche
0,5 - unter 2 ha	80	85,32 ha
2 - unter 5 ha	57	184,54 ha
5 - unter 10 ha	18	122,63 ha
10 - unter 20 ha	7	90,18 ha
20 - unter 30 ha	1	26,06 ha
Insgesamt	163	508,73 ha

Die geringere Bedeutung der Landwirtschaft wird auch an der Zahl der in den einzelnen Wirtschaftsbereichen Tätigen deutlich, wie einmal mehr das Beispiel Köndringens im Jahr 1975 zeigen mag. Hier gab es 1960 (in Klammern die Zahlen für 1975) noch 54 (24) land- und forstwirtschaftliche Haupt- und 251 (139) land- und forstwirtschaftliche Nebenerwerbsbetriebe. Die Gliederung der Bevölkerung ist in folgender Tabelle umgesetzt.

Wohnbevölkerung Köndringens nach Beschäftigungsgruppen

	1950	1960	1975
Land- und Forstwirtschaft	579	478	370
Industrie und Handwerk	699	1.272	1.560
Handel und Verkehr	173	40	70
Öffentliche u. private Dienste	152	120	140
Sonstige	160	100	115
Insgesamt	1.763	2.010	2.255

Waren 1950 noch 32,8% der Beschäftigten in der Landwirtschaft tätig, so 1975 nur noch 16,4%. Wahrscheinlich hat der rückläufige Trend sich seitdem fortgesetzt. Demgegenüber stieg die Zahl der in Industrie und Handwerk Arbeitenden auf mehr als das Doppelte an, entsprechend fast 70%.
Weitere Veränderungen gegenüber der Zeit vor 100 bzw. 50 Jahren seien skizziert: Die Sonderkulturen Hanf und Tabak wurden aufgegeben zugunsten des Anbaus von Futterfrüchten (Rüben und Mais). Damit ist auf die Viehzucht verwiesen: Die Zahl der Pferde, Ziegen, Schafe, Gänse, auch der Bienenvölker ist erheblich zurückgegangen; dafür werden mehr Schweine gezüchtet - entsprechend dem höheren Wohlstand im Lande, der sich auch in einem zunehmenden Verbrauch von tierischem Eiweiß niederschlägt.

Aussiedlerhöfe und Rebumlegung

In den vergangenen Jahrzehnten wurden auch in Teningen Aussiedlerhöfe gegründet, doch haben sie die in sie gesetzten Hoffnungen offensichtlich nur zum Teil erfüllt. Die Nachteile - Verbrauch wertvollen Ackerbodens, hohe Kosten, Isolierung von der Dorfgemeinschaft (worunter vor allem Frauen und Kinder leiden) - wiegen nach Meinung mancher Beobachter schwerer als die Vorteile: Nähe zu den Feldern, mehr Platz als in der Enge des alten Dorfes für den wachsenden Maschinenpark, für Scheunen und Futtersilos. Denn dank der Motorisierung ist der Landwirt vom Dorfkern aus schnell aufs Feld gefahren; in Zusammenarbeit mit Architekt und landwirtschaftlichem Berater wurde mancher "alte" Hof im Dorfkern so weit modernisiert, daß er seinen Aufgaben weiterhin gewachsen ist.
Es ist noch nicht lange her, da wollte man durch Flurbereinigung, Rodung von Büschen und Hecken usf. große Flächen zum rationellen Einsatz landwirtschaftlicher Maschinen schaffen. Noch 1965 winkten Staatsbeihilfen für die Flächenrodung von *unwirtschaftlichen* Streuobstbeständen. Mittlerweile weiß man, daß kurzatmige wirtschaftliche Erwägungen der Vielschichtigkeit der Probleme nicht gerecht werden. Im Anschluß an die Flurbegehung drückte die Gemeindeverwaltung 1983 den Wunsch aus, *daß auf Restgrundstücken, an Wegen und Uferböschungen wieder Bäume und Hecken einheimischer Obstsorten gepflanzt werden, damit die Kulturlandschaft nicht ganz verödet und ein gewisser Bestand an freilebenden Tieren und Pflanzen erhalten bleibt.* Das in diesen Worten zum Ausdruck kommende Umweltbewußtsein - eine Wortneuschöpfung der 1980er (?) Jahre - hat sich seitdem noch geschärft. 1987

förderte die Gemeinde die Anpflanzung von Hochstamm-Obstbäumen mit Zuschüssen: Pro Baum 25 DM, pro Familie und Jahr maximal 125 DM.[200]

Im Zuge des allerorts propagierten Anbaus ertragstarker Sonderkulturen wandte man sich in Köndringen, Heimbach und Nimburg wieder verstärkt dem Weinbau zu, zumal die Reblaus keine Gefahr mehr bedeutete. Waren in Köndringen 1950 nur 38 ha mit Reben bestanden, so 1960 schon 70 und 1977 gar 100 ha. Nach der von Bund und Land geförderten Flurbereinigung konnte der Winzer auf den neugeschaffenen großen Flächen arbeitserleichternde Maschinen einsetzen. Daß die Natur aber nur bedingt "machbar" ist, erfuhren die Menschen nach langdauernden Regenfällen, z.B. am 23. und 24. Mai 1978.[201] Im Rebumlegungsgebiet Köndringen/Mundingen und in Heimbach kam es zu schweren Erosionen, kilometerweit rutschten Raine ab, Tausende von Kubikmetern wertvollen Bodens wurden abgeschwemmt; Feldwege und Brücken wurden unterspült, so daß sogar Straßenbaumaßnahmen nötig wurden. Später zeigten sich Absenkungen und Risse auch an solchen Böschungen, die man zunächst für unversehrt gehalten hatte. Bei dieser Gelegenheit bewährte sich das Köndringer Rückhaltebecken.

Jede Medaille hat zwei Seiten: Auf der einen stehen die unerwarteten Folgen großflächiger Eingriffe des Menschen in die Landschaft, auf der anderen die Erfolge: Seit Mitte der 50er Jahre wurden Ausbau und Vermarktung des Weins verbessert; 1954 wurde die Winzergenossenschaft Köndringen gegründet, die im Jubiläumsjahr 1979 ein Einzugsgebiet von 111,5 ha mit folgenden Reben bepflanzt hatte: Müller Thurgau 50, Ruländer 32, Spätburgunder 18,5, Gewürztraminer 3,6, Riesling 3,4, Rabaner 1,7, Muskat-Otonell 0,7 ha. Das ständige Mühen um Qualitätsverbesserung fand seit 1963 in zahlreichen Auszeichnungen verdiente Anerkennung.

Expandierende Industrie

Stolz meldet das Gemeindeblatt Weihnachten 1957, in Teningen seien z.Zt. etwa 2.400 Arbeitnehmer beschäftigt, von denen 1.245 auswärts wohnten. Mit einem weinenden Auge verweist man auf den Steuerausgleich: Teningen habe 1957 über 90.000 DM an die Heimatgemeinden der sogenannten Pendler überwiesen. Der schnelle Aufbau - in diesen Jahren blickten die Deutschen wohlgefällig, Ausländer gelegentlich mißgünstig auf das "Wirtschaftswunder" - war zehn Jahre früher nicht vorauszusehen.

Nach ihrem Einmarsch hatten die Franzosen die Tscheulinwerke besetzt, 1946/47 wurden die Einrichtungen demontiert und in die USA transportiert. 1949 begann der Wiederaufbau, 1950 liefen die Maschinen an; Mitte 1951 räumte die Besatzungsmacht das Hauptwerk; daraufhin wurde hier im Spätsommer 1951 ein neues Tuben-, Kapsel- und Walzwerk eingerichtet. Nicht einmal vier Jahre später war der Stand der Vorkriegsproduktion erreicht und ein neues Werk auf Gemarkung Köndringen gebaut. 1979 erwirtschaftete der Betrieb mit etwa 830 Beschäftigten erstmals mehr als 100 Mio DM. Bemerkenswerte Erfolge, wenn man bedenkt, daß die Eigentümer Ingold und Tscheulin nach 1945 jahrelang inhaftiert waren und mit dem Tod des Firmengründers 1951 - Emil Tscheulin war u.a. Ehrensenator der Universität Freiburg und Förderer Teninger Vereine - die Nachfolge zu regeln war. Für die sich abzeichnende Expansion mußte Kapital beschafft werden, das mit der Aufnahme von F. Meyer von 1 Mio auf 4,39 Mio DM und später auf 4,5 Mio erhöht wurde.[202]

Auch die FRAKO, Kondensatoren- und Apparatebau GmbH (so die Bezeichnung seit 1947) wurde 1945 von der französischen Besatzungsmacht besetzt und konnte bis 1947 nur kleine Aufträge ausführen. Seit 1948, dem Jahr der Währungsreform, wurde die Produktion in allen Produktbereichen ausgeweitet. Die breite Palette der Erzeugnisse - unterschiedlichste Kondensatoren, Gleichrichter und zahlreiche Spezialgeräte - spiegelt die stürmische Entwicklung in der Elektro- und Elektronikindustrie. Arbeitskräftemangel und gute Auftragslage führten zur Gründung von Zweigwerken in einem Umkreis von etwa 20 km: Wagenstadt (1963), Rheinhausen (1965), Ihringen (1966), Sasbach (1970), Sexau (1973). Während sich die Zahl der Mitarbeiter von 1949 bis 1968 mehr als vervierfachte (auf über 1.000), verzehnfachte sich der Umsatz auf fast 35 Mio DM. 1978, im Jahr ihres fünfzigjährigen Jubiläums, erzielte die FRAKO mit 1.260 Mitarbeitern einen Umsatz von 90 Mio DM. Rückblickend erklärt die Firmenleitung diesen Erfolg mit der Kombination hoher technischer Leistungsfähigkeit, rationeller Produktion und zielstrebiger Umsetzung am Markt. Ständig habe man die Arbeitsabläufe rationalisiert, die Fertigung automatisiert und Produktivitätserhöhungen an den Kunden weitergegeben. Die FRAKO nimmt für sich ferner in Anspruch, soziale Leistungen schon zu einer Zeit erbracht zu haben, als diese *noch nicht üblich oder vorgeschrieben waren*: Arbeitsmedizinische Betreuung seit 1948, Jahresvergütungen für alle Mitarbeiter und betriebliche Altersversorgung seit 1950. Als selbstverständlich gelten mittlerweile innerbetriebliche Berufsausbildung, Betriebssportanlagen, Betriebsverpflegung usw.[203]

Erfolge wie die der FRAKO und der Tscheulinwerke waren nicht möglich ohne Rahmenbedingungen, die hier nur skizziert werden können. Günstige Konjunktur und Verkehrslage: Teningen lag immer noch in Grenznähe, aber diese Grenze verlor zunehmend an Bedeutung; was zu Zeiten, als Deutschland und Frankreich sich hochgerüstet gegenüberstanden, ein Nachteil gewesen war, erwies sich nach Abschluß der die Europäische Gemeinschaft begründenden Verträge als Vorteil: Nähe zum französischen und italienischen Markt.

"Pendler" und Gastarbeiter

Die expandierende Industrie saugte auswärtige Arbeitnehmer an. Der Ausbau der Verkehrswege und die starke Motorisierung begünstigten die Anfahrt zur Arbeitsstätte über weitere Entfernungen. Ohne die bei der französischen 603. Magazin-Kompanie beschäftigten deutschen Arbeitnehmer waren Ende 1961 in Teningen über 2.700 Arbeitskräfte beschäftigt, von denen 1.554 auswärts wohnten. Diese verteilten sich auf folgende Gemeinden (in Klammern die Zahlen für 1966): Köndringen 354 (316), Emmendingen 203 (185), Malterdingen 121 (120), Nimburg 115 (86), Bahlingen 114 (86), Kenzingen 96 (63), Mundingen 78 (99), Heimbach 60 (46), Riegel 56 (37); aus weiteren 40 (32) Orten kamen insgesamt weniger als 50 (34) Arbeitnehmer. Andererseits arbeiteten zahlreiche Teninger als Auspendler in anderen Gemeinden, am 20.9.1966 z.B. 759.204. Wenn die Zahl der Einpendler zurückgegangen ist, dann auch deshalb, weil deren Heimatgemeinden Gewerbe und Industrie angesiedelt haben; nicht nur in den Tochterunternehmen der FRAKO lockten attraktive Arbeitsplätze.

In den 1960er Jahren galt der Arbeitsmarkt als "leergefegt"; ausländische Arbeitnehmer strömten nach Deutschland. Ende 1961 zählte man in Teningen 3.797 Einwohner, davon 117 Ausländer; von diesen kamen 59 aus Italien, 27 aus Jugoslawien, 10 aus Frankreich (ohne Militär und Angehörige), 8 aus der Schweiz, 4 aus Österreich, je 2 aus Spanien und Polen, je 1 aus Belgien, den Niederlanden und Ungarn. An Schwierigkeiten infolge einer Konjunkturabschwächung dachte man einstweilen nicht; die "Gastarbeiter", wie man zu sagen pflegte (heute spricht man oft von "ausländischen Mitbürgern") zahlten Steuern und Sozialabgaben, kauften die heimischen Produkte - sie waren willkommen.

Motorisierung und Mobilität

Seit der Währungsreform rollten eine "Freßwelle", eine Kleidungs-, eine Wohnungs-, eine Reise- und nicht zuletzt eine Motorisierungswelle über Deutschland hinweg. Anfang der 50er Jahre warb die Industrie für Fahrradhilfsmotoren, mit denen man auch gegen den Wind voran kam. Wer es sich leisten konnte, stieg auf ein Motorrad, einen der neuentwickelten Motorroller, später vielleicht gar auf ein Auto um: In den 50er und 60er Jahren beherrschte der Volkswagen-"Käfer" das Straßenbild.

Am 1.1.1960 waren in Teningen zugelassen 242 Personenkraft- und 26 Lastkraftwagen, 40 Zugmaschinen, 141 Krafträder und 42 "sonstige Kraftfahrzeuge". Im Laufe der Jahre wurde die Kraftfahrzeugdichte immer größer; Mitte 1987 kamen im Bundesgebiet auf 1.000 Einwohner etwa 460 Personenwagen.[205] Das Kraftfahrzeug dient(e) der Bequemlichkeit und - als Statussymbol - der Selbstdarstellung.

Die Straßen wurden ausgebaut, begradigt, neue Straßen und Brücken gebaut. Zeitweilig galt die "autogerechte Stadt", der der Mensch sich unterzuordnen hätte, als Ideal, dem auch ländliche Gemeinden meinten nacheifern zu müssen. In Teningen verdolte man 1967 für 200.000 Mark den Dorfbach unterhalb der "Krone", um Platz für den Verkehr zu schaffen.[206] Unter Verzicht auf *kostspielige Feierlichkeiten* wurde Anfang September 1961 die neue Teninger Elzbrücke dem Verkehr übergeben; dem Abbruch der alten Brücke sahen viele alte Einwohner *mit einem lachenden und einem weinenden Auge zu, denn mit dieser Brücke war doch ein Teil der Dorfgeschichte der letzten Jahrzehnte eng verbunden. Hoffen wir, daß die neue Brücke nur von friedlichen Tagen zu berichten weiß.*[207] Seit 1924 projektiert, seit den 30er Jahren geplant und gebaut, wurde die Autobahn Hamburg-Frankfurt-Basel am 22. Juli 1962 fertiggestellt; Teningen bekam eine eigene Anschlußstelle.

Die vielgefeierten Errungenschaften hatten auch handfeste Nachteile: Am Mittwoch, den 15.10.1975 zählte man in Teningen von 6 bis 20 Uhr auf der Landstraße 114 insgesamt 127 Fahrräder und 4.622 Kraftfahrzeuge, auf der Hindenburgstraße 176 Fußgänger, 473 Fahrräder und 574 Kraftfahrzeuge.[208] Seit mindestens 1978 ist eine neue Trasse für die Bundesstraße 3 im Gespräch, um den Anwohnern in Köndringen Gefahren, Lärm und Gestank zu ersparen. Jede Lösung birgt Nachteile: Wertvolles Land geht verloren; erfreut der eine sich nun der ersehnten Ruhe, so wird der andere plötzlich vom Verkehrslärm heimgesucht; zu schweigen von den Kosten: 1978 rechnete man für drei Varianten mit 15 bis 46 Mio DM.[209]

Gelegentlich veröffentlicht das Gemeindeblatt Auszüge aus dem Jahresbericht des Polizeikommissariates Emmendingen, z.B. 1977: 2.156 Verkehrsunfälle, 962 Verletzte, 36 Tote, 361 Fälle von Unfallflucht, 191 Fälle von Fahrern unter Alkoholeinfluß, 375 entnommene Blutproben, 260 beschlagnahmte Führerscheine ..., oder die "Bilanz" für 1980: Heimbach 4, Köndringen 24, Nimburg 13, Teningen 85 Unfälle - mit insgesamt 16 Schwer-, 31 Leichtverletzten und etwa 335.000 DM Sachschaden. Die meisten Unfälle ereigneten sich in Teningen am Kronenplatz (11), in Köndringen an der nördlichen Ortseinfahrt (6).[210]

Kinder und Zweiradfahrer wurden - als besonders gefährdete Gruppen - wiederholt auch im Gemeindeblatt der Aufmerksamkeit der übrigen Verkehrsteilnehmer empfohlen. Bezeichnend sind folgende Sätze: *Man mag zum Motorrad als Verkehrsmittel stehen, wie man will - es bleibt die Tatsache: Auch auf diesen Zweirädern sitzt ein Mensch. Und der hat keinen Sicherheitsgurt, keine Knautschzone und kein schützendes Gehäuse um sich. Lassen wir ihm also ausreichenden Lebensraum!*[211]

Mit dem Verkehr und der Kraftfahrzeugdichte wuchs die Empfindlichkeit der Menschen für Nachteile der Motorisierung - was nicht heißt, daß Kritiker auch bereit wären, auf die Annehmlichkeiten der Motorisierung zu verzichten. Die Gemeindeverwaltung unterstützt das Streben weiter Bevölkerungskreise nach anderen (oft sagt man: alternativen), gesunden Formen der Fortbewegung: Im Frühjahr 1988 wurde ein *Historischer Rad- und Wanderweg zwischen Schwarzwald und Kaiserstuhl* eröffnet; dieser soll die Bevölkerung zu *sportlicher Betätigung anregen und ihr die Möglichkeit geben, charakteristische Bauwerke der Gemeinde kennenzulernen.*[212]

Wer gibt schon gern seine Selbständigkeit auf?

Wie erst jetzt bekannt wurde, beabsichtigt die Kreisstadt Emmendingen, im Zuge der allgemeinen Sparmaßnahme eine Eingemeindung von Teningen, um den für einen Hallenneubau vorgesehenen Betrag anderweitig verwenden zu können.[213] Der Aprilscherz 1967 verrät ein gespanntes Verhältnis zu dem großen Nachbarn, dessen Expansionsgelüste man kennengelernt hatte.

Wenige Jahre später erzwang die Landesregierung eine Verwaltungsreform, die Einsparungen und Rationalisierung bringen sollte. Kleinere Gemeinden mußten in Städten aufgehen oder sich mit Nachbargemeinden zusammenschließen. Nach zahllosen Versammlungen und leidenschaftlichen Auseinandersetzungen lehnte der Teninger Gemeinderat am 26.2.1972 die Eingliederung in die Stadt Emmendingen mit 10:7 Stimmen ab. Einen Tag später Bürgeranhörung: Beteiligung 80%, 1.036 Ja-, 1.944 (65,2%) Nein-Stimmen. Bürgermeister Schmidt, der sich für den Zusammenschluß mit Emmendingen eingesetzt

hatte, erklärte am 21.7.1972 seinen Rücktritt.
Inzwischen hatten sich am 12.3.1972 die Nachbargemeinden ähnlich gegen Emmendingen entschieden: Heimbach 146 Ja, 285 Nein; Köndringen 334 Ja, 646 Nein; Mundingen 231 Ja, 461 Nein; Nimburg 65 Ja, 521 Nein.[214] Nach weiteren Überlegungen schlug der Teninger Gemeinderat am 3. April 1973 die Bildung eines Teilverwaltungsraumes Teningen unter Eingliederung der Gemeinden Köndringen, Nimburg und Heimbach (letztere mit Ortschaftsverfassung) vor. Das Angebot wurde u.a. mit Verflechtungen begründet, wie familiäre Bande, Schule, Industrie und Vereine sie zwischen den vier Gemeinden hätten entstehen lassen. Nach weiteren Verhandlungen unterzeichneten schließlich am 14. Januar 1974 die Bürgermeister von Heimbach, Köndringen, Nimburg und Teningen im Beisein der Mehrzahl der Gemeinderäte der vier Gemeinden und einer interessierten Öffentlichkeit feierlich im Bürgersaal des Rathauses von Teningen den Vertrag, der den Zusammenschluß ihrer Gemeinden besiegelte. Offen gab Bürgermeister Bolz, Teningen, in seiner Begrüßungsansprache zu verstehen, daß es sich weniger um eine Liebesheirat als um eine Mußehe handele. Die Gemeindereform habe keine andere Wahl gelassen; immerhin bewahre diese Lösung den vier Gemeinden mit ihrer gesunden Struktur ein großes Maß an Eigenständigkeit. Aus den Worten der Bürgermeister von Heimbach und Nimburg sprach Wehmut über den Verlust der Selbständigkeit; Bürgermeister Höfflin von Köndringen charakterisierte die Entscheidung als härteste in der fast 1000jährigen Geschichte seiner Gemeinde. Solche Worte wurden gemildert durch Bekundungen der Hoffnung auf ein gutes Zusammenwachsen und ein vertrauensvolles Miteinander im Dienste der Bürger.[215]
Die Gemeinden hielten nun Rückschau auf das in der Vergangenheit geleistete Werk, z.B. in dem ausführlichen Verwaltungs- und Rechenschaftsbericht, den das Bürgermeisteramt Nimburg für die Jahre 1968-1974 vorlegte: Bevölkerungsentwicklung und Gewerbeansiedlung, Bau von Kindergarten und Schule, Rebflurbereinigung und Gründung einer Winzergenossenschaft, Vereinsleben und Sportstätten ... Die Gemeinden gaben sich und ihren Bürgern auch Rechenschaft über die "Mitgift", die sie in die "Ehe" eingebracht hatten:[216]

Vermögen der vier Gemeinden beim Zusammenschluß 1975, in Mio DM

	Heimbach	Köndringen	Nimburg	Teningen
Reinvermögen	2,8	7,9	5,6	20,12
Rücklagen	0,0	0,6	0,7	2,5
Schulden	0,4	1,2	1,0	5,3

Nach dem Zusammenschluß verfügte die Gemeinde über folgenden Personalbestand: 18 Beamte (+3 Anwärter), 25 Angestellte (+ 6 Lehrlinge), 61 Gemeindearbeiter, etwa 49 Teilzeitbeschäftigte (Putzfrauen u.a.).[217]
Wer als Außenstehender mit Einwohnern der vier Ortsteile spricht und auf die vergangenen Jahre blickt, mag den Eindruck gewinnen, daß der Zusammenschluß viele Hoffnungen erfüllt hat, die man mit dem Vertragswerk verbunden hatte, und nur wenige Narben, noch weniger offene Wunden hinterlassen hat. Dieser Erfolg könnte sich auch mit gleitenden Übergängen an der Gemeindespitze erklären. Bürgermeister Bolz führte die Gesamtgemeinde bis 1980; seit der Vereinigung stand ihm als 1. Stellvertreter der ehemalige Bürgermeister von Nimburg, Hermann Jäger, zur Seite. Jäger arbeitete sich auf diese Weise in die Aufgaben der Gesamtgemeinde ein. Deren Wählerinnen und Wähler schenkten ihm bei der Bürgermeisterwahl 1980 ihr Vertrauen. Bei der Bürgermeisterwahl 1987 wurde Jäger mit 91,9% der gültigen Stimmen wiedergewählt.[218]

Wahlen 1984 und 1987
(mit einer Ergänzung zur Europawahl 1989)

Es würde den Rahmen der Chronik sprengen, wollte man die Ergebnisse aller Wahlen seit Anfang der 1950er Jahre oder seit der Gemeindereform wiedergeben und kommentieren. Als Beispiel für politisches Verhalten seien vielmehr jüngste Wahlergebnisse gebracht; die absoluten Zahlen wurden im Interesse der Vergleichbarkeit in Prozentwerte umgerechnet.[218]

Wahlen zum Gemeinderat, 28.10.1984,
Wahlbeteiligung 62,1%; in v.H.

	CDU	SPD	FWV	Grüne	Alternative
Heimbach	42,8	33,3	10,7	13,2	-
Köndringen	34,9	32,1	28,7	4,4	-
Nimburg	27,0	36,3	31,8	5,0	-
Teningen	23,9	30,7	34,5	7,5	3,4
Insgesamt	28,1	32,0	31,1	6,9	2,0
Mandate	8	10	9	2	0

Ortschaftsrat

	CDU	SPD	FWV
Heimbach	55,0	39,3	5,6
Mandate	5	3	0

Wahlen zum Gemeinderat, 22.10.1989
Wahlbeteiligung 61,8 %; in v.H.

	CDU	SPD	FWV	Grüne	FDP
Heimbach	39,7	27,5	23,1	7,9	1,8
Köndringen	24,6	28,6	34,8	7,9	4,2
Landeck	19,2	40,2	30,1	8,5	2,0
Nimburg	19,0	33,9	32,7	10,4	4,0
Teningen	20,4	33,5	33,7	8,4	4,0
Insgesamt	23,5	31,9	31,9	8,7	4,0
Mandate	7	10	9	2	1

Ortschaftsrat (Wahlbeteiligung 72,6 %)

	CDU	SPD	FWV
Heimbach	42,6	34,5	22,9
Mandate	3	3	2

Wahlen zum Bundestag, 25.1.1987 (Zweitstimmen; in v.H.)

	CDU	SPD	FDP/DVP	Grüne	Sonst.	Wahlbet.
Heimbach	45,1	33,9	9,0	10,2	1,9	82,2
Köndringen	37,0	42,9	7,9	10,2	2,0	75,0
Nimburg	36,3	39,5	11,7	10,1	2,4	75,7
Teningen	30,9	45,5	10,6	10,6	2,3	76,2
Briefwahl	34,6	29,6	13,8	18,8	3,3	
Insgesamt	34,4	42,0	10,3	10,9	2,3	81,4
Zum Vergleich:						
Kreis EM	43,0	32,8	11,4	11,0	1,9	82,5
Baden-W.	46,7	29,3	12,0	10,0	2,0	83,1
BRD	44,3	37,0	9,1	8,3	1,3	84,4

Zu den derzeit (1988) vier Parteien - CDU, SPD, FDP/DVP und Grüne - kommen bei Gemeindewahlen häufig Freie Wählervereinigungen. Sofern diese nicht einer der beiden großen Parteien nahestehen, können sie Ausdruck des Wunsches sein, die Gemeindepolitik vom "Parteiengezänk" freizuhalten. Die großen Parteien umwerben die Wähler der "Mitte"; rechts- und linksextremistische Parteien gewinnen derzeit nur wenige Stimmen. Die Wahlbeteiligung schwankt zwischen 62 und 81%. Konfession und Stand prägen das Wählerverhalten weniger als in früheren Jahrzehnten: Im mehrheitlich katholischen Heimbach, in der Vergangenheit eine Hochburg der CDU (bzw. des Zentrums), beträgt der Abstand zur SPD manchmal schon weniger als zehn Prozentpunkte. Vergleichbare Stimmenrückgänge hat die SPD gelegentlich in der ehemals "roten Hochburg" Teningen zu verzeichnen; die Bindung von Arbeitern und Angestellten an die Sozialdemokratie hat sich gelockert. Das unterschiedliche Abschneiden der Parteien und der Freien Wählervereinigung in den einzelnen Ortsteilen mag deuten, wer Einblick in die wirtschaftlichen, sozialen und mentalen Gegebenheiten dieses Mikrokosmos hat.

Ein Wort zur Arbeit des Gemeinderates

Die rechtsstaatliche, soziale parlamentarische Demokratie hat sich, wie Wahlergebnisse und Wahlbeteiligung zeigen, trotz aller Unzulänglichkeiten in den vergangenen Jahrzehnten bewährt, auch im Gemeinderat. Dessen öffentliche Sitzungen werden im allgemeinen von interessierten Zuhörern aufmerksam verfolgt. Anders als im Land- und im Bundestag haben Bürgerinnen und Bürger die Möglichkeit, Fragen, Anregungen und Kritik unmittelbar dem Gemeinderat vorzutragen. Teningen hat als erste Gemeinde in Südbaden 1962 (oder schon früher?) die "Frageviertelstunde" nach, später vor der öffentlichen Gemeinderatssitzung eingeführt; das Beispiel hat Schule gemacht.[219]
Zuhörer machen sich bei den öffentlichen Gemeinderatssitzungen ein Bild von der Arbeit der Frauen und Männer, denen sie ihr Vertrauen geschenkt haben. Wer das Ortsparlament bei seiner Arbeit beobachtet, kann sich davon überzeugen, daß Grundsätze und Kompromißbereitschaft im politischen Leben einander nicht ausschließen, sondern bedingen.

Wahlen zum Landtag, 20.3.1988 (in Klammern: Landtagswahl 25.3.1984)
Wahlbeteiligung 68,8% (68,8)

	CDU		SPD		FDP/DVP		Grüne		DKP	
Heimbach	47,5	(52,1)	35,3	(32,9)	6,6	(5,6)	7,4	(8,0)	1,2	(1,4)
Köndringen	41,0	(38,3)	42,6	(46,7)	4,8	(6,4)	9,2	(8,6)	0,5	(-)
Nimburg	38,5	(38,2)	42,0	(41,6)	6,1	(7,1)	8,9	(12,5)	0,2	(0,6)
Teningen	32,1	(30,3)	49,3	(51,6)	5,7	(6,7)	9,0	(10,8)	0,3	(0,5)
Briefwahl	38,2	(41,1)	36,9	(38,2)	8,1	(5,6)	12,5	(15,1)	0,5	(-)
Insgesamt	36,7	(35,6)	44,7	(46,7)	5,8	(6,5)	9,1	(10,6)	0,4	(0,5)
Zum Vergleich:										
Wahlkreis EM	44,3	(45,5)	36,3	(35,8)	6,5	(7,7)	9,4	(10,7)		
Bad.-Württ.	49,1	(51,9)	32,0	(32,4)	5,9	(7,2)	7,9	(8,0)		

Wahlen zum Europäischen Parlament, 18.6.1989
Wahlbeteiligung 50,8%

	CDU	SPD	Grüne	FDP	Republikaner
Heimbach	46,9	30,8	8,0	5,4	2,4
Köndringen	25,9	44,1	11,6	6,6	6,4
Landeck	25,5	41,5	11,7	9,6	9,6
Nimburg	30,1	37,3	12,1	8,3	5,6
Teningen	24,8	44,7	10,2	6,3	6,9
Briefwahl	30,5	28,1	14,1	11,4	7,0
Insgesamt	28,3	40,7	10,9	7,1	6,3

Teningen gestern und heute

Gegenwart ist schon morgen Geschichte; deshalb mag ein Blick in die jüngste Vergangenheit Teningens diesen Abschnitt der Ortsgeschichte beschließen. Vor die schwierige Frage der Auswahl gestellt, schlägt der Autor dem Leser folgende Bereiche vor: Wohlstand und seine Auswirkungen auf Freizeit, Reisen und Ortsverschönerung; Jugend und Alter; kulturelles und kirchliches Leben; Solidarität mit Schwachen und Notleidenden; Partnerschaft mit La Ravoire; Schattenseiten im Leben der Gemeinde.
Als Quelle dient nun fast ausschließlich das Gemeindeblatt, das seit 1975 wöchentlich kostenlos an alle Haushaltungen verteilt wird - Folge und Symptom des Wohlstandes.

Wohlstand

Fünf Geldbeutel mit Inhalt, 4 Geldbeträge ohne Geldbeutel, 7 Armbanduhren, 6 Fahrräder, 4 Aktentaschen ... Diese und andere Fundgegenstände listet das Gemeindeblatt am 5.2.1962 auf. Dazu heißt es: Man lebe zwar in einer *nicht gerade armen Zeit*, doch sei es schwer verständlich, daß man *wochenlang einen Geldbeutel mit Inhalt nicht vermißt oder nicht bemerkt, daß das eigene Fahrrad abhanden gekommen ist.*
Solche Äußerungen ließen sich mühelos vermehren. In einer "Wegwerfgesellschaft" waren Geldbeutel und Fahrrad schnell verschmerzt. Wie man bei einem Gang durch die Gemeinde sieht, wohnen viele Teninger in schmucken Häusern und fahren teure Limousinen. Andere Teile des Vermögens unterliegen dem Bankgeheimnis, werden aber in Statistiken sichtbar, wie auch das Gemeindeblatt sie gelegentlich veröffentlicht. So stiegen etwa die Spareinlagen bei der Spar- und Kreditbank Teningen von 1966 auf 1967 um 15,7% auf 5.811.956 DM; das durchschnittliche Sparguthaben je Haushalt belief sich 1977 auf mehr als 7.000 DM; 1965 verfügten von 100 Haushalten 76 über eine Lebensversicherung, 40 über Haus- und Grundbesitz, 35 über Bausparverträge, 24 über Wertpapiere; bezeichnenderweise hat auch das Gemeindeblatt 1965 auf die Ausgabe der VEBA-Volksaktien hingewiesen.[220] Viele Teninger dürften, auch über ihren Grundbesitz, Vermögensmillionäre geworden sein - vielleicht ohne es zu wissen.
Die meisten Haushalte brauchen heute einen geringeren Teil ihres verfügbaren Einkommes zur Deckung der Grundbedürfnisse der Lebenshaltung (Nahrung, Kleidung, Wohnung, Heizung); umso mehr Geld steht für Genußmittel und Freizeit, Hobby und Urlaub zur Verfügung, früher unbekannte oder einer kleinen vermögenden Schicht vorbehaltene Privilegien.

Mehr Freizeit ...

Anfang 1958 führte das Landratsamt die 45-Stunden-Woche ein.[221] 1988 wird im öffentlichen Dienst 40 Stunden in der Woche gearbeitet, in der Industrie oft weniger. Bezeichnenderweise läßt man seit einigen Jahren mit Rücksicht auf das lange Wochenende die Woche nicht mehr mit dem Sonn-, sondern mit dem Montag anfangen.
Viel Freizeit muß nicht heißen, daß die Menschen freie Zeit haben. Freizeit kann heißen, daß man nach der Arbeit ins Schwimmbad geht, mit Liebe und Phantasie den Garten pflegt, sich um behinderte Mitmenschen kümmert oder gesellige Veranstaltungen besucht. Die Menschen haben heute Zeit, Kraft und Geld zum Feiern, was Soziologen als eine Antwort auf die Vereinsamung vor dem heimischen Fernsehgerät deuten. Blättert man durch die "Teninger Nachrichten", so überrascht die Vielzahl regelmäßig gefeierter Feste. Einige, längst nicht alle seien in alphabetischer Reihenfolge genannt: Bottinger Dorffest, Burgfest Landeck, Disco-Fete, Familienwandertag, Fanfarenzugtreffen, Fasnetveranstaltungen (der Vereine, Schulen), Gassenfest (alle zwei Jahre), Grillfest sowie Großer Heimatabend der Gemeinde, Heimbacher Kilbi, Nikolausfeier, Sommerfest (z.B. des Kindergartens), St. Martins-Zug, Waldfest, Weihnachtsmarkt (erstmals 1975), Weinfest; dazu kommen Bazare, Jahresausflüge, Jubiläen, Tage der offenen Tür (z.B. von Kindergärten, Schulen, Firmen, Feuerwehr) und - nicht zu vergessen - die entsprechenden Feste in den Nachbarorten. Der allen Haushalten zugestellte "Veranstaltungskalender 1988" weist für den Februar 1988 nicht weniger als 39 Veranstaltungen aus!

Bei der Heimbacher Kilbi, um ein Beispiel herauszugreifen, hat man den Eindruck, als sei die ganze Gemeinde beteiligt; die einen sind mit der Vorbereitung befaßt, andere bauen Zelte auf oder organisieren Spiele für Kinder, wieder andere verkaufen, schenken Getränke aus, sorgen für Stimmung ... Man fühlt sich wohl, wenn man mit Freunden durch die Menge bummelt, hier grüßt, dort ein Schwätzchen hält und Erinnerungen auffrischt, in der Hand ein Glas Wein oder eine Bockwurst. Junge und Alte, Einheimische und Gäste, Nachbarn und ehemalige Schulkameraden, alle spielen mit bei diesem Fest. Da es viele Vereine gibt und nicht nur hundertjährige Jubiläen gefeiert werden, kommt man oft in heiterer Gesellschaft zusammen - erst recht natürlich, wenn es gilt, ein rundes Ortsjubiläum zu feiern. In Festwochen, folkloristischen Höhepunkten der ganzen Region, blickten Teningen 1972, Nimburg und Köndringen 1977 auf 1000 Jahre Geschichte zurück.

... und Urlaub

Arbeitnehmer haben einen gesetzlichen Anspruch auf 30 Urlaubstage, entsprechend sechs Wochen, oft mehr. Freiberufler, die früher nicht an Urlaub denken konnten, widmen seit - einmal mehr muß der Termin offenbleiben, der wohl auch nach Ort, Beruf usf. schwankt - mehrere Wochen im Jahr der Erholung. So gibt das Gemeindeblatt am 11.6.1965 (zum erstenmal?) die Betriebsferien der fünf Teninger Bäckereien bekannt, jeweils drei Wochen.
Seit den 1950er Jahren bedeutet Urlaub für Millionen von Deutschen, eine Reise zu machen, immer häufiger ins Ausland. Das Gemeindeblatt spiegelt diese Entwicklung, wenn es die lange Liste der Länder bringt, die man ohne Visum bzw., einige Jahre später, ohne Reisepaß besuchen kann.[222]

Ortsverschönerung

Am gestiegenen Wohlstand hatte auch die Gemeinde teil. Sie rief zum Schmuck der Straßen auf, z.B. mit Blumenkästen, wie man sie am Rathaus sehe.[223] In den vergangenen gut dreißig Jahren weckten Jahr um Jahr auf Orts-, Kreis-, Landes- und Bundesebene Preise und Prämien die Freude am Wettbewerb; wiederholt fand das Streben einzelner Ortsteile und Teilgemeinden um Verschönerung des Ortsbildes Anerkennung.

In den ersten Nachkriegsjahrzehnten steckte man alle verfügbaren Mittel in den Bau neuer Häuser und ganzer Ortsviertel; nicht selten führten die gewachsenen Ortskerne darüber ein Aschenputteldasein. Mit dem Abklingen der akuten Wohnungsnot wandte man sich seit Anfang der 1970er Jahre der Sanierung von Häusern und Vierteln zu, die vor 1950 gebaut worden waren, auch deshalb, um dem Landschaftsverbrauch entgegenzuwirken. Bund, Land und Kommunen förderten die Maßnahmen der Gemeinden und Bürger mit verlorenen und zinsgünstigen Zuschüssen. Auch hier mußten Erfahrungen gesammelt werden. Mit einer im nachhinein oft erschreckenden Rücksichtslosigkeit wurden vielerorts - oft im Interesse des Molochs Verkehr - erhaltenswerte Häuser und gewachsene Ortsviertel abgerissen und durch eintönige Neubauten ersetzt. Bezeichnend für das Denken mancher Planer ist eine Denkschrift, die 1972 zur Ortsentwicklung Teningens vorgelegte wurde; in der Zusammenfassung heißt es, *einige* (!) bauliche Anlagen und Gebäude seien erhaltenswert.[224]

Daß in Teningen angesichts mancherorts gefeierter "Sanierungs"orgien kühler Sachverstand überwog, zeigen handschriftliche Randbemerkungen in dem Gutachten; zur Notwendigkeit, *Modifikationen* vorzunehmen (eine Umschreibung von Abriß) heißt es z.B. *Werden aber nicht!* Ein *Entwicklungsplan Teningen* (1977?) kommt zu dem Ergebnis, die Analyse sei für die weiteren Teninger Planungen *praktisch nicht verwertbar*. Insgesamt zeugen solche Gutachten davon, daß seinerzeit Geld (fast) keine Rolle zu spielen und (fast) alles machbar zu sein schien. Bei einer Bürgeranhörung Mitte 1981 war in einer Wortmeldung denn auch die Rede davon, die Planung sei *überzogen*.

Andernorts gemachte Fehler kamen Teningen insofern zugute, als Auftraggeber, Architekten und Aufsichtsbehörden im Laufe der Jahre dazulernten. So kam es in Teningen zu einer behutsamen Sanierung und Erneuerung des Ortskerns unter weitgehender Schonung der Substanz. In fünf Arbeitskreisen waren die Bürger an diesem Werk beteiligt. In den 1980er Jahren wurden u.a. folgende Arbeiten ausgeführt: Restaurierung, Umbau und Erweiterung des Rathauses (abgeschlossen im Oktober 1984; der Gemeinderat hatte schon im September 1981 erstmals öffentlich im neuen Gemeindesaal getagt); Restaurierung und Umbau der Zehntscheuer zu einem noblen Gehäuse für Ausstellungen und die öffentliche Bücherei, die hier im Oktober 1985 einzog; Ende 1983 bewilligte der Gemeinderat stolze 198.000 DM für die Freilegung des Dorfbaches, die auch damit begründet wurde, daß das charakteristische und ursprüngliche Dorfbild wiederhergestellt werden solle.[225] Den Arbeiten im Ortsteil Teningen entsprachen denkmalpflegerische Maßnahmen in den anderen Ortsteilen, z.B. die Restaurierung des Heimbacher Schlosses, der Nimburger Bergkirche und die Ortskernsanierung im Hohland in Köndringen.

Sorge für Kinder und Jugendliche...

Kinder und Jugendliche werden heute vielfältig betreut: Mütterberatung vor der Geburt; Entbindung in der Klinik; 1982 - um ein Jahr herauszugreifen - wurden alle 102 Kinder in Kliniken geboren, in denen Mutter und Kind auch im Fall von Komplikationen kompetente Hilfe erfahren. Eltern von Kleinkindern werden beraten, die Kinder (freiwillig) gegen Kinderlähmung, Tetanus, Diphtherie usf. geimpft und regelmäßig ärztlich untersucht. Die Tradition vorbeugender Maßnahmen reicht ins 19. Jahrhundert zurück; ein Erfolg unter anderen: 1955 waren alle 308 auf Tuberkulose untersuchten Kinder der Teninger Volksschule *lungengesund*.[226]
Jugendliche werden gezielter gefördert als früher, u.a. durch ein differenziertes Schulsystem. Anders als vor hundert Jahren besuchen heute auch Kinder aus ländlichen Gemeinden weiterführende Schulen, z.B. die Realschule in Teningen oder das Gymnasium in Kenzingen. Fast schon zum Standardprogramm von Realschülern und Gymnasiasten gehören Klassenfahrten; sie weiten den Horizont, stärken das Gemeinschaftsgefühl und lassen oft auch das vermeintlich muffige heimische Milieu in anderem Lichte erscheinen. Auf einer Berlinfahrt vertraute eine Schülerin ihrem Tagebuch an: *Unsere Einstellung "Null-Bock[227] auf unseren Staat" änderte sich, wenn man in Ost-Berlin war.*[228]
Seit 1982 wird die Aktion "Ferienspaß" in Teningen durchgeführt: In den letzten vierzehn Tagen der Sommerferien wendet sich ein ausgesuchtes Veranstaltungsprogramm besonders an solche Kinder, die bis dahin keine eigentlichen Ferien haben machen können.[229]
"Brücke zum Leben" heißt eine Aktion, die den Übergang von der Schule ins Berufsleben vorbereitet. Nach dem Motto "Wir orientieren uns" besuchten Teninger Schülerinnen und Schüler z.B. die Spar- und Kreditbank Teningen und das Tscheulinwerk. Die "Schnupperlehre" erlaubt dem Jugendlichen, ein paar Tage in einen Beruf, mit dem er liebäugelt, "hineinzuriechen".
Von den heimischen Sportvereinen systematisch gefördert, haben talentierte Jugendliche wiederholt auf Wettkämpfen im In- und Ausland hohe Auszeichnungen gewonnen. Neben zahlreichen Erfolgen auf nationaler Ebene konnten besonders die Kunstturner auf internationaler Ebene bei Europameisterschaften und Weltmeisterschaften Ruhm erlangen. An den Olympischen Spielen nahmen Anna Stein (Mexico 1968) und Angelika Kern (Mexico 1968 und München 1972) aus Teningen, Jutta Oltersdorf aus Köndringen (München 1972 und Montreal 1976), sowie Walter Mössinger aus Teningen (München 1972) aktiv teil.
Das Generation um Generation gespannte Verhältnis zwischen Jugendlichen und Erwachsenen wurde vor gut zwanzig Jahren von einer Schülerin der 8. Klasse der Johann-Peter-Hebel-Schule treffend in Worte gefaßt. Das Mädchen hatte einen Aufsatz zum Thema *Wie ich über Beatles und Beat-Fans denke* zu schreiben.[230] Die Beatles, ein erfolgreiches Popmusik-Quartett aus Liverpool, bündelte in Musik und Text Sehnsüchte von Millionen junger Leute. Thema und Durchführung der Arbeit lassen sich als Hinweis auf weltoffenen Unterricht mindestens dieser Schülerin verstehen.
"Yeah, yeah, yeah!" so hört man die Beatles singen. Zwar singen die meisten Beatgruppen englisch, aber was macht das schon aus? Ich bin jedenfalls der Meinung, daß es nicht so sehr um den Text, sondern um die Musik geht, auf

die man richtig tanzen können muß. Die älteren Leute jedoch hört man stöhnen. "Diese heutige Jugend! Wenn ich da an unsere Zeiten denke!..." Ja! Wenn man an ihre Zeiten denkt! Was taten sie? Sie tanzten Charleston, wobei sie genau so ein "Gehopse" - wie sie die modernen Tänze bezeichnen - vollführten wie wir, und die Röcke waren genau so kurz! Freilich, lange Haare usw. trug man damals nicht, dafür aber umso kürzere. Auch hatten die Männer so widerliche, kleine Schnurrbärtchen, und es wurde damals genauso über die Jugend geschimpft wie heute. Ich glaube, das wird wohl immer so sein.
Stärker als das Nichtverstandenwerden dürfte derzeit die Sorge um den Arbeitsplatz das Leben vieler Jugendlicher überschatten; denn zu den ungelösten Problemen der Gegenwart gehört die Frage der Jugendarbeitslosigkeit, in einem Ort mit vielfältigen Industrie-, Gewerbe- und Dienstleistungsbetrieben vielleicht weniger ausgeprägt als anderswo.

... und Teilnahme am Leben älterer Mitbürgerinnen und Mitbürger

Besser als die Eltern verstehen sich mit den jungen Leuten oft die Großeltern. Sie verfügen, und das haben sie vielfach mit den Heranwachsenden gemeinsam, über relativ erhebliche materielle Mittel, Folge jahrzehntelanger Arbeit und Sparsamkeit in den harten Aufbaujahren nach dem Zweiten Weltkrieg - und der wiederholt erhöhten Renten und Pensionen. Die materielle Abgesichertheit gibt den Senioren oder älteren Mitbürgern, wie sie oft genannt werden, eine oft eifersüchtig verteidigte Unabhängigkeit.
1972 veranstaltete die Gemeinde im Zusammenhang mit dem Ortsjubiläum erstmals einen eigenen Nachmittag für ältere Bürger;[231] seitdem sind gesellige Begegnungen solcher Art Tradition geworden. Bei Kaffee und Kuchen, Gedicht-, Lieder- und Musikvortrag, oft auch einer Ansprache des Bürgermeisters oder des Pfarrers sind die "Senioren" Gäste der politischen oder einer kirchlichen Gemeinde.
Stellvertretend für ihre Schicksals-, oft auch Leidensgefährten ehrt die Gemeinde ältere Mitbürgerinnen und Mitbürger durch einen Besuch des Bürgermeisters, der nicht nur an "runden" Geburtstagen seine und der Gemeinde Glück- und Segenswünsche mit einem Geschenk unterstreicht. Bei solchen Empfängen erzählen die Jubilare gern den Nachgeborenen aus ihrem Leben; Geschichte erscheint in den Berichten als erlebte, erinnerte Gegenwart; mit der vergangenen Alltagswirklichkeit wird ein Stück Dorfgeschichte lebendig. Hier seien drei Frauen vorgestellt, auch als Ausgleich dafür, daß von Frauen in dieser Chronik seltener die Rede ist als ihnen nach Verdienst und Zahl zukommt.[232]

Fräulein[233] Emma Hauss, älteste Einwohnerin Teningens, feierte 1982 ihren 97. Geburtstag. Sie war eins von dreizehn Kindern, besuchte in Teningen die Volks-, später in Emmendingen die Frauenarbeitsschule und lernte dann das Kochen im Gasthaus "Hohenzollern" in Freiburg. Seit Ausbruch des Ersten Weltkrieges arbeitete sie als Buchhalterin bei ihrem Schwager in Oberrotweil, seit 1922 in der Rechnungsabteilung des Tscheulinwerkes. *Arbeit hat sie bis heute fit gehalten.* Sie besorgte mit 97 Jahren ihren Haushalt noch selbst, wusch und bügelte, machte ihre Besorgungen, ging spazieren, oft zum Familiengrab. *Nach getaner Arbeit widmet sie sich ihren Hobbies, Stricken und Rätselraten. Die Zeitung liest sie noch täglich, was ihr leider in letzter Zeit schwerer fällt, ebenso das Telefonieren.* Nachtrag: Emma Hauß verstarb 1987 im Alter von 102 Jahren.
Ihren 90. Geburtstag feierte 1978 Frau Wilhelmine Spürgin: Als Kind mußte sie im Herbst zusammen mit ihrer Schwester Kraut ernten. Um ihre kalten Füße während der Arbeit etwas aufzuwärmen, stiegen sie auf einen dampfenden, in der Nähe des Krautackers abgeladenen Misthaufen. *Sehr hart* war das Hantieren mit den großen Messern bei Kälte und Nässe. Seit 1911 verheiratet, wurde Frau Spürgin 1919 mit 31 Jahren Kriegerwitwe; um sich und ihre drei kleinen Kinder durchzubringen, führte sie den landwirtschaftlichen Betrieb weiter: Fünf Hektar, drei Kühe, ein Pferd, Schweine und Kleinvieh. *Frau Spürgin schöpfte das benötigte Wasser aus einem tiefen, ausgemauerten Brunnen im Hof und trug es in Eimern in den Stall und die Treppe hinauf ins Haus. Abwasser und Regen-*

wasser wurden am Straßenrand in gepflasterten Rinnen abgeführt, die in Gräben entlang den Hauptstraßen eingeleitet wurden. *Die Wäsche wurde auf den oberen oder unteren "Tuchmättle" gewaschen und gebleicht, das Wasser dazu kam aus dem Teninger Mühlbach und floß im "Dammegraben" flußabwärts.* Auch Frau Spürgin interessiert sich lebhaft für das Zeitgeschehen, liest täglich die Zeitung und arbeitet, wenn das Wetter es erlaubt, im Garten; *denn Bewegung in frischer Luft braucht sie, um sich wohl zu fühlen.* Einem Löffel Bienenhonig, gelöst in etwas warmem Kaffee vor dem Frühstück, glaubt sie Gesundheit und Rüstigkeit zu verdanken, ebenso dem von ihr eh und je befolgten Spruch: *Halte Maß in Speis' und Trank, dann wirst du alt und selten krank.* Nachtrag: Wilhelmine Spürgin verstarb 1984 im Alter von 96 Jahren.

Letztes Beispiel, Frau Emma Fischer, die 1978 ihren 85. Geburtstag feierte. Nach der Schulentlassung 1907 kauften die Eltern ihr für 145 Mark eine Singer-Nähmaschine *mit Rundschiff und Fußantrieb*, mit der sie als Näherin ihren Lebensunterhalt verdiente: Auf Bestellung ging sie in die Häuser der Kunden und brachte auf einem Leiterwägelchen ihre Maschine mit. Bei freier Verpflegung erhielt sie - mit den Jahren steigend - ab 1909 bis zum Ersten Weltkrieg 60 Pfennig bis 1,20 Mark pro Tag (!). Arbeitete sie zu Hause, bekam sie als Macherlohn für ein Kleid 2,80 Mark, für ein Männer-Werktagshemd, von denen sie am Tag vier Stück nähte, 70, für ein Frauenhemd 50 Pfennig. 1919 heiratete sie, bekam zwei Kinder und war seit 1960 Witwe. Auch mit 85 Jahren war sie der Nähmaschine treu geblieben, korrespondierte mit Verwandten der zweiten und dritten Generation in der Neuen Welt und freute sich auf deren Besuche. Nachtrag: Emma Fischer verstarb 1983 im Alter von 90 Jahren.

Kulturelles und kirchliches Leben

Schulen stehen im Mittelpunkt des vor Jahren gebauten "Kulturzentrums". In Grund-, Haupt- und Realschule spielt sich der größte Teil des kulturellen Lebens der vier Ortsteile ab; hier werden die Kinder in die Kunst des Lesens, Schreibens und Rechnens eingeführt, werden ihnen - wie Generationen vor ihnen - Sprachen, Formen und Inhalte abendländischer Bildung vermittelt.

Wie sehr die Erwachsenen "ihrer" Schule sich auch Jahrzehnte später verbunden fühlen, wurde beim 75jährigen Jubiläum der 1904 gebauten heutigen Scheffel-Schule deutlich: Man hatte mit 500 Gästen gerechnet, über 1.200 kamen, unter ihnen Lehrer aus dem Elsaß, die hier während des Krieges unterrichtet hatten.[234]

Als tragende Säulen im kulturellen Leben der Gemeinde sind ferner die Vereine zu nennen. Diese wirken nicht nur dadurch, daß sie - wie der 1845 gegründete Männergesangverein, der als ältester Teninger Verein hier stellvertretend für alle namentlich erwähnt sei - das Liedgut als kulturelles Erbe pflegen und weitergeben. Ohne daß ihnen das im einzelnen vielleicht bewußt ist, wirken Vereine bei der Entfaltung der Persönlichkeit mit, schaffen zwischenmenschliche Beziehungen und damit ein Gewicht gegen die vielbeklagte Vereinzelung. Nicht zu vergessen: Vereine haben dazu beigetragen, daß Vertriebene, Flüchtlinge und Gastarbeiter in die Dorfgemeinschaft eingebunden wurden.

Zusammen mit drei städtischen und acht ländlichen Gemeinden trägt Teningen die Volkshochschule Nördlicher Breisgau. Das Programmheft - 1979 noch ein schmales Heft im Umfang von 48 Seiten - bietet mittlerweile auf 112 engbedruckten Seiten ein breites Bildungsangebot in folgenden Fachbereichen: Gesellschaft/Geschichte/Politik; Erziehung/Psychologie/Philosophie; Kunst; Länder- und Heimatkunde/Studienreisen; Mathematik/Naturwissenschaften/Technik; Verwaltung und kaufmännische Praxis; Sprachen; Künstlerisches und handwerkliches Gestalten; Hauswirtschaft; Gesundheitsbildung; Vorbereitung auf Schulabschlüsse. Diese müssen also nicht "Endstation" sein, sondern können ausgebaut werden - wobei allerdings an Fleiß und Ausdauer, Belastbarkeit und Konzentrationsfähigkeit der Teilnehmer höhere Anforderungen gestellt werden als an Schüler, die sich Wissen und Fertigkeiten im Kindes- und Jugendlichenalter aneignen.

Ein Heimatmuseum, seit 1976 geplant, wurde im Rathaus eingerichtet; seine Bestände wachsen ständig dank zahlreicher Spenden aus der Bevölkerung. Das Museum dokumentiert schwerpunktartig das Alltagsgeschehen der Vergangenheit in den vier Ortsteilen: Anbau und Verarbeitung von Hanf, Flachs, Tabak und Wein; Seegrasgewinnung und -verarbeitung ... Abbildungen zu Arbeit und Kleidung von Bauern, Handwerkern und Arbeitern, von Höfen, Ställen und Werkstätten ergänzen die Gegenstände. Das Museum hat zu Korbflechterei, Fischerei, Weinbau vielbesuchte Ausstellungen in der restaurierten Zehntscheuer durchgeführt, in der auch die Ortsbibliothek untergebracht ist. 1984 wurde der Teninger Kulturverein gegründet, der Veranstaltungen in den einzelnen Ortsteilen koordiniert bzw. selber organisiert.

Nachtrag: 1988 erwarb die Gemeinde ein bäuerliches Anwesen aus dem 18. Jahrhundert um darin das zukünftige Heimatmuseum einzurichten.

Die Bereitschaft, diese Gemeindechronik in Auftrag zu geben, zeugt einmal mehr von der Aufgeschlossenheit der Gemeinde für kulturelle Belange. Das Projekt reicht mindestens bis in die 1930er Jahre zurück; einen zweiten Anlauf nahm man in den 50er Jahren. Damals hieß es: Die Gemeindechronik *ist so interessant und für jedermann verständlich geschrieben, daß sie allen Einwohnern wärmstens empfohlen werden kann.* Bei einer Auflage von 2.000 Exemplaren und 300 bis 400 Druckseiten rechnete man mit einem Verkaufspreis von etwa 3,80 DM.[235] Nach Bildung der Gesamtgemeinde griff man das Vorhaben wieder auf: 100.000 DM wurden in den Gemeindehaushalt eingestellt, ein Herausgeber gewonnen, der eine Gruppe von Autoren zusammenstellte. Wiederholt mußte der Termin für die Abgabe der Manuskripte verlängert werden; möge der Leser sagen können: Was lange währt, wird endlich gut.

In besten abendländischen Traditionen stehen Konzerte, die zeigen, daß auch heute noch die Grenzen zwischen kulturellem und kirchlichem Leben fließend sind: *Musik in der Bergkirche*, das ist längst ein Geheimtip für Kenner und Liebhaber; wie die polizeilichen Kennzeichen ihrer Wagen zeigen, kommen sie gern von nah und fern nach Nimburg. So führte z.B. am 18. Oktober 1987 ein Vokal- und Instrumentalensemble vor knapp 300 Besuchern ein festliches Barockkonzert auf, mit Werken von Arcangelo Corelli, Dietrich Buxtehude, Johann Sebastian Bach und Giuseppe Sammartini. Im Namen der Gemeinde begrüßte Pfarrer Weis die Gäste. Daß die Kirche auch bei einer solchen Gelegenheit Gotteshaus bleibt, machten nicht nur die Sinfonia *Singet dem Herrn ein neues Lied* von Buxtehude sowie Arie und Rezitativ *Jauchzet Gott in allen Landen!* von Bach deutlich, sondern auch Psalm 104, den der Pfarrer dem Konzert voranstellte und in dem der Psalmist die Großtaten der Schöpfung preist.

Auf das kirchliche Leben im engeren Sinne kann der Autor nicht in der grundsätzlich wünschenswerten Ausführlichkeit eingehen. Dem Betrachter bietet sich ein widerspruchsvolles Bild: Auf der einen Seite hat ein weitverbreiteter Erosionsprozeß - ablesbar u.a. am Rückgang des Gottesdienstbesuches sowie der geringeren Zahl kirchlicher Taufen und Eheschliessungen - mittlerweile auch ländliche Gemeinden erreicht. Auf der anderen Seite reges Gemeindeleben: Liebevoll vorbereitete und intensiv mitgefeierte Gottesdienste (z.B. am Erntedankfest), starkes soziales Engagement der Christen in - und außerhalb der Pfarrei. Als sei nichts natürlicher als die Gemeinsamkeit der großen christlichen Konfessionen, erwähnt das Gemeindeblatt ökumenische Gottesdienste; darüber hinaus finden evangelische und katholische Christen sich zusammen: Gemeinsames Gebet um Frieden und Gerechtigkeit, gemeinsames Hausgebet im Advent, gemeinsamer St. Martins-Umzug der drei Kindergärten. Ein letztes Beispiel: Rückblickend schreibt die katholische Gemeinde, die während der Bauarbeiten an der Marienkirche Gast im Evangelischen Gemeindehaus Köndringen war: *Daß die "Herbergssuche" für uns kein Problem war, ist ein Zeichen des guten ökumenischen Klimas, das hier herrscht. Dafür sind wir sehr dankbar.*[236]

Solidarität mit Menschen in Not

So wie nach dem Zweiten Weltkrieg Menschen nah und fern den Deutschen geholfen haben, so haben in den vergangenen Jahrzehnten die Bewohner von Teningen und Nimburg, Köndringen und Heimbach Notleidende in aller Welt unterstützt. Getragen wurden diese Aktionen nicht nur, aber weitgehend von den Kirchengemeinden - und der oft gescholtenen Jugend! In diesem Zusammenhang seien einmal die zahllosen Menschen genannt, die - gelegentlich bis zu fünfundzwanzigmal und öfter - Blut für andere Menschen gespendet haben. Dann seien erwähnt die Organisatoren von Kollekten und Sammlungen, die Sammlerinnen und Sammler, vor allem die Spender; oft kamen hohe Geldbeträge und wertvolle Sachen (Lebensmittel, Kleider u.ä.) zusammen. So schickten 1982 Schülerinnen und Schüler von Grund- und Hauptschule Köndringen 25 große Pakete nach Polen; etwa zur selben Zeit sammelten die Realschüler 1.068,22 DM für die Kriegsgräberfürsorge. Im Herbst 1978 wurden für die Caritas in Teningen 2.144, in Köndringen 549 und in Heimbach 489, zusammen 3.182 Mark gesammelt. Oder "Brot für die Welt": 1974 kamen in Teningen 4.850 DM zusammen, 1985 in Bottingen und Nimburg 7.338,60 DM. Die Sternsinger sammelten 1988 in Teningen 1.703,55 DM, in Nimburg 950,10 DM, in Köndringen 582,30 DM, in Heimbach 2.428,40 DM, zusammen 5.664,35 DM![237] Man darf solche Spendenergebnisse vielleicht so deuten, daß viele Menschen ihre gute materielle Lage weniger als Verdienst denn als unverdientes Geschenk betrachten, das sie verpflichtet denen zu helfen, die - meist ohne eigenes Verschulden - in Not geraten sind.

Partnerschaft mit La Ravoire

Wir, Jean Blanc, Bürgermeister der Gemeinde La Ravoire, und Hermann Jäger, Bürgermeister der Gemeinde Teningen, von unseren Mitbürgern freigewählte Bürgermeister und im Einverständnis mit unseren Gemeinderäten, geben die Verschwisterung unserer beiden Gemeinden bekannt.
Wir sind zu diesem Entschluß gekommen, um unseren Beitrag zum endgültigen Aufbau des Friedens und der Freundschaft zwischen unseren beiden Ländern zu leisten. Dieses Ziel zu erreichen, wollen wir zwischen unseren beiden Gemeinden alle möglichen kulturellen und sportlichen Beziehungen entwickeln, damit eine tiefe gemeinsame Freundschaft bekräftigt und intensiviert wird, und wir dank der Bemühungen aller Europa und der Welt zu Einigkeit und Brüderlichkeit verhelfen. Unsere beiden Städte, die in dieser Stunde in den Kreis der Europäischen Gemeinde treten, leisten mit ihrer Partnerschaft einen nachhaltigen Beitrag zur besseren Völkerverständigung.
Diese Worte besiegeln die Partnerschaft Teningens mit La Ravoire, einer Stadt am Fuße der Alpen in Savoyen. Zur feierlichen Vertragsunterzeichnung am 20. Mai 1984 waren 260 Teninger in sechs Bussen angereist. Dem Gruß auf einem großen Spruchband, *Bienvenu - Herzlich willkommen*, entsprachen Fest und reiche Gastfreundschaft, die die Teninger an jenem denkwürdigen Wochenende genießen durften.
Seit März 1981 hatte es Überlegungen und Besprechungen gegeben; nach einigen Begegnungen in Teningen und La Ravoire verstand man sich, freundete sich gar an. Mittlerweile sind gegenseitige Besuche in Teningen und La Ravoire selbstverständlich; Schüler und Erwachsene kennen und schätzen einander; die Gäste sind in den jeweiligen Familien willkommen. Möglicherweise haben sich schon Herzen gefunden; es wäre nicht das erste Mal, daß Ehen eine Partnerschaft zwischen zwei Orten ergänzen und überhöhen.
La Ravoire und Teningen haben einen weiteren kräftigen Faden in dem dichten Netz von 1.240 Partnerschaften zwischen deutschen und französischen Gemeinden gesponnen.[238] Solche Bindungen traten an die Stelle der vermeintlichen Erbfeindschaft, denn gleich nach Ende des Zweiten Weltkrieges hatten weitblickende Menschen Grundsteine für eine tragfähige Brücke zwischen den lange zerstrittenen Nachbarn gelegt - wobei Frankreich ein um so höheres Verdienst zukommt, als es 1940 bis 1945 durch Deutsche ungleich mehr zu leiden gehabt hatte als die Deutschen nach dem Krieg durch französische Besetzung.
Auch Ausgleich und Friede sind auf ständige Arbeit angewiesen, soll das Wort des Bürgermeisters Jean Blanc Bestand haben, der nach der Unterzeichnung des Partnerschaftsvertrages meinte: *Dank des Geistes gegenseitiger Verständigung wird aus dem Europa der Freiheit und Freizügigkeit das Europa der Herzen.*

Wo viel Licht ist, da ist auch Schatten

Bislang wurden vornehmlich erfreuliche Entwicklungen skizziert, an denen die deutsche Geschichte nach 1945 reicher ist, als man oft annimmt. Im folgenden sollen Schattenseiten aufgezeigt werden, ohne die das Gesamtbild unglaubwürdig wäre. Die Wirklichkeit eines Ortes spiegelt sich nicht nur in erbaulichen Reden bei Jubiläen und Festveranstaltungen, sondern auch in dem, was die Ordnungshüter zu sagen haben. Stichworte aus den Berichten des Polizeireviers Emmendingen, hier alphabetisch gereiht, werfen Schlaglichter auf das Alltagsleben: Alkohol am Lenkrad, Betrug, Diebstahl, mangelhafte Hygiene, mutwillige Zerstörung, Raub, Rücksichtslosigkeit, schimmeliges Brot und ungenießbare Fleischwaren, Umweltsünden, Unfallflucht, Vandalismus, Verkehrsunfälle, vorsätzliche Körperverletzung, Wasserverunreinigung ...

Viele der hier angeprangerten Delikte laufen auf Rücksichtslosigkeit hinaus: Menschen gegenüber - im Straßenverkehr, in Gasthäusern, Bäckereien, Metzgereien, Lebensmittelgeschäften; dem Eigentum des anderen oder der Gemeinschaft gegenüber (Vandalismus); der Natur gegenüber (Wasserverunreinigung). Relativ harmlos, da nur einmal im Jahr, sind nicht näher umschriebene "Bräuche" zum 1. Mai, die nach Meinung des Bürgermeisters gelegentlich dem Tatbestand "strafrechtlicher Delikte" entsprechen.[239] Nicht nur Jugendliche erweisen sich oft als unfähig, Versuchungen zu widerstehen, die Alkohol und/oder schnelle Fahrzeuge bedeuten. Wie hilflos man dem Problem des Jugendalkoholismus gegenübersteht, zeigt folgende Meldung: Durch Gespräche mit den Vereinen solle versucht(!) werden, so heißt es im Anschluß an eine Gemeinderatssitzung, *daß bei Veranstaltungen zumindest e i n alkoholfreies Getränk billiger als Bier abgegeben wird.*[240] Fast regelmäßig hat die Gemeindeverwaltung während der großen Ferien Grund zur Klage über vandalisches Treiben an den Seen, wo etwa frisch gepflanzte Bäumchen abgehackt wurden. Angesichts mutwilliger Zerstörungen in der neuen Volksschule heißt es in einer heute fremd anmutenden ausdruckskräftigen Sprache (des Bürgermeisters?): Früher habe es, wenn jemand etwas *ausgefressen* hatte, außer einer *Tracht Prügel* in der Schule *in der Regel eine zweite Abreibung zuhause* gegeben. Heute solle es Eltern geben, die ängstlich darauf bedacht seien, *daß ihr "Musterkind" auf gar keinen Fall irgendwelche körperlichen Strafen hinnehmen muß. Meine persönliche Auffassung ist, daß diese Kinder in der Regel im späteren Alter ihren Eltern keine besondere Freude bereiten.*[241] Die Unsicherheit, wie man als Bürgermeister, Lehrer oder Richter auf Sadismus und Vandalismus reagieren soll - um zwei keineswegs seltene Vergehen herauszugreifen - ist seitdem nicht geringer geworden.

Weite Bevölkerungskreise wissen mittlerweile, daß unsere Ressourcen, die vor noch nicht langer Zeit unerschöpflich groß zu sein schienen, begrenzt sind, und daß eine Verschmutzung von Luft und Gewässern die Gesundheit jedes Einzelnen bedroht. Appelle zum sparsamen Umgang mit Wasser und Energie, Boden und Rohstoffen finden sich seit Mitte der 1970er Jahre fast in jeder Ausgabe des Gemeindeblattes. An "Grenzen des Wachstums"[242] stieß auch die Gemeinde; nüchtern stellte sie fest, daß *nach jahrzehntelangem Wachstum das Haushaltsvolumen von 1982 im Ansatz um 3,8% abgenommen hat.*[243]

Längst hat es sich herumgesprochen, daß "Umweltsünden" (seit wann gehört diese Vokabel zum Wortschatz der Teninger?) keine Kavaliersdelikte sind. Wurde früher das Verunreinigen der Flüsse und Bäche verboten, weil man mit dem Wasser Bier brauen oder Wäsche reinigen wollte, so ist es heute untersagt, an Gewässern den Wagen zu waschen; beim Umgang mit "Agrochemikalien" (Pflanzenschutz- und Unkrautvernichtungsmittel sowie Dünger) ist größte Sorgfalt geboten;[244] denn durch den immer kürzeren Kreislauf des Wassers drohen Schadstoffe schnell Lebensmittel und Trinkwasser zu verseuchen.

In Mißkredit geraten sind Landwirte, die mit zweifelhaften chemischen und biologischen Mitteln Hektarerträge, Schlachtgewicht und Milchproduktion steigern. Wie ein Menetekel wirkt rückblickend die Information über die Myxomatose, eine in Australien Hasen eingeimpfte und nach Europa eingeschleppte Tierseuche, die Hasen und Kaninchen zu Tausenden hinwegraffte:[245] In jüngster Zeit haben Wasser-, Luft- und Nahrungsverunreinigungen weit über die Orte hinaus, in denen sie verursacht wurden, Unheil angerichtet.

Fast jeder Haushalt verwendet heute hochgiftige Stoffe. In einer Bekanntmachung unter der Überschrift *Wohin mit dem Problemmüll?* klärte die Gemeindeverwaltung die Einwohner auf: *In letzter Zeit ist der Verbrauch an Haushaltschemikalien rapide angestiegen (z.B. im Hobby- und Heimwerkerbereich).* Wer Reste davon unbedacht wegwerfe, beschwöre mit der *Chemisierung des Hausmülls* eine direkte Gefahr für die Gesundheit von Mensch und Umwelt herauf, da diese Stoffe ins Grund- und damit ins Trinkwasser gelangen können. *Deshalb: Kein Gift in die Mülltonne!, natürlich auch nicht in die Kanalisation.* Eine Tabelle listet auf: Altöl, Batterien, zerbrochene Quecksilberthermometer, Medikamente, Pflanzenschutz-, Schädlingsbekämpfungs- und Holzschutzmittel, Farben, Lacke und Lösungsmittel, Fotochemikalien ...[246] Die Gemeinde gibt wiederholt bekannt, warum, wohin, wie und zu welchen Kosten dieser "Problemmüll" entsorgt (eine weitere Wortneuschöpfung) werden kann und muß.

Die Einsicht in die Begrenztheit der Ressourcen weckte wieder den Sinn für Sparsamkeit. Auch in Teningen wurden sogenannte "Grüne Tonnen" aufgestellt, über deren Zweck die Gemeindeverwaltung mehrfach die Bevölkerung informierte:[247] Wertstoffe - Papier, Glas, Textilien, Metalle u.a. - sollen vom Müll getrennt und eigens gesammelt werden, damit man sie wiederverwenden kann - Recycling heißt eine der aus dem Englischen übernommen, seit einigen Jahren jedermann vertraute Vokabel.

Gezieltes Sammeln von Problemmüll und wiederverwertbaren Rohstoffen soll Mülldeponien und Trinkwasser entlasten. Versuche, die Auswirkungen von Unfällen im In- und Ausland zu vertuschen, haben die Bevölkerung verunsichert (eine weitere neuere Vokabel), wenn nicht in Angst und Panik versetzt. Die Gemeindeverwaltung veröffentlichte daher von sich aus detaillierte Analysen des Trinkwassers aus den verschiedenen Pumpwerken.[248] Es ist bezeichnend für die Verrechtlichung weiter Bereiche des öffentlichen Lebens, daß das Ergebnis nicht mit einfachen Worten wiedergegeben wurde, etwa *unser Trinkwasser ist gesund*; vielmehr hieß es, *daß alle Analysenwerte [Arsen, Blei, Zink usf.] unterhalb 50% der zugelassenen Grenzwertkonzentrationen liegen.* Unterhalb solcher Grenzwerte liegt wahrscheinlich auch der Schadstoffgehalt von Mineralwasser und Wein, Salat und Fleisch - nur: Kaum jemand weiß die Zahlen zu deuten, noch zu sagen, ob Werte, die gestern als zumutbar galten, sich nicht morgen als höchst bedrohlich erweisen. Auch deshalb erfreuen sich Gemüse aus dem eigenen Garten und "Biokost", die ohne den Einsatz chemischen Düngers gewonnen werden, zunehmender Beliebtheit. In den letzten Jahren sind Problembewußtsein und Empfindlichkeit der Öffentlichkeit hinsichtlich all dessen gewachsen, was mit Umweltsünden und Umweltbelastung zusammenhängt. Die Gemeindeverwaltung weiß, daß sie auf die Mithilfe der Einwohner angewiesen ist, sollen Fehler sich nicht zu Bedrohungen auswachsen; in unregelmäßigen Abständen rückt sie in das Gemeindeblatt eine "Mängelkarte" ein. Bedauerlicherweise nutzen nur wenige Einwohner die hiermit gebotene Chance, auf Mißstände oder Fehlentwicklungen aufmerksam zu machen.[249]

Blitzlichtartig wurde die Szene am Oberrhein erhellt durch eine Prognose, die unter der unverfänglichen Überschrift "Meinungen zur Landespolitik" 1972 einen der Wirtschaft nahestehenden Pressedienst zitierte. Als Bewohner eines in der Rheinebene gelegenen Ortes sahen die Teninger sich unmittelbar angesprochen:[250]

Rückt nämlich die EWG noch näher zusammen, was allgemein erwartet wird, so wird das Rheintal zwischen Frankfurt und Basel die Wirtschaftsachse überhaupt werden. Ob dann noch Platz für den Umweltschutz ist, muß bezweifelt werden. Sachverständige Leute sind deshalb der Ansicht, die Ebene solle für die gewerbliche und industrielle Nutzung freigegeben werden, während die Funktionen "Wohnen", "Erholung" usw. in der "Vorbergzone" und in den Seitentälern des Rheins angesiedelt werden sollten. Damit würden jedoch zahlreiche Kommunalplanungen und auch landesplanerische Zielsetzungen tangiert ...

Diese Perspektive löste ein stürmisches Echo in Presse, Rundfunk und Fernsehen aus, zumal ihr die fast gleichzeitig bekanntgewordenen Pläne für den Bau eines Kernkraftwerkes bei Wyhl entsprachen. Zu hitzigen Debatten kam es auch im Teninger Gemeinderat. Bürgerinitiativen und politische Bewegungen fanden weit über die unmittelbar betroffene Region hinaus Aufmerksamkeit und Zulauf. Angesichts des geringen Gespürs der etablierten Parteien für die plötzlich bewußt gewordenen

Gefahren erzielten Sammlungsbewegungen (die "Grünen", die "Alternativen") mancherorts spektakuläre Wahlerfolge.

Die Chronik wäre unglaubwürdig, hätte sie Schattenseiten nicht nur in der Vergangenheit (Nationalsozialismus), sondern auch in der Gegenwart freimütig beim Namen genannt; Vollständigkeit konnte und sollte auch hier nicht angestrebt werden. Insgesamt dürfte es f ü r die repräsentative parlamentarische Demokratie sprechen, daß sie Kurskorrekturen erlaubt, auch wenn diese oft entmutigend langsam erfolgen. Solange politische Gegner vernunftgemäß miteinander sprechen und Sachargumente austauschen, solange nicht Weltanschauungen aufeinanderprallen, deren jeweilige Vertreter meinen, sie allein kennten den Weg zum Heil und müßten ihn Andersdenkenden aufzwingen, ist ein Abwägen zwischen unterschiedlichen Gütern und konkurrierenden Zielen möglich. Wer auf die vergangenen Jahrzehnte blickt, darf davon ausgehen, daß man im Teninger Gemeinderat auch in Zukunft redlich um Kompromisse ringen wird - zum Wohle der Gemeinde und aller ihrer Bürgerinnen und Bürger.

Die Teninger sind in den fast zwei Jahrhunderten, die hier zu betrachten waren, durch Freude und Leid gegangen. Wie eine gnädige Fügung des Schicksals mutet es an, daß die Generationen, die Weltkriege und Geldentwertungen, Terror und Gewaltherrschaft, Not und Vertreibung getragen und erduldet haben, seit den 1950er Jahren eine fast beständige Besserung ihrer Lage erleben durften. Wer mit Not keine eigenen Erinnerungen verbindet, ist geneigt, Wohlstand und Rechtsstaatlichkeit für selbstverständlich zu halten. Auch die Teninger erfahren täglich aus Zeitung, Rundfunk und Fernsehen, daß Friede und Freiheit, Recht und Gesundheit, gute Nachbarschaft und materielle Güter bedroht sind - und schutzbedürftig.

Abkürzungen und Siglen

BCSV	Badische Christlich-Soziale Volkspartei
Bdd.	Band, Bände
BZ	Badische Zeitung
Cl.	Klasse
CDU	Christlich-Demokratische Union
DP	Demokratische Partei
DDR	Deutsche Demokratische Republik
DM	Deutsche Mark
DKP	Deutsche Kommunistische Partei
DVP	Demokratische Volkspartei
dz	Doppelzentner (100 Kilogramm)
EWG	Europäische Wirtschaftsgemeinschaft
FAZ	Frankfurter Allgemeine Zeitung
FDP	Freie Demokratische Partei
fl	Gulden (1 fl = 60 Kreuzer), seit dem 1.1.1875 entsprechend 1,71 Mark.
FRAKO	Frankfurter Kondensatorenfabrik G.m.b.H. (heute: FRAKO, Kondensatoren- und Apparatebau G.m.b.H.)
FWV	Freie Wählervereinigung
GAH	Gemeindearchiv Heimbach
GAT	Gemeindearchiv Teningen
Gb.	Gemeindeblatt
Gestapo	Geheime Staatspolizei
GLA	Generallandesarchiv Karlsruhe
HJ	Hitler-Jugend
kr	Kreuzer (auch x geschrieben), 60. Teil eines Guldens (fl)
M	Mark
Mio	Million(en)
ND	Nachdruck
NS	Nationalsozialismus, Nationalsozialist, nationalsozialistisch
NSDAP	Nationalsozialistische Deutsche Arbeiterpartei
NSKK	Nationalsozialistisches Kraftfahrkorps
NSV	Nationalsozialistische Volkswohlfahrt
PG	Parteigenosse
RM	Reichsmark
SA	Sturm-Abteilung
SiL	Zeitschrift ("Schau-ins-Land)
SPD	Sozialdemokratische Partei Deutschlands
SS	Schutz-Staffel
Statistik BW.	Statistik von Baden-Württemberg
SZ	Süddeutsche Zeitung
v.H.	von Hundert
Z	Zentner

Anmerkungen

Um den Anmerkungsteil nicht unnötig aufzublähen, wurden im allgemeinen nur die Archivsignaturen gebracht nach dem von Peter Schmidt herausgegebenen und bearbeiteten Repertorium: Inventare Badischer Gemeindearchive. Gemeinde Teningen, Landkreis Emmendingen. o.O. 1969/1982. 122 S.

1. Die unterschiedlich benannten Veröffentlichungen der Gemeinde werden vereinfachend als Gemeindeblatt (Gb.) bezeichnet.
2. FAZ 28.1.1987.
3. Kenzingen 34, Freiburg 25, Emmendingen 21, Herbolzheim 12, Waldkirch 1; Gb 25.1.1941, 7.1.1966.
4. Gb. 25.1.1941.
5. Gb. 28.7.1977.
6. Handbuch der deutschen Wirtschafts- und Sozialgeschichte, hg. von Hermann Aubin und Wolfgang Zorn. 2 Bände, Stuttgart 1971 und 1976, hier Bd. 1, S. 525.
7. Die Zeit Nr. 18 vom 27.4.1984.
8. SZ 19.8.1987.
9. Historisch-statistisch-topographisches Lexicon von dem Großherzogthum Baden, hg. von J.B. Kolb. 3 Bände, Karlsruhe 1813-1816, hier Bd. 2, S.54 (Heimbach), S. 170 (Köndringen), S. 332 (Nimburg), Bd. 3, S. 282f. (Teningen).
10. Das Großherzogtum Baden, historisch-geographisch-statistisch-topographisch beschrieben von A.J.V. Heunisch. Mit Beigaben von Dr. J. Bader. Heidelberg 1857, S. 683.
11. Die Jahre 1813-1865 nach Kolb (wie Anm. 9) und verschiedenen Jahrgängen des Hof- und Staatshandbuches; 1871-1961 nach Historisches Gemeindeverzeichnis Baden-Württemberg. Bevölkerungszahlen der Gemeinden von 1871 bis 1961 nach dem Gebietsstand vom 6. Juni 1961. Stuttgart 1965 (Statistik BW. Bd. 108). Für 1970: Gemeindestatistik 1971, Heft 1, Stuttgart 1972 (Statistik BW. Bd. 182). Für die letzten Jahre Gb.
12. Quellen zur Bevölkerungs-, Sozial- und Wirtschaftsstatistik Deutschlands 1815-1875, hg. von Wolfgang Köllmann. Bd. I: Quellen zur Bevölkerungsstatistik Deutschlands 1815-1875. Bearbeitet von Antje Kraus (Forschungen zur Deutschen Sozialgeschichte Bd. 2/I). Boppard a.Rh. 1980, S. 40.
13. Gb. 1.9.1977.
14. Das Folgende nach einem Abschnitt der Gemeindechronik; Gb. 9.1.1941.
15. Brockhaus' Konversations=Lexikon, 6. Band, 1893, S. 307.
16. Norbert Ohler: Quantitative Methoden für Historiker. München 1980, S. 138, Fig. 54 b.
17. Das Folgende nach GAT 501 und 504.
18. Handbuch (wie Anm. 6) Bd. 2, S. 518, Abb. 5.
19. Handbuch (wie Anm. 6) Bd. 2, S. 498.
20. Freiburger Zeitung vom 27.9.1884.
21. GAT 502.
22. GAT 504. 1913 erhält der Zähler der Obstbäume eine Vergütung von 3 Mark. Obstbaumzählung 1938 nach Gb. 26.9.1938.
23. Das Folgende nach Gb. 10.11.1937, 8.1.1965, 6.8.1976, 22.10.1981 sowie GAT 499 und 501. Ergänzend "Hanf" in Brockhaus' (wie Anm. 15) Bd. 8 (1893), S. 780, und "Flachsspinnerei", ebd. Bd. 6, 1893, S. 858ff.
24. Gb. 12.12.1969.
25. Das Folgende nach Auszügen aus der Gemeinde-Chronik; Gb. 7.11.1939, 29.5., 4. und 11.6.1965.
26. Badische Geschichte vom Großherzogtum bis zur Gegenwart. Hg. von der Landeszentrale für politische Bildung Baden-Württemberg. Stuttgart 1979, Karte S. 54 zum Struweputsch im September 1848.
27. Gb. 16.5.1975.
28. GAH Akten IX/502. Auf diese Quelle machte mich freundlicherweise Kreisarchivar Auer, Emmendingen, aufmerksam.
29. GAT 500.
30. GAT 504.
31. GAT H. I/3 und I/4 Armensachen.
32. Die Heimbacher Kirchenbücher finden sich verfilmt im Erzbischöflichen Diözesanarchiv, Freiburg: GRMN 67, Roll N° 2699; ein weiteres Exemplar im GAT.
33. GAT I/2 Armensachen.
34. Gb. 23.9.1982.
35. GAT 14/Heft 886 Auswanderung 1853ff.
36. GLA 350/1936 N° 44 - 474.
37. Das Großherzogtum Baden 1857 (wie Anm. 10) S. 250f.
38. GAT 617.
39. GAT 616.
40. GAT I/1 Armensachen.
41. Das Großherzogtum Baden 1857 (wie Anm. 10), S. 207.
42. Das Folgende nach Auszügen aus der Gemeindechronik; Gb. 23.10. und 6.11.1964.
43. Die Eisenbahnen und die bedeutenderen Post- und Dampfschiff-Verbindungen in Deutschland und den angrenzenden Ländern... Bearbeitet nach den Materialien des Königlichen Post-Cours-Bureau's. Amtliche Ausgabe Nr. 2, Berlin 1858. Und: Reichs-Kursbuch. Übersicht der Eisenbahn-, Post- und Dampfschiff-Verbindungen in Deutschland, Österreich-Ungarn, Schweiz... Bearbeitet im Kursbureau des Reichs-Postamts. Berlin 1901. Auch an dieser Stelle sei Herrn Dr. Klaus Lindner, Kartenabteilung der Staatsbibliothek Preußischer Kulturbesitz Berlin, für Kopien aus diesen Fahrplänen gedankt.
44. Nach Gb. 10.9.1976.
45. GAT 75: Brandschäden 1860-1903.
46. A.J.V. Heunisch: Beschreibung des Großherzogthums Baden. Stuttgart 1836, ND Freiburg i.B. 1978, S. 91.
47. Das Großherzogtum Baden in geographischer, naturwissenschaftlicher, geschichtlicher, wirtschaftlicher und staatlicher Hinsicht dargestellt. Karlsruhe 1885, Beilage.
48. Das Folgende nach der Festschrift der Eisen- und Hammerwerk GmbH

Teningen aus Anlaß des 200jährigen Jubiläums, Emmendingen o.J. (1971) sowie Beiträgen im Gb. vom 28.2.1941, 2.10., 6. und 20.11. sowie 4.12. 1965. Die Anzeige im "Hochberger Bote", Emmendingen, Nr. 1 vom 26.4.1866, wiedergegeben u.a. in Gb. 28.2.1941. Vgl. Wolfram Fischer: Der Staat und die Anfänge der Industrialisierung in Baden 1800-1850. 1. Bd. Die staatliche Gewerbepolitik. Berlin 1962.

49 Die hier und im nächsten Kapitel ausgewerteten Ortsbereisungsakten finden sich heute im Kreisarchiv Emmendingen.
50 92 ha Äcker und Wiesen 4.700,- M, Almend 2.948,- M, Wald 6.844,- M, Bürgerabgabeholz 8.562,- M.
51 GAT 692. Die Globalzahlen beziehen sich auf den 14.10.1913, die Einzelangaben zu Häusern und Wohnungen auf das Jahr 1909. Die Angaben ergänzt um Daten aus Ortsbereisungsprotokollen (wie Anm. 49).
52 Kopien der Protokolle stellte freundlicherweise Herr O. Vollmer, Teningen, dem Autor zur Verfügung.
53 Das Folgende nach einem Bericht des Bürgermeisters im Gb. 19.4.1941 und dem Protokoll der Ortsbereisung 1912.
54 Protokolle der Ortsbereisung 1894ff; Gb. 23.4.1965, 2.3.1978.
55 GAT 510, 894.
56 GAT 513.
57 Mitteilungen des Bezirksamtes wurden gelegentlich gedruckt, oft handschriftlich im Umdruckverfahren vervielfältigt. Das früheste mit der Schreibmaschine im Bezirksamt geschriebene Schriftstück, das dem Autor im GAT begegnet ist, ist auf den 20.7.1912 datiert.
58 Die Angaben sind entnommen den Akten GAT 11, 109, 151, 153, 154, 193, 675, 882 (Steuerregister, für ausgewählte Gehälter), 890, 894, Protokollen der Ortsbereisung 1898, 1912 und 1914, ferner einzelnen Ausgaben der Breisgauer Zeitung, 1870 und 1884.
59 Die Zehntablösung, auf die der Autor in dieser Chronik nicht eingehen konnte, zog sich durch viele Jahrzehnte des 19. Jahrhunderts. So wurde etwa der dem Pfarrer zukommende "Grundbirnen- oder Erdäpfelzehnt" 1792 mit 120 Gulden und 2 Losen am Allmendwald abgelöst, der Bienen-, Wachs- und Honigzins 1833 mit 30 fl (Gb. 15.5.1965).
60 1876 wird dem Bürgermeister als Standesbeamten eine Zulage in Höhe von 170 M pro Jahr von Gemeinderat und Bürgerausschuß bewilligt.
61 Davon entfallen auf die Gemeinde 320, auf den Staat 80 fl.
62 Gb. 2./17.7.1965.
63 Nach einer Erhebung von 1920 "nur" 76: 69 Gefallene, vier an Verwundung und Krankheit Gestorbene, 3 Vermißte. GAT 894.
64 GAT IX/697.
65 GAT IX/687, 691.
66 Dies und das Folgende nach GAT IX/687.
67 GAT IX/693.
68 GAT IX/690.
69 GAT XV (Statistik) 894.
70 GAT 165. Sick legte sein Amt am 13.6.1934 nieder.
71 Festschrift "50 Jahre Freiwillige Feuerwehr Teningen" (1973) S. 19.
72 Badische Gemeindestatistik, Karlsruhe 1927, S. 26f., 108f. Die Religionszugehörigkeit in Baden nach der Volkszählung vom 16. Juni 1925. Karlsruhe 1926, S. 10.
73 GAT 530.
74 GAT IX/683.
75 Statistisches Jahrbuch für das Land Baden, 1938, S. 69.
76 Dieses und das Folgende nach GAT I/11 Unterstützung einzelner Personen.
77 Statistisches Jahrbuch (wie Anm. 75), S. 213.
78 Ebd., S. 213.
79 Gb. 30.4.1940.
80 In Fortsetzungen im Gb. seit dem 19.8.1938 veröffentlicht.
81 Gb. 15.5.1941.
82 Gb. 30.11.1940.
83 Zum Aufstieg der Nationalsozialisten in Baden vgl. Ernst Otto Bräunche: Die NSDAP in Baden 1928-1933. Der Weg zur Macht, in: Die Machtergreifung in Südwestdeutschland. Hg. von Thomas Schnabel. Stuttgart usf. 1982, S. 15-48. Ferner: Friedrich-Martin Balzer/Karl Ulrich Schnell: Der Fall Erwin Eckert. Zum Verhältnis von Protestantismus und Faschismus am Ende der Weimarer Republik. Köln 1987, S. 48ff. (u.a. zur Bedeutung Tscheulins).
84 GAT 172.
85 GAT 172, 180.
86 GAT 180.
87 GAT 165.
88 GAT 165.
89 Gb. 13.5.1939.
90 Ebd.
91 GAT 180; Gb. 30.5.1975.
92 GAT 39.
93 GAT 146; Foto im Gb. 30.9.1939.
94 Gb. 5.4.1939.
95 GAT 199.
96 Gb. 20.10.1937.
97 GAT 1176.
98 GAT 194; Gb. 3.12.1938, 20.3.1939.
99 Gb. 6.4.1938.
100 Gb. 10.4.1938.
101 Diese und die folgenden Angaben nach Gb. der Jahre 1937-1939; ferner GAT I/11 und I/7.
102 Vgl. Norbert Ohler: Trägerinnen des "Ehrenkreuzes der deutschen Mutter" in Teningen. Zur Sozialgeschichte eines Breisgauortes. In: SiL 104 (1985) S. 153-166.
103 GAT 194, 890, 891, 146, 746.
104 Gb. 12.6.1937; GAT 505.
105 GAT 501.
106 GAT 501.
107 GAT 700.
108 GAT 510.

109 GAT 501.
110 GAT 146, 522.
111 GAT 146, 520.
112 GAT 577.
113 GAT 146, 572.
114 GAT 146.
115 Gb. 19.8.1938.
116 GAT 91.
117 GAT 891.
118 GAT 1197, 1193.
119 GAT 52.
120 Ortsbauplan vom 6.2.1941; GAT 37.
121 Gb. 12.7.1937.
122 Gb. 27.5.1937.
123 GAT 199.
124 GAT 146.
125 GAT 104.
126 Gb. 4.2.1939, 19.4.1941.
127 GAT 146.
128 Gb. 10.10.1939.
129 Gb. 12.6. und 20.10.1937, 19.4.1941.
130 Gb. 19.6.37.
131 GAT 891.
132 GAT 674.
133 Gb. 27.5.1937.
134 Gb. 25.7.1938, 5.4.1939.
135 GAT 146.
136 GAT 149, 52.
137 GAT 621.
138 Gb. 17.10.1969.
139 Gb. 1.7.1939.
140 Gb. 30.4.1965; hier bleibt die Huldigung an das Großdeutsche Reich 1939 unerwähnt.
141 GAT 698.
142 GAT IV/74.
143 Das Folgende nach GAT 148, 501, 510, 614, Gb. 24.3., 7.8. und 7.12 1937, 10.2., 6.4. und 12.9.1938 sowie 19.8.1939.
144 GAT 614.
145 GAT 194.
146 GAT 74, 79, 697.
147 GAT 686. In Teningen gab es 1936 36 leichte und 20 schwere ungefederte Kastenwagen (Tragfähigkeit bis zu 15 bzw. bis zu 24 Z), 5 "Plattenwagen", aber keine gefederten Wagen.
148 GAT IX/686 und 703. Im September 1944 mußten vorgeführt werden (Gesamtbestand jeweils in Klammern): In Heimbach 1 (28), Köndringen 11 (27), Nimburg 5 (13), Teningen 5 (13) Pferde, die bis zu fünfzehn Jahre alt waren; der Eröffnungsbescheid war mit Unterschrift zu bestätigen.
149 GAT 699.
150 Gelegentlich heißt es auch verschlüsselt (?) "W-Bauten"; GAT 674, 700. Zum Krieg vgl. Josef F. Göhri: Breisgauer Kriegstagebuch 1939-46. Horb a.N. 1984 (zahlreiche dokumentarische Fotos). Vgl. Norbert Ohler: Teningen im Zweiten Weltkrieg, in: SiL 107 (1988) S. 195-226.
151 GAT IX/698.
152 Dies und das Folgende nach GAT 674.
153 GAT 58.
154 GAT 702.
155 GAT 703.
156 Gb. 15.2.1941.
157 GAT 530.
158 Gb. 28.2.1941.
159 Schreiben vom 31.7.1941, GAT 702.
160 GAT 701.
161 GAT 701.
162 GAT 702.
163 GAT 530.
164 GAT 530.
165 Norbert Ohler: Zum Kriegsende 1945 in Teningen, in: 's Eige zeige'. Jahrbuch des Landkreises Emmendingen für Kultur und Geschichte 3 (1989) S. 177-194, hier S. 178. Auch an dieser Stelle sei Frau Elfriede Baumann dafür gedankt, daß sie das Tagebuch ihrer Mutter dem Autor zugänglich machte.
166 GAT 141.
167 GAT 707.
168 GAT 706, 141.
169 Eine bezeichnende Einzelheit: Die "Frz. Streitkräfte von Freiburg" luden am 18. und 19. Juni 1988 zu Tagen der "Offenen Tür" ein. General Voinot eröffnete das Vorwort zum gedruckten Programmheft mit dem markigen Satz: "Depuis le 21 avril 1945, les forces francaises tiennent garnison à Fribourg." "Seit 21. April 1945 ist Freiburg Garnison der Französischen Streitkräfte." Ähnlich dürfte gelegentlich zu Tagen der offenen Tür in Teningen eingeladen worden sein.
170 25.9.1945; GAT 707.
171 GAT 707.
172 Das Folgende nach GAT IV/1 80, 141, 154, 162, 181, 189, 699, 710.
173 GAT 699.
174 Ernst von Salomon: Der Fragebogen. Reinbek bei Hamburg 1951 u.ö.
175 Danach gab es im Mai 1946 in Teningen folgende Handwerksmeister: 1 Automechaniker, 4 Bäcker, 1 Bauunternehmer, 1 Blechner, 1 Elektroinstallateur, 2 Friseure, 2 Gärtner(in), 1 Gipser, 1 Korbmacher, 2 Maler, 1 Maurer, 3 Mechaniker, 2 Metzger, 1 Mühlenbauer, 1 Sattler, 1 Schlosser, 3 Schmiede, 2 Schneider, 4 Schreiner, 3 Schuhmacher, 1 Uhrmacher, 2 Wagner, 2 Zimmerer.
176 Mindestens zwei Russen sind während des Krieges in Teningen gestorben; 1950 wurden sie exhumiert und auf ein Sammelgrab in Friedrichshafen umgebettet. GAT 701. Wie wenig die Wehrmacht Russen als "Ka-

meraden" behandelt hat, wollte die deutsche Öffentlichkeit auch noch Jahrzehnte nach Kriegsende nicht wahrhaben. 58 Prozent aller russischen Soldaten haben die deutsche Kriegsgefangenschaft nicht überlebt (in absoluten Zahlen: etwa 3,3 Millionen Sowjetsoldaten sind hier umgekommen!); im Ersten Weltkrieg hatte die "Todesrate" von Russen in deutschen Kriegsgefangenenlagern dagegen nur etwa fünf Prozent betragen. Deutsche Soldaten hatten im Zweiten Weltkrieg eine wesentlich höhere Überlebenschance, wenn auch hier die Verluste schrecklich hoch waren: 37 Prozent von ihnen kamen in russischen Lagern um. Vgl. Christian Streit: Keine Kameraden. Die Wehrmacht und die sowjetischen Kriegsgefangenen 1941-1945. Stuttgart 2. Auflage 1981 (Studien zur Zeitgeschichte, Bd. 13).
177 Gb. 26.11.1981.
178 Gemeindestatistik des Landes Baden-Württemberg, Ausgabe 1949. Freiburg i.B. o.J.
179 Vgl. Heimbach/Breisgau. 759 - 1500 - 1777 - 1977. Gedanken und Anregungen aus der Geschichte des Dorfes, der Kirche und der Orgeln. Hg. vom Katholischen Pfarramt Heimbach. München, Zürich 1978, S. 6ff.
180 Dies und das Folgende nach GAT 194, 399, 699, 704, 710.
181 GAT 140, 904.
182 Seit einigen Jahren ist es üblich, Frauen im Schrifttum sprachlich zu berücksichtigen (Student/in, Fachfrau, Kauffrau) - ein Stück Wiedergutmachung für generationenlange Diskriminierung. Der Autor versucht einen Mittelweg - unter Verzicht auf Besonderheiten (etwa Ersatz des unpersönlichen Fürwortes "man" durch "man/frau" u.ä.).
183 GAT 699.
184 GAT 705.
185 BZ 11.1.1950.
186 GAT 530.
187 GAT 532.
188 GAT 141.
189 Bürgermeisteramt Teningen an die Zeitung "Das Volk" 1.2.1947; GAT IV/1 140.
190 GAT 747.
191 Dies und das Folgende nach GAT 180, 181, 184.
192 Von den gültigen Stimmen entfielen bei der Bürgermeisterwahl 1965 auf Bürgermeister Schmidt 99,6%, 1987 auf Bürgermeister Jäger 91,9%; Gb. 9.10.1965, 7.11.1988.
193 GAT IV/1 140.
194 Gb. 9.2.1961.
195 Gb. 23.12.1958.
196 Gb. 14.8.1964.
197 Das Folgende nach Gb. 9.2.1961, 23.7. und 3.12. 1976 sowie 12.7.1979.
198 Gb. 5.8.1982.
199 Gb. 6.2.1976.
200 Gb. 31.12.1965, 24.2.1983 bzw. 19.11.1987.
201 Gb. 15.6.1978.
202 Gb. 7.1.1966 und 7.2.80, ferner Rudolf Laufer: Industrie und Energiewirtschaft im Land Baden 1945-1952. Südbaden unter französischer Besatzung (Forschungen zur oberrheinischen Landesgeschichte 28), Freiburg i.B. München 1979, S. 127.
203 Festschrift 50 Jahre FRAKO. 1928-1978. o.O., o.J.
204 Gb. 5.2.1962 und 14.1.1967.
205 Gb. 9.2.1961; FAZ 12.9.1987.
206 Land, Landkreis und Anlieger brachten 125.000 DM auf, die Gemeinde 75.000 DM, von denen 23.000 aus einem außerordentlichen Holzerlös stammten. Rückblick auf das Jahr 1967, Gb. 29.12.1967.
207 Gb. 26.10.1961.
208 Gb. 14.11.1975.
209 Gemeinde Teningen: Planungsgutachten B3 neu. Stuttgart 1978, S. 105. - Im Gespräch ist auch eine neue, für Hochgeschwindigkeitszüge geeignete Trasse der Eisenbahn Frankfurt-Basel.
210 Gb. 9.2.1978 bzw. 9.4.1981.
211 Gb. 19.5.1988.
212 Gb. 28.4.1988.
213 Gb. 1.4.1967.
214 Landkreis Emmendingen. Verwaltungs- und Rechenschaftsbericht für das Rechnungsjahr 1971, S. 73; ferner Gb., verschiedene Ausgaben.
215 Gb. 18.1.1974.
216 Gb. 23.2.1978, 16.2.1987.
217 Gb. 15.8.1975. Ende Juni 1946 beschäftigte die Gemeinde Teningen insgesamt acht Beamte, Angestellte und Arbeiter; GAT 194.
218 Gb. 29.3.1984, 19.2.1987; BZ 26.1.1987; Gb. 24.3.1988; FAZ 22.3.1988; Gb. 29.6.1989.
219 Gb. 19.12.1962.
220 Gb. 20.4.1967, 22.9.1977, 15.5.1965.
221 Gb. 28.1.1958.
222 Gb. 12.10.1954, 9.6.1958.
223 Gb. 29.3.1955.
224 Sanierung Teningen. Bestand, Bedarf, Methode. Gutachten zur städtebaulichen Erneuerung der Gemeinde Teningen. Im Auftrag der Gemeinde Teningen angefertigt durch die Deutsche Bauentwicklung (DBE) GmbH. 2 Teile. Stuttgart 1972.
225 Gb. 31.3.1983.
226 Gb. 14.1.1955.
227 Ausdruck einer Haltung unter Jugendlichen in den 80er Jahren, betont eine von Lustlosigkeit, Desinteresse und Ablehnung geprägte Einstellung.
228 Gb. 30.12.1982.
229 Gb. 22.8.1985.
230 Gb. 16.7.1966.
231 Gb. 29.10.1981.
232 Gb. 28.10.1982, 23.2.1978.
233 Ältere Mitbürgerinnen sind oft stolz auf das "Fräulein", obwohl diese Anrede seit einigen Jahren in Mißkredit geraten ist und sechzehnjährige Mädchen das Recht haben, mit "Frau" angesprochen zu werden.

234 Gb. 9.8.1979; 75 Jahre Viktor-von-Scheffel-Schule Teningen. 1904-1979. Hg. von der Viktor-von Scheffel-Schule Teningen im Jubiläumsjahr 1979.
235 Gb. Weihnachten 1957.
236 Gb. 23.11.1984.
237 Gb. 2. und 30.12.1982, 19.12.1975, 14.1.1988.
238 FAZ 5.9.1987.
239 Gb. 21.5.1976.
240 Gb. 16.1.1983.
241 Gb. 19.12.1962.
242 Titel eines vieldiskutierten Buches von D. Meadows u.a. (Die Grenzen des Wachstums. Bericht des Club of Rome zur Lage der Menschheit. 1972., deutsch: Stuttgart 1973), das ein die 1970er Jahre charakterisierendes Schlagwort lieferte.
243 Gb. 21.1.1982.
244 Z.B. Gb. 5.2.1962, 14.7.1988.
245 Gb. 23.9.1954.
246 Gb. 19.4.1987. Eine erweiterte Liste enthält Backofenreiniger, Leuchtstoffröhren, Tapetenkleister und gut siebzig weitere Schadstoffe; Gb. 28.4.1988.
247 Z.B. Gb. 21.3.1985.
248 Z.B. Gb. 6.9.1984.
249 Mündliche Auskunft von Bürgermeister Jäger dem Autor gegenüber.
250 Staatsanzeiger für Baden-Württemberg 21 (1972) Nr. 76 vom 23.9.1972, S. 2. - Mit anderen Dokumenten Teil einer Ausstellung in Emmendingen unter dem Titel "Wyhl und Widerstand"; in einem ausführlichen Bericht riet das Gb. am 15.4.1977 nachdrücklich zum Besuch dieser Ausstellung. In geheimer Abstimmung sprach sich der Gemeinderat mit 16 : 8 : 2 Stimmen gegen den Bau des Kernkraftwerks bei Wyhl aus; Gb. 19.4.1983.

Literatur

Baden. Land Staat Volk 1806-1871. Hg. vom Generallandesarchiv Karlsruhe, bearbeitet von Kurt Andermann u.a. (Schriftenreihe der Gesellschaft für kulturhistorische Dokumentation, Bd. 3). Karlsruhe 1980.
Badische Gemeindestatistik. Bearb. vom Statistischen Landesamt. Karlsruhe 1927.
Badische Geschichte. Vom Großherzogtum bis zur Gegenwart. Hg. von der Landeszentrale für politische Bildung Baden-Württemberg. Stuttgart 1979.
Bausinger, H., Eschenburg, Th. u.a.: Baden-Württemberg. Eine politische Landeskunde. Hg. von der Landeszentrale für politische Bildung Baden-Württemberg. Stuttgart 1975.
Becker, J. u.a.: Badische Geschichte vom Großherzogtum bis zur Gegenwart. Hg. von der Landeszentrale für politische Bildung Baden-Württemberg. Stuttgart 1975.
Boelcke, Willi A.: Wirtschaftsgeschichte Baden-Württembergs. Von den Römern bis heute. Stuttgart 1987.
Bräunche, Ernst Otto: Die NSDAP in Baden 1928-1933. Der Weg zur Macht, in: Die Machtergreifung in Südwestdeutschland. Hg. von Thomas Schnabel. Stuttgart 1982
Festschrift 50 Jahre FRAKO. 1928-1978. o.O., o.J.
Fischer, Wolfram: Der Staat und die Anfänge der Industrialisierung in Baden 1800-1850. 1. Bd.: Die staatliche Gewerbepolitik. Berlin 1962.
Fischer, Wolfram, Jochen Krengel und Jutta Wietog (Hg.): Materialien zur Statistik des Deutschen Bundes 1815-1870 (Sozialgeschichtliches Arbeitsbuch, Bd. I). München 1982 (Beck'sche Elementarbücher).
Gesamtübersicht der Bestände des Generallandesarchivs Karlsruhe. Hg. vom Generallandesarchiv Karlsruhe, bearb. von Manfred Krebs. 2 Teile Stuttgart 1954.
Göhri, Josef F.: Breisgauer Kriegstagebuch 1939-1946. Horb a.N. 1984.
Gordes, Günter.: Die militärische Besetzung von Baden-Württemberg 1945. In: Historischer Atlas von Baden-Württemberg, Beiwort zu Karte VII/10, 1979/80.
Das Großherzogtum Baden in geographischer, naturwissenschaftlicher, geschichtlicher, wirtschaftlicher und staatlicher Hinsicht dargestellt. Mit vollständigem Ortsverzeichnis. 1885.
Handbuch der Deutschen Wirtschafts- und Sozialgeschichte. Hg. von Hermann Aubin und Wolfgang Zorn. 2 Bdd. Stuttgart 1971 und 1976.
Heunisch, A.J.V.: Das Großherzogthum Baden historisch-geographisch-statistisch-topographisch beschrieben. Mit Beigaben von J. Bader. ^{2}1857.
Historischer Atlas von Baden-Württemberg. Hg. von der Kommission für Geschichtliche Landeskunde in Baden-Württemberg. Wissenschaftliche Gesamtleitung M. Miller u.a. Nebst Erläuterungen. Stuttgart 1972ff.
Historisch-statistisch-topographisches Lexicon von dem Großherzogtum Baden. Hg. v. J.B. Kolb. 3 Bdd. Karlsruhe 1813.
Inventare Badischer Gemeindearchive: Gemeinde Teningen, Landkreis Emmendingen. Bearb. von Peter Schmidt. o.O. 1969/1982.
Kuntzemüller, Albert: Die bad. Eisenbahnen 1840-1940. Freiburg i.B. 1940.

Laufer, Rudolf: Industrie und Energiewirtschaft im Land Baden 1945-1952. Südbaden unter französischer Besatzung (Forschungen zur oberrheinischen Landesgeschichte, 28). Freiburg i.B., München 1979.

Der Oberrhein in Geschichte und Gegenwart. Von der Römerzeit bis zur Gründung des Landes Baden-Württemberg. Redaktion: Horst Buszello. Freiburg i.B. 1986 (Schriftenreihe der Pädagogischen Hochschule Freiburg, Bd. 1).

Ohler, Norbert: Trägerinnen des "Ehrenkreuzes der deutschen Mutter" in Teningen. Zur Sozialgeschichte eines Breisgauortes. In: SiL 104 (1985) S. 153-166.

Ott, Alfred E. (Hg.): Die Wirtschaft des Landes Baden-Württemberg. Stuttgart 1984 (Schriften zur politischen Landeskunde in Baden-Württemberg, Bd. 7).

Die Religionszugehörigkeit in Baden in den letzten 100 Jahren; auf Grund amtlichen Materials mit 26 Karten. Bearb. und hg. vom Badischen Statistischen Landesamt. Freiburg i.B. 1928.

Quellen zur Bevölkerungs-, Sozial- und Wirtschaftsstatistik Deutschlands 1815-1875, hg. von Wolfgang Köllmann. Bd. I: Quellen zur Bevölkerungsstatistik Deutschlands 1815-1875. Bearbeitet von Antje Kraus (Forschungen zur Deutschen Sozialgeschichte Bd. 2/I). Boppard a.Rh. 1980, S. 40.

Sanierung Teningen. Bestand, Bedarf, Methode. Gutachten zur städtebaulichen Erneuerung der Gemeinde Teningen. Im Auftrag der Gemeinde Teningen angefertigt durch die Deutsche Bauentwicklung (DBE) GmbH. 2 Teile. Stuttgart 1972.

Schnabel, Thomas (Hg.): Die Machtergreifung in Südwestdeutschland. Das Ende der Weimarer Republik in Baden und Württemberg 1928-1933. 1982 (Schriften zur politischen Landeskunde Baden-Württembergs, Bd. 6).

Schwarz, H.P.: Die Ära Adenauer 1949-1957 Wiesbaden 1981 (Geschichte der Bundesrepublik Deutschland Bd. 2).

Schwarzmaier, Hansmartin (Bearb.): Der deutsche Südwesten zur Stunde Null. Zusammenbruch und Neuanfang im Jahr 1945 in Dokumenten und Bildern. 1975.

Schwarzmaier, Hansmartin (Hg.): Landesgeschichte und Zeitgeschichte. Kriegsende 1945 und demokratischer Neubeginn am Oberrhein. 1985 (Oberrheinische Studien Bd. 5).

Stiefel, Karl: Baden 1648-1952. 2 Bdd. Karlsruhe 1977.

Wurzeln des Wohlstands. Bilder und Dokumente südwestdeutscher Wirtschaftsgeschichte. Stuttgart 1984, hg. von der Industrie- und Handelskammer Baden-Württemberg

Bräuche im Jahres- und Lebenslauf.

Kristiane Schmalfeldt

Bräuche sind in den letzten Jahren wieder aktuell geworden: Jeder Heimatverein veranstaltet regelmäßig seinen Brauchtumsabend, scheinbar uralte Bräuche, wie Kräuterweihe und Scheibenschlagen, werden durch Kirche und Vereine mit viel Engagement neu belebt.
Was aber ist ein Brauch? Beim Stellen dieser Frage merkt man, wie schwer sie zu beantworten ist.
Hier sollen nur einige Elemente Erwähnung finden, die wesentlich Bestandteil von Bräuchen sind[1]:
Bei Bräuchen handelt es sich um regelmäßig wiederkehrende Vorgänge, die auf Vereinbarung beruhen. Bräuche sind von der Sitte (auf sozialen Normen beruhendes äußeres Verhalten) gefordertes, sozial bestimmtes und bei wiederkehrenden Anlässen geübtes traditionelles Verhalten, das in Rituale gefaßt wird.
Bräuche sind demnach wiederkehrendes tradiertes kollektives Handeln. Sie werden konstituiert durch:

- Tradition. Die Wiederholung gehört zum Brauch.
- Gemeinschaft, Gruppe, die den Brauch trägt.
- Allgemeinverbindlichkeit für diese Gruppe.
- Sinn des Brauches, der den Brauchausübungen bewußt sein muß.

Bräuche sind funktionell an Zeit, Raum und Gesellschaft gebunden; daher sind sie auch Zeichen, in denen sich das gesellschaftliche Leben und das Wertesystem der sie tragenden Gruppen ausdrückt, für die sie verpflichtend sind. Sie sind bedeutsam "als Ausdruck der Freude oder auch der Trauer, der Zustimmung oder auch des Protestes, oft als Stütze für die Lebensbewältigung derjenigen, die sie ausüben oder an ihnen teilhaben"[2].
Bräuche, die Fest- und Alltag bestimmen, erlebt man im Jahres- und im Lebenslauf. Da dieses alte Ordnungsprinzip sich in der Praxis nach wie vor als hilfreich erwiesen hat, wird auch diese Darstellung ihm folgen[3].
Dabei ist zu bedenken, daß Teningen, Nimburg und Köndringen ehedem zur Markgrafschaft Baden-Durlach gehörten und daher evangelisch waren. Bis zu Beginn dieses Jahrhunderts gab es in allen drei Orten kaum einen Katholiken: Teningen hatte beispielsweise 1870 bei 1409 Protestanten 16 katholische Einwohner[4], in Nimburg und Köndringen war das Verhältnis ähnlich. Heimbach dagegen als ehemals vorderösterreichischer Besitz war katholisch. Aus diesem konfessionellen Unterschied ergeben sich unterschiedliche Bräuche: Heimbach hebt sich in vielem von den anderen drei Orten ab, so z.B. was Fastnacht betrifft. Für Teningen, Nimburg und Köndringen lassen sich viele Gemeinsamkeiten feststellen, und Unterschiede machen sich eher durch die verschiedenartige Sozialstruktur bemerkbar, so durch die frühere Industrialisierung Teningens. (In diesem Zusammenhang mag ein Hinweis auf den Beitrag Norbert Ohlers genügen).
Als ergiebige Quellen erwiesen sich in erster Linie die ausführlichen Protokolle von der Visitation der evangelischen Pfarrgemeinden. In regelmäßigen kurzen Abständen wurde die Visitation durchgeführt und dazu ein ausführlicher Bericht des visitierenden Dekans sowie eine Zustandsbeschreibung der Gemeinde durch den jeweiligen Pfarrer verfaßt.
Die hier berücksichtigten Protokolle (die älteren sind in den Beiträgen von Peter Schmidt und Wolfgang Weber ausgewertet worden) gehen bis 1797 zurück: Am 9.3.1796 ordnete Markgraf Carl Friedrich von Baden die jährliche Visitation der Pfarreien an; die *Neudurchgesehene Visitations-Fragen für sämtliche Hochfürstl. Badische Evangelische Lande* umfaßten 119 Fragen, die nach Art der Aufklärung von der Sonntagspredigt bis zur Schulhaltung alles zu erfassen suchten. Je nach der Ausführlichkeit der Antworten kann sich so ein relativ vollständiges Bild der jeweiligen Gemeinde ergeben.
In späteren Jahren vereinfachte sich das Verfahren auf die oben erwähnten Berichte[5]. Für Heimbach gibt es Vergleichbares leider nicht, zwar fanden auch hier Visitationen statt, aber die vorhandenen Berichte, die sich meist mit gottesdienstlichen Fragen beschäftigten, sind in keiner Weise ähnlich ergiebig[6]. Dazu kommen mündliche Befragungen von Gewährsleuten in allen vier Orten[7]. In diesem Fall lag der Schwerpunkt der Erinnerungen ungefähr zwischen 1910 bis 1930. Ziel der Untersuchung sollte es auch nicht sein, heutiges Dorfleben zu dokumentieren; das hätte die Aufgabe eines weiteren Beitrags sein können, so vielfältig sind die Veränderungen, die sich in

den letzten Jahrzehnten vollzogen haben.
Hier sollen vielmehr, ohne Anspruch auf Vollständigkeit zu erheben, einige Bräuche im Jahres- und Lebenslauf vorgeführt werden, die für die Dorfgemeinschaft bedeutsam waren und deren Leben gliederten, gestalteten und bestimmten.

Bräuche im Jahreslauf

I

Da der **Weihnachtsfestkreis** von Advent bis Epiphanie zusammengehört, und der Jahreswechsel in ihn miteingeschlossen ist, soll er am Beginn stehen.
Die Weihnachtszeit wird durch den Advent eingeleitet, dessen äußeres Zeichen der **Adventskranz** ist. Er gehört zu den jüngeren Phänomenen der Adventszeit und geht auf die Adventsfeiern im Rauhen Haus in Hamburg zurück, das 1833 von Johann Heinrich Wichern (1808-81), dem Begründer der Inneren Mission, als Erziehungsanstalt eingerichtet wurde. Um 1850 herum wurden dort auf einem großen Kronleuchter für jeden Tag des Advents eine Kerze aufgesteckt, die Sonntage waren durch größere Kerzen hervorgehoben. Es handelt sich hier also um einen sehr jungen, genuin städtischen und protestantischen Brauch. So verbreitete er sich zuerst auch von den protestantischen Städten aus: von Norden nach Süden, von den Städten auf das Land, von evangelischen Gebieten in katholische. Die bündische Jugend übernahm zuerst die Idee und trug sie weiter. Erst in den 30iger Jahren fand der Adventskranz größere Verbreitung; zur Verwendung im Familienkreis kam es vielfach durch die Anregung von Schule und Kirche, denn die letztere hatte gern die einprägsame Lichtsymbolik des Adventskranzes aufgegriffen. Eine Umfrage für den Atlas der deutschen Volkskunde, veröffentlicht 1932, zeigt, daß damals in Südwestdeutschland der Adventskranz noch längst nicht überall bekannt war. Endgültig auch in katholischen Gebieten konnte sich der Adventskranz erst nach dem 2. Weltkrieg durchsetzen[8].
So scheint er auch in **Teningen** vor den 30iger Jahren unbekannt gewesen zu sein. Zu dieser Zeit gab es ihn dann in der Kirche, in den Familien war er noch nicht verbreitet; dort fand er um 1935 Einlaß. Vielleicht war hierbei nicht nur die Kirche, sondern auch der BDM brauchinnovierend, denn bei dessen Heimabenden gab es einen Adventskranz. In **Köndringen** war er bis 1930 ebenfalls unbekannt; dort wurde er von den Kindern aus der Schule mitgebracht.

Am **Nikolausabend** kam in den drei evangelischen Orten der **Buckesel** (Teningen) ins Haus. In **Köndringen** hieß er "Bollischbock", in **Nimburg** "Burgesel". Er trug einen dunklen Lodenumhang, Mütze oder Kapuze und hatte einen Hanfzopf als Bart. Dazu kamen ein Sack und eine Kette, mit der er bereits auf der Treppe unheilverkündend rasselte (*wenn man die Kette rasseln hörte, blieb einem das Herz stehen*). Der Buckesel examinierte die Kinder, die vorbeten oder ein Gedicht aufsagen mußten. Wer das nicht konnte, wurde in den Sack gesteckt oder an die Kette gelegt, desgleichen "ungezogene" Kinder. Es fand eine Abrechnung mit den Sünden und Fehlern des vergangenen Jahres statt, und überhaupt nahm der Buckesel die Gelegenheit wahr, den Kindern richtig Angst einzujagen. Es ist wohl bezeichnend, daß in den Erinnerungen diese Auftritte einen lebhafteren Eindruck hinterlassen haben als das Weihnachtsfest. Anschließend schüttete der Buckesel den Sack mit Äpfeln und Dörrobst, vereinzelt auch mit *Zuckerbrödli* in die Stube. Eventuell bekamen die danach haschenden Kinder noch einige Schläge mit der Rute ab. Oft kam als Begleitfigur noch das **Christkind** mit, das aber, entgegen der heutigen Vorstellung, nicht von einem Kind, sondern von einer erwachsenen Frauengestalt verkörpert wurde und einen weißen Schleier vor dem Gesicht trug. Der Buckesel wurde stets von einem Mann dargestellt; vermutlich waren auch hier wie so oft die jungen unverheirateten Männer die Brauchträger[9]. Diese Aussagen beziehen sich auf etwa 1910 - 1930. In **Nimburg** fand etwa 1920/30 der allmähliche Übergang vom Burgesel zum Nikolaus statt. In **Heimbach** dagegen kam immer Nikolaus mit Knecht Rupprecht. In **Köndringen** bekam Elard Hugo Meyer am Ende des 19. Jahrhunderts in seiner groß angelegten Fragebogenaktion zum badischen Volksleben, die

auch Köndringen mit einschloß die Auskunft:
In Köndringen (Emmend.) hörte ich "den Nikolaus führen wir nicht[10].
Wie erklärt sich dieser seltsame Widerspruch?
Die restriktive Pädagogik-Examinierung und Einschüchterung der Kinder, Belohnung der "braven" und harte Bestrafung der "bösen" weist deutlich auf den Ursprung des Nikolausbrauchtums hin: Die Klosterschulen des Mittelalters[11]. Dort war das Kinderbischofsfest üblich, das am Tag der Unschuldigen Kinder (28. Dez.) gefeiert wurde. Die Klosterschüler wählten dazu aus ihrer Mitte den Kinderbischof; an diesem Tag wurden die Rollen im Kloster umgekehrt und den Schülern gehörte die Macht. Im späten Mittelalter wurde dieses Fest auf den Nikolausabend verlegt; das hängt mit der wachsenden Verehrung des hl. Nikolaus zusammen, die im Westen mit der Translation der Reliquien von Myra nach Bari 1087 begann. Im Osten hatte der Nikolauskult bereits vom 6. - 9. Jh. einen ersten Höhepunkt erreicht. Dabei können kaum Aussagen über das historische Leben des Heiligen gemacht werden; vermutlich hat hier eine Verschmelzung des im 4. Jh. lebenden Bischofs von Myra, sowie des gleichnamigen Abtes von Sion (gest. 564) stattgefunden. In den frühesten schriftlichen Zeugnissen, der Schrift des Methodius ad Theodorum (vor 843) und der Vita des Metaphrast (814-842) ist sein Leben bereits legendenhaft ausgeschmückt und mit den üblichen hagiographischen Topoi versehen.
Die zahlreichen Nikolauskirchen des 12. und 13. Jahrhunderts bezeugen das rasche Anwachsen des Kults im Westen. Zum Gabenbringer und Kinderpatron, neben unzählbaren anderen Patronaten, wurde der Heilige vor allem durch die Jungfrauenlegende, die bereits in den oben erwähnten Schriften vom Leben des Heiligen und seinen Wundertaten auftaucht: Danach will ein verarmter Vater seine drei Töchter der Prostitution preisgeben; Nikolaus, Erbe eines großen Vermögens, hört davon und wirft heimlich nachts drei goldene Kugeln durchs Fenster, die den drei Mädchen eine Mitgift und damit eine Heirat ermöglichen.
Als zweites kommt die Legende von der Auferweckung der drei getöteten Schüler hinzu, die in Nordfrankreich im 12. Jahrhundert entstanden ist: Drei fahrende Schüler oder Kleriker (das deutet schon auf das Milieu der Entstehung, die Klosterschulen hin) kehren nachts in einer Herberge ein. Da der Wirt bei ihnen Geld vermutet, bringt er sie um und steckt die Leichen in ein Pökelfaß. Nikolaus entdeckt diese Untat, betet für sie und erweckt sie wieder zum Leben. Die weite Verbreitung beider Legenden wird durch die Ikonographie bezeugt, so u.a. im 14. Jh. auf einem Glasfenster an der Südseite des Freiburger Münsters. Durch das Kinder- und Schülerpatronat bedingt - schon die Jungfrauenlegende enthält das Element des Schenkens - wurde der Nikolaustag zum Kinderbeschertermin, dem eine vorherige Examinierung der Kinder durch den Heiligen vorausging. Dabei wurde der Heilige von Teufelsfiguren begleitet, die die Kinder bedrohten und im Falle des Versagens gemäß der mittelalterlichen Pädagogik mit der Rute straften. Typische Attribute des teuflischen Begleiters waren Kette und Sack, in den "unartige" Kinder gesteckt wurden, gemäß der Anschauung, daß der Teufel die verdammten Seelen auf seinem Rücken zur Hölle trage. Es wurden also gleichsam in exemplarischer Weise zwei Möglichkeiten vorgestellt: Fleiß und gutes Verhalten erfuhren ihre Belohnung durch den Heiligen, Faulheit und Gottlosigkeit (die Kinder mußten zeigen, ob sie beten konnten) führten zur ewigen Verdammnis.
Von den Reformatoren, die die Heiligenverehrung ablehnten, wurde der Brauch unterdrückt und bekämpft. Der Kinderbeschertermin verlagerte sich auf Weihnachten, als Gabenbringer galt der "heilige Christ". Luther z.B. beschenkte seine Kinder noch 1535/36 am Nikolaustag, 10 Jahre später aber zum Weihnachtsfest.
Dennoch ließ sich in den protestantischen Gebieten der vertraute Brauch nicht völlig ausrotten. In den katholischen Ländern fand er im Zuge der Gegenreformation im 17. Jh. seinen Höhepunkt in dramatischen Nikolausspielen, die mit Decknamen bedacht wurden, da der Teufelsname tabu war[11a]. Manche dieser Begleitfiguren haben mehr dämonenhafte als teuflische Züge und gehören ursprünglich wohl eher dem Kreis der in den Wintermonaten umherziehenden Masken und Gestalten an[12], wenn auch Karl Meisen meint, daß sie insgesamt aus

mittelalterlich-christlichen Quellen abzuleiten wären.
Letztendlich aber gilt für diese Begleitfiguren, was Sigrid Metken feststellte: "Der Anteil heidnisch-vorchristlichen Dämonenglaubens in diesen Gestalten läßt sich nicht säuberlich von späteren Zutaten, etwa der mittelalterlichen Teufelsvorstellung, die gleichfalls in allem steckt, trennen."[13].
Vielfach übernahm auch Nikolaus selbst manche der Eigenschaften seiner früheren Begleiter, ihr Aussehen und oft auch deren Namen. Überall, wo er böse und unheimliche Züge an sich hat, eine Schreckensfigur ist, die selber bedroht und straft, anstatt das von der Begleitfigur ausführen zu lassen, ist das der Fall; besonders dort, wo die Reformation ihn nicht endgültig verdrängen konnte. Besonders deutlich wird das bei Knecht Rupprecht, ursprünglich eine Teufelsfigur, die in der Säkularisation in städtischen Kreisen vor allem von der protestantischen Oberschicht gleichsam zivilisiert wurde und als Gabenbringer eine Mischfigur zwischen Nikolaus und drohendem Begleiter ist. (Das zeigt sehr schön das bekannte Weihnachtsgedicht von Theodor Strom: "Von drauß im Walde, da komm ich her"). Die letzte Stufe in dieser Entwicklung ist der konturenlose Weihnachtsmann...
So läßt sich auch der Teninger Buckesel deuten: Der Nikolaus verschwand in den evangelischen Orten, übrig blieb die strafende Begleitfigur mit Kette und Rute, die dafür die Gabenbringerrolle des Heiligen übernommen hatte. Vielleicht war dies auch ursprünglich die Aufgabe des Christkindes, das im evangelischen Adventsspiel an die Stelle des hl. Nikolaus gesetzt wurde[14].
Das Wissen um diese Zusammenhänge ging im Laufe der Zeit verloren, und so ist auch zu verstehen, warum Elard Hugo Meyer die Auskunft erhielt: "Den Nikolaus führen wir nicht." Nein, den heiligen Bischof nicht, wohl aber den Bollischbock als Mischfigur.

Was nun die Feier des eigentlichen **Weihnachtsfestes** angeht, so trifft für alle vier Orte das zu, was Elke und Herbert Schwedt sowohl für das katholische, als auch das evangelische Württemberg feststellten:
"Für beide Regionen gilt aber, daß früher, manchmal bis in die jüngste Vergangenheit hinein, nicht der Heilige Abend, sondern der Morgen des Christtages - des ersten Weihnachtstages - der Schenktermin war - dafür sprechen Berichte aus vielen Landesteilen. Und eine Erfahrung aller Kinder aus einfachen Verhältnissen war, bis in die Nachkriegszeit hinein, daß die Geschenke nicht eben üppig ausfielen..."[15].
Auch in **Teningen**, **Köndringen** und **Nimburg** wurde Heiligabend vor dem 2. Weltkrieg nicht allgemein gefeiert. In Köndringen gab es in der Kirche eine Weihnachtsfeier für die Konfirmanden, die dabei Gedichte vortrugen. Am Morgen fand dann die Bescherung für die Kinder statt, wobei es hieß, daß "s Chrischtkindle" die - einfachen - Geschenke gebracht habe.
Dabei ist daran zu erinnern, daß die hier beschriebene Zeit zum großen Teil die der Weltwirtschaftskrise war, geprägt von hoher Inflation und Arbeitslosigkeit. Was die morgendliche Bescherung betrifft, so war sie einfach praktischer, da Heiligabend Arbeitstag war; d.h., wer in Emmendingen in der Fabrik arbeitete, kam abends spät nach Hause, und bei den Bauern fiel die abendliche Stallarbeit an. Erst in den 50iger Jahren verschob sich die häusliche Feier allgemein auf den Heiligen Abend.
Einen Tannenbaum gab es bereits vor 1914 auch in ärmeren Familien (siehe Foto Nr. 1). Nicht das Unwichtigste war, daß an Weihnachten geschlachtet wurde; Frischfleisch gab es sonst höchstens noch an Ostern und an großen Festen wie einer Hochzeit.
Insgesamt scheint das Weihnachtsfest aber eher durch eine gewisse Kargheit geprägt gewesen zu sein, und sofern man dies nicht auf die jeweils subjektiven Erinnerungen zurückführen will (unser Familienweihnachten, das bei jedem verschiedene Züge trägt, scheint so intim und privat zu sein, daß man es schwer als "Brauch" begreifen kann), wird es wohl daran liegen, daß sich ein "gabenreiches Familienweihnachten unter dem Christbaum" erst um 1900 als Übernahme bürgerlicher Bräuche auf dem Land einbürgerte[16]. Vorher war Weihnachten dort ein rein kirchliches Fest gewesen, an dem geschlachtet wurde und einmal gut und üppig gegessen werden konnte - von familiärer Behaglichkeit und gerührter Stimmung keine

Abb. 1 Weihnachten in Köndringen 1914.

Abb. 2 Großvater und Enkel auf dem Weg zum Scheibenschlagen. Teningen um 1925.

Spur. Das Aufkommen dieser Art von familienintimer Feier an Heiligabend hängt vielmehr mit dem Entstehen der bürgerlichen Familie im 19. Jh. zusammen, die damit ihre Abgeschlossenheit und ihr Wir-Gefühl nach außen betonte und ihre innere patriarchalische Struktur ausdrückte (Eltern überraschen und beschenken Kinder, die ihrerseits ihre Dankbarkeit bezeugen), was gleichzeitig mit einer zunehmenden Entkirchlichung des Festes einherging. Das äußere Symbol dieser Art der Festgestaltung ist der Tannenbaum, der sich ebenfalls erst gegen Ende des 19. Jahrhunderts allgemein durchsetzen konnte[17]. Zwar stammen die frühesten Belege für ihn vom Ende des 16. Jahrhunderts (1570 in Bremen, 1605 in Straßburg), aber aus der Welt des städtischen Handwerks; die Tannenbäume waren in den Zunftstuben aufgestellt, nicht in der Familienstube. Ihre Herkunft erklärt sich aus den mittelalterlichen Paradiesspielen zur Weihnachtszeit, in deren Mittelpunkt der Baum der Erkenntnis stand, und die den Sündenfall und die Erlösung zum Thema hatten.

Im Heiligenkalender war der 24. Dezember Adam und Eva gewidmet, um so ganz deutlich zu machen, daß durch die Geburt Christi, des neuen Adam, die Erlösung begann, die durch das Kreuz den Sündenfall, symbolisiert durch den Paradiesesbaum (daher der Schmuck mit Äpfeln), wettmacht[18]. Neben der bürgerlichen Handwerkerwelt erwies sich aber vor allem die Aristokratie als Brauchträger und -verbreiter. Bereits 1708 schrieb Lieselotte von der Pfalz wehmütig über ihre Erinnerung an die kerzengeschmückten Buchsbäumchen, die in ihrer Kindheit am Hannoverschen Hof üblich waren. Im Laufe des 19. Jh. brachten deutsche (evangelische) Prinzessinnen an verschiedene Höfe Europas den heimatlichen Brauch des Weihnachtsbaumes mit. Durch Auswanderer wurde er bis nach Amerika verbreitet. Aber ungefähr bis 1870 beschränkte sich der Brauch weitgehend auf die Aristokratie und das Großbürgertum. Während des deutsch-französischen Krieges brannten in Lazaretten, Unterständen und Quartieren Weihnachtsbäume. So lernten auch einfache Soldaten den Brauch kennen und nahmen ihn bei Friedensschluß vielfach nach Hause mit. In ländlich katholischen Gebieten, in denen der Tannenbaum häufig als "evangelisch" galt und deshalb abgelehnt wurde, stand traditionell die Krippe im Mittelpunkt der häuslichen Feier: Der Baum fand hier nur langsam und oft erst weit im 20. Jh. Einlaß[19].

An **Neujahr** war das "Neujahrswünschen" bei der Nachbarschaft und Verwandtschaft üblich; vor allem die Schulkinder gutes neues Jahr anzuwünschen: *Alles Gute zum neuen Jahr, Gesundheit und Gottes Segen!* Dazu wäre noch anzumerken, daß ursprünglich die gesamte weihnachtliche Periode bis zum 6. Januar als Wendezeit galt (bedingt durch die Zeitverschiebung des julianischen Kalenders) und daher weder Sylvester noch der festgelegte Neujahrstag traditionell eine große Bedeutung besaßen[20].

Den offiziellen Schluß des Weihnachtsfestkreises bildet **Epiphanie** oder **Dreikönig** am 6. Januar. Da der Tag in der evangelischen Kirche infolge der Ablehnung Luthers nicht als Feiertag begangen wurde, fehlte ihm die kirchliche Unterstützung, die den Rahmen für die Ausgestaltung des Tages gebildet hätte. In den evangelischen Orten war er Arbeitstag, an dem auch die Schule nach den Weihnachtsferien wieder begann.

II

Der Winter war durch die **Lichtgänge** (*z'Licht gehen*) gekennzeichnet: Abends nach der Arbeit besuchten sich Nachbarn oder Verwandte gegenseitig ein oder zweimal die Woche. Die Zahl der Anwesenden schwankte je nach den einzelnen Verhältnissen zwischen 10-25 Personen. Es wurden Gesellschaftsspiele gemacht, erzählt und gesungen - im Winter war Zeit für derartige Geselligkeit. Das mag das Überbleibsel der einstigen Spinn-, Licht- oder Kunkelstuben sein, in denen sich die Mädchen zum Spinnen trafen, wobei dann die jungen Männer folgten: Eine seltene und gern genutzte Möglichkeit zum Beisammensein für die Dorfjugend. Schon aus diesem Grunde waren die Lichtstuben der Obrigkeit besonders seit der Aufklärungszeit stets ein Dorn im Auge. Sie galten als Quelle

der sittlichen Gefährdung, auf die die ganze Unmoral des Dorfes zurückzuführen sei: dementsprechend streng müsse man gegen sie vorgehen".
In den bereits erwähnten Visitationsfragen für die Markgrafschaft Baden von 1796 lautete die Frage Nr. 85:
Ob keine sittenwidrige nächtliche Zusammenkünfte der jungen Leute beyderley Geschlechts in Kunkelstuben und dergleichen einreissen?
Für Köndringen beantwortete Pfarrer Wilhelm im Visitationsbericht des Jahres 1800 die Frage mit der Auskunft, daß es Kunkelstuben dort nicht gebe (Visitationsbericht = VB Köndringen, 14.9.1800).
In Teningen wurde dieselbe Frage 1820 folgendermaßen beantwortet:
Kunkelstuben Zusammenkünfte sind keine bekannt (VB Teningen, 3.9.1820).
Aus Nimburg verlautete dagegen 1885:
Das "zu Licht gehen" in die Spinnstuben findet sich auch hier, von den beim Heimgang vorkommenden Unfug verlautet übrigens wenig (VB Nimburg, 8.9.1885).
Leider kann wegen des Mangels an Quellen dabei nicht geklärt werden, ob diese Spinnstuben an beiden Orten schon früher verboten wurden (was aber anzunehmen ist), oder ob sie dort nie bekannt gewesen waren.
1926 wird von Pfarrer Schmidt aus Teningen berichtet, daß die Spinnstuben von dem oben geschilderten Nachbarn- oder Verwandtschaftsbesuch abgelöst worden seien; als Ursache benennt er das Ende des Hanfanbaues:
Die Spinnstuben, die mehr Schatten- als Lichtseiten aufzuweisen hatten, sind nicht wieder eingeführt, weil kein Hanf mehr gepflanzt wird. Das z'Licht Gehen wird von Verwandten und von auf freundschaftlichem Fuße stehenden Gemeindegliedern gewahrt (VB Teningen, 1926).
Mit der Einbürgerung des Fernsehers und dem gleichzeitigen Rückzug in den Innenbereich der Kleinstfamilie verschwanden auch die Lichtgänge.

III

Der nächste wichtige Brauchtermin nach der Weihnachtszeit ist **Fastnacht**. Hier ist nicht der Platz, die volkskundliche Diskussion der letzten Jahre um den Ursprung der Fastnacht zu referieren[22]; in den drei evangelischen Dörfern fand die Fastnachtszeit jedenfalls so gut wie gar nicht statt. In **Teningen** wurde vor dem 2. Weltkrieg das Schnorren der Kinder vor einzelnen Läden am Fastnachtsdienstag üblich; bezeichnenderweise hatten aber Zugezogene damit begonnen.
In **Nimburg** gab es etwa ab 1925 einen von den Vereinen (Musikverein, Sportverein, der seit 1929 existierte und Radsportverein) organisierten Kappenabend. Am Fastnachtsdienstag war dann Umzug durchs Dorf. Aber es handelte sich hierbei um eine Entwicklung, die erst in den 20iger Jahren begann und von den Vereinen, den heutigen Trägern jedes gemeinschaftlichen Dorfbrauchs, organisiert werden mußte; vermutlich wurde dieser Kappenabend auch als fremdartig empfunden, was übrigens heute noch für die Fastnacht in den evangelischen Ortschaften gilt, die zumindest von älteren Bürgern als dort unüblich und gewissermaßen aufgepfropft erlebt wird.
Auch in **Teningen** gab es einen derartigen - hier vom Gesangverein organisierten - Kappenabend, von dessen Existenz man durch eine große Auseinandersetzung um ihn zwischen Verein und Pfarrer im Jahre 1912 erfährt:
Der Gesangverein wollte den Abend am Sonntag Invocavit (1. Sonntag nach Aschermittwoch) abhalten, der Pfarrer aber opponierte dagegen, weil dieser Sonntag schon in die Passionszeit fiel. An dem Tag, an dem der Pfarrer die Einladung zu dem Abend erhielt, fand nachmittags eine Beerdigung statt, bei der der Gesangverein mitwirkte. Der Pfarrer erklärte am Sterbehaus, er würde nur amtieren, wenn der Kappenabend abgesagt würde. Das wurde abgeschlagen, worauf der Pfarrer erklärte, wenn der Gesangverein sänge, ginge er fort. Darauf folgte der Gesangverein stumm dem Leichenzug.
Auf Veranlassung des Dekans mußte sich der Pfarrer später beim Gesangverein und der Trauerfamilie entschuldigen, der damit ja die feierliche Ausgestaltung der Beerdigung "verdorben" worden war. In einem Bericht an den Oberkirchenrat

versuchte er sein Verhalten zu rechtfertigen:
Was mich in einen Gewissenskonflikt gebracht hat, nämlich die Schwierigkeit, mit einem Verein am Sarge zu amtieren, der bald darauf am 1. Sonntag der Passionszeit einen "karneval. Abend" veranstaltet, muß ich aufrecht halten, obwohl ich von Seiten des Dekanats nicht den genügenden Schutz erfuhr, denn es wurde nur die Antwort gegeben, für solche Feinheiten hätten die Leute kein Verständnis. Daß das ein Irrtum ist, beweist die Tatsache, daß jener Abend nicht als karneval. Kappenabend stattgefunden hat (wie es beabsichtigt war), sondern nur als Familienabend, ohne Maskenabzeichen (VB Teningen, 11.7.1912).

An diesem Konflikt scheint folgendes bemerkenswert: Bereits 1912 versucht der Gesangverein im evangelischen Teningen eine Fastnachtsveranstaltung durchzuführen, wo doch anzunehmen wäre, daß zu dieser Zeit noch konfessionelle Schranken gegenüber der Fastnacht, die funktionell an katholische Gebiete gebunden ist, geherrscht hätten. Es wird auch deutlich, daß man noch keineswegs derart auf die traditionellen Formen der schwäbisch-alemannischen Fastnacht zurückgriff, wie es heutzutage nicht zuletzt durch die strenge Reglementierung der Narrenzünfte üblich ist, sondern unbekümmert den rheinischen Sitzungskarneval übernahm, wie sich überhaupt um die Jahrhundertwende herum Elemente des rheinischen Karnevals im südwestdeutschen Raum durchsetzen konnten[23].

Es mutet auch seltsam an, daß der Kappenabend ausgerechnet am Sonntag Invocavit stattfinden sollte, d.h. an dem Sonntag, an dem das Scheibenschlagen stattfand, ein Brauch, der - im Gegensatz zur Fastnacht - in der Gemeinde verankert war. War das also vielleicht ein Versuch, das "ländliche" Scheibenschlagen durch den "städtischen" Kappenabend abzulösen? Durch die strikte Haltung des Pfarrers, bei der wohl tatsächlich der in seinem Bericht dargestellte Gedankengang, verstärkt durch die von konfessionellen Unterschieden herrührenden Ablehnung der katholischen Fastnacht durch den evangelischen Geistlichen, ausschlaggebend war, konnten die Neuerer noch einmal zurückgedrängt werden.

Erst nach dem 2. Weltkrieg fand die Fastnacht Eingang in **Teningen**; der Mohrenschoppen, der damals noch Bockschopschoppen hieß, wurde 1953 ins Leben gerufen. Zur ersten Sitzung kamen 26 Teilnehmer. Bei dieser reinen Männersitzung am Fastnachtsdienstag werden Büttenreden über Begebenheiten im Ort und in der Nachbarschaft gehalten.

Dies, sowie der 1956 gebildete Elferrat und die seit 1958 übliche öffentliche Narrensitzung am Fastnachtssamstag - bei ihr sind auch Frauen zugelassen - zeigt deutlich die Beeinflussung durch den rheinischen Karneval. Auch die bei der öffentlichen Sitzung übliche Abendkleidung weist auf das Vorbild der Fernsehsitzungen hin. Die Tatsache aber, daß der Zudrang zu diesen Sitzungen dermaßen zunahm, daß beispielsweise 1982 fünf Sitzungen abgehalten wurden, macht deutlich, daß die Mohren auf eine Lücke im Gemeinschaftsleben des Dorfes gestoßen sind und sie innerhalb weniger Jahre erfolgreich ausfüllten[24].

Auch in **Köndringen** gibt es heute Vergleichbares: Die Dorffastnacht wird gemeinschaftlich von allen Vereinen organisiert und findet am Fastnachtssamstag statt. Auch hier gehören Büttenreden zum festen Programm, die Teilnehmer kommen in Verkleidung, sind dafür aber selten über 50 Jahre alt, eine Folge des Empfindens: *man ist es halt nicht gewohnt*. Viele Köndringer gehen aber auch zur Fastnacht nach **Heimbach**, weil man dort eine natürlich gewachsene Tradition des Feierns vermutet: Vor dem 2. Weltkrieg bestand es hauptsächlich in "Straßenfastnacht" am Rosenmontag und Fastnachtdienstag, im Schnorren der Kinder und in einem Hemdglunkerumzug.

IV

Mit folgendem Aufruf wurde dieses Jahr in den "Teninger Nachrichten" zum **Scheibenschlagen** eingeladen:
Am Sonntagabend, 16.2., und am Montagabend, 17.2., findet wie alljährlich nach Einbruch der Dunkelheit das traditionelle Scheibenschlagen in Teningen statt. Die Einwohner treffen sich unterhalb des Dorfes (in Richtung Riegel) am Scheibenplatz. Hier erwärmen sie ihre Holzscheiben auf einem brennenden Holzstoß und schleudern sie mit Hilfe des Scheibenstockes über

die Scheibenbank in die Nacht hinaus. Dies soll ein Symbol dafür sein, daß der Winter nun endgültig seine Herrschaft verloren hat und wärmeren Gesellen Platz machen muß. Teilweise wird das Wegschlagen der Scheiben von Wunschsprüchen begleitet. An beiden Abenden treffen sich Jung und Alt im Vereinsheim des Kleintierzuchtvereins am Wiedlemattenweg zum traditionellen "Scheibenball", der in sämtlichen Räumen des Vereinsheimes stattfindet. Sowohl Sonntag als auch Montag spielt die bekannte Tanz- und Stimmungskapelle "Weekend-Duo", die den Scheibenschlägern mit alten und neuen Melodien Lust machen wird, das Tanzbein zu schwingen. Auch aus Küche und Keller wird bestens für die Gäste gesorgt werden; Attraktion werden wieder die "Fastnetküchle" sein, und der Durst läßt sich bestens an der Hasenbar löschen. Auch zu frieren braucht kein Gast, denn sämtliche Räume des Vereinsheimes sind ausreichend beheizt. Erstmals in diesem Jahr ist ein kleiner "praktischer Wettbewerb" geplant, mehr soll an dieser Stelle jedoch nicht verraten werden. Trotz der enormen Unkosten hat sich der Kleintierzuchtverein dazu entschlossen, die bürgerlichen Preise beizubehalten und wiederum kein Eintrittsgeld zu verlangen, in der Hoffnung, möglichst vielen Besuchern recht angenehme und erlebnisreiche Stunden zu bereiten. Die Einwohnerschaft ist zu diesen beiden Veranstaltungen herzlichst eingeladen*[25]*.

In ähnlicher Weise wurde auch in **Nimburg**, **Köndringen** und **Heimbach** zum Scheibenschlagen eingeladen, wobei die Freiwillige Feuerwehr die Organisation übernahm. Überall wird darauf hingewiesen, daß es sich um alte Ortstradition handele, die fortgesetzt werden soll. Wie so oft, erweisen sich auch hier die Vereine als Träger, ja als Initiator des "alten Brauchtums", das gepflegt werden soll, ja muß, damit es nicht ausstirbt[26].

Die obige Einladung richtet sich an sämtliche Einwohner Teningens. Gerade das dortige Scheibenfeuer aber erweckt den Eindruck, es habe sich mehr oder weniger völlig zum Kinderbrauch gewandelt: als hauptsächlich beteiligt erweisen sich Eltern und Kinder. Dies sei ohne Bedauern festgestellt - Bräuche wandeln sich entsprechend ihrer sich wandelnden Umgebung; gerade das Scheibenschlagen kann das verdeutlichen.

1926 schreibt Pfarrer Schmidt über das Scheibenschlagen in Teningen:

Der Sonntag nach Fastnacht heißt der Funkensonntag. An diesem Sonntag findet hier wie in den übrigen Gemeinden des Oberlandes "das Scheibenschlagen" statt, zu dem sich ein großer Teil der Gemeinde versammelt und woran sich Alt und Jung beteiligt (VB Teningen, 1926).

Es gab zwei große Feuer, für das Ober- und das Unterdorf. Das dafür notwendige Holz wurde von den Konfirmanden gesammelt, die Schießbänke stellten vor dem 1. Weltkrieg die Rekruten auf, denen innerhalb der Dorfgemeinschaft sowieso eine besondere Stellung (nämlich die der sozialen Kontrolle, die die Rüge für verletzte Normen mit umfaßt) zukam. Die Konfirmanden zogen mit einem Wagen von Haus zu Haus und sammelten Altholz. So war es auch in **Köndringen**, während in **Nimburg** die Siebtkläßler das Holz einsammelten und mit dem Leiterwagen und dem Spruch *Welle Welle Holz Holz Holz* durchs Dorf zogen. Hier waren die Konfirmanden traditionell ausgeschlossen, und wie sich aus dem Visitationsbericht von 1870 ersehen läßt, schon seit geraumer Zeit, weil ihr Mitwirken bei diesem Vergnügen als unschicklich angesehen wurde:

Besondere Ortssitten, außer den schon in früheren Berichten erwähnten Pfingstreiten (wird seit 1885 nicht mehr erwähnt, Anm.d.V.)[27] *und Scheibenschlagen, sind nicht zu nennen. In Bezug auf letzteres mag erwähnt werden, daß ein richtiges Gefühl die Confirmanden schon lange abgehalten hat, an diesem am ersten Fastensonntage stattfindende Vergnügen, bei dem es wohl etwas wild hergeht, teilzunehmen. Statt dessen giengen die Confirmanden - ohne Aufsicht - auf einen 5 Minuten vom Ort gelegenen Berg, in der Dunkelheit, aber mit Fackeln. Pfarrer hielt dafür, daß auch dieses Umherziehen mit Fackeln unpassend sei und hat deshalb im letzten Jahr vom Bürgermeister die gern erteilte Erlaubnis eingeholt, mit den Confirmanden, und nur mit diesen, ein besonderes Scheibenschlagen veranstalten zu dürfen. Das geschah denn auch und fiel zu Aller Befriedigung aus. Die Confirmanden konnten sich des althergebrachten an sich durchaus unschuldigen Vergnügens erfreuen, ohne doch in das wilde Getriebe der erwachse-*

nen Jugend zu gerathen, während die Aufsicht des Pfarrers von Anfang bis zu Ende sie selbst in Schranken hielt" (VB Nimburg, 24.10.1870).
Man kann sich unschwer vorstellen, daß die dämpfende Anwesenheit des Pfarrers keine rechte Ausgelassenheit bei den Konfirmanden aufkommen ließ! Der Brauch zeigt auch, wie durch Anstöße von außen ein Brauch verboten, verändert oder neu eingeführt werden kann. Als eigentlicher Brauchträger des Scheibenschlagens fungierte also die Jugend, die für die Organisation und den Ablauf verantwortlich war; so führten in Teningen die Rekruten die Oberaufsicht über das Feuer.
Vor dem Schlagen der Scheibe wurden charakteristische Verse gesprochen, z.B.:

    Schiibi, Schiibo,
    Wem soll die Schiibi go?
    Die Schiibi soll dem ... go
    Got sie nit, so gilt sie nit.
    Hett sie kei Loch, so stinkt sie nit ...

Anschließend fand im Wirtshaus eine Bewirtung mit "Küchle" statt; vor deren Empfang stand der Heischevers:

    Hab eire dechtere äu e Schiibe gschlage
    Ihr werret mir s'Küechle nit abschlage,
    Küechle her, Küechle rüs,
    oder ich schlag eich e Loch ins Hüs.

Andernorts sind oft noch Rüge- und Spottverse üblich, die der Person gelten, für die die Scheibe geschlagen wird.

Das Scheibenschlagen gehört kulturhistorisch in den Rahmen der Fastnachtsbräuche (ein Indiz dafür sind schon die Küchle, die als Fettgebackenes zur Fastnacht gehören, wie die Fische zur Fastenzeit); es ist bereits am 21.3.1090 zum erstenmal bezeugt, als das Kloster Lorsch durch unvorsichtiges Scheibentreiben abbrannte. Auch der Termin am Sonntag Invocavit weist auf die lange Tradition hin, war doch vor der Festsetzung des Aschermittwoch als Beginn der Fastenzeit (Konzil von Benevent 1091) dieser Sonntag Höhe- und Schlußpunkt der Fastnacht: Das Scheibenfeuer war also ein Schlußbrauch der Fastnachtszeit. Zahlreiche Verordnungen der Neuzeit zeigen die Schwierigkeit, den Aschermittwoch als Fastenbeginn durchzusetzen und entsprechend die eingewurzelten Fastnachtsbräuche nach Aschermittwoch zu verdrängen. In den katholischen Gegenden, in denen das Scheibenfeuer erhalten blieb, wurde es oft auf einen Tag vor Aschermittwoch oder auf den Sonntag Laetare verlegt. Vielerorts machte die Aufklärung, wie mit so manchem Brauch, auch hiermit Schluß.
Bezeichnenderweise findet sich das Scheibenschlagen hauptsächlich an Orten, die keine organisierte und reichlich gefeierte Fastnacht aufweisen können: "Es sieht fast so aus, als ob sich das gewohnte Bild von der Verbreitung der Fastnachtsbräuche umgekehrt hätte"[28]. Narrentreiben und Scheibenschlagen harmonisieren nicht miteinander, so daß es sich einerseits schlecht in die Fastnacht integrieren ließ, andererseits aber durch mehrere Fastentage von ihr getrennt, als nicht mehr dazugehörig empfunden wurde. So ist es erklärlich, daß sich das Scheibenschlagen auch und gerade in den evangelischen Orten findet: Das Wissen um die Zusammenhänge mit den Fastnachtsbräuchen war verlorengegangen, sonst hätte eine Ausrottung schon aus konfessionellen Gründen nahegelegen. Stattdessen blieb es erhalten, weil es keine Fastenzeit gab, die Anlaß zum Verbot oder zur Verlegung des Brauches gegeben hätte. Die verschiedenen Deutungen des Scheibenfeuers und -schlagens reichen vom germanischen Frühlingskult bis zur römischen Neujahrsfeier, hier soll aber hauptsächlich sein "Sitz im Leben" des Dorfes aufgezeigt werden:
Danach erweist sich das Scheibenschlagen als von der Dorfjugend getragener Brauch, an dem sich Alt und Jung beteiligten (siehe Foto Nr. 2), und der gemeinschaftsbildend und -fördernd wirkte; "Dorfhocks", die dasselbe Erlebnis vermitteln, sind bekanntermaßen erst in den letzten Jahren aufgekommen. Der ganzen Dorfgemeinschaft bot der Funkensonntag eine erfreuliche Abwechslung in der Monotonie des Alltags, der schließlich nicht, wie andernorts, durch die Fastnachtszeit unterbrochen wurde. Vor allem für die Jugend aber war es die einzige, von den Erwachsenen tolerierte Gelegenheit, ausgelassen zusammenzusein, noch dazu in der Dunkelheit und im Freien. "Nachtschwärmerei" als üble Angewohnheit der jungen Burschen taucht zwar in den Visitationsberichten des letzten Jahrhunderts immer wieder auf, es wurde aber stets zu stren-

gem Vorgehen dagegen aufgerufen.
So erklärt sich, daß diese einmalige Chance zum erlaubten nächtlichen Lärmen nur zu gern genutzt wurde, wobei sich der Lärm auch noch in bescheidenen Grenzen hielt, wie es der Visitationsbericht 1889 aus **Nimburg** zeigt:
Die Haltung der erwachsenen Jugend ist im ganzen gut. Die jungen Leute singen Sonntag abends ihre Soldatenlieder, von Prügelskandalen u. dergl. ist nichts vernommen worden. An öffentl. Lustbarkeiten ist sehr wenig in Nimburg zu sehen, Tanzlokale sind keine vorhanden, in den Tagen des sogenannten "Scheibenschlagens" und der Kirchweihe werden die Wirtshäuser stärker als gewöhnlich frequentiert, übermäßiges Lautwerden der jungen Leute wurde nicht vernommen (VB Nimburg, 8.6.1889).
Insgesamt zeigt sich am Scheibenschlagen deutlich die Wandlung eines Brauchs: Vom Abschluß der Fastnacht über den Jugendbrauch bis hin zur heutigen Zeit, in der er bereits in nostalgischer Betrachtung als "altes Brauchtum" gepflegt wird oder, um es mit den Worten Ingeborg Weber-Kellermanns zu sagen:
"Gehörten die Bräuche und Feste damals zum Kommunikationssystem des Dorfes, so haben sie jetzt gewissermaßen einen musealen Wert für die eigene kulturelle Identität"[29].

V

Ostern, das als nächstes Fest im Jahreslauf folgt, ist im Gegensatz zum säkularisierten Weihnachtsfest, vor allem in evangelischen Gebieten relativ brauchsarm zu nennen. Die Kirchlichkeit des Festes ist hier stets gewahrt geblieben[30]. Die Fastenzeit, die auf Ostern hinführt, war eine geschlossene Zeit, in der keine Hochzeiten stattfanden und laute Festivitäten verbannt waren. Daß dies auch für den Bereich der evangelischen Kirche galt, obwohl diese keine Fastenzeit kennt, ist anhand der Auseinandersetzung zwischen dem Musikverein und dem Pfarrer um den karnevalistischen Kappenabend deutlich geworden. In Einzelfällen wurde dieses Gebot auch immer wieder übertreten: So beschwert sich derselbe Pfarrer 1908, daß die Rekrutenbälle (siehe Seite 489) im März, also in der Passionszeit, stattfänden (VB Teningen, 10.10.1908).

Palmbuschen am **Palmsonntag** gibt es nur im katholischen **Heimbach**, wo sie am Stall aufbewahrt werden. Wie überall zu beobachten, nehmen auch hier durch die Förderung von seiten der Kirche in den letzten Jahren die Palmbuschen wieder zu.
Der **Gründonnerstag** galt bereits als halber Feiertag, an dem außerhalb des Hauses nicht gearbeitet werden durfte.
Außerdem fand in den evangelischen Orten an ihm die allgemeine Beichte statt, da am Karfreitag Abendmahl gehalten wurde.
Der **Karfreitag**, als höchster evangelischer Feiertag, trug besonders stille und ernste Züge. Der Kirchgang mit dem Abendmahl war gewissermaßen Pflicht für alle, wenn man sich nicht außerhalb der Gemeinschaft stellen wollte. So verlautet aus Nimburg noch 1958:
Wie im letzten Bericht sei vermerkt, daß es am Karfreitagvormittag - im wesentlichen Männerabendmahl! - geboten ist, durch den ganzen Ernst der Feier einige nur notgedrungen dem Brauch gehorchende Außenseiter beim Zügel zu halten (VB Nimburg, 13.7.1958).
Dem feierlichen Ernst des Tages angemessen, trugen Frauen und Mädchen ein schwarzes Kleid (wer Tracht trug, ersetzte das sonntägliche Spitzentuch durch ein seidenes), die Männer trugen Frack und Zylinder.
Der **Ostersonntag** selbst stand dann ganz im Zeichen des "Hasjagens" bei Großeltern und Paten, d.h. dem Ostereiersuchen, das auf keinen Fall sehr alt sein kann, da der Osterhase, so wie der Weihnachtsmann und der Klapperstorch eine städtisch-bürgerliche Entwicklung des 19. Jahrhunderts ist, die auf dem Land nur sehr zögernd Einlaß fand und sich erst um 1930 herum allgemein durchsetzte[31] - vermutlich aus der Schwierigkeit heraus, einem Landkind die Vorstellung eines eierlegenden Osterhasen zu vermitteln!

VI

Im Frühsommer finden in katholischen Gebieten die Prozessionen und Flurumgänge und -umritte statt, von denen die größte die Fronleichnamsprozession ist. **Fronleichnam** (mhd: Fronlichnam = zum Herrn gehörender lebendiger Leib; lat. festum corporis Christi), das jüngste Hochfest der katholischen Kirche, das auf eine Vision der Lütticher Augustiner-Chorfrau Juliana (1258) zurückgeht und an die Einsetzung der Eucharistie am Gründonnerstag erinnert, wurde 1246 in Lüttich zum erstenmal gefeiert; bereits 1264 führte Papst Urban IV., einst Lütticher Archidiakon, es für die Gesamtkirche ein und bestimmte dafür den Donnerstag nach der Pfingstwoche. Im Fronleichnamsfest kommt die gesteigerte Sakramentsfrömmigkeit des 13. und 14. Jahrhunderts (gefördert durch das Transsubstantiationsdogma des IV. Laterankonzils 1215) zum Ausdruck, die schon die Schau der Hostie als heilbringend ansah. Im Mittelpunkt des Festes stand schon bald die Prozession mit der Monstranz, die wahrscheinlich aus Flurumgängen entstanden ist, die einerseits Besitzgrenzen bestätigen sollten, andererseits kirchliche Bittgänge für das Gedeihen der Feldfrüchte waren. Dementsprechend führte der Prozessionsweg oft an den Gemarkungsgrenzen entlang, an den vier Stationen wurden die Anfänge der Evangelien gelesen und der sakramentale Segen in alle vier Himmelsrichtungen erteilt; dies begleitet von Böllerschüssen, die seit der Aufklärung immer wieder und oft vergeblich verboten wurden.

Sehr rasch war das Fest von religiösen Schauspielen begleitet, auch bei der Prozession wurden lebende Bilder-Szenen der Heilsgeschichte dargestellt.

Relativ jung sind dagegen die Blumenteppiche, die heute den Prozessionsweg schmücken und vielerorts, nicht nur in Hüfingen, Touristen anziehen. Sie stammen aus Italien, wo 1625 zum erstenmal der Altar des Petersdoms mit einem Blumenteppich geschmückt wurde und kamen im 19. Jahrhundert nach Deutschland; in Hüfingen wurden bereits 1840 Blumenteppiche gelegt. Das Schmücken des Prozessionsweges ist traditionell eine Gemeinschaftsarbeit, von der sich kein Anwohner ausschließen darf[32].

In **Heimbach** wurde Fronleichnam so gefeiert, wie es vor dem 2. vatikanischen Konzil in ländlichen Gemeinden allgemein üblich war:

Es galt als höchstes kirchliches Fest, an dem die Kirche den Mittelpunkt ihres Glaubens und ihr Selbstverständnis nach außen hin demonstrierte; die Prozession hatte, zumal bei einer evangelischen Nachbarschaft, entsprechend bekenntnishafte Züge. Gemäß der Bedeutung des Tages trug man Feiertagskleidung, die Männer kamen in Frack und mit Zylinder, die Frauen im schwarzen oder blauen Festtagskleid.

Die Straße wurde von den Anwohnern mit Maiglöckchenblättern geschmückt, die am Sonntag vorher im Wald gesammelt worden waren. Wie überall bestand der Hausschmuck aus Kirchenfahnen, Blumen und Heiligenfiguren. Dies war selbstverständliche Pflicht, von der sich keiner ausschloß. Schon morgens um 5 Uhr wurde mit Böllerschüssen geweckt, wie bei allen großen Feiern, bei denen das ganze Dorf beteiligt war (z.B. eine Primiz). Böllerschüsse begleiteten auch die Aufenthalte an den vier Stationen, die am Kriegerdenkmal, am Schonerbrunnen, am Kreuz und an der Post aufgebaut waren. Der Musikverein begleitete die streng nach Ständen gegliederte Prozession; für diesen und die Fahnenträger gab es anschließend einen von der Ortsgemeinde bezahlten Freitrunk. Auch das Böllerschießen war Sache der Ortsgemeinde. Der Freitrunk auf Kosten der politischen Gemeinde für alle bei der Organisation Mitwirkenden ist heute noch üblich.

VII

Im folgenden sollen einige termingebundene Bräuche vorgestellt werden, die keiner langen Beschreibung bedürfen und nicht vom Festkalender der Kirche bestimmt werden.

Darunter fällt der Brauch des **Maiensteckens**: In der Nacht zum 1. Mai hingen junge Männer ihren Mädchen einen Blumenstrauß ans Fenster oder an die Haustür oder steckten eine Birke vors Haus. Ein "verschrieenes" Mädchen dagegen bekam den "Schandmaien": Mist wurde vorm Haus abgeladen, Brennnesseln, Gras oder Heublumen davor aufgehäuft oder es wurde Kalk gestreut.

In **Nimburg** bekamen Mädchen, die in schlechtem Ruf standen, die sogenannten "Hurezöpf"; lange Gräser aus dem Dorfbach wurden vor der Haustür aufgehäuft, eventuell auch eine Spur durch den Hof bis zum Stall gelegt - das hieß, sie "ging" mit jedem.
Mit der Ausübung dieses Rügebrauchs drückt sich das traditionelle Recht der jungen ledigen Burschen aus, die Einhaltung der Normen zu überwachen und die Bestrafung für deren Verletzung zu übernehmen - gewissermaßen als eine Art Sittenwächter der dörflichen Gemeinschaft. In der öffentlichen männlichen Brandmarkung nicht sanktionierten weiblichen Verhaltens spiegelt sich die patriarchalische Gesellschaftsstruktur.
Das Maienstecken ist, wie so viele andere, ursprünglich wohl ein städtischer Brauch, der in zahlreichen Quellen des späten Mittelalters und der frühen Neuzeit belegt ist; u.a. berichtet bereits Heinrich Seuse 1334 über das Maienstecken in Konstanz. Der heute verbreitete Gemeinde-Maibaum wurde dagegen allgemein erst von den Nationalsozialisten aufgestellt, die ihn auch in Teningen, Köndringen und Nimburg einführen konnten[33].
Am Ende der Getreideernte fand die "**Sichelhenggi**" statt: Kein ritualisierter Brauch, sondern ein symbolisch gemeinter redensartlicher Ausdruck dafür, daß die Sichel jetzt weggehängt werden konnte. Mit einem guten Essen schloß man die Getreideernte offiziell ab, d.h. es gab Schinken und Bier für alle Erntehelfer.
In den Spätherbst fielen das **Welschkornschälen** und das **Nußkerne**, das gleichzeitig auch ein Lichtgang war (*mer goht z'Licht zum Nußkerne*). Hierbei trafen sich die Nachbarschaft und Verwandtschaft und halfen sich gegenseitig: Der Mais (Welschkorn) wurde im Futtergang zum Trocknen ausgeschält und am Haus aufgehängt; die Walnüsse lagen auf der Nußbühne (Speicher) zum Trocknen und wurden beim "Nußkerne" aufgeschlagen, anschließend kamen sie in die Ölmühle zum Pressen. Bei der Arbeit wurde erzählt und gesungen, und beide Arbeiten waren für alle Beteiligten eine freudige Abwechslung.

VIII

Am Ende des Kapitels "Bräuche im Jahreslauf" soll ein Termin stehen, der wieder nur für das katholische **Heimbach** Bedeutung besaß: **Allerheiligen** und **Allerseelen**.
Allerheiligen, das auf eine bereits im 4. Jahrhundert in Syrien begangene Gedenkfeier aller Märtyrer zurückgeht, wurde am 13.5.610 von Papst Bonifaz IV. anläßlich der Translation der Märtyrergebeine aus den Katakomben in den Pantheon (Sancta Maria ad Martyres) für die Gesamtkirche angeordnet; 835 wurde es als Fest aller Heiligen auf den 1. November gelegt.
Allerseelen, der Gedenktag aller Toten, ist etwas jünger: Er geht auf Odilo v. Cluny zurück, der 998 den Tag für Cluny und die davon abhängigen Klöster einführte; bereits 1006 übernahm Papst Johannes XIX. den Gedenktag in den römischen Festkalender. Sehr schnell entwickelte sich ein lebhafter Armenseelenkult, hinter dem die Lehre der Kirche vom Fegefeuer steht; durch Exempel- und Legendenbücher, sowie mystische Visionsberichte, die drastisch die Qualen der Armen Seelen im Fegefeuer schilderten, aber auch die Überzeugung vermittelten, daß die Lebenden den Läuterungsprozeß der Toten durch Gebet und Opfer verkürzen konnten, wurde der Kult gefördert[34].
Am Allerseelentag drückt sich die Hilfe für die Toten im kollektiven Gedenken aus: Schmuck der Gräber mit Blumen und Kerzen, gemeinsamer Gräberbesuch, Prozessionen auf dem Friedhof. Bis in dieses Jahrhundert waren Almosen für die Armen üblich, die in Stellvertretung der Toten die für diese bestimmten Speisen (Seelenwecken) in Empfang nahmen: Hierbei spielte auch die Vorstellung, daß an diesem Tag die Toten körperlich anwesend seien und man sie bewirten müsse, eine Rolle[35].
Da die Reformatoren die Lehre von der Verdienstlichkeit der guten Werke ablehnten und an deren Statt die Rechtfertigung durch Gnade setzten, gibt es in protestantischen Gebieten keine derartige Form des Totengedenkens.
Der **Totensonntag** am letzten Sonntag des Kirchenjahres, von König Friedrich Wilhelm III. von Preußen zur Erinnerung an die in den Freiheitskriegen Gefallenen eingeführt, dient eher

der Mahnung an den Jüngsten Tag, verbunden mit einem ehrenden Gedenken der Toten[36]. In den drei evangelischen Orten werden die Toten des vergangenen Kirchenjahres verlesen, wobei die Angehörigen anwesend sind[37]. Noch 1927 aber fand in **Nimburg** das Totengedenken am Buß- und Bettag statt: *Außer dem Volkstrauertag am Sonntag Reminiscere wird hier von altersher am Nachmittag des Buß- & Bettags eine allgemeine Totenfeier im Gemeindesaal gehalten* (VB Nimburg, 16.11.1927).

Geringer ist auch der Aufwand, der mit Gräberpflege und -schmuck getrieben wird und in katholischen Gegenden zu Allerheiligen zu oft erschreckendem Ausmaß anwachsen kann. Ein Brauch, dem man sich schlecht entziehen kann, da er durch den allgemeinen Gräberbesuch in besonderem Maße der sozialen Kontrolle unterliegt, und der auch beibehalten wird, wenn der individuelle Glaube an das Fegefeuer und die notwendige Hilfe für die armen Seelen schwindet; dafür wird außer dem eben genannten sowohl die kulturelle Tradition der Grabpflege sowie die nicht an das Christentum gebundene allgemein menschliche Vorstellung von der Notwendigkeit der Totenehrung, die allen Völkern gemeinsam ist, verantwortlich sein.

Wie andernorts, kommen auch in **Heimbach** sogar auswärtige Kinder und Verwandte, um die ihnen wichtigen Gräber aufzusuchen. Von der Dorfgemeinschaft schloß sich keiner beim Gang auf den Friedhof aus. Als örtliche Besonderheit weist Heimbach auf, daß hier derselbe Gräberbesuch auch am Dreifaltigkeitssonntag üblich ist.

Dieses geht eventuell auf den früheren Vierdörferwald zurück, der eine angebliche Schenkung des Fräulein von Isenburg an die vier Orte Mundingen, Malterdingen, Köndringen und Heimbach mit der Verpflichtung zur Haltung des Jahrtags am Dreifaltigkeitssonntag gewesen sein soll. Jedenfalls zahlten die drei evangelisch gewordenen Orte nach einem 1893 geschlossenen Vertrag an Heimbach Geld für das dort noch gehaltene Seelenamt. Der Jahrtag mußte laut Erzbischöflichem Ordinariat *in der seither üblichen Weise* mit einer Vigil, zwei Ämtern, einer heiligen Messe und zwei Gräberbesuchen begangen werden. Der ursprünglich allein dem Fräulein von Isenburg geltende Jahrtag erweiterte sich so auf ein allgemeines Totengedenken an diesem Tag[38].

Bräuche im Lebenslauf

I. Geburt und Taufe

Dem hohen Risiko entsprechend, das früher eine Frau bei jeder Geburt für sich und ihr ungeborenes Kind einging (im Teninger Totenbuch von 1832 - 1860 sind für jedes Jahr mehrere Totgeburten und Wöchnerinnen verzeichnet)[39], wurde den Hebammen große Bedeutung zugemessen. Von ihrer Erfahrung und Geschicklichkeit hing weitgehend die glückliche Geburt und oft das Überleben von Mutter und Kind ab. Sämtliche Orte hatten zu Beginn des 19. Jahrhunderts eine oder sogar zwei Hebammen; die zweite war lediglich Beifrau und ihre Entlohnung geringer.

1797 listete der **Teninger** Pfarrer diese Entlohnung auf: *Die Belohnung der Hebamme und zwar der ersten sei ... 3 f 20 X Wartgeld* (die Währung: 60 X (= Kreuzer) = 1 fl (Gulden, Anmkg.d.V.); *30 X bei einer jedesmaligen Hebammenzusammenkunft; Frohnd- und Wachtfreiheit ihrer und ihres Mannes; 1 1/2 Juch theils Acker theils Mattfeld; und von einer Kindbetterin, wenn sie sie verläßt 30 X bestimmte Gebühr. Und eben das habe auch die andere Hebamme oder Beyfrau, bis aufs Feld, welches nur 2/3 Juch sey* (VB Teningen, 11.1.1797).

In **Köndringen** und dem dazugehörigen **Landeck**, wo jeweils eine Hebamme angestellt war, erhielten beide "in Fixo" 16 Gulden jährlich und dazu Holz geliefert. An Geburtsgebühren war zwar nichts festgesetzt, von den meisten Frauen bekamen sie aber 1 Gulden für ihre Bemühungen, also eine relativ hohe Summe in den geldarmen Jahren der Franzosenkriege; von manchen nur 48 Kreuzer, von anderen aber auch 1 f 30 X, was zeigt, wie groß die Dankbarkeit bei einem glücklichen Ausgang der Geburt sein konnte (VB Köndringen, 14.9.1800). Die Hebammen standen unter der Oberaufsicht des Pfarrers, der dazu vom Landesfürsten beauftragt war und in jedem Vi-

sitationsbericht Auskunft über sie geben mußte, denn die Frage 88 der Visitationsfragen für die Hochfürstl. Bad. Evangel. Lande von 1769 lautete:
Ob ausser der ordentlich gelernten Hebamme oder Beyfrau sich niemand mit der Geburtshilfe abgebe, b) jene nicht abergläubische Mittel oder Quacksalbereyen gebrauche, auch c) gegen sie sonst keine Klage vorgekommen sey.
In **Teningen** wurde dazu 1797 die Auskunft erteilt:
Ausser der ordentlich gelehrten Hebamme oder Beyfrau gebe sich Niemand mit der Geburtshülfe ab, b. hätte Pfarrer sich möglichst bemüht, um zu erfahren, ob dieselben sich abergläubischer Mittel dabei bedienten, aber nicht erfahren können, daß etwas davon zu behaupten wäre, auch seien gegen solche sonst keine Klage eingegangen (VB Teningen, 11.1.1797).
In **Nimburg**, wo es ebenfalls 1800 zwei Hebammen gab (VB Nimburg, 17.9.1800), antwortete im Jahre 1820 Pfarrer Engler auf die Frage:
Außer der Hebamme gibt sich niemand mit der Geburtshilfe ab, diese ist aufgeklärt u. noch nie ist Klage gegen sie vorgekommen (VB Nimburg, 27.8.1820).
Auch in **Köndringen** war die Hebamme wohlunterrichtet und gab sich nicht mit abergläubischen Quacksalbereien ab. Es hatte noch keine Klage gegeben, und sie war in der Gemeinde geschätzt (VB Köndringen, 14.9.1800).
Wenn das Kind bei der Geburt zu sterben drohte, mußte die Hebamme die Nottaufe vollziehen und deshalb über deren vorschriftsmäßigen Vorgang Bescheid wissen; auch danach erkundigten sich die Visitationsfragen (Frage 26: *Ob die Hebamme a) bey Nottaufen sich vorschriftsmäßig verhalte?*).
1800 erging die Antwort aus Köndringen:
Die Hebamme dahier und die zu Landeck haben die Vorschrift, wie die Nottaufe zu verrichten, in Händen: es ist aber bisher kein Fall vorgekommen, wo sie eine Nottaufe hätten zu verrichten gehabt (VB Köndringen, 14.9.1800).
Fast überrascht die Antwort, aber es ist bei zu bedenken, daß Totgeburten nicht unter das Gebot der Nottaufe fielen, wenn auch anhand von häufig ergangenen Verboten zu ersehen ist, daß Hebammen immer wieder davon abwichen, schon um der Seelenruhe der Eltern willen. Auch in den anderen Orten waren die Hebammen diesbezüglich instruiert.

Die Klagen über die hohe Zahl der unehelichen Geburten ziehen sich über das gesamte 19. Jahrhundert hin. 1859 schreibt Pfarrer Engler aus Teningen über dieses Thema:
dagegen ist die grosse Anzahl unehelicher Kinder (82 unter 14 Jahren auf eine Bevölkerung von 1307 Seelen) schmerzlich zu beklagen, da die meisten ledigen Weibspersonen auswärts dienen und dort der Aufsicht der Ihrigen entzogen zu Fall kommen, so möchte die Maaßregel, wonach solchen zum Dienst auswärts der Heimathschein verweigert wird, nicht ganz ohne Erfolg sein.
Für die Erziehung unehelicher Kinder bringt die Gemeinde grosse Opfer. Sie werden der Aufsicht ihrer leichtsinnigen Mutter meistens entzogen und bei braven Bürgersleuten gegen entsprechende Entschädigung untergebracht (VB Teningen, 9.5.1859).
Es ist typisch für die Einstellung des 19. Jahrhunderts (und nicht nur des 19.), daß die Schuld allein der Frau zugeschoben wurde; dabei war eine der Ursachen der hohen Zahl von unehelichen Geburten auch in der großen Armut zu suchen, die bis zur Industrialisierung in der ganzen Region herrschte. Ohne beiderseitiges Vermögen, mochte dies auch bescheiden sein, konnte eine Heirat aber nicht zustande kommen, die Heiratserlaubnis wurde in einem derartigen Fall nicht erteilt. Der Grund für diese so hart erscheinende Maßregel liegt darin, daß arme Leute von ihrer Heimatgemeinde unterstützt werden mußten; insofern war keine Gemeinde daran interessiert, daß sich die Anzahl der Ortsarmen noch erhöhte. Wie das im Einzelfall aussehen konnte, zeigen zahlreiche "Fälle" im Teninger Zensurprotokoll, das seit 1799 geführt wurde (die sogen. Kirchenzensur wurde im 18. Jh. in der Markgrafschaft fest geregelt, endgültig ausgestaltet in der "Kirchenzensurordnung" von 1797. Sie setzte sich aus geistlicher und weltlicher Obrigkeit zusammen: Pfarrer, Vogt, Stabhalter und mehrere Kirchenälteste. Die Zuständigkeit umfaßte die Aufsicht gegen öffentlich sich äußernde Unsittlichkeiten, die noch keine weltlichen Verbrechen waren, die Schlichtung von Familienstreitigkeiten, die Aufsicht über christliche Verpflegung der Armen, Kranken

und Waisen, die öffentliche Erziehung in den einzelnen Schularten, sowie über die Ordnung im Gottesdienst und die Feiertagsheiligung. Obwohl die kirchlich-religiöse Seite der Institution mehr in den Vordergrund geschoben wurde, war bei der engen Verbundenheit von Staat und Kirche eine saubere Trennung nicht durchführbar. So waren die vorgesehenen Zuchtmittel nicht nur Ermahnungen, sondern auch Geldstrafen, sogar körperliche Züchtigung junger Burschen und Eintürmung bis zu 48 Stunden. Das Amt der Kirchenzensoren war meist sehr unbeliebt, so auch in **Teningen**, **Köndringen** und **Nimburg**, weil die Amtsinhaber des öfteren heftigen Angriffen und Vorwürfen ausgesetzt waren; es durfte aber nicht abgelehnt werden)[40].

Dazu ein Beispiel aus dem Jahre 1812:

Maria Catharina Schumacherin, Jo. Mich. Schumachers des Alt Boten Tochter zeigt ihre erste unehel. Schwangerschaft an, in welcher sie seit 21 Wochen stehet; zum Vater des Kindes giebt sie den Martin Schindler v. Köndringen an. Welcher sie heurathen wolte; aber da sie nicht nach Köndringen will u. er kein Vermögen hat um hieher zu können, so wird wol aus d. Heurath nichts werden[41].

Unehelich Schwangere meldeten ihre Schwangerschaft meist selber bei der Kirchenzensur, wurden manchmal aber auch vorgeladen, da schon diesbezüglicher Klatsch entstanden war. Der Vater konnte nur zur Rechenschaft gezogen werden, wenn er auch aus Teningen stammte; er konnte sich aber mit der Zahlung von Alimenten - vorausgesetzt, er hatte das Geld - aus der Affäre ziehen. Ganz selten begleitete ein werdender Vater das Mädchen, um bei der Zensur die bevorstehende Heirat anzuzeigen oder die Vaterschaft zu bestätigen. Meist mußte das Mädchen allein diesen gewiß nicht leichten Gang antreten. 1814 kostete eine uneheliche Schwangerschaft 30 Kreuzer Strafe. Wenn das Mädchen sich weigerte, den Vater zu nennen, auch, wenn dieser leugnete (was ab und zu vorkam), so hatte einer der Kirchenzensoren die Pflicht, bei der Geburt anwesend zu sein, um in den Geburtsnöten die Vaterschaftsangaben zu überprüfen; die Hebamme mußte sie rechtzeitig verständigen. Eine Lüge in dieser Situation hielt man also für ausgeschlossen.

Häufig gab es auch zwei und drei, sogar vier uneheliche Schwangerschaften; die Heiratschancen dieser meist armen und mitgiftlosen Mädchen waren mit dem ersten unehelichen Kind noch weiter gesunken, ihr Ruf ruiniert, so daß weitere Vorsicht nicht vonnöten war: ihre Kinder, deren schlechte Zukunft schon vorprogrammiert war, hatten fast immer verschiedene Väter.

Als letzten Ausweg in dieser Situation griffen scheinbar viele Mädchen auf den Gebrauch von Abtreibungsmitteln zurück; so ist es auch zu erklären, daß Totgeburten bei unehelich Gebärenden so viel öfter vorkamen als bei verheirateten Frauen. Als Beispiel seien zwei Vorkommnisse aus den Jahren 1815 und 1820 angeführt:

Catharina Poppelin - 32 J. alt - tochter des Martin Poppeln u. weiland Christina Hessin wurde wegen ihrer 2ten unehelichen Schwangerschaft befragt. Sie antwortete, daß sie noch nicht gewis wisse, ob sie schwanger seye, wie wol sie angab 26 Wochen Schwanger zu befinden möge; Pfr. bemerkte ihr, daß sie abtreibende Getränke nehme und bedeutete, im fall sie niederkommen, u. das Kind abermals tod zur Welt komme, so werde eine strenge Untersuchung angestellt, ob sie dem Kinde nicht geschadet[42].

Catharina Hessin, weiland Andreas Heß und + Schwanzin Tochter läugnet ihre 1te uneheliche Schwangerschaft, es wurde ihr bedeutet, sich zu hüten, um keinen Verdacht eines vorsetzlichen fehlers zu begehen[43].

In den 30iger Jahren des 20. Jahrhunderts fand der Wechsel von der Haus- zur Klinikgeburt statt; dort ließ man das Kind auch gleich taufen, so ersparte man sich die Kosten, die bei einer häuslichen Feier angefallen wären. Hatte eine Hausgeburt stattgefunden, so durfte die Mutter mit dem Kind nicht vor der **Taufe** aus dem Haus gehen. Der Täufling war ungefähr vier Wochen alt, bis etwa 1900 vierzehn Tage[44]. Nach heutigen Maßstäben erscheint das relativ früh, läßt aber immer noch sehr viel mehr Spielraum als bei einer katholischen Taufe, wo der Täufling meist nicht älter als einen Tag war: bei der hohen Kindersterblichkeit war die möglichst baldige heilsnotwendige Taufe erstrebenswert. Ein höheres Taufalter zeigt

483

Abb. 3 Taufe in Teningen 1927. Hebamme mit Täufling.

insofern nicht nur eine verbesserte medizinische Betreuung an, sondern auch sich wandelnde Glaubensvorstellungen.
Zu Beginn des Jahrhunderts neigte man dazu, zu viele Paten zur Taufe hinzuzubitten; *überzählige Gevatterleute* sowie Haustaufen kosteten Strafgebühren. Aus **Teningen** berichtete der Pfarrer 1797:
Taxen von Haustaufen, deren es keine gebe, könnten keine angesetzt werden, wohl aber geschehe solches von überzähligen Gevatter leuthen, die vom Pfarrer selbst angesetzt, eingezogen, und an ihre Behörde beliefert würden (VB Teningen, 11.1.1797).
Auch in **Köndringen** gab es zu dieser Zeit keine unnötigen Haustaufen, dafür aber überzählige Paten (VB Köndringen, 14.9.1800).
Ansonsten wird die Taufe in durchaus bescheidenen Rahmen gefeiert worden sein, was überhaupt für alle Festivitäten zu Beginn des 19. Jahrhunderts galt, wie sich aus der Antwort aus **Köndringen** auf die typisch aufgeklärte Frage nach dem Aufwand bei "Hochzeiten, Kindtaufen und Leichen" ersehen läßt:
Bei Hochzeiten, Kindtaufen und Leichen pflegt der Aufwand nie übermäßig zu seyn, oder größer als die vorliegenden Verordnungen es gestatten, sondern die Leute befleißigen sich bei dergleichen Gelegenheiten, zumal in jetzigen Zeiten von selbst der Einschränkung (VB Köndringen, 14.9.1800).
Und 1820 heißt es sogar:
Überflüssigen Aufwand bei Hochzeiten, Taufen und Leichen verbietet die immer zunehmende Verarmung (VB Köndringen, 17.9.1820).
Haustaufen waren zu Beginn des 19. Jahrhunderts nur im Winter und bei Krankheit des Kindes erlaubt und üblich (VB Teningen, 3.9.1820; VB Nimburg, 27.8.1820).
Ansonsten wurde am Sonntag nach der Beendigung des Vormittagsgottesdienstes getauft - allerdings nur eheliche Kinder. Die Taufe unehelicher Kinder fand am Sonntagnachmittag nach der Christenlehre statt (VB Teningen, 8.10.1884; VB Nimburg 1874) und sollte möglichst still und unauffällig sein. 1896 kamen bei der Taufe eines unehelichen Kindes aus einer der führenden Familien Teningens die beiden Patinnen (15 und 17 Jahre alt) mit Blumenkränzen im Haar in die Kirche. Begreiflicherweise fühlte sich der Pfarrer durch dieses Verhalten provoziert und erklärte entrüstet, er würde nicht taufen, wenn die Mädchen nicht die Kränze abnähmen, was sie - vermutlich eingeschüchtert - dann auch taten (VB Teningen, 27.10.1896).
Bei den Taufen beteiligten sich lediglich Väter und Taufpaten, die Mutter blieb zuhause (VB Teningen, 10.10.1869): ein Relikt aus der Zeit, als die Frau sich bis zu ihrem ersten feierlichen Kirchgang, der in der Regel ungefähr sechs Wochen nach der Geburt stattfand, nicht aus dem Haus rühren durfte; dieses ungeschriebene Gesetz läßt sich nun seinerseits wieder bis auf die alttestamentlichen Vorstellungen von der Unreinheit der Wöchnerin zurückführen.
Im feierlichen Taufzug brachte man das Kind in die Kirche; getragen wurde es von der jüngsten "Gotti".
An dieser Stelle sei kurz auf die große Bedeutung der Taufpaten hingewiesen. Unter allen Verwandten nehmen "Götti" (Getti) und "Gotti" stets den ersten Platz ein; Patenschaft war und ist eine Ehre, die nicht abgelehnt werden darf, aber mit erheblichem finanziellen Aufwand verbunden ist, denn an allen Festterminen des Jahres, ganz besonders aber an den großen Ehrentagen im Leben, beginnend mit der Taufe, wird ein Patengeschenk erwartet.
In **Köndringen**, wie in **Teningen**, erhielt jedes Kind mindestens vier Paten, Geschwister der Eltern, die mehrfach in ein und derselben Familie Pate standen. Das traditionelle Taufgeschenk der Paten war, wie andernorts auch, ein großer Silberlöffel.
Spätestens nach dem ersten Weltkrieg war auch die Hebamme bei der Taufe dabei (deren Anwesenheit früher vielleicht als selbstverständlich vorausgesetzt und daher in Visitationsberichten nicht eigens aufgeführt wurde), deren Bedeutung allein schon an der Tatsache zu ermessen ist, daß sie es war, die das Kind während des Taufaktes immer einem anderen Paten überreichte (siehe Foto Nr. 3).
Im Anschluß an die Taufe fand je nach den finanziellen Gegebenheiten eine Festmahlzeit im Hause statt. In der Weltwirtschaftskrise war eine der Möglichkeiten, sich die Kosten für

diese Festmahlzeit zu ersparen, die Haustaufe, wie aus **Köndringen** berichtet wird:
Neuerdings werden allerdings in erheblicher Zahl Haustaufen begehrt und mit dem Geldmangel begründet, der kein Festessen mehr erlaubt. Solche Haustaufen werden dann meistens an Werktagen Abends gehalten - trotz Protest des Pfarrers! (VB Köndringen, 1932).
Die Visitationskommission meinte zwar dazu, Haustaufen könnten nur die Ausnahme sein, sie müßten in der Regel in der Kirche geschehen, aber angesichts des Geldmangels scheint diese Mahnung nicht viel genutzt zu haben (VB Köndringen, 16.10.1932).
Die zweite Möglichkeit, den Kosten auszuweichen, war die - bereits erwähnte - der Krankenhaustaufe, die bis in die 50iger Jahre hinein mit der geschilderten Tauftradition brach und sie fast völlig verdrängte - zur Verzweiflung der Pfarrer.
1953, als in **Nimburg** lediglich 10 von 30 Taufen in der Kirche gehalten wurde, hatte Pfarrer Lauth es nach eigenem Geständnis aufgegeben *nochmals den Sisyphusstein einer geordneten Taufpraxis den Berg naufzuschinden* (VB Nimburg, 13.7.1958). Erst durch einen Beschluß der Bezirkssynode, die die Krankenhaustaufe in die Ausnahme verwies, konnte dieses Verhalten wieder geändert werden: Ab 1956 waren Haus- und Kliniktaufen aufs Neue zu Sonderfällen geworden, wie die von Pfarrer Lauth für Nimburg aufgestellte Tabelle zeigt (VB Nimburg, 13.7.1958):

Jahr	Geburten	Nimburg	auswärts	Kirche	Haustaufen	Kliniktaufen
1951	28	16	12	22	3	3
1952	20	12	8	14	1	5
1953	30	12	18	10	3	17
1954	29	16	13	15	6	8
1955	18	9	9	10	1	7
1956	23	9	14	22	-	1
1957	23	9	14	22	1	-
1958	14	5	9	13	-	1

II. Konfirmation und Jugendzeit

Mit der Konfirmation erneuert der Konfirmand seinen Taufbund, erhält die Zulassung zum Abendmahl und gilt von da an als mündiges Mitglied der Gemeinde; die Kindheit ist damit beendet ("die Spieljahre sind vorbei"), deshalb lag die Konfirmation in den deutschen evangelischen Ländern bereits im 18., spätestens im 19. Jahrhundert am Ende der Schulzeit[45]. In der Markgrafschaft Baden-Durlach wurde die Konfirmation 1750 eingeführt:
Wir wollen endlich auch, daß der so nützliche Ritus Confirmationis der Catechumenorum, wie derselbige in denen niedersächsischen, hessischen, württembergischen und anderen lutherischen Kirchen mit großem Nutzen üblich ist, auch in unseren Fürstenthumen und Landen eingeführet und dabei folgende Ordnung observiret werde: Die Konfirmanden treten in schöner Ordnung an den Altar. Auf eine Ansprache an die Gemeinde folgt das öffentliche Examen nach der Richtschnur des kleinen Catechismi Lutheri und der in allen Kirchen dieser Lande gebräuchlichen sogenannten Anweisung zu gemelten Catechismi rechtem Verstand, besonders von der Taufe, in angenehmer Kürze und Einfalt. Es folgen: das Gelöbnis, ein Segensspruch, eine Ansprache, Gebet, Vaterunser, Gesang und Segen[46].
Die Konfirmationsordnung von 1770 legte den Unterrichtsbeginn auf den 1. Advent und die Feier auf den Sonntag Judica fest und schrieb den genauen Verlauf vor:
Die Konfirmanden versammelten sich am Nachmittag des Sonntags Judica unter Glockengeläute in der Schulstube, dankten den anwesenden Eltern und Paten für die empfangene Anweisung zum Christentum, baten für vorherige Beleidigungen um Vergebung und versprachen neuen Gehorsam. Darauf begaben sich in feierlichem Zug in die Kirche[47].
Der Konfirmand wechselte in die Gruppe der Erwachsenen über, genauer, in die der erwachsenen Jugend, der er bis zur Hochzeit angehörte. Das war ein bewußter Schritt, der sich auch in der Kleidung ausdrückte: Die Jungen trugen einen vollständigen Anzug, oft mit Hut, die Mädchen zum ersten Mal die Markgräfler Tracht mit dem langen schwarzen Kleid, der Hörnerkappe, kostbarer Schürze und dem schweren Sei-

dentuch, wie es dem feierlichen Anlaß entsprach[48].
Hierbei handelt es sich um das erstmalige Anlegen der Abendmahlskleidung der Erwachsenen, denn in dieser Kleidung ging die Frau zum Abendmahl, und sie trug sie außer zu diesem Anlaß nur noch an den höchsten Festtagen des Jahres oder des Lebens, z.B. an ihrer Hochzeit. Daher war diese Kleidung auch eine Anschaffung fürs ganze Leben. Die Konfirmationskleidung ist also eigentlich "die auf den Konfirmationstag vorverlegte gewöhnliche erwachsene Abendmahlskleidung"[49], aus der dann das für diesen Anlaß bis heute übliche schwarze Kleid entstanden ist; dasselbe gilt auch für das in **Teningen**, **Köndringen** und **Nimburg** bis zu den 60-iger Jahren getragene schwarze Brautkleid.
Die entsprechende Männerkleidung war der Gehrock oder Frack mit Zylinder, dessen Herkunft aus dem Bürgertum offensichtlich ist; die Tatsache, daß die Jungen ihn nicht bei der Konfirmation, sondern erst bei der Hochzeit trugen, zeigt einerseits, daß dies eine Übergangsperiode ist, in der man den Anblick von 14jährigen Jungen in Frack und Zylinder als lächerlich empfand, andererseits aber auch, daß der Junge erst mit der Hochzeit wirklich zum Mann wird, dem man nun auch die männliche Festtagskleidung zugesteht und nicht nur einen Sonntagsanzug.
Nach dem 1. Weltkrieg wurde in **Teningen** die Tracht durch ein kurzes schwarzes Kleid ersetzt, dafür trugen die Mädchen nun weiße Kränzchen, eingeführt durch den Pfarrer, der sich vielleicht vom Beispiel der katholischen Nachbarorte hatte inspirieren lassen. Auch in **Köndringen** und **Nimburg** (dort seit 1927) trugen die Mädchen diese weißen Kränze, die in den 60-iger Jahren wieder verschwanden.
In **Köndringen** wurden die Kränze 1925 auf Wunsch des Pfarrers zum ersten Mal getragen; damit verschwand die bisher an der Konfirmation übliche Tracht. Auch Traditionsbewußte hatten hiergegen nichts einzuwenden, war das weiße Kränzchen doch entschieden preiswerter in der Anschaffung als die Hörnerkappe, die für die bitterarmen 20-iger Jahre einfach zu teuer geworden war - von der Frage der modischen Anpassung ganz abgesehen. Häufig übernahmen auch die Paten einen Teil der Kleidungskosten, schenkten Schürze oder Seidentuch oder auch die Schuhe.
Insgesamt war die Konfirmation ein stilles ruhiges Fest, das etwa im gleichen Rahmen gefeiert wurde wie die Taufe. Die Großeltern und natürlich die Paten waren auf jeden Fall dabei. 1896 berichtet Pfarrer Dubbler über die Wertschätzung, die die Konfirmation in Teningen besaß:
man hält viel auf Pathenschaft und Confirmation (VB Teningen, 27.10.1896).
Die Paten mußten vom Konfirmanden persönlich eingeladen werden, und das geschah mit dem sogenannten "Göttispruch", der innerhalb der Familien weitervererbt wurde. Als ursprünglichen Autor kann man wohl einen Pfarrer oder Lehrer vermuten.
Die hier angeführten Beispiele mit ihrer feierlichen Sprache - die ja auch zu Beginn des Jahrhunderts schon veraltet war - verdeutlichen den Ernst der Konfirmation und die hohe Bedeutung, die man ihr zumaß. Eine Einladung zu diesem Fest, die zumal den Paten galt, d.h. den Menschen, die vorrangig das Recht und die Pflicht hatten, an diesem Tag anwesend zu sein, an dem nach Auffassung der Kirche eigentlich ihre Pflichten beendet sind, konnte nur in ritualisierter Form stattfinden, mit einer Sprache, die weit von der Alltagssprache des einladenden Konfirmanden entfernt war, wie zwei dieser Sprüche aus **Nimburg** zeigen:

Kaum sah ich das Licht der Erde,
so schlosset Ihr den Bund für mich,
den Bund, wo ich zur Christenherde
gezählet wurde feierlich.
Was Ihr nun einst dem Herrn versprochen,
das will ich jetzt selbst nehmen auf,
Gott gebe dazu Kraft mir Schwachen
und schütze mich in meinem Lauf.
O möchtet Ihr doch für mich beten,
daß ich möcht stets den Pfad betreten,
der meinem Gott gefällig ist.
Ich dank Euch nun für alle Liebe, alle Gaben,
die Ihr mir von Kindheit habt getan.
Es lohne Euch der Herr dafür,

der Höchste wolle Euch nun geben das beste Glück in dieser Zeit
und dort in jenem bessern Leben
des Himmels höchste Seeligkeit. (1926)

Erfüllt aus reiner Liebe, des Herzens Dankbarkeit,
erscheine ich vor Euch geliebten Paten heut.
Nun sind es 14 Jahre, da Ihr aus Gütigkeit
mich vor Taufstein und Altare in Christo eingeweiht!
O Gott, laß uns erleben, bald ist die Stunde da,
den Taufbund zu erneuern am Sonntag Judika.
Nun schließ ich Euch, Ihr Paten, in mein Gebet jetzt ein,
so wird mein Werk geraten und Gott gefällig sein.
Für Eure Treu und Liebe dank ich in Innigkeit.
Gott wird Euch dafür lohnen, hier und in Ewigkeit,
wo die Taten werden prangen, die Ihr habt an mir getan,
dies ist mein Wunsch und mein Verlangen,
weil ichs Euch nicht vergelten kann.

Anschließend folgte die Einladung. Ungefähr ab 1950 weigerten sich die Konfirmanden, bei der Einladung - die weiter persönlich geschah - einen Gottispruch aufzusagen, auch wenn es die Eltern gern gesehen hätten; die formelhafte Sprache wurde nun nicht mehr als von feierlichem Ernst erfüllt - der der Konfirmation angemessen war - empfunden, sondern als unnatürlich.
1932 stellte Pfarrer Schweikhart von **Köndringen** ausführlich den Verlauf der eigentlichen Feier dar, die in **Teningen** und **Nimburg** ähnlich stattgefunden haben dürfte:
Die Konfirmationsfeier findet am Sonntag Judika verbunden mit der Prüfung statt, während die Abendmahlsfeier am Palmsonntag folgt. Die Konfirmanden versammeln sich vor dem Gottesdienst mit ihren Eltern und Paten zu einer kurzen Vorfeier auf dem nahe bei der Kirche gelegenen Rathaus, von wo man sich im Zuge in die festlich geschmückte Kirche begibt. An das Eingangslied mit nachfolgendem Gebet und Schriftlesung schließt sich die Ansprache des Pfarrers an, worauf die Prüfung und Einsegnung der Konfirmanden folgt. Der Oberlehrer übt mit den Konfirmanden zwei mehrstimmige Lieder ein, *welche an passender Stelle der Feier eingefügt werden. Am Nachmittag des Konfirmationstages sammelt der Pfarrer die Konfirmanden nochmals um sich, macht bei günstigem Wetter einen Spaziergang mit ihnen und bereitet ihnen dann im Pfarrhaus oder (bei großer Zahl) im Saal der Kinderschule bei Kaffee und Kuchen eine Nachfeier* (VB Köndringen, 1932).
Einige Jahre später vermerken alle Berichte, daß die sogenannte "Abdankung" der Konfirmanden vor der Abhaltung der kirchlichen Feier wieder eingeführt sei (Köndringen 1938, Teningen 1947) und *von der Gemeinde dankbar begrüßt* (VB Teningen, 1951).
In **Nimburg** fand 1958 am Sonntag Laetare die Prüfung in der Unteren Kirche statt; am Sonntag Judica war in der Unteren Kirche die Abdankung vor Eltern, Paten und Verwandten, dann zog man in feierlichem Zug zur Bergkirche, wo die eigentliche Konfirmationshandlung vorgenommen wurde (VB Nimburg, 13.7.1958).
Die Geschenke waren, entsprechend den geringen finanziellen Mitteln, bescheiden: Ein größeres Geschenk gab es von den Paten, oder sie beteiligten sich (s.o.) an der Kleidung; die Nachbarn brachten eventuell einen Blumenstock. Die heutige Geschenk- und Geldanhäufung bei diesem Fest, um derentwillen wohl so mancher Jugendliche noch der Konfirmation zustimmt, ist zu bekannt, als daß sie hier noch großer Darstellung bedürfte. Es bleibt aber die Frage, warum trotz der schwindenden religiösen Bedeutung, die sie für die Beteiligten hat, der Konfirmation allgemein noch immer ein so hoher Stellenwert eingeräumt wird. Letztendlich scheint es das Bedürfnis nach einem Pubertätsfest, einer feierlichen Initiation der Jugendlichen in die Welt der Erwachsenen zu sein, wie sie bei vielen Völkern üblich ist, und dem die evangelische Kirche mit der Konfirmation Rechnung trägt[50].

Durch die Vorverlegung der Erstkommunion ins Kindesalter durch Papst Pius X. (1910) ist diese in keiner Weise ein ähnliches Übergangsfest vom Jugend- ins Erwachsenenalter wie die Konfirmation. Der Aufwand der familiären Feier ist aber im selben Maße wie der der Konfirmation gewachsen, und die früher üblichen kleinen Geschenke wie Blumenstock, Kreuzchen oder Magnifikat (von den Paten) könnten heute das Kommunionkind nicht mehr befriedigen. Die päpstliche Anordnung fand allerdings nicht überall schnellen Eingang. In **Heimbach** gingen die Kinder ungefähr ab 1932 im vierten Schuljahr zur Erstkommunion, vorher im siebten. Die Mädchen trugen bis 1909/10 blaue Kleider mit Myrtenkränzchen, danach weiße Kleider; eine Initiative von seiten der Eltern, da man sich der in anderen katholischen Orten üblichen Kleidung anschließen wollte. Die Jungen trugen Männeranzüge mit Myrtensträußchen, dazu einen Hut. Als ab 1933 die Kommunionkinder jünger wurden, verschwand folgerichtig auch deren vorherige Erwachsenenkleidung.

Mit der Konfirmation hatte der Jugendliche automatisch mehr Freiheit erlangt; da er nun nicht mehr als Kind galt, sondern zur Gruppe der erwachsenen ledigen Jugend gehörte, ließ die elterliche Aufsicht etwas nach. Während des ganzen 19. Jahrhunderts finden sich in den Visitationsberichten dementsprechende Klagen über die Zügellosigkeit der Jugend. Besonders über die "Nachtschwärmerei" wurde ständig geklagt. 1820 schrieb Pfarrer Engler aus Nimburg, mit "Ernst und Strenge" sei es ihm gelungen, die Nachtschwärmerei der verwilderten ledigen Burschen abzustellen (VB Nimburg, 27.8.1820).
1836 wird aus demselben Ort berichtet, daß die öffentlichen Tänze (die amtlich erlaubt sein mußten und 1842 im gesamten Oberamtsbezirk Emmendingen auf vier im Jahr festgesetzt wurden), die jungen Leute zu "Ausschweifungen" veranlaßten:
Des Tanzens sollte und wollte fast sehr zu viel werden, und außer den von Amts wegen gestatteten Tänzen ließen manche Wirthe auch ohne Erlaubniß tanzen, wenn es ihnen einfiel, bis der Pfarrer dem Unfug steuerte und einige durch den Bürgermeister in das Almosen strafen ließ. Man würde den jungen Leuten gerne öfter ein Vergnügen gewähren, wenn es nur auch einen Anfang und ein Ende hätte und nicht blos ganze Nächte und noch länger, sondern an Kirchweihen vom Sonntag bis Freytag mit dem wilden Toben und unmäßigen Leben fortwährte (VB Nimburg, 30.8.1836).
1842 wurde in **Nimburg** die amtliche Tanzerlaubnis nur noch ein- bis zweimal jährlich in Anspruch genommen, da zu dieser Zeit der Ort in immer größere Verarmung geriet, verursacht durch eine schlechte Gemeindeverwaltung, Hagelschläge, Mißernten und Frühlingsfröste.
An den Sonntagabenden traf sich die Jugend auf der Straße zum Singen und "Lärmen", letzteres erregte immer wieder Anstoß und führte zu scharfer Überwachung:
Die Jugend nur sammelt sich an den Sonntagabenden bei günstiger Witterung auf den Straßen, und singt und lärmt; doch läßt man sie nicht aus den Augen und läßt es zu keinen Excessen kommen (VB Köndringen, 26.4.1858).
Auch in **Teningen** forderte Pfarrer Engler mehr Aufsicht über die Jugend:
darf aber auch nicht als Schattenseite verschwiegen werden die Genußsucht und der Hang zum Vergnügen bei den jungen Leuten, die in den benachbarten Fabriken einen reichlichen Verdienst finden. Zu rügen ist auch noch besonders, daß die männliche Jugend häufig durch Nachtschwärmerei die Ruhe der Ortseinwohner stört, dem freilich von Seiten der Eltern und Meister durch eine strenge Aufsicht über ihre Söhne, Dienstboten und Gesellen, am gründlichsten aber durch ein kräftiges Einschreiten der Polizei begegnet werden könnte. Auch hält der Kirchengemeinderath dafür, daß die Tanzbelustigungen im Interesse der Sittlichkeit und Zucht auf höchstens drei im Jahr beschränkt werden sollten (VB Teningen, 20.8.1866).
Mit beginnender Industrialisierung wurden die Jugendlichen, teilweise auch Kinder, mehr und mehr in die Fabriken nach Emmendingen zur Arbeit geschickt. Obwohl durchaus die positive Seite dieser Entwicklung gesehen wurde (*So hat ein früherer Krebsschaden - der Bettel, fast ganz aufgehört ...* VB Teningen, 11.1.1870) führte sie doch nach kirchlicher Ansicht vielfach zu falscher Emanzipation der Jugendlichen.
So meinte der Emmendinger Diözesanausschuß 1866, es sei eine Unsitte, daß 15-16jährige aus **Teningen**, die in Emmendingen in Fabriken arbeiteten, bei ihren Eltern in Kost wären, sonst aber vom Verdienst und seiner Verwendung den Eltern keine Rechenschaft geben müßten; auf diese Weise würden sie *eine falsche Selbständigkeit erhalten, welche Pietät, Zucht, Gehorsam in ihrer Wurzel ertödtet.*

Außerdem fehle es an polizeilicher Wachsamkeit und Strenge der Polizeidiener. Wenigstens an den Sonntagen sollte ihnen von seiten der Gemeinde eine Schutzmannschaft hinzugegeben werden:
daß dies nöthig ist bei einer Dorfgemeinde von 1400 Seelen, ist freilich schon ein Uebel. Es will uns bedünken, man vermiße hier die Energie des früheren Bürgermeisters, der im Nothfall selbst patriarchalisch gegen die bösen Buben Hand angelegt hat (VB Teningen, 1866).
Die Verschwendungssucht der jungen Leute, die plötzlich über Geld verfügten, wurde moniert:
Auch zeigt die erwachsene Jugend namentlich in den ärmeren Klassen bei dem reichlichen Verdienst, den sie in den Fabriken findet, einen starken Hang zu Verschwendung, läßt es gar oft an dem rechten haushälterischen, sparsamen Sinn fehlen und verschleudert zuweilen in wenigen Stunden den Verdienst von einer ganzen Woche. Namentlich sind es die sogenannten Rekrutentänze, welche die jungen Leute oft zu ungewöhnlich grossen Ausgaben, manchmal bis zu 20 fl veranlassen, und deshalb würden es die meisten Familien hier als eine wahre Wohltat ansehen und begreifen, wenn dergleichen Tänz- und Schmausereien für ein- und allemal polizeilich verboten würden (VB Teningen, 10.10.1869).
Stellt man hier eine gewisse Unsensibilität des Pfarrers fest gegenüber den Bedürfnissen einer Jugend, die sechs Tage in der Woche hart arbeitete, so macht doch ein 20 Jahre später (1888) entstandener Bericht die negativen Folgen früher Fabrikarbeit und Selbständigkeit deutlicher:
So früh im Lebensalter und auf so viele Stunden täglich als es das Gesetz erlaubt, werden Kinder, gesunde und schwächliche, in die Arbeit geschickt; der große Lohn lockt Eltern und Kinder. Sobald dann die Confirmation vorüber, wird die Arbeit in der Fabrik Lebensberuf: die eben confirmirten Knaben sind über Nacht erwachsene Leute geworden, die Sonntags im Wirtshause ihren "Schoppen" trinken, natürlich auch dazu rauchen müssen, letzteres um so gewisser, als von der Fabrik allen Arbeitern und Arbeiterinnen Cigarren verabreicht werden; die Mädchen hängen keinen kleinen Teil ihres Verdienstes an thörichten Putz und werthlosen Flitterkram ... (VB Teningen, 28.9.1888).
Dem Pfarrer blieb allerdings über die vierjährige Christenlehre (seit Ende des 19. Jahrhunderts dreijährig), deren Besuch nach der Konfirmation verpflichtend war, die Möglichkeit der Beeinflussung.

Auch innerhalb der Gruppe der erwachsenen Jugend gab es Differenzierungen, vor allem für die Jungen, für die die Militärzeit der große Einschnitt war.
Bereits im Zusammenhang mit dem Scheibenschlagen tauchten die Rekruten als Sondergruppe mit eigenen Rechten und Aufgaben innerhalb der Dorfgemeinschaft auf. Nach der Musterung in Emmendingen, an die anschließend die Rekruten im geschmückten Wagen über die Dörfer fuhren, fanden im März die bereits erwähnten Rekrutentänze statt, bei denen - nach obigem Visitationsbericht - soviel Geld verschwendet wurde. Zwei Tage wurde getanzt; im Wirtshaus, in dem auch der Tanzboden war, erhielten die Rekruten ein kostenloses Mittagessen. Am zweiten Tag zogen sie durch das Dorf und sammelten Eier. Wer für tauglich befunden worden war, hatte einen mit Blumen geschmückten Stock dabei. Für ein Mädchen war es eine Ehre, auf diesem Ball als "Rekrutentänzerin" dabei zu sein; nicht selten dokumentierte das nach außen hin eine feste Verbindung. Nach der Militärzeit übernahm der jeweilige Jahrgang der zurückgekehrten Reservisten im Dorf die Rolle der Ortspolizei, die vor allem innerhalb der eigenen Gruppe der ledigen Erwachsenen für Ruhe und Ordnung sorgte, so z.B. die jüngeren um 10 Uhr abends nach Hause schickte. Dies ist typisch für eine der beiden entscheidenden Ordnungsprinzipien, die die agrarische Lebenswelt und die ländlichen Bräuche kennzeichnen: Die Gruppierung des Dorfes nach Alter und Geschlecht.
(Das zweite Ordnungsprinzip, die hierarchische Schichtung des Dorfes nach dem jeweiligen Besitz, spielte in diesem Gebiet keine so große Rolle, weil durch die Realerbteilung die Besitzunterschiede längst nicht so kraß waren wie andernorts: In Teningen hatte beispielsweise jeder Arbeiter sein eigenes, wenn auch noch so kleines Stück Land).
Die Altersgruppierung war seit dem Beginn des 19. Jahrhun-

derts meist durch die Einschulung bestimmt: "Die Schulkameraden eines Jahrgangs galten für ein ganzes Leben als zusammengehörig"⁵¹. Diese Jahrgangsordnung zeigt sich vor allem bei den Konfirmanden und den Rekruten.

Insgesamt kann man drei Stufen des Überganges zum Erwachsenendasein feststellen: Als erstes die Konfirmation, als zweites (für Jungen) die Rekrutenzeit, die dritte und endgültige Stufe ist die der Hochzeit - der Übergang in die Gruppe der verheirateten Erwachsenen. Wer unverheiratet blieb, spielte in der dörflichen Gemeinschaft eine eher untergeordnete Rolle und wurde nicht für ganz voll genommen, denn erst die Heirat machte den Ledigen zu einem vollständig erwachsenen Menschen.

III. Hochzeit

Unter den Festen im Lebenslauf ist die Hochzeit seit jeher dasjenige, das mit dem größten Aufwand und der größten Fröhlichkeit und Ausgelassenheit begangen wird, weil die Hochzeit am Beginn einer neuen Entwicklung steht und von ihr neues Leben zu erwarten ist; der Übergang von der Gruppe der Ledigen in die der Verheirateten wurde daher immer besonders stark empfunden und mit dementsprechend vielen "rites de passage" umgeben, die diesen Übergang dokumentierten.

Zu Beginn des Jahrhunderts stand vor den Hochzeitsfeierlichkeiten der offizielle Eheverspruch mit bindendem Charakter. Wie sich aus den Visitationsfragen für die Hochfürstl. Bad. Lande 1796 zeigte, mußten Eheversprüche verordnungsgemäß vor Eltern, Pflegern oder sonst ehrlichen Zeugen eingegangen werden und durften nicht länger als ein halbes Jahr unvollzogen bestehen (F. 76). Bei Abweichungen von dieser Vorschrift waren die Schuldigen *sogleich durch den Visitator, oder nochmals ex Commissione durch die Kirchencensur zu vernehmen, und zur Ordnung zu ermahnen, auch die Ursache und der Erfolg ad Protocollum einzutragen oder nachzubringen.*

In **Teningen** lautete 1813 die Antwort auf die obige Frage: *Es sind uns keine verordnungswidrige Eheversprechungen bekannt; das Pfarramt vernimmt bei Anzeige eines Eheverspruchs nicht nur die Meinung der noch lebenden Väter, oder Mütter als Witwen, oder der Pfleger, sondern auch der Verlobten selbst, um zu erfahren, ob Nirgends ein Zwang stattfinde. Bevor diese Erklärung nicht gethan, wird kein Bericht ans Ghz.B.Amt (Großherzogliches Bezirksamt, Anmkg.d.V.) eingesendet, welcher auch jedesmal von den weltlichen Vorgesetzten unterschrieben wird.- die Eheverlöbnisse wurden bisher, wie sie erfolgten, sogleich dem Pfarramt angezeigt u. trat seit 6 Jahren nie der Fall ein, daß nicht die Trauung spätestens in 4 Wochen erfolgte* (VB Teningen, 30.10.1813).

Den Eheverspruch wieder zu lösen, war fast so schwer die eine Scheidung; er besaß Rechtsgültigkeit, die durch ein Ehepfand besiegelt wurde. In dem Eheverspruch vor Zeugen ist noch die ältere Form der Eheschließung zu erkennen, die in dieser Art bis weit ins Mittelalter hinein üblich war und ohne Priester außerhalb der Kirche stattfand.

Sollte eine Verlobung wieder aufgelöst werden, mußte der Fall deshalb auch von der Kirchenzensur entschieden werden. In **Teningen** gab es im Jahr 1803 ein derartiges Vorkommnis: Dort erschien der Bürger Michael Möckel vor der Zensur und erklärte, daß er den mit Christina Bächlin eingegangenen Eheverspruch aufheben wolle, weil er befürchte, mit seinen Kindern - die bei einer 2. Heirat ihres Vaters wohl Angst um ihr Erbteil hatten - in Uneinigkeit zu geraten, und weil er keine abgesonderte Wohnung besitze. Christina Bächlin und ihr Vater erklärten, daß sie einverstanden seien, den Eheverspruch aus den genannten Gründen aufzuheben. Beide Parteien bezeugten, daß sie einander kein Ehepfand gegeben hatten. Möckel wollte Christina Bächlin freiwillig *wegen der durch diesen Umstand veranlaßten Nachreden* 33 Gulden bar bezahlen und die Kosten der Scheidbriefe übernehmen, womit sie zufrieden war⁵².

Als die Verlobung ihre Rechtsgültigkeit verlor, gab es sie nur noch "bei besseren Leuten", wie den Lehrers- oder Pfarrerskindern.

Über die eigentliche Hochzeitsfeier zu Beginn des 19. Jahrhunderts geben wieder nur die Visitationsberichte eine, wenn auch nicht gerade umfangreiche Auskunft. Es läßt sich aber-

Abb. 4 Hochzeit in Teningen 1915.

Abb. 5 Hochzeit in Köndringen 1929.

mals feststellen, was schon bei Taufe und Konfirmation zu dieser Zeit gesagt wurde: sie wurde bescheiden gefeiert, gezwungenermaßen durch die große Armut in Folge der Franzosenkriege.
Auf die Frage nach dem Aufwand bei Hochzeiten antwortete Pfarrer Lapp aus **Teningen** im Jahre 1800:
Er, Pfarrer, wäre, um auch etwas bestimmtes vom Aufwand bei Hochzeiten sagen zu können, wider seine sonstige Gewohnheit auch zu 2 dergleichen Mahlzeiten gegangen, weil sie in seiner Nachbarschaft gewesen wären, und er dazu, wie zu einer jeden von jeher wäre eingeladen worden: Wenn er die aufgetragenen Speisen anführen wollte, so würde man erkennen, daß gar nichts wider die Verordnung geschehn wäre. Die Gäste bei einer jeden derselben sammt Braut und Bräutigam waren 24 - 26 gewesen (VB Teningen, 26.10.1800).
Und 1820 lautet die Auskunft:
bei Hochzeiten ist wenig Aufwand (VB Teningen, 3.9.1820).

An Sponsaliengebühren für die Hochzeit bezog der Pfarrer *1797 1 fl wegen der Copulation wegen dem ausrufen ein Schmupftuch, auch bekomme er eine sogenannte Morgensuppe nach dem 2ten Läuten, die in etlich Pfund Fleisch, einem Laib Brod und einer Maas Wein bestehe und noch vorher 12 X für den Sponsalienbericht* (VB Teningen, 11.1.1797).
In **Nimburg** bekam der Schulmeister, der gleichzeitig Messner war, 1800 die Morgensuppe von 2 Pfd. Fleisch, 1/2 Laib Brot und einen Maß Wein, außerdem noch 30 Kreuzer (VB Nimburg, 17.9.1800).
Aus **Köndringen** verlautete 1820, daß überflüssigen Aufwand bei Hochzeiten die immer mehr zunehmende Verarmung verbiete (VB Köndringen, 17.9.1820).
Nimburg, zu dieser Zeit wohl noch relativ wohlhabend, bildete eine Ausnahme; 1820 war der Aufwand bei Hochzeiten *ziemlich bedeutend* (VB Nimburg, 27.8.1820).
Wobei diese Einschätzung immer noch von der persönlichen Einstellung des Pfarrers geprägt sein mag. Wie aber eine Hochzeit gefeiert wurde, kann man diesen spärlichen Andeutungen leider nicht entnehmen.
Ungefähr 100 Jahre später verlief der Ablauf der Festlichkeiten in dieser Weise:
Das Brautpaar ("Hochzitlüt") lud persönlich alle Gäste ein, eine feierliche Angelegenheit, bei der die Braut Tracht trug, oder doch beide zumindest festlich gekleidet waren. Bei dieser Gelegenheit traten sie zum ersten Mal als offizielles Paar auf. Die persönliche Einladung wenigstens der Paten wird auch heute noch als verpflichtend empfunden, wobei zu legere Kleidung als unpassend gilt.
Die Größe der Hochzeit hing von der Größe der Verwandtschaft ab; eine "Büretochter" konnte 60-70 Gäste einladen, sonst waren 30-40 Personen üblich. Eine Hochzeit wurde aber immer groß gefeiert, auch bei Arbeitern; eine kleine "Kaffeehochzeit" im engsten Familienkreis kam so gut wie gar nicht vor (*Wenn s Hittli noch so klei gsi isch, gfeiert isch worre*).
Auf Hochzeiten hin wurde lange gespart; da fast jeder eigenes Vieh hatte, konnte ein Schwein oder sogar ein Kalb geschlachtet werden, denn zur Hochzeitsfeier gehörte ausgiebige Bewirtung.
Die engeren Vorbereitungen begannen mit dem Backen zahlreicher Kuchen (um die 50). Jeder, der ein Geschenk brachte, bekam auch von jeder Kuchensorte - Apfelkuchen, Hefekranz, Linzertorte - ein Stück mit. Dieses hat sich bis heute so erhalten und ist auch noch bei Konfirmation und runden Geburtstagen üblich, wobei das letztere eher neueren Datums zu sein scheint (wie Geburtstagsfeiern überhaupt); auch ist die Zahl der benötigten Kuchen gewachsen. Zur Hilfe beim Kochen und Backen kam schon Tage vorher eine Kochfrau "auf die Stör" ins Haus.
Am Abend vor der Hochzeit (ein Polterabend mit zertrümmertem Geschirr kam erst in den 60iger Jahren auf) erschienen die Schulkameraden zum "Kränzen"; hier macht sich wieder das Zusammengehörigkeitsgefühl desselben Jahrgangs bemerkbar. Haus und Hof wurden mit Tannenkränzen geschmückt, in denen weiße Papierblumen steckten; anschließend gab es einen Umtrunk für alle Beteiligten.
Kirchliche Trauungen fanden nach Auskunft Pfarrer Schmidts 1926 dienstags, donnerstags oder samstags statt, um 12.00 oder 12.30 Uhr. Der Samstag wurde aus naheliegenden Gründen bevorzugt:

Die Brautpaare aus dem Arbeiterstand lassen sich gewöhnlich Samstags kirchlich trauen, damit ihnen nicht der ganze Taglohn abgezogen wird. Denn am Samstag nachmittags wird in den hiesigen Fabriken nicht gearbeitet (VB Teningen, 1926).
Während das Brautpaar auf das Standesamt ging, gewöhnlich nur von den zwei Zeugen, meist den Paten, begleitet, wurde Salut geschossen. Bei der standesamtlichen Trauung allein ließ es so gut wie kein Brautpaar bewenden. Nach deren Einführung wurde 1872 aus Teningen berichtet, daß *bisher nur ein einziges Paar nicht um die kirchliche Trauung nachgesucht hätte, u. zwar ohne Zweifel nur aus dem Grund, weil es schon vorher in wilder ehe miteinander gelebt hatte, und deshalb wünschte, daß die Eheschließung möglichst kurz abgethan werde. Dieser Fall hat hier aber so allgemeines Aergerniß erregt, daß eine Wiederholung nicht wohl zu besorgen ist* (VB Teningen, 25.9.1872).
Zur kirchlichen Trauung zog man im feierlichen Hochzeitszug: Zuerst kam das Brautpaar, dann die "Ehrejungfere" und der "Ehrgsell", die ledigen Paare, die Kinder, die verheirateten Paare, nach dem Alter geordnet, schließlich die Eltern der Braut und die Eltern des Bräutigams. (In **Nimburg** nahmen um 1870 die Mütter der Brautleute zur Verwunderung des Pfarrers kaum einmal an der Trauung teil (VB Nimburg, 1874).
Dem Hochzeitszug schaute zu, wer konnte; bereits 1869 wird er als *feierlicher geräuschloser Kirchgang* geschildert (VB Teningen, 10.10.1869).
Nach der Trauung wurde das Brautpaar von Musikanten mit der Ziehharmonika abgeholt, der dem Zug jetzt voranschritt; war der Bräutigam etwa im Musikverein, so gestaltete dieser die kirchliche Trauung mit und schritt hinterher dem Zuge voraus.
Gefeiert wurde im Elternhaus der Braut, wie überhaupt alle Familienfeste schon aus Kostengründen zuhause abgehalten wurden. Das Hochzeitsessen bestand aus mehreren Gängen, z.B. Nudelsuppe, Ochsenfleisch mit Beilage und Hochzeitsbrot (extra feines Weißbrot, das auch an die "Läutejungen", die die Glocken läuteten, verteilt wurde), Braten, Weincreme. Nach dem Kaffee ging es in die Wirtschaft auf den Tanzboden. Auf dem Wege dorthin schenkte einer der Gäste den Zuschauern Wein aus.
Nach dem Tanz gab es zuhause Bratwürste und Kartoffelsalat; ältere Leute versorgten derweilen das Vieh, aber die Bratwürste ließen sie sich auch nicht entgehen. Anschließend wurden Sauerbraten und Nudeln aufgetischt, teilweise ging es dann wieder zum Tanzboden. In der Nacht und am frühen Morgen wurden den Gästen noch Schinken mit Brot sowie Kaffee und Gugelhupf angeboten; damit war die Hochzeitsfeier beendet.
Bei den aufgezählten Unmengen von gutem Essen ist daran zu denken, wie sehr sich dieses von den alltäglichen Mahlzeiten abhob - vor allem frisches Fleisch gab es sonst nur an Weihnachten und Ostern. Die Überfülle davon am Hochzeitstag betont die Bedeutung des Festes.
Die Braut trug bis in die 20iger, 30iger Jahre teilweise noch Tracht, der Bräutigam Gehrock und Zylinder (siehe Fotos Nr. 4 und 5).
Danach wurde ein schwarzes Hochzeitskleid mit weißem Schleier getragen, und erst mit den 60iger Jahren setzte sich das weiße Brautkleid allgemein durch (siehe Fotos Nr. 6 und 7).
In **Heimbach** fand diese Entwicklung bereits in den 30iger Jahren statt, vorher war auch hier das schwarze Kleid mit Myrtenkranz und Schleier üblich. Wie bereits bei der Konfirmation erwähnt, handelt es sich hierbei um das Abendmahlskleid, das einzige, das der Bedeutung des Festtages angemessen war. Daß das Hochzeitskleid eigens für diese Gelegenheit neu angeschafft wurde, ist bereits eine neuere Entwicklung, denn ursprünglich wurde es zum ersten Mal bei der Konfirmation oder dem ersten Abendmahl getragen und hielt dann ein Leben lang. Das weiße Brautkleid dagegen, das die Unschuld der Braut symbolisieren soll, hat sich erst im Laufe des 19. Jahrhunderts aus der Hoftracht des Adels entwickelt und sich allmählich von "oben" nach "unten" durchgesetzt; mit Unterstützung von seiten der Kirche, die hierin die Idee von der unberührten Braut zeichenhaft ausgedrückt sah[53].
Der Gedanke Abendmahlskleid gleich Hochzeitskleid wurde insofern beibehalten, als das schwarze Hochzeitskleid danach

Abb. 6 Hochzeit in Teningen 1949.

Abb. 7 Hochzeit in Köndringen 1954.

zum Feiertagskleid ernannt wurde. Die Tradierung dieses vielleicht unterbewußten Gedankens wird auch der Grund gewesen sein, daß sich das weiße Brautkleid erst so spät durchsetzen konnte: Das schwarze Kleid empfang man als feierlich, dem inneren Gehalt der Hochzeit entsprechend. Und in der Tat strahlen ältere Hochzeitsbilder mehr Würde aus, vermitteln eher den Eindruck eines neuen Ehepaares als heutige, in denen sich alles auf die Braut als strahlende Märchenprinzessin an ihrem "Ehrentag" konzentriert[54].

Vor dem Wechsel vom schwarzen zum weißen Kleid galten Schleier und Myrtenkranz als Symbole der Unschuld; zu Zeiten der Tracht Kranz und Strauß. Wenn es bekannt geworden war, daß die Braut nicht mehr unberührt war, durfte sie Kranz und Schleier oder Kranz und Strauß nicht tragen. Darauf achteten nicht nur der Pfarrer, sondern die ganze Gemeinde: Das Abweichen von der Norm oder den öffentlich geltenden Moralvorstellungen unterlag in der Dorfgemeinschaft eben strengen Sanktionen, die in diesem Fall in der Bloßstellung der Braut und damit ihrer ganzen Familie lagen. Es ist symptomatisch, daß bei der herrschenden Doppelmoral allein die Frau den vollen Umfang dieser Sanktionen zu tragen hatte. Um der öffentlichen Demütigung zu entgehen, versuchten deshalb die betreffenden Bräute immer wieder, trotzdem den vollen Brautschmuck zu tragen. So beschwerte sich 1896 der Teninger Pfarrer, es käme so oft vor, daß nach nur wenigen Ehemonaten Kinder geboren würden:

Die Bräute aber haben sich ihrer Zeit nicht geschämt, mit vollem bräuthlichen Ehrenschmuck, Kranz und Strauß, vor den Altar zu treten (VB Teningen, 27.10.1896).

In **Nimburg** verhandelte 1872 der Pfarrgemeinderat über das Problem, weil es Beschwerden gegeben hatte:

*Es war hier ziemlich durchgängig bei Trauungen Sitte, nämlich Unsitte, geworden, sich mit Brautkränzen zu schmücken, gleichviel ob die Bräute ein Recht zu einem Kranz hatten oder Nicht: die Bräute, welche als unbescholtene Jungfrauen zum Altare giengen, u. ihre Angehörigen fühlten sich durch die einigemale offen zu Tage getretene Schamlosigkeit unehrlicher Bräute verletzt, die Sache wurde in einer Sitzung des Kirchengemeinderathes verhandelt und dieser brachte die Angelegenheit vor die Kirchengemeindeversammlung. Diese beschloß am 2. Juni 1872 **einstimmig**: - Nur Bräute, die in ihrer jungfräulichen Ehre berechtigt sind, einen Brautkranz zu tragen, dürfen hinfort mit einem solchen sich schmücken. Sollten dennoch solche Bräute, die das Recht eines Brautkranzes nicht mehr besitzen, **mit** einem solchen an den Traualtar treten, so kann zwar eine augenblickliche Rechenschaft des unehrlichen Thuns nicht gefordert werden; aber es soll, sobald der Beweis der Unehrenhaftigkeit an den Tag getreten ist, davon der Gemeinde durch eine öffentliche Verkündigung Kenntnis gegeben werden* (VB Nimburg, 1874).

Der Beschluß wurde der Gemeinde im öffentlichen Gottesdienst bekannt gegeben. Im folgenden Jahr wurden im Februar und im November Kinder geboren, deren Eltern nur wenige Monate verheiratet waren. Die Mütter hatten den Brautkranz getragen und nach der jeweiligen Taufe verkündete der Pfarrer im darauf folgenden Hauptgottesdienst:

durch die am ... d.J. erfolgte Geburt eines Kindes ist offenkundig geworden, daß am ... d.J. ein Brautkranz in Unehren getragen worden ist (VB Nimburg, 1874).

Anhand des Falles eines 8-Monate-Kindes aber zeigten sich die Grenzen dieser Verfahrensweise. Der Vater schwor auf Ehre und Gewissen, daß das Kind in der Ehe gezeugt sei, der Pfarrer glaubte ihm auch, aber von Teilen der Gemeinde wurde die Verkündigung des unehrenhaften Brautkranzes geradezu erwartet - eine Erwartung, die der Pfarrer dieses Mal nicht erfüllte, da sie ihm sein Gewissen verbot (VB Nimburg, 1874).

Wieder einmal wird hier deutlich, wie sehr der Einzelne unter der Kontrolle der Allgemeinheit stand - die Kehrseite der Geborgenheit, die die überschaubare Dorfgemeinschaft bot.

IV. Tod und Begräbnis

In **Teningen**, **Nimburg** und **Köndringen** haben sich durch den Bau von Leichenhallen vor wenigen Jahren (**Heimbach** hat sich diesem Plan bisher erfolgreich verweigert) die bis dahin üblichen, Sterben und Tod begleitenden Bräuche verändert. Vorher wurde der Tote dort aufgebahrt, wo er bis ins

20. Jahrhundert hinein gestorben war, bei sich zuhause; dieses galt später auch für im Krankenhaus Verstorbene, die zum Begräbnis ebenfalls zuhause aufgebahrt wurden. Nachbarn und Verwandte, eventuell auch die Totenträger, hielten die Totenwache, bei der gebetet und erzählt wurde. Meist waren die Totenträger Nachbarn oder gute Bekannte, die für diesen Dienst im Trauerhause zu essen bekamen und vielleicht eine Kleinigkeit geschenkt; dies war schon im Jahre 1800 so:
Bei den Leichen wurden nur den Fremden, wenn dergleichen dazu kamen, so wie auch den Trägern statt einer Belohnung ein Eßen von etwas 3 Trachten gegeben. Wenn aber die Leiche nach Mittag gehalten wurde, so bekamen die Fremden nur Brod und Wein, die Träger aber auf den Abend ihr gewöhnliches Eßen. Sonst ware aber bei Leichen kein Aufwand (VB Teningen, 26.10.1800).
Bei der Totenwache ging es wohl manchmal auch recht heiter zu, jedenfalls hatte sich in **Nimburg** 1889 die Zahl der die nächtliche Totenwache im Sterbehaus Haltenden so vergrößert, daß die Kirchengemeindeversammlung, die dieses für einen Mißbrauch der Totenwache hielt, dagegen einschritt und die Zahl der Wachehaltenden verringerte (VB Nimburg, 8.6.1889).
Bis zu Beginn des 19. Jahrhunderts wurde der Tote zum Begräbnis offen im Sarg vor dem Haus aufgebahrt; dann erging von staatlicher Seite ein Verbot dagegen, weil man mit neu entstandener Empfindlichkeit dies mit einemmal als geschmacklos empfand. Stattdessen sollte der Sarg auf dem Friedhof noch einmal geöffnet werden, um zu verhindern, daß ein Scheintoter lebendig begraben wurde – diese Angst beherrschte das ausgehende 18. und beginnende 19. Jahrhundert und hatte vielerorts zum Bau von Leichenhallen geführt, um die Zeit zwischen Tod und Begräbnis verlängern zu können:
wollen wir, daß, statt der bisherigen Gewohnheit zu Theningen, den Sarg vor dem Leichenhaus offen auszustellen und erst nach dem gewöhnlichen Gesang zuzuschlagen, künftighin ein jeder Sarg noch auf dem Gottesacker geöffnet werde, weil wir die Oefnung des Sargs auf dem Gottesacker unmittelbar vor der Einsenkung, und durch die Transportirung auf den Gottesacker in Bewegung gesezt worden ist, sichrer und zweckmäßiger, die Ausstellung des Leichnams vor dem Leichenhause aber in mancher Rücksicht unanständig finden ... (VB Teningen, 11.1.1797).
Wegen der Angst vor dem Scheintod, die allerdings die unteren Schichten kaum ergriff, wurde in **Köndringen** auf den Vorschlag des dortigen Pfarrers, Kirchenrat Nikolaus Christian Sander, bereits 1791 ein Totenhäuschen geplant. Sander hatte seine Eingabe an Markgraf Karl Friedrich vom 23.2.1791 mit der dadurch möglichen Verhinderung des Scheintodes begründet; durch die Enge der unhygienischen Wohnungen sei ein längerer Zeitraum zwischen Tod und Begräbnis nicht möglich. Am Markgräflichen Hof war man von dem Gedanken entzückt und befürwortete den Bau:
weil hierdurch der Gefahr lebendig begraben zu werden vorgebogen werde, besonders aber weil den armeren Leuten, denen es öfters an dem nöthigen Plaz mangle, und die deswegen mit ihren Todten in einem engen Zimmer wohnen müssen, dadurch eine wahre Wohlthat zugehe, und überdies bei ansteckenden Krankheiten so leicht nichts zu befürchten seye ...[55]
Der Markgraf interessierte sich höchstpersönlich für die umwälzende Neuerung; schließlich war das Totenhäuschen von Köndringen das erste in der gesamten Markgrafschaft:
Serenissimus haben die Errichtung eines Toden-Häußchen zu Köndringen nach dem Antrag genehmigt und zugleich gnädigst geäußert, daß wegen einer gleichen Anstalt auf dahiesigem Gottesacker wenigstens zum Vortheil für die Einwohner von Klein-Karlsruhe Höchstdieselbe nach erforderten Berichten über den Kosten und des sonst erforderlichen Vorschlag erwarten wollen[56].
Trotz der optimistischen Einstellung aber, daß die Durchsetzung des Totenhauses keine Schwierigkeiten machen dürfe, da Kirchenrat Sander sich bei der Gemeinde großes Vertrauen erworben habe, wurde es von der Bevölkerung nicht angenommen. Uneingedenk ihrer engen unhygienischen Wohnungen zog sie es vor, weiterhin ihre Toten zuhause aufzubahren. So vermerkt Kolb 1814 in seinem statistischen Lexikon des Großherzogtums Baden:
Köndringen ... zählt mit Landek 978 Seelen, eine schöne neue Kirche, 1 Pfarrhaus, 1 Schule, 1 Mühle, 191 Wohn- und 112 Nebengebäude nebst einem Todtenhause und einem Gemeinen

Abb. 8   Teninger Leichenwagen mit Leichenprokurator und Trägern um 1936.

Backhause, welche der als Pfarrer 1794 dahier verstorbene Kirchenrath Sander erbauen ließ, wovon aber noch kein Gebrauch gemacht worden[57].

Gegen den übermäßigen Aufwand bei Beerdigungen war 1781 die Markgräflich Badische Trauerordnung erschienen, eine Erneuerung der Ordnung von 1751, die alle Pfarrer der Markgrafschaft ihren Gemeinden zu verkünden hatten, und die bis in Einzelheiten gehende Anweisungen enthielt (also erkennen läßt, was bis dahin üblich gewesen war):

1. Verbot der Mahlzeiten nach Begräbnissen.
2. Verbot des Trauerflors für die Leichenbegleitung.
3. Kränze, die bisher auf den Bahren der unverehelicht Gestorbenen angebracht waren, sollten zukünftig weggelassen werden.
4. Trauerzeit: Kinder sollten für ihre Eltern, Schwiegereltern, Stiefeltern, Groß- und Urgroßeltern, desgl. Eheleute für einander nicht länger als ein halbes Jahr in Trauer gehen, und zwar 6 Wochen in tiefer Trauer, die übrige Zeit in geminderter Trauer (*jeder nach seinem Stande*).
5. Eltern sollten für ihre über 14 Jahre alten Kinder nur drei Monate trauern, desgl. Geschwister füreinander, auch für Schwager oder Schwägerin und nicht in tiefer Trauer, sondern nur in gewöhnlicher Trauerkleidung.
6. Für Kinder unter 14 Jahren, für Neffe oder Nichte über 14 Jahren waren nur 6 Wochen Trauer erlaubt.
7. Das Anlegen von Trauerkleidung für in der Verwandtschaft weiter Entfernte wurde verboten.
8. Häuser, Zimmer und Kirchenstühle durften nicht schwarz ausgehängt werden.
9. Domestiken durften nicht schwarz gekleidet werden[58].

Hinter den Anweisungen wird ein genau durchstrukturiertes System der Abstufung von Trauer deutlich: Ein Gefühl, das nach heutiger Einstellung individuell ist und nicht durch Kleidung ausgedrückt werden kann (Trauerkleidung ist in den letzten Jahren, von der Beerdigung einmal abgesehen, fast verschwunden) wurde nach außen hin durch die Art der Trauerkleidung - tiefe oder gewöhnliche Trauer - sowie durch die Länge der Zeit, die man sie trug, verdeutlicht. Die Verdeutlichung der Trauer nach außen hin bedeutet aber keinesfalls, daß das Gefühl nicht echt war; sie ermöglichte jedenfalls ein stufenweises Ausleben der Trauer und bot dem Trauernden eine vorgegebene Verhaltensweise, die auch als Stütze dienen konnte.

Die Größe und Feierlichkeit der Beerdigung hängt bis heute von dem Status des Verstorbenen, sowie der Vielzahl seiner Sozialkontakte ab. Begräbnisse "in aller Stille" gab es früher allerdings nur für Arme oder gesellschaftliche Außenseiter und waren eine nicht wünschenswerte Ausnahme. So berichtet Pfarrer Engler 1869 aus **Teningen**:

Bei Beerdigungen findet bald eine grössere - bald eine geringere Betheiligung statt je nach Stand und Umfang der Verwandtschaft des Verstorbenen, und werden dieselben nach der vom Kirchengemeinderath festgesetzten Leichenordnung bald unter bloßer Verlesung des Formulars, bald mit einer Rede am Grab bald mit Predigt in der Kirche gehalten und zwar mit Rang und Klang (VB Teningen, 10.10.1869).

Aus **Nimburg** verlautet es um dieselbe Zeit:
Bei Beerdigungen ist die Beteiligung der Gemeinde immerhin anzuerkennen (VB Nimburg, 1874).

War der Verstorbene gar im Musik- oder Gesangverein, so war es selbstverständlich, daß dieser an der Beerdigung teilnahm, die mit geringen Abwandlungen so stattfand wie 1926 in Teningen. Die Teilnehmer versammelten sich beim Trauerhaus, von wo der feierliche Leichenzug durch das ganze Dorf zog:

Die erwachsenen Gemeindeglieder werden vom Geistlichen am Hause abgeholt und nach Verlesung einer Stelle aus der Hl. Schrift und einer Strophe eines Gesangbuchliedes zum Grabe geleitet, wo die Liturgie nach dem Kirchenbuch gehalten wird. Hierauf begiebt sich die Leichenbegleitung in die Kirche, um nach dem Gesang eines Liedes die Leichenpredigt, den Lebenslauf des Entschlafenen, das Schlußgebet mit U.V. und Segen anzuhören. Am Trauerhaus und am Grabe wirken oft der Gesang- und Musikverein durch Vortrag eines Grabliedes oder eines Chorales mit. Kinder unter 6 Jahren begleitet der Pfarrer vom Pfarrhaus an zum Gottesacker (VB Teningen, 1926).

Bei diesem feierlichen Leichenzug (wobei der Leichenprokura-

tor Engler, seit 1934 im Amt, die Teilnehmer zu ordentlichen Viererreihen aufstellte) kam auch die Schaulust z.B. der Kinder auf ihre Kosten; gleichzeitig aber mußte dem Tod mit Würde begegnet werden:
Bei Beerdigungen stehen die Kinder, welche den Leichenzug sehen wollen, mit gefalteten Händen an der Straßenseite, was angenehm berührt. Die Kinder bezeugen hiermit ihre Ehrfurcht. Auswärtige Beerdigungsteilnehmer haben sich schon sehr lobend über diese Sitte ausgesprochen (VB Teningen, 1933).
Bis 1935 wurde der Tote in Teningen von 6 Trägern, die von der Familie bestimmt wurden ("keine im Leid"), zum Friedhof getragen; so legte es noch die Begräbnisordnung von 1934 fest[59].
1935 wurde beim Wagnermeister Heinrich Bürk ein Leichenwagen in Auftrag gegeben und vier Leichenträger fest angestellt; alle vier, sowie der Kutscher, wurden von der Gemeinde mit Trauerumhängen ausgestattet[60] (siehe Foto Nr. 8).
Nimburg besaß bereits seit 1926 ein "Leichenwägele", das von den Brüdern Mick, einem Wunsch ihrer verstorbenen Eltern entsprechend, gestiftet und der Gemeinde im Bedarfsfall zur Verfügung gestellt wurde, aber *mit dem Wunsche, daß das Wägele nur solchen Erdenpilger zu ihrem letzten Gange dienen möge welche ein begründetes Verlangen nach der oberen Heimat haben*[61].
Der Leichenwagen mit angestellten Trägern, die zu dem Verstorbenen keine Beziehungen hatten, sowie die Bestellung eines Leichenprokurators, der den Hinterbliebenen alle Formalitäten abnahm, waren der erste Schritt zu einer Entpersönlichung des Todes und seiner Ausgrenzung aus dem alltäglichen Leben, eine stufenweise Entwicklung, die mit dem Verschwinden der Leichenzüge durch das Dorf einen Abschluß gefunden hat[62].

Am Schluß der Ausführungen sei noch eine letzte Bemerkung erlaubt:
Als wesentlichen Unterschied zur Gegenwart umfaßte die öffentliche Kontrolle in weitgehendem Maße das, was heute unter den Bereich "Privatleben" fällt, der Dritte nichts anzugehen hat. Im Gemeinschaftsleben des Dorfes war ein Privatbereich nicht vorgesehen, das zeigt schon das Bestehen der Kirchenzensur; wer sich nicht den Normen anpaßte, wurde zum Außenseiter. Allein diese Tatsache sollte vor einer falschen Romantisierung der Vergangenheit bewahren.
Auf der anderen Seite bot die überschaubare Dorfgemeinschaft dem Einzelnen Geborgenheit, feste Normen und tradierte Verhaltensmuster, die ihm Orientierung für sein Leben gaben.
Als das überlieferte Wertesystem sowohl durch Veränderung der dörflichen Sozialstruktur, die im 19. Jahrhundert mit der Industrialisierung einsetzte, wie auch durch die Säkularisierung allmählich aufgelöst wurde, waren einerseits schwerwiegende Sanktionen bei Normenverletzung nicht mehr zu befürchten, andererseits drohte ein Verlust der Geborgenheit. Diese Lücke konnte durch die Vereine geschlossen werden, die heute weitgehend das Gemeinschaftsleben des Dorfes tragen.

Soldaten am Sternen in Heimbach, Ende 19. Jh., verschollenes Aquarell.

Die Mundarten von Heimbach, Köndringen, Nimburg-Bottingen und Teningen im Verhältnis zu ihren Nachbarmundarten

Renate Schrambke

Der folgende Beitrag über die Mundarten der Ortschaften Heimbach, Köndringen, Nimburg-Bottingen und Teningen beruht auf zwei Materialsammlungen: Den einen Teil davon bilden Mundartaufnahmen, die in den Jahren 1976 bis 1985 für den "Südwestdeutschen Sprachatlas" vom Arbeitsbereich Geschichtliche Landeskunde des Deutschen Seminars der Universität Freiburg durchgeführt wurden. Der andere Teil des Materials wurde in den Jahren 1981 und 1982 von Hubert Klausmann für seine Dissertation "Die Breisgauer Mundarten" (1985) erhoben.

Die Verschriftlichung der Mundart orientiert sich an der Schriftsprache mit folgenden Abweichungen: Dehnung des Vokals wird durch Doppelschreibung gekennzeichnet, z.B. *liidə* 'leiden', *zaa* 'Zahn'. Der verdumpfte *a*-Laut wird als *ǫ* geschrieben, z.B. *lǫchə* 'lachen', *mǫchə* 'machen', während *ạ* einen hellen, zwischen *ä* und *a* gelegenen Laut bezeichnet, wie er in *nạschd* 'Nest', *lạạwə* 'leben' vorkommt. Geschlossene Laute bleiben unbezeichnet, geöffnete werden mit einem zusätzlichen Zeichen versehen, wie z.B. *ǫ* in *brǫǫd* 'Brot' (gesprochen wie in Französisch *votre*). Der unbetonte, häufig am Wortende vorkommende *e*-Laut wird mit *ə* bezeichnet; z.B. *hoolə* 'holen', *sǫǫgə* 'sagen', *nǫǫwəl* 'Nebel'. Er kommt auch als 2. Glied der Diphthonge (Zwielaute) *iə* und *üə* vor, z.B. *miəd* 'müde', *güəd* 'gut'.

Die Mundarten, die wir untersuchen, wurden von der sogenannten Binnendeutschen Konsonantenschwächung, einer der letzten großen Veränderungen im hochdeutschen Konsonantismus, erfaßt (vgl. Bohnenberger (1953) S. 87 f. und Kartenlinie 16; Seidelmann (1976), S. 374-377). Dies bedeutet, daß die in der Oberrheinebene in früherer Zeit streng geschiedenen harten und weichen Konsonanten (Fortes und Lenes) heute zusammenfallen, so daß zwischen *b* und *p* in 'Waben' und 'Wappen', zwischen *t* und *d* in 'waten' und 'Waden', zwischen *ck* und *g* in 'wecken' und 'wegen', zwischen *ss* und *s* in 'Wasser' und 'Wasen' (oberste Schicht des Grasbodens) und zwischen *ff* und *f* in 'offen' und 'Ofen' kein lautlicher Unterschied mehr besteht. Dementsprechend werden die erweichten Verschlußlaute als *b*, *d*, *g* geschrieben, z.B. *drạg* 'Dreck', *schbạg* 'Speck'.

Die alemannischen Mundarten waren seit Beginn dieses Jahrhunderts Gegenstand umfangreicher und gründlicher Forschungen, die zu verschiedenen Gliederungsversuchen geführt haben. Allen gemeinsam ist die Heraushebung zweier Mundartgrenzen: zum einen die 'neuhochdeutsche Diphthongierungslinie', die das Schwäbische aus dem nördlichen Teil der alemannischen Mundarten ausgliedert. Diese Linie wird auch als 'Iis/Eis-Linie' bezeichnet, da im nicht-schwäbischen Teil des Alemannischen Monophthonge (einfache Selbstlaute) die Regel sind in Wörtern wie *iis* 'Eis', *lid* 'Leute', *muus* 'Maus', *miis* 'Mäuse', während im Schwäbischen diese als Diphthonge gesprochen werden, also *eis* 'Eis', *leid* 'Leute', *mous* 'Maus', *meis* 'Mäuse'. Die zweite Mundartgrenze, die allen Einteilungen des Alemannischen zugrunde liegt, ist die '*k*-Verschiebungslinie'. Südlich dieser Linie wird anlautendes *k* zum Reibelaut *ch*, also 'Kind' zu *chind*, 'kalt' zu *chalt*, während nördlich dieser Linie das *k* unverschoben als behauchter Verschlußlaut gesprochen wird (vgl. Karte 1).

Unter den Gliederungsvorschlägen des Alemannischen hatte sich derjenige von Friedrich Maurer (1942, S. 196 f.) durchgesetzt. Aufgrund der zwei oben erwähnten Mundartgrenzen teilte er das Alemannische ein in Oberrheinisch, Schwäbisch und Südalemannisch. Diesen Gliederungsversuch revidierten Steger/Jakob (1983), indem sie das Oberrheinische nochmals unterteilten in ein westliches Oberrheinisch und ein östliches Bodensee-Alemannisch. Nach dieser Gliederung gehören die Mundarten der Gemeinde Teningen zum westlichen Oberrheinischen, da hier sowohl die alten Monophthonge erhalten sind als auch anlautendes *k* unverschoben als Verschlußlaut gesprochen wird.

Interessanterweise reicht jedoch in der Lautfolge *lk*, *rk* die *ch*-Lautung in einigen Wörtern weiter nach Norden, als dies im Anlaut der Fall ist. Hierzu gehören 'Birke', 'Werktag', 'Markstein', 'stark', 'Gewölk', 'melken', 'gemolken'. In 'Werktag' gilt sie in allen auf Karte 1 verzeichneten Orten mit Ausnahme von Niederhausen, Oberhausen und Weisweil, wo der Konsonant k ganz geschwunden ist und wa̯a̯rdig gesprochen wird. In 'melken' liegen die Ortschaften der Gemeinde Teningen mit verschobenem k genau an der Grenze zu unverschobenem k (vgl. Karte 1), während in 'Markstein' nur noch in Köndringen k zu ch verschoben ist. In den Wörtern 'Gewölk' und 'Birke' verläuft die Grenze am südlichen Kaiserstuhl, in 'stark' ist die nördlichste ch-Lautung in Hugstetten und Oberrimsingen notiert worden. Alle anderen Tuniberg- und Kaiserstuhlorte haben schon den Verschlußlaut eingeführt.

Die Auffächerung der ch-Aussprache in der Lautgruppe lk, rk macht deutlich, daß die Aussprache als Reibelaut im Rückgang begriffen ist und daß hier Überreste der ursprünglich allgemeingültigen ch-Aussprache vorliegen. Ob jedoch die Reibelaut-Aussprache in 'Werktag', die erheblich weiter nach Norden reicht als in anderen Wörtern, als Reliktlautung zu sehen ist, müßte noch in einer besonderen Untersuchung geklärt werden (vgl. Bohnenberger (1917/18), S. 174).

Wie wir aus Karte 1 ersehen, verläuft die 'melken/melchen-Linie' in einem nördlichen Bogen oberhalb der 'kind/chind-Linie'. Dies läßt vermuten, daß die k-Verschiebung auch im Anlaut früher weiter nördlich gegolten hat. Aufschluß hierüber gibt der "Historische Südwestdeutsche Sprachatlas" (HSS 1979 ff.), der aufgrund von Urbaren des 13. bis 15. Jahrhunderts für diese Zeit die Verschiebung von sowohl anlautendem k als auch in der Verbindung lk, rk im Elsaß bis nach Straßburg und rechtsrheinisch bis Teningen aufzeigen konnte; im Anlaut ist die k-Verschiebung auch in Ettenheim belegt (vgl. HSS Karten 182 und 184). Laut mündlicher Mitteilung von Herrn Priv.Doz.Dr. Konrad Kunze, Freiburg, wurde bei Ausgrabungen bei der Kirche in Schuttern eine Inschrift sichtbar, auf der der Name 'Kain' als 'Chain' geschrieben ist; möglicherweise ein Beweis für die ehemalige Gültigkeit dieses Lautgesetzes auch in Schuttern?

Die Zwischenstellung der k-Verschiebung in der Verbindung lk, rk zwischen dem nord- und südalemannischen Sprachraum hat den Tübinger Dialektforscher Karl Bohnenberger veranlaßt, dieses Gebiet der "südalemannischen Vorzone" zuzurechnen (1917/18), S. 174 f.).

Ernst Ochs, der Begründer des "Badischen Wörterbuches", hat sich in den 20er Jahren eingehend mit den Mundarten von Baden befaßt. In seiner Einteilung der alemannischen Mundarten berücksichtigt er für den nördlichen Teil stärker als andere Mundartforscher die Überschichtung des Alemannischen durch fränkische Lautungen. Nach Ernst Ochs hat das oberrheinische Sprachgebiet Anteil am Niederalemannischen, am westlichen Mittel- und Rhein-Süd-Alemannischen. Das westliche Mittelalemannische, zu dem die Mundarten der Gemeinde Teningen zu rechnen sind, wird vom Niederalemannischen durch eine ohrenfällige Sprachgrenze getrennt: Im Niederalemannischen wird zwischenvokalisches g erweicht, im Mittelalemannischen dagegen bleibt es erhalten. Im Niederalemannischen gilt somit waaja bzw. waawə 'Wagen', booja bzw. boowə 'Bogen', im Mittelalemannischen waagə, boogə. Die west-östliche Grenzlinie innerhalb des Mittelalemannischen wird durch die Entwicklung von b zwischen Vokalen und nach Liquiden (den Konsonanten r und l) gebildet: Im westlichen Teil, d.h. in der Rheinebene und im Schwarzwald, wird b zu w erweicht, so daß hier na̯a̯wəl 'Nebel', a̯a̯wər 'Eber', zu̯u̯wər 'Zuber' gesprochen wird; im östlichen Teil dagegen, d.h. auf der Baar und am Bodensee, ist der Verschlußlaut erhalten (vgl. Karte 1).

Vom Rhein-Südalemannischen wird das Mittelalemannische durch die bereits erwähnte kind/chind-Grenze abgetrennt. Zusammenfassend gilt für das Mittelalemannische (nach Ochs (1921), S. 12): "Anlautendes k ist unverschoben, die langen Selbstlaute î, û, iu sind undiphthongiert erhalten, g zwischen Selbstlauten ist Verschlußlaut".

Ernst Ochs bezieht sich in dieser Beschreibung auf Lautwerte des Mittelhochdeutschen, d.h. auf die Sprache, die im alemannischen Sprachraum um 1200 üblich war und kommt zur Schlußfolgerung: "Das Mittelalemannische ist die Sprache, die in mehrfacher Hinsicht das Mittelhochdeutsche von 1200 am getreuesten fortsetzt" (1921), S. 12).

Karte 1

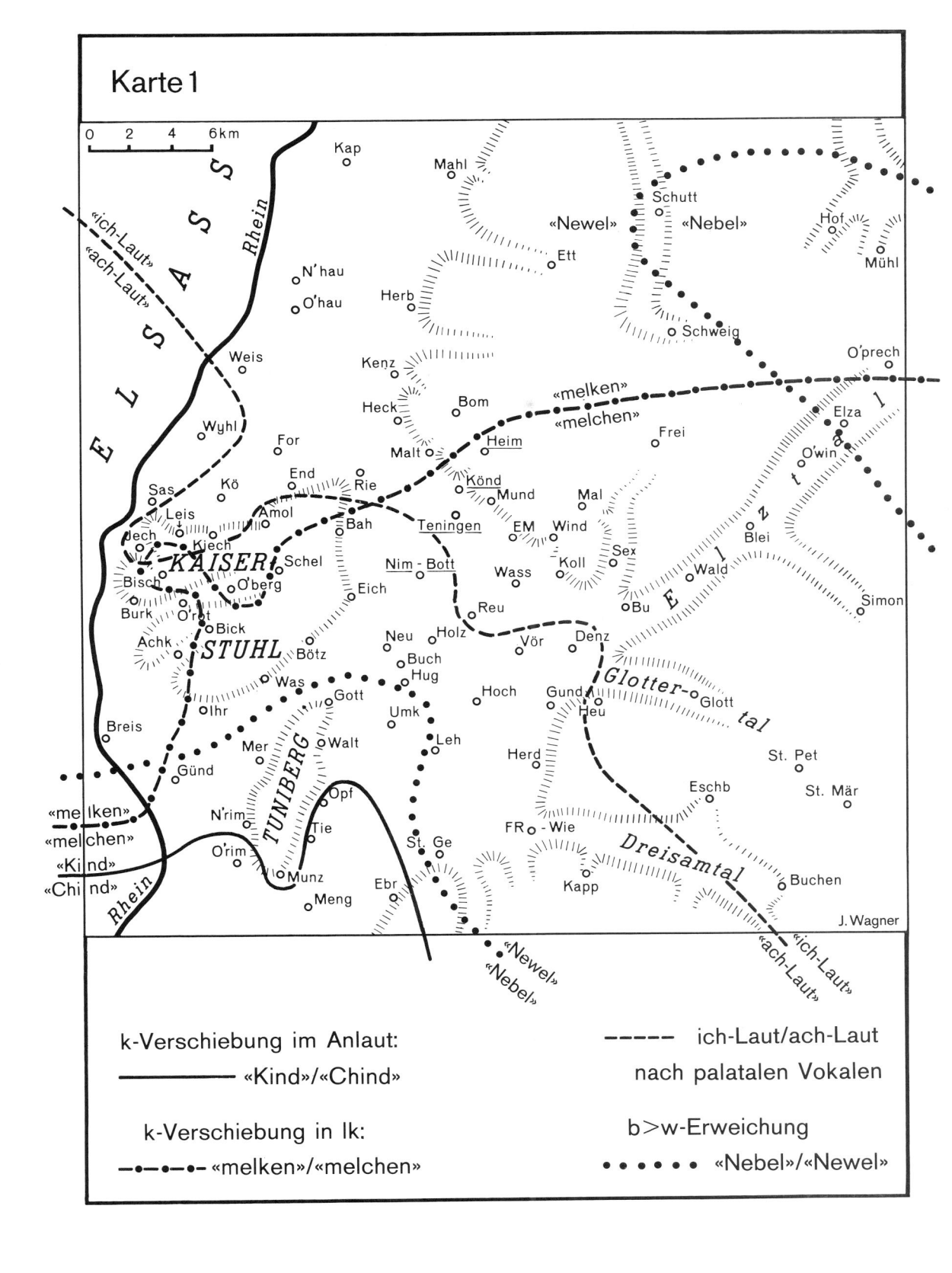

k-Verschiebung im Anlaut:
— «Kind»/«Chind»

k-Verschiebung in lk:
—•—•— «melken»/«melchen»

ich-Laut/ach-Laut nach palatalen Vokalen
- - - - - ich-Laut/ach-Laut

b>w-Erweichung
• • • • • «Nebel»/«Newel»

J. Wagner

In seiner Einteilung des Alemannischen hat Ernst Ochs mit der *g*- und *b*-Erweichung zwei Lauterscheinungen berücksichtigt, die beide fränkischen Ursprungs und in der Tat wichtige Vertreter von fränkischen Überlagerungen des Alemannischen sind, welche sich in unterschiedlicher Verbreitung durchsetzen konnten. Die Grenzlinie zwischen *waajə / waagə* 'Wagen' stellt eine der wichtigsten Lautentwicklungen innerhalb eines ganzen Bündels fränkischer Lautungen dar, die in der Hauptsache links des Rheins bis nach Straßburg und von dort aus in die Ortenau vorgestoßen und somit oft nur auf den Kehler und Straßburger Raum beschränkt sind (vgl. Schrambke (1983), S. 235 ff.). Die Grenze zwischen erweichtem *b* (*nąwəl, nąąwəl* 'Nebel') und erhaltenem *b* (*nąąbəl*) bildet die Endlinie der nach Süden schwächer werdenden Welle fränkischer Ausstrahlungen.

Ernst Ochs machte beim Studium der Grenzlinien, die das Oberrheintal durchqueren, eine eigentümliche Entdeckung, die er in seinem Beitrag zur Kaiserstühler Mundart ((1939), S. 176 f.) veröffentlichte. Er hatte nämlich erkannt, daß sich Sprachgrenzen, die von den Vogesen auf den Rhein zulaufen, rechts des Rheins "symmetrisch verschoben" fortsetzen. Er bezeichnet die Rheinebene als sprachliche "Treppchen- und Stufenlandschaft". Friedrich Maurer ((1942), S. 253, Kt. 55) hat den Begriff von der verschobenen Symmetrie aufgegriffen und nach Linien des "Deutschen Sprachatlas" 'Rheinstaffeln' anhand folgender lautlicher Oppositionen gezeichnet (vgl. Karte 2): *Bruder*, mit Monophthong gesprochen, gegenüber *Brüeder, Brueder*, mit Diphthong gesprochen; das Partizip von 'sein', das im Norden auf die mhd. Form *gewesen* (daraus in der Mundart *gwan, gwä*), im Süden auf die mhd. Form *gesin* (daraus *gsen, gsi*) zurückgeht; fränkisches *schun* 'schon' gegenüber alemannischem *scho*; feminine Substantive auf mhd.-*e* (z.B. 'Seife') im Norden mit *e*-Abfall: *Seif*, im Süden mit beibehaltenem Auslaut: *Seife, Seifa, Seifi*; die Befehlsform von 'sein' (2. Person Singular) im nördlichen Teil als *sei*, z.B. *sei still*, im Süden als *bisch* oder *bis*, z.B. *bisch still* bzw. *bis still*. Als südlichste Grenzlinie hat Maurer die bereits erwähnte *kind/chind*-Grenze eingezeichnet.

Diesen Rheinstaffeln ließen sich viele hinzufügen, die die Erkenntnisse von Ernst Ochs und Friedrich Maurer unterstützen. Hier sollen noch drei weitere aufgezeigt werden, die für den mittelalemannischen Raum um die Gemeinde Teningen von Wichtigkeit sind (vgl. Karte 3). Es handelt sich zunächst um die Quantitäten der mhd. Langvokale *û* und *iu* in 'Bauch', 'Bäuche'. Aufgrund der Veröffentlichung des "Atlas linguistique et ethnographique de l'Alsace" (ALA Bd. 1, Kt. 105) können wir die Grenzlinie rechts und links des Rheins ziehen, an der sich südlich bewahrte Länge und nördliche Kürzung gegenüberstehen. Karte 4 zeigt den genauen rechtsrheinischen Grenzverlauf der Vokalquantitäten in 'Bauch'/ 'Bäuche' und 'leicht' (von 'leicht' liegt uns leider kein linksrheinisches Material vor): Während der Tuniberg noch alte Länge bewahrt hat, bildet der Kaiserstuhl ein Mischgebiet zwischen langer und kurzer Vokalaussprache. Die Orte in der Freiburger Bucht, die nördlich einer Linie Tuniberg-Schwarzwald liegen, haben den Vokal gekürzt. Hier spricht man folglich *büch* 'Bauch', *bich* 'Bäuche', *lichd* 'leicht'.

Im Mittelhochdeutschen wurden Vokale, die in 'offener Silbe' standen (d.h. Silben, die auf Vokal enden wie in 'Wa-gen', 'spie-len', 'le-ben'), kurz gesprochen. Die Mundarten in und um Teningen haben die 'Dehnung in offener Silbe' oder 'neuhochdeutsche Dehnung' durchgeführt, ebenso die Dehnung im einsilbigen Wort vor Explosiv- und Reibelenis in Wörtern wie 'Gras', 'Hag', 'Hof' usw. Hier steht der Breisgau als Dehnungsgebiet im Gegensatz zur Ortenau, die häufig die fränkischen Kürzen bewahrt hat. Es gibt jedoch auch im Breisgau einige wenige bewahrte Kürzen; hierzu gehören 'Honig' und 'Schmied'. Der Vokal in 'Honig' wird in der Rheinebene lautgesetzlich als *u* (*hunig*) gesprochen, da er vor Nasal steht (wie auch in *kummə* 'kommen', *gnummə* 'genommen' u.a.). Dieser Vokal wird, wie aus dem ALA Bd. 2, Kt. 140 zu sehen ist, im Süden gedehnt, im Norden kurz gesprochen. Karte 3 zeigt den links- und rechtsrheinischen Grenzverlauf von *hunig* vs. *huunig*, Karte 4 verdeutlicht den genaueren rechtsrheinischen Verlauf dieser Grenzlinie sowie den für mhd. *i* in 'Schmied'; hier ist die bewahrte Kürze noch auffallend weit

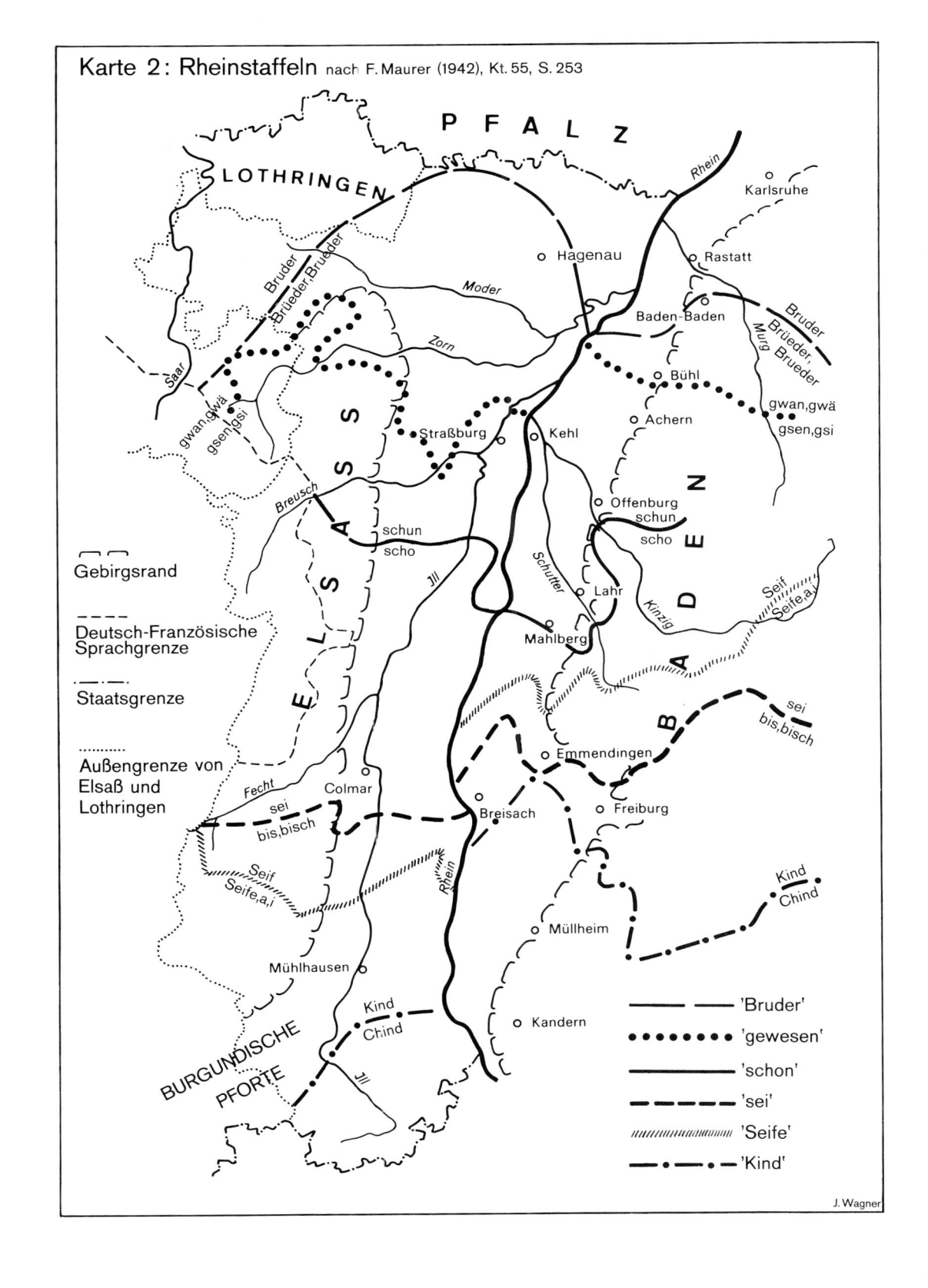

Karte 2: Rheinstaffeln nach F. Maurer (1942), Kt. 55, S. 253

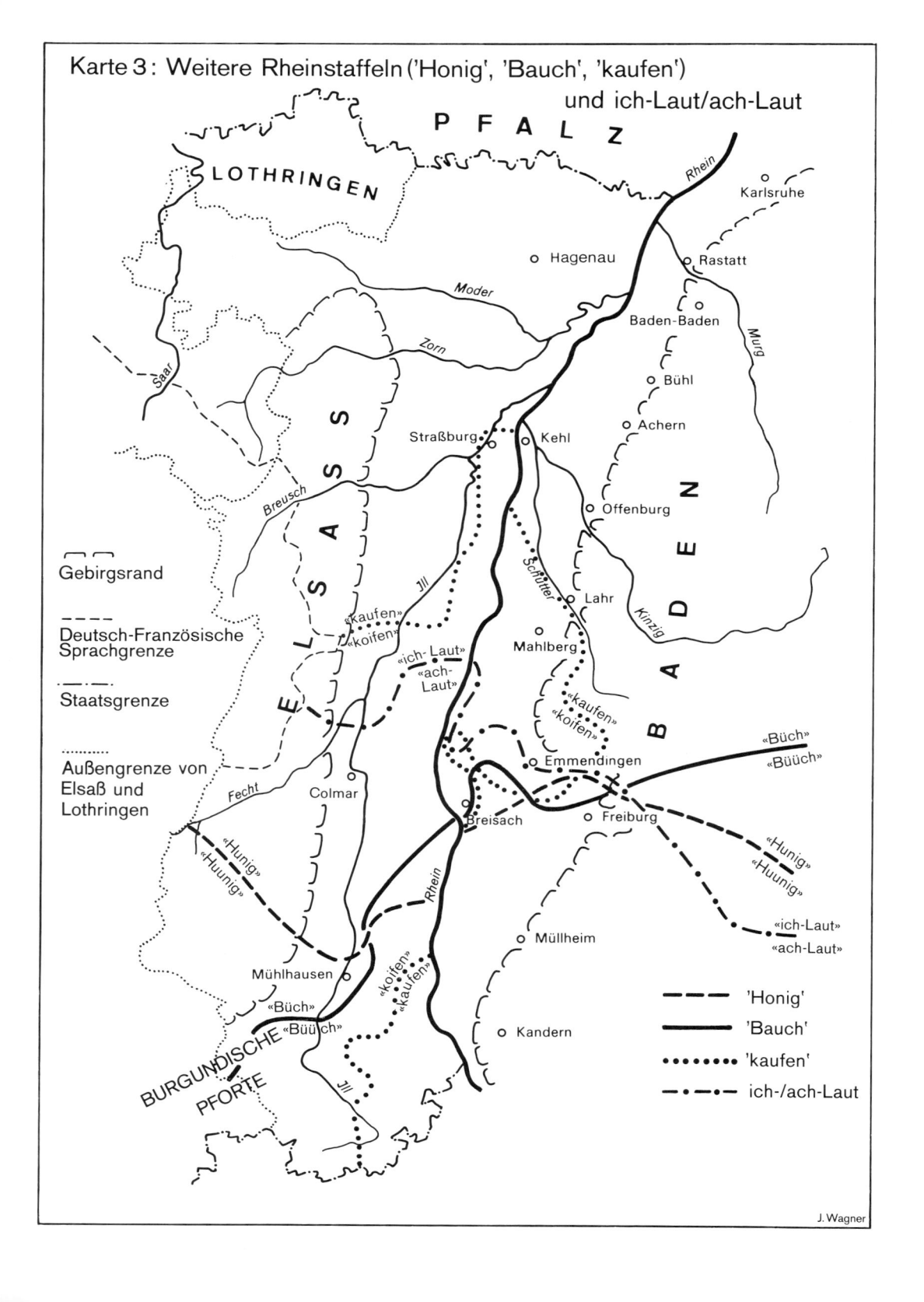

Karte 3: Weitere Rheinstaffeln ('Honig', 'Bauch', 'kaufen') und ich-Laut/ach-Laut

Karte 4

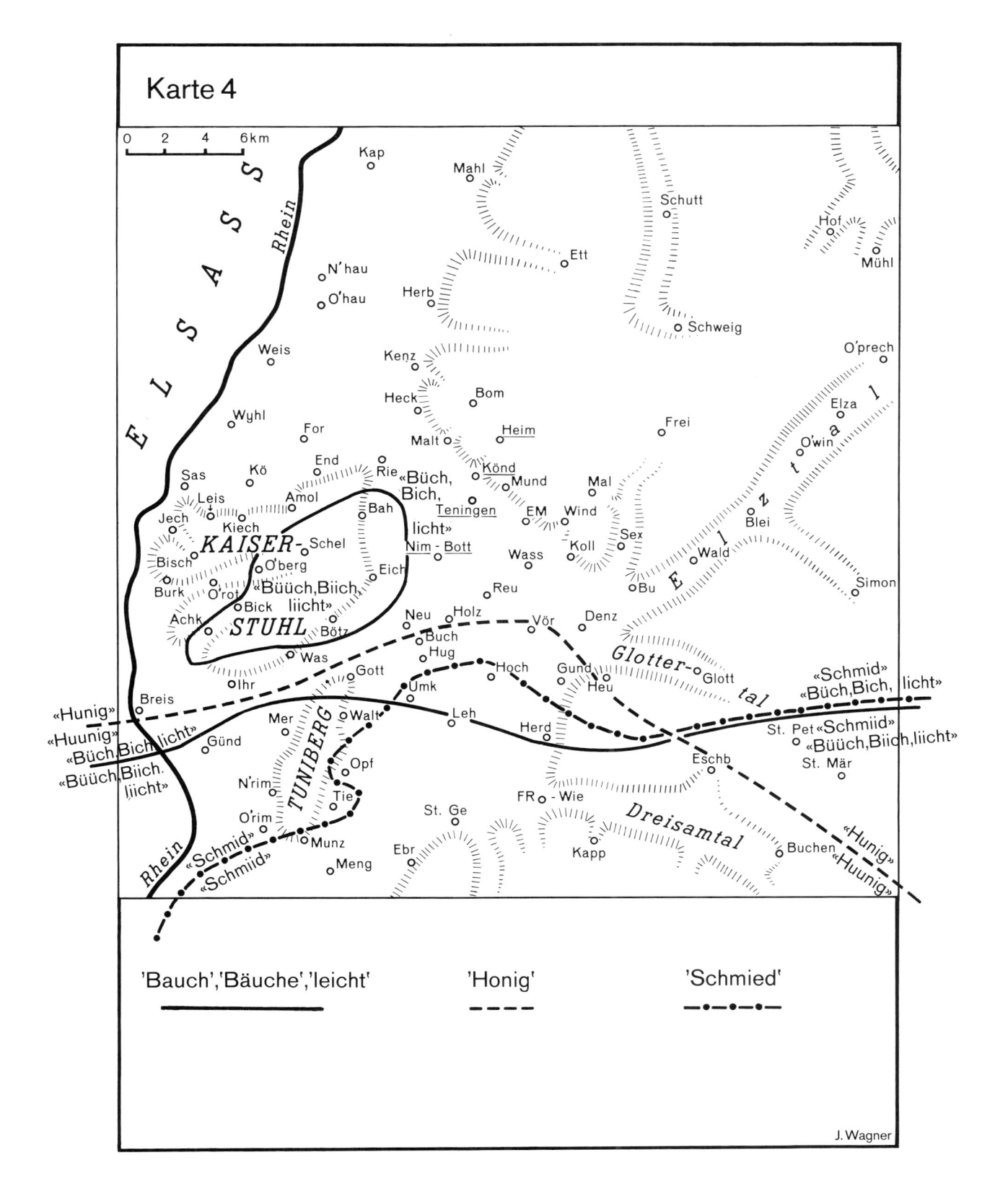

'Bauch','Bäuche','leicht' ———
'Honig' – – –
'Schmied' —•—•—

J. Wagner

im Süden erhalten. Das "Elsässische Wörterbuch" gibt für seine Belegorte ebenfalls Kürze an (El.Wb. II, S. 479).

Anhand der Vokale in 'Bauch' und 'Honig' konnten wir den Rheinstaffeln von Ernst Ochs und Friedrich Maurer zwei weitere hinzufügen. Keine Rheinstaffel hingegen bildet die Aussprache des *ch* nach den palatalen Vokalen *i*, *ü*, *e*, *ä* und den Liquiden *l* und *r*. Hier trifft in unserem Gebiet die palatale (d.h. am mittleren Gaumen gebildete) Aussprache auf die velare (d.h. am hinteren Gaumen gebildete) Aussprache. Je nach Artikulationsort des *ch* spricht man auch vom 'ich-Laut' und vom 'ach-Laut'. Der Norden unterscheidet, wie die Standardsprache, je nach vorangehendem Vokal den 'ich'- und 'ach-Laut', während der Süden nur den 'ach-Laut' kennt. Hierbei ist jedoch, wie Karte 3 zeigt, der 'ich-Laut' weiter nach Süden vorgedrungen als im Elsaß. Rechtsrheinisch verläuft die Grenze am Nordrand des Kaiserstuhls und anschließend mitten durch die Gemeinde Teningen: Köndringen, Heimbach und Teningen unterscheiden den 'ich'- und 'ach-Laut', während man in Nimburg-Bottingen nur den 'ach-Laut' spricht (vgl. Karte 1).
Wie die Karten 1 bis 4 veranschaulichen, hat das Vordringen fränkischer Lautungen von Norden nach Süden bzw. der Rückzug der ehemals südlicher reichenden fränkischen Lautungen nach Norden bewirkt, daß die Oberrheinebene von zahlreichen Grenzlinien durchzogen ist, die sie in nord-südlicher Richtung aufgliedern.

Im folgenden soll nun gezeigt werden, daß daneben ein ganzes Bündel von Sprachgrenzen die rechtsrheinische Oberrheinebene in west-östlicher Richtung durchläuft.
Ein Beispiel hierfür ist die Grenze zwischen Bewahrung und Abfall des *n* im Wort 'Zahn'. Die Bewahrung des *n* in Wörtern wie 'Wein', 'Rain', 'Stein' ist eine fränkische Eigenheit und im Elsaß und in der Ortenau sehr verbreitet. Im Wort 'Zahn' gilt die *n*-Bewahrung jedoch auch im Breisgau bis genau an den Schwarzwaldrand. Heimbach hat hier schon die im Schwarzwald gebräuchliche Lautung *ząą*, während die anderen Orte der Gemeinde Teningen das *n* bewahrt haben, also *ząąn* sprechen (vgl. Karte 6). In der Rheinebene bildet nur Reute eine Ausnahme, da hier auslautendes *n* geschwunden ist.

Wenn wir den Vokalismus der Orte Badens mit dem Vokalismus der Orte im Elsaß vergleichen, so stellen wir fest, daß die Übereinstimmung so groß ist, daß man von einer sprachlichen Einheit der Mundarten rechts und links des Rheins sprechen kann. Denn der Rhein bildet nur in wenigen Fällen eine Mundartgrenze und dann nur auf kurze Strecken, wie wir bereits an den Rheinstaffeln gesehen haben: Die typisch elsässischen Lautungen werden erst durch den Schwarzwald aufgehalten.

Besonders auffällig sind die Palatalisierungen von mhd. *û*, *uo* und *ou*. Unter diesem Terminus versteht man die Verlagerung des Artikulationsortes eines Lautes, in diesem Fall des *u*-Lautes, vom hinteren harten Gaumen (Velum) nach vorne zum weichen Gaumen (Palatum), so daß der Laut eine *ü*-haltige Färbung erhält bzw. als reines *ü* gesprochen wird. Diese Entwicklung war in der Oberrheinebene deshalb möglich, weil hier (abgesehen vom südlichsten Teil) die mhd. *ü*- und *ö*-Laute entrundet, d.h. zu *i* und *e* wurden: mhd. *hûser* 'Häuser' wird als *hiisər*, mhd. *müede* 'müde' als *miəd*, mhd. *liute* 'Leute' als *lid*, mhd. *övene* 'Öfen' als *eefə*, mhd. *boeʒe* 'böse' als *bees* gesprochen. Damit wurde der Platz frei für ein neues *ü*, das nun für mhd. *û* gesprochen wird in *hüüs* 'Haus', *büch/büüch* 'Bauch', *strüch/strüüch* 'Strauch', *rüb* 'Raupe', *süfə* 'saufen', *füschd* 'Faust', *müüs* 'Maus', *brüün* 'braun' etc.
Die reinen *ü*-Laute werden von weniger stark gerundeten abgelöst, je weiter wir uns vom Rhein entfernen. Im Schwarzwald ist die Palatalisierung der Entsprechungen für mdh. *û* nicht eingetreten; hier gilt folglich *huus* 'Haus', *rub* 'Raupe', *sufə* 'saufen' (vgl. Karte 5).
Auch der *u*-Laut in mhd. *uo* wird palatalisiert, wenn auch in geringerer Verbreitung (vgl. Karte 5): Diese Aussprache gilt vom Kaiserstuhl bis zum Tuniberg und am Schwarzwaldrand. Dazwischen liegt ein Gebiet ohne Palatalisierung. Die Grenze verläuft durch die Gemeinde Teningen, wobei Teningen und Heimbach den Diphthong palatalisieren, Köndringen und Nim-

Karte 5

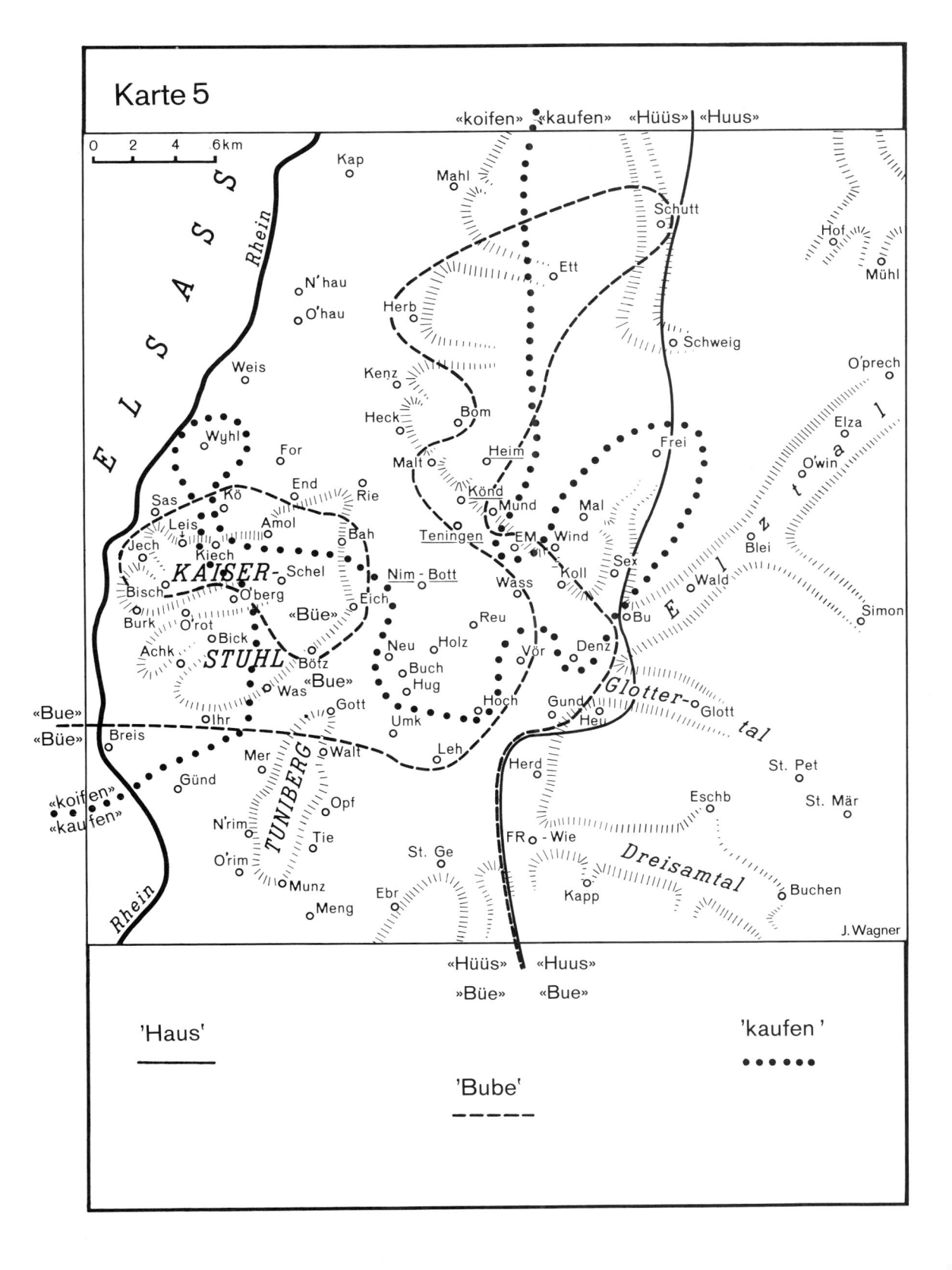

"koifen" "kaufen" "Hüüs" "Huus"

0 2 4 6 km

ELSASS
Rhein

Kap
Mahl
Schutt
Hof
Mühl
N'hau
O'hau
Ett
Herb
Schweig
Weis
Kenz
Bom
O'prech
Heck
Frei
Elza
Wyhl
For
Malt
Heim
O'win
End
Rie
Könd
Mund
Mal
Sas
Kö
Amol
Bah
Teningen
EM
Wind
Leis
Kiech
Schel
Nim-Bott
Koll
Sex
Blei
Jech
KAISER-
Eich
Wass
Wald
Bu
Simon
Bisch
O'berg
"Büe"
Reu
Burk
O'rot
Bick
Neu
Holz
Vör
Denz
Achk
Bötz
STUHL
Buch
Hoch
Gund
Glott
Glotter-tal
Was
"Bue"
Hug
Leh
Heu
Ihr
Gott
Umk
Herd
St. Pet
"Bue"
Breis
Walt
Eschb
"Büe"
Mer
Opf
FR - Wie
St. Mär
Günd
Dreisamtal
"koifen"
N'rim
Tie
St. Ge
Kapp
"kaufen"
O'rim
Munz
Ebr
Buchen
TUNIBERG
Meng

Rhein

J. Wagner

"Hüüs" "Huus"
»Büe« "Bue"

'Haus' ────── 'kaufen' ••••••

'Bube' ──────

burg-Bottingen jedoch nicht. Es stehen sich folglich gegenüber: Teningen und Heimbach: *büə* 'Bube', *büəch* 'Buch', *süəchə* 'suchen', *schüə* 'Schuh'; Köndringen und Nimburg-Bottingen: *buə*, *buəch*, *suəchə*, *schuə*.
Die dritte elsässische Palatalisierung betrifft mhd. *ou* in Wörtern wie 'glauben', 'kaufen', 'laufen'. Das auf dem linken Rheinufer geltende *o̜i*: *glo̜ibə*, *ko̜ifə*, *lo̜ifə* hat rechtsrheinisch den Kaiserstuhl und die Freiburger Bucht erfaßt. Vom Tuniberg, wo man *glaubə*, *kaufə*, *laufə* spricht, setzt sich ein kleiner Keil dieser *au*-Lautungen über die östlichen Randorte des Kaiserstuhls nach Schelingen und Kiechlinsbergen fort. Sonst gilt *au*-Lautung nur noch in Wyhl und auch in Emmendingen, wo sie wohl als umgangssprachliche Lautung älteres *o̜i* ersetzt hat (vgl. Karten 3 und 5).

Jemand, der nicht selbst Mundartsprecher aus dem von uns untersuchten Gebiet ist, wird Schwierigkeiten haben, den Diphthong in *glo̜ibə*, *ko̜ifə* von einem anderen zu unterscheiden, der aus mhd. *û* im Auslaut bzw. im Hiatus (im Silbenauslaut) in Wörtern wie 'Sau' (mhd. *sû*), 'bauen' (mhd. *bûen*) entstanden ist. Der feine Unterschied liegt in dem Öffnungsgrad der *o*-Komponente des Diphthongs, die in diesem Fall geschlossener ist als für mhd. *ou*. Es stehen sich somit gegenüber: *ko̜ifə*, *lo̜ifə*, 'kaufen', 'laufen' und *soi*, *bojə* 'Sau', 'bauen'.

Ähnliche Schwierigkeiten wird ein Nicht-Ortsansässiger haben, im Rheintal zwei *i*-Laute zu unterscheiden, die von jedem Mundartsprecher verschieden ausgesprochen werden: Der eine *i*-Laut wird geschlossen, der andere offen realisiert. So lassen sich z.B. in Teningen Wörter gegenüberstellen, die durch die verschiedene *i*-Aussprache eine andere Bedeutung erhalten: *schnizə* 'schneuzen'- *schnitz* 'schnitzen'; *wid* 'weit' - *wi̯d* (du) 'willst'; *diir* 'teuer'- *di̯irə* 'Türe'; *bliiwə* 'bleiben'- *bli̯iwə* 'geblieben'; *biiri* 'Bäuerin'- *bi̯irə* 'Birne'. Diese beiden *i*-Laute wurden schon im Mittelhochdeutschen unterschieden. Das geschlossene *i* geht auf mhd. langes *î* zurück. Es kommt vor in *iis* 'Eis', *wiib* 'Weib', *schniidə* 'schneiden', *liidə* 'leiden', kann aber auch vor bestimmten Konsonanten gekürzt werden, wie in: *zid* 'Zeit', *ridə* 'reiten', *rifə* 'Reif'. Derselbe geschlossene

i-Laut entstand aber auch aus mhd. *iu* und dem Umlaut von *û*. Diese beiden *ü*-Laute wurden in unserem Gebiet zu *i* entrundet, so daß es heißt: *miis* 'Mäuse', *hiisər* 'Häuser', *hiilə* 'heulen'; bei Kürze: *lidə* 'läuten', *hid* 'Häute', *bich* 'Bäuche'. Der zweite, offene *i*-Laut hat sich aus dem mhd. kurzen *i* und dem entrundeten *ü* entwickelt. Er kommt vor in Wörtern wie: *si̯wə* 'sieben', *ri̯b* 'Rippe', *fli̯gə* 'flicken', *hi̯də* 'Hütte', *fi̯gs* 'Füchse'; bei Dehnung: *li̯i̯gə* 'liegen', *zi̯i̯wəl* 'Zwiebel', *wi̯i̯səli* 'Wiesel', *fli̯i̯gəl* 'Flügel', *ki̯i̯wəl* 'Kübel'.

Eine parallele Entwicklung haben die u-Laute erfahren, doch können die aus mhd. langem *û* entstandenen Vokale von denen, die auf mhd. kurzes *u* zurückgehen, leicht unterschieden werden, da nur die ersteren palatalisiert und somit als *ü* gesprochen werden, letztere dagegen nicht. Als Beispiele lassen sich anführen: *üdər* 'Euter'- *gu̯dər* 'Gutter' (kleine Korbflasche; zu mittellateinisch *guttarium*); *düüwə* 'Taube', *schdu̯u̯wə* 'Stube'. Im überwiegenden Teil des Alemannischen kennt man diese Unterscheidung innerhalb der *i*- und *u*-Laute nicht. Im südwestdeutschen Sprachgebiet stellt sie eine spezifisch elsässische Sprachentwicklung dar, die sich auf das rechtsrheinische Ufer ausdehnt und teilweise bis zum Schwarzwaldkamm reicht.

Wenden wir uns nun der Entwicklung der *e*-Laute zu, von denen wir in der Sprachwissenschaft drei unterscheiden: das alte *e*, das früh aus *a* entstanden ist (Primärumlaut), dann das *ä*, das später aus *a* umgelautet wurde (Sekundärumlaut) und das sogenannte germanische *ë*, das seit der germanischen Frühzeit unverändert geblieben ist.
Der Primärumlaut wird in der Rheinebene und im Schwarzwald als geschlossenes *e* gesprochen, z.B. *bed* 'Bett', *fleegəl* (Dresch)-'Flegel', und fällt mit dem aus *ö* entstandenen *e*, das wir bereits erwähnt haben, zusammen. Anders ist es dagegen mit dem Sekundärumlaut und dem germanischen *ë*, die ebenfalls in ihrer lautlichen Entwicklung zusammengefallen sind. Während diese Vokale im Schwarzwald als *ä* gesprochen werden, öffneten sie sich in der Ebene bis zu dem hellen, zum *a* neigenden Laut, den wir in Teningen hören können in *a̱ar*

Karte 6

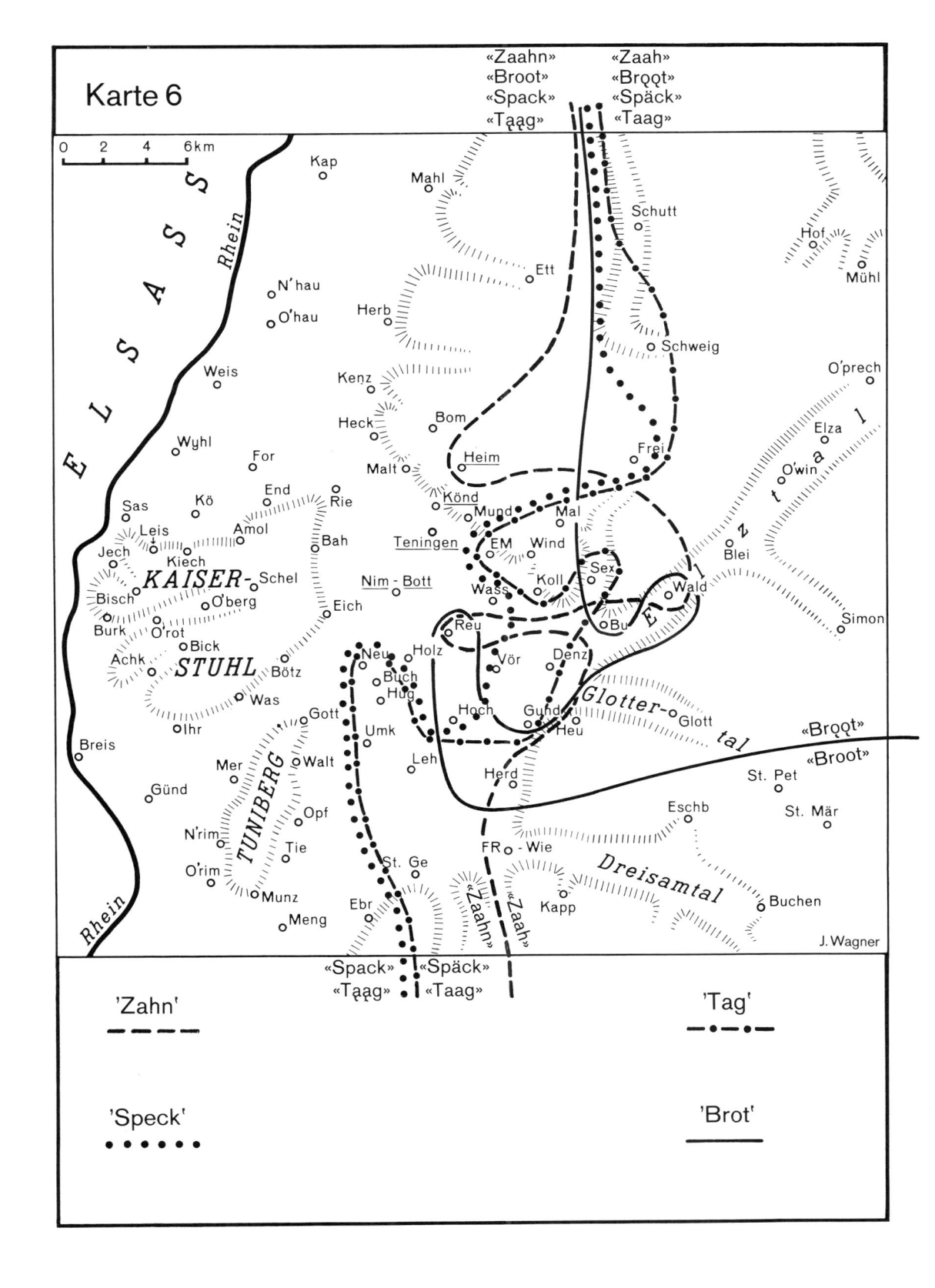

'Zahn' – – –

'Speck' • • • • •

'Tag' –•–•–

'Brot' ———

'Ähre', *drąąchdər* 'Trichter', *bạngli* 'Bänklein', *schbạg* 'Speck', *drạg* 'Dreck', *nạschd* 'Nest', *sąąnə* 'sehen', *flạąchdə* 'flechten' (vgl. Karte 6).

Eng verbunden mit der Entwicklung des Sekundärumlautes und des germanischen ë ist die von mhd. *a* in Wörtern wie 'machen', 'lachen', 'Tag'. Dieser Laut ist im Schwarzwald unverändert geblieben, während er in der Rheinebene als verdumpftes *ạ* ausgesprochen wird: *mạchə, lạchə, dạąg* (vgl. Karte 6).

Als letztes Beispiel für den lautlichen Gegensatz zwischen der Rheinebene und den Schwarzwaldtälern vergleichen wir die Lautungen für mhd. ê (in 'Schnee', 'Reh', 'See'), mhd. ô (in 'Floh', 'Brot') und mhd. â (in 'da', 'ja', 'Draht', 'Naht'). Hierfür werden in der Ebene rechts und links des Rheins geschlossene Laute gesprochen: *schnee, ree, see, floo, brood, doo, joo, drood, nood*, während in den Schwarzwaldorten, aber auch in Reute und Hochdorf offene Laute gelten: *schnää, rää, sää, flọọ, brọọd, dọọ, jọọ, drọọd, nọọd* (vgl. Karte 6).

Die bisher genannten Lauterscheinungen, die teils fränkischen, teils rein elsässischen Ursprungs sind, konnten durch klare Linien von den südlichen bzw. östlichen Lautungen abgegrenzt werden. Aber auch andere Entwicklungen haben stattgefunden, die sich heute teilweise nur noch in Einzelwörtern, deren sprachliche Herkunft den Sprechern nicht mehr durchsichtig ist, oder in Flurnamen erhalten haben. Hierzu ein Beispiel. In Nimburg-Bottingen ist Herr Ewald Hall, der die Flurnamen in der Gemeinde Teningen erforscht hat, auf die Bezeichnung *hąąlə* für 'Halde' gestoßen. Diese Lautform kann nur durch eine Entwicklung entstanden sein, die sonst für das Fränkische typisch ist. Dort wurde durch den Wandel von *ld* zu *l* die Voraussetzung für die Dehnung des Vokals geschaffen; der gedehnte Vokal wurde gebietsweise diphthongiert (vgl. Rhein. Wb. 3, S. 129). Tatsächlich treffen wir in Neuweier bei Bühl auf die diphthongierte Form *haul* 'Halde' als Flurname (vgl. Hasel 1959, S. 119). Der Flurname *hąąlə* 'Halde' in Nimburg-Bottingen läßt vermuten, daß die Dehnung des Vokals vor *ld* > *l*, die sich heute noch in Appellativa (Gattungswörtern) wie 'wild', 'bald', 'Wald', 'Holunder' rechts- und linksrheinisch bis in die Straßburger und Kehler Gegend nachweisen läßt (vgl. ALA I, Kt. 314 'wild'), früher einmal weiter nach Süden vorgedrungen war.

Betrachten wir nun zusammenfassend die Stellung der Mundarten der Gemeinde Teningen. Zweierlei ist hier von Wichtigkeit: Zum einen die lautliche Verbundenheit mit den Mundarten des Rheintals, d.h. auch mit denen des Elsaß. Es wird manchen Köndringer, Nimburger, Heimbacher oder Teninger erstaunen, wenn er erfährt, daß seine Mundart sich von den elsässischen Rheingemeinden Marckolsheim, Schoenau oder Schlettstatt weniger unterscheidet als von dem näher gelegenen Elztal, Mühlenbach oder Schweighausen. Zum anderen ist wichtig festzuhalten, daß sich der Konfessionsunterschied nicht auf die Mundart ausgewirkt hat: Heimbach, der einzige katholische Ort, unterscheidet sich nicht in nennenswerter Weise von den evangelischen Orten Köndringen, Teningen und Nimburg-Bottingen. Obwohl in unmittelbarer Schwarzwaldnähe gelegen, bildet er mit den anderen drei Orten eine sprachliche Einheit.

Bisher haben wir uns mit Lauten befaßt und versucht, anhand der Entwicklungen, die die mhd. Laute vollzogen haben, die Mundarten der Gemeinde Teningen einzuordnen. Da ein Lautwandel in der Regel alle Wörter, die vom gleichen mhd. Laut ausgehen, erfaßt, ist es verhältnismäßig einfach, Vokale und Konsonanten verschiedener Mundarten gegeneinander abzugrenzen.

Unterschiede in den Mundarten beziehen sich aber nicht nur auf die Lautlehre, sondern auch auf den Wortschatz, denn oft werden für denselben Gegenstand bzw. Begriff regional verschiedene Ausdrücke verwendet.

Im allgemeinen ist der Wortschatz neueren Einflüssen gegenüber viel offener als die Lautlehre. Es kommt z.B. vor, daß alte Wörter ohne triftigen Grund verschwinden; es gibt aber

auch eine Reihe von Gründen dafür, daß die alte Mundart im Wortschatz reichhaltiger war als die heutige. So hat z.B. der technische Fortschritt bewirkt, daß Geräte und die damit verbundenen Arbeiten, die früher zum bäuerlichen und handwerklichen Alltag gehörten, verschwunden sind; damit gehen auch die Bezeichnungen hierfür für immer verloren. Als Beispiel kann man die einzelnen Teile aufzählen, die jeder Bauer am früher üblichen Holzpflug benennen konnte: die *gaitǝ* für die Handgriffe des Pflugs, den *grįndǝl* für den Pflugbaum, das *riǝschdǝr* für das Streichblech, das *wąągiisǝ* für das Messer am unteren Streichbrett, das *sąch* für das kleine, senkrechte Messer vor dem Streichbrett; das Vordergestell war entweder ein *rąądli* 'Rädlein' oder ein *schlįdǝ* 'Schlitten', und der nasse Dreck an der Pflugschar wurde mit einem *ąǝrschdąǝ* 'Ackerstecken' entfernt.
Natürlich spielen auch die Übernahmen aus der Schriftsprache eine Rolle. So ist das alte Wort <waidli>, das von mhd. *weidenlîche* abstammt und ein Ausdruck aus der Jägersprache für 'jägermäßig, jagdgerecht, frisch, hurtig' war, heute in der Bedeutung 'hurtig, schnell' in Teningen und Köndringen zwar noch bekannt, wird aber nicht mehr verwendet. In Nimburg-Bottingen gab der Mundartsprecher an, beide Ausdrücke, neues <schnell> und altes <waidli> zu gebrauchen, während dem allerdings jüngeren Mundartsprecher aus Heimbach <waidli> nicht mehr bekannt war. Ähnlich ist es mit dem alten Wort <Anken> für die 'Butter'. Hier dringt das in der Ortenau übliche <Butter> nach Süden vor und verdrängt das ältere <Anken>: Mahlberg, Herbolzheim, Kenzingen, Bombach, Malterdingen, Heimbach, Teningen, Mundingen, Emmendingen, Windenreute, Kollmarsreute und Nimburg-Bottingen kennen nur noch <Butter>. In Köndringen, Wasser, Reute, Maleck und Denzlingen ist <Anken> noch als altes Wort bekannt, wird aber nicht mehr verwendet; nur in Freiamt, Schweighausen, Hecklingen und Vörstetten ist es heute noch gebräuchlich.

Obwohl in der Wortgeographie jedes Wort seine eigene Gesetzmäßigkeit hat, lassen sich doch bei einer Zusammenschau gewisse Regelmäßigkeiten ableiten. So können genügend Beispiele gefunden werden, die die Ergebnisse aus der Lautlehre stützen: Auch hier läßt sich ein Einfluß der Ortenau und des Elsaß auf den Breisgauer Wortschatz nachweisen, wobei der Schwarzwald sich häufig von der Rheinebene abgrenzt. Hierzu einige Beispiele:
Auf elsässischen Einfluß zurückzuführen ist die auf der Westseite des Kaiserstuhls und in der Ortenau übliche Bezeichnung <Schwank> für die Grasmenge, die man mit einem Sensenhieb umlegt. Dieses Wort stammt von mhd. *swanc* 'schwingende Bewegung'. An der Ostseite des Kaiserstuhls und südlich von (einschließlich) Bahlingen, Köndringen und Heimbach gilt die Bezeichnung <Schore>, die sich von ahd. *scora*, zu ahd. *scëran*, mhd. *schërn* 'schneiden, scheren' ableitet. Die <Schwank>/<Schore> Grenze verläuft somit direkt an der nordwestlichen Grenze der Gemeinde Teningen (vgl. Karte 7). Wortgeographisch interessante Ergebnisse bieten die Bezeichnungen für die 'Futterrübe'. Im Elsaß nennt man sie <Dornpipe> oder <Dürlips>; rechtsrheinisch haben der gesamte Kaiserstuhl und die Rheinorte nördlich davon bis einschließlich Kappel den Ausdruck <Dürlips> übernommen (in Sasbach: <Durlips>), nur Achkarren schließt sich mit <Dornpipe> den südlichen Orten an (vgl. Karte 8). Erstaunlicherweise gehen diese Bezeichnungen auf ein englisches Wort zurück: *turnip* 'Rübe', Mehrzahl *turnips*. In der Freiburger Bucht überwiegt die <Runkelrübe>; in Hugstetten entstand daraus durch Assimilation <Kunkelrübe>. In Oberrimsingen und Munzingen gilt <Rotrübe>, eine Bezeichnung, die wir auch nördlich von Teningen wiederfinden. Im Schwarzwald wird sie von der <Weißrübe> abgelöst. Die in der Gemeinde Teningen übliche Bezeichnung für die Futterrübe ist <Dickrübe>, die sich in das Simonswäldertal und das Elztal fortsetzt.
Drei Ausdrücke finden wir für die Bezeichnung 'fegen', wenn wir Karte 9 betrachten. Im Norden stoßen wir auf den Ausdruck <fegen>, der auch in der Ortenau und im Elsaß gilt. Im Süden sagt man <wischen>, ein Wort, das sich auch am Westrand des Schwarzwaldes und in einem kleinen Gebiet im Breisgau, das aus den Orten Nimburg-Bottingen, Bahlingen und Eichstetten besteht, durchgesetzt hat. Im übrigen Breisgau gilt die Bezeichnung <schweifen>.

Karte 7

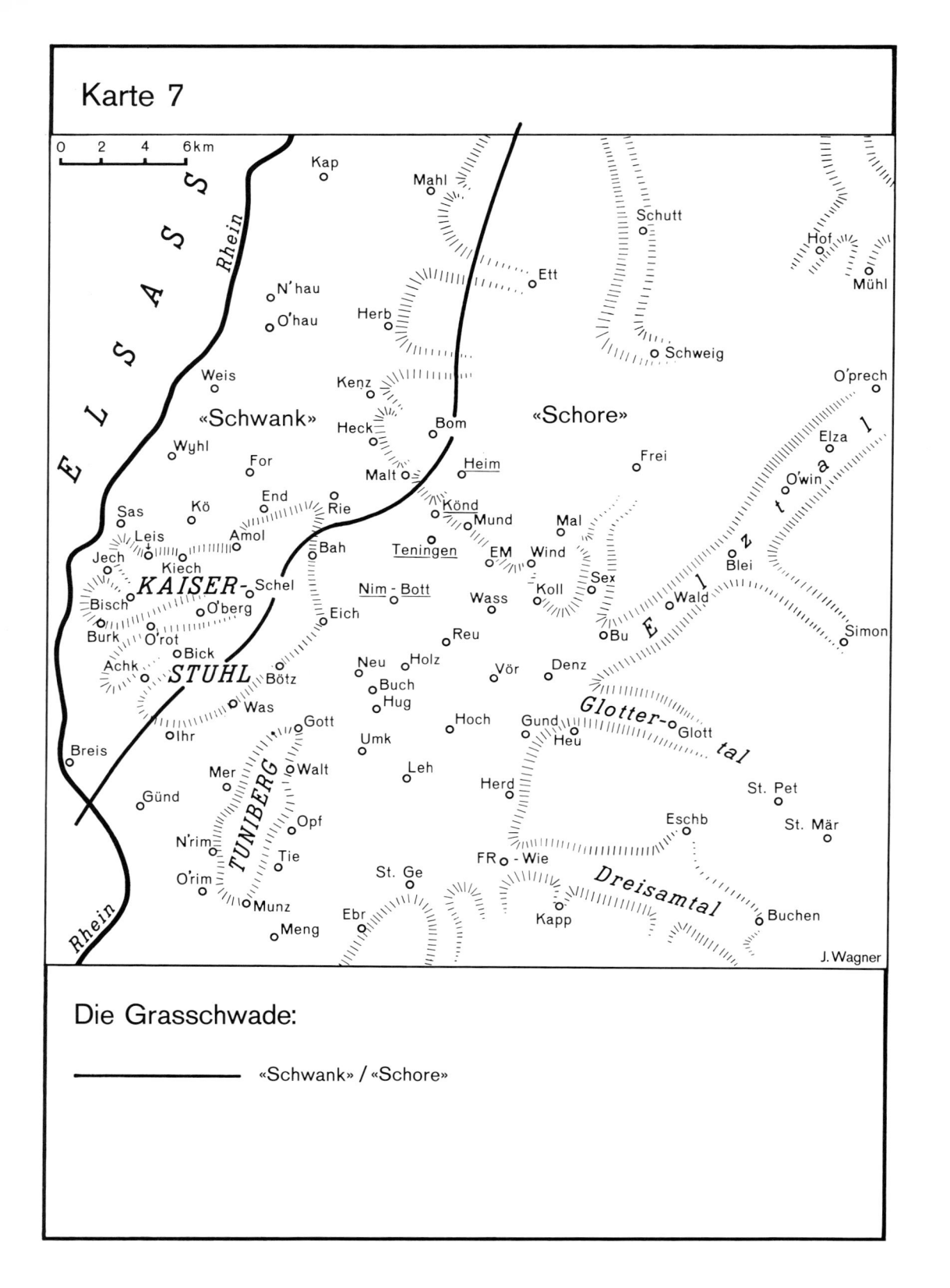

0 2 4 6 km

E L S A S S

Rhein

Kap
Mahl
Schutt
Hof
Mühl
N'hau
O'hau
Herb
Ett
Weis
Schweig
Kenz
O'prech
«Schwank»
Heck
Bom
«Schore»
Elza
Wyhl
For
Malt
Frei
O'win
Sas
Kö
End
Rie
Heim
Leis
Amol
Bah
Könd
Mund
Mal
Jech
Kiech
Schel
Teningen
EM Wind
Blei
KAISER-
O'berg
Eich
Nim - Bott
Wass
Koll
Sex
Wald
Bisch
Burk O'rot
Bick
Reu
Bu
Simon
Achk
STUHL
Bötz
Neu Holz
Vör Denz
Was
Buch
Glotter-
Ihr
Gott
Hug
Hoch
Gund
Glott
Breis
Mer
Walt
Umk
Leh
Heu
Günd
Opf
Herd
St. Pet
N'rim
Tie
Eschb
St. Mär
O'rim
TUNIBERG
St. Ge
FR - Wie
Munz
Ebr
Kapp
Dreisamtal
Buchen
Meng

Rhein

J. Wagner

Die Grasschwade:

———— «Schwank» / «Schore»

Karte 8

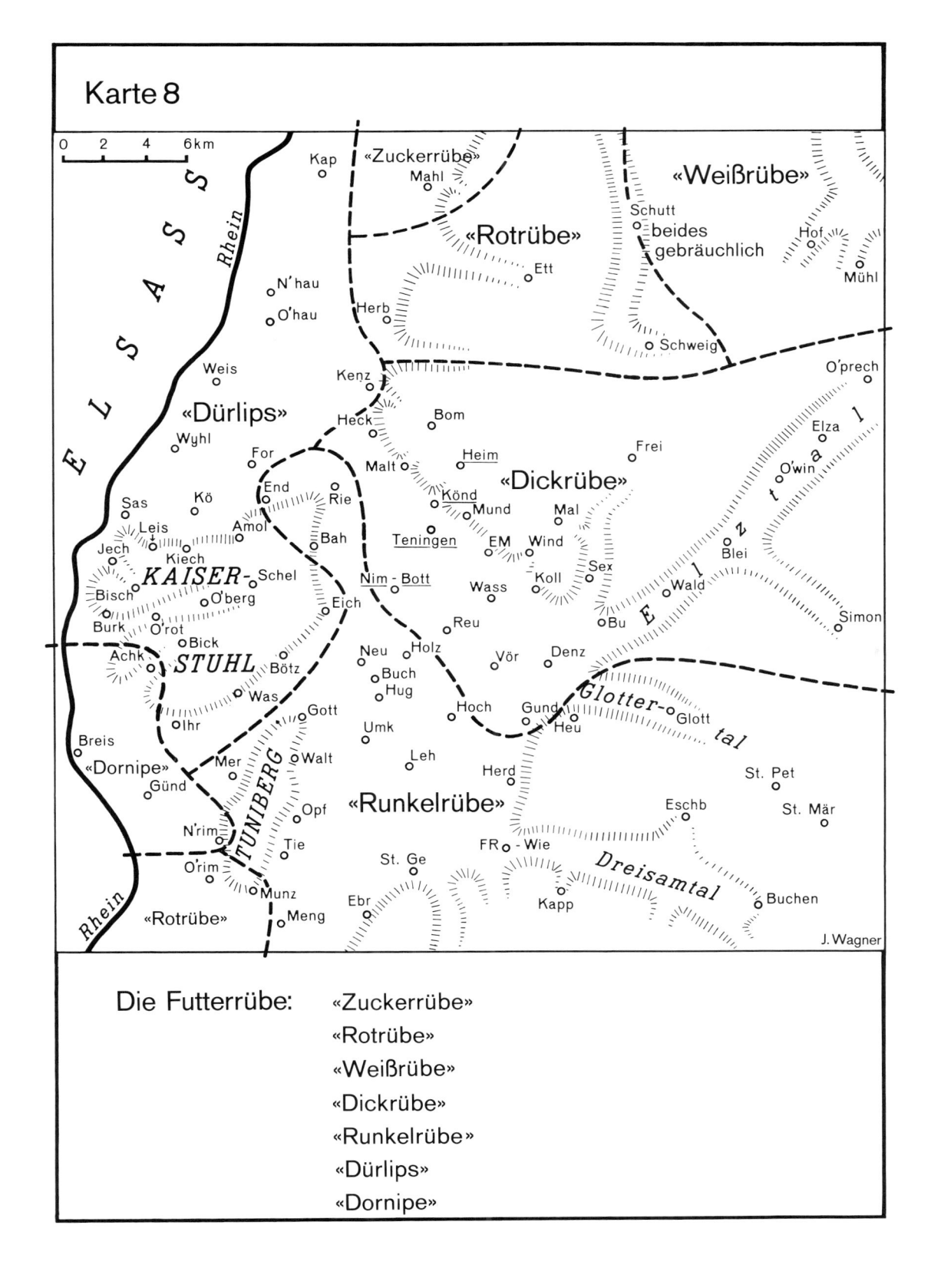

Die Futterrübe:
- «Zuckerrübe»
- «Rotrübe»
- «Weißrübe»
- «Dickrübe»
- «Runkelrübe»
- «Dürlips»
- «Dornipe»

J. Wagner

Karte 9

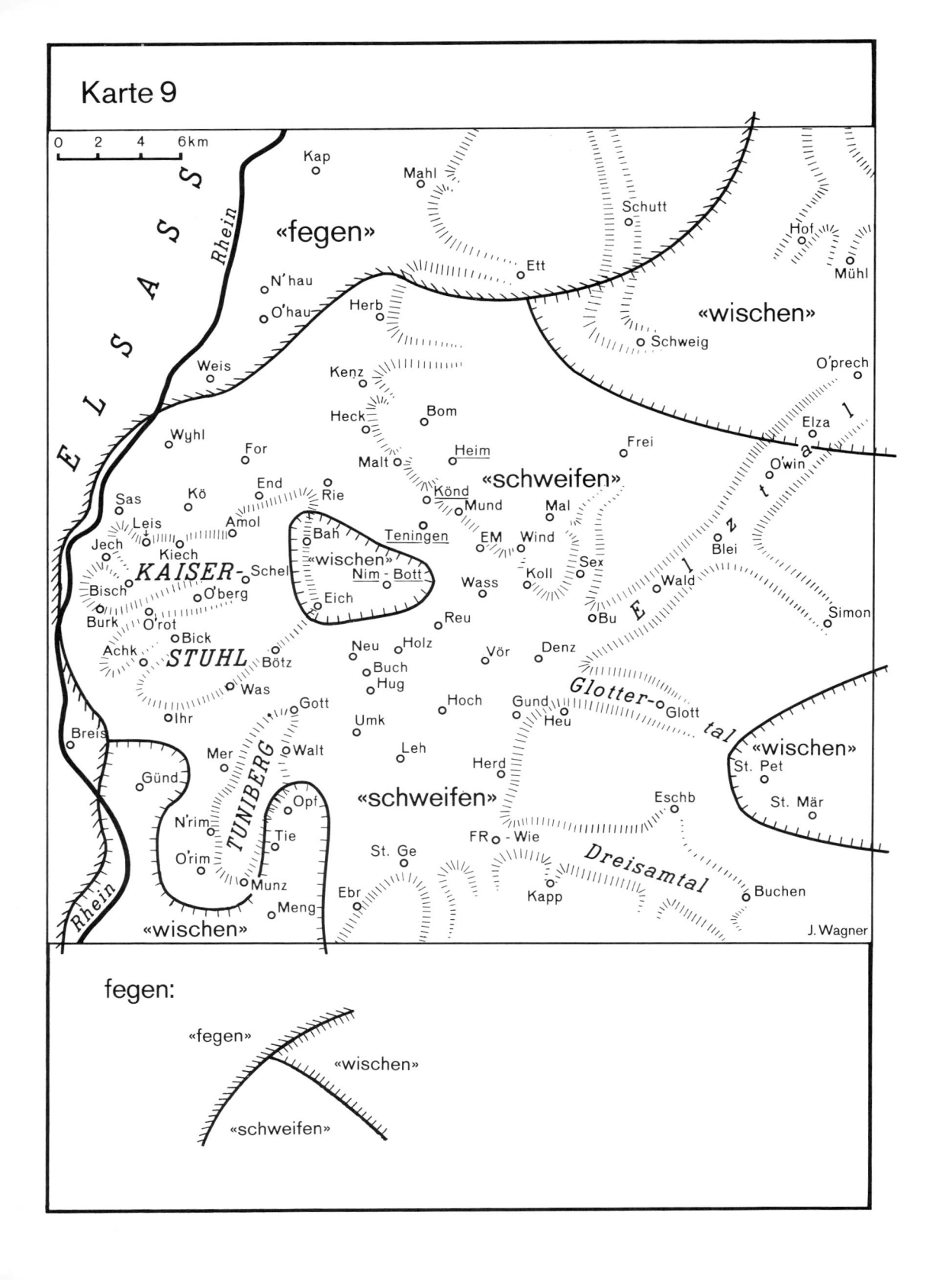

0 2 4 6 km

ELSASS
Rhein

«fegen»

Kap
Mahl
Schutt
Hof
Mühl
N'hau
O'hau
Ett
«wischen»
Herb
Weis
Schweig
O'prech
Kenz
Elza
Wyhl
Heck
Bom
Frei
O'win
For
Malt
Heim
«schweifen»
Sas
End
Rie
Könd
Mund
Mal
Leis
Kö
Amol
Bah
Teningen
EM
Wind
Blei
Jech
Kiech
Schel
«wischen»
Koll
Sex
Wald
KAISER-
Nim - Bott
Wass
Bu
Simon
Bisch
O'berg
Eich
E l z t a l
Burk
O'rot
Reu
Achk
Bick
Neu
Holz
Vör
Denz
STUHL
Bötz
Buch
Glotter-
Was
Hug
Hoch
Gund
Glott
«wischen»
Ihr
Gott
Umk
Heu
tal
St. Pet
Mer
Walt
Leh
St. Mär
Breis
Herd
Günd
Eschb
TUNIBERG
«schweifen»
N'rim
Opf
FR - Wie
Dreisamtal
O'rim
Tie
St. Ge
Buchen
Munz
Ebr
Kapp
Meng
«wischen»

J. Wagner

fegen:

«fegen»
«wischen»
«schweifen»

Karte 10

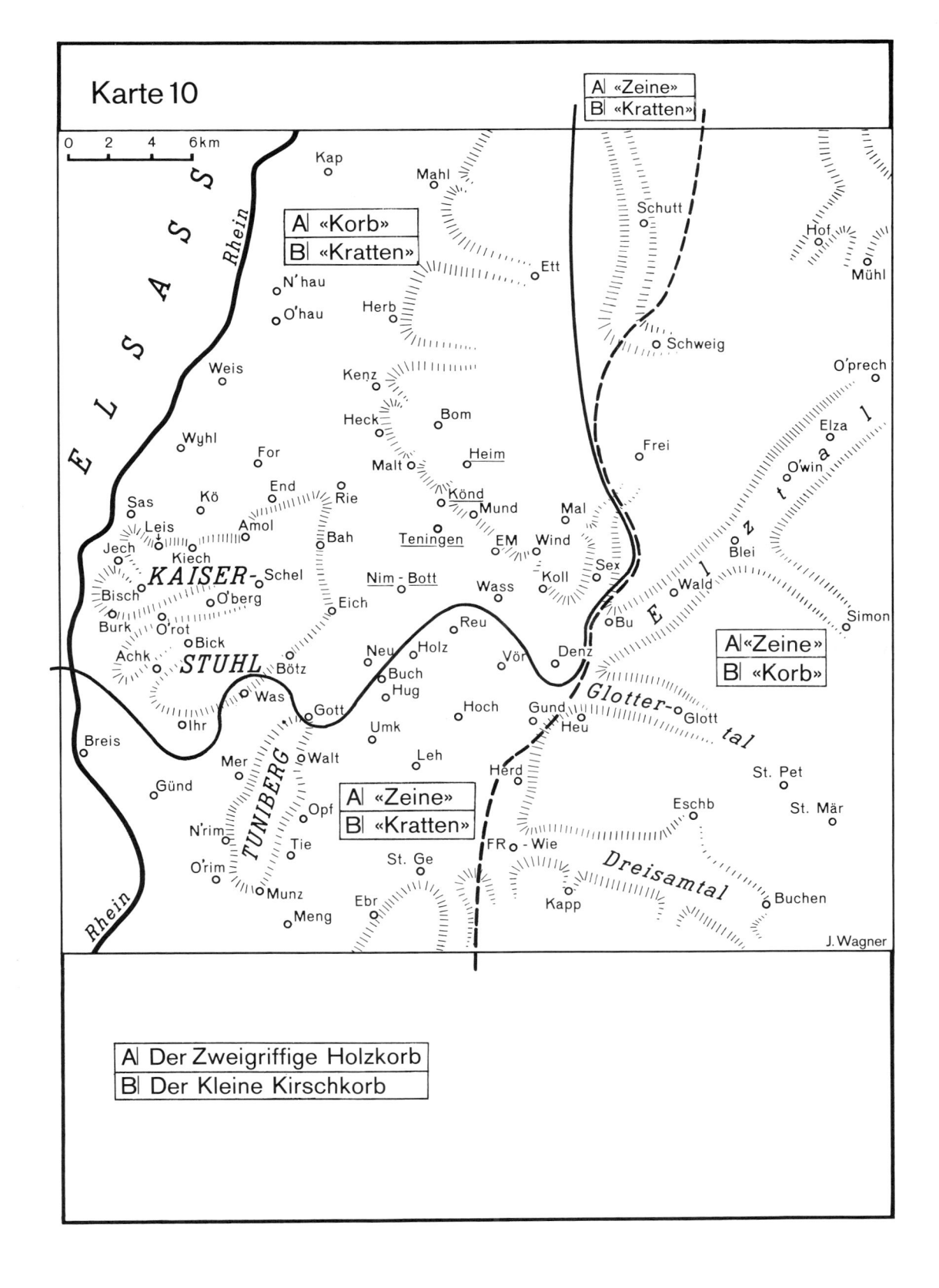

A	«Zeine»
B	«Kratten»

A	«Korb»
B	«Kratten»

A	«Zeine»
B	«Korb»

A	«Zeine»
B	«Kratten»

ELSASS
Rhein
KAISER-STUHL
TUNIBERG
Elztal
Glottertal
Dreisamtal

Kap, Mahl, Schutt, Hof, Mühl, N'hau, O'hau, Herb, Ett, Schweig, O'prech, Weis, Kenz, Bom, Frei, Elza, O'win, Wyhl, Heck, Heim, For, Malt, Mund, Mal, Blei, Sas, Kö, End, Rie, Könd, Wind, Leis, Amol, Bah, Teningen, EM, Sex, Wald, Simon, Jech, Kiech, Schel, Nim-Bott, Wass, Koll, Bisch, O'berg, Eich, Reu, Bu, Burk, O'rot, Bick, Neu, Holz, Vör, Denz, Achk, Bötz, Buch, Hug, Hoch, Gund, Glott, St. Pet, Was, Gott, Umk, Heu, Ihr, Leh, Herd, Eschb, St. Mär, Breis, Mer, Walt, FR-Wie, Günd, Opf, Buchen, N'rim, Tie, St. Ge, O'rim, Munz, Ebr, Kapp, Meng

J. Wagner

A	Der Zweigriffige Holzkorb
B	Der Kleine Kirschkorb

Nur von der Ortenau beeinflußt wird im mittleren und nördlichen Breisgau die Bezeichnung für den 'normalen, zweigriffigen Holzkorb': Die dort geltende Bezeichnung <Korb> (aus lat. *corbem*, mhd. *korb*) drängt nach Süden vor und hat sich auch in der Gemeinde Teningen durchgesetzt, an deren Süd- und Ost-Seite das <Zeine>-Gebiet anschließt; diese Bezeichnung ist aus mhd. *zeine* zu *zein* 'Reis, Rute' entstanden.

Wo im Schwarzwald <Zeine> den 'normalen, zweigriffigen Holzkorb' bezeichnet, konnte <Korb> als neueres Wort für den 'kleinen, bauchigen, zweihenkligen Kirschkorb' Fuß fassen; in der Ebene wird dieser <Kratten> (aus mhd. *kratte* 'Korb') genannt. Das älteste Bezeichnungswortpaar ist hier das südliche <Zeine> - <Kratten>. In der nördlichen Rheinebene hat sich im Wortpaar <Korb> - <Kratten> die Bezeichnung für den Kirschkorb als älteres Wort behauptet, während im Schwarzwald in <Zeine> - <Korb> die Bezeichnung für den 'großen, zweihenkligen Korb' das ältere Wort tradiert (vgl. Karte 10).

In der Bezeichnung für den 'großen, runden, zweihenkligen Korb' sind wir auf einen wortgeographischen Gegensatz zwischen Norden und Süden innerhalb der Rheinebene gestoßen; im zweiten Fall, bei der Bezeichnung für den 'Kirschkorb', handelt es sich um einen West-Ost-Gegensatz zwischen Rheinebene und Schwarzwald.

Dieser West-Ost-Gegensatz ist uns schon aus der Lautlehre bekannt. In der Wortgeographie läßt sich diese Grenzbildung anhand von vielen Beispielen bestätigen, von denen hier nur zwei erwähnt werden sollen. Für 'wetterleuchten' stehen sich westliches <wetterleuchten> und östliches <sich kühlen> gegenüber (vgl. Karte 11). In der Ebene entstand aus mhd. *leichen* 'aufsteigen, hüpfen' mhd. *wëterleichen* 'blitzen ohne Donner'. Diese Wort wird von älteren Bewohnern in Gottenheim, Leiselheim und Jechtingen noch verwendet. In den anderen Ortschaften wurde <wetterleichen> in Anlehnung an 'leuchten' zu <wetterleuchten> umgebildet. Im Schwarzwald dagegen gilt hierfür <sich kühlen> aus mhd. *küelen* 'kühl machen'.

Ein weiteres Beispiel für den West-Ost-Gegensatz ist die Bezeichnung für den 'Grenzstein'. Während die Ebene den dort gebräuchlichen Ausdruck <Markstein> von mhd. *marke, march* 'Grenze' herleitet, geht die Bezeichnung <Lachenstein>, die im Schwarzwald ihre Verbreitung gefunden hat, auf mhd. *lâche* 'Grenzzeichen' zurück.

In der Beschreibung der Lautlehre sind wir auf den von Karl Bohnenberger geprägten Begriff der "südalemannischen Zone" gestoßen, die das Gebiet zwischen der *melken/melchen*-Grenze und der *kind/chind*-Grenze umfaßt. Dieses Gebiet wird auch von zahlreichen wortgeographischen Grenzlinien durchzogen; zwei davon haben wir schon bei der Besprechung von <Schwank> - <Schore> (Karte 7) und <Korb> - <Zeine> (Karte 10) aufgezeigt. Folgende vier Beispiele sollen diese ergänzen (vgl. Karte 12). Fast parallel zu der 'ich-/ach-Grenze' verläuft die Grenze zwischen <Jich>, <Ich> und <Juchart> als Bezeichnung für 'das Ackermaß für 36 Ar'. <Ich>, <Jich> ist zu mhd. *juch* 'Joch' zu stellen und bedeutet somit: "so viel Land man mit einem Joch Ochsen an einem Tag zu pflügen vermag". In der Ortenau sind diese Bezeichnungen nicht bekannt; es werden hauptsächlich die neueren Bezeichnungen 'Ar' und 'Morgen' verwendet. Allerdings gibt es dort die Bezeichnung <Tagwan>, die auch in Herbolzheim noch bekannt ist: Hier ist <Ich> die Bezeichnung für 36 Ar Acker- und <Tagwan> für 36 Ar Grasland. <Tagwan> ist aus mhd. *tagewan, tauwen* 'Tagewerk' (Flächenmaß) entstanden und wird in der Mundart als *dǫjǝ* ausgesprochen. In der südlichen Hälfte des Breisgaus, in den Schwarzwaldtälern und im Markgräflerland gilt <Juchart>. Der erste Bestandteil dieses Wortes ist wiederum aus mhd. *juch* 'Joch' entstanden, während der zweite Teil sich wohl aus lat. *arāre*, ahd. *erran* 'pflügen' entwickelt hat.

Etwas weiter südlich verläuft die Grenze zwischen zwei Ausdrücken für 'irgendwo': Im Norden hat sich aus 'an einem Ort' die Bezeichnung <amenort> entwickelt (in Buchholz verkürzt zu <ame>), im Süden dagegen gilt <eneimet>, das aus ahd. *ih-ni-weiʒ-wâ*, mhd. *(e)neiʒwa* 'ich nicht weiß wo' entstanden ist.

Karte 11

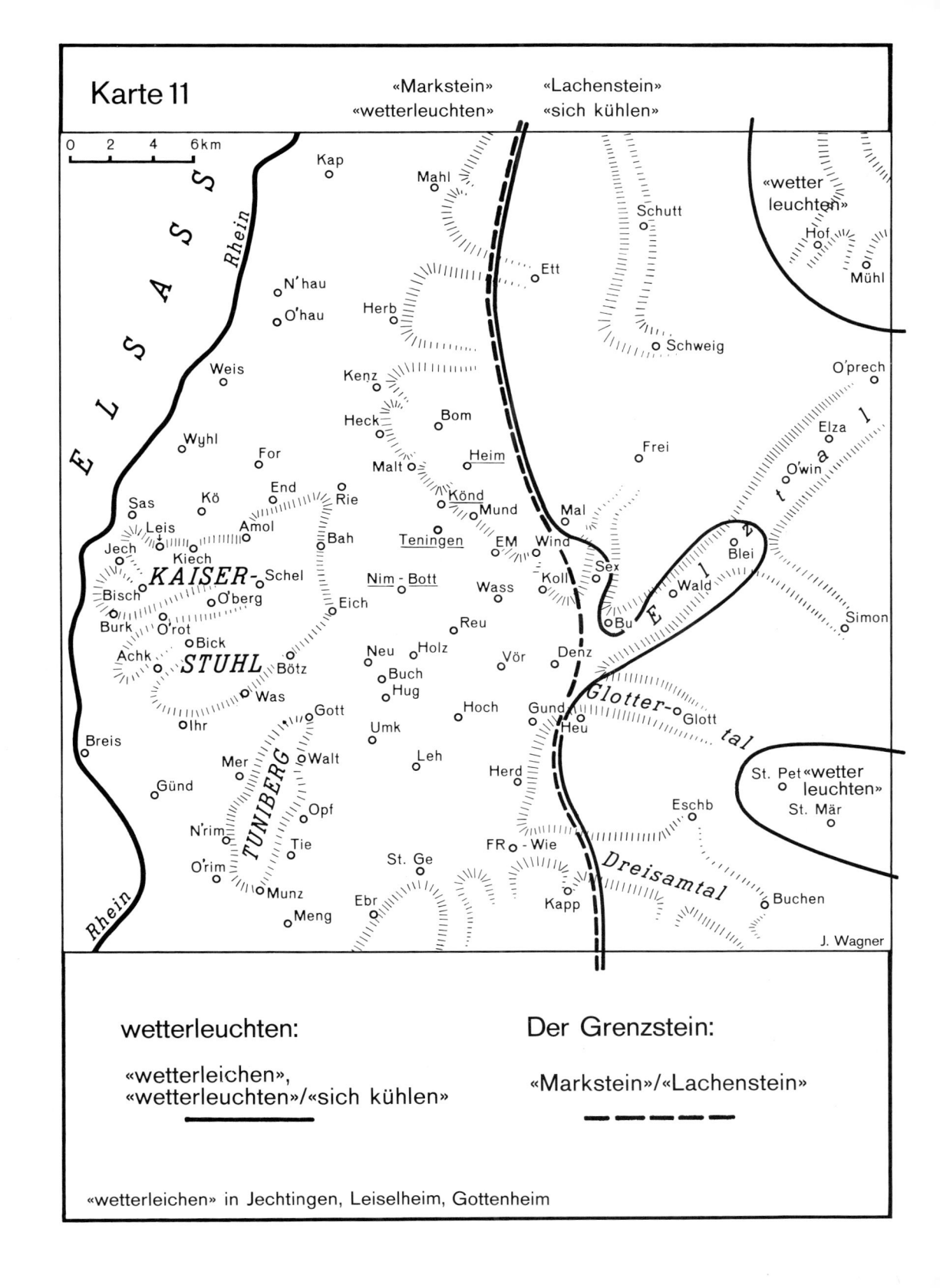

«Markstein» «wetterleuchten» «Lachenstein» «sich kühlen»

«wetter leuchten»

E L S A S S

Rhein

Kap, Mahl, Schutt, Hof, Mühl, N'hau, O'hau, Herb, Ett, Schweig, O'prech, Weis, Kenz, Bom, Elza, Heck, Frei, O'win, Wyhl, For, Malt, Heim, Könd, Mund, Mal, Sas, Kö, End, Rie, Bah, Teningen, EM, Wind, Blei, Leis, Amol, Nim-Bott, Wass, Koll, Sex, Jech, Kiech, Schel, Eich, Reu, Wald, Bisch, **KAISER-**, O'berg, Bu, Simon, Burk, O'rot, Bick, Neu, Holz, Vör, Denz, Achk, **STUHL**, Bötz, Buch, Hoch, Gund, Glott, Was, Hug, Heu, Ihr, Gott, Umk, Leh, Herd, Eschb, Breis, Mer, Walt, St. Pet «wetter leuchten», Günd, Opf, St. Mär, N'rim, **TUNIBERG**, Tie, FR-Wie, O'rim, Munz, St. Ge, Ebr, Kapp, Buchen, Meng

Glottertal, Dreisamtal, Eltal

Rhein

J. Wagner

wetterleuchten:
«wetterleichen», «wetterleuchten»/«sich kühlen» ———

Der Grenzstein:
«Markstein»/«Lachenstein» – – – – –

«wetterleichen» in Jechtingen, Leiselheim, Gottenheim

Fast auf gleicher Höhe stehen sich zwei Bezeichnungen für den 'Roggen' gegenüber: Das im Süden gebräuchliche <Roggen> wurde im Norden durch den Sammelbegriff <Korn> ersetzt, da hier überwiegend nur Roggen angebaut wurde.
Mit der Grenze zum Südalemannischen, der 'kind/chind-Linie', fällt ungefähr die wortgeographische Grenze der Ausdrücke für 'schieben' zusammen: Nördliches <schalten> und südliches <schürgen> treffen hier aufeinander.
Als letztes Beispiel für den Nord-Süd-Gegensatz sind die Bezeichnungen für die 'Wagenbremse' in Karte 12 aufgenommen worden; da es sich hierbei um Entlehnungen aus dem Französischen handelt, werden sie später zusammen mit anderen Beispielen hierfür besprochen.

Nachdem wir bisher beim Aufzeigen von Mundartgrenzen Parallelen zwischen Laut- und Wortgeographie gefunden haben, sei zum Schluß auf einen nicht unwesentlichen Unterschied hingewiesen: Mehr als in der Lautgeographie erweist sich in der Wortgeographie der Rhein als Grenze. Dies hat verschiedene Gründe.

Die elsässischen Mundarten haben französische Wörter in ihren Wortschatz aufgenommen, die rechtsrheinisch unbekannt sind. Als Beispiel wäre hier zu nennen die Bezeichnung für den 'Schinken', der im Elsaß <Schamboo> oder <Schamboon> (von franz. *jambon*) heißt, während rechtsrheinisch hierfür <Schunken> gilt. Hierher zu stellen ist auch der Ausdruck für die 'Marmelade', die im Elsaß mit <Konfidüür> (von frz. *confiture*), rechtsrheinisch dagegen mit <Gutes> (in Köndringen neben <Schleck>), im Elz- und Glottertal mit <Striichi> (von mhd. *strichen* 'streichen') bezeichnet wird. Diese Übernahme von französischen Wörtern in die Mundart ist eine relativ junge Erscheinung. Ältere Entlehnungen aus dem Französischen haben dagegen den Rhein überschritten und sind in ihrer mundartlichen Lautung heute teilweise kaum noch als französische Lehnwörter zu erkennen. Hierfür ist die Bezeichnung für die 'Wagenbremse' ein schönes Beispiel. Auf Karte 12 haben wir bereits südliches <Mechanik> gegen nördliches <Micki> abgegrenzt: Während in der Markgrafschaft und im südlichen Breisgau in der dort üblichen Form noch unschwer das französische Wort *la méchanique* zu erkennen ist, ist <Micki> als Kurzform hierzu kaum mehr als französisches Lehnwort durchschaubar. Im Höllental ist die Bezeichnung <Streicher> zu mhd. *strichen* 'streichend bewegen' die mundartliche Bezeichnung für die Wagenbremse. Undurchsichtig geworden für den Mundartsprecher im mittleren und südlichen Breisgau, darunter in Köndringen, Heimbach und Nimburg-Bottingen, ist auch die Herkunft der Bezeichnung <Urschili> für das 'Gerstenkorn am Auge': Dieser Ausdruck geht auf französisch *orgelet* 'Gerstenkorn' zurück. Der nördliche Breisgau kennt hierfür die Bezeichnung <Augenbeerlein> oder <Beerliauge>, dazwischen liegen Teningen und Riegel mit <Wegscheißer>. In den Schwarzwaldtälern, aber auch in Lehen und Herdern sagt man <Werre>, das auf mhd. *wërre* zurückgeht und 'Leid, Ärgernis, Schaden' bedeutete.
Das Elsaß hat nun aber auch gerade im Wortschatz alte Ausdrücke bewahrt, die rechtsrheinisch nicht mehr bekannt sind oder aber eine Bedeutungsveränderung erfahren haben. So ist dort zumindest noch teilweise die Bezeichnung <Benatsch> oder <Binätsch> für den Spinat üblich, während rechtsrheinisch die früher auch hier verbreiteten <Benatsch>-Formen (aus italienisch *spinaccie*) von <Spinat> verdrängt wurden.
Das weibliche Pferd wird links des Rheins als <Mähre> bezeichnet (aus mhd. *märhe*, ahd. *mariha* 'Stute' zu ahd. *marah* 'Pferd'), rechtsrheinisch dagegen als <Stute>. Hier kennt man 'Mähre' nur noch als Schimpfwort, häufig in der Zusammensetzung <Schindmähre> für ein böses, unfolgsames Pferd, daneben aber auch in abwertender Bedeutung für eine Frau.

Auch Ausdrücke, bei denen es sich schwer bestimmen läßt, welche älter und welche jünger sind, trennt der Rhein. Dies gilt für den Begriff 'sprechen', der linksrheinisch <reden>, rechtsrheinisch <schwätzen> heißt. Die Bezeichnungen für das 'knallende Ende der Peitschenschnur' bilden ebenfalls eine Wortgrenze am Rhein: Im Elsaß sagt man hierfür <Treibschnur>, im Breisgau dagegen <Zwick>. Diese beiden letztgenannten Wortgrenzen gelten jedoch nur zwischen dem Elsaß und dem Breisgau; im Norden schließt sich die Ortenau teil-

Karte 12

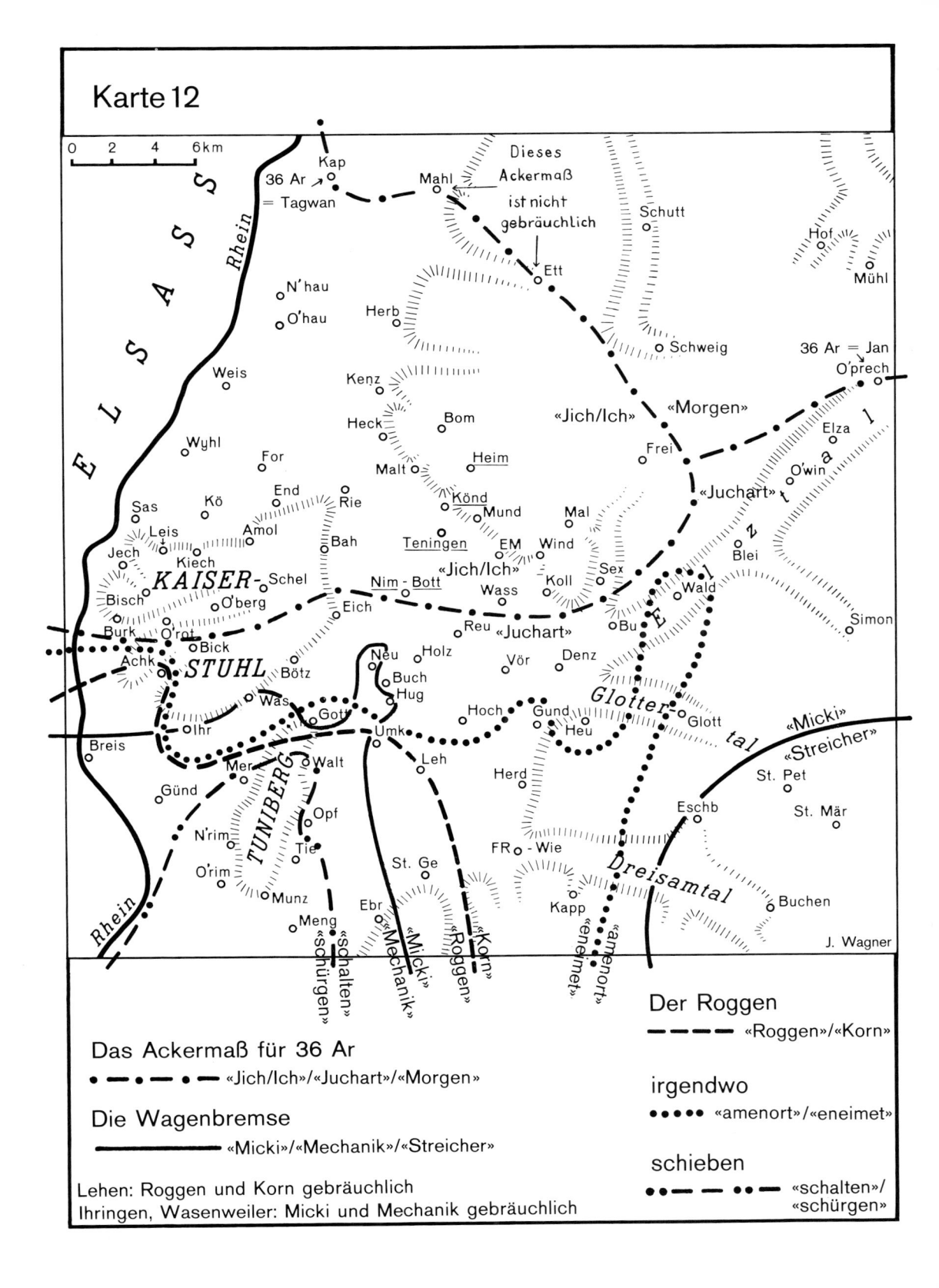

0 2 4 6 km

ELSASS
Rhein

36 Ar ↗ Kap = Tagwan
Mahl
Dieses Ackermaß ist nicht gebräuchlich
Schutt
Hof
Mühl
Ett
N'hau
O'hau
Herb
Schweig
36 Ar = Jan
O'prech
Weis
Kenz
«Morgen»
Elza
Wyhl
Heck
Bom
Frei
O'win
For
Heim
«Jich/Ich»
«Juchart»
Sas
Kö
End
Rie
Malt
Könd
Mund
Mal
Blei
Leis
Amol
Bah
Teningen
EM
Wind
Jech
Kiech
Schel
Nim - Bott
«Jich/Ich»
Koll
Sex
Wald
KAISER-
Bisch
O'berg
Eich
Wass
Bu
Simon
Burk
O'rot
Reu
«Juchart»
Achk
Bick
Neu
Holz
Vör
Denz
Glottertal
STUHL
Bötz
Buch
Was
Hug
Hoch
Gund
Glott
«Micki»
Gott
Heu
«Streicher»
Ihr
Umk
Leh
Herd
St. Pet
Breis
Mer
Walt
St. Mär
Günd
Opf
Eschb
TUNIBERG
N'rim
Tie
FR - Wie
Dreisamtal
Buchen
O'rim
Munz
St. Ge
Kapp
Meng
Ebr
«schalten»
«Micki»
«Korn»
«amenort»
«schürgen»
«Mechanik»
«Roggen»
«eneimet»

J. Wagner

Das Ackermaß für 36 Ar
•—•—•— «Jich/Ich»/«Juchart»/«Morgen»

Die Wagenbremse
——— «Micki»/«Mechanik»/«Streicher»

Lehen: Roggen und Korn gebräuchlich
Ihringen, Wasenweiler: Micki und Mechanik gebräuchlich

Der Roggen
– – – – «Roggen»/«Korn»

irgendwo
•••••• «amenort»/«eneimet»

schieben
•—•—•— «schalten»/«schürgen»

weise dem Elsaß, im Süden wiederum das Elsaß teilweise der Markgrafschaft an.

Die sprachlichen Strömungen, die aus der Ortenau vorgedrungen sind, haben in der Rheinebene zu räumlich verschiedenen Grenzlinienbildungen geführt, da die Neuerungen teilweise wieder nach Norden zurückgedrängt wurden, teilweise aber auch heute noch im Vordringen sind. Dagegen ergibt sich ein klareres Bild, wenn wir die Einflüsse, die der Breisgau aus dem Elsaß erfahren hat, untersuchen: Hier erweist sich der Schwarzwald als unüberwindbare Schranke und somit treffen wir am Rande des Schwarzwaldes auf ein Bündel von Sprachgrenzen. Hierbei werden die lautgeographischen Grenzen durch wortgeographische gestützt; teilweise verstärken sie diese sogar: Das ist vor allem im Bereich der *kind/chind*-Grenze der Fall. Daß die Wortgeographie aber auch ihre eigenen Wege geht, beweist die Grenzlinienbildung am Rhein. Diese wird sich in der Zukunft noch verstärken; zum einen bedingt durch die Impulse, die das Elsässische durch das Französische erhält, das dort die Funktion des Standard- und Schriftdeutschen übernommen hat; rechtsrheinisch wiederum sind die Mundarten umgangssprachlichem Einfluß ausgesetzt, wodurch Neuerungen in den Wortschatz übernommen werden, die zur Verdrängung alten Wortgutes führen.

Literaturverzeichnis

Atlas linguistique et ethnographique de l'Alsace (ALA): Bände 1 und 2. Bd. 1 bearb. von E. Beyer, R. Matzen. Bd. 2 bearb. von A. Bothorel-Witz, M. Philipp, S. Spindler. Paris 1969-1984

Bohnenberger, K.: Die Mundarten des südwestlichen Württemberg. In: Württembergisches Jahrbuch für Statistik und Landeskunde. 1917/18, S. 170-208

Bohnenberger, K.: Die alemannische Mundart. Umgrenzung, Innengliederung und Kennzeichnung. Tübingen 1953

Elsässisches Wörterbuch siehe Martin, E./Lienhart, H.

Historischer Südwestdeutscher Sprachatlas. Aufgrund von Urbaren des 13. bis 15. Jahrhunderts. Von W. Kleiber, K. Kunze, H. Löffler. Bände 1 und 2 Bern, München 1979

Klausmann, H.: Die Breisgauer Mundarten. 2 Teile. Marburg 1985

Martin, E./Lienhart, H.: Wörterbuch der elsässischen Mundarten. Bände 1 und 2. Straßburg 1899/1907

Maurer, F.: Zur Sprachgeschichte des deutschen Südwestens. In: Oberrheiner Schwaben, Südalemannen. Räume und Kräfte im geschichtlichen Aufbau des deutschen Südwestens. Hrsg. von F. Maurer. Straßburg 1942, S. 167-336

Ochs, E.: Die Gliederung des Alemannischen. In: GRM 9, 1921, S. 56-58

Ochs, E.: Die Mundart des Kaiserstühlers. In: Der Kaiserstuhl. Landschaft und Volkstum. Hrsg. v. Alemannischen Institut Freiburg 1939, S. 171-181

Rheinisches Wörterbuch. Hrsg. von J. Müller, K. Meisen. 9 Bde. Berlin 1928-1971

Schrambke, R.: Mittelhochdeutsch j, w, g und der Vokalismus der mittelbadischen Mundarten am Oberrhein. In: Forschungsbericht Südwestdeutscher Sprachatlas. Marburg 1983, S. 235-295

Seidelmann, E.: Deutsche Hochsprache und regionale Umgangssprache in phonologischer Sicht. In: Festschrift für G. Cordes. Bd. 2. Neumünster 1976, S. 354-388

Steger, H.: Raumgliederung der Mundarten. Vorstudien zur Sprachkontinuität im deutschen Südwesten. Mit einem Beitrag von K. Jakob. Für Karl Haug zum 65. Geburtstag. Arbeiten zum Historischen Atlas von Südwestdeutschland. Heft VII. Stuttgart.

Zu den Flurnamen der Gemeinde Teningen mit ihren Ortsteilen
Eine alte Naturlandschaft im Lichte ihrer Flurnamen.

Ewald Hall

Naturräumlich gesehen gehört der Großteil der heutigen Gemeinde Teningen mit ihren Ortsteilen zur Freiburger Bucht, genauer: zu der wenig südlich der Riegeler Pforte gelegenen Niederung von Dreisam, Elz und Glotter. Im Westen ragt aus dieser Tiefscholle der Nimburger Horst heraus, im Osten liegt der Ortsteil Heimbach bereits in den Emmendinger Vorbergen.

Wie zu einem Trichter verjüngt sich hier das Gelände zu einem Engpaß zwischen Kaiserstuhl und Schwarzwaldvorbergen, in dem sich die drei genannten Schwarzwaldflüsse im Marchbecken stauen. Diese ehemals weit verzweigte Flußauenlandschaft mit ihren periodischen Überschwemmungen wurde durch den Bau des Leopolds- und Dreisamkanals im vorigen Jahrhundert weitgehend trocken gelegt.

Denzlinger Canal (T); Dreisam Canal (NB);
Enderlins Canal (NB);

Das Bild dieser Landschaft war demnach - und insbesondere zur Zeit ihrer Besiedlung und des dorfgenossenschaftlichen Ausbaues - bestimmt vom Wasservorkommen. Dies hat sich in zahlreichen Hydronymen (Gewässernamen) auf den Gemarkungen niedergeschlagen.

So reicht die älteste Namensschicht der Gemarkungen, nämlich die der Flußnamen, bis in vordeutsche, nichtgermanische Zeit zurück.

Der Name der ELZ (urkundlich *Helzaha* 762; *Elz* 1234) ist vermutlich aus der vorgermanischen Form **Altia* abzuleiten, wobei keltisch **alto* "hoch, Höhe" bedeutet. Dem Namen könnte aber auch ein indogermanisches Grundwort **el-* "fließen, strömen" zugrunde liegen. Elz hieße demnach entweder "die von der Höhe Kommende" oder "die Fließende, Strömende".

Auch beim Flußnamen GLOTTER streiten sich die Fachwissenschaftler. Während der neueste Deutungsversuch eine keltische Vorform **Klōtara* (mit langem o) erschließt, was soviel wie "die Reine, Klare, Lautere" heißt, führen ältere Erklärungen den Namen über eine althochdeutsche Stufe **glott-* auf indogermanisch **ghloudro* "die Glänzende, Schimmernde, Starrende" zurück. Die historischen Schreibungen zeigen zweimal langes o (*Glōttronsprinc* ca. 1112; *de Glōtro* 1217-22), ansonsten tragen die frühen Belege kein Dehnungszeichen (*Glotertal* ca. 1112; *Gloter* 1275; usw.).

Keltisch-gallischen Ursprungs ist schließlich auch der Name der DREISAM (mundartlich: *Draiseme*). Zum ersten Mal erwähnt wird sie in einer St. Gallischen Urkunde von 864 als *Dreisima*. Ihr Name ist eine Zusammensetzung aus voralthochdeutsch **Tragi-sama*, wobei keltisch **tragi-* mit "schnell (laufend, eilend)" und die Steigerungssilbe *-sama* mit "sehr" zu übersetzen wäre. DREISAM heißt demnach "die sehr Schnelle, die sehr schnell Laufende".

Nach dem landschaftlichen Befund werden die drei Flüsse schwerlich von ihrer Mündung her benannt worden sein, sondern bei ihrem Austritt aus den Tälern, wenn nicht sogar nach ihren Oberläufen. Im sumpfigen Flußauengebiet werden die einzelnen Flußläufe kaum noch zu unterscheiden gewesen sein. Als sicher kann von allen drei Flußnamen angenommen werden, daß die einfallenden Germanen sie von der ansässigen kelto-romanischen Bevölkerung übernommen und in ihre Sprache eingegliedert haben.

Neben diesen drei nichtgermanischen Hydronymen sind die wichtigsten deutschen Grundwörter bei der Flußnamenbildung die Namen auf *-ach* und *-bach*.

Auf den besprochenen Gemarkungen befinden sich keine altdeutschen *ach*-Bildungen.

Unter den zahlreichen *bach*-Namen stellen uns der SCHWOBBACH (NB) und der SIEBACH (K) vor einige Deutungsprobleme.
Die bisherigen Untersuchungen vermuten hinter ersterem ein althochdeutsches *scato* "Schatten", also "Schattenbach", können aber den plötzlichen Schreibwechsel von *schap(p)ach* zu *schop(p)ach* (ab 1367) in den historischen Belegen nicht erklären. Die gleichzeitig belegte Form *schot(t)bach* (1367) ließe an eine Umdeutung zu "Schott(er)bach" denken, ein (Mode?)

Wort, das für den Mittelrhein zuerst belegt ist. Die Mundartform <Schobach> (mit kurzem geschlossenen *o*) stützt diese Erklärung. Die Verschmelzung von *t(t)+b* zu *p(p)* ist ein bekannter sprachlicher Vorgang. Der Namen Schapbach erscheint außerdem belegt für einen Hof bei Wildtal (Freiburg) und ein Dorf bei Wolfach im Kinzigtal. Während letzteres historisch nur mit kurzem *a* belegt ist, finden sich für ersteren zweimal *schoppach* (1493, 1530) und einmal *scheppach* (1506), alle auch erst nach 1367.

Beim bisher unerklärten SIEBACH (K) wäre nach der mundartlichen Aussprache <Siibach> zunächst an "Sau(en)bach" zu denken. Eine alemanische Nebenform *suhe* (zu mittelhochdeutsch *sîhen* "seihen") setzt M.R. Buck an, die auch mit Umlaut *sühe* vorkommt. Siebach bedeutet "der Tröpfelnde, der tröpfelnd Durchsickernde". Allerdings heißt "seihen" in der heutigen Köndringer Mundart <seechde>. Außerdem ist der Siebach (nach Roos 1966, S.481) in den historischen Zeugnissen als *sunbach*, *suᵘnbach* (1341) und *sünbechelin* (1423) belegt, was die Erklärung zusätzlich erschwert. Im Bestimmungswort könnte mittelhochdeutsch *sun*, *suon* "Sohn", mittelhochdeutsch *sun(ne)* "Sonne" oder der Personenname *Suni* wie im Ortsnamen Siensbach stecken.

Bachacker (K); Eichbächle (NB); Feuerbach (K)(NB); Gallenbach (H) (St. Gallus); Mühlbach (K)(T); Schwärzebach (NB); Schwobbach (NB); Siebach (K);

Die Namen auf -*graben* sind meist junge Bildungen oder sekundär von bereits vorhandenen Gewannamen abgeleitet.
Iltisgraben (T); Kesselgraben (T); Neumattengraben (T); Riedgraben (NB); Seegraben (H)(K); Wannengraben (H);

Reich vertreten sind die Zusammensetzungen mit -*lache*. Das Grundwort LACHE weist in allen belegten Fällen auf mittelhochdeutsch kurzes *a*, ist also zu trennen von mittelhochdeutsch *lâche* "Grenzstein, Grenzbaum mit Grenzmarke". In Nimburg-Bottingen bezeichnet man letzteren zudem als "Markstein". Von den zahlreichen Bedeutungen scheint die folgende, im Badischen Wörterbuch u.a. vermerkte, die hier zutreffendste zu sein: Die Lache bezeichnet ein "tiefgelegenes, früher zeitweilig, besonders im Winter, überschwemmtes Gelände in der Ebene". Es könnte sich hier um die einst weit verzweigten und verästelten Fluß- und Seitenarme von Glotter und Dreisam mit ihren zum Teil unter Wasser stehenden Auwäldern handeln. Am Niederrhein bezeichnet die Lache ebenfalls einen toten Flußarm mit stillem, seichten Wasser. So wäre erklärbar, daß auch heute noch viele Waldteile der Gemarkungen Nimburg-Bottingen und Teningen Flurnamen auf -*lache* sind. Der Ursprung des Wortes ist umstritten. Einerseits wird es zu lateinisch *lacus* "See, Wasseransammlung" gestellt, andererseits wird z.B. im Grimmschen Wörterbuch für das Wort auch germanische Abstammung angenommen. Merkwürdig ist jedoch, daß der Flurname auch in hochgelegenen Waldgebieten vorkommt, z.B. in Nessellache (bei Breitnau i. Schwarzwald), in Die rote Lache (zwischen Baden-Baden und Gernsbach) und in Lachehüsle (über dem Simonswäldertal).

*Bandlache (T); Bannlache (T); Bohnlache (NB) (="Bannlache");
Brandlache (NB); Donnerlache (NB); Fernlache (T); Feuerlache (NB); Herbertslache (T); Herzlache (NB); Kaibenlache (NB); Laimlöcherlache (NB); Mooslache (T); Rohrlache (NB)(T); Sulachen Buch (H); Welschlache (NB)(T);*

Stehendes Wasser wird auch mit SEE, WASSER und WEIHER benannt.
*See (H)(K)(NB); Seegraben (H)(K); Seematten (K); Winkelsee (T);
Unterwasser (T); Wasserberg (K);
Weier (K); Weiher (T); Weiherhalde (KL); Weihermatten (T);*

Das Grundwort BRUNNEN bezeichnet ursprünglich das aus dem Erdboden quellende, sprudelnde Wasser, später die eingefaßte Quelle. Die sprachliche Wurzel von Brunnen gehört zum althochdeutschen Zeitwort *brinnen* "brennen". Hier begegnet uns die enge Verbindung von Feuer und Wasser in der Vorstellung des warmen, heißen Wasserstrudels, der aus der Erde schießt. Das Zusammentreten dieser beiden konträren Elemente sehen wir auch im *Feuerbach (K)(NB)*. Die Kombination von Feuer und Wasser scheint in der Namengebung besonders in Nimburg-Bottingen alt zu sein. Hiervon zeugen auch die *Brandlache (NB)*, die *Donnerlache (NB)* und die *Feuerlache (NB)*.

Brunnacker (NB); Brunnenrain (KL); Brunnenried (T); Brunnenriedacker (T); Dollenbrunnen (K); Hermannsbrunnen (H); Klappbrunnen (NB) (= "glatte, glänzende Brunnen");

Weit verbreitete Benennungen für das Land am und im Wasser sind die Flurnamen AU, BRÜHL, MOOS, RIED, ROHR und deren Komposita.

AU(E) bezeichnet ursprünglich das "Gelände am Wasser", den "Landstrich entlang eines Baches oder Flusses", auch "Insel" (z.B. die Bodenseeinseln Lindau, Mainau, Reichenau oder die Halbinsel Mettnau bei Radolfzell). Später wurde der Sinn des Wortes erweitert zu "Wies-, Weideland" bzw. "weite, wasser- und ertragreiche Wiesenfläche".

Auenthal (K);

Der Name BRÜHL wird aus gallisch *brogilo* (zu gallisch *broga* "Acker") abgeleitet. Das Wort ist auch den romanischen Sprachen und dem Niederländischen in unterschiedlichen Bedeutungen bekannt. Im Deutschen bezeichnet der Brühl eine "feuchte, fette, zum Teil bewässerte, auch mit Buschwerk bestandene Wiese". Als Geländenamen bezeichnen Brühl und Aue im Mittelalter die Wiesen des grundherrlichen Rittergutes oder Meierhofes, wie die Breite (s.u.) deren Ackerland. Beide grenzen meist an den Salhof und liegen dicht am Dorf.

Brühl (K)(NB)(T);

Mit MOOS und RIED dagegen wird der "nasse, sumpfige Boden" benannt.

Möösle (T); Moosacker (T); Moosbreite (NB); Moosbuck (T); Mooslache (T); Moosmatten (NB)(T); Ried (H); Riedacker (T); Riedlgraben (NB); Riedweiden (K);

Als typische Sumpfpflanzen finden sich das ROHR, die BINSEN und die KOLBEN.

Rohrberg (K); Rohrlache (NB)(T); In den Binzen (T); Kolben (NB);

Auch die MAUCHENMATT (NB) wäre hierher zu stellen. Die Mauche, älter *müche*, heißt "feuchtes, sumpfiges Gelände", auch "schlammiges Gewässer".

Ähnliche Bodenbeschaffenheit müßte das Gewann IN DER SCHLUTH in Köndringen besitzen. Das Wort heißt im Mittelhochdeutschen "Schlamm, Pfütze".

Schließlich finden wir im Bestimmungswort von DEGELMATTEN (NB) ein altes Wort für "Ton, Lehmerde". Gebräuchlich ist heute dafür LEIMEN oder LEHM.

Laimlöcherlache (NB); Lehmgrube (KL); Leimengrube (NB); Leimgrubenweg (T); Leimenlöcher (T);

Eine alte Bezeichnung für das Ufer steckt im STADENWEG (NB). Das einst gesamtoberdeutsche Wort Staden wurde durch das niederdeutsche Ufer weitgehend verdrängt. Auch hinter dem Flurnamen GRÜN (K)(T) kann sich eine alte Benennung (mittelhochdeutsch *grien*) für das "sandige Ufer", den "Kiessand" oder "Kiesboden" verbergen.

Bollengrün (K); Grünmatten (K);

Von Schutzmaßnahmen gegen Überschwemmungen berichtet der DAMM(acker) südlich der Köndringer Gewanne See und Wasserberg.

An eine weitere Stauvorrichtung an der Elz erinnert die SCHWELL in Köndringen. Die (Tür)Schwelle diente ursprünglich als "Balken zum Hemmen des Wassers".

Der Name GIESSEN (T) wird in den Wörterbüchern mit "Seitenarm, Nebenrinnsal eines Flusses" oder "fließendes Wasser,

Stelle mit stehendem oder nur schwach fließendem Wasser" umschrieben.

Mittelhochdeutsch *gieze* kann mit "eine sich ergießende Wassermasse" gedeutet werden, aber bereits der große Gelehrte Notker III. (950-1022), Mönch in St. Gallen, übersetzte lateinisch *rīvulus* "der kleine Bach" sachlich treffend mit *giezo* ins Althochdeutsche.

Nahezu bedeutungsgleich mit dem mittelhochdeutschen Wortsinn von Gießen ist der Gewannname FLÜHT, ebenfalls auf Teninger Gemarkung. Man könnte ihn als "fließendes, strömendes Wasser", als "sich ausbreitende Wassermasse" umschreiben.

Nicht ganz einfach ist die Erklärung des Namens GILLEN (T). Die Lage beim Ried und der faulige Geruch des Wassers würde für eine Deutung als Gülle "Wasserlache, Tümpel" bzw. "Kotlache, Ansammlung von Jauche" sprechen. In der Teninger Mundart sagt man zur Jauche heute Mistlache, doch dürfte hier auch früher Gülle gegolten haben, wie vereinzelte Belege in den südlichen Marchorten beweisen.
Im Namen Gillen könnte aber auch eine alte nordische Sonderform mit der Bedeutung "Geländeeinschnitt" stecken, welches später zu "Wassergraben, Bachtal" erweitert wurde. Auf Island heißt ein enges Tal mit einem Bach *gil*.

Wenden wir uns nach den Hydronymen den Waldnamen der Gemarkung zu.

Orientierten sich die ersten Siedler bei ihren Niederlassungen an den Flußläufen, so muß als ihre erste, bis in frühgeschichtliche Zeit zurückreichende, agrarische Nutzungsform die Waldfeldwirtschaft angenommen werden. Sie wurde in der Merowingerzeit durch die Dreifelderwirtschaft (zuerst 765 belegt) abgelöst. Im frühen Mittelalter wurde die landwirtschaftliche Anbaufläche durch fortschreitende Rodung erweitert. Daraus erwuchs die heutige, relativ strenge Trennung von Wald und Flur.

Die gesammelten Waldnamen gehören fast durchwegs der sog. Niederwaldwirtschaft an. Mit Niederwald bezeichnet man einen für besondere Nutzungsweisen vorgesehenen Wald. Wie bei der Dreifelderwirtschaft sind der Nutzungszeitraum und die Nutzungsweise einem strengen Rhythmus unterworfen. Vom Niederwald zu trennen ist der samen- und kernwüchsige Hochwald, dessen Nutzungsperioden sich über lange Zeiträume erstrecken.

Folgende auf der Gemarkung vorkommende Bezeichnungen für den Wald sind der Niederwaldwirtschaft zuzurechnen: HART, HAU, HURST, LOH(E), (GE)REUT(E), SCHLAG und STOCK. Auf den Gemarkungen kommen auch zahlreiche niederwaldfähige Baumarten vor, so die ASPE (Espe), BIRKE, BUCHE, EICHE, ERLE, HASEL und WEIDE. Zum Hochwald wird man lediglich den VIERDÖRFER WALD rechnen können.
Die Ausdrücke HOLZ und WALD für größere Baumbestände sind jüngeren Datums.
Der Niederwald lieferte seinem Nutznießer Brennholz, Zaunholz und Futterlaub, diente dem Vieh als Weide, wurde für den Eichenlohbetrieb, zur Harz- und Holzkohlegewinnung genutzt und auf den gerodeten, meist abgebrannten Flächen oder Stockäckern wurde Körneranbau (meist Korn und Roggen) betrieben.

Erdenhardt (K); Erdenhart (H);
Obere und Untere Haselhau (T); Neumatten Hau (T);
Hurst (H);
Kappelloh (KL); Kingolslohr (mundartlich: Gingilisloor; 1327 in dem kunigoltzlohe) (T); Lehle (NB); Im Loh (K);
Postenlohe (H);
Gereuth (T); Krütt (K) (NB); Reutematte (T)
Reuthacker (NB); Rothe Reuthe (T);
Hartholzschläge (T); Weichholzschläge (T);
Zieglers Schlag (T);
Stockacker (T); Stöckfeld (H);

Aspen (KL); Aspenacker (T); Aspenwald (KL);
Birkenhäule (T); Im Buchengehr (H); Büchele (T);

Steindruck 1875, GLA H / Köndringen 3

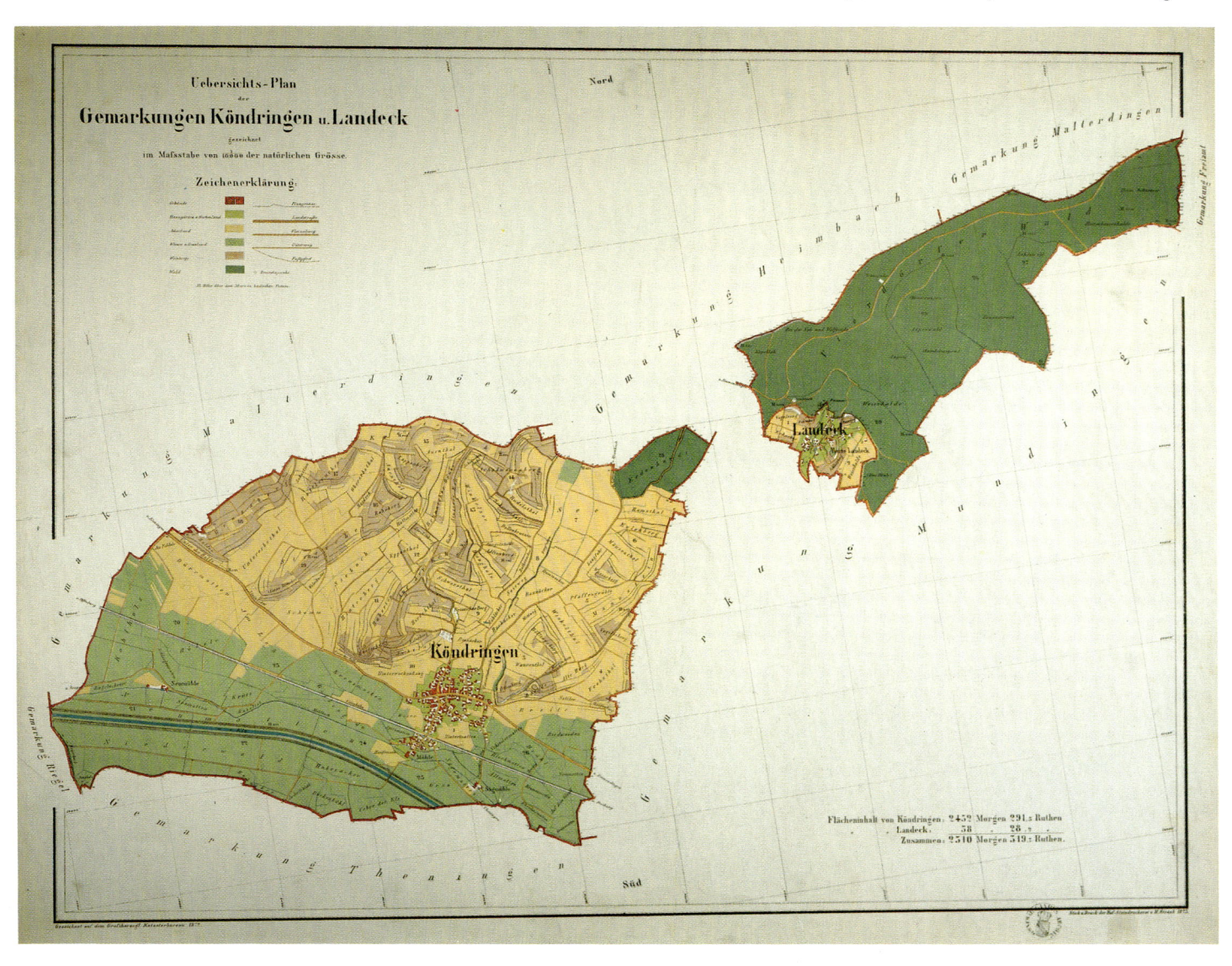

Steindruck 1872/73, GLA H/Nimburg 3

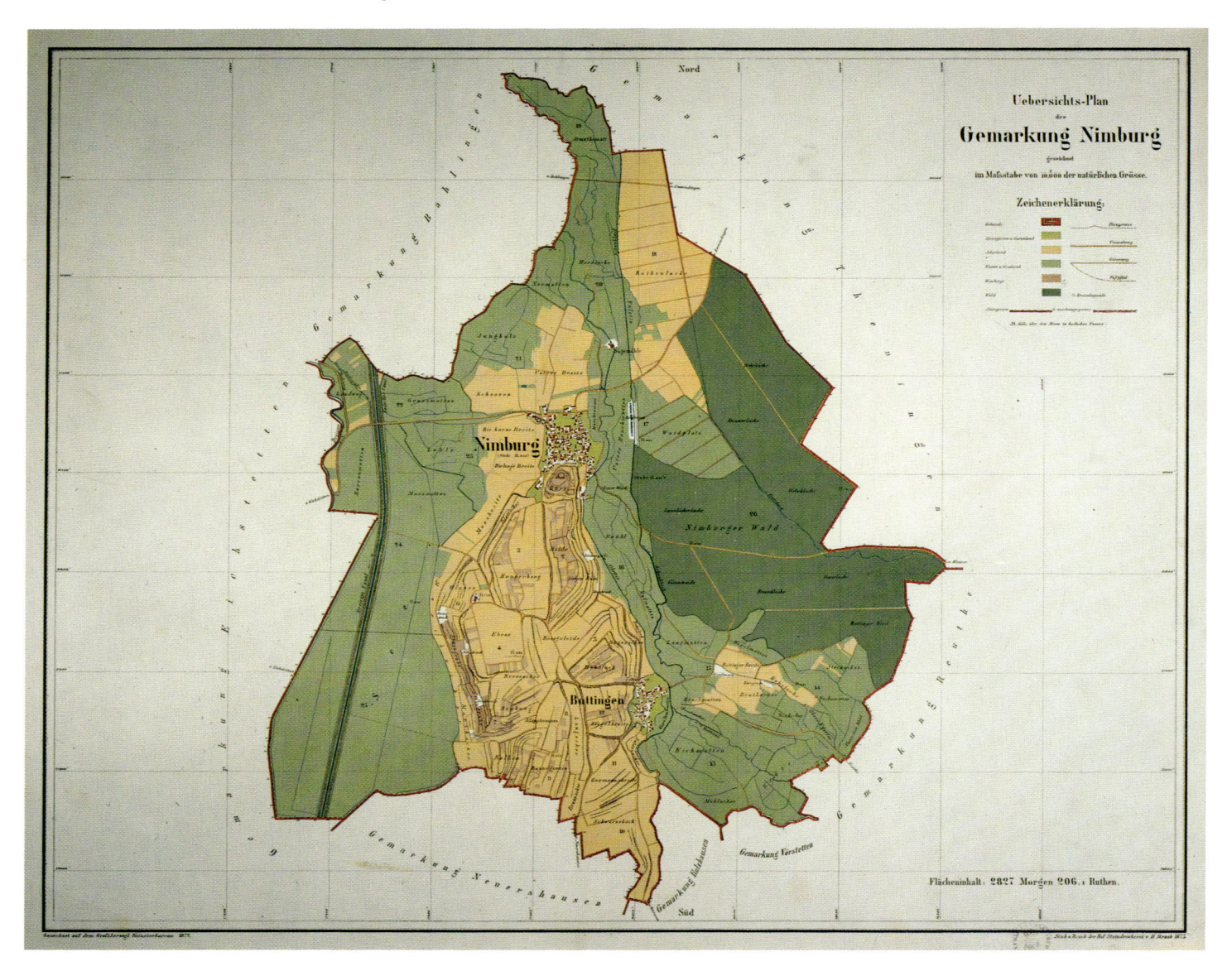

Steindruck 1872, GLA H / Heimbach 2

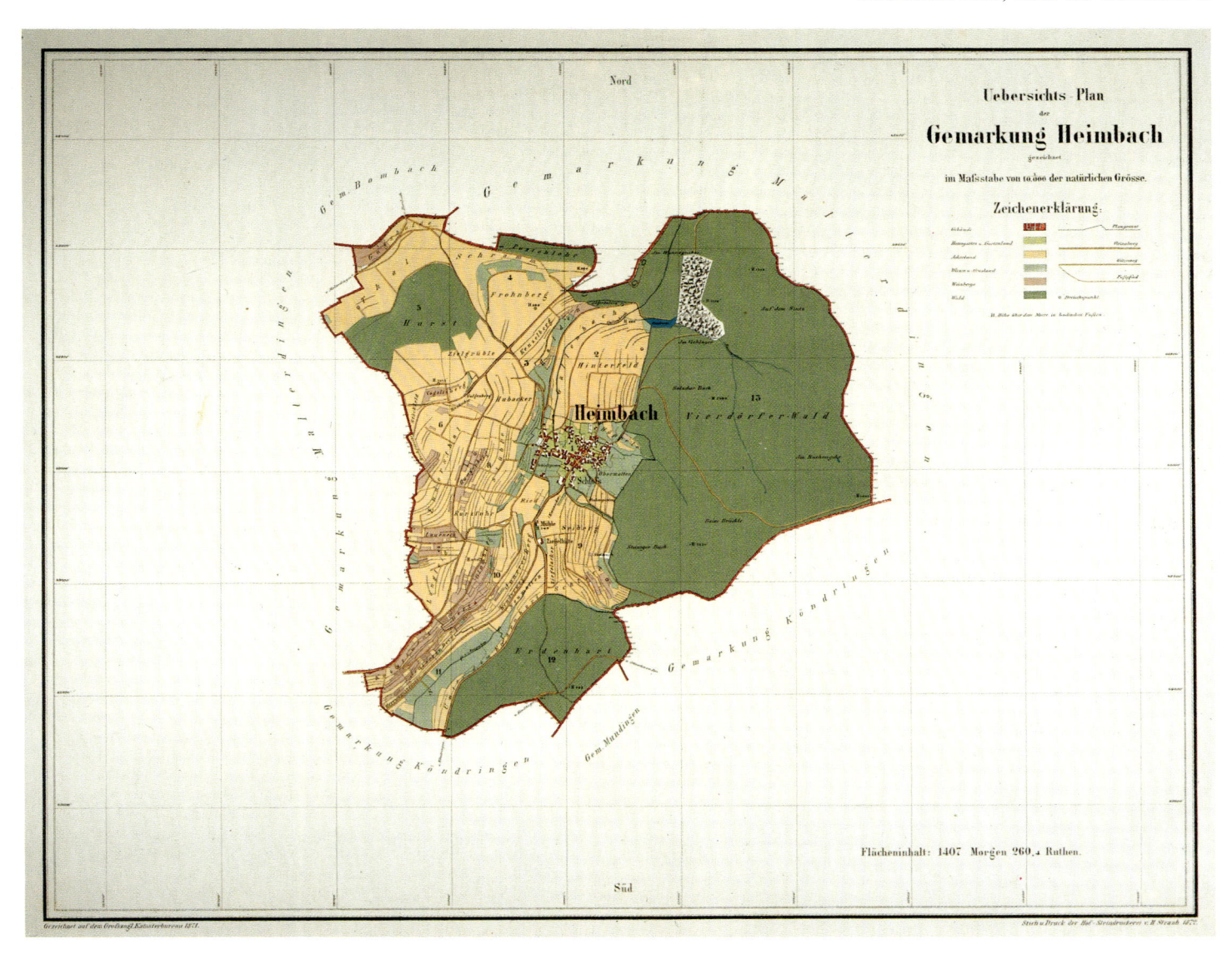

Uebersichts-Plan der **Gemarkung Heimbach** gezeichnet im Maßstabe von 1:5000 der natürlichen Grösse.

Flächeninhalt: 1407 Morgen 260,4 Ruthen.

Steindruck 1869 / 70, GLA H / Teningen 7

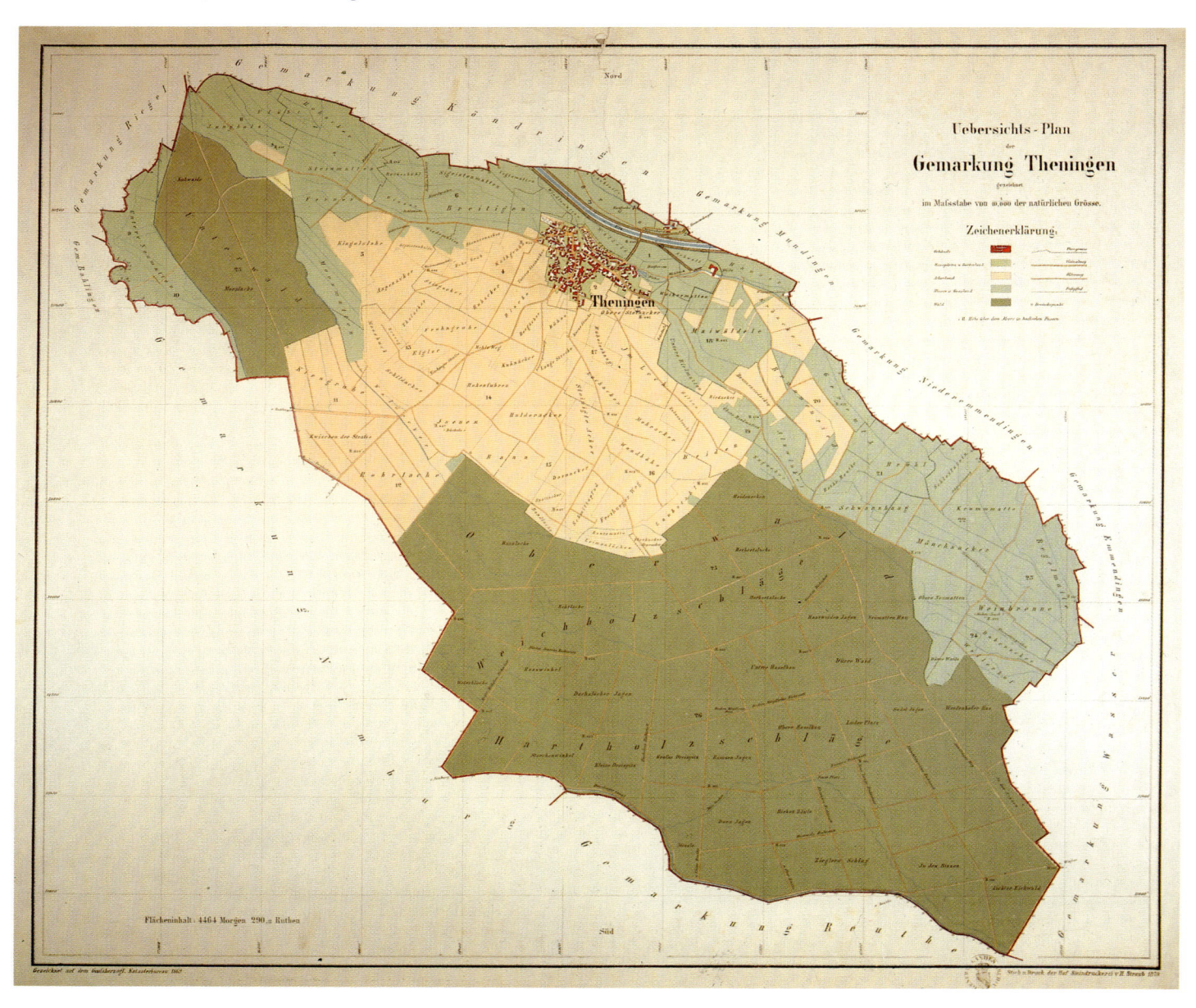

Teninger Allmendwald. GLA H/ Teningen 5.

Eichenbächle (NB); Eichmatten (NB);
Lichter Eichwald (T);
Bei der Ruh und Wolfseiche (KL); Erlenberg (K);
Fohrenbuck (KL); Obere und Untere Haselhau (T);
Wiedemmatten (T); Wiedemattenacker (T);
Wiedlematten (T);

Dungholz (K); Hölzle (K); Jungholz (K) (NB) (T)
Kohlholz (K)
Lehenwald (KL); Maiwäldele (T); Niederwald (K)
Unterwald (T); Vierdörfer Wald (H) (KL);

Aufmerksam gemacht sei noch auf die zahlreichen Bildungen im Teninger Wald mit JAGEN "kleiner Forst für die Jagd" und RICHTSTATT "durch den Wald gehauene Bahn zur Aufstellung von Fallen und Garnen". Das erste Grundwort verbindet sich meist mit Tier- und Pflanzennamen, das zweite mit Personennamen.

Dachslöcher Jagen (T); Dorn Jagen (T);
Haarweiden Jagen (T);
Ramsen Jagen (T); Sudel Jagen (T);

Becken Mägdleins Richtstatt (T); Buchelins Richtstatt (T);
Gesetzte Richtstatt (T); Hummels Richtstatt (T);
Kiefer Michelins Richtstatt (T);
Kirschbäumlins Richtstatt (T);
Kraiers Richtstatt (T); Kramers Richtstatt (T);
Martin Jennins Richtstatt (T); Neue lange Richtstatt (T);

Auch im Bestimmungswort der Köndringer BLOCHMATTEN versteckt sich möglicherweise eine Bezeichnung für eine mittelalterliche Fangvorrichtung. So heißt mittelhochdeutsch *bloch* "(Holz) Block, dickes Brett, Bohle, eine Art Falle". Eine solche Bohle konnte mit einem Fangeisen versehen als Wolfs- oder Bärenfalle verwendet werden.

Die beiden wichtigsten Grundwörter der unbewaldeten Flur sind im badischen Rheintal nach ihrer Nutzungsweise als umgebrochenes bzw. grasbewachsenes Land der ACKER und die MATTE.

Eine rechtliche Sonderstellung innerhalb des Ackerlandes scheint die BREITE eingenommen zu haben. Als Indiz hierfür gelten ihre ortsnahe Lage - meist beim Meierhof - und ihr häufiges Vorkommen bei Ortsnamen mit der alemannischen Endung -ingen. Diese Merkmale treffen auch auf die besprochenen Gemarkungen zu. Bezeichnenderweise (oder zufällig) besitzt Heimbach keine, Nimburg-Bottingen dagegen sieben Bildungen mit Breite. In der letztgenannten Gemeinde spricht man im übrigen den Flurnamen als <Braige> aus.
Der BREITE entspräche innerhalb des Wiesenlandes der BRÜHL.

Bottinger Breite (NB); Breite (K); Breitigen (T);
Germannsbreite (NB); Die kurze Breite (NB);
Die lange Breite (NB); Moosbreite (NB);
Untere Breite (NB);
Ziegelbreite (NB);

Genauer lokalisiert werden kann ein Gemarkungsteil oder ein Flurstück durch seine Boden- oder FlurGESTALT, seine LAGE, seine BESCHAFFENHEIT oder durch das Vorkommen bestimmter PFLANZEN und TIERE. Neben diese, als NATURNAMEN bezeichnete Hauptgruppe, tritt eine zweite wichtige Gruppe von Flurnamen, die KULTURNAMEN. Diese letzteren beziehen sich auf das WIRKEN DES MENSCHEN in der Flur. Sie nehmen Bezug auf die KULTIVIERUNG DER FLUR, auf die dörflichen SIEDLUNGS- und RECHTSVERHÄLTNISSE und auf soziale und religiöse SITTEN und GEBRÄUCHE. So wird in den Flurnamen ein Großteil der dörflichen Lebens- und Arbeitswelt sichtbar.
Aus der großen Anzahl der Komposita auf *-acker* und *-matte* seien einige Beispiele zu den zwei Hauptgruppen angeführt.

NATURNAMEN:
Engeacker (T); Langacker (NB); Rankacker (H)
(Rank = "Biegung, Wendung"); Großmatten (NB);
Krummatte(n) (K) (T); Langmatten (NB);
Spitzmatten (K);
Bergacker (T); Eckacker (KL); Haldenacker (NB);

Hohacker (K)(T); Stiegacker (T) (Stieg = "Steig, Pfad");
Thalacker (T); Waldacker (T);
Rothenacker (K); Steinacker (K)(T); Armuthsacker (NB);
Dürrmatten (K); Hübschmatten (T);
Holderacker (T); Klettacker (NB);
Schlangenmatten (K);

KULTURNAMEN:
Erbacker (T);
Jägeracker (T); Mönchsacker (T); Welschacker (K);
Herrenmatten (NB); Schindermatten (K);
Sigristenmatten (T); (Sigrist = "Messner, Kirchendiener");
Vogtsmatten (T);
Mühlacker (K)(NB); Strassenacker (T); Ziegelacker (H);
Bruckmatten (NB); Hofmatten (NB); Sägematten (K);
Kreuzacker (H)(NB); Höllmatten (K);

Abschließend seien aus der Fülle der noch unbesprochenen Flurnamen einige interessante Beispiele herausgegriffen.

Flurnamen werden oft lautlich umgestaltet: Das Gewann EBENE in Nimburg-Bottingen wird in der Mundart kurz <Emi> ausgesprochen, die (Obere) EGERTEN heißt <Äägeschde>, was eigentlich (Obere) Elster bedeutet. Die FUCHSMATTEN lauten <Fismade>, wobei <Fis-> eine sehr alte Mundartform für Füchse ist, die aus dem appelativischen Sprachgebrauch verschwunden ist. Eine alte Dativform finden wir im alten (mittelhochdeutsch) *ü* des Namens NEUBURG (NB), der in der mundartlichen Aussprache <Neibirg> lautet. Dies bestätigt uns die Schreibung *Neuenbürg* in der Bannbeschreibung von 1680. Die *d*-lose Form <Haale> für den HALDENACKER erklärt R. Schrambke in ihrem Beitrag über die Mundart als eine alte fränkische Reliktform, die in diesem Flurnamen bewahrt wurde. In Heimbach wird der FROHNBERG zum mundartlichen <Froberg>, das ZIELGRÜBLE zum <Zigrieble> = "Ziehgrüble" und das LAUENECK zum <Laieneg> = "Felseneck" oder "Löweneck". Im Heimbacher Urbar (1585) findet man die Schreibungen *Leiweneckh, Löweneckh*. Die Heimbacher Heiligenpfleger-Rechnung von 1523 verzeichnet *Loweneck*.

Das Gewann ERDENHART (H) erfährt eine neuerliche Umdeutung zu Erdenhag (Hag = Umzäunung, Zaun). Urkundlich belegt ist der Name nämlich als *oetenhart* (1341) bzw. als *Ödenhart* (1429). Im Tennenbacher Güterbuch (1317-1341) kann man ein *mötenhart* lesen und im Heimbacher Zinsbuch von 1552 erscheint die Variante *Nötenhardt*, beide Schreibungen mit angetretenem Nasal. Das Bestimmungwort kann entweder einen Personennamen oder das Adjektiv mittelhochdeutsch *oede* "leer, öde, unbebaut, unbewohnt" enthalten. Die bereits genannte HERZLACHE (NB) findet sich 1422 als *heroltzlache*, enthält also ursprünglich den althochdeutschen Personennamen *Hariwald*. Der Köndringer MITTWEG war 1341 ein *witweg* (zu althochdeutsch *witu* "Holz, Wald", wie im Ortsnamen Wittnau), das dortige HIRSCHTHAL und der RÜCKENBÜHL waren 1341 ein *hirstal* (zu mittelhochdeutsch *hirse* "Hirse") bzw. 1487 ein *reckenbuhel* (zum Personennamen Recken aus mittelhochdeutsch *recke* "Abenteurer, Krieger, Held"). Die Teninger BÜHNE muß wahrscheinlich auf mittelhochdeutsch *biunde* "freies, besonderem Anbau vorbehaltenes und eingehegtes Grundstück" zurückgeführt werden, wobei das alemannische Wort Bühne mitgemischt haben wird, was aber "Decke eines Raumes, Dachboden, Speicher" bedeutet. Dasselbe Ausgangswort dürfte auch der Köndringer BINNACKER haben, der 1341 *bi den bundelin* lautet. Die Bünden gehören - wie die Breite, der Brühl und die Bitze - zu den dorfnahen, meist privat genutzten Sonderfluren.

Viele der rund 400 Flurnamen müssen in diesem kurzen Beitrag unberücksichtigt bleiben. Doch mag die vollständige Darstellung der Wassernamen über die stiefmütterlich behandelten Wald- und übrigen Flurnamen hinweg sehen lassen. Am Ende bleibt für die Zukunft anzuregen, eine systematische Sammlung, Aufbereitung und Auswertung der Flurnamen im badischen Rheintal durch die landeskundliche Forschung durchzuführen. Hier ließen sich nicht nur Erkenntnisse für die Sprachwissenschaft gewinnen, sondern auch benachbarte Disziplinen, wie die Archäologie, die Regionalgeschichte, die Volkskunde und zum Teil auch die historische Rechts- und Wirtschaftswissenschaft, könnten Gewinn aus dieser Sammlung ziehen.

Literaturangaben

Bach, A., Deutsche Namenkunde, Bd. 2 1/2: Die deutschen Ortsnamen, Heidelberg ²1969
Buck, M.R., Oberdeutsches Flurnamenbuch, Bayreuth ²1931
Denzlingen. Eine alemannische Siedlung im Breisgau, unter Mitarbeit von Hubert Klausmann, Josef Schneider, Ursula Siebler-Ferry, Freiburg 1983. Kap. IX. Denzlinger Straßen- und Flurnamen S. 161-167
Dittmaier, H., Rheinische Flurnamen, Bonn 1963
Fischer, H., Schwäbisches Wörterbuch, Bd. 1-6, Tübingen 1904-36
Galli, B., Die Flurnamen von Rotweil am Kaiserstuhl. Zulassungsarb. (masch.), Freiburg 1984
Geiger, Th., Die älteren Gewässernamen - Schichten im Gebiet des Hoch- und Oberrheins, in: Beiträge zur Namenkunde 15/1964, S. 24-54
Grimm, J. u. W., Deutsches Wörterbuch, Bd. 1-16, Leipzig 1854-71
Hammer, Th.A., Die Orts- und Flurnamen des St. Galler Rheintals, Frauenfeld/Stuttgart 1973
Heimbach. Breisgau 759 - 1500 - 1777 - 1977. Hrsg. vom Katholischen Pfarramt Heimbach. München/Zürich 1978
(darin: Merkle, Anton: Das Zinsbuch Unserer Lieben Frau zu Heimbach von 1552, S. 58-74)
Keinath, W., Orts- und Flurnamen in Württemberg, Stuttgart 1951
Klausmann, H., Die Breisgauer Mundarten, Bd. 1 u. 2, Marburg 1985
Kleiber, W., Vordeutsch, nichtgermanische Gewässer- und Siedlungsnamen. (Karte III, 5 (1978) und Beiwort zur Karte) In: Historischer Atlas von Baden-Württemberg. Hrsg. v. der Kommission für geschichtliche Landeskunde in Baden-Württemberg. Stuttgart, 1972 ff., (7. Lieferung 1979) S. 1-8
Kleiber, W., Die Glotter. Ein neuer Deutungsversuch. In: ZfGO 111 (N.F. 72) 1963, S. 295-302
Kluge, F., Etymologisches Wörterbuch der deutschen Sprache, Berlin/New York ²¹1975
Krieger, A., Topographisches Wörterbuch des Großherzogtums Baden, Bd. 1 u. 2, Heidelberg ²1904
Lexer, M., Mittelhochdeutsches Wörterbuch, Bd. 1-3, Leipzig 1872-78
Nimburg. Lebensbild einer Dorfgemeinde des unteren Breisgau. Hrsg. von der Gemeinde Teningen. Teningen 1977.
(darin: Aus einer Bannbeschreibung im Jahre 1680, S. 69/70)
Ochs, E., Müller, K.F., Baur, G.W., Badisches Wörterbuch, Lahr 1925 ff.
Der Schwarzwald, Beiträge zur Landeskunde, hrsg. v. E. Licht u. W.D. Sick, Brühl 1980
Springer, O., Die Flußnamen Württembergs und Badens, Stuttgart 1930
Staub, F., Tobler, L. u.a., Schweizerdeutsches Idiotikon, Frauenfeld 1881 ff.
Das Tennenbacher Güterbuch (1317-1341), bearbeitet von Max Weber u.a., Stuttgart 1969
Trier, J., Holz, Etymologien aus dem Niederwald. Münster/Köln 1952
Vollmann, R., Flurnamensammlung, München 1926

Abkürzungen der Ortsteile

(H) Heimbach
(K) Köndringen
(KL) Köndringen-Landeck
(NB) Nimburg-Bottingen
(T) Teningen

Landschaft und Natur

Thora und Stephan Amend

Die Lage Teningens im Landschaftsgefüge

Die Gemeinde Teningen liegt im südlichen oberrheinischen Tiefland zwischen Kaiserstuhl und Schwarzwald. Der größere, südwestliche Teil des Gemeindegebietes gehört zur Freiburger Bucht, während der nordöstliche den Emmendinger Vorbergen zugerechnet wird. Als Aufschüttungsebene ist die Freiburger Bucht Teil der Oberrheinebene; Nimburg, Tuniberg, Lehener Berg u.a., die wie Inseln aus dieser Aufschüttungsebene herausragen, veranschaulichen aber, daß die Freiburger Bucht eine überdeckte Landschaft birgt, die von ihrer Entstehung her gesehen den Emmendinger Vorbergen ähnelt.

Erd- und Landschaftsgeschichte

Die Erdkruste ist kein starres Gebilde, sondern in ständiger Bewegung und Umgestaltung. Die Zeiträume, in denen sich diese Veränderungen vollziehen, sind jedoch unvorstellbar groß. Heute wissen wir, daß Kontinente driften, Gebirge emporgehoben und wieder abgetragen werden, daß Meere Landflächen überfluten und wieder zurückweichen.

So liegt auch Mitteleuropa in einer Region, in der Sedimente längst abgetragener Gebirge (festländische Ablagerungen wie Sandsteine, Tone, Mergel) und Sedimente aus Zeiten von Meeresüberflutungen (marine Ablagerungen wie Kalksteine, Dolomit, Gips und Salz) ein bis zu 1220 Meter mächtiges "Deckgebirge" über den Graniten und Gneisen des "Grundgebirges" entstehen ließen. Bis zum Ende des Jurazeitalters wurden über dem damals zusammenhängenden Gebiet von Vogesen, Oberrhein und Schwarzwald fast alle Schichtgesteine des Erdmittelalters (Buntsandstein, Muschelkalk, Keuper, Jura) abgelagert, nur Schichten der Kreidezeit wurden in unserer Region nicht sedimentiert.

Vor etwa 65 Millionen Jahren (Wende Erdmittelalter - Neuzeit oder Kreide zu Tertiär) begann die für die heutige Gestalt der Landschaft bedeutendste Krustenbewegung - die Bildung des Oberrheingrabens. Als Kernstück einer Bruchzone, die sich vom westlichen Mittelmeer durch Frankreich über die Nordsee bis zum Mjösensee in Schweden verfolgen läßt, hat er eine Länge von 300 km und eine durchschnittliche Breite von 35 km.

Während der Kreidezeit drang Magma unter diesem Gebiet auf und es kam zu einer zentralen Aufwölbung, deren Scheitel etwa im Bereich des heutigen Oberrheingrabens lag. Durch die Hebung wurde der Raum zum Abtragungsgebiet. Das aufströmende Magma mußte im Erdmantel nach beiden Seiten abströmen, wodurch Schollen (Teile der Erdkruste) mitgeschleppt wurden, was zu Zerrissen und Brüchen führte. Die Umkehrung der Magmaströmungen und der Massenverlust unter dem Scheitel führten zum Einbruch des Grabens in der Scheitelzone. Es bildeten sich der Oberrheingraben und an dessen Flanken Schwarzwald und Vogesen.

Da sich im Bereich des Oberrheingrabens die Erdkruste absenkte, wurden die Deckschichten vor der Abtragung geschützt; deshalb finden wir in seiner Tiefe nahezu alle Gesteine der mitteleuropäischen Erdgeschichte. An den Seiten, an denen Schwarzwald und Vogesen herausgehoben wurden, fielen die dort lagernden Schichten großenteils der Abtragung zum Opfer. Zum Teil wurden sie als Abtragungsprodukt in das Grabeninnere transportiert, wo sie als tertiäre und quartäre Gesteine mit einer Mächtigkeit von bis zu 4000 Metern über den mesozoischen Sedimenten lagern.

Das Aufsteigen bzw. Absinken der Gesteinspakete fand an Verwerfungslinien statt. Dabei handelt es sich um eine Serie mehr oder weniger paralleler Treppen- oder Staffelbrüche, die die Erdkruste in eine Vielzahl kleiner Schollen zerlegten. Die einzelnen Schollen wurden während des Absinkens des Oberrheingrabens den Grabenrändern zu immer weniger tief geschleppt, da sie infolge von Reihung hängenblieben. Gesteine verschiedenen geologischen Alters kamen so nebeneinander zu liegen. Die am höchsten gelegenen Schollen waren, durch die höhere Reliefdifferenz bedingt, der Abtragung am stärksten ausgesetzt. So liegen am Grabenrand mit dem Buntsandstein die ältesten Schichtgesteine.

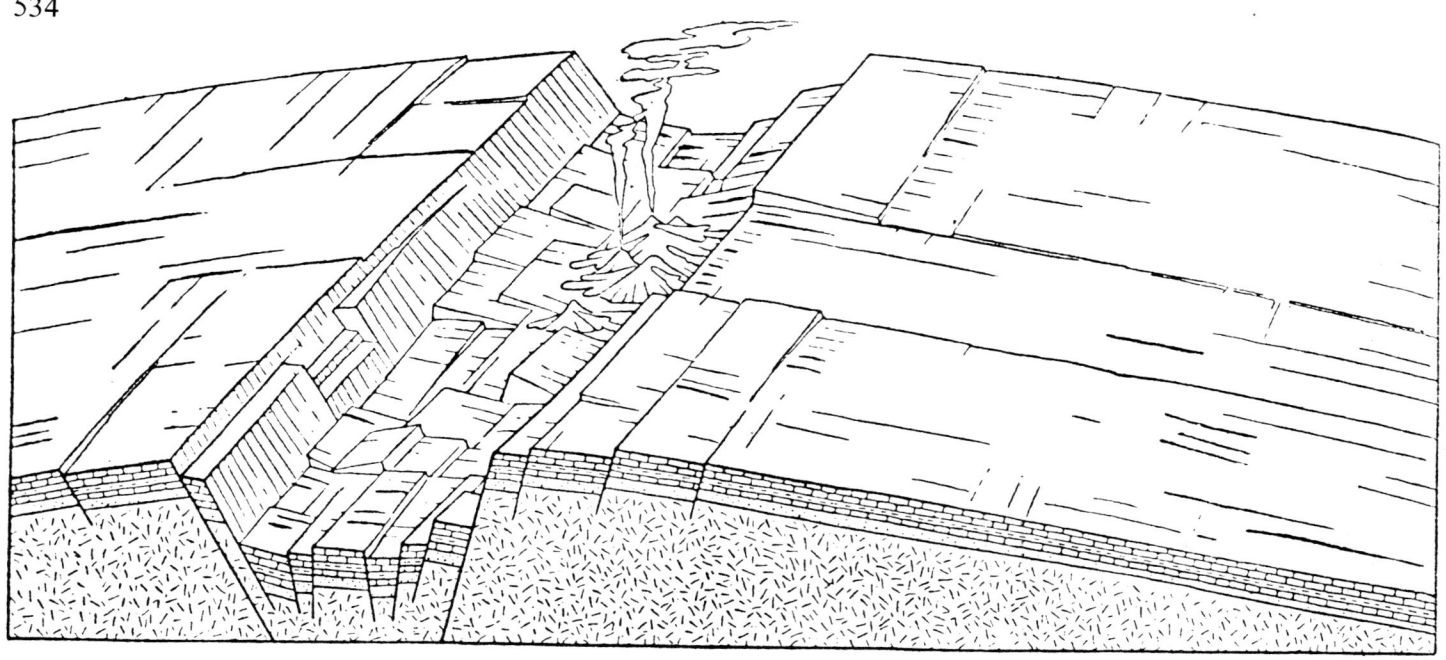

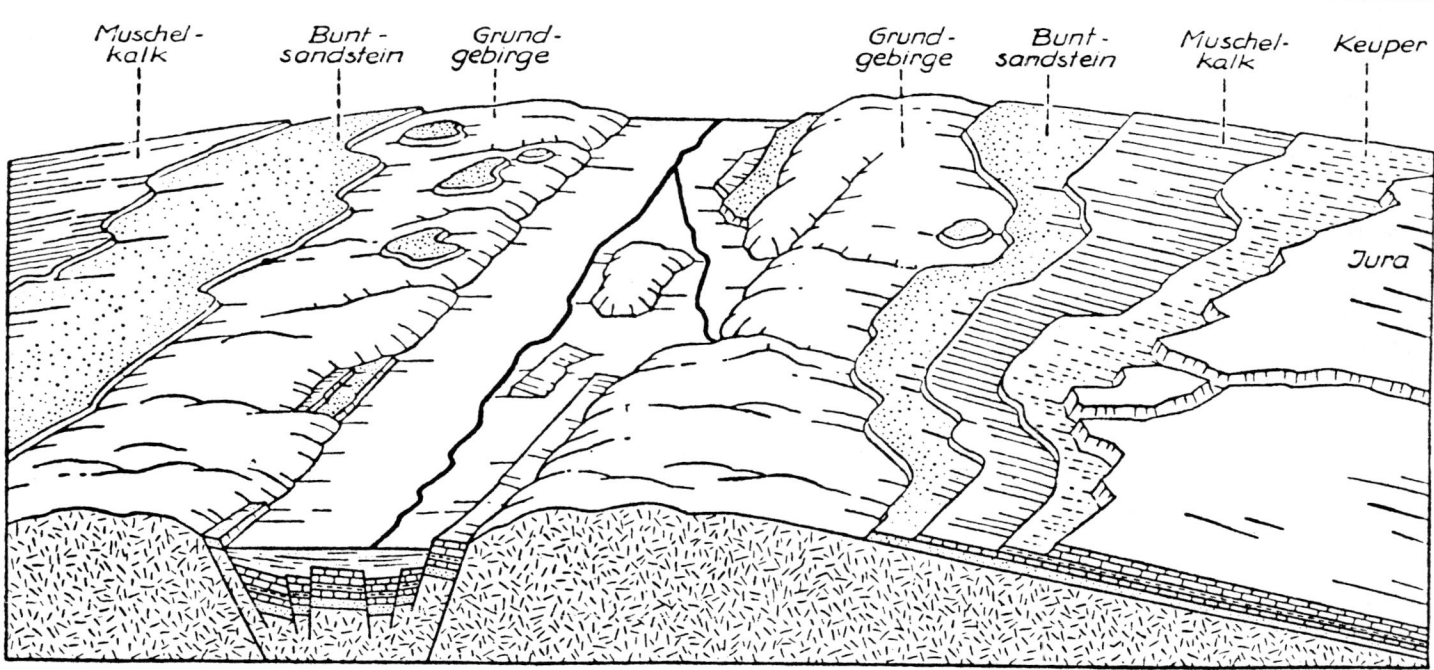

Muschel-kalk · Bunt-sandstein · Grund-gebirge · Grund-gebirge · Bunt-sandstein · Muschel-kalk · Keuper

Jura

Oben: Ohne die Wirkung der außenbürtigen Kräfte: ein Schollenland mit steilen Abbrüchen, kaum gegliederte Grabenränder, im Graben der Kaiserstuhlvulkan.

Unten: Verwitterung, Abtragung und Aufschüttung haben den Grabenbruch umgestaltet. Die Grabenränder sind von Flüssen stark zerschnitten. Die Schichtendecke ist großenteils zerstört und in eine Schichtstufenlandschaft umgewandelt. Gewaltige Schuttmassen haben den Graben weithin aufgefüllt und die meisten Einzelschollen begraben. Aus den Tälern quellen große Schwemmfächer heraus.

Der Buntsandstein, der u.a. bei den **Heimbacher** Steinbrüchen ansteht, wird der Ottoschwandener Scholle zugerechnet, die im Osten durch die Schwarzwaldrandverwerfung begrenzt wird. Da östlich von ihr die Gesteine des Grundgebirgsschwarzwaldes den Untergrund bilden, wird hier die Grenze zwischen Vorbergzone und Schwarzwald gezogen. Die "**Landecker** Verwerfung", die wichtigste in den Emmendinger Vorbergen, trennt die Buntsandsteinscholle von der im Südwesten liegenden, stärker abgesunkenen **Köndringer** Scholle, in der sämtliche Muschelkalkschichten zu finden sind. Schon W.L. Willius erwähnt sie 1783 in seiner "Beschreibung der natürlichen Beschaffenheit der Marggrafenschaft Hochberg". Sehr gut ist sie in einem Aufschluß oberhalb von **Landeck** direkt an der Straße, die nach Ottoschwanden führt (Haltebucht), zu sehen. Südlich von **Heimbach** ändert die Landecker Verwerfung ihren SSE-NNW gerichteten Verlauf und gabelt sich. Ein Verwerfungszweig läuft genau in nord-südlicher Richtung weiter, der zweite zieht von SSW nach NNO. Zwischen den beiden Verwerfungszweigen sind die geologischen Verhältnisse recht kompliziert, da kleinste Schollen nebeneinander gestellt wurden.

Eine weitere wichtige Verwerfungslinie im Gemeindegebiet ist der "Emmendinger Randbruch". Er bedingt die naturräumliche Grenze zwischen Köndringer Scholle und Freiburger Bucht.

Räumte man alle Schotter aus der Freiburger Bucht heraus und stellte das Relief so her, wie es im Pliozän vor den Eiszeiten aussah, so fände man im nördlichen Teil der Freiburger Bucht im Bereich Teningens in etwa 50 - 70 m Tiefe eine flachwellige Landoberfläche, die aus Mittlerem oder Oberen Muschelkalk gebildet wird. Ebenso muß man sich vorstellen, daß die Köndringer Scholle zu dieser Zeit frei von Löß war und auch hier der Muschelkalk direkt an der Oberfläche anstand. Durch Lösungsverwitterung entstand im Kalk eine Karstlandschaft, wie sie heute z.B. gut sichtbar auf der Schwäbischen Alp ausgeprägt ist, mit Dolinen, Höhlen und einem unterirdischem Karstwassersystem. Da die Erosionsbasis tiefer lag, mußten sich die Bäche des Kaiserstuhls und der Schwarzwaldvorberge tiefer einschneiden. Die für solch kleine Bäche wie Seegraben und Weißbach viel zu großen Täler lassen sich somit gut erklären - wie die Freiburger Bucht wurden sie im Quartär aufgeschottert.

Die Freiburger Bucht stellt also ein nicht allzu tief versenktes Bruchfeld dar, das durch die eiszeitlichen Schotter der Dreisam, Elz und Glotter aufgefüllt wurde. Aus diesen jungen Ablagerungen ragt der Nimberg inselartig hervor. Er wird von Verwerfungslinien begrenzt und man muß ihn sich, wie auch den Tuniberg, den östlichen Kaiserstuhl, den Lehener Berg u.a. als weniger tief abgesunkene Scholle vorstellen. Im Osten besteht der Nimberg aus den Gesteinen des Oberen Muschelkalks und des Lettenkeupers, im Westen vornehmlich aus denen des Mittleren Jura (Dogger). Nur durch eine weitere Verwerfung, die den Berg durchzieht, konnten diese Gesteine nebeneinander zu liegen kommen. Bis auf wenige Stellen sind die Gesteine jedoch an der Erdoberfläche nicht zu sehen, da sie von einer mächtigen Lößschicht bedeckt werden.

Wurde im Tertiär durch das Einsinken des Oberrheingrabens und die Bildung von Bruchschollen die grobe Gestalt unserer Landschaft geformt, so änderte sich das Landschaftsbild im Quartär noch einmal wesentlich:

Bis zu Beginn des Quartärs hatte im Bereich des Kaiserstuhls eine Wasserscheide gelegen und die hier entspringenden Flüsse strömten nach Norden und nach Süden. Die Aare, die vormals durch den Sundgau nach Südwesten zur Rhone floß, wurde nach Norden in den sich weiterhin absenkenden Oberrheingraben umgelenkt - die Kaiserstuhlwasserscheide wurde in der Folge überströmt. Mit einer der ersten alpinen Vorlandvergletscherungen brach der bisher zur Donau entwässernde Alpen-Rhein nach Westen durch und schloß sich dem Aare-Rhein an, womit der heutige Rheinverlauf geschaffen war.

Während der Eiszeiten wurden in den Alpen und im Schwarzwald u.a. durch Frostsprengung und die Kraft der Gletscher viel Gestein gelöst und durch große Schmelzwasserflüsse abtransportiert. Mächtige alpine Geröllmassen wurden durch den in zahlreiche Arme zerteilten Rhein in den Oberrheingraben befördert.

Durch flache Rücken und Berge vom Rhein getrennt, stand die Freiburger Bucht nur im Bereich zwischen Riegel und

Malterdingen mit ihm in Kontakt. Aber die Aufschotterung der Oberrheinebene bewirkte, daß auch Dreisam, Elz und Glotter ihre zu dieser Zeit mächtigen Gesteinsmassen nicht abtransportiren konnten. Sie füllten die Freiburger Bucht in Form von großen Schwemmfächern auf.

Während der letzten Eiszeit gelang es einem Seitenarm des Rheins, eine flache Wasserscheide zwischen Kaiserstuhl und Tuniberg zu überströmen, so daß sich seine Wassermassen in die einige Meter tiefer gelegene Freiburger Bucht ergossen, sich mit Dreisam, Elz und Glotter vereinten und durch die Riegeler Pforte abströmten. Dieser sogenannte Ost-Rhein hinterließ eine alpine Kies- und Sandfracht, die sich mit den Geröllen der Schwarzwaldflüsse verzahne.

Am Ende der Würmeiszeit, der letzten Vereisung, als die Schmelzwässer nachließen und die Geröllfracht geringer wurde, schnitten sich die Flußläufe in die eiszeitliche Aufschüttungsebene ein und schufen die heutigen Flußauen. Die höher gelegenen, nun trocken gefallenen Gebiete, die durch die Schotter der letzten Vereisung gebildet wurden, werden Niederterrasse genannt. Da auch der Rhein sein Bett westlich des Kaiserstuhles stark vertiefte, lag schließlich der sich langsamer einschneidende Ost-Rheinarm so hoch, daß ihm kein Wasser mehr zuströmte und er aufgegeben wurde.

Während sich Dreisam, Elz und Glotter im Bereich des Schwarzwaldes und am Gebirgsausgang in ihre würmeiszeitlichen Ablagerungen einschnitten und dadurch eine Niederterrasse ausbildeten, dauerte die Aufschüttung am Rande der Schwemmfächer bis in die neuere Zeit an. Der Löß hatte als weiteres quartäres Sediment großen Einfluß auf die Überformung der Landoberfläche: Nimberg und Köndringer Scholle wurden von diesem, den Untergrund wie ein dicker Schleier verhüllenden Flugsediment bedeckt. Nur an einzelnen besonders steilen Böschungen und in Steinbrüchen tritt das unter ihm lagernde Gestein zutage.

An den feinen Konturen der Landschaft hat letztendlich der Mensch mitgearbeitet, indem er u.a. Hänge terrassiert, Flußläufe begradigt, Steinbrüche angelegt und Trassen für Straßen geschaffen hat.

Entstehung der Gesteine

Buntsandstein

Die Gesteine des Buntsandsteins sind bis auf die Granite und Gneise des Grundgebirgsschwarzwaldes die ältesten unseres Gebietes und wurden vor 225-215 Millionen Jahren als Abtragungsprodukt eines ehemals südlich gelegenen Gebirges in ein Becken verfrachtet, das sich allmählich nach Süden hin ausdehnte. Infolge Gefällsabnahme und nachlassender Transportkraft der Flüsse wurden überwiegend Sande in einer weiten Aufschüttungsebene abgelagert, die später durch Ton, Kalk oder Kieselsäure zu Sandsteinen verbacken wurden. Die für diese Gesteine charakteristische Rotfärbung stammt vom Roteisen (Hämatit), das als feines Häutchen die Quarzkörner überzieht.

Da die Ablagerungsbedingungen während der Buntsandsteinzeit nicht vollkommen gleichbleibend waren und sich deutlich zu unterscheidende Gesteinspakete ausmachen lassen, wird der Buntsandstein in die Epochen des Unteren-, Mittleren- und Oberen Buntsandstein untergliedert.

Unterer- und Mittlerer Buntsandstein (su und sm)

In den Nachbargemeinden - im nördlichen Teil des Hornwaldes und westlich von Kirnhalden - sind Aufschlüsse des Unteren Buntsandsteins (su) und Eckschen Horizontes (smc_1) in Weganschnitten zu finden.

Der **Bausandstein** (smb), der in den Heimbacher Steinbrüchen bis in die 80er Jahre des 19. Jh. abgebaut und zum Hausbau und zu Ausbesserungsarbeiten des Freiburger Münsters verwendet wurde, ist das geologisch älteste Gestein auf Teninger Gemarkung. Dieser warmrote, mittelkörnige Sandstein, dessen Körner größtenteils durch Kieselsäure, die in der nahegelegenen Landecker Verwerfung aufdrang, verkittet sind, gehört zu den härtesten Sandsteinen überhaupt. Er ist äußerst widerstandsfähig und verwittert nur langsam. Wegen seiner Härte ist er aber auch schwer bearbeitbar und stellt große Anforderungen an die Steinmetzen.

Zwischen den einige Meter dicken Bänken des Bausandsteins treten geringmächtige Ton- und Tonbreccienlager auf, die auf Ablagerungen in Tümpeln und Pfannen während der Buntsandsteinzeit zurückgehen. Unter Wasserbedeckung entstanden hier Rippelmarken, wie man sie z.B. an Sandstränden bei ablaufendem Wasser sehen kann, mit einer Rippelhöhe von 1 bis 1,5 cm und einem Kammabstand von 3 bis 5 cm. Trockenrisse des zur Schrumpfung neigenden Tons zeigen an, daß die Tümpel austrockneten. Bei neuerlichen Überflutungen wurden die Risse mit Sand gefüllt.

Der geröllführende, kieselsäureverfestigte Sandstein des etwa 15 m mächtigen **Hauptkonglomerates** (smc_2) begrenzt die Steilhänge des Buntsandsteins im Nordwesten von Heimbach nach oben.

Im **Kristallsandstein** (smk), der seinen Namen erhielt, da er trotz der Roteisenhülle jedes Quarzkorn zu einem glitzernden Quarzkristall ergänzt hat, fehlen für die Steinmetze verwertbare Bänke; er ist deshalb nur an Wegdurchstichen aufgeschlossen. Der ihm zugehörige Karneol-Dolomit Horizont ist in Aufschlüssen an der Straße oberhalb von **Landeck**, am Wasserbehälter Landeck und im Hohlweg nördlich von **Heimbach** zu sehen.

Es handelt sich um violette, mürbe Sandsteine, in die Lagen von Dolomit eingeschaltet sind. Immer wieder treten tiefrote, auch blaßrote, meist gebänderte Karneole (eine etwas weichere und leichtere Abart des Quarzes) auf. Kristalldrusen, die mit Calcit, Dolomit und Quarz besetzt sind, geben Hinweise auf ehemals vorhandenen Gips und Anhydrid. Die Mächtigkeit des Karneol-Dolomit Horizontes schwankt beträchtlich und reicht von wenigen Dezimetern bis zu einigen Metern.

Oberer Buntsandstein (so)

Der Obere Buntsandstein bildet die Hochfläche von Freiamt-Ottoschwanden, wird dort aber zum Teil noch vom Unteren Muschelkalk und von Löß überlagert. Er läßt sich in Plattensandstein (so_1) und Röttone (so_2) gliedern. In einem Steinbruch oberhalb der Straße nach Ottoschwanden, auf der Höhe des **Landecker** Wasserbehälters, stehen der bis zu 40 m mächtige Plattensandstein und die Röttone an.

Der **Plattensandstein** wurde im flachen, ruhigen Wasser gebildet und besteht überwiegend aus feinkörnigem, glimmerreichem Sandstein mit rot bis rotvioletter, selten weißlicher Färbung. Der große Glimmerreichtum (Biotit, Muscovit und deren Zersetzungsprodukte) bedingt leichte Spaltbarkeit, da die Glimmerplättchen sich auf den Schichtflächen ablagern. Sind die Glimmerlagen nur wenig voneinander entfernt, läßt er sich so dünn spalten, daß man ihn zum Dachdecken verwenden kann. Mächtige kompakte Werksteinbänke sind selten, bei den Bildhauern wegen ihrer Feinkörnigkeit aber sehr beliebt.

Die **Röttone** sind das jüngste Schichtglied des Buntsandsteins. Überwiegend handelt es sich um tiefrote Tonsteine, bei denen es im durchfeuchteten Zustand an Hängen wie z.B. bei Landeck zu Rutschungen kommen kann. Gegenüber dem übrigen Buntsandstein zeichnen sich die Röttone dadurch aus, daß hier einige Fossilien von Pflanzen und Tieren gefunden werden können.

Muschelkalk

Die Gesteine des Muschelkalks wurden in einem Meer sedimentiert; bereits in der Oberen Buntsandsteinzeit bahnte sich diese Änderung der Ablagerungsverhältnisse an.

Das Muschelkalkmeer lag in einer Zone mit warmem, durch starke Verdunstung gekennzeichnetem Klima. Ähnlich dem heutigen Mittelmeer war es als Binnenmeer durch Pforten mit dem Weltmeer verbunden. Hoher und immer wieder wechselnder Salzgehalt stellte für viele Tiere ungünstige Lebensbedingungen dar. Vom Weltmeer einwandernd, paßten sich nur wenige Arten diesen Verhältnissen an. Da die Zahl der Wettbewerber sehr gering war, vermehrten sie sich in einem für sie geeigneten Milieu in ungeheurer Zahl. Ihre aus Kalk gebildeten Skelette und Schalen sanken nach dem Absterben auf den Meeresgrund und bildeten mächtige Schichten. Sowie sich die Lebensumstände änderten, verschwanden einzelne Arten wieder völlig. Solche Zeiten, in denen sich eine Muschelart über rie-

Geologie der Gemeinde Teningen

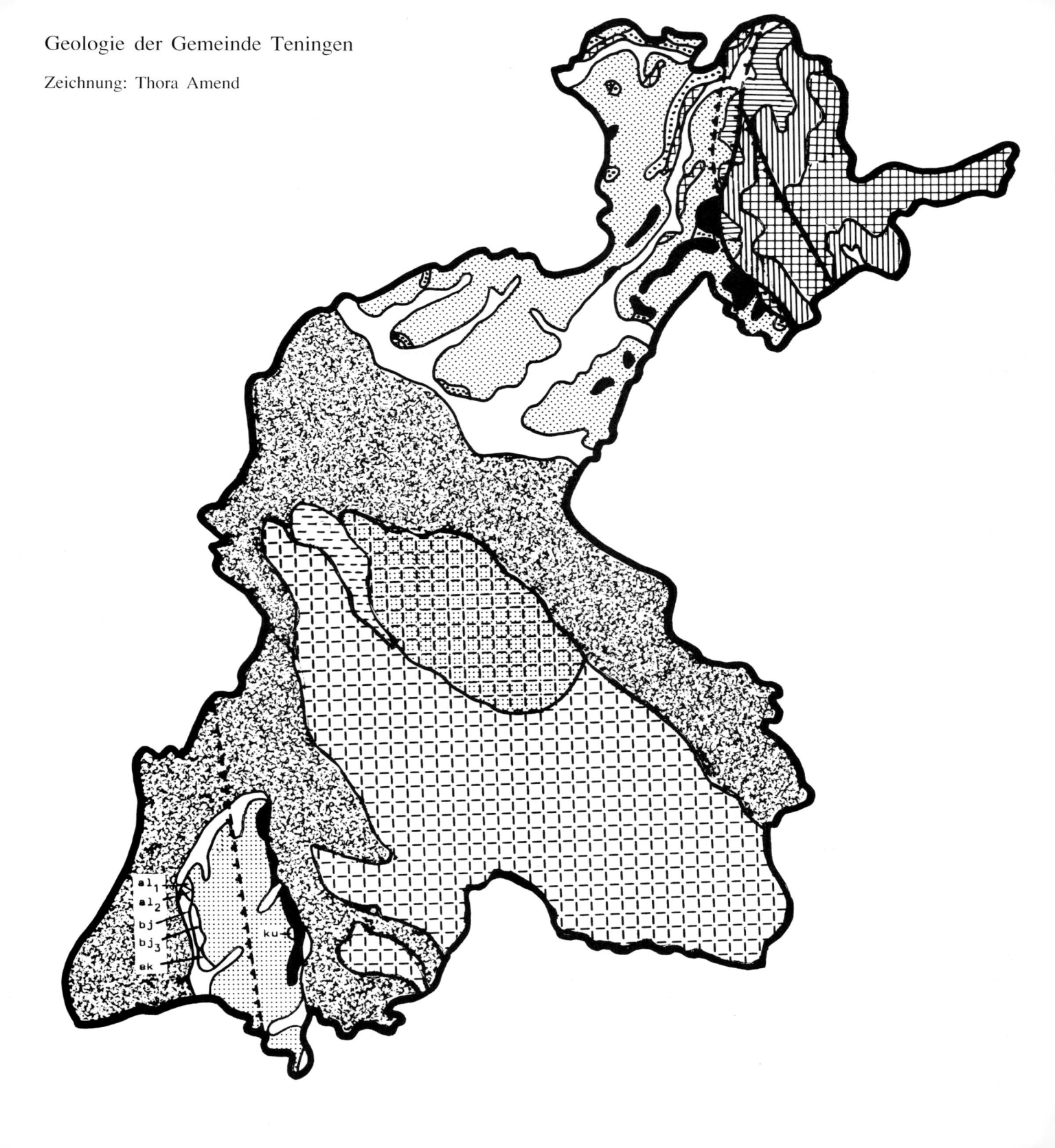

Zeichnung: Thora Amend

al₁
al₂
bj
bj₃
ek
ku

Legende

▓	h	Holozäne Talfüllungen
▤	hn	Holozäne Niedertorfmoore
⋮	lö	Löß
☐	lu	Schwemmlöß
▦	WS	Schwarzwaldkies
▦	lö / WS	Löß und Lößlehm auf Schwarzwaldkies
tk	tk	Tertiäre Kalke (Eozän)
bj₃	bj$_3$	Ober-Bajocium (Hauptrogenstein)
bj	bj	Bajocium (ungegl.)
al₂	al$_2$	Ober-Aalenium
al₁	al$_1$	Unter-Aalenium (Opalinuston)
ku	ku	Unterer Keuper
■	mo	Oberer Muschelkalk
⋮	mm	Mittlerer Muschelkalk
▦	mu	Unterer Muschelkalk
‖	so	Oberer Buntsandstein
≡	sm	Mittlerer Buntsandstein
⌇		Verwerfungen

Triassische Gesteine im Raum Teningen

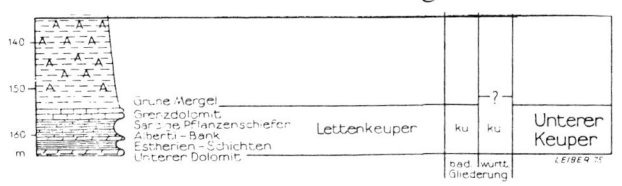

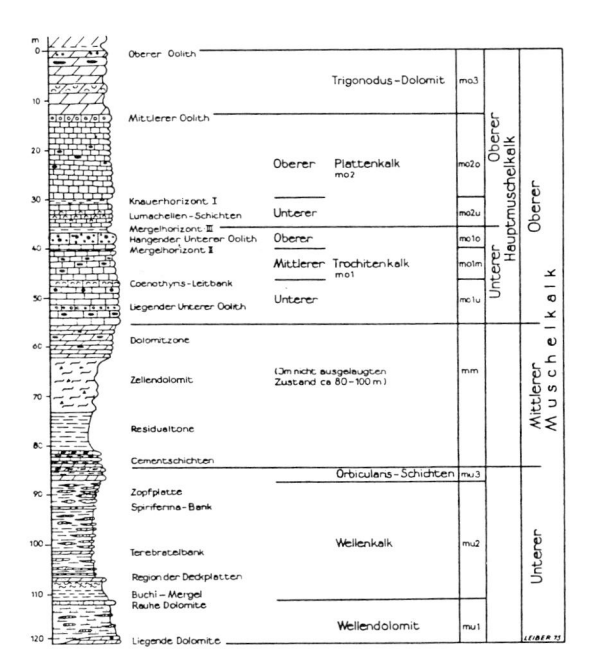

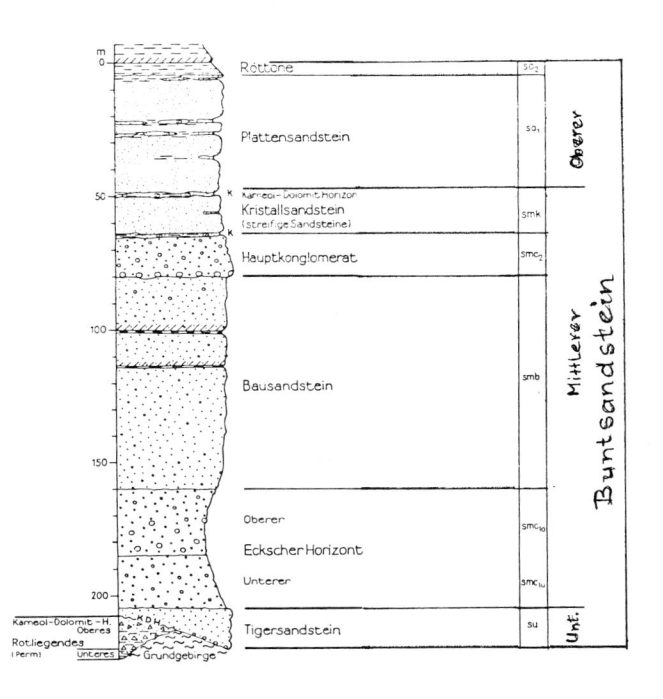

Lettenkeuper (ku – Unterer Keuper)

- Grüne Mergel
- Grenzdolomit
- Sandige Pflanzenschiefer
- Albertibank
- Estherien-Schichten
- Unterer Dolomit

(bad. württ. Gliederung; LEIBER 75)

Muschelkalk

Oberer Muschelkalk (Oberer Hauptmuschelkalk)
- Oberer Oolith — mo3 (Trigonodus-Dolomit)
- Mittlerer Oolith
- Oberer Plattenkalk — mo2o
- Knauerhorizont I
- Lumachellen-Schichten — mo2u (Unterer)
- Mergelhorizont II
- Hangender Unterer Oolith — mo1o (Oberer)
- Mergelhorizont I
- Mittlerer Trochitenkalk — mo1m
- Coenothyris-Leitbank
- Liegender Unterer Oolith — mo1u (Unterer)

Mittlerer Muschelkalk — mm
- Dolomitzone
- Zellendolomit (im nicht ausgelaugten Zustand ca. 80–100 m)
- Residualtone
- Cementschichten

Unterer Muschelkalk
- Orbicularis-Schichten — mu3
- Zopfplatte
- Spiriferina-Bank
- Terebratelbank
- Wellenkalk — mu2
- Region der Deckplatten
- Buchi-Mergel
- Rauhe Dolomite
- Wellendolomit — mu1
- Liegende Dolomite

(LEIBER 75)

Buntsandstein

Oberer Buntsandstein
- Röttöne — so$_2$
- Plattensandstein — so$_1$

Mittlerer Buntsandstein
- Karneol-Dolomit-Horizont
- Kristallsandstein (streifige Sandsteine) — smk
- Hauptkonglomerat — smc$_2$
- Bausandstein — smb
- Oberer Eckscher Horizont — smc$_{1o}$
- Unterer — smc$_{1u}$

Unterer Buntsandstein
- Tigersandstein — su
- Karneol-Dolomit-H. Oberes Rotliegendes (Perm) Unteres — Grundgebirge

sige Flächen verbreitete, sind für den Geologen besonders wertvoll; denn die in weit auseinanderliegenden Aufschlüssen gefundenen Exemplare leisten als sogenannte Leitfossilien beim Vergleichen und Einordnen der Schichten große Dienste.

Die Hauptmasse des Kalkes läßt allerdings keine direkte Beziehung zu Lebewesen erkennen. Besonders die meterdicken Schichten der dünnbankigen blauen Kalke sind ohne jede Versteinerung, man muß deshalb für viele Kalke anorganische Herkunft annehmen. Dies können von Flüssen eingeschwemmte, ehemals paläozoische, d.h. im Erdaltertum gebildete Kalke sein oder vom Weltmeer zugeführter gelöster Kalk, der bei zunehmender Konzentration ausfiel. Die bläulich dunkle Färbung der meisten Kalksteine geht zurück auf fein verteilten Schwefelkies oder auf geringe Beimengungen organischer Stoffe (Bitumen); Verwitterung zerstört beides, wodurch die Kalke dann hell werden.
Verschlechterten sich die Lebensbedingungen im Meer derart, daß Gips und Salz ausgefällt wurden, starb jegliches Leben im Meer ab. Erst wenn breitere Verbindung zum Weltmeer herrschte, konnte dieses ausgleichend wirken und neues Leben bringen.
Das Schicksal des Muschelkalkmeeres führte zu einer deutlichen Dreigliederung seiner Schichten, denn im Mittleren Muschelkalk kam es unter extremen Bedingungen zu großen Ausscheidungen von Dolomit, Gips und Salz, während diese im Unteren und Oberen Muschelkalk nur geringmächtig oder gar nicht vorhanden sind.

Unterer Muschelkalk (mu)

Der Untere Muschelkalk, der auf der Freiamt-Ottoschwandener Hochfläche liegt, ist meist tiefgründig verwittert oder von Löß oder Lößlehm bedeckt. Der rasche Wechsel vom Rot bzw. Weinrot der Röttone zu den gelblich grünlichen Mergeln des **Wellendolomites** (mu_1) ist in fast allen im Oberen Buntsandstein angelegten Steinbrüchen gut zu erkennen. Während im Plattensandstein und den Röttonen kaum Fossilien zu finden sind, führen die darüber lagernden geringmächtigen "Liegenden Dolomite" des Wellendolomits reichlich Fossilien, u.a. Trochiten. Diese Schichten sind u.a. auch westlich von **Heimbach** zu sehen, wo sie vom Gallenbach angeschnitten werden. Der Wellenkalk (mu_2) und die Orbicularis-Schichten (mu_3) unterscheiden sich durch ihre Fossilien. Während die Tierwelt im Wellenkalk artenreich war, ist in den Orbicularis-Schichten nur eine individuenreiche aber artenarme vorhanden.

Mittlerer Muschelkalk (mm)

Der beste Aufschluß, der die Schichten des Mittleren Muschelkalks erkennen läßt, ist ein kleiner Steinbruch am Jägerhaldenweg, der vom Kohlplatz durch den Wald zum Fronberg führt. Die Gemeinde Malterdingen schlug hier noch in den 30er Jahren Steine. Die höheren Partien des Mittleren Muschelkalks sind auch häufig in den Steinbrüchen aufgeschlossen, die im Oberen Muschelkalk angelegt sind. Weitere, jedoch schlechte Aufschlüsse befinden sich am Fronberg, Laueneck (mm/mo), Hungerberg und südlich des Erdenhardts.
Gips und Anhydrid, die im Mittleren Muschelkalk in tieferen Bohrungen im Oberrheingraben auftreten, sind im Bereich der Köndringer Scholle durch zirkulierende Grundwässer gelöst worden. In den ca. 6 m mächtigen dünnplattigen grauen Dolomiten, den "Cementschichten", weist Zelligkeit und Porosität aber auf ehemals vorhandenen Gips hin. In den "Residualtonen" sind faustgroße, zuckerkörnige Quarzite zu finden, die in diesen bunten Mergeln eingelagert sind. Der "Zellendolomit" ist ein zellig-brecciös ausgebildeter Dolomit oder Kalk. Er führt reichlich Hornsteinknollen und -splitter. Hornsteine sind eine Zusammenballung von Kieselsäure, die zum Teil von Organismen, u.a. Nadeln von Kieselschwämmen stammt und zum Teil von Flüssen ins Meer geführt wurde. Abgeschlossen wird der Mittlere Muschelkalk durch eine bis zu 6 m mächtige gelblichweiße, plattige bis dünnbankige "Dolomitzone" mit Hornsteinlagen.

Oberer Muschelkalk (mo)

Der meist von Löß überdeckte Obere Muschelkalk bildet westlich der Landecker Verwerfung größere Flächen; so steht z.B. die Ruine **Landeck** auf Trochitenkalk, der den Schichten des Mittleren Muschelkalks auflagert.

Trochitenkalk (mo_1) und **Plattenkalk** (mo_2) sind oberhalb von **Heimbach** in der 1972 zu einem Wanderparkplatz ausgebauten "Oberen Kalksteingrube" gut aufgeschlossen. Dieser Steinbruch wurde noch 1935 zum Bau des "Höppeleweges und des "Landecker Weges" (damals "Arbeitsdienstweg") genutzt. Weitere Aufschlüsse finden sich in den ehemaligen Steinbrüchen an der Straßenkehre oberhalb **Landecks**, an der Kreisstraße **Köndringen-Heimbach** gegenüber dem Sportplatz in der "Äußeren Kalksteingrube" und am Steinbruch am Brunsberg, der jedoch bei Flurbereinigungsmaßnahmen weitgehend verdeckt wurde.

Der **Trigonodus-Dolomit** (mo_3) streicht zwischen **Nimburg** und **Bottingen** an der Ostseite des Nimbergs aus und erreicht eine Mächtigkeit von ca. 14 m.

Der etwa 20 m mächtige **Trochitenkalk** ist benannt nach dem häufigen Vorkommen von Stielgliedern (Trochiten) einer Seelilienart. Diese Pflanze bildete bis zu 1,8 m lange Stiele und eine Krone, die aus etwa 17000 Einzelteilchen besteht, aus. Nur selten sind fossile Seelilien noch im Verband erhalten; meist zerfielen sie nach dem Absterben und wurden in Trochitenbänken, insbesondere am Rande des Muschelkalkmeeres zusammengeschwemmt. Das feine Balkenwerk der Pflanze wurde nach der Einbettung zu einheitlichen Kalkspatkristallen ergänzt, deren glatte Spaltflächen sie auch auf Bruchflächen rasch erkennen lassen ("Glassteine"). Gelegentlich findet man auch versteinerte Seeigel und Seesterne; in einigen Bänken sind Hornsteinknollen vorhanden.

Beim **Plattenkalk**, der eine Mächtigkeit von ca. 22 m erreicht, handelt es sich um meist blaugraue, dünnbankige, durch Mergelfugen getrennte Kalksteine, die arm an Fossilien sind.

Der **Trigonodus-Dolomit** ist nach einer selten vorkommenden Muschel benannt. Über 2 Metern sandfarbigen Dolomits lagert ein 2,5 m mächtiger Horizont, der reich an Schill, Ooiden und Knochensplittern ist. Ihnen sind dickbankige, klotzige Dolomite aufgelagert (4 m), die von plattigem Dolomit mit Hornsteinlagen abgelöst werden (2 m). Den Abschluß bilden 1 bis 2 m mächtige, dickbankige Dolomite.

Keuper

Das Muschelkalkmeer verkleinerte sich langsam in nordwestlicher Richtung, wodurch festländische Kräfte in den trocken gefallenen Gebieten wieder stärkeren Einfluß auf die Schichtbildung gewannen. Unterbrochen wurde dieser Rückzug des Meeres allerdings immer wieder durch weitflächige Überflutungen, die zu marinen Ablagerungen führten.

Auf Gemeindegebiet steht nur der Untere Keuper an, der in einem schmalen Band auf der Ostseite des Nimbergs ausstreicht. Berühmt ist der Aufschluß des Straßenanschnitts in **Bottingen**, der schon 1882 erstmals beschrieben wurde.

Durch eine scharfe Grenze, die durch grünlichgraue Tonschiefer gezogen wird, setzt sich der **Untere Keuper** (ku) oder Lettenkeuper gegenüber dem Trigonodus-Dolomit (mo_3) ab. Der 60 cm mächtige rötliche "Untere Dolomit" ähnelt dem Trigonodus-Dolomit jedoch sehr stark; lange wurde deshalb gestritten, wo genau die Grenze zu ziehen ist. Es folgen etwa 2 m graugrüne schiefrige Tone, die nach einem Fossil "Estherienschiefer" genannt werden, über denen sich eine erbsgelbe 0,6 m dicke Dolomitbank ("Alberti-Bank") deutlich abhebt. In den "Sandigen Pflanzenschiefern" finden sich erstmals wieder feinkörnige Sandsteine, die jedoch in enger Wechselfolge mit violetten bis blaugrauen Tonen stehen. Zum Teil zellig verwitternde, bis zu 4 m mächtige erbsgelbe Kalke, die als "Badischer Grenzdolomit" bezeichnet werden, bilden die oberste Schicht des Unteren Lettenkeupers. Ein dünnes Band der "Grünen Mergel", die als Teil des **Mittleren Keupers** dem Gipskeuper zugerechnet werden, beschließt die Keuperfolge in Bottingen nach oben. Darüber lagert nur noch der geologisch gesehen viel jüngere Löß.

Jura

In einem flachen Randmeer, das durch breite Verbindungen mit dem tiefen Weltmeer verbunden war, herrschten bei relativ gleichbleibendem Salzgehalt günstige Lebensbedingungen für die Tierwelt. Über 20000 verschiedene Arten sind als Fossilien in den Juragesteinen gefunden worden, die jedoch nur etwa 3 % der damals tatsächlich lebenden Organismen widerspiegeln. Typisch für die Ablagerungen in diesem artenreichen Flachmeer ist, daß die Schichten in ihrer horizontalen Erstreckung oft verschiedene Ausbildung (Fazies) zeigen, die auf die Materialsortierung nach der Korngröße bei der Ablagerung zurückzuführen ist. So kann z.B. Sand von Kalk und dieser von Ton abgelöst werden oder geschichtete Fazies in Riff-Fazies übergehen. Damit wechselt auch die Tierwelt; dünnschalige Muscheln findet man in Tonen, dickschalige in groben Küstensedimenten; Korallen und ihre Begleitfauna in Riffbildungen. Aber auch die für die zeitliche Einordnung wichtigen Ammoniten (mittlerweile ausgestorbene der Nautilusschnecke verwandte Kopffüßer mit meist spiraligen von wenigen Millimetern bis über 2 m großem Kalkgehäuse) können in manchen Gebieten verspätet eingewandert oder früher erloschen sein. So tritt z.B. der "Mittlere Dogger" im Oberrheingebiet in einer der schwäbischen völlig verschiedenen Fazies auf, so daß die alten geologischen Karten der "Badischen Geologischen Landesanstalt" sich einer eigenen badischen Juragliederung bedienten. Heute wird die internationale Gliederung verwendet, der die gebräuchlichen lokalen Schichtbezeichnungen beigefügt sind. Von der fast 500 m mächtigen Schichtserie, die während der Jurazeit im Oberrheingebiet abgelagert wurden, sind die 80 m des Schwarzen Jura (Lias) und die 140 m des Weißen Jura (Malm) auf Gemeindegebiet gar nicht vertreten; am westlichen Nimberg findet sich aber fast der gesamte Braunjura (Dogger).

Der **Braunjura** erhielt seinen Namen durch die immer wieder auftretende rotbraune Verwitterungsfarbe, die vom Brauneisen stammt. Sein Gehalt steigt in einzelnen Lagen bis auf 56 % und ließ nutzbare Lagerstätten entstehen. Der weitaus größte Teil des Braunjura wird allerdings durch braune Tone aufgebaut. Das Eisenerz tritt meist in Form von Dolithen auf, die als hirsekorngroße, konzentrisch-schalige Gebilde an Fischrogen erinnern. Deshalb werden sie auch Ei-Steine genannt, die zu Milliarden im Gestein verbacken sind.
Die Schichten des Braunjura beginnen mit dem "Unteren Aalenium (al_1 oder Opalinuston). Dicht unter dem Löß ist er westlich der Bergkirche von **Nimburg** zu finden.
Während das "Untere Bajocium" am Nimberg schlecht aufgeschlossen ist, finden sich dort im "Mittleren Bajocium" einige kleinere, gute Aufschlüsse. Im "Ober-Bajocium" (Hauptrogenstein) liegt auf der Höhe **Bottingens** ein alter Steinbruch.
Der **Opalinuston** besteht aus einer ziemlich gleichförmigen Abfolge dunkler Tonsteine, die Kalk- und Pyrithkonkretionen enthält. Dünne Mergelbänkchen im unteren Teil sowie stärkerer Kalkgehalt und zunehmende Sandführung im oberen Teil kennzeichnen ihn.
Ohne scharfe Grenze gehen die sandhaltigen Opalinustone in die sogenannten "Liegenden Sandkalke" des Oberen Aaleniums (al_2) über. Diese gelbbraune, dünnbankig-flaserige Schicht wird nach oben durch dickbankige harte Sandkalksteine, die durch zunehmenden Eisengehalt dunkelrot gefärbt sein können, abgelöst. Die Murchisonaeschichten, ein eisenooidischer Kalksandstein, dessen Eisengehalt zwischen 18 und 25 % liegt, grenzt sich durch seine dunkelroten Farben deutlich ab. Darüber liegt eine wechselhaft zusammengesetzte Folge von etwa 35 m sandigen Mergeln und Kalken, die eisenoolithische Erzschichten einschließen (**Unter-** und **Mittel-Bajocium**, b_1, b_2). Mit dem **Ober-Bajocium** (b_3) (Mittlerer- und Oberer Hauptrogenstein, unterster Terrugineusoolith) folgen die auffälligsten Schichten des Doggers. Bei ihnen handelt es sich um helle, schräggeschichtete bis massige Kalkoolithe, die anfangs durch eine Reihe von Schillagen und durch Horizonte mit angebohrten, biogen umkrusteten Rogensteingeröllen charakterisiert ist. Zusammen mit dem darüber liegenden, die Jura-Folge im Gemeindegebiet Teningens nach oben abschließenden "Ferrugineusoolith", einer braungrauen bis rötlichbraunen fossilreichen Mergelkalk- und Kalkschicht, in die bis zu 4 mm große Kalk- und Brauneisenooide eingestreut sind, erreicht er eine Mächtigkeit von etwa 40 m.

Tertiär

Kreidezeitliche Sedimente, deren Ablagerungen denen des Jura folgen, finden sich in Südwestdeutschland nicht. Da die Region als herausgehobenes Festland der Abtragung unterworfen war, ergibt sich eine "Sedimentationslücke" bis zum Tertiär. Erst mit der beginnenden Einsenkung des Oberrheingrabens im Obereozän, also vor etwa 45-38 Millionen Jahren, kommt es zu Ablagerungen, die sehr wechselvoll ausgebildet sind. Kleinräumig unterscheiden sie sich je nachdem, ob sie unter terrestrischen, fluviatilen, limnischen, brackischen, marinen oder salinaren (Festlands-, Fluß-, Süßwassersee-, Brackwasser-, Meeres- oder Salzsee-) Verhältnissen entstanden sind und je nachdem, ob sie am Grabenrand oder in der Grabenmitte abgelagert wurden. Gesteine des Alttertiärs wurden in kleineren Steinbrüchen am westlichen Nimberg abgebaut. Durch eine Verwerfung getrennt, lagern diese in einem See gebildeten, etwa 10-15 m mächtigen hellgrünen, fossilfreien Mergel (Grüne Mergel, eo) und weißen bis bräunlichen grobgebankten Süßwasserkalke (Melanienkalk, ek) südlich der Steinbrüche des Hauptrogensteins.

In das Alttertiär fällt auch eine erste vulkanische Tätigkeit im Oberrheingraben, wie Tuffschlote am Schönberg und bei Maleck beweisen. Im Oligozän transportierten Wildbäche und Flüsse in den sich weiter absenkenden Graben viel grobes Geröllmaterial, das in seiner Zusammensetzung die Beschaffenheit des Umlandes widerspiegelt, das hauptsächlich von Doggergesteinen, vor allem Hauptrogenstein gebildet wurde. Zum Grabeninnern hin nimmt die Geröllgröße stark ab. In einem zeitweise unter marinen und salinaren Verhältnissen stehenden Grabensee wurde im Raum Breisach eine etwa 2000 m mächtige Gesteinsfolge, vorwiegend aus Mergeln mit Anhydrid, Gips und Steinsalz, gebildet.

In das Mittelmiozän, vor 15-13 Millionen Jahren, fällt mit dem Kaiserstuhlvulkanismus eine zweite vulkanische Phase im Oberrheingraben. Über der zerstückelten und abgetragenen Grabenrandscholle baute sich ein aus Tuffen, Laven und Gängen zusammengesetzter, mehrere hundert Meter hoher Schichtvulkan mit einer Vielzahl randlicher Ausbruchsstellen auf.

Da die folgende Zeit, des Obermiozän, im Freiburger Grabengebiet nicht durch Sedimente belegt ist, nimmt man an, daß dort während dieser Zeit Abtragung herrschte. Von der mehrere Millionen Jahre andauernden Pliozänzeit sind die geringfügigen Ablagerungen der Bohnerzlehme und des Heimbacher Tons erhalten.

Bohnerzlehme (pl)

Die an der Oberfläche ungeschützt lagernden Kalkgesteine unterliegen der chemischen Verwitterung. Während die reinen Kalkbestandteile in Wasser gelöst leicht weggeführt werden können, bleiben die unlöslichen schweren Bestandteile als Verwitterungslehm zurück bzw. können nur durch stärker abfließendes Wasser abtransportiert werden. Unter dem Schutz der Lößdecke lagert deshalb Bohnerzlehm nur in geringer Mächtigkeit dem Oberen Muschelkalk auf, während er in Spalten und Taschen des Karstes zu größeren Mengen zusammengespült wurde.

Dieser rotbraune, selten gelbliche Ton enthält oft erbsengroße Bohnerze, die sich durch die Zusammenballung des im Kalk enthaltenen Eisens zu kleinen Kügelchen formten und etwa 50-75 % Eisenoxyd enthalten. Bohnerzlehm ist u.a. 0,6 km nördlich von **Bottingen** am Straßenrand auf Trigonodusdolomit zu finden.

Heimbacher Ton (Ht)

Im Gewann Jägerhalde sind längliche Mulden zu finden, die von verfallenen Schächten herrühren. Unter 2 bis 5 Metern Löß ist ein 1,6 bis 2 m mächtiges Lager eines gelblichweißen, feuerfesten Tons vorhanden. Dieses heute vollkommen verdeckte Vorkommen wurde von dem Geologen Erhard erstmals 1802 erwähnt und von dem Geologen P. Platz 1858 und 1867 beschrieben. Im vorigen Jahrhundert wurde dieser **Heimbacher** Ton abgebaut und zum Glasieren von Ofenkacheln und sonstigen Tonwaren sowie der Herstellung von feuerfesten Backsteinen verwendet.

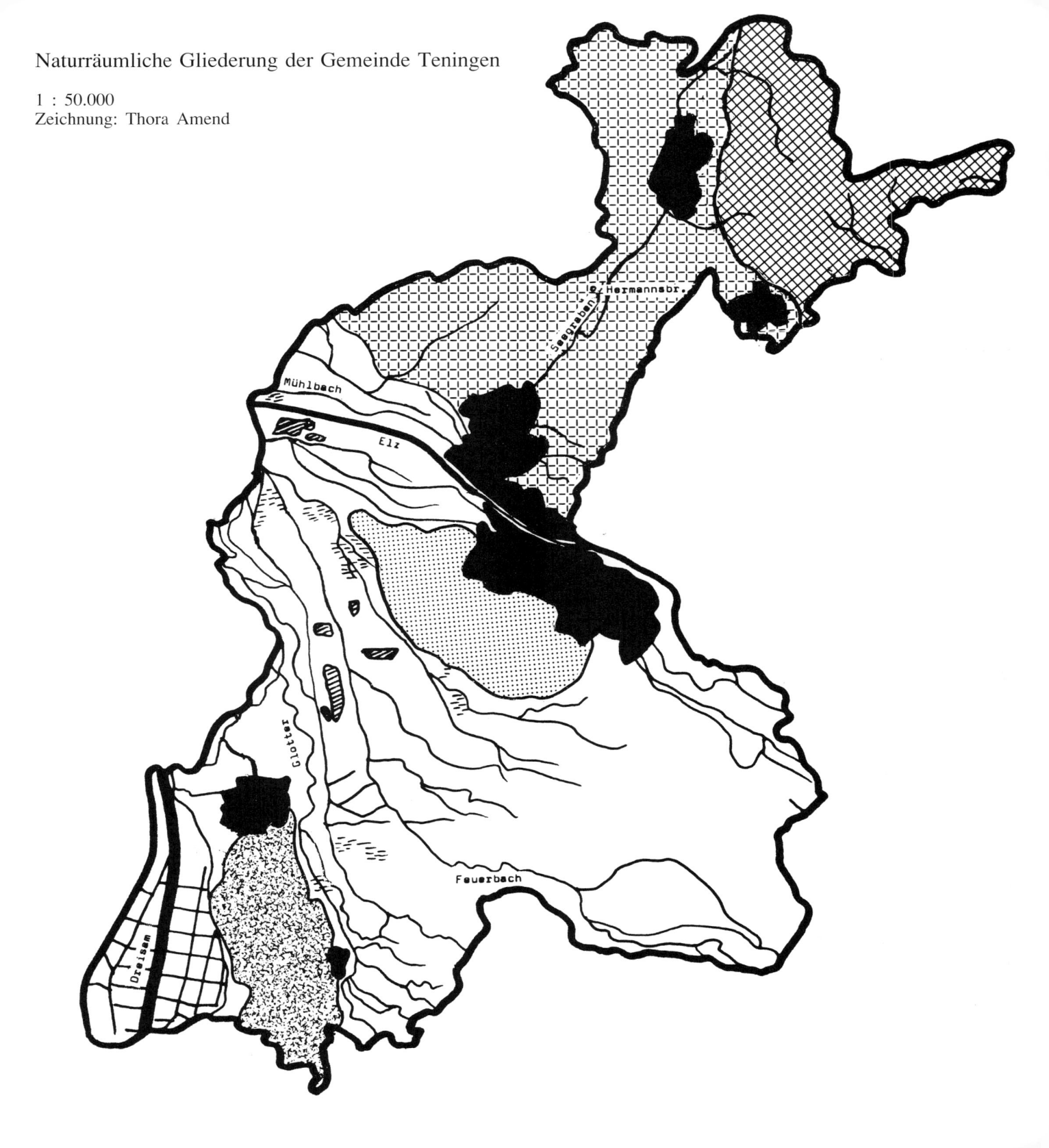

Naturräumliche Gliederung der Gemeinde Teningen
1 : 50.000
Zeichnung: Thora Amend

Legende

⊠ Buntsandsteinvorberge

▦ Lößhügel

▨ Nimberg

▦ Teninger Fläche

☐ Elz-Dreisam Niederung

⊘ Seen

⋮ Vernässungen

Pleistozän

Während des Pleistozäns (Eiszeitalter), das etwa 1,8 Millionen Jahre andauerte, traten aufgrund einer Temperaturabsenkung um 5-6° C in den höheren Breiten und den Gebirgen starke Vergletscherungen ein. Auch der Schwarzwald trug in seinen höchsten Lagen Gletscher, die in einigen Tälern des Südschwarzwaldes bis auf 500 m hinabreichten. Obwohl es während des Pleistozäns vier als gesichert geltende Kaltzeiten gab, die im alpinen Bereich nach Flüssen des Alpenvorlandes benannt werden (Günz, Mindel, Riß und Würm), sehen wir heute im Oberrheingebiet nahezu ausschließlich die Auswirkungen der beiden jüngsten Vereisungen, der Riß- und der Würmeiszeit, da sie die Formen und Ablagerungen der vorangegangenen Eiszeiten veränderten bzw. überdeckten.

Neben den mächtigen Schottersedimentationen, die die Freiburger Bucht erfüllen, kam es in unserem Raum auch zur Ablagerung des sehr fruchtbare Böden ausbildenden Lößes, der als Flugsediment weite Teile der Emmendinger Vorberge, den Nimberg, sowie im Bereich der Teninger Fläche die Niederterrasse bedeckt.

Löß

In den sommerlichen Auftauperioden der kaltzeitlichen Gletscher überschwemmte der Rhein jährlich weite Teile seiner Schotterfluren und lagerte dort kalkhaltige Gletschertrübe ab. Bei geringerer Wasserführung im Winter fielen weite Schotterflächen trocken und die Gletschertrübe konnte als feiner Staub aus den Kiesen von orkanartigen Winden ausgeblasen werden. Im Windschatten von Erhebungen wurde er durch eine spärliche Tundrenvegetation festgehalten und abgelagert. Als feinkörniges gelbliches Lockersediment mit großem Kalkgehalt erreicht er Mächtigkeiten bis zu 16 m, im Kaiserstuhl sogar über 30 m. Seine Hauptbestandteile sind Quarzkörnchen, hinzu kommen in wechselnden Mengen Schwerminerale (Granat, Hornblende, Picotit, Glaukophan u.a.) sowie Kalziumkarbonat, dessen Anteil bis zu 40 % erreichen kann.

Löß ist locker, ungeschichtet und porös, da er von vielen feinen senkrechten Haarröhrchen (den ehemaligen Wurzeln der Tundrenvegetation) durchzogen ist. Durch vorübergehende Lösung und Wiederabscheidung von Kalk in den Haarröhrchen kommt es zu einer Umrindung und Verkittung der Staubteilchen mit Kalziumkarbonatkrusten - hierauf beruht die hohe Standfestigkeit des Lößes an den senkrecht brechenden Wänden und Hohlwegen.

In wärmeren Perioden, die jeweils auf die Eiszeiten folgten oder diese untergliederten, kam es auf dem angewehten Löß zu Bodenbildungen, die als "Verbraunungszonen" den fahlgelben Löß durchziehen. Unter diesen findet man häufig knollige oder laibförmige Kalkkonkretionen, die sogenannten Lößkindel. Sie sind durch Herauslösung des Kalkes aus dem oberen Bodenhorizont und anschließender Wiederausfällung in einer darunter gelegenen Zone entstanden, in der sich ganze Lößkindelbänke bildeten. Besonders gut können sie in einer aufgelassenen Lehmgrube 200 m nördlich des **Köndringer** Friedhofes studiert werden; sie sind aber auch in fast allen Hohlwegen zu erkennen.

Eiszeitliche Lockergesteine (Ws)

Bei den von den Flüssen abgelagerten Schottern der Freiburger Bucht erlaubt ein weit verbreiteter tonig-schluffiger Zwischenhorizont mit organischen torfigen Einlagerungen eine generelle Einteilung in ein oberes und ein unteres Kieslager. Die Altersbestimmung einer Torfprobe mittels der Radiocarbonmethode (C^{14}) ergab ein Alter von ca. 25800 Jahren; sie wird somit in die kühle Spätphase der Warmzeit datiert, die zwischen der Riß- und der Hauptwürmvereisung lag. Im Anschluß an diese Torfbildung setzte als nächste Sedimentationsphase eine durch Bohrungen nachgewiesene erhebliche Lößanwehung ein. Er blieb als Fluglöß auf den höher gelegenen Rändern der Freiburger Bucht liegen oder wurde als Schwemmlöß ins Beckeninnere verfrachtet.

Die obersten 4 bis 12 m des im Mittel 20 bis 30 m mächtigen **oberen Kieslagers** zeichnen sich bei vorherrschender grauer bis rotgrauer Färbung durch weitgehendes Fehlen von Schluffbestandteilen aus. In dieser (Spätwürm-) Zeit endet auch die Hauptaufschotterung der Kiese und Sande alpiner Herkunft, die der Ostrhein in der Freiburger Bucht in einer Mächtigkeit von 15 bis 20 m abgelagert hatte.

Bei dem **unteren Kieslager** handelt es sich um sehr schluffhaltige Ablagerungen aus überwiegend stark zersetzten Schwarzwaldgeröllen und Kiesen. Es treten jedoch auch Einschaltungen von verhältnismäßig frischen, sauberen Schwarzwaldkiesen auf, die im Raum Teningen und Umkirch in größeren Mengen vorhanden sind. Als älteste quartäre Ablagerungen wurden in tieferen Einsenkungen und Rinnen des Festgesteinsbereiches gelblichbraune verlehmte Schluffe mit Sandeinlagerungen erbohrt. Meist nur wenige Meter mächtig werden sie analog zu den Verhältnissen über dem Torf-Zwischenhorizont als umgelagerte Reste erster kaltzeitlicher Lößanwehungen mit Resten von Böden des Muschelkalkuntergrundes gedeutet.

Holozän

Die letzte Eiszeit war etwa vor 10000 Jahren beendet und es begann das Holozän, die erdgeschichtliche Gegenwart.

Auetone (h)

Während der Wärmezeit des Subboreals, vor etwa 2800 bis 5300 Jahren, als der Grundwasserstand in der gesamten Freiburger Bucht den höchsten Stand während des Holozäns erreichte, wurden Auetone in den Randniederungen und den würmeiszeitlich angelegten Rinnen von träge abfließenden Gewässern oder Totwassern abgelagert. Großflächige Tonvorkommen mit Mächtigkeiten zwischen 0,4 und 1,5 m befinden sich im Bereich der Ostrheinrinne und um den Nimberg herum. In der Regel werden diese Tone von schluffreichem, 0,3-0,8 m mächtigem Auelehm überdeckt, der auch auf fast allen Kiesflächen der Bucht lagert und so den Überflutungsbereich von Dreisam, Elz und Glotter im jüngeren Holozän kennzeichnet.

Quellkalke (hk)

Weitere jüngste Gesteinsbildungen sind die Quellkalke, die sich entlang der an der Landecker Verwerfung entspringenden Bäche, so z.B. auch oberhalb von **Heimbach**, gebildet haben. Beim Austritt von Wasser an einer Quelle läßt der Druck nach, die Wassertemperatur nimmt zu, und Wasser verdunstet. Bei kalkhaltigem Quellwasser führen diese Faktoren (wie auch z.B. an einem Wasserhahn) dazu, daß Kalk ausgefällt wird und sich an Stengeln und Blättern von Pflanzen absetzt. Nach ihrem Absterben hinterlassen die Pflanzen kleine Hohlräume, die den Kalk porig erscheinen lassen. Dieser in **Heimbach** bis zu 10 m mächtige Kalktuff ist deshalb relativ leicht und gut bearbeitbar. Er wurde früher abgebaut und z.B. bei der Ruine **Landeck** als Gewölbeschlußstein verwendet.

Oberflächengestalt und Gewässer

Aufgrund der unterschiedlichen Oberflächengestaltung läßt sich Teningen in folgende Bereiche gliedern: Elz-Dreisam Niederung, Teninger Fläche, Nimberg, Lößhügel und Buntsandsteinvorberge.

Elz-Dreisam Niederung

Als während der Eiszeiten Elz, Dreisam und Glotter große Mengen von Kies aus dem Schwarzwald mit sich führten, lagerten sie diese in Form von Schwemmfächern am Rande des Gebirges ab, da sich beim Eintritt der Flüsse in die Freiburger Bucht das Gefälle verringerte und somit die Transportkraft der Flüsse derartig stark sank, daß sie einen Großteil ihrer Fracht nicht weiter fortbewegen konnten. Die Höhendifferenz des Dreisamschwemmfächers von rund 100 m allein zwischen der Freiburger Schwabentorbrücke (ca. 280 m ü.NN) und der Riegeler Pforte (180 m ü.NN), die einem Gefälle von 5,4 Promille entspricht, ist beachtlich und deutet darauf hin, daß die Fracht im Verhältnis zur Transportkraft sehr hoch war. Dreisam, Elz und Glotter verlagerten ihr Flußbett häufig und ihre Schwemmfächer dehnten sich immer weiter aus. Die Schüttung des Dreisamschwemmfächers in das Gebiet östlich des Nimbergs zeigt, daß der Dreisamverlauf zeitweise in dieses Gebiet verlegt war. Heute wird die Nordostgrenze dieses Teils des Dreisamschwemmfächers durch den Verlauf des Schobbaches markiert.

Auch die Elz schüttete einen so großen Schwemmfächer, daß sie kleinere Flüsse, die gegen diese Schotterflut nicht ankamen, abdrängte - deshalb fließt die Glotter am Rande des Nimberges und der Brettenbach entlang der Lößhügelzone.

Die Wasserführung der Flüsse ist vom Wettergeschehen der Schwarzwaldregion abhängig. Sie ist zur Zeit der Schneeschmelze am stärksten und nimmt zum Hochsommer und Herbst hin stetig ab. Zu diesen Niedrigwasserzeiten führt besonders die Elz kaum Wasser, da viel im wasserdurchlässigen Schotterkörper der Freiburger Bucht versickert und damit das Grundwasser anreichert oder an den Kollmarsreuter und Teninger Mühlbach oberhalb Emmendingens bzw. Teningens abgezweigt wird.

Die Freiburger Bucht gehört mit ihren Kiesen und Schottern zu den bedeutendsten Grundwasservorkommen des Landes Baden-Württemberg und wird von zahlreichen Gemeinden zur Wasserversorgung genutzt. Teningen hat mit vier Pumpwerken, die der öffentlichen Wasserversorgung dienen, und vier Brunnen von gewerblichen Entnehmern Anteil an diesem Reservoir. Es sind die Pumpwerke **Teningen**/Neudorfstraße, **Teningen**/Bannlache, **Köndringen** (dient nur noch der Notversorgung), **Nimburg** sowie die Brunnen der Firmen Tscheulin und Frako (je zwei). Durch die nur etwa 2 km breite Riegeler Pforte zwischen Kaiserstuhl und der Lößhügelzone müssen alle Oberflächengewässer der Freiburger Bucht sowie die Grundwasserströme abfließen. Dieser Engpaß, aber auch der als Hindernis fungierende Nimberg, bewirkt einen Stau des Grundwasserstroms und somit hohe Grundwasserstände.

Zur Zeit der Schneeschmelze und bei starken Regenfällen war es in früheren Zeiten immer wieder zu Überschwemmungen durch Elz und Dreisam gekommen, so daß Mitte des 19. Jh. die weitverzweigten Arme dieser Flüsse begradigt und durch Hochwasserdämme gefaßt wurden. Ab Riegel wurde der Leopoldskanal als gemeinsamer Vorfluter für alle Gewässer der Freiburger Bucht geschaffen. Als Relikte der ehemaligen Flußläufe blieben "Alte Dreisam" und "Alte Elz".

Im Zuge von Bodenverbesserungsmaßnahmen wurden zwischen 1923 und 1925 aber auch kleinere Bachläufe sowie zwischen 1927 und 1929 die "Alte Dreisam" korrigiert und zum Zwecke der Entwässerung vertieft. Der Bereich der Riedlandschaft westlich und nördlich des Nimbergs ist deshalb durch viele Entwässerungsgräben gekennzeichnet. Beim Bundesautobahnbau (1960-1962) entstanden die Baggerseen in der Nähe des Autobahnanschlusses **Nimburg** und am Niederwald; ein Teil der Bachläufe wurde nochmals verlegt und vertieft. Rund 90 % der fließenden Gewässer im Bereich der Freiburger Bucht sind bis heute durch menschliche Eingriffe in ihrem Verlauf verändert worden.

Die gesteigerte Grundwasserentnahme durch Großbrunnen, die Trockenlegung der Riedflächen sowie eine Vernachlässigung der Wiesenwässerung in den 60er und 70er Jahren führten zu einer bedenklichen Absenkung des Grundwassers, wodurch insbesondere die Mooswälder stark litten und zahlreiche, vom Grundwasser abhängige Bäume abstarben. Seit dem Herbst 1974 wird deshalb Wasser aus dem Lossele (Seitenarm der Glotter mit Mündung in die Elz) über den Schwan und Iltisgraben in den südlichen Bereich des Staatswaldes Teninger Allmend und ab Frühjahr 1975 über den Neumattengraben mit Entnahme von Elzwasser am Wasserer Wehr dem nördlichen Teil des Waldes zugeleitet. Die Landwirte sind zudem angewiesen, die Wiesenbewässerung wieder durchzuführen. Seitdem haben sich die Grundwasserstände erhöht und es wird von einer gewissen Stabilisierung der Grundwasserverhältnisse ausgegangen.

Teninger Fläche

Ganz im Gegensatz zu der durch viele Gräben und Bachläufe gekennzeichneten Elz-Dreisam Niederung ist die Teninger Fläche gewässerlos und relativ trocken. Der Frage der Entstehung ging F. Fresle 1969 in seiner Doktorarbeit "Zur Genese der Lößinseln auf den würmeiszeitlichen Schwemmfächern von Dreisam und Elz" nach. Die Problemstellung war folgende: Wie konnten würmeiszeitliche Lößablagerungen auf einer Niederterrasse zu liegen kommen, die scheinbar zur selben Zeit erst entstand?
Er kam zu folgendem Schluß: Wie die kleine Lößinsel "Bottinger Höhe", die südöstlich von **Bottingen** auf der Gemarkung Vörstetten liegt, wurden im ausgehenden Frühwürmglazial und Hochwürmglazial Teile der Niederterrasse von der Elz nicht mehr überspült. So konnte sich im Bereich der Teninger Fläche ein sanft aus der Niederung emporsteigender flacher Rücken erhalten, der aus bis zu 8 m mächtigem Löß besteht. Mit 324 ha bildet er die bei weitem größte Lößinsel in der Freiburger Bucht. Seine SE-NW verlaufende Längsachse erstreckt sich über 2900 m, die maximale Breite beträgt 1400 m. Das Gefälle von 4 Promille in südlich-nordwestlicher Richtung entspricht der Abdachung des Elzschwemmfächers. Da das Lößgestein wasserdurchlässig bzw. wasserspeichernd ist, bilden sich keine Gewässer an der Oberfläche. Eine Delle im trocken liegenden Gewann Eigler entstand durch Ausblasung des noch unverfestigten Lößstaubes. Die Versteilung der Teninger Fläche an der Nordwest-Grenze hingegen wird als letzte Unterscheidung der Elz während eines Hochwassers gedeutet.

Nimberg

Als langer schmaler, sich von Süd-Süd-Ost nach Nord-Nord-West erstreckender Rücken erhebt sich der Nimberg maximal 60 Meter über die Freiburger Bucht. Seine Länge beträgt 6,5 km, seine Breite durchschnittlich 1 km. Nur im Nordteil ist er durch einen Hangknick gegen die umgebende Niederung deutlich abgegrenzt; die Übergänge im Südteil sind mit Ausnahme der äußersten Südkante fließend. Aus Jura und Tertiärschollen gebildet, weist er einen Steilhang nach Westen und eine flachere Abdachung nach Osten auf. Nur an wenigen Stellen, wie zum Beispiel an einigen ehemaligen Steinbrüchen am Westabhang, kommt das unterliegende Gestein zutage.
Der Löß, der den Nimberg vollständig bedeckt, bestimmt das flach-kuppige Relief und die weitgehend terrassierten Hänge, die durch Trockentälchen und zahlreiche Hohlwege gegliedert werden. Da am Nimberg in jüngster Zeit keine Flurbereinigung vorgenommen wurde, zeigen sich die Formen einer alten Lößlandschaft hier in besonders schöner Form.

Lößhügel

Durch einen markanten Anstieg hebt sich die Lößhügelzone östlich von der Freiburger Bucht ab. Sie umfaßt das gesamte landwirtschaftlich und durch Rebkulturen genutzte Gebiet zwischen **Köndringen**, **Heimbach** und **Landeck** sowie die Waldflächen des Hurstes und des Erdenhardts, in denen sich neben den typischen Oberflächenformen der Lößlandschaft noch alte Terrassierungen aufspüren lassen die belegen, daß zumindest ein Teil der heute im Wald bestandenen Fläche ehemals landwirtschaftlich genutzt wurde.

Die Täler und Tälchen folgen dem voreiszeitlichen Relief, wenn auch der in mehreren zeitlich getrennten Etappen angewehte Lößstaub steile Böschungen abflachte und weichere Übergänge zwischen den Hügeln schuf. Nur wenige Hinweise gibt es auf die ehemalige Muschelkalkoberfläche, die durch Lösung des Kalkes von typischen Karsterscheinungen geprägt war: So ist z.B. an der Ostwand der "Äußeren Kalksteingrube" gegenüber dem Sportplatz im Seegraben eine Dolinenbildung zu sehen.

Heute zeigt sich das Gebiet durch menschliche Eingriffe weitgehend umgestaltet. Die kleinen Terrassen nördlich des Seegrabens folgen jedoch den alten Hangformen und lassen die ursprünglichen Konturen der Landschaft noch erahnen. Hier finden sich die für die Lößlandschaft typischen kastenförmigen Trockentälchen. Da der Löß aufgrund seines großen Porenvolumens erhebliche Wassermengen aufzunehmen vermag, bilden sich im Normalfall keine Bäche - es sei denn, der Untergrund wurde durch Verlehmung abgedichtet. Der Name Hungerberg nördlich **Köndringens** und ebenso südlich **Nimburgs** weist auf diese Gewässerlosigkeit hin. Die Form der Tälchen wurde also nicht durch fließende Gewässer geschaffen; um sich ihre Entstehung erklären zu können, muß man sich das Klima der Eiszeiten vergegenwärtigen.

Wie heute noch in der Tundra war der Boden bei großer Kälte mehrere Meter tief gefroren. Im Windlee der Hügel sammelten sich größere Mengen an Schnee und Gesteinsstaub an. Von hier ergoß sich bei Tauwetter ein Schlammbrei talwärts, da die wasserdurchtränkten, aufgetauten obersten Bodenschichten über den in der Tiefe gefrorenen Dauerfrostboden abglitten. Der in breiten Strömen langsam dahinfließende Boden formte die oft von zirkusförmigen Mulden ausgehenden, nicht allzu steil ansteigenden Tälchen zu sogenannten Kastentälchen, wie z.B. das Siebachtal. Charakteristisch ist die breite flache Sohle, die durch einen deutlichen Knick, wie bei einem Kasten, in die steileren Talränder übergeht. Der Knick ist aber heute oft durch menschliche Umgestaltung des Talbodens verstärkt.

Da die Körnung des Lößes sehr einheitlich ist und die einzelnen Körner untereinander gut verkittet sind, kann der Löß steile Wände bilden, die der Abtragung oft jahrhundertelang trotzen. Diese Standfestigkeit nutzte man, um zu Lagerungszwecken Keller in den Löß zu graben, wie zum Beispiel den "Bierkeller" am Landecker Weg bei **Köndringen**.

Bei starken Regenfällen ist der Löß jedoch erosionsgefährdet, insbesondere wenn er der schützenden Pflanzenschicht beraubt wird. Der Boden wird dann von unzähligen Rinnen durchzogen. Dort wo seit altersher Wege durch das Lößgebiet führten und der Mensch mit Gespann und Karren das Lößgestein lockerte, kam es zur Bildung der bis zu 10 m tiefen Lößhohlwege.

Aber man bemühte sich auch, der Abtragung Einhalt zu gebieten; die Terrassen wurden nicht nur zum Zwecke der leichteren landwirtschaftlichen Bearbeitung, sondern auch zum Schutz vor Bodenabspülung geschaffen. In neuerer Zeit trat die leichte Bearbeitbarkeit durch Maschinen jedoch in den Vordergrund, und man schob kleinere Terrassen zu größeren Flächen zusammen. Hierbei wurde das natürliche Gefüge des Lößes gestört und er wurde seiner Standfestigkeit beraubt. Bei starken Regenfällen, wie z.B. am 25. Mai 1983, kann es dann zu zahlreichen Rainrutschen kommen.

Bei mehreren zeitlich getrennten Flurbereinigungsverfahren entstanden zum Tal geneigte, zusammengeschobene Terrassen: im Gewann "Brunsberg" 1953; im Bereich "Rohrberg-Hungerberg" 1955; im Gewann "Laueneck" 1955/56; im Gewann "Gugshalde" 1960; im Gewann "Berg" 1965.

Bei der vorläufig letzten Flurbereinigung "Köndringen-Mundingen" wurden 1970-72 der Göllinsberg und der Mannstein im Nordosten Köndringens vollständig umgestaltet. Nur durch ein Versehen blieb dort der imposante Hohlweg "Landecker Weg" als Relikt einer alten Lößlandschaft erhalten. Aus weinbautechnischen, ökonomischen und agrarpolitischen Gesichtspunkten errichtete man durch Zusammenschub und Umlagerung des Gesteins möglichst hohe, breite und lange Terrassen. Der Bodenabschwemmungs- und Erosionsgefahr begegnete man, indem man zum Teil die Terrassen leicht zum Berg hin neigte, die Böschungen begrünte, Wege asphaltierte, sowie Ablaufrinnen, Kanalisation und Regenrückhaltebecken schuf. Da die Terrassen nicht so groß wie in anderen modernen Rebflurbereinigungsgebieten angelegt wurden, blieben die nachteiligen Folgen weitgehend aus. Kleinere Hangrutschungen, die auf dem zerstörten Gefüge des Lößes beruhen, treten jedoch immer wieder auf.

Buntsandsteinvorberge

Östlich der Landecker Verwerfung, die grob durch den Waldrand des Vierdörferwaldes markiert wird, steigen die Buntsandsteinvorberge an. In ihren höchsten Höhen (ca. 410 m) gehen sie in eine Hochfläche über, die durch sanfte Rücken und muldenförmige Talungen gegliedert wird. Der hier stellenweise erhaltene aufgewehte Löß ist nicht landschaftsgestaltend. Deutliche Spuren von Hochäckern im Bereich des "Aspen" zeugen aber davon, daß auch hier einst Anbau betrieben wurde.

Während den Bergrücken "Unterer Muschelkalk" aufliegt, sind die Täler in die liegenden "Rötschichten" des Buntsandsteins eingesenkt. An ihrer Schichtgrenze entspringen in halbkreis- oder trichterförmigen Quellnischen zahlreiche Bächlein. Anfangs nur als Rinnsale ausgebildet schneiden sich die Bäche rasch tief in den Sandstein ein und bilden enge, steilwandige Täler, sogenannte Tobel, wie z.B. das "Kaplonerloch" im Gewann Kapelloh. Die Bächlein vereinigen sich zum Gallenbach, der durch den Seegraben zur Elz hin entwässert. Eine Wasserscheide, welcher der Ankerweg folgt, hält das Einzugsgebiet aber relativ klein. Jenseits der Wasserscheide entwässern die Bäche zum Kirnbach und Brettenbach hin. Während die Bäche im Oberlauf ein ausgeglichenes, schwaches Gefälle aufweisen, sind die Mittellaufstrecken von Gefällsbrüchen und kleinen Wasserfällen geprägt. So findet man im Waldbach, der die Gemeindewaldgrenze **Heimbachs** gegen Malterdingen begleitet, in der Nähe des Grenzsteins 138/220 eine sehenswerte Bruchstufe im Buntsandstein: das Wasser fällt über eine senkrechte, ausgekehlte Schwelle, die vom Hauptkonglomerat des Buntsandsteins gebildet wird, etwa 2 Meter tief.

Der Bereich der Münstersteinbrüche ist stark vom Menschen überformt. Innerhalb der Steinbruchsohlen, die zum Berg hin durch hohe, oft senkrechte Felswände abgeschlossen werden, liegen unregelmäßig aufgeschüttete Halden aus nicht verwerteten Steinen der Steinbrüche. Eine solche Steinbruchhalde wird vom Gallenbach durchflossen, der in diesem lockeren Material auf einer Strecke von mehr als 50 Metern verschwindet und unterhalb wieder als starke Quelle hervortritt.

Ein am Westrand der Brüche bis in die zwanziger Jahre dieses Jahrhunderts betriebener Sandsteinbruch wurde bis 1973 mit Müll aufgefüllt und dann übererdet. Zwei weitere Müllkippen lagen an dem zum Hauptsteinbruch führenden "Steinbruchweg".

Das Gebiet südwestlich der Münstersteinbrüche wird "Senkfeld" genannt. In den 50er Jahren mußte der Wirtschaftsweg immer wieder mit Material aufgeschottert werden, um ihn befahrbar halten zu können. Auch traten bis in die jüngste Vergangenheit Hangrutschungen auf, wie man am Säbelwuchs der Bäume erkennen kann. Es ist anzunehmen, daß diese Bodenbewegungen durch den Jahrhunderte währenden Steinbruchbetrieb mit Abgrabungen und Auffüllungen verursacht wurden. Sie sind bis hin zum Katzengraben, einem von einem Bächlein durchflossenen Tobel, zu beobachten.

Bevor dieser kleine Bach den Wald verläßt, durchfließt er eine kleine Senke in der früher die der Verarbeitung des Hanfes dienende "Hanfreedsi" lag. Später wurden hier, wo zwei Quellen am östlichen Zweig der Landecker Verwerfung entspringen, zwei Forellenteiche angelegt.

Die Zerrüttungen und Störungen im Gestein entlang der Verwerfung wirken als Sammler für Kluftgrundwasser und schaffen Austrittsmöglichkeiten des Wassers zur Oberfläche hin. Die hierauf beruhenden stark schüttenden Quellen am südwestlichen Unterhang des "Steinigen Bucks" wurden Anfang dieses Jahrhunderts gefaßt und stützen heute noch die Heimbacher Trinkwasserversorgung.

Oberhalb des Fahrweges, der zu den Münstersteinbrüchen führt, noch bevor dieser den Gallenbach quert, sind im Wald einige kleine Besonderheiten zu finden: Terrassenkanten deuten darauf hin, daß auch hier die landwirtschaftliche Nutzfläche Teile des Waldes erfaßte; eine deutliche Mulde markiert die Stelle, wo im letzten Jahrhundert der Heimbacher Ton abgebaut wurde; Umrisse eines bis in die dreißiger Jahre betriebenen Schießstandes sind zu erkennen und eine Grube westlich des ehemaligen Schießstandes hatte man im Zweiten Weltkrieg als Geschützstand angelegt. Nördlich dieser Grube am Jägerhaldenweg befindet sich ein kleiner Kalksteinbruch im "Mittleren Muschelkalk".

Böden

Das Ausgangsmaterial für die Bodenbildung ist der Gesteinsuntergrund, dessen oberste Schicht durch Verwitterungsprozesse angegriffen und zersetzt wird und sich mit Wasser, Luft, abgestorbener und umgewandelter organischer Substanz wie Pflanzen- und Tierresten und lebenden Organismen wie Bakterien, Würmern und Wurzelwerk durchmischt. Je nach Ausgangsgestein, Klima, Vegetation, Tierwelt, Relief und Zuschußwasser, aber auch durch den Einfluß des Menschen wird über die Zeit der Bodenbildungsprozeß beeinflußt. Es entstehen unterschiedliche Böden mit ihren typischen Eigenschaften, die sogenannten Bodentypen. Jeden Bodentyp kennzeichnet eine charakteristische Abfolge von Bodenhorizonten, die man von der Bodenoberfläche bis zum Ausgangsgestein verfolgen kann.

In der Bodenkunde werden die verschiedenen Haupthorizonte des Bodenprofils durch Großbuchstaben und Subhorizonte, die den Haupthorizont untergliedern, durch Kleinbuchstaben gekennzeichnet.

Symbole der Bodenhorizonte

O organische Horizonte auf dem Mineralboden aufliegend
O_l (l von litter = Streu) nicht zersetzte Laub- und Nadelstreuauflage

A oberster verwitterter und durchsetzter Mineralbodenhorizont
A_p durch Pflugarbeit veränderter Teil des A-Horizontes
A_h (h von Humus) durch Huminstoffe dunkel gefärbter Mineralbodenhorizont
A_e (e von eluvial = ausgelaugt) meist hellgrauer Bleichhorizont
A_l (l von lessivé = ausgewaschen) aufgehellter, an Ton verarmter Horizont

B verbraunter, unter dem A-Horizont liegender Horizont
B_v (v von verwittert) durch Mineralverwitterung verbraunter Horizont
B_t (t von Ton) B-Horizont mit Tonanreicherung
B_h (h von Humus) mit starker Anreicherung von Huminstoffen
B_s (s von Sesquioxid = Al- und Fe- Oxide) mit starker Färbung durch angereicherte Aluminium- (Al) und Eisen- (Fe) Oxide

C Ausgangsgestein, aus dem der Boden entstand; somit unterster Horizont

G (G von Gley) durch Grundwasser beeinflußter Horizont
G_o (o von Oxidation) Oxidationshorizont im Schwankungsbereich der Grundwasseroberfläche
G_r (r von Reduktion) Reduktionshorizont im Bereich ständigen Grundwassers

M (M von migrare = wandern) Boden, der ursprünglich an einem anderen Ort gebildet und dann an den jetzigen Ort verfrachtet wurde

Böden der Gemeinde Teningen

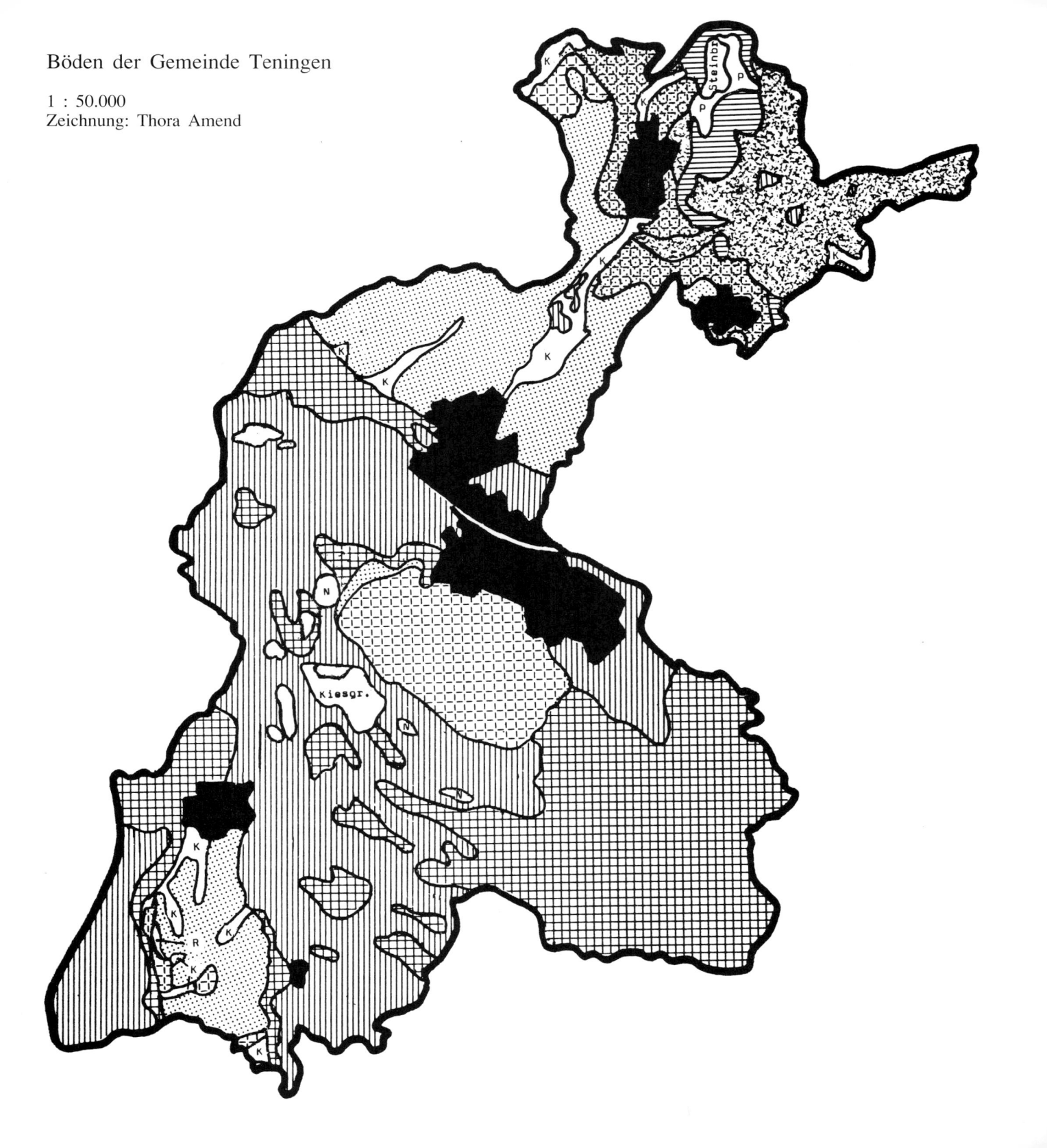

1 : 50.000
Zeichnung: Thora Amend

Legende

- Auen-Braunerden
- Gleye, Naß-Gleye, Anmoor-Gleye
- N Niedermoore
- Löß-Rohböden, Pararendzinen
- K Kolluviale entkalkte Pararendzinen Pararendzine-Gleye
- teilw. entkalkte Pararendzinen und Parabraunerden im Komplex
- Parabraunerden
- Pseudogley-Parabraunerden
- Braunerden
- P stark podsolierte Braunerden Podsole
- R Rendzinen
- Seen

Elz - Dreisam Niederung

Vor Begradigung und Eindeichung von Elz und Dreisam kam es in der Niederung zu mehr oder minder regelmäßigen Überflutungen; es herrschten Auenverhältnisse. Obwohl in den letzten hundert Jahren Fluß- und Bachläufe sowie der Grundwasserstand stark durch menschliche Maßnahmen beeinflußt wurden, zeigen die Böden noch weitgehend die ursprünglichen Merkmale des Auenbodens.

Kennzeichnend für die meisten Böden ist ein breiter M-Horizont. Dieser braune Bodenhorizont wurde bereits als Verwitterungsprodukt im Einzugsbereich von Elz und Dreisam gebildet, dort abgeschwemmt und hierher verfrachtet. Er wird deshalb Allochthone Vega (A_h-M-G_o) genannt, was "an anderer Stelle entstanden" bedeutet. Es handelt sich um sandig-lehmige Böden über Kies, die kleinräumig variieren. Da heute die Überschwemmungen ausbleiben, entwickeln sie sich weiter zu Auen-Braunerden (A_h-B_v-C-G_o). Diese Böden sind überwiegend in der Teninger Allmend zu finden und mit Eschen-Hainbuchen Wäldern oder Erlen-Eschen Wäldern bestockt, teilweise aber auch - wie zwischen Elz und Lößhügelzone - in landwirtschaftliche Nutzung genommen.

In den Gebieten um den Nimberg herum und im nördlichen Teil Teningens zur Riegeler Pforte hin, wo die Grundwasserstände höher sind, entwickelten sich eine Reihe engverzahnter Böden vom typischen Gley (A_h-G_o-G_r) über den Nass-Gley (A_{ho}-G_r), Anmoor Gley (A_h-G_r) bis zum Niedermoor.

Der Name Gley entstammt dem Russischen und bedeutet schlammige Bodenmasse. Gleye entstehen unter dem Einfluß sauerstoffarmen, in 80-100 cm Tiefe stehenden Grundwassers. Sauerstoffmangel führt im G_r-Horizont zur Lösung von Eisen (Fe) und Magnesium (Mg), die mit dem Grundwasser kapillar aufsteigen und im G_o-Horizont, wo sie mit Sauerstoff in Berührung kommen, als Oxide ausgefällt werden. Dieser rostfleckige Durchlüftungshorizont ist über dem grauen Reduktionshorizont gut sichtbar. Nach Senkung des Grundwassers bleibt er als Marke eines ehemals höheren Grundwasserstandes erhalten. Bei Naßgley und Anmoorgley fehlen der G_o Horizont, weil deren Grundwasser höher steht und zeitweilig die Bodenoberfläche erreicht. Während der A_h-Horizont des Naßgleys oft verrostete Wurzelröhrchen besitzt, weist der des Anmoorgleys einen hohen Humusgehalt auf. Auf diesen stark vernäßten Böden stocken von Natur aus Bestände mit Weiden, Pappeln, Eschen, Erlen sowie Seggen- und Schilfgesellschaften.

Die kleinen Niedermoore in der Teninger Allmend (Gewann Bannlache, Rohrlache) und nordwestlich der Teninger Fläche werden bei so hohem Grundwasser gebildet, daß bei Luftmangel ein mikrobieller Abbau der Streu gehemmt ist, so daß größere Mengen organischer Substanz als Torf angehäuft werden.

Teninger Fläche

Der Löß der Teninger Fläche ist bis maximal 1,6 m Tiefe entkalkt, verbrannt und tondurchschlämmt - es haben sich Parabraunerden (A_h-A_l-B_t-C) gebildet. Aus dem krümeligen, humosen, geringmächtigen A_h- und dem humusarmen, fahlbraunen A_l-Horizont wurde Ton in den B-Horizont verlagert, wo eine Tonanreicherung stattfand. Die Parabraunerden sind fruchtbare, schluffig-lehmige, tiefgründige Böden mit hoher Wasserspeicherleistung. Sie werden nahezu ausschießlich ackerbaulich genutzt. Schwache Merkmale einer Pseudovergleyung deuten auf leichten Stauwassereinfluß hin, welche durch Sackungsverdichtung nach Entkalkung und Tonverlagerung möglich wird.

Nimberg und Lößhügelzone

Charakteristisch für Nimberg und Lößhügelzone sind die Böden auf Löß. Bereits ohne große Bodenbildungsprozesse kann dieses kalkhaltige, schluffreiche, eiszeitliche Windsediment als Standort für Reben und Obstbäume dienen. Aufgrund der intensiven, sich seit fränkischer Zeit in Abständen wiederholenden Terrassierung der Hänge (neuerlich bei der Flurbereinigung Köndringen-Mundingen) wurden die Böden auf Löß in ihrer Entwicklung immer wieder gestört. Man kann alle Entwicklungsstufen der sich auf Löß bildenden Pararendzina finden: ausgehend von einem Löß-Rohboden, der noch keinen sichtbaren A_h-Horizont besitzt, bis hin zur Pararendzina mit voll ausgebildetem A_h-C Horizont von 25 bis 40 cm Entwicklungstiefe. Der typische carbonathaltige, humose, intensiv durchwurzelte, gut gekrümelte, sandig-lehmige A_h-Horizont geht dann ganz allmählich in den Rohlöß (C) über. Der Löß ist ein relativ siliziumreiches Gestein, dessen Kalium- und Phosphorvorrat durch die gehemmte chemische Verwitterung schlecht verfügbar ist. Die sprichwörtliche Fruchtbarkeit der Böden aus Löß entspricht daher nicht einem hohen Nährstoffgehalt, sondern der leichten Bearbeitbarkeit, der guten Durchwurzelbarkeit, der raschen Aufschließung der zugeführten Nährstoffe und dem hohen Wasserspeichervermögen, das mit einer Wasserspeicherleistung von ca. 210 mm für 1 m Profiltiefe auch Trockenzeiten leicht zu überbrücken hilft.

Die Pararendzinen, die bei **Heimbach** unter Acker-, Reb- und Wiesenland unterhalb der Buntsandsteinhänge liegen, zeichnet im Vergleich zur restlichen Lößhügelzone ein geringerer Karbonatgehalt aus, denn der Löß liegt nur geringmächtig und karbonatfreies Gestein wie fossiler Lößlehm oder Muschelkalkverwitterungslehm ist dem Löß beigemischt.

Durch Niederschlagswasser von den Hängen der Lößhügelzone abgespültes Bodenmaterial sammelt sich in den Talungen, an den Hangfüßen und in Senken. In grundwasserferner Lage weisen die sich dort bildenden kolluvialen Pararendzinen einen relativ mächtigen MA_p-Horizont auf. Wegen der Umlagerung sind diese Pararendzinen verdichtet und zeigen leichte Stauwassermerkmale. Durch den Wechsel von Durchfeuchtung und Durchlüftung bedingt, finden sich graue Reduktions- und rostig-braune Oxidationsflecken. Mit Annäherung an höhere Grundwasserstände gehen die kolluvialen Pararendzinen über Pararendzina-Gleye (A_p-CG_o) in typische Gleye (A_p-G_o-G_r) über.

Wo der Löß den Untergrund nicht bedeckt, wie am westlichen Steilabfall des Nimbergs südlich der Bergkirche, und der oolithische Kalkstein des Hauptrogensteins ansteht, oder in den Muschelkalkbrüchen in der Lößhügelzone, haben sich kleinflächige Vorkommen von Kalkverwitterungsböden, sogenannte

Bodentypen im Raum Teningen

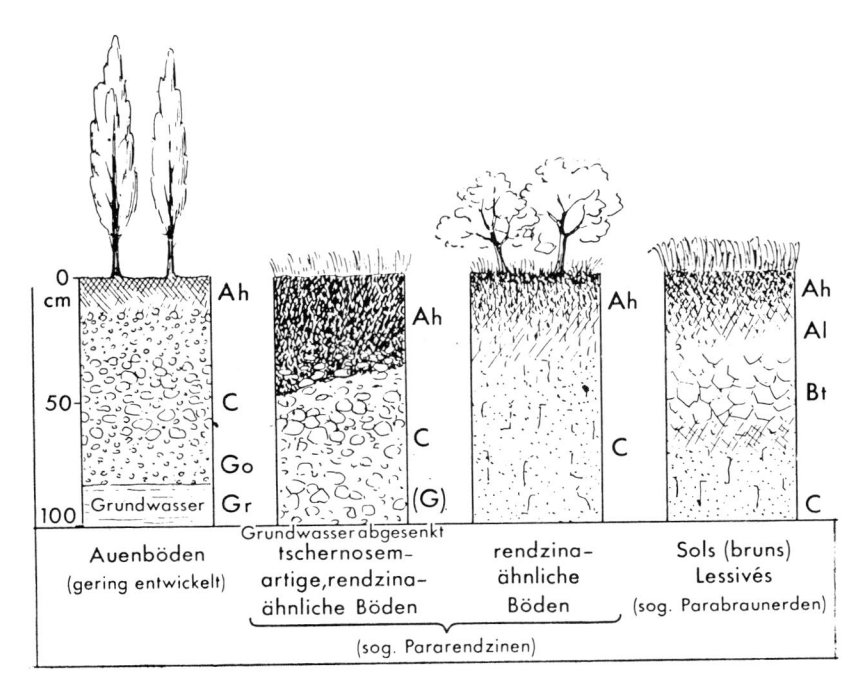

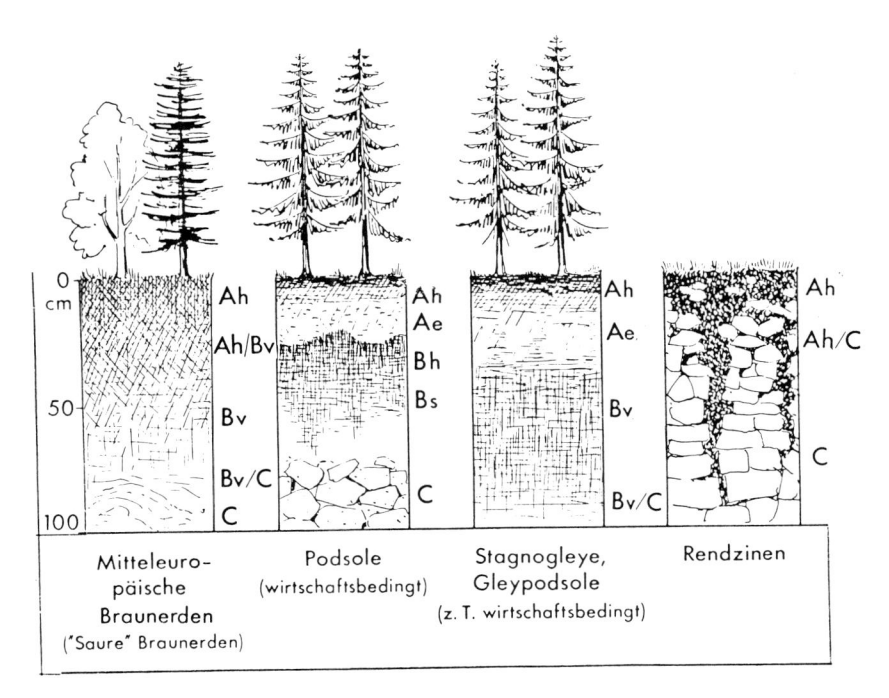

| Auenböden (gering entwickelt) | tschernosem-artige, rendzina-ähnliche Böden | rendzina-ähnliche Böden | Sols (bruns) Lessivés (sog. Parabraunerden) |

(sog. Pararendzinen)

| Mitteleuro-päische Braunerden ("Saure" Braunerden) | Podsole (wirtschaftsbedingt) | Stagnogleye, Gleypodsole (z. T. wirtschaftsbedingt) | Rendzinen |

Rendzina (A_h-C), gebildet. Dem humus- und skelettreichen, krümeligen A-Horizont folgt unmittelbar der C-Horizont bzw. das Ausgangsgestein. Es ist daher ein flachgründiger, steiniger, kalkhaltiger Boden, der einseitig im Nährstoffangebot und mit einer Wasserspeicherleistung von 50-100 mm als "trocken" zu bezeichnen ist.

Buntsandsteinvorberge

Hangfuß und Steilhang der Buntsandsteinvorberge zeichnen sich durch ein buntes Mosaik von Bodenbildungsformen aus, da unterschiedlichste Gesteine als Ausgangsmaterial für die Bodenbildung dicht nebeneinander liegen: Löß in verschiedenen Stadien der Verlehmung, fossiler Muschelkalkverwitterungslehm, unterer Muschelkalk, Röttone, Plattensandstein und Mittlerer Buntsandstein mit Bausandstein und Hauptkonglomerat: Fließerdebewegungen vor, während und nach der Lößablagerung schufen alle nur denkbaren Gesteinskombinationen und machen das Bild noch unübersichtlicher.
Böden auf reinem Sandstein kommen lediglich auf sehr steilen Hängen vor, wie z.B. östlich von Heimbach. Hier entstanden auf tonarmem und grobsandsteinreichem Buntsandstein nährstoffarme Braunerden und Podsol. Die Braunerden wurden früher auch als braune Waldböden bezeichnet. Sie weisen einen humosen A-Horizont auf, der in der Regel gleitend in einen braun gefärbten B_v-Horizont übergeht. darunter folgt in 25, oft erst in 150 cm Tiefe der C-Horizont.
Oberhalb der Münstersteinbrüche entwickelten sich unter dem Einfluß Rohhumus produzierender Pflanzen schwach ausgebildete Podsole, die nur Nadelhölzern mit geringen Nährstoffansprüchen einen Standort bieten. Das typische O-A_e-B_h-B_s-C Profil entsteht durch Podsolierung, d.h. durch eine Verlagerung von Eisen- (Fe) und Aluminium-(Al) Bestandteilen aus dem Bleichhorizont (A_e) in einen darunter liegenden Horizont, der je nach Verfestigungsgrad als Ortstein oder Ortserde bezeichnet wird und oft im oberen Teil braunschwarz, darunter rostbraun gefärbt ist (B_h). Der Übergang zum C-Horizont ist unscharf.
Auf der Hochfläche der Buntsandsteinvorberge ist der Boden weitgehend einheitlich ausgebildet. Auf Lößlehm entstanden Parabraunerden, die Merkmale einer intensiven Pseudovergleyung aufweisen, da nach Entkalkung des Oberbodens Tonteilchen in schnell bewegtem Sickerwasser, meist entlang von Schrumpfungsrissen, in den Untergrund befördert werden. Durch Wasserstau der meist tonigen Schichten des Unteren Muschelkalks oder der Röttone kommt es zu stark wechselfeuchten Standorten auf denen Eichen- und Buchenwälder vorherrschen.

Klima

Das Wesen einer Landschaft wird neben Gesteinen, Oberflächengestalt und Böden wesentlich durch das in ihr vorherrschende Klima geprägt.
Um das Klima beschreiben zu können, werden alle Wettererscheinungen in Wetterstationen über einen vieljährigen Zeitraum beobachtet und registriert. Genau genommen ist eine exakte Aussage über das Klima nur am Ort der Wetterstation möglich, denn obwohl die Wetterlagen über größere Räume ähnlich sind, unterscheiden sich die gemessenen Werte - die Klimaelemente Strahlung, Lufttemperatur, Luftfeuchtigkeit, Bewölkung, Wind und Niederschlag - schon kleinräumig so erheblich, daß z.B. bestimmte Pflanzen nur an den Stellen zu finden sind, wo alle Bedingungen des Klimas ihren Anforderungen genügen.
Teningen selbst besitzt keine Wetterstation. Die Meßreihen der Wetterstation Emmendingen-Mundingen sind noch nicht lang genug, um allgemeine Aussagen statistisch genügend abgesichert erscheinen zu lassen. Die gemessenen Werte der Wetterstation Lahr dürften die Verhältnisse von Teningen jedoch weitgehend korrekt wiederspiegeln. Die Werte von Ottoschwanden wurden angegeben, um einen Vergleich mit einem Ort der Buntsandstein-Muschelkalkhochfläche zu ermöglichen.

Mittlere monatliche und jährliche Niederschlagsmengen in mm

Reduziert auf den Zeitraum 1951-1980 für Lahr
Reduziert auf den Zeitraum 1971-1980 für Ottoschwanden

	Meereshöhe in m	Jan	Feb	März	April	Mai	Juni	Juli	Aug	Sept	Okt	Nov	Dez	Jahr
Lahr	158	59	59	54	64	87	107	88	94	69	58	75	53	866
Ottoschwanden	430	57	58	50	60	101	120	107	91	56	74	82	52	925

Niederschlagsmaxima (Tageswert) Emmendingen 72,8 mm im Mai 1978
Niederschlagsmaxima (Tageswert) Lahr   71,3 mm im Juni 1966

Monats- und Jahresmittel der Temperatur in Grad C

Reduziert auf den Zeitraum 1951-1980 für Lahr
Reduziert auf den Zeitraum 1971-1980 für Ottoschwanden

	Meereshöhe in m	Jan	Feb	März	April	Mai	Juni	Juli	Aug	Sept	Okt	Nov	Dez	Jahr
Lahr	158	1.3	2.6	6.0	9.7	13.9	17.0	18.9	18.1	15.1	10.1	5.3	2.2	10.0
Ottoschwanden	430	0.7	2.4	5.5	7.4	12.6	15.5	17.6	17.4	14.1	9.0	4.3	1.6	9.0

Temperaturmaxima (Tageswert) Lahr   37,6° C im Juli 1952
                 (Monatsmittel) Lahr   23,7° C im Juli 1983
Temperaturminima (Tageswert) Lahr   -22,0° C im Feb. 1956
                 (Monatsmittel) Lahr - 8,2° C im Feb. 1956

Meteorologische und phänologische Daten der Elz-Dreisam Niederung

Vegetationsperiode 5° C	15. März bis 15. November
Vegetationsperiode 10° C	25. April bis 18. Oktober
Schneeglöckchenblüte	16. Februar
Haferaussaat	15. März
Apfelblüte	18. April
Winterroggenernte	18. Juli
letzte Spätfröste	um den 20. April
erste Fröste	selten vor dem 25. Oktober
letzte Schneefälle	um den 10. April
erste Schneefälle	um den 18. November
Zahl der Nebeltage	50 bis 70
Sonnenscheindauer	ca. 1800 Stunden pro Jahr

Mit einer Jahresmitteltemperatur von 10° C gehört Teningen zu den wärmsten Orten Deutschlands. Es zeichnet sich durch eine hohe Sonnenscheindauer (ca. 1800 Stunden pro Jahr), eine relativ geringe Zahl an trüben und eine verhältnismäßig hohe Zahl an heiteren Tagen aus. Im Vergleich zum übrigen Deutschland setzt hier der Frühling zeitig ein, die Vegetation entfaltet sich früh und die frostfreie Zeit dauert lang an. Die Sommer, in denen es manchmal zu länger anhaltenden Hitzeperioden kommt, sind sehr warm; die Winter sind mildtemperiert, Frostperioden dauern nur kurz und erreichen lediglich die obersten Bodenschichten; eine zusammenhängende Schneedecke bleibt nur selten über längere Zeit liegen.

Diese Gunst des Klimas verdankt Teningen - wie das gesamte Oberrheintal - seiner südlichen und relativ tiefen Lage, der schützenden Wirkung der Vogesen und des Schwarzwaldes und der relativ häufigen Zufuhr von Warmluft aus südlichen Breiten. Es ist daher nicht verwunderlich, daß hier auch Pflanzen gedeihen, deren Hauptverbreitungsgebiet südlich der Alpen liegt und verschiedene Sonderkulturen von den Strahlungs- und Temperaturverhältnissen her ideale Wachstumsbedingungen vorfinden. Die Niederschläge nehmen im jährlichen Mittel von 820 mm in den im Windschatten des Kaiserstuhls gelegenen Gebieten auf 900 mm in den Vorbergen zu. Sie fallen hauptsächlich in der für die Pflanzen wichtigen Hauptvegetationsperiode von Mai bis August.

Die unerwartet hohen Niederschläge in der gesamten Emmendinger Vorbergzone kommen nicht zuletzt durch die sommerlichen Gewitter zustande, die mit Starkregen verbunden sind. Solche Regengüsse können örtlich bis zu 100 mm Niederschlag pro Tag erbringen. Die Folge sind Hangrutschungen in der Lößhügelzone und Überflutung der Keller in der Niederung wie zuletzt im Juli 1980 und im Mai 1983.

Geländeklimatisch gesehen sind alle südwest-, süd- und südostexponierten Hänge bevorzugt, da sie erheblich mehr Sonnenstrahlung erhalten. Diese Hänge bieten die besten Lagen für Rebkulturen.

Bei den lößbedeckten Vorbergen wirkt sich für die Reben außerdem das starke Abstrahlungsvermögen des Bodens günstig aus, das auf der hellgelblichen Farbe des nur mit spärlicher Vegetation bestandenen Lößes beruht.

Der Gürtel optimaler Wärmebegünstigung dürfte etwa 10 bis 12 Meter über dem Fuße der Lößhügelzone liegen und bis in eine Meereshöhe von 300 bis 350 m reichen, da die tiefsten Lagen sich im Bereich von "Kaltluftseen" befinden, die sich bei windarmen Großwetterlagen im Bereich der Freiburger Bucht bilden.

Kaltluftseen entstehen, da die abendliche und nächtliche Wärmeausstrahlung des Bodens in den höher gelegenen Teilen des Schwarzwaldes intensiver ist als in der Niederung. Die sich abkühlende Erdoberfläche gibt ihren Temperaturrückgang an die sie unmittelbar berührende Luftschicht weiter. Die so entstandene Kaltluft ist spezifisch schwerer als die wärmer gebliebenen, über ihr lagernden Luftschichten, so daß sie dem vorhandenen Geländegefälle folgend zu einem möglichst tief gelegenen Punkt abfließt.

Während der Prozeß der sich abkühlenden Luft im Sommer zu Taubildung führt, können im Herbst Nebel und Frühfröste entstehen. Wegen dieser erhöhten Frostgefährdung werden Rebkulturen in tiefer gelegenen Lagen oder Mulden, in denen sich die Kaltluft sammelt, nicht angelegt.

Bei anhaltenden Hochdruckwetterlagen und relativer Windstille kann im Winter die sich nach oben hin scharf abgrenzende Nebelschicht mehrere hundert Meter mächtig werden und über Wochen stabil bleiben. Bei diesen sogenannten Inversionswetterlagen kann es aber auch vorkommen, daß die Buntsandstein-Muschelkalk Hochfläche sowie **Heimbach** und **Landeck** bereits aus der Nebelschicht auftauchen und man von dort eine hervorragende Fernsicht bis zu den Vogesen hat.

Pflanzen- und Tierwelt

Ohne den tiefgreifenden Einfluß des Menschen bei seiner Rodungs- und Siedlungstätigkeit wäre wohl das gesamte Teninger Gemeindegebiet bis auf einige Sumpf- und Wasserflächen, Felsen und extrem flachgründige Stellen fast vollständig von einer Walddecke überzogen. Selbst auf den sehr trockenen Standorten der Lößhügellandschaft existierte vermutlich vor der Besiedlung durch den Menschen eine lichte Mischwaldvegetation. Heute ist der Wald in diesem für den Ackerbau besonders geeigneten Gebiet schon seit vielen Jahrhunderten fast gänzlich zurückgedrängt worden. Waldbestände wie wir sie hier vereinzelt vorfinden, wie z.B. Hurst und Erdenhardt wurden zum Teil erst wieder in jüngerer Zeit aufgeforstet. In seiner heutigen Artenzusammensetzung entspricht der Wald allerdings auch an anderen Standorten nicht mehr der ursprünglichen, da er durch forstliche Nutzung stark verändert wurde.

Trotz des menschlichen Eingriffs in das natürliche Pflanzenkleid der Natur lassen sich auf kleinstem Raum von bestimmten Pflanzen bevorzugte Standorte ausmachen, die von Mikroklima, Bodentyp und Wasserhaushalt abhängen. Darunter befinden sich einige kleinräumige Biotope selten gewordener Pflanzen und Tiere, auf deren Erhalt besonders geachtet werden muß; Landschaftsplanung und Naturschutz müssen deshalb eng zusammenarbeiten.

Die Ursache für den Rückgang und das Aussterben von Arten besteht neben dem direkten Zugriff durch unkundige Sammler vor allem in der Vernichtung der Lebensräume: insbesondere durch Überbauung freier Flächen, Zerschneidung durch ein immer dichter werdendes Straßennetz, das die Ausbreitung der Arten verhindert, sowie durch eine intensivierte land- und forstwirtschaftliche Bodennutzung, durch Gewässerausbau, Beeinträchtigung und Zerstörung von Feuchtgebieten.

Elz-Dreisam Niederung und Teninger Fläche

Die Elz-Dreisam Niederung war ehemals durch mehr oder weniger versumpfte Wälder, die im Volksmund die Bezeichnung "Mooswälder" erhielten, und durch feuchte Wiesen der offenen Kulturlandschaft - das "Ried" - gekennzeichnet.

Mooswäldern und Ried war gemeinsam, daß sie von Zeit zu Zeit überflutet wurden oder die Grundwasserstände zumindest bis dicht an die Oberfläche reichten. Nach der Begradigung von Elz und Dreisam im letzten Jahrhundert blieben die Überschwemmungen jedoch aus, und Grundwasserabsenkung führte dazu, daß der Eichen-Hainbuchenwald, der bis dahin nur auf grundwasserfernen Kiesrücken der Niederung heimisch war, nun auch in ehemals feuchtere Standorte vordrang, so daß nur noch wenige feuchtigkeitsliebende Erlen-Eichen-Gemeinschaften erhalten sind.

Um die artenreiche Pflanzen- und Tierwelt des vom Grundwasser abhängigen Teninger Unterwaldes zu erhalten, wurden 50,7 ha seiner Fläche 1982 zum Naturschutzgebiet erklärt. Die Verordnung des Regierungspräsidiums Freiburg vom 22. November 1982 besagt (auszugsweise):

"In dem Naturschutzgebiet sind alle Handlungen verboten, die zu einer Zerstörung, Beschädigung und Veränderung des Schutzgebietes oder seiner Bestandteile, zu einer nachhaltigen Störung oder zu einer Beeinträchtigung der wissenschaftlichen Forschung führen können."

Es ist verboten u.a.:
- Abfälle oder sonstiges Material zu lagern
- Pflanzen oder Pflanzenteile einzubringen, zu entnehmen, zu beschädigen oder zu zerstören
- Tiere einzubringen, wild lebenden Tieren nachzustellen, sie mutwillig zu beunruhigen
- zu zelten, zu lagern, Fahrzeuge abzustellen
- das Schutzgebiet außerhalb der Wege zu betreten
- Feuer zu machen
- ohne zwingenden Grund Lärm, Luftverunreinigung oder Erschütterungen zu verursachen

Der "Unterwald" stellt das Relikt eines Waldmosaiks dar, das einst die Niederterrasse prägte: auf frischen bis feuchten Böden gedeiht der Sternmieren-Stieleichen-Hainbuchenwald mit Seegras während auf feuchten Böden ein Erlen-Eschen-Auewald stockt.

In der Baumschicht dominieren die teils mehr als hundertjährigen Stieleichen, die Eschen und Schwarzerlen. Der Bestand von über 100 Flatterulmen - den "Iffen" - die man an den stark ausgeprägten Brettwurzeln und den gestielten Blüten erkennt, machen diesen Wald besonders wertvoll, da man die Bäume wegen ihres geringen forstwirtschaftlichen Nutzens nicht mehr hochkommen läßt und sie somit vom Aussterben bedroht sind.

In der üppigen Strauchschicht findet man den Gemeinen Weißdorn, Hasel, Schlehe, Brombeere und Traubenkirsche.

In der Feldschicht zeigen Wald-Sternmiere, Sauerklee, Waldschlüsselblume, Frauenfarn, Rohrglanzgras, Waldziest u.a. die fruchtbaren, gut mit Wasser versorgten Standorte an. Infolge des Reichtums an Baumarten im Auewald ist er ein günstiger Lebensraum für zahlreiche Vogelarten, vor allem von Brutvögeln. Von 1972 bis 1974 konnte Oberstudienrat Knoch aus Teningen 50 verschiedene Vogelarten nachweisen:
Fischreiher, Stockente, Bläßhuhn, Habicht, Mäusebussard, Schwarzmilan, Turmfalke, Fasan, Waldkauz, Waldohreule, Grünspecht, Mittelspecht, Kleinspecht, Buntspecht, Pirol, Rabenkrähe, Elster, Eichelhäher, Kohlmeise, Blaumeise, Sumpfmeise, Kleiber, Gartenbaumläufer, Zaunkönig, Sommergoldhähnchen, Amsel, Wacholderdrossel, Singdrossel, Gartenrotschwanz, Nachtigall, Rotkehlchen, Feldschwirl, Mönchsgrasmücke, Dorngrasmücke, Gartengrasmücke, Zilp-Zalp, Fitis, Trauerschnäpper, Grauer Fliegenschnäpper, Heckenbraunelle, Baumpieper, Bachstelze, Star, Kernbeißer, Grünling, Stieglitz, Zeisig, Goldammer, Feldsperling, Buchfink.

Der Oberwald und der Nimburger-Wald, die im Bereich der Teninger Allmend liegen, wurden hingegen durch forstliche Eingriffe bereits stärker umgestaltet. Die ursprüngliche Bestockung bestand überwiegend aus Erlen und Eichen sowie neben zahlreichen Strauch- und Weichhölzern aus Dornengestrüpp.

Seit der Mitte des letzten Jahrhunderts wurden aufgrund forstwirtschaftlicher Überlegungen veschiedene schnellwachsende Baumarten eingebracht: zunächst die Esche, ab 1872 die Pappel, deren Anbau besonders entlang von Gräben und Schlaglinien empfohlen wurde, wenig später der Bergahorn und ab 1884 Nadelhölzer mit Fichte, Douglasie und Weymouths-Kiefer gleichzeitig pflanzte man auf trockeneren Standorten Roteichen.

In Zukunft sollen jedoch aus landschaftspflegerischen Gründen die dem Auewald fremden Nadelhölzer nicht mehr angebaut werden. Nach Flächenanteil präsentiert sich der heutige Auen-Wald wie folgt:

Flächenanteil der Baumarten im Auewald

Baumart	Flächenanteil 1978 - %	erstrebt - %
Eiche	21	32
Hainbuche	15	10
Roteiche	8	10
Esche	17	25
Roterle	6	6
Bergahorn	9	7
Pappel	5	4
sonst. Laubholz	5	6
Douglasie	10	-
Fichte	3	-
Forle	1	-

Quelle: Forsteinrichtungswerk 1978

Auf sauren und nährstoffarmen Böden ohne Grundwassereinfluß steht ein an Maiglöckchen reicher Eichen-Hainbuchenwald. Stieleiche und Hainbuche bilden die bis zu 20 m hohe Baumschicht. Oft gesellt sich die Traubeneiche dazu, besonders auf sauren und nährstoffarmen Böden, wo sie sogar dominant werden kann. Neben den zahlreichen Maiglöckchen bildet das Haarmützenmoos große dunkelgrüne Polster. Weitere Anzeiger für diese trocken-armen Standorte sind neben anderen die Pillensegge und der Wachtelweizen.

Auf feuchteren Standorten mit geringem Grundwassereinfluß gedeiht ein Stieleichen-Hainbuchenwald mit dichtem Frauenfarn Unterwuchs. Die Stieleiche wächst in diesen Standorten zu mächtigen, langschäftigen Exemplaren heran; daneben sind an der Baumschicht Hain- oder Hagebuche und in geringem Maße Esche beteiligt, gelegentlich auch die Schwarzerle. Zahlreiche Arten bilden die Bodenschicht wie Sauerklee, Sternmiere, Goldnessel, Flatterhirse und das sehr weit verbreitete Buschwindröschen.

Auf feuchteren Standorten mit grundwasserbeeinflußten Müllböden dominiert kleinflächig der Eschenwald. Die Esche beherrscht unangefochten die hohe Baumschicht, während die Schwarzerle vereinzelt im Zwischenstand gedeiht. Kaum zu sehen ist die Hainbuche, die in der Baumschicht vollständig fehlt. Nur gelegentlich entdeckt man sie in kleinwüchsiger Strauchform. Den feuchten Lehmboden, der ausgesprochen nährstoff- und basenhaltig ist, bedeckt ein dichter Teppich von Kräutern. Neben Scharbockskraut und kleineren Gruppen des Moschuskrautes breitet sich der rasig wachsende Goldhahnenfuß aus. zwischen die zahlreich vorhandenen Schlüsselblumen mit ihren gelben Blütenständen und die weißen Blütenstände der Buschwindröschen schieben sich fleckenartig die breitlanzettlichen Blätter des Bärlauches. Über dieses untere Stockwerk hinaus erhebt sich das ausdauernde Binkelkraut.

Zahlreiches Rehwild bevölkert die Wälder und vereinzelt gibt es Schwarzwild, denen das Dickicht der Laubmischwälder tagsüber guten Schutz bildet. Von den Raubtieren sind Fuchs, Stein- und Raubmarder, Hermelin und Mauswiesel weit verbreitet, in geringerer Anzahl auch Iltis und Dachs. Höchst selten sieht man wegen ihrer nächtlichen Lebensweise die drei Bilcharten: den Siebenschläfer, die Haselmaus und den mehr im Schwarzwald beheimateten Gartenschläfer. Feldhase und Eichhörnchen sind häufig vorkommende Nagetiere. In der Nähe von Sand und Löß, wo sich der Boden gut graben läßt, wird leicht ein Kaninchen auszumachen sein.

In der landwirtschaftlich genutzten Elz-Dreisam Niederung herrschten einst die Wiesen vor. Nur die höher gelegene, trokkene und leicht bearbeitbare Teninger Fläche war von altersher Ackergebiet und wurde für wertvolle Sonderkulturen und Obstbäume genutzt. Heute sind aber auch die umliegenden ehemaligen Wiesengebiete der Niederung größtenteils umgebrochen und mit Mais-, Getreide- und Kartoffelfeldern bestellt oder zumindest in Glatthafer-Fettwiesen mit hochwüchsigen Futtergräsern umgewandelt. Im Frühsommer leuchten aus ihnen die gelben Blüten von Wiesenbocksbart und Wiesen-Pippau sowie die blau-violetten Blüten der Wiesenglockenblume und des Wiesenstorchenschnabels.

Zusammenhängende Feuchtwiesen, wie sie früher typisch waren und man sie heute noch im Gewann Burschig antrifft, sind wegen des ausgedehnten Entwässerungssystems und der Grundwasserabsenkung selten geworden. Sie waren der Lebensraum zahlreicher gefährdeter Vogelarten, von denen etliche schon aus der Region verschwunden sind. Bis 1970 konnten hier noch Weißstorch, Wachtelkönig, Großer Brachvogel und Wachtel beobachtet werden. Die größere Feuchtigkeit und Grundwassernähe zeigen in den Feuchtwiesen Kuckucksnelke, Sumpfdotterblume, Kohldistel, seltener Bach-Kratzdistel und dunkelgrüne Binsenbestände an.

Entlang der Bachläufe und Gräben nördlich des Nimbergs bilden das Ufergehölz und die Pappelreihen eine markante Kulisse. An ihnen sind Schilf, Rohrkolben, Froschlöffel und Gelbe Schwertlilie zu finden.

Durch künstlich geschaffene bzw. gestaltete Feuchtbiotope versuchen Naturschützer den früher hier heimischen Tieren und Pflanzen einen Teil ihres Lebensraumes zurückzuerobern. Bei der Rekultivierung des nordwestlichen der vier Nimburger Baggerseen wurden in den Jahren 1978 bis 1981 Flachwasserzonen und Inseln geschaffen. Rohrkolben-Weiden Dickichte bildeten sich aus und in Gräben und Wasserlöchern findet sich zahlloses Kleingetier sowie Frösche, Libellen und Ringelnattern. Brutvögel wie Uferschwalbe, Flußregenpfeifer, Stockente, Bläßhuhn, Haubentaucher, Rohrammer, Sumpf- und Teichrohrsänger bevölkern jetzt dieses Gebiet.

Ein weiteres Feuchtbiotop geht auf die private Initiative des Landesjagdverbandes Baden-Württemberg e.V. zurück. Der Verband erwarb ein großenteils schon mehrere Jahre nicht mehr landwirtschaftlich genutztes 390 a großes Flurstück in der Glotteraue im Gewann Brühl. Die vorhandenen Gegebenheiten nutzend wurden 1984 drei Teiche mit verschiedener Wassertiefe geschaffen. Buchtenreiche Ufer, Inseln, Flachwasserbereiche und ausgedehnte Röhrichtzonen bieten Amphibien

Laichmöglichkeiten und dienen Gründel- und Tauchenten als Nahrungs- und Brutraum. Aber auch Rallen und Watvögel werden dieses Biotop als Lebens- und Rastraum nutzen.

Nimberg und Lößhügelzone

Die für die landwirtschaftliche Nutzung so günstigen Böden auf Löß werden auf den terrassierten Hängen des Nimbergs und der Lößhügelzone intensiv durch Reben, Obst-, Gemüse- und Ackerbau genutzt. Die durch die Terrassen erzwungene, relativ kleine Parzellierung mit häufigem Wechsel von Rebfluren, Gärten, Streuobstwiesen, Äckern, Feldgehölzstreifen sowie Robinienwäldchen und Goldrutenbeständen bietet ein mannigfaltiges Mosaik von Standorten für Pflanzen und Tiere. Besonders schön ist diese "Mischkulturlandschaft" am Nimberg und um **Heimbach** ausgeprägt, wo die alten Terrassen von Flurbereinigungsverfahren verschont blieben.
Auf alten Rebterrassen, auf denen keine chemischen Unkrautvernichtungsmittel verwendet werden und wo die Bearbeitung nicht mit tiefgreifenden mechanischen Geräten erfolgt, findet sich an warmen Standorten die typische Krautflora der Weinbergslauch-Gesellschaft.
Zu ihren Charakterarten gehören die im Volksmund als "Dubeköpfli" bekannte Trauben- und Moschushyazinthe sowie Weinbergslauch, Wildtulpe, Doldiger Milchstern, Acker-Gelbstern, Vogelmiere, Rundblättriger Storchschnabel, Geiskraut und Rote Taubnessel. In diesen nicht so intensiv genutzten Terrassengebieten, wo Insektengifte die Nahrung der Vögel noch nicht dezimiert haben, findet man einige typische Vögel der Lößlandschaft. Wird das Schwarzkehlchen gesichtet, dann ist der Lebensraum noch intakt und man wird vielleicht auch Baumpieper, Turteltaube, Pirol, Dorngrasmücke, Neuntöter und Bluthänfling entdecken.
In den tief eingeschnittenen Hohlwegen, wo sich wärmere Standorte mit schattig-feuchteren Stellen ablösen, wird die Abhängigkeit der Pflanzen von Mikroklima und Wasserhaushalt besonders augenfällig. Man sieht Hartriegel, Berberitze, Wilde Sauerkirsche, Wildanemone und Sichelmöhre, Schwertlilie, Feldulme, Heckenrose, Liguster, Schlehe und Weißdorn.

An den Steilwänden bilden Efeu und Waldrebe oft dichte Teppiche und an den Oberkanten der Hohlwege wachsen wie am "Landecker Weg" bei Köndringen Robinien oder wie bei Bottingen Eichen und Walnußbäume. Mit ihren steil abfallenden Wänden sind die Lößhohlwege wichtige Insektenbrutgebiete. Den für die Lößhügelzone typischen Halbtrockenrasen findet man nur noch selten an einigen Böschungen und ungedüngten kleineren Restflächen. Diese Pflanzengesellschaft, die darauf angewiesen ist, daß regelmäßig die Wiesen gemäht oder beweidet werden, ist bekannt für ihr Orchideenvorkommen. Aber man findet vor allem Färber-Ginster, Weißen Bergklee, Gelben Wundklee, Kartäusernelke, Küchenschelle, Geknäulte Glockenblume sowie das stattliche Heimknabenkraut und das unauffällige Bandknabenkraut. Wenn nicht gemäht wird, entwickeln sich sehr schnell Saumgesellschaften oder Staudenhalden und Strauchgesellschaften, die eine Reduzierung der Artenvielfalt zur Folge haben.

Buntsandsteinvorberge

Auch die Wälder der Buntsandsteinvorberge sind aufgrund wirtschaftlicher Gesichtspunkte in ihrer Artenzusammensetzung stark verändert worden. Von Natur aus herrschte ein kolliner Laubwald mit überwiegendem Buchenanteil vor, in dem je nach Standort variierend auch Traubeneiche, Hainbuche, Esche, Erle, Berg- und Spitzahorn, Sommer- und Winterlinde, Bergulme und Kirsche zu finden waren. Nadelbäume traten in der natürlichen Vegetation ganz zurück. Auf trocken-sauren Buntsandsteinrücken war nur die Kiefer (Forle) zu finden.
Seit der Einführung einer geregelten Forstwirtschaft in der ersten Hälfte des 19. Jh. besteht der Trend, die ursprüngliche Laubholzbestockung - dabei in erster Linie die Buche - zurückzudrängen und an ihre Stelle Nadelhölzer, besonders Fichte und Tanne, später auch Douglasie und Lärche, aufzuforsten. Reste des natürlichen Waldbildes findet man noch im Erdenhardt und entlang des Jägerhaldenweges.
Der heutige Anteil der verschiedenen Baumarten des **Heimbacher** und **Köndringer** Vierdörferwaldes sowie des Erdenhardt und Hurstes (Bergwald) ist wie folgt:

Flächenanteil der Baumarten im Bergwald:

Baumart	Flächenanteil 1978-%	erstrebt-%
Fichte	12	8
Tanne	4	7
Douglasie	5	10
Forle	4	-
Europäische Lärche	11	5
Nadelbäume insgesamt	36	30
Eiche	9	18
Buche	47	45
Hainbuche	2	-
sonstige Laubbäume	6	7
Laubbäume insgesamt	64	70

Quelle: Forsteinrichtungswerk 1978

Am besten lernt man den Wald mit seinen Bäumen und Sträuchern kennen, wenn man dem Weg folgt, den der Musikverein Heimbach 1984 anläßlich seines sechzigjährigen Bestehens zum Zwecke einer Volkswanderung aussuchte und an dem er die wichtigsten Bäume und Sträucher mit gut erklärenden Erläuterungstafeln markierte. Die geologisch Interessierten führt dieser Rundweg um **Heimbach** auch an zahlreichen, im geologischen Teil beschriebenen Steinbrüchen vorbei.
Man beginnt den Spaziergang am Waldparkplatz "Steiniger Buck", der oberhalb von **Heimbach** an der Waldstraße **Heimbach-Landeck** in der "Oberen Kalksteingrube" liegt. Man folgt jedoch nicht dem Weg nach **Landeck**, sondern dem "Höppeleweg". Folgende Bäume sind hier gekennzeichnet: der als Waldhonigspender dienende Feldahorn, die Douglasie, die Hasel und die Rotbuche. Man biegt rechts in den "Steinbuckweg" ein und folgt ihm bis auf die Höhe wo man Bergahorn, Tanne und Europäische Lärche beschriftet findet. Den Steinbruchweg geht es hinab zu den Münstersteinbrüchen, an deren Oberkante und in Gesteinsspalten Pflanzenpolster mit Heidekraut und Birke ein schönes Bild abgeben. Dem Steinbruchweg weiter folgend findet man oberhalb einer Quellmulde an der Landecker Verwerfung Esche und Schwarzen Holunder. Man quert den Gallenbach am Kohlplatz und nimmt den Jägerhaldenweg rechts zum Fronberg hinauf, an dem ein kleiner Steinbruch liegt - der beste Aufschluß im Mittleren Muschelkalk. Hier steht der die warmen Kalkböden des südlichen Mitteleuropas bevorzugende Wollige Schneeball, neben Gemeinem Schneeball, Liguster und Schmerwurz. Außerhalb des Waldes ist am Fronberg an der Böschung des Wegrandes als letzte die Schlehe markiert.

Literaturverzeichnis

Forsteinrichtungswerk Staatl. Forstamt Emmendingen: Erläuterungen zur Standortkarte Emmendingen Auewald. (unveröffentliches Manuskript) ca. 1966

dass.: Erläuterungen zur Standortkarte Emmendingen Bergwald. (unveröffentl. Manuskript) ca. 1973

dass.: Gemeindewald Teningen. Betriebsklasse Auewald. (unveröffentl. Manuskript) ca. 1978

dass.: Gemeindewald Teningen. Betriebsklasse Bergwald. (unveröffentl. Manuskript) ca. 1978

Fresle, Franz: Zur Genese der Löss-Inseln auf den würmeiszeitlichen Schwemmfächern von Dreisam und Elz. (Diss.) Freiburg 1969

Ganssen, H./Hädrich, F.: Atlas zur Bodenkunde. Mannheim 1965

Geyer, O.F./Gwinner, M.P.: Einführung in die Geologie von Baden-Württemberg. Stuttgart 1964

Geologisches Landesamt Baden-Württemberg (Hrsg.): Geologische Karte mit Erläuterungsband. Freiburg i.Brsg. und Umgebung. 1 : 50000. Stuttgart 1977

dass.: Geologische Karte mit Erläuterungsband. Freiburg i.Brsg.- NO. 1 : 25000. Stuttgart 1980

dass.: Geologische Karte mit Erläuterungsband. Emmendingen. 1 : 25000. Stuttgart 1980

dass.: Ökologische Standorteignungskarte. Grundlage für den Landschafts- und Flächennutzungsplan der Verwaltungsgemeinschaft Emmendingen.
I. Landbaueignungskarte. 1 : 25000
II. Hydrogeologische Übersichtskarte. 1 : 25000. Freiburg i.Brsg. 1977

dass.: Erläuterungen zur Hydrogeologischen Karte von Baden-Württemberg. Oberrheingebiet. Freiburger Bucht. Freiburg i. Brsg. 1979

Hädrich, Friedhelm: Beziehungen zwischen Böden und Landschaft in der Emmendinger Vorbergzone. (Diss.) Freiburg 1962

Hädrich, F./Moll, W./Stahr, K.: Bodenentwicklung und Bodentypen. In: Landkreis Breisgau Hochschwarzwald (Hrsg.): Breisgau Hochschwarzwald. Freiburg i.Brsg. 1980, S. 42-53

Hügin, Gerhard: Die Mooswälder der Freiburger Bucht. Wahrzeichen einer alten Kulturlandschaft gestern - heute ..... und morgen; Karlsruhe 1982. In: Landesanstalt für Umweltschutz Baden-Württemberg. Institut Ökologie und Naturschutz (Hrsg.): Beihefte zu den Veröffentlichungen für Naturschutz in Baden-Württemberg 29

Illies, H.: Bauplan und Baugeschichte des Oberrheingrabens. Karlsruhe 1965. In: Oberrhein. Geol. Abh. 14

Kleiber, H.: Pflanzenwelt. In: Imm, Emil (Hrsg.): Kaiserstuhl, Rheinauen, Schwarzwaldvorberge. Freiburg 1976. S. 59-76

Knoch, D.: Tierwelt. In: Imm, Emil (Hrsg.): Kaiserstuhl, Rheinauen, Schwarzwaldvorberge. Freiburg 1976. S. 77-88

Knoch, D.: Vielfältige Vegetation und Tierwelt. In: Mayer, Lothar (Hrsg.): Der Kreis Emmendingen. Stuttgart 1981. S. 42-61

Landsiedlung Baden-Württemberg GmbH (Hrsg.): Agrar- und Landschaftsplan für den Verwaltungsraum Emmendingen.
- Erläuterungsbericht. Stuttgart 1978
- Karte 1 : 25000. Stuttgart 1979

Ministerium für Ernährung, Landwirtschaft und Umwelt Baden-Württemberg (Hrsg.): Ökologische Standorteignungskarte für den Erwerbsobstbau in Baden-Württembrg. 1 : 250000. Stuttgart 1978. (Mit Erläuterungen)

dass.: Landschaftsökologische Bestandsaufnahme von Baden-Württemberg. Freiburger Bucht. 1 : 25000.
I. Bodenkarte (1976)
II. Landbaueignungskarte (1978)
III. Karte des Beregnungsbedarfs der landwirtschaftlichen Nutzfläche (1978)
IV. Karte der Bodenwasserverhältnisse (1978)
V. Karte der Grundwasserneubildung aus Niederschlag (1978)
VI. Karte der Grundwasser-Flurabstände MW 1975 (1978)

Pflug, Reinhard: Bau und Entwicklung des Oberrheingrabens. Darmstadt 1982. (Erträge der Forschung 184)

Regionalverband Südlicher Oberrhein (Hrsg.): Erläuterungen zu den ökologischen Standorteignungskarten 1 : 50000 von Teilräumen der Region Südlicher Oberrhein. Freiburg 1977. (Veröffentlichung des Regionalverbandes Südlicher Oberrhein Nr. 5)

dass.: Regionalplan 1980. Freiburg i. Brsg. 1979. (Veröffentlichung des Regionalverbandes Südlicher Oberrhein Nr. 8)

dass.: Klima am südlichen Oberrhein. Erkenntnisse für die Raumordnung. Freiburg i. Brsg. 1983. (Veröffentlichung des Regionalverbandes Südlicher Oberrhein Nr. 11)

dass.: Landschaftsrahmenplan. Kapitel: Regional bedeutsame Biotope. Freiburg i. Brsg. 1984. (Veröffentlichung des Regionalverbandes Südlicher Oberrhein Nr. 12)

Regierungspräsidium Südbaden, Abteilung Landwirtschaft, in Verbindung mit dem deutschen Wetterdienst. Meteorologisches Observatorium Freiburg i. Brsg. (Hrsg.): Frostgefährdete Weinbaulagen. 1 : 25000. (o.J.)

Reichelt, G.: Über die Vegetation der Freiburger Bucht. In: Mitt. Geogr. Fachschaft Universität Freiburg. Freiburg 1953. S. 17-31

Reinhard, E.: Oberrheinisches Tiefland. In: Das Land Baden-Württemberg. Amtliche Beschreibung nach Kreisen und Gemeinden. Bd. I. Allgemeiner Teil. Stuttgart 1974. S. 893-909.

Sauer, K.: Natürliche Grundlagen des Kreises. In: Mayer, Lothar (Hrsg.): Der Kreis Emmendingen. Stuttgart 1981

Stadelbauer, J.: Das Oberrheinische Tiefland - ein Überblick. In: Borcherdt, Christoph (Hrsg.): Geographische Landeskunde von Baden-Württemberg. Stuttgart 1983. S. 81-96

Trenkle, H.: Das Klima. In: Landkreis Breisgau Hochschwarzwald. Freiburg i.Brsg. 1980

Wagner, Georg: Einführung in die Erd- und Landschaftsgeschichte. Öhringen 1960

Westphal, F.: Der Nimberg bei Freiburg i.Brsg. Freiburg i.Brsg. 1953. (Dipl. Arbeit)

Willer, Richard: Morphologie der Vorbergzone am Oberrhein zwischen Lahr und Basel. Freiburg i.Brsg. 1949. (Diss.)

Literaturverzeichnis Landschaft und Natur

Amt für Statistik und Einwohnerwesen der Stadt Freiburg i.Brsg. (Hrsg.): Herkunft und Beschaffenheit der Bausteine des Freiburger Münsters. Freiburg 1983
Budwill, H.: Geologie der Emmendinger Vorberge (Südteil). (Diplomarbeit) Freiburg 1957
Burger, Gotthard: Vergleichende agrargeographische Untersuchung im nördlichen Breisgau mit besonderer Betrachtung der Verhältnisse in den Gemeinden Teningen, Weisweil u. Ottoschwanden. (Diss.) Freiburg 1959
Deutscher Wetterdienst (Hrsg.): Klima-Atlas von Baden-Württemberg. Bad Kissingen 1953
Badisches Forstamt Emmendingen: Geschichte des Gemeindewaldes von Nimburg. (Unveröffentl. Manuskript) o.O. ca. 1966
Forsteinrichtungswerk Staatl. Forstamt Emmendingen: Gemeindewald Teningen. Betriebsklasse Auewald. (unveröfffentl. Manuskript) o.O. ca. 1978
Fresle, Franz: Zur Genese der Löss-Inseln auf den würmeiszeitlichen Schwemmfächern von Dreisam und Elz (nördl. Freiburger Bucht) (Diss.) Freiburg 1969
Gemeindeverwaltung Teningen (Hrsg.):
1000 Jahre Teningen. 972-1972 (Festschrift)
Haase, Gunther: Agrarstrukturveränderungen im Landkreis Emmendingen seit 1949. (Diss.) Freiburg 1968
Hädrich, Friedhelm: Die Böden der Emmendinger Vorbergzone. In: Bad. Naturf. Ges. Freiburg i.Brsg., 56, S. 23-76. Freiburg 1966
Hädrich, Friedhelm: Beziehungen zwischen Böden und Landschaft in der Emmendinger Vorbergzone. (Diss.) Freiburg 1962
Haserodt, Klaus: Der Nimberg und die Marchgemeinden in der Freiburger Bucht - eine landeskundliche Strukturskizze. (unveröffentl. Protokoll über die Fachsitzung des Alemannischen Instituts vom 16. Juni 1969
Hügin, Gerhard: Die Mooswälder der Freiburger Bucht. Wahrzeichen einer alten Kulturlandschaft gestern - heute .... und morgen? In: Landesanstalt für Umweltschutz Baden-Württemberg. Institut Ökologie und Naturschutz (Hrsg.). Karlsruhe 1982. Beihefte zu den Veröffentlichungen für Naturschutz und Landschaftspflege in Baden-Württemberg 29
Innenministerium und Wirtschaftsministerium Baden-Württemberg (Hrsg.): Landkreis Emmendingen. In: Die Stadt und Landkreise Baden-Württembergs in Wort und Zahl. Hf.26. o.O. und J.
Kleiber, H.: Pflanzenwelt. - Kaiserstuhl, Rheinauen, Schwarzwaldvorberge. Freiburg 1976
Knoch, D.: Tierwelt - Kaiserstuhl, Rheinauen, Schwarzwaldvorberge. Freiburg 1976
Landesarchivdirektion Baden-Württemberg (Hrsg.): Das Land Baden-Württemberg. Amtliche Beschreibung nach Kreisen und Gemeinden. Bd. VI! Stuttgart 1982
s.o.: Bd. II. Stuttgart 1975
Landkreis Breisgau-Hochschwarzwald (Hrsg.): Breisgau Hochschwarzwald. Freiburg i.Brsg. 1980
Landkreis zwischen Rhein und Schwarzwald. Der Landkreis Emmendingen in Wort und Bild. Emmendingen 1974
Liehl, E.: Schwarzwald-Vorberge nördlich Emmendingen - Hühnersedelplatte. In: Mitteilungen der Geogr. Fachschaft. Freiburg 1970
Mayer, Lothar (Hrsg.): Der Kreis Emmendingen. Stuttgart 1981
Metz, B.: Schwarzwald-Vorberge südlich Emmendingen - Kandel. In: Mitteilungen der Geogr. Fachschaft Freiburg 1970
Regionalverband Südlicher Oberrhein (Hrsg.): Klima am südlichen Oberrhein. Erkenntnisse für die Raumordnung. Freiburg i.Brsg. 1983
Reichelt, G.: Über die Vegetation der Freiburger Bucht. In: Mitt. Geogr. Fachschaft Uni Freiburg. S. 17-31. Freiburg 1953
Reinke, H.: Geologie der Randhügelzone nördlich Emmendingen zwischen Mundingen, Kenzingen und Bleichheim. (Dipl.Arbeit) Freiburg 1968
Sauer, K./Jörg, E.: Exkursion in die nördliche Vorbergzone des Schwarzwaldes. In: Kleiner geologischer Exkursionsführer. Freiburg 1949
Schneiderhöhn, H.: Geologie und Mineralogie des Breisgaus. In: Oberrheinische Heimat. Freiburg 1941. S. 17-59
Statistisches Landesamt Baden-Württemberg (Hrsg.): Freiburg i.Brsg. Stadtkreis und Landkreis. Amtliche Kreisbeschreibung. 1965
Theiss, Konrad/Baumhauer, Hermann (Hrsg.): Der Kreis Emmendingen. Aalen 1964
Verordnung des Regierungspräsidiums Freiburg als höhere Naturschutzbehörde über das Naturschutzgebiet "Teninger Unterwald" auf Gemarkung Teningen, Landkreis Emmendingen. In: GBl 1982, Nr. 25, S. 540
Westphal, F.: Der Nimberg bei Freiburg i.Brsg. (Dipl.Arbeit) Freiburg 1953
Willer, Richard: Morphologie der Vorbergzone am Oberrhein zwischen Lahr und Basel. Freiburg i.Brsg. 1949. (Diss.)

Karten

Geologisches Landesamt Baden-Württemberg (Hrsg.): Erläuterungen zur Geologischen Karte Freiburg i.Brsg. und Umgebung. M 1 : 50000. Stuttgart 1877
s.o.: Geologische Karte 1 : 25000 von Baden-Württemberg. Erläuterungen zu Blatt 7913 Freiburg i.Brsg. - NO. Stuttgart 1980
s.o.: Geologische Karte von Baden Württemberg. Erläuterungen zu Blatt 7813 Emmendingen. Stuttgart 1980
s.o.: Ökologische Standorteignungskarte. Grundlage für den Landschafts- und Flächennutzungsplan der Verwaltungsgemeinschaft Emmendingen.
 I. Landbaueignungskarte M 1 : 25000 Freiburg i.Brsg. 1977
 II. Hydrogeologische Übersichtskarte M 1 : 25000 Freiburg i.Brsg. 1977

s.o.: Erläuterungen zur Hydrogeologischen Karte von Baden-Württemberg. Oberrheingebiet. Freiburger Bucht. Freiburg i.Brsg. 1979

Forsteinrichtungswerk Staatl. Forstamt Emmendingen: Erläuterungen zur Standortkarte Emmendingen Auewald. (unveröffentl. Manuskript) ca. 1966
- Karte und Original beim Forstamt Emmendingen

s.o.: Erläuterungen zur Standortkarte Emmendingen Bergwald (unveröffentlichtes Manuskript) ca. 1973
- Karte und Original beim Forstamt Emmendingen

Landsiedlung Baden-Württemberg GmbH (Hrsg.): Agrar- und Landschaftsplan für den Verwaltungsraum Emmendingen. Erläuterungsbericht. Stuttgart 1978
- Agrar- und Landschaftsplan für den Verwaltungsraum Emmendingen M 1 : 25000 Stuttgart 1979

Landesvermessungsamt Baden-Württemberg (Hrsg.): Topographische Karte 1 : 50000. L7912 Freiburg i.Brsg. - Nord

s.o.: Topographische Karte 1 : 25000. 7812 Endingen

s.o.: Topographische Karte 1 : 25000. 7813 Emmendingen

Ministerium für Ernährung, Landwirtschaft und Umwelt Baden-Württemberg (Hrsg.): Ökologische Standorteignungskarte für den Erwerbsobstbau in Baden-Württemberg M 1 : 250000. Stuttgart 1978. (Mit Erläuterungen)
- Agrarökologische Gliederung des Landes Baden-Württemberg. 1 : 250000
- Ökologische Standorteignungskarte für den Erwerbsobstbau in Baden-Württemberg M 1 : 250000

s.o.: Landschaftsökologische Bestandaufnahme von Baden-Würtemberg. Freiburger Bucht. M 1 : 25000
I. Bodenkarte (1976)
II. Landbaueignungskarte (1978)
III. Karte des Beregnungsbedarfs der landwirtschaftlichen Nutzfläche (1978)
IV. Karte der Bodenwasserverhältnisse (1978)
V. Karte der Grundwasserneubildung aus Niederschlag (1978)
VI. Karte der Grundwasser-Flurabstände MW 1975 (1978)

Regierungspräsidium Südbaden, Abteilung Landwirtschaft, in Verbindung mit dem deutschen Wetterdienst, Metereologisches Observatorium Freiburg i.Brsg. (Hrsg.) Frostgefährdete Weinbaulagen (o.J.)

Regionalverband Südlicher Oberrhein (Hrsg.): Erläuterungen zu den ökologischen Standorteignungskarten 1 : 50000 von Teilräumen der Region Südlicher Oberrhein. Freiburg 1977
- Blatt 4 Raum Emmendingen - Freiburg

Regionalverband Südlicher Oberrhein (Hrsg.): Regionalplan 1980. Freiburg i.Brsg. 1979

s.o.: Landschaftsrahmenplan. Kapitel: Regional bedeutsame Biotope. Freiburg i.Brsg. 1984
- Regional bedeutsame Biotope M 1 : 100000 (Juli 1984)
- Naturbedingte Einschränkungen und Vorrangflächen

Abbildungen sind entnommen:

S. 534
Schematische Blockbilder des Oberrheingrabens aus: Georg Wagner: Einführung in die Erd- und Landschaftsgeschichte. Öhringen 1980. S. 312. Verlag des Hohenlohenschen Buchhandlung

S. 539
nach: Geologische Landesamt Baden-Württemberg (Hrsg.): Geologische Karte mit Erläuterungsband. Freiburg i.Brsg. und Umgebung. 1 : 50000. Stuttgart 1977 S. 79, 91, 102

S. 555
nach: Ganssen, R/ Hädrich, F.: Atlas zur Bodenkunde. Mannheim 1965. S. 52. Bibliographisches Institut Mannheim

Autorenverzeichnis

Allgeier, Rudi, Freiburg

Amend, Thora und Stephan, Dortmund

Dennig, Regina, Freiburg

Geuenich, Dieter, Prof.Dr., Universität Duisburg

Hall, Ewald, Dr., Institut für geschichtliche Landeskunde, Univ. Freiburg

Liessem-Breinlinger, Renate, Freiburg

Nübling, Verena, Dr., Landesdenkmalamt Freiburg

Ohler, Norbert, Dr., Historisches Seminar, Univ. Freiburg

Parlow, Ulrich, Institut für geschichtliche Landeskunde, Univ. Freiburg

Peter Siegfried, Köndringen

Schmalfeldt, Kristiane, Dr., Gundelfingen

Schmidt, Leo, Dr., Landesdenkmalamt Karlsruhe

Schmidt, Peter, Dr., Brühl

Schrambke, Renate, Dr., Institut für geschichtliche Landeskunde, Univ. Freiburg

Weber Wolfgang, Dr., Privatdozent, Univ. Augsburg

Zettler, Alfons, Dr., Historisches Seminar, Univ. Freiburg

Register

A
Abdeckerei 145
Aberglaube 180
Abwanderung 245, 247
Abwasser 413
Achtungsbezeugung 407
Acker 530
Adelhausen 35
Adelheidis de Töningen 38
Adventskranz 468
Albertus marschalcus 34
Alemannen 21, 25, 46
Alemannisch 503
Allerheiligen 46, 60, 62, 479
Allerseelen 479
Allmendgut 157
Allmendwald 17, 159, 172, 178, 548, 553, 560
Almosen 161
Altenteil 250
Altersaufbau 248, 249
Alterssterblichkeit 242
Altes Schloß in Heimbach 205, 323
Aluminiumindustrie 295, 425
Amtliche Nachrichten 416
Anna von Tübingen, Gräfin 38
Antoniter 39, 40, 269
Antoniterkloster 41, 140, 147, 168
Antoniusfeuer 269
Arbeitsbeschaffungsprogramm 413
Arbeitsdienst 410, 414
Arbeitslosigkeit 396, 413
Arbeitszeit 410, 415
Armenpflege 159
Armenpolizei 361
Armut 359
Arnold, Ludwig 307
Arnold von Kenzingen 60
Arnold von Teningen 35, 61, 81
Arzneimittel 153

Aspen 26, 32, 38, 125, 212, 550
Aue 527
Auetone 546
Auewald 526, 560
Auf der Eck, Gewann 21
Augustiner – Eremiten 269
Ausländer 423, 424
Aussiedlerhöfe 444
Auswanderung 184, 225, 246, 247, 360, 364, 366, 395
Autarkiebestrebungen 419
Autobahn 447

B
Bad 416
Bader 245
Badstube 145, 147, 151, 152
Badstubenzins 145
Bäche 525
Bandkeramik 11
Bannacker, Gewann 11
Banngröße 171
Baggersee 547, 561
Bahnhof, (Köndr.) 371
Bajocium 542
Bank 384
Baudenmann, Georg 154
Bauern 252
Bauernkrieg 138, 183, 201
Baugeschichte 269 ff.
Baukosten 158, 440
Baumarten 528, 560
Baumaßnahmen 413
Baupreise 416
Bautätigkeit 439, 440
Beamte 252
Beflaggung 408
Begräbnis 495
Behelfsheime 439
Bergkirche 456, 269

Bernert, Martin 210
Bernhard von Clairvaux 52, 108
Berthold von Köndringen 35, 76, 87 Anm. 43
Berthold von Nimburg 47, 51, 53, 78, 82, 83
Berthold von Teningen 61, 81
Bertoldsfeld 36, 55, 83, 84
Bertrand, P. E. 292
Besatzung 430
Beschäftigungsgruppen 444
Bettler 161
Bevölkerungsaufbau 247
Bevölkerungsentwicklung 343
Bevölkerungsgeschichte 229 ff.
Bevölkerungsstruktur 247
Bezugsscheine 416
Bierbrauen 163
Bierbrauhäuslein 166
Bierkeller 549
Bilderpredigt, evangelische 255 ff.
Binder, Zacheas 140
Binninger, Michael 207
Binzenschlag, Gewann 17, 21
Birchiburg 121
Bitter, Philipp 207
Bloch, Max 326
Blomen, Hans 142
Blumeneck, Michael von 203
Bodenhorizont 551
Bodentyp 551, 555
Böden 551, 552
Bohnerzlehme 543
Boten 161
Bottingen 21, 23, 31, 38, 40, 142–144, 151, 152, 155, 160, 166, 183, 179, 230, 231, 255, 262, 273, 274, 343, 406, 514, 541–543, 548
Bräuche 467 ff.
Brandursachen 372

Braunjura 542
Breisacher, Daniel 293
Breite, Gewann 530
Brennstoff 420
Brettenbach 547
Bronzeringe 19, 23
Bronzezeit 13
Bruckmatten, Gewann 21
Brüchle, Werkmeister 290
Brücke 158
Brühl, Gewann 527
Bruder-Häuslins-Dobel 151
Brunnen 526
Brunnenriedsiedlung 441
Brunnenriedwäldchen, Gewann 13
Bruno von Hornberg 38
Buchsweiler 32, 26
Bücherei, öffentliche 453
Bürgermeister 404, 448
Bürgle, Gewann 24, 107
Bundesautobahnbau 547
Bundestagswahl 449
Bundschuhverschwörungen 137
Buntsandstein 535, 536
Buntsandsteinvorberge 550, 556, 562
Burgen 97 ff., 121, 310
Bußen 434

C
Care-Pakete 437
Chenbech 77
Christentum 418
Christkind 468
Clara von Beyern 201
Comes-Prädikat 58
Curia 25

D
Deimling, Burkhard 180
Delikte 458

Demographische Transition 233
Demokratie 438
Deutschherren 122
Deutschordenskomtur 139
Dialekte 503 ff.
Dienstboten 252
Dietrich von Emmendingen 60
Dietrich von Hachberg 60
Domäne Obernimburg 168, 176, 255
Dorfbach 416
Dorfhandwerk 251
Dorfmühle Köndringen 310
Dorfschulen 181
Dreifelderwirtschaft 528
Dreikönig 472
Dreisam 525, 536, 547
Dreisamkanal 525
Dreißigjähriger Krieg 149, 206, 207, 230, 231, 232, 243, 246, 274
Drexelius, Vitus 154
Drittehen 238
Dumenique 223, 224, 230
Duminique Max Freiherr von 323

E
Eberhard von Rimsingen 60
Eckericht 222
Ehedauer 339
Eheschließung 238
Ehrenbürgerrecht 406
Ehrenkreuz der dt. Mutter 338
Ehrenzeichen 420
Ehrler, Jacob 186
Eidesstattliche Erklärung 433
Eigenleistung 443
Einberufung 420
Eingemeindung 417, 447
Einnamigkeit 75
Einsiedeln 27, 33, 49, 60
Einwanderung 246

Einwohnerzahl 230, 232, 338
Eisenbahn 370, 417
Eisen- und Hammerwerk 376, 425
Eiszeit 11, 545
Elektrizität 416
Elz 26, 168, 525, 536, 547
Elzbrücke 162, 370
Elz-Dreisam-Niederung 547, 553, 557, 559, 561
Elzkanalisierung 369
Emmendingen 417, 447
Entbindung 409
Entnazifizierung 432
Entwässerungsgräben 547
Epidemien 243
Erdgeschichte 533
Erlewin von Nimburg 35, 45, 60, 75
Ernährungslage 437
Ernteergebnis 360
Erste-Mai-Feier 406
Erstkommunion 487
Etichonen 29
Ettenheimmünster 34, 40, 139, 140, 203
Europäisches Parlament 450
Evakuierung 421

F
Fachwerk 273, 274, 294, 309, 326
Falkenstein, Burg 121
Familiengröße 240
Familiennamen 41
Familienstruktur 240
Faschinen 348
Fastnacht 473
Felsenzimmer 324
Ferienspaß 453
Feuchtbiotope 561
Feuchtwiesen 561
Feuergefahr 178
Feuerspritze 160, 262, 420

Feuerspritzenhaus 159
Feuerverordnung 371
Feuerwehr 372
Finanzen 416, 439
Fischerei 412
Fischrecht 144
Fischwasserzins 144
Flakhelfer 421
Flatterulmen 560
Fleiderer, Martin 210
Flüht, Gewann 528
Flurbereinigung 445
Flurbereinigungsverfahren 549
Flurnamen 525 ff.
Flußauen 536
Flußnamen 525
Forstwirtschaft 562
Fossilien 540
Frako 413, 425, 445
Frank, Theodor 358
Franz. Revolution 184
Freihof, Köndringen 195, 308
Freischärler 358
Freizeit 451
Friedrich von Hornberg 38
Frienisberg 82
Fröhlich, August Heinrich 199
Fröhlich, Johann Georg 199
Fronleichnam 478
Froschfang 161
Fuchs, Johan Jacob 293

G
Galgen 145, 207, 327
Gallenbach 33
Gallenkapelle 33
Garten 411
Gastarbeiter 446
Gasthäuser, Adler 165, 166, 274; Engel 165, 294; Gemeine Stube 146, 157, 165, 166, 293; Hirschen 165; Krone 146, 165, 166, 183, 272, 292; Löwen 165, 166, 309; Ochsen 165, 294; Rebstock 165, 166, 309; Schnabel 166; Sonne 165, 291, 293; Sternen 326; Storchen 165
Gebel, Kaspar 41
Gebhard, Martin 293
Geburten 232, 233, 236, 240, 245, 338, 361, 480, 485
Gefallene 435
Gehälter 387
Geigenberg, Gewann 13
Geistliche Verwaltung Obernimburg 168
Gemeindebesitz von Teningen 159
Gemeindebote 159
Gemeindechronik 456
Gemeindediakonie 418
Gemeindegebäude 158, 160, 417
Gemeinderat 404, 449
Gemeinderatswahl 438, 449
Gemeinderechnungen 157
Gemeindereform 448
Gemeindesiegel 160
Gemeindestatistik 394
Gemeindeverwaltung 448
Gemeindezentrum 417
Gemeinschaftsanlage 417
Gemeinschaftsbauten 416
Geologie 538
Gerber 164, 273
Gerichtslaube 309
Germansbreite, Gewann 13
Gesangbuch, Badisches 196
Geschlechtsproportion 236, 248
Gestapo 433
Gesteine 536
Gesundheitswesen 382
Getreideanbau 349
Gewanne 525

Gewässer 547
Gewerbe 383
Gewölbeschlußstein 546
Gießen 527
Gildnpfänig, Mathias 308
Ginheimer, Johann Christoph 152
Gleichschaltung 404
Glintzig, Jacob 293
Glocke, 151, 152, 159, 160, 184, 255, 418
Glockenbecherkultur 13
Glotter 26, 144, 168, 525, 536, 547
Godefridus 31
Göben, Jacob 201
Göttispruch 486
Gollen, Hans Wilh. von 208, 216, 230, 323
Gottesdienste 456
Gottfried von Tübingen, Pfalzgraf 38
Graben 526
Grafentitel 58
Grafen von Nellenburg 46
Grafen von Nimburg 35, 45, 47, 51, 53, 60, 75, 78, 82, 83, 97
Groß, Hans 210
Grün, Gewann 527
Gründonnerstag 477
Grüne Tonne 459
Grünle, Gewann 348
Grundwasser 548
Grundwasserabsenkung 559
Günterstal 36, 122
Guntram, Graf 29, 32
Gutleuthaus 147

H
Haberer, Basilius 213
Hallstattkultur 17
Hammerschmiede 147, 162, 163, 375
Handwerker 172, 174
Hanf 139, 176, 251, 354

Hanfanbaufläche 176
Hänfer 251
Hanfhandel 172, 179, 183
Hanfreibe 159
Hatschiere 183
Hauptkonglomerat 537
Haushaltungen 436
Hauss, Emma 454
Hebamme 159, 180, 480
Hebel, Johann Peter 197
Heidenreich, Georg 146, 293
Heimatmuseum 455
Heimbach 26, 27, 38, 40, 41, 121, 129, 139, 156, 157, 163, 164, 166, 230, 232, 236, 238, 241, 242, 244, 247, 338, 343, 350, 359, 361–363, 366, 369, 406, 408, 448, 468, 474, 475, 477–480, 487, 493, 514, 537, 540, 541, 546, 548, 554, 558, 562, 563
Heimbacher Ton 543
Heindel, Johann Baptist 212, 216
Heinrich, Dekan in Nimburg 83
Heinrich von Köndringen 39
Heirat 237, 361
Heiratsalter 239
Heiratspartner 245
Hermannsbrunnen 207, 222, 226
Herr, Georg 207
Herrenmühle 273
Herren von Köndringen 75 ff.
Hess, Christian 293
Hess, Michael 152
Hess, Paulus 293
Hessonen 59
Hesso von Eichstetten 60
Hexenverfolgung 141, 153
Hexerei 141, 145
Hintersassen 250
Hitlerjugend 419
Hochgerichtsbarkeit 145

Hochwald 528
Hochwasser 412
Hochzeiten 183, 490
Hochzeitsregister 229
Hockerbestattung 13
Hohenlandenberg, Johann Dietrich von 206, 207
Hohland 453
Hohlweg 545, 549, 562
Holozän 546
Hor Gottfried 257
Hornberg, Herren von 32
Hornstein 540
Huber, Martin 309, 371
Huberten, Gewann 21
Hügelgräber, 17
Hügle 226
Hungerberg 549
Hydronyme 525
Hygiene 367

I, J
Iltisgraben, Gewann 19
Impfungen 245, 453
Inclusen Nimburg 39
Inclusen Teningen 39
Industrie 383, 445
Industrialisierung 372, 488
ingen – Namen 25
Internierungslager 432
Isenen, Gewann 19, 21
Jagen 530
Jahresmitteltemperatur 558
Jahrmarkt 172, 217
Johanniter 121, 122
Joß, Fritz 137
Juden 140, 207, 250, 409
Jugend 419, 453, 489
Jugendzeit 485
Jung, Christian 163

Junghenni, Christian 147
Jungsteinzeit 11
Jura 542

K
Kaltluftseen 558
Kanalisation 415, 439
Kapellenacker, Gewann 23
Kapitulation 427
Kaplonerloch 223, 550
Karfreitag 477
Karrenmeier 251
Kartoffelkäfer 411
Kartoffeln 391
Kelten 17
Ketterer Hans 202
Keuper 541
Keutner 186
Kieslager 546
Kinder 453
Kinderarbeit 348
Kinderreichtum 408
Kindersterblichkeit 241, 364, 382
Kinder, uneheliche 364, 365, 482
Kirche, allg. 179
Kirche, Heimbach 41, 38; St. Gallus 201, 324, 325; Unserer Lieben Frauen 33, 201, 212, 213, 326; Köndringen 34, 41, 307; Teningen 41; St. Agatha 39, 143, 290; Unserer Lieben Frau 39, 142, 143, 290
Kirchenbücher 229
Kirchenordnung 140
Kirchenrüger 180, 237
Kirchenvisitation 467
Kirchenzensur 481
Kirchenzucht 237
Klara von Freiburg, Gräfin 38
Klima 556
Klostermaier 171

Kloster Obernimburg 151
Klosterreichenbach 46
Knoll 159, 176, 293
Köbelin, Ulrich 150
Köndringen 13, 21, 23, 29, 38, 40, 121, 125–129, 139, 140–147, 150–157, 160, 166, 179, 180–184, 188, 201, 204, 205, 207, 211, 212, 222, 226, 230–232, 236–238, 240–248, 250, 252, 265, 268, 290, 338, 343, 350, 351, 366, 369, 371, 406, 408, 417, 444, 445, 448, 468, 470, 474, 475, 480, 484, 486, 492, 496, 514, 546, 547, 549, 562
Köndringen, Herren von 108
Köndringer Ministerialen 82
Köndringer Scholle 535, 536
Königschaffhausen 421
Konfession 409
Konfessionsunterschied 514
Konfessionszugehörigkeit 250
Konfirmation 485, 487
Konrad von Tübingen, Graf 40
Konzentrationslager 433
Kostendter Christian 207
Kraftfahrzeuge 447
Krankheiten 241, 242
Krankheitsbekämpfung 368
Kreisversammlung 438
Kreuzzug 1147, 52, 79
Kreuzzug 1189, 54, 83
Kriege 1672–1714, 154
Kriegerdenkmal 417, 435
Kriegsende 426
Kriegsfolgen 434
Kriegsgefangene 423, 425
Kriegsgefangenenkartei 435
Kriegsgefangenschaft 435
Kriegsschäden 155
Kriegsvorbereitungen 419
Kriegswitwen 434

Kriegszeiten 184
Krisensymptome 361
Kristallsandstein 537
Kronenplatz 432
Kulturnamen 530
Kulturzentrum 441, 455
Kuno von Köndringen 35, 76
Kunstturnen 453
Kurse 384

L
Lache 526
Landeck 26, 31, 39, 110, 121, 126, 128, 129, 142, 143, 163, 166, 179, 183, 202, 226, 230, 231, 310, 343, 406, 480, 537, 541, 546, 558, 563
Landecker Verwerfung 535, 536, 546, 550
Landflucht 410
Landmiliz 186
Landphysikus 245
Landschaftsgefüge 533
Landschaftsgeschichte 533 ff.
Landtagswahl 450
Land- und forstwirtschaftl. Betriebe 444
Landwirtschaft 348, 352, 410, 444
Landwirtschaftsausstellung 353
La Ravoire 457
Latènezeit 19
Laubstall, Gewann 19
Lautentwicklungen 506
Lauterscheinungen 514
Lautgeographie 522
Lautlehre 520
Lautverschiebung 504
Lebensbedingungen 229 ff.
Lebenserwartung 338
Lebenshaltung 451
Lebensumstände 340
Lehener Bundschuh 137

Lehenhöfe 144
Lehm 527
Leichenwagen 498
Leichenzug 498
Leopoldskanal 525, 547
Leseverein 196
Lichteneck 58
Lichtenfels, Hans Andreas von 203
Lichtgänge 472
Link, Andreas 166
Lockergesteine, eiszeitliche 546
Löhne 387
Löß 545
Lößboden 11
Lößhügel 547, 548
Lößhügelzone 554, 562
Louis, Nikolaus Luca 180
Luftschutz 420
Lyasse von Thurn, Antonius 39

M
Magdalénien 11
Mahler, Johann Ulrich 195, 220
Mahler, Rosina Elisabetha 195
Maibräuche 478
Maikäfer 411
Malterdingen 263
Maria Theresia, Kaiserin von Ö. 225
Markgraf 496
Markgraf Karl Friedrich 171
Maschinenfabrik 147, 295
Materiallieferungen 430
Matte 530
Meginward von Teningen 35, 61, 87, Anm. 43
Meier, Lorenz 272, 274
Meier, Ludwig 272
Mennoniten 271
Merowingerzeit 23
Metallverbrauch 420

Meteorologische Daten 557
Meyer, Conradus 212
Meyer, Hans Ludwig 164
Meyer, Jacob 210
Meyer, Ludwig 158
Mittelalter 25 ff.
Mittelhochdeutsch 506
Mobilität 446
Mobilmachung 385
Motoren 416
Motorisierung 446
Moos, Gewann 527
Mooswälder 559
Mühle 144, 152, 166, 220, 222
Mühle Heimbach 207
Mühle, Nimburg 144
Mühle, Teningen 163
Mühlenzins 144
Müllabfuhr 441
Müllkippen 550
Mütter, ledige 364, 365
Mundart 503 ff.
Mundartsprecher 512
Mundingen 417, 448
Murbach 122
Muschelkalk 537
Mutterkreuz 408

N
Nachtschwärmerei 488
Nahrungsgrundlage 244
Nationalsozialismus 397
Naturnamen 530
Naturräumliche Gliederung 544
Naturschutz 385
Naturschutzgebiet 559
Neues Schloß Heimbach 205, 321
Neujahr 472
Nibelung von Köndringen 36, 82
Niedermoor 554

Niederschläge 558
Niederschlagsmengen 557
Niederterrasse 536
Niederwald 528
Nikolaus 469
Nikolausabend 468
Nimberg 535, 536, 541, 543, 545, 546, 553, 554, 561, 562
Nimburg 13, 21 23, 26, 31, 39, 40, 84, 140–147, 150–157, 160, 163–166, 179–181, 230, 231, 233, 236, 238, 239, 240, 244, 246, 247, 250, 252, 255, 269, 338, 343, 360, 361, 366, 378, 379, 380, 406, 408, 448, 468, 470, 473, 477, 479, 480, 485, 486, 492, 496, 498, 499, 541, 542, 547, 549
Nopper, Christian 223
Normalisierung 436
NS-Chronik 397 f.
NSDAP 398
NS-Frauenschaft 401
NS-Schwesternstation 418
Nußkerne 479

O
Ob dem Oberreutener Pfad, Gewann 13, 21
Oberflächengestalt 547
Obernimburg 168, 184, 188
Oberrheingraben 533
Obrecht, Dionysius 260
Obrigkeitliche Kontrolle 183
Obrigkeitliche Vorgaben 239
Obstbäume 411
Obstbauverein 411
Ölmühlen 419
Österreichischer Erbfolgekrieg 156
Opalinuston 542
Oppidum 21
Orgel 158, 159, 262, 267
Ortsarme 360

Ortsnamen 25, 81, 98
Ortsplan 159, 345
Ortsverschönerung 452
Ostern 477
Other, Jakob 137, 207
Otto von Köndringen 52, 82, 83

P
Palatalisierung 510
Palmsonntag 477
Pararendzinen 554
Parteien 438, 449
Partnerschaft 457
Paten 484
Patronat Teninger Kirche 40
Pendler 446
Personennamen 41
Personenstandserhebung 436
Pest 150, 243
Pfarrhaus Heimbach 211, 323; Köndringen 195, 309; Nimburg 272; Teningen 179, 290
Pfeffel, Gottlieb Konrad 181
Pferdequartiere 420
Pflanzen 559, 561
Pflegeverhältnisse 409
Pfunner 264, 323
Plattenkalk 541
Plattensandstein 537
Pleuel 157, 159
Pleistozän 545
Pockenimpfung 368
Posselt, Gottfried 180
Postamt 417
Preise 385
Problemmüll 459
Propagandaleitung 409
protogenetisches Intervall 240
Pulvermühle 162
Pumpwerk 414, 547

Q
Quartär 535
Quellkalke 546

R
Rathaus 272, 289, 290
Rebayhaus 414
Reben 152, 176, 423, 445, 558, 562
Rebkulturen 558, 561
Reblaus 412
Rebsorten 412
Rebumlegung 444
Reformation 137, 139, 201, 206
Reginhard von Teningen 35, 87
Rehabilitierung 434
Reichssiedlung 415
Reinhard, Georg Friderich 291
Reinhard, Jacob Friedrich 175
Rekruten 162, 489
Reserven 423
Resistenz 433
Revolution 1848/49, 358, 359
Rhein 522
Rheinstaffeln 506
Richtstatt 530
Ried 527, 559
Ris, Johann Georg 296
Rodung 528
Römerstraße 21
Röttone 537
Rohr 527
Roßkopf, Christoph 154
Rotulus Sanpetrinus 31, 35
Ruadleoz de Heimbeh, Abb. bei Genenich
Rudolfus de Teningen 34

S
SA 400
Saaler, Maschinenfabrik 295, 373
Sammlungen 390, 457
Sander 171, 181, 496,
Sander, Adolf 199
Sander, August 196
Sander, Heinrich 172, 198
Sander, Johann Friedrich 195
Sander, Nikolaus Christian 181, 195, 197, 236
Sander, Wilhelm 199
Sanktionen 434
See 526
Seegraben 535, 549
Seegras 357
Seelentabellen 231
Seidenbau 419
Sekundärumlaut 512
Selbständigkeit 417
Selbsthilfe 441
Senioren 454
Sichelhenggi 479
Siechenhaus 147
Siffrid, Konrad 39
Simplicius Simplicissimus 150
Snewlin von Landeck 31, 115, 121, 123, 124, 130, 131
Sölden 31, 36, 48, 62
Sonderkulturen 445
Sonnenscheindauer 558
Sozialer Aufbau 250
Soziale Schicht 251
Sozialleistungen 446
Spanischer Erbfolgekrieg 156
Sparkasse 416
Spinnstuben 473
Spital 143, 147, 168
SPD 383
Sprachgrenzen 510
Spürgin, Emma 455
Spürgin, Wilhelmine 454
Sudetenkrise 420

Sch
Schäden 436
Schädlingsbekämpfung 353
Schaffhauser, Andreas 291
Scharfrichter 145, 152, 245, 252
Scheibenfeuer 476
Scheibenschlagen 474
Schermausfänger 161
Schlacht bei Emmendingen 188, 227
Schlettwein'sche Reform 174
Schloßberg, Gewann 13
Schlosser, Johann Georg 176, 196
Schnurkeramik 13
Scholle 535
Schornsteinfeger 162
Schuhleistenkeil 11
Schulen 179, 384, 437, 453
Schulhaus, Bottingen 274
Schulhaus, Heimbach 214, 216, 323
Schulhaus, Köndringen 152, 195, 307
Schulhaus, Landeck 311
Schulhaus, Nimburg 160
Schulhaus, Teningen 159, 291
Schulmeister 154, 162, 181, 213, 252
Schultheiß von Bergen 38
Schulzentrum 455
Schuttern 33, 34, 41, 53, 108, 121, 139, 140, 143, 150, 201–203, 211, 214, 216, 225–227, 322, 323
Schutzhaft 404
Schwell 527

St
St. Blasien 46
St. Gallen 27, 33, 206, 208
St. Gallen Hof 33
St. Gallen Kapelle 212
St. Gallenmarkt 217
St. Georgen 35, 77, 80
St. Germans Kapelle 38

St. Märgen 36, 56
St. Peter 34, 56, 59, 76, 77, 79, 80, 84, 108, 122
St. Ulrich 45, 48, 49, 57, 62, 75, 78
Staden 527
Staffelgiebelhaus 289
Stammtafel, Grafen von Nimburg 63
Standesamt 438
Steckacker, Gewann 21
Steinbrüche 212, 220, 222, 252, 323, 535, 536, 550
Steinhauermeister 220
Steinweg 21
Sterbeort 339
Sterberegister 229
Sterblichkeit 241
Stiftung 388
Störche 412
Strafen 434
Strandbad 414
Straßennamen 407
Straßenverkehr 447
Straus, Paulus 274
Struß, Andreas 142
Struß, Paul 151
Stürtzel von Buchheim 34, 201, 323

T
Tabak 354, 420
Täufer 247, 250
Tagelöhner 251
Tannenbaum 470
Taufe 480, 482
Taufnamen 237
Taufregister 229
Temperatur 557
Teningen 11, 13, 21, 23, 27, 39, 126, 139, 140, 142–145, 147, 150, 152–157, 165, 166, 180–182, 188, 230, 231, 233, 236, 237, 240, 243, 244, 246–248, 250, 288, 338, 343, 345, 352, 355, 360, 364, 366, 369, 371, 372, 382, 389, 468, 470, 473, 474, 480, 484, 486, 488, 490, 498, 514, 547
Teninger Fläche 548, 554, 559, 561
Tennenbach 31, 36, 40, 51, 52, 55, 56, 62, 83, 84, 108, 138, 141, 151, 152, 202, 205, 206, 207, 230
Tennenbacher Güterbuch 35, 112
terra sigillata 21
Tertiär 543
Thierberger, Johann 154
Tiere 561
Tierwelt 559
Tod 241, 495
Todesursachen 242
Totenhäuschen 496
Totensonntag 479
Totenwache 496
Tracht 486, 493
Trauerordnung 498
Treppengiebel 290, 323
Triassische Gesteine 539
Trigonodus-Dolomit 541
Trinkwasser 459
Trinkwasserversorgung 550
Trochitenkalk 541
Tscheulin 293, 377, 378, 415, 445

U
Überschwemmungen 547
Uhr, 151, 152, 159, 160
Ulrich von Emmendingen 60
Umweltschutz 459
Unfälle 447
unterbäuerliche Schicht 250
Unterernährung 443
Unterwald 559
Urlaub 452
Urnenfelderkultur 17

V
Veranstaltungen 451
Verdienstmöglichkeit 419
Verdunkelungsübung 420
Vereidigung 406
Vereine 437, 452, 453
Vermißte 435
Vermögen 448
Vicus 22
Viehzucht 357, 412, 444
Vierdörferwald 32, 111, 151, 172, 205, 208, 211, 220, 222, 224, 528
Viktor-von-Scheffel-Schule 293
villa rustica 21, 22
Visitation 140, 141, 153
Visitationsprotokolle 153, 179
Völkergemisch 436
Vogel, Samuel 183, 196
Vogelarten 560
Vogt 166
Vokalismus 510
Volkhard von Köndringen 78
Volkloh von Teningen 81
Volksbad 416
Volkshochschule 455
Volkssturm 421
Volkstrauertag 434
Volksunterricht 141
Volksvermögen 382
Vor- und Frühgeschichte 11 ff.
Vulpius 180, 262, 265

W
Wählerliste 433
Waffen-SS 419
Wagenmeier 251
Wagner, Johann 140
Wahlbeteiligung 439
Wahlen 438, 448
Wald 176, 559

Waldbäume 560
Waldbesitz 159
Waldgericht 222
Waldnamen 528
Waldordnung 222
Waldumgang 222
Waldungen 157
Waldwirtschaft 357, 528
Wandhöhe, Gewann 13
Wandmalereien 255 ff.
Wasenmeisterei 145
Wasserversorgung 547
Wehrpflicht 413
Weihnachtsfest 470
Weihnachtsfestkreis 468
Weinbau 349
Weinberge 172
Weinbrenner, Friedrich 288
Weinhandel 172
Weinkeller 168
Weinsorten 244
Weis, Friedrich 265
Weißbach 535

Wellendolomit 540
Welschkornschälen 479
Westwall 420
Wiedertäufer 171
Wiesenbewässerung 548, 353
Wiesneck, Burg 121
Wiger, Burg 121
Wild, Georg 220
Willehelm von Teningen 34, 39
Wirtschaftliches Leben 162
Wirtschaftsverhältnisse 409
Wochenmarkt 172
Wohlstand 415, 451
Wohnbevölkerung 444
Wohnungsnot 439
Wohnraum 382
Wohnungen 436
Wohnungsbau 413
Wolfram von Köndringen 36, 83
Wortgeographie 515, 522
Wortschatz 514
Würmeiszeit 536

X, Y
Yrnbrecht, Claus 142

Z
Zähringer Burg 121
Zauberei 141
Zelint 143
Zehntrechte 203
Zehntscheuer 151, 152, 255, 271, 290, 453
Ziegelbreite, Gewann 23
Ziegeleien 164
Ziegelhof 208, 223
Ziegelhütte 163, 217
Ziegler 273
Zimmermann, Jakob 147, 163, 372
Zivilbevölkerung 421
Zivilstand 248
Zöller, J. C. 288, 290
Zusammenschluß 448
Zuwanderung 245
Zwangsleistungen 431
Zweitehen 238